中国近代商业银行史

主　编　戴建兵
副主编　陈晓荣

中国金融出版社

责任编辑：肖丽敏
责任校对：潘　洁
责任印制：丁淮宾

图书在版编目（CIP）数据

中国近代商业银行史/戴建兵主编．—北京：中国金融出版社，2019.7
ISBN 978－7－5220－0143－2

Ⅰ．①中…　Ⅱ．①戴…　Ⅲ．①商业银行—银行史—中国—近代　Ⅳ．①F832.95

中国版本图书馆 CIP 数据核字（2019）第 125226 号

中国近代商业银行史
Zhongguo Jindai Shangye Yinhangshi

出版
发行　中国金融出版社

社址　北京市丰台区益泽路 2 号
市场开发部　(010)63266347，63805472，63439533（传真）
网 上 书 店　http：//www.chinafph.com
　　　　　　(010)63286832，63365686（传真）
读者服务部　(010)66070833，62568380
邮编　100071
经销　新华书店
印刷　北京市松源印刷有限公司
尺寸　205 毫米×280 毫米
印张　40.75
字数　1035 千
版次　2019 年 7 月第 1 版
印次　2019 年 7 月第 1 次印刷
定价　129.00 元
ISBN 978－7－5220－0143－2

目　　录

绪　论

近代中国人自创的第一家银行比外商创办的在华银行晚了半个世纪，其间列强的银行在华垄断金融，为所欲为。中国旧式金融业日渐式微，无法与西方诸强相抗衡。当列强蹂躏下的中国财政经济危如累卵时，如何救亡图存，唯有师夷长技。中国近代银行业从清末蹒跚起步，经历短暂摸索，到20世纪20年代蓬勃发展；就在中国民族资本银行业崛起之时，曾经盛极一时的外商银行却悄然褪逝。究其原因，学界至今尚无定论。此文重提旧事，意欲再探其中缘由。

一、清末民初中国金融业的格局

（一）外商银行的在华扩张

列强在中国设立银行，始于1845年英国丽如银行香港分行。到甲午战争之前，进入中国的外国银行还仅限于英国、法国、德国三个国家。从丽如银行在中国设立到甲午战争爆发的50年间，这三国的银行成为列强在华金融活动的主要力量。甲午战争以后，日本、俄国、美国的银行相继进入中国，并逐步扩大了在中国的金融势力，最终形成了六强鼎立的局面。① 除此之外，像意大利、比利时、荷兰、挪威等资本主义小国也有不同程度的参与。总体来看，从1895年甲午战争到1927年北伐战争，是英、法、德、日、美、俄六国银行在华金融活动的鼎盛时期。

英国在中国的金融活动无论在时间上还是对华影响力上都是其他国家所无法企及的。法国是欧洲大陆最早涉足中国金融业的国家。德国银行进入中国，开始于19世纪70年代。以国家权力为后盾的德意志银行于1872年6月在上海设立分行。日本的东京第一国民银行，早在19世纪70年代末80年代初就已经通过三井洋行在上海和香港设立了代理机构。但日本银行以自己的机构在中国进行金融活动，最早开始于1893年5月日本正金银行上海办事处成立。俄国银行资本在19世纪70年代就格外关注中国市场的发展，俄国对外贸易银行早在1875年就委托怡和洋行代理其在华业务。美国于19世纪80年代就曾尝试在中国建立华美银行，但未能如愿。1901年花旗银行在美国成立，总部设在纽约。次年2月，花旗银行首先在上海设立分行，这是在中国成立的第一家美国银行。除上述六国之外，比利时、荷兰、意大利、挪威等国的银行在20世纪后也相继进入中国。这些国家在中国设立的银行由于实力较弱，寿命不长，影响力也比较有限。截至1935年，共有53家外资银行在华设立，分行总数达153家。

由于大量外国银行进入中国，而同时期的华资银行实力又相对弱小，于是中国的金融和财政命脉很快被外国控制了。19世纪90年代以后，资本主义国家陆续进入帝国主义阶段，这一特征也越发明显了。这些在华设立的银行都负有特殊的使命，它们凭借其政府的大力支持，利用不平等条约获得的特权及治外法权，更有租界作为非法活动的场所，伴随本国政府侵略的深入而在中国经济、政治的势力不断扩大。其中主要表现在两个方面：一是操纵中国金融市场。在

---

① 汪敬虞．中国近代经济史（1895—1927）［M］．北京：人民出版社，2012：400.

华外国银行趁我国金融机构不健全和信用制度不发达，很早就发行了大量纸币，流通国内。截至1918年国内流通纸币约为26329万元，其中外行发行占17.6%。二是掌握中国财政命脉。北洋政府对外借款，均被指定将关、盐两税收入作为担保，其税款收入在偿还债款之前必须先存入外国银行。

在中国的银行业还没有发展成熟以前，外国在华银行已经有了很大规模，并在很大程度上控制着我国财政和金融的命脉。虽然外国银行新型的经营模式也促进了我国原有金融机构的变革，带动了中国本国银行业的发展，但就其影响来看，以阻挠我国金融市场的正常发展为主，而带来的中国金融市场变革，不过是中外银行及原有金融机构竞争的结果罢了。因此，外国银行在华势力随着中国银行业的发展，势必开始有所减退。尤其在第一次世界大战及以后一段时期，在华外资银行由于受大战及中国人民反帝运动的影响，纷纷倒闭停歇，幸存的外国银行信誉也随之发生动摇。

（二）中国旧式金融业的衰颓

鸦片战争以后，中国的自然经济逐渐解体，但是由于西方列强的压迫和本国封建势力的阻挠，中国的资本主义发展缓慢，一直到19世纪末20世纪初才得到一定的发展。而中国原有的金融组织钱庄及票号由于不适应新的经济环境，渐渐地暴露出弱点，逐渐衰颓。辛亥革命推翻了封建专制，植根于封建经济并与封建官僚密切关联的山西票号走向式微；旧式钱庄经历了由倒闭、萧条、恢复到继续发展的曲折过程，这给了近代银行业发展的机会和环境。同时，各省原有的官钱局或官银号，也适应潮流，陆续改组为近代银行。

1. 票号的衰亡

票号又称票庄，由于山西人投资经营者较多，所以又称为“西帮”。关于票号产生年代的说法不一，有的说产生于顺治、康熙年间，有的说产生于乾隆、嘉庆年间，还有的说产生于道光初年。[①] 票号的主要业务是经营异地之间的汇兑，最初只接受私人的汇款，自太平天国以后，开始经营官款的汇兑。除汇兑外，票号还经营存款、放款业务。存款主要是官款，放款的对象主要是钱庄和大货行、清政府和官僚。官款存入票号不收利息，官吏私人的存款每年仅取二厘三厘的利息，但放款的利息却可达到年利息六厘、七厘、八厘，甚至一分以上。[②] 票号在咸丰、同治年间发展到顶峰，光绪年间的票号业务一度还很可观。据统计，光绪年间票号业务较顺时，山西票号在全国80个大中城市设有分号，分号家数470家[③]。但是到了19世纪末20世纪初，票号陈腐狭隘的经营作风使它在与本国银行、各省官银钱号、钱庄激烈的业务竞争中很快衰落。据调查，1917年时，山西票号仅余平遥帮9家，祁县帮6家，太谷帮5家，共20家。[④] 但自清末，票号业渐渐显示出衰退的迹象。首先，由于官办和官商合办银行的出现，将其汇兑公款的业务夺走，同时银行较高的存款利息也在抢夺票号的储户，加之外资银行的竞争，故票号的业务开展越来越难。其次，票号自身的制度也存在很大问题，任人唯亲的人事制度，往往导致票号出现账目不清、呆账难收甚至卷款携逃的困局。[⑤] 另外，票号业务多是与官僚开展，故往来开销较大，甚至造成入不敷出的局面。由此导致在辛亥革命后，票号在没有了清政府和贵族的支

① 陈其田．山西票庄考略［M］．上海：商务印书馆，1937：26－27.

② 卫聚贤．山西票号史［M］．重庆：重庆说文出版社，1944：318.

③ 陈其田．山西票庄考略［M］．上海：商务印书馆，1937：98.

④ 《银行周报》1卷7号。

⑤ 吴子竹译，［日］宫下忠雄．中国银行制度史［M］．台湾美华印刷厂印刷，1957：28－29.

持后，面对外资银行和华资银行越来越激烈的竞争，逐步走向衰退，最终结束了其历史使命。

2. 钱庄的演变

中国钱庄自古就有，产生年代不详。发展到近代，以上海钱庄最具典型。由于名称不同，钱庄业务也不尽相同。最初的业务是经营银钱兑换，进而由这种兑换催生存放款业务。上海开埠后，中国进出口贸易的重心由广州转移到上海，上海钱庄也因此获得了长足的进步，突出表现为庄票的用途。“治钱庄生意，或买卖豆、麦、花、布，皆凭银票往来，或到期转换，或收划银钱”。① 19 世纪 70 年代后，上海投机性业务日渐繁多，上海钱庄发展到鼎盛。据 1876 年的调查，当时上海仅汇划钱庄一项已有 105 家。设于南市者 42 家，设于北市者 63 家。盛极而衰，钱庄繁荣的背后潜藏着危机。由于钱庄的经营活动具有较强的投机性，经济基础不牢，一旦外国银行停止拆款或票号将资金抽走，就会产生恐慌。尤其是投机市场稍有波动，钱庄便先受其害。19 世纪末 20 世纪初，由于对外贸易逆差，钱庄的资金周转不灵，连续遇到“倒账风潮”“贴票风潮”等困难，1910 年又发生所谓的“橡皮股票风潮”，“橡皮股票风潮”余波未平，辛亥革命更是雪上加霜，钱庄倒闭现象时有发生。因此，到 1912 年 2 月，上海南北市汇划钱庄上市者，仅 24 家，比较“橡皮股票风潮”以前南北市钱庄的数目，竟骤然减去十分之七。② 钱庄的衰颓给正在勃兴的银行业以绝好的发展机会。但钱庄并没有从此一蹶不振，而是与银行加强联系获得新的发展方向。辛亥革命后，钱庄随着时代的变迁，改变经营方法，致力于存立与发展，所以逐渐恢复了相当程度的实力，继续在中国的经济生活中发挥重要的作用。此后，钱庄再度复兴，到 1925 年前后，形成了外国银行、华商银行、钱庄的三足鼎立局面。但终究钱庄还是旧式金融业，伴随着落后的银两制度在 1935 年被废除后，最后走向衰落。钱庄的衰落，恰好给正在兴起的中国银行业以发展契机。

3. 官银钱号的改组

官银钱号是一种具有地方银行性质的金融机构。第一家官银钱号 1853 年创办于北京，由部库发给成本银两，发行银票、钱票。③ 此后 40 年间，设立者甚少。甲午战争后，清政府将巨额战争赔款摊派给各省地方政府，各省便利用设立的官银钱号通过滥发货币和停兑纸币的手段来应对危机。据统计，自 1896 年到清末共设立官银钱号 23 家左右，几乎各省都有设立。至此，中央对地方发行纸币也完全失去了控制。湖南官钱总局 1903 年发行的银两票为 9000 两，1904 年增加到 20000 两，1906 年增加到 511500 两。④ 许多官银钱局获取了巨额的利润，而对人民群众来说只是残酷的剥削和沉重的负担。辛亥革命爆发后，各省纷纷独立，一些官银钱号由此停业，代之而起的是省银行的设立，而有些官银钱号在省独立后，直接改组为银行，“既有银行，富滇（云南）由省设立者，又如浙江银行、山东银行、江西民国银行、湖南银行、安徽中华银行等由各省官银钱局改组而成者”⑤，而这些省银行又成为北洋军阀假公济私的工具而继续祸害人民。

二、近代银行思想传播与国家政策支持

银行是近代的金融机构，是适应资本主义经济发展而产生的。那时中国的产业不发达，本

---

① 中国人民银行上海市分行．上海钱庄史料［M］．上海：上海人民出版社，1978：12.

② 郭孝先：《上海的钱庄》，《上海市通志馆期刊》，民国二十二年十二月，第 1 卷，第 3 期，第 804、808 页。

③ 杨端六．清代货币金融史稿［M］．北京：三联书店，1962：171.

④ 中国人民银行总行参事室：《中国近代货币史资料》第 1 辑，下册，中华书局 1964：1008、1009、103 页。

⑤ ［日］宫下忠雄，吴子竹译．中国银行制度史［M］．台湾美华印刷厂印刷，1957：25.

土的新式银行迟迟未能产生，而外国在华银行凭借不平等条约的保护，利用比较先进的经营手段，从事各种经济侵略活动，掠夺中国财富，扰乱中国的金融业，以钱庄和票号等为代表的中国旧式金融机构，由于自身的局限，无力与之抗衡。鸦片战争后，随着西方人在中国设立银行，银行理论也不断被引进和传播，中国人对西方银行制度的理解也不断加深和成熟。一批近代知识分子开始了银行理论的探索与实践。

清末，洪仁玕在《资政新篇》中提出了设立银行的主张。郑观应在《盛世危言》中专门探讨了“银行篇”，这是中国近代开设银行的最早设想。此后社会各界纷纷就在中国创建银行的种类、组织形式等方面进行探讨，提出了建立合资银行、商业银行、专业银行等思想。其中，建立专业银行思想的提出，反映了这一时期银行思想的巨大进步。“专业银行是指集中经营规定范围内的业务和提供专门性金融服务的银行。无论在近代还是在现代，专业银行都是构成银行制度的重要内容。”① “最早提出建立专业银行的是马建忠。他在 1886 年主张向美国旗昌洋行贷款 40 万两，并由招商局和台湾名绅林维源共出 10 万两，创立一个以开发台湾为目的，专项资金放贷的股份制合资银行。”② “台湾当局刘铭传等人似无反应，故未成功。”③ 这是中国创建专业银行的第一次尝试。此后，严复、周廷弼等人提出设立储蓄银行的主张，梁启超提出设立农业银行的主张，这两项主张都得到了清政府的支持并付诸实践。

盛宣怀奏请设立银行时说：“银行既立，使大信孚于商民，泉府因通而穷，仿借国债，可代洋债，不受重息之挟持，不吃磅价之亏折。”④ 他给张之洞的电报称：“铁路收利远而薄，银行收利近而厚。”⑤ 这些语论迎合了当时清政府的财政需求，因而才有了 1897 年中国通商银行的成立。1907 年设立的北京储蓄银行和四明储蓄银行，1911 年成立的殖业银行等都是专业银行的范例。可见，清末专业银行的思想主张和实践活动主要集中于储蓄和农业两个方面。⑥

民国之后，随着西方银行思想和制度在广度和深度上的进一步传播。特别是明治维新以后，凭借完善的银行制度，尤其是专业银行制度，日本经济得到飞速发展。中国人认识到银行对于国家发展和国计民生的重要性，因此着手建立银行也顺理成章、大势所趋了。1912 年周学熙提出参照日本银行体制，建立以中央银行为核心、商业银行为基础、专业银行为辅助的多元化银行体制。⑦ 这一主张得到了非常重视实业发展的北洋政府的采纳，袁世凯曾以临时大总统身份发布修订各项经济法规以利实业发达令，而“政府及国会，以特种银行不备，不足以发展实业，于是制定种种特种银行则例，筹设种种之特种银行”⑧。如 1911 年仿照日本的《横滨正金银行法》颁布《兴华汇业银行则例》。1913 年 4 月仿照《日本银行法》颁布《中国银行则例》，成立中国银行作为中国的中央银行。1914 年、1915 年仿照日本的《劝业银行法》《农工银行法》《兴业银行法》，制定、颁布了《劝业银行条例》《农工银行条例》《实业银行条例》。⑨ “政府及国

① 程霖．中国近代银行制度建设思想研究 1895—1949［M］．上海：上海财经大学出版社，1999：103.

② 程霖．中国近代银行制度建设思想研究 1895—1949［M］．上海：上海财经大学出版社，1999：42.

③ 黄逸平．近代中国经济变迁［M］．上海：上海人民出版社，1992：428.

④ 盛宣怀：《愚斋存稿》，卷一；《近代中国史料丛刊续编》，沈云龙主编，第十三辑，文海出版社，1975。

⑤ 盛宣怀．愚斋存稿［M］．卷二十五，1916：6.

⑥ 程霖．中国近代银行制度建设思想研究 1895—1949［M］．上海：上海财经大学出版社，1999：44 – 45.

⑦ 贾士毅．民国财政史［M］．上海：上海商务印书馆，1917：164.

⑧ 吴承禧．中国的银行［M］．上海：商务印书馆，1934：5.

⑨ ［日］铃木淑夫：《日本的金融制度》，中国金融出版社，1987：503 – 506 页。徐沧水著：《从法规上以观察吾国之银行制度》，《银行周报》，4 卷 26 号。

会，以特种银行（专业银行）不备，不足以发展实业，于是制定种种特种银行则例，筹设种种之特种银行，如兴华汇业银行、盐业银行、殖边银行、中国实业银行、农工银行、新华储蓄银行等皆是也”①。

三、工商业的演进及对外贸易的增长

（一）民族工业的长足发展

清末民族工商业发展甚微。中国民族资本的近代企业产生较晚，并且一开始就受到外国资本的压迫和官僚资本的排挤。据统计，民族资本产业，到1894年约有企业100多家，资本仅2000万元。② 甲午战争后，中国掀起了“设厂自救”、抵制外货和利力收回等运动，中国民族资本工业开始得到初步发展。1895—1911年，共创办了资本在万元以上的工矿企业704家，开办资本共约13311.1万元（不包括官办、官督商办、官商合办企业86家，设立资本2949.6万元）。③ 轻工业，尤其纺织工业发展迅速。其间建成华资纺织厂16家，中外合资3家。1895年全国华厂只有纺机174564锭（包括官督商办、官商合办企业），至1913年即达484192锭，增加了120%，布机自1800台增至2016台，增加了12%。④同时，民族工业中的矿冶业、水电业、金属加工业等，也都有了一定发展。虽然民族资本主义得到了初步发展，但清政府对近代金融业的认识程度有限，开办的新式银行也多为财政需要的官办或官商合办性质，故民族资本并没有真正融入银行业的发展中。

第一次世界大战爆发后民族工业取得长足发展。辛亥革命推翻了封建帝制，激发了人民实业救国的热情。第一次世界大战期间，帝国主义无暇东顾，放松了对中国的经济侵略。这首先表现在对外贸易方面，中国的进口净值最低的1915年比1913年减少20%，而按货物计算，减少30%，同时，进口货物中，日用消费品比重下降，钢铁、机械、交通工具等比重上升，这就大大减轻了进口货物对国货的压力，有利于中国工业的发展。⑤ 中国民族工业进入了发展的“黄金期”。中国私人资本企业注册开设的工厂，1913—1915年，平均每年41.3家，1916—1919年年均124.6家，后者为前者的三倍。工业投资额1913年为4987万元，1920年为15522元，后者为前者的3.1倍。⑥ 自1914年至1919年的6年间，中国资本新设厂矿共379家，新设资本1430万元，⑦ 平均每年递增13.9%。各产业部门都有较快发展，其中发展最快的是棉纺织业、机制面粉业、卷烟业、机械采煤业等。这段时期外国资本增长有限，官僚资本陷入停滞，而民族资本迅速发展。从各方面看，第一次世界大战期间是中国民族工业的一个迅速发展时期，而民族工业的迅速发展以及对资本的大量需求，也给中国银行业的发展创造了一定的条件。

（二）对外贸易及港口的迅速发展

鸦片战争以后，中国的门户被打开，通商口岸不断扩大，西方列强的工业制成品逐渐瓦解了自然经济基础，大量的农产品和原材料源源不断的出口，外国商人开始深入内地开拓工业制成品市场，寻找原料和农产品，这样中国一步步融入了世界市场。“真正助长中国银行业发生发

---

① 吴承禧：中国的银行［M］. 上海：商务印书馆，1934：5.
② 许涤新，吴承明. 中国资本主义发展史［M］. 第二卷，北京：人民出版社，2003：14.
③ 汪敬虞. 中国近代工业史资料［M］. 第二辑，下册，北京：中华书局，1962：657.
④ 严中平. 中国棉纺织史稿［M］. 北京：科学出版社，1955：114、138、140.
⑤ 许涤新，吴承明. 中国资本主义发展史［M］. 第二卷，北京：人民出版社，2003：865.
⑥ 中国近代金融史组. 中国近代金融史［M］. 北京：中国金融出版社，1985：1-3.
⑦ 吴承明. 中国资本主义与国内市场［M］. 北京：中国社会科学出版社，1985：124.

展的主要社会经济条件之一，是商业的发展，主要是外国资本主义（特别是资本主义进入帝国主义时代之后）在华贸易的发展。"[①]

甲午战争以后，外国获得了在中国设立工厂的权利，中国城乡特别是沿海沿江口岸城市，商品货物流通开始扩大，货物流通的扩大带来了金融市场的扩大，这使得中国内地资本逐渐向沿海沿江口岸城市聚集，这又为新式银行业的建立提供了资金基础。

1. 中外贸易的发展

19 世纪中后期，西方列强在强夺对华贸易的种种特权后，向中国大量推销过剩产品。从 1871 年到 1936 年，中国进口值增加 888.7%，对外出口值增加 641.8%。其间，1931 年进出口都达到峰值，进出口分别增加 1964.2% 和 1330.9%。[②] 下面以美国、日本、英国为例，说明近代中国对外贸易的概况。

第一，中美贸易。1890 年，美国工业生产总值已跃居世界第一位。"不断扩大产品销路的需要，驱使资产阶级奔走于全球各地，它必须到处落户，到处创业，到处建立联系。"[③] 1894 年以后，中美贸易收支出现连年增长的趋势。1914 年第一次世界大战爆发，欧洲各国忙于战争，美国借机扩大对华贸易，中美贸易空前繁荣。第一次世界大战前，中国对美贸易收入最高为 3770 万关两，贸易支出最高达 3620 万关两。第一次世界大战期间中美贸易大增，对美贸易收入达到 7430 万关两，支出达到 6030 万关两。第一次世界大战前，中美贸易收入占中国国际收入的比例最高 6.1%；第一次世界大战爆发后达到了 10.1%。中美贸易支出占中国国际支出比例由原来最高的 5.8% 升到了 8.2%。[④] 这表明中美贸易对中国国际贸易的影响越来越大。贸易的扩大也为美国银行资本涌入中国市场奠定了基础。

第二，中日贸易。第一次世界大战前，与欧美列强相比，日本经济实力薄弱，无力对华提供大宗借款。1914 年第一次世界大战爆发后，由于欧洲各参战国忙于相互厮杀，民用工业生产瘫痪，国际航运停顿，而日本则因远离欧洲战场，成为军需物资供应地。因此日本商品几乎未遇到国际竞争即进入国际市场，从而刺激了日本国内工业的发展。"从 1915 年起，日本的出口贸易开始猛增，出口贸易总值 1916 年增为 11274.68 万日元，1917 年增为 160300.5 万日元，1918 年一跃而成为 196210.1 万日元，接近 20 亿日元大关。1915—1918 年，日本出口贸易额总计 54 亿日元，相当于 1915 年以前 10 年的贸易额，而且进口增加不多，顺差庞大，从 1915 年起顺差总计达 28 亿日元，同期黄金储备增加了 5 倍多。日本不仅将大战前夕的 11 亿日元债务一概偿清，并一跃成为 27.7 亿日元的债权国。"[⑤] 这为日本寺内内阁向华借款提供了经济条件。日本认为成立中日合办银行不但可经手借款，也是日本势力渗入中国的绝佳时机。

第三，中英贸易。各个时期，西方各国在中国对外贸易中所占的地位，与各国在中国的政治和经济势力成正比。甲午战争前，英国在中国对外贸易中占据首位。甲午战争后，随着日本、美国势力日益扩张，英国在中国贸易中的地位逐渐下降。到第一次世界大战后，英国居日本、美国之下。从 1871—1931 年，中国进口贸易价值中，英国所占的比例由 34.7% 下降到 8.6%；美国在同一时期，由 0.5% 增加到 19.2%；日本增长最快，由 3.7% 增长到 23.4%。而 1871—

① 孙健．中国经济史——近代部分 1840—1949 年［M］．北京：中国人民大学出版社，1989：312.

② 严中平等．中国近代经济史统计资料选辑［M］．北京：中国社会科学出版社，2012：43.

③ 马克思恩格斯选集［M］．第 1 卷，北京：人民出版社，1995：231.

④ 李一文．近代中美贸易与中国的国际收支［J］．经济史，2000（4）：100.

⑤ 万峰．日本近代史［M］．北京：中国社会科学出版社，1981：461、463.

1931 年，英国占中国出口贸易价值的比重由 52.9% 下降到 7.1%；美国基本持平，从 14.1% 到 13.8%；日本则由 1.7% 增长到 26.2%。[①] 由于早期的贸易地位，英国对中国的金融渗透也是最早的。初期的洋行贸易以鸦片输入和丝、茶、白银输出为主，兼顾相关金融汇兑业务，如中、英、印三角汇兑业务。后来中、英、美新三角汇兑业务由代理行主导，继而出现了一批殖民地银行，如丽如、麦加利、友利等银行。为进一步扩大对中国沿海及内地的贸易关系，将总部设在中国香港及上海的汇丰银行也在 19 世纪 60 年代成立了。

2. 中国沿海城市的发展

第一，上海独特的投资环境。上海位于长江三角洲，许多源远流长的水道都在这里汇集，多年以来以其襟江带海的地理优势，发展成为整个长江流域的商业中心，素有"东南都会""泽海通津"之称。鸦片战争以后，它被列为通商口岸。1843 年，有一位外国观察家注意到，上海是来自南北港口的中国帆船运输业的分界点；它还充当了来自中国两个主要地区的货物集中和交换而设置在中国沿海的最主要集散地。[②] 上海不仅是中国南北方货物流通和交换的枢纽，而且还是中国外贸的总汇，在中国的对外贸易中占据着举足轻重的地位。1867—1894 年，上海进出口贸易占全国进出口贸易的比例维持在 50% 以上。[③] 民国后，上海外贸仍保持着上扬的势头，1904 年上海外贸净值突破 3 亿关两，1913 年增长至 4.1 亿关两，1919 年达到 5.1 亿关两。[④] 国民政府实业部曾这样评价上海："内地货之运往外洋及沿海各埠者，或外洋货物之运往内地者，多以上海为转口地点。即一切货物先运至上海，再分运各地。上海商务之繁盛，其最大基础即在于此。……故上海实为全国贸易之分配中心。"[⑤] 由于对外贸易的繁荣，上海金融周转业务增多，金融机构纷纷设立于此。资金的集中、金融机构的集中，使上海成为近代中国乃至远东的金融中心和枢纽，被誉为"东方的纽约"。

上海得天独厚的地理条件，有利于外商创造丰厚的利润，上海的人文环境，同样适合远道而来的外商。上海是中国的商业中心、金融中心，长期以来居住着来自世界各地的形形色色的人，是个名副其实的移民城市。人们逐渐削弱了传统的封建束缚，淡化了封建复杂的社会关系，移民对外商不但没有排斥感，反而有一种心理上的认同感，使外商对这里的文化氛围情有独钟。此外，上海还有宜人的自然气候、便利的交通条件和良好的生活环境，"有广大的空间足供愉快的生活，又没有商馆的限制，并且还有前往四乡去的充分自由"，他们觉得生活在上海就"如同自己家乡一样"[⑥]。上海这些城市特点，使它具有良好的投资环境，对外商和外资有着浓郁的吸引力。

第二，天津港贸易的繁荣。1840 年中英鸦片战争的炮火，打开了中国长期紧闭的大门，外国商品如潮水一般涌入中国，进口贸易迅速增加。在进口货物中，鸦片、棉制品、棉纱三项占主要地位，其中又以洋纱、洋布输入增加的速度最快。1842 年，在中国常年输入的物品总值中，棉制品还居第三位，占 8.4%；鸦片以占总值的 50.2% 遥遥领先。1867 年，棉制品的比重增加到 21%，占第二位；鸦片虽居第一位，但比重已下降到 46%。到了 1885 年，棉制品就以 35.7%

---

① 严中平等．中国近代经济史统计资料选辑［M］．北京：中国社会科学出版社，2012：43.

② 福钧：《北华诸省茶丝棉产地三年漫游记》，第 57 页。转引自：［美］罗兹·墨菲．上海——现代中国的钥匙［M］．上海：上海人民出版社，1986：60.

③ 上海社会科学院经济研究所编：《上海对外贸易》上册，上海：上海社会科学院出版社，1990：28.

④ 熊月之．上海通史［M］．第 8 卷，民国经济，上海人民出版社，1999：36.

⑤ 实业部国际贸易局．中国实业志［M］．江苏卷，1933：34.

⑥ 李定一．早期中美外交史［M］．北京：北京大学出版社，1997：168.

的优势压倒鸦片28.8%，而居进口贸易的第一位，棉制品的这个位置一直维持到20世纪20年代。① 下面的统计数字有力地证明了棉纱、棉布进口量惊人增加的事实：1872—1890年这18年里竟增加了2064%②！在世界市场潮流的冲击下，地处渤海之滨的北方口岸——天津，以优越的地理位置、便利的交通，很快成为资本主义国家向华北推销外国商品的枢纽，进出口贸易增长极快。1867年天津进口货值715625海关两，出口货值857306海关两。1894年分别增加到4551175海关两和6605997海关两，分别增长5.3倍和6.7倍③。天津，作为华北货物最大的消费场所和集散中心，输出品主要为羊毛、骆驼毛、棉花、牛骨、牛皮、马皮、草帽、花生等；布匹、麦粉、煤油等为主要输入品；而进口货中的大宗又首推匹头。1883年，布匹与棉织品超过3000000匹。当时的贸易特点，每年就有300名山西商往天津为该地市场选购布匹④。1900年义和团运动后，各国船只大量驶往天津，1906年达到一个高峰。尤以日本来华船只增长速度最快，从1900年的54只增加到1906年的290只，增长近5倍。⑤ 由此可见20世纪初期，天津港贸易是极为活跃的。

天津港的优势表现为以下几点：第一，天津不仅是对内对外贸易的中转站，工商业十分发达，而且还是华北地区的金融重镇。“到了上世纪末、本世纪初，天津成为京奉枢纽、津浦起点，遥与京绥、京汉等线连接，它不但以华北，而且以整个西北地区作为自己的经济腹地，其范围之广，仅次于华东的上海。”⑥ 第二，此时的天津，聚集着许多拥有大量资本的达官贵人，包括前清的贵族、北洋政府的失意官僚、军阀及对民国政府持不同政见的官僚贵族等。而此时投资工业尤其是纺织、面粉等轻工业，或是投资银行业，进行国债投机都能获取高额利润，实现资本的迅速增值。这些抱着实现资本增值的梦想，并迎合了当时“实业救国”潮流的人们，开始积极投身到兴办实业的浪潮中去。“特别注意的现象是在野的豪绅是工业资本的源泉，他们为了财富积累的安全，都是在租界内进行资本活动的。”⑦ 如曾任中国实业银行常务董事、代董事长的言敦源，“因不满袁紧锣密鼓称帝，1913年7月辞内务部次长及代理总长官职，由北京移居天津，投资天津工商业，并协助其姻亲周学熙（言敦源的二女儿是周的大儿媳）从事实业，而成为津门一儒商。”⑧ 第三，身为中国实业银行主要创办者的周学熙，在天津创办多家企业，如1906年创办的启新洋灰公司、1907年的开滦矿务局、1915年创办的华新纺织厂。这些企业的总厂、总局大都设在天津，维持它们的正常运转，可谓需资浩繁，这就需要有一个专门的金融机构来为其融通资金，这也促使周学熙热衷于筹办中国实业银行事宜。

四、举借外债与合办银行的兴起

（一）俄国远东政策与俄法四厘借款

1891年，沙俄开始修建横跨西伯利亚、通往远东出海口海参崴的西伯利亚大铁路，从此，沙俄在远东的经济和战略地位大大提高。沙皇尼古拉二世制定了运用银行和铁路渗透中国的远

---

① 北京师范大学政治经济学系《中国近代经济史》编写组：《中国经济史》（上册），北京：人民出版社，1976：79.
② 严中平．中国棉纺织史稿［M］．北京：科学出版社，1963：58.
③ 王方中．中国近代经济史稿［M］．北京：北京出版社，1982：166.
④ 天津历史研究所．天津历史资料［M］．天津：天津历史研究所，1964年第2期，157.
⑤ 天津历史研究所．天津历史资料［M］．天津：天津历史研究所，1964年第2期，167.
⑥ 宓汝成．帝国主义与中国铁路［M］．上海：上海人民出版社，1980：606.
⑦ 陈真，姚洛合．中国近代工业史资料［M］．北京：三联书店，1957：301.
⑧ 张绍祖．北洋儒商言敦源［M］．天津：天津政协，2008（3）：38.

东政策。推进这一政策的方针是通过和平的经济渗入，原因一是沙俄自农奴制改革后，国内出现工业资本和银行资本的融合，需要寻求向国外发展；二是在国际关系上法俄合作抗衡英德，法国也是俄国最大的债主，法国主张借中国财政空虚之机，在华设立银行，加紧资本输出。

甲午战争后，2 亿多两白银的巨额赔款和战争期间庞大的军费支出，使全年财政收入还不到 9000 万两的清政府陷入了严重的财政危机。为此，清政府不得不大规模举借外债，进行了三笔大借款。第一笔借款来自俄、法。1895 年 7 月，俄法两国同清政府签订了《四厘借款合同》，即"俄法借款合同"。借款总额为 4 亿法郎，合白银 1 亿两，年息 4 厘，分 36 年还清，折扣为 94. 125%，以海关税为担保。海关收入是清政府的一项主要财政收入，每年约 2000 多万两白银，以中国海关收入为抵押保证了贷款的安全性。但自 19 世纪 60 年代后，中国海关一直被英国人掌控，俄法感到以海关收入作抵押靠不住，便提出建立一个凌驾于海关之上的俄法两国银行团联合组织，这便是华俄道胜银行。《四厘借款合同》签订后，俄国财政大臣维特邀请法国金融家代表商讨华俄道胜银行组建事宜。华俄道胜银行中的法国霍丁格尔银行、巴黎荷兰银行、里昂信贷银行以及德国的圣彼得堡国际银行，都参与了对华俄法四厘借款。而中国清政府入股华俄道胜银行的库平银 500 万两也是从俄法四厘借款中扣拨支付的。

（二）日本对华政策与中日西原借款

早在 1914 年日本就有组建中日合办"东洋银行"的计划。1916 年 6 月袁世凯死后，段祺瑞出任国务总理，表现出亲日姿态，还撰写了《中日亲善论》①。同年 10 月，日本寺内正毅组阁。寺内提出"中日亲善、经济提携"的对华方针，实际上是企图利用第一次世界大战给日本造成的有利时机，迅速而有效地控制中国的财政、金融、交通等要害部门，掠夺中国的矿产资源，变中国为日本的原料供给地及商品推销市场。具体做法是借款给中国政府，并成立中日合办银行。

1916 年 12 月，寺内派西原龟三来华与段祺瑞政府商讨借款事宜。西原龟三与曹汝霖、陆宗舆就交通银行借款达成协议。② 为避免与欧美各国在华势力产生矛盾，大藏大臣胜田主计采取经济借款形式。随后日本政府批准由兴业、台湾、朝鲜三家银行组成特别银行团，应承中国经济借款。日本政府是以投资手段使中国殖民地化，被称为"菊分根"政策。③ 当天三家银行与交通银行签订了 500 万日元借款合同。此后日本以经济借款的名义大量对华借款，即历史上有名的总额为 14500 万日元的"西原借款"④。

在签订借款合约的同时，西原龟三还与中国政府商讨筹建中日合办银行之事。由于借款需要汇划，手续烦琐，陆宗舆等认为有必要成立中日合办银行负责经营汇兑事项，不仅可以便利中日两国汇兑，而且中国还能获得一半的汇兑收益，于是由曹汝霖、蔡法平、陈成谋发起成立

---

① 《段总理之中日亲善论》，《晨钟报》1917 年 1 月 8 日。

② 西原龟三著、章伯锋译、邹念之校：《西原借款回忆》，《近代史资料》1979 年第 1 期，第 129、131 页。本文节选自西原龟三的自传《梦的七十余年——西原龟三自传》，题目是译者所加。

③ 王芸生．六十年来中国与日本［M］．大公报社，1934 年 5 月版，127.

④ 西原借款的总额，不同的著作有不同的说法，此处采用的数字为大多数著作的说法，如樋口弘著、北京编印社译：日本对华投资［M］．上海：商务印书馆，1959 年版；楫西光速等著、严静先译：日本资本主义的发展［M］．上海：商务印书馆，1963 年版；杜恂诚的日本在旧中国的投资［M］．上海社会科学院出版社，1986 年版；张雁深：日本利用所谓"合办事业"侵华的历史［M］．北京：三联书店，1958.

中日合办的汇业银行。[①] 可见，中华汇业银行是日本向中国提供借款的产物，也暴露出日本借机把势力渗入中国进而控制中国财政经济命脉的计划。

（三）举借外债与国权沦丧

中国政府的外债是在外国列强强权政治要挟下达成的，是外国列强对中国进行掠夺的重要手段。随着外债的举借，中国的政治、经济、军事主权一步步被列强侵害，中国沦为列强的附庸。

从甲午战争爆发的1895年到1927年，中国中央、地方各级政府向外国举借的外债大大小小有近600笔；这些外债总金额，超过了30亿元（以银元及钞票计）。这些外债按其用途，大体可以分为两类：一类是用来弥补财政赤字，统称财政借款或泛称政治借款；另一类是用于各种实业支出，如修建铁路和开发矿山的借款，统称实业借款或泛称经济借款。[②] 也有很多借款兼具以上两种性质。列强通过出贷，除了赚取利息外，还有一个更为重要的目的，即通过贷款扩大在华的势力和影响，掠夺和控制中国的各种权益。

清末一些地方大员曾经有过改外债为内债的设想，然而试行结果还是使内债外债化了。1904年，袁世凯以“新政”名义增练新军，以长芦盐税和直隶省税收作为担保，招募国内公债银480万两。在清政府同意后，袁世凯在直隶省内进行“劝募”，但仅售出百余万两，民间怨声载道。这时觊觎长芦盐税的日本横滨正金银行购去余额中的300万两，原本的内债又变成外债了。此后，湖广总督陈夔龙、安徽巡抚朱家宝、湖南巡抚杨文鼎等援引直隶章程都做过发行内债的尝试，但这些内债的大部分还是被外国势力购去，到头来还是外债。这说明清末地方财政的困难，而此时本国资本主义实力尚弱，不足以将内债全部消化。

（四）中外合办银行兴起

在北洋军阀时代的银行兴办高潮中，涌现出一批中外合办银行。自1896年中俄合办的华俄道胜银行成立后，相继出现的主要中外合办银行有中法合办的中法实业银行、中日合办的中华汇业银行、中国与意大利合办的华义银行、中国与挪威合办的华威银行以及中美合办的美丰银行等。但好景不长，随着北洋政权的倒台，这些银行又相继倒闭。这里有其共同的原因，即这些银行多数是军阀政治的产物，军阀混战、政局动荡和军阀政权的最终灭亡是这些银行走向失败的大背景，所谓覆巢之下无完卵。这一高潮不是以中国经济的正常发展为前提，即中国经济还没有发展到与这一高潮相适应的程度，它的出现是在当时特定的历史条件下的畸形发展。此后，这一高潮又迅速消退，取而代之的是中国国内银行业的崛起。

五、政府公债与国内银行业的发展

晚清政府因巨额赔款和国库空虚而大借外债，并筹办户部银行等一些官办银行，目的是缓解财政困难和借银行以发钞。北洋政府继续多次举借外债。由于外债激增，政府财政受制于外国银团，并附带苛刻的政治条件，激起国人不满。又因第一次世界大战爆发，欧洲卷入战事，续借外债十分困难。于是，以发行公债及政府借款为主要手段，北洋政府将解决财政困难的重心由国外银行团转移到了国内银行业。

---

① 中国第二历史档案馆藏：《众议员钱崇愷等提出曹陆建议创设中日合资银行是否实在质问书及有关文件》，1027－1204。

② 汪敬虞．中国近代经济史（1895—1927）［M］．北京：人民出版社，2012：400.

（一）政府财政与官办银行的结合

光绪年间，清政府财政已入不敷出。如在光绪元年（1875）至光绪二十年（1894）陆续募集外债达4000万两以上。[①] 至甲午战争后又负担巨额军费和赔偿金，故开设官办和官商合办银行，以其“发行纸币及经理国库”解决财政困难。[②] 这便成为这个时期银行业开设的主要目的，所以官办或官商合办银行在这个时期发展相对较快。由其性质所决定，这些银行除经营存、放款业务外，实质上主要还是以经理国库和发行银行券确保财政需要。1904年初，户部奏请设立户部银行，其主要目的十分明确，就是要解决清政府的财政问题。1908年户部银行改名为大清银行，这只是名称的变动，“所有营业均仍照旧办理”[③]。大清银行的主要业务是经营国库，经理度支部库款及地方官款，为此清政府公布了《统一国库章程》。此外，交通银行、四明储蓄银行和浙江银行等都与政府官僚资本有密切联系。[④] 与此同时，商办银行虽然也有一定发展，但受外资银行与中国原有金融机构的压迫和排挤，加之中国民族资本此时还处在萌芽阶段，实力不强，没有形成规模。因此，中国通商银行是这个时期设立的唯一一家商办银行，而其他的商办银行都是在1905年“收回权利”运动发生后，民族资本出现设厂高潮时，才有一些发展，但实力仍不能与官办或官商合办的银行相提并论。统计资料表明，在1912年以前开设的官办或官商合办银行为11家，商办有9家。[⑤] 可见，这一时期中国商办银行设立的数量少，资本有限，因为没有工商业坚实的发展这个前提基础。

（二）民国公债与民营银行的关系

民国初年，军阀混战，田赋和货物税被地方军阀把持，国家大宗税收（关、盐两税）大部分被外国银行扣留，民国政府财政收入来源匮乏，国库空虚，而军费开支和债务支出巨大，使当时的财政被称为“破落户的财政”[⑥]。1913—1919年，平均岁入约3.90亿元，平均岁出约4.92亿元；而每年的军费开支约占37%。[⑦] 在这种情况下，北洋政府惯以采用的“寅支卯款”手段无以支撑局面，只能“靠借贷过日子”。于是，民国政府大肆发行内外债，且旧债未还又借新债。仅1913—1914年，就举借外债20项，合计约3.76亿元之多，这些借款大都由外国银行经手，扣除实交折扣和到期应付外债本息，实收只占债额的47.96%强。[⑧] 第一次世界大战爆发后，西方资本主义国家自顾不暇，北洋政府的借款随之减少，为了弥补财政的空虚，不得不转而举借内债。据统计，1912—1926年先后发行了27种内债，共计6.1亿元。[⑨] 除发行公债外，北洋政府还发行各种国库券，以盐税余款为担保向银行借款，以及向银行举借各种短期借款、垫款和透支等。据不完全统计，到1925年底，这类国库券借款、盐余借款、国内银行短期借款和各银行垫款四项合计17200余万元。[⑩]

公债的特点是利息高、折扣大。第一，利息高。“……东西各国普遍利率不过六七厘，其超

---

① ［日］宫下忠雄，吴子竹译：中国银行制度史［M］．台湾美华印刷厂，1957：12.

② 周葆銮．中华银行史［M］．第二编，文海出版社，1919：1.

③ 大清银行总清理处．大清银行始末记［M］．1915年7月刊，58.

④ ［日］宫下忠雄，吴子竹译．中国银行制度史［M］．台湾美华印刷厂，民国46：18.

⑤ 唐传泗，黄汉民．试论1927年以前的中国银行业［M］．中国近代经济史研究资料（4）．上海社会科学出版社，1985：87.

⑥ 千家驹．旧中国公债史资料［M］．北京：中华书局，1984：10.

⑦ 杨荫溥．民国财政史［M］．北京：中国财政经济出版社，1985：4－13.

⑧ 徐义生．中国近代外债史统计资料［M］．北京：中华书局，1962：113.

⑨ 卜明．中国银行行史［M］．北京：中国金融出版社，1995：42.

⑩ 千家驹．旧中国公债史资料［M］．北京：中国财政经济出版社，1955，“代序”11.

过一分者已属罕见。政府需款孔殷，暂予重利，本非得已，距料各行昧于国家观念，视为投机事业，巧立回扣手续汇水各项名目，层层盘剥，与利息一并计算，恒有五分以上者，殊属骇人听闻。……凡利息过重各债，应即按照实交之数，依月息三分计算，予以改正。”① 这“骇人听闻”的5分、3分利息足以极大地吸引银行的兴趣和资金投向，也直接刺激了银行业发展高潮的到来。第二，折扣大。公债的发行以国家信誉担保，风险极小而且折扣大，更具诱惑的是银行发行纸币可以用公债作为发行准备。“银行以公债借贷买卖，即可无资金周转不灵之弊，而以公债为发行纸币准备，又可与现金有同一效用。”② 公债作为发行准备，是以公债面额大小十足计算，因为银行买入公债是有很大折扣的，这样，银行就可以极低的投入换来发行纸币极高的发行面额。这样一来，银行靠投机公债就可以赚取巨额利润。

各种商业银行的业务活动也以政府放款与投资公债为主，大多数银行均有大量的政府公债券与库券。经营投机公债和受理政府借款所获利润要比经营正常的商业存、放款高得多。公债折扣最低的为八五折，加上利息平均每月为三分左右，个别甚至有高达五分者。③ 而当时市场利息仅为四厘到八厘，如此惊人的利润，吸引银行业纷纷出资经营政府公债和借款。如金城银行，1919年投资公债49万元，对政府放款173万元，而同年对工矿业放款只有83万元。④ 浙江实业银行虽以“振兴实业、提倡储蓄”为宗旨，但在1918年下半年仍以存款之四分之一购买公债。而且，“银行以公债借贷买卖，即可无资金周转不灵之弊，而以公债为发行纸币准备，又可与现金有同一效用”⑤。这说明，买卖公债还有一个好处就是可以把公债作为发行兑换券的保证准备，并且是按公债面值十足计算，这就与现金无异。

然而，北洋政府政权极不稳定，投机公债的银行，一方面大批开设；另一方面则是大批倒闭。1912—1919年，倒闭的银行占设立银行的比例达66.6%，1920—1923年达74.6%，1924—1927年竟高达80%。⑥ 1912—1927年，“北平和天津两地兴起的商业银行不下三四十家，其主要业务均为政府借款，政局一变，款项即无法收回，冻结资金达百万元乃至千万元以上。”⑦ 尽管如此，高额的利润还是诱惑大批银行铤而走险，在很大程度上刺激了银行业的快速发展。通过对比可知，在民国初期银行的设立是与公债的发行额成正比的，故“自国内公债盛行以来，国内银行界遂大型活动不唯风起云涌，新设之数骤增。”⑧ 北洋政府时期，银行业与政府财政相结合，促使中国银行业又一次勃兴。正如吴承禧先生所言：“中国银行业之发展，其动因多是由于政治上的需要，而不是由于产业的勃兴。”⑨

晚清旧式金融业以钱庄、票号为主，后来各省也开设官银钱号，但银行业终究只是脱胎于落后的封建经济基础及银元并存的落后币制，不能适应资本主义经济的发展。加之西方列强在华开设银行，掠我资源，夺我利权。有识之士，奋发求变，始有通商银行等一批官办银行出现。

---

① 戴铭礼：《九六公债史》，汉口《银行杂志》，3卷6号，转引自张郁兰．中国银行业发展史[M]．上海：上海人民出版社，1957：46.

② 贾士毅．国债与金融［M］．上海：商务印书馆，1930：25.

③ 千家驹．旧中国发行公债史的研究［J］．历史研究，1955（2）.

④ 中国人民银行上海市分行金融研究室．金城银行史料［M］．上海：上海人民出版社，1983：11、14、20.

⑤ 贾士毅．国债与金融［M］．上海：商务印书馆，1930：25.

⑥ 张郁兰．中国银行业发展史［M］．上海：上海人民出版社，1957：33.

⑦ 王玉茹，燕红忠，付红．近代中国新式银行业的发展与实力变化［J］．金融研究，2009（9）：176.

⑧ 贾士毅．国债与金融［M］．上海：商务印书馆，1930：25.

⑨ 吴承禧．中国的银行［M］．上海：商务印书馆，1934：52.

晚清政府因巨额赔款而国库空虚，大借外债，使得西方在华银行逐渐控制中国经济命脉，其间一批中外合办银行设立，名为中外合办，实权皆为外人所把持。民国之后，中央政府欲续借外债而不能，只得转而借内债，大发公债。由于公债折扣大、利率高，吸引了大批银行从事投机活动，更催生了大批新银行的成立，形成民国初年至20世纪20年代末中国银行的兴办热潮。第一次世界大战期间，民族工商业的勃兴，也为商办银行的发展奠定了客观基础。

第一篇　汇丰银行

司春玲

银行是资金融通的机构，由于白银在晚清货币体系中居于核心地位，汇丰银行的创立发展始终与白银有着密切联系，比如其资本以银元为单位、买卖金银、发行银两银元纸币等。因此，19 世纪 70 年代后世界银价下跌对汇丰银行的发展造成很大影响。同时，汇丰银行在晚清中国创立发展的早期正是洋行逐渐衰落，银行逐渐崛起的时期，汇丰银行正是顺应这种时势不断发展起来。本文所论汇丰银行（1865—1894 年），是以晚清为时段，以中国境内业务为中心而展开讨论的。

第一章 汇丰银行的创立形式

第一节 名称溯源

一、英文名称以主要经营地命名

在汇丰银行发起书发表前夕，A. F. Heard 将其命名为：“Hongkong and Shanghai Banking Corporation or Some Such”，后来的发起书中写为“The Hongkong and Shanghai Banking Company (Limited)”，当时没有其他的名称出现在任何文章、手稿或文件中。[①] 中文直译为“香港上海银行有限公司”，初时中文名称为“香港上海汇理银行”[②]。从名称可以看出，汇丰银行是以香港和上海为主要业务活动地区的，且从其英文名称中的“and”可知，当时香港和上海两行的关系是并列平行的。[③] 这与英国早年合股银行以从事主要业务活动地区来命名的方式是一致的，如麦加利银行是“Chartered Bank of India, Australia and China”，1853 年总行设于孟买的友利银行是“Mercantile Bank of India, London and China”。汇丰银行在“有限责任”下经营，直到 1866 年 12 月 29 日，[④] 后来改为“Hongkong and Shanghae Banking Corporation ”，在有的资料中是“The Hongkong and Shanghae Banking Corporation ”，一直沿用至今。

二、中文名称取“汇款丰富”之意

19 世纪 70 年代中期，“汇丰”的名称已得到上海经理们的认同，取“汇款丰富”之意，[⑤] 因为那时汇兑业务是汇丰银行最主要的业务。如颠地公司（Dent Beale and Co.）在中国被称为“宝顺行”，取“宝贵和顺”之意，贾丁·马西森公司（Jardine Matheson and Co.）被叫做“怡和”，取“正直和谐”之意。1881 年，时任驻英公使的曾纪泽替汇丰银行钞票题字，其中有“汇

---

① Frank H. H. King with Catherine E. King and David J. S. King, The Hongkong Bank in Late Imperial China, 1864 - 1902: on an even keel. *The History of the Hongkong and Shanghai Banking Corporation*, Volume Ⅰ. Cambridge: Cambridge University Press, 1987, p. 67.

② 据罗存德（William Lobscheid）编的《英华字典》，Bank 和 Banking Company 都可译为“汇理银行”，显示出该中文译名在当时很普遍。William Lobscheid, English and Chinese Dictionary with the Punti and Mandarin Pronunciation (Hongkong: Daily Press, 1866), Part Ⅰ, p. 135. 转引自李培德：《略论一八三零至一九三零年代活跃于香港和上海的英资银行》[其他出版项不详]。

③ Frank H. H. King with Catherine E. King and David J. S. King, The Hongkong Bank in Late Imperial China, 1864 - 1902: on an even keel. *The History of the Hongkong and Shanghai Banking Corporation*, Volume Ⅰ. Cambridge: Cambridge University Press, 1987, p. 94.

④ Frank H. H. King with Catherine E. King and David J. S. King, The Hongkong Bank in Late Imperial China, 1864 - 1902: on an even keel. *The History of the Hongkong and Shanghai Banking Corporation*, Volume Ⅰ. Cambridge: Cambridge University Press, 1987, p. 101.

⑤ Frank H. H. King with Catherine E. King and David J. S. King, The Hongkong Bank in Late Imperial China, 1864—1902: on an even keel. *The History of the Hongkong and Shanghai Banking Corporation*, Volume Ⅰ. Cambridge: Cambridge University Press, 1987, p. 68.

丰”二字，1888 年以后，所有汇丰分行发行的钞票上，都已采用“汇丰”。[①]

第二节 法令依据

一、依 1862 年英国公司法和殖民地银行则例设立

汇丰银行在 1864 年 8 月 6 日召开临时委员会第一次会议，会后发出计划书，当年 12 月写信给港督鲁宾逊爵士，申请特许证，即须由香港立法会通过一项法令，并经英国政府批准。当时，英国海外银行以设立标准来区分，依据的法令有三种：国王特许证、1862 年英国公司法和殖民地银行法。麦加利银行、丽如银行、有利银行等早期银行都是依国王特许证设立的，国王特许避免了殖民地立法上所发生的烦累，1862 年英国公司法也具有特许证的作用，有利银行于 1892 年改为依公司法设立。英国政府规定殖民地银行法也必须受英国法令支配，1840 年英国财政部与商部合议，制定一种则例，1844 年英国首相皮尔认为海外银行发行业务有修改的必要，于 1846 年修订此项则例，各殖民地的英国海外银行都适用于这种则例。[②] 汇丰银行依香港总督府令设立，也根据这个则例，同时也按照 1862 年英国公司法组织。

二、全部合法性的获得

港督允许汇丰银行作为一个未经立案注册的机构先行交易。1865 年初，汇丰银行已完成筹备工作，1865 年 3 月 2 日，新的管理机构董事院成立，由临时委员会提名现有成员作为董事院成员。1865 年 3 月 3 日，董事院决定开始营业。[③] 由于各种障碍，如与英国殖民大臣通过海路往来函件的费时，每个阶段发生的问题都须呈报皇家财政委员会的程序，及中国的洋行如怡和洋行在香港和伦敦的反对，英国金融界在印度有影响势力的集团——那些原来企求和汇丰合作而不得的银行家的反对等。[④] 直到 1866 年 8 月 14 日，汇丰银行才根据香港殖民地特别制定的第五号法令，获得营业执照，成为正式法人组织，[⑤] 此法令第四条规定：“汇丰银行在获得（英国）财政部的同意下，可在伦敦、印度、槟榔屿和新加坡或中国皇帝或日本将军府所辖领土内，设有英国领事或副领事之处，开设银行或设立分行。但设立只经营兑换、存汇业务的分理处（不能发行钞票），则不必经财政部同意。”[⑥]

汇丰银行的全部注册手续直到 1867 年 7 月才完成，它在谨慎的商业评估基础上，开设代理机构和分行，某些行动并未得到全部的法律认可，直到 1889 年银行章程修改后，汇丰银行才得

---

① Frank H. H. King with Catherine E. King and David J. S. King, The Hongkong Bank in Late Imperial China, 1864—1902: on an even keel. *The History of the Hongkong and Shanghai Banking Corporation*, Volume Ⅰ. Cambridge: Cambridge University Press, 1987, p. 69.

② 《汇丰银行之今昔观》,《银行周报》民国 6 年 5 月 29 日发行，第 1 卷第 1 号，13.

③ ［英］毛里斯·柯立斯. 中华民国史资料丛稿，译稿，汇丰——香港上海银行：汇丰银行百年史［M］. 李周英等译，北京：中华书局，1979 年 12 月，5 -6.

④ 汪敬虞. 外国资本在近代中国的金融活动［M］. 北京：人民出版社，1999 年 10 月第 1 版，65 -68.

⑤ ［英］毛里斯·柯立斯. 中华民国史资料丛稿，译稿，汇丰——香港上海银行：汇丰银行百年史［M］. 李周英等译，北京：中华书局，1979 年 12 月，7.

⑥ ［英］毛里斯·柯立斯. 中华民国史资料丛稿，译稿，汇丰——香港上海银行：汇丰银行百年史［M］. 李周英等译，北京：中华书局，1979 年 12 月，164.

到全部的合法性。[1] 英国财政部最后在1890年，准许汇丰按香港法律注册，成为香港本地银行，同时享有治外法权，即银行发行的钞票可在香港、条约口岸的其他地方流通，包括日本和远东其他地方。

第三节　股东构成

一、本地银行的目标定位

汇丰银行的目标定位就是要成为一家本地银行。因此，第一，在临时委员会与之后的董事会中必须有广泛的当地代表权；第二，必须通过恰当的股额分配，获得当地的支持；第三，董事会必须位于银行的经营所在地。当然，"本地"的含义并不仅指香港，还有条约口岸的中国和日本，重心是在中国。[2]

二、国际合作的集股原则

汇丰银行采取"国际合作"方式，集股不分国别，在临时委员会构成名单中有英国、美国、德国、丹麦、印度（见表1－1）的洋行，英国占了8个（苏石兰和威廉·亚当逊不代表特定的公司），德国和印度各两个，美国和丹麦各一个。从表1－1中可见，这些洋行的主要经营地都在中国本地的通商口岸，以在中国的利益为焦点。由于利益冲突，美国旗昌洋行（Russell and Co.）1866年以后才开始入股，怡和洋行（Jardine Matheson and Co.）1877年才正式与汇丰合作。宝顺洋行在1867年早期投资失败，费礼查洋行于1865年失败，藴乜洋行和公易洋行在1866年失败，琼记洋行在1875年倒闭，[3] 至1914年，最初参与汇丰的美国公司也离开了中国的口岸，德国人直到大战时才离开，这对汇丰早期成功的根基——"国际合作"方式，是一种挑战。[4]

表1－1　　　　汇丰银行临时委员会构成名单（1864.8.6—1865.3）

国籍	机构名称	人员名字	公司主要经营地区
英国	宝顺洋行（Messrs Dent and Co.）	孔莱（Francis Chomley）[5]	香港、广州、厦门、上海、汕头、福州、九江、宁波、汉口、天津、淡水、打狗（高雄）
美国	琼记洋行（Messrs Augustine Heard and Co.）	阿尔伯特·赫德（Albert Farley Heard）	香港、广州、上海、宁波、福州、厦门、汉口、澳门

---

① Frank H. H. King with Catherine E. King and David J. S. King, The Hongkong Bank in Late Imperial China, 1864—1902: on an even keel. *The History of the Hongkong and Shanghai Banking Corporation*, Volume Ⅰ. Cambridge: Cambridge University Press, 1987, p. 53.

② Frank H. H. King with Catherine E. King and David J. S. King, The Hongkong Bank in Late Imperial China, 1864—1902: on an even keel. *The History of the Hongkong and Shanghai Banking Corporation*, Volume Ⅰ. Cambridge: Cambridge University Press, 1987, p. 53.

③ Frank H. H. King with Catherine E. King and David J. S. King, The Hongkong Bank in Late Imperial China, 1864—1902: on an even keel. *The History of the Hongkong and Shanghai Banking Corporation*, Volume Ⅰ. Cambridge: Cambridge University Press, 1987, p. 57.

④ Frank H. H. King with Catherine E. King and David J. S. King, The Hongkong Bank in Late Imperial China, 1864—1902: on an even keel. *The History of the Hongkong and Shanghai Banking Corporation*, Volume Ⅰ. Cambridge: Cambridge University Press, 1987, p. 55.

⑤ 临时委员会主席。

续表

国籍	机构名称	人员名字	公司主要经营地区
英国	大英轮船公司（Superintendent, P and O, Steam Navigation Co.）	苏石兰（Thomas Sutherland）	—
英国	蘟乜洋行（Messrs Lyall, Still and Co.）	麦克莱恩（George Francis Maclean）	以广州为中心的华南地区
德国	德忌利士洋行（Douglas Lapraik and. Co.）	拿蒲那（Douglas Lapraik）	香港、中国南方
德国	禅臣洋行（Messrs Siemssen and Co.）	尼逊（Woldemar Nissen）	广州、香港、福州、汉口、上海、汉堡
英国	太平洋行（Messrs Gilman and Co.）	莱曼（Henry Beverley Lemann）	香港、广州、上海、汉口、福州、九江、天津
英国	费礼查洋行（Messrs Fletcher and Co.）	希密特（Waldemar Schmidt）	香港、广州、上海、汉口、福州
英国	沙逊洋行（Messrs D. Sassoon, Sons and Co.）	亚瑟·沙逊（Arthur Sassoon）	孟买、广州、上海、宁波、汉口、烟台、福州、天津、香港
英国	公易洋行（Messrs Smith Kennedy and Co.）	布兰特（Robert Brand）	香港、广州、上海、汉口、福州
印度	广南洋行（Messrs P. and A. Camajee and Co.）	弗兰吉（Pallanjee Framjee）	香港、广州、上海
英国	搬鸟洋行（Borneo Co. Ltd.）	威廉·亚当逊（William Adamson）	香港、上海、新加坡、巴达维亚（雅加达）、曼谷等南洋要冲
丹麦	毕洋行（Messrs John Burd and Co.）	海兰德（George Johann Helland）	—
印度	顺章洋行（Messrs Pestonjee Framjee Cama and Co.）	单吉韶（Rustomjee Dhunjeeshaw）	上海、香港

资料来源：①刘诗平：《汇丰金融帝国：140年的中国故事》，中国方正出版社，2006年3月第1版，第12－13页；②汪敬虞：《外国资本在近代中国的金融活动》，人民出版社，1999年10月第1版，第51－59页；③ Frank H. H. King with Catherine E. King and David J. S. King, The Hongkong Bank in Late Imperial China, 1864—1902: on an even keel. *The History of the Hongkong and Shanghai Banking Corporation*, Volume Ⅰ. Cambridge: Cambridge University Press, 1987, p. 54.

三、华人股份的股额分配

汇丰银行在股额分配方面，从筹资开始，就特别着重“华人股份”。[①] 郑观应在《盛世危言》中说道：“昔年西商在香港、上海召集中外股本，创设汇丰银行。”[②] “在分配股额方面，香港和上海两地的股数相等，同时还将保留若干股额给予中国和日本的其他口岸以及居住在其他

① 《上海新报》，1864年9月6日。转引自汪敬虞．外国资本在近代中国的金融活动［M］．北京：人民出版社，1999年10月第1版，369.

② 郑观应：《盛世危言：银行上》，夏东元编．郑观应集（上册）［M］．上海：上海人民出版社，1982年9月第1版，681.

地区而与中国贸易有直接利害关系的商人。”[①] 其中，8000股为上海保留，通过一个由宝顺洋行组织的当地委员会来分配，2000股为印度保留，2000股留给日本、菲律宾和其他港口，所有中国或日本的认购者，认购额在10股或以下的都被准许其认购，由于超量的认购额使工作更加困难，Heard在给其弟的电报中讲到，截至1864年11月末，认购额已达34000股。[②] 在汇丰正式成立的年会报告中，董事会宣称：“整个商业界以及许多中国商人现在都对本行有利益关系，并且都给予全力支持，”[③] 西方的传媒也称：几乎每一个在香港及中国内地和日本做生意的商号和个人“都对它发生兴趣”，以致不到半年，500万两开业资本即已全部认足。[④]

汇丰银行早期华人股份的代表，主要是通商口岸的商人，其中，洋行买办最多，许多人就是汇丰自己的买办。如汇丰上海分行第一任买办王槐山，[⑤] 有股份350份，合银43750万元；汇丰天津分行买办吴懋鼎，有股份38份；[⑥] 汇丰香港总行买办罗寿嵩，自己附股外，还拉拢一批华商附股；[⑦] 1885年汇丰北京分行就是由华人“出名开办”的。[⑧] 19世纪80年代起，汇丰银行的华股股东，有的担任了股东大会的代表，[⑨] 中国人周明记（Chow Ming Kee）（译音）、罗寿嵩就是汇丰股东大会代表。[⑩] 担任上海道聂缉椝账房的徐子静与历任上海道手下的红人汤癸生也持有大量汇丰股票，[⑪] 还有很多声望不著的钱庄主和为数众多的小额股东持有汇丰股份，持股1～5份的中国股东相当普遍。汇丰股东除了银行洋行买办外，还有中国海关监督治下的官员[⑫]和海外各地的华人，但在很长时期内，他们只参与红利分配，没有决策管理权，华人资本没有改变汇

---

① ［英］毛里斯·柯立斯．中华民国史资料丛稿，译稿，汇丰——香港上海银行：汇丰银行百年史［M］．李周英等译，北京：中华书局，1979年12月，161－162.

② Frank H. H. King with Catherine E. King and David J. S. King.，The Hongkong Bank in Late Imperial China，1864—1902：on an even keel. *The History of the Hongkong and Shanghai Banking Corporation*，Volume Ⅰ. Cambridge：Cambridge University Press，1987，pp. 59－60.

③ North－China Herald，1866年8月25日，第135页。转引自汪敬虞：外国资本在近代中国的金融活动［M］．北京：人民出版社，1999年10月第1版，369.

④ North－China Herald，1864年8月6日，第126页；North－China Daily News，1914年7月1日，第9页；A. S. J. Baster：The International Banks，London，1935，第168－170页。转引自汪敬虞：外国资本在近代中国的金融活动［M］．北京：人民出版社，1999年10月第1版，369.

⑤ 也说王槐山为第二任买办，第一任为李渍卿，参阅寿充一、寿乐英编．外商银行在中国［M］．北京：中国文史出版社，1996年10月第1版，12.

⑥ Frank H. H. King with Catherine E. King and David J. S. King.，The Hongkong Bank in Late Imperial China，1864—1902：on an even keel. *The History of the Hongkong and Shanghai Banking Corporation*，Volume Ⅰ. Cambridge：Cambridge University Press，1987，p. 136.

⑦ Herald，1892年4月8日，第469页。转引自汪敬虞：外国资本在近代中国的金融活动［M］．北京：人民出版社，1999年10月第1版，370.

⑧ 中国第一历史档案馆等影印．清实录．五十四，德宗景皇帝实录．三［M］．北京：中华书局，1987年5月第1版，卷216，1036.

⑨ North－China Herald，1881年3月1日，第207页，1890年6月6日。转引自汪敬虞：外国资本在近代中国的金融活动［M］．北京：人民出版社，1999年10月第1版，375.

⑩ North－China Herald，1881年3月1日，第207页；1890年6月6日，第709页。转引自汪敬虞．十九世纪西方资本主义对中国的经济侵略［M］．北京：人民出版社，1983年12月第1版，504.

⑪ 《崇德老人纪念册》，第41－48页；《恒丰纱厂的发生发展与改造》，1959年版，第8页；North－China Daily News，1891年10月21日，第385页；《申报》，1891年11月6日。转引自汪敬虞．十九世纪西方资本主义对中国的经济侵略［M］．北京：人民出版社，1983年12月第1版，505.

⑫ Frank H. H. King with Catherine E. King and David J. S. King，The Hongkong Bank in Late Imperial China，1864—1902：on an even keel. *The History of the Hongkong and Shanghai Banking Corporation*，Volume Ⅰ. Cambridge：Cambridge University Press，1987，p. 135.

丰作为一家外资银行的性质，因此，华人股份被称为“附股”。[①] 郑观应在《盛世危言》中也认为汇丰银行“虽有华商股份，不与华商往来，即有殷实华商公司股票，也不抵押，唯外国公司货物、股票均可抵押。西商操其权，而华商失其利；华商助以资，而西商受其益。”[②]

第四节 资本扩充

汇丰银行在1864年7月开始认股，在临时委员会第一次会议（1864年8月6日）期间，6000股已被158人认购，临时委员会确定授权发售的股本为500万元，分成2万股，每股250元，这些数字在8月15日得到确定，代理秘书即临时委员会法律顾问波拉德（E. H. Pollard）接受指示在马尼拉、爪哇、新加坡、印度、日本及其他地区刊登招股说明书，其截止日期为10月31日。[③]

香港殖民地政府1866年第五号法令中规定汇丰银行“资本订为五百万港元，分为四万股，每股面额一百二十五港元。在获得总督同意后，还可增加股本二百五十万港元，每股为一百二十五港元，股金一次付足。全部股份五百万港元，应于两年内认足，三年内付足；限期最迟不得逾四年。”[④]

汇丰银行1865年3月开业，股款已缴足半数。至1868年，股票已出现升水。[⑤] 到1869年，已缴股本350万元。按香港殖民地政府1866年第五号法令“全部股份五百万港元，应于两年内认足，三年内付足；期限最迟不得逾四年”的规定，汇丰离缴足股本还需不足150万元。1869年是汇丰缴足期限的最后一年，汇丰向香港总督申请，把缴足资本的期限，再推迟五年。此申请并非由于股东无力缴款，1865—1869年，汇丰所赚的全部利润，已大大超过所须补足的资本，单是股息一项，就达到152万3千元，[⑥] 还积累了70多万元的各项准备。正是由于有了这样雄厚的后备，汇丰银行董事在对股东所作的报告中说：“董事会看不出有什么必要在已缴资本之外再要求更多的资本。”因此董事会在1868年就有把握地说：“深信总督阁下（对推迟缴足股款一事）已经转陈本国政府作为有利于我们的考虑。”[⑦] 不到半年，这一请求就在香港殖民当局“友善的斡旋”下，顺利得到英国财政部批准。[⑧]

汇丰银行于1872年招足五百万元。1882年底，增为6万股，由500万元增加到750万元，[⑨]

---

① 何品：《汇丰1865—1902：近代银行制度“准则”》，http：//www. chinavalue. net/Media//Article. aspx? ArticleId = 5571&PageId = 1.

② 夏东元．郑观应集（上册）[M]．上海：上海人民出版社，1982年9月第1版，682.

③ Frank H. H. King with Catherine E. King and David J. S. King, The Hongkong Bank in Late Imperial China, 1864—1902: on an even keel. *The History of the Hongkong and Shanghai Banking Corporation*, Volume Ⅰ. Cambridge: Cambridge University Press, 1987, p. 59.

④ [英] 毛里斯·柯立斯．中华民国史资料丛稿，译稿，汇丰——香港上海银行：汇丰银行百年史 [M]．李周英等译，北京：中华书局，1979年12月，163-164.

⑤ 汪敬虞．十九世纪西方资本主义对中国的经济侵略 [M]．北京：人民出版社，1983年12月第1版，152.

⑥ 汪敬虞．外国资本在近代中国的金融活动 [M]．北京：人民出版社，1999年10月第1版，83.

⑦ North-China Daily News，1868年2月20日，第3847页。转引自汪敬虞．外国资本在近代中国的金融活动 [M]．北京：人民出版社，1999年10月第1版，84.

⑧ North-China Daily News，1868年8月15日，第4451页。转引自汪敬虞．外国资本在近代中国的金融活动 [M]．北京：人民出版社，1999年10月第1版，84.

⑨ North-China Herald，1882年11月10日，第1214页；《申报》，1883年1月9日。转引自汪敬虞．19世纪80年代世界银价的下跌和汇丰银行在中国的优势地位 [J]．中国经济史研究，2000（1）：7.

于1884年招足。[①] 1890年6月，增为8万股，由750万元再增加到1000万元，[②] 于1891年招足。[③] 1907年6月，更增为12万股，计1500万元。[④]

1864—1882年这18年中，汇丰未增资；1890—1907年这17年中，也未增资。1882—1890年这八年间，资本扩充一倍，由此可见，19世纪80年代是汇丰实力迅速增长的时期，银行利润的大幅增长是汇丰一再增资的动力来源。

第二章　汇丰银行的组织机构

第一节　法人治理结构

汇丰银行的法人治理结构分为以下四个部分[⑤]。

一、股东会

股东会有两种，一种为股东常会；另一种为股东临时会。股东常会每年12月31日召集，股东临时会，董事会认为有必要时召集，代表2000股以上的股东请求召集时，也得召集。股东会召集的通知，出席股东会的资格，关于决议权的限制，及其他事项，皆详定于章程中。

二、董事会

董事会由董事组织，负指挥的责任。董事由股东会从股东中选任，专门指挥银行业务大纲。董事会设在香港总行，选举议长和副议长各一名，以便整理董事会的议决事项；董事的人数资格和报酬，由股东会决定；董事办理贴现放款等业务时，贴现放款的数额，应受特别的限制，并不能做无担保的放款。

三、经理人

经理人执行银行日常业务。经理人执行业务时，应依据法令章程和股东会的决议。香港总行，置正副经理各一名，其他各分行，置经理一名，当然也有因业务繁重而置副经理一名或两名的，但伦敦分行与其他地方不同，伦敦分行特别设立了伦敦委员会这个机构。

四、监察人

监察人的人数、职权及其报酬，都由股东会决定，监察人的任期不能超过一年，每年由股东常会选任，但不能从股东中选任，监察人有监察的职务，对于每期股东会，必须提出董事会的营业报告与监察报告，至于被选监察人的资格，银行令及章程中，都无限制，只有董事或其

---

① 汪敬虞.19世纪80年代世界银价的下跌和汇丰银行在中国的优势地位［J］. 中国经济史研究，2000（1）：7.

② North－China Herald，1890年6月6日，709.

③ 汪敬虞.19世纪80年代世界银价的下跌和汇丰银行在中国的优势地位［J］. 中国经济史研究，2000（1）：7.

④ North－China Herald，1907年6月14日，640－641.

⑤《汇丰银行之今昔观（再续）》，《银行周报》民国6年6月12日发行，第1卷第3号，13－14.

他行员不能兼任监察人的规定。

第二节　总分行制的经营体制

汇丰银行实行总分行制的经营体制，这是银行组织结构的基本形式。它按照地域来进行银行机构的设置和管理，是与银行内部所经营的产品相对有限的情况相适应的。这种结构在汇丰银行的发展中是逐步形成并不断完善的。

一、总分行制的初步形成

汇丰银行刚开始营业时并未设立总行，也未设立总经理一职。苏石兰在计划书中指出，“汇丰银行将在香港和上海同时开业。而且由于它在上海的业务最重要，因此拟在上海设立一个当地的董事会，以便更有效地进行工作。汇丰银行并将根据情况的需要，在其他地点设立分行。”[①] 汇丰银行于 1865 年 3 月 3 日在克雷梭（Victor Kresser）带领下正式在香港开业，同年 4 月 3 日在麦克莱恩（David Mclean）带领下正式在上海开业，上海分行在当地的委员会下进行管理，这个委员会由宝顺洋行在 1864 年建立。[②] 上海分行经理与香港分行经理一道进入董事会。前面已提到，从汇丰英文名称中的“and”可以看出上海和香港两行最初的关系是并列平等的。事实上，麦克莱恩不仅负责上海的经营，也指导汇丰在中国中部和日本的经营活动，在日本的发展也是显著的，但汇丰是以中国为主要导向的。

随着汇丰银行的发展，指挥权逐渐移交到香港，香港经理于 1868 年成为总经理，他在董事会领导下成为最终决策者，同时上海的委员会消失。汇丰保留上海分行这个机构，上海分行经理保留进入董事会的权利，他与香港分行经理从某种意义上是伙伴关系，上海分行经理随时间的推移将控制汇丰在中国的资源，香港分行经理将控制汇丰人员、资金在全世界的分配。[③] 自 1865 年成立以来，香港和上海负责远东业务，特别是与中国有关的、与白银货币有关的业务，伦敦负责欧美业务，在机构的设置上，确定了两个业务活动中心，即伦敦，香港和上海，这就是汇丰银行的两套平行运行机制。[④]

二、总分行制的逐步完善

香港殖民地政府 1866 年第五号法令规定汇丰银行“在获得（英国）财政部的同意下，可在伦敦、印度、槟榔屿和新加坡或中国皇帝或日本将军府所辖领土内，设有英国领事或副领事之处，开设银行或设立分行。但设立只经营兑换、存汇业务的分理处（不能发行钞票），则不必经

---

① ［英］毛里斯·柯立斯．中华民国史资料丛稿，译稿，汇丰——香港上海银行：汇丰银行百年史［M］．李周英等译，北京：中华书局，1979 年 12 月，161.

② Frank H. H. King with Catherine E. King and David J. S. King，The Hongkong Bank in Late Imperial China，1864—1902：on an even keel. *The History of the Hongkong and Shanghai Banking Corporation*，Volume Ⅰ. Cambridge：Cambridge University Press，1987，p. 94.

③ Frank H. H. King with Catherine E. King and David J. S. King，The Hongkong Bank in Late Imperial China，1864—1902：on an even keel. *The History of the Hongkong and Shanghai Banking Corporation*，Volume Ⅰ. Cambridge：Cambridge University Press，1987，p. 53.

④ 巫云仙．汇丰银行与近代中国金融发展研究（1865—1949）［D］．博士学位论文，北京：中国人民大学，2004：50.

财政部同意。”[①]

汇丰银行在分支机构的设置上遵循分支最少化的原则，[②] 这样可以节约成本，使银行的利益最大化。分行与香港总行应融合成一个整体，每个分行不仅本身应是个盈利机构，还要对全行在远东地区的扩展作出贡献。[③] 在汇丰创办时，对于海外分支机构的设置，董事会一再强调，在银行的董事判断那里的生意不足以构成银行活动的“有机部分”时，他们一般不去设立分支机构，而所谓“有机部分”指的就是“中国的贸易”。[④] 1884 年董事会报告中，它明白地宣称：“不管那个地方的前景多么光明，只要董事会认为它和中国的贸易没有直接的联系或密切的重要性，就不把银行的生意扩展到那里去。”[⑤] 而银行所在地一般就是当地最重要的经济中心。

因此，汇丰银行在与中国贸易有关系的东方各港口，先设立代理处、办事处或分理处，如果证明有利可图，再升格为分行。如下文中的汉口、福州、厦门、曼谷、旧金山、横滨、打狗（今高雄）、加尔各答、孟买、马尼拉、新加坡都是这样。在汇丰银行开业之初，由于资金、人员还不具备，先设立代理机构，可以非常快速地在这些地区开展业务。随着业务量的增长与人员的齐备，比如纽约、仰光、新加坡、长崎、科伦坡，或者是这些代理机构的倒闭，比如马尼拉、旧金山，汇丰才逐步在这些地区设立分行。

史料中没有关于汇丰银行分行、代理处、办事处、分理处等的非常明确的定义，一般是以行政管理为基础来划分的。在 1890 年的官方资料中，香港、上海、新加坡、伦敦、横滨这五个是分行，其他的是行政级别低于分行的分支机构，事实上，从纸币发行来看，除了以上五个分行外，槟榔、厦门、福州、汉口、天津、神户也属于分行，从资本的角度来看，马尼拉也属于分行。[⑥] 分行与代理处之间的一个显著区别是，只有分行可以发行纸币而代理处不可以。[⑦] 一般由一个分行管辖其经营所在地附近的几个分支机构。

由于英国利益集中在长江流域，上海分行就成为中国地区分支机构的管辖行，营业额远远超出香港总行。上海分行在第一年的营业中带来了 193000 元的利润，而香港分行只有 168000 元。[⑧]

---

① ［英］毛里斯・柯立斯．中华民国史资料丛稿，译稿，汇丰——香港上海银行：汇丰银行百年史［M］．李周英等译，北京：中华书局，1979 年 12 月，164.

② Frank H. H. King with Catherine E. King and David J. S. King, The Hongkong Bank in Late Imperial China, 1864—1902: on an even keel. *The History of the Hongkong and Shanghai Banking Corporation*, Volume Ⅰ. Cambridge: Cambridge University Press, 1987, p. 395.

③ 何品：《汇丰 1865—1902：近代银行制度“准则”》，http://www.chinavalue.net/Media//Article.aspx? ArticleId = 5571&PageId = 1

④ Baster. The International Banks, p. 173. 转引自汪敬虞．19 世纪 80 年代世界银价的下跌和汇丰银行在中国的优势地位［J］．中国经济史研究，2000（1）：15－16.

⑤ Baster. The International Banks, p. 174. 转引自汪敬虞．19 世纪 80 年代世界银价的下跌和汇丰银行在中国的优势地位［J］．中国经济史研究，2000（1）：16.

⑥ Frank H. H. King with Catherine E. King and David J. S. King, The Hongkong Bank in Late Imperial China, 1864—1902: on an even keel. *The History of the Hongkong and Shanghai Banking Corporation*, Volume Ⅰ. Cambridge: Cambridge University Press, 1987, p. 395.

⑦ Frank H. H. King, Appendix: An outline of the problems of the Hongkong and Shanghai Banking Corporation's note issue. Frank H. H. King, *Eastern Banking: Essays in the history of the Hongkong and Shanghai Banking Corporation.* London: Athlone Press, 1983, p. 150.

⑧ Frank H. H. King with Catherine E. King and David J. S. King, The Hongkong Bank in Late Imperial China, 1864—1902: on an even keel. *The History of the Hongkong and Shanghai Banking Corporation*, Volume Ⅰ. Cambridge: Cambridge University Press, 1987, p. 94.

分属上海的分支机构包括汉口、天津、北京、虹口、青岛、哈尔滨和海参崴。[①] 1865 年 6 月 9 日，汉口设立代理机构，由 Gibb，Livingston and Co. 代理，[②] 1868 年，汉口改设分行。[③] 1881 年，天津设立分行，1885 年，北京设立分行。1910 年，虹口设立分行，1914 年，青岛设立分行，1915 年，哈尔滨设立分行。[④]

分属香港的分支机构包括福州、西贡、厦门、曼谷和广州。[⑤] 1865 年 3 月 25 日，福州设立代理机构，由 Gilman and Co. 代理，[⑥] 1866 年，福州设立办事处，1867 年改设分行。[⑦] 1866 年 1 月 2 日，西贡设立经理处，由 Messrs Behre and Co. 代理，[⑧] 1870 年，西贡设立分行。[⑨] 1865 年 4 月 12 日，厦门设立代理机构，由 Tait and Co. 代理，[⑩] 1873 年，厦门设立分行。[⑪] 1865 年 11 月 9 日，曼谷设立代理机构，由 Messrs Pickenpack，Thies and Co. 代理。[⑫] 1888 年，曼谷设立分行。[⑬]

---

① 巫云仙．汇丰银行与近代中国金融发展研究（1865—1949）［D］．博士学位论文，北京：中国人民大学，2004：51.

② Frank H. H. King with Catherine E. King and David J. S. King，The Hongkong Bank in Late Imperial China，1864—1902：on an even keel. *The History of the Hongkong and Shanghai Banking Corporation*，Volume Ⅰ. Cambridge：Cambridge University Press，1987，p. 95.

③ North－China Daily News，1868 年 3 月 16 日，第 3929 页；［英］毛里斯·柯立斯．中华民国史资料丛稿，译稿，汇丰——香港上海银行：汇丰银行百年史［M］．李周英等译，北京：中华书局，1979 年 12 月，139. Frank H. H. King with Catherine E. King and David J. S. King，The Hongkong Bank in Late Imperial China，1864—1902：on an even keel. *The History of the Hongkong and Shanghai Banking Corporation*，Volume Ⅰ. Cambridge：Cambridge University Press，1987，p. 150.

④ ［英］毛里斯·柯立斯．中华民国史资料丛稿，译稿，汇丰——香港上海银行：汇丰银行百年史［M］．李周英等译，北京：中华书局，1979 年 12 月，139.

⑤ 巫云仙．汇丰银行与近代中国金融发展研究（1865—1949）［D］．博士学位论文，北京：中国人民大学，2004：51.

⑥ Frank H. H. King with Catherine E. King and David J. S. King，The Hongkong Bank in Late Imperial China，1864—1902：on an even keel. *The History of the Hongkong and Shanghai Banking Corporation*，Volume Ⅰ. Cambridge：Cambridge University Press，1987，p. 95.

⑦ Frank H. H. King with Catherine E. King and David J. S. King，The Hongkong Bank in Late Imperial China，1864—1902：on an even keel. *The History of the Hongkong and Shanghai Banking Corporation*，Volume Ⅰ. Cambridge：Cambridge University Press，1987，p. 150. 一说福州是 1868 年改设分行，参见 North－China Daily News，1868 年 3 月 16 日，第 3929 页；汪敬虞．十九世纪西方资本主义对中国的经济侵略［M］．北京：人民出版社，1983 年 12 月第 1 版，151. 又说福州是 1877 年改设分行，参见［英］毛里斯·柯立斯．中华民国史资料丛稿，译稿，汇丰——香港上海银行：汇丰银行百年史［M］．李周英等译，北京：中华书局，1979 年 12 月，139.

⑧ ［英］毛里斯·柯立斯．中华民国史资料丛稿，译稿，汇丰——香港上海银行：汇丰银行百年史［M］．李周英等译，北京：中华书局，1979 年 12 月，47. Frank H. H. King with Catherine E. King and David J. S. King，The Hongkong Bank in Late Imperial China，1864—1902：on an even keel. *The History of the Hongkong and Shanghai Banking Corporation*，Volume Ⅰ. Cambridge：Cambridge University Press，1987，p. 95.

⑨ Frank H. H. King with Catherine E. King and David J. S. King，The Hongkong Bank in Late Imperial China，1864—1902：on an even keel. *The History of the Hongkong and Shanghai Banking Corporation*，Volume Ⅰ. Cambridge：Cambridge University Press，1987，p. 150；刘诗平：汇丰金融帝国：140 年的中国故事［M］．北京：中国方正出版社，2006 年 3 月第 1 版，26.

⑩ Frank H. H. King with Catherine E. King and David J. S. King，The Hongkong Bank in Late Imperial China，1864—1902：on an even keel. *The History of the Hongkong and Shanghai Banking Corporation*，Volume Ⅰ. Cambridge：Cambridge University Press，1987，p. 95.

⑪ ［英］毛里斯·柯立斯．中华民国史资料丛稿，译稿，汇丰——香港上海银行：汇丰银行百年史［M］．李周英等译，北京：中华书局，1979 年 12 月，139. Frank H. H. King with Catherine E. King and David J. S. King，The Hongkong Bank in Late Imperial China，1864—1902：on an even keel. *The History of the Hongkong and Shanghai Banking Corporation*，Volume Ⅰ. Cambridge：Cambridge University Press，1987，p. 150.

⑫ Frank H. H. King with Catherine E. King and David J. S. King，The Hongkong Bank in Late Imperial China，1864—1902：on an even keel. *The History of the Hongkong and Shanghai Banking Corporation*，Volume Ⅰ. Cambridge：Cambridge University Press，1987，p. 95.

⑬ ［英］毛里斯·柯立斯．中华民国史资料丛稿，译稿，汇丰——香港上海银行：汇丰银行百年史［M］．李周英等译，北京：中华书局，1979 年 12 月，139.

1880 年，广州设立分支机构。[①] 1909 年，广州设立分行。[②]

分属伦敦的分支机构是旧金山、纽约、里昂和汉堡。[③] 1865 年 7 月 26 日，伦敦设立特别办事处。1865 年 9 月 25 日，旧金山设立代理机构，由 Bank of California 代理，这个代理机构在 1875 年倒闭，[④] 1875 年设立分行，主要业务是购买西班牙所属墨西哥的银洋和白银，并运往香港，及承做美国西部华人对香港的汇款业务，以便利汇丰远东各分行与美国西海岸的银行或商行的联系。[⑤] 1880 年，纽约由于业务增长设立分行。[⑥] 1881 年，里昂设立分行，1889 年，汉堡设立分行。[⑦]

分属横滨的分支机构是神户、长崎和台北。[⑧] 1865 年 5 月 17 日，横滨设立代理机构，由 Macpherson and Marshall 代理，[⑨] 1866 年 3 月 23 日，横滨设立办事处，同年改设分行。[⑩] 1869 年，神户设立分行。[⑪] 1891 年，长崎由于业务增长设立分行。[⑫] 1886 年，打狗（高雄）设立代理

---

① 李飞等，张国辉．中国金融通史第二卷：清鸦片战争时期至清末时期［M］．北京：中国金融出版社，2003 年 10 月第 1 版，233. 又说广州 1880 年设立分行，参见刘诗平：汇丰金融帝国：140 年的中国故事［M］．北京：中国方正出版社，2006 年 3 月第 1 版，45.

② ［英］毛里斯·柯立斯．中华民国史资料丛稿，译稿，汇丰——香港上海银行：汇丰银行百年史［M］．李周英等译，北京：中华书局，1979 年 12 月，139.

③ 巫云仙．汇丰银行与近代中国金融发展研究（1865—1949）［D］．博士学位论文，北京：中国人民大学，2004：51.

④ Frank H. H. King with Catherine E. King and David J. S. King，The Hongkong Bank in Late Imperial China，1864—1902：on an even keel. *The History of the Hongkong and Shanghai Banking Corporation*，Volume Ⅰ. Cambridge：Cambridge University Press，1987，p. 152.

⑤ ［英］毛里斯·柯立斯．中华民国史资料丛稿，译稿，汇丰——香港上海银行：汇丰银行百年史［M］．李周英等译，北京：中华书局，1979 年 12 月，58. Frank H. H. King with Catherine E. King and David J. S. King，The Hongkong Bank in Late Imperial China，1864—1902：on an even keel. *The History of the Hongkong and Shanghai Banking Corporation*，Volume Ⅰ. Cambridge：Cambridge University Press，1987，pp. 151 – 152，347.

⑥ ［英］毛里斯·柯立斯．中华民国史资料丛稿，译稿，汇丰——香港上海银行：汇丰银行百年史［M］．李周英等译，北京：中华书局，1979 年 12 月，58. Frank H. H. King with Catherine E. King and David J. S. King，The Hongkong Bank in Late Imperial China，1864—1902：on an even keel. *The History of the Hongkong and Shanghai Banking Corporation*，Volume Ⅰ. Cambridge：Cambridge University Press，1987，p. 347.

⑦ Frank H. H. King with Catherine E. King and David J. S. King，The Hongkong Bank in Late Imperial China，1864—1902：on an even keel. *The History of the Hongkong and Shanghai Banking Corporation*，Volume Ⅰ. Cambridge：Cambridge University Press，1987，p. 347.

⑧ 巫云仙．汇丰银行与近代中国金融发展研究（1865—1949）［D］．博士学位论文，北京：中国人民大学，2004：51.

⑨ Frank H. H. King with Catherine E. King and David J. S. King，The Hongkong Bank in Late Imperial China，1864—1902：on an even keel. *The History of the Hongkong and Shanghai Banking Corporation*，Volume Ⅰ. Cambridge：Cambridge University Press，1987，p. 95.

⑩ Frank H. H. King with Catherine E. King and David J. S. King，The Hongkong Bank in Late Imperial China，1864—1902：on an even keel. *The History of the Hongkong and Shanghai Banking Corporation*，Volume Ⅰ. Cambridge：Cambridge University Press，1987，pp. 96，151.

⑪ ［英］毛里斯·柯立斯．中华民国史资料丛稿，译稿，汇丰——香港上海银行：汇丰银行百年史［M］．李周英等译，北京：中华书局，1979 年 12 月，139. Frank H. H. King with Catherine E. King and David J. S. King，The Hongkong Bank in Late Imperial China，1864—1902：on an even keel. *The History of the Hongkong and Shanghai Banking Corporation*，Volume Ⅰ. Cambridge：Cambridge University Press，1987，p. 150.

⑫ Frank H. H. King with Catherine E. King and David J. S. King，The Hongkong Bank in Late Imperial China，1864—1902：on an even keel. *The History of the Hongkong and Shanghai Banking Corporation*，Volume Ⅰ. Cambridge：Cambridge University Press，1987，p. 347.

处，[①] 由 Russell and Co. 代理，[②] 1894 年，基隆设立分行。1872 年，大阪设立分行。[③]

分属加尔各答的分支机构是仰光、孟买、科伦坡。[④] 1865 年 1 月 9 日，加尔各答即设立代理机构，由 McKillop，Stewart and Co. 代理，[⑤]香港的副经理史蒂芬生（Robert Stevenson）于 1867 年 12 月被派往加尔各答筹设分行[⑥]，1869 年，加尔各答设立分行[⑦]，1891 年，仰光由于业务增长设立分行。[⑧] 1864 年 12 月 26 日，孟买设立代理机构，由 B. and A. Hormusjee 代理，[⑨] 1869 年，孟买设立分行。[⑩] 1892 年，科伦坡由于业务增长设立分行。[⑪]

分属马尼拉的分支机构是怡朗（伊洛伊洛）。[⑫] 1865 年 3 月 25 日，马尼拉设立代理机构，由 Russell，Sturgis and Co. 代理，[⑬] 1875 年，原来的代理机构倒闭，马尼拉改设分行。[⑭] 1883 年，怡朗设立分行。[⑮]

---

① 刘诗平．汇丰金融帝国：140 年的中国故事［M］．北京：中国方正出版社，2006 年 3 月第 1 版，第 46 页．

② Frank H. H. King with Catherine E. King and David J. S. King，The Hongkong Bank in Late Imperial China，1864—1902：on an even keel. *The History of the Hongkong and Shanghai Banking Corporation*，Volume Ⅰ. Cambridge：Cambridge University Press，1987，p. 347.

③ Frank H. H. King with Catherine E. King and David J. S. King，The Hongkong Bank in Late Imperial China，1864—1902：on an even keel. *The History of the Hongkong and Shanghai Banking Corporation*，Volume Ⅰ. Cambridge：Cambridge University Press，1987，p. 150.

④ 巫云仙．汇丰银行与近代中国金融发展研究（1865—1949）［D］．博士学位论文，北京：中国人民大学，2004，第 51 页。

⑤ Frank H. H. King with Catherine E. King and David J. S. King，The Hongkong Bank in Late Imperial China，1864—1902：on an even keel. *The History of the Hongkong and Shanghai Banking Corporation*，Volume Ⅰ. Cambridge：Cambridge University Press，1987，p. 95.

⑥ ［英］毛里斯·柯立斯．中华民国史资料丛稿，译稿，汇丰——香港上海银行：汇丰银行百年史［M］．李周英等译，北京：中华书局，1979 年 12 月，59. Frank H. H. King with Catherine E. King and David J. S. King，The Hongkong Bank in Late Imperial China，1864—1902：on an even keel. *The History of the Hongkong and Shanghai Banking Corporation*，Volume Ⅰ. Cambridge：Cambridge University Press，1987，pp. 152－153.

⑦ 刘诗平：汇丰金融帝国：140 年的中国故事［M］．北京：中国方正出版社，2006 年 3 月第 1 版，26.

⑧ ［英］毛里斯·柯立斯．中华民国史资料丛稿，译稿，汇丰——香港上海银行：汇丰银行百年史［M］．李周英等译，北京：中华书局，1979 年 12 月，139. Frank H. H. King with Catherine E. King and David J. S. King，The Hongkong Bank in Late Imperial China，1864—1902：on an even keel. *The History of the Hongkong and Shanghai Banking Corporation*，Volume Ⅰ. Cambridge：Cambridge University Press，1987，p. 347.

⑨ Frank H. H. King with Catherine E. King and David J. S. King，The Hongkong Bank in Late Imperial China，1864—1902：on an even keel. *The History of the Hongkong and Shanghai Banking Corporation*，Volume Ⅰ. Cambridge：Cambridge University Press，1987，p. 95.

⑩ ［英］毛里斯·柯立斯．中华民国史资料丛稿，译稿，汇丰——香港上海银行：汇丰银行百年史［M］．李周英等译，北京：中华书局，1979 年 12 月，59. 刘诗平：汇丰金融帝国：140 年的中国故事［M］．北京：中国方正出版社，2006 年 3 月第 1 版，26.

⑪ Frank H. H. King with Catherine E. King and David J. S. King，The Hongkong Bank in Late Imperial China，1864—1902：on an even keel. *The History of the Hongkong and Shanghai Banking Corporation*，Volume Ⅰ. Cambridge：Cambridge University Press，1987，p. 347.

⑫ 巫云仙．汇丰银行与近代中国金融发展研究（1865—1949）［D］．博士学位论文，北京：中国人民大学，2004，第 51 页。

⑬ Frank H. H. King with Catherine E. King and David J. S. King，The Hongkong Bank in Late Imperial China，1864—1902：on an even keel. *The History of the Hongkong and Shanghai Banking Corporation*，Volume Ⅰ. Cambridge：Cambridge University Press，1987，p. 95.

⑭ ［英］毛里斯·柯立斯．中华民国史资料丛稿，译稿，汇丰——香港上海银行：汇丰银行百年史［M］．李周英等译，北京：中华书局，1979 年 12 月，55，139. Frank H. H. King with Catherine E. King and David J. S. King，The Hongkong Bank in Late Imperial China，1864—1902：on an even keel. *The History of the Hongkong and Shanghai Banking Corporation*，Volume Ⅰ. Cambridge：Cambridge University Press，1987，pp. 151，347.

⑮ 新华社译为伊洛伊洛，当地惯称怡朗，在菲律宾，［英］毛里斯·柯立斯．中华民国史资料丛稿，译稿，汇丰——香港上海银行：汇丰银行百年史［M］．李周英等译，北京：中华书局，1979 年 12 月，139.

分属雅加达的分支机构是雅加达。① 1884 年，雅加达设立分行。②

分属新加坡的分支机构是槟榔、马六甲、吉隆坡、怡保和柔佛州。③ 1865 年 1 月 9 日，新加坡设立代理机构，由 Borneo Co. , Ltd. 代理,④ 1877 年，新加坡因业务增长由分理处升为分行。⑤ 1884 年，槟榔设立分支机构,⑥ 1890 年，槟榔设立分行，马六甲于 1909 年设立分行，吉隆坡于 1910 年设立分行，怡保于 1909 年设立分行，柔佛于 1910 年设立分行。⑦

表 1-2　　汇丰银行分支机构设立年份一览⑧

设立年份	分支机构	设立年份	分支机构
1864	孟买（Bombay）	1865	香港（Hongkong）
1865	上海（Shanghai）	1865	伦敦（London）
1865	旧金山（San Francisco）	1865	巴黎（Paris）⑨
1865	厦门（Amoy）	1865	横滨（Yokohama）
1865	马尼拉（Manila）	1865	汉口（Hankow）
1865	加尔各答（Calcutta）	1865	新加坡（Singapore）
1865	墨尔本（Melbourne）⑩	1865	瓦尔帕来索（Valparaiso）⑪
1865	悉尼（Sydney）⑫	1865	汕头（Swatow）⑬

① 巫云仙. 汇丰银行与近代中国金融发展研究（1865—1949）[D]. 博士学位论文，北京：中国人民大学，2004，第 51 页。

② 当时名巴塔维亚，[英] 毛里斯·柯立斯. 中华民国史资料丛稿，译稿，汇丰——香港上海银行：汇丰银行百年史 [M]. 李周英等译，北京：中华书局，1979 年 12 月，139.

③ 巫云仙. 汇丰银行与近代中国金融发展研究（1865—1949）[D]. 博士学位论文，北京：中国人民大学，2004，第 51 页。

④ Frank H. H. King with Catherine E. King and David J. S. King, The Hongkong Bank in Late Imperial China, 1864—1902: on an even keel. *The History of the Hongkong and Shanghai Banking Corporation*, Volume Ⅰ. Cambridge: Cambridge University Press, 1987, p. 95.

⑤ 刘诗平. 汇丰金融帝国：140 年的中国故事 [M]. 北京：中国方正出版社，2006 年 3 月第 1 版，第 46 页；Frank H. H. King with Catherine E. King and David J. S. King, The Hongkong Bank in Late Imperial China, 1864—1902: on an even keel. *The History of the Hongkong and Shanghai Banking Corporation*, Volume Ⅰ. Cambridge: Cambridge University Press, 1987, p. 347.

⑥ Frank H. H. King with Catherine E. King and David J. S. King, The Hongkong Bank in Late Imperial China, 1864—1902: on an even keel. *The History of the Hongkong and Shanghai Banking Corporation*, Volume Ⅰ. Cambridge: Cambridge University Press, 1987, p. 347.

⑦ [英] 毛里斯·柯立斯. 中华民国史资料丛稿，译稿，汇丰——香港上海银行：汇丰银行百年史 [M]. 李周英等译，北京：中华书局，1979 年 12 月，139.

⑧ 本表选取的时间是最初在此处设立机构的时间，不区分代理机构、分理处、分行等。

⑨ 1865 年 4 月 12 日，巴黎设立代理机构，由 La Société Général de Crédit Industrial et Commercial 代理，参见 Frank H. H. King with Catherine E. King and David J. S. King, The Hongkong Bank in Late Imperial China, 1864—1902: on an even keel. *The History of the Hongkong and Shanghai Banking Corporation*, Volume Ⅰ. Cambridge: Cambridge University Press, 1987, p. 95.

⑩ 1865 年 9 月 25 日，设立代理机构，由 Union Bank of Australia 代理，参见 Frank H. H. King with Catherine E. King and David J. S. King, The Hongkong Bank in Late Imperial China, 1864—1902: on an even keel. *The History of the Hongkong and Shanghai Banking Corporation*, Volume Ⅰ. Cambridge: Cambridge University Press, 1987, p. 95.

⑪ 智利（Chile）港口，1865 年 9 月 25 日，设立代理机构，由 Messrs Th. Lachambre and Co. 代理，参见 Frank H. H. King with Catherine E. King and David J. S. King, The Hongkong Bank in Late Imperial China, 1864—1902: on an even keel. *The History of the Hongkong and Shanghai Banking Corporation*, Volume Ⅰ. Cambridge: Cambridge University Press, 1987, p. 95.

⑫ 1865 年 9 月 25 日，设立代理机构，由 Union Bank of Australia 代理，参见 Frank H. H. King with Catherine E. King and David J. S. King, The Hongkong Bank in Late Imperial China, 1864—1902: on an even keel. *The History of the Hongkong and Shanghai Banking Corporation*, Volume Ⅰ. Cambridge: Cambridge University Press, 1987, p. 95.

⑬ 1865 年 4 月 12 日，汕头设立代理机构，由 Bradley and Co. 代理，参见 Frank H. H. King with Catherine E. King and David J. S. King, The Hongkong Bank in Late Imperial China, 1864—1902: on an even keel. *The History of the Hongkong and Shanghai Banking Corporation*, Volume Ⅰ. Cambridge: Cambridge University Press, 1987, p. 95；1866 年，汕头设立分理处，参见汪敬虞：《汇丰银行的成立及其在中国的初期活动》，《经济研究所集刊》第 5 集，第 287 页，转引自李飞等主编，张国辉. 中国金融通史第二卷：清鸦片战争时期至清末时期 [M]. 北京：中国金融出版社，2003 年 10 月第 1 版，232.

续表

设立年份	分支机构	设立年份	分支机构
1865	宁波（Ningpo）①	1865	九江（Kiukiang）②
1865	曼谷（Bangkok）	1865	福州（Foochow）
1866	西贡（Saigon）	1869	神户（Kobe/Hiogo）
1872	大阪（Osaka）	1874	爱丁堡（Edinburgh）③
1876	烟台	1880	北海④
1880	广州（Canton）	1880	纽约（Now York）
1881	澳门（Macau）⑤	1881	天津（Tientsin）
1881	里昂（Lyons）	1883	怡朗（Iloilo）
1884	泗水⑥	1884	雅加达（Batavia）
1884	槟榔（Penang）	1885	北京（Peking）
1886	打狗（高雄）（Tamsui）	1889	汉堡（Hamburg）
1891	仰光（Rangoon）	1891	长崎（Nagasaki）
1892	科伦坡（Colombo）	1892	牛庄
1894	基隆		

资料来源：①［英］毛里斯·柯立斯著，李周英等译：《中华民国史资料丛稿，译稿，汇丰——香港上海银行：汇丰银行百年史》，北京：中华书局，1979年12月，第139页；②刘诗平：《汇丰金融帝国：140年的中国故事》，北京：中国方正出版社，2006年3月第1版，第26、45、46页；③Frank H. H. King with Catherine E. King and David J. S. King, The Hongkong Bank in Late Imperial China, 1864—1902: on an even keel. *The History of the Hongkong and Shanghai Banking Corporation*, Volume Ⅰ. Cambridge: Cambridge University Press, 1987, pp. 95, 151, 347, 395, 501.

至1894年，汇丰银行在与中国有贸易往来的地方，有华人居住的地方都设立了分行，其分支机构基本上涵盖了中国主要的贸易和人员往来区域。汇丰的分支机构（见表1-2），除了香

---

① 1865年5月17日，宁波设立代理机构，由D. Sassoon, Sons and Co. 代理，1865年9月25日，由Davidson and Co. 代理；参见Frank H. H. King with Catherine E. King and David J. S. King, The Hongkong Bank in Late Imperial China, 1864—1902: on an even keel. *The History of the Hongkong and Shanghai Banking Corporation*, Volume Ⅰ. Cambridge: Cambridge University Press, 1987, p. 95；1866年，宁波设立办事处。

② 1865年5月17日，九江设立代理机构，由Augustine Heard and Co. 代理，参见Frank H. H. King with Catherine E. King and David J. S. King, The Hongkong Bank in Late Imperial China, 1864—1902: on an even keel. *The History of the Hongkong and Shanghai Banking Corporation*, Volume Ⅰ. Cambridge: Cambridge University Press, 1987, p. 95. 1879年，九江设立分支机构，参见李飞等主编，张国辉. 中国金融通史第二卷：清鸦片战争时期至清末时期［M］. 北京：中国金融出版社，2003年10月第1版，234；刘诗平：汇丰金融帝国：140年的中国故事［M］. 北京：中国方正出版社，2006年3月第1版，45.

③ Frank H. H. King with Catherine E. King and David J. S. King, The Hongkong Bank in Late Imperial China, 1864—1902: on an even keel. *The History of the Hongkong and Shanghai Banking Corporation*, Volume Ⅰ. Cambridge: Cambridge University Press, 1987, p. 154.

④ 1880年，北海设立代理处。参见刘诗平：汇丰金融帝国：140年的中国故事［M］. 北京：中国方正出版社，2006年3月第1版，45；李飞等主编，张国辉. 中国金融通史第二卷：清鸦片战争时期至清末时期［M］. 北京：中国金融出版社，2003年10月第1版，233.

⑤ 1881年，澳门设立代理处，参见刘诗平：汇丰金融帝国：140年的中国故事［M］. 北京：中国方正出版社，2006年3月第1版，45-46；李飞等主编，张国辉. 中国金融通史第二卷：清鸦片战争时期至清末时期［M］. 北京：中国金融出版社，2003年10月第1版，234. 1887年，澳门设立分行，参见Frank H. H. King with Catherine E. King and David J. S. King, The Hongkong Bank in Late Imperial China, 1864—1902: on an even keel. *The History of the Hongkong and Shanghai Banking Corporation*, Volume Ⅰ. Cambridge: Cambridge University Press, 1987, p. 347.

⑥ 指印度尼西亚的泗水，［英］毛里斯·柯立斯：中华民国史资料丛稿，译稿，汇丰——香港上海银行：汇丰银行百年史［M］. 李周英等译，北京：中华书局，1979年12月，139.

港、上海、伦敦、新加坡、横滨这五个非常明确的分行，还有中国的汉口、宁波、汕头、福州、厦门、广州、九江、北海、烟台、天津、北京、牛庄、澳门、基隆、打狗（高雄），日本的神户、大阪、长崎，印度的加尔各答、孟买，荷属东印度（今印度尼西亚）的巴塔维亚（今雅加达）、泗水，暹罗（今泰国）的曼谷，缅甸的仰光，锡兰（今斯里兰卡）的科伦坡，法属印度支那（今分属越南、老挝、柬埔寨）的西贡（今胡志明市），菲律宾的马尼拉、怡朗，马来西亚的槟榔，英国的爱丁堡，法国的巴黎、里昂，德国的汉堡，美国的纽约、旧金山，智利的瓦尔帕来索，澳大利亚的悉尼、墨尔本。计划设立的还有加拿大的温哥华（Vancouver）、印度尼西亚的苏拉巴亚（Sourabaya）、马来西亚的婆罗洲（Borneo）①。此时，汇丰银行总分行制的经营体制已经逐步完善了。

第三章　汇丰银行的资金来源

第一节　发行纸币

一、汇丰银行纸币的设计

1865 年汇丰银行开始营业时，香港总行便立即发行钞票。纸币不仅是一种简单的交易媒介，也是银行向公众树立形象的一种方式，其设计必须包含一些基本的实用信息，如它的面额、兑现地、币种等，通过在纸币中心印刷一些说明性文字来传达。② 在设计上，上海纸币与香港系列有非常明显的相似点，只是在面额上有所不同，并且上海纸币在正面的边处加入两条垂直含片。③ Barclay and Fry 公司成为汇丰纸币的印刷者后，他们改变了早期纸币垂直线的风格，在 1884 年纸币的中心加入了一个椭圆形的嵌板。这种设计在其他面额中也被使用，在 100 元的纸币上涂了层额外的橙色，但这些纸币的背面都沿用了香港总行纸币的设计。④

早期汇丰银行纸币在每次发行中所经历的设计与装饰的变化，除反映了汇丰历史外，也与纸币印刷防伪技术的发展同步。现存有关汇丰早期纸币发行的记载很不完全，其设计内容大体经历了一个由简单到复杂再到简单的过程。早期的设计内容相对简单，1900 年后变得日趋复杂，主要是因为必须设计很多细节来防伪，自 1927 年水印标志被用于防伪技术后，纸币内容设计又变得简单了。从发行方式上看，早期是用手写日期、手写签名来发行的，后来变为印刷日期、印刷签名。

---

① Frank H. H. King with Catherine E. King and David J. S. King, The Hongkong Bank in Late Imperial China, 1864—1902: on an even keel. *The History of the Hongkong and Shanghai Banking Corporation*, Volume Ⅰ. Cambridge: Cambridge University Press, 1987, p. 395.

② Judith Sear, Variety in the note issues of the Hongkong and Shanghai Banking Corporation, 1865—1891. Frank H. H. King, Eastern Banking: Essays in the history of the Hongkong and Shanghai Banking Corporation. London: Athlone Press, 1983, p. 139.

③ Judith Sear, Variety in the note issues of the Hongkong and Shanghai Banking Corporation, 1865—1891. Frank H. H. King, Eastern Banking: Essays in the history of the Hongkong and Shanghai Banking Corporation. London: Athlone Press, 1983, p. 141.

④ Judith Sear, Variety in the note issues of the Hongkong and Shanghai Banking Corporation, 1865—1891. Frank H. H. King, Eastern Banking: Essays in the history of the Hongkong and Shanghai Banking Corporation. London: Athlone Press, 1983, p. 141.

汇丰刚成立时名为“Hongkong and Shanghae Banking Company Limited”，而不是“The Hongkong and Shanghai Banking Corporation”。在私人收藏者手中有几张标题是前者的样品纸币，因此已经发行了的这种纸币是极其稀有与珍贵的。①

在早期汇丰纸币的多次发行中，仅有一些纸币的样品被保存了下来。有些样品是以黑白模型或纸板的形式被保存下来的。由于书面证据缺乏，这些纸币的样板是否真的发行还有待考证。②

二、汇丰银行纸币的印刷

早期上海汇丰银行纸币大部分是在伦敦印刷的。从做出发行纸币的决定、选择好设计方案，再到伦敦印好，装运到上海，需要很长时间。尽管官方宣布汇丰 1865 年 4 月 3 日就在上海营业，但由上海分行发行的第一张纸币，直到 1875 年才出现。③ 与同期香港总行的纸币一样，早期上海纸币是由 Ashby and Company 公司印制的。后来 Barclay and Fry 公司成为汇丰纸币的印刷者，如汇丰用墨西哥元发行的纸币就是由 Barclay and Fry 公司在伦敦印刷的。

三、汇丰银行纸币的清偿

19 世纪，外资银行的纸币是用白银来清偿的，通常是以银元来发行，也有用银两的。银元券的兑现，只用发行市区内通用的银元，如上海用鹰洋，广州和北京用英国通商银元等，上海的银两券用规元银兑现。④ 不论中国地方的银元，还是西班牙、法国、英国、美国的银元，或是日本的贸易元，都有近似的含银量。⑤

早期上海汇丰纸币是用银两发行的，直到 1899 年都如此。1878 年，汇丰银行在厦门发行了以“西班牙本洋”为单位的“银元钞票”，⑥ 从 1884 年起，汇丰银行已用墨西哥元为基础发行纸币了。

四、汇丰银行纸币的面额

汇丰银行发行的银元券有 1 元、5 元、10 元、50 元、100 元五种；银两券有 5 两、10 两、50 两、100 两四种。银两券的发行多于银元券。流通区域多在香港、上海、广州。⑦ 在以墨西哥元发行的 5 元至 100 元的汇丰纸币被大规模印制时，一种小尺寸的纸币，看起来比以前纸币的一半还要小，1893 年就已被投入流通了。这种小型纸币不仅在尺寸上是原来的缩小版，更保持了

---

① Judith Sear, Variety in the note issues of the Hongkong and Shanghai Banking Corporation, 1865—1891. Frank H. H. King, Eastern Banking: Essays in the history of the Hongkong and Shanghai Banking Corporation. London: Athlone Press, 1983, p. 140.

② Judith Sear, Variety in the note issues of the Hongkong and Shanghai Banking Corporation, 1865—1891. Frank H. H. King, Eastern Banking: Essays in the history of the Hongkong and Shanghai Banking Corporation. London: Athlone Press, 1983, p. 139.

③ Judith Sear, Variety in the note issues of the Hongkong and Shanghai Banking Corporation, 1865—1891. Frank H. H. King, Eastern Banking: Essays in the history of the Hongkong and Shanghai Banking Corporation. London: Athlone Press, 1983, p. 140.

④ 杨端六. 清代货币金融史稿 [M]. 北京：三联书店，1962 年 7 月第 1 版，234 - 235.

⑤ Judith Sear, Variety in the note issues of the Hongkong and Shanghai Banking Corporation, 1865—1891. Frank H. H. King, Eastern Banking: Essays in the history of the Hongkong and Shanghai Banking Corporation. London: Athlone Press, 1983, pp. 140 - 141.

⑥ Banister: A History of the External Trade of China, 1834—1881, 第 136 页。转引自汪敬虞. 外国资本在近代中国的金融活动 [M]. 北京：人民出版社，1999 年 10 月第 1 版，173.

⑦ 广畑茂：《支那货币史钱庄考》，第 267 - 276 页。转引自杨端六. 清代货币金融史稿 [M]. 北京：三联书店，1962 年 7 月第 1 版，244.

一种小的发行比率。

总行设在殖民地香港的汇丰银行享受这个殖民地政府的优待和支持。根据英国殖民地银行条例，所有殖民地银行只能发行单位在一镑以上的大额钞票。1866 年源自英国的金融危机导致在香港开业的十一家银行中有六家倒闭，此后，遭遇钞票恐慌的华人纷纷将钞票兑换成银元，加上铸造部分银元的香港铸币厂于 1868 年结业，银元供不应求，在汇丰的请求下，1872 年香港总督借口市上通货缺乏，却独许汇丰银行发行票面一元的小额钞票。① 尽管香港总督的“非常措施”引起英国政府的严重关切，但是汇丰银行的小额钞票却不顾一切大量出笼，迅速泛滥于华南各地。②

五、汇丰银行纸币的发行依据

汇丰银行纸币的发行要受到法令限制。汇丰在中国发行纸币没有从中国政府获得任何特许，只是凭借英国在华特权，不受中国政府法令的约束。前面提到汇丰银行是按照 1862 年英国公司法和殖民地银行则例，依香港总督府令设立。根据英国银行一般条例，其纸币发行是被许可的。汇丰总行设在香港殖民地，其纸币发行，还受殖民地条例的规制。若汇丰不遵守殖民地条例，其纸币将不被殖民地政府作为政府应付款和税收货币接纳，也就不能在流通中被广泛接受。在殖民地发行纸币并不需要皇家特许证。早期纸币，如丽如银行早期纸币，对持有者来说，仅是一种活期应付票据，没有法定地位。丽如银行的失败说明，除非纸币发行是被担保的，否则将发生一场动乱，这种动乱会立刻损害经济，并发展成一种潜在的严重政治后果。因此，纸币发行不仅是银行的事，还是政府的事。但只有硬币是法偿货币，纸币仍不是法偿货币。纸币只是作为货币供给的一个部分，但已不再被视作私人经济部门的负债。

1866 年，汇丰银行则例中的第 12 ~ 13 款，规定汇丰纸币发行数额以其实缴股本为限，发行的纸币须有 1/3 的硬币及生贷，汇丰对纸币发行负无限责任，③ 从表1 - 3中可以看到，汇丰银行历年纸币流通量随已缴股本增加而增加，都未超过已缴股本数额。在汇丰银行 1882 年修订条例中，已经给予纸币持有者债权人的特权，④ 这与其他的纸币发钞行是有所不同的。从某个层面上讲，这种对纸币发行负无限责任的条款，最终成为汇丰银行的一个优势，对于其纸币的广为流通是很有利的。1884 年，香港殖民当局借口银价下落，市上银根紧张，向英国政府建议增加汇丰纸币发行数额。⑤ 这一年汇丰银行的纸币发行比上一年增加了 200 多万元。1889 年 11 月，在香港殖民当局努力下英国政府放宽了汇丰纸币发行准备的条件，修改后的银行条例允许用有价

---

① Europe in China，pp. 496 - 497. 转引自郑宾鸿：《香港银行杂谈》［其他出版项不详］。

② King F H H.，Money in British East Asia，1957 年版，第 103 - 104 页；King F H H.，The Monetary Systerm of Hongkong，1953 年版，第 33 页，转引自汪敬虞：十九世纪西方资本主义对中国的经济侵略［M］. 北京：人民出版社，1983 年 12 月第 1 版，222.

③ Frank H. H. King with Catherine E. King and David J. S. King，The Hongkong Bank in Late Imperial China，1864—1902：on an even keel. *The History of the Hongkong and Shanghai Banking Corporation*，Volume Ⅰ. Cambridge：Cambridge University Press，1987，p. 119；马寅初. 马寅初演讲与论文集：马寅初文集［M］. 北京：北京大学出版社，2005 年 9 月第 1 版，35 - 36.

④ Frank H. H. King with Catherine E. King and David J. S. King，The Hongkong Bank in Late Imperial China，1864—1902：on an even keel. *The History of the Hongkong and Shanghai Banking Corporation*，Volume Ⅰ. Cambridge：Cambridge University Press，1987，p. 392.

⑤ G. B. Endacott：A History of Hongkong，1958 年版，第 258 页。转引自汪敬虞. 外国资本在近代中国的金融活动［M］. 北京：人民出版社，1999 年 10 月第 1 版，174.

证券作为发行准备。① 作为一项负债的纸币发行，需要有一定的准备做抵押，规定的准备证券是其实缴股本的1/3。在这一年的股东特别大会上，汇丰董事长向股东们说："你们无疑知道多少年来我们都在设法（申请）修改我们的注册条例（指发行准备部分），我们要感谢（香港）总督阁下的帮忙，使我们成功地达到我们的目的，"这对汇丰银行来说是"头等重要的事情"。② 受1889年放宽纸币发行准备的影响，汇丰纸币流通量从1890年6月到1892年12月实现了巨额增长。

表1－3　　汇丰银行已缴股本、流通纸币、吸收存款和政府债券数额表　　单位：元

时间	已缴股本	流通纸币	吸收存款	政府债券
1867－06	2500000.00	1090000.00	3630000.00	—
1869－06	3000000.00	1408927.35	6451202.99	938715.60
1869－12	3500000.00	1759504.46	5949251.00	938715.60
1870－12	4000000.00	1714769.83	9329215.01	2946851.26
1871－12	4500000.00	1515191.22	11063056.16	2041986.09
1874－06	5000000.00	1446633.05	14763686.12	1871911.11
1883－06	5926765.62	2712289.91	46106246.70	1162902.40
1884－06	7500000.00	3567253.53	46057073.74	3281160.40
1890－06	8168062.50	6478448.68	93101200.47	3620945.94
1890－12	9296677.07	6188962.01	103112514.40	5229624.32
1891－06	10000000.00	6247958.00	111416451.00	4042937.00
1894－12	10000000.00	9976836.00	104300753.00	7373000.00

汇丰银行董事长之所以如此激动，把修改发行准备看作头等重要的事情，一方面因为汇丰持有的有价证券是逐年增加的，从表1－3中政府债券可见一斑，除了政府债券它还持有其他各种证券，把有价证券作为发行准备无疑为其持有的各种有价证券提供了一个很好的利用渠道；另一方面，能作为发行准备的生贷是极其有限的，这严重制约了纸币发行量的增加，并且硬币的流通性要优于有价证券，汇丰持有足量的不作为发行准备的硬币对其银行资产的流动性和安全性，是至关重要的。但又出现一个问题，作为汇丰纸币发行准备的这部分证券，由于不能被投入商业运用，必然产生一个可观的机会成本。③ 作为准备的证券的利率是3%，而用于其他商业放款的利率是10%，其利率损失是相当大的。④ 当汇丰的实缴股本从750万元增加到1000万元时，纸币的发行准备也要求相应增加，其增加量等于所增加股本的1/3，大约是833333港

① Frank H. H. King with Catherine E. King and David J. S. King, The Hongkong Bank in Late Imperial China, 1864—1902: on an even keel. *The History of the Hongkong and Shanghai Banking Corporation*, Volume Ⅰ. Cambridge: Cambridge University Press, 1987, p. 381.

② North－China Herald, 1890年1月31日。转引自汪敬虞：外国资本在近代中国的金融活动［M］. 北京：人民出版社，1999年10月第1版，174.

③ 机会成本（Opportunity Cost），指做一个选择后所丧失的不做该选择而可能获得的最大利益，可以理解为把一定资源投入某一用途后所放弃的在其他用途中所能获得的利益。

④ Frank H. H. King with Catherine E. King and David J. S. King, The Hongkong Bank in Late Imperial China, 1864—1902: on an even keel. *The History of the Hongkong and Shanghai Banking Corporation*, Volume Ⅰ. Cambridge: Cambridge University Press, 1987, p. 393.

元。[1] 1891 年 8 月，杰克逊在伦敦写信给殖民地当局，要求取消额外的证券准备，理由是现在的纸币发行量仅为 620 多万港元，而且在很多年内，将不会超过以前授权的最大发行量 750 万港元。杰克逊宣称，当事实上的发行量超过了这个限制时，银行将立刻通知政府，并且足额存储这些额外的证券。英国财务大臣建议同意，但财政部拒绝。[2] 汇丰银行在 1892 年增大纸币发行量，仅 1892 年下半年，其纸币流通量就陡然增加了 300 多万元。

六、汇丰银行纸币的发行数量

19 世纪 80 年代初，汇丰纸币进入汉口。[3] 19 世纪 80 年代中期，福州、汉口等这些已开设了十年以上的分行获得了汇丰总行明确的有关发行纸币的许可，于是大量纸币涌现。“所出钞票，在厦门一隅，已约六七十万”，出口茶叶和华侨汇款，统以汇丰银元钞票支付。[4] 在福州，19 世纪 80 年代末期，汇丰的纸币已经普遍流行。[5] 从彼时起，汇丰纸币取代了有悠久历史的福州钱票的地位。凭借汇丰的优势地位，有些交易契约还特别规定“须用汇丰的钞票支付”。因此，自 19 世纪 80 年代起，中国的通商口岸，几乎没有一处没有汇丰的纸币泛滥。需要指出的是，由于季节原因，纸币发行变化非常大，比如在中国春节或贸易旺盛的季节，纸币的需求量特别大。

汇丰银行 1889 年 4 月的纸币发行量如下：香港为 3023437 元、新加坡为 1367150 元、槟榔为 633920 元、厦门为 113124 元、福州为 39259 元、上海为 507000 元、汉口为 1860 元、天津为 17571 元、神户为 60462 元、横滨为 26055 元，总共为 5791838 元。在整个发行量中，中国香港占 52.2%，日本占 1.5%，海峡殖民地占 34.5%。[6] 整个中国地区的发行量就占汇丰纸币发行总量的 63.9%。事实上，在汇丰其他的各项银行业务中，中国地区的业务量都占很大比重，因为汇丰银行的总部在中国，是为满足中国本地的贸易需要为导向的。汇丰银行历年营业报告中的数据，完全可以反映汇丰在中国区的业务发展情况。

---

① Frank H. H. King with Catherine E. King and David J. S. King, The Hongkong Bank in Late Imperial China, 1864—1902: on an even keel. *The History of the Hongkong and Shanghai Banking Corporation*, Volume Ⅰ. Cambridge: Cambridge University Press, 1987, p. 446.

② Frank H. H. King with Catherine E. King and David J. S. King, The Hongkong Bank in Late Imperial China, 1864—1902: on an even keel. *The History of the Hongkong and Shanghai Banking Corporation*, Volume Ⅰ. Cambridge: Cambridge University Press, 1987, pp. 446 - 447.

③ Decennial Reports, 1882—1891 年，汉口，第 177 页。转引自汪敬虞：外国资本在近代中国的金融活动［M］. 北京：人民出版社，1999 年 10 月第 1 版，173.

④ 《申报》，1887 年 1 月 4 日。转引自汪敬虞：外国资本在近代中国的金融活动［M］. 北京：人民出版社，1999 年 10 月第 1 版，174.

⑤ North - China Herald，1889 年 11 月 29 日，第 662 页。转引自汪敬虞. 外国资本在近代中国的金融活动［M］. 北京：人民出版社，1999 年 10 月第 1 版，174.

⑥ Frank H. H. King with Catherine E. King and David J. S. King, The Hongkong Bank in Late Imperial China, 1864—1902: on an even keel. *The History of the Hongkong and Shanghai Banking Corporation*, Volume Ⅰ. Cambridge: Cambridge University Press, 1987, p. 392.

表 1－4　　　　　　汇丰银行 1865—1895 年流通纸币数额　　　　　　单位：元

时间	流通纸币	时间	流通纸币
1865－12	*800000. 00*	1880－06	1658802. 58
1866－06	*730000. 00*	1880－12	1945355. 00
1866－12	*930000. 00*	1881－06	1981616. 00
1867－06	*1090000. 00*	1882－12	2606632. 03
1867－12	1216890. 00	1883－06	2712289. 91
1868－06	*1020000. 00*	1884－06	3567253. 53
1868－12	1110749. 00	1884－12	4733074. 11
1869－06	1408927. 35	1885－12	4662736. 00
1869－12	1759504. 46	1886－12	4449739. 00
1870－06	*1510000. 00*	1887－06	4728358. 12
1870－12	1714769. 83	1887－12	5877586. 00
1871－06	1673645. 00	1888－06	5448320. 82
1871－12	1515191. 22	1888－12	5609638. 00
1872－06	*1510000. 00*	1889－06	5328397. 00
1872－12	2369639. 00	1889－12	6030868. 42
1873－06	1262147. 00	1890－06	6478448. 68
1873－12	*1960000. 00*	1890－12	6188962. 01
1874－06	1446633. 05	1891－06	6247958. 00
1874－12	2242170. 92	1891－12	6340117. 00
1875－06	*1350000. 00*	1892－06	6689102. 00
1875－12	1881906. 27	1892－12	9761433. 00
1876－06	1624323. 72	1893－06	9704573. 00
1876－12	1311063. 67	1893－12	9761110. 00
1877－06	1231290. 35	1894－06	9869626. 00
1877－12	*2040000. 00*	1894－12	9976836. 00
1878－12	2050478. 50	1895－06	9543171. 26
1879－06	1307185. 00	1895－12	9326092. 00

注：其中用斜体的数字为约数，只精确到万元。

资料来源：1. 汪敬虞：《外国资本在近代中国的金融活动》，人民出版社，1999 年 10 月第 1 版，第 428－429 页；2. 汇丰银行各年营业报告；3. Frank H. H. King with Catherine E. King and David J. S. King，The Hongkong Bank in Late Imperial China，1864—1902：on an even keel. *The History of the Hongkong and Shanghai Banking Corporation*，Volume Ⅰ. Cambridge：Cambridge University Press，1987，pp. 192，194，196.

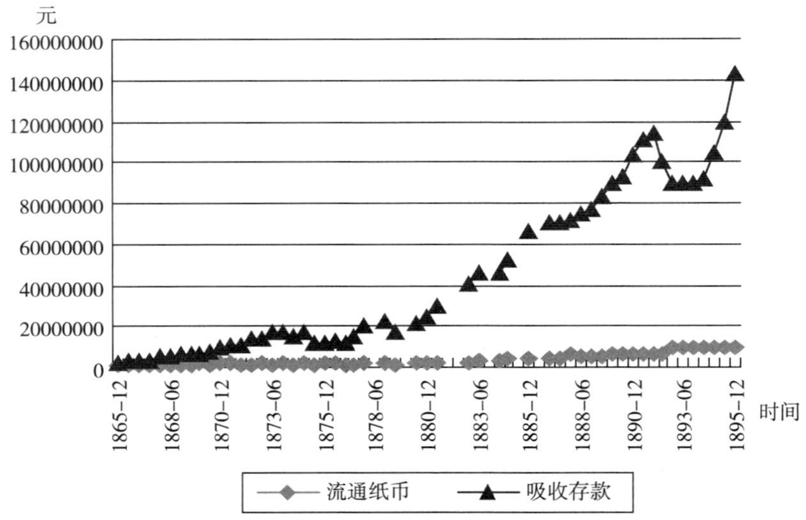

图 1－1　汇丰银行吸收存款和流通纸币比较（1865—1895 年）

汇丰银行的纸币流通量是逐年增加的，特别是1865—1869年，从表1－4中可以看出，从80万元一直增长到175多万元，增长了两倍多。19世纪70年代的纸币流通量时有增减，但在1872—1874年，1875年，1877—1878年这些年份中12月的流通量都超过了1869年，1872年、1874年、1877年、1878年这四年都超过了200万元，整个70年代的纸币流通量最多只有236多万元（1872年12月），最少跌到了123多万元（1877年6月），但是至1877年12月半年间即达到204万元。可见，19世纪70年代汇丰银行纸币的流通量增长不多，且极不稳定，这是19世纪70年代汇丰纸币流通情况的最大特点。纸币流通量受经济的影响，70年代世界银价下跌和贸易方式改变等对经济发展造成巨大影响，难免对汇丰纸币流通也造成影响。进入19世纪80年代，汇丰银行的纸币流通量开始逐年稳定增长，几乎没有大的减少，从1880年6月的165多万元达到1889年12月的603多万元，增长了2.65倍，比1865年增长了6.54倍，可见，汇丰纸币在整个19世纪80年代处于突飞猛进的增长阶段。1890年6月的纸币流通量为647多万元，比上一年略有增长，至1892年6月达到668多万元，增长不大，但到1892年12月就达到976多万元，增长了300多万元，半年的增长量比整个19世纪70年代最高的流通量还要高，到1894年12月为997多万元，1892—1895年基本没有太大的增长。从图1－1中也可以看出，汇丰的纸币流通量曲线在19世纪80年代一路走高，以1892年为转折，有一个很明显的阶梯状的攀升。但是，通过图1－1中汇丰纸币与存款额的比较可以发现，流通纸币没有任何一年是超过存款的，存款最多的时候，1894年12月达到1.1403亿余元，1895年12月达到1.4332亿余元，1894年12月的存款量是纸币流通量的11.44倍。

第二节　吸收存款

一、汇丰银行吸收存款的优势

汇丰银行吸收存款有三大优势：

首先，汇丰银行总行（刚成立时并未设立总行）对存款业务的开展极为重视，在其刚成立时就指示各地分行把“抓存款”作为“首务之急”，以抢占存款市场。

其次，汇丰银行吸收存款的地域广阔，其招股采取国际合作原则，股东包括中国、美国、德国、印度等有实力的大洋行，从刚成立时就不断建立健全分支机构网络，其吸收存款的业务机构几乎遍及中国各大沿海和内地的重要口岸，在日本、东南亚、南亚、欧洲、澳洲、美国等地也都建有营业机构。

最后，汇丰银行实力雄厚，信用昭著，人脉广阔，既有众多私人存款，也有大量机构存款。

二、汇丰银行吸收存款的来源

汇丰银行的存款主要来源于私人存款和机构存款两个方面。

（一）私人存款

1. 外国人的私人存款，“进出较小，往来亦较有限制”。[1]

2. 中国王公贵族、官僚买办的私人存款，数量巨大。“据日人报告，中国富翁在汇丰定期存

[1] 杨荫溥．上海金融组织概要［M］．上海：商务印书馆，中华民国十九年二月初版，185.

款，在二千万以上者有五人；在一千五百万以上者有二十人；在一千万以上者有一百三十人；连百万及数十万各户一并计入，其总额实至可惊人。”① 李鸿章故后，他在汇丰银行的存款就有本息共银150万两。② 19世纪90年代后有人说：“当时官商之存款于外国银行者，估计有一亿三四千万元，单是汇丰一家，就有七千余万。”③ 汇丰银行在1890年6月的存款额为9310万元，在1895年12月的存款额为1.4332亿元，如果此话属实，中国官商存款占汇丰存款的比率达50%以上。

3. 中国下层民众的储蓄存款。1881年4月19日，汇丰银行上海储蓄部成立，在上海报纸上刊登广告，招揽1元起存的小额储蓄。④ 郑观应在《盛世危言》中记载：（汇丰银行）“许人以零星洋银随意存入。凡有零星之款自一元至百元皆可陆续寄放。一月之中存银者以百元为率，百元之外则归入下月。一年以一千二百元为度，满五千元则归并大行，不在零存之列。息银则以三厘半按月计算，以本月所存最少之数为准，譬如月头存入百元，越数日支取六十元则止存四十元，月底或又存三十元、二十元，虽并存有八十元，或九十元，而计息仍照四十元结算。此则银行之于中取利也。”⑤ 1884年，汇丰香港储蓄银行成立，最初它付的存款年利为3.5%，后来减少为2.5%，这家储蓄银行还创设一角储蓄制度，存款人每次只存一角钱邮票，就可向银行领取存款凭据，等到凑够了一元钱，就可以开立户头，转为正式存户，对这些小额存款，汇丰以其全部资产做担保。⑥

（二）机构存款

1. 在华外资企业存款。1866年，上海一家英文报纸在汇丰银行成立不久就做过这样的评论，“汇丰银行的优越地位的最令人满意的证据”，就是“本地商人的存款”。⑦ 所谓本地商人，指参与筹建汇丰银行的那些大洋行，也指因西方资本主义国家与东方交通运输及通信联络发生重大变化而来华设置机构的大批中小型商行。⑧ 因此，外国企业周转中的流动资金是汇丰存款的重要来源之一。

2. 中国中小企业及部分职员的存款。

3. 华资金融机构的存款。“华商银行重视汇丰信誉，往往开户存款，即使象征性地存上五万十万，也可在周转头寸时打出汇丰票子，给客户腰杆硬朗的感觉。有的华资银行，如中国实业、中国通商银行，虽资金雄厚，但信用不过硬，难以大量发行纸币，有时要请汇丰为代销，就缴纳金银作为准备金。汇丰对这类存款不付利息。”⑨

4. “为上海租界政府公款之存入，及各该国政府公款之暂存。”⑩如英国政府委托汇丰银行

---

① 杨荫溥．上海金融组织概要［M］．上海：商务印书馆，中华民国十九年二月初版，185－186.

② 吴焕之：《汇丰银行买办吴调卿》，寿充一，寿乐英．外商银行在中国［M］．北京：中国文史出版社，1996年10月北京第1版，296.

③ 汪康年：《汪穰卿笔记》，1926年版，卷2，第16页。转引自汪敬虞．外国资本在近代中国的金融活动［M］．北京：人民出版社，1999年10月第1版，180.

④ 《申报》，1881年4月20日。转引自张国辉著，李飞等．中国金融通史第二卷：清鸦片战争时期至清末时期［M］．北京：中国金融出版社，2003年10月第1版，238.

⑤ 郑观应：《盛世危言：银行上》，夏东元编：郑观应集（上册）［M］．上海：上海人民出版社，1982年9月第1版，681.

⑥ 汪敬虞．外国资本在近代中国的金融活动［M］．北京：人民出版社，1999年10月第1版，178－179.

⑦ North－China Herald，1866年8月25日，第134页。

⑧ 陈曾年．近代上海金融中心的形成和发展［M］．上海：上海社会科学院出版社，2006年10月第1版，12.

⑨ 寿充一，寿乐英．外商银行在中国［M］．北京：中国文史出版社，1996年10月第1版，9.

⑩ 杨荫溥．上海金融组织概要［M］．上海：商务印书馆，中华民国十九年二月初版，185.

经营支付给英国政府雇佣人员的“财政金库”，财政金库的款项是付给受英国雇佣的人员的。在任何中国或日本驻有英国领事的港口，汇丰银行担任对英国士兵及水手付款，并按当日行市付给银元。金库账户每月都有约75000英镑的待付款，这笔款项存于汇丰，按每周最低余额付给四厘利息。中国海关总税务司的账户也归汇丰银行掌握，存款内容包括：办公用费，罚款和没收款项，船舶吨位税，各种手续费和其他特殊款项（它不包括关税收入，虽然该款在大约二十年后也一直存放在汇丰银行）。①

三、汇丰银行吸收存款的数量

汇丰银行的存款数额不断增长。从图1－1可见，1895年以前，汇丰的存款额有两个增长周期，第一个是1865—1875年，第二个是1876—1893年。

先看第一个增长周期。从表1－5可知，1865年12月存款为258万元，不断增长，到1873年12月达到1681万元，9年间增长了5.51倍，达到第一个循环周期的顶点，之后呈下降趋势，到1875年12月，存款额下降到1152余万元，2年中下降了31.5%，但是仍比1865年增长了346.5%。

再看第二个增长周期。1876年6月存款额先比上一年底有小幅上升，12月有一个下降的调整，之后不断增加，中间1879年6月有过小额跌幅，但很快上升，从图1－1中可以看到，从1880年开始汇丰存款进入了真正陡然增长的时期，到1891年12月达到11403万元高峰，比1876年6月的1315万元增长了767.1%，之后就呈下降趋势，到1893年12月，跌到8970余万元，减少了21.3%，这个周期的末尾比1876年6月增长了582.1%，比第一个周期的增长率高出235.6%。跨过第二个周期，从1894年6月开始，存款额继续上升，至本文资料日期结束时，1895年12月的存款额为14332余万元，已经明显高出上一个周期的最高存款额了。

表1－5　　汇丰银行1865—1895年吸收存款数额　　单位：元

时间	吸收存款	时间	吸收存款
1865－12	*2580000.00*	1872－06	*13730000.00*
1866－06	*3080000.00*	1872－12	13700361.00
1866－12	*3200000.00*	1873－06	16961657.03
1867－06	*3630000.00*	1873－12	*16810000.00*
1867－12	5063110.00	1874－06	14763686.12
1868－06	*5740000.00*	1874－12	17554726.80
1868－12	5949251.00	1875－06	*12170000.00*
1869－06	6451202.99	1875－12	11526203.36
1869－12	6052179.73	1876－06	13156108.92
1870－06	*7150000.00*	1876－12	11761450.96
1870－12	9329215.01	1877－06	14737694.89
1871－06	11093622.35	1877－12	*20320000.00*
1871－12	11063056.16	1878－12	22435526.06

① ［英］毛里斯·柯立斯．中华民国史资料丛稿，译稿，汇丰——香港上海银行：汇丰银行百年史［M］．李周英等译，北京：中华书局，1979年12月，27.

续表

时间	吸收存款	时间	吸收存款
1879 - 06	17442815. 00	1889 - 06	83660623. 00
1880 - 06	21256878. 24	1889 - 12	89289205. 29
1880 - 12	24194645. 00	1890 - 06	93101200. 47
1881 - 06	29938384. 00	1890 - 12	103112514. 40
1882 - 12	40683782. 21	1891 - 06	111416451. 00
1883 - 06	46106246. 70	1891 - 12	114031037. 00
1884 - 06	46057073. 74	1892 - 06	100562865. 00
1884 - 12	51997906. 69	1892 - 12	89980047. 00
1885 - 12	65617264. 00	1893 - 06	89871134. 00
1886 - 12	69870261. 00	1893 - 12	89707680. 00
1887 - 06	70836257. 02	1894 - 06	92212994. 00
1887 - 12	70992414. 00	1894 - 12	104300753. 00
1888 - 06	4284962. 06	1895 - 06	119804394. 00
1888 - 12	76745737. 00	1895 - 12	143326027. 00

注：其中用斜体的数字为约数，只精确到万元。

资料来源：1. 汪敬虞：《外国资本在近代中国的金融活动》，人民出版社，1999 年 10 月第 1 版，第 428 - 429 页；2. 汇丰银行各年营业报告；3. Frank H. H. King with Catherine E. King and David J. S. King, The Hongkong Bank in Late Imperial China, 1864—1902: on an even keel. *The History of the Hongkong and Shanghai Banking Corporation*, Volume Ⅰ. Cambridge: Cambridge University Press, 1987, pp. 192, 194, 196.

由此可见，汇丰银行的存款数额增长非常迅猛，在图 1 - 1 中，每一个新的上升曲线都要比上一轮的增长曲线陡峭得多，下降曲线也是这样，总体来看，第一个增长周期要比第二个平缓。从前面分析可知，1880 年是汇丰迈向存款陡然增长的真正拐点。

四、19 世纪 80 年代汇丰银行存款增长的原因

19 世纪 80 年代，汇丰银行存款实现了巨额增长，主要有两方面原因。

（一）存款来源得到拓宽

汪敬虞先生在《外国资本在近代中国的金融活动》中认为，汇丰银行 19 世纪 80 年代存款巨额增长的主要原因是 19 世纪 80 年代前汇丰存款主要来源于商界，19 世纪 80 年代后存款触角开始伸向中国的两极，即中国的豪绅大吏和升斗小民。前面在汇丰资金来源中也分析了，19 世纪 80 年代以后，汇丰积极开办私人小额储蓄业务，为汇丰开辟了广阔的财源。有关数据显示，汇丰存款总额中 60% 是在中国的分支机构吸收的，而在外资银行在华所吸收的存款总额中它又占了 43. 4%。[①] 中国内地市场占汇丰存款主要部分，19 世纪 80 年代内地存款在持续增长，其中上海分行吸纳存款最多，北京、天津分行次之。这一时期，上海分行的营业额远远超过了香港总行。

19 世纪 80 年代，汇丰银行吸收存款的地域范围得到大大拓宽。前面已经考证，80 年代汇丰银行新设立与升级的分支机构有广州（1880），纽约（1880），天津（1881），里昂（1881），怡朗（1883），雅加达（1884），槟榔（1884），北京（1885），打狗（高雄）（1886），汉堡

① 洪葭管. 20 世纪的上海金融［M］. 上海：上海人民出版社，2004 年 8 月第 1 版，155.

（1889）等。特别是北京和天津分行的设立，增强了汇丰与清政府及清朝高层官员间的联系，这与前面提到的19世纪80年代后吸收存款触角伸向豪绅大吏是相对应的，李鸿章的存款就是例子。更重要的是，为80年代给清政府提供各种贷款铺平了道路，从而拓宽了资金运用的渠道和数量。汇丰银行在机构设置上一贯遵循谨慎节约的原则，80年代汇丰在这些国内外地区的业务量必然有很大增长，才会开设新机构，新机构的开设也必然使一些老机构得到升级，同时新机构的设置又会促进存放款业务的增长。

（二）吸收存款不受限制

汇丰银行的资金来源不外乎三个方面：发行纸币、增加资本金和吸收存款。

发行纸币要受到法令的制约，以实缴股本为限，因此发行纸币数量极为有限。汇丰银行在1895年前，曾两度增加资本金，第一次增资始于1882年底，从500万元逐步增为750万元，第二次始于1890年，从750万元逐步增为1000万元。从表1－3中可以看到汇丰已缴股本的变化情况，1884年已经招足750万元，1891年招足1000万元。这事实上反映了汇丰银行迅速增长的业务需求。这几次增资的时间短、数量大、速度快，或许可以解释其存款每一轮新的增长曲线总比前面“陡峭”的原因。19世纪80年代的增资，还导致汇丰发行纸币数量的相应增加，实际上为汇丰提供了两方面的资金来源。但是，发行纸币和增加资本的总和毕竟还是有限的，只有吸收存款的数额不受限制，只有大力吸收存款才能应对日益增长的资金需求，存款额的巨幅增长也就成为必然了。

第四章　汇丰银行的资金运用

第一节　汇兑业务

汇丰银行的汇兑业务主要包括：国际汇兑、国内汇款和华侨汇款。

一、国际汇兑

（一）贸易汇兑

1. 汇丰银行开展贸易汇兑的有利条件

首先，中国的进出口贸易，如外国商品和鸦片的输入，中国丝、茶和土产的输出等都由外商洋行垄断把持，汇丰银行的股东很多都是中国有实力的大洋行，股东洋行进出口贸易产生的汇兑业务都由汇丰银行办理。随着汇丰业务的不断开展，其他外国洋行的汇兑和国外结算，也在汇丰办理。像后来上海的外商电车、煤气、电话、制冰、自来水等公司，以及怡和、太谷、旗昌、沙逊等老牌洋行都与汇丰关系密切。

其次，汇丰银行有广泛的分支机构，遍布中国的重要通商口岸。19世纪60年代，汇丰已在汉口、福州、厦门、汕头、宁波、九江设立代理机构或分行，并且还在不断健全的总分行制的基础上扩展营业范围。特别是19世纪70年代上海与内地通商口岸电讯交通网的建立，加强了上海的枢纽地位与上海对其他口岸的辐射作用。外商银行大多集中在上海，对外贸易的货物成交和款项调拨要靠银行汇款，约有80%通过上海进行，汇丰上海分行的业务通常占上海外汇市场成交量的2/3，在整个汇丰系统占有重要地位。

2. 汇丰银行贸易汇兑的变化情况

汇丰银行能充分利用其有利条件，及时根据贸易需求变化，使其汇兑活动得到调整和扩展。刚开始，汇丰很难加入中外茶叶和生丝的贸易角逐，于是为中英间的棉、棉制品等贸易提供融资服务，主要买卖用作结算和信贷的汇票。

19 世纪 70 年代初，苏伊士运河通航、远洋航运业的发展、伦敦和上海间电报通讯工程的完成等，使中欧间信息传递时间缩短为几小时，贸易周转时间变为原来的一半甚至更少，贸易垫支成本随之大大减少，电讯订货和电讯汇款得到普及。1872 年英国驻沪领事麦华佗（Meehurst, W. H）在贸易报告中写道："上海到伦敦接通电报的直接结果是，在上海一经买到生丝，就可以在伦敦出卖生丝。运销生丝的商人用这种办法脱手生丝以后，马上就可以取得资金进行新的收购。因此，甚至只要有极微小的利润，就会促使他们开始新的业务活动。在这种情况下，伦敦进货人在一包生丝都未到达伦敦之前，就已签订了大量的预购合同，充分发挥他们资金的购买力。"① 自由贸易吸引了廉价资本，银行数量增多，利率降低，原来控制在洋行手中的汇兑业务逐渐被银行完全抢占。那些小洋行得到银行信贷，经营超过自有资金 10 倍以上的外贸业务，这也从根本上打破了一向有能力垫付巨额资金的大洋行对外汇市场的垄断，使得控制中国贸易乃至整个经济局面的组成力量大为改观。② 在这种情况下，1877 年，怡和洋行大班凯瑟克（William Keswick）加入汇丰董事局，三年后当选为汇丰银行董事局主席。新的形势及贸易方式促使汇丰及时调整，大力经营票据贴现和进出口押汇贷款。

19 世纪 80 年代，汇丰银行利益所在的鸦片、棉和棉制品的进口，占中国从外国进口价值总数的 82%，鸦片贸易在中国的通商口岸非常繁荣。自 19 世纪 80 年代起，汇丰银行买卖汇票业务显著增加。汇丰卖出即期电汇，买入四个月或六个月期的国外汇票，主要是伦敦兑付的票据，既可从买卖差价获取利润，也可防止银价不断下跌，将出口汇票和进口汇票互相划抵，"对金银投资无所畸重"，随时调动它在伦敦的英镑头寸等，都可以有效防止汇率涨跌，保持稳定利润，其经验是"在低汇兑率时比高汇兑率时可以弄到同样的钱"。③ 自 19 世纪 80 年代以后半个世纪中，汇丰用于国际汇兑的资金占其运用资金总额的 1/3 至 1/2，④ 大部分周转于中外贸易市场。一个英国学者曾写道，汇丰银行"在 1880 年，就十分确定地赢得了在中国贸易中发号施令的地位"。⑤

3. 汇丰银行贸易汇兑的数量

汇丰银行在 19 世纪 60 年代的贸易汇兑是不断上升的（见表 1-6 和图 1-2）。1865 年 12 月的汇付额为 555 余万元，1869 年 12 月为 1798 余万元，增长了 223.96%。汇丰银行在 19 世纪 70 年代的汇付业务曲线呈马鞍状，分别有两次大的增减，最高的两个鞍点分别为 1872 年 12 月和

---

① 《英国领事报告》，1872 年，上海，第 149 页。转引自李飞等主编，张国辉．中国金融通史第二卷：清鸦片战争时期至清末时期［M］．北京：中国金融出版社，2003 年 10 月第 1 版，257.

② 高海燕．外国在华洋行、银行与中国钱庄的近代化［J］．浙江大学学报．2003（1）：17.

③ North-China Herald，1892 年 9 月 2 日，第 344 页；1894 年 8 月 31 日，汇丰营业报告；巴士特（A. S. J. Baster）：国际银行（International Banks），1935 年版，第 178 页。转引自洪葭管：《从汇丰银行看帝国主义对旧中国的金融统治》，黄逸平．中国近代经济史论文选（上册）［M］．上海：上海人民出版社，1985 年 4 月第 1 版，300.

④ 《上海外贸史话》编写组．上海外贸史话［M］．上海：上海人民出版社，1976 年 9 月第 1 版，88.

⑤ 季南：《1880—1885 年英国在华的外交》。转引自《上海外贸史话》编写组：上海外贸史话［M］．上海：上海人民出版社，1976 年 9 月第 1 版，88.

1877 年 12 月，分别为 3222 余万元和 3401 余万元，差别不大。1875 年 6 月的汇付额为 1550 余万元，1870 年 6 月为 1456 余万元，1880 年 6 月为 1783 余万元。整体上看，从 1865 年起汇丰的汇付数额一直增长，直到 1872 年 12 月才开始跌落，跌到 1875 年 6 月后开始回升，至 1877 年 12 月再次下降，直到 1880 年 6 月的低点。根据汇丰银行自己的报告，1876—1882 年，汇丰银行开往伦敦，由伦敦分行付款的汇票，减少了约 500 万元，在 1882 年的营业报告中指出“汇款业务的这种缩减，自然是由于中国和西方目前所进行的、已经改变了的贸易方式所造成的。因为现在英国对东方的出口采取押汇的形式，比以前大大地增加了。”① 汇丰银行的汇付曲线在整个 19 世纪 80 年代，呈大幅上升趋势，虽然中间有短暂的小幅下降，但很快回升，没有阻挡它向上发展的大趋势。1890—1894 年，汇丰的汇付曲线一直十分平稳，未见大的增减，但 1895 年 12 月突然比 6 月增长了 2404 万元，因此在曲线图上有一个斜率很大的跳跃式的升高。

表 1－6　　汇丰银行 1865—1895 年汇付数额　　单位：元

时间	汇付②	时间	汇付
1865－12	*5554000.00*	1878－06	30927037.75
1866－12	*9200000.00*	1878－12	28231565.02
1867－06	*9140000.00*	1880－06	17832917.39
1867－12	13287000.00	1882－12	35584549.47
1868－06	*10910000.00*	1883－06	30455680.62
1868－12	12005000.00	1884－06	27891940.13
1869－06	10816750.28	1884－12	34313779.27
1869－12	17981727.18	1887－06	52236447.68
1870－06	*14560000.00*	1888－06	43946286.83
1870－12	16670776.52	1888－12	48541228.00
1871－06	17196206.66	1889－06	47621960.00
1871－12	21306543.88	1889－12	51185336.77
1872－06	*25700000.00*	1890－06	46855982.20
1872－12	32222000.00	1890－12	57915445.40
1873－06	24714434.67	1891－06	60047094.00
1873－12	*26950000.00*	1891－12	61986340.00
1874－06	18730001.18	1892－06	63861505.00
1874－12	21797957.84	1892－12	61368217.00
1875－06	*15500000.00*	1893－06	55516246.00
1875－12	18153281.19	1893－12	63033526.00
1876－06	19630769.53	1894－06	59024604.00
1876－12	28921124.48	1894－12	57530235.00
1877－06	25414782.66	1895－06	60036316.14
1877－12	*34010000.00*	1895－12	84073291.00

注：其中用斜体的数字为约数，只精确到万元。

资料来源：1. 汪敬虞：《外国资本在近代中国的金融活动》，人民出版社，1999 年 10 月第 1 版，第 428－429 页；2. 汇丰银行各年营业报告；3. Frank H. H. King with Catherine E. King and David J. S. King, The Hongkong Bank in Late Imperial China, 1864—1902: on an even keel. *The History of the Hongkong and Shanghai Banking Corporation*, Volume Ⅰ. Cambridge: Cambridge University Press, 1987, pp. 192, 194, 196.

① North－China Herald，1882 年 9 月 15 日。转引自汪敬虞．外国资本在近代中国的金融活动［M］．北京：人民出版社，1999 年 10 月第 1 版，184－185.

② 在汇丰银行营业报告中，从 1878 年 12 月起汇付（Exchange Remittance）一项变为应收未收票据（Bills Receivable）。

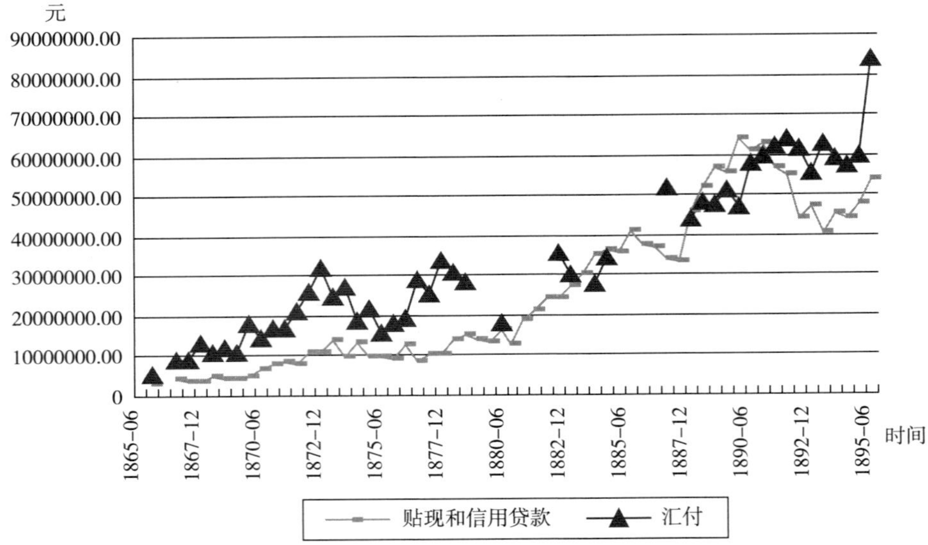

图 1-2　汇丰银行 1865—1895 年汇付、贴现和信用贷款比较

（二）操纵外汇牌价

上海的外汇时价原由麦加利银行挂牌，当时英镑是国际间的清算货币，汇丰银行有足够外汇资金可以依照牌价大量进行买卖，汇丰超过麦加利的汇兑业务后取得挂牌资格。汇丰上海分行的外汇牌价，成为中国各地乃至东南亚外汇市价与黄金价格的标准。上海分行电报间每天接收世界重要商埠拍发的汇票行情密码，有伦敦电汇、纽约电汇、法国电汇……银块现货及期货等共达 15 种之多。专管汇票业务的经理上午 7 点到电报间察看，8 点半写好外汇价格，9 点半挂出先令牌价，汇率不稳定时，一天中挂牌要变更几次，他对伦敦的汇票行情最看重，其中除银块现货及期货的价格依伦敦银市场前一日的行情挂牌外，其他均由汇丰银行自行决定，至于挂牌数据则灵活掌握，可以把行情放长或压缩。有时伦敦大条上涨，汇丰挂牌却暂时不动，暗中买进黄金，待涨风过去，大条回缩，汇丰挂牌再往上涨。借款收贷时，汇丰时常根据是否有利可图进行涨缩。当时中国对外赔款于每月 30 日交付汇丰经收，汇丰常在这时将先令挂缩，使交付银款增加。①

（三）买卖金银

19 世纪 70 年代后世界银价整体趋于跌落，白银是中国货币的核心，却不由中国掌握。世界白银产量增长与世界金本位制的日益形成，使白银存量日增，白银在中国以外的其他国家日益向普通商品方向发展，这些都使白银在世界范围内的调动更加容易，伦敦是世界白银市场，汇丰银行可通过资金和信息的畅通在世界范围内调入白银。②

汇丰银行从早期起就把生金银买卖作为一项经常业务。在 1893 年印度停铸银币前，从印度输入罗比熔成银锭，或从上海把银锭运到印度都可以赚取利润。汇丰控制外汇牌价，对其买卖金银很有利。此外，汇丰还在国际金银兑换业务中，利用金银比价涨落的差价谋利。每逢国

① 杨荫溥：《中国金融论》，第 327 页。转引自杨端六．清代货币金融史稿［M］．北京：三联书店，1962 年 7 月第 1 版，248.

② 戴建兵．白银与近代中国经济：1890—1935［M］．上海：复旦大学出版社，2005 年 8 月第 1 版，169.

际市场上金贵银贱，就运入银大条，烊成元宝或熔制银元，投放中国货币流通领域；国际市场银价上涨时，又在中国收集银子，装运出去。[①] 外国银元含银量比中国纹银要低，外国银元输入后，中国大量纹银被套走。运送金银条块同调整汇率一样，成为汇丰银行买卖远期汇票使之互相抵算平衡的一种手段。汇丰银行还只收鹰洋，拒收中国银元，汇丰银行把持中国盐税，没有鹰洋则无法交纳盐税，由此趁机提高鹰洋洋厘[②]行市，从中取利，扰乱中国货币流通。[③]

汇丰银行库房可以容藏数千万两金银。它利用旧中国币制混乱、银两银元并用等弊端，及时换算，收取兑换利润，也可以用所持的丰富白银和铸币对各省当局进行高利短期放款，其利率比付给各存户如财政金库的四厘利息要高出许多。只要中国继续维持银本位，汇丰银行就照此办理，虽然在银价下跌时，这种政策要冒很大风险，但杰克逊善于把汇丰的资产保持充分的流动性，还常承做其他银行由于手头没有白银而放弃的合同和放款等业务。[④]

二、国内汇款

（一）开展国内汇款的有利时机

汇丰银行成立前，中国的国内汇款主要由票号承担，19 世纪 60 年代后，票号承担了清政府巨额公款的汇解，在商业服务上相应有所减弱，而钱庄却缺乏足够力量承担庞大贸易量的资金周转任务。19 世纪 60 年代外国银行就已涉足中国的埠际汇款业务，那时国内贸易数量很有限，由于失去票号和钱庄的强有力竞争，且国内贸易逐渐向腹地深入，贸易数量也显著增大，到 19 世纪 80 年代后，外国银行对中国内地市场的汇兑活动变得相当频繁起来。这为汇丰银行开展国内汇款业务提供了有利时机。

（二）国内汇款的不断增长

以当时内汇中心汉口为例，在 19 世纪 80 年代以前，外国银行也办理汉口和上海间的汇兑业务，但运现仍然是当时清偿货款的主要形式，80 年代末，运现显著减少。19 世纪 90 年代初，汉口的海关报告在述及汉、沪之间货款清偿方式时指出，几年之前，汉沪之间运现的情况，还不断有所增加，不过“最近才发现中国钱庄比较愿意以外国银行的汇票向上海汇款”，汉口海关认为这种现象表示“中国商人对外国银行、特别是汇丰银行信任日增”，[⑤] 汇丰银行的国内汇款业务不断增长。

三、华侨汇款

（一）清政府对华侨汇款的态度转变

洋务运动机器工业的开办需要大量资金，中国“民间十室九空，国帑千疮百孔”，只好利用外资，利用外资则伴随着利权的丧失，于是 19 世纪 60 年代，清王朝开始改变历代封建王朝视华侨为叛民或弃民的政策，积极利用侨资，[⑥] 这促进了华侨汇款增多。

---

① 寿充一，寿乐英：外商银行在中国［M］. 北京：中国文史出版社，1996 年 10 月第 1 版，8.

② 洋：现洋、银元；厘：价格变化的位数。洋厘：银元折合多少银两。

③ 戴建兵：白银与近代中国经济：1890—1935［M］. 上海：复旦大学出版社，2005 年 8 月第 1 版，195.

④ ［英］毛里斯·柯立斯：中华民国史资料丛稿，译稿，汇丰——香港上海银行：汇丰银行百年史［M］. 李周英等译，北京：中华书局，1979 年 12 月，27 – 28.

⑤ 《海关十年报告》，1882—1891 年，汉口，第 177 页。转引自李飞等主编，张国辉. 中国金融通史第二卷：清鸦片战争时期至清末时期［M］. 北京：中国金融出版社，2003 年 10 月第 1 版，261.

⑥ 孙玉琴：中国对外贸易史［M］. 北京：对外经济贸易大学出版社，2004 年 5 月第 1 版，40 – 41.

(二) 华侨汇款的不断增长

我国华侨多聚集东南亚各地，汇丰银行成立不久就在曼谷、西贡、马尼拉、加尔各答、孟买、新加坡设立代理机构，后来又在雅加达、仰光、科伦坡、泗水、槟榔等地设立分支机构。19 世纪 70 年代中期，汇丰银行开始利用它设在南洋华侨集中地的这些分支机构，积极揽取侨汇业务。

从厦门一地展视整个华南、华东侨乡，每年侨汇数量相当可观。有人做过统计，从 1864 年到 1913 年，历年侨汇折合美元达 6.58 亿之巨。[①] 华南地区的侨汇弥补了华南对华中的贸易逆差，继而平衡了华中对上海的贸易逆差，为洋货向内地推销提供了有利条件，使“外国银行的汇兑业务对中国经济的间接影响，远远超出它的直接活动所能达到的通商口岸及其附近地区”。[②] 到 19 世纪 80 年代后期，据侨汇中心之一厦门的一则报道说，1886 年年终一个月内，经汇丰银行分支机构汇来的侨汇约有一百二三十万元，汇丰银行的汇票，“久已为绅商所信任”。[③]

第二节　贷款业务

一、汇丰银行与企业的资金往来

19 世纪 60 年代，汇丰银行曾向 1863 年成立的上海砖瓦锯木厂通融款项。[④] 19 世纪 60 年代末，汇丰银行规定总经理在没有得到常务董事会批准前，不得对公司企业进行放款投资，若常务董事会不同意，必须得到董事全体会通过才行。[⑤] 汪敬虞先生认为这在说明汇丰银行对企业投资态度审慎的同时，也反映出那时银行企业投资市场的发育不全和发展不足。

19 世纪 70 年代，与汇丰银行发生资金关系的企业逐渐增多（见表 1－7）。汇丰在 19 世纪 70 年代曾担任香港维多利亚火险公司的代理银行，[⑥] 还与一些码头船坞公司发生贷款关系，如香港码头仓库公司、上海公和祥码头公司。[⑦] 1873 年，香港码头仓库公司的倒账，曾严重影响了汇丰的营业，汇丰曾预支给它 15 万元，1873 年 11 月拍卖它的公司财产所得仅 8 万元，这样汇丰就损失了 7 万元。[⑧] 汇丰银行还和香港两家最大的船坞公司——香港黄埔船坞公司和於仁船坞公

① 郑林宽：《福建华侨汇款》，福建省政府秘书处统计室，1940 年版，第 26 页。转引自李飞等主编，张国辉．中国金融通史第二卷：清鸦片战争时期至清末时期［M］．北京：中国金融出版社，2003 年 10 月第 1 版，260.

② G. C. Allen：Western Enterprise in Far Eastern Economic Development，China and Japan，1954 年版，112。转引自汪敬虞：十九世纪西方资本主义对中国的经济侵略［M］．北京：人民出版社，1983 年 12 月第 1 版，162－163.

③ 《申报》，1887 年 1 月 14 日。转引自李飞等主编，张国辉．中国金融通史第二卷：清鸦片战争时期至清末时期［M］．北京：中国金融出版社，2003 年 10 月第 1 版，260.

④ North－China Daily News，1866 年 3 月 14 日，第 1463 页；1867 年 4 月 26 日，第 2839 页。转引自汪敬虞：外国资本在近代中国的金融活动［M］．北京：人民出版社，1999 年 10 月第 1 版，215.

⑤ Frank H. H. King with Catherine E. King and David J. S. King，The Hongkong Bank in the period of imperialism and war，1895—1918：Wayfoong，the focus of wealth. *The History of the Hongkong and Shanghai Banking Corporation*，Volume Ⅱ. Cambridge：Cambridge University Press，1988，p. 187. 转引自汪敬虞：外国资本在近代中国的金融活动［M］．北京：人民出版社，1999 年 10 月第 1 版，221.

⑥ Shanghai Evening Courier，1870 年 2 月 14 日，第 1678 页。转引自汪敬虞：外国资本在近代中国的金融活动［M］．北京：人民出版社，1999 年 10 月第 1 版，212.

⑦ North－China Daily News，1875 年 2 月 27 日，第 183 页；1878 年 2 月 27 日，第 187 页；North－China Herald，1873 年 8 月 23 日，第 160 页。转引自汪敬虞：外国资本在近代中国的金融活动［M］．北京：人民出版社，1999 年 10 月第 1 版，213.

⑧ North－China Herald，1874 年 2 月 26 日，第 179 页。

司有密切的资本关系。[①] 汇丰银行发起人苏石兰就是香港黄埔船坞公司的老板，19 世纪 70 年代后期，汇丰银行和香港黄埔船坞公司的董事长，曾同时由凯锡（William Keswick）一人兼任。[②] 汇丰也对一些炼糖酿酒公司进行投资和贷款，如安南制糖公司、印度支那制糖公司、中国炼糖厂、[③] 香港酿酒公司，[④] 其中，印度支那制糖公司得到的资金融通最多，[⑤] 消耗了汇丰的大量资金，[⑥] 汇丰对安南制糖公司的投资在 1873 年世界经济危机中损失也很严重，曾不得不以过去的公积金来弥补。[⑦] 此外，汇丰也和一些煤气公司发生借贷关系，如大英自来火房和法商自来火行。大英自来火房由于 1866 年有利银行收回贷款差点倒闭，[⑧] 之后和汇丰发生资本关系，19 世纪 70 年代初，汇丰成为其代理银行，[⑨] 直到 20 世纪，汇丰仍对其进行投资和融资。[⑩] 法商自来火行在 19 世纪 70 年代末至 80 年代初，也和汇丰发生借贷关系。[⑪]

19 世纪 80 年代，汇丰银行投资的企业主要有（见表 1－7）①中华火车糖局，汇丰在糖厂董事会中安插自己的得力股东，继续维持与它的密切资本关系[⑫]；②上海熟皮公司，1881 年汇丰对其投资[⑬]；③招商协力中英轮船有限公司，汇丰在 80 年代初，与其建立资金联系[⑭]；④上海电光公司，汇丰在 80 年代初就对其进行贷款[⑮]；⑤上海自来水公司，汇丰从其建厂之始，就与之

---

① North－China Daily News，1878 年 8 月 23 日，第 203 页；Frank H. H. King with Catherine E. King and David J. S. King，The Hongkong Bank in Late Imperial China，1864—1902：on an even keel. *The History of the Hongkong and Shanghai Banking Corporation*，Volume Ⅰ. Cambridge：Cambridge University Press，1987，p. 186.

② North－China Daily News，1878 年 8 月 23 日，第 203 页。转引自汪敬虞：外国资本在近代中国的金融活动［M］. 北京：人民出版社，1999 年 10 月第 1 版，214.

③ North－China Herald，1872 年 8 月 24 日，第 152 页；Celestial Empire，1874 年 9 月 5 日，第 229 页；North－China Daily News，1875 年 2 月 27 日，第 183 页。转引自汪敬虞：外国资本在近代中国的金融活动［M］. 北京：人民出版社，1999 年 10 月第 1 版，215.

④ Frank H. H. King with Catherine E. King and David J. S. King，The Hongkong Bank in Late Imperial China，1864—1902：on an even keel. *The History of the Hongkong and Shanghai Banking Corporation*，Volume Ⅰ. Cambridge：Cambridge University Press，1987，p. 191.

⑤ North－China Herald，1872 年 5 月 18 日，第 385－386 页；Frank H. H. King with Catherine E. King and David J. S. King，The Hongkong Bank in Late Imperial China，1864—1902：on an even keel. *The History of the Hongkong and Shanghai Banking Corporation*，Volume Ⅰ. Cambridge：Cambridge University Press，1987，pp. 189－190.

⑥ North－China Herald，1876 年 2 月 17 日，第 129 页。

⑦ North－China Daily News，1875 年 3 月 5 日，第 203 页。转引自洪葭管. 从汇丰银行看帝国主义对旧中国的金融统治，黄逸平编：中国近代经济史论文选（上册）［M］. 上海：上海人民出版社，1985 年 4 月第 1 版，290.

⑧ North－China Herald，1866 年 7 月 21 日，第 115 页；North－China Daily News，1867 年 3 月 2 日，第 2655 页。转引自汪敬虞：外国资本在近代中国的金融活动［M］. 北京：人民出版社，1999 年 10 月第 1 版，214.

⑨ Shanghai Evening Courier，1874 年 4 月 6 日。转引自汪敬虞：外国资本在近代中国的金融活动［M］. 北京：人民出版社，1999 年 10 月第 1 版，214.

⑩ Frank H. H. King with Catherine E. King and David J. S. King，The Hongkong Bank in the period of imperialism and war，1895—1918：Wayfoong，the focus of wealth. *The History of the Hongkong and Shanghai Banking Corporation*，Volume Ⅱ. Cambridge：Cambridge University Press，1988，p. 74.

⑪ Shanghai Evening Courier，1877 年 2 月 17 日，第 3 页；North－China Herald，1883 年 2 月 21 日，第 209 页。转引自汪敬虞：外国资本在近代中国的金融活动［M］. 北京：人民出版社，1999 年 10 月第 1 版，215.

⑫ *The Chronicle and directory for China*，*Japan and the Philippine*，Hong Kong，1895，p. 223. 转引自汪敬虞：外国资本在近代中国的金融活动［M］. 北京：人民出版社，1999 年 10 月第 1 版，216.

⑬ North－China Daily News，1881 年 7 月 29 日，广告。转引自汪敬虞：外国资本在近代中国的金融活动［M］. 北京：人民出版社，1999 年 10 月第 1 版，216.

⑭ 《申报》，1882 年 11 月 27 日。转引自汪敬虞：外国资本在近代中国的金融活动［M］. 北京：人民出版社，1999 年 10 月第 1 版，214.

⑮ North－China Daily News，1882 年 3 月 25 日，第 433 页；1884 年 4 月 22 日，第 371 页。转引自汪敬虞：外国资本在近代中国的金融活动［M］. 北京：人民出版社，1999 年 10 月第 1 版，215.

发生资金上的联系[①]；⑥怡和洋行的广东保险公司，汇丰与其发生代理关系[②]；⑦天津煤气公司（80年代末筹设），汇丰担任其代理银行[③]；⑧上海业广地产公司（1888年成立[④]），汇丰担任其代理银行，并对其进行巨额投资[⑤]；⑨香港置地及代理有限公司（1889年成立[⑥]），汇丰与其有密切的联系，汇丰董事凯斯维克（J. J. Keswick）同时兼任香港置地公司的董事[⑦]。

19世纪90年代，在原来的基础上与汇丰银行发生长期存放关系的企业逐渐增加。香港火烛保险公司[⑧]、泰安火险行[⑨]、荣泰驳船行、上海拖船公司都与汇丰发生长期存放关系，很多的存放是建立在银行贷款的基础上的。荣泰驳船行和上海拖船公司把存放汇丰的款项，看作船只最稳当的保险基金。[⑩] 汇丰、怡和两行也与德华、泰来两行争夺上海织布局的资金业务。[⑪] 汇丰还是1890年成立的大东惠通公司的主要投资者，也一手包办1891年成立的上海的信托放款公司和香港的股票债券投资公司的代理业务。[⑫] 与19世纪60年代相比，这时与汇丰银行发生联系的企业，无论在数量上，还是在所跨的行业上，已经大大增加。

---

① North-China Daily News，1880年11月9日，第450页。转引自汪敬虞：外国资本在近代中国的金融活动［M］．北京：人民出版社，1999年10月第1版，215.

② North-China Daily News，1881年12月14日，第569页；《申报》，1881年12月15日。转引自汪敬虞：外国资本在近代中国的金融活动［M］．北京：人民出版社，1999年10月第1版，212.

③ North-China Daily News，1888年10月18日，第373页。转引自汪敬虞：外国资本在近代中国的金融活动［M］．北京：人民出版社，1999年10月第1版，215.

④ North-China Daily News，1888年12月5日，第539页；《申报》，1888年12月15日；徐润：《徐愚斋自叙年谱》，1927年版，第41-42页。转引自汪敬虞：外国资本在近代中国的金融活动［M］．北京：人民出版社，1999年10月第1版，220.

⑤ North-China Daily News，1888年12月5日，第539页；1891年1月1日，广告；1892年3月3日，第196页。转引自汪敬虞：外国资本在近代中国的金融活动［M］．北京：人民出版社，1999年10月第1版，220.

⑥ *The Chronicle and directory for China*，*Japan and the Philippine*，Hong Kong，1889；North-China Daily News，1891年11月4日，第435页；North-China Herald，1891年11月6日，第625页。转引自汪敬虞：外国资本在近代中国的金融活动［M］．北京：人民出版社，1999年10月第1版，220.

⑦ *The Chronicle and directory for China*，*Japan and the Philippine*，Hong Kong，1895，pp. 236-237. 转引自汪敬虞：外国资本在近代中国的金融活动［M］．北京：人民出版社，1999年10月第1版，220.

⑧ North-China Daily News，1892年3月7日，第208页。转引自汪敬虞：外国资本在近代中国的金融活动［M］．北京：人民出版社，1999年10月第1版，212-213.

⑨ North-China Herald，1896年2月7日，第219页。转引自汪敬虞：外国资本在近代中国的金融活动［M］．北京：人民出版社，1999年10月第1版，213.

⑩ North-China Daily News，1892年2月9日，第115页；1896年3月27日，第495页。转引自汪敬虞：外国资本在近代中国的金融活动［M］．北京：人民出版社，1999年10月第1版，214.

⑪ E. Lefevour，*Western Enterprise in Late Ching China*，Cambridge：Harvard University Press，1970，p. 46；North-China Herald，1891年5月22日，第619页；North-China Daily News，1890年9月5日，第229页，9月8日，第237页，转引自汪敬虞：外国资本在近代中国的金融活动［M］．北京：人民出版社，1999年10月第1版，218. 光绪十七年五月二十八日戌刻到《马道来电》，光绪十七年五月二十九日酉刻《覆沪局马道》，［清］李鸿章撰：《李文忠公全书，电稿》，金陵，清光绪31年（1905），卷13，第10页。

⑫ North-China Daily News，1891年1月1日，广告；6月6日，第513页。转引自汪敬虞：外国资本在近代中国的金融活动［M］．北京：人民出版社，1999年10月第1版，222.

表 1－7　　与汇丰银行有资金往来的企业中英文对照

时间	企业名称	企业的英文名称
19 世纪 60 年代	上海砖瓦锯木厂	Shanghai Brick and Saw Mill Co.
19 世纪 70 年代	香港维多利亚火险公司	Victoria Fire Insurance Co.
	香港码头仓库公司	Hongkong Pier and Godown Co.
	上海公和祥码头公司	Shanghai Wharf Co.
	香港黄埔船坞公司	Hongkong and Whampoa Dock Co.
	於仁船坞公司	Union Dock Co.
	印度支那制糖公司	Indo – Chinese Sugar Co.
	中国炼糖厂	China Sugar Refinery
	香港酿酒公司	Hongkong Distillery
	安南制糖公司	Indo – China Sugar Co.
	大英自来火房	Shanghai Gas Co.
	法商自来火行	Compagnie du Gaz de la Concession Francaise du Changhai
19 世纪 80 年代	中华火车糖局	China Sugar Refining Co.
	上海熟皮公司	Shanghai Tannery Co.
	招商协力中英轮船有限公司	The China Shippers’ Mutual Steam Navigation Co. Ltd.
	上海电光公司	Shanghai Electric Co.
	上海自来水公司	Shanghai Waterworks Co.
	广东保险公司	Canton Insurance Office
	天津煤气公司	Tientsin Gas Co.
	上海业广地产公司	Shanghai Land Investment Co.
	香港置地及代理有限公司	Hongkong Land Investment and Agency Co.， Ltd.
19 世纪 90 年代	香港火烛保险公司	The Hongkong Fire Insurance Co.
	泰安火险行	China Fire Insurance
	上海驳船公司	Shanghai Cargo Boat Co.
	荣泰驳船行	Co – operative Cargo Boat Co.
	上海拖船公司	Shanghai Tug Boat Co.
	上海织布局	—
	大东惠通公司	Trust and Loan Co. of China，Japan and the Straits
	信托放款公司	Trust and Loan Co.
	股票债券投资公司	The Stock Share and Debenture Investment Co.

资料来源：汪敬虞：《外国资本在近代中国的金融活动》，人民出版社，1999 年 10 月第 1 版，第 212－222 页。

二、汇丰银行对钱庄的拆票

拆票（Chop Loan），是外商银行对钱庄的信用贷款，即欧洲通行的通知放款，银行可随时要求归还，一般两日一结。钱庄以庄票做抵押，庄票是钱庄签发的一种票据，可代替现金在市面上流通，钱庄对所签发的庄票负无限责任，除非破产，不然到期必须照付，除了庄票不再另交押品，因此拆票是一种信用贷款。拆票利息按银拆（Native Interest）计算，银拆是同业间互相拆借银两的利息，银拆行市指白银 1000 两的日息。银拆行市高低，受金融市场上可动用流动资金的影响。

钱庄的流动资本，大部分来源于外商银行的拆票。外商银行存款数额大，除了应付商务上必要的款项，常有多余的头寸正好可以对钱庄进行拆票，以此推动国内贸易，利于洋货畅销，操纵金融市场，使钱庄变为其附庸。钱庄倚靠拆票可以灵活周转，推广营业，很乐于接受外商银行的拆款。若干钱庄每天按照它们的需要、在商业上的地位，及与外国银行的关系，向外国银行拆借资金，使其自身可以做庞大的生意。①

上海最早的拆票，据说是1869年由汇丰银行开展的。② 汇丰银行通过拆票控制钱庄，旺盛时逾银1000万两。有的大钱庄拆进银款七八十万两，而银行随时可找借口要求钱庄限时付还。汇丰银行向钱庄放款，定期年息7~8厘，活期4~5厘，钱庄常用借得银款转放高利贷，双方都有利可图。汇丰银行还以贷出或收回银款，接受或拒用庄票及操纵洋厘等手段制约钱庄，有时拒用庄票或限时交付现金，致使有关钱庄破产，甚至引发连锁反应，造成内地商埠的信贷危机。③

三、汇丰银行对清政府的贷款

汇丰银行对清政府的贷款以长期高息贷款为主，期限多为5~10年，利率多为5%~10%（见表1-8）。边防贷款基本都是100万两以上的大额贷款，西征贷款四达到500万两，利率为年息10%，边防贷款总共2456余万两，占到全部对清政府贷款的83%以上。实业贷款与边防贷款相比每笔数额要小，只有两笔超过了100万两，其他的都在20万两以内，总共379余万两，占对清政府贷款的13%以下。其他为赔款贷款和行政经费贷款，占总贷款的比率很小。总体分析，19世纪70年代和80年代前半期，汇丰银行对清政府以边防贷款为主，19世纪80年代后半期以实业贷款为主。这主要与当时的政治形势有关，19世纪70年代日本侵略台湾、新疆阿古柏集团叛乱，1883—1885年中法战争，都导致边防借款大量增加。清政府的“洋务运动”前期以“自强”、后期以“求富”为口号，创办了一批近代军事和民用工业，也增加了清政府的实业借款。

受世界银价跌落的影响，汇丰银行对清政府的贷款多以金镑计价借还，这避免了银行的损失，加重了清政府的还款负担；贷款多以关税担保，减轻了银行承担的风险，进一步侵害了中国的关税主权；贷款期限长利息高，使汇丰银行获得巨大收益，进一步加重了清政府的贷款负担；有些贷款是汇丰银行以在市场上发行债券的方式提供的，比如，中法战争期间，汇丰银行为向清政府提供贷款，曾在伦敦发行两次债券，150万镑和75万镑，据它自己说：“这两种债券在伦敦很受欢迎，已全部销售，银行自己没有留下一份④”，债券的发行利率一般低于贷给清政府的利率，这种贷款中汇丰银行只充当债券发行人的角色，从债券发行差价中获取巨额收益，债券的利息每年在关税担保下由清政府负责偿还，汇丰银行基本不承担任何风险。

---

① 交通银行：《金融市场论》，1947年1月沪一版，第79页；魏格尔（Wagel，S. R.）：《中国金融论》，第238页，1914年版，第238页。转引自中国人民银行上海市分行．上海钱庄史料［M］．上海：上海人民出版社，1960年3月第1版，29－30.

② 中国人民银行上海市分行．上海钱庄史料［M］．上海：上海人民出版社，1960年3月第1版，28－29.

③ 寿充一，寿乐英．外商银行在中国［M］．北京：中国文史出版社，1996年10月第1版，9.

④ 《上海金融史话》编写组．上海金融史话［M］．上海：上海人民出版社，1978年6月第1版，25.

表 1－8　　汇丰银行 1865—1894 年对清政府贷款一览

分类	序号	时间	贷款名称	款额（库平两）	银行贷出年利率	期限
边防贷款	①	1874－08	福建台防贷款	2000000	8%	10 年
	②	1877－06	西征贷款四	5000000	10%	7 年
	③	1878－09	西征贷款五	1750000	10%	6 年
	④	1881－05	西征贷款六	4000000	8%	6 年
	⑤	1883－09	广东海防贷款 1	1000000	8%	—
	⑥	1884－04	广东海防贷款 2	1000000	8%	—
	⑦	1884－10	广东海防贷款 3	1000000	9%	—
	⑧	1885－02	广东海防贷款 4	2012500.293	7%	10 年
	⑨	1885－02	福建海防贷款	3589781	7%	10 年
	⑩	1885－02	援台规越贷款	2988861.822	6%	—
	⑪	1887－03	接收四轮贷款	220000	6%	—
赔款贷款		1884－10	沙面恤款贷款	143400	9%	—
实业贷款	①	1885	平度金矿贷款	180000	—	—
	②	1885	轮船招商局贷款 2	1217140	7%	10 年
	③	1887－11	郑工贷款 1	968992	7%	1 年
	④	1888－05	郑工贷款 2	1000000	7%	5 年
	⑤	1888	津通铁路贷款	134500	5%	—
	⑥	1889	湖北铁政局贷款	131670	—	—
	⑦	1889－05/09	鄂省织布局贷款	160000	5%	—
行政经费贷款	①	1883.12	驻英使馆贷款	11085	—	—
	②	1886－07/10	南海工程贷款	1000000	7%	—

汇丰银行对清政府的贷款情况详述如下：

（一）汇丰银行对清政府的边防贷款

1. 1874 年 8 月，福建台防贷款。由于日本侵略台湾，为筹措台防军饷，办理台湾等处海防大臣沈葆桢向汇丰银行承借库平银 200 万两，按英镑价借还，年息八厘（8%），期限 10 年，以各关洋税作保，实际用于镇压台湾人民起义，汇丰按英镑外汇时价以烂洋银做足色银抵付，计 627615 英镑，其中 30 万英镑于 1875 年 1 月在香港及其他口岸按九五折发行债票，还利归本均按英镑外汇时价以足色纹银核算。①

2. 1877 年 6 月，西征贷款四。为平定新疆阿古柏暴动集团，筹措左宗棠军赴新疆军饷，由胡光镛经手、陕甘总督左宗棠向汇丰银行承借库平银 500 万两②（1604276 镑 10 便士），银行贷出年息 10%，经手人所报月息 1%（年息 12%），中国借款所付月息一分二厘五毫（月息 1.25%，年息 15%），贷款期限 7 年，以各关洋税担保，用浙海关、粤海关、江海关、江汉关名义代借。③ 汇丰银行在市场上九八发行，年息 8%，汇丰照会作关平银，兹据左宗棠奏销折列为

① 徐义生：中国近代外债史统计资料 1853—1927［M］. 北京：中华书局，1962 年 10 月第 1 版，2、6－7.

② 一说 5084500 两。见许毅. 从百年屈辱到民族复兴（第一卷）——清代外债与洋务运动［M］. 北京：经济科学出版社，2006 年 5 月第 2 版，289.

③ 徐义生. 中国近代外债史统计资料 1853—1927［M］. 北京：中华书局，1962 年 10 月第 1 版，6－7；秦翰才. 左文襄公在西北［M］. 长沙：岳麓书社，1984 年 11 月第 1 版，194.

库平银，实际按金镑借还，由德商泰来洋行包认金镑和规元比价，因此左宗棠贴还月息二厘五毫，还本付息时只交规元，由泰来洋行把金镑交给汇丰，左宗棠只多出按月二厘五毫的利息，外汇盈亏都不管。[①]

3. 1878年9月，西征贷款五，又称乾泰公司借款。为筹措左宗棠军新疆军饷，原议由胡光镛在上海、苏州、杭州一带纠集华商组织乾泰公司募集，"以五千两为一股，听华商各自拼凑，合成巨款"，共募集175万两。其余175万库平两[②]向汇丰银行借贷，银行贷出年息10%，在市场上发行年息8%，经手人所报与中国政府实付为月息一分二厘五毫（年息15%），期限为6年，以各关洋税担保，光绪五年起，每半年还本息一次，由广东、浙江、江苏、福建、湖北五省各在应解甘肃协饷项下每年划二十万两，交各该省海关代付本息。[③]

4. 1881年5月，西征贷款六。为筹措左宗棠军新疆军饷，由胡光镛经手向汇丰银行借款库平银400万两（1255350镑），银行贷出年息8%，经手人所报与清政府实付年息9.75%，[④] 期限6年，以陕甘藩库收入担保，实际由关税抵扣，前两年每半年只付息一次，第三年起每半年还本付息一次，这次借款胡光镛侵行用补水等银106784两，后以其产业变价扣抵。[⑤]

5. 1883年9月，广东海防贷款1。为筹措中法战争广东经费，拟购穹舰二艘，由两广总督张树声承借、候选道罗寿嵩（香港汇丰银行买办）经手，向汇丰银行贷款库平银100万两，银行贷出年息8%，经手人所报和中国实付月息7厘5毫（月息0.75%，年息9%），这笔借款后来拨作军饷。[⑥]

6. 1884年4月，广东海防贷款2。贷款情况与上一条所述相同。[⑦]

7. 1884年10月，广东海防贷款3。由两广总督张之洞向汇丰银行承借，借款额为库平银100万两，月息7厘5毫（0.75%），其他情况不详。[⑧]

8. 1885年2月，广东海防贷款4。为筹措中法战争时期广东军需借款，由两广总督张之洞向汇丰银行承借库平银2012500.293两[⑨]（505000英镑），据德宗实录载，又谕："电寄张之洞等。据电称'向汇丰再借五十万零五千镑，约二百万两，照旧案九厘加闰，分十年还'等语，均著依议行。"[⑩] 银行贷出与在市场上发行利率为年息7%，经手人所报与中国实付利率为年息9%，贷款期限10年，以粤海关税及洋药厘金担保[⑪]，这笔贷款的附带条件是必须购买英国军

① 秦翰才．左文襄公在西北［M］．长沙：岳麓书社，1984年11月第1版，194.

② 一说1779577两，见许毅．从百年屈辱到民族复兴（第一卷）——清代外债与洋务运动［M］．北京：经济科学出版社，2006年5月第2版，289.

③ 徐义生．中国近代外债史统计资料1853—1927［M］．北京：中华书局，1962年10月第1版，3，6－7；秦翰才．左文襄公在西北［M］．长沙：岳麓书社，1984年11月第1版，195.

④ 一说为年息9厘7毫，见许毅．从百年屈辱到民族复兴（第一卷）——清代外债与洋务运动［M］．北京：经济科学出版社，2006年5月第2版，289.

⑤ 徐义生．中国近代外债史统计资料1853—1927［M］．北京：中华书局，1962年10月第1版，6－7.

⑥ 徐义生．中国近代外债史统计资料1853—1927［M］．北京：中华书局，1962年10月第1版，8－9.

⑦ 徐义生．中国近代外债史统计资料1853—1927［M］．北京：中华书局，1962年10月第1版，8－9.

⑧ 徐义生．中国近代外债史统计资料1853—1927［M］．北京：中华书局，1962年10月第1版，8－9.

⑨ 一说为2012520两，见许毅．从百年屈辱到民族复兴（第一卷）——清代外债与洋务运动［M］．北京：经济科学出版社，2006年5月第2版，289.

⑩ 中国第一历史档案馆等影印：清实录．五十四，德宗景皇帝实录．三［M］．北京：中华书局，1987年5月第1版，卷200，844.

⑪ 徐义生．中国近代外债史统计资料1853—1927［M］．北京：中华书局，1962年10月第1版，8－9.

需品。[①]

9. 1885 年 2 月，福建海防贷款。为筹措中法战争时期闽省边防饷需，由闽浙总督左宗棠向汇丰银行承借，“据汇丰洋行称，接英公使电必欲借一百万镑扣成上海规平银三百九十三万四千四百两零”[②]，即借规平银 3934400 两（库平银 3589781 两[③]，英镑 100 万），银行贷出年息为 7%，经手人所报与中国实付为年息 9 厘（9%），期限为 10 年，以各关洋税担保，后来余款 60 万两拨入神机营。[④]

10. 1885 年 2 月，援台规越贷款。为筹措中法战争时期台湾及援越军军饷，由两广总督张之洞向汇丰银行承借库平银 2988861.822 两（750000 英镑），汇丰贷出年息 6%，经手人所报和中国实付年息 8.5%[⑤]，银行在市场上发行利率为年息 7%，以各关洋税担保，台湾及援越军军饷各半支用。[⑥]

11. 1887 年 3 月，接收四轮贷款。贷款额库平银 220000 两，年息 6 厘。

（二）汇丰银行对清政府的赔款贷款

1884 年 10 月，沙面恤款贷款。由两广总督张之洞“与汇丰洋行订借银一十四万三千四百两”[⑦]，即库平银 143400 两，月息七厘五毫，加抽太古洋行来往省港轮船码头捐作担保，用于偿付 1883 年广州沙面焚毁洋商房屋物件恤银。[⑧]

（三）汇丰银行对清政府的实业贷款

1. 1885 年，平度金矿贷款。山东巡抚李秉衡奏：“光绪十一年（1885）开办平度州金矿，先后息借汇丰银行银十八万。”[⑨]

2. 1885 年，轮船招商局贷款 2。为向旗昌洋行赎还轮船招商局，由盛宣怀“以局产向汇丰抵借英金三十万镑，周息七厘，分订十年清还，”[⑩] 按当年英镑平均价折为 1217140 库平两，经手人所报和中国实付年息 7%，[⑪] 期限 10 年，将招商局各码头作抵押品，十年后偿清贷款才予收回。湖广总督张之洞奏“查光绪十一年（1885）向旗昌洋行赎回招商局之时，因无款可筹，曾将全局各码头按照商例抵押于汇丰银行，其时经律师将各项地契船照均缮押契，赴英领事衙门过户汇丰行名，至光绪二十一年还本清楚，始收回各契据，仍易招商局户名，是属洋商抵押之

---

① 郭太风：《汇丰银行在上海》，寿充一，寿乐英．外商银行在中国［M］．北京：中国文史出版社，1996 年 10 月第 1 版，3.

② 光绪十一年二月十五日，左宗棠：《督办福建军务左宗棠致枢垣向汇丰借款百万镑电》，王彦威，王亮．清季外交史料．卷 55，第 6 页。沈云龙．近代中国史料丛刊三编第二辑［M］．台北：文海出版社有限公司，民国 74 年（1985）。

③ 一说为 3589770 两，见许毅．从百年屈辱到民族复兴（第一卷）——清代外债与洋务运动［M］．北京：经济科学出版社，2006 年 5 月第 2 版，289.

④ 徐义生．中国近代外债史统计资料 1853—1927［M］．北京：中华书局，1962 年 10 月第 1 版，8 – 9.

⑤ 一说为月息 7 厘 5 毫，见许毅．从百年屈辱到民族复兴（第一卷）——清代外债与洋务运动［M］．北京：经济科学出版社，2006 年 5 月第 2 版，289.

⑥ 徐义生．中国近代外债史统计资料 1853—1927［M］．北京：中华书局，1962 年 10 月第 1 版，8 – 9.

⑦ 光绪 11 年 10 月 6 日，粤督张之洞奏：《沙面案恤款向汇丰银行借发片》．王彦威，王亮．清季外交史料．卷 61，第 32 页。沈云龙．近代中国史料丛刊三编第二辑［M］．台北：文海出版社有限公司，民国 74 年（1985）。

⑧ 徐义生．中国近代外债史统计资料 1853—1927［M］．北京：中华书局，1962 年 10 月第 1 版，8 – 9.

⑨ 光绪二十一年十一月十一日，李秉衡：《奏山东历办矿务并无成效现拟封禁以靖地方折》．鹿傅霖，黎庶昌等．李忠节公奏议［M］．台北：成文出版社，1968，卷 10，第 26 页。

⑩ 招商局总管理处．招商局总管理处汇报［M］．上海：招商局总管理处，1929，33.

⑪ 一说为周息 7 厘，见许毅．从百年屈辱到民族复兴（第一卷）——清代外债与洋务运动［M］．北京：经济科学出版社，2006 年 5 月第 2 版，289.

一定办法。”[1] 此外，至招商局将贷款本利还清为止，每年由汇丰派“妥当者二人，估局中各产物轮船，……其薪费等项均由商局付出”，以控制招商局财产值的高低。还规定：“于此合同订立之后，汇丰派一监理之洋人，该洋人可以随时查看局中账簿，并验看各船各产业。如局有办事不妥，以及物产短少，有碍借款利银之担保，监理应告知汇丰”，汇丰知照招商局即应筹办，如果招商局不照汇丰所要求办理，“汇丰有权全行收取或摘取局中船只各物业，可出卖，可出典，听凭汇丰主意，并任由该行自办，或托他人代理。如一经汇丰管，即可直行经理，俟收存银两敷还所欠本利各项为止”。[2]

3. 1887 年 11 月，郑工贷款 1。为防堵黄河郑工决口工程及购买挖泥船机，1887 年 11 月 16 日，由政工督办大臣李鸿藻为承借人、河南转运局道员何维楷为经手人，与英国汇丰银行签订借款合同。李鸿章奏“向例洋商借款，必照西洋金镑或马克核算，其时价低昂无定，往往借时价平，还时价长，致受暗亏，又定限至十年或二十年归还，期远息多，亦不合算，今应变通办理……适英商汇丰有现成行平足色银一百万两，遂照数借用，折合库平九十六万八千八百余两，不算金镑马克，借银还银，原平原色，长年七厘行息，自光绪十四年二月初一日交齐银两，起约期一年”。[3] 即借得行平足色银 100 万两，折合库平银 968992 两，年息七厘，期限 1 年，以津海关洋税担保，合同规定挖泥船机必须向债权国英国购买。[4]

4. 1888 年 5 月，郑工贷款 2。仍由郑工督办大臣李鸿藻为承借人、河南转运局道员何维楷为经手人，在 1888 年 5 月 28 日与汇丰银行签订借款合同。借款额库平银 100 万两，因考虑到“行平每百万较库平少三万余两，深恐工款益形支绌，是以此次续借改为库平，仍系借银还银，平色出入一律，毫无亏耗”[5]，期限为 5 年。李鸿章在该日电文中称：“昨电奏借款，奉旨允行。顷与汇丰议定，再借库平足银百万，岁息七厘，分五年还清。每年仅还本二十万，各省尚不吃力。月杪限全交，即令由水路趸解，以应急需。合同由鸿盖印。前未到四十万已分批起解在途。”[6] 仍以津海关洋税担保，用于防堵黄河郑工决口工程及购买挖泥船机。[7]

5. 1888 年，津通铁路借款。为津通铁路勘路订料用款，由北洋大臣李鸿章“一面招股，一面按五厘轻息向英商汇丰银行订借银二百万两，议俟商股集到陆续划还，内先付银十三万四千五百余两，为勘路订料等用，迨停工候议，即将汇丰来付银一百八十六万余两停止不借。”[8]即订借 200 万两，实借库平银 134500 余两，年息五厘。

6. 1889 年，湖北铁政局向汇丰借款 131670 两[9]，又称粤订炼铁机借款。

---

① 光绪二十五年七月初十日，张之洞：《鄂督张之洞奏遵查招商局保借洋款办理萍乡煤矿情形折》. 王彦威，王亮编《清季外交史料》，卷 140，第 5 页。沈云龙主编《近代中国史料丛刊三编第二辑》，台北：文海出版社有限公司，民国 74 年（1985）。

② 夏东元. 盛宣怀年谱长编（上册）[M]. 上海：上海交通大学出版社，2004，233.

③ 光绪十四年五月初十日，李鸿章：《两借洋款以应郑工折》. [清] 李鸿章：李文忠公全集，奏稿 [M]. 上海：商务印书馆，1921，卷 62，36.

④ 徐义生. 中国近代外债史统计资料 1853—1927 [M]. 中华书局，1962 年 10 月第 1 版，10－11.

⑤ 光绪十四年五月初十日，李鸿章：《两借洋款以应郑工折》. [清] 李鸿章撰：李文忠公全集，奏稿 [M]. 上海：商务印书馆，1921，卷 62，36.

⑥ 光绪十四年四月十八日午刻，李鸿章：《寄郑工李中堂李督办倪中丞》. 顾廷龙，叶亚廉. 李鸿章全集（一）电稿一 [M]. 上海：上海人民出版社，1985 年 6 月第 1 版，第 1 卷，960.

⑦ 徐义生编：中国近代外债史统计资料 1853—1927，北京：中华书局，1962 年 10 月第 1 版，10－11.

⑧ 光绪十五年四月二十日，李鸿章：《详陈创修铁路本末》. [清] 李鸿章撰：李文忠公全集，海军函稿 [M]. 上海：商务印书馆，1921，卷 3，29－30.

⑨ 曹均伟，方小芬. 中国近代利用外资活动 [M]. 上海：上海财经大学出版社，1997 年 10 月第 1 版，161.

7. 1889年5~9月，鄂省织布局贷款。为湖北织布局造厂费用，由湖广总督张之洞承借、广东善后局经手，“向汇丰银行息借十万两，认息五厘。这十万两汇到后，不久即尽，故拖延至8月间，又以同样方法向汇丰续借六万两。”① 共借库平银16万两，年息5%，由广东闱姓捐款担保，利息由湖北还。②

（四）汇丰银行对清政府的行政经费贷款

1. 1883年12月，驻英使馆贷款，11085两。③

2. 1886年7~10月，南海工程贷款，即广东善后局汇丰借款。由总理各国事务衙门向汇丰承借库平银100万两，银行贷出与在市场上发行年息为7%，经手人所报和中国实付年息为8.5%，以粤海关洋税担保，用于奉宸苑修缮南海工程。④

四、汇丰银行贷款数额的增长变化情况

汇丰银行的贷款额在1865—1890年总体呈不断上升的趋势（见表1-9）。1865年12月，汇丰的贷款额为314余万元，之后贷款数额一直上升，到1873年6月为1363余万元，增长了334.08%。1873—1880年贷款额变动不大。1880—1890年，贷款额陡然上升。1881年12月，在汇丰创立16年后贷款额第一次突破了2000万元，1885年12月突破4000万元，1890年6月突破6000万元，平均每4年多就增加2000万元，1890年6月达到1865—1894年贷款曲线的顶点（见图1-2），为6388余万元，比1880年的1280余万元贷款额增长了399.06%，即是1865年的20.34倍。1890年6月后，贷款额逐渐减少，一直下降到1893年12月的4062余万元，较1890年6月减少了36.41%，在图1-2中明显可以看出贷款曲线呈下降趋势。1893年12月后，贷款额再次上升，达到1895年12月的5385余万元，增长了32.57%。

表1-9　汇丰银行1865—1895年贴现和信用贷款数额　单位：元

时间	贴现和信用贷款⑤	时间	贴现和信用贷款
1865-12	3144000.00	1881-06	*18600000.00*
1866-12	4071000.00	1881-12	*20900000.00*
1867-06	*3640000.00*	1882-06	*24400000.00*
1867-12	3369000.00	1882-12	24105071.61
1868-06	*4830000.00*	1883-06	27482347.88
1868-12	*4380000.00*	1883-12	*29960000.00*
1869-06	4369696.72	1884-06	35244624.39
1869-12	4763433.94	1884-12	36007243.99
1870-06	*6730000.00*	1885-06	*35700000.00*
1870-12	8111149.03	1885-12	*40790000.00*

① 严中平：“中国棉业之发展”，第79页。转引自杨端六：清代货币金融史稿［M］．北京：三联书店出版，1962年7月第1版，239.

② 徐义生．中国近代外债史统计资料1853—1927［M］．北京：中华书局，1962年10月第1版，10-11.

③ 许毅．从百年屈辱到民族复兴（第一卷）——清代外债与洋务运动［M］．北京：经济科学出版社出版，2006年5月第2版，289.

④ 徐义生．中国近代外债史统计资料1853—1927［M］．北京：中华书局，1962年10月第1版，8-9.

⑤ Bills Discounted, Loans and Credits.

续表

时间	贴现和信用贷款	时间	贴现和信用贷款
1871 – 06	8533375. 23	1886 – 06	*37720000. 00*
1871 – 12	7650421. 72	1886 – 12	*36810000. 00*
1872 – 06	*10720000. 00*	1887 – 06	33875647. 70
1872 – 12	11027000. 00	1887 – 12	*33180000. 00*
1873 – 06	13636469. 24	1888 – 06	46191187. 18
1873 – 12	*9840000. 00*	1888 – 12	52163552. 00
1874 – 06	13022201. 55	1889 – 06	56731053. 00
1874 – 12	9759524. 26	1889 – 12	55615066. 95
1875 – 06	*9530000. 00*	1890 – 06	63880323. 06
1875 – 12	9251608. 00	1890 – 12	61229770. 00
1876 – 06	12521765. 15	1891 – 06	62697031. 00
1876 – 12	8666569. 85	1891 – 12	56682137. 00
1877 – 06	10064350. 66	1892 – 06	54845206. 00
1877 – 12	*10340000. 00*	1892 – 12	44139567. 00
1878 – 06	14165449. 35	1893 – 06	46983148. 00
1878 – 12	14950292. 27	1893 – 12	40626957. 00
1879 – 06	*13700000. 00*	1894 – 06	45374556. 00
1879 – 12	*13200000. 00*	1894 – 12	44221630. 00
1880 – 06	16463550. 92	1895 – 06	47650726. 98
1880 – 12	*12800000. 00*	1895 – 12	53855449. 00

注：其中用斜体的数字为约数，只精确到万元。

资料来源：1. 汪敬虞：《外国资本在近代中国的金融活动》，人民出版社，1999 年 10 月第 1 版，第 428 – 429 页；2. 汇丰银行相关年份营业报告；3. Frank H. H. King with Catherine E. King and David J. S. King，The Hongkong Bank in Late Imperial China，1864—1902：on an even keel. *The History of the Hongkong and Shanghai Banking Corporation*，Volume Ⅰ. Cambridge：Cambridge University Press，1987，pp. 192，194，196.

从图 1 – 2 中汇付和贷款曲线的比较可以发现，在 19 世纪 80 年代以前，汇付的数额是远远高出贷款的，从 1880 年开始，贷款和汇付的曲线开始趋近，时有高低，不分上下，一直到大约 1890 年以后，汇付再次远远高出贷款。汇付最大的起落是发生在 19 世纪 70 年代，主要由世界银价跌落和新的贸易方式所引致。贷款最大的起落是 1890 年以后，很明显，1890 年以后，汇付和贷款的差距是由贷款额急剧减少所致。但是，从 1865—1894 年这段时间来看，汇丰的汇兑业务一直处于绝对优势，这或许就是“汇丰”银行中文名称的含义，即“汇款丰富”之意。

从表 1 – 8 中可知，汇丰银行在 19 世纪 70 年代对清政府贷款很少，只有 1874 年 200 万两、1877 年 500 万两、1878 年 175 万两，总共 875 万两。从表 1 – 9 中可以看到，在 1874 年、1877 年、1878 年这三个年份的贷款数额明显要比它们前后的年份高，可以推测清政府的贷款对汇丰银行贷款业务产生了较大影响。事实上，汇丰银行在1873年世界经济危机的背景下，投放资金一度呆滞，不得不以过去公积金来弥补，受到股东的指责。因此，1874年8月的福建台防贷款对汇丰银行是很关键的，其董事长在股东会上报告说："这半年（1874年下半期）的结算是很不满意的，假如没有中国政府这笔借款，我很抱歉说，恐怕将无盈余可言。"①而1877—1878年的两笔西征贷款为675万两，远远高出1874年的200万两。到了19世纪80年代，汇丰银行对清政府的贷款比19世纪70年代又显著增加，根据表1－8中的数据计算，整个19世纪80年代对清政府的贷款为29507055两，是70年代的3.37倍。而且，汇丰银行还在不断增强对企业的贷款与投资（见表1－8），及对钱庄的拆票，这些都使汇丰银行在19世纪80年代的贷款额获得巨大增长，以致与汇付不分上下。

第三节　结语

汇丰银行是第一家总行设在中国的外商银行，从1865年成立至今已有150多年的历史，与汇丰同时代创立的很多企业、银行早已不复存在，而汇丰却一直不断向前发展，至2008年仍居世界第三大银行的领先地位。1865—1894年在整个汇丰银行史中只占约五分之一的时间，但这30年却为汇丰金融帝国的发展奠定了稳固基础。

从图1－3可见，汇丰银行在最初1865—1872年这8年间资产与各项业务是稳定上升的，1873—1880年这8年间业务波动比较大，营业相对艰难。度过了前15年的成立与克服困难阶段，1880年后其资产与各项业务量都有巨幅上升，1895年后进入"帝国主义式的扩张"阶段。

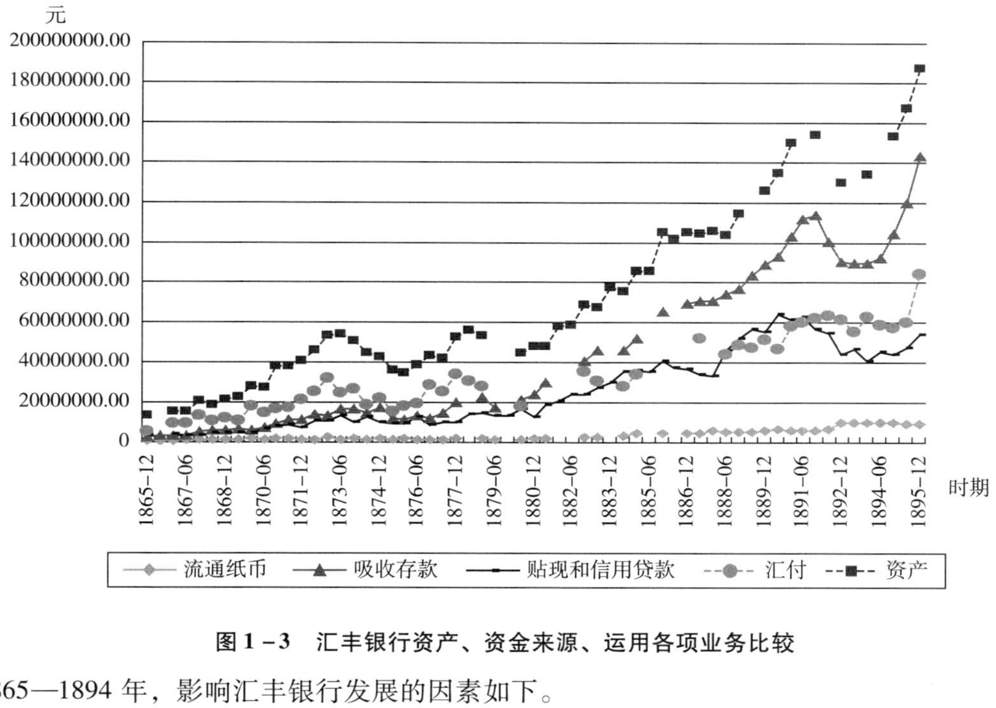

图1－3　汇丰银行资产、资金来源、运用各项业务比较

1865—1894年，影响汇丰银行发展的因素如下。

① 《上海金融史话》编写组：上海金融史话［M］．上海：上海人民出版社，1978年6月第1版，24.

一、战略策略

汇丰银行从一开始即明确定位为中国本地银行，采取国际合作原则，资本募集本地化，以满足本地所有贸易需要为业务导向。一开业就在以前殖民地银行的业务薄弱点上下工夫，比如，重视存款吸收，事实证明存款吸收为汇丰银行开辟了巨大的资金来源，从本地人手中吸取资金来满足本地需要，成为汇丰一项成功的策略，为其赚取了巨大利润。可见，汇丰银行既有长远的战略目标，也有具体的业务策略。

二、法令制度

首先，汇丰银行依据1862年英国公司法和香港殖民地银行则例成立，有健全的组织结构体系，其公司治理结构设置股东会、董事会、经理人、监察人，对内权责分工明确，利于决策的制定、传达、执行、监督，提高了运营效率。

其次，汇丰银行实行总分行制，这是一种以地域为中心的组织结构，适应了以中国为业务核心的目标定位。在伦敦，香港和上海两套平行运行机制中，伦敦是世界金融中心，无论在以前的中英印“循环汇兑”方式中，还是在新的中英美三角汇兑方式中，伦敦，香港和上海都处于重要地位，依托这两套平行运行机制，逐步扩展其营业的地理面积，反映在资产负债表中就是业务数额的巨幅增长。

最后，汇丰银行实行买办制度，此外，在具体的人事任免、薪资增减、职员假期、旅费报销，甚至员工结婚等方面，都有具体明确的规定，限于篇幅，本文未作探讨，留待以后的学者做详细深入的研究。

三、技术汇率

19世纪70年代后世界银价下跌，对汇丰银行的发展造成很多不利影响。从图1－3中可以看出，汇丰从1873年始资产与业务量遭受挫折，而世界银价正是从1873年开始下跌，加上19世纪70年代第二次工业革命的成果应用所引致的交通、贸易方式变化的影响，汇丰在整个70年代中后期都处于业务极不稳定的“维持”状态。可见，技术进步、技术替代、汇率变动等对汇丰银行的影响是显著的。

但是，技术进步是经济发展的动力，越过19世纪70年代的调整转变期，进入19世纪80年代后，汇丰的业务量呈现大幅上升态势。尽管19世纪80年代后世界银价在继续下跌，但汇丰已及时调整应对策略。特别是汇丰资本以中国本地的货币银元为单位，1876年以前按银元支付股息，比起其他以金镑为单位的银行具有很大优势，可以有效减少账面资本的损失和额外股息、利息的支付，自1876年起以金镑支付，却把银元和金镑的比价固定在每元4先令6便士的水平，这个固定比价一直维持到1882年底，自1883年起，银行股息才按当时汇率计算。① 1883年，为了“应付支付金镑股息时汇率波动的需要”，在一般准备外，又在“股息调整账”名义下，设置股息平衡基金。② 这些措施都使银价下跌对汇丰的负面影响减少到最小，而且汇丰控制中国外汇

① North－China Herald，1876年2月24日；1876年8月26日；1883年8月24日。转引自汪敬虞：19世纪80年代世界银价的下跌和汇丰银行在中国的优势地位［J］．中国经济史研究，2000（1）：13.

② North－China Herald，1883年9月8日，第286－287页。

牌价，从事买卖金银的活动等都可以规避汇率风险，从汇率变动中受益。

四、时政需求

1865—1894 年正好是中国的“洋务运动”时期，期间由民族资本创办的大小近代企业有一百二三十家，中国自己国库空虚，民间十室九空，因此从外国银行借款就成为必需。汇丰银行在这段时期贷给清政府的实业借款达到 379 万余两，这不算民间的私人企业借款，可以推知，民间的私企借款数额也很大。这段时期也是中国边防的“多事之秋”，汇丰对清政府的贷款 83% 以上为边防贷款，实业贷款只占 13% 以下。前面提到，汇丰银行在 1873 年世界经济危机的影响下，投放资金一度呆滞，不得不以过去公积金来弥补，受到股东指责，其董事长在股东会上报告说：“这半年（1874 年下半期）的结算是很不满意的，假如没有中国政府这笔借款（福建台防借款），我很抱歉说，恐怕将无盈余可言。”① 可见，在汇丰银行最困难的时期，在其他很多银行因为银价下跌破产倒闭时，清政府的这些贷款对汇丰银行具有关键的“拯救”意义。

五、母国支持

作为一家以英国资本为主导的银行，汇丰银行的发展与当时英国在世界贸易中的地位和在中国的殖民地位有着密不可分的联系。产业革命使英国成为世界上最先进的资本主义工业国，1850 年，英国在世界工业总产值中已超过 2/5，在世界贸易总额中所占的比重也超过 1/5。产业革命所带来的生产力的巨大飞跃，使英国变成了“世界工厂”。汇丰银行正是英国政府大力扶持的海外殖民地银行，特别是 19 世纪 80 年代以后，随着丽如银行的衰败，以海关税务司赫德为代表，英国转而大力扶持汇丰银行，这样的例子有很多，比如一开始港督就允许汇丰银行作为一个未经立案注册的机构先行交易，允许汇丰发行一元面值的小额钞票，英国政府委托汇丰银行经营支付给英国政府雇用人员的“财政金库”，中国海关总税务司的账户归汇丰银行掌管等。依靠母国的强大支持，汇丰在 1865—1894 年所取得的成就就不难想象了。

此外，汇丰银行在 1865—1894 年的创立与发展也顺应了当时“从洋行到殖民地银行的崛起”趋势。

1865—1894 年，汇丰银行正是在以上因素的综合影响下，不断趋利避害，步步为营，逐渐取得在中国近代银行中的领先地位。它的创立形式与经营体制对以后中国的自办新式银行产生了深远影响，其资金来源与资金运用中的绝大部分业务一直改进延续到现在。当今金融机构应结合自身与时代特点，在组织机构与经营业务等方面不断调整改进，从而迎来自身与整个金融行业的长久稳定发展。

① 《上海金融史话》编写组．上海金融史话［M］．上海：上海人民出版社，1978 年 6 月第 1 版，24.

参考文献

一、专著

（一）普通图书

［1］戴建兵．白银与近代中国经济：1890—1935［M］．上海：复旦大学出版社，2005年8月第1版．

［2］［英］毛里斯·柯立斯著，李周英等译：中华民国史资料丛稿，译稿，汇丰——香港上海银行：汇丰银行百年史［M］．北京：中华书局，1979年12月．

［3］刘诗平．汇丰金融帝国：140年的中国故事［M］．北京：中国方正出版社，2006年3月第1版．

［4］杨端六．清代货币金融史稿［M］．北京：三联书店，1962年7月第1版．

［5］杨荫溥．上海金融组织概要［M］．上海：商务印书馆，中华民国十九年二月初版．

［6］周葆銮．中华银行史［M］．上海：商务印书馆，中华民国十年三月三版．

［7］徐寄庼．最近上海金融史［M］．上海：商务印书馆，中华民国十五年十一月一日初版．

［8］石毓符．中国货币金融史略［M］．天津：天津人民出版社，1984年3月第1版．

［9］秦翰才．左文襄公在西北［M］．长沙：岳麓书社，1984年11月第1版．

［10］Emest O Hauers著，越裔译．百年来的上海演变［M］．世界文化出版社，民国三十五年四月．

［11］甘末尔著，岑德彰译．货币论［M］．上海：商务印书馆，中华民国二十四年三月初版．

［12］张家骧，吴宗焘，童蒙正．中国之币制与汇兑［M］．上海：商务印书馆，中华民国二十年四月初版．

［13］马寅初．中国国外汇兑［M］．上海：商务印书馆，中华民国十四年十二月初版．

［14］潘序伦．会计学．第二册［M］．上海：立信会计图书用品社，民国三十七年修订本．

［15］招商局总管理处．招商局总管理处汇报［M］．上海：招商局总管理处，1929.

［16］［美］马士著，张汇文等译．中华帝国对外关系史［M］．北京：三联书店，1957.

［17］［美］雷麦（C. F. Remer）著，蒋学楷，赵康节译．外人在华投资［M］．上海：商务印书馆，1959年．

［18］陈曾年．近代上海金融中心的形成和发展［M］．上海：上海社会科学院出版社，2006年10月第1版．

［19］洪葭管．20世纪的上海金融［M］．上海：上海人民出版社，2004年8月第1版．

［20］熊月之，周武．上海：一座现代化都市的编年史［M］．上海：上海书店出版社，2007年1月第1版．

［21］陈三井．近代中国变局下的上海［M］．台北：东大图书股份有限公司，中华民国八十五年八月初版．

［22］冯邦彦．香港金融业百年［M］．上海：东方出版中心，2007年1月第1版．

［23］《上海外贸史话》编写组．上海外贸史话［M］．上海：上海人民出版社，1976年9月第1版．

［24］《上海金融史话》编写组．上海金融史话［M］．上海：上海人民出版社，1978 年 6 月第 1 版．

［25］《中国近代金融史》编写组．中国近代金融史［M］．北京：中国金融出版社，1985 年 5 月第 1 版．

［26］汪敬虞．外国资本在近代中国的金融活动［M］．北京：人民出版社，1999 年 10 月第 1 版．

［27］汪敬虞．十九世纪西方资本主义对中国的经济侵略［M］．北京：人民出版社，1983 年 12 月第 1 版．

［28］汪敬虞．中国近代经济史：1895—1927［M］．北京：经济管理出版社，2007 年 3 月第 1 版．

［29］严中平．中国近代经济史：1840—1894［M］．北京：人民出版社，2001 年 10 月．

［30］张国辉著，李飞等．中国金融通史第二卷：清鸦片战争时期至清末时期［M］．北京：中国金融出版社，2003 年 10 月第 1 版．

［31］杜恂诚著，李飞等．中国金融通史第三卷：北洋政府时期［M］．北京：中国金融出版社，2002 年 5 月第 1 版．

［32］张国辉．晚清钱庄和票号研究［M］．北京：社会科学文献出版社，2007 年 4 月第 2 版．

［33］中央财政金融学院财政教研室．中国财政简史［M］．北京：中国财政经济出版社，1980 年 2 月第 1 版．

［34］孙玉琴．中国对外贸易史［M］．北京：对外经济贸易大学出版社，2004 年 5 月第 1 版．

［35］［美］林达・约翰逊编，成一农译．帝国晚期的江南城市［M］．上海：上海人民出版社，2005 年 6 月第 1 版．

［36］［英］约翰・F. 乔恩著，李广乾译．货币史（从公元 800 年起）［M］．上海：商务印书馆，2002 年 9 月第 1 版．

［37］［英］克拉潘著，姚曾廙译．现代英国经济史．中卷，自由贸易和钢（1850—1886 年）［M］．上海：商务印书馆，1975 年 7 月第 1 版．

［38］［美］郝延平著，李荣昌等译．十九世纪的中国买办——东西间桥梁［M］．上海：上海社会科学院出版社，1988 年 9 月第 1 版．

［39］曹均伟，方小芬．中国近代利用外资活动［M］．上海：上海财经大学出版社，1997 年 10 月第 1 版．

［40］黄鉴晖．山西票号史［M］．太原：山西经济出版社，2002 年 6 月第 1 版．

［41］程霖．中国近代银行制度建设思想研究：1859—1949［M］．上海：上海财经大学出版社，1999 年 5 月第 1 版．

［42］周建波．洋务运动与中国早期现代化思想［M］．济南：山东人民出版社，2001 年 1 月第 1 版．

［43］曹聚仁．上海春秋［M］．北京：三联书店，2007 年 1 月北京第 1 版．

［44］李一翔．近代中国银行与钱庄关系研究［M］．上海：学林出版社，2005 年 12 月第 1 版．

［45］［美］费正清编，中国社会科学院历史研究所编译室译：剑桥中国晚清史：1800—1911 年（下卷）［M］．北京：中国社会科学出版社，1985.

［46］戴建兵，王晓岚，陈晓荣．中外货币文化交流研究［M］．北京：中国农业出版社，2003 年 3 月第 1 版．

［47］许毅．从百年屈辱到民族复兴．第一卷——清代外债与洋务运动［M］．北京：经济科学出版社出版，2006 年 5 月第 2 版．

［48］蒋先玲．货币银行学［M］．北京：对外经济贸易大学出版社，2004 年 2 月第 1 版．

［49］［美］弗雷德里克·S. 米什金（Frederic S. Mishkin）著，郑艳文译：货币金融学［M］．北京：中国人民大学出版社，2006 年 12 月第 1 版．

［50］王蜀磊．毕业论文写作［M］．上海：立信会计出版社，2007 年 9 月第 1 版．

［51］Frank H. H. King，Catherine E. King，David J. S. King. The Hongkong Bank in Late Imperial China，1864—1902：on an even keel. *The History of the Hongkong and Shanghai Banking Corporation*，Volume Ⅰ. Cambridge：Cambridge University Press，1987.

［52］Frank H. H. King，Catherine E. King，David J. S. King. The Hongkong Bank in the period of imperialism and war，1895—1918：Wayfoong，the focus of wealth. *The History of the Hongkong and Shanghai Banking Corporation*，Volume Ⅱ. Cambridge：Cambridge University Press，1988.

［53］Collis，Maurice. Wayfoong：The Hongkong and Shanghai Banking Corporation，a study of East Asia's Transformation，Political，Financial，and Economic，During the Last Hundred Years. London：Faber and Faber Ltd.，1965.

［54］A. S. J. Baster. The International Banks. London：P. S. King & Son，1935.

［55］A. S. J. Baster. The Imperial Banks. London：P. S. King，1929.

［56］J. W. Maclellan. The story of Shanghai：from the opening of the port to foreign trade. Shanghai：printed and published at the "north－china herald" office，1889.

［57］Douglas Wong. HSBC：its Malaysian Story. Kuala Lumpur；Singapore：Editions Didier Millet，2004.

（二）汇编、文集类资料

［1］中国人民银行上海市分行：上海钱庄史料［M］．上海：上海人民出版社，1960 年 3 月第 1 版．

［2］上海通社：上海研究资料［M］．上海：上海书店，1984 年 1 月第 1 版．

［3］黄苇，夏林根编：近代上海地区方志经济史料选辑：1840—1949［M］．上海：上海人民出版社，1984 年 6 月第 1 版．

［4］徐义生编：中国近代外债史统计资料 1853—1927［M］．北京：中华书局，1962 年 10 月第 1 版．

［5］上海市政协文史资料委员会编：上海文史资料存稿汇编［M］．上海：上海古籍出版社，2001.

［6］南开大学历史系编：清实录经济资料辑要［M］．北京：中华书局，1959 年 5 月第 1 版．

［7］顾廷龙，叶亚廉．李鸿章全集（一）电稿一［M］．上海：上海人民出版社，1985 年 6 月第 1 版．

［8］王彦威，王亮《清季外交史料》，沈云龙．近代中国史料丛刊三编第二辑．台北：文海出版社有限公司，民国 74 年（1985）．

［9］夏东元编：郑观应集（上册）［M］．上海：上海人民出版社，1982 年 9 月第 1 版．

［10］中国第一历史档案馆等影印：清实录，五十四，德宗景皇帝实录三［M］．北京：中华书局，1987 年 5 月第 1 版．

［11］［清］李鸿章撰：李文忠公全书［M］．金陵，清光绪 31 年（1905）．

［12］鹿傅霖，黎庶昌等撰：李忠节公奏议［M］．台北：成文出版社，1968.

［13］［清］李鸿章撰：李文忠公全集［M］．上海：商务印书馆，1921.

［14］寿充一，寿乐英编：外商银行在中国［M］．北京：中国文史出版社，1996 年 10 月第 1 版．

［15］上海市文史馆，上海市人民政府参事室文史资料工作委员会编：上海地方史资料（三）［M］．上海：上海社会科学院出版社，1984 年 7 月第 1 版．

［16］四川省中国经济史学会编辑：中国经济史研究论丛［M］．成都：四川大学出版社，1986 年 12 月第 1 版．

［17］马寅初：马寅初演讲与论文集［M］．北京：北京大学出版社，2005 年 9 月第 1 版．

［18］黄逸平编：中国近代经济史论文选［M］．上海：上海人民出版社，1985 年 4 月第 1 版．

［19］鲁海著，青岛市人民政府新闻办公室．老楼故事［M］．青岛：青岛出版社，2003 年 7 月第 2 版．

［20］中国人民政治协商会议天津市委员会文史资料研究委员会编：天津文史资料选辑第九辑［M］．天津：天津人民出版社，1980 年 6 月第 1 版．

［21］中国银行总管理处经济研究室编：全国银行年鉴［M］．上海：上海银行总管理处经济研究室，民国 34 ~ 37 年（1945—1948）．

［22］夏东元．盛宣怀年谱长编（上册）［M］．上海：上海交通大学出版社，2004.

［23］Frank H. H. King. Eastern Banking：Essays in the history of the Hongkong and Shanghai Banking Corporation. London：Athlone Press，1983.

（三）学位论文

［1］巫云仙：《汇丰银行与近代中国金融发展研究（1865—1949）》，博士学位论文，北京：中国人民大学，2004。

［2］张越：《试论汇丰银行在近代中国的本土化经营战略及其启示》，硕士学位论文，云南大学，2007 年 6 月 8 日。

二、析出文献

（一）期刊中的析出文献

［1］戴建兵：《上海钱庄庄票略说》，《档案与史学》，2002 年 02 期。

［2］巫云仙：《试论汇丰银行成为近代中国国际汇兑银行的基础和条件》，《北京联合大学学报》（人文社会科学版），2005 年 01 期。

［3］巫云仙：《论汇丰银行与近代中国金融制度的变革》，《南开经济研究》，2005 年 02 期。

［4］陈礼茂：《试论近代上海的外资银行——以汇丰、花旗银行上海分行为例》，《泰山学院学报》，2005 年 05 期。

［5］巫云仙：《略论汇丰银行在近代中国的几个发展阶段及其启示》，《北京联合大学学报》（人文社会科学版），2004 年 04 期。

［6］杜恂诚：《汇丰银行在旧中国》，《银行家》，2003 年 02 期。

［7］马陵合：《论晚清地方外债的阶段性特点》，《安徽师范大学学报》（人文哲学社会科学版），1996 年 01 期。

［8］巫云仙：《论汇丰银行与近代中国的贸易融资和国际汇兑》，《北京联合大学学报》（人文社会科学版），2006 年 02 期。

［9］胡志帆：《近代山西票号与汇丰银行的发展比较》，《黑龙江对外经贸》，2006 年 10 期。

［10］马学强：《席正甫父子与上海汇丰银行》，《档案与史学》，1996 年 04 期。

［11］金理祥：《上海汇丰银行第一任买办——王槐山》，《上海金融》，1993 年 11 期。

［12］时湘云：《外资银行在近代中国的发展概况》，《管理科学》，2005 年 03 期。

［13］马陵合：《晚清铁路外债观初探——以芦汉铁路为中心》，《史学月刊》，2001 年 06 期。

［14］李一翔：《外资银行与近代上海远东金融中心地位的确立》，《档案与史学》，2002 年 05 期。

［15］仇华飞：《近代外国在华银行研究》，《世界历史》，1998 年 01 期。

［16］高海燕：《近代外国在华洋行、银行与中国钱庄》，《社会科学辑刊》，2003 年 02 期。

［17］高海燕：《外国在华洋行、银行与中国钱庄的近代化》，《浙江大学学报》，2003 年 01 期。

［18］郭启东，李学军：《近代中国主要外国银行述略》，《金融教学与研究》，1987 年 04 期。

［19］孔永松，蔡佳伍：《晚清铁路外债述评》，《中国社会经济史研究》，1998 年 01 期。

［20］马陵合：《论晚清外债抵押方式的转化》，《求索》，2005 年 06 期。

［21］杨宗亮：《晚清外债、外资的形成及特点》，《西昌师范高等专科学校学报》，2000 年 04 期。

［22］姚忠福：《汇丰银行：为中国而生因中国而活》，《小康》，2007 年 05 期。

［23］洪葭管：《从汇丰银行看帝国主义对旧中国的金融统治》，《学术月刊》，1964 年 04 期。

［24］寒蚀：《汇丰银行——香港金融的中心》，《世界知识》，1990 年 02 期。

［25］陈莲：《汇丰银行的发展之道》，《现代商业银行》，2004 年 07 期。

［26］马学强整理：《在上海的生活——汇丰银行买办席正甫后人的回忆》，《史林》，2004 年 S1 期。

［27］戴建兵：《隐性中央银行：甲午战争前后的外商银行》，《安徽师范大学学报》（人文社会科学版），2007 年 03 期。

［28］汪敬虞：《19 世纪 80 年代世界银价的下跌和汇丰银行在中国的优势地位》，《中国经济史研究》，2000 年 01 期。

［29］汪敬虞：《19 世纪末叶外国在华银行的投资活动》，《近代史研究》，1997 年 04 期。

［30］汪敬虞：《19 世纪 80 年代外国在华银行金融实力的扩张（续）》，《教学与研究》，1998 年 11 期。

［31］汪敬虞：《外国在华金融活动中的银行与银行团（1895—1927）》，《历史研究》，1995 年 03 期。

［32］汪敬虞：《近代中国金融活动中的中外合办银行》，《历史研究》，1998 年 01 期。

［33］兰日旭：《汇丰银行与近代天津经济发展》，《理论与现代化》，2004 年 06 期。

［34］戴鞍钢：《口岸贸易与晚清上海金融业的互动》，《复旦学报》（社科版），2003 年 02 期。

（二）报纸中的析出文献

［1］《汇丰银行之今昔观》，《银行周报》，1917 年 5 月 29 日，第 1 卷第 1 号。

［2］《汇丰银行之今昔观（续）》，《银行周报》，1917 年 6 月 5 日，第 1 卷第 2 号。

［3］《汇丰银行之今昔观（再续）》，《银行周报》，1917 年 6 月 12 日，第 1 卷第 3 号。

［4］《汇丰银行之今昔观（三续）》，《银行周报》，1917 年 6 月 19 日，第 1 卷第 4 号。

［5］《汇丰银行之今昔观（四续）》，《银行周报》，1917 年 6 月 26 日，第 1 卷第 5 号。

［6］Hongkong and Shanghai Bank Report. The North – China Herald and Market Report, Shanghai : “North – China Herald”, Aug. 19, 1869, p. 449.

[7] The Hongkong and Shanghai Bank. The North – China Herald and market Report, Shanghai : "North – China Herald", Aug. 19, 1869, p. 443.

[8] Hongkong. The North – China Herald and market Report, Shanghai : "North – China Herald", Oct. 5, 1869, pp. 525 – 526.

[9] The Hongkong Bank. North – China Herald supreme court and consular gazette, A complete record of political and general news, and law Reporter for H. B. M. 'S supreme court of China and Japan. Shanghai: printed at the "North – China Herald " office, Feb. 8, 1870, p. 102.

[10] The Hongkong and Shanghai Bank Report. North – China Herald supreme court and consular gazette, A complete record of political and general news, and law Reporter for H. B. M. 'S supreme court of China and Japan. Shanghai: printed at the "North – China Herald " office, Aug. 25, 1870, p. 156.

[11] Hongkong and Shanghai Bank. North – China Herald supreme court and consular gazette, A complete record of political and general news, and law Reporter for H. B. M. 'S supreme court of China and Japan. Shanghai: printed at the "North – China Herald " office, March. 1, 1871, p. 139.

[12] Supreme court: the Hongkong and Shanghai Banking Corporation v. F. P. Tombrink (Trustee in the estate of Glover, Dow&Co.). North – China Herald supreme court and consular gazette, A complete record of political and general news, and law Reporter for H. B. M. 'S supreme court of China and Japan. Shanghai: printed at the "North – China Herald " office, Jane. 16, 1871, pp. 447 – 448.

[13] The Hongkong and Shanghai Bank. North – China Herald supreme court and consular gazette, A complete record of political and general news, and law Reporter for H. B. M. 'S supreme court of China and Japan. Shanghai: printed at the "North – China Herald " office, Aug. 25, 1871, p. 648.

[14] Hongkong and Shanghai Banking Corporation. North – China Herald supreme court and consular gazette, A complete record of political and general news, and law Reporter for H. B. M. 'S supreme court of China and Japan. Shanghai: printed at the "North – China Herald " office, Feb. 22, 1872, pp. 140 – 141.

[15] Hongkong and Shanghai Bank. North – China Herald supreme court and consular gazette, A complete record of political and general news, and law Reporter for H. B. M. 'S supreme court of China and Japan. Shanghai: printed at the "North – China Herald " office, Aug. 23, 1873, pp. 159 – 160.

[16] Hongkong and Shanghai Bank. North – China Herald supreme court and consular gazette, A complete record of political and general news, and law Reporter for H. B. M. 'S supreme court of China and Japan. Shanghai: printed at the "North – China Herald " office, Feb. 26, 1874, p. 179.

[17] The Hongkong and Shanghai Bank Report. North – China Herald supreme court and consular gazette, A complete record of political and general news, and law Reporter for H. B. M. 'S supreme court of China and Japan. Shanghai: printed at the "North – China Herald " office, Aug. 22, 1874, p. 184.

[18] Hongkong and Shanghai Banking Corporation. North – China Herald supreme court and consular gazette, A complete record of political and general news, and law Reporter for H. B. M. 'S supreme court of China and Japan. Shanghai: printed at the "North – China Herald " office, Aug. 22, 1874, pp. 191 – 192.

[19] Hongkong and Shanghai Banking Corporation. North – China Herald supreme court and consular gazette, A complete record of political and general news, and law Reporter for H. B. M. 'S supreme court of China and Japan. Shanghai: printed at the "North – China Herald " office, Sept. 5, 1874, pp. 242 – 243.

[20] Hongkong and Shanghai Bank – circular to directors. North – China Herald supreme court and consular gazette, A complete record of political and general news, and law Reporter for H. B. M. 'S supreme court

of China and Japan. Shanghai: printed at the "North – China Herald " office, Dec. 31, 1874, p. 637.

[21] Hongkong and Shanghai Bank Report. North – China Herald supreme court and consular gazette, A complete record of political and general news, and law Reporter for H. B. M. 'S supreme court of China and Japan. Shanghai: printed at the "North – China Herald " office, Feb. 25, 1875, pp. 178 – 179.

[22] Hongkong and Shanghai Banking Corporation (Daily Press). North – China Herald supreme court and consular gazette, A complete record of political and general news, and law Reporter for H. B. M. 'S supreme court of China and Japan. Shanghai: printed at the "North – China Herald " office, Mar. 4, 1875, pp. 206 – 209.

[23] The Hongkong Bank and the sugar companies. North – China Herald supreme court and consular gazette, A complete record of political and general news, and law Reporter for H. B. M. 'S supreme court of China and Japan. Shanghai: printed at the "North – China Herald " office, Mar. 11, 1875, pp. 222 – 223.

[24] The Hongkong and Shanghai Bank. To the Editor of the North – China Herald. North – China Herald supreme court and consular gazette, A complete record of political and general news, and law Reporter for H. B. M. 'S supreme court of China and Japan. Shanghai: printed at the "North – China Herald " office, Mar. 11, 1875, p. 233.

[25] Hongkong and Shanghai Bank Report. North – China Herald supreme court and consular gazette, A complete record of political and general news, and law Reporter for H. B. M. 'S supreme court of China and Japan. Shanghai: printed at the "North – China Herald " office, Feb. 24, 1876, p. 168.

[26] Hongkong and Shanghai Bank. North – China Herald supreme court and consular gazette, A complete record of political and general news, and law Reporter for H. B. M. 'S supreme court of China and Japan. Shanghai: printed at the "North – China Herald " office, Mar. 2, 1876, p. 198.

[27] Hongkong and Shanghai Banking Corporation. North – China Herald supreme court and consular gazette, A complete record of political and general news, and law Reporter for H. B. M. 'S supreme court of China and Japan. Shanghai: printed at the "North – China Herald " office, Aug. 26, 1876, pp. 201 – 202.

[28] Hongkong and Shanghai Bank Report. North – China Herald supreme court and consular gazette, A complete record of political and general news, and law Reporter for H. B. M. 'S supreme court of China and Japan. Shanghai: printed at the "North – China Herald " office, Aug. 18, 1877, p. 159.

[29] Hongkong and Shanghai Banking Corporation (Daily Press). North – China Herald supreme court and consular gazette, A complete record of political and general news, and law Reporter for H. B. M. 'S supreme court of China and Japan. Shanghai: printed at the "North – China Herald " office, Sept. 1, 1877, p. 207.

[30] Hongkong and Shanghai Banking Corporation (Daily Press). North – China Herald supreme court and consular gazette, A complete record of political and general news, and law Reporter for H. B. M. 'S supreme court of China and Japan. Shanghai: printed at the "North – China Herald " office, Mar. 1, 1877, pp. 209 – 210.

[31] Hongkong and Shanghai Banking Corporation v. I Feng – Ho. North – China Herald supreme court and consular gazette, A complete record of political and general news, and law Reporter for H. B. M. 'S supreme court of China and Japan. Shanghai: printed at the "North – China Herald " office, June. 2, 1877, p. 552.

[32] Hongkong and Shanghai Banking Corporation. North – China Herald supreme court and consular ga-

zette, A complete record of political and general news, and law Reporter for H. B. M. 'S supreme court of China and Japan. Shanghai: printed at the "North – China Herald " office, Aug. 17, 1878, p. 159.

[33] Hongkong and Shanghai Banking Corporation (Daily Mail) . North – China Herald supreme court and consular gazette, A complete record of political and general news, and law Reporter for H. B. M. 'S supreme court of China and Japan. Shanghai: printed at the "North – China Herald " office, Aug. 24, 1878, p. 189.

[34] Hongkong and Shanghai Banking Corporation. North – China Herald supreme court and consular gazette, A complete record of political and general news, and law Reporter for H. B. M. 'S supreme court of China and Japan. Shanghai: printed at the "North – China Herald " office, Feb. 28, 1878, p. 211.

[35] The Hongkong and Shanghai Bank (China Overland Trade Report.) . North – China Herald supreme court and consular gazette, A complete record of political and general news, and law Reporter for H. B. M. 'S supreme court of China and Japan. Shanghai: printed at the "North – China Herald " office, Sept. 7, 1878, p. 247.

[36] Hongkong and Shanghai Banking Corporation. North – China Herald supreme court and consular gazette, A complete record of political and general news, and law Reporter for H. B. M. 'S supreme court of China and Japan. Shanghai: printed at the "North – China Herald " office, Feb. 28, 1879, p. 199.

[37] Hongkong and Shanghai Banking Corporation. North – China Herald supreme court and consular gazette, A complete record of political and general news, and law Reporter for H. B. M. 'S supreme court of China and Japan. Shanghai: printed at the "North – China Herald " office, Feb. 26, 1880, p. 172.

[38] The Hongkong and Shanghai Banking Corporation. North – China Herald supreme court and consular gazette, A complete record of political and general news, and law Reporter for H. B. M. 'S supreme court of China and Japan. Shanghai: printed at the "North – China Herald " office, Aug. 24, 1880, p. 190.

[39] The Hongkong and Shanghai Bank in the straits settlements. North – China Herald supreme court and consular gazette, A complete record of political and general news, and law Reporter for H. B. M. 'S supreme court of China and Japan. Shanghai: printed at the "North – China Herald " office, Nov. 15, 1881, p. 527.

[40] The Hongkong and Shanghai Banking Corporation. meeting of shareholders. North – China Herald supreme court and consular gazette, A complete record of political and general news, and law Reporter for H. B. M. 'S supreme court of China and Japan. Shanghai: printed at the "North – China Herald " office, Jan. 10, 1883, p. 45.

[41] Hongkong and Shanghai Banking Corporation. North – China Herald supreme court and consular gazette, A complete record of political and general news, and law Reporter for H. B. M. 'S supreme court of China and Japan. Shanghai: printed at the "North – China Herald " office, Feb. 21, 1883, p. 209.

[42] Hongkong and Shanghai Banking Corporation. North – China Herald supreme court and consular gazette, A complete record of political and general news, and law Reporter for H. B. M. 'S supreme court of China and Japan. Shanghai: printed at the "North – China Herald " office, Aug. 24, 1883, p. 232.

[43] Hongkong and Shanghai Banking Corporation. North – China Herald supreme court and consular gazette, A complete record of political and general news, and law Reporter for H. B. M. 'S supreme court of China and Japan. Shanghai: printed at the "North – China Herald " office, Mar. 7, 1883, p. 267.

[44] Hongkong and Shanghai Banking Corporation. North – China Herald supreme court and consular ga-

zette, A complete record of political and general news, and law Reporter for H. B. M. 'S supreme court of China and Japan. Shanghai: printed at the "North – China Herald" office, Sept. 8, 1883, pp. 286 – 287.

[45] Hongkong and Shanghai Banking Corporation. North – China Herald supreme court and consular gazette, A complete record of political and general news, and law Reporter for H. B. M. 'S supreme court of China and Japan. Shanghai: printed at the "North – China Herald" office, Aug. 22, 1884, p. 218.

[46] Hongkong and Shanghai Banking Corporation. North – China Herald supreme court and consular gazette, A complete record of political and general news, and law Reporter for H. B. M. 'S supreme court of China and Japan. Shanghai: printed at the "North – China Herald" office, Feb. 27, 1884, p. 234.

[47] Hongkong and Shanghai Banking Corporation. North – China Herald supreme court and consular gazette, A complete record of political and general news, and law Reporter for H. B. M. 'S supreme court of China and Japan. Shanghai: printed at the "North – China Herald" office, Sept. 6, 1884, pp. 275 – 276.

[48] Hongkong and Shanghai Bank Corporation. North – China Herald supreme court and consular gazette, A complete record of political and general news, and law Reporter for H. B. M. 'S supreme court of China and Japan. Shanghai: printed at the "North – China Herald" office, Mar. 12, 1884, pp. 298 – 299.

[49] Before Sir Richard Temple Rennie, Chief Justice. Hongkong and Shanghai Banking Corporation v. Reuben A. Gubbay. North – China Herald supreme court and consular gazette, A complete record of political and general news, and law Reporter for H. B. M. 'S supreme court of China and Japan. Shanghai: printed at the "North – China Herald" office, June 27, 1884, pp. 756 – 757.

[50] Hongkong and Shanghai Banking Corporation. North – China Herald supreme court and consular gazette, A complete record of political and general news, and law Reporter for H. B. M. 'S supreme court of China and Japan. Shanghai: printed at the "North – China Herald" office, Feb. 25, 1885, p. 228.

[51] The Hongkong and Shanghai Banking Corporation. North – China Herald supreme court and consular gazette, A complete record of political and general news, and law Reporter for H. B. M. 'S supreme court of China and Japan. Shanghai: printed at the "North – China Herald" office, Mar. 11, 1885, pp. 284 – 285.

[52] Before Sir Richard T. Rennie, Knight, Chief Justice, The Hongkong and Shanghai Banking Corporation and Charles Nicholas Vincent, plaintiffs, v. The Shanghai Tug Boat Association, Walter Wilson, and John Roberis, defendants. North – China Herald supreme court and consular gazette, A complete record of political and general news, and law Reporter for H. B. M. 'S supreme court of China and Japan. Shanghai: printed at the "North – China Herald" office, Mar. 11, 1885, pp. 290 – 291.

[53] In H. B. M. 'S Supreme Court for China and Japan. Before Sir Richard T. Rennie, Knight, Chief Justice, The Hongkong and Shanghai Banking Corporation and Charles Nicholas Vincent, plaintiffs, v. The Shanghai Tug Boat Association, Walter Wilson, and John Roberis, defendants. North – China Herald supreme court and consular gazette, A complete record of political and general news, and law Reporter for H. B. M. 'S supreme court of China and Japan. Shanghai: printed at the "North – China Herald" office, Mar. 25, 1885, pp. 357 – 358.

[54] Hongkong and Shanghai Banking Corporation. North – China Herald supreme court and consular gazette, A complete record of political and general news, and law Reporter for H. B. M. 'S supreme court of China and Japan. Shanghai: printed at the "North – China Herald" office, Aug. 19, 1887, pp. 214 – 215.

[55] Hongkong and Shanghai Banking Corporation. North – China Herald supreme court and consular gazette, A complete record of political and general news, and law Reporter for H. B. M. 'S supreme court of Chi-

na and Japan. Shanghai: printed at the "North – China Herald " office, Aug. 27, 1887, pp. 241 – 242.

[56] The Hongkong and Shanghai Banking Corporation. North – China Herald supreme court and consular gazette, A complete record of political and general news, and law Reporter for H. B. M. 'S supreme court of China and Japan. Shanghai: printed at the "North – China Herald " office, Sept. 3, 1887, pp. 264 – 265.

[57] The Hongkong and Shanghai Banking Corporation. North – China Herald supreme court and consular gazette, A complete record of political and general news, and law Reporter for H. B. M. 'S supreme court of China and Japan. Shanghai: printed at the "North – China Herald " office, Sept. 17, 1887, pp. 317 – 318.

[58] Hongkong and Shanghai Banking Corporation. North – China Herald supreme court and consular gazette, A complete record of political and general news, and law Reporter for H. B. M. 'S supreme court of China and Japan. Shanghai: printed at the "North – China Herald " office, Aug. 18, 1888, pp. 192 – 193.

[59] Hongkong and Shanghai Bank. North – China Herald supreme court and consular gazette, A complete record of political and general news, and law Reporter for H. B. M. 'S supreme court of China and Japan. Shanghai: printed at the "North – China Herald " office, Sept. 7, 1888, p. 273.

[60] Hongkong and Shanghai Banking Corporation. North – China Herald supreme court and consular gazette, A complete record of political and general news, and law Reporter for H. B. M. 'S supreme court of China and Japan. Shanghai: printed at the "North – China Herald " office, Jan. 31, 1890, p. 114.

[61] Hongkong and Shanghai Banking Corporation. North – China Herald supreme court and consular gazette, A complete record of political and general news, and law Reporter for H. B. M. 'S supreme court of China and Japan. Shanghai: printed at the "North – China Herald " office, Feb. 14, 1890, pp. 174 – 175.

[62] Hongkong and Shanghai Banking Corporation. North – China Herald supreme court and consular gazette, A complete record of political and general news, and law Reporter for H. B. M. 'S supreme court of China and Japan. Shanghai: printed at the "North – China Herald " office, Mar. 7, 1890, p. 282.

[63] The Hongkong and Shanghai Banking Corporation. North – China Herald supreme court and consular gazette, A complete record of political and general news, and law Reporter for H. B. M. 'S supreme court of China and Japan. Shanghai: printed at the "North – China Herald " office, June 6, 1890, p. 709.

[64] The Hongkong Bank Report. North – China Herald supreme court and consular gazette, A complete record of political and general news, and law Reporter for H. B. M. 'S supreme court of China and Japan. Shanghai: printed at the "North – China Herald " office, Aug. 15, 1890, p. 177.

[65] The Hongkong and Shanghai Banking Corporation. North – China Herald supreme court and consular gazette, A complete record of political and general news, and law Reporter for H. B. M. 'S supreme court of China and Japan. Shanghai: printed at the "North – China Herald " office, Aug. 15, 1890, p. 189.

[66] The Hongkong Bank' s half year. North – China Herald supreme court and consular gazette, A complete record of political and general news, and law Reporter for H. B. M. 'S supreme court of China and Japan. Shanghai: printed at the "North – China Herald " office, Jan. 30, 1891, p. 114.

[67] Hongkong and Shanghai Banking Corporation. North – China Herald supreme court and consular gazette, A complete record of political and general news, and law Reporter for H. B. M. 'S supreme court of China and Japan. Shanghai: printed at the "North – China Herald " office, Feb. 13, 1891, p. 180.

[68] The Hongkong and Shanghai Bank. To the editor of the North – China Daily News. North – China Herald supreme court and consular gazette, A complete record of political and general news, and law Reporter for H. B. M. 'S supreme court of China and Japan. Shanghai: printed at the "North – China Herald " office,

July 19, 1895, p. 110.

[69] The Hongkong and Shanghai Bank. To the editor of the North – China Daily News. North – China Herald supreme court and consular gazette, A complete record of political and general news, and law Reporter for H. B. M. 'S supreme court of China and Japan. Shanghai: printed at the "North – China Herald" office, July 26, 1895, p. 151.

[70] Hongkong and Shanghai Banking Corporation. North – China Herald supreme court and consular gazette, A complete record of political and general news, and law Reporter for H. B. M. 'S supreme court of China and Japan. Shanghai: printed at the "North – China Herald" office, Aug. 2, 1895, pp. 198 – 199.

[71] Hongkong and Shanghai Banking Corporation. North – China Herald supreme court and consular gazette, A complete record of political and general news, and law Reporter for H. B. M. 'S supreme court of China and Japan. Shanghai: printed at the "North – China Herald" office, Feb. 12, 1897, pp. 245 – 246.

[72] Hongkong and Shanghai Banking Corporation. North – China Herald supreme court and consular gazette, A complete record of political and general news, and law Reporter for H. B. M. 'S supreme court of China and Japan. Shanghai: printed at the "North – China Herald" office, Feb. 26, 1897, p. 349.

[73] Hongkong and Shanghai Banking Corporation. North – China Herald supreme court and consular gazette, A complete record of political and general news, and law Reporter for H. B. M. 'S supreme court of China and Japan. Shanghai: printed at the "North – China Herald" office, Aug. 6, 1897, p. 264.

[74] Hongkong and Shanghai Banking Corporation. North – China Herald supreme court and consular gazette, A complete record of political and general news, and law Reporter for H. B. M. 'S supreme court of China and Japan. Shanghai: printed at the "North – China Herald" office, Feb. 7, 1898, p. 182.

[75] Hongkong and Shanghai Banking Corporation. North – China Herald supreme court and consular gazette, A complete record of political and general news, and law Reporter for H. B. M. 'S supreme court of China and Japan. Shanghai: printed at the "North – China Herald" office, Feb. 21, 1898, pp. 277 – 278.

[76] The Hongkong and Shanghai Banking Corporation. North – China Herald supreme court and consular gazette, A complete record of political and general news, and law Reporter for H. B. M. 'S supreme court of China and Japan. Shanghai: printed at the "North – China Herald" office, April 18, 1898, p. 678.

[77] Hongkong and Shanghai Banking Corporation. North – China Herald supreme court and consular gazette, A complete record of political and general news, and law Reporter for H. B. M. 'S supreme court of China and Japan. Shanghai: printed at the "North – China Herald" office, Feb. 20, 1899, pp. 296 – 297.

[78] Hongkong and Shanghai Banking Corporation. North – China Herald supreme court and consular gazette, A complete record of political and general news, and law Reporter for H. B. M. 'S supreme court of China and Japan. Shanghai: printed at the "North – China Herald" office, Aug. 14, 1899, pp. 333 – 334.

[79] Hongkong and Shanghai Banking Corporation. Half – yearly meeting of shareholders. North – China Herald supreme court and consular gazette, A complete record of political and general news, and law Reporter for H. B. M. 'S supreme court of China and Japan. Shanghai: printed at the "North – China Herald" office, Aug. 28, 1899, pp. 433 – 434.

[80] The Hongkong and Shanghai Banking Corporation. North – China Herald supreme court and consular gazette, A complete record of political and general news, and law Reporter for H. B. M. 'S supreme court of China and Japan. Shanghai: printed at the "North – China Herald" office, Aug. 14, 1901, pp. 302 – 303.

[81] The Hongkong Bank Accounts. North – China Herald supreme court and consular gazette, A com-

plete record of political and general news, and law Reporter for H. B. M. 'S supreme court of China and Japan. Shanghai: printed at the "North – China Herald" office, Aug. 21, 1901, p. 359.

[82] The Hongkong and Shanghai Banking Corporation. North – China Herald supreme court and consular gazette, A complete record of political and general news, and law Reporter for H. B. M. 'S supreme court of China and Japan. Shanghai: printed at the "North – China Herald" office, Aug. 28, 1901, pp. 404 – 405.

[83] The Hongkong and Shanghai Banking Corporation. North – China Herald supreme court and consular gazette, A complete record of political and general news, and law Reporter for H. B. M. 'S supreme court of China and Japan. Shanghai: printed at the "North – China Herald" office, Feb. 18, 1903, p. 326.

[84] The Hongkong and Shanghai Banking Corporation. The half – yearly meeting. North – China Herald supreme court and consular gazette, A complete record of political and general news, and law Reporter for H. B. M. 'S supreme court of China and Japan. Shanghai: printed at the "North – China Herald" office, Feb. 25, 1903, pp. 377 – 378.

[85] The Hongkong Currency Question. North – China Herald supreme court and consular gazette, A complete record of political and general news, and law Reporter for H. B. M. 'S supreme court of China and Japan. Shanghai: printed at the "North – China Herald" office, Mar. 5, 1903, p. 413.

[86] The Hongkong and Shanghai Banking Corporation. North – China Herald supreme court and consular gazette, A complete record of political and general news, and law Reporter for H. B. M. 'S supreme court of China and Japan. Shanghai: printed at the "North – China Herald" office, Feb. 12, 1904, p. 286.

[87] The Hongkong and Shanghai Banking Corporation. Repoort and Balance Sheet. North – China Herald supreme court and consular gazette, A complete record of political and general news, and law Reporter for H. B. M. 'S supreme court of China and Japan. Shanghai: printed at the "North – China Herald" office, Aug. 12, 1904, pp. 355 – 356.

[88] The Hongkong and Shanghai Banking Corporation. The half – yearly meeting. North – China Herald supreme court and consular gazette, A complete record of political and general news, and law Reporter for H. B. M. 'S supreme court of China and Japan. Shanghai: printed at the "North – China Herald" office, Sept. 2, 1904, pp. 526 – 527.

[89] The Hongkong and Shanghai Banking Corporation. North – China Herald supreme court and consular gazette, A complete record of political and general news, and law Reporter for H. B. M. 'S supreme court of China and Japan. Shanghai: printed at the "North – China Herald" office, Feb. 17, 1905, p. 333.

[90] The Hongkong and Shanghai Banking Corporation. North – China Herald supreme court and consular gazette, A complete record of political and general news, and law Reporter for H. B. M. 'S supreme court of China and Japan. Shanghai: printed at the "North – China Herald" office, Mar. 3, 1905, pp. 435 – 436.

[91] Hongkong and Shanghai Banking Corporation. North – China Herald supreme court and consular gazette, A complete record of political and general news, and law Reporter for H. B. M. 'S supreme court of China and Japan. Shanghai: printed at the "North – China Herald" office, Aug. 31, 1906, pp. 510 – 511.

[92] Hongkong and Shanghai Banking Corporation. North – China Herald supreme court and consular gazette, A complete record of political and general news, and law Reporter for H. B. M. 'S supreme court of China and Japan. Shanghai: printed at the "North – China Herald" office, Aug. 16, 1907, pp. 375 – 376.

[93] Hongkong and Shanghai Banking Corporation. North – China Herald supreme court and consular gazette, A complete record of political and general news, and law Reporter for H. B. M. 'S supreme court of Chi-

na and Japan. Shanghai: printed at the "North – China Herald " office, June 14, 1907, pp. 640 – 641.

[94] Hongkong and Shanghai Banking Corporation. Half – yearly Report. North – China Herald supreme court and consular gazette, A complete record of political and general news, and law Reporter for H. B. M. 'S supreme court of China and Japan. Shanghai: printed at the "North – China Herald " office, Feb. 14, 1908, pp. 356 – 357.

[95] Hongkong and Shanghai Banking Corporation. North – China Herald supreme court and consular gazette, A complete record of political and general news, and law Reporter for H. B. M. 'S supreme court of China and Japan. Shanghai: printed at the "North – China Herald " office, Feb. 28, 1908, pp. 480 – 481.

[96] Hongkong and Shanghai Banking Corporation. North – China Herald supreme court and consular gazette, A complete record of political and general news, and law Reporter for H. B. M. 'S supreme court of China and Japan. Shanghai: printed at the "North – China Herald " office, Sept. 5, 1908, p. 588.

三、电子文献

[1] 汇丰银行主页 [EB/OL]. http://www.hsbc.com.

[2] 何品. 汇丰 1865—1902：近代银行制度“准则” [EB/OL]. http://www.china value.net/Media/Article.aspx? ArticleId = 5571&PageId = 1.

第二篇　华俄道胜银行

郭立彬

华俄道胜银行也称俄华银行、俄亚银行、道胜银行，是近代外国金融势力进入中国的典型代表之一，又是中国近代第一家中国政府正式用合同方式承诺的中外合办银行。

1895 年 12 月华俄道胜银行在圣彼得堡成立，1896 年 2 月华俄道胜银行在上海设立第一家分行，1896 年 9 月清政府入股华俄道胜银行。随后，华俄道胜银行分行如雨后春笋，在东北、新疆和内地“遍地开花”，其在华分支机构，高居各国在华银行之首。华俄道胜银行在华经营了 30 年，业务十分广泛，吸收存款，发行货币，发放贷款，修筑铁路，投资工矿企业，在东北和新疆进行金融渗透和资本扩张。

华俄道胜银行在华的金融活动获得了巨大收益，加深了对中国的金融渗透和资本扩张，抢占了中国东北和新疆的商品市场、金融市场，大大增强了俄国在华势力。华俄道胜银行在华金融活动客观上也促进了其活动地区近代经济的发展，加强了东北地区基础设施建设，扩大了东北与关内和国外的经济联系。

第一章　华俄道胜银行的成立

甲午中日战争后，中国的大门被进一步打开，巨大的经济利益和广阔的市场吸引着列强，在英国汇丰银行在华收益的现实诱惑下，俄法两国决定联合在中国设立银行，扩大在华经济势力。

第一节　华俄道胜银行的成立

1891—1893 年沙俄正处于饥荒之中，修筑西伯利亚铁路又使沙俄债台高筑。沙俄准备在中国设立银行，但资金不足，便联合法国，让法国提供资金，俄国提供政治担保，在中国联合创办华俄道胜银行，使“华俄道胜银行成为从法国取得钱款的媒介”①，“以便以最广泛的方式在东亚诸国开展活动”②。

1895 年 12 月经俄国政府批准华俄道胜银行在圣彼得堡成立，该行俄文名称为“俄华银行”，中文译称“华俄道胜银行”，或称“俄中银行”“华俄银行”，统称为“道胜银行”。1910 年与法国北方银行合并后，改称“俄亚银行”，中国方面仍称“道胜银行”，公文中与俄亚银行、俄国银行并称。华俄道胜银行的初始投资者有 4 家法国银行和 1 家俄国银行。在银行第一届董事会 8 名成员中，法国占 3 名，俄国占 5 名。就银行的存在和发展而言，沙俄政府的支持是首要的，银行董事由俄国财政部指派。沙俄政府指定乌赫托姆斯基为第一任董事长，此人与沙皇关系密切，又是财政大臣维特的好友。总经理是俄国圣彼得堡国际商业银行总经理罗特什捷英，他是华俄道胜银行的真正行长和支配者。华俄道胜银行各分行的经理，同俄国财政部关系密切，上海分行经理维尔茨、天津分行经理 P. M. 罗曼诺夫原来都是财政部官员。从董事会的组成情况和人事安排上看出，沙俄政府控制了华俄道胜银行的大权，华俄道胜银行成了俄国财政部的一个分支机构。从成立之日起，华俄道胜银行就“处在圣彼得堡内阁的完全控制之下”，成为“俄国政府之最方便的工具”③。

华俄道胜银行是俄法两国的政治和金融联盟，沙俄为法国的投资提供财政担保和政治保护，法国银行家也想借助俄国的政治力量来扩张自己在中国的经济影响。

第二节　清政府入股华俄道胜银行

甲午中日战争后，清政府所面临的日本强大政治、经济压力并没有减轻。俄国因参加“三国干涉还辽事件”，加强了它在清政府中的政治影响。在清政府眼中，沙俄简直成了“救星”，清政府在外交上便向俄国靠拢，寻求与俄国合作而与日本抗衡。1896 年 6 月李鸿章被任命为“钦差头等出使大臣”，赴俄国参加沙皇尼古拉二世的加冕典礼。俄国派华俄道胜银行董事长乌

① ［美］安德鲁·马洛泽莫夫著，商务印书馆翻译组译：俄国的远东政策［M］. 上海：商务印书馆，1977：81.

② 《维特 1899 年 1 月 17 日给穆拉维约夫的信》，见［苏］罗曼诺夫著，陶文钊、李金秋、姚宝珠译：俄国在满洲［M］. 上海：商务印书馆，1980：84.

③ ［苏］罗曼诺夫著，民耿译. 帝俄侵略满洲史［M］. 上海：商务印书馆，1937：73－74.

赫托姆斯基为专使前往苏伊士运河迎接，李鸿章在俄国受到最隆重的礼遇。

1896 年 6 月 3 日李鸿章与沙俄签订了共同防御日本的《中俄密约》，除了在军事上互相援助，共同对付日本的条款外，还规定中国允许沙俄修筑一条通过黑龙江、吉林两省到达海参崴的铁路，由华俄道胜银行承办经理，铁路合同的具体条款由中国驻俄使臣与华俄道胜银行商订。

为了获取在中国境内其他外资银行所不能享有的特权，华俄道胜银行于 1896 年 9 月与中国清政府签订了《中俄银行合同》，清政府以库平银 500 万两入股。清政府与华俄道胜银行“伙作生意”，“所有赔赚照股摊认”。清政府的投资虽多，然而银行董事会上没有为中国留下一席之地。

华俄道胜银行虽为中国近代史上出现的第一家中国政府正式以合同方式承诺的中外合办银行，但实际上银行被沙俄一国所独占，完全受沙俄政府支配，是略加伪装的俄国财政部的分支机构，是沙俄向中国进行扩张的政治、金融混合机构。它一成立，就被沙俄政府指定为俄国远东贸易的辅助金融机关，并授权该行为沙俄政府对华经济扩张的唯一代理。

第三节　华俄道胜银行的在华分支机构

华俄道胜银行以中国东北、新疆为主要活动地区，其在华分支机构，高居各国在华银行之首。1896 年华俄道胜银行在中国上海原法兰西银行旧址设立第一家分行，之后相继在汉口、牛庄、天津设立分支机构。其后两年，扩大到烟台、哈尔滨、北京、大连。1900 年在宽城子、喀什、吉林、伊犁、齐齐哈尔、长辛店、宁古塔，1901 年在乌里雅苏台、库伦、张家口、海拉尔、香港、铁岭等地设立代理处。华俄道胜银行的分支机构遍及中国东北、新疆，并渗入内地，这些分行成为华俄道胜银行对华金融渗透和资本扩张的前沿哨所。

1909 年华俄道胜银行实行“中心分行”制，在“满洲”、海参崴、西伯利亚、伊尔库茨克、撒马尔罕设立中心支行，一个“中心分行”管辖若干分行。“满洲”中心分行设立在哈尔滨，管辖宽城子、海拉尔、齐齐哈尔等分行。海参崴中心分行管辖海兰泡、庙街、赤塔等分行。西伯利亚中心分行设在巴尔瑙尔，管辖塔城等分行。伊尔库茨克中心分行管辖恰克图等分行。撒马尔罕中心分行管辖喀什、伊犁等分行。

第二章　华俄道胜银行的资金来源和货币发行

华俄道胜银行在华营业范围十分广泛，远远超过普通商业银行。除经营存放、汇兑、贴现、保管等业务外，还可以经理中国国库，办理租税、赋课的缴纳，支付中国政府公债的利息；发行两、元及其他货币兑换券，但不得超过资本金及公积金之和，且要有 1/3 以上法定准备金；此外还可以在全中国范围内修筑铁路、架设电线、买卖不动产、经营保险等。华俄道胜银行巨额资金来源有自有资金、吸收存款、发行货币等。

第一节　自有资金

华俄道胜银行于 1895 年由 4 家法国银行和 1 家俄国银行投资创办，4 家法国银行是霍丁格尔银行、巴黎荷兰银行、里昂信贷银行、巴黎国家贴现银行，1 家俄国银行是圣彼得堡国际银行，它是德国犹太资本家开设的德国贴现公司的子公司。1895 年华俄道胜银行初创时资本为 600 万卢布（合华银 600 万两、合 2500 万法郎），分为 4.8 万股，每股为 125 卢布。其中俄国股份占 3/8，即 1.8 万股，合 225 万卢布；法国股份占 5/8，即 3 万股，合 375 万卢布。华俄道胜银行是一个多国金融机构，它含有法国、比利时和德国资本，其中主要是法国资本。

1896 年 9 月，清政府与华俄道胜银行签订了《中俄银行合同》，合同规定：中国政府以库平银五百万两与华俄道胜银行伙做生意，即自给付该银行此款之日起，所有赔赚照股摊认①。清政府入股资本折合 7562000 卢布，以中俄“四厘借款”扣拨支付。清政府入股资本超过了法、俄、德资本家开初认股的总和，然而在银行董事会中，清政府并没有获得与自己资本相称的地位。

俄国政府把华俄道胜银行当作国家银行的分行使用，多次由国库向华俄道胜银行发放无息贷款。1896 年，以中东铁路公司的股票作为抵押，通过国家银行向华俄道胜银行提供了 500 万卢布的贷款，其中 300 万卢布在华俄道胜银行中转为财政大臣的特别活期存款（李鸿章基金），100 万卢布又变成了国库收入，余下 100 万卢布归中东铁路公司支配②。从 1897 年起，俄国财政部开始直接出面认购华俄道胜银行的股票，从法国股东手中购得 6000 股③，合 75 万卢布。1898 年 6 月底，维特批准了华俄道胜银行第二次发放 12000 份股票的决定，并用国库资金全部买了下来，从而使沙皇政府在银行总数 6 万股份中占了 16200 股（25% 强）④。1902 年 6 月，俄国财政部认购了华俄道胜银行第三次发行的股票 2 万股，合 375 万卢布⑤。至此，俄国政府持有的股票占股金的 53%，一跃而成为最大股东。日俄战争期间，沙俄政府从国库拨给华俄道胜银行 750 万卢布，把它当作俄国国家银行使用。

1902 年华俄道胜银行的固定资本增至 1125 万卢布⑥。1904 年华俄道胜银行俄国实缴资本为 1400 万卢布，中国方面认股 500 万两（折合 756 万卢布），公积金 822.4 万卢布，准备金 1042 万卢布⑦。1910 年 8 月华俄道胜银行与法国北方银行合并，改称俄亚银行，但中国仍沿用华俄道胜银行的名称。这时华俄道胜银行的资本总额为 4500 万卢布，其中公积金 3050 万卢布，准备金 1400 万卢布⑧。华俄道胜银行未通知中国政府，擅自将中国股本改为库平银 350 万两，公积金 167 万两。1916 年华俄道胜银行资本金已增至 5500 万卢布，共发出普通股票 54333 张，每张 18 卢布 50 戈比。⑨

华俄道胜银行成立后积极开展业务活动，吸收存款，扩大资金投放，盈利十分可观，资产迅速增加，当时号称世界第九大银行。股息也一再增加，1897 年每股股息为 7.5 卢布，1898 年为 13 卢布，1899 年和 1900 年均为 15 卢布⑩。1898 年华俄道胜银行拨交息银 21.8 万两充作大学

---

① 王铁崖．中外旧约章汇编［M］．第 1 册，北京：三联书店，1957：671.

② ［苏］罗曼诺夫著，陶文钊、李金秋、姚宝珠译．俄国在满洲［M］．上海：商务印书馆，1980：112.

③ 奎斯特德：《华俄道胜银行——沙皇在中国的跨国金融基地》，第 6 页。转引自中国社会科学院近代史研究所．沙俄侵华史［M］．第四卷（上），人民出版社，1990：50.

④ ［苏］罗曼诺夫著，陶文钊、李金秋、姚宝珠译．俄国在满洲［M］．上海：商务印书馆，1980：205.

⑤ ［苏］罗曼诺夫著，陶文钊、李金秋、姚宝珠译：俄国在满洲［M］．上海：商务印书馆，1980：321.

⑥ ［苏］阿瓦林著，北京对外贸易学院俄语教研室译：帝国主义在满洲［M］．上海：商务印书馆，1980：80.

⑦ 徐寄庼：《最近上海金融史》，上海书店，据 1932 年版影印，（民国丛书，第四编，33，经济类），第 62 页。

⑧ ［苏］阿瓦林著，北京对外贸易学院俄语教研室译：帝国主义在满洲［M］．上海：商务印书馆，1980：162.

⑨ 《远东报》，1916 年 5 月 27 日。

⑩ 《中东铁路历史概述》，哈尔滨，1923 年，第 120 页。转引自［苏］阿瓦林著，北京对外贸易学院俄语教研室译：帝国主义在满洲［M］．上海：商务印书馆，1980：50.

堂日常经费，1899 年拨交 20 万两，1902 年分两次拨交前三年合计息银 102.8 万两，1903 年拨交上年息银 38.2 万两①。1902 年 1 月，清政府恢复京师大学堂，管学大臣张百熙奏请拨华俄道胜银行本息并支用历年息银用于大学堂开办经费，学部成立后，华俄道胜银行股息即由学部支用。1920 年华俄道胜银行股本被指定为教育基金。然而，华俄道胜银行长期拖欠中国股息，除 1904 年以前未缴年份不计外，1908 年、1915 年、1917 年、1918 年、1919 年、1920 年、1921 年，以每年平均 40 万两计算，7 年中华俄道胜银行欠缴中国股息合计达 280 万两。②

第二节　吸收存款

吸收存款是银行筹集资金的一种主要方式，在银行的负债业务中占有最重要的地位。如果不吸收存款，单靠银行有限的自有资本作营运资金，则银行业务很难扩展。反之有了巨额存款，才能提高银行的贷款、投资能力，从而获取更多利润。

华俄道胜银行把吸收存款作为资金来源之一，多次在报纸上刊登广告，争揽存款。华俄道胜银行的存款业务按日计算，常年 2 厘起息，存至一年或半年要到银行面议，存款有活期和定期之分。

华俄道胜银行存款的主要来源之一是中国政府的关、盐税款。

关税、盐税、田赋、厘金是清政府财政收入的四大支柱，关税、盐税收入约占清政府财政收入的一半以上。甲午战争后的中国政府大宗对外借款，大多以关、盐税款作担保，中国的关税、盐税收入成为偿付外债本息的财源，要按期存入有关国银行。中国的关、盐税收入就成为这些银行的一项稳定的存款资金来源，这些银行由此获得一笔数目可观的营运资金。保管关、盐各款，“有洋商银行数家久为中国国家收入款项保管之机关，如关税盐税及内国公债之基金，此种收入款项，年不下一万余元，存放洋商银行，为活期性质，随时拨用。唯一年中平均常存之数，诚属不少。洋商银行得恃此款以资活动，所获利益奇厚，且前项税款，大半是以偿付赔款借款及各种公债本利之用，收入时全属银洋，至还款时，须折合外币拨付，即汇兑价率，也由洋商所操纵，利益之大，可概见矣。”③

1895 年的俄法四厘借款，使沙俄政府获得了中国海关的行政管理权。1900 年，俄军出兵中国东北，营口海关落入沙俄之手，华俄道胜银行取得了代征税款的权力。从 1900 年到 1904 年，华俄道胜银行所收税款有：新关税款 288 万两，常关税款 176 万两，代征百货厘金 65 万两，三项合计达 529 多万两。④

华俄道胜银行是经办“庚子赔款”的主要银行之一。1901 年签订的《辛丑条约》规定清政府赔款白银 4.5 亿两，以关税、盐税和常关税作为担保。因清政府无力偿还，便成为年息 4 厘，分 39 年摊还的外债，这样本息合计达 9.8 亿两，而沙俄独得 2.8 亿两，占 28.9%，在各国中占第一位。中国偿付庚子赔款的资金，以后就按这个比例的份额，分存到华俄道胜银行，华俄道胜银行就取得了一大笔固定可靠的存款，更增强了其金融实力。辛亥革命后，列强深恐对清政

---

① 中国第一历史档案馆编：清代档案史料丛编［M］. 第 12 辑，北京：中华书局，1987：227.

② 中国第二历史档案馆，全宗号：1027，案卷号：重 158，目录号：2《清算道胜银行中国方面股利尚欠若干如数迅付》。

③ 吴希之（北京中华懋业银行经理在清华大学的讲演）：《中外银行比较观》。见《银行周报》第 12 卷第 22 号，总第 553 号，1928 年 6 月 2 日。

④ 黑龙江金融历史编写组：华俄道胜银行在华三十年［M］. 哈尔滨：黑龙江人民出版社，1992：138.

府的贷款不能按期收还本息，便决定清理债务、保障债权，截留中国关税，中国各通商口岸新关入款，全部解送上海，分存华俄道胜、汇丰、德华三家银行。这样中国关税的直接支配权便被列强夺了过去，华俄道胜银行、汇丰银行、德华银行成为“存管海关税项之处”。① 从此，海关税收的掌管大权，完全落入外人之手，不但担保外债部分关税如此，偿还外债后所剩的关余，也是如此。

1913 年的“善后大借款”以中国盐税收入为担保。从此，中国盐税税款由汇丰、华俄道胜、德华、东方汇理、横滨正金五家银行存储。

1902—1920 年停止对俄支付庚子赔款前，华俄道胜银行收存庚子赔款共计 9847 余万两。1926 年华俄道胜银行停业清理时，中国海关在该行的存款有规元 141. 6 多万两，盐税存款 97. 3 多万元。②

企业存款是华俄道胜银行的另一资金来源。20 世纪初，俄国在中国的投资居第二位，仅次于英国。俄国的投资遍及铁路交通、工商企业、森林矿产等各个领域，这些企业既是华俄道胜银行融资支持的对象，又是它吸收存款的雇主。

中东铁路的存款在企业存款中占突出地位。中东铁路是沙俄政府对华企业投资的最大宗，这笔巨额投资由俄国财政部拨款存入华俄道胜银行，然后再陆续支出，中东铁路的各项收入，也全部存入华俄道胜银行哈尔滨分行，是企业往来存款的大户。另外，华俄道胜银行参与的正太、芦汉、滨黑等铁路借款，这些借款的收付全由华俄道胜银行经理，款项先存入银行，然后陆续支付，拨款与用款的时间差形成大量存款。

吸收社会上的闲散资金，是华俄道胜银行的存储活动之一。哈尔滨华俄道胜银行清理时，尚有法国领事于 1926 年 8 月以 Pierre Crehin 为户名，在哈尔滨华俄道胜银行存款日币 6302 元。③

东铁商务学校在道胜银行有活期存款大洋 4159 元、金票 2594 元。④

除此之外，各机关在哈尔滨道胜银行的存款有⑤：

长官公署存大洋 2. 9 余万元；

特别区市政管理局存大洋 1. 49 余万元；

特别区警察总管理处存大洋 12. 3 余万元、金卢布 905 元；

哈尔滨关税务司存大洋 2. 16 余万元；

市自治会存大洋 1108 元；

工业大学存金票 81 元、大洋 4000 元；

慈善会存大洋 100 元、金票 297 元、大洋 977 元；

哈尔滨木石税费总局存大洋 1000 元；

公正人萨阔维赤存大洋 213 元；

以上共存大洋 21. 95 余万元、金票 7606 元、金卢布 905 元。

长春道胜银行清理时，有中国政府盐务收入存款大洋 11498345 元、小银 11618992 元；中国东

---

① 王铁崖. 中外旧约章汇编［M］. 第 2 册，三联书店，1957：795.

② 《道胜银行总清理处刊布报告书》，《钱业月报》，第 9 卷第 11 号，1929 年 11 月 15 日。

③ 辽宁省档案馆，全宗号：JC7《东三省道胜银行总清理处》，案卷号：6《法领事函为在哈埠道胜银行存款请早日发还由》。

④ 辽宁省档案馆，全宗号：JC7《东三省道胜银行总清理处》，案卷号：12《特区行政长官函为东铁商务学校在道胜银行存款已饬发还由》。

⑤ 辽宁省档案馆，全宗号：JC7《东三省道胜银行总清理处》，案卷号：19《哈尔滨道胜银行清理处清理债务的情况》。

省铁路管理局存款银两108311两；中国银行存款金票12353元。[①]

第三节 发行货币

华俄道胜银行在中国发行货币，成为其资本的重要来源。

1895年12月，沙皇尼古拉二世批准了华俄道胜银行章程。该章程共九章六十八条，其中规定华俄道胜银行可以在中国境内“发行两、元、镑及其他货币之兑换券，但不得超过资本金及公积金之和，且须有三分之一以上的法定准备”[②]。尼古拉二世没有征得中国清政府的同意，擅自批准华俄道胜银行享有中国国家银行的特权，非法在中国发行货币。

一、华俄道胜银行在华发行货币的种类

华俄道胜银行在中国境内发行的货币，种类繁多，有纸币，也有铸币，既有以俄国货币卢布为单位的纸币，也有以中国货币的元、两为单位的纸币。其纸币种类有金卢布纸币、银两纸币、银元纸币、金币券、鹰洋纸币和羌钱纸币等。

（一）金卢布纸币

金卢布纸币是金本位纸币，是以俄国卢布为货币单位的。发行过卢布纸币的主体单位种类众多，有华俄道胜银行发行的，有帝俄国家银行发行的，有资产阶级临时政府发行的，有十月革命后各个流亡政府发行的，也有中东铁路局发行的。中国商民把这些卢布纸币统称为“羌帖”。除华俄道胜银行自己直接发行的卢布纸币外，其他卢布纸币也大多是通过华俄道胜银行投放到中国市场的。

中国当时实行银本位，沙俄实行金本位，沙俄在中国东北发行金卢布纸币，是为了把中国东北纳入俄国统一市场。根据发行主体的不同，卢布纸币可分为罗曼诺夫票、克伦斯基票、鄂木斯克票、霍尔瓦特票。

罗曼诺夫票又称“老帖”或“旧帖”，是帝俄时期俄国国家银行发行的以金卢布为本位的信用券，因是罗曼诺夫王朝（1613—1917年）在19世纪末发行的可兑换纸币，故称为罗曼诺夫票。罗曼诺夫票面值有1卢布、3卢布、5卢布、10卢布、25卢布、50卢布、100卢布、500卢布8种。25卢布及以上4种面额的纸币上分别印有亚历山大三世、尼古拉一世、叶卡捷琳娜二世、彼得大帝的头像，背面印有双头鹰国徽。罗曼诺夫票正面是俄文“国家银行对此券不限金额兑换金币，发行权属于国家”，背面是俄文“1. 国家纸币兑换金币以国家所有财产作保证。2. 国家纸币与金币同在全国流通。3. 伪造本币者将剥夺公民权并处以放逐苦役之罪。”华俄道胜银行在东北各地设立分行后，就极力在中国推行罗曼诺夫票。1898年中东铁路破土动工时，华俄道胜银行代表默忻向吉林将军延茂提出“路工需用钱款甚多，仅换吉元行使实觉不敷周转，现拟搭使羌帖、铜子两项，以辅吉元之不足”，延茂答复“铜子万难准向内地行使，若使羌帖则持帖来取者，必须照付内地铜钱，以便吾民之用”[③]。开始时华俄道胜银行曾用部分条银改铸元宝或兑换当地银元支付工人的工资和材料款，不久全部改用“羌帖”支付。随着中东铁路建设工

---

① 辽宁省档案馆，全宗号：JC7《东三省道胜银行总清理处》，案卷号：33《长春清理处函送制成借贷对照表请查照由》。

② 徐寄庼. 最近上海金融史［M］. 下册，中华书局，1932：63.

③《吉林将军延茂等折——设永衡官帖局》，见中国人民银行总行参事室金融史料组编：《中国近代货币史资料》第1辑“清政府统治时期”下册，中华书局，1964：996.

程的开展，“羌帖”的流入与日俱增。1903 年中东铁路全线通车后，客运和货运运费只收卢布，到后来，市面交易也都用卢布。日俄战争后，东北南部成为日本的势力范围，卢布在南满的势力衰落，但在东北北部，罗曼诺夫票仍畅通无阻，成为当地主要流通手段。华俄道胜银行在新疆设立分行后，罗曼诺夫票在新疆的流通也进一步扩大。1917 年二月革命前，罗曼诺夫票是在中国东北流通的唯一一种沙俄纸币，在中国流通长达 30 余年，不仅在中国东北、新疆流通，还深入内地的北京、上海、天津、汉口等通商大埠。罗曼诺夫票是沙俄在华各种纸币中影响最大、流通最广的。

克伦斯基票是二月革命后，资产阶级临时政府克伦斯基内阁在 1917 年 5 月开始发行的卢布纸币。克伦斯基票又称“开连斯大帖”，面额分 20 卢布、40 卢布、250 卢布、1000 卢布。20 卢布和 40 卢布的小面额纸币，因大小、形状酷似啤酒瓶上的标贴，故称为“啤酒牌子”，250 卢布、1000 卢布的纸币因面额较大俗称“大帖”。从 1917 年 8 月开始，华俄道胜银行在中国东北和新疆采取回笼罗曼诺夫票的办法，扩大投放克伦斯基票。仅 250 卢布和 1000 卢布两种面额的大帖，在中国东北和远东地区的流通额至少有 5 亿卢布之多①。后来，克伦斯基票中的小面额纸币被西伯利亚政权以其发行的鄂木斯克票收兑，而大帖币值暴跌，1919 年中东铁路停止收用克伦斯基票，到 1920 年已毫无价值。

鄂木斯克票是十月革命后，以高尔察克为首的“西伯利亚政府”（设在鄂木斯克）于 1918 年 11 月发行的短期国库券卢布纸币。鄂木斯克票分小额券和巨额券两种。小额券有 1 卢布、3 卢布、5 卢布、10 卢布等，俗称“西伯利亚临时帖子”“荒钱”。而在中国流通的以 500 卢布、1000 卢布、5000 卢布、10000 卢布等巨额券居多。该票正面印刷，背面空白，票形竖长横窄，多数券种色泽浅黄，东北俗称“黄条子”，新疆俗称“牛舌头”。为推行鄂木斯克票，高尔察克政府限期收兑克伦斯基票，因在华的俄国银行机构少，收兑期限极短，致使许多商民来不及兑换。1919 年 3 月鄂木斯克票开始在哈尔滨出现，后流通日广。高尔察克失败后，鄂木斯克票形同废纸。

霍尔瓦特票是华俄道胜银行于 1918—1919 年在哈尔滨发行的一种卢布纸币，主要流通区域为满洲里以南、长春以北。霍尔瓦特是俄国在中国东北扩张的重要人物，1903 年任中东铁路管理局局长，直接指挥修筑和经营中东铁路，从上校提升至中将军衔。十月革命后，霍尔瓦特任哈尔滨市公议会行政首脑，并组织中东铁路护路军，自任总司令。因市场小票不足，找零困难，霍尔瓦特便授意华俄道胜银行发行了总额为 2000 万卢布的小面额纸币，人称霍尔瓦特票。华俄道胜银行发行的霍尔瓦特票分 100 卢布、10 卢布、3 卢布、1 卢布、50 戈比 5 种面额。霍尔瓦特票由美国钞票公司承印，票面上印有华俄道胜银行行长铺其洛夫及中东铁路局长霍尔瓦特之押。霍尔瓦特票发行后，黑龙江督军鲍贵卿电令奉天、吉林两省及各商会联合行动，拒绝收用。但在华俄道胜银行和中东铁路全力推行下，霍尔瓦特票还是在哈尔滨和中东铁路沿线勉强流通开来。

早在华俄道胜银行成立前，帝俄国家银行的卢布纸币就随着中俄边境贸易流入中国。1871 年俄国出兵中国新疆伊犁，强制当地居民使用俄国卢布纸币和铜戈比，卢布在伊犁市场取得了主导地位，并渗透到新疆其他地区。东北的黑龙江、吉林因通货奇缺，卢布成为两省毗邻俄国地区的主要通货。华俄道胜银行成立后，极力在华推行卢布纸币，卢布在中国的流通范围日益

① 《银行周报》第 4 卷第 24 号，1920 年 7 月 6 日。

扩大。

此后，卢布在中国东北、新疆、内蒙古边境地区流通日广，逐渐成为各种纸币中数额最大、种类最多、流通最广的。沙俄数以亿计的羌帖通行于中东铁路所经之地，完全占领了东北的金融市场，市间反不见东北地方政府发行的官帖。中东铁路的工资发放、各种收支、市民交易都用羌帖。1898 年盛京将军依克唐阿在奏折中说："光绪初年在黑龙江副都统任内，亲见瑷珲商贾行用皆是俄帖，且华商购办货物，必须以银易帖，始可易货，以致边界数百里，俄帖充溢，不下数百万。迨后调任珲春，见华俄互市，仍以俄帖为重"①。

华俄道胜银行在华发行和推广各种卢布纸币，从不公布准备金数额和发行额，所以至今无确切统计数字。据欧战初期统计，卢布在东北的流通量约在 1 亿以上，其中哈尔滨 4000 万，中东铁路沿线 6000 万，其总额约占全俄卢布流通量的 1/6 以上。日本 1917 年 9 月的调查报告中称，卢布的发行额即达 4 亿元，滨江一埠约为 2 亿元，其他如黑河、满洲里等处也不下 2 亿元。马寅初说："中国受羌帖的损失，有人统计过说有 2 万万至 3 万万元之巨，数目虽不能确定，但至少总在 2 万万元以上，是我们敢确定的，……我们知道羌帖是俄国的国币，它是由俄国政府直接发行的。……俄国的羌帖，许多是由罗曼诺夫朝帝俄政府发出的，俄国大革命爆发后，帝俄政府被推翻，克伦斯基临时政府成立，也发行羌帖，又西伯利亚铁路和中东铁路，也都各自发行羌帖；但我们以受罗曼诺夫帝俄政府所发行的羌帖损失为最大"②。中东铁路局编辑的《满洲杂志》得意忘形地说："在通境的经济结算中，卢布占着统治地位。一切交易，不仅在中东铁路沿线，而且在内地其他许多地方，也使用卢布。农村居民在各种各样的金属货币或纸币中，宁愿吸取卢布，特别在储存货币的时候。"③ 以上巨额羌帖，不尽为华俄道胜银行所发行，大部分是帝俄国家银行及其他俄籍银行所发行而流入中国境内的。但华俄道胜银行在华发行的纸币，即使按 1/20 计算，也在 1 亿卢布以上。也有人统计，到 1924 年中国人民的卢布持有量约为 82 亿之多。又据肇东、呼伦、望奎、青冈、克山、黑河、大赉、海拉尔等县报告统计，商民存有羌帖总数达 19 亿之多。

（二）金币券

金币券是华俄道胜银行于 1913 年在中国新疆发行的一种金本位纸币，也叫金票。金币券以中国贵金属秤量"两、钱、分"为计量单位。

1900 年，华俄道胜银行在南疆第一大城市喀什设立分行，行址在喀什城西北角的齐尼巴阿，维语是"漂亮的果园"的意思，这是华俄道胜银行在新疆的第一家分行。1903 年，华俄道胜银行在宁远城北树木茂盛的果园内，建了四座小楼及铁皮平房，设立了伊犁分行。同年，塔城分行在城北"贸易圈"内成立。迪化分行于 1919 年开业。1909 年，华俄道胜银行实行中心支行制，塔城分行属于西伯利亚中心支行管辖，喀什、伊犁分行划归撒马尔罕中心支行管辖。十月革命后，迪化、塔城、喀什、伊犁四分行都属上海总行管辖。

近代中国币制不统一，在银铜复本位货币体系下，货币发行机构众多，种类繁杂。新疆实行银钱并用的货币制度，另有自铸红钱参与流通。新疆军阀政府财政困难，入不敷出，所以就

---

① 中国人民银行总行参事室金融史料组：《中国近代货币史资料》，第 1 辑"清政府统治时期"下册，中华书局，1964：1033.

② 《马寅初讲演集》（二），"中俄经济上之关系"，商务印书馆，1926：204.

③ 中东铁路局编辑《满洲杂志》，1925（3）、（4），86 页。转引自东北三省中国经济史学会编：《中国经济史论文集》（下），1982 年版，第 193 页。

滥发纸币，新疆官票及伊犁、塔城官票不断贬值。再加上当时世界黄金需求量增加，白银需求量减少，金贵银贱，这就给华俄道胜银行在新疆发行和推广金币券以可乘之机。

华俄道胜银行言称已制造五种新式金币，将来流通广远，可在中国用于完纳粮税。1913 年，华俄道胜银行在没有征得中国政府许可的情况下，由伊犁、塔城、喀什三分行在新疆发行金币券，声称凭券可兑黄金，内地京、津、沪、汉等通商大埠也可通用。金币券面额有 1 分、2 分、1 钱、5 钱、1 两五种，上面有俄、汉、满、维四种文字，标明“俄华道胜银行宁远喀什塔城分局凭票发给足色库平金 × ×（整）”。金币券为横式钞票，委托英国伦敦雕制钢板，在沙俄国内印刷，纸质及图案、色彩极为精致，两面均有龙的图案，印刷精美。

1 分金币券票幅为 135 ×79 毫米，正面上首一行为汉字“俄华道胜银行”，左侧用满文、右侧用汉文分别书写“俄华道胜银行宁远喀什塔城分局凭票发给足色库平金壹分”。四角左上和右下两角为俄文“一分”，右上和左下两角为汉文“壹分”。背面文字以俄文为主，上首一行大字为俄文“俄亚银行”，中间一行大字为俄文“壹分”，其下又为俄文“俄亚银行”。钞票左侧蓝龙处为俄文面额“一分”，下首花边中印有一行英文小字“伦敦雕版者勃莱特卜雷・威尔金申有限公司”。2 分金币券、1 钱金币券、5 钱金币券、1 两金币券票幅分别为 172 ×95 毫米、183 ×102 毫米、191 ×104 毫米、198 ×108 毫米，这些钞券除面额相应改动外，其余均与 1 分券相同。

1915 年，新疆财政司长黄立中在给北洋政府政事堂的报告中称：“持俄币即可兑现，商人非俄币不能周转，行旅非俄币不能出境，民间非俄币不能购置茶、布，其俄币于京、津、沪、汉均可通用。”① 如果喀什商人要汇款到新疆省会，必须先在喀什买进金币券，然后才能汇出。华俄道胜银行金币券控制了天山南北两路的商业贸易，横行全新疆，曾一度压倒了中国货币，占领了新疆的货币金融市场。

华俄道胜银行在新疆发行的金币券有 800 万 ~900 万两。开始时华俄道胜银行声称已制造新式金币，金币券可随时兑换黄金，多次发生挤兑风潮之后，最后不得不承认金币券发行以来从未兑过黄金。欧战后期，因俄国国内政局变化，金币券也随着卢布贬值而贬值。

华俄道胜银行通过发行金币券，把新疆纳入了俄国统一市场，这样大量的俄国工业制成品输入新疆，新疆的原料和原材料被输往俄国，便利了沙俄对新疆的投资，加强了其对新疆的经济渗透和资本扩张。

（三）银两票和银元票

银两票和银元票是华俄道胜银行发行的以银为本位的两种纸币，主要流通于北京、天津、上海、汉口、牛庄等地。沙俄把东北、新疆纳入沙俄的金融市场后，为问鼎中原，渗入内地金融市场，华俄道胜银行根据中国内地习用银两的特点，发行了银两票和银元票。

银两票以中国银两为货币单位，票面分 1 两、5 两、10 两、50 两、100 两、500 两六种，并由各地分行加印地名。银元票是以中国通用银元为货币单位的纸币，其面值有 1 元、5 元、10 元、50 元、100 元五种。华俄道胜银行铸造了一些银锭，除用于流通外，还兼做银两票的兑现准备。1914 年华俄道胜银行准备在东三省发行小银元纸币，并预先以卢布吸收现款，作为发行小银元票的准备。华俄道胜银行发行的银两票和银元票的确切时间、数额多少，都无详细记载。仅有一些年份发行额折合卢布数，以供参考。

① 北洋财政部档案，1915 年 6 月 3 日。转引自任浩然：《华俄道胜银行在华活动的真面目》，见寿充一、寿乐英编：外商银行在中国［M］. 北京：中国文史出版社，1996：57.

华俄道胜银行历年在华发行纸币数额如下：

表 2－1　　华俄道胜银行历年在华发行纸币额

年份	在华纸币发行额（卢布）
1900	895969
1905	1349296
1906	1727865
1907	897477
1908	869507
1909	1295833
1910	1235703
1911	2853248
1912	1438127
1913	2183304
1914（1 月）	2183304
1917（8 月 13 日）	2715000
1922	4616938
1926	106870.63 卢布纸币，146177.00 银元纸币，13766.00 银两纸币

资料来源：献可：《近百年来帝国主义在华银行发行纸币概况》，上海人民出版社，1958：178－179.

另外，张家骧在《中华币制史》中谓华俄道胜银行在华发行纸币数额：1900 年为 895969 卢布，1907 年为 897477 卢布，1908 年为 869507 卢布，1909 年为 1295833 卢布，1910 年为 1235703 卢布，1911 年为 2853248 卢布①。魏建猷在《中国近代货币史》一书中说，1912 年为 1438127 卢布，1913 年为 2183304 卢布。上述数字与献可所著一书的数字相同。

而日本驻上海总领事有吉明 1915 年 11 月 28 日情报中，谓华俄道胜银行在华发行的纸币 1911 年为 123 万卢布，1912 年为 143 万卢布，1913 年为 277 万卢布，两年之间，增发了一倍②。

（四）鹰洋纸币和羌钱纸币

鹰洋纸币（兑换券）是牛庄华俄道胜银行发行的一种地方券，流通区域仅限于牛庄及附近区域，数额不多，时间也不长，市场上并不多见。羌钱纸币实际是卢布纸币的一种小额券，实具辅币券的性质，发行数量也不多。

（五）银锭和铸币

除纸币外，还有华俄道胜银行银锭和帝俄国家银行的金卢布、银卢布、银戈比、铜戈比等铸币在华流通。华俄道胜银行在东北、上海等地铸造发行过银面上全部盖有中文的 50 两至 5 钱不等的中国银锭。现在上海发现的“华俄道胜银行”“库平伍钱”银锭，锭面戳记一为直式，一为斜式。而在上海发现的 10 两的华俄道胜银行的元宝上，文字有“萃源”“光绪二十五年”“俄国道胜银行”的字样，而萃源是上海的一家中国炉房，可以肯定这是华俄道胜银行委托该炉房铸造的。在《申报》上，经常可以看到上海由东北运来俄国银角熔铸元宝的消息，如 1921 年 2 月 11 日记载“2 月 1 日（星期二）大条与俄角烊见宝纹 25 万两……道胜银行由大连运来俄角

① 杨端六：清代货币金融史稿［M］．北京：三联书店，1962：244.

② 杨培新：华俄道胜银行［M］．香港：香港经济与法律出版社，1987：79.

120 箱共银币 480 万枚，……俄角烊见宝纹 10 万两”[①]。而在黑龙江铸造的元宝上则有“华俄道胜银行”字样，为重 1790 克的 50 两元宝。现在黑龙江省海林县、阿城县发掘出 50 两重的银锭多枚，华俄道胜银行委托铸造这些银锭的炉房有同源义、丰泰久、协泰丰、道胜开记等。另外据彭信威的《中国货币史》记载，华俄道胜银行也曾铸有 1 两、5 钱、3 钱、2 钱、1 钱的小银元宝。此外，1901 年华俄道胜银行与吉林将军签订合同，铸造银元 300 万两。

二、华俄道胜银行在华发行货币的危害

一国的货币向来由主权国家中央银行发行，是国家主权的象征。而俄国为了在中国争夺势力范围，利用中国货币混乱之机把东三省、新疆纳入俄国统一货币市场，在中国擅自非法发行了金卢布、金币券等纸币，并以银两、银元渗透中国内地，严重侵犯了中国的货币发行主权，扰乱了中国的金融市场，阻碍了中国的货币统一进程。

华俄道胜银行在东北、新疆发行纸币，把这两个地区纳入了俄国统一市场，便利了俄国在这些地区的投资，不必担心两种货币比价变化而引发风险和损失，有利于沙俄的资本输出和在中国倾销商品、收购原料。

华俄道胜银行的开办和货币发行，便利了沙俄在东北承修中东铁路，并以铁路为基地，向整个东三省实行经济渗透；使其在松花江上获得了航运权；便利其开办煤矿、林厂和洋行，经营学校、图书馆。

沙俄向中国输出商品，输入中国的农副产品。沙俄进口大量中国的木材、粮食、大豆，并转口欧洲，成为欧洲市场上的畅销品。为了弥补在东北的贸易收支差额，华俄道胜银行便大量发行货币。东北农产品的收购、中国的出口外汇收入和经营，关内外的汇兑，都掌握在华俄道胜银行之手。1899 年，沙俄向中国输出的商品价值为 752. 5 万卢布，输入中国农副产品价值 4351 万卢布。1900 年输入中国农副产品价值 4594 万卢布。[②] 1913 年东北对俄国出口额为 172. 4 万海关两，1916 年增至 354 万海关两，1917 年再增至 404. 3 万海关两。[③]

华俄道胜银行在中国发行货币，平时扩大了向中国输出商品和对中国的资本输入，战争时期则实施通货膨胀政策，掠夺战略物资，榨取中国人民的血汗支援战争。1904—1905 年日俄战争时期，华俄道胜银行在东北滥发纸币。沙俄在中国东北驻扎的 100 万军队，共耗用粮秣 6600 多万普特（俄国重量单位，1 普特等于 16. 38 公斤），其中的 5600 万普特，即占总数的 85%，是在黑龙江和吉林两省征用的[④]。日俄战争后，沙俄在远东驻扎一支 50 万军队，每年需粮秣 1500 万普特以上，其中至少有 1000 万普特是从中国东北北部运来的。如果没有中国东北的粮食基地，“不必发生战争，我们就得乖乖地退到贝加尔湖以西”[⑤]。第一次世界大战爆发后，沙俄实行通货膨胀。1915 年卢布贬值，1916 年每一银元合 1. 8 卢布，1917 年合 8. 3 卢布。卢布贬值给中国人民带来了巨大灾难，1919 年，卢布大幅贬值，银行拒收卢布，商店停售货物，哈尔滨直鲁两省

① 《旧历岁底进出口银洋补志》，《申报》，1921 年 2 月 11 日。

② 任浩然：《华俄道胜银行在华活动的真面目》。见寿充一，寿乐英编：外商银行在中国［M］. 北京：中国文史出版社，1996：51 - 52.

③ 孔经纬：东北经济史［M］. 成都：四川人民出版社，1986：214.

④ ［日］川上俊彦：《北满的工业》，俄译本，1909 年。转引自吴文衔、张秀兰. 霍尔瓦特与中东铁路［M］. 吉林：吉林文史出版社，1993：87.

⑤ ［俄］恩·施坦菲德：《俄国在满洲的事业》，俄文版，1910 年，哈尔滨，5 - 6. 转引自吴文衔、张秀兰. 霍尔瓦特与中东铁路［M］. 吉林：吉林文史出版社，1993：87.

工人“今岁因卢布跌落……势不得不郁郁居此。然冬令无所事事，寄身客栈，消费亦不得了。昨日若辈，相对泪下，频呼奈何”[①]！卢布贬值成为废纸，中国人民遭受巨大损失，单是黑龙江克山县、库玛尔河金矿局、肇东县、海拉尔、龙镇县就损失了239.9万元。沙俄通过滥发纸币，掠夺了中国人民的财富，给中国人民带来了深重的灾难，尤其是由卢布滥发贬值而在东北引发历时6年之久的通货膨胀，致使成千上万的中国人倾家荡产。

卢布纸币给中国人民带来了巨大危害，中国人民抵制俄币的斗争也从未间断。

三、华俄道胜银行能够在中国东北、新疆推行俄币的原因

近代中国实行银铜复本位货币体系，货币发行机构众多，货币种类繁杂，没有统一的货币。另外东北和西北边境地区通货严重不足，银铜奇缺，致使民间私帖盛行，货币更加混乱。东三省流通的官方货币有黑龙江广信公司的官帖、吉林永衡官银钱号的官帖、奉天的小银元、营口的炉银等。西北新疆市面流通的货币有官帖、红钱、银元等。货币的不统一给人们的生活带来极大不便，严重阻碍着经济的发展。统一货币是大势所趋，这便给沙俄在中国推行货币以可乘之机。

19世纪末，世界资本主义国家纷纷放弃银本位，采用金本位，而中国成为当时世界上唯一的银本位国家。国际白银市场需求量减少，黄金需求量增加，银价下跌，金价上涨。华俄道胜银行发行的金卢布、金币券是金本位，价值比白银稳定，所以人们存金卢布、金币券比存银元更为有利。初时华俄道胜银行声称卢布等于黄金，5卢布可兑换黄金1钱，1卢布可兑换银币5钱8分。有时也以卢布兑换道胜宝银。待卢布推广后，华俄道胜银行便停止兑换金银，转而兑换英镑、法郎和马克。以致“农村居民在各种各样的金属货币或纸币中，宁愿吸收卢布，特别是在储存货币的时候”，而军阀官僚为了多征税，也“指定用银或卢布交纳课税”[②]。

华俄道胜银行利用中东铁路推行卢布。在修筑中东铁路和南满铁路时，华俄道胜银行以需款较多，中国吉元不足为理由，用卢布纸币支付路工工资和材料款。1903年中东铁路通车，中东铁路局规定：“买客票、付运费、交木植税，一律只收卢布”。铁路通车到南满后，卢布便推广到东北全境。到1907年“乘俄车则只收羌帖……持中国银钱不能行用，反须加价以买羌帖”[③]。

军阀官僚滥发纸币，贬值严重。各地军阀政府财政开支庞大，入不敷出，所以就滥发纸币，从而使币值下降。如吉林官帖原来白银1两兑换官帖1吊800文，1904年兑2吊500文，1908年兑3吊500文，1910年兑5吊，1911年兑7吊，1912年兑9吊，1914年兑30吊。在西北，新疆省票价格低落，伊犁票也从1911年抵银6钱降到三四钱。军阀官僚滥发纸币，引起严重的通货膨胀，便利了华俄道胜银行在中国推行纸币，占领中国西北、东北金融市场。

此外，中国历届政府对货币发行主权认识不足，对沙俄在华发行货币没有采取有效措施加以制止。

---

① 1919年11月15日，《哈尔滨远东日报》。转引自杨培新．华俄道胜银行［M］．香港：香港经济与法律出版社，1987：83.

② 汤尔和：《黑龙江》，第478页。转引自杨培新．华俄道胜银行［M］．香港：香港经济与法律出版社，1987：68.

③ 《黑龙江交涉局道员王昌炽条陈》，黑龙江档案馆，全宗号：27，目录号：1，案卷号：244。转引自杨培新．华俄道胜银行［M］．香港：香港经济与法律出版社，1987：69.

四、华俄道胜银行纸币的收兑

1917 年俄国二月革命后，罗曼诺夫王朝被推翻，华俄道胜银行回笼罗曼诺夫票不再投放，大力推广克伦斯基票。

1919 年高尔察克政权为推行鄂木斯克票，限期收兑在中国流通甚广的克伦斯基票，哈尔滨华俄道胜银行宣称："停用克伦斯基小帖，1919 年 5 月 14 日前收存的，将来兑换他种纸币，此后概不收存，也不通用。"由于克伦斯基票流通额大，收兑银行少，期限又短，致使广大商民来不及兑换而蒙受巨大损失。

新疆商民所持金币券，长期得不到兑换，伊犁、塔城等地多次发生挤兑风潮。经省府出面交涉，华俄道胜银行一再推诿，拖延兑现。1924 年，经反复交涉，伊犁道胜银行同意每两金币券按新疆官票 12.5 两收兑。伊犁金币券收兑后，塔城、喀什两地道胜银行仍拒绝收兑。1926 年华俄道胜银行倒闭，清理结束时新疆境内仍约有 30 万～50 万两未能收回，金币券的发行流通使新疆商民蒙受了巨大损失。

据 1925 年 10 月 9 日的《申报》记载，1917 年华俄道胜银行受帝俄政府委托，在东三省、新疆等地发行塔喀奎俄帖。后来成为废纸，中国政府派驻法公使与华俄道胜银行交涉，华俄道胜银行允以七折作价分三期收回。中国政府考虑商民损失过重，要求十足兑现，然而该行亏损严重，难以十足兑付，中国政府便拟折中办理，以八折计值，向道胜总行交涉①。

华俄道胜银行在关内发行的银两票和银元票，停业前已收回一部分。1926 年华俄道胜银行倒闭时，账面尚有未收回的银两票和银元票两项合计 106870.63 两，其中银两票为 13766 两。华俄道胜银行清理处规定从 1926 年 12 月 1 日到 1927 年 1 月 31 日，限期十足收兑银两票和银元票，过期作废。到 1927 年 1 月收兑截止期，总计收兑银两票 1908 两，未兑付额为 11858 两；收兑银元票 106511 元，未兑付额为 39666 元②。

俄国在华各种纸币的收兑，只是其中极小的一部分，而大多数纸币则存留于中国商民手中变为废纸，使中国人民蒙受了巨大损失。

第三章　华俄道胜银行的资金运用

19 世纪末 20 世纪初，俄国对华投资是非常巨大的。尽管它本国经济并不发达，资金不足，然而它把从法国的资本输入和本国的资本输出有机结合起来，为自己在中国的经济扩张服务。据统计，1895—1904 年俄国对华投资额为 56350 万卢布③。到 1902 年，俄国对华投资占列强对华投资额的 31.3%，仅次于经济最发达的英国（33%）。中国东北是俄国的主要投资场所，投资领域主要集中在中东铁路修筑、航运业、采矿业和食品工业（主要是面粉加工工业）以及城市的公用设施、住宅建筑业（主要在哈尔滨、旅顺、大连等地）。

---

① 《道胜银行允将塔喀奎帖收回》，《申报》，1925 年 10 月 9 日。

② 《督办中国境内道胜银行清理处上报财政部报告书》，第 35－36 页。转引自黑龙江金融历史编写组：华俄道胜银行在华三十年［M］. 哈尔滨：黑龙江人民出版社，1992：182.

③ 斯拉德科夫斯基：《苏中经济关系概要》，1957 年莫斯科出版，第 154 页．转引自徐曰彪：《试论俄国在华投资与东省铁路财政》。见《近代史研究》，1994 年第 2 期，第 111 页。

第一节　铁路投资

华俄道胜银行章程赋予华俄道胜银行极其广泛的权力，可以获取“在全中国范围内建筑铁路和铺设电线的租让权”①。这样，俄国在列强之先，利用华俄道胜银行在中国掀起修筑铁路的投资狂潮。铁路投资成为俄国对华投资的最大宗，铁路投资中又以中东铁路为最。俄国政府采用银行和铁路联手的手段，二者密切配合，互相渗透，共同扩大在华的经济势力。

俄国在华铁路投资初期，多采用直接投资的方式，华俄道胜银行初以“私营银行”身份投资成立中东铁路公司，直接获取了中东铁路的修筑权和经营权。后期则以贷款方式取得间接投资权，从而控制铁路的修建和运营，如对芦汉、正太等路的投资。而每一项铁路的投资都离不开华俄道胜银行的参与，并且银行扮演了非常重要的角色。

一、华俄道胜银行与中东铁路

中东铁路，中国原称东清铁路或东省铁路，1920 年由北洋政府交通部代管后，始改此名，俄文名称未变。

20 世纪初，英国新闻记者普特南·威尔在东北实地考察，形象地比喻俄国是用三个头希腊女妖“美杜莎”来统治东北的，这“三个头”就是华俄道胜银行、中东铁路、卢布。华俄道胜银行和中东铁路管理局是一套人马、两个机构，两个单位的领导人相互兼任。它们在华的经济扩张活动紧密配合、共同策划、协同进行。中东铁路身后是强大的华俄道胜银行的金融势力的支持，铁路又通过推广卢布等手段扩张银行的势力。

华俄道胜银行从成立之日起，就把修建中东铁路作为它的首要目标。在签订《中俄密约》和《中俄合办东省铁路合同》过程中，以及签订《旅大租地条约》把中东铁路支线伸展到旅大的过程中，华俄道胜银行始终起着关键作用。

1896 年，华俄道胜银行在北京设立分行，任命璞科第为分行经理。他的首要任务就是从清政府手里取得中东铁路的修建权。为此，璞科第进行了一系列的收买活动。华俄道胜银行专门设有贿赂中国官员的基金，总额为 300 万卢布，这就是“李鸿章基金”。《中俄合办东省铁路合同》签订后，华俄道胜银行送给李鸿章第一笔酬金 100 万卢布，由华俄道胜银行董事长乌赫托姆斯基在上海亲自交付。

1896 年俄国政府指定李鸿章参加尼古拉二世的加冕仪式，华俄道胜银行董事长乌赫托姆斯基前往苏伊士运河迎接。当时清政府面临日本强大的政治、经济压力，清政府决定联合俄国抗衡日本，李鸿章此行的目的就是“联络西洋，牵制东洋”。1896 年 6 月，李鸿章在莫斯科与俄国签订了共同防御日本的《中俄密约》，其中第四条规定：“为使俄国便于运输部队至被威胁区域，中国允许俄国通过黑龙江、吉林两省修筑一条直达海参崴的铁路，该路的建筑和经营由华俄道胜银行承办。”

1896 年 9 月，清政府驻俄公使许景澄和华俄道胜银行董事长乌赫托姆斯基、总经理罗特什捷英在德国首都柏林签订了《中俄合办东省铁路合同》。合同规定：清政府和华俄道胜银行合办中东铁路，所有建造、经理事宜，由华俄道胜银行承办；中东铁路按俄国铁路公司成规办理，

---

① ［苏］罗曼诺夫著，陶文钊、李金秋、姚宝珠译：俄国在满洲［M］．上海：商务印书馆，1980：85.

所有股票只准华俄商民购买。从通车之日起36年后，中国政府有权赎回铁路，80年后铁路无偿交给中国。华俄道胜银行北京分行有权直接与中国政府交涉有关中东铁路的一切事宜。1898年，华俄道胜银行北京分行经理璞科第通过贿赂李鸿章和张荫桓，使清政府与俄国政府签订了《旅大租地条约》和《续旅大租地条约》，取得了从中东铁路干线修筑一条支线到旅顺、大连（南满支线）的权利。

1896年5月，华俄道胜银行与沙俄政府签订秘密协定，先由华俄道胜银行认购中东铁路公司的全部股本（共1000股，每股5000卢布），其中70%归俄国政府，这些股份由华俄道胜银行掌握，代存至转交政府所有时为止。余下的30%由"私人"认购。铁路合同签订后，华俄道胜银行董事会又提出中东铁路公司的股票"提供给第三者是不必要的"，"银行完全可以使全部股本听任俄国政府支配，并归俄国政府所有"①。1896年12月29日，中东铁路招股，局外人根本无法前来认股，"连一个人影也没有"，认股在开始后几分钟就结束了。俄国政府马上购买了不到25%的股份，还得到对剩余股份的购买权。这些股份由华俄道胜银行为俄国政府保留着。直到1902年，俄国政府才购得足以控制该公司的53%的股份。这样，俄国政府就成了中东铁路的最大股东和实际支配者，并且是东省铁路公司借贷资金的唯一债权人，而华俄道胜银行成为名义上的大股东。

1897年1月中东铁路公司第一届董事会成立，在董事会6名成员中华俄道胜银行占3名，3人分别是华俄道胜银行董事长乌赫托姆斯基、总经理罗特什捷英、北京分行行长璞科第，璞科第兼任北京中东铁路公司负责人。从董事会成员中可看出，铁路公司董事又是银行董事，银行董事又是铁路公司董事，二者相互兼任。

1897年3月，东省铁路公司正式成立，总公司设在圣彼得堡，分公司设在北京东交民巷华俄道胜银行行内。清政府任命驻俄公使许景澄为总办（董事长），俄方克尔别兹为会办（副董事长）掌握实权，华俄道胜银行璞科第为东省铁路驻北京负责人。以后又在哈尔滨设立了一个铁路工程局，主持全路修建工程。

经过3年的勘测工作，基本上确定了中东铁路干、支线的走向。1896年8月28日中东铁路公司举行了开工典礼。中东铁路干线开工于1897年，支线开工于1898年。中东铁路建筑工程以哈尔滨为中心，分为东部、西部和南部3条线路，6处同时相向施工。以后，东西干线和南部支线分为19个工区，所以工程进行十分迅速。1903年这条5英尺宽的俄式宽轨铁路全线通车。中东铁路干线西起满洲里，中经齐齐哈尔、哈尔滨、牡丹江，东至绥芬河，直通海参崴。南满支线北起哈尔滨，中经长春、沈阳，直达旅顺、大连。干支线全长约2800多公里，纵贯黑龙江、吉林、辽宁三省广大地区，并与俄国境内的西伯利亚大铁路相连接，可达俄国远东的出海口——海参崴。中东铁路是沙俄控制中国东北地区和争霸远东的重要工具，正如沙俄财政大臣维特所说"从政治及战略方面来看，这条铁路将有这种意义，它使俄国能在任何时间内在最短的路上把自己的军事力量运到海参崴及集中于满洲、黄海海岸及离中国首都的近距离处。相当数目的俄国军队在上述据点的出现，一种可能是大大增加俄国不仅在中国，并且在远东的威信和影响"②。

---

① 《华俄道胜银行1896年11月4日给财政大臣的呈文》。[苏] 罗曼诺夫著，陶文钊、李金秋、姚宝珠译：俄国在满洲 [M]．上海：商务印书馆，1980：110－111.

② 张蓉初译：红档杂志有关中国交涉史料选译 [M]．上海：生活·读书·新知三联书店，1957：169.

中东铁路是俄国对华企业投资的最大项目，中东铁路在俄国对华企业投资中所占比重，1904年高达94.6%，1914年降为80%；在同期俄国对华投资总额中，分别占84.6%和70.3%[①]。截至1903年7月，中东铁路的建筑费约在3亿~3.75亿卢布，差别主要在于后者将“义和团事件损失费”计入了成本[②]。

中东铁路和南满支线的建成通车，在铁路建设几近空白的东北大地上建起了一个“丁”字形骨架，实现了东北铁路建设史上零的突破，构筑了东北铁路的主要框架，此后的东北铁路建设便以此为中心拓展开来。铁路敲开了清政府在东北地区长期实行封禁政策的大门，加强了东北与外界的经济、文化、贸易联系。沙俄的纺织品、卷烟等工业制成品开始倾销到东北市场，为扩大俄国对东北的商品输出，1907年哈尔滨华俄道胜银行经理喀普列里和中东铁路局局长霍尔瓦特组织成立哈尔滨交易会，垄断市场和商品销售价格。同时，东北大量的农、林、矿产资源也输往国外。俄国通过中东铁路强占土地、采伐森林、开采煤矿，仅在长春附近，俄国就先后开采了18个煤矿。在以哈尔滨为中心的地区，面粉、制糖等工厂至1911年已有63家之多。随着铁路的延伸，中俄两国在东北的移民大量增加，大片耕地被开垦，农产品通过铁路运往国外，加快了东北地区农业生产商品化的步伐，使农业生产开始向专门化发展。东北大豆及大豆制品被输往欧洲，走俏国际市场，大豆产量也日益增加。铁路交通的便利，扩大了商品流通，加强了中外及城乡之间的联系，促进了东北地区对外贸易的发展。中东铁路的修筑促进了新兴城市的兴起，哈尔滨在满语中是“渔村”的意思，原来仅有几个自然村落，俄国人修中东铁路时，把铁路总局设在哈尔滨的香坊，而后开始移民和建设。哈尔滨成为中东铁路的枢纽，1905年人口已增至10万人，有“东方巴黎”之美誉，并且成为东北北部的工业、商业、贸易和政治中心。

中东铁路的修筑大大方便了俄国对华经济渗透和资本扩张，同时也促进了东北边疆的资源开发、工矿业发展，加快了农业生产的商品化步伐，推动了新兴城镇的崛起，加快了东北地区的近代化进程。

十月革命前，中东铁路一直控制在俄国政府手中。1917年十月革命后，新生的苏维埃政权在1919年7月25日发表了第一次对华宣言，宣布苏联愿将中东铁路无偿移交中国，但中国北洋政府在帝国主义列强的唆使下，不承认苏维埃政权。华俄道胜银行在本国的总分行虽被苏维埃政府没收，而在国外的分行仍以巴黎为总行所在地继续活动，插手中东铁路事务，华俄道胜银行同中国北洋政府订立《管理东省铁路合同》，中东铁路仍然控制在俄国残余势力手中。1918年日本借道中东铁路，出兵西伯利亚，干涉苏维埃政权。美、英、法为防止日本独占中东铁路，策划了“国际共管”中东铁路。协约国干涉苏维埃政权失败后，中东铁路出现势力“真空”状态。1920年，中东铁路督办兼中东铁路护路军总司令鲍贵卿宣布解除俄国总办霍尔瓦特的职务，中国政府收回了中东铁路行政权。随后，中国政府在中东铁路总公司董事会加派中国董事，遭到华俄道胜银行和法国政府的反对。法国政府言称：“俄亚银行为股份公司，是俄国商民的企业，与俄国政府或政党无关，而东路公司的全部股份都是银行产业。”中国北洋政府在法国政府的压力下，于1920年10月2日与华俄道胜银行签订了《管理东省铁路续订合同》，华俄道胜银行以“与中国共管”的形式，接管了中东铁路。1920—1924年，华俄道胜银行对于中东铁路的

① 雷麦著，蒋学楷，赵康节译．外人在华投资［M］．上海：商务印书馆，1959：438.

② 徐曰彪：《试论俄国在华投资与东省铁路财政》，《近代史研究》，1994年，第2期，第121页。

事务，占据着很重要的位置。1924 年中国北洋政府外交总长顾维钧与苏联代表加拉罕签订了《中俄解决悬案大纲协定》和《暂行管理中东铁路协定》，苏联政府否定了第一次对华宣言中“无偿归还中东铁路”的立场，提出中苏两国合作经营中东铁路，苏联政府从而获得了中东铁路的实际支配权。1929 年张学良的东北军在南京政府的支持下，挑起了“中东路事件”，撕毁了中苏共管铁路协定，解除了苏联铁路局局长的职务，并将苏方人员驱逐回国，全部收回了中东铁路。同年 12 月，中苏双方签订《伯力协定》，中东铁路恢复原状。“九・一八”事变后，日本占领中东铁路，苏联政府确认伪“满洲国”对中东铁路的主权。1935 年 3 月，苏联把中东铁路 1700 多公里及其附属财产出售给日本控制的伪“满洲国”，售价为 17000 万日元（其中包含苏方人员退职金 3000 万日元）。[①] 从此，中东铁路控制在日本手中，一直到 1945 年中苏共管（抗战胜利后，中东铁路、南满铁路合并，改称长春铁路，由中苏共管）。1950 年 2 月，中苏两国政府在莫斯科签订了关于中国长春铁路的协定，规定“苏联政府将共同管理中国长春铁路的一切权利以及属于该路的全部财产无偿地移交中华人民共和国政府”[②]。1952 年 12 月，苏联正式将中国长春铁路移交给了中国政府。

二、华俄道胜银行对卢汉铁路投资权的控制

华俄道胜银行通过直接投资修建和经营中东铁路，把整个东北变成了俄国的势力范围。为了控制华北、渗入长江流域，华俄道胜银行与法国巴黎荷兰银行联合，并拉上比利时，结成秘密集团，获取了对卢汉铁路的投资权。

卢汉铁路是中国主要的南北大干线之一，它从卢沟桥到汉口，在经济和战略上都具有特别重要的意义。1896 年，清政府接受张之洞的建议，决定举借外债兴修该路，并成立铁路总公司，派盛宣怀任督办。张之洞认为比利时是一个“小国”，“别无他志”，一直属意于比国。1898 年 6 月，清政府与比利时正式签订了《卢汉铁路比国借款续订详细合同》和《卢汉铁路行车合同》[③]，规定借款 11250 万法郎（合 450 万英镑），年息 5 厘，以卢汉铁路财产及进款为担保；期限为 30 年，前 10 年付息，后 20 年还本；由华俄道胜银行经理借款债券，办理存款、汇款，并监督借款的使用。合同规定购买材料由比国公司包办，到期如不能按合同规定偿还本利，贷款人对铁路有自由处理的权力。铁路的实际管理和财务、人事大权由俄国、法国、比利时人控制，华俄道胜银行控制了卢汉铁路的全部财务管理权。日本驻华公使内田致日本外务大臣大隈电称：“比利时公司已和盛宣怀签订了建筑芦汉铁路的合同。这件事的交涉是受到驻北京的俄、法两国代表的积极支持的。据报告，比利时公司本身是拿不出钱来的，将有华俄道胜银行和巴黎荷兰银行的支持。……上述银行在这条铁路中的财政活动，受到俄国政府的支持[④]。”1898 年底，比公司从南北两端同时开工。1906 年 4 月全线通车，改称京汉铁路。自北京前门西站至汉口玉带门车站全长 1214 公里，共投入资金 89634488. 17 元，其中比款为 55652892. 56 元（按债票面额计算，并非实际收到的款数）。[⑤]

1908 年 12 月，清政府把赎款全数付清，第二年 1 月 1 日，中国收回了京汉铁路的管理权。

① 孔经纬：东北经济史［M］. 成都：四川人民出版社，1986：28.

② 1950 年 2 月 15 日，《人民日报》。

③ 王铁崖：中外旧约章汇编［M］. 第 1 册，北京：三联书店，1957：773－782.

④ 经济研究所藏日文档案（原件英文）。宓汝成：中国近代铁路史资料［M］. 第 1 册，中华书局，1963：307－308.

⑤ 国民党交通铁道部交通史编纂委员会. 交通史路政编［M］. 第 7 册，1931：1432－1433.

三、华俄道胜银行对正太铁路投资权的把持

为开发山西省丰富的煤炭资源，华俄道胜银行力争投资修筑太原到正定的铁路。1898 年，华俄道胜银行指使山西商务局职员方孝傑向山西巡抚胡聘之呈称："已向华俄道胜银行议借银 680 万两，承修晋省铁路。"与此同时，华俄道胜银行董事璞科第也向清政府提出贷款修路的要求。

1898 年 5 月，华俄道胜银行董事璞科第与山西商务局签订了《柳太铁路合同》，（柳林堡到太原，即正太铁路，柳林堡接近芦汉铁路的正定车站）。合同规定由山西商务局向华俄道胜银行借款 2500 万法郎（约合银 680 万两），年息 6 厘，期限 30 年；华人购买债票，应加付 20% 的票价，这样就剥夺了华人的投资权利；商务局如不能按照定限归本付息，此段铁路即归银行代管，华俄道胜银行并派代办驻路专任稽查银款，钩稽出入，并以 30% 的营业盈余拨归华俄道胜银行所有。① 此外，华俄道胜银行有在铁路沿线开采煤矿的优先权。由于山西各阶层人民的坚决反对和以后的义和团运动，此事被搁置下来。

1901 年底，华俄道胜银行向总理衙门重申前请，催办旧案。璞科第于 1902 年致电山西巡抚岑春煊，要求修改前订的《柳太铁路合同》。1902 年 10 月，盛宣怀在上海与华俄道胜银行上海总办佛威郎签订了《正太铁路借款详细合同》。主要内容有：正定到太原铁路全长 250 公里，是芦汉铁路的支路，限 3 年完工；向华俄道胜银行借款 4000 万法郎（约合银 1300 万两），年息 5 厘，除由中国国家担保外，并以正太铁路财产及进款作担保品；中国按所付利息数额的 0.25% 向华俄道胜银行支付酬金；所需筑路行车器材，统归华俄道胜银行代购；由华俄道胜银行选派工程师，负责一切工程事宜，中外籍员工均由其差遣。同时签订《正太铁路行车详细合同》，规定中国将正太铁路委托华俄道胜银行"代为调度经理、行车生利"，以 30 年为期；华俄道胜银行应提 20% 的纯利②。后来，华俄道胜银行自感资金不足，无力兼顾，便将正太铁路转让给法国巴黎银公司承办。法国巴黎银公司与华俄道胜银行"名虽不同，其所有董事仍系银行董事"。

正太铁路于 1904 年 5 月动工，1907 年 10 月全线通车。一直到 1932 年 3 月，法国贷款全部偿清后，中国政府才正式收回了正太铁路。

四、华俄道胜银行对滨黑、墨齐、京太、津芦、汴洛等铁路的投资

1914 年，北洋政府与俄方商定，借用俄款修筑哈尔滨至黑河（今瑷珲）为干线和墨尔根至齐齐哈尔为支线的铁路，两线全长 1100 多公里。1916 年 3 月，袁世凯政府与华俄道胜银行签订了《滨黑铁路借款合同》，规定借款额为 5000 万卢布，年息 5 厘，折扣九四，借款期限为 46 年，以该路财产、收入为担保③。铁路的总工程师和总会计师由俄国人担任。铁路的技术、行政、人事、财务大权由俄国人掌握。铁路修成以后，行车管理由沙俄包办。由于当时第一次世界大战爆发，沙俄节节败退，而且国内革命势力日益发展，沙俄政府无力提供这笔借款，仅在订立合同后拨付银 50 万两，此事被搁置下来。

为了沟通京城和山西的煤矿，沙俄策划修筑京太铁路（北京到太原）。华俄道胜银行派法籍

---

① 王铁崖．中外旧约章汇编：第 1 册［M］．北京：三联书店，1957：760 – 763.

② 王铁崖．中外旧约章汇编：第 2 册［M］．北京：三联书店，1957：118 – 129.

③ 国民党交通铁道部交通史编纂委员会．交通史路政编：第 16 册［M］．1931：449 – 461.

助理工程师伊沃内对该铁路进行了勘察。京太铁路于1904年兴建，1907年通车。为了兴建这条铁路，华俄道胜银行在法国发行了4000万法郎的债券作为经费。这条铁路后来与大同和张家口的铁路相衔接①。

1895年清政府修建津芦铁路，曾向华俄道胜银行借款银20万两②。

1902年沙俄取得了汴洛铁路的投资权。汴洛铁路是今天陇海路自开封到洛阳段。由比利时铁路公司出面和清政府签订借款合同，金额为2500万法郎。沙俄还企图通过比利时公司收买华美合兴公司2/3的债券，修筑粤汉铁路，由于中国人民的反对而没有实现③。

华俄道胜银行在华投资修建铁路，客观上加快了中国交通运输业的发展，促进了俄国对华贸易的发展。然而另一方面铁路又成为俄国对华经济渗透的有力工具，增强了俄国对中国东北、华北以及长江流域的经济渗透和扩张，巩固了俄国在华的势力范围。华俄道胜银行的铁路投资以铁路财产和收入为抵押，使其获得了巨额商业利润，并且通过铁路开拓了中国东北和内地的市场，掠夺式开发中国森林、矿产资源，大量输出中国农产品和工业原料。

俄国在华经济势力的膨胀，引起了英国和日本的恐慌。1899年英俄达成协议，划分了双方在华的铁路投资范围。1905年，俄国在日俄战争中失败，把南满铁路割让给日本。俄国对英国、日本在筑路问题上的妥协，反映了其经济扩张计划庞大与经济实力不足的矛盾。

第二节 工矿业投资

一、华俄道胜银行对面粉业的间接投资

中东铁路修筑期间，在铁路供职的俄国人员利用华俄道胜银行的贷款，率先在哈尔滨投资设厂。哈尔滨第一家面粉厂、机械厂、糖果厂、电站、烈性酒厂等，都是铁路员工首先创办的，而俄商最积极的投资领域是面粉加工业。

随着中东铁路的修筑，大批筑路工人、工程技术和管理人员涌入中国东北，俄国移民增多，增加了对面粉的需求。义和团运动时期，大批俄军出兵东北，对面粉的需求量激增。1900年俄商在哈尔滨创办第一家面粉厂——满洲制粉公司，这是东北地区用机器生产面粉的发端，从此结束了中国东北地区的手工磨坊制粉业，开始出现近代机器面粉工业。接着，中东铁路公司创办了第二家面粉厂，后来转让给俄国私人企业主，改名为松花江面粉公司。后来，俄国人在哈尔滨相继办起了多家面粉厂。日俄战争又推动了中国东北北部地区的面粉加工业的进一步发展。到1903年底，哈尔滨已有8家俄国面粉厂④，此外，在长春、一面坡、双城堡等地也出现了俄国面粉厂。1903—1906年，日俄战争前后的四年中，俄商在哈尔滨及东北沿铁路线一带共创办了23家面粉厂，其中设在哈尔滨的有15家，东北北部及铁路沿线8家⑤。这是俄商投资东北面粉工业的极盛时期。

---

① ［法］施阿兰著，袁传璋，郑永慧译．使华记［M］．上海：商务印书馆，1989：165.

② 金士宣，徐文述．中国铁路发展史［M］．北京：中国铁道出版社，2000：100.

③ 杨培新．华俄道胜银行［M］．香港：香港经济与法律出版社，1987：97.

④ 奎斯特德：《“友好”的帝国主义者？沙俄在满洲》，第102页。转引自中国社会科学院近代史研究所．沙俄侵华史［M］．第4卷（上），北京：人民出版社，1990：419.

⑤ 上海社会科学院经济研究所．中国近代面粉工业史［M］．北京：中华书局，1987：247.

俄国政府“赋予华俄道胜银行以殖民银行的任务，以促进俄国在（中国）东北工商业的发展”[①]。华俄道胜银行对俄商发展面粉加工业，在资金上给予大力支持，提供了开办资金的90%[②]。这些面粉厂利用东北盛产小麦的有利条件，低价收购，加工成面粉后除在东北销售外还大量运销俄国。

日俄战争结束后，百万俄军陆续撤离东北北部地区，面粉加工业一度生产能力过剩，产品滞销，价格下跌，一些面粉厂纷纷倒闭或转让。为了使面粉业摆脱困境，1906年，以华俄道胜银行为主要股东的中东铁路降低了面粉的运费，同时，华俄道胜银行向在中国东北北部地区经营的俄国面粉工业和粮食贸易发放325万卢布的专用贷款[③]。1907年，华俄道胜银行给东北的俄国私人企业贷款1218521卢布，内有75%提供给面粉业[④]。1908年，华俄道胜银行向哈尔滨的松花江磨厂、格瓦尔斯基磨厂、满洲磨厂、密纳斯磨厂贷款100万卢布[⑤]。华俄道胜银行的资金，使俄国在中国东北的面粉业复苏并迅速发展起来，到1910年，各面粉厂的生产能力和销售范围都较以前有所扩大。1913年，俄国在东北共开办了34家面粉工厂[⑥]。

1907年，在华俄道胜银行的主持和倡导下，成立了俄国面粉工业垄断组织——满洲面粉企业联合股份公司，加入这个辛迪加的有松花江面粉公司、扎兹林斯基面粉厂（华俄道胜银行于1906年在哈尔滨投资创办）、科瓦列夫斯基面粉厂以及米亚吉科夫在双城堡车站和海林车站开办的两家面粉厂等。满洲面粉企业联合股份公司自有资本350万卢布，其中有300万卢布是由华俄道胜银行提供的，“属于工厂业务方面的事项，虽由各厂的厂主或经理人处理，但是，有关债务方面的财会事宜，全部由华俄道胜银行哈尔滨分行掌管”。[⑦] 在当时东北北部俄国制粉业资本总额和总加工能力中，这个垄断组织分别占56%和60%。俄国垄断中国东北北部的新式制粉业，一直持续到第一次世界大战。

华俄道胜银行还于1926年前向哈尔滨的永胜面粉公司投资，该公司在哈尔滨设有绝大面粉机器厂，道胜对永胜曾有大宗投资，今公司共欠道胜38万两，永胜股票有一部分是道胜产业。[⑧] 另据辽宁省档案馆资料[⑨]：长春道胜银行对哈尔滨永胜火磨公司信用贷款日金（金票）31284.15元；哈尔滨道胜银行对于永胜公司的营业，无论行内自行贷款或为之担保均予以充分协助，道胜停业以后，也曾竭力维持该公司继续存在。在华俄道胜银行营业时期，永胜公司共欠华俄道胜银行哈大洋975685.05元，日金198523.65元，此外尚有为之担保哈大洋648200元，日金6

---

① 东省铁路经济调查局：《北满与东省铁路》，俄文版，第410页。转引自中国社会科学院近代史研究所．沙俄侵华史［M］．第4卷（上），北京：人民出版社，1990：419.

② ［苏］阿瓦林著，北京对外贸易学院俄语教研室译：帝国主义在满洲［M］．上海：商务印书馆，1980：161.

③ 施坦菲尔德：《俄国在满洲的事业》，哈尔滨，1910年版，105页。转引自李济棠：《华俄道胜银行与东北地区中俄两国的工商业》，见《北方论丛》，1987年，第1期。

④ 《北满与中东铁路》俄文版，第570页。转引自孔经纬．清代东北地区经济史［M］．哈尔滨：黑龙江人民出版社，1990：642.

⑤ 《盛京时报》，光绪三十四年5月15日。转引自李济棠：《华俄道胜银行与东北地区中俄两国的工商业》，见《北方论丛》，1987年，第1期。

⑥ 倪承剑：帝国主义与东北面粉工业［J］．辽宁师大学报（社科版），1995（2）.

⑦ 日本外务省：《北满的工业》，东京明治41年出版，第3编，工业，第3章。转引自李济棠：《华俄道胜银行与东北地区中俄两国的工商业》，见《北方论丛》，1987年，第1期。

⑧ 《督办中国境内道胜银行清理处上财政部报告书》，转引自黑龙江金融历史编写组．华俄道胜银行在华三十年［M］．哈尔滨：黑龙江人民出版社，1992：130.

⑨ 辽宁省档案馆，全宗号：JC7东三省道胜银行总清理处，案卷号：34《长春清理处函为永胜火磨公司贷款应否集中京行请核示由》。

万元，上海银两35万两，金镑310镑，美洋3203.63元。永胜公司欠华俄道胜各分行款本息共计约50余万元，华俄道胜银行认购永胜公司的股票共计11960股，共1495000元，已占该公司全部股份的50%以上，上海华俄道胜总行为永胜公司的最大股东。

除面粉业以外，俄商在东北也开办了酿酒厂、卷烟厂、榨油厂、肉食厂、电厂、制糖厂、皮革厂、采木公司等企业。这些企业有华俄道胜银行直接投资兴办的，有的企业与华俄道胜银行有着重要的资金融通关系，在很大程度上依靠华俄道胜银行的支持，同面粉业一样，这些企业的大部分资金靠华俄道胜银行提供。

1900年，尼古拉二世让维特从华俄道胜银行拨款200万卢布给贝兹奥布拉佐夫，以经营鸭绿江森林事业。①

营口东盛和五联号是从事豆油加工业和运销业的商办企业，在华俄道胜银行等的资本融通下，发展成为拥有100万资产的大型工商业联合体。至1907年11月，东盛和借欠银行业贷款达纹银5382862两，其中欠华俄道胜银行借款117万卢布②。东盛和倒闭后，华俄道胜银行等凭借特权对贷款"则收其十足而有余"。

1907年12月，华俄道胜银行在哈尔滨江关道换领砍山大票（森林采伐证），拥有木厂，部分为官山③。华俄道胜银行还拥有35马力的发电站。1903年，华俄道胜银行向俄国远东森林公司贷款200万卢布，这家公司在鸭绿江采伐森林，经营航运，在奉天开办电灯厂。

甲午战争后上海出现第一家华商纱厂——裕晋纱厂，自始便是靠华俄道胜银行的借贷度日④。华俄道胜银行与上海的鸿源纱厂和协隆纱厂也发生过投资和融资关系。1900年，鸿源纱厂拖欠华俄道胜银行的贷款近50万两⑤。1901年，协隆纱厂因积欠华俄道胜银行透支款30万元，无法偿还，被华俄道胜银行拍卖⑥。华俄道胜银行在纱厂上的投资，并未取得成效。

二、华俄道胜银行对中国矿产资源的投资和开采

华俄道胜银行对中国矿产资源的投资，初期集中于开采金矿，继而投资于煤铁等资源。

早在1897年，华俄道胜银行与俄国采金公司就组建了中国矿藏勘查公司，资本为50万卢布，分为100股。华俄道胜银行的罗特什捷英、璞科第、柯乐德等均为该公司董事会成员。华俄道胜银行与俄国采金公司各按22.5%分发红利。1900年，中国矿藏勘查公司改组为蒙古土谢图汗盟和车臣汗盟矿业股份公司（蒙古矿业公司），额定资本300万卢布，实收180万卢布。华俄道胜银行的乌赫托姆斯基、罗特什捷英等为该公司董事，并在其支持下开采蒙古金矿。该公司从1901年到1903年共产金9367盎司，价值37.7万卢布。1904—1913年，该公司产金266575盎司，价值960万卢布。1912年，公司资本由180万卢布增至300万卢布⑦。

---

① 张蓉初译．红档杂志有关中国交涉史料选译［M］．北京：三联书店，1957：293.

② 罗贻：《东盛和债案报告》十卷本。转引自黄鉴晖．中国银行业史［M］．太原：山西经济出版社，1994：69.

③ 孔经纬．东北经济史［M］．成都：四川人民出版社，1986：108.

④ Decennial Reports on Trade, Industries, etc. of the Ports Open to Foreign Commerce and on the Condition and Development of the Treaty Port Provinces. 1892 – 1901 (Shanghai), Vol. 1, p. 515. 转引自汪敬虞：外国资本在近代中国的金融活动［M］．北京：人民出版社，1999：219.

⑤ Herald，1900年11月28日，第1147页。转引自汪敬虞：外国资本在近代中国的金融活动［M］．北京：人民出版社，1999：239.

⑥ Herald，1902年1月22日，第126页；1903年10月9日，第736页。转引自汪敬虞．外国资本在近代中国的金融活动［M］．北京：人民出版社，1999：239.

⑦ 雷麦著，蒋学楷，赵康节译．外人在华投资［M］．上海：商务印书馆，1959：424、432.

1899年，华俄道胜银行与英国人罗斯及吉尔伯特公司成立英俄开拓公司，开采营口到山海关一带的金矿。其中华俄道胜银行100股，英国人罗斯800股，吉尔伯特公司200股。1902年华俄道胜银行收买了罗斯的800股，从而拥有该公司总资本的90%①。

1900年，俄国出兵东北后，强占并开采漠河和观音山金矿。在清政府与俄军进行撤兵谈判的同时，华俄道胜银行的代表乌赫托姆斯基、璞科第等，在北京先后与清政府进行谈判，要求在两国政府达成协议前，须先达成华俄道胜银行与中国政府间的“私方”协定，把东北全境的工矿业与铁路的租让权，提供给华俄道胜银行。华俄道胜银行与清政府间的谈判虽未获结果，但俄国与东北三省地方当局的谈判却打开了缺口。1901年，俄国驻吉江两省办理交涉事务大臣刘巴，与吉林将军长顺订立《开办吉林矿山草约》，允许俄商在吉林各处开采金矿。随后，俄国与吉、黑两省又订立一系列采矿合同，获得在中国东北广大区域内勘探和开采金、煤、铁等矿产资源的权利。

1903年，华俄道胜银行副代办宝至德以向清政府缴纳“报效银”为手段，企图使开采观音山金矿合法化，但终未得逞。俄国强占中国金矿，开采了大量黄金，然而在中国收回漠河、观音山金矿的斗争中，俄驻华公使璞科第与华俄道胜银行哈尔滨分行经理高培里以各厂亏损为由，反而向中国勒索了1.2万卢布作为赔偿，中国政府才于1906年和1907年收回了观音山和漠河金矿。②

1902年7月满洲矿业公司成立，固定资本为100万卢布，其中2/3的股票由俄国财政部以私人名义认购，另1/3由华俄道胜银行代表认购。公司的股东和俄国财政部、华俄道胜银行都有密切关系。罗特什捷英以华俄道胜银行总裁和“代表”的身份加入了满洲矿业公司。根据满洲矿业公司与华俄道胜银行的协议，两者除有借贷关系外，在人才与经营上华俄道胜银行也插手公司事务。公司的金钱支付由华俄道胜银行负责，并从低收取酬金。公司利润由华俄道胜银行和国家银行平分。满洲矿业公司还以华俄道胜银行的名义对外，实际上是华俄道胜银行的分支机构。满洲矿业公司成立后，致力于中国东北矿产资源的勘探和开采。通过华俄道胜银行而获得的租让权有6项，在奉天有3项，吉林2项，黑龙江1项。如华兴利公司、英俄开拓公司和义胜鑫公司（奉天矿业公司）都属于这一类。直接以公司名义获得的有夹皮沟金矿、观音山金矿、吉林三姓金矿。1903年，俄国国家银行停止发放以公司股票为抵押的放款，满洲矿业公司只能靠华俄道胜银行的贷款勉强支撑。日俄战争后，公司所属企业大多数落入日本人手中，有的被中国政府收回。

华俄道胜银行还利用和中国商人合资经营的方式，勘探和开采中国矿产资源。抚顺煤炭资源丰富，质地优良，宜于开采。1902年经奉天将军增祺批准，华商王承尧集股银10万两，组织华兴利公司，开采河西千金寨的煤田；同年翁寿筹资7万多两，设立抚顺煤矿公司，开采河东老虎台一带的煤矿。随后，俄籍华人纪凤台以1.3万两股金入股抚顺煤矿公司，并掌握了公司大权，而纪凤台开设有“纪凤台钱庄”，与华俄道胜银行往来密切。与此同时，华俄道胜银行买办吴介臣以加强公司实力为名，劝说华兴利公司吸收华俄道胜银行的股金。经王承尧同意，华俄道胜银行代表嘎礼特拉司夫和闵多夫二人，以“私人”名义向华兴利公司投资6万两，其实分

① ［苏］罗曼诺夫著，陶文钊等译. 俄国在满洲［M］. 上海：商务印书馆，1980：320.

② ［台北］中央研究院近代史研究所编：中国近代史资料汇编《矿务档》，第7册，《吉林、黑龙江》，第4196－4197、4702－4703、4744－4745页。

三次才缴纳 2.75 万两，余额终未交付①，从而成为华兴利煤矿公司的股东。满洲矿业公司通过华俄道胜银行又向华兴利公司投资 5.47 万两②。从此，沙俄完全控制了抚顺煤矿，掌握了煤矿的生产管理权，采掘出的煤炭大多被沙俄用火车运走。日俄战争后，抚顺煤矿被日本占领。

1902 年，华俄道胜银行与华商梁显诚等集资 40 万两，设立义胜鑫矿务总公司（也称奉天矿业公司），其中华俄道胜银行出资 15 万两，中国股东 15 万两，奉天银库 5 万两。义胜鑫公司申请开采鸡爪山等地的银、铁、煤、铜等矿 45 处，后清政府同意先行试办鸡爪山等 12 处。③ 为开采热河的热水金矿，华俄道胜银行璞科第于 1902 年就致函外务部，申请开采；第二年，又由华商李万芳出面设立益华丰公司，招收华股 1.5 万两，华俄道胜银行附股 1.5 万两，再次呈报外务部，但都未获准。

1904 年萍乡煤矿向华俄道胜银行借款库平银 131917 两；1910 年 4 月，汉冶萍公司为改善采矿设备，向华俄道胜银行和法国东方汇理银行借款汉口洋例银 100 万两（合库平银 935100 两），利息 9%。④

在中国丧失国家主权的特殊条件下，华俄道胜银行通过投资中国工矿业，控制了中国东北地区的工矿业生产，开发了中国大量煤铁等资源，获取了巨大商业利益。但从近代中国封建社会经济居绝对优势地位、资本主义经济的发展受到严重阻碍的特殊情况看，华俄道胜银行投资工矿企业在一定程度上有助于中国社会经济的进步，为中国工矿业从手工业向近代机器工业过渡创造了条件，推动了中国工矿业的近代化，构成了中国近代资本主义工矿业的一个重要方面。华俄道胜银行和俄商输入东北的资本、技术和管理经验，对改变闭塞、落后的东北地区经济起了一定的促进作用。

第三节 对中国政府的财政贷款

晚清时期，清政府财政日益困难，为偿付巨额战争赔款，清政府不断向列强举借外债。华俄道胜银行除了参加与之相伴而生的俄法四厘借款外，在勒索庚子赔款的过程中也起了十分重要的作用。民国时期，时局动荡，军阀混战，举借外债更加频繁。

一、庚子赔款的债务化

1900 年，八国联军出兵中国，镇压了义和团运动。1901 年 9 月，列强与清政府签订了《辛丑条约》，其中规定清政府向各国赔偿白银 4.5 亿两，以关税、盐税和常关税作为担保，分 39 年还清，这就是庚子赔款。庚子赔款是鸦片战争以来最大的一次赔款，因清政府无力偿付，就变成了年息 4 厘、分 39 年摊还的外债，清政府实际要付出本息 9.8 亿两。

在庚子赔款中，沙俄独得 130371120 两，占 28.97%，在各国中占第一位，由华俄道胜银行经收。中国偿付庚子赔款的资金，以后就按这个比例的份额，分存到华俄道胜银行，这就为华

---

① 汪敬虞：中国近代工业史资料［M］. 第 2 辑，上册，科学出版社，1957：39－40。赵立静：《沙俄和日本帝国主义霸占掠夺抚顺煤矿资源的历史》谓实缴 2.7 万两，载于东北三省中国经济史学会：《中国经济史论文集》（下），1982 年版，第 207－208 页；孔经纬：《东北经济史》（四川人民出版社，1986 年版）109 页，谓实际缴 3.75 万两。

② ［苏］罗曼诺夫著，陶文钊等译：俄国在满洲［M］. 上海：商务印书馆，1980：325.

③ ［台北］中央研究院近代史研究所编：中国近代史资料汇编《矿务档》，第 6 册，《云南、贵州、奉天》，第 3519 页。

④ 《中国清代外债史资料》，第 641－643 页。转引自隆武华. 外债两重性——引擎？桎梏？［M］. 北京：中国财政经济出版社，2001：314.

俄道胜银行取得了一大笔固定可靠的存款，更增强了其金融实力。

华俄道胜银行北京分行经理璞科第在勒索庚子赔款的过程中，起了极其恶劣的作用。在研究中国的财源和榨取赔款的方法时，璞科第建议指定海关税、盐税、内地关税为庚子赔款的来源，并主张让清政府削减军费，以支付赔款。他的建议最终被列强采纳。

当时世界市场上黄金需求量增加，白银需求量减少，金价上涨，银价下跌。签订合约时，规定用白银支付，当时每两银子值英镑 3 先令，到 1903 年只值 2 先令，白银落价 1/3。璞科第便带头提出赔款应用英镑偿付（英国实行金本位），因此大大加重了中国人民的负担。

为清偿庚子赔款，清政府按各省大小、财力强弱，分摊给各省。各省为筹备分摊的庚子赔款数额，纷纷添征新税和加重征收旧税，有的省份不得不借外债以资应付。

1917 年，俄国二月革命爆发后，北洋军阀政府仍按月支付庚子赔款给华俄道胜银行。十月革命后，苏维埃政府宣布废除帝俄时代所订的一切不平等条约，放弃在华一切特权。1918 年 5 月北洋政府决定停止交付对俄赔款，但在俄国公使及协约国的压力下，又被迫将庚子赔款继续送交华俄道胜银行。直到 1920 年 7 月，北洋政府才停止支付庚子赔款。

1924 年中国与苏联签订了《中俄解决悬案大纲协定》，苏联政府在第五项声明书中宣布“抛弃俄国部分之庚子赔款，于该项赔款所担保之各种优先债务清偿后，完全充作提倡中国教育款项之用”。[①]

二、华俄道胜银行与南京临时政府的借款谈判

辛亥革命时，列强怕影响外债和赔款的按期偿付本息，扣留了中国海关关税，华俄道胜银行伙同汇丰、德华银行共同控制了中国的关税，成为存管中国关税的三家银行之一。南京临时政府成立后，无法用关税来解决财政困难。1912 年，华俄道胜银行与南京临时政府签订了 150 万英镑的借款合同草约。草约提出，自正式合同签字之日起，以 1 年为期，年息 5 厘，其第五条规定：“此款为民国之直接负欠，当以其赋税之所入，备为付息及偿本之用”。[②] 草约于 2 月 21 日在上海签字，南京临时政府代表为财政总长陈锦涛，华俄道胜银行代表为经理人凯里约。后来由于各方反对，孙中山致电陈锦涛“借款案暂缓签字”。华俄道胜银行也因未能取得同等条件下对华借款的优先权，表示“不能照办”，草约作废。

三、比国借款

1912 年，袁世凯当上中华民国临时大总统后，为解决财政困难，谋求对外借款。华俄道胜银行为了获取对华贷款的政治、经济利益，联合英国东方银行和舒拉德公司、法国的斯宾沙公司、比利时银公司、华比银行和比商铁路公司，组成国际银行团向袁世凯贷款。因考虑到华俄道胜银行与俄国政府的关系，为避免外交上陷入被动，俄国便决定由参加华俄道胜银行的比国财团进行借款谈判。于是华比银行北京分行经理德沃斯与袁世凯政府代表唐绍仪开始举行借款谈判。

1912 年 3 月，袁世凯政府与比国财团签订了比国借款合同。根据合同将向中国政府贷款 100

---

① 中国近代经济史资料丛刊编辑委员会.《帝国主义与中国海关》第 10 编“中国海关与庚子赔款”，中华书局，1962：59.

② 《民声日报》，1912 年 2 月 29 日。转引自杨天石：《论民初的华俄道胜银行借款案》，见《浙江学刊》，1988 年，第 4 期。

万英镑，期限为1年，年息5%；以中国自办的第一条铁路京张铁路净利及财产为抵押，以国家通常岁入为担保；如到期不能还本付息，债权人有权处理抵押品。

虽然出面与中国政府谈判的是华比银行，但这次借款完全是由俄国政府及华俄道胜银行导演的。美国驻华公使嘉乐恒指出："比利时人不是这次借款的主角，俄国人站在幕后。至少可以说，道胜银行尽管不是签订合同的一方，却起着领导作用。"①

在四国银行团的强烈抗议下，袁世凯政府被迫取消了比国借款合同。因此比国贷款又改为垫款，取消折扣，利率改为年息6%，从第二年改按年息7.5%计算。比国垫款本息后来在五国银行团对袁世凯政府贷款内扣还。

四、善后大借款

1912年6月，华俄道胜银行代表俄国参加了六国银行团。袁世凯为了筹集对革命党人进行武力镇压的军费，开始与国际银行团进行善后借款谈判。1913年4月，袁世凯授权赵秉钧、陆征祥、周学熙与五国银行团（美国退出，六国银行团改为五国银行团）在北京签订了善后借款合同。合同规定借款总额为2500万英镑，合中国银元24827万元，债券九折发售，八四实收；年息5厘，期限为47年，前10年付息，后37年本息并付。以中国的全部盐税，海关税余款，直、鲁、豫、苏四省指定的中央税为担保。五国银行团要监督贷款的用途；中国设立审计制度，用外国人进行管理；以盐税收入作担保，外国人参加盐税管理，并由外国银行收存盐税收入。

贷款由华俄道胜银行、汇丰银行、德华银行、东方汇理银行、横滨正金银行平均分担，各500万英镑。俄国财力不足，华俄道胜银行便将83.4万英镑的债权分让给英、法、德和比国银行，又将其经理的债票的一部分拿到巴黎、伦敦、柏林、布鲁塞尔分销，在本国发售了277.8万英镑的债票，占其分担额的55.6%。

善后借款大部分用于偿还旧债，包括偿付中国政府到期的和即将到期的外债本息391万镑；偿付各省旧欠五国银行债款本息287万英镑；偿付1912年、1913年对外赔款及预备赔付外国人因革命所受损失的400万英镑。这样扣除折扣、到期的借款和赔款，袁世凯政府实际拿到的只有760万英镑。

通过贷款，这些银行取得了抵押品盐税的全部监督、稽核、征解和存放权利，而且取得了财政、币制、银行、审计、国债等一系列职能部门的顾问权。贷款使用、盐税征收，均由外籍人员监督，他们不仅在财政部、审计处、盐务署等首脑机关担任要职，还在产盐地设立的盐务稽核分所等基层单位任职，把持盐税的征收与存放。华俄道胜银行推荐的葛诺发在审计处任顾问，掌握了对贷款用途的审查控制权。盐税是中国政府除关税和田赋之外最重要的财政来源，中国全部盐税平均每年将近银5000万两，全部储存于汇丰、华俄道胜、德华、东方汇理、横滨正金五家银行，非经洋"会办"同意，中国政府不能提取。

五、华俄道胜银行对财政部、教育部及地方政府的贷款

华俄道胜银行除了向中央政府进行大宗财政贷款外，还向财政部、教育部等部门多次发放小额短期贷款。例如，1920年7月，财政部向华俄道胜银行借款20万元，用于京钞兑换准备

---

① 《美国公使致国务卿函》，1912年3月29日。《美国对外关系文件》，1912年，123页。转引自刘蜀永：《沙俄与在华国际银行团》，见《近代史研究》，1983年第3期。

金，此项贷款以盐余为抵押，期限为10个月。1921年12月，华俄道胜银行对财政部贷款3万元，为期8个月。另外，财政部还为一些贷款提供了担保。1916年，上海中国银行为筹措兑换准备金，由财政部担保，向英、俄、美等10家外国银行借款，其中，向华俄道胜银行贷款25万元，年息7%，为期2年。1917年10月，为救济直隶省水灾，北洋军阀政府负责督办救灾事宜的熊希龄，向华俄道胜、汇丰、东方汇理等银行借规平银70万两。

华俄道胜银行还于1912年到1921年间，先后向教育部等部门发放过短期零星贷款。这些贷款多用于经费，如教育部为拨付北京大学临时经费，于1918年9月向华俄道胜银行借款公砝银15万两，以华俄道胜银行股息为抵押，为期1年，月息5厘；1920年9月，教育部以盐税余款为抵押向华俄道胜银行借款20万银元，期限为6个月；1921年教育部为支付留法学费及经费，向华俄道胜银行借款30万银元，为期1年，月息1分。[①] 1923年3月教育部向华俄道胜银行借款10万元。

除此之外，华俄道胜银行还向东北、新疆等地方政府发放贷款。1901年，华俄道胜银行向盛京将军增祺提供了市平银28万两，为期1年的贷款。1902年9月因银钱匮乏，兴京副都统筹设官钱局，向华俄道胜银行借得沈平宝银1万两，每月利息1分，按两季如数还清。[②] 同年黑龙江将军萨保向华俄道胜银行贷款吉平银5万两。1914年华俄道胜银行贷给黑龙江省400万卢布的军费贷款。[③] 1903年，新疆巡抚潘效苏为整编省内军队，以全疆矿产及垦荒权为抵押，向华俄道胜银行借款库平银200万两。1906年新疆喀什道台为修筑喀什到图鲁噶尔特山口的道路，以“道路通过税”为抵押，向华俄道胜银行借款2万卢布。[④] 1902年华俄道胜银行又借给科尔沁扎萨克图郡王乌泰20万卢布，1906年又以中东路名义借给9万卢布。[⑤]

第四节　对各商号的抵押放款

黑龙江各商家以荒照作抵押向华俄道胜银行借款，到1908年，华俄道胜银行有押照84张，总计土地9万余垧。

1906年，齐齐哈尔华商万增店以省城住房1所和地基执照2张作抵押，向华俄道胜银行借款2万余卢布，后因无力偿还，该号产业被华俄道胜银行拍卖。同年，齐齐哈尔另一家华商万和源息借华俄道胜银行2万卢布，因无力偿还也被拍卖[⑥]。1907年，齐齐哈尔商号公成当由永和公担保，向华俄道胜银行借款1万卢布，因逾期未还，两家都被查封[⑦]。

1921年7月，俄国人拉比诺维赤以哈埠道里中国大街与斜纹街拐角处的房产作抵押，向哈尔滨道胜银行借大洋12万余元。后本息累计20余万元，因无力偿还，1927年4月，华俄道胜

---

① 黑龙江金融历史编写组．华俄道胜银行在华三十年［M］．哈尔滨：黑龙江人民出版社，1992：104.

② 辽宁省档案馆，全宗号：JC11《奉天省财政厅》一类，案卷号：2242《兴京付都统借道胜银行银两开设官钱局情形》。

③ 黑龙江金融历史编写组．华俄道胜银行在华三十年［M］．哈尔滨：黑龙江人民出版社，1992：95.

④ 斯克来因等著：《马继业在喀什噶尔》，第147页。转引自魏长洪：《新疆华俄道胜银行的兴衰》，《西域研究》，1992年第1期。

⑤ 《东三省政略》，第2卷，蒙务上。转引自孔经纬．清代东北地区经济史［M］．哈尔滨：黑龙江人民出版社，1990：642.

⑥ 黑龙江交涉总局档案，卷22339。转引自孔经纬．清代东北地区经济史［M］．哈尔滨：黑龙江人民出版社，1990：641.

⑦ 黑龙江档案馆档案，271581。转引自孔经纬．清代东北地区经济史［M］．哈尔滨：黑龙江人民出版社，1990：641.

银行清理时，以哈洋 8 万元和解①。

哈尔滨宝隆和号长春分号曾向长春华俄道胜银行借款正钞 5000 元，后由该号在哈尔滨华俄道胜银行存款中拨转抵销②。

长春华俄道胜银行清理时，银行发放的抵押放款有③：

永亨昌	大洋 1021090 元	债票作押借大洋 10000 元（交 30926）永亨德保
玉政洋	金票 10183 元	债票作押借金票 10000 元（交 41026）永亨元保
永亨德	金票 1611 元	债票作押借金票 5000 元（交 28926）永亨方保
孙加利	金票 3128415 元	借票作押借金票 45000 元（交地方警察长官）磨粉公司
永亨昌	大洋 1015910 元	债票作押借大洋 10000 元（交 30926）永亨德保
宝隆和	小银 507666 元	债票作押借小银元 5000 元宝兴顺保
其他放款		
玉诚洋	金票 10183 元	
孙加利磨粉公司	金票 3128415 元	
永亨德	金票 1611 元	金票 4307815 元
永亨昌	大洋 1021090 元	
宝隆和	小银 507666 元	

另有，李义藻的义春粮店以杨柳青内全套地契和贺加楼全套房契为抵押品，向华俄道胜银行借款银 8000 两④。

第五节　汇兑业务

近代中国币制混乱，币种繁杂，各地货币互不通用。外商来华采购货物，要先兑换成当地货币，才能交易。以东北为例，外商采购粮食、豆类等农产品，要先将外币兑换成上海规元，以规元兑换营口炉银，再用炉银兑换当地通行的制钱、官帖、银两等，才能应用。同样，中国进口商人在国外采购货物，也要以当地货币兑成营口炉银，再以炉银兑换上海规元，以规元兑成外币。因此，中外贸易十分不便。华俄道胜银行在东北设立分行后，中俄贸易均改用卢布或转换其他外币结算，简化了地区间汇兑不同币种买进卖出的繁杂手续。华俄道胜银行在收购中国农产品和原料时，通常提高卢布对中国货币的汇价，结汇时则压低卢布对中国货币的汇价，从而获取超额利润。华俄道胜银行完全控制了东三省对外贸易的汇兑结算业务，而且将超出结汇所得的外汇头存，存于上海华俄道胜银行，作为东三省内地汇款付差的资金来源。

华俄道胜银行还操纵着东北到关内的汇兑业务。原来东北华商到关内采购，也要辗转兑换。南满与北满的贸易，因流通的币种不同也需要换算。华俄道胜银行成立后，直接用卢布办理中国与欧洲主要城市之间、东北与关内各大商埠之间以及南满与北满之间的汇兑，从而取代了中

① 辽宁省档案馆，全宗号：JC7《东三省道胜银行总清理处》，案卷号：24《哈尔滨清理处函为俄人拉比诺维赤前以房产押借之款现议和解由》。

② 辽宁省档案馆，全宗号：JC7《东三省道胜银行总清理处》，案卷号：39《长春清理处函为商号宝隆和将在哈行存款抵销长行借款请查照由》。

③ 辽宁省档案馆，全宗号：JC7《东三省道胜银行总清理处》，案卷号：33《长春清理处函送制成借贷对照表请查照由》。

④ 中国第二历史档案馆，全宗号：1027，案卷号：重 158，目录号：2《照抄京师警察厅公函》。

国落后的流通手段，控制了东北到内地的汇兑。

在西北的新疆，过去清政府对新疆等边境省份的拨款和各省的协济款项，都由山西票号经营。边境省份的官员和士兵，多来自内地省份，每年薪俸所得也靠票号汇解回家乡，每汇银百两收银1.5两，往来款项无不经票号之手。华俄道胜银行在新疆喀什、伊犁、迪化设分行后，开始承办汇兑业务，并声称从新疆汇卢布到内地，可以升水4%～5%，致使票号的汇兑业务大受影响。原来承办从新疆到北京、张家口汇款业务的蔚丰厚、天成亨、协同庆等票号也要借助于华俄道胜银行。1912年民国成立后，取消了对边疆省份的协济款项，使票号赖以生存的对内地汇款的重要资金来源断绝，票号纷纷停业倒闭。从此，华俄道胜银行垄断了从新疆到内地的汇兑业务。

第四章　华俄道胜银行的倒闭清理

1926年，华俄道胜银行因在法国巴黎外汇市场投机失败，遭受巨大损失，巴黎董事会遂决定关闭该行。1926年9月，巴黎董事会电令上海华俄道胜银行总管理处转令所辖各分行停业清理，但新疆各分行10月才收到电令，故关闭稍迟。

华俄道胜银行为中俄合办，当时中国有股金500万两，盐、关两款又约200余万，各省官绅商民公私等款又约数百千万①。为维护中国政府的股权、债权，以及中国境内公、私债权人的利益，中国政府坚决按照中国法律自主清理中国境内的华俄道胜银行，任命王宠惠为督办、宝道为会办，并颁布了清理章程及实施细则。

在清理范围内的华俄道胜银行有上海、汉口、天津、北平、牛庄、大连、长春、哈尔滨、满洲里、海拉尔、迪化、伊犁、喀什，共13个分行。华俄道胜银行的存款，都打折扣偿还。它的倒闭清理，给中国人民造成了巨大损失。

新疆清理区包括迪化、疏附县及宁远三处，于1928年3月清理结束。债权人收回四成五。当时华俄道胜银行清理处与新疆省长杨增新商定，迪化分行房产由杨增新接受，债务则由他负责偿还三成五，其余一成合洋2万元，由总清理处汇解现款摊还债权人②。

东三省各分行隶属于哈尔滨清理处，完全独立于总清理处之外。在当时军阀割据的形势下，张作霖在东北没有执行总清理处的清理章程，而是单独公布了清理东三省境内各埠华俄道胜银行章程，并单独设立东三省华俄道胜银行总清理处。哈尔滨分行及其所属的海拉尔、满洲里分行清理时，官厅存款不论金额多少一律全数偿还，私人存款按实际清偿能力分成摊还，其中欠100元的全部偿还，欠100元至300元的还三成，欠300元至500元的还二成，欠500元至2000元的还一成③。

政府款项方面，中国政府对华俄道胜银行的债权主要是关税和盐税存款，关税存款为规元1416460两2钱1分，盐税存款洋973261元1钱4分④。中国政府的债务主要是用盐余担保的抵押借款和滨黑铁路垫款，债权与债务相抵后，华俄道胜银行结欠中国政府大洋123.2万元，变卖

① 上海市档案馆，《照抄熊凤凰（熊希龄）致宋汉章傅筱庵先生函》。

② 《道胜银行总清理处刊布报告书》，《钱业月报》，第9卷第11号，1929年11月15日。

③ 辽宁省档案馆，全宗号：JC7《东三省道胜银行总清理处》，案卷号：19《哈尔滨道胜银行清理处清理债务的情况》。

④ 《道胜银行总清理处刊布报告书》，《钱业月报》，第9卷第11号，1929年11月15日。

上海、汉口分行房产给中央银行时，欠款余额分别从海关、盐务稽核所存款项下抵销，最后财政部声称华俄道胜银行结欠政府盐税存款和关税存款已与政府结清，双方认为满意。

上海、北平、天津、汉口、烟台五个分行关闭时，欠债权人总金额达 614.4 万两，截至 1929 年 6 月 30 日，摊还欠款金额 345.1 万两，尚有 269.3 万两没有得到清偿，详见表 2－2。

表 2－2　　华俄道胜银行各清理处清偿债务情况

清理处所在地	欠款总数	摊还数目	欠款余额
上海	4134419.45	2563907.63	1670511.82
北平	540576.73	147608.99	292967.74
天津	695955.30	310378.43	385576.87
汉口	514446.19	149953.91	264493.28
烟台	158897.33	79128.09	79669.24
总数	6144295.00	3451076.05	1693218.95

资料来源：《道胜银行总清理处刊布报告书》，《钱业月报》，第 9 卷第 11 号，1929 年 11 月 15 日。

为清偿债务，总清理处将华俄道胜银行的不动产进行了变卖。

1928 年总清理处迁往上海前，已售出的房产有：上海分行经理住宅出售得规元 8.5 万两；大连分行房产、器具出售得洋 13.75 万元；上海外滩 15 号华俄道胜分行房产于 1928 年 12 月 11 日售予中央银行，作价规元 140 万两，扣除江海关以前在华俄道胜银行所存税款，以 17 年金融短期公债票 81.4 万元交给华俄道胜银行清理处①；天津分行房产于 1928 年 12 月 17 日以行化银 23.5 万两售给交通银行；烟台分行房产于 1929 年 2 月 9 日售予汇丰银行，价款为申洋 9.6 万元；汉口分行房产于 1929 年 6 月 8 日售给中央银行，价格为申洋 30 万元（其中有一部分与盐务稽核所存款项下冲销）②。

为清偿债务，东三省华俄道胜银行总清理处拟将哈尔滨南岗华俄道胜分行房产（坐落在南岗车站街、病院街、银行街、夹树街之间）变卖，估价约值哈大洋票 65 万元，全部售予中东铁路局③。哈尔滨华俄道胜银行停业后尚欠哈尔滨中国银行日金 13.1 万元、大洋 6.2 万元、1765 法郎，还欠交通银行大洋 5.79 万元、日金 4695 元。华俄道胜银行欠中国、交通两银行的存款，无资拨付。1928 年 1 月，东三省华俄道胜银行总清理处将华俄道胜银行在道里十二道街的房地产，估价日金 18 万元，出售给中国银行；将工厂街处的房产，估价日金 6 万元，出售给交通银行，以抵销中、交两行的存款④。

华俄道胜银行的清理从 1926 年开始到 1929 年末，除个别地区和几起难以处理的悬案尚待解决外，全国多数地区的债权债务处理已基本结束。其间，总清理处也从北京迁到上海，清理大员也多有变动。

华俄道胜银行的失败原因，可从以下几个方面来分析。

其一，华俄道胜银行是一个政治、金融混合机构，而不是一个单纯的商业银行。华俄道胜

---

① 吴景平：《宋子文》，见徐矛，顾关林，姜天鹰．中国十银行家［M］．上海：上海人民出版社，1997：17.

② 《道胜银行总清理处刊布报告书》，《钱业月报》，第 9 卷第 11 号，1929 年 11 月 15 日。

③ 辽宁省档案馆，全宗号：JC7《东三省道胜银行总清理处》，案卷号：17《哈尔滨清理处函为拟将南岗分行房间卖予东铁路局请核示由》。

④ 辽宁省档案馆，全宗号：JC7《东三省道胜银行总清理处》，案卷号：29《哈埠清理处函为道胜行欠中交两行存款拟以房产抵还请核示函复由》。

银行受沙俄政府支配，政府对银行的业务干涉过多，在金融活动中政府从政治和战略利益出发，较多考虑政治因素，而不是从银行的商业利益和经济效益出发，从而导致华俄道胜银行经营不善，出现政策性亏损。1905 年以前，支出的款项一般用于和远东事务有关的开销，1905 年后，随着俄国势力在远东的削弱，基金被滥用在五花八门的“需要”上了。1908—1910 年，应尼古拉二世的要求，向他“呈送”款项共有 9 次。到 1914 年，基金总共剩下 37.3714 万卢布 50 戈比，16 年中竟花去了 449.2151 万卢布 50 戈比[①]。

其二，华俄道胜银行容易受到政局变动的影响，随着沙俄在华军事、政治势力的影响而消长。华俄道胜银行成立之初，营业发达，1904—1905 年日俄战争时期，华俄道胜银行成为俄国国家银行的分行，对满洲的军队提供大量拨款。1905 年俄国在日俄战争中失败，把在中国东北南部的特权转让给日本。华俄道胜银行给军队的贷款无法收回，营业也大受打击，公积金损失严重，仅哈尔滨、上海和奉天三个分行就亏损了 700 万卢布。华俄道胜银行在吉林、奉天和张家口的分行纷纷关闭，没有关闭的分行也大大压缩了业务活动范围。日俄战争前，卢布在东北势力最大，战后卢布在南满的流通大受打击，流通范围逐渐收缩，而代之以日本金票。1910 年华俄道胜银行与法国北方银行合并，大量法国资本的加入才使华俄道胜银行重新振兴。1917 年俄国十月革命推翻了沙皇政府，华俄道胜银行失去了政治上的后台。苏维埃政府发布了银行事业由国家专营的命令，所有银行、银号都归并于苏维埃人民银行，没收旧有银行、银号的资本，但不承担其债务。于是华俄道胜银行在俄国境内的资产全部被苏维埃政府收归国有。1915 年华俄道胜银行向中国政府呈交的损失详单称：“圣彼得堡华俄道胜银行总行及俄国境内各分行所受损失超过 14100 万英镑，在俄分行 86 处仅不动产一项即达 313.5 万英镑”。[②] 此外，苏维埃政府对华俄道胜银行为沙俄政府所担保的所有贷款一概不予承认，这些借款全都转移到了银行名下，华俄道胜银行根本就无力承担。巨额资产被没收，使华俄道胜银行损失惨重，元气大伤。从此，华俄道胜银行一蹶不振，勉强维持了 9 年之久，华俄道胜银行不得不停业的主要原因即在于此。

其三，外汇投机失败是促成华俄道胜银行倒闭的直接原因。华俄道胜银行在俄国境内的总分行被没收后，董事会迁往法国巴黎，以巴黎为总行。此时的华俄道胜银行信用下降，营业极不景气，只能靠外汇投机维持生计。当时世界贵金属市场上黄金需求增加，白银需求减少，金价上涨，银价下跌，华俄道胜银行因投机外汇而深深陷入金银涨落的旋涡中，经年累月亏损越来越多。华俄道胜银行巴黎总行外汇投机失败，亏损达英金 500 万镑[③]。华俄道胜银行上海分行和哈尔滨分行错误估计了市场行情，认为金价不会再涨，就大量抛出远期外币期票，不料市场金价上涨，英镑、日元升值，使两行损失惨重。

此外，第一次世界大战爆发后，俄国滥发纸币，卢布急剧贬值，如同废纸。而巴黎华俄道胜银行卢布存款户要求银行按原值计价付款，华俄道胜银行败诉，却又无力清偿，这也是促使华俄道胜银行倒闭清理的原因。

---

① ［苏］罗曼诺夫著，陶文钊等译．俄国在满洲［M］．上海：商务印书馆，1980：49.

② 徐寄庼：最近上海金融史［M］．上海：上海书店，据 1932 年版影印（民国丛书 第 4 编 经济类），第 82 页。

③ 《银行周报》，第 10 卷第 38 号，1926 年 10 月 5 日。

结语

19 世纪末 20 世纪初，中国兴起了中外合办银行的热潮，而华俄道胜银行则是中国近代第一家中外合办银行。然而近代中国丧失了国家主权，结果导致银行大权旁落。中俄合办只不过徒具形式，董事会中根本就没有代表中国股东权益的华董，银行的经营管理大权完全掌握在俄方手中，事实上是俄方独办，为俄方谋利。

和单纯的外资银行比较起来，华俄道胜银行打着中外合办的幌子在较大范围内参与了中国内部事务。在华俄道胜银行章程中，明确规定经理中国国库，通过借款掌握中国国库，干预中国财政金融。华俄道胜银行这种中外合办形式予俄国对华输出资本以极大的便利，获得了非合办银行难以得到的优越地位，它可以不受限制地渗透中国内地。然而这种中外合办银行又不可避免地受到中国内部政局变动的影响，使其难以获得稳定和持久的发展。

华俄道胜银行是近代外国金融势力进入中国的最典型的代表之一，并以中外合办的形式出现。自它在中国境内设立第一家分行到在华机构全部关闭的 30 年间，华俄道胜银行极力在华进行金融渗透和资本扩张，巩固了俄国在华经济势力，为实现沙俄“和平”渗透中国的计划起了其他任何方式都起不到的特殊作用。“如果没有西伯利亚铁路和中东铁路，没有对华贷款，没有华俄道胜银行，如果没有这一切，就不可能想象专制政体会在远东执行那样大胆的进攻性政策，在中国领土面临的争夺铁路、势力范围、专利权、行政部门、工业租让权、租界以及原料和商品销售市场的国际角逐中，去及时占领战略、政治和经济的必要的最初阵地。”①

在甲午战争后中国铁路建设和开矿热潮中，华俄道胜银行在华投资铁路、经营矿山，是近代中国被动引进外资的一种特殊形式。华俄道胜银行对华输出资本，投资铁路、矿山，通过这些基础设施加强了对华的政治干预和经济渗透，中国主权沦丧，关税、盐税、田赋成为债务的抵押品，沙俄操纵和控制了中国财政经济。

铁路是 19 世纪初出现的近代最为重要的交通工具，是当时经济领域中一种具有相当能量的扩张力量。铁路建设工程大、造价高，需要大量投资，绝非一国国内储蓄所能胜任，美国、法国、加拿大、俄国、澳大利亚、印度等许多国家的铁路建设，外资均起了非常大的作用。华俄道胜银行投资于中国近代铁路的修筑、矿山的开采，客观上加强了中国的基础设施建设，对经济增长有直接的推动作用，同时弥补了中国国内资金和技术的不足，在一定程度上推动了中国近代经济的发展。华俄道胜银行投资于铁路矿山等对当时中国来说是全新的领域，带来了新观念、新技术和机器设备，加强了同国外市场的联系。

中俄合办华俄道胜银行，为华资银行提供了借鉴，有利于中国银行家学习近代银行业务知识及经营管理经验。引进外资，加以有效控制和合理运用，是能够促进本国经济发展的。

---

① ［苏］罗曼诺夫著，陶文钊，李金秋，姚宝珠译．俄国在满洲［M］．上海：商务印书馆，1980：405－406.

参考文献

［1］辽宁省档案馆华俄道胜银行档案，档案全宗号：JC7。

［2］徐寄庼：《最近上海金融史》下册，中华书局，1932 年版。

［3］吴文衔、张秀兰：《霍尔瓦特与中东铁路》，吉林文史出版社，1993 年版。

［4］［法］施阿兰著，袁传璋、郑永慧译：《使华记》，上海：商务印书馆，1989 年版。

［5］［美］安德鲁·马洛泽莫夫著，商务印书馆翻译组译：《俄国的远东政策》，商务印书馆，1977 年版。

［6］［日］川上俊彦：《北满的工业》，俄译本，1909 年。转引自吴文衔、张秀兰：《霍尔瓦特与中东铁路》，吉林文史出版社，1993 年版。

［7］［苏］罗曼诺夫著，民耿译：《帝俄侵略满洲史》，商务印书馆，1937 年版。

［8］［苏］阿瓦林著，北京对外贸易学院俄语教研室译：《帝国主义在满洲》，商务印书馆，1980 年版。

［9］［苏］罗曼诺夫著，陶文钊、李金秋、姚宝珠译：《俄国在满洲》，商务印书馆，1980 年版，第 112 页。

［10］［台北］中央研究院近代史研究所编：中国近代史资料汇编《矿务档》，第 6 册，《云南、贵州、奉天》，第 3519 页。

［11］杨培新：《华俄道胜银行》，香港经济与法律出版社，1987 年版。

［12］汪敬虞：《外国资本在近代中国的金融活动》，人民出版社，1999 年版。

［13］寿充一、寿乐英编：《外商银行在中国》，中国文史出版社，1996 年版。

［14］中国社会科学院近代史研究所：《沙俄侵华史》第 4 卷（上），人民出版社，1990 年版。

［15］国民党交通铁道部交通史编纂委员会编：《交通史路政编》，第 7 册，1931 年版。

［16］孔经纬：《清代东北地区经济史》，黑龙江人民出版社，1990 年版。

［17］黑龙江金融历史编写组：《华俄道胜银行在华三十年》，黑龙江人民出版社，1992 年版。

［18］金士宣、徐文述：《中国铁路发展史》，中国铁道出版社，2000 年版。

［19］宓汝成：《中国近代铁路史资料》，第 1 册，中华书局，1963 年版。

［20］孔经纬：《东北经济史》，四川人民出版社，1986 年版。

［21］雷麦著，蒋学楷、赵康节译：《外人在华投资》，商务印书馆，1959 年版，第 424 页、432 页。

［22］黄鉴晖：《中国银行业史》，山西经济出版社，1994 年版。

［23］倪承剑：《帝国主义与东北面粉工业》，辽宁师大学报（社科版），1995 年第 2 期。

［24］李济棠：《华俄道胜银行与东北地区中俄两国的工商业》，《北方论丛》，1987 年，第 1 期。

［25］上海社会科学院经济研究所主编：《中国近代面粉工业史》，中华书局，1987 年版。

［26］魏长洪：《新疆华俄道胜银行的兴衰》，《西域研究》，1992 年第 1 期。

［27］徐曰彪：《试论俄国在华投资与东省铁路财政》，见《近代史研究》，1994 年第 2 期。

［28］汪敬虞：《中国近代工业史资料》，第 2 辑，上册，科学出版社，1957 年版。

［29］东北三省中国经济史学会编：《中国经济史论文集》（下），1982 年版。

［30］王铁崖：《中外旧约章汇编》，第 1 册，三联书店，1957 年版，第 671 页。

［31］徐矛、顾关林、姜天鹰主编：《中国十银行家》，上海人民出版社，1997年版。
［32］献可：《近百年来帝国主义在华银行发行纸币概况》，上海人民出版社，1958年版。
［33］徐寄庼：《最近上海金融史》，上海书店，1932年版影印。
［34］杨端六：《清代货币金融史稿》，三联书店，1962年版。
［35］张蓉初：《红档杂志有关中国交涉史料选译》，三联书店，1957年版。
［36］中国第二历史档案馆，全宗号：1027，案卷号：重158，目录号：《照抄京师警察厅公函》。
［37］中国第一历史档案馆编：《清代档案史料丛编》，第12辑，中华书局，1987年版。
［38］中国人民银行总行参事室金融史料组编：《中国近代货币史资料》，第1辑下册，中华书局，1964年版。
［39］《申报》，1925年10月9日、1921年2月11日。
［40］《道胜银行总清理处刊布报告书》，《钱业月报》，第9卷第11号，1929年11月15日。
［41］《马寅初讲演集》（二），“中俄经济上之关系”，商务印书馆，1926年版。
［42］刘蜀永：《沙俄与在华国际银行团》，见《近代史研究》，1983年第3期。
［43］杨天石：《论民初的华俄道胜银行借款案》，见《浙江学刊》，1988年第4期。
［44］《银行周报》，第10卷第38号（1926年10月5日）、第4卷第24号（1920年7月6日）。
［45］《远东报》，1916年5月27日。
［46］隆武华：《外债两重性——引擎？桎梏?》，中国财政经济出版社，2001年版。

第三篇　北洋保商银行

曹艳荣

鸦片战争后，广阔的中国市场前景吸引了大量的外国资本家来华经营贸易与投资。与此相伴随，一些外国银行也纷纷在华设立分支机构，从此跨国银行业在中国的土壤里滋生了。19世纪80年代末，跨国银行业在华发展壮大，中外合办形式日益突出。至中外合办银行，以成立于光绪二十二年的华俄道胜银行为嚆矢，而后风起云涌，特别是第一次世界大战后达到前所未有的高潮。在风云一时的近代中外合办银行史上，北洋保商银行是一家极其“特殊”的中外合办银行，有着特殊的发展轨迹。

第一章　成立背景

北洋保商银行的成立背景是很特殊的，最初建立宗旨仅仅是为了偿还天津商人积欠外商的债务。为了偿还债务开设银行，这在中外金融史上还是破天荒的创举。这样的创举主要和以下两个方面密切相关。

第一节　1908 年天津的布匹危机

天津港口布匹贸易的繁荣，大大促进了天津洋布行的发达，各洋布棉纱庄与东西洋各国大量定购棉纱匹头等货。“这个时候到天津各个洋行走一走，几乎任何一个中国苦力，只要穿上长衫，就可以任意走进一家洋行布匹部，要订多少货就订多少货”。一些洋行由于“急于发财致富”的念头，甚至曾不要任何保证接受本地中间商的大量进口订货单①。

然而好景不长，这种长期信贷的实行，造成了进口的“虚假繁荣”。其后，银价开始下跌，期望银价上升的中国人照例不愿结汇，结果进口布匹的银价又迅速增加了，至年底（1908 年）每关两跌至 6.5 便士。具体国际市场的银价变化情形如表 4－1 所示。

表 4－1　　1904—1909 年中国海关银两的国际汇率

年份	对英汇率	对美汇率	纽约银价	上海市钱
	1 关两 = 便士	1 美两 = 美元	1 盎司 = 美元	
1904	31.75	0.66	0.578	111 千
1905	31.625	0.73	0.610	111 千
1906	34.875	0.80	0.674	132 千
1907	36.625	0.79	0.660	134 千
1908	30.125	0.65	0.535	138 千
1909	27.50	0.63	0.522	151 千

资料来源：海关银两与英镑的汇率摘自《申报》每年 3 月 1 日登载的汇价。海关银两与美元的汇率摘自中国海关的报告。纽约的银价摘自郑友揆《中国对外贸易和工业发展》，上海市钱的价格摘自《申报》每年 3 月 1 日的报价。转引自：王宏斌．近代中国价值尺度与鸦片问题［M］．上海：东方出版社，2001：115.

表 4－1 说明了 20 世纪初金银比价的波动。就海关银两兑英镑汇率来讲，由 1907 年的 36.625 便士下降到 1908 年 30.125 便士，一共下降了 6.5 便士，下降率达 12%。结果，天津港口发生了严重的“布匹危机”，很快就使几家洋行破产倒闭了，其他洋行也只能勉强渡过难关。1920 年，天津再次发生了布匹危机，其中劝康号资本 1 万两，亏损竟达 80 多万两②。由此可以想象，1908 年这次布匹危机，各行商号所遭受的损失多么惨重！港口贸易额随着“危机”的出现，开始大幅度下降。1900—1908 年天津港的贸易额变化如表 4－2 所示。

---

① 天津历史研究所．天津历史资料［M］．天津：天津历史研究所出版社，1964 年第二期，162.

② 各埠金融及商况［J］．银行周报，1920，4（25）：17.

表 4 - 2　　**1900—1908 年天津港的贸易**　　单位：元

年份	总值	进口	出口	税收
1900	31920658	23847274	8073384	516707
1901	49411423	39257317	10154106	764514
1902	89478464	79910542	13576922	2294362
1903	68729061	57409772	11319289	2028029
1904	68954694	54059315	14895379	2009198
1905	96565672	81826313	14739359	2963335
1906	112864555	91039427	21825308	3400007
1907	96778966	79525751	17253215	3215494
1908	79454733	60309792	19144941	2359447

资料来源：根据天津历史研究所编．天津历史资料［M］．天津：天津历史研究所出版社，1964 年第二期，第 166 页中的数字编制。

从表 4 - 2 中可以看到天津贸易额由 1906 年的 112864555 元下降到 1908 年的 79454733 元，一共下降了 33409822 元，下降率达 30%。

对天津而言，1908 年真可谓是一个多灾多难的年头。经济上不景气，政治上又因光绪皇帝和慈禧太后先后死去，造成了极大不安，致使天津洋布商人无力承接进口货。结果，数十年里，屡有亏损的洋布商积欠德商、日商、法商、英商、美商等各国洋商贷款、利息、栈租等共达白银 1400 万两之多①。

第二节　华洋商务理事会的推动

严重的布匹危机，造成了天津进口贸易的极大萎缩。为了平稳市场，安定人心，1909 年经北洋大臣倡议设立一理事会，名为“北洋华洋商务理事会”。该会由津商号及洋商中各债权者共同组织，以“免除华商破产，维持华商生计”为宗旨。其会员分别为津海关道、审判厅承审官二人，天津商务总会总理、协理及坐办（总理王贤宾，协理宁世福、坐办李向辰、胡维宪）、日本总领事官、德领事官、法领事官，以及天津法、德（瑞记洋行）、日本（大仓洋行）三国各债权洋行洋东三人②。由该会条陈挽救市面办法，以谋挽救之策。

具体措施之一便是创设公共银行，其一清理津商倒欠洋款，维持津埠华洋商务，故定名“保商”。其二该会决定，定 25 年偿还债务之法。经华商洋商双方经理屡次磋商，并最后由直隶总督杨文敬允出官款 100 万两，将积欠洋商款项 1400 余万两，减让至 500 万两③。根据协议，由保商银行发行期票交付洋商，以昭信用。所欠之款在 25 年内分期偿还，并以历年所得余利摊付本息，周息 5 厘④。有关中国商人的资产及负债由银行接管，而外国商人的债权也经发行债券而消失。

近代天津港贸易的繁荣，为天津商业的发展创造了契机，但契机的背后潜藏着危机。当危

① 中国第二历史档案馆：《北洋政府财政部档案》：1027 - 重 153：《华洋合资北洋保商银行请准发行纸币财政部接收清债款有关文件》。

② 北京银行月刊，1922：1（1）：39.

③ 中国第二历史档案馆：《北洋政府财政部档案》：1027 - 重 1494：《财政部与北洋保商银行联系拨付股本归还欠款有关文件》。

④ 周葆銮．中华银行史［M］．台北：台湾文海出版社，1923：29.

机不可避免爆发时，就需要有一个“组织”来承担化解这个“恶果”。就这样，贸易契机—布匹危机—北洋华洋商务理事会，造就了银行史上的新生儿——北洋保商银行。

经过一年多的筹办，宣统三年（1911 年）4 月，由中、日、德三国合办的北洋保商银行在天津正式宣告成立，并开始营业。兹将北洋保商银行历年应还本付息情况列表如下：

表 4－3　　保商银行期票 500 万两周息 5 厘每年应还本利预计　　单位：两

	本银数目	每年还本数目	尚欠数目	每年利息
第一年	500 万		500 万	25 万
第二年	500 万		500 万	25 万
第三年	500 万		500 万	25 万
第四年	500 万		500 万	25 万
第五年	500 万		500 万	25 万
第六年	500 万	25 万	475 万	25 万
第七年	475 万	25 万	450 万	237500
第八年	450 万	25 万	425 万	225000
第九年	425 万	25 万	400 万	212500
第十年	400 万	25 万	375 万	200000
第十一年	375 万	25 万	350 万	187500
第十二年	350 万	25 万	325 万	175000
第十三年	325 万	25 万	300 万	162500
第十四年	300 万	25 万	275 万	15 万
第十五年	275 万	25 万	250 万	137500
第十六年	250 万	25 万	225 万	125000
第十七年	225 万	25 万	200 万	112500
第十八年	200 万	25 万	175 万	10 万
第十九年	175 万	25 万	150 万	87500
第二十年	150 万	25 万	125 万	75000
第二十一年	125 万	25 万	100 万	62000
第二十二年	100 万	25 万	75 万	5 万
第二十三年	75 万	25 万	50 万	37500
第二十四年	50 万	25 万	25 万	25000
第二十五年	25 万	25 万	无	12500
共计		500 万		3875000

资料来源：周葆銮．中华银行史［M］．台北：文海出版社，1923：29－30.

第二章　北洋保商银行的创立概况

第一节　北洋保商银行的资本及性质

银行的资本是衡量银行实力的一个重要标志，北洋保商银行的资本经过几次变化，其性质也跟随改变。

一、初创期资本与性质（1911—1920年）

北洋保商银行创建时，由华洋理事会决议额定资本400万两，由华商洋商各负担一半。华商股本先后由直隶省财政厅、直隶省银行、清度支部和北洋政府财政部认缴；洋商股本由德商礼和洋行、瑞记洋行和日本大仓洋行认缴。华股，计分8期拨交，每期各25万两，以三个月为分期。先经拨出后，洋股也分4期认筹，每期50万两①。具体华股、洋股认缴情况如表4－4所示。

表4－4　　华股洋股认缴股本一览　　单位：两

<table>
<tr><th rowspan="2">股别</th><th rowspan="2">认缴时间</th><th rowspan="2">认缴股东</th><th rowspan="2">认缴股本（白银）</th><th colspan="3">累计</th></tr>
<tr><th>小计</th><th colspan="2">共计</th></tr>
<tr><td rowspan="7">华股</td><td>1910年5月16日</td><td>直隶省财政厅</td><td>14925</td><td>149225</td><td rowspan="6">160万</td><td rowspan="7">200万</td></tr>
<tr><td>1911年9月1日</td><td>直隶省银行</td><td>250000</td><td rowspan="3">283333. 33</td></tr>
<tr><td>1911年9月26日</td><td>直隶省银行</td><td>10000</td></tr>
<tr><td>1911年11月1日</td><td>直隶省银行</td><td>23333. 33</td></tr>
<tr><td>1912年4月</td><td>清度支部</td><td>245000</td><td>245000</td></tr>
<tr><td>1913年1月</td><td>北洋政府财政部</td><td>922416. 67</td><td>922416. 67</td></tr>
<tr><td></td><td>华商财产估计</td><td>400000②</td><td>400000</td><td>40万</td></tr>
<tr><td rowspan="3">洋股</td><td>1913年3～5月</td><td>德商瑞记洋行</td><td>1872250</td><td rowspan="2">1906250</td><td rowspan="3" colspan="2">200万（约数）③</td></tr>
<tr><td>1913年7月</td><td>德商礼和洋行</td><td>34000</td></tr>
<tr><td></td><td>日本大仓洋行</td><td>600000</td><td>600000</td></tr>
</table>

资料来源：根据中国第二历史档案馆：北洋政府财政部档案：1027－重153：《华洋合资北洋保商银行请准发行纸币财政部接收清债款有关文件》中的时间、数字编制。

从以上股本的认缴情况，可以清晰看出，北洋保商银行的资金主要来源于中、日、德三个国家，由此确定该行是由中、日、德三国合办的④。1911年，该行将所订的红皮章程报财政部立案。章程第一条称“本银行由在津商人合资设立，以维天津华洋商务”⑤。由此可见，北洋保商银行属于商办性质的商业银行。

二、改组期股本与性质（1920—1929年）

1919年底，北洋保商银行将中外股本全数偿清，积极筹备营业改组。1920年7月1日改组

① 沈云龙．近代中国史料丛刊续编．第67辑，李振华．近代中国国内外大事记［M］．台北：文海出版社，1978.

② 华商财产原估80万两，后由银行公议作40万两，此数字来源于周葆銮．中华银行史［M］．台北：文海出版社，1923：28.

③ 洋股中德商瑞记洋行存款应交股本多有盈余，而日本大仓洋行应交股本最后尚未交出，故200万是个约数。来源于中国第二历史档案馆：《北洋政府财政部档案》：1027－重153：《华洋合资北洋保商银行请准发行纸币财政部接收清债款有关文件》。

④ 关于北洋保商银行的合资者，学术界有三种观点。第一种观点认为该行由中、日、德三国合办，来源于天津市地方志编修委员会．天津通志：（金融志）［M］．天津：天津社会科学院出版社，1995：159. 另外还有一些经济史、金融史论著称这家银行是由中、日、德三国合办。第二种观点认为该行由中、法、德三国合办。来源于汪敬虞．外国资本在近代中国的金融活动［M］．北京：人民出版社，1999：341. 第三种观点认为该行由中、英、德、日四国合办。来源于中国第二历史档案馆：《中华民国史档案资料汇编》金融（二），第1074页。笔者根据中国第二历史档案馆：《北洋政府财政部档案》：1027－重153：《华洋合资北洋保商银行请准发行纸币财政部接收清债款有关文件》采用第一种观点。

⑤ 中国第二历史档案馆：《北洋政府财政部档案》：1027－重1494：《财政部与北洋保商银行联系拨付股本归还欠款有关文件》。

后，该行成为完全商业银行性质。按照原章程，定额资本400万两，折合600万元。股票分为1股、5股、10股、50股、100股5种，每股100元，共6万股，分别由华洋各半召集股款，先交1/3计200万元。同时经与股东议定，按照新股600万元5%承认部（财政部）、省（直隶省银行）优先股30万元[①]。

三、华资期股本与性质（1929—1939年）

1928年，北洋保商银行发生严重挤兑风潮，元气大伤。洋商为求脱身，于1929年退出股本。[②] 至此，北洋保商银行由中外合资变为由华独资的华资银行，变为股份有限公司性质。遵照国民政府所颁公司法及银行注册章程，北洋保商银行于1932年12月向国民政府财政部补行注册[③]，注册年限30年[④]，资本额实际为112.95万元。又依照公司法暨公司登记规则于1933年10月，向实业部登记[⑤]。

第二节　北洋保商银行的组织机构

北洋保商银行的组织机构，主要包括领导机构和分支机构两大方面。领导机构从管理角度出发，分支机构从拓展业务角度出发，终极目标就是通过有序的管理和多渠道的分支，巩固保商银行在金融界的地位。

一、领导机构

1. 初创时期——董事会统筹全行一切事务。北洋保商银行创立时，实行董事会制，银行业务由董事会处理，分行受总行的控制。初建时，董事会由6人组成，华商、洋商各3人。另设华经理1人，华副理1人，从各董事中选出，所有行内贸易往来及用人等方面的日常工作皆由2位经理主持，但须受董事会的节制。同时又选出洋经理1人，以辅佐华经理的工作，其权限与华经理相同。

该银行董事长一为中法银行华总裁王克敏，一为中法银行法总裁裴洛德。另有华董事刘炳炎。北洋保商银行总行由叶登榜及德国人巴贝分别担任华经理和洋经理。津分行由德国人唐恩与华人叶登榜共同管理，另有日本人远山猛雄总司账务。京分行设协理一职，由华人赵幼田担任，与德国人石丹厚共同经营。京、津两行虽有德籍人2名，但均属雇用性质，各人去留由董事会决定[⑥]。

---

① 中国第二历史档案馆：《北洋政府财政部档案》：1027－重153：《华洋合资北洋保商银行请准发行纸币财政部接收清债款有关文件》。

② 关于外股退出的时间学术界有两种观点：第一种观点认为外股退出的时间是1919年，此时间来源于：戴建兵，盛观熙．中国历代钱币通鉴［M］．北京：人民邮电出版社，1999：229. 第二种观点认为外股退出的时间是1929年，此时间来源于：中国人民银行金融研究所．资本主义国家在旧中国发行和流通的货币［M］．北京：文物出版社，1992：22. 另来源于《银行周报》第14卷第11号，1934年11月。笔者根据中国第二历史档案馆：《北洋政府财政部档案》：1027－重153：《华洋合资北洋保商银行请准发行纸币财政部接收清债款有关文件》，采用第二种观点。

③ 北京市档案馆：中国农业银行北京分行档案：J54－1－47：《北平银行公会章程、会员名册收支报告》。

④ 马洪，孙尚清．金融知识百科全书［M］．北京：中国发展出版社，1990：2159.

⑤ 全国银行年鉴．中国银行总管理处经济研究室编辑及出版，1936：A12.

⑥ 中国第二历史档案馆：《北洋政府财政部档案》：1027－重153：《华洋合资北洋保商银行请准发行纸币财政部接收清债款有关文件》。

2. 改组时期——总办事处统筹全行一切事务。1920 年 7 月 1 日，北洋保商银行实行改组。改组后，各规章制度均照原章办理，只有董事会组织大纲和规则有了新的变化。规定全行一切事务不再由董事会统筹，而是由董事会组织总办事处来综理全行事务①。与此同时，遵照原定章程设华董事 3 人、洋董事 3 人，推选周自齐、王克敏、徐世章充任华董事，并公推周自齐为董事长；又设监察人 2 人华洋各半，公推曹秉权为监察人。经各股东开会讨论，总办事处仍设在天津，控制天津、北京两分行。天津分行经理仍为叶登榜，北京分行经理为王麟阁、副理李一秋、襄理费容轩。

1923 年又添设董事曹锐、陈光远。1924 年，津行经理改为李鼎、副理为韩嘉树。1924 年 7 月，顾维钧（字少川）继任董事长。因业务逐渐发展，又经董事会议决添设总经理一职，以期综理行务。初聘罗钧任担任总经理，1926 年 7 月，因罗钧任就任司法总长，不能兼任，于是另聘请王克敏（字叔鲁）继任总经理。② 至此，北洋保商银行的领导权限，依次为董事长—总经理—经理—副理—协理—襄理。

二、分支机构

银行设立一个分支机构，只要经营有方，便可成为吸收存款的一个重要渠道，大大推动银行业务的开展。

1911 年，北洋保商银行将总行设在天津，同时成立天津分行，地址均选在天津北马路（法租界中街 7 号路）。1912 年，因委托代理财政部兑换券事务，增设北京分行，地址选在北京打磨厂中间路南。

1921 年，为开展业务便利起见，总办事处移至北京，天津改为分行。1923 年 2 月 28 日，北洋保商银行总办事处向币制局会计科呈报："该行只有北京、天津两处分行机构，上海通商银行代办汇兑事宜，别无分支行及代办处"③。后来，京行行址打磨厂不足使用，于是购买西交民巷地皮，建筑一所新屋。1924 年 3 月 6 日行址新迁，各界纷纷前来恭贺，营业欣欣向荣④。1925 年后，除京、津两分支行外，该行积极筹设增建新的分支机构。下面按时间先后顺序具体介绍。

在河北省，北洋保商银行首先于 1925 年增设了唐山分行，这主要出于地理位置、交通条件的考虑。唐山，有"小天津"之称。最初该地是非常荒凉的，但自北宁路通车以后，煤产销路骤增⑤。工商业的繁荣，为金融业的发展提供了很好的发展条件。1927 年 5 月，该行又在天津分行下设单街子办事处，主任为赵振镛⑥。后又在石家庄、张家口两地设立办事处，张家口办事处于 1936 年 7 月 1 日裁撤⑦。

在绥远省，北洋保商银行选中了该省的省会，政治中心——归绥（今呼和浩特），于 1931 年 2 月在此地设立了办事处。绥远省本为内蒙古各旗盟辖地，1913 年划为绥远特别区，

---

① 中国第二历史档案馆：《北洋政府财政部档案》：1027 – 重 153：《华洋合资北洋保商银行请准发行纸币财政部接收清债款有关文件》。

② 《全国银行年鉴》（1935 年），中国银行总管理处经济研究室编辑及出版，A12.

③ 中国第二历史档案馆：《北洋政府币制局档案》：1027 – 重 425：《币制局调查国内中外各银行名称资本额及发行纸币流通情形》。

④ 《北京银行月刊》，1924 年第 4 卷第 3 号，银行界消息汇闻，第 1 页。

⑤ 全国银行年鉴（1935 年），中国银行总管理处经济研究室编辑及出版，M54.

⑥ 天津市地方志编修委员会．天津通志（金融志）［M］．天津：天津社会科学院出版社，1995：159.

⑦ 全国银行年鉴．（1936 年），中国银行总管理处经济研究室编辑及出版，W33.

后成为全省的商业集中地。该办事处由王毓榛担任主任。

1933 年 12 月，北洋保商银行又选在河南省省会郑州设立办事处。郑州，位居全国中心，平汉、陇海两路会交点，为全国交通枢纽。该省的银行业自 1929 年以后，蓬勃发展，上海、中央、交通、河南农工银行等纷纷在此设立分支机构，北洋保商银行也看准了该地蒸蒸日上的发展前景，随之而来，其办事处主任为刘承凯①。

另外，东四牌楼、西四牌楼处于北平的繁荣地带，对于东、西城地点也很适中，为推广存汇业务、便利市民，北洋保商银行又分别筹设了东城、西城办事处。1924 年在东四牌楼 24 号，设立储蓄处一所②；1936 年 1 月 9 日，北平西城办事处隆重开幕③。至此，该行共有北平、天津、唐山、石家庄、张家口、归绥、郑州 7 个分支行，行员人数达 78 人。④

从上述分行、办事处设立情况来看，北洋保商银行的分支机构多选设在地理位置优越、交通便利的城市，而这些城市又多集中于北方，南方的沿海城市却不见其足迹。由此可见，该行分支机构设立失衡，这种失衡恰恰成为北洋保商银行未来发展道路上的一块绊脚石。北洋保商银行各个分支机构、人员情况如表 4－5 所示。

表 4－5　　　　北洋保商银行人员、分支机构一览

行别	处别	设立年月	重要职务	职员姓名	字	详细地址
北平北洋保商银行	总办事处	1921 年	总经理	王克敏	叔鲁	先是在打磨厂，1924 年 3 月后在西交民巷
			协理	王毓霖	泽民	
			稽核	费秉恕	蓉轩	
			稽核	孔繁椿	栋丞	
	分行	1912 年 4 月	经理	陈志华	实秋	
			会计股主任	陈志华	实秋	
			营业股主任	李泽生		
			收支股主任	章国荫	少溪	
	办事处	1924 年 8 月	主任	杨思康	铁厂	东四牌楼
	办事处	1936 年 1 月	主任	闵孙侨	东里	西四牌楼
天津北洋保商银行	总办事处	1911 年 4 月	总经理	余孝遹	骏声	法租界 7 号路
			副经理	刘文熙	翰卿	
			襄理	魏长明	朗清	
			营业股主任	魏长明	朗清	
	分行	1921 年	会计股主任	韩士琦	秋圃	西交民巷
			收支股主任	许乃昌	东曙	
			文书股主任	华以恪	竞程	
	办事处	1927 年 5 月	主任	赵振镛	墨林	单街子

---

① 全国银行年鉴（1935 年），中国银行总管理处经济研究室编辑及出版，M68.

② 北京市档案馆：《中国银行北平支行档案》：J31－1－535：《五族商业银行、大陆银行等行关于注册请求具保的函及中国银行作保的函》。

③ 中行月刊，第 12 卷，第 1、2 期，中国银行总管理处经济研究室编辑出版，128.

④ 全国银行年鉴（1935 年），中国银行总管理处经济研究室编辑及出版，D137.

续表

行别	处别	设立年月	重要职务	职员姓名	字	详细地址
绥远保商银行	办事处	1931 年 2 月	主任	王毓榛	麓瞻	归绥 大南街
河南保商银行	办事处	1933 年 12 月	主任	刘承凯	伟卿	郑州 大同路

资料来源：本表根据《全国银行年鉴》（1936 年），中国银行总管理处经济研究室编辑及出版，J69、74、83、138 页各表整理所制。因河北唐山、石家庄、张家口保商银行办事处具体人员等情况不详，故未列入表格中。

第三章　北洋保商银行的业务发展

第一节　业务发展概况

一、业务经营方针

北洋保商银行的营业方针力持“稳慎主义”风格。“金融时而风潮迭起，银根奇紧，百业不兴的情况下，该行随社会经济之趋向，审慎经营，应时措置。”[①] 对于存款，以吸收官款为主，为吸收存款，多抬高利息；至于放款，则多选择钱庄、银号资力较厚和信用较优之户，以确保资金投放的安全性。

二、业务经营种类

北洋保商银行主要经营业务有：（1）各种存款；（2）各种放款；（3）国内外汇兑；（4）商业票据贴现；（5）买卖有价证券及生金银；（6）各种保管业务；（7）各种储蓄存款；（8）发行兑换券；（9）其他商业银行应有的业务。为进一步扩大经营范围，提高银行信誉，巩固银行地位，1923 年 7 月 1 日，保商银行设立了储蓄部[②]，分普通储蓄与有奖储蓄两大类[③]。普通储蓄又分活期、特种活期、定期、整存整付、整存零付、零存整付、存本付息、特种存款、储蓄礼券等[④]。

三、业务经营状况

从 1911 年保商银行成立到 1939 年，其业务发展具体分三个阶段。

第一个阶段——迅速发展的 10 年（1911—1920 年），也是北洋保商银行还债的 10 年。保商银行自营业后，业务异常发达，至 1919 年底所发债票几乎全数收回。以 25 年之期，而不到 1920 年，就将所欠洋款 590 余万两清理完竣，始料不及。查该行账目，将存欠两抵外，至 1919

---

① 《北京银行月刊》，1922 年第 2 卷第 2 号，北洋保商银行 1921 年度营业报告，第 10 页。

② 天津市档案馆：天津市各行业同为公会档案：129－3－7－5432；《各银行去稿来函》。

③ 《中行月刊》第 13 卷第 4 期，中国银行总管理处经济研究室编辑出版，第 106 页。

④ 天津商报：1931 年 10 月 7 日，星期三，第 1 版第 2 张。

年底，北洋保商银行余银达600300两1钱4分①。

洋款还完后，该行加快筹备改组的步伐。旧账存欠各款经过核实，由新董事会接收，继续营业。1920年6月底，北洋保商银行旧账结算应付各款数目情况如下：

收1919年11月30日计存银600300两1钱4分，付提奖励金60000两，付1920年6月30日亏耗银144271两6钱4分②，收到回备补英金镑亏银86021两7钱8分，付直隶省款银149250两。收奥款英金折合银288425两9钱2分。付售出公债票亏洋计银315321两8钱4分③。付交还华商财产为作银40万两，除收净欠银94095两6钱4分④。此为北洋保商银行业务经营前10年的大体概况。

第二阶段——稳中求进的10年（1920—1929年），也是北洋保商银行改组发展的10年。此10年，北洋保商银行业务发展速度较前10年有所减缓，但就业绩来讲，还是稳中上升的，盈利波浪式增加。表4－6是该行1920—1924年各项统计概况。

表4－6　　北洋保商银行（1920—1924年）的各项统计　　单位：元

款目＼年份	1920	1921	1922	1923	1924
实收资本	786000	811500	812000	874000	1047600
公积金	30000	30000	70000	80000	100000
各项存款	6402369	4174060	2793770	3655023	3529985
各项放款	6583094	4385267	2919621	3888816	3219492
有价证券	552662	310172	287143	249588	205569
总盈余	210417.97	440432.23	181380.36	246160.36	235883.78
净利	156504.13	329449.15	79231.63	137888.22	94301.24

资料来源：《北京银行月刊》，1921年第1卷第7号，1922年第2卷第2号，1923年第3卷第3号，1924年第4卷第6号，1925年第5卷第5号，根据《北洋保商银行1920—1924年度报告》中的数字编制。

从表4－6中可知，该行在1921年净余额最多，达33万元；1922年净余额最少，仅8万元，两年相差竟达25万元。造成这种悬殊差距的原因主要在于，国内形势不利于银行业的发展。北洋保商银行1920年7月改组后，正值北京战祸发生，业务未能积极进行。1922年该行报告称：

---

①　中国第二历史档案馆：《北洋政府财政部档案》：1027－重153：《华洋合资北洋保商银行请准发行纸币财政部接收清债款有关文件》。

②　此数据来源于中国第二历史档案馆：《北洋政府财政部档案》：1027－重153：《华洋合资北洋保商银行请准发行纸币财政部接收清债款有关文件》。查北洋保商银行各账截至1920年6月30日，京津两行自1919年12月1日起，各项开支尚应支银17499两5钱2分，前洋经理巴贝薪俸应支银20700两整，银两洋厘相差应支银12703两4钱4分。内除本年上期应收利息15873两4钱1分，余仍应耗35029两5钱5分又金镑兑换此项金镑系以前代办外款短少金镑未补之数，计短镑19992镑5先令4便士，原价7先令者100167镑12先令2便士，4先令6便士者30500镑整，8先令者9324镑，13先令2便士今年已与中法实业银行按5先令10便士结价者39824镑，13先令2便士与原价较损失23220两零3钱1分所余100167镑，12先令2便士尚未购补仅按时价5先令5便士与原价相较计应耗86021两7钱8分，此项短镑前值镑价低落适值该行停业期间，未能筹补且时价涨落不一，换算时差所以1919年呈报财政部账款清单未便，预作损益账册即移交新董事会，自项从实况核计，此项损失连前各项开支等项共计144271两6钱4分。

③　此数据来源于中国第二历史档案馆：《北洋政府财政部档案》：1027－重153：《华洋合资北洋保商银行请准发行纸币财政部接收清债款有关文件》。北洋保商银行因清理旧债，需款亟亟，于是将旧账结存之公债票747777元、又邓君翔公债票655000元均随市价陆续售出。除签收回现洋97285元外，售现洋848503元8角3分，实亏洋456988元1角7分（747777＋655000－848503.83－97285＝456988.17），按六九折合银315321两8钱4分。

④　此数据由：（400000＋315321.84）－［（600300.14－60000）－（144271.64－86021.78）－149250＋288425.92］＝715321.84－621226.2＝94095.64得到。

"政局多故，兵燹频仍。铁路之运输不灵，货物之行销停滞，迄于今日，尚未恢复，百业受异常之痛苦，金融呈紧迫之现象，维持非易更何敢云发展哉。"①。在混乱的国内形势下，北洋保商银行只能收缩经营。

第三阶段——渐趋衰落的10年（1930—1939年），也是该行由华独资的10年。北洋保商银行在这10年里，部分业务是有所发展的。以储蓄存款为例，从1923年的51440.90元增长到1936年的697569.00元，增加了646128.10元，增长了12倍多。然而就总体的业务发展水平看，北洋保商银行走向了下滑的轨道。各办事处的经营，存、放寥寥，业绩清淡。以归绥办事处的经营为例，可得到证明。

1931年2月，北洋保商银行在归绥设立办事处。该办事处在业务上只着重于发行钞票，零星的工商放款也多投放钱庄、银号，与工商关系疏远。除汇兑一项年达67万元外②，其他业务对金融市面影响不大（见表4－7）。

表4－7　　1935年归绥各银行营业概况　　单位：元

项目／行名	存款	放款	汇款	发行	损：－ 益：＋	资产总额
保商银行	23000	20000	878000	—	－5000	21000
中国银行	60000	501000	1696000	300000	＋30000	762335
交通银行	278000	145000	2386000	—	＋3000	275000
山西省银行	286000	135000	1436000	356000	＋26000	635000
丰业银行	46000	105000	528000	135000	＋21000	575000

资料来源：《全国银行年鉴》（1935年），Q8页。

通过表4－7，可以明显看出归绥5家银行中，只有北洋保商银行的营业额是亏损的，发展不容乐观。就其总体存款、放款数额分析，也出现了大幅度的下降，1932年亏损了2万元。1936年的纯益也不过7000余元。表4－8的各项统计数字反映了这种变化。

表4－8　　北洋保商银行（1932—1936年）各项统计　　单位：元

年份／项目	1932	1933	1934	1935	1936
资产总额	12379541	12877472	13998124	13531154	14963250
实收资本	1129500	1129500	1129500	1129500	1129500
公积金	57081	57081	57081	57081	57081
库存现金	453162	514392	900807	400942	266908
各项存款	9752222	10203894	10741326	5744327	7183270
储蓄存款			607468	481853	697569
各项放款	9350940	10079182	10107293	5818314	7278172
有价证券	788174	494086	701786	398846	481158
发行兑换券	1437600	1484400	2013600	6580000	6580000
房地产器具	226467	305412	274638	333052	357012

① 《北京银行月刊》，1923年第3卷第3号，《北洋保商银行1922年度营业报告》，第6页。

② 戴鞍钢，黄苇．中国地方志经济资料汇编［M］．北京：汉语大词典出版社，1999：1104.

续表

项目＼年份	1932	1933	1934	1935	1936
总益	36035	222880	288243	277444	199791
总支出	159233	220573	239353	257718	192574
纯益	**-23198**	2307	48890	19726	7217

资料来源：《全国银行年鉴》（1936 年），S28 页。

实收资本、公积金、存款、放款、纯利等 5 项指标，是衡量银行实力的重要因素，北洋保商银行从改组到停业，实力和经营情况如表 4 -9 所示。

表 4 -9　　北洋保商银行实力及经营情况

类别	实际数额（元）				增长指数（以 1920 = 100）			
	1920 年	1924 年	1934 年	1936 年	1920 年	1924 年	1934 年	1936 年
实收资本	786000	1047600	1129500	1129500	100	133	144	144
公积金	30000	100000	57081	57081	100	333	190	190
存款	640239	3529985	10741326	718320	100	-145	168	122
放款	658304	3219492	10107293	727812	100	-151	154	111
纯利	156504	94301	48890	7217	100	-140	-169	-195

资料来源：1920 年、1924 年各项实际数额，笔者分别根据《北京银行月刊》，1921 年第 1 卷第 7 号，1925 年第 5 卷第 5 号，《北洋保商银行 1920 年、1924 年营业报告》中的数据计算而得。1934 年、1936 年各项实际数额来自《全国银行年鉴》（1936 年），S68、S74、S86、S98、S134。

表 4 -9 中的数字，清晰反映了该行实收资本、公积金、存款、放款、纯利 5 项指标的变化。实收资本在 16 年间（1920—1936）仅增长了 0.44 倍，到最后时期实收资本 1129500 元与额定总资本 600 万元相差多达 487 万元，仅实收 19%；公积金在 1924 年增长达到最高，增长了 3.33 倍，而后下降，仅增长了 1.90 倍；存款额在 1924 年出现负增长，下降了 1.45 倍，而后有所上升，到 1936 年增长了 1.22 倍：放款额随存款额的变化而变化，1924 年下降了 1.51 倍；而后增长了 1.11 倍；而该行纯利是明显直线下降的，到 1936 年下降了 1.95 倍。由此不难看出，北洋保商银行的业务发展走向了衰落。

第二节　北洋保商银行的纸币发行业务

发行钞票是银行营运资金的主要来源之一。银行通过发行钞票，只需保有少量现金准备便可借发行钞票扩大银行的资金总量。因此，各大银行都将发钞或领用钞票作为主要业务[①]。北洋保商银行在清末民初的十余年中，业务异常发达，是当时颇有影响的银行之一。该行成立时，即取得纸币发行权。但是，与其他商业银行发行纸币有不同之处，即自民国元年（1912 年）4 月起，“代政府发行兑换券事宜”[②]。

① 刘佛丁．中国近代经济发展史［M］．北京：高等教育出版社，1999：191.

② 中国第二历史档案馆：《北洋政府财政部档案》：1027 - 重 153：《华洋合资北洋保商银行请准发行纸币财政部接收清债款有关文件》。

一、历年纸币发行的概况

1911 年，北洋保商银行呈请度支部核准发行银两票、银元票两种银行兑换券。1912 年 4 月，北洋保商银行华经理叶登榜，洋经理瑞亨在给北洋政府财政部的呈文中称："敝行……现因辱承大部委托代理财部兑换券（发行）事务，并准在北京筹设分行，发行银两、银元两种纸币，以资周转。"① 从 1912 年起，北洋保商银行的纸币发行额渐趋增加。发行的银两纸币计一两、二两、五两、十两、五十两、百两六种，银元纸币计一元、五元、十元三种②。自 1920 年 7 月改组后，该行只发行银元兑换券，直至 1936 年法币改革为止。

在 30 年的发展历程中，北洋保商银行共发行了四版兑换券，历经 6 次印刷。清政府时期发行第一版兑换券，1 次印刷；北洋政府时期发行第二版兑换券，2 次印刷；而后又发行第三版兑换券，1 次印刷；南京国民政府时期发行第四版兑换券，2 次印刷。其印刷单位依次为德国钞票公司、美国钞票公司、国民政府财政部印刷局，分别各印刷两次。

历次印券大概情况如下：

1911 年，北洋保商银行向德国印刷公司订印纸币，发行第一版兑换券，数额不明。核定发行额合银元 130 万元③。第二版兑换券，1914 年由德商瑞记洋行向德国印刷公司订印纸币 75 万张，计 1 元票 10 万张，5 元票 30 万张，10 元票 30 万张，百元票 5 万张，面值总计 960 万元。此版兑换券又于 1918 年向美国钞票公司订印，计 1 元纸币、5 元纸币、10 元纸币 3 种，面值总计 130 万元。第三版兑换券，是保商银行于 1926 年向美国钞票公司订印新券 75 万张。计 1 元票、5 元票、10 元票 3 种纸币各 25 万张，面值总计 400 万元④。第四版兑换券，是该行奉财政部核准于 1933 年向财政部印刷局订印新钞 1 元、5 元、10 元 3 种兑换券，同年 12 月 28 日发行⑤，面值总计 500 万元。1934 年 10 月，该行又以原用纸币发行日久残旧，呈请财政部核准发行新钞，印券面值总计 600 万元。与此同时，为避免滥发，财政部于同年 11 月 13 日规定："新钞印刷后，由中央银行保管，陆续以旧票兑换"⑥。此为北洋保商银行历次发行兑换券的概况。

北洋保商银行从 1911 年开始发行纸币，为时不久，即因辛亥革命爆发而告停顿，银两票、银元票两种纸币发行量不过十余万元。北洋政府成立后，接办北洋保商银行，几经筹拨该行华股银两，使北洋保商银行的资力不断增厚，此后北洋保商银行的纸币发行逐渐增加。1913 年由原来的 10 余万元增至 30 余万元，1914 年又增加到 40 余万元。1916 年到 1919 年，北洋保商银行纸币发行处于停顿收缩状态，基本上只收不发。1920 年 7 月改组增资，实力大增，又继续发行纸币，直至 1936 年被取消发行权为止⑦。该行历年发行纸币数额如表 4－10 所示。

---

① 中国第二历史档案馆：《北洋政府财政部档案》：1027－重 153《华洋合资北洋保商银行请准发行纸币财政部接收清债款有关文件》。

② 于彤，戴建兵．中国近代商业银行纸币史［M］．石家庄：河北教育出版社，1996：349.

③ 戴建兵，盛观熙．中国历代钱币通鉴［M］．北京：人民邮电出版社，1999：349.

④ 中国第二历史档案馆：《北洋政府财政部档案》：1027－重 153《华洋合资北洋保商银行请准发行纸币财政部接收清债款有关文件》。

⑤ 北京市档案馆：《金城银行北京分行档案》：J41－1－197《新华、中孚等银行关于送印鉴、迁址、人员变动借款等问题与本行的来往函》。

⑥ 《银行周报》第 14 卷，第 11 号，1934－11－15.

⑦ 于彤，戴建兵．中国近代商业银行纸币史［M］．石家庄：河北教育出版社，1996：351.

表 4－10　　北洋保商银行历年纸币发行统计

时间	纸币发行额（元）
1911 年	100000.00
1912 年	200000.00
1913 年	300000.00
1914 年	400000.00
1915 年 5 月	400000.00
1920 年 12 月	1101800.00①
1921 年 12 月	546000.00
1922 年 12 月	384700.00
1923 年 12 月	857000.00
1924 年 12 月	461400.00
1927 年 9 月	455000.00
1932 年 12 月	1437600.00
1933 年 12 月	1484400.00②
1934 年 12 月	2013600.00
1935 年 12 月	6580000.00
1936 年 12 月	6580000.00

资料来源：此表中 1911—1915 年数据来源于：于彤，戴建兵．中国近代商业银行纸币史［M］．石家庄：河北教育出版社，1996：350－351；1920—1924 年数据来源于：《北京银行月刊》，1921 年第 1 卷第 7 号，1922 年第 2 卷第 2 号，1923 年第 3 卷第 3 号，1924 年第 4 卷第 6 号，1925 年第 5 卷第 5 号：《北洋保商银行 1920—1924 年年度报告》；1927 年数据来源于：天津市地方志编修委员会．天津通志（金融志）［M］．天津：天津社会科学院出版社，1995：160；1932—1936 年的数据来源于：《全国银行年鉴》（1936 年），S28 页。

二、纸币发行的信用保证

有足够的发行准备金，对银行发行兑换券尤为重要。按照现代货币银行学理论，纸币的发行必须遵守以下三个原则：（1）货币发行的垄断性；（2）货币发行要有可靠的信用保证，即要有合理的发行准备金制度；（3）货币发行要有一定弹性，既要防止通货不足，又要避免通货过量。

在当时中国币制十分混乱复杂的情况下，货币发行的垄断性无从谈起，但是另外两个原则，作为一个有发钞权的银行还是要遵从的。就北洋保商银行纸币发行的准备金来看，是十分充足

① 关于 1920 年底该行纸币发行额，学术界有不同的统计数字，主要有三种数据：第一种数据是 452000 元，来源于：金侣琴．取缔外钞问题［J］．银行周报，1972，11（13）．另来源于：献可．近百年来帝国主义在华银行发行纸币概况［M］．上海：上海人民出版社，1958：56. 第二种数据是 451000 元，来源于：戴建兵，盛观熙．中国历代钱币通鉴［M］．北京：人民邮电出版社，1999：229. 第三种数据是 1101800 元，来源于：《北京银行月刊》1921 年第 1 卷第 7 号，《北洋保商银行 1920 年年度营业报告》，笔者根据天津市档案馆：天津市各行业同业公会档案：129－3－7－5432：《各银行去稿来函》，仅天津北洋保商银行在 1920 年底就发行纸币 452000 元。而北京北洋保商银行未在此之列，故该总行在 1920 年底发行数额应至少多于 452000 元，所以笔者采用第三种数据。

② 关于 1933 年该行纸币发行额，学术界有不同的统计数字，主要有两种数据。第一种数据是 1384400 元，来源于．《中行月刊》第 11 卷第 2 期，1935 年 8 月，另见中国人民银行总行参事室．中华民国货币史资料：第二辑［M］．上海：上海人民出版社，1991：855. 第二种数据是 1484400 元，来源于：献可．近百年来帝国主义在华银行发行纸币概况［M］．上海：上海人民出版社，1958：57. 另来源于：于彤，戴建兵．中国近代商业银行纸币史［M］．石家庄：河北教育出版社，1996：352. 另来源于《全国银行年鉴》（1936 年），中国银行总管理处经济研究室编辑及出版，S28. 笔者采用第二种数据。

的。1923 年 10 月，据北洋保商银行监理官呈报“北洋保商银行纸币发行的准备金实基充足。”①充足的准备金保障了北洋保商银行的信誉。

三、纸币流通的区域范围

北洋保商银行的纸币流通区域，主要集中于京、津两地。据 1915 年关于中国银行的调查，该行纸币在京流通数额不下一二十万元，这不过是约数，实际数额远远超过此数②。河北省（包括北京、天津）通用北洋保商银行纸币的县区有：北京、天津、石家庄市、肥乡、雄县、任丘、容城、临城、商邑、固安、隆平、尧山、满城、密云、内邱、霸县、顺义、怀柔、邢台、新城、徐水、唐县、定县、赞皇、通县、昌平、望都、涿县、正定、赵县、安新、三河、昌黎、玉田、平谷、献县、武清 37 个县市③。

察哈尔省通用保商银行纸币有万全县、康保县、张北县、涿鹿县、延庆县、商都县、宣化县、怀来县、怀安县 9 个县④。

1933 年 8 月，北洋保商银行纸币发行量大增，在北平市面流通颇多⑤。1934 年 9 月，北平金融市场，硬币罕贵，中国、交通等行均力求减缩，只有北洋保商银行与中国农工、中国实业等行发行较多。在平绥路一带，北洋保商银行“发行甚畅”⑥。至 1935 年 2 月，北洋保商银行在平绥路沿线发行钞票约有 10 万元⑦。

1935 年 11 月 3 日，国民政府财政部颁布币制改革紧急令，实施法币政策。以中央、中国、交通所发钞票为法币，收付概以法币为限；其他银行钞票限制兑换法币；同时设立发行管理委员会，办理法币发行收换及保管准备金等事宜，持有银本位币或其他银类者，交发行管理委员会或指定银行兑换法币⑧。币制改革后，“各行兑换券形成重要货币地位，兼之国人对法币的信任增加，各行流通无阻”⑨。1936 年，北洋保商银行各月份发行额均在 20 万～30 万元，纷纷向中央银行、中国银行、交通银行调换法币，在市面较常见。

第三节　北洋保商银行的存、放款业务

银行区别于一般企业，有其自身固有的规律。这一规律就是信贷资金的积累、分配和再分配的过程，即银行资金的周转循环活动。银行，其全部资金来源包括自有资金和吸收的外来资金两部分。自有资金包括该行成立时发行股票所筹集的股份资本、公积金以及未分配的利润，但这部分资金在银行资金营运总量中只占一个很小的比例，远远满足不了银行营运的实际需要。故而吸收的外来资金在营运总量中占更大的比重，而外来资金的形成渠道又主要以吸收存款为

① 中国第二历史档案馆：《北洋政府币制局档案》：1027－重 425：《币制局调查国内中外各银行名称资本额及发行纸币流通情形》。

② 于彤，戴建兵．中国近代商业银行纸币史［M］．石家庄：河北教育出版社，1996：351.

③ 中央银行月报．中央银行经济研究处编印，第 5 卷第 4 号，1936 年 4 月，1208－1214.

④ 中央银行月报．中央银行经济研究处编印，第 6 卷第 3 号，1937 年 3 月，416.

⑤ 中央银行月报．中央银行经济研究处编印，第 2 卷第 9 号，1933 年 9 月，1492.

⑥ 中央银行月报．中央银行经济研究处编印，第 2 卷第 9 号，1934 年 10 月，2279.

⑦ 中央银行月报．中央银行经济研究处编印，第 4 卷第 3 号，1935 年 3 月，682.

⑧ 朱汉国．南京国民政府纪实［M］．合肥：安徽人民出版社，1993：458.

⑨ 中行月刊．第 13 卷第 4 期（1936 年），中国银行总管理经济研究室编辑，106.

主。为了吸收和扩大存款，北洋保商银行增设储蓄部，运用优厚的利息，简捷的手续来吸引客户。

一、各项存款变化趋势

从银行业历年所收存款的构成分析，存款主要来源于三个部分。一是来自政府的财政存款，二是来自民族资本主义工商企业的闲置资金，三是来自私人的储蓄款。北洋保商银行定期存款总额，从1920年的758880.94元增加到1924年的1357891.97元，增长了599011.03元，增长率高达78.9%。各存款名目及数额如表4-11所示。

表4-11　　北洋保商银行（1920—1924年）各项存款变化趋势　　单位：元

种类＼年份	1920	1921	1922	1923	1924
定期存款	758880.94	824477.87	779316.41	1095005.14	1357891.97
往来存款	1436263.53	485206.55	515161.49	315508.34	291385.36
特别往来存款	435181.76	400517.53	387772.96	420388.91	348702.77
存款票据	923800.00	361000.00	296900.00	750000.00	505303.30
暂时存款	563195.55	354125.41	180370.32	226543.59	360288.50
借入款	2285046.98	1559105.97	394874.43	130000.00	
同业往来存款			239374.72	658887.19	225429.70
透支各银行		189183.55		7248.54	202.62
储蓄存款				51440.90	440780.84
他行存款		443.2			
合计	6402368.76	4174060.08	2793770.33	3655022.61	3529985.06

资料来源：根据《北京银行月刊》，1921年第1卷第7号，1922年第2卷第2号，1923年第3卷第3号，1924年第4卷第6号，1925年第5卷第5号，《北洋保商银行1920—1924年年度报告》中的数字编制。

表4-12　　北洋保商银行（1934—1936年）各项存款变化趋势　　单位：元

种类＼年份	1934	1935	1936
定期存款	2078370.45	306529.15	663428.21
往来存款	892269.53	408494.07	511311.21
同业存款	1458587.81	1639034.67	1781154.57
活期存款	1279989.62	752982.54	871846.29
暂时存款	1929829.24	1266217.29	1070488.14
存款票据	1011230.00		120000.00
借入款	1035000.00	500000.00	1392133.33
透支同业	543071.95	405919.25	210787.54
合计	10228348.60	4666118.67	6621149.29

资料来源：根据《全国银行年鉴》（1935年），D138、140页，《全国银行年鉴》（1936年），D87页，《北洋保商银行资产负债表》中的数字编制。

通过以上两表中的数字，可以看出在第二、第三阶段北洋保商银行的业务发展是呈波浪形的。从1920—1922年存款业务大幅度下降，从6402368.76元下降到2793770.33元，下降了3608598.46元，下降率达56%。1923年，北洋保商银行的存款额有所回升，从2793770.33元上升到3655022.61元，上升了861252.28元，增长率达31%。

1923年存款额之所以大大增加，主要在于北洋保商银行增加了储蓄业务。储蓄业务的发展，使原来闲置、分散在居民手中的小额货币聚集起来，资金市场大大扩展。1928年该行发生挤兑风潮，客户纷纷提取，致使存款资金大量流出，到了1934年存款额又出现一个高峰达10228348.60元。

二、各项放款变化趋势

存款的多少直接决定银行资金的充裕程度，而放款的多少又直接决定了银行获取利益的高低。作为商业银行要使自身业务得到更大发展，除厚集资本以外，最重要的在于发展放款业务。因为资本是个有限的量，存款则是一个无限的量。存款多，放款才能多，放款多，所得存放利差就多，因而利润就多。[①] 北洋保商银行在营业章程中曾明文规定各项放款至少获利12%[②]，由此可见，放款利益直接决定银行利润所得。北洋保商银行放款名目及放款额变化如表4－13所示。

表4－13　北洋保商银行（1920—1924年）各项放款变化趋势　单位：元

种类＼年份	1920	1921	1922	1923	1924
定期放款	1388595.03	1503595.27	1433808.63	1430013.39	1387682.68
抵押放款	2544658.08	1675268.08	264242.08	199692.08	220926.50
存放各银行	1519953.48	308053.82	309167.20	928205.63	476482.96
往来存款透支	439688.11	513662.92	389272.82	686627.84	707672.89
他行往来				337.95	341.32
暂记欠款	689865.54	384687.56	522800.80	627933.21	405379.64
他行欠款	333.88		330.15		
押租				6.00	1006.00
贴现放款				6000.00	20000.00
军饷项垫款				10000.00	
合计	6583094.12	4385267.65	2919621.68	3888816.10	3219491.99

资料来源：根据《北京银行月刊》，1921年第1卷第7号，1922年第2卷第2号，1923年第3卷第3号，1924年第4卷第6号，1925年第5卷第5号，《北洋保商银行1920—1924年年度报告》中的数字编制。

表4－14　北洋保商银行（1934—1936年）各项放款变化趋势　单位：元

种类＼年份	1934	1935	1936
定期放款	4988377.00	325205.47	311216.43
抵押放款	87958.42	77456.99	85025.42
往来存款透支	1787345.72	1655290.68	3251079.74

① 黄鉴晖．中国银行业史［M］．太原：山西经济出版社，1994：143.

② 中国第二历史档案馆：《北洋政府财政部档案》：1027－重1494：《财政部与北洋保商银行联系拨付股本归还欠款有关文件》。

续表

种类＼年份	1934	1935	1936
暂记欠款	1462102.09	529064.65	505087.87
押租	1891.00	1858.00	1899.00
贴现放款	28450.00	81050.00	136279.39
同业透支	4323.72	16457.56	12187.53
存放同业	1452023.44	2796654.85	2695660.37
外埠同业往来	12453.98	3600.85	29500.83
催收款项	10375.45	10063.76	9363.76
托收款项	15711.00	18267.99	11230.28
合计	9851011.82	5514970.53	7048530.62

资料来源：根据《全国银行年鉴》（1935 年），D138、140 页，《全国银行年鉴》（1936 年），D87 页，《北洋保商银行资产负债表》中的数字编制。

从两阶段的放款数额表中，可以看出北洋保商银行的放款业务同存款业务一样明显呈现出波浪形，有高峰有低谷。1920—1922 年放款额直线下降，从 6583094.12 元下降到 2919621.68 元，下降了 3663472.44 元，下降率近达 56%。自 1923 年放款额又有所回升，到 1934 年出现了一个高峰，上升到 9851011.82 元，比 1922 年增加了 7065490.14 元，增长率达 72%。

综合以上放款、存款数额各表，可说明银行放款的能力决定于存款，存款短绌，放款也就受到限制。北洋保商银行的业务发展在 1920 年和 1934 年出现两个大高峰，之间夹着一个低谷 1922 年。图 4－1 是北洋保商银行存款、放款两项数值对比图，从中可以直观地看出该行存、放款之间的变化关系。

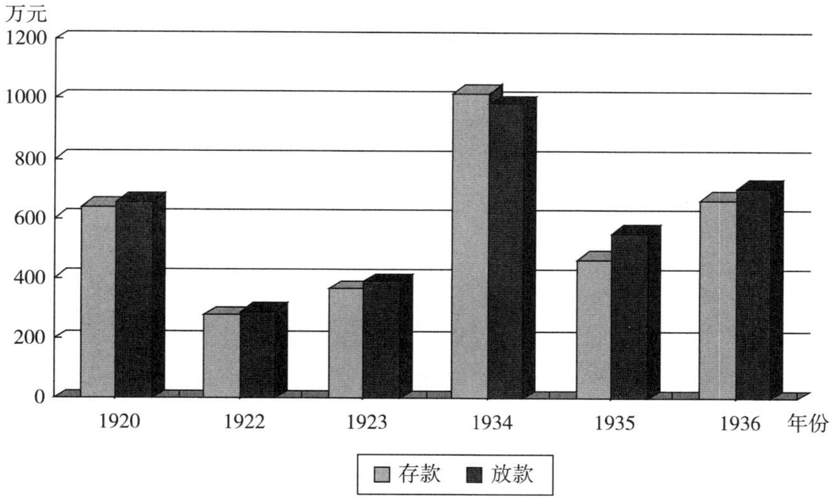

图 4－1　北洋保商银行存款放款对比

三、放款的主要对象

放款，是衡量银行资力的重要标志之一。而放款的关键，在于银行资金的出路。放款渠道广、放款对象多，银行业务发展就快，银行资力自然随之增强。北洋保商银行的资金出路主要有以下几个渠道。

（一）财政放款

财政放款，在北洋保商银行的放款额中占相当大的比重。财政部等政府机关因需向各大金融机构多方筹借款，其借款方式主要有商借、押借、透支、暂借、委托押借、担保等。

北洋政府时期的财政问题，对内是以维护政权的军政费用为中心，对外是以偿还外债本息和赔款为中心，严重的入不敷出，一直是北洋财政的特征，也是各界政府最为头疼的一块心病。为维持统治，只能依赖借款，可谓是内外债并举时代。对内举债的方式有发行公债、各种国库证券、盐余借款和向银行举借各种短期借款、垫款、透支等。公债与国库证券，又分基金有确实担保与基金无确实担保两种。据统计，1912—1926 年，14 年里共发行了 27 种内债，发行额达 612062708 元①。而以盐余抵押之债，更是层出不穷。财政部以盐余抵拨内外短期借款，以保商银行作为债权机关的主要款目如下。

1. 担保款——以盐余向保商银行抵拨的各项国内借款如表 4 – 15 所示。

表 4 – 15　以盐余为担保向保商银行借款

债权人	原定债额	现负债额	订借日期	偿清日期
保商银行	30 万元	30 万元	1920 年 12 月	1921 年 4 月
保商银行	30 万元	30 万元	1920 年 12 月	1921 年 6 月
保商银行	40 万元	40 万元	1921 年 3 月 5 日	1922 年 1 月 5 日
保商银行	55 万元	54 万 5 千元	1921 年 10 月 20 日	1922 年 10 月 19 日
保商银行	15 万元	15 万元	1921 年 11 月 25 日	1922 年 5 月 25 日

资料来源：根据《北京银行月刊》，1921 年第 1 卷第 8 号，第 9 – 12 页，1922 年第 2 卷第 2 号，第 4 页中的数字编制。

从表 4 – 15 中可以看出，1920—1921 年两年里，财政部就以盐余向保商银行抵借了银元 170 万元。

2. 垫付款——垫付民国元年 6 厘公债息款。

1912 年，北洋政府为拨充中国银行资本、整理各零星短期借款及各省纸币三种事项募集公债，以 2 万元为定额，名曰：民国元年 6 厘公债。此项公债额面百元以 92 元收入为最低价者，利率定为年 6 厘，每年 6 月及 12 月为给付利息之期。原定此项公债 5 年以内只付利息，5 年以后 30 年以内用抽签法还本。此项公债以全国契税、印花税为担保，其第一次发行日期为 1913 年 2 月 20 日。民国 8 年（1919 年）6 月 1 日起付第 11 期息款 1931056 元 1 角②，截还日期为民国 13 年（1924 年）5 月 31 日。财政部财政窘迫，又亟待还本付息，只好由中、交及各银行先行垫付，后归入税司基金欠款项下。北洋保商银行与盐业、金城、北京商业、新华、大陆、懋业 6 行共同垫付息款额 1566000 元③，估算北洋保商银行至少分担垫额 10 万元以上。

（二）军队放款

1. 承借款。

1926 年，为整理察哈尔金融起见，镇威三、四方面军军团长，以张虎多税关全部收入作抵向北洋保商银行、中国银行、交通银行等银行借款，金额计达现大洋 60 万元，其中北洋保商银

① 千家驹．旧中国发行公债史研究［J］．历史研究，4 卷 4 期。转引自黄鉴晖．中国银行业史［M］．太原：山西经济出版社，1994：138.

② 中国科学院近代史研究所编：《内国公债类编》，中国科学院近代史研究所资料室藏，22.

③ 《北京银行月刊》，1922 年第 2 卷，第 4 号，7 – 8.

行承借1万元[①]。

2. 商借款。

1928年6月12日，第二集团军驻京办公处冯处长因军队缺乏给养向北京银行公会借银1万元。北京银行公会以存备借涿州平罗余款项下拨5000元，另外5000元按照该行公会经费办法，以52份计每一份借银96元1角6分，分摊各会员银行。北洋保商银行作为甲种行，认借三份共计288元1角8分[②]。

3. 透支款。

1932年，军委会军需处因发放薪饷不足分配，向交通、金城、盐业、边业、保商各行透支10万元或20余万元不等。[③]

（三）地方机关的放款

银团放款。1932年，河北财政特派员公署，为解军需款的燃眉之急，以卷烟统税协款押抵，向北洋保商银行、中国银行等8行，商借国币100万元，由北平英美烟草公司按期代为偿还。其中北洋保商银行认借5万元。[④]

（四）教育学校的放款

银团放款。1922年，北京国立八校因经费不足，向北京各银行商借洋11万元，以九六公债45万元作抵。[⑤] 1931年底，平津院校联合会为渡过难关，以财政部应拨经费作抵向银行商借款，中央、中国、交通、盐业、大陆、中南、金城、中国农工、中国实业、中孚、保商、新华信托储蓄等银行共同商借银洋87500元。[⑥]

（五）工业放款

抵押放款。北洋保商银行与工业之间，素来交往不深，工业放款在该行放款总额中只占一个很小的比例。但对信用较优之户，北洋保商银行还是给予接济。辛亥革命以后，湖北水泥厂资金周转不灵，外债如刀逼迫而来，为保持实业，保商银行以湖北水泥厂的全部厂基、房屋、机器、线路、小铁路、驳岸码头、蔓船、驳船、各处栈房等作为抵押品，向该厂借款行平化宝银140万两。[⑦]

综合以上保商银行的各种放款名目以及放款数额来看，该行的资金投放出路还是较宽广的。尤其是作为银行资金的一个最大出路——抵押放款，发展较快。1921年抵押放款总数达到1675268元。[⑧] 但在放款总额中可以看出，财政和军费放款所占比重较大，而工业放款比重较小。就早期资金投放分析，其他商业银行对民族工业放款也较少。主要是因为银行的放款投资是以

---

① 北京市档案馆：中国银行北平支行档案：J31－1－1333：《北京各银行给第四、第三方面军借款项的函》。

② 北京市档案馆：中国银行北平支行档案：J31－1－1157：《北京银行公会与各行关于银行现金往来、会计印鉴的使用以及印花税计息账务处理等问题的函》。

③ 北平支行致津行函．1932年12月18日，转引自吴恩芳．北京的中国银行［M］．北京：中国金融出版社，1989：270.

④ 财政部河北财政特派员公署致北平支行函．1932年8月17日，转引自吴恩芳．北京的中国银行［M］．北京：中国金融出版社，1989：252－254.

⑤ 京行致总处函．1922年9月18日，转引自吴恩芳．北京的中国银行［M］．北京：中国金融出版社，1989：116.

⑥ 平津院校联合会致北平支行函．1932年2月9日，转引自吴恩芳．北京的中国银行［M］．北京：中国金融出版社，1989：271.

⑦ 中国第二历史档案馆：《北洋政府财政部档案》：1027－重153：《华洋合资北洋保商银行请准发行纸币财政部接收清债款有关文件》。

⑧ 《银行周报》，第6卷第47号，1922年12月5日。转引自杜恂诚．中国金融通史：第3卷［M］．北京：中国金融出版社，2002：179.

股东股本，历年公积金，及其存户定期活期存款作为放款途径的。而工业周转慢，还往往难以预料后果。为谨慎起见，对规模狭小或没有经营前途的企业，银行大多是不会冒险贷款的。

在当时北洋政府财政奇拙的情况下，大额的财政放款与银行垫款，同样易形成呆滞，造成资金周转失灵。但是在这种风险的背后，有一种巨大的利润吸引。所以这里还要谈一下银行承购公债的问题。

购买公债，在银行资金运用中占着很大的比重。北洋政府和南京政府为维持财政，大发国内公债。公债一般都具有优厚的利息，债息往往在6%～8%，而实际向银行抵押时，又可按票面五六折或六七折发行，所以公债承销抵押的实际利息，常常超过1分5厘，银行从中可获取丰厚的利润，从而乐意包销和认购。正如一家银行在股东会上的报告所说："银行买卖承押政府公债，利息既高，折扣又大，所占利益，实较任何放款为优"①。

另外，银行在承揽公债的同时，不仅可以利用社会游资作为银行发行钞票的保证准备，还可以投放证券市场，做投机买卖，牟取暴利。正是这种"暴利"，刺激了中国银行业的发展。在浪潮中，北洋保商银行自然抓住时机。无风险就无利润，大量的放款若能如期收回，也无疑会对银行自身基础的巩固和资本积累业务的发展起到决定性作用。

第四章　北洋保商银行的社会活动

北洋保商银行是华北最早成立的商业银行，在重视业务发展的同时，也非常注重对社会活动的参与，在各界影响较大。

第一节　加入津、京银行公会

中国最早的银行公会，创始于上海，时间为1917年。② 天津市银行公会紧随其后，1918年2月成立，由中国、交通、直隶省、盐业、金城、大陆、中孚等9家银行发起。1919年7月，北京市银行公会又相继成立。③ 银行公会的成立加强了同业间的相互联合，推动了各银行的业务发展；同时也标志着中国银行业走上了真正的银行事业轨道，而不仅仅作为政府收支处而已。

北洋保商银行，是天津银行工会成立发起行之一。从1918年入会到1938年20年里，一直是该会中的重要成员。北洋保商银行经理余孝遹，副经理刘文照，魏长明，赵振镛，都是该会中的重要董事。该行虽不是北平银行公会成立发起行，加入公会时间也较晚，但在公会的活动中，并未显得逊色。1935年7月，该行总经理王克敏当选为第三届北平市银行公会执行委员；1936年，该行协理王毓霖、副理陈志华又纷纷被选为北平市银行公会的执行委员。④ 作为津、京银行公会的会员银行，北洋保商银行尽力尽职，积极响应公会的各种合作活动，主要表现如下。

1. 与同业向社会贷款投资。1922年，为赎回胶济铁路，交通部向各地银行募集款项。北洋保商银行尽力认募。1931年7月，天津市政府成立一个"小本借款处"，以维持天津市小本工商

① 洪葭管. 中国金融史［M］. 成都：西南财经大学出版社，1993：268.

② 天津市地方志编修委员会. 天津通志（金融志）［M］. 天津：天津社会科学院出版社，1995：252.

③ 北京之银行事业［N］. 申报，1921－01－06（243）.

④ 北京市档案馆：中国农业北京分行档案：J54－1－47：《北平银行公会章程、会员名册、收支报告》。

业。北洋保商很行与其他会员银行共同承借基金12万元。1936年，为加强天津市建设，该行又与其他银行提供贷款100万元[①]，修筑铁路、沟渠。

2. 与同业稳定金融市场。1921年7月，上海中法实业银行宣告停业，并对善后事宜不作任何安排。该行曾发行大量钞票，一旦停兑，将会酿成一股凶猛的挤兑风潮，造成金融界的极大混乱。为此，北洋保商银行与京、沪两埠在会银行共同代兑中法钞票2099162元[②]，为稳定金融市场出了一份力。

第二节　向社会各界募捐

社会资金，很大部分是透过银行融通的，能为社会各界尽其绵薄之力，不仅维护了公共利益，还增强了自身在各界中的影响。北洋保商银行向社会各界的捐款情况如下。

1. 赈灾捐款。1923年1月20日，北洋保商银行向天津急赈贫民各户捐款，该年捐款400余元。[③] 1936年1月24日，捐助赈灾及慈善事业联合会、水灾救济联合会700余元。[④] 1925年，为急赈会捐30元。1926年为天津八善堂冬赈救济会捐50元，为战后灾民临时救济会赈款100元。[⑤] 1937年8月，北洋保商银行对北平市四郊难民料理后事捐360元，向红十字会捐款500元。10月，向北平商会救济会捐款68.4元。另外为救济河北难民，认购河北省地方维持联合会和河南赈灾会义务戏票，达百余元。[⑥]

2. 为军队捐款。1928年底，该行向第三集团军第20师认捐1000元。[⑦]

3. 为医院捐款。1935年7月，与天津银行公会其他会员银行共同捐助天津马大夫医院1000元。[⑧]

4. 为地方治安捐款。1926年，为维持天津治安，捐款治安费百元以上。[⑨]

5. 为工商业捐款。从1927年11月8日起至1928年3月21日止，北洋保商银行捐办北京四粥厂各项开办、经常费等500元。[⑩]

第三节　向同业担保

北洋保商银行是华北最早成立的一家银行，资信一直良好，深得各界信任。可从下面的事实得到证明。1926年9月，担任财政总长的顾维钧，陷入了“中秋节”危机，必须筹措必要的款项供各部门开支。财政的困难，只能求助于各银行。于是，他首先与银行界五家代表性银行——中国银行、交通银行、金城银行、大陆银行和盐业银行进行接触，而后又与北洋保商银

---

① 天津市地方志编修委员会．天津通志（金融志）［M］．天津：天津社会科学院出版社，1995：256.

② 《北京银行月刊》，1925年第5卷第8号，《银行界消息汇闻》，第1页。

③ 天津市档案馆：天津市各行业同业公会档案：129－3－7－5476：《银行公会信稿》。

④ 此数据根据天津银行公会22家银行共同捐助15500元推算所得。

⑤ 天津市档案馆：天津市各行业同业公会档案：129－3－7－5432：《各银行去稿来函》。

⑥ 北京市档案馆：中南银行北京支行档案：J44－1－7：《银行公会关于救济难民、捐款等问题的来函》。

⑦ 天津市地方志编修委员会．天津通志（金融志）［M］．天津：天津社会科学院出版社，1995：257.

⑧ 天津市地方志编修委员会．天津通志（金融志）［M］．天津：天津社会科学院出版社，1995：258.

⑨ 天津市档案馆：天津市各行业同业公会档案：129－3－7－5432：《各银行去稿来函》。

⑩ 北京市档案馆：中国银行北平支行档案：J31－1－1157：《北京银行公会与各行关于银行现金往来、会计印鉴的使用以及印花税计息账务处理等问题的函》。

行作了接触。声称：“该行是华北的一家重要银行，虽然不是全国性的银行，但也拥有政府特准的发行钞票的权力”①。

1933年12月，上海中国垦业银行在北平设立办事处，但须有两家银行担保，才能予以开业。垦业银行恳请五家代表性银行之一的北平交通银行担保后，就把另一个担保对象押在了北洋保商银行身上②。不难看出，北洋保商银行在金融界有着一定的社会影响。

综合以上的各种社会活动，可清楚地认识到北洋保商银行不愧是华北最早成立的商业银行，具有重要的社会地位，为促进社会发展发挥了重要作用。

第五章　北洋保商银行的曲折历程

北洋保商银行从创办到发展，并不是一帆风顺的，期间历经风雨，屡屡受挫。

第一节　开创的危机——筹拨股本的挫折

北洋保商银行，是由中、日、德三国为了偿还天津商人积欠外商债务而合办的。三国共同出资，无疑会面临资金投放安全与风险的问题。作为资金投入的任何一方，都想寻求一个安全带，以确保自身利益。

一、华股——复杂的债权债务关系

北洋保商银行额定资本银400万两，华洋各筹资50%。华股除去华商财产抵押40万两之外，其余160万两，由大清银行和直隶省银行各承担借款80万两。两行在承借中，都与北洋保商银行发生了复杂的债权债务关系。

对于大清银行借拨北洋保商银行款项而言，是通过转借方式拨付的。1911年6月，大清银行正监督叶揆初声称保商银行毫无抵押，若将80万两银直接借予北洋保商银行，风险较大。为安全起见，大清银行认直隶省银行为债务机关，将80万两银借予直隶省银行，再由直隶省银行转借予保商银行。这种转借，避免了大清银行与保商银行直接发生期款的债权债务关系，由此降低了大清银行资金投放的风险。

对于直隶省银行借拨北洋保商银行款项而言，同样通过了一次转借拨付。因天津洋埠商市凋敝，由直隶藩、运、关三库，筹集80万两拨交直隶省银行。但是，直隶省银行并不直接借予北洋保商银行，而是认天津商会为债务机构，由天津商会向直隶省银行协商借款办理再转借予北洋保商银行。由此，天津商会也间接成为大清银行的债务机构。结果，大清银行、直隶省银行借拨北洋保商银行共计160万两，都是通过天津商会转借的。北洋保商银行章程第三条载称“本借款以直隶省银行借予天津商会转借予保商银行160万两之借款合同为抵押”③ 等语。

① 中国社会科学院近代史研究所译．顾维钧回忆录：第一分册［M］．北京：中华书局，1983：285.

② 北京市档案馆：交通银行北平分行档案：J32－1－1172：《关于垦业银行设办事局及代办业务与北洋保商银行往来文书》。

③ 中国第二历史档案馆：《北洋政府财政部档案》：1027－重1494：《财政部与北洋保商银行联系拨付股本归还欠款文件》。

大清银行、直隶省银行与北洋保商银行复杂的债权债务关系如图 4 – 2 所示。

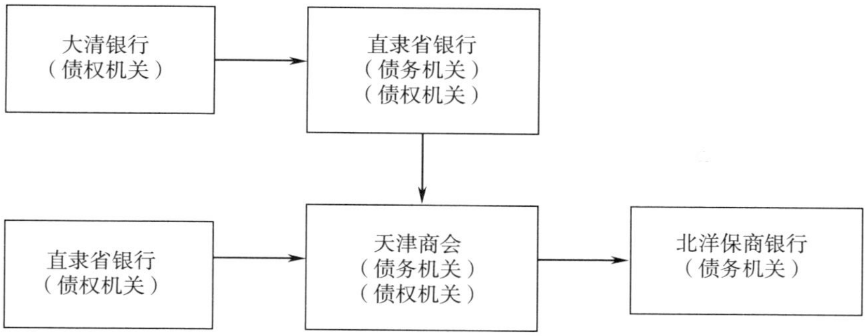

图 4 – 2　大清银行、直隶省银行与北洋保商银行债权债务关系

从图 4 – 2 可以直观看出，大清银行、直隶省银行两行与北洋保商银行复杂的债权债务关系，债权方都通过转借的方式减少了投放风险，确保了资金安全。

辛亥革命爆发后，大清银行宣告停业，不能如期交款。经大清银行总清理处证明，大清银行交付直隶省银行转借予北洋保商银行的真实数目只有 25 万两。至 1912 年底，北洋保商银行陆续收到华股银也仅 677583 两 3 钱 3 分，与额定华股本还欠交银 922416 两 6 钱 7 分[①]。这个时候，直隶运库、关库的款额又分别抵借款、还赔款了。结果，北洋保商银行的资本运转出现了危机。

二、洋股——暗地观望，迟迟不予认缴

洋商素来把自己的利益放在第一位。华商的股本既未能如期交齐，洋股又何以积极配合呢?他们暗地里偷偷观望，迟迟不予认缴。

在行务进展万分艰难的情况下，为鼎力维持北洋保商银行，周转其股本资金，政府对该行未付清的股份给予变通办理。变通的结果，就是将欠交银 922416 两 6 钱 7 分划入财政部的借出项。以此种方式达成协议后，1913 年 1 月由财政部认缴白银 922416 两 6 钱 7 分，冲作北洋保商银行的股本，至此该行的华股银 200 万两正式收齐。华股交齐后，洋商如同吃了一颗定心丸，纷纷向北洋保商银行存银。

上述华股债权债务复杂的转借，洋股暗地观望的事实表明，该行创建是十分曲折的。作为中外合资银行，外股把经济利益、安全性放在首位，也就显而易见了。同时也有力证明了北洋保商银行外股之所以出资，是要中国政府保证偿还应付的欠款。

第二节　发展的转折——1928 年挤兑风潮

银行，是经营货币的特殊企业，在资金的集聚与投放中，最害怕发生挤兑，疯狂挤兑，造成银行现金短缺，严重时能直接导致银行倒闭。一旦此种情况发生，就要运用各种关系，调动各种力量，采取各种强有力的措施，控制局面。

1928 年 12 月，天津金融奇紧。中华汇业银行宣告停业改组，风声一经传开，影响所及，本来恐慌的市场更加混乱不堪。对于其他各银行所发银元钞票、角票，恐慌的存户也纷纷提取兑

① 中国第二历史档案馆：《北洋政府财政部档案》：1027 – 重 1494：《财政部与北洋保商银行联系拨付股本归还欠款文件》。

现，钱商乘机从中渔利，以致平、津两地同起风潮。[①] 这对北洋保商银行来讲，无疑雪上加霜。在奸人操纵和宵小的煽惑下，天津北洋保商银行发生严重挤兑，北京分行也受到影响。

为控制紧张的局面，北洋保商银行求助各种力量——银行公会、天津市政府、天津警备司令局、天津公安局等共同设法维持。天津公安局迅派警察严密缉拿造谣生事之徒，以维护市场，安定人心。同时还发出布告"北洋保商银行基金稳固，兑现并不加以限制，勿得轻听谣言，任意挤兑"[②]。在多方的支持下，再加上该行自身资信一直良好，准备充实，终于渡过难关。

挤兑风潮虽已平息，但是该行元气大伤，流动资金短缺，所欠他行抵押款不能如期照付。1929 年 3 月 13 日查北洋保商银行在中国银行户下共有四笔到期透支欠款。

A：15 万元，1929 年 1 月 28 日到期，以西交民巷楼房一所房契铺底作抵。

B：5 万元，1929 年 3 月 3 日到期，以西交民巷房一所房契铺底作抵。

C：5 万元，1929 年 2 月 28 日到期，以二四库券、交通库券等作抵。

D：6 万元，临时透支，言明以上项押品余额作抵。

以上四笔透支款共计 31 万元，前三项利息累计就达 1 万余元。北洋保商银行无力偿还，请求继续展期。然而中国银行要求北洋保商银行付清 1 万元利息，并酌量归还 1 万元或 2 万元本金后，才能予以通融转期三个月，否则不予续转。[③]

由此可见，1928 年的挤兑风潮，是北洋保商银行发展道路上的一个巨大转折点，从此发展陷入衰落。

第三节　竞争的冲击——三起"官司"

在中国近代金融史的舞台上，形成了外国银行，本国银行，钱庄票号三足鼎立的局面。作为由中、外合办转变为由华独资的北洋保商银行，在发展中不免要受到来自各方的竞争冲击，屡次卷入"官司"。

一、第一起"官司"——与中国银行借款拨还的交涉

北洋保商银行与中国银行，素有债权债务关系。1918 年 5 月 31 日，中国银行北平支行往来存款透支账中有北洋保商银行透支公砝银 14950 两 3 钱 3 分（包括息金），因保商银行拖欠日久，催促清偿。

就北洋保商银行资产负债额分析，至 1915 年 9 月底，仅财政部一个债务机关，就积欠该行各款额 240 万两[④]。财政部巨额欠款不能收回，造成北洋保商银行借贷资本冻结，资金周转失灵。为此，北洋保商银行转向中国银行透支款，以资周转。双方借款合同，经当时中国银行前总裁王克敏允诺，中国银行借支北洋保商银行，待到财政部偿清北洋保商银行的借款时，再由北洋保商银行拨还中国银行。三方的债权债务关系如图 4－3 所示。

---

① 天津市地方志编修委员会．天津通志（金融志）[M]．天津：天津社会科学院出版社，1995：256.

② 《北京银行月刊》，1928 年第 8 卷第 12 号，《银行近闻》，第 20－21 页。

③ 北京市档案馆：中国银行北平支行档案：J31－1－1384：《北洋保商银行、北京中华汇业银行等关于抵押透支展期、抵借款项等的函》。

④ 中国第二历史档案馆：《北洋政府财政部档案》：1027－1494：《财政部与北洋保商银行联系拨付股本归还欠款有关文件》。

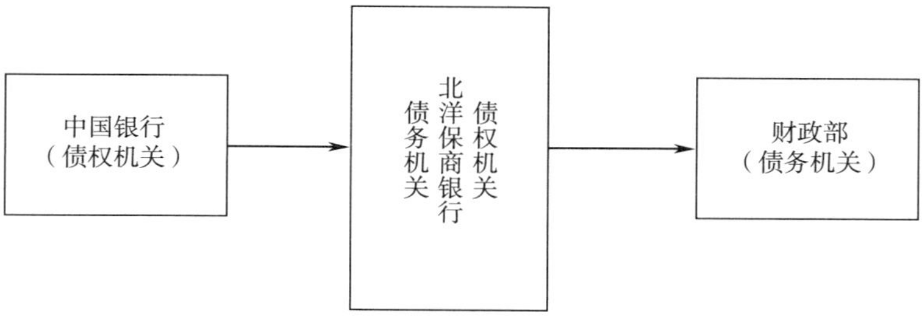

图 4－3　北洋保商银行与中国银行及财政部债权债务关系

从图 4－3 可以直观地看出，中国银行认北洋保商银行为债务机关，但同时保商银行又认财政部为债务机关。作为不能收回财政部借款的北洋保商银行，一时无力通融，请与中国银行待财政部还清本行欠款后再予接洽。但中国银行北平支行，认为这是北洋保商银行的搪塞理由，不但没有接受反而未经北洋保商银行同意，擅自以当时北平市银根奇紧，拆息日高为由，将借款原定月息 7 厘，改为月息 1 分 2 厘，以免将来行市波动受损。截至 1920 年 3 月 30 日，计北洋保商银行共欠本息公砝银由 14950 两 3 钱 3 分增加到 18783 两 4 钱 7 分，中国银行要求北洋保商银行如数归还。[①]

从双方借款合同来看，中国银行接连向北洋保商银行催还，且私自增加月息是与原议合同大相背驰的。尚不论最后归还结果，仅从双方交涉的过程，就可以清晰看出，北洋保商银行在开创期作为中、外合办银行，受到了本国同业的竞争与挤压，发展的道路是曲折的。

二、第二起“官司”——华商号财产抵押纠纷案

北洋保商银行成立的一个重要原因，就是北洋华洋商务理事会的推动。组织成立北洋保商银行时，经各华洋理事会成员议定，以津商号（天津荣庆益、义泰昌、元吉永、聚庆号、聚兴益、同和成、益泰成、泰隆成等号）原押存于各洋商契据（估价 40 万两）冲作北洋保商银行的基础股本，同时附加条件——若该银行在 25 年营业期限内有亏损，押存各契据用产业抵还，不再与各华商相关；若在 25 年期限内营业发达，有盈余，押存各契据应照数返还各华商[②]。

事实证明，北洋保商银行自开业后，营业非常发达，盈余巨大，未及 25 年期限，到 1919 年就将负欠各洋商债款完全还清。故依照原议附加条件，各商号即可向北洋保商银行请求返还所有各押存契据，以恢复法人身份。正当各商号请求北洋保商银行兑现时，北洋保商银行又接到财政部的命令——查收各商号押存契据。北洋保商银行在遵从“政令”的同时，激怒了商号。

各商号认为北洋保商银行是以“政令”作幌子，纷纷怒斥北洋保商银行不守信用，随将北洋保商银行告上直隶省公署。又于 1921 年 12 月，向财政部请命。以当时情况分析，改组（1920 年）前北洋保商银行为结清所有债权债务关系，将华商产业估值 40 万两售抵财政部以清欠款（北洋保商银行除偿清外欠款，还欠款财政部行化银 286193 两 1 钱 6 分）。双方议定，将来产业销售之后，或盈或绌，届时再结。

而各商号也经商会盖戳为证与北洋保商银行订立协议：“兹因拖欠某某等行贷款无力清还，情愿以瓦房几处作价若干两抵还。北洋保商银行接收后或当或变均由保商银行自主价值，盈亏

---

① 北京市档案馆：中国银行北平支行档案：J31－1－513：《中国银行与北洋保商银行有关贷出款的函》。

② 中国第二历史档案馆：《北洋政府财政部档案》：1027－重 153：《华洋合资北洋保商银行请准发行纸币财政部接收清债款有关文件》。

不与某号相干，各商所欠洋债皆由保商银行代为清偿”[①]。

北洋保商银行在清理债款之际，将原华商号财产作价 40 万两售抵财政部，债权债务关系就发生了变化。而各商号押存的契据，按照后来北洋保商银行、财政部以及各商号三者之间的协议理应由财政部查收。所以各商号，给北洋保商银行戴上“不守信用”之名，又告上直隶省公署，多无道理。

三、第三起“官司”——领取暗记券交涉案

暗记券是一种领券发行，即没有发钞权的银行（多是钱庄、票号）代有发钞权的银行发行钞票，从中获取一部分利益。华资银行产生后，与原始的金融机构钱庄、票号的关系日趋紧张，但两业之间仍有不少合作，主要表现在钱庄帮助银行发行钞票，银行拆放给钱庄，双方共组银团等方面。

早期银行，曾允许钱庄以六成现金、四成公债、期票领用十成钞票，这种方式对钱庄而言是使周转现金由六成变成了十成[②]。由此可见，领券发行是大有裨益的。领钞一方，可以增多现金筹码，获取发行利润；发钞一方，在获取利润的同时，又扩大了本行钞票的影响。北洋保商银行，从成立起就具有纸币发行权，资信一直良好，故领取该行暗记券者众多。天津义胜、泰和、方华、晋生、永同生、大昌、祥生、庆益、振义、华丰、元泰、天瑞等银号，都是代理发行北洋保商银行暗记券的主要会员银号。

会员银号领取暗记券后，竭诚推行，煞费苦心，为保商银行创造了不小的业绩。1935 年 11 月 4 日，法币政策出台。根据规定，中央、中国、交通三行所发行的钞票，作为国家法定的货币，同时加强了中央银行对货币发行权的垄断。从此，北洋保商银行发行准备部分由中国银行代为接收，所有保证准备应得的利益也就随之停止了，这无形中也就结束了北洋保商银行发行暗记券。1936 年 3 月 27 日该行向各会员银号宣告：“代理发行该行暗记券的保证金，由 1936 年 1 月起将原订 4 厘周息，减为 2 厘周息，以三月底为限，到期立即停息解约。”[③]

停息解约对会员银号来讲，无疑是一大损伤。愤愤不平的会员银号，纷纷恳请天津市钱业公会鼎力维持，斥责保商银行无条件突然撤销合同、停止减息，是一种不合情理的行为。保商银行虽有维系各银号感情之心，但又不能违背政策，自身的保证准备利益都已完全停止，那么，对各会员领券担负利息就更无从谈起了。

通过此项“官司”可以看出，南京国民政府通过各种政策的实施、信用体系的设立，加速对本国金融业垄断，大大削弱了其他商业银行的生存空间与权限。

第六章　北洋保商银行的停业清理

第一节　北洋保商银行停业清理的概况

1939 年 1 月 5 日，北洋保商银行经伪中华民国临时政府财政部准予停业，由伪中国联合准

---

① 中国第二历史档案馆：《北洋政府财政部档案》：1027－重 153：《华洋合资北洋保商银行请准发行纸币财政部接收清债款有关文件》。

② 何益忠. 变革社会中的传统与现代——1897—1937 年的上海与华资银行［J］. 复旦学报（社科版），1998（3）：66.

③ 天津市档案馆：天津市各行业同业公会档案：129－3－7－5595：《关于北洋保商银行解除会员领用暗记券合同事项》。

备银行监督清理，京、津两行同时实行各种存欠款清还办法。

1. 各种活期存款不足1000元者，随时支付，1000元以上，不足5000元者，自1月20日起支付，5000元以上者，自2月10日起支付。

2. 各种定期存款不足1000元者，自1月20日起支付，1000元以上者，自2月20日起支付。

3. 所有欠款各户，须1月5日来行结清。

查北洋保商银行在其他各银行户下的账目如下。

1. 在新华信托储蓄银行北京分行户下的账目——两行往来存款项两相轧抵，计新华信托储蓄银行北京分行存北洋保商银行尾数国币900余元[①]，根据保商银行的清理存款办法规定，可随时提出。

2. 在上海交通银行户下的账目有欠款两笔。

（1）定期放款20万元，1939年9月17日到期（利息未结），由国民政府财政部担保。

（2）抵押透支14169元零角2分（欠息结至1938年12月20日整），押品统一乙种公债票面39030元。[②]

至于定期放款20万元，北洋保商银行无力清偿，且因该款由财政部担保，故有向财政部接洽之意。对于押透一款，北洋保商银行押款项下结欠本息14169元零2分，以押品统一乙种公债票面39030元，按照当时市值计算，抵还欠款后余4000元。不过此余款被上海交通银行作为扣留押余，以抵偿北洋保商银行1934年9月17日20万元借款户之账。

3. 在金城银行户下的账目有欠款两笔。

（1）定期放款20万元，1939年9月17日到期（利息未结），由国民政府财政部担保。

（2）抵押放款5万元，1937年10月，北洋保商银行头寸紧张，向金城银行商借5万元，以该行大楼押20万元作抵。[③]

至于定期放款20万元，北洋保商银行仍无力偿还。对于抵押一款以北洋保商银行房地契纸抵押，至1939年1月6日还清。[④]

4. 在中国银行户下的账目有欠款两笔。

（1）定期放款30万元，1939年9月17日到期（利息未结），由国民政府财政部担保。

（2）抵押放款共12万元。自卢沟桥事变后，北洋保商银行业务更加萧条，为支持营业该行以大楼20万元作抵向中国银行借款7万元，又以北洋保商银行所做坨清高线铁路管理公司债权为担保向中国银行做6个月期透支借款国币5万元。

对于定期放款30万元，北洋保商银行无力偿还；对于12万元的抵押款，以房地抵押，于1939年1月6日还清。[⑤]

---

① 北京市档案馆：新华信托储蓄银行北京分行档案：J46－1－177：《银行公会关于集中华北汇兑、伪联银行币对美元比价、调查买卖英镑及办理英人汇兑、保商银行停业等问题的来函》。

② 上海市档案馆：交通银行上海分行档案：Q55－2－1185：《燕行有关保商银行旧欠》。另见：Q55－2－1249：《交通银行关于北洋保商银行借款的来往文书》。

③ 吴恩芳．北京的中国银行［M］．北京：中国金融出版社，1989：312.

④ 交通、金城银行致北平支行函，1939年1月6日，转引自吴恩芳．北京的中国银行［M］．北京：中国金融出版社，1989：313.

⑤ 吴恩芳．北京的中国银行［M］．北京：中国金融出版社，1989：311－313.

5. 在中央银行户下的账目有欠款一笔。

定期放款30万元，1939年9月17日到期（利息未结），由国民政府财政部担保。该行无力偿还。

从以上各款账目可知，北洋保商银行共欠中央、中国、交通、金城四行100万元无力偿还，四行向财政部请求办理。最后上海中央银行于1939年5月6日转致中国、交通、金城银行三行："悉查北洋保商银行现已自行停业，所有应行清算事宜本部以该行处于特殊环境无法饬令办理。该行借款100万元应俟抗战结束再行核办"①。

第二节　北洋保商银行停业清理的原因

一、沉重的负荷

沉重的负荷是导致北洋保商银行停业清理的最直接原因。1934年9月，北洋保商银行由财政部部长孔祥熙保证，向中央银行、中国银行、交通银行、金城银行四银行借款100万元，计中央银行、中国银行各30万元，交通银行、金城银行各20万元。合同规定月息8厘分5年平均摊还，并由财政部签章担保。此项借款，扣至1935年8月底，已届一年期满，按规定应摊还各行本款及其利息，但北洋保商银行因资力窘迫，未能如期照付。四行请求财政部转令支付拨还，但仍未见结果。到1936年8月底，第二次还本付息日，北洋保商银行仍无力处理。于是在1936年6月4日，该行以统一乙种公债票面44030元，一年为限向沪行作抵订有透支契约，但至1937年7月4日期满，北洋保商银行还是不能如期拨还，只能继续转期一年。巨额借款的接连转期，不但加重了银行的偿还负担，而且削弱了银行的信誉。日益沉重的负荷，日益加剧的信用危机，无疑会将北洋保商银行推向停业清理的边缘。

二、银行中心的失衡

最初，北洋保商银行将总行设于天津，后设于北京，京津两地又同时设立分行。北平在1928年以前，为政治中心，故全国金融机关的总部都设于此。然而，一旦政治中心南移，金融业自然受到直接影响。国内金融界曾有如下评议，"自国都南迁后，北平商业，一落千丈，而银行业务，亦连带遭受打击；加之中国、交通二银行总行亦迁往上海，北平银行业随失去重心所在"；天津银行业也是"一度衰颓，倒闭甚多，各行营业中心点……莫不猬集沪滨"② 1936年北平银行只存23家，除北洋保商银行一家外，其余总行均陆续南移。③ 尤其是抗日战争爆发后，北平沦陷，中外各银行，步履更加艰难。北洋保商银行为求生存，纷纷向中国银行借款12万元、金城银行15万元，交通银行3万元④，以资周转。作为创立很早的北洋保商银行，不能顺应时势，抓住全国经济脉搏，将银行中心南移，那么最终的结局是不言自明的。

---

① 上海市档案馆：上海交通银行档案：Q55－2－1249：《交通银行关于北洋保商银行借款的来往文书》。

② 《全国银行年鉴》（1936年），中国银行总管理经济研究室编辑及出版，K156、125.

③ 《中行月刊》，第13卷第4期（1936年），中国银行总管理经济研究室编辑出版，第105－106页。

④ 吴恩芳．北京的中国银行［M］．北京：中国金融出版社，1989：313.

三、日本对华北金融统制政策的影响

卢沟桥事变后，日本侵占了华北大部分地区，并对沦陷区进行了各种形式的掠夺。在金融方面，为了占领华北金融市场，日伪在沦陷区先后设立了伪蒙疆银行等20余家银行，进行所谓的“金融战”“货币战”。1938年3月在北平成立的伪中国联合准备银行，成为日伪统制华北金融的中心机关。它的出现，破坏了华北的币制，扰乱了华北的金融。为了达到以联银券统一华北货币，进一步削弱法币，榨取华北资源，套取法币外汇，将联银券与日元、伪满券等值联系、扩大日元集团的险恶目的①，伪联合准备银行采取多种垄断和统制金融的措施，包括不许各商业银行相互存款，只准存到它那里，要各商业银行以存款的四成（后改二成）向其缴纳存款准备金等②。同时，伪中华民国临时政府又于1938年3月11日发布《旧纸币整理办法》，旨在使法币和一些大商业银行的纸币退出流通领域。其中规定，旧纸币中除河北省银行及冀东银行发行之纸币暨中国、交通两行所发行之指定地点外，所有其他各项纸币限用三个月，截至1938年6月10日期满。③ 北洋保商银行所发行的各种钞票就在限用之列，所有持该行纸币都应在期限以前兑成伪中国联合准备银行纸币。在日军的华北金融政策统治下，北洋保商银行失去了生存空间。纸币被排除出流通市场，无疑加快了北洋保商银行停业清理的步伐。

四、中外合资银行风起一时的短暂命运

北洋保商银行，是继华俄道胜银行在近代中国创办的第二家中外合资银行，最初建行的目的仅仅是为了偿还外商债务。从筹拨股本的曲折过程中中国股本未筹足，外商就持观望的态度，迟迟不予认缴，可以清楚认识到外商在创立该银行时，对盈利性和安全性的极大重视。当1928年该行发生挤兑风潮，业务发展大大下降时，外股竟然以退出股本而求脱身。外股的退出，不仅减少了该行灵活运用的资金，而且还大大降低了该行抵御风险的能力。同时也说明，创办中外合资银行风险与机遇是同在的。危机之时，外股有时会给予“输血”，有时更会狠狠“抽血”。北洋保商银行就是在危机之时被外股把“血”抽走了。结果，既要有足够能力应付挤兑局面，又要有足够能力承受资本短缺的艰难。大伤元气为求生存，就必然依靠“负债”，而巨大的“负债”又注定了该行最终退出历史舞台的命运。

结语

北洋保商银行从创办到最后退出历史舞台，经历了清政府、北洋军阀政府和蒋介石国民党政府三个历史时期，有着30年的悠久历史。30年的历史留下了这家“特殊”银行的“特殊”足迹，也留给了后人一些“特殊”的思考。

一、创办宗旨特殊——开创了为偿还债务设立银行的先河

银行是经营货币的现代企业，是随着产业资本和商业资本的需要而产生、发展起来的。然

① 戴建兵．金钱与战争［M］．桂林：广西师范大学出版社，1995：85.
② 洪葭管．中国金融史［M］．成都：西南财经大学出版社，1993：338.
③ 天津市档案馆：天津市各行业同业公会档案：129－3－7－5407：《关于各银行发行纸币事项》。

而近代中国的银行业，却并不完全是由产业资本和商业资本引起的。最初真正助长中国银行业产生和发展的主要社会条件是外国资本主义在华贸易的发展，使得集中到沿海、沿江通商口岸和各大城市的资金要求有新式金融机构对之进行调剂；兴办工矿交通事业以挽回利权运动的高涨刺激了国民兴办银行的愿望；同时，清政府基于财政需要也想设办银行，故而在一个畸形情境中，中国银行业产生并发展了起来。而北洋保商银行最初成立仅仅是为了偿还债务，更是畸形中的一个特例。

追溯历史，华洋商人往来账目，自应商借商还，如不能还，自有破产律例可依。然而洋商却“因天津华业倒闭后欠款无著，遂多方恐吓，不准其倒”①。据统计，天津洋华业之各华商，大半都是新字号小行，老行也不过两三家，皆因洋商嗜重利，不问其资本是否殷实，就滥行放账，致使各华商不能应付“繁荣”背后的危机，纷纷倒闭。洋商为达到由官方清理的目的，不惜“运动幕府某，怂直督杨文敬，忽札饬海关道蔡述堂观察，料理其事”②。

试问，北洋保商银行代还商款此端一开，将来各埠华商如有亏欠洋商之款，皆可依照办理，那么官款能继其后乎？1920 年，津埠各洋布棉纱庄与东西洋各国定购棉纱匹头，因金价暴涨，再一次发生了布匹危机，损失巨大。各庄屡次会议“拟将批定之货，如数退还，所亏行市，拟筹设银行，每年由余利项下弥补，即仿效当初保商银行之办法”③。不过，此次筹设银行的设想，未能实现。但从中不难看出，北洋保商银行开先河的后患。

官方代还清理，对于洋商而言，可以本利如数归偿，不致有所亏损；对于华商而言，也得官为清理，可以不解已囊。彼此均以官方清理为利，那么官款又何以出？正如有人感慨，“若遂华洋商人之欲，则将来市尘之害，必日深一日。而商情之狡，亦日甚一日。实于市面有百害无一利。且此事系商家来往，全无关于国际，断无有伤外交之理。若是由官偿还，则变为国际问题矣。办外交者，尤不可不知也。尤有进者，官款仍无非出之于民。是不啻萃在津之若士若农若工若商。群担负其责任，则尤无理之甚者也。”④

在中国银行业发展的畸形情境中，外资银行将与中国合办银行的“合资外衣”，赤裸裸地披在了北洋保商银行的身上。目的只在于要中国政府保证偿还应付欠款，特别是辛亥革命时期的债务。通过合办而达到这种目的，这真是把合办的作用发挥到极致了⑤。

二、银行中心特殊——唯一一家尚未将银行中心南移的银行

银行业的发展同企业的设立一样，有一个选址的关键问题，所在地公共设施是否完善，市场需求是否足够，与同类企业的竞争是否公平、法律规范是否健全等，这些外部因素对企业的生存和发展的影响是不容忽视的。银行业更是如此，地区政府、其他金融机构、各要素市场的状况也在一定程度上决定了银行业的发展进程。⑥

北洋保商银行最初选择了北平、天津作为总行、分行所在地，具有较大的优势。因为北洋军阀政府设在北京，经营公债投机可谓近水楼台；同时京津两地又是巨资大军阀、大官僚的集

---

① 沈云龙．近代中国史料丛刊续编．第 67 辑，李振华．近代中国国内外大事记［M］．台北：文海出版社，1979.
② 沈云龙．近代中国史料丛刊续编．第 67 辑，李振华．近代中国国内外大事记［M］．台北：文海出版社，1979.
③《银行周报》，第 4 卷第 25 号（总第 156 号），《各埠金融及商况》，第 17 页。
④ 沈云龙．近代中国史料丛刊续编．第 67 辑，李振华．近代中国国内外大事记［M］．台北：文海出版社，1979.
⑤ 汪敬虞．外国资本在近代中国的金融活动［M］．北京：人民出版社，1999：341.
⑥ 许荣，李悦，操仲春．百年金融浪潮［M］．北京：中国经济出版社，2000：67.

中地，有大量游资可供利用；且两家准国家银行——中国银行和交通银行的总行又都设在北京，同时将天津作为经济活动的地盘。其利在于北京，而其弊也由此生。北洋军阀政府时期的北京，实际上是一幅四分五裂、群雄割据的混乱局面，随着北伐战争的推进，其政治中心职能也几乎殆尽。然而，在发展过程中，北洋保商银行并没有意识到时势的变化，更没有意识到中国银行业设立、发展的分布变化。中国银行业不断向前发展，由 1918 年的 27 家增加到 1934 年的 170 家。其分设在北京、上海两个城市的情况如图 4 -4 所示。

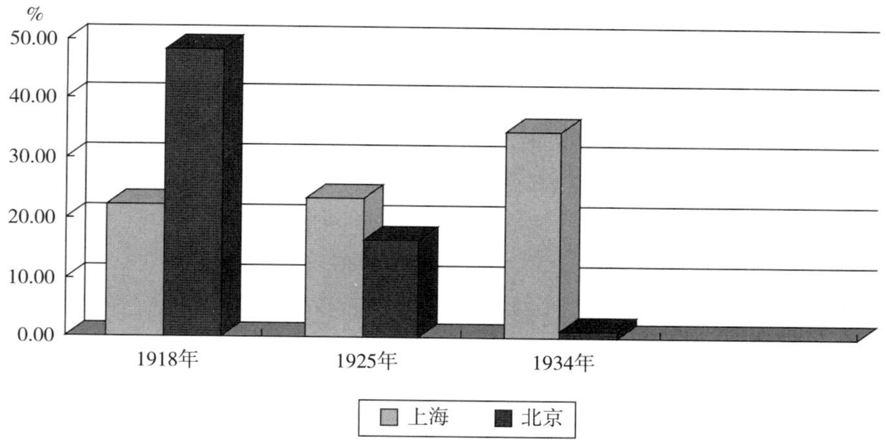

图 4 -4 北京、上海银行设立分布对比

图 4 -4 直观反映了上海、北京两城市银行设立、分布的变化。上海拥有的银行由 1918 年的 22.22%（6 家占 27 家）上升为 1925 年的 23.4%（33 家占 141 家），1934 年的 34.71%（59 家占 170 家）；北京则由 1918 年的 48.15%（13 家占 27 家）下降为 1925 年的 16.3%（33 家占 141 家），1934 年的 1.18%（2 家占 170 家）。[①]

这种变化不仅表明中国金融业的脉搏已由北京转移到了上海，而且说明中国银行业的发展与政府的变动密切相关。然而北洋保商银行固守原点——北京、天津，看不到上海金融市场中心的广阔前景，银行中心不南移，行务发展必然受到削弱。由此可见，地理位置的选择对银行的生命存续是至关重要的。

三、纸币发行特殊——代政府发行兑换券

发行钞票与吸收存款虽同为银行集聚资金的重要手段，但以发钞来扩大银行资金总额比吸收存款更为有利。银行吸收存款，须向存户支付利息；而发钞则可省却利息支出。而且钞票发行增长速度较之存款增长速度要快得多。[②] 北洋保商银行是由中、日、德三国合办的，作为中外合资银行，该行具备了特许发行钞票的权利。但与其他商业银行不同，该行是代政府发行兑换券。

中国近代币制十分复杂，尤其是进入民国以后，在列强入侵和各派军阀割据局势下，国家没有完整的铸币权，更没有统一的发行制度。单就纸币而言，当时中国境内流通的纸币既有中国国家银行及省、市地方银行发行的纸币，也有中国的华商银行、钱庄及商号发行的纸币，另

① 黄鉴晖. 中国银行业史［M］. 太原：山西经济出版社，1994：125、129、156.
② 刘佛丁. 中国近代经济发展史［M］. 北京：高等教育出版社，1999：191.

有外国银行在中国境内发行的纸币，可谓名目纷繁复杂。中外合资银行陈请发行纸币，虽经过北洋政府国务会议批准，并对其发行数额等项加以制约，但是由于这部分银行都打着“中外合资”的招牌，中国政府害怕引起外交上的交涉，一贯采取妥协政策，只要有发行纸币之请，一般都是“绿灯放行”①。所以，中外合资银行发行的纸币对扰乱中国币制所起的副作用，是不言而喻的。

四、银行性质特殊——由中外合资的商业银行变为由华独资的商业银行

在银行发展史上，按银行的职能大概可分为六类，即国家银行、地方银行、商业银行、农工银行、专业银行和侨资银行。北洋保商银行因由在津华洋商人合资设立，故属于中外合资性质的商业银行。20 年后，该行的外股又退出，变为完全的华资银行。作为商业银行，追逐利润是第一根本法则，但对于中外合资的北洋保商银行来讲，外股追逐利润才是第一根本法则。从最初怂恿中方筹办银行，后迟迟不认缴股本，后挤兑风潮退股脱身，都非常有力地揭示了外股在“合资外衣”下对既得利益的追求。

然而，中外合资银行是中外资本相结合的产物，利之所在，弊即随之。在论其弊的同时，也应看到其利。就其组合的经济成分来看，一方是中国的国内资本，另一方是外国资本，这就减少了中国自办银行筹措资金的艰难；就其经营权来看，尽管大多经营权控制在外人手中，但它毕竟是中外双方共同经营举办的，中方仍有一定的经营权，甚至有的中方人员占领导地位。北洋保商银行在经营中，中方的经营权占较大的主导地位。虽然外国资本着重点在于通过合办以突破种种限制，打开中国市场从中获取特权、赚取利益，但是对于中国来讲，通过与外资合办或多或少可以收到“不令外人独占其利”的效果②，并可以从中学习先进的金融业管理方法和技术，从而推动中国近代化进程。

在中国近代金融史上，中外合资银行风起云涌，特别是第一次世界大战后达到了前所未有的高潮。这种“风云一时”无疑会对中国银行业的发展起到推波助澜的作用，从而提高中国金融市场的流动性和竞争程度。但“正是两国合办，必会受到两国之关系牵连，一方政局之变化，即足以影响银行之全局”③。华俄道胜银行倒闭，受俄国政局连累就是一个很好的证明。而对于北洋保商银行来讲，也不免受到中国政局的影响。北洋军阀统治时期四分五裂，群雄割据，又正值政府中心转移。在政局动荡，兵祸不断，百业凋敝的局势下，作为商业银行，不但不能盈利，反而连年亏损，那么对于以“赚取利润”为第一原则的外国资本来讲，自然会以退股而求脱身。总而言之，正是中外合资这种特定的性质和特定的地位，决定了中外合资银行特殊的发展轨迹。

参考文献

［1］天津市档案馆：天津市各行业同业公会档案：129－3－7－5476：《银行公会信稿》。

① 于彤，戴建兵．中国近代商业银行纸币史［M］．石家庄：河北教育出版社，1996：163.

② 曹均伟．近代中国与利用外资［M］．上海：上海社会科学院出版社，1991：390.

③ 杨荫溥．上海金融组织概要［M］．北京：商务印书馆，1930：220.

［2］天津市档案馆：天津市各行业同业公会档案：129－3－7－5432：《各银行去稿来函》。

［3］天津市档案馆：天津市各行业同业公会档案：129－3－7－5407：《关于各银行发行纸币事项》。

［4］天津市档案馆：天津市各行业同业公会档案：129－3－7－5595：《关于北洋保商银行解除会员领用暗记券合同事项》。

［5］北京市档案馆：交通银行北平分行档案：J32－1－1172：《关于垦业银行设办事局及代办业务与保商银行往来文书》。

［6］北京市档案馆：新华信托储蓄银行北京分行档案：J46－1－177：《银行公会关于集中华北汇》。

［7］北京市档案馆：中国银行北平支行档案：J31－1－513：《中国银行与北洋保商银行有关贷出款的函》。

［8］北京市档案馆：中国银行北平支行档案：J31－1－1157：《北京银行公会与各行关于银行现金往来、会计印鉴的使用以及印花税计息账务处理等问题的函》。

［9］北京市档案馆：中国银行北平支行档案：J31－1－1333：《北京各银行给第四、第三方面军借款项的函》。

［10］北京市档案馆：中国银行北平支行档案：J31－1－1384：《北洋保商银行、北京中华汇业银行等关于抵押透支展期、抵借款项等的函》。

［11］北京市档案馆：中南银行北京支行档案：J44－1－7：《银行公会关于救济难民、捐款等问题的来函》。

［12］北京市档案馆：中国农业北京分行档案：J54－1－47：《北平银行公会章程、会员名册、收支报告》。

［13］北京市档案馆：中国银行北平支行档案：J31－1－535：《五族商业银行、大陆银行等关于注册请求具保的函及中国银行作保的函》。

［14］北京市档案馆：金城银行北京分行档案：J41－1－197《新华、中孚等银行关于送印鉴、迁址、人员变动借款等问题与本行的来往函》。

［15］中国第二历史档案馆：《北洋政府财政部档案》：1027－重153：《华洋合资北洋保商银行请准发行纸币财政部接收清债款有关文件》。

［16］中国第二历史档案馆：《北洋政府财政部档案》：1027－重1494：《财政部与北洋保商银行联系拨付股本归还欠款有关文件》。

［17］中国第二历史档案馆：《北洋政府币制局档案》：1027－重425：《币制局调查国内中外各银行名称资本额及发行纸币流通情形》。

［18］上海市档案馆：上海交通银行档案：Q55－2－1249：《交通银行关于北洋保商银行借款的来往文书》。

［19］上海市档案馆：交通银行上海分行档案：Q55－2－1185：《燕行有关保商银行旧欠》。

［20］《北京银行月刊》，1922年第1卷第1号；1922年第2卷第4号；1923年第3卷第3号；1924年第4卷第3号；1925年第5卷第8号；1928年第8卷第12号。

［21］《北京之银行事业》：《申报》，1921年1月6日。

［22］《全国银行年鉴》（1935年），中国银行总管理处经济研究室编辑及出版，1935年。

［23］《全国银行年鉴》（1936年），中国银行总管理处经济研究室编辑及出版，1936年。

［24］《银行周报》，第4卷第25号；第14卷第11号。

［25］《中行月刊》，第 12 卷，第 1、2 期；第 13 卷第 4 期。

［26］《中央银行月报》，第 2 卷第 9 号；第 4 卷第 3 号；第 5 卷第 4 号；第 6 卷第 3 号。

［27］曹均伟：《近代中国与利用外资》，上海社会科学院出版社，1991 年。

［28］戴鞍钢、黄苇：《中国地方志经济资料汇编》，汉语大词典出版社，1999 年。

［29］戴建兵、盛观熙：《中国历代钱币通鉴》，人民邮电出版社，1999 年。

［30］戴建兵：《金钱与战争》，广西师范大学出版社，1995 年，第 85 页。

［31］何益忠：《变革社会中的传统与现代——1897—1937 年的上海与华资银行》，复旦学报，社科版，1998 年第 3 期。

［32］洪葭管：《中国金融史》，西南财经大学出版社，1993 年版。

［33］黄鉴晖：《中国银行业史》，山西经济出版社，1994 年版。

［34］刘佛丁：《近代中国经济发展史》，高等教育出版社，1999 年版，第 191 页。

［35］马洪、孙尚清：《金融知识百科全书》，中国发展出版社，1990 年版，第 2159 页。

［36］沈云龙：《中国近代史料丛刊续编》第 67 辑，文海出版社。

［37］天津历史研究所编：《天津历史资料》，天津历史研究所出版社，1964 年第 2 期。

［38］天津商报：1931 年 10 月 7 日（第 1 版）。

［39］天津市地方志编修委员会：《天津通志》（金融志），天津社会科学院出版社，1995 年版。

［40］汪敬虞：《外国资本在近代中国的金融活动》，人民出版社，1999 年版。

［41］许荣、李悦、操仲春：《百年金融浪潮》，中国经济出版社，2000 年版。

［42］杨荫溥：《上海金融组织概要》，商务印书馆，1930 年版。

［43］于彤、戴建兵：《中国近代商业银行纸币史》，河北教育出版社，1996 年版。

［44］中国社会科学院近代史研究所译：《顾维钧回忆录》第一分册，中华书局，1983 年版。

［45］周葆銮：《中华银行史》第七编第十章，文海出版社，1923 年版。

［46］朱汉国：《南京国民政府纪实》，安徽人民出版社，1993 年版。

［47］吴恩芳：《北京的中国银行》，中国金融出版社，1989 年版。

［48］献可：《近百年来帝国主义在华银行发行纸币概况》，上海人民出版社，1958 年版。

第四篇　中法实业银行

张百霞

19 世纪末 20 世纪初，西方资本主义国家已进入帝国主义阶段，借贷资本的输出成为其资本输出的重要方式，那时西方列强要向中国攫取的各种政治、经济特权，几乎都可以从贷款条件中得到，因此各帝国主义国家竞相争夺对中国贷款优先权，而他们在华推行资本输出、掠夺特权的主要参谋便是各国的在华银行。19 世纪下半叶以后，西方主要资本主义国家都有银行相继进入中国金融市场，主要有 1865 年设立的汇丰银行（英）、1890 年正式营业的德华银行（德）、1893 年设立的横滨正金银行（日）、1894 年设立的东方汇理银行（法）、1896 年设立的华俄道胜银行（俄）、1902 年设立的花旗银行（美）等。那时，列强对中国的经济侵略活动，很多是通过这六大资本集团进行的。但在掠夺中国的过程中，各国竞争十分激烈，尤其是清末铁路让与权的争夺，迫使各资本集团降低了对华贷款条件，削弱了彼此之间掠夺中国的力量，加之中国人民日益高涨的反帝斗争情绪，西方列强认识到谁也不可能独霸中国。为了协同各国在华权益，分配对华贷款，各列强便接受了美国早先提出的“门户开放政策”，积极协调矛盾，筹组国际银行团，于是先后出现了四国银行团、六国银行团、五国银行团等。参加银行团的各银行在对中国政府进行贷款的问题上不能单独行动，而由银行团统一决定，各国银行所取得的好处也以契约或合同固定下来。

第一章　中法实业银行的成立

第一节　中法实业银行成立的背景

辛亥革命后，以袁世凯为首的北洋军阀势力篡夺了辛亥革命的胜利果实，建立起挂着“民主共和”招牌的封建复辟政权，开始了北洋军阀统治。为了稳固统治，袁世凯一上台便提出了所谓“善后”问题，一方面镇压资产阶级的反抗，复辟帝制，积极扩充嫡系部队，消灭异己，解散南方各省军队，因此所需军政费用大增；另一方面，为换取西方帝国主义国家的承认和支持，完全无保留地继承了前清政府遗留下来的所有对外债务。据统计，当时外债余额约为9亿两库平银，其中庚子赔款本息等就达5亿两[①]，而这些外债大多以关税、厘金、田赋、铁路收益等为担保。可见，袁世凯要解决“善后”问题，就必须首先解决庞大的军政费用和债务支出问题。然而如前所述，北洋政府秉承前清余弊，国家重要税收早被帝国主义所把持；中央另一种主要收入——各省解款，也由于各省独立大多被地方截留。因此当时“库空如洗”，熊希龄接任财政总长时，“南京库储仅余三万，北京倍之，不及六万”[②]。据统计，自1912年到1913年，中央政府想尽一切搜刮办法，在一年多的时间里从国内征集到的财政收入不过二千万两左右[③]，远远不能满足军政各费的需要。在当时没有可靠收入可资凭借的情况下，袁世凯便以“财政善后”为名，向帝国主义银行团大举外债。

1912年2月，以英国为主的四国银行团为了支持袁世凯对付革命党人以稳定局势，确保列强在华均势，同意在3月向中国政府提供急需的700万两银子，但在2月28日垫借200万两[④]后，就借口中国政局不稳，不肯再续付垫款。不久，又迫使袁世凯做出不在四国银行团以外接洽任何重要借款的承诺后，四国银行团才又交付了110万两。但这点借款对于袁政府实如杯水车薪，难以救急，3月14日，主持中国借款谈判的内阁总理唐绍仪不得不以京张铁路净利及财产为抵押，与四国银行团以外的华比银行签订《五厘息金借款合同》，借款100万英镑。此借款合同的签订打破了银行团的垄断，因此遭到了英、美、德、法四国银行团的强烈抗议和多方阻挠，最后逼其废止合同。并借口“中国用款习为冒滥”，借机向中国政府提出了监督中国财政的苛刻垫款条件。5月17日，财政极度困难的中国政府与六国银行团（日、俄两国加入谈判）签署了垫款合同及监视开支暂时垫款章程。

列强控制中国的野心和袁政府饮鸩止渴以加强统治的图谋，引起了各界人民的强烈反抗，当借款提议提交参议院时遭到了拒绝。迫于各方压力，接替唐绍仪谈判借款的财政总长熊希龄不得不与银行团重开谈判，要求改变条款，但列强不肯让步，甚至提出了更加苛刻的借款条件。6月下旬六国银行团正式向中国政府递交了进一步垫款和善后大借款的四项条件：“一、须予该

---

① 隆武华．北洋政府外债的借新还旧及其经验教训［J］．中国社会经济史研究，1999（3）．

② 民立报，1912年5月27日，转引自李新，李宗一．中华民国史：第二编第一卷上［M］．北京：中华书局，1987：431.

③ 李新，李宗一．中华民国史：第二编第一卷上［M］．北京：中华书局，1987：433.

④ 此200万两以中国轮船招商局船只作为担保。

团以经理五年债票之专利权，二、须以盐务改照海关办法，三、须延聘该团中一人为财政部顾问，四、须聘外人为稽核处长”①。熊希龄鉴于国内人民的反对断然拒绝了银行团的无理要求，并向银行团要求减少借款以减轻监督条件，但此时新的六国银行团已告成立（俄国华俄道胜银行和日本横滨正金银行的加入使四国银行团变成了六国银行团），垄断之局已定，银行团方面不肯作丝毫让步，几经磋商，终无结果，于是善后大借款谈判宣告中断。

第二节　中法实业银行的创议与成立

1912 年 7 月，由于六国银行团借款条件极其苛刻，中国政府根本无法接受，因此善后大借款谈判陷入疆局，银行团停止贷款，企图以此来扼住中国政府财政的咽喉，时任财政总长的熊希龄只得发布“垫款无着，只得令各省自行设法，或由中央另筹他法，以救目前之急”② 的函件。当时在华的外国掮客十分活跃，但由于列强的反对，小额借款也难以告成，而袁政府需款迫切，作为财政总长的熊希龄十分焦急，恰在此时接到法国东方汇理银行天津分行总经理裴诺特（Alexis Joseph Pernotte）密函，“六国银行团互相牵制，条件太苛，深恐难于就绪，中法交情素称辑睦，不如两国为经济上之联络组织一中法银行，以实业为前提，俟信用既彰，即可源源输入外资，以减轻中国财政上之困难”③。熊希龄正苦于无处筹款，忽来此议，认为“资本联合亦财政上救急之策”④。遂复函“嘱其将详细办法及巴黎市场情形，切实调查开具节略，以便斟酌办理”⑤。不久，汉口法商垓里卜夏（Alexandre，Bouchard）又亲自到北京与中国国务总理陆征祥和财政总长熊希龄以函件方式秘密交涉，商定筹集资本 4500 万法郎组织中法银行。1912 年 7 月 10 日陆征祥、熊希龄又复函卜夏，“本国改革维新，重在开放主义，欲使地大物博之中国，得外国资本家助以财力，庶几商务发达，中外同受其利益。足下能集合巨股，在中国设立实业银行，贷借资本，发行债票，以为建设铁路、开通河道、添造商船、振兴矿业，担任建设之需，本国甚表欢迎。并当设法助之进行，以其足以利吾国民也，唯该行必须在六个月内成立，条件由双方商订……，且按照来函缴入股份一节，经由参议院通过后，亦可以集一千六百万佛郎之股数也。该款俟大局稍定，即当交付。唯此项数目而论，亦足有派一管理人之资格……”⑥。随后，卜夏回到巴黎积极筹划，鼓动各大资本家共同出资。同时陆征祥等向驻法中国代表发出通函，要求中国公使设法协助卜夏筹商办法。⑦ 经过一番运作，法国各大资本家赞成者众多，并很快派了两名代表（这两个代表一是麻立克拿多（M. Klado），另一个就是卜夏）到北京与财政部就组织实业银行的具体事宜作进一步交涉。不久，北京政府内阁改组，熊希龄辞职，周学熙续任财政总长，继续与法国财团代表交涉。1913 年 1 月 11 日中法双方签订了《中法实业银行章

---

① 今昔借款始末记．财政长呈大总统文［N］．民立报，1912－09－28，转引自李新，李宗一．中华民国史：第二编第一卷上［M］．北京：中华书局，1987：249.

② 熊氏之通函［N］．申报，1912－07－20.

③ 中法实业银行组合始末记［N］．申报，1912－01－30.

④ 中法实业银行组合始末记［N］．申报，1912－01－30.

⑤ 中法实业银行组合始末记［N］．申报，1912－01－30.

⑥ 《陆征祥等对于在华创办实业银行表示欢迎致卜夏函》，财政部财政科学研究所，中国第二历史档案馆编著：《民国外债档案史料》第十二卷，档案出版社，1992 年 2 月第一版，第 247 页。

⑦ 财政部财政科学研究所，中国第二历史档案馆编著：《民国外债档案史料》第十二卷，档案出版社，1992 年 2 月第一版，第 248 页。

程》，并经北京政府批准立案。

中法实业银行按照法国的公司法在法国办理注册，其组织形式是股份有限公司，并报经北洋政府特许，于1913年7月正式营运，总行初设在巴黎。不知什么原因，1914年2月又转移至法京巴黎圣喇扎街74号（74，rue Saint - Lazare），中国方面则在北京设营业局，又于上海、天津设立分行，塞理尔（Sellier）为北京分行经理，李维是上海分行经理[①]，1915年天津分行开始营业，裴诺特为经理[②]。

中法实业银行之所以秘密交涉以及法商提议能得到中国财政部的迅速应允，其原因在于：（1）当时六国银行团已垄断了对中国的贷款权，自然不能容忍任何一国或公司单独对华借款，但如前所述，银行团内部也有矛盾，加之中国人民的反对，借款屡议不成。这种境况，法国外交部亚洲司副司长菲利普·白德洛（Philippe Berthelot）看得十分清楚，当时菲利普的长兄安德烈·白德洛是北京福公司的大股东兼董事长，同时又是法国激进党的参议院议员，由于其弟特殊的外交工作关系，自然能有“独到”的眼光提供商机给其兄，而此时投资银行正是大好时机。[③] 因此，白德洛兄弟才是中法实业银行的幕后操纵者，只是由于以上原因，当时白德洛兄弟不便于亲自出面，于是才有了东方汇理银行经理裴诺特的密函和商人麻立克拿多及垓里卜夏出面交涉的行为。他们以商人名义，以“中外合办”为幌子，目的是避开六国银行团的阻挠。（2）中法实业银行以“中外合办”为名，以“发达实业”为前提，也应和当时中国的形势。一方面，如前所述，当时的袁世凯正企图摆脱国际银行团的钳制，扩大借贷空间，因此对中法实业银行的成立大表欢迎；另一方面，北洋政府为获得财政收入，也提倡实业，发展资本主义，国内银行纷纷成立，因此以“发达实业”为名的中法合办银行，应和了当时中国发展实业的形势，且当时政府认为“比直接借款较为减轻”，“故亦无反对之者”[④]。（3）中法实业银行在一定程度上满足了北京政府某些政要人物的一己私利。当时续任财政总长周学熙在国内兴办了众多实业，因此与法国代表交涉时，提出“该银行对于中国实业当与以极便利之利益”，要求利用银行的低利贷款发展中国实业，“而其所开出应享此利益之实业公司为何？则北京自来水公司、滦州煤矿公司、唐山洋灰公司……而此数项者皆与周氏有极大之关系者也”。以至法国代表深笑中国财政总长的“眼光如豆子大”，“既有意开发实业，而全国之大实业未闻计及，而独与总长有关系之实业，则汲汲不遑，殊觉可怪”[⑤]。然而，对于法方来讲，满足军阀官僚的一己私利，以换取对整个中国金融财政的索取，仍然是一笔低成本、高利润的生意。[⑥]

第二章　资本构成及组织结构与人事安排

第一节　资本构成

中法实业银行按其章程规定，最初资本额定为4500万法郎，分9万股，每股500法郎。

---

① 中法实业银行广告［N］．大公报，1919 - 11 - 01.

② 天津市政协文史资料研究委员会编．天津租界［M］．天津：天津人民出版社，1988：50.

③ 许文堂．中法实业银行的政治与人事纠葛（1913—1925年）［J］．（台湾）中国历史学会史学集刊，第二十八期．

④ 中法实业银行组合始末记［N］．申报，1913 - 01 - 30.

⑤ 中法实业银行组合始末记［N］．申报，1913 - 01 - 30.

⑥ 汪敬虞．近代中国金融活动中的中外合办银行［J］．历史研究，1998（1）．

股份分为创办股及通常股两种，创办股共为3000股，规定其利益“永无更易”，其股数也永无增减，通常股共为87000股。不论是创办股还是通常股在股本未缴足前均为记名股票，缴足之后，则记名与否由认股者之便，并规定创办股的1号至1000号和通常股的1号至29000号，永远为记名股票。该行对于创办股权利较优，据股东会规定，每股在股东会有6票之权，而通常股则每10股方有1票之权。

按照规定法国方面认股三分之二，计2000股创办股和58000股一般股，共3000万法郎，其中福公司出资2000万法郎，发起人出资150万法郎，其余（大约850万法郎）则向投资大众公募而来。[①] 中国政府应认该行资本三分之一，计3万股，内分创办股1000股，通常股29000股，总共应交法金1500万法郎。中国政府方面由于财政困难，其股款暂由北京福公司（The Peking Syndicate）代垫。[②] 初次仅垫付1/4股款375万法郎，以年息六厘的国库券抵冲。[③] 按照章程规定，以后增资扩股时，中国方面仍可享受加缴三分之一股份。

从其资本构成来看，中法实业银行虽然标榜“以发达中国实业为宗旨”，组织形式也披上了中法合办的外衣，但实际上，法方不仅占有该行的大多数股份，且中方所附的1/3股本也来自法方，据严中平的《近代中国外债史统计资料》所载，“就是历年偿付这笔借款的利息，也是从中法实业银行借来的”。因此该行的经营主导权落入谁手，便不问自知了。

第二节 组织结构与人事安排

中法实业银行原章程规定，银行总机关及董事团皆设于法国首都巴黎，董事局则是全行的管理机关，董事局局长为安德烈·白德洛，副局长则廖世功、烹烈。[④] 董事局董事资格持有50股以上的股东才具有，董事均由股东会选举产生，六年一任，华人有被选之权，董事名额定为7人至21人。[⑤] 法方的代表人物为裴诺特，中方的董事由官方指派，以王克敏、周自齐等为代表[⑥]，中国政府还可派一代表常驻董事局，其他几位则不常驻巴黎，故每次会议常是多数人不能参加。

设于北京的营业局，按照董事局所定之职权，总司该行在中国的一切营业事宜，营业局的职员共有3人或6人，其中1/3为中国人，由中国政府指定，其余2/3为欧洲人，由巴黎董事局选举，并设总理一人由董事兼任。[⑦]

---

① 《中法实业银行》，北京档案馆，J－41－1－71。关于福公司所占该行的股份还有两种说法。一是《银行周报》5卷48号记载：福公司占银行发起股391股，常股17208股。另一种是许文堂先生根据《法国经济及财政档》所载认为：法方最大的股东为福公司，认购股金合500万法郎，即1000股创办股和9000股一般股。

② 北京福公司成立于1897年3月，资本2000万法郎，总公司设在伦敦，分公司设在北京。该公司原以英国资本为主，后来法国资本居多。该公司以采掘山西、河南两省的矿山及布设采矿铁道为目的。曾修筑道清铁路，后以70万英镑售予清政府，至1913年时公司的大股东多为法人，因此由法国参议员安德烈·白德洛出任该公司总稽核并兼中法实业总裁。北京档案馆J－41－1－71。

③ 中法双方商订，此款偿还分四批付清，还时无折扣拥金交付，交付地点是北平，自垫付日起偿还年限不得逾两年，其余欠缴股款3/4共法金1125万法郎，直到1917年5月财政部与中法实业银行商定以钦渝铁路垫款名义，在巴黎发行年息七厘的资本库券才得以缴清。以后该行又增资两次，中国所认缴的1/3也是钦渝库券抵冲的。资料来源：中法实业银行之今昔观［N］．银行周报，1917－10－09。《财政部经管无确实担保外债说明书》，中华民国十六年财政部编印，第31页。

④ 中法实业银行广告［N］．大公报，1919－11－01.

⑤ 中法实业银行之今昔观［N］．银行周报，1917－10－09.

⑥ 天津市政协文史资料研究委员会编．天津租界［M］．天津：天津人民出版社，1988：50.

⑦ 王铁崖．中外旧约章汇编：第二册［M］．上海：三联书店出版社，1962：858.

在中国的每一分行，无论业务繁简及事之大小，统由法国人当家做主，所有从业人员又分为两部分：一是洋账房，专司各项簿记账目、报表、票据、书信文牍等事务；二是华账房，专管现金出入，负责辨别当地通用各种钱币的真伪。洋账房的人事关系由行长和其他法籍人员管理，华账房由买办领导管理，但须对行长负银钱的全面责任，受行长和法籍人员的监督，接受和执行行长的意见。

从其人事安排来看，中国对于该行权力至为有限，总理在华事务的北京管理部，中国仅占管理人员总额的三分之一。中国官股代表，非经股东会选为董事，不得参与董事会议决。虽然该行章程上载有“华人有被选之权”，华人可以任董事，但实际形同具文。并且章程还规定：“凡关于股票之转售、董事团之组织、各股东在大会内之权力、董事团之权限、查账员之委任、股东大会之召集、簿记之设立及检查等事，本银行皆按照法国之法律及习惯而行，一如其他各股份有限公司。”[①] 总而言之，中国对于该行的权限极为微末，徒有合办之名，而无合办之实，任令法人把持垄断，华人没有丝毫权力可言，即不能实际领导或指导业务，也不能独自签署，只是备位划行而已。在董事团第一届12名董事中，华人董事不过1名，寥作为点缀。这一点还可从吕宝德的《有关中法实业银行的见闻》中得到见证[②]。吕宝德回忆到，“总管理处有平行总经理二人，法方是裴诺特担任，中方是王克敏兼任。王克敏在名义上尽管和裴诺特平级，但他很少到银行来，数十年间只来过一次，且待了半小时就走了，而裴诺特完全相反，经常来行听取汇报和指导业务。他每年公费旅行欧亚一次，在最适宜的季节去中国、越南和法国各地分行视察，执行总经理职务。这样，整个中法实业银行的人事调动、行政设施和业务管理的实权，就全集中在他一人手中，随心所欲，任性而为。[③]

这种人事安排也体现了中国半殖民地性质，国家不独立，从而导致该行缺乏有效的监督，给日后裴诺特随心所欲的投机行为创造了条件，也决定了中法实业银行的命运。

第三章　中法实业银行的营运

第一节　业务范围

据《中法实业银行章程》第三条规定，该行主要“经营中华民国关于银行及财务之一切事业”，其具体营业情况如下：（一）发行兑换券，但至中国政府颁行纸币则例之时为止；（二）收发存付一切商业债券、期票、支票、汇票及他种定期票据；（三）凡已成或未成之各种公司，无论关于民事或关于商务，本行可协助其从事组织，召集股本，代售股票、债票、代理稽查营业成绩，以及投资于各种已组成之公司；（四）组织堆栈或贮存粮米货物家具之仓库；（五）动产与不动产之买卖互换及其契约；（六）凡有关于工程、工艺、商业、农务、林矿等事务之事业权利及工作，皆可租让与本行经理其事，而让主、租主可任便赎还；（七）无论对于国

---

① 王铁崖．中外旧约章汇编：第二册［M］．上海：三联书店出版社，1962：858.

② 吕宝德于1918年1月进入中法实业银行北京分行工作，直到1948年5月中法实业银行后身中法工商银行倒闭，一直担任文牍工作。

③ 吕宝德．有关中法实业银行的见闻［M］．文史资料选辑：第44辑．北京：文史资料出版社，1980：228.

内国外，本行若受中国政府之委托，可代中国清还国库金库债票及其他行政机关所发之债票，拨解成本，发付利息，按年清还内债外债，或运转政府之一切款项；（八）经理借款；（九）代公私团体收取无论何种进款；（十）收存各种公立私立公司之进款；（十一）各种公立私立之公司，有需用时，本行可按其进项多少接济款项；（十二）经理各种汇兑事项，代取各种债权、利息、股利，收回资本或利金，买卖各种公债票及工商债票；（十三）凡有浮存款项于本行者，可与之立流通账；（十四）债票、契约、金银、钱币及珍宝物件之保管；（十五）经理发行公债票、股票、债票及他种借款，无论有无利息，有无政府之担保皆可；（十六）招揽取得并料理公家之各项工程，如开埠、筑堤、修道、治河、建铁路、开矿山等事之权利，无论直接或间接，以便转授或售予他公司或他人承办；（十七）自己买卖或为他人买卖生金银、珍宝、贵重品；（十八）押借款项与房主、地主，一切皆按照中国之习惯及法律所规定之章程而行；（十九）凡有以债票、契约、押货据、存货票、珍贵之品与落栈之货为抵押者，或以个人为担保者，本行可作垫款之事，各建筑师房地主、船主果有确实之担保，亦可为之垫款；（二十）总之凡有关于银行之事业如借款存款、短期借款、保证押借等事，本行皆能经理。①

可见该行营业范围极为广泛，按照法国银行制度，中法实业银行属实业银行系统，该行在中国的分支机构同样也应以经营工商实业为主要业务。但观其章程所列，该行在中国所经理的事业广漠无涯，营业范围远远超过了工商实业的经营范围。除有储蓄、放款、买卖生金银、办理汇兑、实业租让、经营各种股票、债券、代取证券本息等业务外，第一项还规定该行有在中国发行纸币的特权，第七项和第八项又允许该行代中国政府偿还内外债及运转政府一切款项和经理借款等事。可见，该行除经营工商实业外，还兼营商业银行业务，甚至国家银行业务也被其综合包揽。其经营业务如此繁博，甚至当时人们都认为“其性质为银行，而其目的则在我国各种利权也”，且规定该行营业年限为九十年，年限之长在近代史上也是极为罕见的。而以借债为生的北京政府之所以许以该行如此多的特权，甚至不惜牺牲本国国家银行的权利为条件，无非为将来政府挪借款项大开方便之门，而并非真正开发中国实业。

综观民国初年创设的多数中外合办银行，在中国一方，开办目的皆不外乎谋取借款的活动，而在对方，则以获得财政经济上的种种特权为目的，但观其营业范围都不如中法实业银行“垄断之甚”。当时中国虽然还没有真正意义上的国家银行，但中国银行和交通银行在我国银行界的地位与实力，已不失为国家银行的资格，因此中法实业银行发行钞票及代理国家经理债务偿还，并运转政府一切款项，严重侵蚀了中国国家银行的权力。这一点，我们还可以从其纸币发行及经理借款的具体事例中得到证实。

第二节　纸币的发行

我国允许中外合办银行发行兑换券始于清光绪二十二年华俄道胜银行，民国以后，大多数中外合办银行都经政府先后核准有了发行兑换券的特权。中法实业银行成立后也援例取得了纸币发行特权，依据《中法实业银行章程》第三条第四项规定，“发行兑换券于中国全国或某省，至中国政府颁行纸币则例之时为止”②。其在天津、北京、上海等地分行先后发行了

① 周葆銮. 中华银行史：第七编第九章［M］. 上海：商务印书馆，1919：24－26.

② 周葆銮. 中华银行史：第七编第九章［M］. 上海：商务印书馆，1919：24.

银元兑换券，计有1元、5元、10元、50元、100元、500元六种；其版式共四种，即1914年、1916年、1915年、1920年版；这些纸币都是由英格兰的 Bradbury Wilinson and Co. 印钞厂印制，印好后由印钞厂直接寄运中国北京、天津、上海等分行，然后其他分行再由这三行领取兑换券，加印地名后便可流通使用，即钞券上面分别加盖北京、上海、天津、奉天、汉口、广州、汕头、济南等地名以资区别。各分行发行纸币的具体情况如表5－1所示。

表5－1　　中法实业银行纸币

分行	面额	发行年份	摹状	注
广州	1元	1914	打透花字 CANCELLED（注销）样本币	未流通
	5元	1914	打透花字 CANCELLED（注销）样本币	未流通
	5元	1914	打透花字 CANCELLED（注销）样本币	未流通
	100元	1914	打透花字 CANCELLED（注销）样本币	未流通
汉口	1元	1914	打透花字 CANCELLED（注销）样本币	未流通
	5元	1914	背面左侧有天坛图案	
	10元	1920	背面右侧有城门楼图案	
	50元	1914	打透花字 CANCELLED（注销）样本币	未流通
	500元	1914	打透花字 CANCELLED（注销）样本币	未流通
盛京	50元	1920	打透花字 CANCELLED（注销）样本币	未流通
	100元	1920	打透花字 CANCELLED（注销）样本币	未流通
北平	1元	1915	正面图案为蓝色和多重色，背面上部中心处有牌楼图案	
	50元	1915	正面图案为蓝色和多重色，背面左侧有天坛图案	
	10元	1914—1915	正面图案为红色，样本币	
	50元	1914	背面左侧有宝塔图案，样本币	
	100元	1914—1915	背面中心处有长城图案，样本币	
	500元	1914	样本币	
上海	1元	1916	正面图案为蓝色和多重色	
	5元	1914	打透花字 CANCELLED（注销），样本币	未流通
	10元	1915	正面图案为红色	未流通
	50元	1914	样本币	未流通
	100元	1914	样本币	未流通
	500元	1914	样本币	未流通
汕头	1元	1914	打透花字 CANCELLED（注销），样本币	未流通
	10元	1920	打透花字 CANCELLED（注销），样本币	未流通
	50元	1920	打透花字 CANCELLED（注销），样本币	未流通
天津	1元	1914—1915	正面图案为蓝色和多重色	
	5元	1914	打透花字 CANCELLED（注销），样本币	未流通
	10元	1914—1915	正面图案为红色，样本币	未流通
	50元	1914	样本币	未流通
	100元	1914	样本币	未流通
	500元	1914	样本币	未流通

资料来源：根据北京钱币学会．中国纸币标准图录［M］．北京：北京出版社，1994：612－616. 所载整理。

中法实业银行的钞票印制精良，图案色彩俱佳，在市民中颇受欢迎，加之法国对发钞的法律限制较松[①]，又不受监督，靠特权在巴黎直接印刷纸币，分发各分行流通使用，因而发行量相当大，通行于中国通商大埠，该行的营运能力也由此大大增强。1916 年第一次世界大战期间，中国银行和交通银行曾一度停止兑现，该行趁机在北京、天津两地增发大量纸币，进一步扩张了自己的势力。到 1921 年停闭时，该行在中国市面上流通的纸币已达 230 多万元。

中法实业银行纸币的大量发行，引起了中国国内部分人士的疑虑，众议员张传保等曾质问北洋政府，“……外钞流布，识者咸谓他国人以纸币吸收现金，实我金融腹心之害，然仅行用于通商口岸及边境，今中法实业银行钞票遍行各地，政府何以特许与此利益……准备金是否充足，按何种章程定准备金成数，政府能否监视其准备之程度，发票之额数？今欧战方殷，现金盛输出口，能无以纸币换运现金出口之弊？风闻该银行以借款政府，得此内地发票之特权，究竟何时借款，运用何处，数目若干，条件若何？以发票特权酬报能否不惹起金融上危险？”[②] 人们的这种疑虑是不无道理的，按规定中法实业银行既为合办，就应按其宗旨“发达中国实业”来行事，切实为中国发展前途着想，其发行纸币也应考虑中国的金融现状，但事实上，正如人们所担心的那样，其不但没有维持中国的金融稳定，还滥发纸币、蓄意破坏中国的金融秩序。有两件事足以说明这一点。

一是在山东济南乘乱发行纸币，加剧了山东金融市场的混乱。第一次世界大战爆发后，欧洲各交战国，连年军费浩繁，所需金币不敷通用，因此大量增铸银辅币借资流通，生银大为缺乏，而在中国各外国银行大收现银运往本国，世界银价上涨，大量白银被运出境，使各埠金融大受影响，山东济南也因此现银日少，银根枯竭，各银行钱号东挪西借，奇绌异常。加之山东省自民国以来，银钱商号日见增多，且每一银行商号均可无限制地发行钞票，结果市面纸币充斥，山东财政也江河日下，一发不可收拾。为改变金融紧迫的局面，山东各界实行了限制现洋出境和限制钞票发行的措施，尤其禁止外来银行滥发钞票将银洋囊括而去。然而就在山东财政恐慌、自救不暇之时，中法实业银行却趁机在山东发行纸币达数百万元之多，现洋被其大量吸收，本已紧张的银根更加艰窘，严重加剧了山东的金融恐慌。

二是偷运纸币入云南，企图发行，破坏云南省金融秩序。1917 年 1 月中法实业银行曾要求在云南省城昆明开设分行，中国外交部和地方政府以“云南省城非通商口岸，按之条约，系属内地，自无允许外国银行设置之例”加以拒绝。1918 年 2 月，中法实业银行再次派法人华兰去云南筹设分行，并由法国驻云南交涉员协同华兰向省政府交涉，几经面请之后，才由云南地方军政、财政、银行、外交各主管长官协商，以“该行为钦渝铁路之金融机关，且有华股在内”为由，口头同意分行设立。1918 年 3 月 12 日，中法实业银行分行在云南昆明云津街 21 号正式开业，法人华兰任该行行长[③]，与此同时，中法实业银行在蒙自设立了办事处[④]，从此法国金融势力进一步侵入云南。中法实业银行在云南成立后，开业初期业务颇为兴隆，其“营业额已达百万”。至 1918 年 4 月，该行又提出要依照北方及通商口岸成例发行钞票。云南地方政府认为该行开设既没有正式报告，云南省政府也没有正式批文，只是口头上通融，因而不能发行钞票，

---

① 洪葭管．中国金融史［M］．北京：中国金融出版社，1993：195.

② 《众议院公报》，众议院常会公报第 2 期，第 38 条第二附录，1916 年 8～10 月；交通银行总行，中国第二历史档案馆合编：《交通银行史料》第一卷上册，中国金融出版社 1995 年 12 月版，第 605 页。

③ 云南省志编纂委员会．续云南通志长编：中册［R］．1986：705.

④ 袁天昂．中法实业银行［M］．金融知识百科全书（下）．北京：中国发展出版社，1990：2159.

并向法国驻云南交涉员切实声明，“在大局未解决以前及未经中央政府或本省最高级长官许可时，中法实业银行不得议及发行纸币”[①]。法国外交员也承认“在中法实业银行问题未经正式解决以前，决不在云南发行纸币”[②]。但事隔不久，1920 年 10 月，中法实业银行却私运纸币十余万元，以印刷品的名义报运入关，企图发行，被云南海关查获扣留。云南省政府当即以“此事不唯有背约章，抑且破坏金融”向驻云南法使提出严重抗议，并要求蒙自税务司照章没收，从严法办。但受总税务司指使的蒙自税务司却袒护中法实业银行，“此案已呈奉总税务司令开，凡外国银行，已经设立，似难禁其纸币入口，且该行此项纸币，本非寄滇之物，拟复运出口。应请照准放行。”法使也狡辩称：“该分行发行纸币一事，已经分行长明白宣言，如不得政府允许，决不发行纸币。……盖此项未经签字之花纹纸，确系一种石印物品，吾人既未报关，即不能有蒙混之事。”面对税务司的袒护和法使的狡辩，云南地方政府虽然很气愤，但考虑到如不允许中法实业银行纸币复运出口，则税务司一定会自行发还，实在有损云南省政府的威信；况且因中法实业银行私运纸币而筹设对付海关办法，更会牵涉海关本身，节外生枝，这样只会把事情搞得越来越复杂。因此云南省政府有关人员考虑再三，还是决定放行。并且法使也照复保证：“如不得政府许可，决不发行纸币，……以后当不至再有蒙混报关，希图尝试之举。”[③] 最后云南省准予将这些纸币复运出境。

法方趁当时北洋政府币制混乱之机，依靠特权滥发纸币，结果不仅破坏了中国的金融秩序，加剧了中国金融市场的混乱局面，而且也使该行最终难逃停闭厄运。

第三节　经营借款

如前所述，北洋政府与法国资本家合股成立银行的目的是要借此输入外资，为其进行政治借款提供便利，因此对于北洋政府来说，中法实业银行无异于一个借款机构。为此中国政府付出的代价是把银行的经营权柄授之于人，并以纸币发行权作为其政治借款的无形交换条件。而法国资本集团通过此银行不仅攫取了巨额的经济利益，且使之成为法国侵略中国的一据点。

1913 年五国银行团虽然利用“善后借款”攫取了对中国借款的优先权，但银行团内部矛盾尖锐，在对华侵略上无法维持统一步调。1913 年 9 月，银行团在巴黎召开国际财团会议，决议“实业借款”不必经过银行团联合投资，可由各国单独出借。此决议为中法实业银行对中国政府贷款打开了方便之门。加之当时袁世凯政府出卖主权大举外债的行为，曾激起全国人民的强烈反对，为减轻来自国内人民的压力，袁政府就打起“兴办实业”的旗号变相举借外债。

这样中法实业银行成立后不久，便以“实业借款”名义与中国政府达成了两笔巨额借款，一笔是 1913 年 9 月的“实业五厘金币借款”，另一笔是 1914 年的“钦渝铁路借款”。

一、实业五厘金币借款

据材料记载，1913 年 3 月，中国财政部就曾与中法实业银行商订过 3 亿法郎的借款合同，以盐务收入为担保，由于银行团的反对，此议未成。[④] 在巴黎国际财团会议决定“实业借款”不

---

① 云南省志编纂委员会．续云南通志长编：中册［R］．1986：706.

② 云南省志编纂委员会．续云南通志长编：中册［R］．1986：706.

③ 云南省志编纂委员会．续云南通志长编：中册［R］．1986：706.

④《中法实业银行实业债款》，《财政部经管无确实担保我外债说明书》，中华民国十六年财政部编印，第 1 页。

在银行团垄断之内后不久，1913 年 10 月 9 日，北京政府国务总理兼财政部长熊希龄代表政府与中法实业银行签订了 1.5 亿法郎的“实业五厘金币借款”。合同规定：政府准予中法实业银行代中国政府在欧洲发售 1.5 亿法郎公债票，八四扣交，此项借款作为建造浦口商埠工程和兴办实业的用费，以浦口商埠工程各种材料、附属品及出产物为担保。1914 年 3 月，财政部又与该行订立附合同四件，第二附合同订明再以扬子江以北各省酒税为担保，第三附合同规定，以建造浦口商埠余款办理北京市政工程，即电车、电灯、自来水、马路、沟渠、公园、博物院等工程，并以上列各实业兼材料附属品及产品为担保，再以北京市政收入（房铺捐、人力捐、水捐、汽灯捐、电灯捐等）为优先抵押。此外，合同还规定，一切建筑材料都须向法国购买，总工程师和会计主任也须由法方推荐和担任。此借款由于第一次世界大战爆发，欧洲各国金融困难，该行仅发行了 1 亿法郎的债票，按八四折算，计实交法金 8400 万法郎，期限是 50 年，自第 16 年起开始还本，年息 5 厘，每半年一付，以三、九两月为付息之期，如发行十年后二十年前政府欲提前全数偿还，须照票面外加 2.5%，二十年后则无须加利①。

此借款条件对于中国政府而言极为苛刻，不仅利息高、折扣大、时间长，而且垄断了工程经营管理权及建筑材料的购买权，可见中法实业银行热衷贷借此款的目的所在。通过此借款，中法实业银行不仅可以获得丰厚的担保品和浦口、北京市政工程的管理特权，且可获得一笔可观收入，我们来算一笔账便可明了。中法实业银行贷借此款首先可以获得一笔手续费，合同规定，银行经理还本付息应给手续费全部本息的 2.5‰，到最后，其手续费竟达到 150.5 万多法郎。如果说此为银行的中介业务理应所得的话，那么其发售此债票的中间所得则令人咂舌，中法实业银行在巴黎发行这项债票作价 94% 或 94.5%，而以 84% 实交给袁政府，一转手就获得了至少 10% 的纯利，获利达 1000 万法郎。此外，由于这项借款的签订，法国还攫取了上海法租界徐家汇的筑路警察权。②

此借款只不过是“实业借款”名义下的政治借款，而真正用于实业建设的只是其中的一小部分。这可以从其真正用途中得到说明。据记载，此 8400 万法郎的借款中，实际拨交政府动用之款约计共 77945236.4 法郎，其中划付实业借款第一期利息 3106560.46 法郎，划付实业借款债票印刷费 72533 法郎，银行手续费 1505208 法郎。实际用于浦口商埠的仅有 12050934.58 法郎，只占动用款总额的 15.46%；后又曾拨付北京市政公所用款 150 万法郎，拨付京津马路建筑桥梁用款 500 万法郎，拨付北平电车公司官股法金 1271 万法郎，此三项共占约 24.64%。实际上真正用于实业的总共约 40%，而先后由财政部移用之款则为 4200 万法郎，占到总额的 53.88% 还多一点。③

此借款的偿还成了北洋政府的沉重包袱，中国损失巨大。其中历届到期利息，共付过 15 期。除第 1 期、第 2 期如期付清外，余皆展期 1 至 3 次不等。截至 1921 年 3 月第 14 期，尚欠付利息及复息等项共 20583839.38 法郎（折合银元达 281327.98 元），经财政部分别发给展期期票作为另欠之款。然到 1921 年中法实业银行停业后，所有到期应付各款一律停付，该款截至 1925

---

① 《中法实业银行实业借款》，《中法实业银行债款》，《财政部经管无确实担保我外债说明书》，中华民国十六年财政部编印，第 1 - 2 页。

② 徐义生．中国近代外债史统计资料［M］．北京：中华书局，1962：111.

③ 《中法实业银行实业借款》，《中法实业银行债款》，《财政部经管无确实担保我外债说明书》，中华民国十六年财政部编印，第 2 页。

年12月31日，还欠本息124390410.96法郎。①

二、钦渝铁路借款

中法战争后，中国西南门户打开，法国获得了滇越铁路的建筑权，此路直达昆明，云南境内的昆明、蒙自、河口、思茅等地也被辟为商埠，法国人并于昆明成立东方汇理银行，从此法国就视西南为其势力范围。为进一步经营中国西南边省，法国长期以来一直预谋要修筑一条贯穿西南云、贵、桂、川四省的铁路干线，但几经兴废，一直没有机会，直到民国初年，法国才乘北洋政府财政空虚之机提出了修筑钦渝铁路的计划。

其实法国并无建筑该铁路的决心与准备，中国当时正值民国三年熊希龄内阁时期，一方面西南各省曾拟议修筑桂邕（桂州至南宁）、滇邕（自昆明经百色至南宁）、滇蜀（自昆明经昭通至叙州）等路，迄无成议，而西南各省都督如云南蔡锷、广西陆荣廷以及各省民政长官又多次电请中央及早兴筑。另一方面北洋政府善后借款的收入早已告罄，库款极其支绌，年关又至，政务亟待扩张。因此筑路计划为北洋政府挪借外债提供了借口。1914年1月4日交通总长周自齐便提请国务会议创设钦渝铁路。② 同时交通部又电告与铁路相关的粤、桂、黔、滇、蜀五省，五省都督、民政长也积极复电赞同修筑。1月21日，国务总理兼财政总长熊希龄、交通部总长周自齐，与中法实业银行全权代表塞理尔订立了钦渝铁路借款合同二十一条。合同要点如下：（1）借款总额为6亿法郎；（2）年息5厘；（3）借款年限50年，银行经理付息还本事务，政府须给手续费全部本息的25‰；（4）以本路财产及钦州港建筑物及附属品为担保；（5）总工程师和总会计师须由法方推荐和担任。此项借款尚未发行之时，又于同日由中国政府与该行交换函件，协定先由中法实业银行交付1亿法郎垫款，分五批在巴黎交付，每批2000万，限八星期交清，年息6厘，92%净数交付，期限是5年，由政府以5年期的国库券作抵，另以全国境内已抽或能抽的烟草税为担保。③ 1914年3月21日、4月1日中法实业银行又两次提请交通部修改合同，在“钦渝铁路垫款更正条件”里改为垫款自1915年5月1日起分5年摊还，年息又从6厘改为5厘，但垫款按89.25%净数交付。④

实际上，由于第一次世界大战爆发，该行并没有按约全数交付此款，只陆续交付了2866.3万法郎，加上补交的93.85万法郎，再按协定办法以89.25%算，计合成虚数3211.55万法郎。此项垫款实际上分文未用于钦渝铁路的建设和准备工作，而是全部被袁世凯拨作军政用费，因此这项垫款由北洋政府财政部负责。财政部曾于1915年4月发给中法实业银行一批国库券，规定分别在1915年、1916年、1917年、1918年和1919年5月1日，分5次清还，每年还本642.31万法郎。然后财政部因款项支绌，又曾5次签订展期合同，截至1921年5月，除已付者外，尚欠中法实业

---

① 《中法实业银行实业借款》，《中法实业银行债款》，《财政部经管无确实担保我外债说明书》，中华民国十六年财政部编印，第2页。

② 此路由广东钦州起，经南宁、百色、贵州的兴义、云南的罗平、昆明、四川的叙州（宜宾）而达重庆，将广东、广西、贵州、云南、四川五省连为一起。

③ 《交通史路政编》第15册，交通铁道部、交通史编纂委员会1931：126－134.

④ 财政部财政科学研究所、中国第二历史档案馆编著《民国外债档案史料》第五卷，档案出版社，1991：15－16.

银行935.243万多法郎。[①] 到1921年中法实业银行停业后，所有到期应付各款一律停付。[②]

直到1921年中法实业银行停业时，合同中的钦渝铁路仍尺寸未有，尽管当时铁路合同中有明文规定："此项勘线及第一期建筑工程须在本合同签字后及早开办"。而在中国方面，此借款却已陆续归还。这样的结果，完全是法方图谋势力范围之所为，"醉翁之意不在酒"，法方是想先通过垫付少数款项即可签订合同，然后就可以以此为侵略据点，扩充在铁路范围内的势力。中法实业银行通过这一合同，不但取得了3000英里的钦渝铁路修筑营运权，而且把其势力范围伸入到了西南各地。正如当时的《银行周报》所载："钦渝铁路囊括五省，范围极大，合同极苛……其实并未勘查路线，切实估计在法人之意，不过借此圈划西南半壁入其势力范围而已"[③]。

三、其他借款

除了实业借款与钦渝借款这两大笔借款外，还有三次库券借款、保商银行转账、展付利息款、留欧学费借款、留日学费借款、军饷垫款、财政部官员旅欧垫款等林林总总共有二十余项。表5－2是中法实业银行所经理的借款及息款。

表5－2　中法实业银行经理北洋政府借款与息款情况一览

（未注明单位的则是法郎）

借款名称	时间	款额	利率	用途
中法实业借款	1913－10－09	1亿	5%	财政部提用4200万；浦口商埠提用12050934.58法郎；北京市政公所提用150万
中法实业银行息款垫款	1917－09－12	7894736.82	7%	中法实业银行借款第3、4、7到期利息及手续费
中法实业银行息款垫款	1918－03－14	2500000	10%	中法实业银行借款第8期利息展期垫款
中法实业银行利息垫款	1918－08－15	2562500	7%	中法实业银行借款第9期利息及手续费
中法实业银行息款	1919－02－15	2562500	7%	中法实业银行借款第10期利息及手续费
中法实业银行借款息款	1920－02－15	5150640.99	12%	中法实业银行借款第6、12期利息及手续费
中法实业银行借款垫息	1920－08－15	2564102.56	8%	中法实业银行借款第13期利息及手续费
中法实业银行借款垫息	1920－12－31	562245.66	8%	中法实业借款息款
中法实业银行借款垫息	1921－03－30	2500000	10%	中法实业借款第14期利息
中法实业银行垫息	1921－04－27	50000镑	10%	垫付借款利息
钦渝铁路借款垫款	1914－01－21	32115500	5%	名义上建筑钦渝铁路实际上被袁世凯挪作帝制活动费用
钦渝息款垫款	1917－05－01	416660.66	7%	钦渝铁路借款到期利息
钦渝息款垫款	1920－05－01	5805121.25	7%	钦渝垫款利息

① 《中法实业银行钦渝铁路垫款欠付第四次展期库券款》，《中法实业银行债款》，《财政部经管无确实担保外债说明书》，中华民国十六年财政部编印，43－46.

② 此款连同应付利息，后来由于1930年2月19日在解决中法案内完全还清。此路由于始终未实行勘测开工，经多次交涉，到1929年1月29日，交通部部长孙科以中法实业银行于订约后15年尚未履行合同，且该行已经倒闭，经呈请中央政治会议咨交民国政府行政院，转令外交、铁道两部遵照执行，将该《中法钦渝铁路借款合同》宣告废止。

③ 《中法实业银行之内容》，《银行周报》，第8卷20号。

续表

借款名称	时间	款额	利率	用途
农商部中法实业银行借款	1916－03	12 万元	7.5%	政费
财政部中法资金库券	1917－05－01	11250000	7%	付中法实业银行第 2、3、4 次官股资金
财政部中法实业银行借款	1919－05－01	4300000	5%	购入中法实业银行第二次股本
中法实业银行资本借款	1920－05－01	14000000	5%	认购中法实业银行第二资本
北洋保商银行库券	1918－02－2—03－25	行化银 374004.3	10%	偿付北洋保商银行往来欠款
中法保商期票垫款	1919－03	行化银 300000 两	10.8%	偿付北洋保商银行往来欠款
财政部中法实业银行借款	1920－12－01	行化银 150000 两	10.8%	偿付财政部担保北洋保商银行欠款
财政部中法实业银行借款	1919－03－18	银元 80 万	月息 1.4%	财政用费
特种财产局中法实业银行借款	1920－06	200000 银元	月息 1.2%	政费
留欧学费垫款	1919－12－17	150000	9%	垫付留欧学费
留欧学费借款	1920－08－11	7500 镑	9%	留欧学费
留日学费垫款	1921－02－19	20000 日元	9%	垫付留日学费
林矿电信息垫款	1921－03－18	239600	—	垫付赴法专员旅费
中法实业银行借款	1921－04－29	202772678 银元	10%	偿还前值卫粮饷总

资料来源：徐义生．中国近代外债史统计资料［M］．北京：中华书局，1962：120－126，152－182.

表 5－2 所列借款主要包括实业借款及息票款、资金股本款、军政借款、教育借款。一般实业借款和资金股本款多是中长期借款，借额大，利息一般为 5 厘；息票款利息则要高得多，一般在 7～10 厘；军政借款和教育借款多为短期借款，一般借期为 1 年或几个月，利息更高，多在 9～10 厘。由于到期不能归还，许多借款又都变成了利息更高的展期款，并且多数是一展再展，从而形成了借新债还旧债的恶性循环，使北洋政府背上了沉重的包袱，而中法实业银行则通过经营这些借款进一步加强了对北洋政府的财政控制和对中国的经济侵略。

第四章　中法实业银行的发展壮大

第一节　盈利及利益分配情况

第一次世界大战期间，中国的民族资本经济有较大发展，同时也促进金融资本扩张。中法实业银行成立后致力于经营中国市场，广泛开展业务，最初几年经营颇为顺利，成绩甚佳。

首先，营业额逐年递增。1914 年营业额还只有 9800 万法郎，而到 1918 年底营业额已将近 1914 年的 4 倍，达到 38040 万法郎。

其次，存款户与存款额逐年递增，优质客户多。该行利用中国人对外国银行盲目信赖心理，极力宣传，大量吸收华人存款。当时北京分行买办陈鹤亭，为了吸引和招徕存户，炫耀该行资金雄厚，曾将中国新旧各种硬币、金条银块、各种元宝和银元角币展于橱窗和陈列柜，供行人和顾客鉴赏。这种宣传方法也确实发挥了一定的作用，致使存户逐年增多。据《银行周报》记载，1914 年底，该行存户还只有 124 户，1915 年底增加至 449 户，到 1916 年，则猛增至 3000 多户，而到了 1918 年则达到 10000 多户，是 1914 年的 80 多倍。存款额的增长速度更是惊人，从 1914 年的 110 多万元增到 1918 年的 17300 多万元，四年时间里，增长了近 150 倍。截至 1920 年，该行在中国的存款已达到 6.75 亿法郎。[①] 到 1921 年 7 月该行停业时，根据云南交涉署对昆明分行的调查统计，"该行欠中国私家存款约 25 万元，欠中国海关、中国邮政局及殖边银行之款约有 79000 元。以上两项共合洋 329000 元"[②]。又据《申报》报道，1921 年 7 月 3 日上海中法实业银行停业时，该分行已存有中国华商银行、有名的钱庄及花旗等外商银行的各种存款达 639 万两和 315 万元（包括 75 万元钞票）之巨。[③] 据调查，存款人大多是一些"腰缠肥美之阔人，彼等对于思想制度等，无一不视外来者如洪水猛兽，独于其造孽之积蓄，以为欲置诸泰山磐石之安，无有过于外国银行者，……中法实业银行实为其归墟之一"[④]。

这些存款人中有官僚、军阀，其中赣督陈光远一人就有存款数百万元之巨，但该行的主要存款者还不是这些官僚武人，而是众多的"姨太太"们，其存款竟占到存款的十分之六七，而武人则仅占十分之二三，官僚就更少了。因此在中法实业银行倒闭的时候，曾有人说此行倒闭，真正受害者是姨太太们。[⑤]

该行营业发达还可从该行 1914 年到 1918 年营业情况表略见一斑。

表 5 -3　　中法实业银行 1914—1918 年营业情况一览　　单位：法郎

年份	营业总额	各种存款		收款票据	商品抵押填付
		存户数	存款额		
1914	98759425.13	124	1148571.36	45000	31642378.78
1915	100017933.15	449	5077115.57	355257.59	27799937.39
1916	162328021.71	3086	20403230.37	8882542.09	43918908.66
1917	247622944.64	5045	73107006.16	47389597.62	64553508.75
1918	380401929.72	10558	173224178.35	65290755.29	112225455.3

资料来源：根据《1918 年中法实业银行营业成绩》，《银行周报》3 卷 41 号所载材料编制。

再次，该行所获纯收益增长速度极快。除存款外，该行的汇款总额也是每月不断上升，在法国的数万华工向家乡汇款全由该行办理，再加上各种放款利息和各项手续费的收入，每年各分行都有高额的纯收益汇往巴黎总行。据 1913 年的营业报告，其纯收益为 335693 法郎[⑥]，到 1915 年纯收益已是 1913 年的 6 倍多，达到 2081000 多法郎[⑦]。据 1921 年 7 月 21 日股东大会报告，1920 年上半年，所获盈利达 22671221 法郎，行中准备金也同时以巨款巩固之[⑧]。据其财务报表，1913—1919 年每年获利情况如表 5 -4 所示。

---

① 洪葭管．中国金融史［M］．北京：中国金融出版社，1993：195.
② 袁天昂．中法实业银行［M］．金融知识百科全书：（下）．北京：中国发展出版社，1990：2160.
③ 中法实业银行停止交易续志［N］．申报，1921 -07 -04.
④ 中法实业银行之倒闭与维持［N］．盛京时报，1921 -07 -08.
⑤ 搁浅中之中法银行消息［N］．盛京时报，1921 -07 -26.
⑥ 周葆銮．中华银行史：第七编［M］．上海：商务印书馆，1919：24.
⑦ 《上海通志馆期刊》第二卷第四期，民国廿四年三月，台北：文海出版社，1977：1343.
⑧ 束世澄．中法外交史．第 84 -85 页，载于王云五．万有文库［M］．北京：商务印书馆，1929.

表 5 – 4　　中法实业银行 1913—1919 年纯收益　　单位：法郎

年份	纯收益
1913	336000
1914	3386000
1915	2081282
1916	2344000
1917	2906000
1918	6027000
1919	16240000

资料来源：许文堂．中法实业银行的政治与人事纠葛（1913—1925 年）［J］．（台湾）中国历史学会史学集刊，第二十八期．

最后，获利逐年递增。每年的纯收益金中，按规定约提 20% 的公积金和折旧。据统计，1914—1918 年，每年的公积金数额都呈上升趋势，如表 5 – 5 所示。

表 5 – 5　　中法实业银行 1914—1918 年公积金及公积金利息　　单位：法郎

时间	金额
1914 – 01 – 01	16784. 65
1915 – 01 – 01	1344107. 25
1916 – 01 – 01	2183136. 30
1917 – 01 – 01	3230263. 73
1918 – 01 – 01	4110716. 16

资料来源：《1918 年中法实业银行营业成绩》，《银行周报》3 卷 41 号。

中法实业银行营业成绩良好，其股息收入也非常可观。每年的纯收益金中，除 20% 的公积金和折旧外，其余全数作为股息。各年所发股息依普通股与创办股而有所不同，创办股股息通常要比普通股高出 2 倍多，自该行开办以后，股息总是有增无减。据统计，自 1914 年起普通股股息为 8%，创办股股息达 20. 5%，至 1917 年分别增至 10% 和 35%，1919 年则更高，创办股股息竟达 104%。具体情况如表 5 – 6所示。

表 5 – 6　　1914—1919 年股息分配情况　　单位：%

年份	普通股股息	创办股股息
1913（后半年）	8	20
1914	8	20
1915	8	20
1916	8	20
1917	10	35
1918	10	35
1919	14	104

资料来源：根据《银行周报》5 卷 48 号，1921 年 12 月 13 日所载编制。

照此计算，创办股股票在 6 年半的时间里，实收利息达 250% 之多。股息如此之高，致使该行票面500法郎的普通股股票常保持2000法郎左右的市场价格。因此不论在中国或外国，该行都是声誉卓著，西方观察家都看好它的前景，有人说中法实业银行在中国“干了一桩兴旺发达的生意”，雷麦称赞它在中国“做得有声有色”[①]。而中国的广大存户对该行更是信赖不已。1919年2月该行决定发行新股6万股，当时“凡知本行业务之发达及成绩优良者，莫不思购得本行股票而欲购得者又若是之多，是亦足证明本行之成绩也”[②]。因此很多顾客和知名人士都纷纷请求认股。

第二节　中法实业银行的两次增资

从以上各方面数字来看，中法实业银行在最初几年里发展速度是非常快的，为了更广泛地开展业务，该行曾两次进行增资。第一次是1919年2月，该行股东会决定添招新股6万股，每股500法郎（此次增资每股加价15法郎出售，即515法郎方购得一股），计法金3000万法郎，于2月15日实行招募，中国仍按规定认股1/3，计2万股共法金1000万法郎，先交半数计500万法郎，其余500万法郎连同加价30万法郎，共530万法郎，以钦渝铁路贷款库券垫付。[③] 时隔一年，即1920年1月，该行进行第二次增资，此次决定添招新股15万股，每股500法郎（按每股415法郎出售），共法金7500万法郎，仍由中国政府认购1/3，计5万股共法金2500万法郎，由于折价发行，因此中国政府实交2075万法郎，除由财政部于1920年2月间分批拨付675万法郎外，其余的1400万法郎仍以钦渝铁路贷款库券垫付。中法实业银行经过两次增资，资本总额达到1.5亿法郎，到该行停业时，已收足7500万法郎[④]，公积金已达4000万法郎，中国政府股金已增至5000万法郎[⑤]。

第三节　各地分行的营业状况及其发展

各地分行的营业也很发达，在中国，其中北京、天津分行是中法实业银行在中国北部营业中心，除办理商业金融外，还把它所吸收的各种款项大量贷放出去，用于支持法商在京、津开办的各种企业，如扩建北京饭店、开办金属制锻修配厂、干预北京电车公司，如在天津开办华顺洋行、中央汽车行及永和营造公司等。

在南方，上海及香港各分行则以商业交易为主。广东、福州则是中国南部重要都市，工商业发达，是中法实业银行垂涎已久的地方，正如法人所说，“现在福建只有英国及日本银行，于人苟欲扩张势力于其地，不可无分行之设立”，于是1919年底便于两处设立了分行。[⑥]

在中国西南地区，于1918年在云南昆明设立了分行，此分行设立后，经营活动十分活跃，成了法国在西南地区的又一个金融活动中心。除吸收大量存款外，该分行还投放巨款办理各种

---

① 雷麦．外人在华投资［M］．北京：商务印书馆，1959：468.

② 1918年中法实业银行营业成绩［N］．银行周报，1919－11－04.

③ 《中法实业银行第二项资本库券款》，《中法实业银行借款》，《财政部经管无确实担保外债说明书》，中华民国十六年财政部编印，第35页。

④ 《中法实业银行第三项资本库券款》，《中法实业银行借款》，《财政部经管无确实担保外债说明书》，中华民国十六年财政部编印，第39页。

⑤ Frederic，E. Lee：“*Currency，Banking and Finance in China*”，p. 86，1926. Wangington.

⑥ 1918年中法实业银行营业成绩［N］．银行周报，1919－11－04.

有利可图的事业，即“存放巨款，凡对该行种种有利之事，都尽量办到”。据统计，昆明的中法实业银行在云南的放款曾达36万元之巨。① 其中一个典型事例便是在云南办理云锡押汇放款业务，云南个旧盛产云锡，云锡是当时云南出口换汇的主要物资，其出口额约占全省外贸的80%以上。设在蒙自的中法实业银行办事处，为操纵云锡的外汇，“也仿效东方汇理银行的办法，办理押锡放款业务”，从中渔利。② 此外，中法实业银行在云南成立后，还大量搜运白银出境，造成云南省银根紧缺，破坏云南省金融秩序。中国当时基本采用银本位制，白银的多寡直接影响着中国各银行纸币的信誉和经济发展的稳定性。1917年云南地方政府为稳定云南省货币与经济，曾颁布过禁银出口令。然而当时云南是法国的势力范围，由法国垄断资本家所控制的中法实业银行，对这些禁令毫不顾忌，自其分行成立后，便将云南省所铸银币“运赴安南，改铸低色中毫，流通于殖民地”③。据统计，自民国八年（1919年）至九年（1920年）的两年间，中法实业银行从云南省至少搜运了49万银元出境。④ 白银的外流，致使云南省银根奇窘，纸币币值低落，物价腾贵，严重影响了云南省金融稳定。而中法实业银行却由此增强了自己的营运能力，巩固了自己在云南的势力。

在国外，安南西贡分行在殖民地贸易上占有重要地位。马尔塞及里昂两分行的设立则更是有利可图，马尔塞有大汽船公司的船舶登陆港，里昂则有生丝贸易大市场，并且此二港接近东洋市场，交通便利，贸易发达，两行的设立大大推动了该行的业务发展。⑤

随着形势的变动其他分行也陆续在各地建立，到1921年各地分行已达20多处，其中在中国的分行除了北平、上海、天津、昆明、广州、福州、香港外，还有奉天、汉口、济南、沈阳、汕头等，由西南到东北，几乎遍布全国通衢之地。此外还在海防、海参崴、横滨、新加坡、伦敦等地皆设有分行，并在欧美各大城市，设立通汇代理处。可见，中法实业银行的各个分支机构已构成了一个庞大的金融网络。“这个广泛存在的金融网络又被鼓励向中国企业贷款，并使这些法国银行家与那些支配着省级政府或中央政府的中国党派（军阀官僚们）能够形成更有价值的联系。”⑥ 由此可知，法国资本集团的用意无非是想通过中法实业银行的分支网络来进一步控制和掠夺中国。

总体上，该行在初期发展是顺利的，然而到1920年该行的发展却出现了危机。第一次世界大战之后，法国经济陷入困境，法郎贬值，1920年中法实业银行巴黎总行因投机失败及放款倒账等原因损失甚巨，据《巴黎早报》载：“中法实业银行因办理投机事业暨现在不能实行之事业，亏累达五百兆佛郎之巨……”⑦。且该行准备金的一部分也被挪用，同业的往来户皆因其亏损过巨，不但不加以援助反而纷纷提存索欠，使其处境更加艰难。到1921年6月底，亏损极巨的中法实业银行终因无力维持被迫宣告停业。其在华分行亦奉总行命令停止营业，它所发行的纸币亦停止兑现。

---

① 袁天昂．中法实业银行［M］．金融知识百科全书：（下）．北京：中国发展出版社，1990：2160.

② 袁天昂．中法实业银行［M］．金融知识百科全书：（下）．北京：中国发展出版社，1990：2160.

③ 袁天昂．中法实业银行［M］．金融知识百科全书：（下）．北京：中国发展出版社，1990：2159.

④ 袁天昂．中法实业银行［M］．金融知识百科全书：（下）．北京：中国发展出版社，1990：2160.

⑤ 1918年中法实业银行营业成绩［N］．银行周报，1919-11-04。

⑥ A. REMAN：“*British Overseas Banking in the Developing Countries the Past Presents and the Future*”，p. 65，S. Martin's Press，1994，Tokyo.

⑦ 中国人民银行总行参事室编．中华民国货币史资料：第1辑［M］．上海：上海人民出版社，1980：1132.

第五章　中法实业银行停业原因探析

中法实业银行宣告停业之后，中国舆论哗然，谁都没想到，如此兴旺发达的银行却如此短命。关于其停业原因的猜测更是众说不一，颇为复杂，很难定论。通过查阅大量有关资料，我们可以大致归纳出以下几点。

一、历史原因，受东方汇理银行及其他外商银行排挤。中法实业银行在未开办以前，法国在东方的金融机构只有东方汇理银行一家①，该行受到法国政府特许执行殖民地银行的职能。而中法实业银行则是法国在东方的一家私商银行，通过与中国官商勾结来发展业务，该行创立后，东方汇理银行在中国的金融独占地位被打破，其营业受到很大影响。但由于中法实业银行成立时，东方汇理银行天津分行的总经理裴诺特是负责交涉此事的人之一，因此当时报章误认为中法实业银行的设立得到了东方汇理银行的支持。实际上两者之间并不是一种支持与被支持的关系，而是一种竞争对立的关系，正如后人所说，“中法实业银行是作为东方汇理银行的竞争对手而成立的”②。后来的发展也证明了这一点，中法实业银行曾要求分享东方汇理银行代为收支庚子赔款的权利。③ 自英、美、法、德等国组织的银行团成立后，东方汇理银行即加入，中法实业银行则因单独同北洋政府签订了《实业五厘金币借款合同》和《钦渝铁路借款合同》，被排除在银行团之外④，“是本行自始并未借其他银行之力以创立，此其所以孤立也”⑤。当该行第一次发生动摇时，中国金融界曾给予很大援助，而东方汇理及其他各外国银行则漠不关心，更有甚者，还故意提存索欠，致使该行基金更加空虚，加速了该行倒闭。

二、轻视资金的积累，股息分配不当。该行从一开始建立，只是外表声势很大，而内里却十分空虚。该行董事长垓里卜夏在与中国政府签订第一笔借款合同时，口袋里还空空如也，他是在拿到合同以后才回到欧洲去寻求贷款的。对此当时有人评论，“和卜夏这样的人签订这样的合同，着实令人惊讶。熊希龄先生的确应该先判断一下，这是什么样的一个人，他在和什么样的人签订合同，像这样暧昧的方式，肯定会给中国带来困难，就像他过去碰到的困难一样。”⑥ 并且北京政府的股金也多转为该行的贷款，可见该行建立时并没有雄厚的资金基础。并且该行没有始终如一地注重公积金的积累，以应对突如其来的风险。这可以从其股息分配中略见一斑，该行从1913年7月成立到1916年底，其股息分配一直很平稳，普通股和创办股股息始终为8%和20%，1917年和1918年两年由于发展迅速，其股息也分别增长到10%和35%，尚属可行，

---

① 东方汇理银行是法国股份有限公司，1875年成立，总行设在法国巴黎，1899年在上海设立分行，1931年该行改为官商合办。该行初创时是法国殖民地银行，1888年以后则为东至太平洋西至印度洋的法领银行，实质上是扩大了的殖民地银行。1900年以后，该行有代表东方法国资本家的任务，与其他帝国主义国家的海外银行性质相同。戴建兵，王晓岚．泉学漫步［M］．石家庄：河北教育出版社，2002：13－14.

② A. REMAN：“*British Overseas Banking in the Developing Countries the Past Presents and the Future*”，p. 65，S. Martin's Press，1994，Tokyo.

③ 台湾中央研究院近代史研究所藏外交档案，《中法实业银行要求分收赔款》，转引自许文堂．中法实业银行的政治与人事纠葛（1913—1925年）［J］．（台湾）中国历史学会史学集刊，28.

④ 中法实业银行停业与维持［N］．民国日报，1921－07－07.

⑤ 中国人民银行总行参事室．中华民国货币史资料：第1辑［M］．上海：上海人民出版社，1986：1133.

⑥ Lo Hui－min，*The Correspondence of G. E. Morrison*，Ⅱ，p. 86. 转引自汪敬虞．近代中国金融活动中的中外合办银行［J］．历史研究，1998（1）.

而到了1919年却猛增至14%和104%，特别是创办股股息在一年的时间里竟增长了近70%，这一比例显得超乎寻常。再看看其资产负债表，1919年的账面盈利虽高达1624万法郎，但损益表中的一般支出也自1918年的562.5万法郎陡增至1509.8万法郎，1920年则陡增至4094.4万法郎[①]。这实在是一个危险的信号，以至曾有人说，“即使在一战期间中国（经济）繁荣的年代，中法实业银行的利润也是不稳定的，甚至在兴旺的1919年它也没有提供令人满意的成果”[②]。后来据《申报》载，1919年中法实业银行曾把防备汇价涨落的3200万法郎的公积金，当作股息分发给各股东。该行股东只顾眼前利益而不为长远打算的做法，使该行抵御风险的能力大大降低。

三、经营管理不善、滥放债款、营私舞弊，是该行最终倒闭的根本原因。该行滥放债款，经营风险极大的长期放贷业务。据资料显示，该行总经理裴诺特曾以银行巨款借予太平洋海商公司，该公司于1918年7月成立，由加鲁塞氏创办，公司发行了1200万法郎的债券，中法实业银行全部购入，以购船和租船为担保，此款被列入银行寻常款项内，而中法实业银行以5%给予太平洋公司，后来裴氏因此被控告有侵吞此款的情弊。[③] 太平洋公司组织者加氏解职时，已负中法实业银行债款达18000万法郎之巨，而加氏只承认负总额的1/4，此次放款倒账使该行遭受巨大损失。[④]

不仅如此，当权法人还利用手中的权力，违背原则，营私舞弊。一是在没有任何担保品的情况下，通融私人借款搞私人投机事业。例如，中法实业银行的董事长安德烈·白洛德曾于1919年利用公款援助其兄（弟）菲利浦·白洛德350万法郎，以供其购买公债和房屋[⑤]。二是利用汇率不稳，谋取分外之利。1920年1月16日，中法实业银行董事局投票表决以20万法郎作为在中国任职的该行总经理裴诺特的酬金，此款照殖民地官吏所享3法郎合银1两的特别汇率，归入裴氏银两账内。至1920年4月，法郎贬值，银价高涨，汇率高至22法郎合银1两，裴氏又将银两折为法郎，于是原来的20万法郎一经转换，竟变为146.6万法郎，此举违反了信托规则，最后被告上法庭。[⑥] 1923年8月，安德烈·白洛德被法庭判处罚金3000法郎，该行总经理裴诺特则被判处三个月徒刑，罚金3000法郎。[⑦] 为此，当时人们曾这样评价中法实业银行的经营者，“事实上，在巴黎的银行资本集团（东方汇理银行）仍然怀疑那些掌管中法实业银行的银行家们的能力，许多人认为中法实业银行的银行家们的能力是二流的，他们不懂银行业务，他们（行为）的确被证明是不择手段的。”[⑧]

四、错误投资，亏损极巨，是该行停业的直接原因。该行于本业之外，还利用第一次世界大战，欧洲所需丝米涨价之机，从越南办购大宗丝米运往欧洲，大为盈利。然而到了1920年下半期，大米行市骤落，亏损很大，并且在把大米运往法国途中遭遇鱼雷，全船货物尽沉海底，由于大战时期海运保险已经停止，损失只得自负，此次损失共达1000万法郎，以致上半年所获

---

① 许文堂．中法实业银行的政治与人事纠葛（1913—1925年）［J］．（台湾）中国历史学会史学集刊，第二十八期．

② A. REMAN："*British Overseas Banking in the Developing Countries the Past Presents and the Future*"，p. 65，S. Martin's Press，1994，Tokyo.

③ 中法实业银行之诉讼案［N］．申报，1922－06－20.

④ 法议院中之实业银行案［N］．申报，1922－04－19.

⑤ 中法实业银行案件［N］．申报，1922－03－25.

⑥ 中法实业银行之诉讼案［N］．申报，1922－06－20.

⑦ 中法实业重员之定谳与代兑中法钞票交涉之进行［N］．银行周报，1923－08－07.

⑧ A. REMAN："*British Overseas Banking in the Developing Countries the Past Presents and the Future*"，p. 65，ST. Martin's Press，1994，Tokyo.

盈利也全为之所尽。另外，总经理裴诺特还以巨资在天津造船厂打造了三艘不同类型的运货机船，然而到了试航的那一天，却船破水入不能航行，银行所投4000万法郎就这样淹没在涛涛白浪中而无法得偿。经此连续巨大损失，银行元气大伤。裴氏为挽回颓势，又趁某化学品公司股票发行之时购买了该公司的所有股票，企图操纵股价，以致股价立即涨了四倍半，然不多时，股价即跌落下来，此次投机又以失败告终。①

接二连三的亏损，捉襟见肘的窘状终于掩盖不住了。1921年1月，该行信用不稳的消息传出后，手持中法实业银行钞票的无数商民纷纷涌向银行要求兑现。由于中国银行团的有力维持，此次风潮未经几天，就恢复了原状。但经此变故，银行存户陆续提请存款，该行资金周转进一步失灵。到了6月，该行衰败的局面再也无法挽回，“最终在一片谴责的声浪中，在沉重债务的重压下崩溃了”②。

第六章　中法实业银行停业前的维持

自从1920年出现危机之后，中法实业银行为了掩盖其空虚的本质，一方面利用政治影响和经济关系，积极寻求支持；另一方面极力压缩亏损额、夸大盈余。但这些都未能改变该行停闭的厄运。

在巴黎，已擢升至外交部秘书长的菲利普·白德洛知悉其兄的错误投资已经难以挽回，为援助其兄，他首先利用自己在外交部的政治关系为其兄从正面寻求财政支持，1920年他首度去函法国财政部要求法兰西银行能对中法行给予融资，“以资鼓励吾国商人及实业家”，1921年1月初，法兰西银行总裁对中法实业银行的困境向外交部及财政部作报告，巴黎的中法实业银行被法政府认为信用不足，加之该行是一家私人银行，政府也不便利用公款来救助它。这样，菲利普·白德洛便以外交部长的名义亲自函请财长援助中法实业银行。鉴于法兰西银行的中央银行地位，不便于公开支持，菲利普·白德洛便请其朋友——巴黎荷兰银行总经理费纳理出面与财政部接洽。费纳理在1月19日通知财政部，把资助中法实业银行的首笔款项30万英镑汇入伦敦分行。然而法国财政部为谨慎起见，只提供了15万英镑（约合900万法郎）的担保借款，并定于5月7日前清偿。1月25日，白德洛又亲笔以私人名义致函财政部长，以总统米勒兰之名，提出由费纳理组织银行团资助中法实业银行的方案。③ 为了使这一方案得以实施，菲利普·白德洛利用政府的威信和外交部职务之便，又私自炮制一系列电文寻求国外经济界支持。1921年1月13日白德洛以财政部长名义伪签了政府致驻英公使电文，要求公使火速与英国银行总裁及伦敦城市银行联系，让其与巴黎银行及印度支那银行（东方汇理银行）等组成银行团，维持中法实业银行④，并说“法国在远东之地位颇稳固，该银行之前途实有望”。⑤ 1月22日他又背着法

---

① 中法实业银行近闻［J］. 银行月刊，1922，2（3）.

② A. REMAN：“*British Overseas Banking in the Developing Countries the Past Presents and the Future*”，p. 65，ST. Martin's Press，1994，Tokyo.

③ 法国经济及财政档案：Archives economiques et financiers.（简称AF/ B31595），letter de M. Berthelot au Ministre des Finances du 25 Jan. 1921. 转引自许文堂. 中法实业银行的政治与人事纠葛（1913—1925年）［J］.（台湾）中国历史学会史学集刊. 第二十八期.

④ 法国特约通信［N］.（上海）新闻报，1921-08-26.

⑤ 中法实业银行消息汇闻［N］. 银行周报，1921-08-30.

总理发出《致纽约加斯拉夫氏之电报》，请美国银行家辅助中法实业银行①。

为了取得法国各大银行的救援资金，白德洛兄弟俩在要政治手腕的同时，还极力压缩该行的亏损额，夸大盈余。其在法国巴黎大加鼓吹，“中国银行事业之厚利每年可生二三分利。”该行利用此法征召特权股份，鼓动法国各银行出资维持中法实业银行。② 后来据“中法实业银行案报告”载称，组织银行团的各银行至 1921 年 4 月 21 日止，共出资 2.44 亿法郎充作该行恢复营业之资，而所得的担保物则值 1.45 万法郎。③

然而这仍不足使该行正常运转，5 月白德洛等又向财长提出一改组方案，此方案内容如下：（一）巴黎荷兰银行与其他各银行组成一团体，拟增资本募集特权股票，合计法币 1 万万法郎，其内中国政府按照前定份数，认为三分之一，仍用旧前此办法以库券照数交付。（二）银行资本，前募各股份未曾交足之数，当招各股东补足。（三）现欲中国政府于该行改组实行稽查参管其事宜，即委派二员充当行内董事。（四）此次团体为便利招募股份计，拟请中国政府允许将来以 1921 年、1922 年、1923 年 12 月 30 日结算之进出总算，或因往年办理影响而受亏累，概行列入中国政府，以明账算进出符合之程式，以上所述各款账目，应由银行执事与中国委员会集结定。但此项办法与团体垫补领有押品之款项无涉。（五）银行所得盈项除应交特权新股七厘之息（合七百万法郎）及酌定准备金外，应首先作为补还中国政府照第四条内开入欠款之用。（六）中国政府以上办法扶助银行，而法国政府已允可，以不拘国内现行禁止外债之例，准由中法实业银行于改组后即行招募三万万法郎之借款，其内或 7500 万法郎或 1 万万法郎交予中国政府，其余全存入中法实业银行，作为公家工程或举办实业之用，应照中国政府与约定条件施行，而所需洋材料等物，应向法国厂家定购。④

这一方案表面上是经白德洛等同中国政府代表磋商而来的⑤，实际上是白德洛等设立的一个圈套，他们是想用厚利（改组方案第六条中的“其内或者 7500 万法郎或 1 万万法郎交予中国政府”，实际是说中国政府代表可得 2500 万法郎的好处）诱使中国政府及其代表以牺牲中国的交通实业购料等利权来挽救该行。但是当中国政府代表吴鼎昌将这一方案报请中国财政部答复时，北平政府内阁正重新改组，新任财政总长李士伟因为其亲日派的背景大受舆论反对而暂时引退，财政部暂时无主，因此由法国传来的中法行借款改组方案无人应答。⑥

真是远水解不了近渴，得不到中国政府的回应，白德洛这一改组方案也自然落空。此后的形势发展对中法实业银行是越来越不利。

由于白德洛的鼓吹，中法实业银行特权股份很快招齐，但新股东付款之后，“才深悉该行内幕及种种办理不合”，于是即刻提出抗议，要求：（一）该行详细账目须交出清查。（二）第一次招股 15000 万法郎，已经交付者为 7500 万法郎，其余 7500 万法郎亦即时付清，以昭公允。而各旧股东深知该行内幕，不肯再付其余的 7500 万法郎，这样引起了新旧股东的权力之争，新股

---

① 法内阁与中法实业银行［N］. 申报，1921－12－29.

② 中法实业银行停兑之内容［N］. 盛京时报，1921－07－12.

③ 中法实业银行近闻［J］. 银行月刊，1922：2（3）.

④ 中法银行停业后消息［N］.（上海）民国日报，1921－07－08.

⑤ 自从中法实业银行发生第一次动摇之后，该行时有不稳消息传出，北平中法实业银行中方总经理王克敏为自身利益着想，便呈请北洋政府派财政总长吴鼎昌、财政顾问宝道等以参加巴黎股东大会为名前往总行讨取总行旨意，并与法方磋商该行改组办法。中法银行停业之别幕［N］.（上海）民国日报，1921－07－26.

⑥ 中法银行停业之别幕［N］.（上海）民国日报，1921－07－26. 许文堂. 中法实业银行的政治与人事纠葛（1913—1925 年）［J］.（台湾）中国历史学会史学集刊，第二十八期.

东很是不满，也拒绝投资，并要求该行停止营业，彻查账目，以待重新整顿。[①] 自1921年5月该不利消息传出后，外间恐惶遂起，纷纷向该行提取存款，该行基金空虚暴露无遗。法政府方面也进展缓慢不能解燃眉之急，遂不得不暂行停业。

5月，法国财政部的官员也开始反对资助中法实业银行。经估算，认为至少需款6亿法郎方足以拯救该行，这个数目到了6月已增至7.8亿法郎。6月1日，法国财政部长派人对白德洛表示中国库券的发行需得北洋政府正式签字方可进行[②]，这等于是给白德洛下了一道禁令。因为一方面，前面已说过，北洋政府内阁重组一时无人答复此事，另一方面，此种近乎卖国的借款活动是不可能得到国人同意的。此3亿法郎的借款消息一传出后就遭到了旅法华人的强烈反对，后来旅法华人曾举行过两次大规模的拒款运动。况且中国境内当时禁止任何外债，自1920年全国银行公会联合会议召开后，曾屡次声明"在中国未统一前，不贷款于任何方面"，因为"当时的北洋政府对内对外的能力、信用及地位都不能代表中国，而且军阀贪婪，滥用外债以助内部纷争，陡然加重人民的负担"[③]。对于这3亿法郎的借款，当时中国内部也议论纷纷，有人说北洋政府之所以答应此借款方案，是想借此挹注军费进行军阀混战，也有人说是因为北京政府的某些政要人物与中法实业银行有利益关系，故欲借款维持该行。当时任天津益世报通信员的周恩来也一针见血地分析说："该行挽救无方，乃思一妙术，以重利诱北洋政府诸人，使其为助。中国政府本库空如洗，何能助人？但该行非求中国政府拿钱，意在担保品耳。"[④] 因此在当时的局势和舆论压力下，要想让北洋政府马上签字是不可能的，白德洛想利用中国借款挽救中法实业银行的希望再次破灭。

破产危机迫在眉睫，为保全中法实业银行在远东的财产及侵略据点，中法实业银行决定转移财产，将其在远东的产业让与一新成立的不动产公司，该公司成立于1921年5月，也就是中法实业银行停业前二个月。该公司定名为"远东不动产公司"，总行设在巴黎圣赖沙街74号，即中法实业银行原址，资本3050万法郎，分6100股，每股5000法郎。其中，中法实业银行将其在中国、日本、安南、东京的不动产权利让与该公司，从而获得该公司6000股份。从此中法实业银行远东各分行都归该公司经管，仍然经营银行事业。并决定7月25日在巴黎召集特别股东大会，届时将产业正式让渡给远东不动产公司。[⑤] 这样就使该行在远东的各分行无产可破，中法实业银行此种做法简直是一种无赖行为。

在做了这样的处理之后，6月16日，法财政部对中法实业银行进行财政检查，6月28日，终于确定中法实业银行实行停业改组。6月30日正式宣告停业。

6月30日，巴黎中法实业银行董事会为挽救该行，仍在继续挣扎，一面对外宣布暂行停业，一面特以"款项支绌，债户追讨，应付维艰"为由，向商事裁判所提出营业盈亏对照表[⑥]，请求判准援用1919年7月2日战时变通法律，按此法规定，可以延长不兑现期至合约批准后满三年为止，由特派员管理照常营业。[⑦] 商事裁判所认为手续不符，主张须经股东大会正式决议后才能

---

① 中法实业停兑之内容［N］．盛京时报，1921－07－12.

② 中法银行停业之别幕［N］．（上海）民国日报，1921－07－26.

③ 二万法郎的借款［N］．（上海）民国日报，1921－07－08.

④ 周恩来．旅法华人拒绝借款之运动［N］．（天津）益世报，1921年8月16～18日．清华大学中共党史教研组编．赴法勤工俭学运动史料：第二册下［M］．北京：北京出版社，460－461.

⑤ 中法银行行产之将来［J］．银行周报，1921（5）：28.

⑥ 中国人民银行总行参事室编．中华民国货币史资料：第1辑［M］．上海：上海人民出版社，1986：1132.

⑦ 中法实业银行停顿后所闻［N］．申报，1921－07－06.

予以判决。[①] 因此该行决定于7月25日在巴黎召开股东大会。

在法国已满城风雨之际，而当时北洋政府对中法实业银行的危机似乎没有警觉，一般投资者及存户对于远在欧洲的风暴更是一无所知。事实上，中法实业银行的危机并非无迹可寻，早在1920年大举增资时即有该行不稳的传言[②]，因为该行1919年2月第一次增资时，每股在500法郎的基础上加价15法郎出售，即515法郎方购得一股，这说明该行1919年营业发达，其股价也自然上扬。而此次增资（1920年1月），每股则折价出售，即由原来的500法郎降为415法郎，一般来说，股价低落就意味着该行有营业下滑的趋势。董事长白德洛为掩饰该行危机曾于1920年6月进行辟谣，意谓该行营运正常，投资米丝等业及一般银行业务，并无涉及任何冒险或投机事业。1921年1月初，世上又盛传该行不能支持的信息，白德洛又抛出伪签的法政府电文，声明该行稳妥可靠，否认世上所传该行营业失败之说。此电传到北京，人们顿起恐慌，纷纷向中法实业银行提款兑现，引起了小小的兑现风潮。[③] 其时该行需款正急，1921年1月23日、2月2日曾两次来函催讨中方所欠股金。而中国的股东和一般存户由于地理阻隔和信息不灵，对于这些征兆竟毫无觉察，待巴黎的停业电令传来才愕然惊醒。据说在中国方面，唯有华总经理王克敏最早得知该行危机情况，即将自己的四十万尽先提出，自此消息传出之后，外间恐惶遂起，提现者蜂拥而至，王克敏曾要求东方汇理银行出面维持，遭到拒绝后竟逃到天津外国租界不肯出来。[④]

以上是中法实业银行停业前的大概情况。

第七章　中法实业银行停兑风潮及其影响[⑤]

第一节　各地银行公会代兑中法实业银行钞票始末

一、中法实业银行钞票开兑前的经过

1921年7月2日，正值各银行半期结账休业之时，中法实业银行北京分行突然接到法国总行停业电令，宣布中国境内各地分行即刻停止营业。消息传开各埠顿起金融恐慌。

其实巴黎中法实业银行即将停业的小道消息早在6月底已传入中国，当时北京银行公会风闻此事，认识到事态的严重性，曾开会讨论应对方法，并于1921年7月1日函请北洋政府财政部出面负责，“顷闻中法实业银行现因金融紧迫，致将停业，各处市面受其影响。本会特共同讨论，以为该行如果停业，所有流通钞票，势必停兑，有碍金融，殊非浅鲜。本公会认为亟应先行筹划应付方法，以维大局。唯究应如何救济之处，事关全国金融，应请钧部于本月四日以前

---

① 中国人民银行总行参事室编. 中华民国货币史资料：第1辑［M］. 上海：上海人民出版社，1986：1132.

② 许文堂. 中法实业银行的政治与人事纠葛（1913—1925年）［J］.（台湾）中国历史学会史学集刊，第二十八期.

③ 中法银行风潮之一瞥［N］.（上海）民国日报，1921-01-22.

④ 中法银行停业与各方面［N］.（上海）民国日报，1921-07-09.

⑤ 张百霞. 中法实业银行停兑风潮及其影响［J］. 河北师范大学学报（哲学社会科学版），2011，34（5）：134-137.

详赐示复，以安人心，大局幸甚。”① 不料事隔一日，中法实业银行停业电令就传到了北京和上海。最先得信的北洋财政部匆忙发出第1971号公函，责成北京银行公会召集各银行共商先行筹垫款项，将中法实业银行钞票登报收兑，所垫付之款在财政部应付中法实业银行的欠款内扣还。②

北京银行公会闻讯后，认为该行在华各分行的存款与钞票“均能贻我国金融界以重大影响，自不能坐视其扰乱”③。因此该会接到财政部公函后即于当日（1921年7月2日）中午召开了第一次紧急会议，会上大多数人都主张银行公会应竭力维持该行纸币，并当即推举代表与财政部及法国公使分头接洽。一方面中国银行总裁冯耿光负责与法国公使交涉，冯向法使馆陈述了“顾念两国之邦交，维持远东商务及保持金融之安宁”三个理由，表达了银行公会愿维持该行纸币的意愿。法国公使对中国银行界顾念友谊竭力维持该行钞票的友好态度及做法深表感谢，但“唯须电闻本国妥商办法”后再作答复。银行公会的另一方面代表则向北洋政府财政部陈述公会意见，并请财政部明确：以政府应还法款为担保，由各银行垫款替中法实业银行收兑钞票。政府以形势所迫、责任所在，立即应允。7月3日上午，该行法方经理塞理尔与冯总裁商谈维持该行钞票的具体办法，冯总裁重申先前银行公会的友好态度，并要求塞理尔宣布纸币发行数目、交出簿据、清查券底三件事。④

1921年7月3日下午一时，银行公会又召开第二次紧急会议，议决维持办法，同时通电津、沪、汉、济、奉五处银行公会及各行的分支行，一律照下项手续办理。现将该电文附录于下：

“中法实业银行现已正式宣布停业，该行虽系中法合办，然实际纯须遵照法国法律，我国无法干涉。唯发行钞票为我国政府所特许，流通市面，为数较巨，忽尔停兑，于各埠金融关系至大。本会为维持全局金融及同业对外增加信用起见，公决办法，除他种债务应由该行自行清理外，所有该行钞票亟应代为收兑，昨经推举代表，迭与我政府、法使署及中法实业银行交涉，商定办法如下：（一）钞票总数约二百万元……各处钞票账及号码应由各该行检交公会代表，未发及收回钞票，由该行之法领事会同公会代表，检查封锁交领事保管，未设公会之地方，由中交两行代表办理，以下同。（二）以上手续办竣，由公会布告，择日即在公会代兑。（三）代兑之款暂由中交两行担任半数，其余由北京十九行分任，各埠公会会员如不在廿一家以内，而担任代兑之款，应由已认数内平均分出。（四）代兑之款，已由财政部公函担保，由应还中法款内尽先扣还，或另筹款。事机迫促，未能预商，尚乞鉴谅！所有以上办法务希查照办理，随时电告。至此间代兑日期及垫款如何汇拨，容再电闻。再法使署及该京行已分别电告各该地领署分行照办，并希洽理。”⑤

7日4日北京银行公会又公推代表三人协同律师与驻京法国代办公使、中法银行经理塞理尔组成查账委员会，检查中法实业银行发行账目，清点所有已收回与尚未发行的钞票，经三方会

① 上海《银行公会档》，载于中国人民银行总行参事室编．中华民国货币史资料：第1辑［M］．上海：上海人民出版社，1986：1134.

② 上海《银行公会档》，载于中国人民银行总行参事室编．中华民国货币史资料：第1辑［M］．上海：上海人民出版社，1986：1134.

③ 中法实业银行善后之京讯［N］．（上海）新闻报，1921－07－07.

④ 银行界消息汇闻［J］．银行月刊，1921，1（7）：1.

⑤ 银行界消息汇闻［J］．银行月刊，1921，1（7）：1.

同签字全部封存，钥匙交予法公使代表保管[①]。据中法实业银行北京分行法经理报告，京、津、沪、汉、济、奉六处钞票流通数目如下：北京38.3万元，奉天13.5万元，天津58.66万元，上海75.2万元，汉口38万元，济南1.2万元，共计2248600元。[②]

北京银行公会通电各埠后，上海、天津、汉口等处均复电表示赞同。[③] 上海银行公会自中法实业银行于1921年7月3日登报宣告停业后，认为该行在上海发行钞券颇多，一旦停兑，小本营业者将受重大损失，且该行发行钞票是经中国政府特许，与一般外国在华银行任意发行钞票性质有所不同。因此7月3日，上海银行公会特召集紧急会议讨论维持办法。又于4日由上海法领事邀请公会会长盛竹书、副会长钱新之、上海中国银行行长宋汉章偕同该行经理及出纳主任和买办朱启钤，赶赴上海法租界外滩一号中法实业银行内，详细检查了该行发行钞票簿据，会同签字，所有已收回与尚未发行的钞票均由法领事馆盖印锁封，并交由法领事保存。午后银行公会又开紧急会议协商下一步应对办法，就在会议期间收到了北京银行公会来电，主张由各埠公会代为收兑该行钞票，其代兑之款已由财政部公函担保。上海银行公会对北京银行公会的主张复电表示赞同，但对代兑之款尚未指定确实担保存有疑义，因此为慎重起见并考虑到各行业务规程的需要，上海银行公会主张先电询北京银行公会后再议。1921年7月6日北京银行公会复电上海方面，就代兑垫款的担保问题作出承诺，即“业与财政部商定的款作抵”，无论确实与否都由北京银行公会负责。[④]

上海银行公会得到这一承诺后，心中有了底数，因此当日再次召开紧急会议，“佥以钞票流通往往入于一般平民手中”，故应“亟谋代兑”，这样不仅可以维持金融安宁，还可以救济社会小民的生计，且可借此批评政府对于中外合办银行滥予发行权，并警告政府从严取缔。会议结果一致赞成从速筹备代兑手续，代兑之款即由在会各行分别认垫[⑤]。

自中法实业银行宣布停业后，各埠金融已起骚动，为稳定人心，7月6日北京银行公会议决，在分电各埠银行公会检查中法钞票流通实数的同时，先宣布代兑办法，以安人心。其通告内容如下：“中法实业银行日前宣布暂停营业，清理账目，所有该行北京、天津、上海、汉口等处地名字样之钞票，共计224万余元。现在财政部、本公会与法使署及该银行商定，暂由本公会垫款代兑，一俟各埠手续办齐，即行登报，宣布代兑日期地点，特此通告。”第二日该通告便登载于北京各报，同时各埠银行公会也同样将该通告登载于各埠报纸。[⑥] 此通告发出后，惶恐的人心稍稍得到了一些安慰。

在部署以上工作的同时，北京银行公会受上海银行公会要求的启发，也觉得有必要让财政部作出明确答复，一来可以确保代垫款的稳妥性，二来也可以避免日后交涉时发生不必要的纠葛与损失。为此1921年7月6日北京银行公会致函财政部，报告工作部署情况并附带声明如下：“（一）此次代兑中法银行钞票，大部函允负责，将来交涉，无论结果如何，均由大部负责，概与本会无涉。（二）各银行代垫之款，请由大部指定的款，将款目额数宣示，以务偿还。（三）偿还期限，至迟不得逾半年。（四）垫款利息以月息一分，按日计算，利随本减。”财政

① 北京《银行公会档》，载于中国人民银行总行参事室编．中华民国货币史资料：第1辑［M］．上海：上海人民出版社，1986：1135.

② 银行界消息汇闻［J］．银行月刊，1921－08－05.

③ 银行界消息汇闻［J］．银行月刊，1921－08－05.

④ 《银行公会代兑中法实业银行钞票之原委》，《民国钞券史》（下）第15章第17页，《银行周报》，1924－07－01.

⑤ 上海银行公会代兑中法钞票纪略［J］．银行周报，1921－07－26.

⑥ 银行界消息汇闻［J］．银行月刊，1921－08.

部立即复函明确表示："前函业已声明负责，即在本部应付中法银行欠款内扣还，必求达到扣还之目的，尽半年内还清，更不使贵会代垫之款，致有落空……"[①] 事隔一日，即7月8日，北京银行公会仍觉垫款担保没有落到实处，便再次致函财政部："……再查本公会此次筹垫巨款，代兑中法实业银行钞票，原为维持金融大局起见，虽蒙钧部缄允，在应付中法银行欠款内扣还，唯恐将来扣还该行欠款手续必繁，倘若枝节中生，不能如期归还本会垫款，则应请钧部另筹的款，如期归还，以免悬欠……"[②]。为使银行公会尽快代兑中法实业银行钞票以安人心，财政部特于7月8日和8月1日分别发出财字2017号与2270号公函答应银行公会的要求，明确指定由每月盐余应拨中法行欠款内分批拨还各银行分担的代兑垫款。[③] 这是北京银行公会与财政部就代兑垫款担保问题进行交涉的大概情况。

从1921年7月4日到12日各埠银行公会会同各埠法领事相继按程序检查封存钞票，并函电北京银行公会，呈报检查结果如下：（一）北京检查中法实业银行钞票结果为：原领券数为849.6万元，其中送往奉天券数为50万元，送往济南券数为50万元，未发行券数为499.6万元，其余250万元为北京地区6月30日的发行数目，在这250万元中，已收回券为2066233元，在外流通券为433767元（百元券北京发行券中有5万元封存在津库中，故北京流通数为38.3万元）。（二）天津中法实业银行订印兑换券手续，一向是由该行呈请总行代为订印，印好后由印刷公司直接寄往津行，点验封存以备发行。天津检查中法实业银行钞票结果为：共订印兑换券655万元，未发行数为47.7万元，发行数为177.7万元，样本券数为8300元，破损数90元，7月5日发行数1768610元，收回券为118.2万元，在外流通数为586610元。（三）上海检查结果为：该行已发行钞票共计为132万元，已收回券为56.8万元，破损收回者为72元，在外流通实数为751928元。（四）在上海还有汕头分行所发，盖有红色"汕头"字样的钞票共6万元，不在上海流通券之数内。（五）汉口检查结果：汉口流通券为376710元，余券27箱已会同封存。（六）济南由北京中法实业银行领来钞票50万元，陆续加盖"济南"字样发行，其中未发行者为35万元，发行复收回者为136711元，在外流通数为13289元。（七）奉天检查结果：计原领券50万元，库存219600元，流通券181400元，下缺99000元，其中先由北京该行收回3万元，津行收回69000元。此外，又封存该行天津券6335元，北京券4601元，上海券30元，济南券40元。[④]

综计上述检查结果，各埠钞票流通总数为2326227元，较该行总理报告之数2248600元增加了77627元，经北京银行公会派代表与该行交涉，即经该行承认无误，其细数如表5－7所示。

表5－7　　　　中法实业银行各分行钞票发行情况

地点	检查实数	原报告数	增减数
北京	38.3万元	38.3万元	
奉天京券	211400元	13.5万元	+76400元

① 《照抄财政部来函》第23－26页，北京档案馆，J41－1－163。

② 北京《银行公会档》，载于中国人民银行总行参事室编．中华民国货币史资料：第1辑［M］．上海：上海人民出版社，1986：1137.

③ 交通银行总行，中国第二历史档案馆合编．交通银行史料：第1卷上册［M］．北京：中国金融出版社，1995：608.

④ 《银行界消息汇闻》，《银行月刊》第1卷第8号，1921年8月。

续表

地点	检查实数	原报告数	增减数
济南京券	13289 元	1.2 万元	+1289 元
天津	586610 元	586600 元	+10 元
上海	751928 元	75.2 元	-72 元
汉口	38 万元	38 万元	
总数	2326227 元	2248600 元	+77627 元

资料来源：《银行界消息汇闻》，《银行月刊》第 1 卷第 8 号，1921 年 8 月。

二、开兑时的组织

中法实业银行钞票流通数目调查清楚后，北京银行公会于 1921 年 7 月 9 日发布通告，定于 13 日各埠一律开兑，通告内容如下："中法实业银行钞票由银行公会暂行垫款代兑，以维金融，业经登报广告在案。所有该行北京地名银元钞票兹定于七月十三日起在北京前门内西皮市本公会照兑现款。每日上午自十时起至十二时止，下午自二时起至四时止。特此通告。"①

为更好地组织收兑钞票、筹措垫款，北京银行公会内部还特设了临时干事部，由冯耿光推举周作民、谭荔孙、张永霓等共同担任临时干事。经过一番努力，各地共筹措款项 228 万元，其中中国、交通两银行各承垫 50 多万元，其余 126 万元则由在公会的各银行依营业状况分别筹借。此款对内由财政部负责偿还，对外是以中法实业银行所有北京饭店股份为抵押。②

关于代兑中法钞票组织的具体情况，我想再就上海银行公会方面的情况作一简单叙述。

中法实业银行上海分行的代兑垫款除由中国、交通、兴业、盐业、中孚、新华、金城、大陆、东陆、中国实业、聚兴诚 11 家在北京的总分行已认垫外，其余上海、浙江、四明、广东 4 家银行各垫 1 万元，中华、东莱、永亨 3 家银行各垫 5000 元，共计 5.5 万元交由上海中、交两行，中、交两行再把这 5.5 万元连同北京各行拨往上海的各款转送上海银行公会，以备兑现。③

代兑之款筹齐后，上海银行公会又就代兑地点、兑现额数及方法等问题进行磋商。关于代兑地点，北京银行公会已定于在北京前门内兑现，上海也决定在银行公会内兑现。此次代兑中法行钞票之所以由各地银行公会集中代兑而不由各行分兑，其原因主要有两点，一是考虑到钞票开兑后，一定会发生挤兑现象，从而影响各行的正常营业；二是考虑到在会的银行有发行钞票的银行，如果由各行分兑，那么一经开兑，不知情者还以为是各行借机推销本行钞票。因此研究结果一致认为在银行公会开兑比较妥当。关于兑现额及方法，上海银行公会又规定开兑时一律用现洋，不加杂钞票（各行钞票），以免发生误会。但对兑现额数超过 500 元者，为避免携带笨重，公会又设计了一种轻便方法，即定 500 元以上者，给以中、交两行的当日本票，然后再向中、交两行取现，另外还可委托往来钱庄代取。为此上海银行公会特制定《兑现简章》公布于众，其内容如下：（一）以上海地名券为限。（二）每户五百元以下之零票以现洋收兑，满五百元者给以中、交两行当日本票向中交两行支取本票。（三）兑换时间上午自十时至十二时，下

① 《北京代兑中法钞票情形》，《银行公会代兑中法实业银行钞票纪要》，《银行界消息汇闻》，《银行月刊》第 1 卷第 8 号，1921 年 8 月。

② 实行兑现之中法银行［N］. 晨报，1921-07-13.

③ 姚仲拔：《上海银行公会代兑中法钞票纪略》第 2-3 页，《银行周报》5 卷 28 号，1921-07-26.

午一时至三时，过时次日再兑。（四）星期日停止兑换。[①]

为提高办事效率，上海银行公会特派中、交两行主任及各会员银行中业务精练、熟悉出纳的行员负责兑现的具体事宜。[②] 为使上海银行公会的房屋设备符合营业兑现的需要，上海银行的庄得之先生专门负责规划，经过一番精心布置，最后公会厅堂居然一变而成了银行的营业室。公会左右的大门分出路和入路，使来兑者鱼贯而入，循序而出，这样就可避免争先恐后、拥挤混乱的局面发生。

以上是北京、上海两埠公会代兑组织的大致情况，同样天津、汉口、山东、奉天等地的银行公会在北京银行公会发出代兑通告后，也积极组织各会员银行筹划代兑事宜。其中汉口银行公会行动最快，1921 年 7 月 11 日，该埠就已开始收兑。

三、开兑后之情形

1921 年 7 月 13 日是北京银行公会正式开兑的日期，原定上午 10 点开始开兑，不料刚到 8 点多钟时，公会门前已人山人海。公会办事员于上午 7 点就已到会，见此情形，决定提前半小时开兑。尽管有保安队及巡警负责维持秩序，但惶惶不安的人们还是争先恐后地拼命上前拥挤，以为“非捷足先登则不可得”，以致公会大门的玻璃都被挤碎了。后经保安队和巡警队增派兵力维持，拥挤的人群才稍稍安稳。为稳定人心，公会也临时张贴布告，声明自 13 日起无论何日均可兑现，并不限于一日，并对事前设备不周对往兑者表示抱歉，到下午，骚动的人群才安定下来。13 日早晨，银行公会内堆积着 40 万银元以备兑现，此次兑现一律用现洋，有人因为现金笨重请求付给钞票，该会以未备钞票仍发给现洋。所谓兑现，可算名副其实。同时中法实业银行方面也应银行公会之请派人持该行账簿前往参加，以备对于钞票有疑义者可以立即查考。这一天，北京银行公会共兑出 234444 元，占该行钞票流通总数的 1/10，占北京流通数的 1/3 以上。所有收回的钞票经检点封锁，分存于中、交两行库中。[③]

同一天上海方面情形与北京相似，上午 9 点左右，公会门前来兑者已拥挤塞途，虽然公会悬挂通告，兑无限期，希望来兑者各守秩序，按顺序进入公会，然而一开门人们就蜂拥而入，“争先恐后，声若雷动，公会厅室天井均无插足之地，纷纷之状几至动武”。幸亏当日正副会长盛竹书、钱新之两先生亲自督率，才没有发生意外。同时警察局闻讯后，又加派西警四五人来场弹压才得以恢复秩序。这一天上午，来兑人数多达 3000 人，下午也有 2000 多人，由于兑现职员熟于出纳，办理十分敏捷，结果不到三个小时就应付了 5000 多来兑者，共兑进钞票 22.9 万元，占该行上海流通总数的 35%。[④]

通过集中收兑，从 1921 年 7 月 13 日到 7 月 16 日，北京银行公会已兑入中法钞票 479659 元，核计已占北京流通总数的 3/4 以上。天津银行公会兑入 276000 元，占天津流通总数的

---

① 姚仲拔：《上海银行公会代兑中法钞票纪略》第 3 页，《银行周报》5 卷 28 号，1921－07－26.

② 参加此次兑现的银行各派一名职员，名单如下：孙志莘（中国银行）、余炜炯（中国银行）、汤再如（交通银行）、张瑞柏（交通）、李庆如（兴业）、史汝楫（浙江）、王希潜（盐业）、陈晓东（中孚）、陆蕃夫（聚兴诚）、吴佑庆（四明）、董信甫（中华）、丁冠群（广东）、孔叔炎（金城）、邬延祥（新华）、陈筱三（东莱）、陈晓岚（大陆）、周午三（永亨）、程大剑（中国实业）、方君余（东陆）。

③ 《北京银行公会代兑中法钞票之沪闻》，《杂纂》，《银行周报》5 卷 28 号，1921－07－26.

④ 姚仲拔：《上海银行公会代兑中法钞票纪略》第 4 页，《银行周报》5 卷 28 号，1921－07－26.

47%。[1] 上海自13日至19日每日共兑4小时，自20日每日仅兑2小时，到23日为止，上海银行公会共兑入中法钞票59万余元，约占上海流通总数的79%。[2] 汉口银行公会从7月11日到12日共兑入235400元，占汉口流通总数的62%。[3]

北京银行公会考虑到各埠中法实业银行钞票余数已不多，遂决定不再集中兑现，从18日起北京地区所余的中法钞票由北京21行分兑。[4] 其他各埠也依情况由各会员银行分兑。为使各埠银行代兑有章可循、统一步调，北京银行公会还议定《各银行代兑中法钞票办法》五条，下发各行遵照执行，其内容为：（一）兹决定由垫款二十一家，自七月十三日（星期一）起，代兑“北京”字样中法钞票，有“奉天”“济南”记号者一同代兑，期限至八月十三日，过期不再代兑。（二）各银行于每日下午四点以前将代兑钞票，分送中、交两行拨兑现款。（三）中、交两行收到各银行交来中法钞票，汇总后，按钞票总数开一寄存证，送交临时干事收执；一面由临时干事凭两行收到钞票总数，按成开出各行支票，送交两行冲账。（四）沪、津、汉三埠一律照此办理，代兑各行每日将所代兑之券送交当地中、交行，由中、交行电知中、交总行函知临时干事，按成开出各垫款行支票，交由中、交总行汇还。（五）各行每日代兑钞票时间……[5]

自1921年7月13日起（汉口自11日起）截至7月31日，北京及各埠代兑的具体数目如表5－8所示。

表5－8　京津沪汉四埠代兑中法实业银行钞票数额（7月13～31日）　单位：元

日期	北京	天津	上海	汉口
11日				175700
12日				59700
13日	234444	92000	229207	26100
14日	130237	92000	128000	16400
15日	62273	72000	76000	9330
16日	52705	20000	46000	6600
17日	星	期	停	兑
18日	10133	36000	72000	7500
19日	40608	30000	11000	5100
20日	23804	14000	10000	2800
21日	10100	12000	8000	2700
22日	16567	12000	7600	2400
23日	6695	4000	6000	2900

① 《京津沪汉四埠代兑中法实业银行钞票数额》，《银行公会代兑中法实业银行钞票纪要》，《银行界消息汇闻》，《银行月刊》，第1卷第8号，1921年8月。

② 姚仲拔：《上海银行公会代兑中法钞票纪略》第3－4页，《银行周报》5卷28号，1921－07－26.

③ 《汉口检查中法钞票情形》，《银行公会代兑中法实业银行钞票纪要》，《银行界消息汇闻》，《银行月刊》，第1卷第8号，1921年8月。

④ 此21行为：中国、交通、盐业、新华、金城、中孚、北京商业、中国实业、浙江兴业、中华汇业、五族商业、北洋保商、大宛农工、聚兴诚、大陆、大生、新亨、懋业、东陆、边业、劝业。《北京代兑中法钞票情形》，《银行界消息汇闻》，《银行月刊》第1卷第8号，1921年8月。

⑤ 北京《银行公会档》，中国人民银行总行参事室编．中华民国货币史资料：第1辑［M］．上海：上海人民出版社，1986：1138.

续表

日期	北京	天津	上海	汉口
24 日	星	期	停	兑
25 日	10805	14000	3000	5900
26 日	8413	4000	2000	2300
27 日	3958	6000	5200	2500
28 日	6595	6000	2400	1700
29 日	3109	2000	5000	2500
30 日	2630	2000	1800	1600
31 日	星	期	停	兑
合计	623076	418000	613207	333730

资料来源：《银行公会代兑中法实业银行钞票纪要》，《银行界消息汇闻》第 7－8 页，《银行月刊》，第一卷第八号，1921 年 8 月。

表 5－8 显示，经过各银行公会的集中收兑和各行分兑，到 1921 年 7 月底中法实业银行的钞票已被收回 198.8 万余元，可见此次代兑的速度是非常快的。到 8 月 13 日，各埠银行公会代兑中法实业银行钞票已告结束。合计共兑入钞票 2099162 元，其中北京兑入 652344 元，天津兑入 443867 元，上海兑入 657075 元，汉口兑入 345876 元。[①] 与原来调查数相比，除实兑外，尚有 227065 元未收回。各埠兑现数额的详细情况如表 5－9 所示。

表 5－9　　京、津、沪、汉各埠代兑数目　　单位：元

	北京	天津	上海	汉口	合计
原调查数	607689[②]	586610	751928	380000	2326227
实兑数	652344	443867	657075	345876	2099162
差额	－44655	＋142743	＋94853	＋34124	227065

对于兑现中法钞票，银行界非常一致，以前未曾加入公会的银行，此次加入数家。据统计，参加此次代兑垫款的银行共有 29 家。各银行实际垫款数额及比率如表 5－10 所示。

表 5－10　　各银行代兑中法实业银行钞票垫款　　单位：元，%

银行名	垫款金额	百分率
中国银行	509873.50	24.29
交通银行	509873.50	24.29
盐业银行	104040.00	4.95
金城银行	104040.00	4.95
汇业银行	60690.00	2.89
新华银行	60690.00	2.89
懋业银行	60690.00	2.89
北洋保商银行	60690.00	2.89

① 北京《银行公会档》．中国人民银行总行参事室编．中华民国货币史资料：第 1 辑［M］．上海：上海人民出版社，1986：1138.

② 包括北京券 383000 元、奉天京券 211400 元、济南京券 13289 元。

续表

银行名	垫款金额	百分率
大陆银行	60690.00	2.89
边业银行	60690.00	2.89
劝业银行	60690.00	2.89
新亨银行	43350.00	2.07
中国实业银行	43350.00	2.07
浙江兴业银行	43350.00	2.07
东陆银行	43350.00	2.07
中孚银行	43350.00	2.07
大生银行	34680.00	1.65
北京商业银行	34680.00	1.65
天津直隶银行	34680.00	1.65
大宛农工银行	26010.00	1.24
五族商业银行	26010.00	1.24
聚兴诚银行	26010.00	1.24
上海商业储蓄银行	8670.00	0.41
浙江地方实业银行	8670.00	0.41
四明银行	8670.00	0.41
广东银行	8670.00	0.41
永亨银行	4335.00	0.21
东莱银行	4335.00	0.21
中华商业银行	4335.00	0.21
合计	2099162.00	100

资料来源：交通银行总行，中国第二历史档案馆合编．交通银行史料：第一卷上册［M］．北京：中国金融出版社，1995-12：608-609.

1921 年 9 月 3 日，银行公会议决将代兑的各种账册、单据及所兑各券全部押送到北京，移交中国、交通两行暂存[①]，银行公会代兑手续也就此结束。此后每月从财政部接收的还款以及匀还垫款各行等事，经决定移交中国、交通两银行接办。9 月 6 日，北京银行公会致函财政部，报告结束代兑中法实业银行钞票的有关事宜，并请示财政部核实处理。[②]

由于银行公会组织有序、维持得力，才避免了一场即将发生的金融危机。此次代兑除开始当日异常拥挤外，就整个代兑过程来说各地秩序尚称井然。只有云南昆明一地因群众聚集分行要求提取存款，没能得到允许愤而将该行门窗毁坏，后法方屈服，存户纷纷将存款提出。[③]

此次兑现，除实兑外，只有不到 1% 的钞票因流入内地没有兑付。表面看来，中国商民受累不大，然而此次兑现只限于京、津、沪、汉、济、奉六处钞票，其他地区中法实业银行的钞票并不在兑现之列，比如，在上海就有汕头分行所发，盖有红色“汕头”字样的钞票，当时统计

① 交通银行总行、中国第二历史档案馆合编．交通银行史料：第一卷上册［M］．北京：中国金融出版社，1995：609.

② 北京《银行公会档》，中国人民银行总行参事室编．中华民国货币史资料：第 1 辑［M］．上海：上海人民出版社，1986：1139.

③ 云南省志编纂委员会．续云南通志长编：中册［R］．1986：706.

有6万元，但却不在上海流通券兑换数内。该行在汕头发行的纸币到底有多少？到现在还不清楚，其他地方的发行数目更是无案可查。因此，尽管有银行公会的有力维持，但中国所受经济损失依然是不可估量的。

四、中法实业银行钞票交涉还现案

对于银行公会的代兑垫款，财政部曾以公函担保，规定偿还期限至迟不得超过半年，垫款利息为月息一分，由每月盐余应拨中法行欠款内分批拨还。然而这只是一张空头支票，由于北京政府财源枯竭和法方的狡诈推诿，财政部并没能按约如期归还，而是一拖再拖，经银行公会多次催索，费尽周折，才最终索回了被拖欠多年的代兑垫款。

1921年9月2日，财政部在每月盐余中拨出15万银元交予北京银行公会，扣除由沪汇京的汇水1950元，实收银元148050元，然后按照比例分拨各行①。然而此后几个月的时间里财政部再没有偿还过垫款。北京银行公会曾屡次函催，也没有任何回音，直到1921年底，眼见还款期限将至，财政部才复函称“本部因各月所放盐余不敷分配，以致未能照拨。本部对于各项内债现正筹划整理，一俟定有办法，即当照办等因。”② 又过半年，仍无任何办法，直到1922年6月，九六公债发行③，财政部才按照普通债票发给九六公债1230870元。银行公会认为以债票偿还垫款与担保原案不符，公函拒绝此种办法，并将债票暂交中国银行特别保存，此后财政部再没提及此事。1923年2月中法实业银行复业之后，在全国银行公会联合会议第四届大会上，上海、北京两埠银行公会曾提议案，请求与当局协商归还办法。北京银行公会认为此项垫款是为代兑该行钞票所需，此项债务自应由该行负责清偿，并推举代表与中法实业管理公司交涉④，要求其将公会所兑钞票以现金收回，然而该公司却狡辩称“中法实业管理公司乃一完全独立之公司，与中法实业银行所负债务并无关系”⑤。1924年第五届全国银行公会联合会议又议及此项代兑还现案，催促政府早日解决，但终因金法郎案不决而无结果。直至1925年9月1日，中法实业管理公司才将代兑钞票2099162元如数以现款赎回。垫款利息截至同年8月31日，总计结欠1330068.42元，除第一次拨还一部分外，仍欠利息银元109万多元，但中法实业管理公司却将此垫款利息推给了北京财政部。直到1926年3月22日，财政部才将剩余利息以现款结清⑥，至此拖延了四年半之久的垫款本息案才告结束。

第二节　中法实业银行停兑对中国的影响

中法实业银行的停兑引起了中国金融界的恐慌，不仅给中国商民造成了不可估量的损失，而且为一些不法之徒蓄意投机提供了条件。自该行宣告停业后，上海利钱暴腾，7月4日沪埠银拆飞涨至四钱五分，这样高的拆息在当时实属罕见。各钱庄商店对于该行纸币则自由定价，或

---

① 《收回代兑中法钞票垫款办法》，北京档案馆，J31－1－610。

② 《银行公会代兑中法实业银行钞票之原委》，《民国钞券史》（下），第15章第21页，《银行周报》第8卷25号，1924－07－01.

③ 1922年2月11日财政部公布发行“偿还内外短债八厘债券”9600万元，俗称九六公债。

④ 此公司主要代替中法实业银行经营银行业务。

⑤ 《银行公会代兑中法实业银行钞票之原委》，《民国钞券史》（下），第15章第21页，《银行周报》第8卷25号，1924－07－01.

⑥ 交通银行总行，中国第二历史档案馆合编．交通银行史料：第一卷上册［M］．北京：中国金融出版社，1995：610.

以五分计算，或以一折计算，所受损失难以计数。虽经财政部与中国银行公会及法国总领事三方协商担保兑换，但该行纸币流通仍受到了阻碍，火车站拒收，各饭店拒收。自中法实业银行停兑事件发生后，日本某通信社乘机发出电报，制造上海道胜、友华、边业等银行受中法实业银行影响也发生停兑的谣言，蛊惑人心，致使各行提款兑现者蜂拥而至。在天津，一般奸商也借此作出许多投机事业，信口捏造某行钞票不稳，某行基金不足，然后折价收买，从中取利。[①] 金融恐慌的局面由此略见一斑。

中法实业银行的倒闭是中国金融史上的一个转折点。中法实业银行此次停兑不仅给那些迷信外国银行的人们一个深刻的教训，同时也给当时的中国政府一个很大的刺激。一方面，该行虽为中法合办银行，然一般人皆以外国银行看待，国人对于外国银行宠信倍加，以为凡属外国银行或中外合办银行都千稳万稳，不致发生意外，不料中法实业银行却突然停兑，虽有银行公会毅然出面维持，遏制了市面恐慌，但中国商民所受刺激却是一时难以抚平的。从此人们对外籍银行的信任发生动摇，开始把目光转投到中国人自办的银行上来。同时外籍银行发行的纸币“信誉”也受到了沉重打击，发行量大大减少。而中国银行团通过此次代兑，则信誉大增，从此中国银行添设之多，大有供过于求之势，客观上促进了当时新兴的中国银行业的发展，据统计1934 年中国已有 170 家银行[②]。另一方面，政府深感滥将纸币发行权赋予华洋各银行的危害，开始考虑完善发行制度，维护国家利权。不久币制局便拟订了“限制纸币善后办法三条”，其内容如下：（一）此后中外合办之银行，永不赋予纸币发行权。（二）凡已经发行纸币之华洋各银行，均应提取相当之保证金，存储于各埠银行公会。（三）责成中、交两行会议，自行规定限期，将国家纸币并归中国银行一家发行，然后将其他银行所发行之纸币，于一年内一律收回。[③] 此办法尽管没有实现，但限制纸币发行条例的制定，健全了我国纸币发行制度，促进了我国金融业的发展。

第八章　资助复业与倒闭清理的斗争

自中法实业银行停业消息登上报章，各地一时舆论哗然。围绕复业与否展开了一场论争。法国方面主张复业之声给法国政府造成巨大压力。法国舆论一致认为，“该行为法国在东方最有势力之金融机关，尤以在华所得之特别权利为最多，今政府若不出面挽救，不唯失此势力机关为可惜，且于法国人将来在华商业信用上，亦必蒙受大影响。”加之该行停业不久，法之劲敌德国人在中国所设的德华银行，即重新开幕，相形之下，法国更觉难堪，为与德国人竞争东方利益，尤觉“不可不救”[④]。法国政府大为此说所动，同时法国上下两院议员也纷纷向政府质问该行停业原因及政府维持方法，内阁总理白理安氏遂决计挽救该行，因此一方面派员调查中法实业银行的内容及账目，另一方面将此案交付议院表决。7 月 6 日和 8 日，法国总理白理安出席上下两院会议，表达了政府仍竭力设法维持法国在远东的利益的意愿。白理安认为中法实业银行

---

① 中法银行停业后发生之影响［N］. 晨报，1921 - 07 - 12.

② 献可. 近百年来帝国主义在华银行发行纸币概况［M］. 上海：上海人民出版社，1958：181.

③ 中法银行休业后消息［N］. 申报，1921 - 07 - 10.

④ 郭仲威. 中法银行停业之前后［M］. 清华大学中共党史教研组编. 赴法勤工俭学运动史料：第二册下. 北京：北京出版社，506.

的倒闭确实有碍法国在远东地区的信用及经济发展前途，并对财政部没能及早采取措施及财政总长杜氏反对中法实业银行借款，致使中法实业银行毙命表示不满。为声明政府曾有支持中法实业银行的种种举动，在上议院演说之际，宣读了两道重要电文，一是1921年1月13日由前总理署名致驻英公使电文，要求英国银行与巴黎银行及印度支那银行组成银行团，维持中法实业银行，确保法国在远东之势力。总理宣读这一电文的目的是证明法国政府曾对该行给予过积极支持。二是法国驻华代理公使6月30日由北京致法国电文，说中国政府完全同意下列借款条件（一）如十五日内不交付五十万金，则条约无效。（二）须俟发行公债之后，任命法国人为邮税监督官以作担保。（三）应于三个月内发行公债。① 这一电文说明中国政府已答应借款，只是财长反对才作罢，这样就把责任全推到了财长杜氏身上。据说，在中法实业银行停业的前一日，巴黎各大银行均派代表，集会于财政总长杜氏私宅，商议最后维持该行的策略。各代表对杜氏说，"倘若法政府肯作担保，则各银行愿贷巨款于该行，俾将其内部重行整顿。"杜氏没有答应，此会遂无结果而散。② 中法实业银行至此，自知这一线希望已绝，翌日（6月30日）不得不正式宣告停业。

法国财政部之所以反对该行复业是有其特殊原因的。据说，财政部长之所以不赞成中法实业银行借款，是因为杜氏是东方汇理银行的董事，而东方汇理银行正希望中法实业银行倒闭，以便垄断中法间的金融独占权，因而反对中法实业银行复业。③ 而资金调度司司长则从纯金融的角度来看，该行亏损过巨，应进行倒闭清理，避免国库介入。④

不料一波未平，一波又起，总理宣读的两则电文在下议院引起激烈争辩，前总理否认曾签字于所发驻英公使电文，引发了白洛德伪签的丑闻。白理安招来左右两面派的攻击，认为外交部与参议院代表的私人利益集团勾结，利用国家威信救助私人利益，实为不该发生之事。⑤ 这一情形当时的上海新闻报曾作了这样的报道："据巴黎电称，中法实业银行事务恐将引起重大之政治纠纷，目下众议院热切运动保全该银行，暗中则伏有剧烈之政潮，反对政府之极右党日日借其机关报痛诋政治家与执政大员之不诚实，而对于参议员安德烈·白德洛抨击尤甚，其为中法实业银行之董事，且为外交部秘书长之弟（兄）也……"⑥ 因而此事成了法国政争的工具。1922年2月法国国会组成了一个由33人参加的调查委员会，彻查中法实业银行案的政治责任，白德洛所伪签的一系列电文都被查了出来，加之其收受其兄的中法实业银行公款，终于不安于位，1921年12月底引咎辞职了。而总理白理安也在数日后解职，但其后继者仍秉承上下两院多数之意，继续推动对中法实业银行的资助案。⑦

同时，在中国的法方组织或个人也多次向法政府发出电文，例如，上海中法商业协会致法国总统电，中国天主教会来电，法国驻华代理公使电，云南府法领事来电⑧，这些电文无非是希望法国政府设法补救。而中国方面自中法实业银行停业后，一般债权人则要求该行实行倒闭，

---

① 法国特约通讯［N］．新闻报，1921－08－26.

② 郭仲威．中法银行停业之前后［M］．清华大学中共党史教研组编．赴法勤工俭学运动史料：第二册下．北京：北京出版社，505.

③ 法国特约通讯［N］．新闻报，1921－08－26.

④ 许文堂．中法实业银行的政治与人事纠葛（1913—1925年）［J］．（台湾）中国历史学会史学集刊，第二十八期.

⑤ 法国特约通讯［N］．新闻报，1921－08－26.

⑥ 中法实业银行消息［N］．（上海）新闻报，1921－07－10.

⑦ 许文堂．中法实业银行的政治与人事纠葛（1913—1925年）［J］．（台湾）中国历史学会史学集刊，第二十八期.

⑧ 法国特约通讯［N］．新闻报，1921－08－26.

清偿债务，而中国官方却一直盼望该行尽早复业，并为此作出自己的努力，曾多次与法方协商维持办法。为收回该行所发行钞票，1921 年 7 月 2 日，中国银行公会发出启示，主张由中国各银行如数收回中法实业银行所发纸币，此行动不仅制止了一场金融风暴，而且稳定了民心，为中法实业银行的复业奠定了基础。

第九章　中法实业银行复业[①]

第一节　复业决定

在各方支持之下，中法实业银行最终作出清理债务、改组复业的决定。

1921 年 7 月 25 日，中法实业银行在巴黎召开股东常年大会及非常大会，白德洛主持了会议。前者报告了 1920 年营业情形并通过了该年度决算，在此会议上，中国政府派代表表达了中国政府的意愿，即"凡能维持中法实业银行之合法办法，中国政府无不赞成，至于过失者之责任，中国政府深信法国法律有以处之也。"后者则报告了该行停业原因，并同意请求法庭判准援用战时变通法，作出了关于清理债务、增加资本、十足偿还的决议。按变通法规定偿还办法如下：（一）期票电汇支款，限期六个月付给，凡在该行各种存款延期三个月后分期偿还。（二）债款可将款项改为优先股份。（三）各种存款分三个月后分期偿付，若允入股，原利息加给一厘合算，不入股存款，银行尽量先期归还。[②] 7 月 26 日，商事裁判所判决中法实业银行援用 1919 年 7 月 2 日变通法律，这样中法实业银行借战时变通法的保护而避免倒闭或破产的计划得以实现。

第二节　庚子赔款与中法实业银行复业

然而援用战时变通法只不过是白德洛等的一个缓兵之计，实际上，由于该行亏折过巨，早已没有偿还债务、恢复营业的能力。而法国战后财政也陷入困境，加之该行是一家私人银行，法国政府不便也不想以国库介入，但又不愿放弃这个远东经济侵略实体，因此钱从何而来便成了白德洛等人面对的一大难题。当时中法两国正酝酿法国退还庚子赔款事宜，白德洛等人便把目光投到了庚子赔款上来。

第一次世界大战期间，中国得以延期展付五年（从 1917 年 12 月 1 日至 1922 年 11 月 30 日）庚子赔款。[③] 第一次世界大战后，北洋政府与民间皆希望各国循照美国之例，退回庚款兴办教育。法国方面因有韩汝甲与法国众议院议员班乐卫（Paul Painleve）有密切关系，加之中国留法学生及侨法华绅吴敬恒等人的合力运作，班乐卫在众议院提议"将退还的庚子赔款移用于中国教育界，一如美国办法"，得到大多数议员同意后获得通过。在移交参议院审议时，适有法国政

---

① 张百霞．关于中法实业银行复业与"金法郎案"的纠葛研究［J］．西南金融，2008：56 -58.

② 中法银行股东会与债权团［N］．（上海）新闻报，1921 -08 -01.

③ 1917 年，中国参加对德宣战，比、法、英、美、意、日、葡、俄等八国，对于中国均极表好意，承认将各国应收之庚子赔款，自 1907 年 12 月 1 日起缓付五年，并免加算利息。财政部档案，财政部财政科学研究所，中国第二历史档案馆编．民国外债档案史料：第十二卷［M］．北京：档案出版社，1992：18.

府讨论使中法实业银行复业，白德洛便乘机提议，请将庚款的一部分提拨该银行作为中国应拨之官股股本。白德洛之意即利用庚款资助中法实业银行复业。[①]

1921 年 11 月华盛顿会议时，法国总理白理安正式向中国代表表示，退还未经付清的庚子赔款余额，作为振兴教育事业之用，不过要以此款的一部分作为整顿中法实业银行的借款基金。同年 12 月 14 日，法国驻华公使傅乐猷与中国外交总长颜惠庆进行会晤，进一步提出了具体办法，即于每年的庚款内提出 100 万法郎，作为中法双方指定之中法教育事业，其余作为发行 3200 万美元的金债券之担保，作为该行改组之用。为此法国派荷兰银行代表甘司东来华与中国银行总经理王克敏商议具体做法。1922 年 1 月 11 日，北京政府又派王克敏赴法具体交涉庚款问题。1 月底，法国下议院讨论政府这一议案获得通过，3 月法国参议院也予以通过，并宣称允准政府与中国政府商订协定，支配庚子赔款，以拯救法国在远东的精神与实体利益[②]。

然而，法国庚款余额约有 4 亿法郎左右，当时只值 16500 多万金法郎[③]，而中法实业银行负债总额为 60000 万法郎，其中远东方面债额 40000 万法郎，20000 万法郎属于欧洲债权家。[④] 所退庚款远远不敷中法实业银行复业之需，哪有剩余兴办中法教育慈善事业。可见，法国扬言退还庚款兴办教育只不过是一个幌子，利用庚款救助中法实业银行这一私家银行才是其真实目的。之所以提出兴办教育，只不过为减少法国国会的阻力而已。

而中国方面，一部分官僚，如王克敏、周自齐等因在中法实业银行有巨额私人存款，更是希望该行早日复业。为此，颜惠庆、王克敏等异想天开，串通法国，不惜损害国家利益，在金、纸法郎计算上做手脚，遂要求中国政府用金法郎偿还法国的庚款余额。[⑤]

第三节　金法郎案与中法实业银行复业协定

金法郎案与中法实业银行复业本属不相关的两件事，但由于法国的诡诈，北洋政府的昏庸、推诿搪塞，在交涉过程中牵合为一，致使中法实业银行复业案成了法国交易金法郎案的一个筹码，同时也使该行的复业带上了浓重的政治色彩。

金法郎案，是关于法国部分庚子赔款余额是用金还是用纸计算的问题。1901 年，轰轰烈烈的义和团运动失败了。清政府被迫与各国签订了丧权辱国的《辛丑条约》，中国支付八国赔款共 45000 万两，以关、盐两税为担保，分 39 年还清，并按年息 4 厘计息，连本带利共达 98000 万两。条约第六条规定此款按照海关银两市价易为金款偿付，此市价对各国金钱的比价是：海关银 1 两等于法国 3. 75 法郎……[⑥]这笔巨额赔款，由列强坐地分赃，按一关银两等于 3. 75 法郎折合，法国应得赔款 5. 8 亿多法郎。1905 年 7 月 2 日清廷又与各国约定还款手续。各国对于还款手续，或按伦敦市面银价，用银交付，或用金钱期票还付，或用电汇还付，各国在这三项中自行择定一项，自择定之日起至赔款还清之日，其中间不得因故变更此种办法。当时法国选择了电汇方法。此后中国偿付法国的庚子赔款均按付款日电汇行市购买法郎交付，当时法郎为法国

---

① 《法国退还庚子赔款之经过及起源》，南京第二历史档案馆。

② 陈长河．中法实业银行复业前后［N］．团结报，1995 – 03 – 04.

③ 《银行界消息汇闻》，《银行月刊》第 2 卷 2 号，1922 年 2 月。

④ 《中法实业银行之内容》，《银行周报》第 8 卷 20 号，1924 – 05 – 27.

⑤ 北京民国财政部档案，财政部财政科学研究所，中国第二历史档案馆编．民国外债档案史料：第十二卷［M］．北京：档案出版社，1992：339.

⑥ 《金法郎问题》，《银行周报》第 8 卷 14 号，1924 – 04 – 15.

的唯一货币，并无金、纸之分。那时法郎汇价很高，往往需要关银一两二三钱方能汇3.75法郎，故我国每年要多付出若干万两关银，无形中扩大了赔款数额，增加了中国人民的负担。

第一次世界大战后，法国法郎大幅贬值，才有了金、纸法郎之分，且比价悬殊，其比价约是3:1。根据当时的法郎币值，中国用汇兑办法，约付常年一半有余的银两即足以付清法国应收赔款，对中国较为有利。于是法国便用尽心计，要求中国用金法郎（硬金）付还庚子赔款。为此，法国始则利诱，继则胁迫，一步步迫使中国就范。

第一步，法国利用退还庚款诱骗中国承认用金法郎偿付赔款。1922年6月22日，法使照会中国外交部，“查金法郎与纸法郎有别”，倡求庚子赔款法国部分改用金元计算，在这里，法国故意用“金元”代替“金法郎”来混淆中国人的耳目。当时中国政府本可以依据《辛丑条约》第六条与1905年的换文和多年来的电汇陈词驳复。然而当时的中国政府被法国退还庚款的口惠所诱惑，并未对法国的这一险恶用心有所觉察。这样，法国利用退还庚款引诱中国的第一步获得成功，为进一步诱骗中国制造了机会。

1922年6月24日，法国驻华公使奉行政府训令，进一步提出利用庚款整顿中法实业银行的具体方案，并交予我国外交部协商。经过几轮讨论之后，北洋政府原则上表示赞同，并于6月24日、7月5日、9日及27日与法国公使往返换文，最后签字，达成这一协议，史称《中法实业银行复业协定》。其内容要点如下：（一）法国所有未付庚子赔款自1923年1月1日起到1945年12月31日止，前9年内，应每年摊缴14461405.64金法郎，后九年内应每年摊缴20879637金法郎，此外尚有迟缴之五年赔款，计应每年摊缴14461405.64金法郎。以上各款按《辛丑条约》第六条和1905年7月2日协定退还给中国，作为改组中法实业银行及中法教育或慈善事业之用。[①]（二）为使中法实业银行复业，将其所有财产租给一新组织，即中法实业管理公司，租期以中法实业银行付清存户或将与该行有关的各项诉案结清为限。该管理公司由法国各大银行组成，资本1000万法郎，先缴1/4，中国政府认股1/3；主要是以恢复中法实业银行资产为目的而创设，其主要业务是代理东方的中法实业银行执行银行的职务；中法实业银行以前所负债款仍由中法实业银行负责，与该公司无关；经营期间，该公司营业所得利息的95%归中法实业银行，其余5%为该公司的开支用费。（三）中法实业银行将发行无利证券（名为红股），该证券于25年中分期偿还，各国债款皆以1921年7月26日的兑换率合成法郎偿付；对于中法实业银行远东债权人所持无利证券（红股），以五厘金币债券换回，在23年中以法国所得庚子赔款偿还。[②]（四）法国退还的庚款用途如下：1. 作为五厘金券付息拨本之用；2. 办理中法间教育或慈善事业；3. 中国政府应缴中法实业银行股本余额，及清偿中国政府短欠中法实业银行各债款。[③]

法国公使在与中国订立这一复业协定中，所有用到法郎一词的地方，一律改为“金法郎”。此时，中国政府本可以借机辩明“现金”和“金本位”区别，然而中国对此协定虽几经讨论折中，仍认为此“金”字是金本位之金，是一种虚金而非实金，而法方则释为实金，致使当时中国当局对法方的这一陷阱仍未注意。因此这一协定便成了中国承认用金法郎偿付庚子赔款的一个证据。法国诱骗又获成功。

法国见中国政府方面对金法郎提议毫无反应，更进一步于7月13日明确提出“庚子赔款系

---

① 《金法郎问题与关税会议及中法协定之各面观》，《银行周报》第8卷14号，1924-04-15.

② 《中法银行复业消息》，《银行周报》第7卷7号，1923-02-27.

③ 《金法郎问题与关税会议及中法协定之各面观》，《银行周报》第8卷14号，1924-04-15.

属金债券，不能以当时通用之贬值纸币偿还”，强迫中国用金法郎之硬金付款。于是所谓金法郎案遂因之发生。

金法郎发生后，全国人民群起反对。当时中国原欠法国部分债额如下：（一）法国部分庚子赔款余额391581529法郎（以每法郎合银元0.125，约合银元48947691.125元）；（二）中法实业银行欠款1000余万元；（三）欠缴中法实业银行股款2500万法郎（合银元3125000元），三项债款共6200余万元。根据当时的电汇价，每法郎合银元0.125，法国的庚款余额约合银元4890多万元，而按每金法郎折合银元为0.325计算，中国则须付银元1.27亿元，即使把以上债务都还清，中国还要多付出5400余万元。若其他七国援例要求，则损失达亿元以上。[①] 在全国人民的一致反对下，当时的北洋政府未敢贸然应允，只好采取拖延的办法。

法国为迫使中国接受其要求，便使出了各种招数。

首先，以取消《中法实业银行复业协定》相要挟。法使自1922年7月13日提出金法郎后，曾多次函催，日紧一日。12月28日，外交总长王正廷照会法国公使，坚持以纸法郎清算。法国方面自《中法实业银行复业协定》签订后，便把该协定案提交法国上下两院审议。审议过程中还引起了一层小小波澜。1922年7月间，北洋政府财政部及外交部邀请周自齐作为中方股东代表出席巴黎中法实业银行董事大会，就中法实业银行复业之事进行商洽。在周自齐抵法时，正值法国政府将其预算提交国会，“不敷甚巨，筹议加税”，因此对于法国政府提议放弃庚款以维持银行一案，群起反对，“指为不急，诋为失策，势将否决”。经周向国会中人反复陈说利害，终使众议院于10月16日通过。不料欧洲存户又起而反对，声称欧洲存户与远东存户应享有同等待遇。这是因为《中法实业银行复业协定》规定，该行复业后能发给远东存户一种债票，以庚款为但保，分年抽还，并给息金。而欧洲存户，则是在银行复业后，每年如有盈余，才能分别拨还，又无利息，拨还之款既无利息又无把握，故认为殊欠公允。一时议论纷纷，管理公司法国方面因此多方要求另定办法，“以平欧洲存户之气”。周氏遂以法国驻华公使声明在先，万难更改，婉词拒绝。种种波折，致使方案至12月底，方在上议院提出，至1923年1月9日才获通过。[②]

按照法国宪法规定，凡各案经公布后，满一个月不实行者，作为无效。[③] 法国即以此要挟，声明中国政府如不于2月10日正午以前承诺，则将复业协定取消。[④] 而庚款用金法郎付还一节并不因此协定取消而变更。

在法国的要挟下，中国政府坚持纸法郎汇兑的决议开始改变。2月9日召开特别国务会议，承认依照金法郎计算，同日由“国务院呈奉，大总统批可”，10日，在未经国会审议批准的情况下，转呈刚上任的外交总长黄郛向法使发出的照会，答应以金法郎计算偿付法国庚款。2月12日法国总统明令公布此事。黄郛外长的此认金照会又成了致授法国的一个口实。

其次，以不批准华盛顿关税特别会议相要挟。1921年华盛顿关税特别会议曾决定，中国可以召集二五加税的关税会议，只是要求各国政府都批准后，才可召集。如果二五加税实行，每年至少可以增加关税收入约2400余万元。当时中国政府上下交困，“欲图补救，唯冀关税会议成立”。此项会议关系九国，如果有一国不同意，则此会议就不能召开，其中八国早已批准，唯

① 《金法郎问题》，《银行周报》第8卷14号，1924-04-15.

② 《前总理来函》，南京第二历史档案馆，一零三九（2）—493。

③ 王铁崖. 中外旧约章汇编：第三册［M］. 北京：三联书店，1962：376-378.

④ 北京民国政府财政部档案，一零二七（2）— 646，《民国外债史档案史料》，第十二卷，292.

独法国借机要挟中国解决金法郎案，延不批准，以致关税会议召开无期。[①]

再次，法国为逼迫中国就范，还联合其他与《辛丑条约》有关七国公使，照会中国外交部，要求各国庚款一律用金。八国故意曲解《辛丑条约》有关条文，将条约中“金”说成是“现金”或“硬金”。事实上，条约中的“用金”一词，是指实行银本位制的中国银币而言，简称金，并非指现金或金块。而且有1905年换文明白规定：“择定办法后，照行至赔款付清之日为止”。因此，法国要求用金偿付庚子赔款并无法律根据。

最后，法国黔驴技穷，竟指使中国海关总税务司，将法、意、比、西四国庚子赔款，每年法郎仍照金计算，自关余、盐余尽数扣除，直至金法郎案解决，方能提用。

中法实业银行复业协定得到法国法律承认后，1923年2月法国各地及越南、西贡、海防等处中法实业管理公司先后开业。

认金照会发出之后，中国国会议员异常反对。受内外逼迫，北洋政府只好将此案又提交国会讨论，因北洋政权嬗变，直到9月底才重新开议。1923年10月，曹锟贿选成功，当上了总统。法、比、荷、西、英、美七国公使联合照会外交部，催促以金法郎偿付法国赔款。在帝国主义的联合压迫下，曹锟任命王克敏为财政总长，打算用“瞒天过海”的办法秘密承认。消息传出后，国会议员纷纷提出质询。曹锟秘密承认的阴谋未能得逞。此案遂成僵局。

至1924年10月24日，冯玉祥发动北洋政变，曹锟被囚禁，段祺瑞出面执政。这时法国公使又到外交部催促开议金法郎案，当时法、意、比、西四国扣留的盐余款已达1500万元以上。而段祺瑞自执政以来，财政日益支绌，不得不筹划财源以笼络军阀维持政费，因此段氏极渴望收回此款以资弥缝，因此金法郎案又在秘密交涉之中。段祺瑞一连下了七次手谕给财政总长李思浩，要他赶快办理此案。当李思浩问段：“过去你芝老（段祺瑞号芝泉）不也领衔发过通电反对吗?”段说：“此一时，彼一时，现在非办不可。”[②] 经过一番秘密交涉，1925年4月12日，由外交总长沈瑞麟与法国公使订立解决法国部分庚子赔款协定，该项协定大致办法如下：法国承认将所有法国部分庚子赔款余额退还中国政府，此项退还赔款自1924年12月1日起算，自1922年12月1日后，24个月展期内所有过期未付之款，悉数交予中国政府，作为中法两国有益事业之用。但由中国政府承认，将上项退还之庚子赔款余额按照1905年所采用之电汇方法计算，并加以汇兑，或有之盈余，一并折合美元，自1924年12月1日起至1947年12月31日止，逐年垫借予中法实业银行，作为该行发行五厘美元公债之担保，此项公债，分23年还清。[③] 中法实业银行即以此项美元债券作为以下用途：（一）换回远东债权人所持之无利证券；（二）办理中法间教育及慈善事业；（三）代缴中国政府未交清之股本余额；（四）清偿中国政府积欠中法实业银行的各项债务。[④] 按此协定，中国政府每年应摊还的金额如表5－11所示。

表5－11　　　　1924—1947年协定前后中国政府应还本息对比

年份	原案应还法郎本息数目（法郎）	协定后应还美元本息数目（金元）
1924年12月	1205117136	233531377
1925—1931　7年中每年	14461405638	2790376530

① 《金法郎案解决之经过（二）》，《银行周报》第9卷16号，1925－05－05.

② 纪峰．金法郎案始末//金融知识百科全书：下［M］．北京：中国发展出版社，1990：2158.

③ 中外条约汇编［M］．台北：文海出版社，1964：529.

④ 《照录致法国公使照会》，南京第二历史档案馆，一零三九（2）—494.

续表

年份	原案应还法郎本息数目（法郎）	协定后应还美元本息数目（金元）
1932—1940　9 年中每年	20867636998	4028795740
1941—1947　7 年中每年	14461405638	2790376530
总计 23 年零 1 个月	391581529. 050	75556964457

资料来源：根据中外条约汇编［M］. 台北：文海出版社，1964：532－533 编制。

为避免国人反对，此协约中只字未提“金法郎”字样，但协约中所谓的“按照 1905 年所采用之电汇方法计算，并加以汇兑或有之盈余，一并折合美元”，实际上即是对金法郎的变相承认。

金法郎案的解决，中国所受损失极巨。其中因金纸法郎折价不同，兑换成美元数目差价极悬殊。当时 1 美元市价可换 19 纸法郎，391581529. 050 法郎则合 2000 多万美元，而按 5. 182 金法郎合 1 美元计算，则能合成 7500 多万美元，两者相差约 5500 万美元。① 并且意、比、西三国的庚子赔款也援例以同一条件解决，中国为此付出了惨重的代价。

为免除国人反对，当执政府与法政府进行交涉之时，一切往来邮电俱经严格检查，凡遇反对文电，一律扣留不发，借以遏抑反对空气。事后，除用文字加以巧饰外，还故意拖延发布此案解决的消息，到 4 月 21 日，外交部才将此消息发布。同日段祺瑞也发表通电，自我解释说，“华府一会，……其于吾国利益最关重要者，尤在关税会议一事，盖吾国今日上下交困，欲图补救，唯冀关税会议成立。由百分之七五，再进而加至一二五，不特内外各债得有归结，抑且财源既活，百废可兴，民国转机，实有赖乎此……解决时局之要，首在财政，是当有标本兼施之策，尤在协定关税之得其宜……裕民阜国实基于此，祺瑞所为负重责以结本案者此也”②。此外，财政部也发表《金法郎案新协定说明书》及《新旧中法协定损益比较说明书》，列举多项有利之处，但仍不能解除人们对此案的疑虑。

金法郎案解决消息传出后，举国哗然，各界纷纷通电反对，揭露政府舞文弄墨，欺骗国人，拒绝承认中法协定。但反动政府当道，金案终究未能推翻。

然而金法郎案签字后，段政府的国库并未因中国的退让而丰盈起来。一方面其所寄厚望的关税会议并没有实际进展，直到次年段祺瑞下台，也未达成任何具体结果；另一方面，其所得到的 1000 余万元总税务司所扣留的关余，除一小部分留作政费外，其余多被各军阀瓜分，而各方面闻风而起要求分润或偿还欠薪欠饷者更不计其数，总算起来，此 1000 余万元远远不敷各方所需。北洋政府增加财源的希望完全破灭。

第四节　中法实业银行更名复业

获得庚款资助后，中法实业管理公司于 1925 年 7 月更名为“中法工商银行”（Banque Franco Chinoise Lour Le Commerce et L. Industrie）③，正式接管了中法实业银行一切动产和不动产。随后中法工商银行股东特别大会决定增加股本，由原管理公司的 1000 万法郎增至 3000 多万法郎，

① 《金法郎案解决之经过（三）》，《银行周报》第 9 卷 17 号，1925－05－12.
② 《金法郎案解决之经过（三）》，《银行周报》第 9 卷 17 号，1925－05－12.
③ 《中法实业银行更名中法工商》，《银行周报》第 9 卷 47 号，1925－12－08.

仍由法方出资2/3，中方认购1/3，其股金在法国退还赔款发行美元债券项下照数拨付。中方投资者主要为中国银行和交通银行，中方代表钱永铭任副董事长，宋子文、李石曾、刘景山、宋子安为董事，在华各分行也多相继复业，但不再发行钞票。到1927年其资本增长到4000万法郎，1928年复增加到5000万法郎。中法工商银行在开始的两年里业务平平，经过历任经理和买办的多方努力，才渐渐有了起色，表5－12是1927年到1931年该行盈利情况。

表5－12　　1927—1931年中法工商银行盈利情况

时间	盈利（法郎）
1927年6月30日止	40588816.86
1928年6月30日止	36253092.76
1929年6月30日止	39183959.08
1930年6月30日止	38830476.57
1931年6月30日止	32050000.23

资料来源：徐寄庼．最近上海金融史［M］．民国丛书：第四编（33）．上海：上海书店，1992.

日本侵华之后，该行业务再度萧条，1940年之后，开始把部分动产和不动产变卖给日商和英商，1948年该行在中国的业务基本停滞，1949年进行清理，到1954年完全结束在中国的业务。

第十章　以偿债为名进行的掠夺及中国债权人的斗争

中法实业银行停业停兑给中国造成了巨大的经济损失。中法实业银行在中国各分行受巴黎总行牵连而停业，并有部分纸币未能兑现，这对中国人民来说，损失不菲。然而对于债权者来讲，损失最大的莫过于存款，对于存款，该行自停业后始终没有确切办法，并且巴黎总行还要转嫁其亏耗于各分行，这引起了中国债权人的强烈反对。如前所述，中法实业银行设在我国的各处分行，其营业甚为发达，其存款额虽在千万以上，但其资产额足以相抵。本以为法国政府为保持远东信用，必以在中国之资产清理在中国之债务，然而中法实业银行停业后，法方却主张清理债务时将中外各行通盘计算，不能将中国存户单独划分。这样中国债权人所受损失将更大。为维护自己的合法权益，中国债权人左学昌等数人联名向中法实业银行债权人发出启事，召集各债权人于1921年7月10日下午一时，在北京湖广会馆开会，讨论维持债权办法，到会者60余人，推举林行规为临时主席。先由左学昌报告开会宗旨，主张该行在中国债务应在中国清理，不承认中法实业银行总行的损失应由各分行均摊的主张。会议讨论结果达成以下五项决议：（一）由各债权人推举代表，向外交部法使署交涉，要求中国分行债务特别划分。（二）推举代表清理该行存欠是否相抵。（三）查明该行股东及职员有闻信提款者应提起诉讼。（四）要求王克敏、北京银行理事陈汝实、董事廖世功与该行及法国政府直接交涉。（五）由外交部电委驻巴黎副领事李骏代表中国债权人，参与股东大会，要求中国分行另行划分。会上当即推举林行规、左学昌等9人为临时干事。[①] 1921年7月12日又推举林行规、左学昌、吴昆吾三人为代表到外交部提出交涉。7月15日又向财政部农商部请求切实交涉。然而在7月25日的巴黎股东大会

① 定期兑现之中法银行［N］．晨报，1921－07－11.

上，由于法方的把持，中国债权人代表并没能参加大会，从此债权人在该行的存款变成了可望而不可即的“镜花水月”，陷入了复杂而冗长交涉过程。

1921 年 7 月 26 日，巴黎商事法庭判准中法实业银行依法暂行清理、偿还债务，并开始着手调查各项债权及征求各债权人对中法实业银行所提和解办法的意见。9 月 28 日巴黎商事法庭委托驻中国法领事调查确认中国债权，法领事用法文挂号信通知中国各债权人，要求将截至 1921 年 7 月 26 日的各项债权如实向法国领事详细申报，并限制中国债权人必须将债权声明书及债权证据书于 1921 年 11 月 15 日以前，用挂号信寄交法国领事馆核阅。延期不报者视为已承认该行簿册记载无误，但取消对该行和解办法置可否的决议权。由于此种调查方法是用法文通知，一般债权者都不懂法文，接到通知后纷纷相互询问，直到 10 月下旬，债权者才弄明白此通告的大概内容，并且好多债权者因住址发生变化，根本未收到此通知。再加之时间短促，好多人都没来得及申报，调查就已结束，就这样好多债权人失去了自己应有的权益。况且中法实业银行是中法两国合办，此项调查程序本应该由两国签字才能有效，而法国方面却把该行看成是法国的银行，片面签字后即行结束。①

为保护中国债权，北京银行公会特开会讨论，并由律师林行规向法国使署交涉否认此种调查办法。旅沪法商为维护其自身利益，组织了债权人会。中国商界也由沪埠银行公会及钱业公会发起，于 11 月 16 日下午组织成立“中法实业银行旅沪中国债权团”，公举宋汉章、钱新之等为债权团干事，为加强声势，还积极向各埠债权团发出电报，请求联络一致进行，并请英国律师和法国律师为代表交涉。② 同时京津中法实业银行中外债权人干事部也通电邀请各债权人开会讨论办法，催促该行早日偿还旧债，采用最简方法调查各项债权等。③

由于中国政府的软弱，各债权团的努力没有取得任何实际效果。该行倒闭后一年有余都没具体偿债办法，直到 1922 年 7 月 9 日及 27 日，中法双方签订了以庚款资助中法实业银行复业的协定，才开始协定清理债务办法。但该协定须交法国国会审议批准，由于此协定在国会内部引起很大分歧，所以直到 1923 年 2 月 8 日，国会才允许法国政府批准中法实业银行各远东债权人可以将其所得的分期债票，在法国行政官或外交官或领事官监督之下，照票面金额换取 5 厘美元债券。

1923 年 2 月 26 日依中法实业银行复业协定，中法实业管理公司开始设立，并制定了一套有关清理债务的所谓“中法实业银行清理债权办法”，拟就以法郎券收回债权办法两条，第一条是对于普通债权者，规定将全部债务一律以法郎作本位，别国钱币的存款债务也均按 1921 年 7 月 21 日（此日为商务法庭受理和解办法请求之日）的兑换率折合成法郎，由中法实业银行发给各债户一种无息分期债票，自和解办法批准之日起 25 年内还清，由中法实业银行所得利益赎兑此项债票。银行所得利益主要有：一是中法实业银行各股东交付中法实业管理公司流转资金 5000 万法郎所得之 4 厘利息；二是中法实业管理公司每年将营业所得红利的 95% 付给中法实业银行。第二条是对于远东债权者，规定在远东债权人领得上项法郎券后，可以兑换中国政府发行的美元券，该券自 1923 年 1 月 1 日起，有常年五厘利息，以法国退还中国“金法郎”庚款为担保，在 23 年内以抽签法分期偿清。此条款拟定后，管理公司一方面征求债权者意见，由各地中法实

① 《银行界消息汇闻》，《银行月刊》，第 1 卷第 11 号和第 12 号，1921 年 11 月和 12 月。

② 《银行界消息汇闻》，《银行月刊》，第 1 卷第 12 号，1921 年 12 月。

③ 《银行界消息汇闻》，《银行月刊》，第 2 卷第 1 号，1922 年 1 月。

业银行以挂号专函寄到已将债权申报的各债权人手中，要求各债权人对此清理办法表决同意与否，然后必于 1923 年 7 月 1 日以前寄交法律理事处驻申法代表手中，再由该代表将中国境内的投票汇寄巴黎法律理事处，由该处汇集各地投票，总核结果，呈交法国塞纳商务裁判所核准。另一方面清理处又将清理办法提交塞纳商务裁判所判决。[①] 不久中法实业银行对于清理远东债权办法又加以详细说明，规定远东债权人请求将其所得分期债票换取美元债票时，须自塞纳商务裁判所批准和解办法后两个月内提出书面申请，才能代之以五厘美元债券，过期以弃权论。

1923 年 9 月 26 日，塞纳商务裁判所判决通过中法实业银行和解办法。然而此项清债办法制定后并未及时履行，因为金法郎案不决，中法实业银行清偿债务的基金就没有着落，遂又搁置起来。1925 年 4 月，延搁两年多的金法郎案终以中国的屈服及不辨利害而予以解决。偿债基金既已掠夺到手，中法实业管理公司便于 1925 年 9 月开始通知各债权人准备领取美元债券，规定每张美元 50 元，年利 5 厘，每半年支付一次，即每年 1 月 15 日及 7 月 15 日各付息 1.25 美元；美元债券还本付利均按付款日纽约美元汇价，折合本地通用货币，由各地中法实业管理公司或其指定银行支付。[②] 各种手续办妥，中法实业管理公司即开始筹划印刷债券，清偿债务。

金法郎案的解决，法国如愿以偿，然观其清偿办法和清偿过程，无不显示出法国的掠夺本性。经过四年的延搁与交涉，中国债权人存款总算有了一个明确的交代，然而中国债权人所受损失却不计其数。正如前面所述，法国用诱骗方法要求中国用“金法郎”偿付庚款，因此庚子赔款只是加大了数字的银币，远远超过全部债务数字，实际上是中国政府出钱，法国人受益。除金法郎案的巨额损失外，在清偿过程中，还硬把中国的银元存款折成法郎再折成美元然后再折成银元，几经折兑，重重克扣，中国债权人所得之款已大打折扣，加之手续烦琐，好多中国债权人因不明手续而丧失了债权。并且在界定远东存户资格时，几乎把所有与中法实业银行有关系的各债权人都列入了远东存户，范围极广，中国债权者只是其中的一小部分，而真正受益者仍为法国人。况且美元债券的偿还是和庚款下余摊付年限相始末的，到日本侵华战争爆发的第二年，上海失陷前，庚款就已停付，失去了基金支持，美元债券的抽签付息也随之停付，并且以后也再没兑付过，1948 年该行后身中法工商银行被逐出了中国，中国债权人手中所存债票也只好作为法帝对中国人民进行经济侵略罪行的历史见证了。

第十一章　结语

中法实业银行名为中法合资形式，然究其实质，该行的创立并非出于中方主动，而是为谋取借款活动的便利而被迫接纳。在中方虽为官股，但由于中方无资可出，只得把发行纸币权及经理国库权拱手相让，而以此为代价换来的借款却大多被挪作政费或挹注军阀混战，即使有一小部分资金用于发展实业，也只局限于部分官僚沾润。在法方则纯为私人资本，经营权全由白德洛掌控，因此“获利则两国官商政客所享，其害则由中国人民承担”[③]。而且外人受不平等条约的保护，在营业方面无形中受到优待，相沿成习，实权遂入外人之手，而以我国资本受人节

① 《中法实业银行清理债权办法》，《银行周报》第 7 卷 24 号，1923－06－26.

② 《中法实业银行发行债券办法》，《银行周报》第 9 卷 34 号，1925－09－08.

③ 许文堂. 中法实业银行的政治与人事纠葛（1913—1925 年）［J］.（台湾）中国历史学会史学集刊，第二十八期.

制，间接辅助了外商金融的发展。

由于缺乏有效的法制规范和金融监管制度，致使该行主要负责人徇私枉法，为所欲为，导致该行最终歇业。中国虽占该行资本1/3，有权被选为董事，但只是寥作点缀而已，且该行按照法国法律行事，总行设于法国首都巴黎，其管理得失与营业内容，中国股东无从考察，根本无法执行其监督职能，曾有人说该行从成立到歇业“黑幕重重”无从查考。

就银行与政治关系而言，该行可以说是以政治始，复因政治干预而复业。该行本为法国的一家私人银行，因借款而成立，由于经营管理不善和投机失败而停业，本应实行倒闭来清偿债务，然而该行却在法国政府的支持下，利用本国及国际政治影响力及不平等条约，硬将中法实业银行复业与“金法郎案”合并解决，使中法实业银行得以苟延残喘。反观中国，民初政局纷扰，国家衰弱，政府面对法国的宰割，不仅丝毫未能维护中国债权人的利益，而且为此付出了沉重的代价。整个事件原本可将损害限定在单纯的商业损失范围内，无奈官商勾结，图谋私利，出让国利。加以情报失灵，以致谈判一让再让，终于使中国政治、经济两蒙其害。①

由此可见，国家不独立，法制不健全，任何形式的中外合资组织成功也好，失败也罢，都不可能真正为中国所用，它只能是中外官商勾结、出卖国家利权的理想巢穴，是帝国主义掠夺中国的一个工具。

参考文献

一、民国时期的报刊及年鉴

上海《申报》、上海《民国日报》、上海《新闻报》《银行周报》、天津《益世报》《盛京时报》《大公报》《晨报》、北京《银行月刊》《中行月刊》《农商公报》；《申报年鉴》（上海申报年鉴社，1933 年）、《全国银行年鉴》（中国银行总管理处经济研究室编辑及出版，1935 年及 1936 年）、《中国年鉴》（第一回，商务印书馆 1924 年版）等。

二、档案资料

北京历史档案馆藏：《金城银行北京分行档案》、《交通银行北平分行档案》、《中国银行北京分行档案》、《交通银行总管理处档案》以及《新华银行档案》等有关中法实业银行的部分。南京第二历史档案馆藏：北洋政府财政部及外交部档案。

三、参考论文

［1］许文堂：《中法实业银行的政治与人事纠葛（1913—1925 年）》，（台湾）《中国历史学会史学集刊》第二十八期。

［2］李一祥：《中法实业银行停业风波述评》，《史林》，2003 年第 3 期。

［3］汪敬虞：《近代中国金融活动中的中外合办银行》，《历史研究》，1998 年第 1 期。

---

① 许文堂．中法实业银行的政治与人事纠葛（1913—1925 年）［J］．（台湾）中国历史学会史学集刊，第二十八期．

［4］陈长河：《中法实业银行复业前后》，《团结报》，1995 年 3 月 4 日。

四、专著、史料集及工具书

［1］李新、李宗一：《中华民国史》第二编第一卷（上），中华书局，1987 年 9 月版。

［2］隆武华：《外债的两重性——引擎？桎梏?》，中国财政经济出版社，2001 年 3 月版。

［3］雷麦：《外人在华投资》，商务印书馆，1959 年版中译本。

［4］献可：《近百年来帝国主义在华银行发行纸币概况》，上海人民出版社，1958 年版，第 181 页。

［5］贾士毅：《民国财政史》，商务印书馆，1917 年 4 月版。

［6］徐寄庼：《最近上海金融史》，载于《民国丛书》第四编，上海书店，1992 年版。

［7］周葆銮：《中华银行史》第七编第九章，商务印书馆，1919 年版。

［8］洪葭管：《中国金融史》，中国金融出版社，1993 年版。

［9］张嘉璈《中国铁路发展史》，商务印书馆，1946 年版。

［10］金士宣、徐文述：《中国铁路发展史》，中国铁路出版社，1986 年 11 月版。

［11］刘秉麟：《近代中国外债史稿》，三联书店，1962 年 4 月版。

［12］蓝以琼：《揭开帝国主义在旧中国投资的黑幕》，上海人民出版社，1962 年版。

［13］天津市政协文史资料研究委员会编《天津租界》，天津人民出版社，1988 年 6 月版。

［14］Frederic, E. Lee："*Currency, Bankish and Finance in China*", 1926. Wangington.

［15］A. REMAN："*British Overseas Banking in the Developing Countries the Past Presents and the Future*", S. Martin's Press, 1994.

［16］财政部财政科学研究所、中国第二历史档案馆编著《民国外债档案史料》第十二卷，档案出版社，1992 年 2 月第一版。

［17］财政部财政科学研究所、中国第二历史档案馆编著《民国外债档案史料》第五卷，档案出版社，1991 年 8 月第一版。

［18］王铁崖：《中外旧约章汇编》第二册，三联书店，1962 年 3 月版。

［19］交通银行总行，中国第二历史档案馆合编：《交通银行史料》第一卷上册，中国金融出版社，1995 年 12 月版。

［20］云南省志编纂委员会：《续云南通志长编》中册，1986 年云南省志编纂委员会编印。

［21］《金融知识百科全书》（下），中国发展出版社，1990 年 6 月版。

［22］《财政部经管无确实担保我外债说明书》，中华民国十六年财政部编印。

［23］徐义生：《中国近代外债史统计资料》，中华书局，1962 年 10 月版。

［24］《交通史路政编》第 15 册，交通铁道部、交通史编纂委员会，1931 年出版。

［25］上海通志馆编：《上海通志馆期刊》第二卷第四期，民国廿四年三月，文海出版社，1977 年 1 月出版。

［26］束世澄：《中法外交史》，载于王云五主编《万有文库》，商务印书馆，1929 年版。

［27］中国人民银行总行参事室编：《中华民国货币史资料》第 1 辑，上海人民出版社 1980 年版。

［28］清华大学中共党史教研组编：《赴法勤工俭学运动史料》第二册下，北京出版社。

［29］《中外条约汇编》，文海出版社，1964 年 11 月版。

［30］中国社会科学院近代史研究所中华民国史组编：《中华民国史资料丛稿》，第七辑，中华书

局，1978 年 1 月版。

［31］韩信夫、姜克夫：《中华民国大事记》第二册，中国文史出版社。

［32］中华民国史事纪要编辑委员会：《中华民国史纪要》。

［33］中国第二历史档案馆编：《中华民国史档案资料汇编》第三辑，江苏古籍出版社，1991 年 6 月版。

［34］上海通讯社编辑：《上海研究资料》上、下册，《民国丛书》第四编，上海书店，1992 年版。

［35］宓汝成：《中国近代铁路史资料》第一册，中华书局 1963 年编。

［36］《文史资料选辑》第 44 辑，文史资料出版社，1980 年版。

［37］张宪文、方庆秋等：《中华民国史大辞典》，江苏古籍出版社，2001 年 8 月版。

［38］陈稼轩：《实用商业辞典》，商务印书馆，1935 年 10 月版。

第五篇　殖边银行

王月峰

第一章　殖边银行的创立

民国初期，由于受到当时政治、经济等各种因素的影响，社会上出现了一股兴办银行的热潮。殖边银行正是在这股热潮中诞生的，它是在这一时期建立的重要的专业银行之一，由民国元勋徐绍桢等人发起创办，目的是“辅助中国银行对于边疆金融力量之所未逮”①，总行于 1914 年 11 月 22 日在北京成立，后又陆续在全国各地设立分支行几十余处，是当时设立分支机构较多的银行之一。回顾殖边银行的历史，应该从它创设时的背景开始。

第一节　殖边银行创立的背景

和其他很多银行的建立一样，殖边银行的建立也不是偶然的，有其特定的历史条件。首先，我们来分析一下该行建立的历史背景。

一、民国初期的边疆危机及移民实边政策

1912 年，中华民国建立，中国历史翻开了崭新的一页，中国两千多年的封建帝制终于被推翻，民主、共和的观念开始深入人心。这一切曾给人们带来了一时欢欣，但并没有改变中国社会内忧外患的局面，民国政府很快就陷入了重重危机之中。其中，最为严重的就是由俄国、日本等国造成的中国边疆危机。

中国地域广大，拥有广袤的边疆，民国时期，“一般人对于中国边疆的看法除了中国边缘的疆域，如辽、吉、黑、外蒙古、新疆、西藏、西康、广西等省或地方而外，对于热、察、绥、甘、宁、青等位居腹地之省份，也称为边疆。”② 这些地区地广人稀，历来都是多民族聚集或杂居的地方，少数民族主要分布在边疆。由于地理位置的特殊性，边疆地区经常遭受外国的侵略。

俄国是我国北部的邻国，也是一个非常贪婪和极富侵略性的国家。俄国对中国的外蒙古地区垂涎已久，1911 年辛亥革命爆发后，它便策动外蒙古的上层王公宣布“独立”，并通过与其签订不平等条约，将我国的外蒙古地区变为其独占的殖民地，时刻威胁着我国西北地区安全。日本则通过日俄战争，控制了中国东北地区的大部分领土。为巩固它在中国的既得利益，日本又于 1912 年与俄国签订密约，明确划分了两国在中国东北地区的势力范围，企图把我国东北地区作为进一步侵华的门户。英国早在武昌起义之后，就唆使十三世达赖发动叛乱，试图将西藏从中国分割出去……这一系列的边疆危机，严重威胁着我国的主权和领土完整，也日益引起当时政府和社会的普遍关注和重视。

曾任南京卫戍总督的徐绍桢认为，“日则窥伺乎满洲，俄则垂涎于蒙疆，英则觊觎乎藏地，觑瑕蹈隙，蠢蠢欲动。苟及今不治，有稍纵即逝之虞。又况今日者，东南黎庶无地可耕，招募兵丁无术退伍，脱斤哗变，在在堪忧。苟移兵民以实边，从事拓殖，化荒芜为沃壤，民困可苏；

① 殖边银行总管理处编：《条例附原呈并批令》，《殖边银行条规》，殖边银行总管理处印行，民国五年冬月，第 5 页。

② 黄奋生．泛论边疆教育［J］．西北通讯，1947（3）：4.

变村落为通都，边封可固。”[①] 他作为民国的开国元勋，充分认识到中国边疆地区存在的危机以及民国所面临的种种社会问题，因此，他提出的解决方法之一就是创办拓殖协会，支持东南人多的地区移民到边疆人少地区，以开发充实边疆。

内蒙古札赉特旗镇国公色巴珠尔，也颇具远见卓识，他指出，“现以满蒙一带赤地千地，荒芜未辟。日于南满，俄于远东，近年以来，移民之成绩，有一日千里之势。我国若不实行移民实边之策，则日俄相逼而来，满蒙之地将非我所有。”[②] 作为一位处于边疆省份的高级王公，他亲眼目睹了外国列强对我国的不断侵略，表示出自己的担心，主张政府对边疆地区应早日采取切实有效的措施，如实行移民政策、设立殖边银行等，来巩固边疆。

中国边疆问题的严重性，不但国内各界人士已有共识，就连国外也早已意识到这一点。就拿邻国日本来说，它们在媒体上宣传“顷以支那本部扰乱，藩属各部，遂思乘隙以脱中央政府之羁绊，而外人复煽媾之，至演成世界上最重要之问题。如库伦推活佛为王；新疆奉溥俊为帝；达赖喇嘛亦由印度归于西藏，谋恢复旧权，皆近日事也。”[③] 中国边疆危机在国外都已如此明了，可见，已经到了不得不解决的地步。

针对日益严重的边疆问题，民国政府鉴于当时国力贫弱，再加上国内灾荒频仍，人民流离失所等现实情况，决定仍沿用历代采用的移民实边政策，实行实边救国，主要包括创办拓殖协会、组织铁路公司、建立殖边学校、成立垦殖公司、设立银行等内容。[④]

为了扶持边疆少数民族地区的经济发展，黄兴、宋教仁等人联合发起成立拓殖协会，实践孙中山提出的民生主义，开发东北、新疆等地的资源。对这一做法，孙中山给予大力支持，在政府预算十分紧张的情况下，命令财政部将拓殖协会所请求的 30 万元经费，列入每年的预算中。[⑤] 此外，由于边疆地区经济落后，工商业不发达，所以金融机构也比较缺乏，尤其是本国的金融机构很少。这对政府当时实施的移民实边政策极为不利，为支持边疆实业发展，南京临时政府认为，“创办殖边银行，为安置流民”，“若夫殖边银行，则边疆之地，有万不容缓者。良以殖民为强国之本，辟地为致富之源。夫开设银行，以尽地力，苏民困，辟疆土，安流民，利便于苍生，功收于久远”。[⑥] 大量人口涌入边疆省份，但是缺乏专门的金融机构为他们创业提供资金支持，因此，为开发边疆服务的专门金融机构的设立就变得迫在眉睫。

二、中国近代银行业及专业银行思想的发展

银行是近代的金融机构，是适应资本主义经济发展而产生的。由于中国的产业不发达，本土的新式银行迟迟未能产生，而外国在华银行凭借不平等条约的保护，利用比较先进的经营手段，从事各种经济侵略活动，掠夺中国财富，扰乱中国的金融业，以钱庄和票号为代表的中国旧式金融机构，由于自身局限，无力与之抗衡。甲午战争以后，随着官僚资本在中国的不断膨

---

① 徐绍桢．创办拓殖协会宣言书及章程（1912 年 3 月）［M］．徐绍桢集，陈正卿、徐家阜编校．成都：四川师范大学出版社，1991：121.

② 德园．内蒙王公建议设立殖边银行［J］．中华实业界，1914（10）：13.

③ 日本朝日新闻录、大共和日报译．中国边境问题［J］．东方杂志，1912，8（10）：4－5.

④ 殖边救国［J］．东方杂志，1923，20（7）：124－125.

⑤ 刘晓宁．总统府史话［M］．南京：南京出版社，2003：32. 孙中山．令财政部将拨助拓殖协会经费编入预算文［M］．中国社科院近代史所．孙中山全集：第 2 卷．北京：中华书局，1982：296.

⑥ 财政部拟定兴农农业殖边等银行则例咨交参议院议决呈稿及临时大总统批［M］．中国第二历史档案馆编．中华民国史档案资料汇编：第 2 辑．南京：江苏人民出版社，1981：425－426.

胀，很多有识之士注意到，帝国主义在华贸易的发展，使得外国在华银行获利颇丰，而在外国资本的压榨下，投资中国的工业不如投资银行业进行投机有利可图，再加上这一时期，政府要解决财政上面临的困难等因素，官僚资本有了投资近代银行的趋势。

1897 年 5 月 27 日，大官僚盛宣怀在上海发起创办了中国第一家银行，即中国通商银行。此后，各种新式银行纷纷设立，例如，1905 年清政府设立的户部银行（1908 年改称大清银行）、1906 年无锡人周廷弼创办的信成银行、1907 年镇江尹寿人创办的信义银行和浙江铁路公司设立的浙江铁路兴业银行（后改称浙江兴业银行）、1908 年邮传部奏请设立的交通银行和宁波李云书在上海创办的四明商业储蓄银行等。这一时期中国近代银行业还处于初创阶段，发展极为缓慢。据统计，从 1897 年到 1911 年，清政府设立的银行仅 17 家，其中有 10 家先后倒闭。[①] 而辛亥革命爆发后，中国的新式银行迅速发展，从 1912 年到 1927 年，新设银行就达到 186 家之多，平均每年增加 11.5 家。[②] 民国时期非常有名的银行，如中南银行、中国农工银行、盐业银行、中国垦业银行、殖边银行等都是在这一时期创立的。

随着银行业在中国的不断发展，近代有关银行制度建立的思想也在不断传播。近代中国，人们对银行制度的认识和了解，始于 1845 年英国人在中国设立的丽如银行。[③] 此后，随着西方银行理论、知识在中国的不断引进和传播，中国人对西方银行理论和制度的理解也不断加深和成熟。

基于对银行制度重要性的理解和适应近代政治、经济社会发展的需要，一批近代知识分子在中国不断进行银行制度理论和实践的创新。

清末，洪仁玕在《资政新篇》中提出了设立银行的主张之后，社会各界纷纷就在中国创设银行的种类、组织形式等方面进行探讨，提出了设立合资银行、商业银行、专业银行等思想。其中，专业银行思想的提出，反映了这一时期银行理论的巨大进步。

所谓专业银行，是指集中经营特定范围内的金融业务和提供专门性金融服务的银行。它是银行制度的重要组成部分。在我国，最早提出建立专业银行的人是马建忠，此人是晚清商界的风云人物，他主张在学习西方先进科学技术的同时，还要吸纳某些政治、经济学说。1886 年，马建忠提出向美国旗昌银行贷款 40 万两，再加上由招商局和台湾林维源合出的 10 万两，共计 50 万两，创建一个以开发台湾为目的、专项资金放贷的合资银行。[④] 这可以说是中国设立专业银行的第一次尝试。后来又有几家专业银行相继设立，但这时的专业银行设立的思想还不够普及，所设专业银行仅仅只有储蓄银行、农业银行和殖业银行三种。实际上设立的也只有储蓄银行和殖业银行两种，并且办得也不成功。

北洋政府时期，西方银行理论在中国进一步传播，设立专业银行的思想更为普及，所论及

---

① 中国银行经济研究室编《全国银行年鉴》，中国银行经济研究室出版，根据 A7 - A8 页表计算，1937 年。

② 张郁兰．中国银行业发展史［M］．上海：上海人民出版社，1957：51. 中国银行经济研究室编《全国银行年鉴（中华民国二十六年）》中国银行经济研究室出版，根据 A7 - A8 页表计算，1937 年。

③ 在中国近代史研究资料中，曾有人认为在中国开设最早的外国银行，是咸丰七年（公元 1857 年）在上海开设分行的麦加利银行（如王孝通：《中国商业史》中国文化史丛书第一辑，商务印书馆，第 224 页。）而实际上，应该是丽如银行（Oriental Bank，又称东方银行），该行原先是总行设在印度孟买的一家英国皇家特许银行，原名西印度银行（Bank of Western India），后与锡兰（今斯里兰卡）的锡兰银行（Bank of Ceylon）合并，改称丽如银行，并于 1845 年将总行移至伦敦。当时，英国正在力图扩大对华贸易，丽如银行作为英帝国主义侵略中国的金融堡垒，先后在香港（1845 年）和上海（1848 年）开设了分行。它通过经办国际汇兑等，从包括罪恶的鸦片贸易在内的英国对华贸易中攫取了巨额的利润。

④ 程霖：《中国近代银行制度建设思想研究（1859—1949）》，上海财经大学出版社，1999：第 103、42 页。

的专业银行种类也在不断增加。

这一时期，由于看到邻国日本明治维新以后，凭借完善的银行制度，尤其是专业银行制度，经济获得飞速发展，再加上北洋政府成立后，国内开始重视实业，因此，与产业融资密切相关的专业银行受到青睐，中国人开始了大规模仿效日本设立专业银行制度的实践。凡是日本有的专业银行，中国几乎都一一仿效。

1912 年，北洋政府仿照日本横滨正金银行，在上海设立兴华汇业银行，以图解决国内外汇兑问题，从而扩张对外贸易。1914 年，仿照日本台湾银行，建立殖边银行，以图边疆开发，从而解决东南人满为患问题；后又陆续设立劝业银行、中国农工银行、中国惠工银行、新华储蓄银行和民国实业银行等几家专业银行。统计下来，这个时期，北洋政府仿照日本专业银行制度共设立了 7 家专业银行，资本总额达到 7000 万元之多。殖边银行就是在这一时期伴随着兴办实业、开设专业银行的热潮创设的。

第二节　殖边银行的筹设过程

基于上述情况，北洋政府财政部，为了配合当时国家的移民实边政策，发展边疆经济，同时也为解决当时政府所面临的财政困难，决定设立殖边银行，辅助政府调剂边疆金融，振兴边疆实业。

一、获得批准

关于设立殖边银行的倡议，实际上早就开始了。辛亥革命后，一批革命志士出于建设边疆、振兴国家的目的，建议创设殖边银行。当时，他们以南京卫戍司令徐绍桢为发起人，以资号召。

1912 年 3 月 18 日，财政总长陈锦涛就设立殖边银行问题拟定《殖边银行则例》三十二条呈报，《殖边银行则例》规定殖边银行为股份有限公司，以放款于拓殖事业为宗旨。全文包括总则、职员、营业、债券、公积、政府之监督及补助、罚则和附则八部分。3 月 23 日，该则例得到临时大总统孙中山的批示："创设农业、殖边等银行，实属方今扼要之图。所拟各银行则例，仰候咨送参议院和议可也。"① 这为开设殖边银行提供了法律上的依据。

此后，徐绍桢、许世英等人开始出面筹设殖边银行。但是，由于南京临时政府存在时间很短，政府北迁，筹备工作一直进展缓慢，在南京临时政府时期，真正的殖边银行并没有设立起来。

1913 年 4 月，徐绍桢等人在位于北京宣武门大街的各团联合筹边会②内设立殖边银行筹办处，并推举出殖边银行筹办处临时理事、干事员，其中临时驻处理事徐绍桢，临时理事王庚、王鸿猷、项骧，临时驻处干事何锡康、朱景周、王俊声，临时干事李廷坚、刘辅宣、张维镛、徐智辉、邵樾、谢寅杰、刘冕执、范恩泽、朱立岗、陈荣新。③

1913 年 7 月，徐绍桢等人将所拟《殖边银行则例草案》呈交财政部，请求审核并转咨国务会议议决后公布。由于当时国会停滞，议决无期，而边疆经营时机转瞬即逝，为了能够抓住时

① 中国第二历史档案馆编．中华民国史档案资料汇编：第 2 辑［M］．南京：江苏人民出版社，1981：440.
② 各团联合筹边会，徐绍桢等人组织，以辅助政府，保障边陲为宗旨。
③ 殖边银行筹办处临时理事干事员名单［J］．北京档案史料，1996（6）：9.

机，尽早开设殖边银行，所以，不得已采取变通办法，将所拟定的则例草案，按照通例改为条例草案，并将招股章程一并送交财政部审核，财政部经审核后认为，徐绍桢、王揖唐、冯麟霈等人所拟殖边银行条例草案及招股章程基本妥当，只对招股章程草案第一条、第十五条和第十七条个别地方做了适当修改。如考虑到当时国内的经济发展情况，如果资本额定得过多，一时恐难筹集，影响银行开业，所以将《招股章程草案》第一条中“规定资本总额三千万元分为三百万股”修改为“资本总额两千万元分为二百万股”；将第十五条中“呈明财政总长”修改为“呈明财政部”，等等。①

这样，经过财政部审核后的《殖边银行条例草案》，于1914年呈报到大总统袁世凯处，3月6日得到准拟办理的批示，《殖边银行条例》奉准公布。《大公报》作为要件，对此也作了全文公布。②

二、资金来源

1914年3月，《殖边银行条例》奉准公布后，徐绍桢等人就开始了殖边银行开业前的准备。《殖边银行条例》规定，“自本条例批准后须于一年内开始营业，如过此期限，尚未开业，得由财政部将批准条例呈请取消。”③ 所以，对于徐绍桢等该行的发起人来说，目前最重要的就是筹集资金。

按照《殖边银行条例》规定，“殖边银行股本总额二千万元，分为二百万股，每股十元”，“殖边银行股本招足二十万股后开业”④，因为殖边银行为股份有限公司，所以资金主要靠社会各界认股筹集。为了筹集资金，该行在北京、上海、杭州等各大商埠设立招股处，并且在国内各大报纸，如《申报》《大公报》《政府公报》等刊登招股广告。为了招股，殖边银行又规定，凡是在1914年底之前购买的内国公债票，可以兑换殖边银行的股票，并且制定了具体兑换办法。⑤如此，商民认股者非常踊跃，开业所需二十万股也很快招足。

1914年11月3日，殖边银行经财政部验款注册，批准开办。到此时为止，殖边银行历时十七个月才正式被批准设立。11月15日，该行召开第一次股东总会，选举徐绍桢为总经理，项骧为协理，王揖唐、冯麟霈、陈介、陶德琨、刘勉执为董事，监事为宋发祥、张铁欧、王绍常（考虑到以后入股的股东利益，董事先选5名，监事先选3名），并且择定1914年11月22日殖边银行正式开业。⑥“财政部拨银二十万元，徐氏所投股本亦有十余万。”⑦

1914年12月15日，时任农商总长的章宗祥向大总统呈稿：“本部遵即与殖边银行往返磋商，以汉冶萍股票金额一百五十万元，押借银元七十万元移充股本，借款暂以三年为期，期内得随时备款赎还。”⑧ 此呈得到大总统的批准。农商部通过在殖边银行押借的七十万元，认购该行七万股，由此成为殖边银行最大的股东。这样，殖边银行就得到了政府的大力支持，同时该行信用也因此大涨。认购该行股票者络绎不绝，截至1917年9月，据各行报股东姓名表，合计

---

① 《财政部批徐绍桢等呈》，《政府公报》，1914年3月19日。
② 殖边银行条例草案［N］．大公报，1914年3月12日、3月13日．
③ 殖边银行总管理处编《殖边银行条例》，民国三年三月，第5页。
④ 殖边银行总管理处编《殖边银行条例》，民国三年三月，第5页。
⑤ 国债券换购银行股票［N］．申报，1914－10－04.
⑥ 殖边银行开幕广告［N］．申报，1914－11－22.
⑦ 再志殖边银行之风潮［N］．申报，1916－05－13.
⑧ 财政部财政科学研究所，中国第二历史档案馆编．民国外债档案史料：7［M］．北京：档案出版社，1990.

认股为二百零五万五千余元，已缴者一百九十九万元。[①]如果上海分行没有出现挤兑的话，认购殖边银行股票的人还会不断增加。

三、正式成立

《殖边银行条例》第四条规定："殖边银行股本，招足二十万股后开始营业。"[②] 殖边银行经过财政部批准备案后，开始招股，认股者非常踊跃，很快开业所需二十万股便招足。1914 年 10 月 3 日，该行经财政部验款注册，批准可以开办。

1914 年 11 月 15 日，殖边银行召开第一次股东总会，选举出该行总理、协理，并分别选出了该行的董事和监事，同时，股东总会决定殖边银行定于 1914 年 11 月 22 日开业，总行设在北京。主要营业种类包括：（一）动产不动产之抵押放款；（二）经理存款；（三）生金银之买卖；（四）办理汇兑；（五）各种期票之贴现；（六）其他银行业务之代理。由于该行是为开发边疆经济目的而设，所以，除了经营拓殖银行的各项业务外，还取得了发行纸币的权利。[③]

1914 年 11 月 22 日，殖边银行总行开幕礼在北京施家胡同举行，各界要人到会祝贺，袁世凯特题给匾额一方，上书"裕国筹边"，以示对殖边银行的支持。[④]此外，副总统送对联一副"一代史才不遗货殖，百年胜算独重实边"，对该行支持边疆建设的举动表示赞赏。徐国务卿、财政总长、教育总长、农商总长及中外各银行商号均送礼品祝贺，亲来祝贺的政、军、学、商各界人士不下千人。[⑤] 可见，殖边银行的成立，在当时影响还是很大的。该行的北京分行也于这一天同时成立。此后，上海分行于 1914 年 12 月 6 日成立；1915 年 3 月 29 日奉天分行成立；4 月 12 日哈尔滨分行开业；7 月 20 日云南分行设立。后来，吉林、长春、天津、汉口、张家口、库伦、汕头、东三省、成都、浙江等地的分支行也相继建立[⑥]，殖边银行在全国各地几乎都设有分支行，成为当时全国设立分支行较多的银行之一。

第二章　殖边银行的组织与管理

第一节　殖边银行的主要组织机构

《殖边银行条例》规定该行为股份有限公司，这种组织模式在当时是较为先进的一种。一方面，它有利于银行最大限度地筹集社会资金；另一方面，也有利于公司的具体运作，所以这种模式也为当时很多新式银行所采取。

殖边银行的组织机构，从总体上来讲可分为决策机构、执行机构和监督机构三大类，主要包括股东会议、董事会、监事会、总管理处及各分行、支行等。

---

① 周葆銮．中华银行史［M］．上海：商务印书馆，1919：59.

② 殖边银行总管理处，《殖边银行条例》，民国三年三月，第 5 页。

③ 殖边银行总管理处，《殖边银行条例》，民国三年三月，第 6－7 页。

④《北京电》，《申报》，1914 年 11 月 23 日。《北京殖边银行开幕之盛会》，《云南实业杂志》1915 年 3 卷 3 号，第 5 页。

⑤《北京殖边银行开幕之盛会》，《云南实业杂志》1915 年 3 卷 3 号，第 5－6 页。

⑥ 吴筹中．殖边银行的纸币［J］．安徽钱币，1997（3）：3.

一、决策机构

所谓决策机构，是依法具有决策权，可以对公司的重要事务做出决定的部门。殖边银行实行的是股份公司制，它的决策机构主要包括股东会、董事会和行务会议三个组成部分。

（一）股东会议

股东会议，简称股东会，它是由全体股东共同组成的，是公司的最高权力机关。股东会的议事方式和表决程序，除法律另有规定的以外，由公司章程规定。

殖边银行《选举章程》详细规定了股东会议召集的原则，“殖边银行之股东总会分通常总会、临时总会二种”，“通常总会每年二月中旬，于总行所在地开会一次，由总理召集之，届时须发布上年营业成绩报告股东及财政部”。① 在未到召开通常总会时间时，如果总协理或职员会公认为有重要事件，或者有股份总额五十分之一的股东，声明理由请求，均得召集临时总会。②

《殖边银行条例》规定“殖边银行股票，除六十万股用无记名式外，余一百四十万股，均用记名式。无记名式股票，无论何时不得超过记名式。”③殖边银行股券记名式与无记名式各分为三种：（1）一股券；（2）十股券；（3）百股券。④ 该行《选举章程》详细规定了各股所享有的议决权。其中，凡该行记名式之股东，都有选举权。每百股有一表决权，不够百股的股东，需要与其他股东凑足百股，然后推一人为代表，获得一表决权。但这样产生的表决权不能超过二十表决权以上。千股以上之股东每一百五十股增加一表决权；三千股以上之股东每二百股增加一表决权；五千股以上之股东每三百股增加一表决权；创办股股东之表决权按照普通股加三倍，即每创办股（每股百元）一股作普通股（每股十元）四十股计算。凡本行记名式股票都有被选举权，但是总理、协理，必须有百股以上之股东才能有资格被选举担任；董事、监事非得有五十股以上之股东，才能有资格被选举担任。⑤ 这样的规定实际上就排除了许多股份不足的股东，使银行的重要职务长期掌握在那些股份总额多的少数人手中，不利于银行的健康运行。

此外，《股东会议章程》还规定了股东会议的具体实施细则：会议需先由股东推举一人为临时主席，执行会场事务；应事先拟定议事日程，股东如须发表意见或质问，应先写明事由交主席临时加入议事日程。

股东会议事程序为：第一，总理、协理报告开会宗旨；第二，推举临时主席；第三，总理、协理报告过去及目前的银行情况；第四，董事报告过去及目前的银行情况；第五，监事报告总决算情况。最后，由临时主席决定下面的内容。⑥

殖边银行第一次股东总会，于 1914 年 11 月 15 日召开，由于该行还没有正式成立，所以由殖边银行总筹办处召集，会议根据条例规定选举出该行正式总理、协理、董事及监事。⑦

（二）董事会

殖边银行《董事会章程》规定：“董事会为筹定全行各种重要事项之机关，得以董事全体名义行使其职权。”每周一、三、五为开会日期，但总协理或董事二人以上认为有必要时可以临时

---

① 殖边银行总管理处，《殖边银行条例》，民国三年三月，第 8 页。
② 殖边银行总管理处，《殖边银行条例》，民国三年三月，第 4 页。
③ 殖边银行总管理处，《殖边银行条例》，民国三年三月，第 5 - 6 页。
④ 《殖边银行招股章程》，殖边银行总管理处《殖边银行条例》，民国三年三月，第 11 页。
⑤ 《选举章程》，殖边银行总管理处编：《殖边银行条规》，殖边银行总管理处印行，民国五年冬月，第87 - 88 页。
⑥ 《股东会议章程》，殖边银行总管理处编：《殖边银行条规》，殖边银行总管理处印行，民国五年冬月，第 84 页。
⑦ 殖边银行开幕广告［N］. 申报，1914 - 11 - 22.

召集会议。①

董事会议分两种，一种是由董事及总协理和议，但如果有必要须请监事列席。此种董事会议所议事项主要包括：（1）关于设立机关；（2）关于筹措股务；（3）关于特别营业事宜；（4）关于发行各种证券事宜；（5）关于承接政府委托事宜；（6）关于修订章制事宜；（7）关于特别交际事宜；（8）关于行用预算事宜；（9）其他董事及总协理认为必须和议事宜。另一种是凡与总协理没有关系或应回避的事项，由董事会自行商议。但不管是哪一种董事会议，都必须有董事过半数列席方能议决。董事会公推一人驻行为专任董事。②

从以上董事会的所议事项可以看出，它的权限是很大的，董事会在全行的组织系统中占有举足轻重的地位。

（三）行务会议

殖边银行在筹谋业务扩充或有全行重大事件时召开行务会议。

行务会议地点一般设在该行总管理处，日期由总协理定期宣布。会议由总理任正议长，协理为副议长，参加行务会议的人员一般包括总理、协理、董事、监事、各室主任及各行正副行长，但其他经过总协理临时推定的职员也可与会。会议要求必须有应到会议人数的三分之二以上方可开会；所议事项按照少数服从多数的原则议决。③

二、执行机构

银行的执行机构，通常来讲是指银行常设的、执行股东会和董事会等决策机构决议的行政和业务管理部门。殖边银行的执行机构主要包括总管理处、各分行、支行、派办处等。

（一）总管理处

殖边银行第一次股东大会决定，设总行于北京。1914 年 11 月 22 日，殖边银行总行在北京正式成立，根据当时大多数新式银行所采用的管理制度，殖边银行也采用了总管理处制度，即从总行中析分出一部分为总管理处，综全体用人之权；另一部分为京行，专管营业事务。

殖边银行总管理处由总理、协理、董事、监事及所属各主任组成，是统辖本行全体之机关，有处理全行业务之全权。主要职权包括：职员任免及升降，股款的募集，筹设分支行、派办处、临时营业所及代理店，运用基金，指挥监督营业事项，证券发行及支配，修订章制，代理公债，代理国库等。④

殖边银行总管理处设总理一员，总裁全行事务；设协理一员，辅助总理处理全行事务。如果总理有事不在时，由协理代理之；董事七员；监事五员。

总管理处为行使其职权，分别设立总务室、计算室和出纳室。各室分别设主任一员，秉承总协理掌管全室事务。此外，各室还分别设办事员、助员、练习生各若干人，秉承本室主任分掌应办的事务。⑤

（二）各分行、支行、派办处和临时营业所

殖边银行《分行章程》规定，殖边银行总管理处下设分行，直接隶属于总管理处，办理分

① 《董事会章程》，殖边银行总管理处编：《殖边银行条规》，殖边银行总管理处印行，民国五年冬月，第 6 页。
② 《董事会章程》，殖边银行总管理处编：《殖边银行条规》，殖边银行总管理处印行，民国五年冬月，第 5－7 页。
③ 《行务会议章程》，殖边银行总管理处编：《殖边银行条规》，殖边银行总管理处印行，民国五年冬月，第 81－82 页。
④ 《总管理处章程》，殖边银行总管理处编：《殖边银行条规》，殖边银行总管理处印行，民国五年冬月，第 1－3 页。
⑤ 《总管理处章程》，殖边银行总管理处编：《殖边银行条规》，殖边银行总管理处印行，民国五年冬月，第 1－3 页。

行所在地的业务。分行设行长一员，综理该分行业务；副行长一员，辅助行长办理该行业务，但业务较少之分行不设副行长。[①] 分行根据其业务不同分设总务、营业、出纳、计算各股，但营业比较简单的分行可酌量归并各股，如果有发行兑换券权利的各分行，还应在以上四股的基础上，设司券员。[②]

由于业务上的需要，殖边银行各分行可设立支行、派办处和临时营业所。支行直接隶属于总管理处指定的分行，间接隶属于总管理处。支行设行长一人，综理该支行的业务，如果业务发达的支行可设副行长一人，辅助行长处理支行的业务。支行根据办理业务的不同分设营业、计算两课，如果该支行有发行兑换券的权利，得设司券员。

派办处归总管理处指定分行管辖，但仍受总管理处监督指挥。派办处设处长一人，综理该处全部事务；设计算员、营业员各一人，接受处长指挥，办理应办事务，如果遇到业务较简单的派办处，可一人兼二职；业务较多时可增设助员、练习生若干人。该派办处如果发行兑换券，应设司券员。[③]

殖边银行各分行在必要时设立临时营业所。临时营业所设所长一人，经理该所全部事务，对该管辖分行负责。临时营业所职员之多寡依业务的繁简由管辖分行商请总管理处核准设立，但人数不得超过派办处职员的数额。[④]

（三）分筹办处

殖边银行分筹办处，由总管理处根据各地商业情形随时酌量筹设，受总管理处监督指挥，以辅助总管理处筹设分行、维护信用为职务，负责所在地募集股款、筹备营业事宜。分筹办处设主任、副主任各一人，主任一般由身家殷实、熟悉地方商业情形的人担任，而副主任则由熟习银行学知识的人担任。二者均由总管理处选任。分筹办处还应有会计、庶务、书记等人，但名额不得超过四人。

三、监督机构

殖边银行的监督机构是监事会，它是负责监督检查银行财产状态及业务执行状况的常设机构。

殖边银行“监事会为监事全行业务之机关，以监事全体名义行使其职权”[⑤]。监事会会议分两种，一种是由监事会分别邀请总协理、董事参加的监事会。所议事项主要包括：关于重要会计职员任免；关于基金监督、证券发行、预算决算事项；关于特别营业事项；关于承受政府委托事项以及其他临时发生事项。另一种是由监事会自行召集的会议，此种会议所议事项主要包括：第一种会议中所议各项的审查事项；审定会计规则、会计科目；审定各种主要补助账簿表册的格式和记载方法；审定总管理处及京分各行的各种报告、表册及其他临时发生事项。

殖边银行设监事五人（殖边银行第一次股东大会因照顾到后来入股股东的权益，只选举了3名监事），监事除随时到行执行职务外，至少每月须集会二次，如果有紧急事务时须召集临时会议。“监事会设稽核员二人，承监事之命专稽核总管理处及京分各行各种账簿、表册报告及决算

---

① 《分行章程》，殖边银行总管理处编：《殖边银行条规》，殖边银行总管理处印行，民国五年冬月，第43页。
② 《分行章程》，殖边银行总管理处编：《殖边银行条规》，殖边银行总管理处印行，民国五年冬月，第43－44页。
③ 《支行章程》，殖边银行总管理处编：《殖边银行条规》，殖边银行总管理处印行，民国五年冬月，第47－48页。
④ 《支行章程》，殖边银行总管理处编：《殖边银行条规》，殖边银行总管理处印行，民国五年冬月，第51－57页。
⑤ 《支行章程》，殖边银行总管理处编：《殖边银行条规》，殖边银行总管理处印行，民国五年冬月，第9页。

等事务。”①

第二节　殖边银行各科室的设立

殖边银行各部门根据其营业范围大小、业务繁简和业务性质的不同分别设立不同的科系。

一、总管理处的科室分设

殖边银行总管理处为行使其职权，根据不同的职责设立了总务室、计算室和出纳室。各室分别设主任一人。殖边银行《总管理处各室办事规则》分别对其所办事务做了明确的规定。

（一）总务室

根据殖边银行总管理处《总务室办事规则》的规定，总务室负责办理文书、庶务、股务等事务。根据所办事务的不同，总务室下设文书、庶务、股务三科，每科设科长一人，办事员、助员、练习生若干人，由主任酌量事务繁简商请总协理派充。

文书科，负责办理文牍、函电、记录、校对、收发及保管文件、监守印章等事务。

庶务科，负责办理总管理处用品的购置、保管费用之支出、杂役之管理及不属于其他科的事务。

股务科，负责记载股款证书收据之报告书及换发股票等事务，但关于股务往来的函件仍由文书科办理。②

（二）计算室

计算室负责办理计算事务。根据主管事务的不同，分为四科，每科设科长一人，办事员、助员、练习生若干人，由主任根据事务繁简商请总协理派充。

第一科，主管计算室函牍收发、起稿、缮校、保管暨各分支行处所抄报账表等发送各科；关于会计上一切规程、账表格式等修订以及其他不属于各科的事项。

第二科，主管各分支行处所各项报单的查核、整理、保管；分支行处所之间往来款项登记以及互拨账目、清理查询。

第三科，主管各行运用基金暨与总管理处直接往来款项登记、查核、计息；总管理处直接出纳款项登记；总管理处预算决算编制。

第四科，主管各分支行处所总清账及统括总账、转记；各项抄表、账表查核、整理、保管；本行全体预算决算编制。③

（三）出纳室

出纳室掌管发行各种证券及管理各种准备事务。凡发行证券地方均由主任商请总协理特设司券员一人或办事员、助员若干人驻在各分支行处所，专司其事，但如果事务比较简单的地方应酌情委托他行行员兼任。

二、各分、支行的科室分设

殖边银行各分行，根据业务的分工，一般设有总务股、营业股、出纳股、计算股，但如果

① 《监事会章程》，殖边银行总管理处编：《殖边银行条规》，殖边银行总管理处印行，民国五年冬月，第10页。

② 《总务室办事规则》，殖边银行总管理处编：《殖边银行条规》，殖边银行总管理处印行，民国五年冬月，第19－21页。

③ 《计算室办事规则》，殖边银行总管理处编：《殖边银行条规》，殖边银行总管理处印行，民国五年冬月，第23－26页。

是营业比较简单的分行应酌情归并各股，而办理发行兑换券的分行还应该在各股之外另设司券员。

总务股掌管文书、股务、庶务及调查事项；营业股负责存款、放款、储蓄、汇兑、押汇、贴现、生金银及债票、国库券之买卖与关于银行业务的营业事项；出纳股掌管营业上收付现金、票据及保管贵重物品；计算股负责各种簿记及登载各种账目。各股设股长一人，负责各股承办事务。

各支行设行长一人，综理该支行的业务，但业务发达的支行可另设副行长一人，辅助行长办理事务。支行根据业务需要设营业和计算两科，负责发行兑换券的支行还应设司券员。

殖边银行属于新式银行，中国的新式银行建立时间比较晚，很多内部的组织与管理制度都是效仿外国银行设置的。表面上与外国银行几乎没什么区别，设置也比较合理，有利于分工协作，但在实际运作过程中又与外国银行有所不同。受中国几千年封建专制统治的影响，人治大于法治，再加上殖边银行是一个官商合办性质的银行，难免会受到来自官方与某些个人的影响，很多制度难以执行到位。

第三章　殖边银行的营业

组织机构是一个银行存续的基础，而营业则是其存续、发展极其重要的一部分，关系到银行的生死存亡。有关殖边银行的营业情况，这里主要针对其营业范围、内容及特点等进行重点论述。

第一节　殖边银行的营业概况

殖边银行是以支持国内发展实业、巩固边疆的名义创立的，性质上属于国家的政策性银行，其宗旨是“辅助中国银行对于边疆金融力量之所未逮”①。但是，由于政治、经济等各方面因素的影响，使得该行在经营过程中，不由自主地向一般商业银行的业务靠拢，逐渐走上普通商业银行的路子，其发展道路与其初衷严重背离，竟然出现“殖边银行把主力转到上海”② 的情况。这也充分说明当时银行界发展的趋势和窘境。纵观殖边银行的营业情形，大致和一般商业银行相差无几。

一、营业网点的设立

民国建立后，政治上面临的一大问题就是东南人满为患，西北空虚，人民生计与国防问题都非常突出。要想解决这些问题，就必须筹集资本，在边疆建立金融机构，实行商业移民，徐绍桢等人抓住时机，筹设殖边银行，历经 17 个月，终于得到政府的批准。1914 年 11 月 22 日，殖边银行总行在北京开业，12 月 6 日，上海分行正式开业。随后，各地分支行处所次第开业，

---

① 中国第二历史档案馆编．财政部转送殖边银行条例请批准施行呈及批［M］．中华民国史档案资料汇编·第 3 辑·金融（1）．1991 年 6 月版，第 45 页。中国第二历史档案馆．中华民国金融法规选编：上［M］．南京：江苏古籍出版社，1990：170.

② 吴承禧．中国的银行［M］．上海：商务印书馆，1934：6.

营业网点几乎遍及全国各地。最大的分支机构为东三省。殖边银行各地分、支行处如表6－1所示。

表6－1　殖边银行各地分、支行处所情况

名称	成立日期	所在地
总管理处	1914年11月22日	北京
北京分行	1914年11月22日	北京
天津分行	1915年8月11日	天津
保定营业所	1917年3月28日	保定
奉天分行	1915年3月29日	奉天省
铁岭派办处	1915年11月27日	铁岭县
开原派办处	1915年12月26日	开原县孙家潭
昌图派办处	1915年11月27日	昌图县
西安派办处	1915年12月16日	西安县
山城派办处	1916年7月1日	山城县
辽城派办处	1916年3月6日	辽源县
营口派办处	1917年1月10日	营口
洮南派办处	1916年3月13日	洮南县
朝阳派办处	1917年6月19日	朝阳镇
辽阳营业所	1917年2月4日	辽阳县
西丰营业所	1917年1月4日	西丰县
海龙营业所	1916年11月14日	海龙县
辽中营业所	1917年6月10日	辽中县
同江营业所	1917年4月23日	同江口
山海关营业所	1916年7月5日	山海关
辉南营业所	1917年10月10日	辉南县
锦江营业所	1917年1月7日	锦江县
长春分行	1915年11月8日	长春
吉林支行	1915年8月30日	吉林省城
延吉派办处	1917年3月18日	延吉县
伊通派办处	1917年2月1日	伊通县
四平街营业所	1916年10月18日	四平街
公主岭营业所	1915年12月	公主岭
留守营营业所	未知	留守营
张家口分行	1915年5月9日	张家口
多伦支行	1915年7月23日	多伦
哈尔滨分行	1915年4月12日	滨江县
双城派办处	1916年2月18日	双城县
呼兰派办处	1915年9月13日	呼兰县

续表

名称	成立日期	所在地
绥化派办处	1916 年 4 月 3 日	绥化县
宁安派办处	1915 年 9 月 17 日	宁安县
海伦派办处	1916 年 8 月 6 日	海伦县
三姓派办处	1916 年 11 月 25 日	三姓依兰县
庆城营业所	1917 年 6 月 30 日	庆城县
阿什河营业所	1917 年 4 月 10 日	阿什河
齐齐哈尔营业所	1916 年 9 月	黑龙江省城
富锦营业所	1917 年 11 月 27 日	富锦县
迪化分行	1915 年 11 月 15 日	新疆省城
塔城支行	1915 年 8 月 2 日	塔城
喀什喀派办处	1916 年 1 月	喀什喀
汉口分行	1915 年 3 月 1 日	汉口
沙市支行	1916 年 2 月 9 日	沙市
宜昌支行	1917 年	宜昌
天门派办处	1917 年 1 月 1 日	天门县
成都分行	1915 年 1 月 1 日	四川省城
重庆支行	1915 年 9 月 9 日	重庆
自流井派办处	1915 年 11 月 13 日	自流井
上海分行	1914 年 12 月 6 日	上海
杭州支行	1915 年 3 月 15 日	浙江省城
汕头分行	1915 年 9 月 26 日	汕头
云南分行	1915 年 7 月 20 日	云南省城

资料来源：根据周葆銮．中华银行史［M］．上海：商务印书馆，1919：47－52. 绘制而成。

由表6－1可以看出，殖边银行在全国各地设置的分支机构是比较多的，表中所列只是其中一部分，实际设立的分支机构远不止这些，这表明该行的实力还是比较雄厚的。从设立的时间和地点分析，1914 年到 1915 年间，也就是该行建立初期，它的主力并没有放在边疆省份，而是放在了北京、天津、上海等内地大商埠，究其原因无非是这些地方商业发达，资金的筹集和放出都比较方便罢了，但这却与其辅助政府调剂边疆金融的目的相违背。后来，该行也意识到这一点，对营业网点的设置也进行了相应的调整，尽量在边疆省份多设分支机构，但由于上海分行倒闭后，信誉受损严重，殖边银行的扩张没能如期进行。

二、营业方针

殖边银行在性质上与日本的台湾银行和朝鲜银行相类似，属于拓殖性质的银行，所以其营业方针应该是倾向于边境地区和海外华商聚集的区域。但开办初期，由于种种原因并未很好贯彻这一方针，该行营业地点的选择偏向于一些商业比较发达的内地大商埠如北京、上海、杭州等，而边境地区的网点甚少。这样就与其设立该行的目的相违背。

1916 年，殖边银行总管理处进行了改组，为了与其设立的初衷相一致，该行对营业方针进行了调整，决定“专事经营东三省及新疆、内蒙古、川、藏、滇、粤、闽等处，以便推及朝鲜、台湾、安南、南洋、新金山各部”。[①] 根据这一方针，该行制定了五条具体的营业线，分别是第一营业线，由奉天、吉林、黑龙江到内蒙古；第二营业线，从张家口、绥远、内蒙古、宁夏、兰州一直到新疆；第三营业线，从广东、福建到南洋，再到新金山；第四营业线，从四川到西藏；从云南经安南到香港为第五营业线。[②]

从新的营业方针和具体的营业线看，殖边银行已经开始把营业重点由内地向边疆转移。但是，1916 年 5 月，殖边银行上海分行出现挤兑风潮，影响到该行的声誉，遂使新的营业方针贯彻起来有了很大困难。

三、业务种类

殖边银行成立时，该行条例规定了其营业种类包括：（一）动产不动产之抵押放款；（二）经理存款；（三）生金银之买卖；（四）办理汇兑；（五）各种期票之贴现；（六）其他银行业务之代理。[③] 由这几项业务可以看出，殖边银行的基本业务与其他商业银行没什么大的区别。但值得注意的是，由于该行属于具有拓殖性质的银行，所以政府又特别赋予它两项特许业务，即发行钞票和代理金库。这两项业务是一般商业银行通常所不具备的。

随着殖边银行的不断发展，其业务种类也在不断增加，1915 年 7 月 1 日，《殖边银行兼办信托事业章程》获得财政部批准，该行业务因此又新添办理信托业一项。截至 1915 年，该行的业务种类增加为“经理各种往来存款、定期存款、储蓄存款、借款、贴现、放款、国内外等处汇兑、押汇、生金银买卖、有价证券买卖、贵重品保管、发行信用状及其他一切银行业务”。[④] 从其业务种类发展来看，殖边银行的性质在一步步发生改变，逐步向普通商业银行转化，其实，这种转化也是不得已的，正如孔祥熙在交行成立三十周年纪念会上所说，“民国肇造，内战频仍，交通要政，不遑整理，故交行业务，遂以环境关系，逐渐趋向商业方面，已达自存之目的”[⑤]。拥有悠久历史和雄厚资金的交通银行，尚且不得不走商业银行的道路，殖边银行的转变就变得容易理解了。

第二节　殖边银行的主要业务

银行的种类不一，有普通商业银行和特殊银行，总的来说银行的业务包括主要业务和附属业务两部分，其主要业务包括存款、放款、汇兑、发行钞票、信托业务等；而附属业务有代发有价证券、保管寄存物品、买卖生金银、买卖有价证券、代收款项等。[⑥] 殖边银行虽然属于政府特许银行，但在经营过程中为了达到生存的目的逐步趋向一般商业银行，其业务范围基本上涵盖了以上业务种类，现分述如下。

一、存、放款

银行营业的全部资金来源包括自有资本和吸收的外来资金两部分。自有资本在银行资金中

① 周葆銮. 中华银行史［M］. 上海：商务印书馆，1919：63.
② 同上，第 63－68 页。
③ 殖边银行总管理处，《殖边银行条例》，民国三年三月，第 6 页。
④ 上海殖边银行广告［N］. 申报，1915－05－20.
⑤ 交通银行举行三十周年纪念［N］. 银行周报，上海：1937－03－23.
⑥ 陈振骅. 货币银行学：第 3 版［M］. 上海：商务印书馆，1935：194－201.

所占比例是很少的，其资金来源大部分靠吸收外来资金，而吸收存款是银行外来资金的主要来源。[①] 存款的规模决定了银行的实力强弱，所以各银行都千方百计吸收储户存款。

《殖边银行条例》第九条中规定该行的业务之一是经理存款。该行的存款主要包括各种往来存款、通知存款、定期存款和储蓄存款等。[②] 后来，随着业务的发展，存款种类也相应增加。为了吸收存款，不断通过各种方式扩大社会影响，争取客户。以各地分行为例，上海分行初开办时，内部设备和存折形式均非常新颖，一元即可开户，吸引了不少的客户。[③] 哈尔滨分行，于1916年4月曾在《远东报》上刊登广告，谓自去年4月12日扩张营业以来，承社会各界的欢迎，决定于13日、14日、15日三天优惠与本行交易的顾客，特别订优惠条款四则，其中对于存款的优惠是，凡在这3天内交存3个月以上定期存款，每户在千元以上者优给月息1分。这一优惠政策，吸收了不少的客户。哈尔滨分行因此也迅速发展壮大，除原来管辖宁安、呼兰两支行外，后来成为管辖长春、吉林两分行的东北地区的总分行。此外，殖边银行还在齐齐哈尔、双城、呼兰、绥化、宁安、富锦、海伦、依兰等地的派办处和营业所，开展储蓄业务。该业务包括定期和活期两种，定期储蓄又分为整存整取、零存整取、整存零取、存本取息四类。[④] 储蓄类型的多样化，方便了储户，更有利于增加储蓄。据统计，1916年，殖边银行各分支行的存款额如下：京兆分行40万元、奉天分行160万元、吉林分行22.5万元、长春分行38万元、双城分行3万元，多伦分行4533元。[⑤]

银行大力吸收存款的主要目的就是为了放款，以便从中获利，殖边银行也不例外。云南华宁、澄江、江川三县之间，有抚仙、星云两个大湖，两湖毗连，纵横四五百里，中间有长约三里的海门桥相连，最后汇归尾闾之水，仅以海口河为唯一的泄水通道，并且天长日久，河道被流沙阻塞，因此每年山洪暴涨，水患频仍，庄稼被淹，粮食得不到丰收。为了支持这一地区的水利建设，殖边银行曾借款一万元给当地政府兴修水利。[⑥] 另外，殖边银行还贷款给云南最大的、经营生皮的商号"永义昌"，帮助其扩展营业，使该商号几乎垄断了云南昆明的生皮市场，成为云南生皮业的巨头。[⑦]

除此之外，殖边银行也将资金贷放给军队，如1915年蔡锷等发起讨伐袁世凯的护国运动，但由于当时云南财政拮据，罗佩金作为护国军第一军总参谋长，将几代积累的家产，自愿押于殖边银行，得银洋十二万元，拨给第一梯团作开拔费用，保证护国军的顺利开拔。[⑧] 虽然这笔费用是为了讨伐袁世凯，但是间接支持了军阀之间的战争，给人民造成苦难，银行放款于军阀，致使国家长期处于战乱之中，民不聊生。

二、汇兑、贴现

汇兑是商业银行进行异地结算的一种业务，它是由付款人委托银行将款项汇给异地收款人

---

① 萧松华，朱芳．货币银行学［M］．成都：西南财经大学出版社，2005：187－188.

② 上海殖边银行广告［N］．申报，1915－03－07.

③ 中国人民银行上海市分行编．上海钱庄史料［M］．上海：上海人民出版社，1960：146.

④ 黑龙江省地方志编纂委员会编．黑龙江省志·金融志［M］．哈尔滨：黑龙江人民出版社，1989：246.

⑤ 农商部总务厅统计科．中华民国五年第五次农商统计表［M］．上海：上海中华书局，1919：466－477.

⑥ 云南省志编纂委员会办公室．续云南通志长编：下册［M］．昆明：云南省志编纂委员会办公室出版，1986：289.

⑦ 杨兆钧．云南回族史［M］．昆明：云南民族出版社，1994：250－251.

⑧ 金汉鼎．云南护国战役亲历记．中国人民政治协商会议全国委员会文史资料研究委员会．文史资料选辑（合订本）：第1卷第1辑［M］．北京：中国文史出版社，1986：83.

的一种结算方式。银行收到付款人的汇款请求后即收下款项，然后通知收款人所在地的分行或代理行，请其向收款人支付一定数额款项。开展这一业务一般要有特殊的汇兑凭证，如银行汇票，要有作为承汇银行向其分支行或代理银行发出的、向第三者支付一定数额款项的命令。①

“吾国银行之汇款业务，多属于国内汇兑，其经营外国汇兑者不多，故汇款业务不甚发达。”② 在国内银行界，殖边银行的汇兑区域不但包括国内各大城市，如北京、天津、奉天、张家口、汉口、上海、成都、重庆、哈尔滨、杭州等，还扩展到英国伦敦、美国纽约、印度孟买等很多国外大城市。该行“自开始营业以来，承蒙各界之赞助，营业甚为发达，京、沪、川、汉各处所做汇兑、押汇、放款，所获纯利比较资本已超过六厘以上”③。可见殖边银行的汇兑业务初期做得还是不错的。“银行收买未到期之票据，预扣本日至期满日之利息者，谓之贴现。贴现可分为本埠贴现与外埠贴现、抵押贴现与信用贴现。”④

三、发行纸币

纸币发行在我国历史久远，自宋以来就有之。然而，银行发行纸币始自前清。清末，外国在我国设立银行，发行钞票，获利颇丰。国人为挽回利权，纷纷要求成立银行。1897 年，中国第一家银行——中国通商银行成立，并发行了自己的钞票，后来户部银行（后改为大清银行）、浙江兴业银行、交通银行等纷纷成立，并发行了各自的钞票。这一时期，政府并不认为只有国家银行才有纸币发行权，为了鼓励各家银行与外国银行争夺利权，清政府并不限制各家银行发行纸币。

民国成立后，沿袭了清的做法，各银行、钱庄等金融机构只要经政府特许，就能获得纸币发行资格。因为发行纸币，可以为银行带来极大的好处，所以各家银行为了获得这项权利，可谓想尽各种办法。有利用名人效应，拉拢一些督军或退仕名流入股，或者干脆给他们一些干股，以便利用他们的名声获得发行权的；有利用金钱行贿政府官员获得发行权的；也有利用兴办实业名义获得发行权的，等等。殖边银行就是借兴办实业的名义，获得了发行纸币的权利。鉴于其创建者乃是徐绍桢、许世英、冯麟霈、项骧等民国要人，所以，这项权利的获得与他们的地位和影响也不无关系。

《殖边银行条例》第十条规定：“殖边银行得发行钞票，但至少须有十分之四现金之准备及中国银行兑换券，余以保证准备充之。”⑤ 同时又规定了该行纸币的通用区域由财政部规定。起初，殖边银行只在中国银行未发行纸币的地区发行纸币并流通使用，后来在中国银行已发行纸币的区域也发行并流通使用。政府虽多次勒令该行收回所发纸币，但都未遵行。这样，实际上阻碍了中国银行纸币在全国的流通。

1. 殖边银行兑换券——中国第一套自行设计、雕刻并成功印刷的钢凹版纸币

中国是世界上最早使用纸币的国家，同时也是发明造纸术和雕版印刷术的国家。纸币的产生正是以这两项技术作为支撑的。雕版印刷术起自唐代，最初雕版印刷术大量运用于书籍的印刷，一般是木版刻印。到了北宋时期，在原来木版刻印基础上发展出铜版刻印，较之以

---

① 萧松华，朱芳．货币银行学［M］．成都：西南财经大学出版社，2005：197.

② 何育禧．从银行报告书上以观察其营业之状况（三）［N］．银行周报，1922－11－22：（19）．

③ 殖边银行股东公鉴［N］．政府公报，1915－02－23.

④ 陈振骅．货币银行学：第3版［M］．上海：商务印书馆，1935：240.

⑤ 殖边银行总管理处《殖边银行条例》，1914 年3月，第6页。

前的木版刻印有了很大进步，雕刻得更为精细，也更耐用。

这种刻印技术适应了纸币印刷对数量和防伪两方面的要求，此时我国四川一带商品经济发展，再加上当地出产的优质纸以及雕版技术的进步，世界上最早的纸币——交子产生了。我们现今所能见到的著录中所记载的宋代交子、会子的纸币钞版均为铜板。宋代以后，纸币的印刷技术基本上没有什么大的改进，只是版面设计更加规范、雕刻更加精准。直到清末，随着西方传教士和一些技术人员来到中国，西方的石印技术和凹版印刷技术也传到中国。中国的纸币印刷工艺得以重大进步，同时纸币的设计风格和图案题材发生了明显变化。

18 世纪，德国人施纳菲尔特发明了石印技术，用这种技术印刷出来的图书、报刊等字迹清晰、图案精细，效果远胜传统的雕版印刷，因此受到很多人的欢迎，很多中国钱庄的庄票都采用了石印技术印刷。例如，由英商创办于上海的点石斋书局就利用石印技术为很多钱庄印刷纸币。①

除了石印技术，后来传入中国的还有凹版印刷技术。这种技术于 15 世纪在欧洲发明，与中国的雕版印刷十分相似，但成像原理完全相反，即凹下部分印出点线。一般是在打磨好的木板、铜板和钢板上雕刻图案，图案刻好后涂上油墨，然后擦去凸出部分的油墨，保留凹陷部分的油墨，将湿纸覆在上面，再用手使劲加压，或用刀片刮，在纸上印出精美图案。凹版技术印刷出的图案精美逼真、层次感强，可以表现出不同层次的光影效果。后来凹版印刷技术不断得到改进，1772 年，德国最先利用凹版印刷技术印制纸币。随后，该技术很快被西方各国采用。②

1908 年（光绪三十四年），清政府度支部开始筹建印刷局，他们从美国购进了整套的凹版制版和印刷机械用于印制纸币。同时聘任美国钞票公司雕版专家海趣等一起来北京，负责传授设计、雕刻、印刷等技术。1910 年（宣统二年），在海趣主持下我国第一套采用凹印技术的纸币——大清银行兑换券成功印制完成。这套纸币不管是印刷技术还是图文设计，在当时国际上都是非常先进的，中国纸币开始走上近代化道路。但遗憾的是它却不是完全由中国人自己设计、制作完成。中国人自己设计、自行雕版，并成功印刷的第一套钢凹版纸币是殖边银行兑换券。这套纸币是当时殖边银行为云南分行创办时印制的第一套纸币，由阎锡麟、吴锦堂、李浦、毕辰年四位中国技术人员为主，在美籍技师格兰的指导下完成。③ 殖边银行的这套纸币有三种，分别为一元、五元、十元。券面主图案分别是驼运（一元券）、网渔（五元券）和农耕（十元券），非常具有中华民族特色。

这套完全由中国自己的技术人员设计、雕版、印刷的钢凹版纸币的成功，充分表明我国纸币印刷技术的进步。

2. 殖边银行的纸币发行情况

殖边银行于 1914 年由财政部核准，可发行钞票。但值得注意的是，该行与其他商业性银行有很大不同，即除了北京和上海两处分行外，其他各地的分行都有很大的独立性，它们的建行资金均是自筹，并且有些分行如云南、新疆还可以自己发行钞票。这在近代银行界也是很少见的。

殖边银行为了规范该行纸币的发行，防止滥发纸币影响该行业务稳定和信用，特制定《兑

---

① 付为群．点石成金——晚清上海点石斋石印纸币［J］．档案与史学，1998（4）：67－69.

② 孔维云．纸币上的凹版雕刻艺术［J］．中国钱币，1997（3）：52－54.

③ 半鳞：《第一套自行设计雕刻凹版印制的纸币》，《泉坛》（台北）1986 年第 2 卷第 5 期。

换券发行章程》和《兑换券准备章程》，使得该行的纸币发行有章可循。其中，殖边银行各分支行处所发行兑换券第一期均得有十成现货准备，第二期为九成现货准备和一成保证准备，作为保证准备的可以是各种票据、证券债票和不动产等。以后各期发行现货准备依次递减一成，保证准备依次递增一成。直到第七期以后均为四成现货准备，六成保证准备。兑换券各种准备由总管理处派司券员会同各分支行行长或处所长掌管，并由总管理处随时派人抽查。各种准备不得与营业资金混合。以此来保证殖边银行所发纸币的信用。[①] 该行发行的纸币也是地名券，仅限在本地区流通。殖边银行兑换券，无论何行一律兑现。[②]

殖边银行发行的纸币，就目前所见主币包括 50 元、10 元、5 元和 1 元，辅币包括 5 角、4 角、2 角、1 角和 5 分。该行所发行的纸币主要包括 1914 年版、1915 年版、1916 年版和 1918 年版。所发纸币具体情况如表 6－2 所示。

表 6－2　　殖边银行的纸币

时间	面额	图案及尺幅	印刷厂	备注
1914 年	1 元	正面图案为绿色和黑色，中心有锄地和驼运图案；背面为绿色 大小：155×86mm	财政部印刷局	地名券很多，有长春、浙江、哈尔滨、江苏、吉林、奉天（沈阳）、上海、天津，以及长春加盖为哈尔滨、江苏、沈阳、上海、多伦、汉口、天津，奉天（沈阳）加盖为长春、云南
1914 年	5 元	正面黄色背景上有紫色图案，中心有海滨茅舍和轮船；背面多重色 大小：167×63mm	财政部印刷局	加盖长春、多伦、哈尔滨、东三省、奉天（沈阳）、上海、天津、浙江、江西、江苏、云南以及长春加盖为浙江、汉口、哈尔滨、江苏、上海，奉天（沈阳）加盖为长春、云南、上海
	10 元	正面为黄色和红色图案，中心有工厂和采石图案；背面多重色 大小：174×95mm	财政部印刷局	长春、浙江、多伦、江苏、吉林、东三省、上海、天津，长春加盖为汉口、江苏、张家口、奉天、上海
1915 年	5 分	正面图案为红色，背面蓝色	财政部印刷局	
	1 角	正面图案为紫色，背面蓝色	财政部印刷局	
	2 角	正面图案为绿色，左侧有锄地图案。背面绿色 大小：113×64mm	财政部印刷局	东三省，东三省加盖哈尔滨
	5 角	正面图案为黑色，左侧有风景图案。背面黑色	财政部印刷局	东三省
	1 元	正面、背面图案均为绿色	商务印书馆	库伦
	5 元	正面在粉色背景上有棕色和黑色图案。 背面红色。大小：181×91mm、164×91mm	商务印书馆	库伦
	10 元	正面、背面均为蓝色	商务印书馆	库伦

① 殖边银行总管理处编：《殖边银行条规》，民国五年冬月，殖边银行总管理处印行，第 37－38 页。
② 殖边银行总管理处编：《殖边银行条规》，民国五年冬月，殖边银行总管理处印行，第 37－38 页。

续表

时间	面额	图案及尺幅	印刷厂	备注
1916 年	100 文	正面图案为红色和黄色，背面为棕色 大小：115×66mm		
	200 文	正面图案为深绿色。背面棕色 大小：136×75mm		
	400 文	正面为黄色，背面棕色		
	1 角	正面图案为紫色，左侧有乳牛图案。背面为黑色 大小：90×54mm		
	2 角			
	4 角	正面图案为是杭州保俶塔；背面图案为棕色 大小：120×74mm	商务印书馆	长春，长春改哈尔滨
1916 年	5 角	正面、背面图案都为黑色 大小：120×72mm	财政部印刷局	东三省
	1 元	正面在多重色背景上有黑色图案，背面为棕色 大小：149×82mm	美国钞票公司	天津、张家口
	5 元	正面在多重色背景上有黑色图案，右侧有亭阁图案；背面为绿色 大小：172×91mm	美国钞票公司	张家口
	10 元	正面在多重色背景上有黑色图案，背面紫色 大小：175×97mm	美国钞票公司	上海、天津
	50 元	正面在多重色背景上有黑色图案，背面黑色 大小：184×98mm	美国钞票公司	
1918 年	1 元	正面图案是城门 大小：144×75mm、135×66mm	美国钞票公司	
	5 元	亭阁，棕黄色 大小：167×81mm、158×72mm	美国钞票公司	
	10 元	亭阁，棕黄色 大小：173×89mm、161×79mm	美国钞票公司	
	50 元	桥楼，棕黄色 大小：178×90mm、169×80mm	美国钞票公司	

资料来源：根据戴建兵．中国历代钱币简明目录［M］．北京：人民邮电出版社，1997：175－176；北京市钱币学会．中国纸币标准图录［M］．北京：北京出版社，1994：83－89；石长有．纸币图解［M］．北京：中华书局，2009：76、78、162、188；许光、梁直．中国商业银行旧纸币图录［M］．哈尔滨：黑龙江人民出版社，2005：112、113；上海银行博物馆．美国钞票公司印制中国老银行纸币存档样本·纸钞精萃 Chinese Speciments：中册［M］．香港：中国通出版社，2004：46－50 整理。

殖边银行所发行的纸币，除了表 6－2 中所列的以外，实际发行的还有很多，因无法考证，在此不再一一列举。此外，新疆、云南两地分行还分别印制了自己的纸币。例如，1915 年，刘文龙设立新疆分行，并印制了1915年版的100文、200文和400文的红钱票，还没来得及发行，便因为殖边银行上海分行倒闭而被焚毁，新疆分行也因此宣告结束。云南分行发行的纸币有1914年版1元、5元、10元和50元纸币，1925年云南分行改为云南官商合办殖边银行，后来发行了1927年版1元、5元、10元、50元和100元纸币，均为美国钞票公司印制。殖边银行印制的钞票，有据可查的包括表6－3所列各项。

表6－3　　殖边银行历年定印纸币情况

时间	数量	印刷厂	说明
1914年7月15日	300万张	财政部印刷局	包括1元、5元、10元
1916年4月9日	600万张	财政部印刷局	包括1角、2角、5角
1917年9月7日	大洋票100万元	财政部印刷局	包括1元、5元、10元
1918年2月	320万张	美国钞票公司	包括1元200万张、5元60万张、10元50万张、50元10万张

资料来源：根据戴建兵，盛观熙．中国历代钱币通鉴［M］．北京：人民邮电出版社，1999：146；上海银行博物馆．美国钞票公司印制中国老银行纸币存档样本·纸钞精萃 Chinese Speciments［M］．香港：中国通出版社，2004：46－50整理。

殖边银行自从财政部批准发行钞票以来，于1915年开始发行纸币。其发行钞票具体数额为：截至1916年底共发行纸币190万元，1917年6月30日止共计发行4847030元，到1919年底发行额达到7441800元，这一数字还不包括新疆的纸币发行额。① 后来，该行由于纸币发行数额过多，造成准备金薄弱，引发挤兑。

四、信托业务

信托业务是指商业银行信托部门接受客户的委托，代替委托单位和个人经营、管理和处理货币资金或其他财产，并从中收取手续费的一种业务。经营信托业务的有专门的信托公司，民国时期很多银行由于看到其中的利益，也兼营信托业务。

殖边银行初设立时并没有经营信托业务，由于看到其他银行经营信托业务有利可图，且当时很多银行都有这一业务，所以该行拟定《殖边银行兼办信托事业章程》八条呈请财政部备案，1915年7月1日，该章程得到财政部的批准，并由财政部禀请农商部咨行各省巡按使通知各商会一律遵照实行。② 在殖边银行所有分行中，信托业务做得比较大的当属殖边银行哈尔滨分行。哈尔滨分行创办于1914年11月，是殖边银行在东三省地区的总分行，下辖长春、齐齐哈尔等16家分行。该分行创建了中国早期的大型信托机构——滨江农产信托公司，另外还建有滨江钱业信托公司，以信托存款、投资、公司债券、股票信托等为主要业务，为商界筹集资金提供了很大帮助，促进了哈尔滨商品经济的发展，同时，也加强了北京中央政府对哈尔滨地区的金融控制。

第四章　殖边银行的倒闭

殖边银行成立后，全国各省份几乎均设有分行，然而这些分行与总行之间的关系却并不完

① 中国人民银行总行参事室．中华民国货币史资料（1912—1927）［M］．上海：上海人民出版社，1986：789.

② 农商部咨各部统、各省巡按使、京兆尹据殖边银行禀称兼办信托事业请转商会知照等情抄录原禀及简章请查照办理文（附原禀及简章），政府公报，1915年8月26日，243－244、253.

全一样。北京分行和上海分行由于地理位置比较特殊，北京分行地处首都，又是总行所在地；而上海分行设在中国的经济中心，所以这两处的分行与总行的关系比较密切，建行资金能够得到总行的大力支持，当然业务上也会受到总行更多影响，而其他分行的资金均是自筹，业务上相对来说就比较独立。这里我们重点分析一下上海分行，该行之所以特殊，除了它位于中国的经济中心以外，还有一个很重要的原因就是，该分行的经理是殖边银行总理徐绍桢的儿子徐几亭（徐承庶），并且南京、杭州、无锡、江西等处均由上海分行分设，一切事权归上海分行管理，它的权力很大。①

第一节　殖边银行上海分行倒闭对全行的影响

一、殖边银行上海分行的危机

殖边银行筹备成立时，其发起人徐绍桢、王揖唐、冯麟霈等考虑到“沪上为金融总汇、全体商业集中之区，亟应赶速成立，以资活动，而利融通”②，所以就派徐几亭（徐绍桢之子）、金慰农二人为筹备主任，在珊家园孤岭路十八号（后迁到南京路三十三号）设立分筹办处，负责殖边银行上海分行的组织筹备工作。为了筹集股份，上海分行在很多地方都设立了招股处和代理招股处，并由专人负责。

1914 年 10 月 1 日，北京总行汇给上海分行银五十万两作为该行营业资金。有了这笔资金，上海分行在殖边银行还没有正式开业之前，就于 10 月 3 日提前进行交易。交易开始当天“商业与储蓄两柜异常拥挤，统计出入各有七八万之谱云”。③

1914 年 12 月 6 日，上海分行正式开业，总行委任徐几亭、金慰农为正副行长，金慰农辞职后，王文典为副行长。由于“殖边银行初开办时，内部装置，存折形式均新颖异常，一元即可开户，吸引存户不少”④，上海分行业务曾一度非常红火。该分行 1915 年开始发行钞票，全市通用，发钞时，由总行汇划现银二十万元存在上海外国银行，因此，该行所发出的钞票外国银行也都收受。⑤ 后来发行额逐渐增多。挤兑发生前，上海分行所发钞票四十余万，收存款百余万，买卖先令亏数十万，行员挪用及呆账占二十余万。⑥ 可以说，该行已经危机重重。

1915 年 12 月 12 日，袁世凯复辟帝制，遭到全国上下一致反对。各地讨伐袁军纷纷兴起，为了稳定各地局势，政府财政更加困难。殖边银行总理徐绍桢突然在四月底从北京到上海后，“外间有谓奉政府委有特别任务，并提拨军饷”，而殖边银行上海分行的经理，是徐绍桢的儿子徐几亭，该行又是官商合办银行，农商部是最大股东，所以徐绍桢此举立即引起上海商民对殖边银行的注意。⑦ 恰在此时，上海分行应付麦加利银行的 5 万元到期，因汇电未到，未能照付，此事对该分行的信用影响颇深。

① 三志殖边银行之风潮［N］. 申报，1916－05－14.
② 殖边银行上海第一次通告［N］. 申报，1914－07－01.
③ 殖边银行先行交易［N］. 申报，1914－10－04.
④ 中国人民银行上海市分行. 上海钱庄史料：上［M］. 上海：上海人民出版社，1960：146.
⑤ 三志殖边银行之风潮［N］. 申报，1916－05－14.
⑥ 四年来上海银行界之回顾［N］. 申报，1916－10－10.
⑦ 殖边银行之风潮［N］. 申报，1916－05－12.

二、停兑令发布，加速殖边银行上海分行倒闭

袁世凯为了复辟帝制，花了巨额经费，几乎耗尽了国库。中国银行和交通银行作为两大国家银行，也深受其害。由于国家银行的特殊身份，致使中、交两行成为支撑北洋政府财政和军费开支的主要金融机构。尤其是交通银行，该行的总办梁士诒支持袁世凯复辟，以为袁世凯筹措帝制经费为己任，该行仅为“大典筹备处”的垫款就达两千万之多。其他方面的垫款更是数不胜数，总计金额已经超过了交行的纸币发行额。中国银行的垫款也不在少数。袁世凯的倒行逆施，使国家财政陷入危机，为了解决财政困难、维护自己的统治，袁世凯政府令中、交两行大量发行兑换券，造成市场通货膨胀，两行信用受损。“到1915年底，中国银行对北洋政府的财政垫款已达1204万银元，交通银行更达4750万元；两行发行的钞票则总计多达7000余万元”①，而“两行真正的库存准备金仅有2000万元”。钞票与现银准备之间的巨大悬殊，预示着北洋政府有史以来一场前所未有的金融风暴即将来临。

1916年初，社会对中国银行和交通银行发行的钞票的信心就已经开始动摇。袁世凯宣布取消帝制后的三四月间，两行库存现银即将枯竭的消息不胫而走，民间各种谣言四起，人心更加恐慌。6月6日，袁世凯因病去世，各派军阀在不同帝国主义国家支持下，展开激烈争斗。在军阀割据、混战的形势下，操纵在皖系军阀手里的北洋政府，无法收到各省应缴的赋税，财政每况愈下，但政府各项开支巨大，而此时政府内外债方面，均已无法想象。如果因为军政费用，继续让两行增发钞票，必将引起挤兑风潮，银行会立即倒闭，局面将不可收拾。此时，孙宝琦虽已任命为财政总长，但尚未就职，一切财政调度均由梁士诒幕后操纵。梁士诒主张仿各国先例，由政府出面下令中、交两行停止兑现。国务院总理段祺瑞派亲信徐树铮等共同商议此事。本来徐树铮还想通过调拨盐余渡过眼前的难关，但经查实盐余款项总计还有七十余万元，而北京军警和各部院的薪俸，都依靠此款，不能挪用。最后议决只有停止兑现。

此议一出，政府内很多官员私下迅速将自己在中、交两行的现银提出，存入外国银行。有些敏感商民鉴于各地军事紧张，且政府准备停兑的消息私下泄露，纷纷去银行提现，两行在济南、天津等地先后发生挤兑。1916年5月12日，段祺瑞在新财长还没到任的情况下，贸然以国务院名义发布中、交两行停止兑现的命令。这一纸命令，无疑宣告了政府财政破产，所以引起了一场空前的金融危机。银行界出现挤兑风潮，而在此之前已经出现挤兑的殖边银行上海分行，更是雪上加霜，挤兑现象越发厉害。可以说，停兑令加速了上海分行的倒闭。

三、殖边银行上海分行倒闭

徐绍桢来沪和殖边银行上海分行未能如期付给麦加利银行到期的五万元，使殖边银行上海分行信誉大受影响。上海商民闻讯纷纷来行提现，引发挤兑风潮，一时之间，来行兑现的人异常拥挤。

为了应对突然出现的挤兑，维护银行信用，殖边银行登报辟谣，“昨闻外间有人散布谣言，谓本行暗助政府军饷，以致一时持券兑现者异常拥挤，殊不知本行原系纯粹商办银行性质，政界官款绝未与闻，幸赖各界赞助，营业得以发达。此次发生风潮，所有钞票来收者，业经一律照常兑现。诚恐外间未尽周知，惑于道听途说，自形滋扰，转堕奸人之计，特此公布，即希公

---

① 韩淑芳等．经济犯罪案［M］．北京：群众出版社，2006：2.

鉴为幸。”[①] 虽然该行登报解释，但收效甚微，第二天到行提现的人仍然非常拥挤。

上海分行一面向总管理处报告情况，请求解决办法；一面向各处分行调款，以便处理挤兑危机。适逢此时，国务院于1916年5月12日，下令中、交两行纸币停止兑现，各地出现汇兑不通、金融奇紧的状况，这无疑更加剧了殖边银行上海分行的危机。

本来期望通过各地分行的帮助渡过难关，但由于各地汇兑不通，且银根收紧，致使仓促之间，上海分行很难筹集大笔现银。实在没有办法，上海分行只得一面将每天的营业时间缩短（最短时每天开门营业仅有数分钟[②]），一面由徐绍桢和徐几亭父子去政府军政各部门请求竭力维持，同时将具体情况报告总商会，共同商议挽救办法。

1916年5月15日，上海各机关同时收到政府财政部和农商部的来电，饬令各部门对殖边银行上海分行竭尽全力予以维持。但因事务比较繁杂，一时很难议决。而该行虽紧急发电报向各处分行调款，但也因“中交停止兑现后，汇路不通，金融奇紧，巨款仓促难集”[③]。所以，该行的办事人员和议决定，“一面要求官厅亟照部电妥筹维持，并与商会、银行界联络；一面赶派要人前往各处分行催收巨款，运解来沪。其上海钞票兑现暂停十日，期满后，即照常兑现，不折不扣。”[④]

为了让大家明白事情缘由，不致生出误会，引起更大的麻烦。殖边银行在报纸上专门登出广告，作出说明，“此次本行钞票陡生风潮，存沪现金不敷应付，当即分电北京总行暨各埠分行，促将应拨沪行之款，刻日汇解，原期源源接济，以维信用，适值中、交两行忽奉阁令一律停止兑现。全国市面大为震动，致各埠敝分行亦大受影响，汇兑机关顿见停阻。应收者既未能尅期而致，遂使前数日之来行兑取者，间有空劳往返，未获悉数以偿，负疚五中，匪言可喻。然此为各处金融呆滞牵动愆误，实非始料所及。昨经电催京行，竭力设法补救，已奉复电，嘱令暂停兑付，一面赶紧筹备，展缓十天，准于阳历五月二十六日再照常兑发，唯际此市情艰困之时，外间或将本行钞票，藉此减折兑收，事所难免，深愿执票人从容静候，勿为谣言所惑，届期仍到本行兑换，取足实数，藉免亏耗，特此通告。”[⑤] 停止兑现十日的通告发出以后，该行的钞票在市面上已经拒绝使用。

1916年5月24日，上海分行接殖边银行总管理处来电，大致是殖边银行已与农商部总次长接洽，并由国务会议议决，对上海分行竭力辅助。唯以停兑十日的期限太短，筹划整顿尚须时日，在5月26日兑现无法实现。[⑥] 所以，该行又在5月25日登报通告商民延期兑现，“窃本行前因沪市金融恐慌，暂停兑现十日。一面派员前赴总管理处及各分行筹集现金，唯因各处多值金融恐慌，汇路不通，尚未完全筹备。现奉总管理处电，转奉农商部通知，业经国务会议为维持市面起见，特电驻沪交涉员杨小川先生到行查明账目，筹备款项，并由部派专员吴在章君赴沪驻行监视整理。如二十六日准备不及，即酌展限期，登报声明等因。并经杨小川先生派定中外干员来行，切实清查，唯本行账目繁重，调查稍需时日，只得酌量展期，完善筹备，即行定

① 殖边银行广告［N］. 申报，1916－05－11.

② 三志殖边银行之风潮［N］. 申报，1916－05－14.

③ 六志殖边银行之风潮［N］. 申报，1916－05－17.

④ 六志殖边银行之风潮［N］. 申报，1916－05－17.

⑤ 殖边银行紧要广告［N］. 申报，1916－5－17. 上海通志馆. 近代中国史料丛刊续编：第39辑［M］. 台北：文海出版社，1977：160，也引用了《申报》上的这则广告，但引文中有多处错误，如将“存沪现金”写为“存户现金”“负疚五中，匪言可喻”写为“负疚之至”“唯际此市情艰困之时”写为“唯际此时艰”等，文中类似情况还有多处，不再一一列举。

⑥ 殖边银行收兑钞票之展期［N］. 申报，1916－05－25.

期开兑"[①]，这则通告虽然说要延期兑现，但没有确定具体的开兑日期，实际上就成为上海分行倒闭的标志，因为此后虽然经上海总商会和债权人一再呼吁，该分行再也没有开兑过。

四、上海分行倒闭对殖边银行的影响

上海分行的倒闭，对殖边银行的打击是致命的。它使该行在商民中的信用大跌，很多人不再认缴殖边银行的股票，该行的业务扩展受到很大影响。而在此之前，殖边银行发展很快，全国很多地方都设有分支行，并且到各分支行认股者很是踊跃，截至"民国六年九月，据各行报到股东姓名表，两项股本合计认股为二百零五万五千余元。已缴者一百九十九万余元。"[②] 如果上海分行没有发生挤兑风潮，根据商民的认股热情，殖边银行两千万元的股本招足应该不成问题。但是，自上海分行倒闭后，邻近上海的资本家开始对认购殖边银行的股票犹豫不决。已经认缴该行第一、二期股票的股东大多数存观望情绪，不再继续缴纳股金，如成都分行，在上海分行倒闭前，各界认股三十万元，正当着手催收股金时，上海分行挤兑风潮开始，致使功亏一篑；只有那些离上海较远且地方较偏僻地区的资本家所受影响较小，仍在踊跃认缴该行的股票。

殖边银行上海分行的倒闭，影响到总行和全国很多分支行的业务。首先，总管理处因为上海分行的倒闭，不得不暂时停业清理。其他分行也受害不浅，如新疆分行，1915 年由刘文龙奉殖边银行总行命令在库伦开办，得到新疆将军兼巡按使杨增新的大力支持，他从省库拨银三万六千两入股该分行的股票五千股，正待业务开展之时，上海分行发生挤兑风潮，影响到全行，新疆分行也未能幸免，就此倒闭。[③] 由于殖边银行信用受损，虽然有些分行坚持营业，后来也陆续倒闭，如奉天殖边银行，因滥发纸币，引发挤兑，于 1918 年 6 月 5 日被张作霖查封。[④] 其他大部分分支机构营业状况都不太乐观。

第二节　多次整理，殖边银行难逃倒闭命运

上海分行挤兑风潮发生以后，殖边银行的信用大损，上海受困的债权人组织起"殖边债主联合会"进行维权，他们通过各种渠道，不断催促该行总管理处对上海分行进行清理，已达到早日开兑目的。但是，因为该分行所欠款项数额巨大，总行也是一筹莫展。虽经多次整顿，效果不甚理想。

一、1918 年殖边银行整顿失败

1918 年，殖边银行代理周学渊对该行进行整顿，他通过对该行全部资产与负债的情况进行分析，认为可以进行整顿，恢复营业。所以决定拟添招新股二百万元，并催缴从前已认该行股票的商股。同时，要求农商部将以前以汉冶萍股票作抵认购的七万股，以现金购换。但是，事情却不像他想象的那样容易，由于殖边银行信用不固，已经认股的商股，对于缴纳股金踌躇不决，持观望态度，而新股的招募也是困难重重。至于农商部应缴的七十万元现金，政府更是无

---

① 上海殖边银行广告［N］．申报，1916－05－25.

② 周葆銮．中华银行史［M］．上海：商务印书馆，1919：59.

③ 季鲁．《殖边银行新疆分行成立前后——新疆金融概况［M］．中国人民政治协商会议新疆维吾尔自治区委员会文史资料研究委员会．新疆文史资料选辑：第 3 辑．乌鲁木齐：新疆人民出版社，1979：162.

④ 沈阳市人民银行，沈阳市金融学会．沈阳金融志 1840—1986 年［M］．1992：446.

款可筹。整顿计划失败而终。[①] 以后，又有该行董事汪伯璋等人，以全体股东名义，拟招集新股二百万元计划，力求恢复殖边银行的营业，挽回信誉。但此计划遭到上海债权人的反对，“谓以少数新股如何能了多数债务，停兑钞票，照中外通例，应有优先权”[②]。然该行对如何兑现钞票拿不出切实可行的办法，遂致该计划也未能成功。

二、新殖边银行组建计划流产

1921年5月，殖边银行又有拟另行组织新殖边银行的计划，准备总行开幕后，即恢复上海分行和其他分行。新殖边银行对于以前旧殖边银行发行的钞票，“上海分行发出者一百二十万元，杭州发出者二万元，张家口发出者三千元。以上各旧票，一律有效。或换新票或兑现洋，均不折不扣。”[③] 对于在东三省发行的小洋票，已由张巡阅使答应予以维持，并派专人处理东三省殖边银行的旧债。

殖边银行的旧债清理处，设在北京施家胡同，也就是原殖边银行的旧址。对于新旧股东的具体办法，“对于旧股东之办法，俟新行开幕后，首先为旧行还债，其还债法，以每年所有营业余利，以一部分代还各债。俟各债清偿后，与新股东同享银行权利。凡旧股东以三成分红。新股以七成分红。又旧股股款并未十分收足，然新行一律认为有效，此特别优待旧股东也。”[④]殖边银行通过招收新股清还旧债的办法，于1921年呈奉财政部请求批准[⑤]，但是“入股者，辄以未企新图，先还旧债，不唯情所不可，亦抑势所不能。本行欲先了债务，再招新股。而旧债亦非空言所能解”[⑥]，所以终因上海分行欠债过多，整顿计划不能有效实施，上海分行最终无法挽回倒闭的命运。

殖边银行后来又陆续经历了几次挤兑风潮，元气大伤，又由于以前很多债权人提起的诉讼牵累，终于在1925年12月被查封，结束了它作为一个金融机构的短暂历史。

第三节　殖边银行倒闭的历史原因分析

殖边银行自1914年11月22日正式成立，到1925年12月被查封，经营历史十年有余。纵观该行短暂的历史轨迹，从它初期的业务发展迅速，几乎全国各省都设有分支行，到一时之间，风潮所迫，经营惨淡，几年之后倒闭，我们可以看到，殖边银行的倒闭绝不是偶然的，而是有其必然性，具体原因现分述如下。

一、社会大环境的影响

殖边银行作为民国时期金融业的一分子，它的发展与其他部门（如商业、交通、矿业等）的发展一样，都是在一定的社会大环境下进行的。如果社会动荡不安，政府政策混乱，那么，它连正常维持都很困难，就更谈不上健康发展了。现在，我们分析一下殖边银行当时所处的社会

---

① 殖边银行准备回复之呈文［N］. 银行周报，1918－04－02（12－13）.
② 殖边银行复业难［J］. 银行月刊，1923，3（3）.
③ 殖边银行复业问题［J］. 银行月刊，1922，2（2）.
④ 殖边银行复业问题［J］. 银行月刊，1922，2（2）.
⑤ 复龚星桥君请催清理殖边银行债务缄（七月三十日）［J］. 总商会月报，1922，2（8）.
⑥ 殖边清理沪行债务之计划［N］. 银行周报，1921－09－27（33）.

大环境。

首先，该行筹备设立在民国初期，当时国家初建，政府为了取得帝国主义国家的承认，承袭了清政府签订的一系列不平等条约，当然包括很多战争赔款。而财政收入却要受到帝国主义的控制。这样一来，新生政权就背负了巨大的财政压力。由于殖边银行有代理国库的权利，政府经常会让银行代垫各种款项，造成该行资金短缺，抗风险能力降低。例如，殖边银行为财政部向塔尔巴哈台代垫饷银第三批库券款即银元十一万四千六百七十七元四角三分四厘，因为政府经济拮据，经一再拖延，迟迟不能偿还。① 由于政府债务繁多，当殖边银行在北京成立以后，政府虽然想给予支持，但是力不从心，农商部以政府名义入股该行七万股，却一直是以汉冶萍股票作抵押，直到该行倒闭都拿不出现金予以维持。

其次，民国初期，连年战争，百业凋敝，经济发展缓慢，造成银行募集资金困难。民众手中大多没什么积蓄，财富主要集中在少数大地主、大军阀、大商人的手中。所以银行业大多原定资本不少，而实际向社会募集到的远远不够。如殖边银行原定资本总额为两千万元，实际上只收到一百九十九万元，造成该行资本额严重不足。

再次，由于近代以来，中国产业不发达，工商业发展规模受现实经济条件的限制，工厂大多资本薄弱且很多工厂的运作缺乏可行的计划，银行考虑到放款风险，所以，即使缺乏流动资金，银行也不愿放款给产业部门，或者即使放款，利息也很高。这样，银行与产业之间就无法形成良性互动。银行资本又要寻找合适的投资渠道，而当时最赚钱的就是投资政府公债。银行承销公债往往可以获得丰厚的利润。这些内债一般有 6% ~8% 的债息，实际向银行抵押时又按照票面五折到六折发行，所以承销公债的实际利息可达到一分五六厘以上，有的甚至可达到三四分。② 殖边银行同样也进行这项投机事业。殖边银行成立后，开始承销政府三年内国公债，最后募集金额 10 万元，③ 按照九四折计算，该行获得六千元的六厘加奖，另外，还有四千元的经手费。④ 巨大的利益诱惑，使得殖边银行热衷于投机事业，但是，巨大的利益背后隐藏着巨大的风险，一旦出现不慎，将威胁到银行的生存。殖边银行上海分行的总理徐几亭利用职务之便，擅自挪用该分行的资金进行投机事业，结果造成行内“周转不灵、酿成停兑风潮”⑤，成为殖边银行历史上的由盛而衰的转折点，上海分行倒闭影响到殖边银行的信誉，该行逐渐走向下坡路。

最后，殖边银行与政府关系太近，政局不稳，祸及银行。殖边银行的很多股东都是北洋政府的官员，例如该行建立时徐绍桢是政府顾问、项骧为财政部参事、许世英为福建巡按使等，所以殖边银行与政府的关系十分密切，一旦政局有变，银行受到的影响是很大的。袁世凯窃取政权以后，一心想要复辟帝制，结果皇帝还没做几天，各地军阀便打着“维护共和”的旗号开始了新一轮混战，全国各地纷纷宣布独立。1916 年 4 月 12 日，浙江宣布独立，沪行交通中断，引起各界极大恐慌，“人心惶惶，谣言纷起”。⑥ 商民唯恐战争一起，影响自身利益，于是纷纷到银行提取现金。殖边银行因为与帝制派有关系，更是因此遭到挤兑，一蹶不振。总之，当时的社会大环境不利于殖边银行的生存与发展。

---

① 财政部通告［N］. 政府公报，1922－11－12.

② 千家驹：《中国的内债》，社会调查所，1933：61－62.

③ 贾士毅. 民国财政史［M］. 上海：商务印书馆，1917：8.

④ 内国公债局总理梁士诒等呈为民国三年内国公债全数结束谨将募收债额及扣拨各数目缮列表册具呈祈鉴文并 批令（附册）［N］. 政府公报，1915－08－03.

⑤ 彻查殖边银行舞弊真相［J］. 商业杂志，1917（1）：13.

⑥ 沪杭断绝交通之关碍［J］. 申报，1916－04－19.

二、用人机制问题

银行的运作除了要具备良好的社会大环境之外，还需要有健全的用人机制。然而，民国时期许多银行在用人机制上存在很大问题。殖边银行就是典型的例子。该行的发起人是徐绍桢、项骧等人。当时，许多有钱的官僚和军阀看到办银行有利可图，所以纷纷投资办银行。徐绍桢等人就是在这种情况下设立了殖边银行。

殖边银行成立之后，本来是应该聘请接受过专门的金融训练的人进行管理和经营，例如中国银行的张嘉璈、交通银行的钱新之、上海商业储蓄银行的陈光甫、盐业银行的吴鼎昌、新华信托储蓄银行的王志莘等，他们都是接受过现代高等教育，不少人曾留学国外，掌握了西方现代金融知识。但是，我们看看该行管理层，徐绍桢曾任南京卫戍总督，而项骧 1912 年任财政部首席参事。他们二人都是政府官员出身，没有接受过金融学方面的专门训练，但二人在该行成立后，分别任总理和协理，殖边银行竟然由两个完全不懂银行知识的官僚治理，简直不可思议，殖边银行的失败不能不说与管理层的素质有关。

再说殖边银行在分行的用人问题。作为影响国计民生的银行，对社会的稳定起着非常重要的作用。因此，执掌银行职权的人必须德才兼备、恪尽职守，并且在经营管理、任人用事上要慎之又慎。然而，在“当官发财”的封建传统思想和陈腐观念依然非常盛行的民国时期，大部分银行大佬们还是把银行这种新式经济组织当成了为个人谋取财富的“摇钱树”。他们凭借手中职权，营私舞弊，中饱私囊，肥了自己，害了百姓。殖边银行上海分行经理，竟然是徐绍桢的儿子徐几亭，一个同样不懂金融知识的人。徐几亭凭借自己是上海分行总理、其父是总行总理的关系，无所顾忌，在上海分行为了一己私利，竟然挪用银行的准备金，进行投机事业，结果失败，亏损一百五十余万银元。[①] 致使后来上海分行遭到挤兑时，银行内没有足够现金应付，银行倒闭，并连累到总行和其他分行。再有，长春和哈尔滨两分行曾设有管理一职，而曾任两行管理的柴勤唐（柴维桐）“曾因私罪褫职，非满八年，不得开复”[②]。但就是这样一个曾有过前科的人，竟然被殖边银行聘来作管理，对该行的声誉怎能没有损害？事实上，“柴某任事未及一日，已在吉、长、哈、津各行挪用公款一万数千元之多。”[③] 以上两例，我想并非特例，其他分支行内的用人肯定也会存在类似问题。

银行办事之人皆为自己私利着想，自己腰缠万贯，却使银行信誉败坏，无法再办下去，受损失最大的就只能是国家和人民。所以，殖边银行在用人问题上不够谨慎，主要管理人员又都没有进行过金融学方面专门知识的系统学习，这也是该行失败的一个很重要原因。

三、滥发纸币

纸币的出现，是货币制度的一大进步，它不但便利了人们之间的商业往来，而且也弥补了金属现钱的不足。然而，任何事物都有它的两面性。纸币在给人们带来便利的同时，也暗藏了很大的风险。纸币虽然只是一张纸，但是它却得到社会的极度信任，说到底，社会信任的并非是这张纸，而是发行这张纸币的银行。如果发行的钞票，能兑现的话，人们还不会受什么大害，

---

① 潘连贵．上海货币史［M］．上海：上海人民出版社，2004：159.

② 殖边银行之股东会［N］．银行周报，1918－05－21（22）．

③ 殖边银行之股东会［N］．银行周报，1918－05－21（22）．

但是，一旦发行纸币的这些银行，利用社会对它的信任，过度发行钞票，造成准备薄弱，如果周转稍有不灵，就会给银行带来灭顶之灾。[①]

殖边银行借开办实业的名义，取得了发行纸币的权利。但是，该行却没有很好遵守所制定的《兑换券准备章程》，致使发行纸币过多，准备金不足。根据现在有据可查的发行数据，截至1916年底该行共发行纸币190万元，1917年6月30日止共计发行4847030元，到1919年底发行额达到7441800元。[②] 由发行数字分析，殖边银行发行的纸币数量是急剧增加的，这就势必造成准备日益薄弱，抗风险能力降低。终于，1916年，上海分行遭遇挤兑，适逢政府下达停止兑现的命令，殖边银行各分行都自顾不暇，终致上海分行倒闭，使殖边银行的信誉受到严重影响，最后走向灭亡。

结语

殖边银行自正式成立，经过初期的短暂快速发展之后，由于上海分行出现挤兑风潮，更由于北洋政府财政濒临破产，命令中、交两行纸币停止兑现，给该行造成灭顶之灾。上海分行的倒闭，影响到总行和其他分行的业务。自此之后，殖边银行逐渐走上下坡路，虽然后来有过多次清理整顿计划，但终因上海分行欠债过巨，新旧股东不能达成一致意见，最终都没能成功。由于该行信誉受损严重，又经过后来几次挤兑，再加上很多债权人的起诉，1925年12月，殖边银行被查封。

纵观殖边银行短暂的历史，我们发现该行成立时，正处于民国初期国内设立银行的高峰期。此时，北洋政府为了解决财政困难，正在提倡国内大力发展实业，尤其是开发边疆，兴办银行。当北洋政府看到邻国日本，由于兴办各种专业银行，使国家逐渐强盛之后，遂制定各种专业银行条例，提倡兴办专业银行。殖边银行就是顺应这一历史潮流设立的。作为国家的特种银行，它并没有很好履行辅助开发边疆的职能，而是像其他同类银行一样，在经营过程中不断地商业银行化了。

在该行经营业务中，本来应该以辅助开发边疆为主业，但在实际经营过程中却更多表现出来普通商业银行的业务。因此，殖边银行并没有很好地履行其特种银行的职能，与同是特种银行的盐业银行、中国农工银行、劝业银行等一样，都步入了普通商业银行的轨道。正如吴承禧所说，"中国的银行是无所谓分业的，中国的各种银行，名义上虽然都负了一种特殊的使命，但实质上，它们都包含了一种商业银行的性质——它们早就'商业银行化'了。"[③] 由此可见，诸如殖边银行这些民国时期的所谓特种银行，不过是徒有虚名而已。

由于殖边银行并没能发挥好自己支援边疆建设的职能，这也折射出近代中国社会边疆金融机构缺乏，同时也反映出民国时期银行制度的不完善。

殖边银行作为民国时期特种银行的一个缩影，它的兴衰史，不但可以让我们了解近代特种银行的发展历史和趋向，而且也有助于增加我们对近代商业银行的认识，在一定程度上，它的

---

① 王钝根．百弊放言［M］．北京：大众文艺出版社，2003：192.

② 中国人民银行总行参事室．中华民国货币史资料（1912—1927）［M］．上海：上海人民出版社，1986：789.

③ 吴承禧．中国的银行［M］．上海：商务印书馆，1934：131.

兴衰史也反映出民国时期中国银行业发展的某些特殊规律，对我们现代银行业发展有启示作用，同时，它在经营过程中的经验和教训对我们现代银行业的发展有一定借鉴意义。

同样，对于我国正在蓬勃发展的银行业来说，殖边银行的失败和教训也应引起银行界的注意，银行业要健康发展，首先，来自国家和银行内部的有效监管是必不可少的。其次，作为银行的管理者，一定要具备完备的专业知识技能和管理能力，以便对银行进行有效管理、经营。最后，银行一定要不断创新服务方式、开拓新业务，同时通过优化信贷结构，来有效规避金融风险，实现银行业的健康发展。

参考文献

一、档案汇编、史料

[1] 北京档案馆有关殖边银行档案：档号 J181 - 018 - 21681。

[2] 财政部财政科学研究所、中国第二历史档案馆编：《民国外债档案史料》（7），档案出版社，1990 年 1 月。

[3] 辽宁省档案馆编：《中华民国史资料丛稿》（第 3 册），中华书局，1987 年。

[4] 农商部总务厅统计科编：《中华民国五年第五次农商统计表》，上海中华书局，中华民国八年二月发行。

[5] 上海通志馆编：《近代中国史料丛刊续编》（第 39 辑），文海出版社，1977 年。

[6] 上海银行博物馆编：《美国钞票公司印制中国老银行纸币存档样本·纸钞精萃 Chinese Speciments》中册，中国通出版社（香港），2004 年版。

[7] 中国第二历史档案馆编：《中华民国史档案资料汇编·第 3 辑·金融（1）》，1991 年 6 月。

[8] 中国第二历史档案馆编：《中华民国金融法规选编》（上），江苏古籍出版社，1990 年。

[9] 中国人民银行上海市分行编：《上海钱庄史料》，上海人民出版社，1960 年。

[10] 中国人民银行总行参事室编：《中华民国货币史资料（1912—1927）》，上海人民出版社，1986 年。

[11] 中国第二历史档案馆编：《中华民国史档案资料汇编》（第 2 辑），江苏人民出版社，1981 年。

[12] 殖边银行总管理处编：《殖边银行条例》，民国三年三月。

[13] 殖边银行总管理处编：《殖边银行条规》，殖边银行总管理处印行，民国五年冬月。

二、专著

[1] 北京市钱币学会：《中国纸币标准图录》，北京出版社，1994 年。

[2] 陈振骅：《货币银行学》（第 3 版），商务印书馆，1935 年版。

[3] 程霖：《中国近代银行制度建设思想研究（1859—1949）》，上海财经大学，1999 年。

[4] 戴建兵：《中国历代钱币简明目录》，人民邮电出版社，1997 年。

[5] 戴建兵、盛观熙：《中国历代钱币通鉴》，人民邮电出版社，1999 年。

[6] 戴建兵：《话说中国近代银行》，百花文艺出版社，2007 年。

[7] 戴建兵：《中国近代纸币》，中国金融出版社，1993 年。

［8］戴建兵、郭贵儒主编：《河北经济史》第四卷，人民出版社，2003 年。
［9］郭孝先：《上海的内国银行》，《上海通志馆期刊》，第一卷，第 2 期，民国二十二年九月。
［10］韩淑芳等：《经济犯罪案》，群众出版社，2006 年。
［11］贾士毅：《民国财政史》，商务印书馆，1917 年。
［12］贾孔会：《中国近代法律思想与制度革新》，武汉大学出版社，2007 年。
［13］刘晓宁：《总统府史话》，南京出版社，2003 年。
［14］陆仰渊、方庆秋：《民国社会经济史》，中国经济出版社，1991 年。
［15］刘绍明：《钱币与书法艺术》，中国文联出版社，2002 年。
［16］马洪、孙尚清：《金融知识百科全书》，中国发展出版社，1990 年。
［17］马寅初：《中华银行论》，商务印书馆，1929 年。
［18］潘连贵：《上海货币史》，上海人民出版社，2004 年 12 月。
［19］千家驹：《中国的内债》，社会调查所，1933 年。
［20］石长有：《纸币图解》，中华书局，2009 年 6 月。
［21］汤可可：《中国钱币文化》，天津人民出版社，2004 年。
［22］王孝通：《中国商业史》，商务印书馆，［出版年不详］。
［23］王钝根：《百弊放言》，大众文艺出版社，2003 年。
［24］吴承禧：《中国的银行》，商务印书馆，1934 年。
［25］萧松华、朱芳：《货币银行学》，西南财经大学出版社，2005 年 7 月。
［26］杨兆钧：《云南回族史》，云南民族出版社，1994 年。
［27］徐枫、赵隆业：《中国商业银行纸币图录》，中国社会科学出版社，1995 年。
［28］许光、梁直：《中国商业银行旧纸币图录》，黑龙江人民出版社，2005 年。
［29］章乃器：《章乃器论文选》，友联印刷所，1934 年。
［30］《中国东北地区货币》编辑组编：《中国东北地区货币》，中国金融出版社，1989 年。
［31］中国银行行史编纂委员会编：《中国银行行史》，中国金融出版社，1995 年。
［32］周葆銮：《中华银行史》，商务印书馆，1919 年。
［33］张家骧：《中华币制史》，民国大学出版社，1925 年。
［34］张郁兰：《中国银行业发展史》，上海人民出版社，1957 年。
［35］张大军：《新疆风暴七十年》，兰溪出版社，1980 年。
［36］朱斯煌：《民国经济史》，上海银行学会《银行周报》社编印，1948 年。

（三）论文

［1］半鳞：《第一套自行设计雕刻凹版印制的纸币》，《泉坛》（台北），1986 年第 2 卷。
［2］付为群：《点石成金——晚清上海点石斋石印纸币》，《档案与史学》，1998 年第 4 期。
［3］弓月：《殖边银行新疆专用红钱票——新疆钱币图说（四）》，《中国钱币》，2006 年第 3 期。
［4］黄志刚：《未发行的殖边银行新疆专用钞票》，《新疆钱币》2006 年第 1 期。
［5］孔维云：《纸币上的凹版雕刻艺术》，《中国钱币》1997 年第 3 期。
［6］《令财政部将拨助拓殖协会经费编入预算文》，中国社科院近代史所编《孙中山全集》（第 2 卷），中华书局，1982 年。
［7］唐传泗、黄汉民：《试论 1927 年以前的中国银行业》，《中国近代经济史研究资料》（4），上海社科院出版社，1985 年。

［8］吴筹中：《殖边银行的纸币》，《安徽钱币》1997 年第 3 期。

［9］徐绍桢：《创办拓殖协会宣言书及章程》一九一二年三月，《徐绍桢集》，陈正卿、徐家阜编校，四川师范大学出版社，1991 年。

［10］《银行老股票连载七 殖边银行》，《中国金融家》，2010 年第 8 期。

［11］印制总公司印制二史编委会北京组：《我国采用雕刻钢凹版印钞的最初阶段》，《中国钱币》，1985 年第 3 期。

［12］《殖边银行筹办处临时理事干事员名单》，《北京档案史料》1996 年第 6 期。

四、文史资料、地方志

［1］黑龙江省地方志编纂委员会编：《黑龙江省志・金融志》，黑龙江人民出版社，1989 年。

［2］季鲁：《殖边银行新疆分行成立前后——新疆金融概况》，《新疆文史资料选辑》（第 3 辑），中国人民政治协商会议新疆维吾尔自治区委员会文史资料研究委员会，新疆人民出版社，1979 年。

［3］沈阳市人民银行、沈阳市金融学会：《沈阳金融志 1840—1986 年》，1992 年 7 月，［出版者不详］。

［4］云南省志编纂委员会办公室编：《续云南通志长编》下册，云南省志编纂委员会办公室出版，1986 年。

［5］政协沈阳市文史资料委员会编：《沈阳文史资料》（第 21 辑），政协沈阳市文史资料委员会出版，1994 年 12 月。

［6］中国人民政治协商会议全国委员会文史资料研究委员会编《文史资料选辑》（合订本）第 1 卷，第 1 辑，中国文史出版社，1986 年。

五、民国报纸、期刊、年鉴

［1］上海《银行周报》

［2］北京《银行月刊》

［3］《申报》

［4］天津《大公报》

［5］《政府公报》

［6］《中外经济周刊》

［7］《西北通讯》

［8］《中华实业界》

［9］《东方杂志》

［10］《云南实业杂志》

［11］《商业杂志》

［12］《财政月刊》

［13］中国银行经济研究室编：《全国银行年鉴》，中国银行经济研究室出版，1935 年、1937 年。

［14］阮湘编著：《中国年鉴》第一回，商务印书馆，1924 年 2 月。

第六篇　盐业银行

王　锋

北洋政府成立后，随着“振兴实业”思想的兴起和西方银行理论与银行制度思想在中国的进一步传播，以及邻国日本银行建设思想的影响，关于建设专业银行的思想十分盛行，不仅议论纷繁，而且要求建立的专业银行的种类也大大增多。至民国三四年间，北洋政府也以特种银行（专业银行）不备，不足以发展实业，仿照日本银行制度，相继制定特种银行则例，筹设特种银行，如兴华汇业银行、盐业银行、殖边银行、劝业银行、中国实业银行、农工银行、新华储蓄银行等。而盐业银行作为其中的一个特种银行，就是在这种背景下产生的。

第一章　盐业银行的成立

盐业银行为民国时期主要商业银行之一，它由北洋军阀张镇芳于民国四年（1915 年）3 月 26 日[①]在北京筹备成立。

第一节　盐业银行的酝酿及成立动因

一、银行的酝酿成立

盐业银行最早是由大总统袁世凯提出设立的。民国三年十月，袁世凯以盐款为财政大宗，急宜专设银行，妥慎经营，借以维持盐业，活跃金融，即派张镇芳氏筹办。[②] 张镇芳由于久任长芦盐运使，熟悉盐务，指出盐业银行应以经营盐业为主旨：第一，各盐运公司以可保证公债券，向银行借贷；第二，专卖局遇需款时，可向该行借贷，遇有盈余，也向该行存放，官运局亦然；第三，证券、债券之发行付息偿还，由该行经理之；第四，遇有改良改造之必要，需购机器，创立制造厂，得预计成本余利，呈明政府，由银行发行公债；第五，独立营业，暂不与中央各银行相混，其范围以关于盐业上之设备改良、汇兑、抵押、存放收付为限，对于国家，也不担负盐业以外之义务。[③] 随即开始商订章程，在此过程中，关于钞票发行问题，产生争议，“或主张该行有发行钞票之权，方能吸收现款，厚集实力，以谋盐业之发展；或主张政府现采用中央银行纸币集中政策，新设银行不应再兴此权”[④]。民国三年年底，张镇芳呈拟盐业银行简章，该简章内有发行钞票的条款，交主计局财政讨论会妥议，复行删去。民国四年一月十七日，张镇芳修订原章程后，又呈交财政部立案，“……国务卿面奉大总统谕，盐款为财政大宗，亟宜设立银行，妥慎经营，著派张镇芳筹办盐业银行事宜，以专责成等因，奉此，镇奉谕以来，细心筹划，拟集股 500 万元，赶速开办，以期维持盐业，活泼金融，迭经财政会议，业蒙大总统谕饬大部拨银币 200 万元，并由镇招定商股 100 余万元，股本已逾十分之六，筹备一切，粗有端倪，前经呈送章程，奉大总统批令查照交通银行则例，另拟简章报部立案等，奉此，兹遵照酌拟盐业银行简章清折，函请大部查照立案见复……”[⑤] 财政部遂批准立案，“……昨准公函并盐业银行章程，拜读之下，具征长才擘画，裕国利商，曷胜钦佩。唯贵行同为金融机关，此次既系采用交通银行章程，本部拟增加一条，以归一律而臻完备……”[⑥]。财政部增加的条款，即盐业银行须接受财政部监督。

---

① 关于盐业银行成立的日期有不同的说法，《经济大辞典》1987 年版，金融卷，作 1915 年 3 月 20 日；郭孝先《上海的储蓄机关》，作 1915 年 6 月 18 日；《财政年鉴》，作民国五年（1916 年）；而中国银行经济研究所《中国重要银行最近十年营业概况研究》、《全国银行年鉴》1936 年版、周葆銮《中华银行史》、贾士毅《民国财政史》等，都作 1915 年 3 月 26 日，本文根据盐业银行档案，再参照多数说法，作 1915 年 3 月 26 日。

② 周葆銮. 中华银行史：第二编［M］. 上海：商务印书馆，1919：37.

③ 周葆銮. 中华银行史：第二编［M］. 上海：商务印书馆，1919：37 – 38.

④ 贾士毅. 民国财政史：第六编［M］. 上海：商务印书馆，1917：55.

⑤ 中国人民银行北京市分行金融研究所、《北京金融志》编委会办公室：《北京金融史料》，银行篇（四），1993：第 432 页。

⑥ 中国人民银行北京市分行金融研究所、《北京金融志》编委会办公室：《北京金融史料》，银行篇（四），1993：第 432 页。

盐业银行章程规定资本500万元，其中官股200万元，由财政部划拨，商股300万元，由人民承购。但由于当时的财政总长周学熙及其后任周自齐，都以当时中央政府的收入，一向依靠关、盐两税，而海关税由于赔款的关系，税收控制在外人手中，只有仰人鼻息，才能得到一些款项，若成立盐业银行，由张镇芳主持，那财政总长的指挥就更不灵了，所以，财政部对盐业银行的成立持抵制态度，盐业银行立案后，官股仅由盐务署拨交10万元，“盐业银行官股已由盐务署筹拨十万元，兹奉手教，事关实业，亟应竭力维持，唯目前库储支绌万状，前项官股容即陆续筹付……”①，其余大部分故意拖延，迟迟不肯交出，袁世凯死后，官股便无人提起。商股除张镇芳个人出资外，依靠个人关系，还拉拢一些北洋军阀和官僚资本，共计54.4万元。其中有：张馨帅（户名：馨记）30万元，张勋（户名：张松寿堂，注有“长江巡阅使”字样）15万元，绍幼琴（户名：颐寿堂）5万元，倪丹臣（户名：丹记，注有“安武将军”字样）2万元，段谷香1万元，徐润台（户名：凌照堂）1万元，徐福1.3万元。② 民国四年三月，张镇芳以商股已卓有成效，于是年三月二十六日盐业银行正式开业，额定资本500万元，官股200万元，商股300万元。实际上开业时，仅收股款共计64.4万元，其中：官股盐务署出资10万元，商股54.4万元。③ 张镇芳自任经理，袁乃宽为副经理，设总行于北平，次第设立天津、上海两分行，至各省繁盛之区，俟京、津、沪三行成立后，节次扩充，酌量添设。

二、银行成立的动因分析

（一）保证政府开支，筹措军费的需要

袁世凯是通过军事镇压、经济利诱窃取了辛亥革命的胜利果实而成立北洋政府的。他一方面要遵守承诺，保证清室的优厚待遇；另一方面要筹措军费，镇压来自国民党的反抗；同时还要为自己称帝，积极筹措经费，这就使本就捉襟见肘的财政开支，更显得相形见绌。近代中国的财政开支，到清末时由于内外交困，就已经入不敷出，在近代银行思想传入中国后，当时就有人提出要借设银行来弥补政府的财政开支。著名的改良主义思想家郑观应在《盛世危言》中有《银行》上下两篇，提出创办银行的主张，认为设立银行以代国库，这样就可以避免国家财政收入由官吏保管时受官吏侵抑之弊，同时，通过银行以发行钞券，政府还可以以此获取利润，增加财政收入，减少财政支出，从而缓解财政危机。1898年，盛京将军依克唐阿在《建议行钞票开银行折》中说，“方今事势急迫，厝火积薪，势难终日，此时仓促聚亿万之财，收亿万之利，舍钞法外无良图；欲行钞法，舍银行无以取信。”④ 为此，清政府开设了大清银行、交通银行两家国家银行，另外还有中国通商银行、浙江兴业银行、四明银行等十几家商业银行设立。

北洋政府时期的财政开支，与清政府的财政开支相比，可以说是江河日下。为了弥补财政赤字，除了大量发行公债外，袁世凯也采用清政府的做法，依靠设立银行来募集资金，而盐税在当时政府的财政收入中占重要比重，所以，企图设立银行以攫取巨额的利润。“大总统以盐款为财政大宗，亟宜专设银行，妥慎经理，藉以维持盐业，活泼金融。”⑤ 应该说“维持盐业，活

① 沪银档，盐业银行档案，Q277－1－53，第27页。

② 中国人民银行北京市分行金融研究所、《北京金融志》编委会办公室：《北京金融史料》，银行篇（四），1993年版，第402页。注：根据上面的数字共计55.3万元，而不是54.4万元，应该是在印刷时出现错误。

③ 中国人民银行北京市分行金融研究所、《北京金融志》编委会办公室：《北京金融史料》，银行篇（四），1993；第402页。

④ 中国人民银行总行参事室金融史料组．中国近代货币史资料：第1辑：下册［M］．北京：中华书局，1964：1032.

⑤ 周葆銮．中华银行史：第二编［M］．上海：商务印书馆，1919：37.

泼金融”是假，弥补财政赤字，筹措军费开支才是真。

（二）军阀、官僚谋求私人资本出路

北洋政府时期，最有钱的人要数军阀、官僚。这些军阀、官僚除了把自己的钱存进银行生息外，还想方设法把钱投到利润丰盈的行业，而在当时最赚钱的行业莫过于投资银行业。张镇芳看到取得国家银行权利的中国银行和交通银行两家银行，自民国以来，其盈利每年都在迅速增长（见表7－1），所以，张镇芳也想把盐业银行办成与中国银行和交通银行一样的银行，从而为自己的资金谋求一个稳妥的出路。

张镇芳先是按交通银行则例拟定盐业银行简章，呈财政部立案。“奉大总统批令查照交通银行则例，另拟简章报部立案等，奉此，兹遵照酌拟盐业银行简章清折，函请大部查照立案见复……”① 接着，在1915年盐业银行正式成立的股款中，私股有张镇芳40万元（实交30万元），张勋10万元，倪嗣冲10万元，其他如那桐、王占元、袁乃宽、张怀芝、刘炳炎等人认股，多则8万元，少则二三万元。② 可以看出，在盐业银行成立时的私股中，大都是北洋军阀、官僚的私人资本，他们之所以投资，正是看到银行业利润可观，并且盐业银行最初三年的营业情况，也证明了这一点。“盐业银行自民国四年（1915）3月26日开始营业，民国四年结账，除开支及股本官息外，计获利67109.87元，民国五年结账，除开支及股本官息外，计获利267221.26元，民国六年结账，除开支及股本官息外，计获利425549.72元。”③ 可见，这些军阀、官僚为自己的资金找到了一条稳定而又可靠的出路。

表7－1　　民国元年至民国四年中交两行纯收益　　单位：元

年份	中国银行	交通银行
民国元年（1912）	131004.43	255844.94
民国二年（1913）	300016.70	623111.12
民国三年（1914）	1368719.73	780539.15
民国四年（1915）	3534227.73	811451.79

注：中国银行民国元年原资料单位为两，按每两1.50元折合为银元。

资料来源：根据《中国银行行史资料汇编》和《交通银行史料》的相关资料整理。

（三）企图通过银行控制整个盐业

张镇芳，字馨庵，河南项城人，生于1863年，29岁中壬辰进士，因与袁世凯有姻娅关系，袁任直隶总督时，调用张镇芳以直隶省候补名义，总办永七盐务，后署理长芦盐运使，12个月后转升为天津道，实授盐运使。两年后擢升湖南省按察使，后被留任盐运使。辛亥革命时，袁任内阁总理大臣，调张入京任三品京堂，后以三品京堂护理直隶总督，革命后，张调任河南省都督，1913年交卸，袁世凯企图称帝时，曾与张镇芳商量此事，由于张镇芳是清末的君主立宪派，对袁欲做皇帝，没有表示积极支持，故袁后来对张镇芳未作封疆大吏安排。④ 张镇芳为了改变自己的政治命运，便在这次筹备盐业银行上大做文章。张镇芳首先明确盐业银行以经营盐业

① 中国人民银行北京市分行金融研究所、《北京金融志》编委会办公室：《北京金融史料》，银行篇（四），1993：432.

② 张伯驹．盐业银行与北洋政府和国民党政权［M］．天津文史资料选辑：第十三辑．天津：天津人民出版社，1981：71.

③ 中国人民银行北京市分行金融研究所、《北京金融志》编委会办公室：《北京金融史料》，银行篇（四），1993：442.

④ 张伯驹．盐业银行与北洋政府和国民党政权［M］．天津文史资料选辑：第十三辑．天津：天津人民出版社，1981：69－70.

为主旨，并提出五点主张："第一，各盐运公司以可保证公债券，向银行借贷；第二，专卖局遇需款时，可向该行借贷，遇有盈余，亦向该行存放，官运局亦然；第三，证券、债券之发行付息偿还，由该行经理之；第四，遇有改良改造之必要，需购机器，创立制造厂，得预计成本余利，呈明政府，由银行发行公债；第五，独立营业，暂不与中央各银行相混，其范围以关于盐业上之设备改良、汇兑、抵押、存放收付为限，对于国家，亦不担负盐业以外之义务。"① 可见，张镇芳俨然企图通过盐业银行而控制整个盐业，而盐业税收是当时中国的财政收入大宗，控制了盐业，就使自己有了政治上的砝码。但由于当时财政总长的抵制等种种原因，盐业银行并没有控制整个盐业，而张镇芳的目的也因此而落空，张镇芳还因为拥护张勋复辟，而被捕入狱，盐业银行的掌控大权也由此旁落。虽然借军阀张作霖出面，重新取得盐业银行董事长的位子，但实权已掌握在他人手中。

（四）经营公债利润丰厚

北洋政府的财政是有名的破落户财政，它除了仰人鼻息，从海关总税务司那分润一点关余和盐余来维持开销外，完全靠借债度日，一方面通过外商银行举借外债，另一方面在国内发行公债，举借内债。第一次世界大战开战后，西方各国忙于战争，无暇东顾，外债来源越来越少，北洋政府不得不倾力于大量发行公债，举借内债。总计自 1912 年到 1926 年共发行二十七种内债，发行额度达八亿七千六百七十九万元。实发行额为六亿一千二百零六万元，其中绝大多数是 1914 年以后发行的。②

北洋政府发行的公债，多由银行承销，由于"银行的公债借债买卖，即可无资金周转不灵之弊，而以公债为发行钞票准备，又可与现金有同一效用，无虑呆滞……故自国内公债盛行以来，国内银行界遂大行活动，不唯风起云涌，新设之数骤增。且有专与政府交易而设立银行。虽迹近投机，然实因政府借债，利息既高，折扣又大。尚不至于破产程度，则银行直接间接所获之利固较任何放款为优也。"③ 北洋政府发行的"公债折扣最低的为八五折，加上利息，平均月息为三分左右"④。其中北洋政府发行的一次公债"名为九四，实为八八，经理机关为推广行销起见，更又折至八四发售（经理机关从其应得之经手费六厘中让出四厘与公众）。其债票由经理机关发售者，政府实得八二［八．〇三］，……国家负二千五百四十三万四千四百八十元债务，而实收债款仅有二千零四十二万四千三百二十一元七角八分四厘"⑤。由此可见，经营公债有如此优厚的利润，国内银行无不乐意承销，这也是盐业银行成立的动因之一。

第二节　盐业银行的性质

概观盐业银行简章，可知其大体上根据交通银行则例而成，并且张镇芳在给北洋政府财政部立案的呈文中也指出，"奉大总统批令查照交通银行则例，另拟简章报部立案等因……"。⑥ 因此，盐业银行的性质与交通银行大体相仿。

① 周葆銮．中华银行史：第二编［M］．上海：商务印书馆，1919：37－38.
② 千家驹．旧中国发行公债史的研究［J］．历史研究，1955（2）.
③ 贾士毅．国债与金融［M］．上海：商务印书馆，1930：25.
④ 千家驹．旧中国发行公债史的研究［J］．历史研究，1955（2）.
⑤ 《金融周报》，第二卷，第七号，第 11 页，1918－02－26.
⑥ 中国人民银行北京市分行金融研究所，《北京金融志》编委会办公室：《北京金融史料》，银行篇（四），1993：432.

一、特种银行性质

盐业银行的特种银行的性质体现在其成立伊始。“民初，政府当局仿照日本银行制度，相继制定特别银行则例，设立特别银行，基此而成者有：盐业银行、中国实业银行、农工银行、殖边银行、劝业银行、储蓄银行等。”① “至民国三四年间，政府及国会，以特种银行不备，不足以发展实业，于是制定种种特种银行则例，筹设种种之特种银行，如兴华汇业银行、盐业银行、殖边银行、劝业银行、中国实业银行、农工银行、新华储蓄银行等皆是。”② 可知，盐业银行是作为特种银行的一种而设立的，并且是以经营盐业为主旨的特种银行。由于盐业银行在成立伊始，确立以经营盐业一业为主要方针，故时人除把它视作特种银行外，还称其为分业银行。③ 总之，不管特种银行也好，分业银行也罢，都说明盐业银行是经营盐业一业为主的特种银行，但盐业银行自成立之日起，就没有以经营盐业为主业，而主要经营一般商业银行之业务，所以其特种银行性质，仅仅停留在书面文字上。

二、官商合办银行性质

官商合办性质的银行是中国近代银行业史上常见的一类银行，中国银行业发展早期设立的中国银行、交通银行等，都属于官商合办银行。盐业银行依交通银行则例而成，所以在盐业银行设立初期，具有官商合办银行的性质。盐业银行创立时的简章规定：“盐业银行股本总额银币500 万元，计分 5 万股，每股银币 100 元，财政部为辅助盐业银行营业进行，已经认定 2 万股，余 3 万股由人民承购。”④ 可见，盐业银行在创立时是由财政部认股和人民承购的官商合办银行，而且在 1915 年 3 月 26 日盐业银行正式设立时的实收股本中，有盐务署出资 10 万元⑤，虽然政府出资不是很多，只有 10 万元，但盐业银行的股本中也有 10 万元的官股，称其为官商合办银行也不为过。然而，“嗣后官股并未照交，而该行因营业扩充，股本年有续收，投资者又极踊跃，故有增加股本之举，而为造成纯粹之商业银行。”⑥ 在盐业银行以后的两次增资中，政府再也未作投资，并且到 1917 年股款增至 150 万元，因北洋政府官库支绌，又逢政局变动，盐务署抽回 10 万元投资，改为商办私营银行。至此，盐业银行官商合办银行性质消失，成为完全意义上的商办私营银行。

三、国家银行性质

由于盐业银行简章大体上依交通银行则例而成，而交通银行在当时具有国家银行的性质，“唯查国家银行之性质与普通银行不同，凡维持金融，经理国库，发行钞票，代理公债，皆为其

---

① ［日］宫下忠雄．中国银行制度史［M］．吴子竹译．美华印刷厂印刷，1957：30－31.

② 吴承禧．中国的银行［M］．上海：商务印书馆，1934：5.

③ 周葆銮的《中华银行史》和贾士毅的《民国财政史》称盐业银行为特种银行，上海通志馆编的《上海通志馆期刊》和杨荫溥的《上海金融组织概要》称盐业银行为分业银行。

④ 贾士毅．民国财政史：第六编［M］．上海：商务印书馆，1917：55. 又见周葆銮．中华银行史：第二编［M］．上海：商务印书馆，1919：39.

⑤ 沪银档，盐业银行档案 Q277－1－53，第 27 页。中国人民银行北京市分行金融研究所、《北京金融志》编委会办公室：《北京金融史料》，银行篇（四），1993 年版，第 432 页。张伯驹．盐业银行与北洋政府和国民党政权［M］．天津文史资料选辑：第十三辑．天津：天津人民出版社，1981：71.

⑥ 贾士毅．民国续财政史：六［M］．上海：商务印书馆，1934：166.

特别职务，在与国家财政社会金融有莫大之关系，……”① 交通银行则例中，“第七条，交通银行掌管特别会计之国库金。第八条，交通银行得受政府之委托分理金库。第九条，交通银行受政府之委托，专理国外款项及承办其他事件。第十三条，交通银行受政府之特许发行兑换券，其办法照财政部所定之银行兑换券则例，但发行式样、数目及期限，另由银行呈请财政部核定。”② 据申报国家银行之性质的标准，交通银行则例中规定的交通银行的权力内容，正是体现了交通银行具有国家银行的性质。

在盐业银行成立时的简章中，“第七条，盐业银行掌管特别会计之国库金。第八条，盐业银行得受政府之委托分理金库。第九条，盐业银行得受政府之委托专理国外款项及承办其他事件，正与交通银行相类。”③ 虽然没有发行兑换券的权力，但也足以体现盐业银行具有国家银行的性质，并且张镇芳在最初提交盐业银行简章时，有发行兑换券的权力，然而政府以有发行兑换券的银行过多，易造成货币混乱，而否决了此项权力，但这并不影响盐业银行具有国家银行的性质。很明显，盐业银行简章中规定的盐业银行享有经理特别国库金是指盐税，然而，盐业银行自成立伊始，就没有以经营盐业为主业，而是由于形势所迫，经营一般商业银行的业务，“第七第八两条原为盐款而设，唯开业以来前项盐款大半向由中行代理，故亦仅成具文耳”④。所以，盐业银行具有国家银行性质也仅仅是限于书面文字，并没有真正执行国家银行的职能，也正因为如此，民国十八年（1929 年），盐业银行向国民政府财政部申请注册的呈文的财政部的批复中说，“第七条、第八条、第九条与现行法令不合，应即准予补行注册”⑤。至此，盐业银行仅仅停留在书面文字上的国家银行性质也消失了，盐业银行成为纯粹的商业银行。

四、商业银行性质

商业银行是以追求最大利润为经营目标，以各种金融资产和金融负债为经营对象，为客户提供多功能、综合性服务的金融企业。⑥ 从其概念中可以看出，商业银行首先是依照公司法的规定而设立的经济组织，而盐业银行创设时的简章第一条就规定：“盐业银行为股份有限公司。”⑦ 发展时期的章程第一条也规定：“本银行遵照公司法股份有限公司规定组织，定名为盐业银行股份有限公司。”⑧ 可见，在组织形式上盐业银行具备商业银行的特征。商业银行虽具有一般企业的特征，但不是一般企业，而是一种特殊的金融企业，是以金融资产和金融负债为经营对象，从事包括货币收付、借贷以及各种与货币有关的或与之相联系的金融服务的特殊企业。在盐业银行创立时的简章和发展时期的章程中都规定其营业种类有：（一）国内外汇兑及跟单押汇；（二）各种存款及储蓄；（三）各种放款；（四）国库证券及商业妥实期票之贴现；（五）兑换外国货币及买卖生金银；（六）经收各种票据及保管重要物件；（七）其他汇业银行及实业银行应

---

① 《申报》，1915 年 11 月 18 日。

② 交通银行总行，中国第二历史档案馆．交通银行史料：上册：第一卷［M］．北京：中国金融出版社，1995：190.

③ 《银行周报》，第 2 卷，第 12 号，第 6 页，盐业银行最近之概况，1918－04－02.

④ 《银行周报》，第 2 卷，第 12 号，第 6 页，盐业银行最近之概况，1918－04－02.

⑤ 中国人民银行北京市分行金融研究所、《北京金融志》编委会办公室：《北京金融史料》，银行篇（四），1993：433.

⑥ 曹龙骐．货币银行学［M］．北京：高等教育出版社，2000：249.

⑦ 周葆銮．中华银行史：第二编［M］．上海：商务印书馆，1919：38. 贾士毅．民国财政史：第六编［M］．上海：商务印书馆，1917：55. 中国人民银行北京市分行金融研究所、《北京金融志》编委会办公室：《北京金融史料》，银行篇（四），1993：455.

⑧ 中国人民银行北京市分行金融研究所、《北京金融志》编委会办公室：《北京金融史料》，银行篇（四），1993：457.

有之营业。[①] 由此可知，盐业银行不仅在组织形式上具有商业银行的性质，而且在业务经营上也具有商业银行的性质。

综上所述，不管是盐业银行的特种银行的性质，还是其官商合办银行性质，又或者是其国家银行性质，不是只停留在书面文字上，没有真正执行其职能，就是虽具有其性质，但只是体现在其设立初期，且时间很短，而只有商业银行性质才是盐业银行实实在在、自始至终所具有的。正如吴承禧所言，“中国的银行无所谓分业的，中国的各种银行，名义上虽然都负了一种特殊的使命，但实质上它们都包含了一种商业银行的性质——它们早就‘商业银行化’了。”[②] 并且盐业银行自己也视其为商业银行，在盐业银行 1917 年的营业报告中称：“本行应竭力发挥商业银行之性质，谋社会各方面之便利。”[③] 所以，无论在章程规定上，还是在实际业务经营中，盐业银行都明显体现了其商业银行的性质，商业银行性质才是盐业银行真正的本质所在。

第二章 盐业银行的组织

关于民国时期商业银行的组织，时人在述及时大都将其分为资本、管理、课系三个部分。[④] 盐业银行的组织也按照这三部分进行论述。

第一节 盐业银行的资本

一、创办时的资本

银行的资本是投资者为达到一定的盈利目的和社会效益，为保证其银行业务经营顺利开展而必须投入的货币资金，是银行开业、经营和发展的前提条件。盐业银行筹备成立时，额定资本银币 500 万元，计分 5 万股，每股银币 100 元。[⑤] 但虽经筹办人张镇芳的多方游说和募集，到 1915 年 3 月 26 日盐业银行正式成立时，仅收股款 64.4 万元，其中：官股盐务署出资 10 万元，商股 54.4 万元，有张馨帅（户名：馨记）30 万元，张勋（户名：张松寿堂，注有“长江巡阅使”字样）15 万元，绍幼琴（户名：颐寿堂）5 万元，倪丹臣（户名：丹记，注有“安武将军”字样）2 万元，段谷香 1 万元，徐润台（户名：凌照堂）1 万元，徐福 1.3 万元。[⑥] 我们从上面的商股的投资者可以看出，这些投资者不是北洋政府官员，就是割据一方的北洋军阀，所以，可以得出结论：在盐业银行成立时，其资本主要来自北洋军阀和官僚。

---

① 中国人民银行北京市分行金融研究所、《北京金融志》编委会办公室：《北京金融史料》，银行篇（四），1993：456、458.

② 吴承禧. 中国的银行［M］. 上海：商务印书馆，1934：131.

③ 中国人民银行北京市分行金融研究所、《北京金融志》编委会办公室：《北京金融史料》，银行篇（四），1993：443.

④ 杨荫溥. 上海金融组织概要，商务印书馆，1930：125 – 127.

⑤ 周葆銮：《中华银行史》，第二编，商务印书馆 1919 年版，第 39 页。贾士毅：《民国财政史》，第六编，商务印书馆 1917：55. 中国人民银行北京市分行金融研究所、《北京金融志》编委会办公室：《北京金融史料》，银行篇（四），1993：455.

⑥ 中国人民银行北京市分行金融研究所、《北京金融志》编委会办公室：《北京金融史料》，银行篇（四），1993 年版，第 402 页。注：关于商股的股款数额，根据上面的数字共计 55.3 万元，而不是 54.4 万元，应该是在印刷时出现错误。

二、资本的历年增加

银行的资本是银行信用的基础，同时又是银行偿还债务的最终保证，充足的资本是维持银行信誉，树立公众信心的基本条件，因此，资本额的大小直接关系到银行的信用和地位。盐业银行成立时，仅收股款64.4万元，资本额弱小很显然对日后银行发展壮大很不利。为了提高银行的地位，壮大声势，为以后银行发展壮大做准备，盐业银行继续多方寻觅资金。并且盐业银行在成立后的最初三年中，经营得法，盈利颇丰。盐业银行自民国四年（1915年）3月26日开始营业，民国四年结账，计获净利67109.87元，民国五年结账，计获净利267221.26元，民国六年结账，计获净利425549.72元，故四年分官余利一分，五年分官余利一分二厘，六年分官余利一分五厘，观其获利之优厚，可知其营业之蒸蒸日上也。[①] 由于获利优厚，投资者必然纷至沓来，所以，盐业银行成立后，陆续有人投资。到1917年股款增至150万元，因北洋政府官库支绌，又逢政局变动，盐务署抽回10万元的投资，改为商办私营银行。[②] 由于营业日益发达，股本自应续收，唯增收数目过多，则营业扩张太骤，殊非稳健进行之道，故拟自民国七年（1918年）起，每年续收（资本总额）二十分之一，即25万元，以期营业逐渐扩张，基础稳固，利益增多。[③] 由于北洋军阀之间连年战争，中国银行和交通银行为政府垫支的军政费用不断增加，被迫大量发行钞票应付，库存现银不足，引发了两次挤兑风潮，中、交两行信誉大受影响。盐业银行总经理吴鼎昌抓住这个有利时机，大量吸收存款，并趁势收缴未收的股款，所以，盐业银行并没有按照既定方案，续收股本，民国八年（1919年）盐业银行续收股本75万元[④]，民国九年（1920年）续收股本100万元，“查该行资本已收足二百五十万元，九年度董事会为厚集资力起见，复议决于九年二月内，续收股本一百万元，所有续收办法均依照该行成案，经董事会议决，分别通知股东办理。”[⑤] 民国十一年（1922年）续收股本150万元。[⑥] 至此，盐业银行发起时拟定的500万元额定资本全数收齐。1923年，正值盐业银行业务蒸蒸日上之时，吴鼎昌又制定了扩充股本总额为1000万元的计划。但在扩股方式上，吴鼎昌却一反一般银行扩股的习惯做法，制定了十年扩股、自由缴股的办法，即有股权的股东可以每年缴十分之一，也可以分数次缴纳股款，悉听尊便。每年续收股本限制在50万元，股东缴股款按缴股日先后为序，如数额满50万元后缴者可以作为8厘年息之定期存款，留作下一年优先缴股之用。[⑦] 然而，实际上到民国十六年（1927年），盐业银行股本总额增至750万元后，就停止续收股本。所以，盐业银行虽额定资本1000万元，但在很长的一段时间内，银行的实收资本为750万元。[⑧] 但到民国三十五年（1946年）十一月三日，盐业银行召开第二十次股东常会决议：“本行股本总额一千万元，已收足七百五十万元，其未收二百五十万元，兹应一次收足，就原有股份不分新旧，一律每三股得续交一股，其不满三股，得报由董事会，设法归并凑足此项

---

① 《银行周报》，第2卷，第12号，第5页，盐业银行最近之概况，1918－04－02.

② 中国人民银行北京市分行金融研究所、《北京金融志》编委会办公室：《北京金融史料》，银行篇（四），1993：412.

③ 中国人民银行北京市分行金融研究所、《北京金融志》编委会办公室：《北京金融史料》，银行篇（四），1993：443.

④ 沪银档，盐业银行档案Q277－1－150，第26页。

⑤ 《银行周报》，第4卷，第9号，盐业银行八年份营业纪略，第31页，1920－03－23.

⑥ 沪银档，盐业银行档案Q277－1－150，第114页。

⑦ 徐矛，顾关林，姜天鹰．中国十银行家［M］．上海：上海人民出版社，1997：232.

⑧ 徐寄庼．最近上海金融史［M］．上海：上海书店，1932：120. 郭孝先．上海的内国银行［J］．上海通志馆期刊，1933，1（2）：448.

股款，拟三个月内以现金缴纳”①。至此，盐业银行资本总额1000万元，全数收齐。

表7－2　　　　　　盐业银行资本对照　　　　　　单位：万元

年份	资本总额	实收资本	续收资本
1915	500	64.4	—
1917	500	150	85.6
1918	500	175	25
1919	500	250	75
1920	500	350	100
1922	500	500	150
1923	1000	550	50
1924	1000	600	50
1925	1000	650	50
1926	1000	700	50
1927	1000	750	50
……	……	……	……
1946	1000	1000	250

资料来源：根据《北京金融史料》，银行篇（四）和沪银档，盐业银行档案的相关资料整理。

第二节　盐业银行的组织管理系统

一、组织管理系统的内部构成

盐业银行的组织管理系统大致上包括：股东总会、董事会、监察人、总管理处以及各分行、支行和办事处等机构，从总体上可以分为决策机构和执行机构两大类，现分述如下。

（一）决策机构

主要是指银行的主要权力机关，按其权力大小依次为股东总会、董事会及监察人、行务会议。

1. 股东总会

盐业银行股东总会是盐业银行的最高权力机关。关于股东总会的组织办法，盐业银行细则中规定：股东总会分常会和临时会两种，常会由董事会每届全年结账时在天津定期召集之，在定期前一个月登报广告；遇有重要事件经董事会决议得随时召集临时会。同时，细则还规定了股东常会的职责，股东常会应议事件如下：（1）董事或总经理报告营业情形及进行之计划；（2）报告各项账略；（3）修订各项章程；（4）增加股本；（5）选任董事监察人及总经理协理；（6）股东提议事件；（7）其他应议事件。②

另外，细则还规定了股东总会的执行办法：“股东提议事件须得股权总数十分之一以上之同意，于会期前十日提出理由书送交总管理处，以便印刷分布加入议案；股东总会列席股东每十

① 沪银档，盐业银行档案Q277－1－352，第2页。

② 沪银档，盐业银行档案Q277－1－37，第22页。

股有一议决权，百股以上每五十股递加一权，不及十股之股东得居旁听席；股东总会会议以得到会股权过半数之表决为议决，如可否各半，由主席决定之或由主席再请表决；股东总会开会时，推董事一人或总经理为主席；股东如因事不能到会，得以函委托本行他股东为代理人；股东总会表决案由董事及总经理签字行之，如董事及总经理认为窒碍难行，得具理由请求复议；股东会所议事项涉及股东个人者，该股东无议决权；股东总会表决各事应通知未列席之股东，缺席股东不得异议；股东总会表决调查账据事项，委任监察人执行；股东总会议决案应清缮于决议录，由主席签字归董事会保存。”①

2. 董事会及监察人

董事会的组织办法，盐业银行细则中规定：“本银行依据章程第十条设董事七人，由股东总会就二百股以上之股东选出，以得票权最多数为当选；本会以当选董事组织之；本会议分常会及临时会两种，由董事多数议决，定期行之，每半年结账时，由总经理函达本会定期开常会一次，遇有重要事项得由总经理随时函达本会开临时会议。”同时，细则还规定了董事会的职责：“本董事会对于行务得随时考核之；本董事会于下列事项有议决权，有一、营业盈亏之审查及处置；二、各分行号之添设及变更；三、重要契约之审议；四、各项规则之核定；五、年终分配股利之议定；六、其他本行应议事项。”董事会的执行办法如下：“本会得推董事一人为董事长，主持董事会事务；本会董事任期三年，任满时由股东总会改选之，但得继续连任；本会议决权从多数可否，同数取决于主席；董事如有不得已事故不能到会，可委托他董事为代表；本会已经议决事项缺席董事不得异议；本会开会时，总经理、协理均得列席发表意见，并得召集各行经副理陈述行务；董事会议决事项，如总经理认为窒碍难行时，得声明理由请求复议；会议事项如有涉及董事个人时，该董事应自行回避；本会对于各行员查有实在劣迹或不胜任时，经公决后得知照总管理处处分之；本银行股东常会及临时会，均由本会照章召集之；本银行股东选举事项，须先期由本会审核股权，再行照章开会；董事有辞职者，以候补董事补充之；董事会议决事项应缮写于决议录，由主席签字为凭；董事会公费除应得花红外，每年董事长暂定为一千二百元，其他董事暂定为六百元，俟营业发达得由股东常会议决增加之；本会应办信电账目庶务各事，暂由本银行行员兼办。”②

关于监察人组织办法，细则中规定：“本银行依据章程第十条，设监察人二人，执行监察事务；监察人由股东总会就二百股以上之股东内选出，以得票权最多数为当选。”监察人执行办法如下：“监察人任期一年，期满后得由股东会改选之，但得继续连任；监察人不得兼任本银行董事、总经理、协理、经副襄理及其他职员。”③ 监察人的职权就如杨荫溥所言，“监察人有监察过失之职而无实行处分之权，无论何时，得出入银行，调查实情，展阅簿据，查检银库，如有意见，可提出于股东总会公决之。”④ 所以，盐业银行规定监察人的职权有：“监察人得随时调查一切簿据财产物品，并得随时请董事报告营业情形；本银行报告股东之表册，须经监察人复核。”⑤

3. 行务会议

盐业银行行务会议是盐业银行决策经营方针及解决业务问题的例会。“行务会议每年举行一

---

① 沪银档，盐业银行档案 Q277 -1 -37，第 22 页。
② 沪银档，盐业银行档案 Q277 -1 -37，第 23 -24 页。
③ 沪银档，盐业银行档案 Q277 -1 -37，第 24 页。
④ 杨荫溥. 上海金融组织概要 [M]. 上海：商务印书馆，1930：126 -127.
⑤ 沪银档，盐业银行档案 Q277 -1 -37，第 24 页。

次或两次，由总经理召集，各分行、支行经、副理组织之，其地点、时间由总经理先期通告，总经理即为行务会议主席。除由总经理提出议案外，经、副理均得编制议案，先期交总管理处，文牍科长承总经理之命，编入议案，临时口头提出者，得主席之许可，亦得付议，所有议案付议之次序，均由主席决之，决议各案由主席裁决修改后施行。”①

（二）执行机构

主要是指盐业银行内部具体的办事机构及执行机关，包括总管理处及其所属的各分行、支行和办事处等。

1. 总管理处

盐业银行总管理处是盐业银行的最高执行机构。盐业银行创办时，总管理处设在北京，1928 年 8 月迁至天津，1935 年 12 月移至上海。盐业银行内部章程规定：总管理处统辖全行，分行直辖于总管理处，支行归指定之分行管辖，亦得直辖于总管理处，办事处归指定之分行或支行管辖。总管理处内部机构设置如下：总管理处设总经理 1 人，综理全行业务，设协理 1 人，辅助总经理办理全行业务；总管理处设文牍、会计两科，正副科长各 1 人，处理各该科事务；总管理处设办事员、助员若干人，分办文牍、会计两科事务，设练习生若干人，分科练习；总管理处设稽核、秘书、顾问、专员、调查员，均无定额。依照总管理处规则，盐业银行总管理处职责如下：盐业银行总管理处统辖全行业务，处理全行重要事务。下列各事项由总管理处办理：（1）执行股东会、董事会议决事项；（2）拟定各种规则，提请董事会议决；（3）监督并指导各分行、支行、办事处之营业；（4）综管并审核全行账项；（5）全行对外重要文件及契约；（6）营业总决算；（7）拟具盈余分配案；（8）股东会、董事会议应办事务；（9）关于股本股票之事务。②

2. 各分行、支行及办事处

盐业银行分行、支行、办事处规则中第一章通则中规定：盐业银行于贸易繁盛之地，设立分行、支行、办事处，分行直辖于总管理处，支行归分行管理，亦得直辖于总管理处，办事处归分行管辖，亦得归支行管辖。③

盐业银行的分行内部组织机构设置如下：分行设经理 1 人，主管该行业务，设副理 1 人或 2 人，辅助经理办理行务；分行设襄理 1 人或 2 人，襄助经理、副经理办理行务；分行设营业、会计、文书、出纳、保管五科，主任各 1 人，办理各该科事务，但襄理得兼一科主任；分行营业科设营业员、组务员若干人，分办该科事务；分行设办事员、助员若干人，分办各科事务，设练习生若干人，分科练习。分行的营业范围如下：（1）各种存款及储蓄；（2）各种放款；（3）国内外汇兑及押汇；（4）商业妥实票据之贴现；（5）买卖妥实可靠之有价证券；（6）买卖生金银及兑换外国货币；（7）保管贵重物件；（8）代收款项；（9）其他经总管理处核准之营业。④

支行的内部机构设置如下：支行设经理 1 人，主管该行业务，并得设副经理 1 人，辅助经理

---

① 中国人民银行北京市分行金融研究所、《北京金融志》编委会办公室：《北京金融史料》，银行篇（四），1993：464、478.

② 中国人民银行北京市分行金融研究所、《北京金融志》编委会办公室：《北京金融史料》，银行篇（四），1993：461、462、466.

③ 中国人民银行北京市分行金融研究所、《北京金融志》编委会办公室：《北京金融史料》，银行篇（四），1993：408－409.

④ 中国人民银行北京市分行金融研究所、《北京金融志》编委会办公室：《北京金融史料》，银行篇（四），1993：462－463、469.

办理行务；支行设营业科、会计文书科、出纳保管科，主任各1人，办理各该科事务，但副理得兼理一科主任；支行设办事员、助员若干人，分办各科事务，设练习生若干人，分科练习。支行的营业范围适用本规则第五条之规定，即分行的营业范围有：（1）各种存款及储蓄；（2）各种放款；（3）国内外汇兑及押汇；（4）商业妥实票据之贴现；（5）买卖妥实可靠之有价证券；（6）买卖生金银及兑换外国货币；（7）保管贵重物件；（8）代收款项；（9）其他经总管理处核准之营业。①

办事处的内部机构设置如下：办事处设管理1人，主管该处事务，并得设副管理1人，辅助管理办理行务；办事处设营业组、会计文书组、出纳保管组，得设领组各1人，办理各该组事务，但副管理得兼一组领组；办事处设办事员、助员若干人，分办各组事务，设练习生若干人，分组练习。办事处的营业范围如下：（1）各种存款及储蓄；（2）经总管理处核定之各种放款；（3）国内汇兑；（4）代收款项；（5）其他经总管理处核准之营业。②

二、组织管理系统的类型分析

银行在执行行务时，有偏重于总经理职权的，有偏重于董事长及常务董事职权的，分列组织系统如图7-1所示。

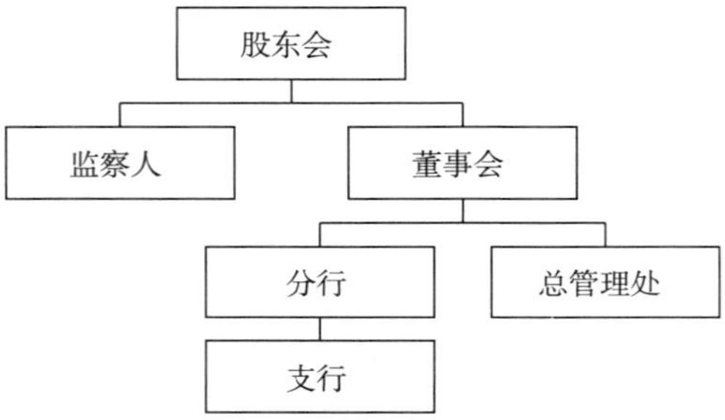

图7-1　银行组织架构类型一

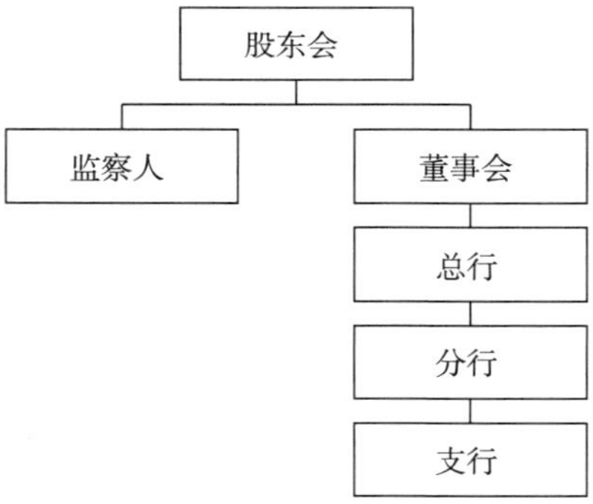

图7-2　银行组织架构类型二

① 中国人民银行北京市分行金融研究所、《北京金融志》编委会办公室：《北京金融史料》，银行篇（四），1993：463、472.

② 中国人民银行北京市分行金融研究所、《北京金融志》编委会办公室：《北京金融史料》，银行篇（四），1993：463、473.

见图 7 - 1 组织，则各行均直接隶属于董事会，总管理处由常务董事督率各部办事人员，为监督及指导机关，而各行则为营业机关，董事直接处理行务称为“董事制”。至于见图 7 - 2 组织，则董事会只处于立法的地位，全行业务完全统辖于总行总经理之下，总行不仅为总行所在地的营业机关，同时也为各分行的监督和指导机关，所以称为“经理制”。[①] 可知，一个银行的组织系统是属于“董事制”，还是属于“经理制”，主要取决于董事会和总管理处的权力。

那么，盐业银行的组织管理系统究竟是“董事制”，还是“经理制”，我们只要知道盐业银行董事会和总管理处的权力内容，就会明白。盐业银行董事会章程规定董事会享有以下权力，“本董事会对于行务得随时考核之；本董事会于下列事项有议决权，有（一）营业盈亏之审查及处置；（二）各分行号之添设及变更；（三）重要契约之审议；（四）各项规则之核定；（五）年终分配股利之议定；（六）其他本行应议事项。”[②] 盐业银行总管理处规则规定，盐业银行总管理处的职责如下：“盐业银行总管理处统辖全行业务，处理全行重要事务。下列各事项由总管理处办理，有（一）执行股东会、董事会议决事项；（二）拟定各种规则，提请董事会议决；（三）监督并指导各分行、支行、办事处之营业；（四）综管并审核全行账项；（五）全行对外重要文件及契约；（六）营业总决算；（七）拟具盈余分配案；（八）股东会、董事会议应办事务；（九）关于股本股票之事务。”[③] 由此可知，盐业银行董事会只处于立法的地位，总管理处才是盐业银行最高执行机构，统辖全行业务。所以，盐业银行的组织管理系统应该属于“经理制”。其系统结构如图7 - 3 所示。

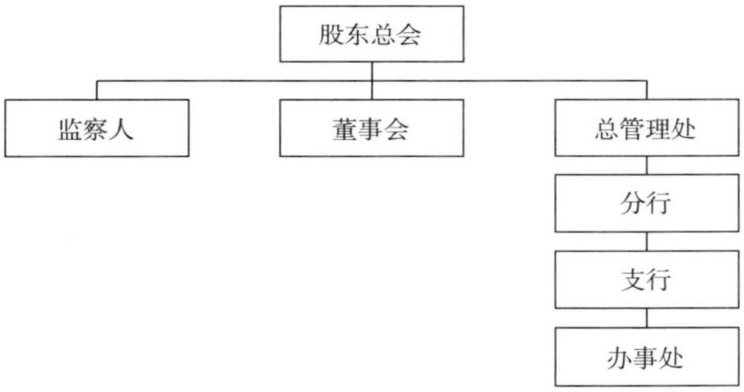

图 7 - 3　盐业银行组织系统

第三节　盐业银行科系的分设

银行科系分设的繁杂和简单，完全以营业范围的广狭而定，大多数的银行可以分为营业、文书、出纳、会计、稽核五科。[④] 就盐业银行来说，其科系的分设，依机构的不同而各不相同。

一、总管理处科系的分设

盐业银行总管理处得设文牍、会计两科。文牍科掌管事项如下：（一）文电之撰拟及收发；

---

① 郭孝先．上海的内国银行［J］．上海通志馆期刊，1933，1（2）：457 - 458.

② 沪银档，盐业银行档案 Q277 - 1 - 37，第 23 页。

③ 中国人民银行北京市分行金融研究所、《北京金融志》编委会办公室：《北京金融史料》，银行篇（四），1993：466.

④ 郭孝先．上海的内国银行［J］．上海通志馆期刊，1922，1（2）：458.

（二）明密电码之编制及保管；（三）卷宗之保管；（四）各种章程规则之拟定及修改；（五）行员进退、迁调、考核之通告及记录；（六）行员保证书、履历书之检查及保管；（七）行员请假之登记及汇算；（八）图书杂志之收集及保管；（九）各分行、支行、办事处重要印章之购制及颁发；（十）关于股东会应办事项；（十一）关于股东之一切事项；（十二）股东各簿之记载及保管；（十三）股东股利之收付及登记；（十四）关于董事会文书事项；（十五）董事会、总管理处印章之保管。会计科掌管事务如下：（一）账簿、报表、书类之编制；（二）总管理处、各分行、支行、办事处账目之登记；（三）关于一切账目之检查事项；（四）各分行、支行、办事处传票、报表之保管及整理；（五）总决算及营业报告之编制；（六）盈余分配案及奖金分配案之草拟；（七）总管理处开支及预算决算；（八）关于调拨股本、公积金事宜；（九）各种印刷品之印付及处理；（十）行员储金、奖金之计算及分配；（十一）总管理处庶务及开支事项；（十二）关于统计事项；（十三）董事会会计事项。①

二、各分行、支行及办事处科系的分设

盐业银行分行置下列五科：营业科、会计科、文书科、出纳科、保管科，未设保管库分行，不置保管科，设保管库之行，非必要时毋庸设立保管科，并得派他科主任兼理之。营业科职司如下：（一）办理各该组营业事宜；（二）核对各该组收支账目；（三）查核折单票据及签字印章；（四）审查各该组应办手续。会计科职司如下：（一）核对传票、账簿、报表；（二）复核管辖内支行、办事处传票、报表；（三）办理管辖内支行、办事处并账并表事宜；（四）办理决算事宜；（五）检查其他账目。文书科职司如下：（一）撰拟函电文件；（二）保管卷宗；（三）指导办事员办理庶务事宜。出纳科职司如下：（一）核对现金收支数目；（二）保管库存现金；（三）保管票据；（四）办理运送现金事宜。保管科职司如下：（一）保管抵押品；（二）保管有价证券；（三）保管贵重物件及寄存物品；（四）管理保管箱各事宜。②

盐业银行支行置下列三科：营业科、会计文书科、出纳保管科。营业科职司如下：（一）办理各种交易；（二）核对收支账目；（三）查核折单票据及签字印章；（四）审查该科应办手续。会计文书科职司如下：（一）核对传票、账簿、报表；（二）复核管辖内支行、办事处传票、报表；（三）办理管辖内支行、办事处并账并表事宜；（四）办理决算事宜；（五）检查其他账目；（六）撰拟函电文件；（七）保管卷宗；（八）指导办事员办理庶务事宜。出纳保管科职司如下：（一）核对现金收支数目；（二）保管库存现金；（三）保管票据；（四）办理运送现金事宜；（五）保管抵押品；（六）保管有价证券；（七）保管贵重物件及寄存物品；（八）管理保管箱各事宜。③

盐业银行办事处置下列三组：营业组、会计文书组、出纳保管组。营业组职司如下：（一）办理各种交易；（二）核对收支账目；（三）查核折单票据及签字印章；（四）审查该科应办手续。会计文书组职司如下：（一）核对传票账簿报表；（二）办理决算事宜；（三）撰拟函

① 中国人民银行北京市分行金融研究所、《北京金融志》编委会办公室：《北京金融史料》，银行篇（四），1993：466－467.

② 中国人民银行北京市分行金融研究所、《北京金融志》编委会办公室：《北京金融史料》，银行篇（四），1993：470－471.

③ 中国人民银行北京市分行金融研究所、《北京金融志》编委会办公室：《北京金融史料》，银行篇（四），1993：472－473.

电文件；（四）保管卷宗；（五）指导办事员办理庶务。出纳保管组职司如下：（一）核对现金收支数目；（二）保管库存现金；（三）保管有价证券及票据；（四）保管抵押品及行员保证书；（五）保管贵重物件及寄存物品；（六）办理运送现金事宜。①

盐业银行依据机构的不同和营业范围的大小，设置不同的科系，总管理处仅设立文牍、会计两科，充分体现了盐业银行实行总经理领导总管理处统辖全行的总经理负责制的特点；分行、支行及办事处根据营业范围的大小，设置多少不一的科系，则体现了盐业银行纯以营业收益为标准，绝不稍事铺张的商业银行性质。

第三章　盐业银行的营业

银行的营业是一个银行的中心，也是银行之所以存在和正常运行的前提和基础。关于盐业银行的营业，主要就盐业银行的营业范围以及营业特点两方面进行论述。

第一节　盐业银行的营业范围

一、营业范围

盐业银行在设立时，是以特种银行的身份设立的，但是由于种种原因，盐业银行不得不转而经营一般商业银行的业务，从而成为民国时期商业银行的一份子，而且在商业银行中占有重要的地位。

盐业银行在设立时的简章中规定，盐业银行的营业种类如下：（一）国内外汇兑及跟单押汇；（二）各种存款及储蓄；（三）各种放款；（四）国库证券及商业妥实期票之贴现；（五）兑换外国货币及买卖生金生银；（六）经收各种票据及保管重要物件；（七）其他汇业银行及实业银行应有之营业。同时在盐业银行简章中还规定其有如下业务的经营权，其中简章第七条，盐业银行掌管特别会计之国库金；第八条，盐业银行得受政府之委托分理金库；第九条，盐业银行受政府之委托专理国外款项及承办其他事件。②

银行的营业大致可分为主要营业、附属营业、特别营业三类，主要营业即存款、贷款和汇兑三种；附属营业即储蓄、信托、货栈、兑换和买卖证券及生金生银等数种；特别营业则须由政府特许，如代理国库、发行纸币等。③ 从盐业银行成立时的简章来看，盐业银行的营业完全包括以上三个种类，然而盐业银行是在政府倡导成立特种银行的背景下，成立的特种银行之一，并且盐业银行在成立时的宗旨是，“论其旨趣约有数端，第一，各盐运公司以可保证公债券，向银行借贷；第二，专卖局遇需款时，可向该行借贷，遇有盈余，亦向该行存放，官运局亦然；第三，证券、债券之发行付息偿还，由该行经理之；第四，遇有改良改造之必要，需购机器，创立制造厂，得预计成本余利，呈明政府，由银行发行公债；第五，独立营业，暂不与中央各

① 中国人民银行北京市分行金融研究所、《北京金融志》编委会办公室：《北京金融史料》，银行篇（四），1993：474.

② 周葆銮．中华银行史：第二编［M］．北京：商务印书馆，1919：39－40.

③ 郭孝先．上海的内国银行［J］．上海通志馆期刊，1933，1（2）：459－460.

银行相混，其范围以关于盐业上之设备改良、汇兑、抵押、存放收付为限，对于国家，亦不担负盐业以外之义务。”① 可见，盐业银行是主要经营盐业一业的特种银行。所以其“第七条，盐业银行掌管特别会计之国库金；第八条，盐业银行得受政府之委托分理金库”之特种营业，是指占政府财政大宗的盐税，而“第九条，盐业银行受政府之委托专理国外款项及承办其他事件”，也是指与盐业有关的款项及事件。但是“内如第七第八两条（第七条，盐业银行掌管特别会计之国库金；第八条，盐业银行得受政府之委托分理金库）原为盐款而设，唯开业以来前项盐款由中行代理，仅成具文耳”。② 可知，盐业银行之特种营业并没有付诸实践。又由于盐业银行刚刚成立一年后，其后台袁世凯就因复辟帝制失败忧愤而死，且财政总长周学熙及其后任周自齐认为如果盐业银行成立，将政府所收盐税纳入其中，财政总长就会因丧失政府主要财政收入的控制权而指挥不灵，所以自始至终都不支持盐业银行，故盐业银行连“第九条，盐业银行受政府之委托专理国外款项及承办其他事件”之营业，也仅成一纸空文，并没有付诸实践。

盐业银行分润国库的愿望没有达到，不得不专心经营一般商业银行之业务，成为名副其实的商业银行。所以，民国十八年（1929 年），盐业银行向国民政府财政部申请注册的呈文的财政部的批复中，“第七条、第八条、第九条（第七条，盐业银行掌管特别会计之国库金；第八条，盐业银行得受政府之委托分理金库；第九条，盐业银行受政府之委托专理国外款项及承办其他事件）与现行法令不合，应即准予补行注册……”③ 而盐业银行的营业范围，也在其发展时期的章程中得到修正，删除了简章中第七条、第八条和第九条特种营业的内容。发展时期的章程规定，本银行的营业种类如下：（一）国内外汇兑及跟单押汇；（二）各种存款及储蓄；（三）各种放款；（四）国库证券及商业妥实期票之贴现；（五）兑换外国货币及买卖生金生银；（六）经收各种票据及保管重要物件；（七）其他汇业银行及实业银行应有之营业。④

二、在北京的一项特殊业务

辛亥革命胜利后，清廷议和，末代皇帝溥仪退位，但给予清皇室以优厚条件，其主要内容是，清帝仍保留皇帝尊号，并仍住在故宫内；国民政府待以外国君主之礼，而且每年供给 400 万元的费用；宫内各项执事人员照常留用，民国对皇帝原有私产特别加以保护。⑤ 1916 年，袁世凯因复辟帝制失败而忧愤而死，清室后裔断了经济来源，北洋政府自顾不暇，根本无力照顾他们，他们就只好变卖宫中古物度日。大约在 1919 年以前，这些古物初由英商汇丰银行押款，后转到盐业和大陆银行，岳乾斋对这些古物极思染指，经由清室内务府郎中金绍安奔走，把押与大陆银行的也转入盐业银行。⑥ 岳乾斋当时任北京盐业银行的经理，此人办事极有古风，对那些日趋没落的旧王孙很是同情，人家拿了东西来押款（以物作抵押，向银行借钱），他总是开价比别人高一点，比如人家拿了一对古瓶来要求押两万，他知人有难会主动提出“两万够不够，两万五吧！”所以极有人缘，加上张镇芳原本清廷旧僚，出狱后于 1921 年又复任盐业银行董事长，尽管不具体管事，但他的儿子张伯驹在行里任职，他们都与旧皇室人员有千丝万缕的联系，于是

① 贾士毅．民国续财政史：六［M］．北京：商务印书馆，1934：165.

② 贾士毅．民国财政史：下：第六编［M］．北京：商务印书馆，1917：58.

③ 中国人民银行北京市分行金融研究所、《北京金融志》编委会办公室：《北京金融史料》，银行篇（四），1993：433.

④ 中国人民银行北京市分行金融研究所、《北京金融志》编委会办公室：《北京金融史料》，银行篇（四），1993：458.

⑤ 胡绳．从鸦片战争到五四运动：下册［M］．北京：人民出版社，1982：893.

⑥ 张伯驹．盐业银行与北洋政府和国民党政权［M］．天津文史资料选辑：第十三辑．天津：天津人民出版社，1981：86.

更增加了“旧王孙”的信任感。[①] 1924 年 5 月，清皇室以金钟 16 个，金器、玉器、瓷器等件，向北京盐业银行押借款项，由总理内务府大臣郑孝胥和北京盐业银行经理岳乾斋在合同上签字，先后三次贷款共通用银元 129 万元，同年 8 月 9 日，清室变卖金册宝暨金镶嵌器具偿还 40 万元，尚欠 89 万元，逾期三年，迄未归结，此项巨额贷款的逾期利息及保险等费，共计本利银 1196019.68 元。[②] 由于清室没有其他新的财源，如此巨额贷款根本无力归还，最后，盐业银行决定没收这批古物押品，用来偿还清室对盐业银行的欠款。

这一大批古物中仅瓷器就有 2200 多件，是康熙、乾隆、嘉庆三朝之物。还有很多乾隆时期的玉器，如玉碗、玉盘、玉盏、玉杯等，质地极细极薄，刻工非常精致，每件在当时就卖数千元。最著名的是一套金编钟，其中黄钟 12 个，每个计重 800 多两，大吕 4 个，每个计重 600 多两，合计毛重 1.2 万多两，折合纯金 4000 多两。还有两个金塔，每个重 500 两，有半人高七层，每个塔身和门上都镶嵌了珠宝，夺人眼目。这都是 1790 年乾隆皇帝 80 岁大寿时，各省的督抚聚资铸造的贡品。晚清的金器中还有金册封 22 页，包括慈禧册封为贵妃时的金册封 4 页，以及生了皇太子载淳（同治）之后又册封为皇后的金册封 8 页，还有隆裕皇后的金册封 6 页，另有金印 5 颗，以顺治的母亲孝庄的一颗最大，次为慈禧、隆裕的两颗，另外两颗是顾命大臣载垣和端华的。[③] 为了偿还清室对盐业银行的欠款，盐业银行将没收的清室的押品进行拍卖，19 世纪二三十年代，是满清遗属和没落豪门大量“出货”的时候，也是中外收藏家、古董商、新兴的实业巨子们大量“收货”的时候，尤其外国人买瓷器肯出大价钱，所以盐业银行大获其利。以至于把变卖文物所得的巨款，还清了清室的押款本利之后，还剩下千余件文物，其中就包括那 16 只金编钟，这些剩余之物就成了盐业银行的账外之财。日本人占领华北时，银行将金钟藏在天津法租界内，后来又藏在英租界四行储蓄会的地下室小库房里，日本军方和副领事以及胜利后的国民党大员，都曾追问过此事，天津行均小心应付，直到新中国成立后上交国家，现存故宫。[④]

第二节　盐业银行的营业特点

一、营业与政府财政关系密切

民国时期，无论是北京政府，还是南京政府，其军政开支耗费巨大，财政入不敷出，不得不以高利向银行大量借贷，而盐业银行的历届领导人都与政府关系密切，所以，对北京政府和南京政府都有大量借款。

盐业银行本是政府为维持盐业而设立的特种银行，为官商合办银行，负责筹办盐业银行事宜的张镇芳，与袁世凯有姻娅关系，久任长芦盐运使，盐业银行成立后，张镇芳任盐业银行董事长，由于有袁世凯的支持，再加上张镇芳的关系，因此得到北洋政府的多方关照，与北洋政府关系密切。北洋政府外交部先后两次拨存盐业银行八万元，军需局一次拨存盐业银行二十万元。[⑤] 盐业银行有北洋政府照顾，存款自然节节攀升，然而好景不长，袁世凯因复辟帝制失败忧

---

① 孙耀东口述．吴鼎昌与盐业银行［J］．宋路霞整理．中国企业家，2003（2）：137.

② 中国人民银行北京市分行金融研究所、《北京金融志》编委会办公室：《北京金融史料》，银行篇（四），1993：414.

③ 孙耀东口述．吴鼎昌与盐业银行［J］．宋路霞整理．中国企业家，2003（2）：137.

④ 孙耀东口述．吴鼎昌与盐业银行［J］．宋路霞整理．中国企业家，2003（2）：137－138.

⑤ 沪银档．盐业银行档案 Q277－1－55，14－16.

闷而死，盐业银行的官股也随之撤退，改为完全商办之银行。董事长张镇芳也因拥护张勋复辟帝制而被捕入狱。继之而后的是吴鼎昌，吴鼎昌虽然不是北洋军阀官僚，但与北洋军阀官僚关系密切。加之当时各分支行经理仍是张镇芳的旧人，与北洋军阀官僚的关系同样非同一般。另外，盐业银行的股东张勋、绍幼琴、倪丹臣、段谷香、徐润台、徐福等不是北洋军阀，就是北洋政府官僚，他们都为盐业银行的发展“出谋划策”。盐业银行除了拉拢北洋政府的存款，为了牟取暴利，还积极向北洋政府放款，盐业银行在北洋政府时期的放款主要如下。

盐余借款，此借款是北洋政府财政部以盐余为担保向国内各银行的一系列借款。盐业银行于民国八年（1919 年）、九年（1920 年）和十三年（1924 年）陆续向财政部借款八十一万元，月息一分四厘，除以八厘债券存抵折合四十二万八千六百五十二元外，尚欠本息三十八万一千三百四十八元。①

国内银行短期借款，此类借款包括有抵押品者，有无抵押品者，大抵息重期近，内容既极复杂，户别又复众多，各银行以贪得重利，往往条件苛刻，折扣甚巨，政府忍痛为之或竟甘心出此，……据财政整理会计算，截至十四年底，积欠本息已达三千八百九十万零四千二百八十二元二角七分。盐业银行于民国九年九月三十日对北洋政府借款四十五万元，以元年公债四十万元、七年长期公债二十五万元和七年短期公债四十二万二千九百元为抵押，月息一分六厘，后又于十年三月三十日转期，已还本息五十二万零八百二十三元，积欠四万一千三百九十七元二角四分；民国十一年九月六日，盐业银行对政府借款八万元，以八厘债券二十六万三千零七十元为抵押，月息一分五厘，已还本息一万零五百二十二元八角，积欠本息十一万零三百二十二元八角二分；民国十二年八月二十三日，盐业银行又对政府借款两万元，以四年特种公债三万零十元为抵押，内除中笺八千元外尚存二万二千零十元，月息一分七厘，已还本息一万一千二百二十六元二角，积欠本息一万三千六百四十七元五角。除此之外，盐业银行还联合金城银行于民国十二年七月三十一日，对政府联合借款十八万九千三百一十六元三角六分，以八厘债券五十一万零二百元为抵押，年息一分三厘，已还本息二万六千九百五十三元一角二分，积欠本息二十二万一千七百四十七元二角九分。②

国内各银行垫款，此类垫款数目多寡不一，以中交两行为最多，据财政整理会计算截至十四年底为，积欠本息已达三千零三十三万二千三百九十九元二角六分。盐业银行的垫款数目不详，但截至十四年底，共积欠本息已达一百八十九万五千五百七十元。③

北洋政府倒台后，盐业银行利用多方关系很快倒向南京国民政府，吴鼎昌也通过多方努力于 1935 年出任国民政府实业部长。由于存款多集中于中央银行，盐业银行在南京国民政府时期，主要对政府进行放款。盐业银行对南京国民政府的主要放款有：（一）认购江海关二五附税国库券，其中盐业银行认购 168000 元；（二）江、浙盐余库券垫款，其中盐业银行垫款 20 万元；（三）编遣库券、裁兵公债及关税库券押款，四行押款 50 万元，各行分摊四分之一，盐业银行押款 125000 元；（四）以德庚款退款为担保的使领经费借款，财政部向上海金城、中南、盐业、大陆商借银元 300 万元；（五）华北战区善后借款，华北战区善后委员会向北四行借款 30 万

① 贾士毅．民国续财政史：四［M］．北京：商务印书馆，1934：30.
② 贾士毅．民国续财政史：四［M］．北京：商务印书馆，1934：32－33.
③ 贾士毅．民国续财政史．四［M］．北京：商务印书馆，1934：35.

元。[①] 盐业银行向南京国民政府的放款还有：中央政治会议武汉分会财政委员会向汉口银行借款100万元，盐业银行分摊67000元；民国十八年（1929年）蒋介石到汉后，因紧急需款向汉口银行公会商借50万元短期垫款，盐业银行分摊32000元；国民政府财政部以鄂岸盐税作抵押，向汉口银行团承借286万元，其中盐业银行分摊22万元；民国二十三年（1934年）财政部以意庚款退款为担保，向意庚借款银团抵押借款4400万元，以1万元为一股，分为4400股，其中盐业银行分得220股，计220万元。[②] 据统计，1937年，盐业银行储蓄部的政府官厅放款达3918809.72元，占储蓄部总放款额的27.2%，仅次于证券投资，而以实业放款为主的商业部，其政府官厅放款也达3245273.65元，占放款总额的5.5%，虽占比例不高，但放款的数额实属不少。[③]

二、营业保守，多放款于政府交通部及其铁路事业

民国时期，由于西方资本主义各国的长期入侵，国内的民族资本主义工商业长期不景气，而铁路是关系国计民生的公用事业，营业比较稳定。为了保证投资收益，盐业银行并不是投资实业，助困境中的民族工商业一臂之力，而是把资金投向收益比较稳定的铁路事业，反映了其营业的保守。

盐业银行在北洋政府时期，对交通部及其铁路事业的放款如下。（一）平汉铁路放款，放款的具体数目不详，但在南京国民政府清理北洋政府铁路旧债时，平汉铁路截至1928年底，共欠盐业、金城、中南三银行本金五百零六万三千零四十八元五角三分，利息为一百十七万一千一百零三元七角七分。（二）京绥铁路放款主要有两笔：1. 金、盐、中、交七行借款。此项借款于1922年5月至1927年6月间，由平绥铁路先后分别向金城、交通、中南、新华、大陆、中国、盐业等七银行借款及透支，共计22项……截至1933年9月底，结欠本金三百零二万零三百十八元八角九分，利息六百七十五万六千零六十一元一角七分，两共九百七十七万六千三百八十元零六分，利息已逾本金二倍以上。2. 金、盐、中、大四行借款。平绥路局于1925年8月间向金城、盐业、中南、大陆四银行订立借款一百万元，为维持开支及解部协饷等费之用，月息一分五厘，截至1933年9月底，除已还外，结欠本息八十万零九千九百二十五元四角一分。[④] 3. 陇海铁路欧息垫款，陇海铁路因路工尚未完成，进款不敷支出，所有各项借款利息由借款内拨付，至十四年（1925年），借款不继，故六月间应付之各项借款利息，无法拨付……商由北京中南、盐业、交通、金城四银行，透支十四万五千镑，按月息一分二厘计算，以陇海日常收入净数百分之五十为偿还本息的款，自十四年七月一日至十二月底六个月还清，银行团应将透支之外币按市价折成北京通用银元，以便偿还，后经银行按每镑以八元八角计算，合成银元一百二十七万六千元。其中盐业银行摊放十三分之三五，计洋三十四万三千五百三十八元四角六分。[⑤] 盐业银行在向铁路放款的同时，还直接向交通部借款。交通部因需拨还财政部垫付湖广铁路借款本息及大陆银行借款本息等款，于十四年（1925年）一月二十日，向中南、大陆、金城、盐业四

---

① 中国人民银行上海市分行金融研究室. 金城银行史料［M］. 上海：上海人民出版社，1983：488、490、492、493、495.

② 沪银档，盐业银行档案Q277－1－331，第41、78、91页；Q277－1－348，第6页。

③ 沪银档，盐业银行档案Q277－1－286，第37、38页。

④ 南京扶轮日报社：《十年来之中国经济建设》，1937年2月1日，第97、95－96页。

⑤ 贾士毅. 民国续财政史：四［M］. 北京：商务印书馆，1934：290. 沪银档，盐业银行档案Q277－1－87，第3页。

银行借款银元一百七十万元，以津浦路原借款德发债票七十万镑为担保，并以京汉、津浦、京绥及京奉、京榆段邮件运费按月交存银行，为还本付息基金，月息一分三厘，交存之邮件运费按年息三厘算给回息，每届阳历年终结算一次，十四年底应为结算之期，因四路邮件邮费未经交齐，尚未结算，计仍欠本金一百七十万元，利息二十五万一千二百零三元三角三分，共欠银元一百九十五万一千二百零三元三角三分。①

盐业银行在南京国民政府时期，对铁道部门的一些主要放款有：1926 年金城、盐业银行与平汉路局订立透支契约，透支总额 30 万元，金城、盐业两银行各一半；1933 年 7 月，铁道部为建筑大潼铁路及潼西铁路工程，与中国、交通、中南、盐业、大陆及金城等六行签订借垫合同，垫款总额 450 万元，其中盐业银行分担 10 万元；1935 年 10 月，天津开滦煤矿总局为供给铁道部补充粤汉路工程需款，特向盐业、中南及金城三行商借款项总额 150 万元；1937 年，盐业银行参加京赣宣贵段借款银团，借款予京赣铁路工程，计 100 万元。② 除此之外，关于盐业银行对南京国民政府的铁路放款，1932 年 8 月 23 日，平汉铁路局以汉口、郑州、北平三处中国旅行社代售客票款作抵押，向盐业、金城商借款项 60 万元，月息一分，后又于 1933 年 1 月，向盐业及金城续借 60 万元。③ 国民政府建设委员会委员张静江、李石曾创办江南铁路公司，盐业银行承担股本 15000 元。④ 1935 年铁道部为建筑陇海路西段西安至宝鸡段铁路工程，向中国、交通、金城、盐业、中南五家银行续借国币 500 万元，各行平均承担 100 万元。⑤

实际上，盐业银行不仅放款于铁路建设事业，而且还放款于其他建设事业。1935 年，建设委员会为改善及扩充首都及戚野堰两电厂与淮南矿务局之设备，以该会发行之民国二十年（1931 年）续发电气事业公债票面 600 万元，向中国、交通、盐业等十一家银行及邮政汇业储金局，抵借 300 万元；江苏省为完成濬治江北六塘河及交通公路工程起见，以全省营业税收为担保，向中国、交通、盐业等八行，订借 150 万元，期限一年，周息九厘。⑥ 可见，盐业银行的放款主要是对国家及地方政府的公共基础事业，这些放款都有国家及地方政府担保，投资风险低，收入高，而这些放款主要以铁路建设事业为主。

三、投机性强，对政府公债情有独钟

投机公债，是盐业银行成立的动因之一，所以，盐业银行成立后，就加入投机政府公债的行列之中。而北洋政府也为银行投机公债提供了良好的温床。据统计，自 1912 年到 1926 年北洋政府先后发行了二十多种内债，共计 6.12 亿元。⑦并且在北洋政府时期，“银行的公债借债买卖，既可无资金周转不灵之弊，而以公债为发行钞票准备，又可与现金有同一效用，无虑呆滞……故自国内公债盛行以来，国内银行界遂大行活动，不唯风起云涌，新设之数骤增。且有专与政府交易而设立银行。虽迹近投机，然实因政府借债，利息既高，折扣又大。尚不至于破产程度，

① 贾士毅．民国续财政史：四［M］．北京：商务印书馆，1934：296－297.

② 中国人民银行上海市分行金融研究室．金城银行史料［M］．上海：上海人民出版社，1983：516、517、522.

③ 沪银档，盐业银行档案 Q277－1－152，第 55 页。中国人民银行上海市分行金融研究室：《金城银行史料》，上海人民出版社 1983：517.

④ 沪银档，盐业银行档案 Q277－1－87，第 6 页。

⑤ 新闻报，1935－05－18.

⑥ 申报年鉴社．申报年鉴［M］．上海：美华书馆，1935：478－479.

⑦ 千家驹．旧中国公债史资料［M］．北京：财政经济出版社，1955：11.

则银行直接间接所获之利固较任何放款为优也。"[①] 这自然极大地刺激了银行业投资公债的决心。盐业银行自民国十年（1921 年）有投资有价证券的记载以来，购置有价证券的数目少则有 95 万多元，多则可达 400 多万元。[②]

自国民政府成立以来，秉承孙中山的意愿，国民政府为防止国家权力旁落，不举借外债，而只发行公债，举借内债。据统计，"截至二十一年一月底，除广东政府所发公债无确数可稽，及关于发展实业所发公债不计外，财政部所发公债共十万一千万元，尚欠八万二千七百四十六万八千八百四十四元八角二分，内有非财政部直接使用之海河及江浙丝业公债共一千二百万元，尚欠八百七十万元，国民政府历年所发之公债，其性质也可分为两类，一曰担保确实之债，即定都南京以后，所发行之江海关二五附税国库券等各种公债库券，其担保品为关税余款、关税增加收入及财政部所收之捲芋统税、盐税等，基金确实，利息优厚，甚为国人所欢迎，在二十一年一月以前，还本付息从未延期，市况蒸蒸日上"[③]。由于国民党政府发行的公债大多有确实之担保，所以国内银行家认购踊跃，"1927—1931 年，他们认购了国内借款（当时总额已达到 10 亿元）的 50% ~75%，由于政府是以低于面值的价格出售，所以，债券将给银行家带来 20% 的实利，这在当时要比 8.6% 的官方利率高出许多。"[④] 盐业银行当然不会放过这一赚钱的好机会，1927 年，盐业银行购置有价证券 3839621.66 元；1928 年，购置有价证券 3915469.41 元；1929 年，购置有价证券 5426761.61 元，有价证券收益 73657.65 元；1930 年，购置有价证券 7070425.20 元，有价证券收益 148967.72 元；1931 年，购置有价证券 7865800.17 元[⑤]；1932 年盐业银行购置有价证券 12061371.03 元，有价证券收益 235570.47 元，占全年总收益的 18%；1933 年，购置有价证券 12991251.47 元，有价证券收益 351230.67 元，占全年总收益的 25% 多；1934 年，购置有价证券 8640527.10 元，有价证券收益 209438.14 元，占全年总收益的 15%；1935 年，购置有价证券 12139638.41 元，有价证券收益 568465.47 元，占全年总收益的 31% 之多；1936 年，持有有价证券 6144814.41 元，有价证券收益 267475.53 元。[⑥]

到 1937 年 6 月底，盐业银行商业部购置证券总额 20109543.92 元，其中购置中国政府债券 16007418.54 元，其他证券 4102125.38 元，中国政府债券占了总额的近 80%；储蓄部购置证券总额 6602478.96 元，其中购置中国政府债券 6101670.31 元，其他证券 500808.65 元，中国政府债券占了总额的 92% 左右。[⑦] 盐业银行之所以对政府公债情有独钟，自然是因为公债有确实可靠的担保，收益率高。

第四章　盐业银行的发展

盐业银行是民国时期主要商业银行之一，盐业银行的发展在一定程度上说，反映了民国时

① 贾士毅．国债与金融［M］．北京：商务印书馆，1930：25.

② 沪银档，盐业银行档案 Q277－1－41，第 55 页。

③ 贾士毅．民国续财政史：四［M］．北京：商务印书馆，1934：298.

④ ［法］白吉尔．中国资产阶级的黄金时代（1911—1937 年）［M］．上海：上海人民出版社，1994：318.

⑤ 徐寄庼．最近上海金融史［M］．上海：上海书店，1932：121－125、127.

⑥ 中国银行总管理处经济研究室．全国银行年鉴，上海，1934 年，B342、B361 页；中国银行总管理处经济研究室：《全国银行年鉴》，上海，1935 年，G54、G56 页；中国银行总管理处经济研究室：《全国银行年鉴》，上海，1936 年，F41 页。

⑦ 沪银档，盐业银行档案 Q277－1－286，第 43－44 页。

期一般商业银行的发展。

第一节　盐业银行的迅速成长（1915—1927.3）

一、分支机构迅速铺设，奠定盐业银行的基本格局

盐业银行于1915年3月26日创设，设总行于北京，同年5月、6月分别设立天津、上海两分行，1916年8月设立扬州分所，10月设立汉口分行，1917年5月开设南京支行、信阳分所，1919年设立香港支行、杭州支行、石家庄分所等。① 盐业银行从1915年到1919年，短短5年的时间，就设立分支机构10余处，基本上奠定了盐业银行以后的发展格局。

二、抓住机遇扩充资本，博得公众信任

银行的资本是银行信用的基础，资本越雄厚，信用越高。在北洋政府这一动乱时期，银行若要博得人民的信任，更要雄固资本，而盐业银行在1915年创设时，仅收资本64.4万元，若要迅速发展，须扩充资本，增厚实力。

盐业银行在设立的最初三年，营业极为顺利，获利颇丰，但银行额定资本为500万元，而此时实收资本150万元，力图扩张营业，必须增加资本，续收股本，"由于营业日益发达，股本自应续收，唯增收数目过多，则营业扩张太骤，殊非稳健进行之道，故拟自民国七年（1918年）起，每年续收（资本总额）二十分之一，即25万元，以期营业逐渐扩张，基础稳固，利益增多"②。但盐业银行并没有按照既定方案，续收股本，民国八年（1919年）盐业银行续收股本75万元，民国九年（1920年）续收股本100万元，民国十一年（1922年）续收股本150万元。③ 至此，盐业银行发起时拟定的500万元额定资本全数收齐。盐业银行在收齐500万元的额定资本后，决定在原有额定资本的基础上再增加500万元，改资本总额500万元为1000万元，继续扩大营业，以期进一步扩大银行的影响，提高银行的地位。民国十二年（1923年）1月26日，盐业银行在北京举行通常股东总会，提议增加股本案，谓本行原定股本为500万元，业已收足，现应顺应经济潮流，为巩固基础，扩充势力起见，拟请增加股本，改总额为1000万元，是否有当，应请公决，经众议决，增加股本500万元，改股本总额为1000万元，但因力谋股东舒展财力之关系，及确守银行逐渐发展之方针增加股本，先尽旧股东认股，收股期限定为十年（自民国十二年起至二十一年止），每年续收50万元"④ 然而，实际上到民国十六年（1927年），盐业银行股本总额增至750万元后，就暂停续收股本。所以，盐业银行虽额定资本1000万元，但在很长一段时间内，银行的实收资本为750万元。

总之，盐业银行从一家1915年成立时，仅有资本64.4万元的小银行，经过两次增资，到1927年，仅用短短12年的时间，就发展为拥有750万元资本的大银行，成为当时商业银行之首。然而此时的中、交两行却因连年向政府垫付军费，而引发两次挤兑风潮，信用大不如前。

---

① 《银行月刊》，第1卷，第1期，民国10年，见《北京金融史料》，银行篇（四），第449页。沪银档，盐业银行档案Q277－1－91，第1－3页。

② 中国人民银行北京市分行金融研究所、《北京金融志》编委会办公室：《北京金融史料》，银行篇（四），1993：443.

③ 沪银档，盐业银行档案Q277－1－150，第26、55、114页。

④ 沪银档，盐业银行档案Q277－1－74，第4页。

因此，盐业银行雄厚的资本，稳健的经营作风，赢得了民众的信任。

三、营业发达，拟发行兑换券

盐业银行在成立后的最初三年中，由于各行经理都有多年在银行工作的经验，对银行工作驾轻就熟，所以营业极为顺利，获利颇丰。盐业银行自民国四年（1915 年）3 月 26 日开始营业，民国四年结账，计获净利 67109. 87 元，民国五年结账，计获净利 267221. 26 元，民国六年结账，计获净利 425549. 72 元，故四年分官余利一分，五年分官余利一分二厘，六年分官余利一分五厘，观其获利之优厚，可知其营业之蒸蒸日上也。[①] 上海分行也不例外，营业也极为发达，“沪行为该行之大分行，信用久著，营业素称发达，去年结账计获纯利洋六万零九百余元，今年各项存款加增，常达二百八十余万元，而各项放款亦因之加多，约二百万元有奇，……六月该分行上半期结账，计获毛利六万七千六百余元，除去股东利息及各项开支外，尚有纯利三万九千一百一十二元二角三分，……故此后之发达，亦将蒸蒸而日上也。”[②]

由于盐业银行的事业蒸蒸日上，遂决定完善业务，于民国八年（1919 年）向北洋政府财政部、币制局呈请发行兑换券。“查盐业银行开办已逾四载，关于章程规定之业务，靡不尽力滋事，公私机关之周转，亦不殚力负担。六年七月，鼎（吴鼎昌）经股东推选为盐业银行总理，接管以来，悉心经划，实力进行，信用愈彰，成效益著。兹为活动金融起见，特拟发行兑换券，以资扩张。查中法银行发行兑换券，历有年限，汇业、中美等行亦蒙钧部局批准，相继发行，中外合办之银行既有兑换券之流通，本行越感发行之必要，且本行之基础及信用，与该行等实无差别，当为钧部局所鉴察，所有关于发行兑换券事务，钧部局限制该行等之条款，本行无不一律遵守，以期一致，谨将援照中法、汇业、中美等银行成案，拟发行兑换券，以期活动金融情形”[③]。但是，早在民国四年（1915 年）10 月，财政部“以东西各国发行纸币，大抵集权于国家银行，间有采用多数银行制者，亦必设法限制，以防流弊。中国自改革以来，各省官银钱行号，滥发纸币，影响财政，前经本部呈奉，明令禁止增发，并由部随时设法分别收回，唯省立银行及官银钱局号，虽经制定发行额，以示限制，而一般商办银钱行号，视发行为架空牟利之图，倘不设法取缔，殊与市面大局，币政前途，均有绝大障碍，拟订取缔纸币条例九条，大致不外注重准备，用杜弊端为宗旨，未发行者禁止擅发，则后患自绝于无形，已发行者按期收回，则办法弗嫌其过骤于从严限制之时，仍寓兴时通变之意”[④]，制定《取缔纸币条例》共九条，呈请大总统核示，并于民国四年（1915 年）10 月 20 日批准公布。其中第二条规定：“本条例实施之后，凡新设之银钱行号，或现已设立向未发行纸币者，皆不得发行。”[⑤] 由于有取缔纸币条例之限制，且当时已失去袁世凯这一靠山，而当时的财政部又不支持盐业银行，所以，盐业银行呈请发行兑换券，未得到批准。但是，盐业银行的这一愿望并没有落空，几年之后，盐业、金城、中南和大陆四银行组成历史上著名的“北四行”，联合营业，并成立四行准备库，十成准备，联合发行中南银行钞票，盐业银行发行兑换券的愿望得以实现。

---

① 盐业银行最近之概况［N］. 银行周报，1918 - 04 - 02.

② 上海盐业银行最近营业概况［N］. 银行周报，1918 - 10 - 22.

③ 沪银档，盐业银行档案 Q277 - 1 - 64，第 1 页。

④ 周葆銮. 中华银行史：第八编［M］. 北京：商务印书馆，1919：14 - 15.

⑤ 周葆銮. 中华银行史：第八编［M］. 北京：商务印书馆，1919：15.

四、联合营业，提高盐业银行信誉

盐业银行成立初期，人事利害关系极其复杂，盐业银行的创始人、董事长张镇芳，由于支持张勋复辟，在复辟失败后被捕入狱，吴鼎昌趁机取得了盐业银行总经理的位子，并革新盐业银行的各种制度，使盐业银行的业务蒸蒸日上。但是，张镇芳在保释出狱后，对盐业银行行务并不忘情，且京、津、沪等地分行的经理都是张镇芳的旧人，又是盐业银行的发起人和股东，所以吴鼎昌在行内的权力仍然受到牵制。1921 年，张镇芳得到奉系军阀张作霖的支持，再度出任盐业银行董事长，吴鼎昌遂请假半年，赴欧美考察银行制度，由协理袁乃宽代理总经理的职务。

吴鼎昌在英国考察时，见到一些外商银行结成联盟，在金融市场上实力雄厚，于是萌发了组织几家银行结盟联合经营的想法。由于周作民也是日本留学生出身，在北洋政府财政部时同吴鼎昌曾是先后同僚，关系很深，而胡笔江和周作民又是交通银行的旧同事，本来盐业、金城、中南这几家银行平时遇有重大问题总是互通声气，例如对待承担摊销北洋政府发行的公债和摊派借款等事，总是经过商量，形成共识，采取一致步骤，似成一个小集团。① 所以，吴鼎昌决定盐业、金城、中南三行联合经营，以壮大声势。“盐业银行吴总经理达诠谓：本席于本年 9 月间海外归来，道经上海，曾与中南银行胡总经理笔江提议，以外人设立银行资本既厚，团体也坚，每可调剂金融，辅助实业，而我国银行界各自为谋，不相联合，实难与敌。以今日银行之需要，似非群策群力，联合经营，不足以资发展。拟与金城、中南两银行联合营业。……金城银行总经理周作民，中南银行总经理胡笔江均认为联合之必要，既如以上吴君所述，此后厚集实力，共策进行，实业上庶可稍资辅助。当经决定设立三行联合营业事务所及其他事项。”②

1921 年 11 月 16 日，盐业、金城、中南三银行联合召开会议，经过周密协商，达成联营七项决议，决议明确由三行共同建立联合营业基金，先投入 200 万元，其中中南出 100 万元，盐业、金城各出 50 万元，三行的联合营业事务所地点分别设在北京西河沿的盐业银行、天津英租界的金城银行、上海汉口路的中南银行，三行联合事务所设办事员三人，由吴鼎昌、周作民、胡笔江担任，推举吴鼎昌为办事员主任，同时在这一天的会议上，还通过了三行联合营业规约和三行联合事务所简章。③ 三行联合营业实现后，即在各报刊上刊登三行联合营业的广告，“启者：盐业银行成立于民国四年，已收资本 350 万元，备用资本 150 万元，公积金 160 万元。金城银行成立于民国六年，已收资本 450 万元，备用资本 50 万元，公积金 36 万元。中南银行成立于民国十年，已收资本 500 万元，备用资本 1500 万元。现三行为厚集资力，联合进行辅助实业，调剂金融起见，特设三行联合营业事务所联合办理各项重要营业，如有赐商之件，请向各办事员接洽，特此广告。联合营业事务所：天津英租界金城银行；北京西河沿盐业银行；上海汉口路中南银行。办事员主任：金城银行总经理周作民；盐业银行总经理吴鼎昌；中南银行总经理胡笔江。”④ 1922 年 7 月 11 日，大陆银行加入盐业、金城、中南三行联合营业，所有规约各条约与三行共同遵守，规约内的“三行”字样均改为“四行”。中南、盐业、金城、大陆银行联合营

① 徐矛，顾关林，姜天鹰. 中国十银行家［M］. 上海：上海人民出版社，1997：234.

② 中国人民银行北京市分行金融研究所、《北京金融志》编委会办公室：《北京金融史料》，银行篇（四），1993：492－493.

③ 徐矛，顾关林，姜天鹰. 中国十银行家［M］. 上海：上海人民出版社，1997：234.

④ 中国人民银行北京市分行金融研究所、《北京金融志》编委会办公室：《北京金融史料》，银行篇（四），1993：495－496.

业规约（据三行联合原约修改订定）：“（一）四行为互相辅助，调剂金融，提倡储蓄，发展实业起见，办理联合营业事务，以厚资力；（二）联合营业事务由四行各推一人为代表，协同处理之；（三）联合营业事务暂定如下：甲、联合准备事宜，乙、联合储蓄事宜，丙、联合投资事宜，丁、联合调查事宜，其办理程序及详细办法由四行代表协定之；（四）联合营业之范围以不侵害各行各自营业为限；（五）关于联合营业之对外契约及含有契约性质之文书，由代表四人签字，但为便利起见得委托一人或二人三人行之；（六）、四行联合后，有互相协助之义务。中华民国十一年九月七日。”[①] 1922 年，大陆加入，组成了当时我国唯一的“北四行”联营集团，这是旧中国唯一的有组织形式的联合经营体，是华资银行联合营业之先声，四行联营，相互辅翼，壮大实力，其联合主旨是：（一）在平时联合，如共同投资于实业，可使范围扩大；（二）在有事时联合，可使危险减少。[②]

盐业、金城、中南、大陆四行实现联合经营后，设立四行联合营业事务所，依托雄厚的资力，开始进行联合放款。1922 年 9 月，交通银行以上海黄浦滩十四号地基房屋作抵押，向四行联合营业事务所商借 100 万元，同年 11 月，四行联合营业事务所又向裕元纱厂放款 50 万元。[③]

在“北四行”设立联合营业事务所，进行联合放款的同时，“北四行”又决定成立四行准备库，统一发行中南银行纸币。由于中南银行为侨商投资设立的银行，在成立时北洋政府为了鼓励华侨回国投资，批准授予其纸币发行权。而当时的中国银行和交通银行由于向北洋政府垫支大量军费，引发挤兑风潮，其钞票的信誉一落千丈，在市面上很不受欢迎，相反外国银行的钞票却因信誉较高而充斥市面，盐业银行总经理吴鼎昌、金城银行总经理周作民等为了提高中国钞票的信誉，抵制外国银行钞票肆无忌惮充斥中国市场，认为四行有必要联合起来共同发行中南银行钞票。民国十一年（1922 年）9 月 4 日，四行代表会议在北京召开，会议决议在联合营业事务所下设立四行准备库，议定规约六条，四行准备库发钞章程，四行准备库办事章程及四行准备库稽核处章程各若干条，并依据章程推周作民、胡筠、谈荔孙、吴鼎昌为总稽核，组织总稽核处，并由总稽核推定吴鼎昌为总稽核长，总库主任未聘定以前，由吴暂行兼任，筹备一切，天津准备库于民国十一年 11 月 1 日，在法租界二十一号路六十三号成立，上海准备库于民国十二年 3 月 27 日，在英租界汉口路三号成立，汉口准备库于民国十二年 5 月 16 日，在俄租界玛琳街四十五号成立。[④] 四行准备库在成立初期，章程上规定要有十足准备，以提高中南银行钞票的信誉，“中南银行为慎重政府赋予发行权及保持社会流通之信用起见，特将本行发行钞票，规定十足准备之章程，联合盐业、金城、大陆各银行，设立四行准备库，公开办理，以昭核实。”[⑤] 但后来为了增加资金的流动，章程中的十足准备，改为现金准备六成，保证准备四成，现金准备规定为金、银、银元、外钞等，保证准备为各种公债、债券、房地契和贴现票据等。[⑥] 四行准备库在这一时期发行中南银行钞票的情况见表 7－3。

---

① 沪银档，盐业银行档案 Q277－1－135，第 9－10 页。

② 阚立军．北四行金融资本初探［J］．安徽教育学院学报，1997（2）29.

③ 徐矛，顾关林，姜天鹰．中国十银行家［M］．上海：上海人民出版社，1997：234.

④ 《银行周报》，第 8 卷，第 18 号，四行准备库发钞情形，第 6－7 页，1924 年 5 月 13 日。

⑤ 申报，1923 年 6 月 3 日。

⑥ 中国金融学会金融史研究会．沿海城市旧银行史研究［M］．1985：87.

表 7－3　　1923—1927 年四行准备库发行情况　　币制：银元　单位：万元

年份	最高额	最低额	期末发行额	比数
1923	—	—	1407	100
1924	1667	809	1274	90.55
1925	1702	1186	1451	103.13
1926	1953	1450	1542	109.59
1927	1753	1259	1733	123.17

资料来源：中国银行经济研究室：《中国重要银行最近十年营业概况研究》，见《北京金融史料》，银行篇（四），第500页。

在“北四行”联合营业事业轰轰烈烈开展以后，吴鼎昌通过对社会上流行的储蓄会的长久研究，提议四行也要成立储蓄会，以扩大四行联营事业。经四行讨论，民国十二年（1923年）1月24日，盐业、金城、中南、大陆四银行代表会议于北京召开，决议于联合营业事务所之下，设立四行储蓄会，议定规约章程，并推定金城银行总经理周作民、中南银行总经理胡筠、大陆银行总经理谈荔孙、盐业银行总经理吴鼎昌为执行委员，组织执行委员会，公推吴鼎昌为主任，综理本会一切事务。[①] 1923年6月1日，上海、天津、汉口的储蓄会正式开幕，“该会无股东及董监会，只有两种会员，一为基本会员，即盐业、金城、中南、大陆各出基金25万元，一为普通会员，即一般存户。一切业务由四基本会员各出代表1人组织执行委员会。……组织则含有合作之性质。凡储户均是会员，每届红利，一体分配。”[②] 新开张的四行储蓄会以“保本保息（七厘），期短利厚，又分红利，营业独立，会计公开”为口号，推出了与众不同的几种储蓄业务：第一种为分期储蓄；第二种为定期储蓄；第三种为长期储蓄；第四种为特别储蓄；第五种为活期储蓄。[③] 由于四行储蓄会推出的这几种储蓄方式与众不同，给人以耳目一新的感觉，所以，开市当天就吸引了大量储户，储蓄存款直线上升。“盐业、中南、金城、大陆四行储蓄会，津沪汉三处均于6月1日开市，昨日上海总会函得各会来电报告，计6月1日三处收入储金共一百十余万元，约一千余户。”[④] 四行储蓄会在大量吸纳存款的同时，也积极向各方进行放款，以获取利息。放款对象主要是对四行放款和购置公债和地产，“四行储蓄会起初不办一般放款，只办存户以存单作抵押的放款，其余全由四行代为放出。……查储蓄会近来收款甚旺，营业范围狭窄，前经四行代表决议，倘四行有殷实债票，可向本会作抵款项，以资调剂等语。”“四行储蓄会致周作民函：五月五日本处致尊处函内开：运用储金拟以五成为公债抵押及购入，五成为房产押款，以租界内地产连房屋者为限，但公债种类以民国三、四年（1914年、1915年）公债、五年公债、十一年公债、七年长期公债、上海工部局市债为限等语。现因所定范围较狭，事实上不便运用，拟购入公债，仍以上开种类为限。至用于抵押者，除上开种类当然可抵押外，凡整理案内之整理六厘、七厘金融等公债，如果借主殷实可靠，折扣照市价在六七折以内，应准予通融收作押品，以期储金运用之途，稍为宽展，为此征求同意，即祈赐复为盼。”[⑤] 由于四

① 中国银行经济研究室：《中国重要银行最近十年营业概况研究》，见《北京金融史料》，银行篇（四），1993：502.

② 联合征信所平津分所：《平津金融业概览》，1947年版，D20页。中国银行总管理处经济研究室：《全国银行年鉴》，上海，1936：J33.

③ 徐矛，顾关林，姜天鹰．中国十银行家［M］．上海：上海人民出版社，1997：236－237.

④ 申报，1923年6月4日。

⑤ 中国人民银行上海市分行金融研究室．金城银行史料［M］．上海：上海人民出版社，1983：107、109.

行储蓄会经营得法，其利润每年都大幅度增加，利润之丰厚，居全国金融企业之榜首。关于四行储蓄会在这一时期的经营业务状况，可见表7－4。

表7－4　**1923—1927年四行储蓄会业务状况统计**　单位：元

年份	存款总额	增长比数	放款总额	增长比数	本年纯收益
1923	1188395	100	852213	100	63411
1924	3604401	334	2530133	297	231690
1925	9521497	800	4473009	525	485380
1926	17151124	1444	11039925	1295	769518
1927	23466900	1960	17530478	2045	855383

资料来源：根据中国银行经济研究室：《中国重要银行最近十年营业概况研究》，1933年版，第315、314、326页相关资料整理。

“北四行”联营，扩大了信誉，厚集了资力，遇事互相帮助，联营事业蒸蒸日上。由于四行联营事业成功，盐业银行的信誉倍增，存款总额也不断攀升，在北洋政府时期，它与浙江兴业银行交替为商业银行存款的首位。存款的不断增加，相应带动盐业银行其他业务提升，从而使盐业银行的资力不断提高。由于“盐业银行资力雄厚，在中华民国北洋政府时期，与浙江兴业银行交替为私营银行之首”①。

五、盐业银行最初十二年的业务统计

盐业银行在成立后的最初十二年中，依靠与北洋政府政治上、财政上的密切关系，顺应第一次世界大战期间中国民族工商业的发展，以及业务经营上采取的各项措施与活动，包括增设分支机构、不断增加资本、举办“北四行”联营事业等，使它的存款、放款等业务发展迅速，其业务经营状况如表7－5所示。

表7－5　**1915—1927年盐业银行业务状况统计**　币制：银元　单位：万元

年份	资本总额	实收资本	公积金及盈余滚存	各项存款	各项放款	本年纯收益
1915	971	64.4	2	463	402	9
1916	1334	125	12	806	542	33
1917	1506	150	13	814	622	40
1918	1968	175	30	1124	1050	80
1919	2954	250	65	1646	1661	119
1920	2700	350	115	1514	1790	165
1921	2672	350	185	1570	1674	161
1922	2948	500	253	1784	1835	173
1923	3075	550	305	1784	2198	183
1924	3843	600	360	2230	2581	170
1925	4418	650	397	2775	2736	185
1926	5240	700	440	3439	3659	143
1927	5406	750	457	4075	4603	121

资料来源：根据中国银行经济研究室：《中国重要银行最近十年营业概况研究》，见《北京金融史料》，银行篇（四），第500页；沪银档，盐业银行档案Q277－1－40，《盐业银行十周年营业报告书》的相关资料整理。

① 天津市地方志编修委员会：《天津通志·金融志》（1404—1990），第二篇（机构），天津社会科学院1995：127.

通过盐业银行1915—1927年业务状况统计表，我们可以看出：盐业银行从1915年创立到1927年北洋政府结束这一时期，各项业务发展极为迅速。在盐业银行成立的十二年间，公积金及盈余滚存从成立初的2万元，飞速增长为1927年的457万元，增长了227倍之多，增长速度之快，实属罕见；十二年间盐业银行所获净利累计达1582万元，巨额利润，反映了盐业银行发展速度。盐业银行的资本总额从1915年创立时的971万元，迅速膨胀到1927年的5406万元，增长了4倍之多；存款总额从1915年的463万元，增至1927年的4075万元，增长了近8倍；放款总额也从创立时的402万元，迅速增至1927年的4603万元，增长了10倍之多。盐业银行的资本总额及存放款的增长趋势如图7-4所示。

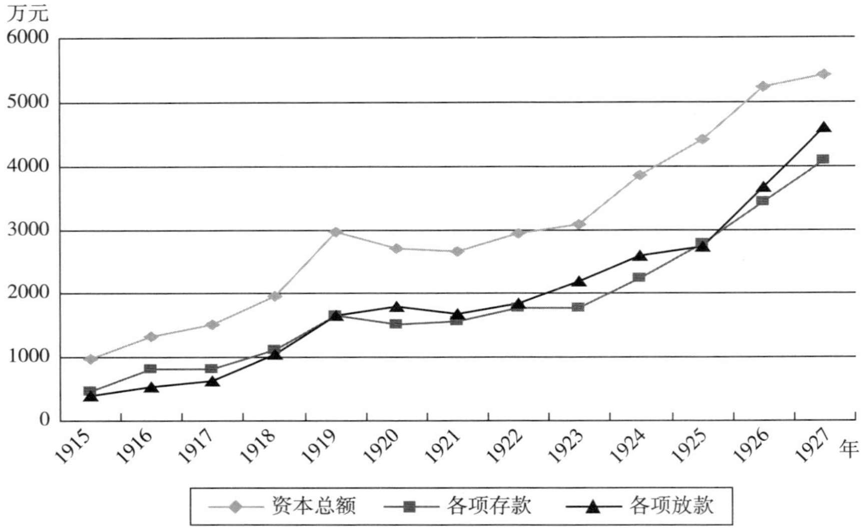

图7-4　1915—1927年盐业银行业务发展趋势

从图7-4可以清楚地看出，盐业银行的资本总额、各项存款总额和各项放款总额几乎成45度角，直线迅速上涨。由此，我们可以得出结论：1915—1927年是盐业银行迅速成长的时期。1927年，盐业银行额定资本1000万元，实收资本750万元，为当时商业银行之首；四行联营后，盐业银行的存款也与浙江兴业银行交替为商业银行之首。

第二节　盐业银行的继续发展（1927.4—1937.6）

一、分支机构继续设立，盐业银行的发展格局形成

盐业银行在南京国民政府成立的前十年，业务继续向前发展，进入稳定发展时期，盐业银行的分支机构，为了适应业务的发展而继续添设扩张，但“盐业银行既为商业银行，行号不宜过多，然商业中心地点必须设立分行，汇兑流通，方资便利，……纯以营业利益为标准，决不稍事铺张，致失商业银行之性质”①。所以，盐业银行在这一时期，并没有新添过多的行号，主要是在原有分支机构的基础上加以扩张，如把支行扩张为分行，在分支行下添加办事处等。据

① 周葆銮．中华银行史：第二编［M］．北京：商务印书馆，1919：44.

1932 年统计，该行在天津、北平、上海、汉口、香港、杭州、辽宁、南京设有分行，在广州、大连、上海西区、天津东马路设有办事处。[①] 至此，盐业银行的发展格局已基本形成。

二、积极向国民政府靠拢，增加银行发展的政治砝码

盐业银行是依靠第一次世界大战的有利时机和通过北洋军阀、官僚势力起家的，为了更好地依靠北洋军阀政府这一靠山，盐业银行把业务经营的重心一直放在北方。然而，在国共第一次合作的国民大革命风暴中，北洋军阀政府被吹得七零八落，又经过南京国民政府的二次"北伐"，到 1928 年，北洋军阀政府垮台，盐业银行失去了政治上的靠山。但是，盐业银行和吴鼎昌以其在北方的金融势力，通过政学系等关系，又积极向南京国民政府靠拢，为盐业银行的继续发展创造条件。

盐业银行向国民政府靠拢，有两个关键性人物，一是钱永铭（钱新之）。二次革命时，孙中山的重要左右手陈其美，1911 年 11 月发起创设中华商业储蓄银行，为因应革命需要之金融机构。[②] 钱永铭早年曾在陈其美门下任职，结识黄郛、蒋介石，并和陈其采、陈果夫、陈立夫关系甚深，为了让盐业银行及其"北四行"与国民党政府取得联系，1925 年，盐业银行总经理、北四行联营掌舵人吴鼎昌，聘请钱永铭为四行联合准备库协理兼上海分库经理，后又任四行储蓄会副主任，从此成为活动于南北金融界和国民政府之间的重要人物。另一个关键人物是黄郛。黄郛曾活跃于北京政界，1926 年 11 月，蒋介石两度致书蛰居天津的黄郛南下相助。[③] 黄郛与中国银行的张嘉璈、盐业银行的吴鼎昌、金城银行的周作民均有深交。所以，正是这两位关键人物从中穿针引线，盐业银行及其"北四行"才成功地靠向国民政府，为银行的发展增添了政治砝码。

盐业银行在通过各种关系向国民政府靠拢的同时，盐业银行的总经理吴鼎昌也积极努力，采取各种手段，打入国民党集团。1921 年吴鼎昌出国考察回来后，倡导银行之间联合经营，壮大声势，并于同年联合金城、中南组成三行联营，1922 年大陆加入联营集团，组成近代历史上著名的"北四行"，共同发行中南银行钞票，扩大了"北四行"在金融界的影响，因而提高了盐业银行在北方的信誉和他本人的声望。其后在此基础上，又成立了四行储蓄会，吴鼎昌又被推为主任，个人声望进一步提高。1925 年 11 月 27 日，有着二十多年历史的天津《大公报》停刊，吴鼎昌出资 5 万元买下了《大公报》的产权，同时拉来胡政之出任总经理，张季鸾出任总编辑，自任社长，摩拳擦掌地干了起来。[④] 如此，"他既有四行准备库的钞票发行权，又有四行储蓄会现款收入，这样他就'多财善贾，长袖善舞'了；再加上他手里的言论机器《大公报》，他在政治上和金融界俨然执了北方经济实业的牛耳。"[⑤] 这样，到 1935 年，蒋介石改组国民政府机构，延揽党外人士参加政府组织，吴鼎昌凭借多年的努力，出任国民政府实业部长，从此步入政坛。盐业银行和四行联营事业，也由此可以得到更多的照顾。

三、添设储蓄部，营业发达

银行的储蓄业务，对社会、个人、银行本身均有重要意义。杨荫溥在述及储蓄之意义时说：

---

① 席长庚．盐业银行［J］．经济师，1998（4）：106.

② 联合征信所调查组．上海金融界概览［M］．联合征信所，1937：130.

③ 沈亦云．亦云回忆：上册［M］．台北：传记文学出版社，1971：247.

④ 徐矛，顾关林，姜天鹰．中国十银行家［M］．上海：上海人民出版社，1997：243.

⑤ 张伯驹．盐业银行与北洋政府和国民党政权［M］．天津文史资料选辑：第十三辑．天津人民出版社，1981：81.

“储蓄之意义不外二端，一曰鼓励俭德，以谋社会经济生活之宽裕也，溢利余财，有安全保存之地，则在储蓄者，可以无谩藏诲资之患，而有生息值利之机，以辅助为鼓励，可以养成平民节俭之风，庶‘乐岁终身饱’而‘凶年得免于死亡’，平民生活，既已宽裕，社会经济自然巩固；二曰聚集散资，以张大资金运用之效能也，零星资金，分而于社会，其运用效能，为力极薄，众流所归，始成江河，集四散之游资，为有益之运用，实储蓄之一大枢纽。”① 当然，储蓄对于银行的意义更大，如郭孝先先生所言：“银行普通往来客户，大都为富商巨贾，进出款项较繁，往来数目，亦较巨，普通人民，无大宗款项者，即未便与银行往来，唯储蓄存款，自一元以上即可存储，在银行方面，存户既众，款项亦积少成多，且这类存款，进出极微，银行对于这类存款所收入的资金，尽可安心运用。在存户方面，只需少些的金额，既可得相当的利息，又能养成节俭的美德。所以，这项业务实为一举两得的办法。”②

储蓄业务对社会、个人，尤其对银行有如此重要的意义，所以，盐业银行非常重视储蓄业务，“储蓄机关之性质，既与商业银行迥然不同，则储蓄机关之资本似应划分独立，俾可于运用时，为较安全之处置，此稳健银行家所应采取者也”③。为了办好储蓄业务，盐业银行决定划拨专项基金，添设储蓄部，独立经营，自负盈亏。“国内商业银行莫不设有储蓄，于人民、社会、个人、银行本身均有利益，我行章程营业范围内本有储蓄之规定，且平津沪汉四行房屋营业，均属宏敞，添设储蓄营业轻而易举，兹得各行经副理同意，拟订储蓄营业章程，陈请查核通过，并请提股利平均公积金项下，划拨一百万元或一百五十万元，指为储蓄部营业基金如何，核准于十九年内呈部注册视实行。”④ 经财政部审核批准，1930 年，盐业银行添设储蓄部，资本金 200 万元⑤，开始营业。

盐业银行储蓄部规则规定：盐业银行储蓄存款分为七种，（一）活期储蓄存款；（二）定期储蓄存款；（三）本息合计定期整数储蓄存款；（四）存本取息储蓄存款；（五）整存零取储蓄存款；（六）零存整取储蓄存款；（七）其他经政府核准之储蓄存款。⑥ 盐业银行的存款种类虽属不少，但其存款的利息普遍比同业偏低，这对盐业银行储蓄业务的发展极为不利。为此，盐业银行制定改订储蓄存款利息办法，提高储蓄存款利率。“定期储蓄存款原定利率六个月按年息六厘计算，九个月年息七厘，一年之息八厘，一年半年息八厘半，二年及二年以上年息九厘，现拟改为六个月七厘，九个月七厘半，一年八厘，一年半八厘半，二年九厘，三年及三年以上九厘半；活期存款原定利率凭折取款年息四厘，取用支票年息三厘半，现拟改为特别利率每结算期内逐日结存数目均满五百元或五百两者，加息半厘（按年息五厘半计算），每结算期内结存数目均满五百元或五百两而又只存不取者，加息一厘半（按年息六厘半计算）。”⑦盐业银行根据实际情况，适时制定储蓄政策，改订储蓄方法，使储蓄存款节节攀升。到 1937 年 6 月底，盐业银行的各项储蓄存款总额达到 18499174.78 元。⑧ 盐业银行储蓄事业之发达，可见一斑。

---

① 杨荫溥．上海金融组织概要［M］．北京：商务印书馆，1930：223.

② 郭孝先．上海的内国银行［J］．上海通志馆期刊，1933，1（2）：467.

③ 杨荫溥．上海金融组织概要［M］．北京：商务印书馆，1930：234.

④ 沪银档，盐业银行档案 Q277－1－221，第 46 页。

⑤ 王志莘．中国之储蓄银行史［M］．上海：上海新华信托储蓄银行，1934：189.

⑥ 中国人民银行北京市分行金融研究所、《北京金融志》编委会办公室：《北京金融史料》，银行篇（四），1993：477.

⑦ 沪银档，盐业银行档案 Q277－1－324，第 10－11 页。

⑧ 沪银档，盐业银行档案 Q277－1－286，第 40 页。

盐业银行储蓄部的存款事业蒸蒸日上，其放款事业也齐头并进。由于储蓄存款，“进出极微，银行对于这类存款所收入的资金，尽可安心运用”。所以，商业银行大多用此类存款投资公债和房地产，盐业银行自然也不例外。盐业银行储蓄部放款办法规定：（一）买卖抵押国内政府公债库券，种类有1. 七年长期公债；2. 整理六厘公债；3. 整理七厘公债；4. 十四年八厘公债；5. 北京银行公会临时治安借款债券；6. 奥国赔款担保二四库券；7. 续发江海关二五附税国库券；8. 津海关二五附税国库券；9. 善后公债；10. 十七年金融长期公债；11. 十八年裁兵公债；12. 续发捲芓税国库券；13. 关税库券；14. 编遣库券。（二）买卖抵押国外公债，种类有1. 1896年五厘金镑公债；2. 1898年四厘半金镑公债；3. 1925年五厘美元公债；4. 1926年六厘美元公债；5. 善后公债；6. 北宁铁路公债；7. 沪宁铁路公债。（三）买卖抵押地皮房产，属于本行储蓄部所在地各租界最繁盛商场之地皮房屋，容易授受转让者。（四）贴现或抵押商业票据，属于本储蓄部所在地之殷实公司商号之票据（公司银行股票存单皆属之）。（五）抵押仓库存货提单，属于本行储蓄部所在地之仓库存货，不致损坏容易销售者为限。（六）扣押本储蓄部之存单存折。[①] 由盐业银行储蓄部放款办法可知，盐业银行的储蓄存款主要用于国内外公债和地皮房产的投资，随着盐业银行储蓄部存款的不断增加，盐业银行储蓄部的放款也不断攀升。到1937年底，盐业银行储蓄部的各种放款总额，达到14408063.04元，其中仅证券投资一项就达6816278.34元，占总额的47.3%，几乎达到放款总额的二分之一。[②] 盐业银行储蓄部存款的投资方向，一目了然。

总之，盐业银行储蓄部根据不同的情况，适时地调整政策，制定相应的对策；加之当时由于帝国主义加紧入侵，加速了农村金融破产，使内地资金日益向城市集中；而南京国民政府和北洋政府一样，在其成立的前十年，为弥补财政开支，大量发行公债，这些情况都使盐业银行储蓄部的存放款事业得到快速发展，储蓄部在1930年成立后，一直到1937年抗日战争全面爆发，七年中营业发达，获利丰厚。盐业银行储蓄部在成立的1930年，各项储蓄存款839994.31元，到1936年底各项存款达15676193.90元，增长了近19倍；1930年储蓄部的各项放款2499456.89元，到1936年底各项放款达14072477.23元，增长了近6倍；七年间共获纯利1757609.10元。[③] 盐业银行储蓄部营业之发达，储蓄事业之蒸蒸日上，可见一斑。

四、四行联营事业的继续发展与演变

从1927年南京国民政府成立到1937年抗日战争全面爆发的十年间，政治相对稳定，没有大规模的战争。在这十年间，四行联营事业继续向前发展，中间虽有变故，但总体呈上升趋势。

首先，四行准备库的发钞事业，由于先前树立了良好的信誉，所以在此期间其钞票的发行数量继续扩大。到1935年11月4日国民党政府实行“法币政策”时，四行联合准备库发行的“中南钞”共为7228万元，占全国重要银行发行钞票总额的12.28%，四行领用4123.2万元，其中盐业银行领用737万元[④]。这对盐业银行业务的发展有重要的推动作用。

其次，四行储蓄会的储蓄事业在这一时期，也得到继续发展，而且发展极为迅速。储蓄会存款金额逐年增多，其增长情况如表7－6所示。

---

① 沪银档，盐业银行档案Q277－1－221，第2－5页。
② 沪银档，盐业银行档案Q277－1－286，第38页。
③ 沪银档，盐业银行档案Q277－1－41，第13页；沪银档，盐业银行档案Q277－1－39，第44、51页。
④ 中国人民银行上海市分行金融研究室．金城银行史料［M］．上海：上海人民出版社，1983：301、302.

表 7-6　　**1927—1933 年四行储蓄会历年储金总额**　　单位：元

年份	定期存款	活期存款	存款总额	总额增长指数
1927	15914497.03	1232877.06	17147374.09	100
1928	21905566.80	1559568.83	23465135.63	137
1929	29541196.54	2564297.34	32105493.88	187
1930	37160119.85	3175745.60	41335865.45	241
1931	45964396.66	5863544.98	51827941.64	302
1932	50284160.95	8381409.48	58665570.43	342
1933	67528888.10	10252902.34	77781790.44	454

资料来源：王志莘．中国之储蓄银行史［J］．上海新华信托储蓄银行，1934：261-262.

四行储蓄会的事业蒸蒸日上，解决储蓄会资金的出路问题，成为当务之急。经过数次商议讨论，都没有达成共识，最后，四行储蓄会主任吴鼎昌力排众议，决定投资兴建高达 22 层的国际饭店大楼。这一大楼连地价、造价一共约需 500 万元，完全是四行储蓄会的投资，大楼的开办资金 100 万元，也是从四行储蓄会暗账中划付的。[①] 四行当局决定兴建国际饭店大楼的动机主要有两方面：第一，资金有余，需要投资，当时（1931 年前后）认为最可靠的投资是房地产及外币与国外债券；第二，高耸入云的摩天大楼是对存户最有吸引力的广告。[②] 果不出所料，事实证明吴鼎昌是对的，国际饭店开业之日就是四行储蓄会更加发财之时。人们看到四行储蓄会如此阔绰，竟然造起了远东第一高楼，自然人心所向社会信誉倍增，使四行在国际饭店落成后的几年中存款迅速攀升到七千余万元，比大楼落成之前翻了好几倍，就是四行本身的存款也有了增加，四行在社会上的信誉也有所提高，其中盐业银行的存款总额在国际饭店落成的 1934 年，由 1933 年的 8269 万元猛增至 1934 年的 9725 万元（见表 7-7），这不能不归之于国际饭店带来的广告效应。

最后，盐业、金城、中南、大陆四行决定添设四行企业部和调查部，二者是一对孪生组织，同时于 1931 年 7 月 5 日成立。是年周作民曾在四行董事会议上提出："……四行储蓄会所收已有四千万元之多，上海每日约有二万元之谱，局面已大，对于社会公共事业势须着手做去，俾博得一般信仰及同情，在营业上颇有关系，原定章程本无此种规定，今已商改，于四库及储蓄会外，另设一企业部，其事业如棉纱如矿产等，取其与社会生计有重大关系者，唯须先从调查入手，故拟同时设一调查部，俟调查结果认为可做时即做，资本暂定一千万元，每行二百五十万元，或现金或债券或债权均可"。1933 年企业部章程略作修改，营业范围定为对生产事业和社会事业的抵押放款，所需资金除由四行储蓄会筹拨外，可随时由四行供给。[③] 同时，把兴建国际饭店大楼筹划事宜交由企业部管理。

1935 年 11 月国民党政府实行通货集中发行的"法币政策"，规定中央、中国、交通、中国农民四银行所发行的纸币为"法币"，取消中南银行的钞票发行权，将发行事务移交中央银行，四行准备库宣告结束。四行准备库结束后，为了开辟一些新的业务，四行决定增设信托部。四行信托部于民国二十六年（1937 年）1 月，由盐业、金城、中南、大陆四银行共同创立，由四

① 中国人民银行上海市分行金融研究室．金城银行史料［M］．上海：上海人民出版社，1983：314.
② 中国人民银行上海市分行金融研究室．金城银行史料［M］．上海：上海人民出版社，1983：314.
③ 中国人民银行上海市分行金融研究室．金城银行史料［M］．上海：上海人民出版社，1983：313.

行共拨营业基金100万元，并对一切业务连带负责，无独立资本，领有财政部钱字第10292号批示，专营各项定期、活期存款，不动产之买卖，经租出租保管箱及其他特约信托等业务。① 四行信托部成立后，业务不多，存款也很少，为此，将四行储蓄会的古柏公寓等房产及保管箱业务交其接管，以维持其营业。不久，抗日战争全面爆发。

五、盐业银行继续发展时期的业务统计

盐业银行在进入南京国民政府时期的前十年，虽然失去了北洋政府这一靠山，但凭借盐业银行在北方金融界的地位和总经理吴鼎昌出色的社交能力，迅速找到南京国民政府这一更大的靠山，为盐业银行的发展奠定了坚实的政治基础。同时，盐业银行和四行联营事业在吴鼎昌的领导下继续发展，盐业银行添设储蓄部为盐业银行的进一步发展注入了新的活力；四行联营下的四行准备库虽然由于国民政府的"法币政策"集中发行纸币而被迫结束，但四行储蓄会的事业却异常发达，且又成立了四行企业部和四行信托部，特别是四行储蓄会兴建远东第一高楼——国际饭店大楼，使四行储蓄会及四行本身信誉极大提高，盐业银行的业务也急剧扩张。另外，国内银行的最大竞争对手钱庄，在"一·二八"淞沪抗战后，已经式微，1933年的"废两改元"，钱庄业的势力更形衰颓，银行业消除了一个有力竞争对手，对其业务的发展自然十分有利，这一时期盐业银行的业务状况如表7－7所示。

表7－7　　1927—1937年盐业银行业务状况统计　　币制：银元　单位：万元

年份	资本总额	实收资本	公积金及盈余滚存	各项存款	各项放款	本年纯收益
1927	5406	750	457	4075	4603	121
1928	5653	750	469	4314	4900	119
1929	6355	750	481	4988	5090	135
1930	7046	750	495	5677	5850	141
1931	8001	750	508	6662	6588	80
1932	9367	750	521	8030	6815	65
1933	9632	750	534	8269	6955	79
1934	11077	750	548	9725	8513	53
1935	10552	750	552	8689	7024	60
1936	11791	750	571	9922	6821	55
1937	11012	750	586	9060	5515	38

资料来源：根据中国银行经济研究室：《中国重要银行最近十年营业概况研究》，见《北京金融史料》，银行篇（四），第500页；《全国银行年鉴》，F41页，1936年版；沪银档，盐业银行档案Q277－1－39，盐业银行民国二十六年（1937年）营业报告书的相关资料整理。

通过表7－7我们可以看出：从1927年南京国民政府成立到1937年抗日战争全面爆发的十年间，盐业银行的各项业务继续向前发展。在这十年间，盐业银行的公积金及盈余滚存每年都有增长，从1927年的457万元增至1937年的586万元，增长了129万元；随着盐业银行的发展，银行的开支随之扩大，并且银行间竞争也在不断加剧，盐业银行从1930年开始逐渐减少，

① 联合征信所平津分所．平津金融业概览［R］．1947：3.

但是十年间盐业银行所获净利累计达946万元，获得的利润也还是相当可观的。盐业银行的资本总额从1927年的5406万元，增长为1937年的11012万元，增长了1倍多；存款总额从1927年的4075万元，增至1937年的9060万元，也增长了1倍多；放款总额也从1927年的4603万元，增至1937年的5515万元，增长了912万元。盐业银行的资本总额及存放款的增长趋势如图7－5所示。

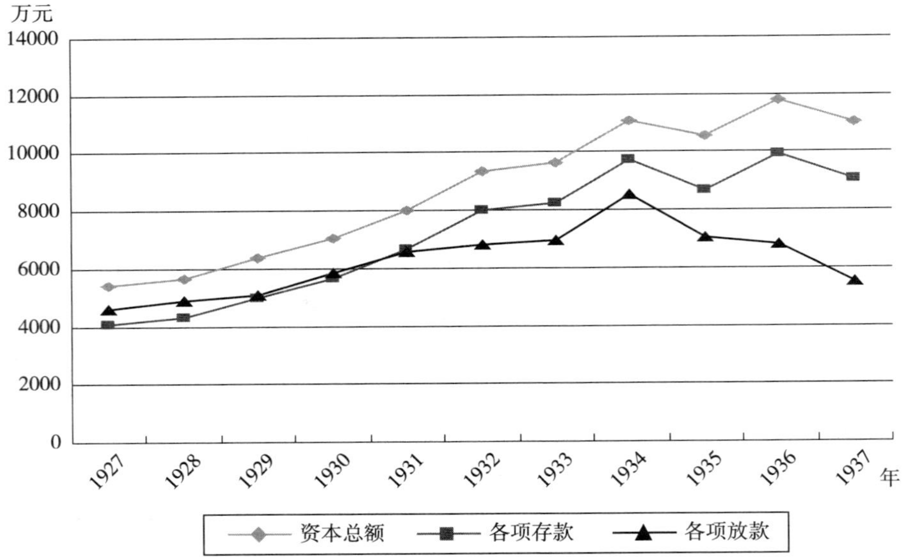

图7－5　1927—1937年盐业银行业务发展趋势

从图7－5可以清楚地看出，盐业银行的资本总额、各项存款总额和各项放款总额在这一时期增长趋于平缓，最后两三年还有下滑的趋势，但是总体上呈平稳上升趋势。由此，我们可以得出结论，1927—1937年是盐业银行平稳发展的时期。盐业银行在1927年成长为国内大银行后，各项业务已成规模，不可能再出现迅速增长的局面，所以，银行进入平稳发展阶段，应该说是符合实际情况的。

第三节　关于中国银行制度的一点思考

盐业银行是在民初兴办银行的高潮中成立的，而且是昙花一现勃兴的特种银行之一。1915年3月26日正式开业，开业时仅收资本64.4万元，到1927年就发展为拥有750万元资本的大银行，居当时商业银行之首，并且到1937年盐业银行的实力也名列商业银行前茅，但盐业银行的发展，不是因为特种银行身份取得的，而是作为一般商业银行实现的，这不得不引起笔者对当时中国银行制度的一点思考。

盐业银行是为了维持盐业界的资金融通，以经营盐业为主旨的特种银行。但是，纵观盐业银行1915—1937年的发展概况，无一体现盐业银行特种银行的性质，反而盐业银行的营业处处体现的是一般商业银行的性质。实际上，在民国时期，不只是盐业银行一家出现此种反常现象，其他特种银行如农工银行、劝业银行、殖边银行等，无论就其名称上来讲，还是从其成立的目的来看，都是为了增进国力、涵养民力，个个都有特殊的目的和重大的使命。但它们和盐业银行一样，为了维持营业，而经营一般商业银行的业务，尤其是为辅助政府调剂边境金融的殖边银行，甚至要把其经营重心移到上海去，这不能不说是对特种银行事业的讽刺，正如吴承禧先生所言："中国的银行无所谓分业的，中国的各种银行，名义上虽然都负了一种特殊的使命，但实质上它们都含了一种商业银行的性质——它们早就'商业银行化'了。"① 换句话说也就是，当时的中国实质上就只有一种性质的银行——商业银行，虽然当时中国已有银行170余家，名称也是形形色色，各不相同，但在本质上都经营一般商业银行的业务，根本没有形成有效分业，去发展各式各样的金融业务。仅此一点，就可以看出民国时期中国的银行制度是不健全的。

民国时期中国银行制度的不健全，还体现在四行联营上。四行联营的目的是为了增厚实力，提高信誉。但是，在1922年盐业、金城、中南、大陆四银行联营时，盐业银行的实收资本已有400万元，金城银行的实收资本达450万元，中南银行的实收资本达500万元，大陆银行的实收资本也有200万元②，这在当时中国的商业银行中已经名列前茅。然而，由于中国的银行已经商业银行化，就连当时的国家银行——中国、交通银行也经营商业银行业务，中国、交通银行的实力雄厚，这让一般的商业银行感到压力，遂有了近代著名的"北四行"，四行联营是为了与实力雄厚的中国银行和交通银行竞争，这应该是四行联营的深层原因。而国家银行经营商业银行业务，也说明了当时中国银行制度的不健全。

参考文献

档案、资料汇编

［1］沪银档，盐业银行档案。

［2］中国人民银行上海市分行编：《上海钱庄史料》，上海人民出版社，1978年版。

［3］中国人民银行总行参事室金融史料组：《中国近代货币史资料》，中华书局，1964年版。

［4］中国人民银行北京市分行金融研究所、《北京金融志》编委会办公室：《北京金融史料》，银行篇（四），1993年版。

［5］交通银行总行，中国第二历史档案馆：《交通银行史料》，中国金融出版社，1995年版。

［6］中国人民银行上海市分行金融研究室：《金城银行史料》，上海人民出版社，1983年版。

［7］中国银行总行，中国第二历史档案馆：《中国银行行史资料汇编》（1912—1949），档案出版社，1991年版。

［8］中国人民银行上海市分行金融研究所：《上海商业储蓄银行史料》，上海人民出版社，1990年版。

民国论著

［1］陈其田：《山西票庄考略》，商务印书馆，1937年版。

［2］卫聚贤：《山西票号史》，说文出版社，1944年版。

［3］贾士毅：《国债与金融》，商务印书馆，1930年版。

［4］吴承禧：《中国的银行》，商务印书馆，1934年版。

---

① 吴承禧．中国的银行［M］．北京：商务印书馆，1934：131.

② 金城、中南、大陆三银行的实收资本额是1921年的数据。

[5] 周葆銮:《中华银行史》,商务印书馆,1919 年版。

[6] 贾士毅:《民国续财政史》,商务印书馆,1934 年版。

[7] 贾士毅:《民国财政史》,商务印书馆,1917 年版。

[8] 杨荫溥:《上海金融组织概要》,商务印书馆,1930 年版。

[9] 徐寄庼:《最近上海金融史》,上海书店,1932 年影印版。

[10] 王志莘:《中国之储蓄银行史》,上海新华信托储蓄银行,1934 年版。

[11] 中国银行经济研究室:《中国重要银行最近十年营业概况研究》,上海,1933 年版。

[12] 联合征信所平津分所:《平津金融业概览》,1947 年版。

[13] 联合征信所调查组:《上海金融界概览》,联合征信所,1937 年版。

[14] 南京扶轮日报社:《十年来之中国经济建设》,1937 年 2 月 1 日。

[15] 郭孝先:《上海的钱庄》,《上海市通志馆期刊》,第 1 卷,第 3 期,民国二十二年 12 月。

[16] 郭孝先:《上海的内国银行》,《上海市通志馆期刊》,第 1 卷,第 2 期,民国二十二年 9 月。

[17] 杨荫溥:《五十年来之中国银行业》,《五十年来之中国经济》(1896—1947),中国通商银行编。

时人论著

[1] 汪敬虞:《中国近代工业史资料》,中华书局,1962 年版。

[2] 严中平:《中国棉纺织史稿》,科学出版社,1955 年版。

[3] 许涤新、吴承明:《中国资本主义发展史》,人民出版社,2003 年版。

[4] 吴承明:《中国资本主义与国内市场》,中国社会科学出版社,1985 年版。

[5] 杨端六:《清代货币金融史稿》,三联书店,1962 年版。

[6] [日] 宫下忠雄,吴子竹译:《中国银行制度史》,美华印刷厂印刷,1957 年版。

[7] 张郁兰:《中国银行业发展史》,上海人民出版社,1957 年版。

[8] 沈云龙主编:《近代中国史料丛刊续编》,第十三辑,文海出版社,1975 年版。

[9] 徐义生:《中国近代外债史统计资料》,中华书局,1962 年版。

[10] 千家驹:《旧中国公债史资料》,中国财政经济出版社,1955 年版。

[11] 中国近代金融史编写组:《中国近代金融史》,中国金融出版社,1985 年版。

[12] 黄鉴晖:《中国银行业史》,山西经济出版社,1994 年版。

[13] 杜恂诚:《中国金融通史》,第三卷,(北洋政府卷),中国金融出版社,2002 年版。

[14] 卜明:《中国银行行史》(1912—1949),中国金融出版社,1995 年版。

[15] 洪葭管、张继凤:《近代上海金融市场》,上海人民出版社,1993 年版。

[16] 钟思远、刘基荣:《民国私营银行史》(1911—1949),四川大学出版社,1999 年版。

[17] 唐传泗、黄汉民:《试论 1927 年以前的中国银行业》,《中国近代经济史研究资料》(4),上海社科院出版社,1985 年版。

[18] 戴建兵:《白银与中国近代经济(1890—1935)》,复旦大学出版社,2005 年版。

[19] 程霖:《中国近代银行制度建设思想研究》(1859—1949),上海财经大学出版社,1999 年版。

[20] 曹龙骐:《货币银行学》,高等教育出版社,2000 年版。

[21] 徐矛、顾关林、姜天鹰:《中国十银行家》,上海人民出版社,1997 年版。

［22］胡绳：《从鸦片战争到五四运动》，人民出版社，1982 年版。

［23］［法］白吉尔：《中国资产阶级的黄金时代》（1911—1937 年），上海人民出版社，1994 年版。

［24］中国金融学会金融史研究会：《沿海城市旧银行史研究》，1985 年版。

［25］天津市地方志编修委员会：《天津通志·金融志》（1404—1990），天津社会科学院，1995 年版。

［26］刘鸿儒等编：《经济大辞典·金融卷》，上海辞书出版社，1987 年版。

［27］沈亦云：《亦云回忆》（台北），传记文学出版社，1971 年版。

［28］千家驹：《旧中国发行公债史的研究》，《历史研究》，1955 年第 2 期。

［29］孙耀东口述，宋路霞整理：《吴鼎昌与盐业银行》，《中国企业家》，2003 年，第 2 期。

［30］阚立军：《北四行金融资本初探》，《安徽教育学院学报》，1997 年，第 2 期（总第 70 期）。

［31］席长庚：《盐业银行》，《经济师》，1998 年，第 4 期。

文史资料

［1］张伯驹：《盐业银行与北洋政府和国民党政权》，《天津文史资料选辑》，第 13 辑，天津人民出版社，1981 年版。

［2］田少渔：《盐业银行与朱虞生》，《淮安文史资料》，第 7 辑，江苏人民出版社，1989 年版。

［3］王孟年：《盐业银行二三事》，《上海文史资料存稿汇编》，上海古籍出版社，2001 年版。

［4］胡仲文：《四行准备库及四行储蓄会经营始末记》，《天津文史资料选辑》，第 25 辑，天津人民出版社，1983 年。

［5］许家骏等编：《周作民与金城银行》，中国文史出版社，1993 年版。

［6］中国人民政治协商会议上海市委员会文史资料工作委员会：《旧上海的金融界》，《上海文史资料选辑》，第 60 辑，上海人民出版社，1988 年版。

报刊、年鉴

［1］《金融周报》

［2］《银行周报》

［3］《新闻报》

［4］《申报》

［5］申报年鉴社：《申报年鉴》，美华书馆 1935 年。

［6］中国银行总管理处经济研究室：《全国银行年鉴》，上海，1934 年、1935 年、1936 年。

［7］财政部财政年鉴编纂处：《财政年鉴》，商务印书馆，1935 年版。

第七篇　中孚银行

孙树汉

中孚银行是寿州孙氏家族在阜丰面粉厂雄厚基础上建立起来的，与一般的商业银行以吸收存款、放出贷款从中赚取利息差的经营目的不同，中孚银行作为“通孚丰”集团的重要一环，与“通孚丰”集团存在十分紧密的联系。它的主要任务是筹集资金、调节集团内部资金往来，同时兼管商业银行业务赚取金融利润，但不能完全自主、独立经营。

第一章　中孚银行的创立

中孚银行的创立不同于一般商业银行，它是在阜丰面粉厂雄厚基础上，由通惠公司创立，后来的发展体现出“通孚丰”这个银行企业集团特有的相互支持，相互合作的联营特点，当然这与当时时代特征有紧密联系。

第一节　创始人及家庭背景

孙多鑫和孙多森是中孚银行的创始人，更是整个“通孚丰”① 财团的创始人。孙氏家族能取得后来巨大成功跟他们的家族背景是分不开的。孙氏家族的发迹要从孙家鼐开始，“曾祖父孙士谦曾在乾隆年间做过刑部郎中，祖父孙克伟是贡生，父亲孙崇祖亦是池州府的教谕”②。孙家鼐是咸丰朝状元、武英殿大学士，成为光绪皇帝的老师，后来奉命创办京师大学堂。孙崇祖治家严格，教导有方，重视教育，取得了“一门三进士，五子四登科”的成功，五个儿子四个侍郎，孙家鼐更是做到了尚书，注重教育的家风被一直传承下来，对以后孙氏家族的持续兴旺发达提供了智力支持。

孙士谦

↓

孙克伟

↓

孙崇祖

↓

孙家泽　孙家铎　孙家怿　孙家丞　孙家鼐

↓

孙传樾　孙传棉　孙传檀

↓

孙多鑫　孙多森　孙多培　孙多焱　孙多垕　孙多钰

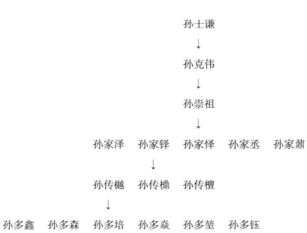

图 8－1　孙氏家族重要人物关系

另外，孙家的发迹还得益于与豪门的联姻，因为孙家鼐等兄弟都在京为官，又和李鸿章是安徽老乡，这种乡缘加深了孙家和李家的亲近、相互扶持，表现在儿孙们的联姻上：孙家铎的儿子孙传樾娶了两广总督李翰章的二小姐，李翰章的长房长孙李国成娶了孙传樾的二小姐，李翰章的四儿子李经湘的女儿嫁给了孙传樾的儿子孙多钰，李翰章的四弟李蕴章的孙女李国熹嫁给了孙传樾的儿子孙多鑫。靠着孙、李两家错综紧密的联姻关系，孙家大获其益，内修文德外联强姻为孙家后来的发迹打下了坚实的人脉基础。

两广总督李翰章的二女儿，也就是孙多鑫的母亲曾教育几个孩子说：“当今欧风东渐，欲求

---

① “通孚丰”即通惠实业公司，中孚银行，阜丰面粉厂的简称，也被称“通孚阜”。

② 晓颂．寿州孙家百年传奇［J］．江淮文史，2002（1）：140.

子弟不堕家声、重振家业，必须攻习洋文，以求洞晓世界之大势，否则贻难与人争名于朝，争利于市。”[①] 李夫人的家训对孙家后来的发展有着重大的影响。孙家涉足工商业就是从孙多鑫和孙多森创办阜丰面粉厂开始的。

第二节　阜丰面粉厂

孙多鑫远在江苏扬州主持盐务，世道不济深感盐务既麻烦又危险，于是和二弟孙多森商议另谋出路。他们考察了海关进口货物数量，发现美国机制面粉进口越来越多，并且价格较高，“当时每包（40 斤）售价 1 元 6 角至 1 元 8 角，而当时国内小麦每袋（180 斤）售价不过 1 元 9 角至 2 元”[②]，美国机制面粉的巨大利润可见一斑。正是看到经营机制面粉本小利大，利润丰厚，孙多鑫决心创办机制面粉厂。1898 年孙多鑫亲自赴美国考察并采购机器，总共花了 22000 美元（当时约合 5 万两银子）订购了 24 英寸、26 英寸的钢磨 16 部，并在上海设厂，“本公司名为阜丰机器制造面粉有限公司，本公司以自行车为公司牌记，本公司设立于上海，本公司资本共规银二十万两分作二千股，每股规银一百两”[③]。

“1898 年筹备伊始，一面由孙荔轩（孙多鑫）远涉崇洋亲至美国订购机器，一面在莫干山路购地五十余亩，修建厂房，1900 年 8 月正式开工，当时每日产量仅为二千五百也”[④]，第一年因为不熟悉经营管理有所亏损，第二年转变经营策略开始扭亏为盈，1904 年又添购新机器另建新厂产量增加至7000 余包，这就是中国第一家机器面粉工厂——阜丰面粉厂。阜丰生产的面粉，在面粉质量和色泽上都不输于洋面粉，而且每包价格仅为 1.2 元到 1.4 元，比洋面粉便宜，因此销售日益扩大，抢占了洋面粉市场，获得了巨额利润。阜丰面粉厂创办后，孙多鑫因为个性沉默寡言，不善交际又不喜欢抛头露面而退居副经理，孙多森任经理，孙家成为当时全国一流的大实业家族。

“我厂自 1900 年开工后，注册商标为自行车（以下简称老车牌），品质优良，以面粉交易所评定，我厂出品每列前茅，时机制面粉当属首列，故销路甚为发达。”[⑤] 阜丰逐步扩大经营，不仅进一步购进先进钢磨，更大量购买小麦，“到 1927 年复筹借巨款订购最新机器，分为甲乙两部共有磨六十五部，并扩充厂基十余亩，另购七层钢骨水泥厂房至 1929 年始落成，不仅产量每日可达二万一千余包，有洗麦机，烘麦机等设备愈见精细，节能力百分之十”[⑥]。原来小麦露天堆放，不仅容易被鼠噬虫蛀，而且容易受潮发霉变质，“麦仓是民国二十六年 10 月建筑完成的，这座麦仓像一座大楼，是由 24 座鼓圆形的水泥大仓和 14 座小仓组成，分列为三排，初看的人，往往误会为榨油厂里的滤油池，实则为储麦仓；大仓每座深达 6 丈 6 尺，可储小麦 16000 担，总共储麦量当达 50 万担之巨，足够阜丰一个月之用”[⑦]，“麦到场即可入仓，不致占用麻袋，及有散失情形，更可随时以电力反动避免霉变及虫蛀损失，此项设备在东亚各分厂中仅我厂独有，

---

① 孙锡三．孙多森简历［M］．上海市政协文史资料委员会．上海文史资料存稿：第七辑．上海：上海古籍出版社，2001：245.

② 包培之．寿州孙家与中孚银行［J］．江淮文史，2000（4）.

③ 阜丰面粉厂档案：《阜丰面粉有限公司招股章程》，上海市档案馆：Q465－1－2。

④ 阜丰面粉厂档案：《阜丰历史资料》，上海市档案馆：Q465－1－123。

⑤ 阜丰面粉厂档案：《阜丰历史资料》，上海市档案馆：Q465－1－123。

⑥ 阜丰面粉厂档案：《阜丰历史资料》，上海市档案馆：Q465－1－123。

⑦ 陈真、姚洛合编：《中国近代工业史资料》，第一辑，生活·读书·新知三联出版社，1957：475.

至今中外各界人士来沪观光者，至我厂参观，不仅我厂之荣亦我国轻工业界至光彩也”。[①] 到1936年阜丰面粉资本已升值到300万元，日产面粉26000包，成为中国最大的面粉厂。随着阜丰获利的增加，陆续兼并了上海的祥新、裕通、信大，新乡的通丰和蚌埠的信通面粉厂，创建了山东济宁济丰面粉厂，哈尔滨滨丰面粉厂。阜丰面粉的巨大成功为孙氏家族攫取了第一桶金，并为后来包括中孚银行在内的“通孚丰”集团奠定了坚实的经济基础。

阜丰面粉厂步入正轨后，孙多鑫和孙多森在经营上开始出现分歧，“于此经营时期，由于多鑫性懦而保守，常持稳慎之议，而公（孙多森）则雄心勃勃，主张扩张业务，故对阜丰厂至经营及计划，时与多鑫争执不下，往往须由胞叔传樾公劝解，始能息争”[②]。这样的兄弟争执终究不是长久之计，为避免兄弟之间再伤和睦，1904年孙多鑫依靠与李翰章的关系，当了直隶总督袁世凯幕僚，袁世凯十分敬佩孙多鑫，希望学习创办阜丰面粉厂的成功经验，于是委托孙多鑫与周学熙共同办理北洋各种新兴事业，比如唐山启新洋灰公司、滦州矿务股份有限公司、天津铜元局等，工作卓有成效成为周学熙的左膀右臂，1906年，孙多鑫因急性阑尾炎在天津医治无效病故，袁世凯遂召孙多森赴津接任孙多鑫的职务。

中国银行总行于1912年8月在北京成立，孙多森成为第一任总裁，从成立到1913年6月在任时间只有短短8个月，但成绩卓著。中国银行的前身是大清银行，大清银行是官商合股银行，辛亥革命后清政府被推翻，大清银行的官股自然由民国政府接收，但当时的财政总长熊希龄想把商股资本变成存款存入中行，试图把中行变成全官股的银行，这样原来的商股股东一下成了储户，并且中行成了没有股本的银行，必将严重损害中行的社会信誉。后来周学熙接任熊希龄成为财政总长，通过孙多森极力申诉，终于做出了“如有股东不愿改换存单，仍愿改换中国银行股票者，悉听其便”的决定。这样因为大清银行改为中国银行而产生的巨大矛盾终于解决。

孙多森在中国银行管理上，大胆引进日本银行制度，聘请了两名外国人担任中国银行的稽核员和司账员，直接对孙多森负责，这样防止了营私舞弊，成为后来银行总稽核的雏形。总稽核地位仅次于总裁、副总裁，有查验任何账目的权力，避免银行财会账目混乱和舞弊。

1914年10月袁世凯指令周学熙拨款在北京成立通惠实业公司，名义上是倡议发展实业，“通惠”二字是“通商惠工”之意，实际上是为了攫取垄断利润。“额定资本为500万元，先收150万元先行开业，并饬财政部由国库拨交官股60万元，余90万元即由公（孙多森）向各方招募，当时公除由各亲友故旧募集一部分外，并向当时财政各方募得股款90万元，速同官股凑足150万元于1915年先行开业。”[③] 这个以经营保险、仓储、银行等业务的托拉斯性质的投资公司，也成为我国第一家控股投资公司。“10月15日通惠实业公司宣告成立，孙多森任临时总裁（一说任议长），施肇基任副总裁，林葆恒任协理”[④]，总公司在北京，并在上海、汉口设分公司，公司的主要班底大都从阜丰面粉厂调任，孙多森牢牢地把通惠公司控制在自己手里，通过通惠公司孙多森先后投资了一系列企业，除了原来的面粉厂，还有天津通孚堆栈、烟台通益盐公司、上海沪丰堆栈、协孚地产公司当然还有中孚银行等。其中中孚银行的设立，标志着“通孚丰”这个横跨实业、

---

① 阜丰面粉厂档案：《阜丰历史资料》，上海市档案馆：Q465－1－123。

② 孙锡三．孙多森简历［M］．上海市政协文史资料委员会．上海文史资料存稿：第七辑．上海：上海古籍出版社，2001：246.

③ 孙锡三．孙多森简历［M］．上海市政协文史资料委员会．上海文史资料存稿：第七辑．上海：上海古籍出版社，2001：247.

④ 郝秀清．清末民初的“通孚阜”实业集团［J］．安徽史学，1993（1）．

仓储、金融投资的大财团最终成立。

第三节　中孚银行的创立目的

创建中孚银行的目的是调剂资金往来，因为公债的发行利息高，整个银行业大都倾向于投资公债，对真正实业投资往往利息较重，放款范围也小，不愿进行长周期的放款，不能满足实业发展的需要。

“知名或不知名的各种企业或工厂大都与外国企业公司、银行或其他团体有债务关系，非但生产经营，扩大再生产或整理改组扩充时，需要借款应急，而且在筹办过程以至开业时，也需要借款的。由于借款条件苛刻，利息很高，所以不论什么企业，只要一经举借外债常陷入无力自拔的地位。”① 孙多森恰恰也意识到这一点，同时阜丰面粉厂秋收购入小麦需要大量资金，而卖出面粉后有时有大量资金闲置，遂决定成立中孚银行。

中孚银行的创立者主要有孙多森（总经理），聂其炜（协理），卞白眉（总稽查）等，他们都是原来中国银行的老搭档，经验丰富配合默契，卞白眉在日记中记载：“得津信，云荫庭（孙多森）在津办中孚银行拟邀余帮忙”②。于是在1916年11月以通惠公司为母公司，成立中孚银行，总行设在天津，孙多森任总经理，聂其炜任协理，分别在北京、上海、武汉、苏州设立分行。

第二章　通孚丰企业集团

通孚丰企业集团以阜丰面粉厂起家，通过面粉厂的扩张奠定了集团的实业基础，然后通过官办通惠实业公司进行投资，兴建了一批实业企业，如山东济宁济丰面粉厂，河南新乡通丰面粉厂，哈尔滨滨丰面粉厂，通森采木公司，烟台通益精盐公司，天津通孚货站，上海沪丰堆栈，还有上海协孚地产公司等。

“本行（中孚）总管理处按照上届董事会及股东会之议决，于本年（1930年）5月9日移沪办公，并于本年八月十一日与通惠、通丰、通益、阜丰各公司共同组织通孚丰联合办事处”③，这是通孚丰成立的正式命名，但其实早在中孚银行创立之时，这个大的实业集团已经开始成形并发挥联营的作用。所以笔者认为1916年中孚银行的成立，是“通孚丰”实业集团形成的标志更为合适。“通”是指通惠实业公司，“孚”是指中孚银行，“丰”是指以阜丰为主，以及后来出现的通丰、济丰、滨丰等面粉公司。

---

① 孙健．中国经济史近代部分1840—1949年［M］．北京：中国人民大学出版社，1989：300.

② 中国人民政治协商会议天津市委员会文史资料委员会，中国银行股份有限公司天津市分行．卞白眉日记：第一卷［M］．天津：天津古籍出版社，2008：63.

③ 中孚银行档案：《中孚银行董事会关于总管理处迁移上海办公并于通惠、通丰、通益、阜丰等公司共同组织通孚丰联合办事处的文件》，上海市档案馆，Q289－1－7－108。

第一节　通孚丰企业集团产生的背景

近代中国产业兴起较晚，直到进入20世纪中国近代以纺织和面粉业为代表的轻工业才有了较大发展，逐渐成立了一批规模大、资本雄厚、设备先进的企业集团，这批以轻工业为代表的企业集团，大都是学习了日本近代财阀的发展路径，即从一种行业起家，逐渐发展成为涉及多种行业、规模巨大、资本雄厚、对市场有影响力的企业集团，而他们又多以家族为背景经营发展起来，带有日本财阀和美国家族企业的影子。“近代企业集团是具有一定经济功能的企业群体结构。从外延看，近代企业集团研究的对象相对比较集中，是指那些资产阶级‘黄金时期’逐步形成，并且取得一定发展的主要私人资本企业，而这些企业确实呈现出了集团化的结构特征。而现实经济中的企业集团概念也是指那些具有成员企业的独立法人地位、联系纽带和控制关系等三个核心要素特征的企业联合体。”①

这一时期产生的企业有刘鸿生的企业集团，刘鸿生靠推销开滦煤炭起家，成为很有实力的煤炭买办，为了扩展煤炭销售，发展了上海堆栈、南京和江阴堆栈，进而成立了中华码头公司，建立了大中华火柴公司与瑞典火柴展开竞争，后来在上海创建了华商上海水泥公司，形成了与启新水泥的竞争格局，陆续成立了中华煤球公司、华东煤炭公司、章华毛绒纺织厂、华丰搪瓷公司、大华保险公司等60多个公司。这样一个庞大的企业集团，自然也少不了金融公司——中国企业银行。正如刘鸿生所说“我并没有让我所有的鸡蛋放在一个篮子里，那就是说，所有我的资财都是分开投资的。如果一个企业组织亏损了，其余的还可以赚到大量利润。总体来看，在收支差额上还会表现出一种盈余的情况”②。

南通张謇的大生企业集团，包括大生纱厂、通海垦牧公司、还有以通州为枢纽的交通运输企业如大达内河轮船公司、大生轮船公司等，还有资生铁厂，在大生系统形成以后还创建了一批面粉厂，如大兴面厂、复新面粉公司，还有生产日常生活用品的大昌纸厂、大隆皂厂等，就像孙氏的中孚银行一样，大生系统也创立了自己的银行——淮海实业银行。大生系统所涉及的行业多达几十种。集中管理这么一个庞大的企业集团就成为关键，1907年张謇创建了通海实业公司，对大生纱厂创建的各个企业进行统一管理，但实质上这只是一个“有名无实的企业”③，它的创立初衷是为了限制张謇，原来张謇利用大生公司的资金过度投资，并未经过其他股东的同意，引起其他股东的不满，但通海实业公司并未真正实现创立的目的，沦为“专管大生系统各企业外来账目的账房”④。在张謇的大生企业集团中，大生纱厂自然是这个集团大厦的根基，这一点很像孙氏的通孚丰企业集团阜丰面粉厂的地位，他们都是以一项实业起家，后来扩展到其他行业领域，但集团内部真正的台柱子还是初创时期的实业。

“上海永安公司是旧中国规模最大、有相当经营能力并曾在当时国内外享有一定声誉的‘环球’百货公司，它由澳洲华侨郭乐、郭泉兄弟等人发起创设，从1918年正式开业到新中国成立后实行公私合营，历经四十年的发展，它在我国民族资本主义工商业经济中具有一定的影响和

① 张伟东．近代企业史视野下的“企业集团”概念［J］．社科纵横，2015（4）：51.

② 1935年9月11日刘鸿生致五子刘念孝函，上海社会科学院经济研究所．刘鸿生企业史料：上册．［M］．上海：上海人民出版社，1980：282.

③ 大生企业史编写组．大生企业史［M］．南京：江苏古籍出版社，1990：101.

④ 大生企业史编写组．大生企业史［M］．南京：江苏古籍出版社，1990：102.

地位。”①

表 8-1　　永安资本集团各地联号企业（1931 年前创办）

企业名称	地点	创办年份	创办时资本额	经营业务范围
永安果栏	澳洲悉尼	1897	1400 镑（澳镑）	水果、什货
永安公司	香港	1907	16 万元（港元）	环球百货、附设银业部
金山庄	香港	1907	附属于香港永安公司	进出口贸易、代办华侨出入口手续
永安银号	中山县石岐	1910	同上	储蓄、侨汇
大东酒店	广州	1914	同上	旅馆、酒菜
大东酒店	香港	1918	同上	旅馆、酒菜
维新织造厂	香港	1919	同上	织造内衣
大南酒店	梧州		同上	旅馆、酒菜
永安货仓	香港	1916	同上	仓位出租
永安水货保险公司	香港	1915	75 万元（港元）	水火保险业务，在国内外各地设分局或代理处
永安公司	上海	1918	200 万元（港元）	环球百货、附设银业部
大东旅社	上海	1918	附属于上海永安公司	旅馆、酒菜、茶室、弹子房、西菜间、跳舞厅、饮冰室
天韵楼游乐场	上海	1918	同上	游乐场
永安纺织印染公司	上海	1921	600 万元（银元）	五个纺织厂、一个印染厂、纺织印染棉纱棉布
永安人寿保险	香港	1925	200 万元（港元）	人寿保险业务

资料来源：上海社会科学院经济研究所．上海永安公司的产生、发展和改造［M］．上海：上海人民出版社，1981：19.

无锡的荣宗敬、荣德生兄弟从开办广生钱庄，经营汇兑业务起家，发展创立了保兴（后改为茂新）面粉厂、振新纱厂，不断引进设备添加机器，扩大生产兼并扩充新厂，“到 1931 年，荣家企业在上海等地设立了 9 家分支纺织厂，其面粉系也设立了 12 家面粉工厂。除在面粉和棉纺织业有大量投资外，荣家企业在机器翻砂、堆栈打包、储蓄和茧行都有小量投资”②。

表 8-2　　荣家企业的规模（1922 年）

项　目	创办时的年份	创办时的数额	1922 年的规模	1922 年为创办时的倍数	平均年增长率（%）
股本额（千元）	1903	50.00	9835.00	196.70	+32.0
自有资本（千元）	1903	50.00	10430.74	208.61	+32.5
固定资产总值（千元）	1903	50.00	19586.89	391.74	+36.9
纱锭数（枚）	1916	12960	134907	10.41	+47.8
棉纱年产量（件）	1917	9723	80356	8.26	+52.6
布机数（台）	1917	350	1615	4.61	+35.8
棉布年产量（匹）	1917	29002	359530	12.40	+65.4
面粉全年生产能力（千袋）	1903	90	24900	276.67	+34.5

资料来源：上海社会科学院经济研究所经济史组．荣家企业史料上册（1896—1937）［M］．上海：上海人民出版社，1962：104.

① 上海社会科学院经济研究所．上海永安公司的产生、发展和改造［M］．上海：上海人民出版社，1981：前言-1.
② 王颖．近代联号企业与企业集团组织制度的差异［J］．青海师范大学学报（哲学社会科学版），2009（6）．

荣氏企业的快速扩张，“包括茂新面粉公司、福新面粉公司和申新纺织公司三个企业系统及其附属企业，它是旧中国规模最大的民族资本企业之一”①。

表 8－3　　荣家企业的自有资本的增长（1903—1923 年）

年份	（茂新粉厂系统）自有资本（千元）	（茂新粉厂系统）指数（1903 年＝100）	（福新粉厂系统）自有资本（千元）	（福新粉厂系统）指数（1913 年＝100）
1903	50.00	100.0	—	—
1913	277.78	555.6	40.00	100.0
1916	277.78	555.6	351.93	879.8
1920	800.00	1600.0	2936.91	7342.3
1923	879.13	1758.3	2968.14	7420.4

资料来源：上海社会科学院经济研究所经济史组．荣家企业史料上册（1896—1937）［M］．上海：上海人民出版社，1962：112.

由表 8－3 我们可以看出，荣氏企业的资本积累无论是速度还是规模都是非常迅速的，“在二十年中荣氏企业的自有资本增长了二百余倍”②！

这一时期发展起来的企业集团除了上述提到的，还有裕大华、范氏“永久黄”企业集团、美亚织绸、五洲药房等。这些从实业起家，不断发展壮大成长为跨行业甚至是具有国际影响力的企业集团，通过不断互相借鉴，互相竞争，在合作与竞争中都获得了巨大发展，正是在这种发展实业的大环境下，阜丰面粉、通惠实业公司和中孚银行也相应建立并成长为实业集团。

这些企业集团的形成，从它们当时所处的社会环境看，“中国还缺少经常与现代经济增长相联系的几种制度：一个稳定的中央政府，一个统一的金融体系，一种标准的货币以及一套企业注册和管理有效的法律制度”③。这种联合和跨行业联营，显然在一定程度上抵消了由于社会经济条件不健全造成的损失。

“这些企业集团发展方式多种多样，无论是通过同业的横向联合以求规模收益和以优汰劣的经营效益，还是实行供产销的垂直联合以节省交易费用及实现超额利润，抑或实行部门多元化经营以规避风险，它们的兴起都不同程度提高了中国民族工业的规模经营水平、技术水平、经营管理水平。”④

第二节　通孚丰企业集团的内部关系

通孚丰企业集团靠面粉业起家，投资方向主要还是面粉业。为什么集团的投资多对面粉业呢？孙氏对面粉行业熟悉，生产设备和技术比较成熟，管理经验逐渐积累，对市场需求信息掌握比较充分，还有就是面粉行业本小利大，不同于重工业那样投资大风险高，面粉业投资较小，

① 上海社会科学院经济研究所经济史组编．荣家企业史料上册（1896—1937）［M］．上海：上海人民出版社，1962：104.

② 上海社会科学院经济研究所经济史组编．荣家企业史料上册（1896—1937）［M］．上海：上海人民出版社，1962：104.

③ 高家龙．大公司与关系网——中国境内的西方、日本和华商大企业（1880—1937）［M］．程麟荪译．上海：上海社会科学出版社，2002：14.

④ 陈争平．中国近代民族工业“白银时代”的组织调查，朱荫贵，戴鞍钢．近代中国：经济与社会研究［M］．上海：复旦大学出版社，2006：388.

资本回报周期短，市场风险小，市场广阔，不但可以内销还可以出口，多年面粉经营积累起客户和市场，还有所积攒的品牌和口碑影响力，正是这些原因使面粉业成为通孚丰集团主营业务。

“为了充分发挥中孚银行及各地分行的金融调节作用，对各企业的资金运转业务由上海中孚分行负责；河南新乡通丰面粉厂的资金运转由北京分行及郑州办事处负责；山东济丰面粉厂的资金运转由天津中孚总行负责；哈尔滨滨丰面粉厂的资金运转由天津总行及上海分行负责。其他企业也由中孚总行或邻近的各分行负责资金调剂”。[①]

通惠实业公司无疑是通孚丰的核心企业，这不仅表现在通惠公司参与和主导了大部分公司的创办。比如“1919 年通惠实业公司、通丰面粉公司、阜丰面粉公司共同投资 10 万元在天津设立通孚公栈，通惠认股 4 万元，阜丰与通丰各认股 3 万元[②]”。而且在这些子公司的经营和管理上都有通惠公司的影子。比如通惠公司不但出资 60 万元作为中孚银行的官股，而且在中孚银行董事会中通惠公司也是作为大股东参加中孚银行的公司决议。比如中孚银行在第二次董事会会议中就决定，通惠实业公司有权对中孚银行进行查账，中孚银行不得拒绝并且要把每年的详细结算报告给通惠公司。

另外通惠公司在中孚银行也享有创办酬劳和优先股利，在中孚银行的净利分配办法中，每年都在公积金后享有优先的“官利”。另外，“中孚银行每年结账应于净利内提十分之一送予通惠作为创办酬劳”[③]，这不仅显示出通惠公司在中孚银行股东中的地位，更展示出其对中孚银行的控制力。

另外一个在中孚银行占有重要地位的股东，就是孙氏财团的嫡系阜丰面粉公司，不同于通惠公司对中孚银行的官股直接投资，阜丰面粉公司没有出现在中孚银行股东里面，而是以一种更为隐蔽的方式，通过自然人身份，让阜丰面粉厂的大股东以个人身份入股中孚银行，从原始股东到以后的股东构成中，孙氏一直保持着中孚银行和阜丰面粉公司双重大股东身份。再加上通惠公司又是孙氏控制的官股，这样一来，中孚银行无论是官股，还是在董事会都形成了孙氏大权独揽的局面，这就形成了孙氏对这三家公司的相互持股，相互控制。

阜丰与中孚银行这种隐蔽的特殊关系，自然也为阜丰面粉公司赢得了极大的经济利益，“查本行（中孚银行）与阜丰面粉公司秉连结互助之精神……（双方）拟定放款合同，（借中孚）贰佰万，月息一分计息，每年分二次于公历四月底及十月底为付息日起……本借款成立后如乙方（阜丰）有需用额外款项应优先由甲方（中孚）供给，甲方不得无故推脱”[④]。

可以看出，不但中孚银行对阜丰面粉公司的放款利息低，甚至带有荒诞的不可推卸的“义务”，在当时银行业通过贷款控制实业的背景下，恰恰相反，阜丰竟然通过贷款控制了中孚银行，中孚银行成了阜丰面粉公司的“提款机”，中孚银行本应该遵循利息高、风险低的放款原则，应该追求最大化利润的投资目标，但在孙氏强有力的控制下，背离了商业银行的经营宗旨。这自然妨碍了中孚银行的自主经营，同时伤害了孙氏以外的股东利益，引起了孙氏以外股东的反对，于是在董事会就产生了孙氏这样的大股东与大量分散的小股东的控制权与利益之争。

---

① 郝秀清．清末民初的“通孚阜”实业集团［J］．安徽史学，1993（1）．

② 《关于通孚公栈事与各方往来函》，上海市档案馆，Q465－1－25。转引自王颖．近代联号企业与企业集团制度的差异［J］．青海师范大学学报（哲学社会科学版），2009（6）．

③ 中孚银行档案：《中孚银行董事会案附件（1917—1919）》，上海市档案馆，Q289－1－6。

④ 中孚银行档案：《中孚银行董事会审核同意上海中孚银行与阜丰面粉公司订立放款合同的文件》，上海市档案馆，Q289－1－7－149。

孙氏利用控制权损中孚肥阜丰的做法，引起了其他董事的反对，这也是中孚银行第一次危机爆发的背景，当时孙多森死后，作为董事会董事的龚心湛想抓住这个机会，通过排除孙氏在通惠公司势力，摆脱孙氏对中孚银行的控制，于是积极通风报信给周学熙，让周学熙势力趁机入主中孚银行排挤孙氏势力。虽然后来孙氏依靠各种社会关系和聂其炜的帮助度过危机，但这种大股东与小股东的控制与反控制斗争并没有结束。

孙多钰继任主持孙氏北方事业后，因为不是中孚银行创业元老，在中孚银行管理上大量安插孙氏族人，这样造成了中孚银行孙氏职员和其他职员的对立，另外在通惠、阜丰业务往来上更加紧密，牢牢地阻碍了中孚银行的独立发展，聂其炜与孙多钰多次发生分歧，聂其炜两次甚至拂袖不干，最后在包培之调停下才最终和解。

“随着中孚银行的发展，孙氏家族在该行投资的份额越来越多，拥有的股权越来越大，相比较，通汇实业公司发挥的作用越来越小，因为早在1918年，北洋政府财政部就因财政困难，将持有的通惠实业公司60万元股票向中孚银行押借了40万元，后来一直没有归还。孙多钰继任中孚银行总经理后与当时财政总长周自齐商谈，将其买下来”①，“这样，通惠实业公司和中孚银行相互持有的股权均由孙氏掌握运用”②。

从中孚银行角度看，虽然在经营上受到孙氏通惠和阜丰的限制，但相应也在通孚丰企业集团内部得到了现实的利益，首先如果没有通惠实业公司的60万官股，没有以阜丰孙氏为主投资的42万商股，就没有中孚银行的产生，当然中孚银行也在每年的净利分配中给了相应优厚的报酬。

银行的主要业务是存款和放款，中孚银行有了通惠和阜丰做靠山，每年阜丰、通惠都会把大量的闲置资金存入中孚银行，阜丰面粉公司的生产周期是相对有规律的，这就为中孚银行存款的来源和放款业务的进行，提供了相对规律的保证。虽然对于阜丰放款不但利息低而且带有“义务”性质，但不可否认阜丰面粉厂资产多，规模大，效益好，这就保证了中孚银行的放款安全避免了市场风险，另外，对于阜丰面粉厂情况了解深入，降低了放款的风险评估成本。

由于经营面粉业的利润优厚，因此当时经营面粉业还有很多家族财团，如果没有中孚银行对阜丰等集团内部面粉公司的强大资金支持，在与荣氏家族的茂新、福新面粉公司竞争中必然会很被动，所以我们看到当时面粉行业的竞争，不再是单一的生产单位的竞争，更是生产背后整个资金、技术、关系网的综合竞争，这也反映了当时实业竞争的激烈程度。这从一个侧面也反映了中孚、通惠、阜丰走向企业集团化的历史背景和时代要求。

第三节　通孚丰企业集团的特点

通孚丰实业集团兴起、发展的同一时期内，国内还兴起了一大批跨行业、资本雄厚、规模大的企业集团，这些企业集团的兴起有共同特点。

1. 产生的时代背景相同。甲午战争以后，清政府逐渐放开对近代工商业的限制，特别是在民国建立前后，在实业救国的时代号召下，一大批原来的封建士大夫和买办投资实业，一开始多是采用较为落后的机器设备，后来逐步引进先进设备，特别是在第一次世界大战前后，当时

① 汪谦干．论安徽寿县孙家鼐家族对中国近代经济发展的贡献［J］．民国档案，2004（2）：111.

② 孙锡三．一家从未登记的公司——通惠实业公司［J］．文史资料选辑，总第17期．

帝国主义放松了对中国的经济侵略，加上国际市场的巨大需求，投资实业的巨大利润，促成了近代实业发展春天的到来。

另外宽松的监管体制也是重要的时代背景，“民国时期，金融监管体制的不健全及民族工商业的不发达，反而为中国金融业提供了一种相对宽松的经营环境，在此背景下，当时的一些大银行兼营仓库、保险或直接投资工商企业的情况也比较普遍……”①

2. 这些实业集团背后大都有银行财团的大力支持。这些实业集团或者投资银行金融业，或者是靠银行业的大量放款去投资。比如范旭东的永利制碱一再遭遇失败，困难重重，前途难料，依靠金城银行的大力支持才渡过难关；张謇的大生系统背后有张嘉璈的中国银行支持；“荣宗敬对金融业的投资热情是当时实业家中最突出的一个，他所投资的中国、上海等银行及多家钱庄也确曾给荣氏企业帮过很大的忙，1929—1930 年，中国、上海两银行还为争做汉口荣氏企业生意而彼此产生矛盾”②。

3. “近代企业集团成员企业大都具有独立的经济地位，同时至少拥有一种连接成员企业的纽带，可能是资本、血缘等要素，而且通过这些要素形成了对成员企业的控制”③，“通孚丰”集团内的通惠、中孚、阜丰都由孙氏家族牢牢控制，在人事方面更是安插孙氏自己亲信，甚至与非孙氏股东产生激烈冲突造成控制危机。“实行绝对控股的荣家企业在人事安排上更加体现了血缘的重要性。荣家的茂、福、申新三系统共 19 家企业，荣宗敬位居这 19 家企业的总经理职位，其余各家企业的经理、副经理几乎都由荣家的至亲担任。”④

4. 涉及的行业多是以纺织和面粉为代表的轻工业。这一时期发展起来的实业集团，我们发现他们经营的行业多是纺织和面粉业。中国是小麦和棉花的出产国，又是一个市场极为广阔的消费大国。纺织和面粉产业既不缺少原料也不缺少市场，并且纺织和面粉业技术相对简单、投资也相对小，但利润回报较大，产品生产周期短，市场不确定的风险小。而且当时处于第一次世界大战的国际环境，纺织和面粉业出口需求旺盛、短期内便可获取巨额利润。当时发展迅速的以轻工业为主，但也有像范旭东“久永黄”实业集团的酸碱盐化学工业发展起来。

通孚丰实业集团自身特点有：1. “通阜丰”集团与金融业结合最为紧密，也最为成功。“实业家在多元投资的时候，投资金融业，他们投资了金融业，以为有了财神爷的护驾，他们就可以比较容易地克服困难。但在实施的过程中，财神反过脸来，有时会变成索命的判官。”⑤ 这不仅表现在中孚银行的创立促进了阜丰、通惠的发展，更表现在中孚银行带给阜丰、通惠金融上的便利。通过中孚银行绝对的控制，防止了阜丰面粉公司在资金上被别的银行高利息勒索，通过自己中孚银行的支持可以得到优厚的放款条件，降低融资成本。另外通过中孚银行的放款，避免了其他银行借款的股权抵押，防止了被其他银行控制。2. 孙氏投资的行业广泛，涉及面粉、银行、精盐、堆栈、地产和采木等。“而同时期出现的其他企业集团的经营范围则比较单纯，如无锡的荣氏兄弟主要经营面粉业和纺织业，薛南溟集团主要经营纺织业，刘鸿生集团主要经营火柴业，裕大华集团主要经营纺织业”⑥。3. 在集团运作上，“最著成效者，如滦州矿务公司、

---

① 康金莉. 金城银行集团化经营研究 [J]. 河北经贸大学学报（综合版），2009（3）：57.

② 杜恂诚. 近代中国企业家多元投资效果分析 [J]. 贵州社会科学，2013（11）：72.

③ 张伟东. 近代企业史视野下的“企业集团”概念 [J]. 社科纵横，2015（4）：51.

④ 王颖. 近代联号企业与企业集团组织的制度的差异 [J]. 青海师范大学学报（哲学社会科学版），2009（6）：65.

⑤ 杜恂诚. 近代中国企业家多元投资效果分析 [J]. 贵州社会科学，2013（11）：71.

⑥ 郝秀清. 清末民初的“通孚阜”实业集团 [J]. 安徽史学，1993（1）：36.

天津启新洋灰公司、上海阜丰面粉公司、北平通惠实业公司（现已迁沪）等，皆资本雄厚，年有进展，而与该行均有甚深之关系，互相维系者也，其经营宗旨，主张稳健，故虽无突飞猛进之现象，但循序渐进，历来营业顺利而行基日益巩固”①。这种稳健的经营宗旨，保证了“通孚丰”在多元化经营上的成功。4. “在企业内部，孙氏采用封建家族式的管理办法控制职工，如上海阜丰面粉厂，尽管在生产上已使用当时最先进的机器，但整个工厂像座知府衙门，厂门上方悬挂虎头牌，大门两边竖立肃静、回避高脚牌，大门两侧站立着巡丁，使工人望而生畏。”②

第三章　中孚银行的组织机构设置

中孚银行设立后不久，孙多森便于1919年夏天因患糖尿病及背痈外症，逝世于天津。但孙多森创立的制度被一直继承下来，即采用了现代企业制度，在银行设立董事会、监事会、股东会并设立各种详细公司章程，保证了企业所有权与经营权的分离，有利于中孚银行的健康发展。

第一节　股票募集及股东会

中孚银行是股份制银行，“中孚银行倡办于民国六年，按照股份有限公司条例组织。额定资本银币二百万元，以一千元为一股，创设之初由通惠实业公司认股六十万元，其余陆续招募，不数月间集股一百万有余。”③ 关于募集的股票类型，在中孚银行股份有限公司章程中这样规定：“第六条，本银行股票分为一股、十股二种，内一千五百位记名式，五百股为不记名式。”④ “第三条，今银行股本分两次收足，第一次先收二分之一，为优先股；其分二次为普通股。第六条，本行记名式之股票概填持股人姓名，不用室名，其不愿填名者在第二条限额内本银行得填给不记名式股票。第九条，本银行股份招完四分之一以上即开收股金先掣收余矣，股款收齐换给股票。”⑤

股东会议是现代企业制度下，重要的决策和监督机构，它保障了股票持有者的决策权、知情权和监督权。关于股东会的召集、召开、议决有具体规定：“第二十二条，每年七月间股东常会一次，若有重要事得由总董随时召集股东特开会议。第二十三条，股东会议议决权每股一权，以总董为议长，如未到会则公推一人代之。第二十四条，股东会议以莅会股东议决权之过半数为议决可否，同数议长决之。第二十五条，董事会全体或股东人数五人以上计其所有股份资本全数十分之一者，得书面声明应会议之理由请议长召集股东特会。第二十六条，召集总会至少在会期三十日以前将日期场所事由通知各股东，如有更换章程之事并须附寄议案。第二十七条，股东不能到会者，得以委托书委托其他股东代理。第二十八条，股东会置议事录登所执事项由议长及董事二人署名签章存案。”⑥

---

① 杜恂诚．近代中国企业家多元投资效果分析［J］．贵州社会科学，2013（11）：67.
② 郝秀清．清末民初的“通孚阜”实业集团［J］．安徽史学，1993（1）：36.
③ 银行月刊，1921，（1）：49－50.
④ 中孚银行档案：《中孚银行股份有限公司章程》，上海市档案馆，Q289－1－6－4。
⑤ 中孚银行档案：《中孚银行股份有限公司招股章程》，上海市档案馆，Q289－1－6－23。
⑥ 中孚银行档案：《中孚银行股份有限公司章程》，上海市档案馆，Q289－1－6－4。

关于股票的买卖和继承，中孚银行也有着非常详尽的规定：“第六条，记名式股东其股票概属中国人。第九条，股票如有买卖让予情事，除不记名式外，应有卖主或让主于股票背面签名盖章，并应由买主或受主向本银行注册过户，同时应由买主或受者纳过户费每张五角。第十条，如因继承关系须改股票上之姓名，除不记名式外，应由承继人将股票并附证明书送交本行，经本行核明确即准注册过户，但须纳过户费每张五角。”① 但从股份占有情况来看，中孚银行的实际控制权还是牢牢控制在孙氏家族手中。

表 8-4　　中孚银行股东名册、原始股东名册（部分）

户名	代表	股份数	股银（元）
通惠公司	孙震方　林葆恒	6000	600000
孙景西	孙元方	300	30000
养记	孙养儒	200	20000
晕记	孙仲苹	200	20000
师记	孙叔威	200	20000
孙巽记	孙异卿	110	11000
傅增湘	傅增湘	100	10000
龚心湛	龚心湛	100	10000
卞寿孙	卞寿孙	100	10000
聂管臣	聂其炜	100	10000

资料来源：《中孚银行股东名册，原始股东名册》，上海市档案馆：Q289 - 1 - 17.

第二节　董事会

在中孚银行股份有限公司章程里规定了董事会的选举办法“第十八条，本银行设董事七员、监事三员，董事由股东总会在有二十股之股东中选举之，监事由股东总会在有一十股之股东中选举之。”② 关于董事的任期，“第十九条，董事任期三年，监事任期二年，均得再任，但银行成立后初次任满之董事监事改选三分之一。第二十条，董事会设总董一人，由董事中互选。”③

另外还详细规定了董事会的职权：“一、关于备案一切章程之议决；二、总行内部之组织及章程之议决；三、总理、协理之推举或聘任；四、重要职员之授权登记；五、本行行员选用法及保障法之议定；六、有关于全行股东者经总理提交董事暂时筹集议后分别交由股东会再行议决；七、关于重大营业或特别事项，总理须报告董事长，董事长视应行提交董事会议者得议决之；八、本行每年分配净利办法经审定后报告股东会承诺；九、行员奖励金之总成数经审定后报告股东会承诺；十、关于本行各项账目有随时查阅之权。”④

董事会是中孚银行常设权力机关和决策机关，代表股东大会行使管理权，其对每年的营业报告进行审定，确定每年的净利润如何分配、如何扩充中孚银行的股本、下面分行如何监督管理，以及重要行员的任用聘任等。董事会的董事更是多来自通惠、阜丰面粉厂。“董事

① 中孚银行档案：《中孚银行股票填发换补简章》，上海市档案馆，Q289 - 1 - 6 - 27。
② 中孚银行档案：《中孚银行股份有限公司章程》，上海市档案馆，Q289 - 1 - 6 - 4。
③ 中孚银行档案：《中孚银行股份有限公司章程》，上海市档案馆，Q289 - 1 - 6 - 4。
④ 中孚银行档案：《中孚银行董事会专章草案》，上海档案馆，Q289 - 1 - 6 - 19。

长：孙多森；董事：傅增湘、王锡彤、袁乃宽；监察人：王克敏、李湛阳；总管理处：总理孙多森，总会计秦开，总文书兼总稽核卞寿孙。”①

第三节　中孚银行分行的设立

中孚银行建立以后，“设总行于天津，同时在天津设立分行，是年（1916 年）三月于北京设立分号，四月于上海设立分行，于汉口设通汇处营。营业渐见发展，是年（1916）九月乃就北京、汉口改组分行，此后营业益形发达”②，“1935 年 5 月添设苏州支行，8 月添设南京支行、郑州办事处”③。

分行及办事处的设立也是灵活的，进退全凭经营情况与市面实际而定，“查汉口市面迄今未能完全恢复各项商业，均呈凋敝之象，银行业务尤感困难，本行汉口支行因受现金集中市面呆滞之影响，自十六年至十七年以来，各项业务几于无形停顿，本行开支浩繁，若长此以往，难免赔累，为体察本行全体情形，并为维持血本，权宜之计乃酌于本年一月一日起将汉行业务暂行完全收束一俟。”④ 1937 年日本侵华威胁越来越明显，人心惶惶社会不稳，百业凋零，中孚银行主动撤销了定县办事处、苏州、南京等支行。日本侵华形势加剧严重影响了中孚银行业务的经营发展。

分行设经理一人、襄理、副理各一人。分行下设支行、储蓄部和具体业务股（汇兑、放款、存款、出纳、文书等）。总行与分行在管理上也进行了详细规定，例如对于分行领用总行资金多而效益不高的问题，“各行领用资本各应照所领数目按月利五厘认息。理由：领本而不认息，则领本多者暗占便宜，领本少者暗受损，此最不公平，办法易啓争领资本之弊，应按前办法由各行将应出利息每月收总处账，并可由总处随时调拨接济他行俟，每期终作为总处纯益并入各行纯益计算”⑤。

中孚银行的组织机构设置是比较合理的，不但强化了决策权力的集中也照顾到分行、具体业务部门的办事自主性，制度的完善设计保证了公司的日常运营秩序，提高了办事效率，有效防控了经营风险。

第四章　中孚银行的业务经营

“银行的营业大致可分为主要营业、附属营业、特别营业三类，主要营业分存款、贷款和汇兑三种；附属营业及储蓄、信托、货栈、兑换和买卖证券及生金生银等数种；特别营业则须由政府特许，如代理国库、发行纸币等。”⑥

中孚银行的业务基本也包含上述三类，“营业种类：各种存款、各种放款、国外汇兑及押

---

① 中孚银行之今夕观［J］．银行周报，1917，1（27）：15.

② 北京银行公会在会之银行：中孚银行［J］．银行月刊，1921，1（1）：50.

③ 中孚银行档案：《中孚银行简史》，上海市档案馆：Q289－1－16－1。

④ 中孚银行档案：《中孚银行董事会报告汉口分行暂行收缩及其资产负债情况等文件》，上海市档案馆：Q289－1－7－92。

⑤ 中孚银行档案：《中孚银行关于纯收益金分配假定七种照算办法》，上海市档案馆：Q289－1－6－71。

⑥ 周葆銮．中华银行史：第二编［M］．北京：商务印书馆，1919：39－40.

汇、贴现、买卖有价证券及现金银、代理收解款项保管证券票据及贵重品、堆栈、代募公司股票及债票、其他商业银行之业务、兼营储蓄业务”①。

第一节　快速发展时期

中孚银行成立以后，依靠通惠公司强大的资金实力，还有孙氏良好的人脉关系，经营稳健，管理有方，营业日渐发达，存款、放款都有很大进步，成立不久便获利巨大，外部环境正值第一次世界大战期间，中国资本主义经济迎来了发展的春天，中孚银行也进入快速发展时期。

表 8－5　　中孚银行 1916—1920 年营业情形　　单位：元

科目＼年份	五年（1916）	六年（1917）	七年（1918）	八年（1919）	九年（1920）
余利	－2015.48	22760.16	130361.30	194009.45	277825.79
公积金	—	—	2000	19598.13	54000
存款	651086.72	2229225	3983462.62	4341345.13	3974050.69
放款	538072.48	2124×××.66	2683057.90	2373158.97	2477042.45
存放款之比	82.64%	95.27%	67.36%	54.66%	62.33%
开支与利益之比较	13×.42%	70.10%	50.94%	41.76%	35.95%
信用放款之逾减	51336.61	1×96809.49	1598740.66	822077.82	630904.46
摊提之增加	—	13890.68	22039.83	36380.05	53020
开　支	7266.17	85783.46	158286.83	165209.50	185966.52

注：存款包括各种存款及本票；放款包括各种放款及透支；信用放款包括信用放款及往来透支。

资料来源：中孚银行档案：《中孚银行历年营业情形比较表》，上海市档案馆，Q289－1－7－10。

由表 8－5 可知，中孚银行建立以后存款不断增加，这一时期正是第一次世界大战爆发时期，这场帝国主义间的战争恰恰给了中国前所未有的发展机遇，帝国主义忙于应对战争，暂时放松了对中国的经济侵略，另外，战争对粮食物资消耗巨大，特别是对面粉和纺织品产生了巨大需求。

在这一时期，中国面粉业取得了前所未有的发展。“首先是俄国，继而是英国，甚至日本也成了中国面粉业的主要输入国，向法国输入的亦很多，还有菲律宾、越南、土耳其等也需要中国输入面粉。”② 面粉业和纺织业的迅猛发展，给中孚银行提供了良好的经营环境，通过存款、放款利率差得到丰厚的利润，特别是作为集团内部的阜丰面粉厂更是依靠中孚银行提供的优厚放款取得了长足的进步。

另外我们还可以看到，从 1916 年成立以后的两年间，因为业务还未打开局面，没有提取公积金，但从 1918 年开始每年都在利润基础上提取公积金。公积金的提取，保证了中孚银行流动资金的安全，为中孚银行以后的发展源源不断地提供了资金，更为防止投机失败或者金融波动提供了保险。这在当时投机盛行的民营银行中是不多见的，当时的民营银行为了追求投机利润

① 中国银行总管理处经济研究室．全国银行年鉴［R］．1934：70.

② 杨大金．现代中国实业志：上册［M］．上海：商务印书馆，1938：622.

往往不惜把全部用于投机，这就增加了经营风险。中孚银行公积金的提取体现了审慎稳重的经营策略。

第二节　稳步发展扩充资本

经过了成立之初的五六年的高速发展期，伴随着第一次世界大战的结束，列强重新加强了对中国的经济侵略，同时中国国内直奉军阀战争爆发，中孚银行的业务经营受到很大影响。

"以直奉战争、滦矿罢工、纺织厂因棉贵而无利可图，面粉厂因麦少而不能多磨，种种原因银行业务当然减少……纵观今岁政局变迁战祸猛烈，水旱频仍，盗贼蜂起，市面疲滞，财源枯竭，蹶公私证券价值之涨缩，无定各项进出口货之呆滞不振……然各项放款比较上年尤觉稳实，各项存款比较上年则增加壹佰余万，以本行对于社会信用之确证页"①，可以看出，虽然到了1922 年整个中国社会经济情况很是糟糕，但中孚银行还是取得了很大的发展，各项业务进展比较顺利。

随着经营步入正轨，中孚银行开始增加资本扩大规模，"民国十年以扩充业务实力较嫌薄弱，增收资本肆拾捌万元，共成国币壹佰伍拾万元，适合总额四分之三，唯当时未另报部备案，去岁奉国民政府财政部制定银行注册章程，业已开办之银行均应按照部定章程补行注册，本行当将应报各项，按照本行实况缮具呈文并请"②。

通过不断的增资，"1930 年增加股款五十万元，资本总额为二百万元，分二万股，每股一百元；1943 年底调查资本为储蓄券伍佰万元，分五万股，每股一百元，抗战胜利以后，调整资本总额为伪法币五百万元，分为五万股，每股一百元；1948 年 12 月调整资本为伪全国券一百二十万元，分十万股，每股十二元；1949 年 9 月办理人民币增资，以原有资产价值一亿元，增资一亿元，调整资本总额为人民币二亿元，分二百股，每股一百元"③。

不断增资和发行新股，扩大了中孚银行的规模，提高了抵御市场风险的能力，保证了中孚银行日常经营和业务的正常开展。

第三节　业务的扩展

中孚银行不仅仅是我国开办较早的商业银行，而且"上海华商银行经营国外汇兑，对外正式发表者，以该行为最早"④。

"我国银行与各国都市银行直接汇通者，几如凤毛麟角，金融轮转，率唯外国银行是赖。故该行兹为挽回利权及便利各界起见，特与英美日本各国银行，商定代理规约，直接汇通。该行魄力之宏大，识见之远大，洵有是多者。唯该行既创此先举，所望我国银行群起效法，则国外汇兑之发展，将国进九疆，而金融界亦得受无穷之惠。"⑤

"从中孚银行档案看，1918 年上半年，中孚银行就正式经营国外汇兑业务，并与花旗、运

① 中孚银行档案：《中孚银行董事会关于 1922 年营业情况报告及经理分配方案》，上海市档案馆，Q289－1－7－39。

② 中孚银行档案：《董事会会议 1929 年》，上海市档案馆，Q289－1－7－99。

③ 中孚银行档案：《中孚银行简史》，上海市档案馆，Q289－1－16－1。

④ 徐寄庼．最近上海金融史：上卷［M］．上海：上海华丰出版社，1932：129.

⑤ 《中孚银行添设国外汇兑》，《银行周报》，第 2 卷第 20 号，1918 年 5 月 29 日。

通、朝鲜等银行商定代理规约，直接通汇。”①

“本案（报告接收通孚公栈案）经本行与通孚股东代表大会共同协商，将通孚公栈完全让渡与本行，接收该公栈资本共为国币拾万元，内计通惠公司肆万元，阜丰公司叁万元，通丰公司叁万元，由本行按数分项，本行股票交通惠、阜丰、通丰三家公司……”②

中孚银行通过与兄弟企业联合收购了公栈，不但扩大了业务范围同时加强了企业集团内部的联合。1930 年中孚银行成立储蓄部。“财政部行将颁布储蓄条例，对于各银行兼营储蓄业务者，必须划拨资本实行会计独立，并负无限责任，我行兼营储蓄业务与营业部完全划分，并拟定储蓄部专章壹份应请。”③

储蓄部的单独划分，不但可以规避由于银行其他业务而产生的风险，而且还可以通过单独的无限责任，保证储蓄本金安全。“案核所有划分储蓄部之资本均由各分行在原有之营业资本内自行划拨，计沪行储蓄部资本拾万元；津行储蓄部资本伍万元；平行储蓄部资本伍万元，共为国币贰拾万元。”④

表 8－6　　1931—1938 年储蓄部收益情况

年份	1931	1932	1933	1934	1935	1936	1937	1938
收益	1654.26 元	5147.03 元	11487.7 元	9708.92 元	22754.17 元	7810.71 元	—	9348.14 元

资料来源：根据上海市档案馆藏中孚银行档案：Q289－1－7－119，Q289－1－7－131，Q289－1－7－137，Q289－1－7－173，Q289－1－7－182，Q289－1－7－186，Q289－1－7－193 汇总整理。

由表 8－6 可以看出，自从储蓄部设立以后，储蓄部的营业情况波动很大，从成立之初一直到 1935 年，储蓄额逐年增长，到 1935 年达到历史最高值 22754.17 元，但 1936 年储蓄额却急速减少。

通过积极扩展国外汇兑与储蓄业务，中孚银行的营业种类得到了全面发展，业务经营包括“各种存款、各种放款、国外汇兑及押汇、贴现、买卖有价证券及现金银、代理收解款项、保管证券票据及贵重品、堆栈、代募公司股票及债票、其他商业银行之业务、兼营储蓄业务”⑤。

第四节　中孚银行的营业情况统计

表 8－7　　中孚银行 1921—1929 年各项业务收入情况　　单位：元

项目＼年份	1921	1922	1923	1924	1925	1926	1927	1928	1929
利息项	不详	—	—	—	223216.88	349752.23	348142.78	293237.33	308577.81
汇水项	—	—	—	—	8145.46	52288.38	84305.57	23710.95	27418.33
有价证券	—	—	—	—	83465.45	47058.91	—	104256.03	56009.38
各种货币项	—	—	—	—	198473.99	—	—	—	—

① 汪谦干．论安徽寿县孙家鼐家族对中国近代经济发展的贡献［J］．民国档案，2004（2）：111.
② 中孚银行档案：《中孚银行董事会决定接收通孚公栈的文件》，上海市档案馆，Q289－1－7－10。
③ 中孚银行档案：《中孚银行关于划分储蓄部及该部专章的文件》，上海市档案馆，Q289－1－7－113。
④ 中孚银行档案：《中孚银行关于划分储蓄部及该部专章的文件》，上海市档案馆，Q289－1－7－113。
⑤ 中国银行总管理处经济研究室．全国银行年鉴［R］．1934：70.

续表

项目\年份	1921	1922	1923	1924	1925	1926	1927	1928	1929
集益项收入	—	—	—	—	14307.30	5825.59	—	4043.23	—
保管费	—	—	—	—	5783.30	7477.3	9872	7800.40	8957.15
上年滚存	—	—	—	4875.53	6070.83	525.96	3401.44	1251.41	570.44
共计总额	610023.94	496312.98	612428.89	611993.24	547279.59	462402.41	445721.79	434299.35	402624.58①

资料来源：根据上海市档案馆藏中孚银行档案：Q289－1－7－19，Q289－1－7－35，Q289－1－7－48，Q289－1－7－60，Q289－1－7－67，Q289－1－7－75，Q289－1－7－86，Q289－1－7－89，Q289－1－7－99 汇总整理。

从表 8－7 我们可以看出，1921—1924 年的具体业务项目收益资料缺失，但总收入还是比较稳定，能够维持在一个较高的状态，这也是中孚银行一向稳健经营宗旨的体现。自 1925 年以后营业总收入开始逐年减少，这和当时错综复杂的社会背景是分不开的。这一时期可以称为中孚银行的稳健发展时期。

表 8－8　　中孚银行 1931—1939 年营业情况　　单位：元

项目\年份	1931	1932	1933	1934	1935	1936	1938	1939
全年毛利	510434.47	556328.44	612425.73	609442.80	—	621217.86	991169.89	—
上年滚存	1623.36	1919.94	14683.29	8713.03	2101.71	10470.78	6028.89	1157.99
支出	313737.89	292965.09	398395.99	396054.12	—	400659.75	363015.62	—
纯收益	198319.94②	204683.29	228713.03	222101.71	230470.78	231028.89	134183.16	159861.05

资料来源：根据上海市档案馆藏中孚银行档案：Q289－7－122，Q289－1－7－131，Q289－1－7－137，Q289－1－7－173，Q289－1－7－182，Q289－1－7－186，Q289－1－7－193，Q289－1－7－196 汇总整理。

从表 8－8 可以看出 1931—1936 年，中孚银行的纯收益在总体上不断增加，这得益于毛利增加和对开支的有效控制，可以看出，每年的滚存资金都是将纯收益扣除整数位，将千分位以后的都滚存到下一年。这种每年不断滚存不但有利于对纯收益的整块分配，而且滚存的资金也为下一年度的业务经营提供了弹性流动资金。到了 1938 年，中孚银行的纯收益有一个明显下滑。

尽管这一时期，1934 年美国通过了《白银购买法案》，法案使得美国政府在白银价格上涨的情况下，成了世界上主要的白银卖家。“白银的涨价也使得中国的银元增值，1931—1935 年在国际兑换中，中国银元的价值增高了几乎 100%。货币的这种突然增值并非南京政府力量所能控制的。但是它却把中国经济推到萧条的局面中去了。”③ 这样就造成了“一方面是内地的国民经济不断衰落；而另一方面在城市却出现了人为的‘繁荣’假象”④。

① 含手续费项 1091.41 元。
② 其中各种存款增加 1169662.9 元，各种放款增加 1861145.95 元。摘自中孚银行档案：Q289－1－7－122。
③ 小科布尔．上海资本家与国民政府 1927—1937［M］．北京：中国社会科学出版社，1988（8）：165.
④ 奠湮．上海金融恐慌的回顾与前瞻［J］．东方杂志，1936－11－16（34－35）．

表 8－9　　**上海几家中国主要银行利润（1928—1934 年）**　　单位：百万元

年份	利润	指 数 1928＝100
1928	12. 8	100
1929	19. 0	149
1930	19. 1	150
1931	20. 8	154
1932	26. 3	208
1933	26. 8	211
1934	31. 2	246

资料来源：沈康祖．吾国银行［N］．银行周报，1936－2－25（4）．此表中所指的银行包括上海银行业同业公会的各银行和中央银行及四行联合储蓄会在内。

再来看一下中孚银行的证券投资情况。

表 8－10　　**中孚银行证券投资调查**

名称	地点	股份	金额	时间
上海电力公司	上海	8 股	800 美元	1915 年
华安保险公司	上海	88 股	1320 美元	民国 36 年
汉口英国电灯公司	汉口	—	110 银元 55 银元	1916 年 4 月 1928 年 6 月
江南水泥公司	天津	567500 股	国币 56750000	民国 37 年 6 月
裕通面粉公司	上海	2 股（1 亿一股）	两亿	民国 36 年 5 月
华新水泥公司	汉口	800 万股	1440000000	1949 年 12 月
华丰面粉公司	上海	400 万股	4000000	民国 36 年 12 月
联合征信所	—	40 万股	4000000 金圆券	民国 36 年 12 月
通惠实业公司	—	1809 股	180900 银元	—

资料来源：中孚银行档案：《中孚银行证券投资调查表》，上海市档案馆，Q289－1－45－14。

从中孚银行的证券投资调查表可以看到，中孚银行主要投资一些有实力的大公司，不但投资风险相对较低，而且投资多倾向于电力、面粉、水泥这种市场广阔的行业。

第五节　中孚银行净利分配与行员管理

表 8－11　　**中孚银行 1924—1939 年营业部净利分配统计**

项目 年份	净利	提公积金	提特别公积金	提股东正利	提通惠公司创办酬劳	提股东红利	提行员奖励金	提滚存下年
1924	303070. 83	30000	60000	—	12000	30000	45000	6070. 83
1925	210525. 96	20000	—	20000	4000	30000	36000	525. 96
1926	173025. 53			120000	3000	15000	1624. 09	3401. 44
1927	134816. 41			120000			13565	1251. 41
1929	151395. 61	10000		120000			20000	1395. 61
1931	196696. 58	10000		100000			27000	1319. 94
1932	204683. 29	40000		160000			50000	14683. 29
1933	228713. 03	20000		160000			40000	8713. 03
1934	222101. 71	20000		60000			40000	2101. 71

续表

项目 年份	净利	提公 积金	提特别 公积金	提股东 正利	提通惠公司 创办酬劳	提股东 红利	提行员 奖励金	提滚存 下年
1935	230470.78	20000		160000			40000	10470.78
1936	231028.89	20000		160000			45000	6028.89
1938	134183.16	10000		80000			32611.17	11571.99
1939	159861.05	20000		120000			15000	4861.05

资料来源：根据上海市档案馆中孚银行档案：Q289－1－7－60，Q289－1－7－67，Q289－1－7－75，Q 289－1－7－86，Q289－1－7－89，Q289－1－7－99，Q289－1－7－122，Q289－1－7－131，Q289－1－7－137，Q289－1－7－173，Q289－1－7－182，Q289－1－7－186，Q289－1－7－193，Q289－1－7－196 汇总整理。

“净利提公积一成，及股东正利外如尚有盈余自应酌提奖励金，以奖励行员辛苦，但各商业银行多以十成与股东红利，三七分配，本行既提官利则行员自应从优，应以所余十分之四为行员奖励，以十分之一为特别公积，十分之一为公司酬劳，余十分之四为普通优先股利，至各行分配奖励之法，除总处提出若干外余按获利多寡分配，无净利者不给。”①

从表8－11 可以看出，中孚银行无论营业情况是否宽松，一方面坚持提取公积金和滚存下一年度资金，这样保证了中孚银行能够顺利开展下一年度的工作；另一方面坚持每年或多或少给行员职工提取奖金，不但保障员工日常生活所需，而且通过不同程度的奖金激励了行员工作的积极性。“行员薪水也应比照兴业银行酌定额薪，其年俸、特俸应另行修改限制办法。理由：薪水不定额薪，则增加将无底止，自应择商业银行最节省者照办理，但本行从前额已逾，此项额定者应改作津贴以后不得增加，其兼任人员仍照原章办理。”②

除了日常的奖励以外，对于行员的死亡也有抚恤，“敝津行函报，助员吴锐智于四月二十九日病故，等因兹特遵章报告，即祈尊处在存储项下拨给抚恤金国币二百四十元为荷”。③

第六节　中孚银行总行迁上海

1930 年中孚银行将总管理处迁往上海，“本行总管理处按照上届董事会及股东会议之议决，于本年 5 月 9 日移沪办公”④。由于总行迁沪，及时对天津分行进行了人员调整，以便更好地开展工作。“本行津行经理职务原由聂协理兼任，兹以总行移沪办公不便遥领，所有津行经理职务即派总处计核科长兼津行副经理包光镛接任，所遣总处计核科长一职调沪行副经理张书铭充任。”⑤

“我国银行之成立地点，以省论，江浙二省最多，以市县论，则以上海、北平为嚆矢，上海为我国第一大埠，第一银行成立所在地，独得风气之先，纵然为我国金融之中心，固无论矣。唯北平并非商场，徒以政府所在之首都，因承揽政府公债借款等业务关系，遂为一部分银行之

---

① 中孚银行档案：《中孚银行关于纯益金分配假定七种照算办法》，上海市档案馆，Q289－1－6－71。

② 中孚银行档案：《中孚银行关于纯益金分配假定七种照算办法》，上海市档案馆，Q289－1－6－71。

③ 中孚银行档案：《中孚银行总管理处函报助员吴锐智病故拨给抚恤金事与通孚丰联合办公事往来函》，上海市档案馆，Q374－10－2－1。

④ 中孚银行档案：《中孚银行董事会关于总管理处迁移上海办公并与通惠、通丰、通益、阜丰等公司共同组织通孚丰联合办事处的文件》，上海市档案馆 ，Q289－1－7－109。

⑤ 中孚银行档案：《中孚银行董事会关于包光镛兼任天津分行副经理，张书铭为总处稽核科长的文件》，上海市档案馆，Q289－1－109。

发源地。经数度风险，悻而存在者寥寥无几，加以国都南迁，商业更趋萧条，银行已失其重心，于是逐渐有南迁之趋势。”① 可以看出，中孚银行南迁上海也是顺应了时代潮流，因为当时的上海经济条件得天独厚，政治经济环境稳定繁荣。中孚银行南迁之后，自 1931 年开始进入了一个稳定增长时期。

第五章　中孚银行经营中的挫折

中孚银行成立以后经营蒸蒸日上，虽然屡受其他银行挤兑拖累，面对市面风潮冲击始终能化险为夷，“六载以来，谨慎进行，其间适逢市面风潮，未受波及，社会信用，日益昭著，实业界颇受裨益，唯念营业范围，至为廓大，经营手腕，端赖敏活”②。这种谨慎稳健的经营宗旨保证了中孚银行健康运营。

但中孚银行的家族制管理，在人员任用上摆脱不了家族企业的弊病——任人唯亲。这虽防止了企业控制权落入外人之手，但财权和人权的集中，也有不能避免的缺陷。

第一节　控制权危机

聂其炜，字管臣，是曾国藩的外孙，聂家原来在上海创办了恒丰纺纱厂，聂其炜担任纱厂总经理，后来孙多森邀请聂其炜北上共创实业，成立中国银行后，孙多森担任中国银行总裁，聂其炜任副总裁，后来追随孙多森共同辞职创立中孚银行，中孚银行由通惠公司拨款 60 万元作为官股，其他商股由孙多森召集，初设资本 100 万元，后来扩大到 200 万元。孙多森通过收买商股使商股基本掌握在孙家手中，又因为孙多森是通惠公司官股的代表 ，这样一来中孚银行完全掌握在孙氏手中，孙多森任总经理，聂其炜任协理。

但中孚创立以后，孙多森和聂其炜发生了很大分歧和矛盾，聂其炜愤然辞职返回上海。1919 年孙多森在天津突然病逝，这样中孚银行就出现了总经理和协理同时出缺的局面，通惠公司官股代表也同时开缺，一下子群龙无首乱成一团。中孚银行本就是各方势力垂涎已久的肥肉，这样的天赐良机自然给了觊觎已久的势力乘虚而入的机会。

周学熙，字缉之，别号止庵，成为袁世凯幕僚后创建了一系列的近代实业，如唐山启新洋灰公司、滦州矿物股份有限公司等。周学熙早就觊觎孙氏控制的中孚银行，无奈一直没有机会插手。孙多森死后，周学熙急忙纠集自己势力，由启新洋灰公司代理董事长，当时还担任中孚董事的龚心湛（字仙舟）出面，推李十鉴（字希明）带领若干人员急忙奔赴中孚银行，想代替孙多森的通惠公司官股地位，达到乘机控制中孚银行目的。

据包培之回忆，“其时孙多森长子孙震方在津浦路局任出纳科职员，年纪很轻，没有经验，听到消息，即与十三胞叔孙多钰商议，拍急电去上海，催请聂其炜来津主持行务，聂接电即赶回天津。等到李希明率接管人员前来，发现聂其炜已到行视事，大为惊讶，略事寒暄即辞回向龚心湛复。龚心湛任汉口中国银行经理时，聂曾以中国银行副总裁身份到汉行视察，故龚对聂

① 中国银行总管理处经济研究室：《全国银行年鉴》，1934 年版，6 - 7.

② 中孚银行请准发钞［J］. 银行月刊，1922，2（6）：116 - 117.

为人深为了解，此事遂不了了之。”①

后来1920年周学熙创立了中国实业银行。孙多钰接替孙多森任中孚银行总经理兼通惠公司总裁，聂其炜任协理兼天津分行经理。这次危机孙氏保住了对中孚银行的控制权，全赖聂其炜能不计前嫌，念与孙氏以往的交情，及时出手帮忙。

第二节　1925年外汇投机失败危机

孙多森死后，孙多钰接替了寿州孙氏在北方的事业，孙多焱则为南方事业的当家人，当时孙氏在南方主要是上海有阜丰面粉厂，金融有中孚银行，商业还有沪丰堆栈（仓库）。孙多焱任阜丰面粉厂经理，中孚银行上海分行经理则由孙元方接任。孙元方，字景西，“孙元方的父亲与孙多森是堂兄弟，元方只比孙多钰小1岁，在同辈中最大，被称为景西大爷，留美回国后，曾秉承孙多森意旨在汉口设立中孚银行，并仿上海中孚大厦款式，建造汉口中孚银行大厦，元方口才很好，在上海银行公会颇有声望”②，因此在孙家地位显赫。

1925年孙元方任中孚银行上海分行经理，副经理由谢芝庭担任。孙元方担任上海银行公会第一届会长，孙元方非常信任谢芝庭，对谢芝庭言听计从颇为倚重，因此中孚银行日常业务便全权委托给谢芝庭，当时“对于各项放款业务经次第收束，专注于国外汇兑，甚至其他分行的汇兑有时也委托沪行来做”③，因此谢芝庭一下子独揽了中孚银行大量的汇兑资金用于外汇投机，他瞒着孙元方投机外汇失败亏损巨大，但因为孙元方的盲目信任未被发现，但中孚银行协理聂其炜接到了上海分行行员的告密信，于是两次派人到上海稽查，当时孙多焱和孙元方联合，不想让北方的孙多钰插手自己南方的事业，面对聂其炜的两次稽查都坚决拒绝。聂其炜看到无法插手调查，便报告了总经理孙多钰，孙多钰亲自赴上海调查，孙多焱和孙元方害怕孙多钰插手南方事业，于是一味袒护谢芝庭，认为谢芝庭非常可靠，绝无问题，这件事便不了了之，没有彻查。后来因为谢芝庭亏损太大无法弥补，事情败露，这才引起中孚银行重视，彻查后发现亏损累计竟达200万元之多，流动资金链断裂，随时有被停业清算的危险，孙元方大惊失色这才急忙请示总行。孙多钰与聂其炜商议，中孚银行是孙氏金融的重心绝不可破产，否则会连累阜丰面粉厂和通惠实业公司，而上海分行更是中孚银行的重要支柱绝不可有所闪失，只有孙氏各房团结一心才能挽救危局。孙多钰不得不再次南下上海挽救危局。

孙多钰到达上海与孙氏各房开会商议，决定：（一）立即从天津调拨100万元现金到上海，盘活资金流通防止被挤兑；（二）“成立协孚房产公司，由各房立凑现金60万元，交上海中孚作为购买协孚股份资金”④；（三）其余40万元由上海分行承担偿付。在孙氏各房的团结下危机终于安全度过，避免了倒闭的危险，但中孚银行元气大伤。

因为从危机的爆发到措施补救都是秘密进行的，从天津分行拿钱填补上海分行的亏损，成立协孚公司掩人耳目避免了中孚银行的信用危机。但因为这次危机不敢声张，在集团内部下发文件进行通报，“查投机行为弊害甚多，本行同仁曾有因私营投机而致失败者，兹为防止此类情

---

① 包培之．寿州孙家与中孚银行［J］．江淮文史，2000（4）：133.

② 包培之．寿州孙家与中孚银行［M］．天津政协文史资料委员会．天津文史资料选辑：第35辑．天津：天津人民出版社，1986：137－151.

③ 中孚银行档案：《银行津、京、汉各行经理的密函汇订》，上海市档案馆，Q289－1－41－98.

④ 晓颂．寿州孙家百年传奇［J］．江淮文史，2002（2）.

事再度发生，经本会第四次会议议决应由总行令劝告全体同仁，以后不得再有此种行为，特此录案通知”①，也就没有对危机暴露的管理缺陷进行有效的修正，所以后来又发生了几次危机，“如中孚上海分行副经理张佩绅、北京中孚分行副经理孙晋云、天津中孚银行保管股先后盗卖有价证券失败，使重负银行几临危境，不得不靠阜丰厂长期贴补支撑”②。

孙元方因为此事声望大跌，最终抑郁而死，谢芝庭离开孙氏后来在汪伪时期投敌，被戴笠手下军统击毙。

第三节 1946年停业危机

日本投降以后，国民党势力重回上海，为了树立威信便装腔作势，想打着惩办汉奸旗号，准备对银行界进行恐吓。这时的中孚银行是一个规模大有油水的商业银行，又没有政治上的靠山，这样一来中孚银行便成了“杀鸡儆猴”的理想对象。

据孙锡三回忆，“记得是二月六日那天早晨，我在中孚银行北京分行，突然接到上海总行一个电报，说我行在二月四日接到国民党政府财政部命令，内称中孚银行在抗战陷敌期间，有帮同敌伪危害民国行为，应予吊销营业执照，立即停止营业等话，嘱北平分行查照，并着我立即回沪，主持办理复业申诉事项”③。

中孚银行请求上海银行公会帮忙，在中孚银行致上海银行同业公会信函中所言“唯自孚行检讨殊觉愿望，盖在沦陷期内无日不思如何有利于国家，而任此次财部令系出误会，而误会责任应在孚行方面”④，最终银行答应“至祈俯赐同情，予以协助”⑤。并向财政部请求“能肯俯念各股东无辜受累，准由该行克日召开股东会从新改选改组，彻底整理恢复营业，并俯赐将营业执照从缓吊销”⑥。但当时财政部没有给出具体的指控罪名，所以中孚银行的申诉也只能全都一律不承认，但因为没有具体事由无法具体逐条反驳，当时也没有及时托人说情，所以第一次申诉没有结果石沉大海。

由于国民政府财政部停业命令中并没有给出具体罪行，只有笼统的“帮同敌伪危害民国”八个字，这就是中孚银行申诉没有具体反驳理由，难以据理申诉，中孚银行先委托蔡汝栋律师，呈请财政部将中孚银行的具体罪行公示。

1946年3月26日，国民党上海区财政部特派委员会署转来该部文件：“中孚银行在抗敌期间，曾将自有房屋租赁给伪粉麦统制委员会使用，并为粉麦统制委员会贷给巨额放款，又在经营南北汇款时，通过敌正金银行办理，并为顾客经营买卖巨额黄金等业务，该行总经理孙仲立甘心附敌，充任伪粉麦统制委员会之职”。⑦

---

① 中孚银行档案：《中孚银行董事会检发历次董监事联席会议及常董会议决议案嘱办遵办的来函》，上海市档案馆，Q289－1－24。

② 郝秀清．清末民初的“通孚阜”实业集团［J］．安徽史学，1993（1）：37.

③ 中孚银行档案：《 中孚银行停业复业内幕——孙锡三》，上海市档案馆，L1－1－323－37。

④ 中孚银行档案：《关于奉令停业复业及清理期间与各方面来往书来往函件〈致上海银行同业公会函〉》，上海市档案馆，Q289－1－12。

⑤ 中孚银行档案：《关于奉令停业复业及清理期间与各方面来往书来往函件〈上海银行同业公会回银行函〉》，上海市档案馆，Q289－1－12。

⑥ 中孚银行档案：《关于奉令停业复业及清理期间与各方面来往书来往函件（上海银行同业公会致财政部函）》，上海市档案馆，Q289－1－12。

⑦ 《中孚银行停业复业内幕——孙锡三》，上海市档案馆，L1－1－323－37。

总结起来国民党财政部指控主要有以下四点：1. 向伪粉麦统制委员会出租房屋，向伪粉麦统制委员会发放巨额贷款；2. 与敌正金银行合作；3. 战时买卖巨额黄金；4. 孙仲立担任伪职①。中孚银行在得知这四项具体指控后，积极奔走申诉求情。

针对指控的四项罪名，中孚银行逐条反驳。“1. 我行房屋租赁予伪粉麦统制委员会使用一节，完全是一种普通租赁关系，不能构成附敌嫌疑，至于向伪粉麦统制委员会贷给巨额放款一事，则是当时由银行同业公会主持，内有中国、交通两行主办的一笔共同性放款，参加的同业有中国、交通、金城、大陆、盐业、中南、上海商业、中国实业、浙江兴业、四明、通商、新华、垦业、国华、永亨、国货我们共二十五行之多，且各行承做数额亦系中、交两行为巨，数字占总数一半。而我行所占数字仅有 1.5%，为全体承做行的最少数额，似此微微难以构成巨额之嫌，且钧部署其他廿四同行于不同，而单独处罚我行，实属情有为甘。”② 这条不但否定了租赁的通敌嫌疑，在给敌伪巨额贷款一项上，给出了具体数额洗脱“巨额放款”嫌疑，利用把其他银行拉下水，因为中、交两行与国民党政府关系特殊，拿中、交两行做挡箭牌，这样也争取了其他二十四家银行的声援和支持。“2. 至于经营南北汇款通过正金银行一事，系属当时沦陷区规定所有同业均属一律遵办，我行亦难于例外，且我行南北均有企业，对于头寸调拨，本可自行处理，但因当时情况，如无一二汇款通由敌正金银行，反至引起敌伪的注意，俱偶做一二笔小额汇款以资掩护，更难以通敌论。3. 至于买卖巨额黄金一事，查我行自 1941 年起至胜利日止四年间，仅为一位客户售出黄金廿五两，似难以巨额论，且原卖出顾客仍在国内，钧部署不问，而单独 × × 我行，以为难服众。4. 至于总经理孙仲立甘心附敌，出任伪粉麦统制委员会主任委员一事，是彼个人之事，我行难为共负责。”③

上面的申诉有理有据，逐条反驳都切中要害，特别是最厉害的第一条申诉，牵涉到当时几乎全部大银行，波及面太大，财政部根本无法招架。

不久中孚银行的申诉得到财政部批复驳回，却没有给出新的驳回依据而是含糊其辞。中孚银行认识到再走程序靠申诉不会有太大进展，于是开始发挥孙氏的人脉关系托人说情疏通关系。

孙锡三找到当时国民党安徽省和贵州省主席及蒙藏委员会委员长吴忠信。吴忠信，字礼卿，一字守坚，号恕庵，早年参加同盟会和辛亥革命，是国民党的元老派，与蒋介石同是保定军官学校的同学，很受蒋介石重视。与孙家同是安徽老乡便于亲近，孙锡三回忆，“他（吴忠信）在当时不是一个贪得无厌的人，他的欲望不太大易于满足并且他表示愿意帮忙，但他认为必须向外声明中孚银行与他有投资关系才能有利，我们此时肯定他欲望不大，班底不多，而且对于工商业还是外行，易于对付不会有太大危险，所以就完全同意了他的意见，答应复业后请他做董事长，于是这桩买卖就这样决定了。”④ 于是吴忠信与蒋介石留日时期的同学李运溪，两个人亲自向蒋介石说情，“据云吴忠信是这样对蒋说的：我年事已高，不想再做官，但现在手无积蓄，如能允许中孚复业，即以此作为我晚年栖身之所，于愿足矣”⑤。终于 1946 年 11 月 16 日，蒋介石下发手谕批准中孚复业，这场耗时九个月的停业难关终于渡过。

---

① 孙豫方，字仲立，孙多焱的长子，曾留学美国，回国后任上海阜丰、中孚两处的总经理，上海沦陷后逃亡香港，后被日军挟回上海担任伪粉麦统制委员会主任。

② 中孚银行档案：《中孚银行停业复业内幕——孙锡三》，上海市档案馆，L1－1－323－37。

③ 中孚银行档案：《中孚银行停业复业内幕——孙锡三》，上海市档案馆，L1－1－323－37。

④ 中孚银行档案：《中孚银行停业复业内幕——孙锡三》，上海市档案馆，L1－1－323－37。

⑤ 包培之．寿州孙家与中孚银行［M］．天津政协文史资料委员会．天津文史资料选辑：第 35 辑．天津：天津人民出版社，1986：137－151.

经过这场危机，吴忠信当上了中孚银行的董事长，孙多钰则退为副董事长，实权仍在孙多钰手中。

结语

中孚银行成立于第一次世界大战以后，成立早、规模大并且与实业联系紧密，依靠阜丰面粉厂和通惠实业公司的大力支持，中孚银行业务规模发展迅速，成为当时著名的“通孚丰”集团的柱石之一。通过寿县孙氏家族的治理，整个“通孚丰”集团，已经开始具备现代家族企业管理的雏形，这对于我们研究跨行业企业集团和家族企业管理具有典型的研究价值。由于中孚银行抗战胜利后档案史料的缺失，所以本文研究截至 1946 年。

中孚银行经历了北洋政府时期、国民政府时期、抗日战争、解放战争和新中国时期，在不同历史时期基本坚持了审慎稳重的经营方针，采用了先进的商业银行现代企业管理制度，经营权与所有权分离，开辟了对外汇兑业务，在当时不失为一件创举，历经数次风险考验仍能化险为夷。纵观中孚银行的发展历程，我们可以看到无论业务经营还是风险挫折，都是一个时代的缩影，打上了时代的鲜明烙印，对于我们今天民营商业银行的管理，中孚银行仍具有十分重要的研究价值。

参考文献

档案、史料

［1］上海市档案馆，阜丰面粉厂档案。

［2］上海市档案馆，中孚银行档案。

［3］上海社会科学院经济研究所编：《刘鸿生企业史料》，上海人民出版社，1980 年版。

［4］大生企业史编写组：《大生企业史》，江苏古籍出版社，1990 年版。

［5］上海社会科学院经济研究所经济史组编：《荣家企业史料》，1962 年版。

著作

［1］朱荫贵、戴鞍钢主编：《近代中国：经济与社会研究》，复旦大学出版社，2006 年版。

［2］贾士毅：《国债与金融》，商务印书馆，1930 年版。

［3］［日］宫下忠雄，吴子竹译：《中国银行制度史》，1957 年版。

［4］孙健：《中国经济史——近代部分 1840—1949 年》，中国人民大学出版社，1989 年版。

［5］陈其田：《山西票庄考略》，商务印书馆，1937 年版。

［6］黄鉴晖：《山西票号史》，山西经济出版社，2002 年版。

［7］姚遂：《中国金融史》，高等教育出版社，2013 年版。

［8］高家龙：《中国的大企业——烟草行业中的中外竞争（1890—1930）》，商务印书馆，2001 年版。

［9］黄鉴晖：《中国银行业史》，山西经济出版社，1994 年版。

［10］陈真、姚洛合编：《中国近代工业史资料》，第一辑，生活·读书·新知三联出版社，1957 年版。

［11］周葆銮：《中华银行史》，商务印书馆，1919 年版。

［12］杨大金：《现代中国实业志》，商务印书馆，1938 年版。

［13］徐寄庼：《最近上海金融史》，上海华丰出版社，1932 年版。

［14］小科布尔：《上海资本家与国民政府 1927—1937》，中国社会科学出版社，1988 年。

［15］上海社会科学院经济研究所编：《上海永安公司的产生、发展和改造》，上海人民出版社，1981 年版。

［16］高家龙，程麟荪译著：《大公司与关系网——中国境内的西方、日本和华商大企业（1880—1937）》，上海社会科学出版社，2002 年版。

论文

［1］王玉茹、燕红忠、付红：《近代中国新式银行业的发展与实力变化》，《金融研究》，2009 年第 9 期。

［2］晓颂：《寿州孙家百年传奇》，《江淮文史》，2002 年第 1 期。

［3］包培之：《寿州孙家与中孚银行》，《江淮文史》，2000 年第 4 期。

［4］郝秀清：《清末民初的“通孚阜”实业集团》，《安徽史学》，1993 年第 1 期。

［5］汪谦干：《论安徽寿县孙家鼐家族对中国近代经济发展的贡献》，《民国档案》，2004 年版。

［6］奠湮：《上海金融恐慌的回顾与前瞻》，《东方杂志》，1936 年 11 月 16 日。

［7］张伟东：《近代企业史视野下的“企业集团”概念》，《社科纵横》，2015 年 4 月。

［8］王颖：《近代联号企业与企业集团组织制度的差异》，《青海师范大学学报》（哲学社会科学版），2009 年第 6 期。

［9］康金莉：《金城银行集团化经营研究》，《河北经贸大学学报》（综合版），2009 年 3 月。

［10］杜恂诚：《近代中国企业家多元投资效果分析》，《贵州社会科学》，2013 年第 11 期。

文史资料

［1］上海市政协文史资料委员会编：《上海文史资料存稿》，第七辑，上海古籍出版社，2001 年版。

［2］中国人民政治协商会议天津委员会文史资料委员会、中国银行股份有限公司天津市分公司合编：《卞白眉日记》，天津古籍出版社，2008 年版，第一卷。

［3］天津市政协文史资料委员会编：《天津文史资料选辑》，第 35 辑，天津人民出版社，1986 年版。

报刊年鉴

［1］《银行月刊》

［2］《银行周报》

［3］《东方杂志》

［4］中国银行总管理处经济研究室：《全国银行年鉴》，1934 年版。

第八篇　中华汇业银行

郭坤

1916年12月段祺瑞政府和日本政府达成西原借款协议。为了经营西元借款，日本政府批准由兴业、台湾、朝鲜三家银行组成特别银行团承担此次借款，并且由中日合办设立的中华汇业银行经手此次借款。1917年10月中国财政部批准立案①。1918年1月19日在陆宗舆宅院召开成立大会，选举陆宗舆为总经理，柿内常次郎为专务理事，2月1日开始营业②。

① 中华汇业银行于1918年5月经农商部注册，1924年8月经财政部补行注册，于彤．北洋政府时期全国金融机关一览，中国社科院近代史研究所、近代史资料编辑室编．近代史资料，1988（11）．

② 中华汇业银行北京总行开业时间，说法不一，《银行周报》580号、《中国年鉴第一回》《中华银行史》《中华币制史》《上海通志馆期刊》《民国续财政史》、北京《晨钟报》都采用2月1日说。其余说法有1918年9月26日《申报》三月开业说，后世的说法有1917年8月10日说，实是误把《合办中华汇业银行约规》签订之日当成了开业之日。

第一章　时人对中华汇业银行成立的态度及评价

在近代受甲午战争及二十一条影响，中日关系不睦的背景下，由中日合办成立银行国人颇有微言，尤其对中华汇业银行有在中国发行银行兑换券的特权，各界极表不满，并由此迁怒段祺瑞政府。中华汇业银行是在一片反对之声中成立的。

《合办中华汇业银行约规》签订前后，北京、上海等地在得知《约规》中有这样两条后，即中华汇业银行得在中国通商大埠及内地设立分行，银行有发行银行兑换券的特权，上海、北京掀起了反对中华汇业银行的运动。银行还没成立，反对之声先起，这在中外合办银行的历史上是绝无仅有的。

上海商界最先表明反对态度。1917 年 8 月 7 日，上海总商会致电北京政府："以中外合办中华汇业银行有碍金融主权，恳请坚决拒绝。"① 银行界反对之声渐起，8 月 21 日上海银行公会召开特别会议，凡入会各银行行长、经理全体参加会议，认为中日合办中华汇业银行事关中国金融主权命脉。会议议决，致电北京政府："近日宣传有外人要求政府合办汇业银行，准其在通商大埠及内地发行纸币，此事实行，金融之权操于外人，且沪上商办银行逐渐收回旧纸币，领用国家银行纸币，冀副政府统一币制之至意。今若以各埠发行纸币之权授予外人，其祸患不堪设想，务恳大总统钧院钧部附念全国金融，坚持拒绝，无任迫切待命之至。"② 随后上海舆论一致反对中华汇业银行成立。

北京商界、政界对中华汇业银行的成立也颇为不满，尤其谴责其可在中国发行纸币一事。北京《晨钟报》一直密切关注段祺瑞政府的行动，曾因披露段祺瑞政府大借日款于 1918 年底被段政府查封。1917 年 8 月 9 日该报刊文："该行在中国得享有各银行之同等权力，并有发行纸币特权。某当局对于许其发行纸币一节，不易承诺，盖以外人所办之银行如得在吾国发行纸币，不特吾国大受损失，而将来吾国谋整理币制时更感困难。即欲收回此权，亦绝非容易之事业。据闻如万不得已者，但能照中法银行办法为止。"③ 1917 年 9 月 2 日《晨钟报》记者采访北京银行界某著名人物谈对中华汇业银行的看法。该著名人物认为，发行纸币有可能操纵金融界大权，进而影响工商业。东西各国对于纸币发行，虽然有中央银行单独发行及各银行自由发行两种制度，但是由中央银行发行纸币更容易管理，所以各国都追求中央银行制。近年来，政府已经有币制统一的思想，也逐渐做币制统一准备，所以对各省各家银行银号已发行的纸币或严加取缔或换给国家银行纸币，对于尚未发行纸币的银行要求发行的呈文严加批驳。这些在财政部泉币司是有案可查的。政府明明知道整顿币制应先统一纸币发行权，统一纸币发行权必须委于国家银行。现在把发钞权委于中外合资银行，对我国整顿币制只能起反作用。再有，中华汇业银行发行金本位币在我国流通，金银比价将来以什么为标准呢？物价以金币计算还是以银币计算？④ 9 月 6 日、13 日《晨钟报》记者就中华汇业银行之事两次访问某政治家。某政治家认为，中日在此之前的种种合办事业如鸭绿江合办之伐木公司、本溪湖合办之煤矿、中日实业公司，徒有

① 韩信夫，姜克夫．中华民国大事记［M］．北京：中国文史出版社，1978：498.
② 银行公会之爱护主权［N］．申报，1917－08－22.
③ 记中日合办之汇业银行［N］．晨钟报，1917－08－09.
④ 某银行家关于汇业银行之谈话［N］．晨钟报，1917－09－03.

合办之名，决无合办之实，将来汇业银行如何，大概就知道了……在我国方面谁是这件事的主谋，如果迷信这是中日经济提携的妙法，还情有可原，如果假借中日合办的美名，蒙蔽当局、欺弄国民、不顾国家祸害，借此图一己之利益，那还有良知吗?①

可见上海、北京的舆论焦点对准了中华汇业银行发行纸币这一特权，担心日本由此会控制中国金融，进而影响中国经济，且恐中华汇业银行也是徒有合办之名，实为日本单方控制，而有损中国主权。因此极力反对中华汇业银行成立。

中华汇业银行还未成立，就遭到舆论的批评，这对该行前途很不利，而且有些指责就是针对陆宗舆的。陆宗舆辩解说："日前外间有日本设立日支银行的说法，对中国似乎多有不利。当局恐怕引起人民反对，对中日亲善有妨碍，遂派我赴日，如果日本实在想在中国添设分行，不妨改为中日合办，这才有了今天的中华汇业银行。现在外间的反对主要有三点，第一，此银行的目的，专办中日汇兑，有人认为此中会有种种流弊，却不知道现在的中日汇兑被日本银行所独揽，汇业银行由中国出资一半，汇兑的利益也将收回一半。第二，有纸币发行权，会扰乱我国金融，其实现在商埠完全由外人出资所办银行发行纸币，不可胜数。中国从未有权加以干涉，为何独对合办银行持有异议，再者说，中法银行已经发行了纸币，也没见如何影响金融界。汇业银行只是仿照中法银行办理，不足为人诟病。第三，有人认为妨碍主权，实在是不可理解。现在汇业银行虽然是中日合办，但是内部组织中的重要位置均为中国人所占，况且，章程办法都经呈请中国政府立案，依照中国法律办理，怎么会有碍主权呢?"②

陆宗舆的辩解有一定的迷惑力，但仔细琢磨，他的理由是站不住脚的。第一，中日合办汇业银行，在汇兑收入方面，中国能收到一半的利益，却是以更大的利益丧失为前提的。日本对中日合办的汇业银行寄予很多政治期望，中华汇业银行不仅直接经手西原借款，还将担负起改中国的银本位为金本位的重担。假若真如日本所设计，中国实施金本位并聘请日本人为币制顾问，中日之间的经济联系将十分紧密，这对经济发达的日本来说十分有利，对中国则未必有利。第二，将纸币发行权给予中华汇业银行不会扰乱中国金融之说，更是十分勉强，外国在华银行、中外合办银行在中国境内发行的纸币都扰乱了中国的币制，给币制统一造成了相当的困难。陆宗舆所举的中法银行，1921 年突然停业，虽然北京银行公会会员银行一起代兑其钞票，仍然造成金融恐慌，扰乱了金融市场，给中国人，特别是中法实业银行的钞票持有者造成了不可弥补的损失。第三，内部组织中的重要位置并非都由中国人占据，虽然规约规定银行总理一职为中国人，但同时规定专务理事一职为日本人，日常业务由专务理事负责。虽然监事中国人人数可以比日本多，但监事在该行的首脑机构——重役会（相当于董事会）没有发言权。银行实权掌握在中国人手中只能是一种幻想。

实际上财政部对中华汇业银行的职权及分行的设定有一定的限制。1917 年 9 月财政部批驳了中华汇业银行发行金币及在内地发行纸币，分行只准设在商埠③，但这并不是取消中华汇业银行的发钞权，只是对发钞种类作了一些限制。

---

① 汇业银行之利害谈［N］. 晨钟报，1917－09－06、13.

② 汇业银行组织之大略［N］. 银行周报，1917－09－04.

③ 汇业银行组织之大略［N］. 银行周报，1917－09－04.

第二章　中华汇业银行的资本构成及其实质

中华汇业银行是以“增进两国贸易，便利汇兑”为宗旨，又因约规规定总理是中国人，监事中国人比日本人多，所以称为中华汇业银行。实质上这家银行成立的目的之一是经手西原借款[①]，它明确把“各种借款之经理”写入约规，这在当时的中外合办银行中是绝无仅有的。它的主要业务虽是经手借款，承办国际汇兑，其实日本还赋予了它很大的政治期望，把它作为推行对华政策的工具，为最终实现中日经济一体化服务。

中华汇业银行的成立博得了日本垄断资本的喝彩。寺内内阁藏相胜田主计在其离任之后，曾以中华汇业银行的成立作为他的重要政绩之一。胜田说：“从来十数年间，视为问题之中日银行，不以政府之注意，而从中国方面发议，不专借政府之力，唯实业家如此经过遂告成立，于是日本经济优胜地位使得端绪，余等异常欣喜。”[②] 可见成立中日合办银行是日本垄断资本蓄谋已久的计划，并借此谋求日本对华经济的优势地位。寺内、胜田、西原等人利用段祺瑞政府迫切需要大量借款的时机而得以实现计划。

为了对这家银行的本质有一个清醒的认识，我们来看该行资本构成。《合办中华汇业银行约规》第五、六、七、八条规定：“本银行资本为100万金元，分10万股，每股100金元。本银行之股份由中日两国人均分引受。中日两国人之外，不得有之。股票为记名式，有1股、5股、10股及100股4种，股金交款，第一次交金50元；第二次之交款，须依营业之必要，经重役会之决议为之。”也就是说，中华汇业银行的股票中日两国各占50%，即各500万日元。实际上收足500万日元就开始营业了。据1917年12月15日东京《时事新报》载，中华汇业银行日本方面的股东，已招到40名，股数已认5万股，以中国台湾、日本兴业、朝鲜银行（三特殊银行）所认为最大，故该行日本方面选出的理事，要由三特殊银行的代表会齐后才能决定。由三银行每行各选出2名、监事2名。最近决定由日本银行正副总裁指定理事，现把股东及股数记录如下：日本兴业银行、中国台湾银行、朝鲜银行每行各认6800股；伊藤忠合会社、日本棉花株式会社、江商株式会社各2500股；东洋株式会社、大仓喜八郎第一银行、第一百银行、久原矿业株式会社、安田善三郎、喜多又藏、三井银行、三菱合资会社银行部、十五银行各1000股；客井本店、东亚株式会社、东洋纺织会社、大阪商船会社、尾崎敬义、近江银行、加岛银行、商田慎藏、速浪银行、仓铁吉、山口银行、八木兴三郎、籐田知银行、籐山雷太、安部市太郎、淡野总一郎、卅四银行、正隆银行、百三十银行、住友银行各500股；井上准之助、原田二郎、东京古河银行各300股[③]，柿内常次郎个人有1200股[④]。三特殊银行是中华汇业银行的最大股东，也是西原借款的放款机构，可见曹汝霖说中华汇业银行是西原借款的汇兑机构所言不虚。

根据中华汇业银行1927年2月呈财政部股东名簿统计：中国股东计219户，中国、交通两

① 曹汝霖．曹汝霖一生之回忆［M］．台湾：传记文学出版社，1980：133．“当3000万借款成立之时，为汇兑起见，设立中华汇业银行”，另外本书第307页记载了中华汇业银行以兴业台湾朝鲜三银行为后援，订有透支协议。

② 刘百闵．日中关系条约汇编，第612页。见魏振民．中华汇业银行的资本结构及其营业概况［J］．历史档案，1981（1）：107.

③ 再志日本方面之汇业银行消息［N］．银行周报，1917－12－25.

④ 张雁深：《日本利用所谓“合办事业”侵华的历史》，第90页。

银行各加入 5000 股，共占华股总额的 20%，其余多为私人投资，大多以堂记为户名，且股数化整为零，219 户中，实际投资者不过七八十人。各股东及其所占股份如下：

段祺瑞的股票用堂记共 98 户，每户 100 股，计 9800 股，以他的儿子段宏业名义投资 200 股，一共有 10000 股。曾毓隽，历任国务院秘书、交通部次长、总长等职，为安福俱乐部骨干，最初投资 2500 股，后来让出一部分。靳云鹏，历任山东都督、陆军总长、国务总理等职，共有崇记、德记、延记、福记 4 户，每户 1000 股，共 4000 股。倪嗣冲，段祺瑞的追随者，曾任安徽督军，以他的儿子倪道杰出面投资，计倪幼丹（倪道杰字）60 股，锄经堂 700 股、阜桂堂 600 股，千乘堂 500 股，共 4 户，即 1860 股。丁士源，在北洋政府时期曾任江汉关监督兼外交部特派湖北交涉员、财政整理委员会副会长、执政府顾问，后又投入伪满洲国，历任要职，股票数时常有变化，到 1927 年 2 月股东名簿尚列有 1000 股。著名亲日派曹汝霖、章宗祥、陆宗舆，都为创办中华汇业银行牵线搭桥，陆宗舆为该行第一任总理，章宗祥为第二任总理，曹汝霖从中华汇业银行成立就开始担任理事之职，一直到该行停业整顿。他们在中华汇业银行都有巨额投资，投资分别为：曹汝霖 4 个户名，计平记 300 股，曹梅记 120 股，曹权记 40 股，曹亚记 40 股，共 500 股。章宗祥 2 个户名，记章宗祥 200 股，章仲和（章宗祥的字，笔者注）户 300 股，共 500 股。陆宗舆 2 个户名，记陆宗舆户 280 股，熙记户 800 股，共 1080 股。黎元洪以梨园记、黎亨记、黎利记、黎贞记 4 个堂为户名，每户投资 500 股，共 2000 股。冯国璋以冯大树堂户投资 1000 股。通过仔细甄别这些投资者，发现以皖系段祺瑞为首的亲日派占华股总额的 42%，其余北洋大小军阀官僚的投资占华股总额的 16%，一般商人和身份不明的投资户则占 20%。①

从以上的分析可以看出，中华汇业银行并非像西原、胜田等人所吹嘘的是中日两国实业家的“提携”，而是日本垄断资本与中国官僚资本的结合。中华汇业银行实力虽然不是很雄厚，但因中国官僚资本的加入而蒙上了一层政治色彩。

第三章　中华汇业银行的组织结构和监督体系

第一节　组织结构

中华汇业银行是按中国法律注册的有限公司，其运作模式采取股份公司制，这在当时来说是最先进的公司组织形式，为大多数新式银行所采取。中华汇业银行按股份公司制的要求实行所有权和经营权分离，最高权力机构是股东总会，经营中的最高决策机构是由总理、专务理事、理事、监事组成的重役会，中华汇业银行实行总分行制，总行设在北京。

股东总会，是中华汇业银行的最高权力机构，由各参股股东组成。根据《合办中华汇业银行约规》规定：股东总会分定期、临时两种。定期股东总会每年 4 月召开。临时股东总会则由重役会认为必要时召集。资本金占 1/4 以上的股东以公函的形式将会议的目的、事实及召集的理由提请时，股东总会也可召集临时会议，每股有一票投票权。股东总会的主要职责是审查银

① 根据魏振民．中华汇业银行的资本结构及其营业概况［J］．历史档案，1981（1）：107、108、109 页及中华汇业银行档案整理。

行的年度经营状况。银行的经营者在每个营业年度（每年1月1日至12月31日为一个营业年度）期末结账后，于定时股东总会两星期前，将财产目录、贷借对照表、营业报告书、损益计算书、利益分配案逐项制表，提交股东总会，接受审查与认可。另外，股东总会掌握最高任命权，总行经理、专务理事、理事的选任或改选都要通过股东总会。① 例如，1918年1月19日中华汇业银行召开成立大会时选陆宗舆为总理、柿内常次郎为专务理事。4月召开第一次股东总会，陆以全股的98%，97340权数正式当选为总理，柿内以100%的权数正式当选为专务理事。② 银行遇有其他重大事情，需要作出重大决策，也要召集股东总会，开会决定。

中华汇业银行实行总分行制，总行的决策机构是重役会。《合办中华汇业银行约规》规定，本银行设总理一人、专务理事一人、理事四人以上、监事四人以上，称为重役。总理及专务理事任期五年，于200股以上的股东中选出，总理和专务理事都是本银行的代表，专务理事辅佐总理专管本银行的日常业务。理事任期四年，于100股以上的股东中选出，理事中日两国各占其半。监事任期三年，于50股以上的股东中选出，中国人人数比日本人多，但是监事只能列席重役会陈述意见，不能加入决议之数。重役会由总理或专务理事召集并任议长，另外总理和专务理事还充当股东总会的议长。③ 中华汇业银行历任总理和专务理事分别是：第一任总理陆宗舆、专务理事柿内常次郎，任期为1918年1月9日至1923年4月18日。第二任总理章宗祥、专务理事小林和介，任期为1923年4月18日至1927年12月17日。第三任总理王荫泰、专务理事利根川久，任期不详。第四任总理曾毓隽，专务理事原田梁二郎，任期不详。第五任总理王揖唐，专务理事原田梁二郎，于1934年5月20日临时股东总会当选。④

在总行的决策层表面看起来，中国人的人数比日本人多，但是总理只是银行的代表，并不掌握经营中的实权，实权掌握在专管日常业务的专务理事手中。监事只能陈述意见，不能加入重役会决议之数。所以至少在这家银行成立之初，实权是掌握在日本人手中的。

1914年中国银行仿行欧美银行制度，把总行改为总管理处，统辖各地分行，设总文书、总稽核、总司账（1922年并入总稽核）、总司库、总司券。原有营业和出纳两局则改归北京分行，总行名称仍保留。⑤ 中华汇业银行所实行的总分行制也是这种类型。最高首脑是总理和专务理事，总管理处下设科室包括：秘书科、计算科、文书科、业务科，后来又增加了稽核科。⑥

《合办中华汇业银行约规》规定总行设在北京，可以在中国通商大埠设立分行。该行筹备成立时，就已经打算在北京、上海、天津、奉天设立分行。⑦ 截至1928年停业整顿时，也只设立了京、沪、津、奉四家分行和一家支行。

1918年1月19日该行召开成立大会，总行地址选在北京前门户部街东交民巷西口。2月1日北京总行开幕，京行总经理杨德森，副经理田省一郎。1921年后经理改为李光启。

---

① 合办中华汇业银行约规［M］. 王铁崖. 中外旧约章汇编. 上海：三联书店，1962：1275、1277.

② 中国第二历史档案馆藏：《第一次股东总会决议记录及历次股东总会签到簿》，1604：1。

③ 合办中华汇业银行约规［M］. 王铁崖. 中外旧约章汇编. 上海：三联书店，1962：1276、1275.

④ 根据中国第二历史档案馆藏：《第一次股东总会决议录及历次股东总会签到簿》，1064：1；《汇业银行历次股东总会通知书议事录》，1064：31；《关于各股东催收股款及股票挂失往来函件（股东名簿）》，1064：32；《汇业银行第十六期、第十七期决算报告书》，1064：44整理。根据北京市档案馆藏：《北京中华汇业银行关于支票往来存款利率改息北京通用圆钞票的发行等的函》，J-31-1-488整理。1928年底停业整顿后，股东大会经常不能按时召开，所以各届总理及专务理事任期无法确定。

⑤ 钱实甫. 北洋军阀时期的政治制度：上册［M］. 北京：中华书局，1984：187.

⑥ 中国第二历史档案馆藏：中华汇业银行档案，1064：9，《中华汇业银行承办业务通告》。

⑦ 一千万垫款与汇业银行［W］. 申报，1917-8-27，或见汇业银行分行将出现［N］. 盛京时报，1918-8-26.

中华汇业银行北京总行成立之后，上海分行、天津分行、奉天分行及奉天大东区支行相继成立。

上海分行于1918年9月25日开业，设在江西路41号。当日上海军政商各界名流、东西各国来宾、银行钱庄经理、富商巨贾均纷纷前往祝贺。到场宾客大约有700余人。收入存款洋、银共有200多万。① 上海分行经理为曾牖。林康侯于1923年12月13日担任沪行经理，横山贯一为副经理。1927年11月14日，林康侯因病辞职，陈介君任经理。

天津分行设立较晚，于1924年3月1日开业，设在大沽路。② 该分行的筹设经过很长时间，几年以前股东总会就决议在天津设立分行，在国际汇兑领域分一杯羹，由于种种原因直到1923年底才成立津行筹备处，派员进行筹备工作。1923年12月13日总管理处派李象权筹备天津分行开办事宜，24日派章乃炯、章振详、甘豫锟到天津分行筹备处办事。③ 1924年3月津行开业，总理章宗祥、京行总经理李光启及董事曹汝霖、段骏良等专程前往天津拜谒官商各界报告津行开业事项。④ 津行以李象权为经理，利根川久为副经理，同年12月7日谢霖接任经理，1928年10月1日后顾逸农任经理。

奉天分行设在奉天小南门里大街，于1928年8月1日开业。奉天分行成立时间最晚，却是四分行中唯一有支行的。1927年11月总行派总稽核顾遹光前往奉天筹备设立分行之事宜。1928年3月29日调柯兴魁、资耀华、蒋昌锈、李德锟、章守昌、杨若曾、张万钟、徐轼、叶熙明等到奉天分行筹备处办事。5月25日奉天分行开始筹设大东区支行。7月1日总行任命顾遹光为奉行经理，陈慕周为襄理，柯兴魁为奉行大东区分区主任。10月1日陈慕周代理奉行经理。⑤

第二节　监督体系

银行监督体系的健全，是银行正常营业及取得良好效益的保证。中华汇业银行的监督体系由行内监督和行外监督构成。行内监督主要是总行对各分行的监督及重役会监事监督。行外监督包括股东总会、银行公会和财政部的监督。

行内监督主要是：总行对分行的监督及重役会监事监督。总行既在业务上领导分行，又要监督分行。分行的账册要定期上报总行，向外借款、发行钞票都要受总行节制，重大事件要请示总行。后来总行专门设立稽核科负责监督分行发行钞票、账目事项。重役会中的监事虽然在重役会会议上没有发言权，但是专门负责监督行内一切事项。

行外监督有：

（一）股东总会的监督

根据《合办中华汇业银行约规》规定，股东总会既是最高权力机关也是监督机关。银行的经营者在每个营业年度（每年1月1日至12月31日为一个营业年度）期末结账后，于定期股东总会两星期前，将财产目录、贷借对照表、营业报告书、损益计算书、利益分配案逐项制表，

---

① 中华汇业银行开幕志盛［W］．银行周报，1918－10－1.

② 中国第二历史档案馆藏：《中华汇业银行总管理处与津行联系业务函》，1064：16。津行的成立时间，后人多有误解，甚至有人误认为津行是总行。

③ 中国第二历史档案馆藏：《关于行员进退及业务通知事项历任总理手条粘存簿》，1064：5（1）。

④ 中华汇业银行天津分行开业［W］．银行月刊，1924－3.

⑤ 中华汇业银行股东会议记录［W］．银行周报，1929－5－7，各行经理、副经理及其他人员的变动均来源于中国第二历史档案馆藏：《关于行员进退及业务通知事项历任总理手条粘存簿》，1064：5（1）；《退职给与金》，1064：5（2）。

提交股东总会，由其审查、求其承认。另外，总行经理、专务理事、理事、监事的选任或改选也要由股东总会决定。

（二）银行公会的监督

银行公会的章程规定，中外合资银行依照中国法律注册、符合入会条件的，可以加入银行公会。[①] 实际上，银行公会并不是全国性的机构，而是各地的民间金融组织，影响较大的银行公会有上海银行公会、北京银行公会、天津银行公会等。银行公会对各银行有监督权。加入银行公会，既受银行公会的监督，又可以增加自己的信誉，加强同业往来，所以大多数的银行愿意加入银行公会。中华汇业银行也不例外。中华汇业银行积极加入各地银行公会，该行加入北京银行公会应该在 1920 年，至迟到 1921 年 1 月 16 日已加入北京银行公会[②]，另外从中华汇业银行的营业报告来看，该行从 1921 年开始缴纳银行公会公积金，并于该年代兑中法实业银行的钞票。加入上海银行公会在 1924 年 6 月。[③] 1925 年 3 月 11 日填写《入会愿书》及报告表，由中国银行天津分行、交通银行天津分行介绍加入天津银行公会[④]。中华汇业银行每年向各银行公会公开营业报告书，参加银行公会的活动。

（三）财政部的监督

北洋政府时期，银行监察体系采用日式监察体系，财政部是银行的主管部门。1916 年 12 月财政部为稽查全国银行起见，制定《银行稽查章程》，定期或不定期地检查银行的各种营业账册，银行营业过程中是否有违法行为等。币制局主要监督银行的发钞工作，从 1920 年起币制局向中华汇业银行派驻监理官，监督其发钞情况，具体内容见下文中华汇业银行发钞情况部分。1925 年 12 月 15 日后币制局归财政部管辖，所以不再单列币制局的监督。

第四章　中华汇业银行日常经营状况及经营特点

第一节　经手西原借款并继续对中国政府借款

清末及北洋政府时期，列强为了扩张各自在中国的势力，激烈争夺在中国的债权地位和债权范围。北洋政府时期，日本后来居上，成为北洋政府最大债权国。这一时期，包括南京临时政府在内，外国对华贷款共 646 笔，债务总额达 15.7 亿银元，其中日本贷款 6.96 亿银元，占 44.2%。[⑤] 日本之所以能成为最大债权国，一方面是因为日本抓住了第一次世界大战的有利时机迅速壮大了本国实力，使其有能力对华大借款；另一方面，对于“仰给外债以度日”的北洋政府来说，日本借款和其他国家借款相比，有无手续费，十足交款，担保不确实等优惠条件，北洋政府当然更愿意接受日本借款。日本冒着风险借款给中国政府，最著名的就是西原借款，中

① 周葆銮．中华银行史［M］．北京：商务印书馆，1919：24.

② 北京之银行事业［N］．申报，1921－1－16，本文介绍了北京银行公会，随文附上了各会员银行的基本情况，其中有中华汇业银行。

③ 吴景平，马长林．上海金融的现代化和国际化［M］．上海：上海古籍出版社，2003：84.

④ 中国第二历史档案馆藏：《汇业总管理处与津行联系业务函》，1064：16。

⑤ 隆武华．外债两重性——引擎？桎梏？［M］．北京：中国财政经济出版社，2001：329.

华汇业银行也因西原借款得以成立，所以该行正式开业不久就开始经手西原借款，主要有两笔：一为电信借款，一为吉黑林矿借款，另有其他一些政府借款。

中华汇业银行刚开业不久就开始经手西原借款。第一笔为 1918 年 4 月的电信借款。1918 年 4 月 30 日段祺瑞政府由交通总长、财政总长曹汝霖出面，以“充有线电报及扩充之积金”为名与中华汇业银行签订电信借款合同，借款金额 2000 万日元，年息 8 厘，无折扣，期限为 5 年。以全国有线电报一切财产及收入为担保，条件是段政府受领借款时交存中华汇业银行，有需要时，随时提取。中华汇业银行按照下列利率付息：不满 1 个月提取的金额，年息 2 厘；不满 3 个月提取的金额，年息 4 厘；3 个月以上的金额，年息 5 厘。但一次提取 50 万元以上时，应于 3 日前预先知照。另外还有附加条件，即在本借款期限内，段政府承诺：（一）关于全国有线电报，将来如果聘用外国人充当技师，应提前与中华汇业银行商议；（二）对于用本借款资金办理的全国有线电报及其扩充事业，如果需要聘用外国人作技师，希望聘用适当的日本人；（三）将来全国有线电报事业，使用的材料需要购买外国产品时，如果品质相同或更优良，价格相同或较低廉，应购买日本产品。① 可见此借款附带了经济条件，为日本插手中国电信事业提供了依据。

虽然合同是段政府和中华汇业银行签订的，但实际出资人是日本兴业、中国台湾、朝鲜三特殊银行组成的银行团。合同的附件中有以下内容，“此次敝银行（中华汇业银行）商准日本银行团提供的资金，于民国七年 4 月 30 日订定日金二千万之借款，为贵政府改良及扩充有线电报之资金，按照民国七年 4 月 10 日贵政府、敝银行订定之草合同末项规定，与日本银行团协议之结果，决定三项：①敝银行对于日本银行团提供该借款合同为担保；②敝银行对于日本银行团提供该借款之担保，及关于中华民国政府全国有线电报之一切财产及收入，为复担保；③敝银行对于日本银行团，附交对于前列二项之贵国政府承认书。”② 这项借款只有一小部分用在有线电报改良上，借款合同一成立，财政部就挪用 1500 万日元，不久又提用 200 万日元作为参战经费，交通部电政项下实际提用仅 23 万余日元。③ 所谓商业借款只不过掩人耳目，政府借款的真正目的是财政支出，扩充军费。

中华汇业银行开业不久就经手了一笔如此大的借款，另外根据借款合同的规定，中华汇业银行交付借款用银元结算，这样一来，中华汇业银行可以获得一大笔汇兑收益，这对中华汇业银行的生存和发展起了很大作用。这家银行还未成立就遭到多方批评，开业后普通业务必然受到一定影响，但是有了这笔可观的汇兑收益足以冲抵其他业务收益不足造成的损失。

1918 年 8 月中华汇业银行经手第二笔借款——吉黑林矿借款。吉黑林矿借款曾引起轩然大波。8 月 2 日，财政部、农商部以“中华民国政府为谋吉黑两省金矿及森林事业之发达”为名与中华汇业银行签订吉黑林矿借款合同，金额共计 3000 万日元，年息 7 厘 5，十足交款，期限为 10 年，但到期后经双方协商可以续借。以吉林、黑龙江两省的国有金矿、森林及其所带来的收入为担保。这次借款的担保条件因涉及国家重要的经济利益而备受非议。

1918 年 6 月初民国政府就开始与中华汇业银行（代表日本兴业、中国台湾、朝鲜三家银行）磋商借款。几年前日本某商人在吉林省经商时，得知开发吉黑两省的森林金矿将会获得很大的利

① 《有线电报借款合同及其附件》，王铁崖：《中外旧约章汇编》第 1359 - 1365 页。

② 《有线电报借款合同及其附件》，王铁崖：《中外旧约章汇编》，第 1365 页。

③ 许毅．民国历届政府整理外债资料汇编［M］．北京：财政科学研究所，中国第二历史档案馆编印．1990：125.

益，他回国后积极游说日本政府以借款为名攫取此项利益。[①] 于是三家银行通过中华汇业银行提出以吉林、黑龙江两省森林金矿为担保的条件。

财政总长曹汝霖1918年6月3日致密电给吉林、黑龙江两省督军："日来与日本方面续商借款，该国政府顾念邻交，慨允再借日金3000万元，以吉黑两省金矿森林为担保，声明所有两省官办商办之林矿仍旧办理。如需增加资本，亦可另行商借，日本人以中国目下借款，诚属不得已之举，唯需预辟财源，以为将来偿还之计。吉黑两省金矿森林向称丰富，历来不尽力经营，致富藏于地不易发展，故请中央于两省设立矿务局、林务局，以期统一行政，整理发达林矿之各种设备，并谋收入之增加。该两局准聘用日本人襄赞改良之事，对于两省林矿事业加以诱掖奖励，俾臻发达，以为此次借款之条件。揣其用意无非收既以两省金矿森林为担保，自应谋两省林矿之发达，以保债权之确实。担保仅属名义，既无直接经营之事，即无攘夺权力之嫌。即其要求设立直辖机关，林务已有专局，金矿向属实业厅，分设似亦无碍。聘员襄赞，苟权不旁落，亦足以收他山之助……"[②]

财政部的理由很牵强，当然无法说服吉黑两省督军。6月5日黑龙江督军复电财政部表示反对，"……唯以林矿担保聘用日人襄赞改良一节，直是干涉行政，若谓权不旁落，恐无此理。森林金矿为边省一线生机，每年省库收入百余万，军政两费全恃此款资以挹注。……命脉所在，实不能轻以假人，况日人觊觎，夺矿夙切，勾结华商冒名请领，平时早有所闻，久经严密取缔，若更授予参与之权，垄断把持，必致一网打尽。嗣后林矿两端，岂能复为我有。此事关系太巨，鄙意实为未便轻率赞同，将来所定条件如果实行，地方必生激烈反对。清季因收路酿成川乱，遂致奇变，前车可鉴。"[③] 同时黑龙江督军致电吉林督军，表示不同意以吉黑两省林矿为担保借款。

1918年6月7日吉林督军致电财政部也表示反对之意，认为此项担保为竭泽而渔。[④] 虽然双方来往的电报全是密电，但此事还是泄露了，得到消息的吉林、黑龙江两省人民群情激愤，纷纷反对以吉黑林矿为担保借款。吉林省各团体在省议会召集大会，讨论此事，并诘问吉林省政府。7月1日吉林督军、省长致电财政部报告人民反对之情，并再次声明吉林省政府反对借款之意。[⑤]

财政部坚持原来的主张，把农商部拉来一起劝吉黑两省政府同意借款的条件。财政部、农商部分别于1918年7月6日、8日致电吉黑两省督军省长，说如果不以实业借款的名义借款，就有政治借款的嫌疑，会招致四国银行团的干涉，所以借款要取实业之名，既然取实业之名，就要有像样的担保品以昭信用。官办商办的现在经营的金矿森林的利益会得到尊重，两省林矿只不过作为借款的担保品，并不由日本人直接经营，所有两省原办林矿仍照旧办理，设立的专局权力掌握在我国手中，聘用日本人作为技师只是襄赞改良，对本省税源行政权限并无影响。[⑥]

当局政府的一意孤行激起吉黑民众更大不满，吉林省全省团体联合会派代表赴京抗议。代表们认为政府以"虚抵"二字为借口蒙混两省人民。合同中第八条第二项以政府收入为担保，

---

① 吉黑林矿借款之由来［N］. 晨钟报，1918－08－09.

② 财政科学研究所，中国第二历史档案馆编. 民国外债档案史料：第六卷［M］. 北京：档案出版社，1991：425－426.

③ 财政科学研究所、中国第二历史档案馆编：《民国外债档案史料》，第六卷，第426页《黑龙江督军复财政部密电》。

④ 财政科学研究所、中国第二历史档案馆编：《民国外债档案史料》，第六卷，第427页《吉林督军省长复财政部密电》。

⑤ 财政科学研究所、中国第二历史档案馆编：《民国外债档案史料》，第六卷，第427页《吉林督军省长复财政部密电》。

⑥ 财政科学研究所、中国第二历史档案馆编：《民国外债档案史料》，第六卷，第428页《曹汝霖田文烈致吉黑两省督军省长函件》。田文烈为当时的农商部总长。

还可以说是虚抵，第一项规定以吉黑两省金矿及国有森林为担保物件，与抵押的性质没有本质不同，况且财政部和农商部竟然向中华汇业银行承诺10年之内如果采金局、森林局的设备改良，采金事业、森林事业或者计划新事业需要巨额借款时，向日本商借或组织中日合办公司。此种严酷条件，不啻以3000万日元垄断吉黑两省林矿合办权。所以代表们表示吉林全省人民誓死不能承认借款。[①] 1918年7月20日、8月7日吉林省代表两次谒见总理，要求取消合同，段祺瑞敷衍说“正在磋商之中”[②]。7月22日黑龙江省也推选代表入京陈情。[③] 黑龙江省议会、教育会、商务会于7月25日联合上书大总统、国务院，呼吁取消合同，认为此项借款的担保与抵押没有区别，“财政农商两部竟订此条件，直系昧良丧心，闻此事发生，曹总长（曹汝霖）实为虎作伥，表面上虽无折扣，黑幕中酬报极优，民国不幸，产此妖孽，卖国自利遑论同胞”[④]。两省的反对得到社会各界的支持，教育会、湖北省议会及其他各省纷纷电争“吉黑林矿借款为举国痛心疾首”[⑤]。

一边是人民的反对之声，一边财政部早于1918年7月3日就和中华汇业银行签订借款草约并由中华汇业银行垫付1000万日元，借款合同正式生效时，在借款中扣除。8月2日签订正式合同，借款合同生效。

但是政府面对地方政府和民众的反对做出了些微的妥协，比较草合同和正式合同，正式合同中增加了这样一条：“兹为表明对于该两省现在从事经营之采金事业，森林事业及其关系人既得之权利及利益决不侵害之宗旨起见，特声明如左：关于吉黑两省之金矿，已得中央政府或地方官厅之准，以官办或商办之方法经营采金事业者及其关系人既得之权利概尊重之。且预期将来依采金局各种之设备保护此等经营者之事业，而促其改良发达，且谋政府收入之增加。”[⑥]

这次大借款尽管闹得满城风雨，激起人民的反抗，但是由于段祺瑞政府对借款的迫切需要，还是成立了。以后的事实证明日本政府并没有从借款中得到多少好处，因为中国政府向日本三银行的借款很少能归还，大多数借款交付利息都成问题，向包括中华汇业银行在内的经手银行借款还利息，担保条件也很少能按借款合同执行，以致包括这两次大借款在内的西原借款大多成为烂账。日本国内对西原借款也多有责难，主要是当时的在野党批评这种借款方式偏离了常规，是“一种胡闹行为”[⑦]。但是从西原龟三针对反对派的辩解中可以发现日本冒着巨大风险向中国政府借款的目的，西原曾经就借款的经过和真实用意发表谈话，认为辛亥革命后，中日关系非常险恶，两国互相猜疑，在这种情况下，中日关系的前途非常暗淡，日本对中国，除了彻底亲善协作或武力征服之外，没有别的办法。当然最好是彻底亲善，这样中国的资源由日本人来开采，以弥补日本原料的不足，同时由于资源的开采，提高中国人的购买力，日本就可以向中国提供廉价商品，这就是西原借款的目的。具体到吉黑两省林矿借款，他说，“开采吉林、黑

---

① 财政科学研究所，中国第二历史档案馆．民国外债档案史料：第六卷［M］．第429－430页《吉林全省联合会代表致财政总长电》。

② 吉林代表再谒总理——仍无结果［N］．晨钟报，1918－8－9.

③ 黑龙江省议会代表亦派代表来京［N］．晨钟报，1918－7－22.

④ 黑省议会电争借款［N］．晨钟报，1918－8－8.

⑤ 鄂省议会代表电争林矿借款［N］．晨钟报，1918－8－10. 晋人亦反对林矿借款［N］．晨钟报，1918－8－3.

⑥ 草合同见《吉黑林矿之借款预备合同》，晨钟报，1918－7－23. 正式合同见中日条约研究会编．中日条约全辑［M］．1932. 王铁崖．中外旧约章［M］．1395－1398. 财政科学研究所，中国第二历史档案馆．民国外债档案史料：第六卷，第431页。

⑦ ［日］樋口弘著，北京编译社译：《日本对华投资》，第151页。

龙江两省的丰富的森林和金矿，以所得黄金为基础，改革极其紊乱的中国币制，确立金本位制”①。有了这样的目标，日本才会在明知担保不确实的情况下“慷慨解囊”。

从短期效益的角度看，此事最大的受益者是中华汇业银行。中华汇业银行因为大借款的关系，获得了很高的收益，1918 年获纯益 90 余万元②，对于开业不足一年的中外合办银行来说，不能不说“成绩非凡”。同时中华汇业银行还得到政府这个最大最稳定的客户，决定了该行经营特色之一是和政府关系密切，以后得以多次借款给政府。从长远的角度看，这也埋下该行停业整顿的导火索。

此后的几年内，中华汇业银行又多次经手向北洋政府提供借款。1919 年 1 月的福建实业借款，虽是地方政府借款，但以财政部作保。1918 年 9 月，福建省就以充实实业资金为名，经民国政府承认，与中华汇业银行议借日金400 万元，因各种原因没有成功。翌年 1 月双方商定将借款改为200 万日元，由兴业、中国台湾、朝鲜三银行以140 万元存于中华汇业银行，由中华汇业银行转放，其余60 万元由中华汇业银行自行垫借。11 日福建省督军兼省长李厚基在北京与中华汇业银行总经理陆宗舆签订实业借款合同，期限6 年，年息 8 厘5 毫，无折扣、十足交款，以省契税、屠宰税及其他杂捐、杂税之收入为担保，财政部为担保人。这笔借款全部用于军政费用和福建省内的财政费用。这笔借款日后也成为烂债，中华汇业银行自己垫借的60 万元也没有收回。

此后，中华汇业银行几乎每年都向中国政府部门放款，以财政部为最多，见表 9－1。

表 9－1　　中华汇业银行经手的中国政府部门借款

借款时间	借款单位	借款名称	数额
1918 年 4 月	交通部	电信借款	2000 万日元
1918 年 8 月	财政部	吉黑林矿借款	3000 万日元
1919 年 1 月	福建省政府	福建实业借款	200 万日元
1919 年 3 月	财政部	财政部中华汇业银行借款	50 万银元
1920 年 1 月	交通部	交通部中华汇业银行借款	50 万日元
1920 年 2 月	财政部	参战借款转期利息垫款	160 万日元
1920 年 3 月	财政部	中华汇业银行息款	80 万日元
1920 年 12 月	京师警察厅	京师警察厅中华汇业银行借款	2.5 万日元
1921 年 1 月	财政部	电信林矿借款息垫	404.75 万日元
1921 年 1 月	交通部	交通部中华汇业银行借款	80 万银元
1921 年 3 月	财政部	林矿电信借款息垫	80 万日元
1921 年 11 月	财政部	林矿电信借款息垫	1152508.56 日元
1922 年 1 月	财政部	林矿借款垫息	112.5 万日元
1923 年 7 月 10 日	财政部	电信林矿借款垫息	5532683 日元
1923 年 7 月至 1924 年 12 月	外交部	外交部留日学费借款	5 次共借 35 万银元
1923 年 12 月	教育部	教育部中华汇业银行借款	30 万银元
1924 年 5 月	财政部	财政部中华汇业银行借款	70 万日元
1924 年 9 月 12 日	财政部	财政部中华汇业银行借款	30 万日元

① ［日］樋口弘著，北京编译社译：《日本对华投资》，第 153、154 页。

② 银行公会会员——中华汇业银行［J］．银行月刊，1921（1）．

续表

借款时间	借款单位	借款名称	数额
1924 年 9 月 13 日	财政部	财政部中华汇业银行借款	7608226. 54 日元
1924 年 11 月	财政部	财政部中华汇业银行借款	8 万银元
1924 年底	交通部	交通部透支款	196564 银元
1925 年 4 月 16 日	财政部	电信林矿借款息垫	2659932. 08 日元
1925 年 4 月 21 日	财政部盐务署	盐务署借款息垫	1232 银元
1925 年 8 月	财政部代溥益公司	溥益糖厂库券	169343. 63 银元
1925 年 9 ~ 11 月	财政部	财政部中华汇业银行借款	78. 6 万银元、17 万日元
1925 年 11 月	财政部	电信林矿借款息垫	9118766. 77 日元
1926 年 2 月	财政部驻津纸烟捐务处	财政部中华汇业银行借款	65 万银元
1926 年 7 月	财政部	财政部九六公债日金利息借款	11 万银元

资料来源：徐义生．中国外债统计资料（1853—1927）［M］．北京：中华书局，1962；1927 年 6 月财政部整理会编印：《财政部经管无确实担保各项外债说明书》；徐毅．北洋政府外债与封建复辟［M］．北京：经济科学出版社，2000；雷麦．外人在华投资［M］．北京：商务印书馆，1959.

向政府放款是一把“双刃剑”，既让银行得到丰厚利润和手续费，同时又增加了经营风险。银行是负债经营的特殊企业，对资金的安全性要求很高，一般银行都会控制单人（指一个客户）贷款资本率，把巨额的资金贷给一个客户属于高风险操作，哪怕这一单人是政府，对政府的巨额放款一旦出现呆坏账，后果将不堪设想。而中华汇业银行把如此巨大的款项都贷给北洋政府，日本是有特殊目的的，即攫取政治经济特权。但在政治形势诡秘，政府统治不稳的情况下，其风险可想而知。

第二节　纸币的发行①

中华汇业银行成立时备受非议的就是其拥有纸币发行权。外国银行在中国发行纸币，并非始自中华汇业银行，然而中华汇业银行发行纸币有其特殊之处，在设计者心中，该行要发行的是金本位纸币，所以遭到当时国人的激烈反对，财政部虽然批驳了金币发行，但是没有取消该行的纸币发行权。在中华汇业银行存续的十年内，北京、上海、天津分行都发行了纸币。

在近代中国，银行发行的纸币实际上是兑换券。不管银行发行银两票还是银元票都是可以无限制兑换成银两或银元的。正常情况下，不会有大批的持票人同时到银行兑换现金，发行兑换券不必有十足现金准备。所以发行钞票是当时银行筹措资金的重要手段，发行钞票的优势在于，银行通过发行钞票，只需保有少量现金存款，就可以借“以纸代现”的钞票，扩大银行的资金总额。另外，“发钞”比吸收存款更为有利，银行吸收存款，须向存户支付利息，而发钞则可以省却利息支出，因此，许多商业银行把发行钞票作为重要业务来经营。中华汇业银行发钞是六成现金准备，四成保证准备。现金准备比例在当时来说是比较高的，保证准备中有相当一部分政府公债，由于政府规定购买公债可充当发行准备，因而银行既可以大量做公债投机，以赚取高利，又可把公债券作为一部分发行准备来发行兑换券。这看似一举两得，但以这样的准备为基础从事货币发行，风险必然存在。

① 郭坤．中华汇业银行及其纸币发行［J］．产业与科技论坛，2006（6）．

1915 年 1 月 10 日中国政府颁布《取缔发行纸币条例》，第一条规定除中国银行外，任何公私钱庄发行纸币必须遵守这个条例。第二条，从第一条颁布后任何新设或已设银钱行庄，以前未曾发行纸币，今后一律不许发行。[①] 但此条例主要是限制本国银钱业发行纸币，并未限制外籍银行在华发行纸币。中外合办的中华汇业银行完全不受此条例的约束，发行纸币的特权写进了《合办中华汇业银行约规》，得到财政部的批准，也就是说中华汇业银行发钞是合法的。但是中国政府同意中外合办银行发行纸币是有条件的：（一）将来中国政府制定的统一纸币条例颁布后，这些银行应立即停止发行，政府也可以随时取消其发行纸币之权，并分期分批收回销毁其发行的纸币。（二）纸币发行数额由中国政府核定。（三）由币制局派监理官一员，驻行随时检查其各项账目。（四）所有纸币须先由币制局批准，始得照原请数目订印。印成后，应由币制局派员监视点验封存，启用时须报局核准，饬监理官分批启封发用。（五）每星期须将准备金及发行数目表呈报财政部、印制局存查，[②] 即中华汇业银行发钞要受币制局的监督。

但是币制局对中华汇业银行的监督从 1920 年才开始。1920 年 3 月 31 日币制局向中华汇业银行总管理处发出公函要求该行将开办以来每半年的资本、公积金、发行纸币数量及现金准备等各项查明列表送到币制局。1921 年 12 月 5 日币制局根据《银行纸币条例》向中华汇业银行派监理官，随时检查各项账目。第一届监理官是币制局钞券处处长钱应清，后来历任监理官为童超英、金其堡、濮良玉。[③]

1918 年即中华汇业银行成立的当年，该行就开始发行钞票。从 1918 年到 1928 年停业整顿时发行的钞票都是银元票，按当时的币制规则发行一元、五元、十元、五十元、一百元 5 种银行券。

成立之初取得发钞权的是北京分行，从 1920 年起中华汇业银行上海分行取得发钞权，开始发行一元、五元、十元的上海地名券钞票[④]，后来增加了五十元、一百元钞票。该行发行量一直不高，1924 年上海分行的纸币发行数仅为 1428 元[⑤]。1927 年上海分行因故收回钞票，不再发行新票。1928 年 5 月 5 日，中华汇业银行天津分行获得财政部批准发行天津地名券一元、五元、十元 3 种，同时获得发行一角、二角天津地名券的特权[⑥]。当时很多银行都有发钞权，但发行附币券，一直是国家银行的特权。中华汇业银行是唯一取得附币券发行权的中外合办银行，其中意味令人深思。中华汇业银行的另一分行——奉天分行，成立很晚，没有发行钞票。[⑦]

中华汇业银行的发钞工作是该行的重要业务，分析该行发钞情况，可以勾勒出中华汇业银行大体的发展趋势。

---

① 中国第二历史档案馆，人民银行江苏省分行，江苏省金融法规编委会合编．中华民国金融法规档案资料选编［M］．北京：档案出版社，1989：93.

② 献可．近百年来帝国主义在华银行发行纸币概况［M］．上海：上海人民出版社，1958：156.

③ 中国第二历史档案馆藏：《币制局指派中华汇业银行监理官并饬造送营业表报》，1064：10。

④ 上海中华汇业银行发钞广告［N］．申报，1922－11－06.

⑤ 中国第二历史档案馆．中华民国史档案资料汇编：第二辑　金融［M］．南京：江苏古籍出版社，1991：1087.

⑥ 中国第二历史档案馆藏：《关于向财政部印刷局印制钞票给办文件》，1064：13；北京市档案馆藏：《北京交通银行关于北京中华汇业银行北京通用圆钞票的发行等的函》，J－32－1－728。

⑦ 中华汇业银行停业详情［N］．申报，1928－12－11.

表 9 – 2　　中华汇业银行历年纸币发行额　　单位：日元

年份	发行额
1918	847847
1919	656444
1920	835000
1921	919444
1922	654880
1923	352639
1924	578776. 31
1925	326138. 83
1926	16422. 72
1927	7223

数据来源：中华汇业银行历年营业报告，1918 年营业报告见《银行月刊》1921 年 1 月，1919 年的见《银行周报》1920 年 6 月 22 日，1920 年的见《银行月刊》1921 年 7 月，1921 年的见《银行月刊》1922 年 5 月，1922 年的见《银行月刊》1923 年 6 月，1923 年的见《银行月刊》1924 年 5 月，1924 年的见《银行月刊》1925 年 4 月，1925 年的见《银行周报》1926 年 5 月 18 日，1926 年的见《银行周报》1927 年 6 月 7 日，1927 年的见《工商半月刊》1929 年 1 卷 1 号，1928 年 12 月底停业整顿，档案中只有营业报告的一份草表，没有列出兑换券的发行数额。

从表 9 – 2 可以看出，中华汇业银行的发钞额大体上呈抛物线形状，即从 1918 年开始呈上升趋势，到 1921 年达到顶峰，以后开始下滑，到 1927 年降至谷底。1918 年发行额历年中排位第二，中华汇业银行成立之初，发行额并不低，原因尚不清楚。由于和政府的特殊关系，1919 年 4 月，中华汇业银行得到政府的特殊照顾，交通部通饬路电邮政各局一律通用中华汇业银行钞票。① 但是同年 5 月爆发五四运动，对中华汇业银行的钞票流通造成一定的不利影响。南京总商会决议坚决抵制日货，所有正金、汇业各银行的钞票也在抵制之列，正金、汇业银行的钞票被各大商家拒用。② 中华汇业银行当年的发钞额降到 656444. 44 日元。1920 年发钞额回升到接近 1918 年的水平，1921 年达到最高峰 919444. 44 日元。根据现有材料推测，这和 1921 年中法实业银行倒闭，中华汇业银行代兑中法实业钞券有关。③ 以后发行额呈下降之势，1925 年后发行额更是大幅度减少，原因主要有以下几个方面。

1. 五卅运动的冲击。1925 年五卅运动爆发后，中国爱国主义、民族主义情绪高涨，是本国金融业发展的一个良机，中国银钱两业因为支持国人的反帝运动而开始合作，共同对抗外国在华势力，由此得到国人的信赖和倚重，在业务上获得了显著进步。如号称“南三行”的上海商业储蓄银行、浙江兴业银行和浙江实业银行以及号称“北四行”的金城、盐业、中南、大陆银行，这 7 家主要本国商业银行的存款总额，1924 年底为 14000 余万元，至 1926 年底已增加到 24000 余万元，两年间增长了 67%。④ 在此期间外国在华银行势力受到了一定程度的影响，中日合办的中华汇业银行由于日本背景受到很大冲击，发钞业务从 578776 日元猛跌到 16422. 72 日

---

① 中国第二历史档案馆藏：《汇业总管理处与津行联系业务函》，1064：16。

② 中国人民银行总行参事室．中华民国货币史资料（第一辑 1912—1927）［M］．上海：上海人民出版社，1986：1281，1282.

③ 北京市档案馆藏：《北京中国银行关于代兑中法银行钞券的函等》，J – 31 – 1 – 610（2）。

④ 洪葭管．中国金融史［M］．成都：西南财经大学出版社，1993：220.

元，下降了35.24倍。

2. 因伪钞受损。从1924年5月19日有人持中华汇业银行京行钞票5元票40枚（200元）到津行兑现，津行发现其为伪钞，立即报告总管理处。此后市面上经常发现中华汇业银行的伪银元票流通，京行认为不论真伪，为避免损失，应一律停兑，总管理处则坚持不论真伪一律兑现，以免招人误会。伪钞不断出现，中华汇业银行损失不小，1926年6月7日，该行发紧急告白，要销毁原版，请持券人赶快到各行兑现。从6月19日开始，中华汇业银行有计划地销毁钞票。[①] 无论真伪都向持票人兑现，中华汇业银行的这一决策，使该行遭到一定损失，但是从长远来看这样做可以保持信誉。此后中华汇业银行对发钞持更审慎的态度。

3. 从1925年起，中华汇业银行虽然也发行钞票，但是开始领用中国银行、交通银行的钞票，以降低风险。从档案材料来看无论京行、津行还是沪行都从1925年开始领用中国银行、交通银行的钞票。

4. 上海假银币案，中华汇业银行受牵连。1925年7月中华汇业银行上海分行又发生了假银币案。事情是这样的，7月中旬，原华义银行经营主任邵子建，到中华汇业银行上海分行，声称受南京造币厂的委托，向中华汇业银行购买大条银，因为造币厂的厂机还有余力，每天可以多出4万元银币。上海分行按买卖生金银规则与他交易。后来邵子建送到沪行大洋8、9万元委托汇业银行上海分行代为出售。中国银行出纳科检查员及钱业中人报告这批银元中大小、重量高低略有不同，但当时没有化验，仍不敢断定银质是否有问题。沪行当即打电话给邵子建约他来行，一再诘问，邵子建说是由于南京造币厂机地轴损坏，重压造成的，银质上没有问题。沪行认为既然有疑点，恐遭物议，从此对此类银元拒绝不收，没有出售的银元，立即封存库中。就在这时市面上发现很多轻质银元，银钱界都怀疑中华汇业银行上海分行和这件事有关。中华汇业银行上海分行急忙致函上海银行公会，叙述来龙去脉，并随函附上两枚银币，请银行公会审核是否和市面上发现的轻质银元相符。并请银行公会在最近召开的会议上将沪行的情形告诉大众，以释群疑。[②] 银行公会和钱业公会数次协议并呈请当局严行调查，没过多久，就查获了私铸机关。原来朱长庚等人在上海市斜桥司令部附近设伪造银元的机关，然后设法卖给上海的各个银行，中华汇业银行成为受害者之一。银钱两会决定将劣币收回，其中中华汇业银行上海分行存有劣币58000余元。由银钱两会和省署加盖劣币章，仍交由中华汇业银行上海分行熔毁。[③]

汇业总管理处高度重视此事，派总秘书片田到上海调查情况。发现当时收受银元时，装银元的板箱外面没用南京造币厂的封条，内部包纸也没有造币厂的戳记，曾向邵子建质问，邵氏称，箱上贴用造币厂的封条恐怕被四行发现有异议，内部包纸不用造币厂戳记，是为了与给四行铸的银币区别开，以后一定向造币厂交涉，内部包纸用造币厂戳记。但当时以常识而论，沪行应该怀疑这种解释，有关人员却轻信了邵氏之言。此后仍然以没有戳记的银币与沪行交易，这就让人费解了，出纳主任曾向张襄理声明，但张襄理说没有关系，林经理也默许了。片田查清种种情形报告总管理处。[④] 1925年11月2日，总管理处处理了有关当事人，“沪行所收银价杂有劣币，未能察觉，直接间接损失滋生，厥其原因，无非轻率所致，经理林祖溍监督不周……襄理张家傑身任营业，措置失宜，均难辞责，应各罚俸一个月，副经理横山贯一适请假在籍，

① 中国第二历史档案馆藏：《汇业银行发现伪造钞票，办理收回销毁并另发新票文电》，1064：14。

② 汇业银行对于私币案之申辩［N］. 银行周报，1925－10－13.

③ 上海银行公会销毁劣质银元［J］. 银行月刊，1925（12）.

④ 汇业银行对于私币案之申辩［J］. 银行月刊，1925（10）.

出纳主任陈懋荣发觉尚早，情有可原，均免于置议”，并于当天函告各分行，要各分行引以为戒。[①] 这件事的发生，使中华汇业银行信誉受到一定损失，给各种业务的开展带来一定困难。

中华汇业银行的发钞额从 1925 年起呈急剧下降之势，1925 年发钞额是 1924 年的 56%，1926 年发钞额是 1925 年的 5%，1927 年的发钞额是 1926 年的 44%。从发钞情况来看，该行在走下坡路。

中华汇业银行刚开始发钞时，全部钞票向东京印刷株式会社定印。大部分钞票是由日本商船运到天津，再从天津上陆运到北京。因为最早取得发行权的是京行，京行发行的钞票有北京地名券、天津地名券。由于和政府的特殊关系，中华汇业银行在运钞的过程中，企图援引中国银行和交通银行“运送钞票经过各海关时免税放行”的办法，并且进而要求免检放行。1918 年 10 月 17 日中华汇业银行的 17 箱兑换券由东京运到天津，中华汇业银行派员赴天津领运钞票之前请财政部发给免检保护表，以便顺利过关，10 月 24 日财政部批准。但是津海关称“饬放之件属汇票，与报关之件不符”，扣住不放。中华汇业银行通过活动，11 月 5 日税务处给津海关去函要求放行，才解决了这件事。11 月 16 日中华汇业银行又从东京运来 8 箱兑换券，该行再次要求免检放行，津海关照章办事，验明数目相符，照章征税后才放行。12 月 19 日该行从东京运来 10 箱兑换券，由秦皇岛上陆，再次要求免检放行，财政部、币制局、税务处认为应该由津海、常两关检查数目与护照是否相符，如果相符即征税放行。得不到政府的支持，中华汇业银行只好放弃对这一特权的要求，1919 年 1 月 3 日，再次运来钞票时，该行不再要求免检放行。[②]

从 1920 年开始，中华汇业银行开始向财政部印刷局定印钞票，原因尚不清楚，有学者认为 1918 年版的钞票图案明显是日式风格，下面又印有“大日本东京印刷株式会社制造”的字样，银行方面慑于中国人民的反日情绪，只好弃之不用。[③] 这很有可能，当时中国的反日情绪高涨，为了减少经营阻力，使自己的钞票中国化，才更明智。

中国市面上流通的纸币五花八门，具体到各个银行的纸币都有一定的流通区域。实力雄厚的大银行的纸币可以流通到全国，一般小银行的纸币流通范围往往局限于一个或几个地区。中华汇业银行实力并不雄厚，纸币发行量不大，流通范围当然也就不广。中华汇业银行北京分行最早取得发钞权，沪行发行量很小，奉行没有发行钞票，所以其纸币主要在京津地区流通。但这并不是说其他地区就没有中华汇业银行的纸币，毕竟该行通汇地点遍布中国各大商埠，纸币在这些商埠也有流通。

表 9－3　　中华汇业银行发行的钞券版式及样式

年份	面额	图案	刷色	地名	票幅	印刷
1918	1 元					
同上	5 元					
同上	10 元					
同上	50 元		暗绿蓝	北京	159 × 109	东京印刷株式会社
同上	100 元		暗绿	同上	171 × 114	同上

① 中国第二历史档案馆藏：《汇业总管理处与京行联系业务函件》，1064：15。
② 中国第二历史档案馆藏：《关于在日本印制钞票运到京津请发表护照文件》，1064：12。
③ 徐枫．中华汇业银行及其纸币［J］．中国钱币，1987（3）：34.

续表

年份	面额	图案	刷色	地名	票幅	印刷
1920	1 元	北京前门	绿	同上	120×68	财政部印刷局
同上	5 元	同上	紫	同上	130×71	同上
同上	10 元	同上	黄	同上	136×77	同上
同上	50 元	同上	蓝	同上	145×88	同上
同上	100 元	同上	深棕	同上	154×95	同上
同上	1 元	同上	棕	天津	126×74	同上
同上	5 元	同上	红	同上	132×77	同上
同上	10 元	同上	蓝	同上	142×83	同上
同上	50 元	同上	紫	同上	152×92	同上
同上	100 元	同上	绿	同上	159×98	同上
同上	1 元	同上	棕	上海	120×68	同上
同上	5 元	同上	绿	同上	130×72	同上
同上	10 元	同上	蓝	同上	136×76	同上
同上	50 元	同上		同上		同上
同上	100 元	同上		同上		同上
1928	1 角	轮船	绿	天津	108×61	同上
同上	2 角	同上	棕	天津	114×64	同上

数据来源：根据徐枫．中华汇业银行及其纸币［J］．中国钱币，1987（3）和中国人民银行金融研究所．资本主义国家在旧中国发行和流通的货币［M］．北京：文物出版社，1992 中有关内容编制。

第三节　资本半数改为以银元计算、续收二期股款和改选总理

资本半数改为以银元计算和续收二期股款、改选总理这三件事虽然不大，但其折射出的问题却很大，通过它们，可以看到中华汇业银行内部经营策略和外部经营环境发生了重大改变。

一、资本半数改为以银元计算

中华汇业银行股本招收时全部是日元，实际营业中，有银元账户、银两账户、日元账户、美元账户。如表 9－4 所示，最初的几年内国际汇兑收入在总收入中占有重要比例，虽然 1918 年的数字在营业报告中没有列出，但是可以肯定当年国际汇兑的收入一定很高，因为该行经手了电信借款、吉黑两省林矿借款。但是从 1921 年开始，汇兑收入持续下降，只有 1926 年是个例外。利息收入与各种收入相比是总收入中最主要的部分，从表 9－4 可以看出，中华汇业银行利息收入持续上升。也就是说，存放款业务在中华汇业银行业务中的地位越来越高，离开业时“增进两国贸易，便利两国汇兑”的宗旨越来越远。后期的中华汇业银行和当时的普通商业银行已经没有多大的区别了。因为中华汇业银行做外汇业务时，一直用日元结算，到该行后期外汇业务萎缩，国内业务尤其是存放款业务发达，资本纯粹用日元多有不便。1926 年的股东总会就有人提出将资本半数改为银元，以适应业务形势的需要。日本采用金本位，日元就是金元，当

时金银比价相差太远，故没能实行，但是到了冬季金价一路上涨，各股东提议实行前案。1927年1月22日召开临时股东总会，通过了改银元一事，并于同年2月起实行。[①] 这就是金股、银股的由来。

表 9－4　　中华汇业银行 1919—1927 年汇兑收入和利息收入比较　　单位：日元

年份	总收入	汇兑收入	比例	利息收入	比例
1919	2373388.92	712089.25	30%	1297371.91	55%
1920	2127223.07	606479.26	29%	1328492.32	62%
1921	2002591.29	410735.94	21%	1484031.23	74%
1922	1433244.72	58801.85	4.1%	1348455.82	94%
1923	1792897.83	189928.56	11%	1535136.48	86%
1924	8958352.67	1182610.11	13%	7586222.98	85%
1925	2263201.42	95978.96	4%	1660974.57	73%
1926	1492705.38	589399.56	39%	838385.01	56%
1927	2186405.93	不详		2121682.52	97%

数据来源：根据历年营业报告制表。1919 年营业报告见《银行周报》1920 年 6 月 22 日，1920 年的见《银行月刊》1921 年 7 月，1921 年的见《银行月刊》1922 年 5 月，1922 年的见《银行月刊》1923 年 6 月，1923 年的见《银行月刊》1924 年 5 月，1924 年的见《银行月刊》1925 年 4 月，1925 年的见《银行周报》1926 年 5 月 18 日，1926 年的见《银行周报》1927 年 6 月 7 日，1927 年的见《工商半月刊》1929 年 1 卷 1 号。

二、续收二期股款

1927 年 7 月，中华汇业银行经重役会议决征收第二期股本，银元 125 万元，日元 125 万元，即中日每股各分别征收银 25 元，金 25 元。表面理由是“近以营业日见发展，拟续收二期股款，俾运用更行灵活”[②]。实际上，虽然中华汇业银行历年都有巨额利润，但是每年都向政府放款，政府又很少能按时归还，新债摞旧债，加起来就成了一笔巨大的呆账。越到后期占款越多，就如滚雪球，越滚越大。所以虽然账面上盈余很多，但实际流动资金却严重不足，只得续收二期股款。但是当时政治、经济环境不断恶化，续征股款谈何容易。一般商股大多无力征缴，中华汇业银行刚成立时军阀官僚投资户，因北伐迅猛发展，北洋军阀的统治业已日暮途穷，也大多裹足不前。第二期征收股本原定 1927 年 9 月 1 日至 7 日截止，期满又一再展期，到 10 月中旬，华股东大多不愿继续投资，纷纷致函中华汇业银行陈述不能缴款的理由。最后中华汇业银行不得不应股东的请求，采用原缴股本折算新股办法（按原 600 股折算新股 400 股的比例），招揽新股东，以资弥补。东北军阀张作霖，此时已组成安国军政府，以大元帅名义执掌北方军政大权，权衡得失，认为有必要维系这家银行，于是投入了相当金额的奉系资本。

据中华汇业银行 1927 年 12 月 17 日改选总理时的股东名单所载，该行华股总数仍为 5 万股，股东投资变化情况大略如下：

段祺瑞政府时期的军阀、官僚持股数多有减少，如冯国璋、倪嗣冲、陆宗舆等。新加入的奉系军阀官僚股本，记东三省官银号 1360 股；张汉卿（张学良）750 股；杨邻葛（杨宇霆）

① 中华汇业银行资本半数改银计算［J］. 银行月刊，1927（2）.

② 中华汇业银行续收股款［J］. 银行月刊，1928（1）.

400股；韩芳宸（韩麟春）400股，同泽社琪记、珣记、玕记300股，同泽社天、地、玄、黄等记100户，共2300股，有毅庵堂1户1360股，安国军政府阁员加入股本的，有外交总长王荫泰，他本人以王孟群（王荫泰）为户名投资200股。总理兼交通总长潘复，以世经堂名义投资800股。① 除东三省官银号另有代表外，张、杨、韩、同泽社，包括毅庵堂等111户，共6010股，都由胡若愚为代表。胡自1926年至1928年4月任京师监督，这个职务官职不大却很重要，非与当时中枢执政者关系密切，是不能充任的。由此推测胡是奉系人物，他代表奉方股权，毅庵堂属于奉系的投资似无可疑。这次填补空缺的新股款总计约80万元，据此计算，其中奉系即约占62%，奉张的大力支持，由此可见。② 截至1928年12月9日即停业整顿的前一天，华股名义上收到120万元，还少5万元，还要偿还代垫日金九六公债利息时所挪借入款，大约60万元，旧股东以存款抵交的有10余万元，归还正金银行透支30万元，能动用的现金只有10多万元。③

至于日本股东缴股情况，由日本理事主持，各株式会社、银行持有股数变化不大，个人持有股数有较大的变化，柿内常次郎持有的股份大多转让给其他人。日本兴业、中国台湾、朝鲜三银行扣去中华汇业银行从前透支的90万元，实际收到的现金只有30万元④。

两项加起来只有40万元（因为1927年1日元约等于1银元，所以可以把两者简单相加），远不及预期额数，此时的中华汇业银行因流动资金严重不足，只能苟延残喘了。

三、改选总理

改选总理和续收二期股款是紧密相连的，改选总理因续收二期股款而起，同时这两件事又和当时的时局联系在一起。中华汇业银行因为大量向前政府贷款而资金周转不开，只好续收二期股款，原股东认缴的积极性不高，当时掌握北京政权的奉系军阀，加入了大量的新股款，当然要求掌握这家银行的权力，积极物色自己的代理人，于是在1927年12月9日召开了临时股东大会，选举奉张安国军政府外交总长王荫泰为总理，继任前总理章宗祥未满之期。1928年4月28日定期股东大会正式选举王荫泰为总理。⑤ 比较中华汇业银行的第一期股东，可以看出，中国股东中的大股东都是当权者及其亲信，这就决定了中华汇业银行的经营特色之一是和政府联系紧密和短命。

通过这两件事不难看出中华汇业银行正在走向衰落。

第四节　经营特色

一、中华汇业银行是汇业银行还是商业银行

中华汇业银行成立宗旨是“增进两国贸易，便利两国汇兑”，在该行成立之初，确实可以看作是汇业银行。中华汇业银行总行及京行行址选在户部街东交民巷，这条街是外国银行聚集之处，也是经营国际汇兑业务的中心，该行行址设于此是为了便于开展汇兑业务，毕竟这是“我

① 北京汇业银行改选总理［J］. 银行月刊，1927（12）.
② 魏振民. 中华汇业银行的资本结构及其营业概况［J］. 历史档案，1981（1）：108、109.
③ 中华汇业银行中国股东会议记录（上）［N］. 银行周报，1929-03-12.
④ 中华汇业银行中国股东会议记录（上）［N］. 银行周报，1929-03-12.
⑤ 中华汇业银行中国股东会议记录（上）［N］. 银行周报，1929-03-12.

国经营外汇业的开始”①，中华汇业银行虽然只有四家分行一家支行，但通汇地点却遍布国内外的通商大埠，国内有：天津、上海、汉口、青岛、福州、厦门、汕头、广州、香港、长春、奉天、大连、哈尔滨、安东县以及内地各城镇，国外有：东京、横滨、大阪、神户、兵库、京都、长崎、名古屋、门司、函馆、小樽、福冈、广岛、台北、朝鲜京城、元山、仁山、釜山、伦敦、纽约、新加坡、孟买、旧金山和欧洲各大埠。② 通汇地点多是为了便于开展汇兑业务，通过本文表9－4可以看出，中华汇业银行前期收入中汇兑收入占有重要地位。

中华汇业银行前期可以看作是汇业银行（专门经营国际汇兑的特种银行），后期则成为纯粹的商业银行。《合办中华汇业银行约规》规定的营业范围如下：（1）贷款及贴现；（2）存款；（3）汇兑之一切业务；（4）一切公债及社债之应募引受；（5）各种经济借款之经理；（6）债务之保证。另外本银行依营业之便宜，得营如下业务：（1）有价证券及金银之买卖及兑换；（2）金银货、贵金属及诸证券之存营；（3）官所及各公司之金款经理；（4）各公司银行之代理业务。可以看出，除了“各种经济借款之经理”这一条是别的银行章程中所没有的，其他规定和当时的商业银行没有什么不同。实际上在当时，汇业银行和商业银行的营业范围大体相同，只是侧重面不同，汇业银行以外汇业务为主，兼营商业银行一般业务，商业银行以存放款及其衍生业务为主，有条件的也可以经营外汇业务。中华汇业银行后期主要经营存放款业务及其衍生业务，所以可以说该行已成为纯粹的商业银行。

二、中华汇业银行和政府关系密切，对政府放款

从本文表9－1可以看出，中华汇业银行从成立后，就开始大规模借款给政府。北洋政府成为中华汇业银行最大客户，1928年，中华汇业银行的资产负债表中，资产项下，北洋政府欠款达10417万元（其中代理日本三银行放款8747万银元，代中国同业放款58万银元，本行放款1612万银元），占该行全部资产的89.5%。中华汇业银行的命运不可避免和北洋政府的命运紧紧联系在一起。

三、外强中干的银行

从账面来看，中华汇业银行每年都有巨额盈余，特别公积金、缺损补填准备金也能按时提取，盈余最少的1927年也有31万多日元。股东也能按时分红，股息最高的1921年达14%。③ 实际上该行为北洋政府欠款所累，流动资金严重不足。1925年后该行营业萎缩，资金不足的问题严重制约该行发展。为求发展，中华汇业银行实行了三大措施：资本半数改为以银元计算和续收二期股款、改选总理，但是并没有挽回中华汇业银行的颓势。

表9－5　中华汇业银行历年盈余　　单位：日元

年份	前期滚存	特别公积金	缺损补填准备金	本期盈余	股东红利
1919	75410.19	100000.00	150000.00	1500347.95	1分8厘
1920	227758.14	250000.00	400000.00	127261.07	

① ［日］宫下忠雄，吴子竹编译．中国银行制度史［M］．台北：台湾华南商业银行研究室，1957：187.

② 中国第二历史档案馆藏：《中华汇业银行承办业务通告》，1064：9。

③ The China Stock and Share Handbook，1929，p.89，见汪敬虞．近代中国金融活动中的中外合办银行［J］．历史研究，1998（1）：44.

续表

年份	前期滚存	特别公积金	缺损补填准备金	本期盈余	股东红利
1921	373319.21	350000.00	600000.00	1277181.07	
1922	523300.28	450000.00	800000.00	857673.74	
1923	571474.02	470000.00	900000.00	1016765.84	1分2厘
1924	645739.86	500000.00	1010000.00	1234664.45	1分2厘
1925	757404.31	650000.00	1260000.00	1158261.79	
1926	790666.10	800000.00	1510000.00	675015.19	
1927	793681.29	815000.00	1600000.00	315284.28	

资料来源：中华汇业银行历年营业报告。

第五章 中华汇业银行停业整顿

第一节 政局变化，四经风潮，被迫停业改组

1928年中国政局发生了很大变化，北伐军节节胜利，奉系军阀在北方的统治越来越不稳固。当北伐军到达山东时，受到日本的干涉，5月3日日军公然武装进攻济南，对济南居民和进驻济南的北伐军进行大屠杀，造成震惊中外的“济南惨案”。日军的暴行激起中国人民的强烈不满，各地掀起了排日运动。日军的干涉没能阻挡北伐的脚步，北伐军继续向奉军进攻，6月3日奉军被迫退出北京，向关外撤退，第二天，张作霖在沈阳附近的皇姑屯被日本炸死。几天后北伐军占领北京、天津，6月15日，南京政府宣布统一告成。

政局的变动使中华汇业银行营业更加困难。北洋时期还未形成中央银行制，各地虽有银行公会，但银行业抵御金融危机的能力有限，银行倒闭时有发生。客户的市场预期对各银行来说就尤为重要，一旦人们普遍不看好一家银行，该行存款人和持票人就会到行提存、兑现，若该行没有充足的现金准备，很难应付提存挤兑风潮。“济南惨案”后，各地排日情绪高涨，反日事件屡有发生。中华汇业银行因为有日资背景，受到一定冲击，各界存款者纷纷到该行提款。在银行同业的支持下，尽管很快平息了提款风波。但是奉系失败、时局不靖，人心不稳，中日关系恶化，中华汇业银行的大多数持票人和存款者对该行的预期不乐观，纷纷到该行兑换现金、提取存款，致使该行又发生了挤兑风潮，幸亏得到中国银行界同业的支持，很快平息了这两次风潮。① 三次风潮使中华汇业银行疲于应付，加上当时北京经济环境恶化，7月1日中华汇业银行把总行迁到了天津②。迁总行实属无奈之举，但这并没有改变中华汇业银行的命运。虽然中华汇业银行经营有方，从账面上看连年盈余，但是该行大量放款给政府，政府又不能按时归还，致使该行资金周转不灵。另外中华汇业银行也做了很多工商业放款，由于连年战乱、经济凋敝，债权大多难以收回。不得已中华汇业银行只得续收二期股款，续收股款情况并不理想，能动用

① 汇业银行停业数日［N］. 申报，1928-12-17.

② 中华汇业银行股东会议记录［N］. 银行周报，1929-05-07.

的现金也只有40万元，此时的中华汇业银行可谓惨淡经营。

1928年底平津两地反日会发起拒用日本银行钞票的运动，12月2日，中华汇业银行京津两地发生角票挤兑，当时的现金准备还能应付，到5日，风波似乎平息了。但是没过几天，中华汇业银行的存款人提出存款和银行同业追索欠款相继而来，该行渐渐难以应付了。[①] 为平息前三次风潮，中华汇业银行向同业借款已达200万元，很难再取得同业的帮助，无奈该行2日致电财政部再次催索欠款，财政部没有回应。该行1日、2日、3日三次向日本股东求援。5日接到日本股东代表铃木回电，说日本方面召开理事会，协议结果如下："此次风潮全由排日，诚如尊电所示，在三银行实无办法再援助，正金银行亦然，查贵行所以陷于今日之困穷者，全因贵国政府欠借款过多，现在唯有请向贵国政府要求接济。"中华汇业银行再次致电日本股东要求"无论如何，务必请日本股东维持本行"。7日日本股东答复"请中国理事相机处置。"[②] 8日中华汇业银行总理王荫泰、理事胡若愚、彭香亭致电日方理事，陈述中方理事的意见："如果最近再没有巨款接济，不得已中国方面只能相机处置，本行第二期股款因为日本三行扣除，致使所得无几。此次风潮，我们奔走呼吁，但是日本方面置之不理。我们实在不忍心看到银行倒闭、人民遭难，所以万一支撑不下去了，只好'相机处置'"。[③]

王荫泰、胡若愚、彭香亭鉴于日本方面反应冷淡，认为除了把中华汇业银行改为纯粹的华资银行外别无办法。于是由胡若愚为代表前往北平与李石曾接洽改中华汇业银行为纯华资银行的有关事宜。之所以和李石曾接洽是因为时任北大校长的李石曾在南京曾与张静江等商议设立教育银行，使教育基金得以维持独立，但是由于创立银行的手续烦琐，一时之间很难筹备就绪，遂致这项计划搁置。胡若愚与李石曾商讨中华汇业银行之事，李石曾表示愿意帮忙，但是提出下列条件：（1）由中华汇业银行召开股东大会，将日本股份全数撤出。（2）将中华汇业银行根本改组。（3）将第一期股东代表曹汝霖退出理事会。（4）加入教育基金及新商股为汇业银行改组后的新股东。[④] 8日胡若愚返回天津，与该行重要股东曹汝霖、王荫泰、谢霖商议，各股东一致表示赞成这些条件，曹汝霖答应退出理事会，竭力赞成改组。9日下午中华汇业银行在银行公会召开临时股东大会，众股东一致表决承认李石曾的改组条件，决定退出日股。这次会议还选举了改组委员会，改组委员共8人，旧股东方面4人，即谢霖、王荫泰、黎绍基、胡若愚。新股东方面除李石曾外其余人选尚未确定。[⑤] 最后股东大会决定从第二天即12月10日起中华汇业银行暂时休业整顿一个月，各分行统一行动，于12月10日张贴休业告示，等待整顿。

中华汇业银行停业整顿，分行所在地的反应迥然不同。奉天分行由张学良下令查封。[⑥] 上海比较平静，12月11日下午上海银行公会召集常务委员会讨论此事并做出处理意见："中华汇业银行上海分行与各银行交易之各种汇兑，一律照当日（即10日）市价结价，即行划清，结价中有盈亏差额之应收应解，等该行清理后再核算。"由于中华汇业银行和上海其他银行来往时，进出银款，素来都是每日轧清，所以对于该行银款存欠问题，没有丝毫关系。至于钱庄方面，1927年有二三十家钱庄和中华汇业银行有业务往来，自陈蔗青接任沪行总经理后，嫌往来太多，

---

① 中华汇业银行停业改组［N］. 国闻周报，1928年12月，第5卷第49期。
② 关于汇业银行休业改组之要闻［J］. 银行月刊，1928（12）.
③ 中华汇业银行停业改组［J］. 工商半月刊，1929，1（1）：77－78.
④ 汇业银行决定改组经过［N］. 申报，1928－12－15.
⑤ 中华汇业银行中国股东会议记录（上）［N］. 银行周报，1929－03－12.
⑥ 中华汇业银行停业改组［N］. 工商半月刊，1929年1卷1日.

于是酌量减少，到该行停业时有来往的钱庄仅剩永丰、厚丰、宽大裕、同春等十余家，而且都是该行在各钱庄有存款，没有拖欠任何一家钱庄，所以钱庄方面对中华汇业银行停业整顿反应也很平静，另外从上海银行公会和上海总商会给中华汇业银行的信函看，上海商界、银行界对该行按时复业有信心。①

北京、天津金融界反应激烈，中华汇业银行停业整顿引发了金融风潮，华威、劝业、农工、蒙藏银行的钞票也发生了挤兑。② 河北省政府鉴于市面恐慌特派专车赴津，运现金予以接济，另外天津银行公会、北平银行公会召集会议筹商维持市面的办法，形成政府和银行公会共同维持金融秩序的局面，一方面由银行公会负责运用政府的款项和银行公会基金接济华威银行、收兑中华汇业银行角票，另一方面由政府辟谣、惩治捣乱分子和投机分子，金融风潮渐渐平息。③

1925 年后中华汇业银行的业务开始收缩，但是每年仍有盈余，1927 年之后，经营环境日益恶化，该行续收二期股款没有解决流动资金缺乏的问题，中华汇业银行只能苟延残喘，当 1928 年政局变化、中日关系恶化、中国排日风潮涌起这些打击共同袭来时，中华汇业银行再也承受不了，只好停业改组。

第二节　复业时间一再展期，牵延多年，终于完结

中华汇业银行停业的远因是官欠太多，近因是无法应付挤兑提存，所以它停业之后，该行经营者及股东们认为只要政府能及时归还一部分欠款，该行复业不成问题，既然李石曾愿意加入新资，复业之期当在不远。

中华汇业银行静候李石曾一方确定改组委员，但李石曾认为应由中华汇业银行先将债务债权整理清楚，供自己研究参考。中华汇业银行于是聘请有关人士整理债权债务，北平分行聘请张棣生、天津分行聘请万元甫、上海分行聘请李静涵、官欠部分聘请唐伯文、汪湛青分别任整顿委员，开始整理债权债务。④ 1929 年 1 月 9 日，中华汇业银行原订的停业整顿日期已满，10 日应该复业，但复业之事尚无进展，只好借银行公会再次召开临时股东大会，改组委员向大会报告了整理本行债权债务情况。截至 1928 年 12 月 25 日，债权债务为：1. 负债项下有：（1）发行兑换券银元 105 万银元，辅币券 20 多万元、大洋券 80 多万元；（2）各种存款 846 万银元；（3）借入款 265 万银元；（4）代理放款 8805 万银元；（5）股本实收 745 万银元；（6）各项公积金 864 万银元；（7）本年纯收益 4 万银元。2. 资产项下：（1）政府欠款 10417 万银元，其中代理日本三银行放款 8747 万银元，代中国同业放出 58 万元，本行放出 1612 万元；（2）工商界欠款 894 万元，其中中国工商界欠款 494 万银元，日本工商界欠款 400 万银元。3. 有价证券 274 万银元。股东们提议由中国股东电请李石曾迅速加入改组，并再次电请财政部拨款接济。由于整顿尚无实质性进展，股东大会只好决定复业时间展期一个月。⑤ 展期期满后，中华汇业银行和李石曾的合作之事因李石曾南下而停顿，该行只好再次展期。

和李石曾合作不成，中华汇业银行认为应该有长远打算，于是向财政部及北平社会局申请

① 汇业银行停业后之各方态度［N］. 新闻报，1928－12－13.
② 平津风潮渐定［N］. 大公报，1928－12－14.
③ 中华汇业银行停业改组［N］. 工商半月刊，1929 年 1 卷 1 日.
④ 中华汇业银行中国股东会议记录（下）［N］. 银行周报，1929－3－19.
⑤ 中华汇业银行中国股东会议记录（下）［N］. 银行周报，1929－3－19.

债权债务相互冲抵，即有些客户既在中华汇业银行有存款或持有该行纸币，又向中华汇业银行借款，就可以用存款或纸币冲抵相应金额的借款，另外确定各分行互抵办法，财政部和北平社会局认为该行的办法不会影响市面，于 1929 年 3 月 9 日批准申请。① 中华汇业银行开始整理债权债务关系，截至 3 月 31 日，有兑换券 101 万银元，减少 4 万银元；各种放款 759 万银元，减少 87 万银元；借入款 219 万银元，减少 46 万银元；工商界欠款中的中国工商界欠款 288 万银元，减少 206 万银元，日本工商界欠款 350 万银元，减少 502 万银元②。由于实行债务冲抵的办法，中华汇业银行的账面逐渐收缩。为了节约开支，从 1929 年，总管理处陆续辞退了很多职员，同年 4 月 1 日，文书课留用了陆世芬、张万禄、坂元喜市、程思浚 4 人，稽核课留用了谢霖等 13 人，这些留用人员一般都是身兼数职。③

该行整理债权债务的同时，中日股东开始接洽共同筹备该行复业，同年 4 月 27 日该行召开全体股东大会日方股东派代表参加，中日股东一致认为“与政府交涉催索欠款及减缩债额，输入新资，节省费用为救济本行唯一办法。”④ 催索政府欠款被认为是中华汇业银行复业的关键，该行在停业整顿之前就多次催促政府还款，停业整顿之后更是努力催要政府欠款，但是政府一直以“财政奇拙，无力还款”为借口，没有偿还中华汇业银行一分钱。

南京政府时期中华汇业银行虽然积极向国民政府进行交涉，但“仅蒙援助之旨，而未沾实惠”。1930 年 11 月，国民党政府内外债整理委员会召开会议，中华汇业银行对此抱有极大的希望，不料“九・一八”“一・二八”事变接踵而起，中日关系紧张，债务整理无形停顿。⑤ 抗日战争期间，日本占领华北地区，中华汇业银行策划在日本占领当局的庇护下复业，然而，日本占领当局对于此事没有兴趣。乃至 1940 年汪伪政府成立，中华汇业银行以为“日中亲善”事实已成，又多方活动。一面向华北政务委员会交涉，一面求助日本占领当局。中华汇业银行在复业理由书中力陈它的历史地位和同民间的密切关系，强调复业，资金解冻，可以活跃华北社会经济，开发华北。⑥ 中华汇业银行和华北政务委员会的交涉有了一定的进展，1945 年 2 月华北政务委员会拨给该行 200 多万元资金，用于整理该行民间债务，由该行临时股东总会确定偿还办法，据 4 月 19 日致存户通知规定，凡存款一万元以下者一次付给，超过一万零一元者付给半额，并限期在天津、北平两地办理。⑦ 不久抗日战争胜利，中华汇业银行的复业梦终于破灭。

结语

中华汇业银行是北洋政府时期众多的中外合办银行之一，和其他中外合办银行比较，具有以下特点：

1. 该行是中日两国官方合办的银行，却打着中日两国实业家合作的幌子。分析其资本构成，

---

① 中华汇业银行中国股东会议记录［N］．银行周报，1929－05－07.

② 根据《中华汇业银行中国股东会议记录（下）》，和《中华汇业银行中国股东会议记录》有关内容整理，两篇文章分别见 1929 年 3 月 19 日和 1929 年 5 月 7 日的《银行周报》。

③ 中国第二历史档案馆藏：《关于各股东催收股款及股票挂失往来函件（股东名簿）》，1064：32。

④ 中华汇业银行中国股东会议记录［N］．银行周报，1929－05－07.

⑤ 中国第二历史档案馆藏：《关于各股东催收股款及股票挂失往来函件（股东名簿）》，1064：32。

⑥ 中国第二历史档案馆藏：《向华北政务委员会申请恢复业务文件》，1064：58。

⑦ 魏振民．中华汇业银行的资本构成及其营业概况［J］．历史档案，1981（1）：112.

不难发现日方最大股东为执行日本政府对华政策的兴业、中国台湾、朝鲜三银行，中方股东中，中国银行和交通银行持有20%股份，以皖系段祺瑞为首的亲日派持有42%股份，其余北洋大小军阀官僚持有华股总额的16%。可见中华汇业银行并非中日两国实业家的合作，而是日本垄断资本和中国官僚资本结合的产物。

2. 中华汇业银行还未成立，就遭到中国社会的反对，这在中外合办银行史上是绝无仅有的。很重要的一个原因是日本大隈内阁执行赤裸裸的侵华政策，如臭名昭著的“二十一条”就是大隈内阁提出的，中国反日情绪高涨，中日合办银行要在中国通商大埠及内地设立分行并拥有纸币发行权，很容易激起国人反对。中外合办银行在中国境内广设分行、取得纸币发行权的不在少数，只有中华汇业银行受到激烈反对。

3. 西原借款催生了中华汇业银行，中华汇业银行成立的目的之一就是为西原借款服务。《合办中华汇业银行约规》中明确将“各种借款之经理”列为该行一项业务，这在中外合办银行史上也是绝无仅有的。中华汇业银行在11年的营业生涯中，多次向政府放款，次数之多，总数之大，是同为中外合办银行并向政府放款的中华懋业银行、中法实业银行无法比拟的。

4. 中华汇业银行是和政府关系最密切的中外合办银行，不仅体现在中方股东构成和对中国政府放款上，而且该行发行钞票时得到政府的特殊照顾，交通部通饬路电邮政各局一律通用该行钞票，该行还取得附币券的发行权，成为唯一发行附币券的中外合办银行。另外正是由于和政府关系密切，中华汇业银行的命运随中国政局的变化而起伏，因北洋政府的借款而起，后又被北洋政府的借款所累而营业困难，最后因北洋政府的覆灭不得不停业整顿。

中华汇业银行的历史折射了北洋政府时期及国民政府时期的中日关系。中华汇业银行成立于日本寺内内阁实行新的对华政策时期，段祺瑞政府愿意接受寺内内阁“中日亲善、经济提携”的对华政策，由陆宗舆、曹汝霖发起成立了中华汇业银行。该行经营过程中屡次受到中日关系不睦的影响，如五四运动、五卅运动、济南惨案。随着中日关系的日益恶化，该行营业越来越困难，以至于当1928年底反日会发起拒用日本钞票运动，该行无法应付挤兑而停业整顿。停业整顿后，中华汇业银行的几次复业准备和中日关系的变化也有很大关系，抗日战争胜利后，它的复业梦才彻底破灭。

参考文献

一、著作

［1］周葆銮：《中华银行史》，商务印书馆，民国八年版。
［2］张家骧：《中华币制史》，民国大学出版部，民国十四年版。
［3］贾士毅：《民国续财政史》，商务印书馆，1932年版。
［4］阮湘：《中华年鉴第一回》，商务印书馆，1924年版。
［5］1927年财政部整理会编印：《财政部经管无确实担保各项外债说明书》。
［6］徐寄庼：《最近上海金融史》，商务印书馆，1926年版。
［7］王芸生：《六十年来中国与日本》，大公报社，1934年版。
［8］张雁深：《日本利用所谓“合办事业”侵华的历史》，三联书店，1958年版。

[9] 献可：《近百年来帝国主义在华银行发行纸币概况》，上海人民出版社，1958 年版。

[10] 徐义生：《中国外债统计资料（1853—1927）》，中华书局，1962 年版。

[11] 王铁崖：《中外旧约章汇编》，三联书店，1962 年版。

[12] 万峰：《日本近代史》，中国社会科学出版社，1981 年版。

[13] 杜恂诚：《日本在旧中国的投资》，上海社会科学院出版社，1986 年版。

[14] 沈大年主编：《天津金融简史》，南开大学出版社，1988 年版。

[15] 中国第二历史档案馆、人民银行江苏省分行、江苏省金融法规编委会合编：《中华民国金融法规档案资料选编》，档案出版社，1989 年版。

[16] 许毅：《民国历届政府整理外债资料汇编》，财政部财政科学研究所、中国第二历史档案馆，1990 年编印。

[17] 财政部财政科学研究所、中国第二历史档案馆编：《民国外债档案史料》，档案出版社，1991 年版。

[18] 洪葭管主编：《中国金融史》，西南财经大学出版社，1993 年版。

[19] 徐毅主编：《北洋政府外债与封建复辟》，经济科学出版社，2000 年版。

[20] 隆武华：《外债两重性——引擎？桎梏?》，中国财政经济出版社，2001 年版。

[21] 吴景平、马长林主编：《上海金融的现代化与国际化》，上海古籍出版社，2003 年版。

[22] 上海通志馆编：《上海通志馆期刊》。

[23] 中国社科院近代史研究所、近代史资料编辑室编：《近代史资料》。

[24] 曹汝霖：《曹汝霖一生之回忆》，传记文学出版社，民国六十九年版。

[25] [日] 樋口弘著、北京编译社译：《日本对华投资》，商务印书馆，1959 年版。

[26] [日] 楫西光速、大岛清、加藤俊彦、大内力合著，阎静先译、韩润堂校：《日本资本主义的发展》，商务印书馆，1963 年版。

[27] [美] 雷麦著、蒋学楷、赵康节译：《外人在华投资》，商务印书馆，1959 年版。

二、民国时期报刊杂志

[1]《银行周报》

[2]《新闻报》

[3]《大公报》

[4]《申报》

[5]《晨钟报》

[6]《盛京时报》

[7]《国闻周报》

[8]《银行月刊》

[9]《工商半月刊》

三、档案

[1] 南京第二历史档案馆藏：中华汇业银行档案、财政部档案。

[2] 北京市档案馆藏：中国银行北平支行档案、交通银行北平分行档案。

四、论文

[1] 魏振民：《中华汇业银行的资本构成及其营业概况》，《历史档案》1981 年第 1 期。

［2］徐枫：《中华汇业银行及其纸币》，《中国纸币》1987 年第 3 期。

［3］汪敬虞：《外国在华金融活动中的银行与银行团（1895—1927）》，《历史研究》1995 年第 3 期。

［4］汪敬虞：《近代中国金融活动中的中外合办银行》，《历史研究》1998 年第 1 期。

第九篇 美丰银行

史红霞

第一次世界大战前后，我国民族工商业发展较快，对房地产的需求更加旺盛，投资房地产领域利润优厚、稳定可靠，因此地产投资蔚然成风，上海房地产业进入了黄金时期。据美国人雷麦统计，1875 年上海美商的地产价值约 200 万美元，其中半数为教会财产；到 1900 年增加到 350 万~400 万美元；1914 年美商在沪地产价值已达到 1000 万美元。[①] 这时上海的房地产业已经成为一种为社会公众所认同的市场经营行为，工厂、商店、银行、社会组织甚至市民都接受了这种交易方式。在这种情况下，设立地产公司，专门经营房地产的投资、租赁、买卖，无疑是一种迎合市场需求的行为。1913 年美国人雷文创立了普益信托公司（Raven Trust Co.），以经营地产为主要目标，兼营金融业，积累了巨额财富。随着对当时上海经济形势的进一步了解，他将一部分资金投资建立银行，专营金融业。美丰银行实际上包括上海美丰银行、福建美丰银行和四川美丰银行，各自独立经营、互不统属。[②]

---

① ［美］雷麦，蒋学楷等译．外人在华投资［M］．北京：商务印书馆，1959：211、181、190、233、227.

② 关于这几个美丰银行的关系，学术界的观点纷繁复杂。汪敬虞《外国在华金融活动中的银行与银行团（1895—1927）》中认为四川美丰和福建美丰是上海美丰的联营机构，1925 年这两家合并于上海美丰。King：Hongkong Bank，Ⅲ，82 页中认为这三家银行 1925 年合并，改称：American – Oriental Finance Corporation。《天津金融志》158 页中认为天津美丰是四川美丰的分行，属外商银行，1923 年成立，1942 年 10 月停业，资本 100 万美元。郭孝先．上海的外国银行［J］．上海通志馆期刊，第二卷第二期（《申报》1926 年 6 月 24 日第 20 版广告），第 561 页中认为，上海美丰为总行，在天津、福州、重庆、厦门等处设有分行。中国第二历史档案馆：《上海美商美丰银行报告清理案（1935 年 6 ~ 9 月）》，钱字第 16324 号中认为天津美丰是上海美丰的分行。

第一章　上海美丰银行

上海美丰银行（The American - Oriental Banking Corporation）是1918年①美国商人雷文（F. J. Raven）在上海设立的金融组织。

第一节　上海美丰银行的成立

上海独特的投资环境不仅给资金雄厚的财团提供了扩张资本的条件，而且给了普通商人发财致富的机会，成为“冒险家的乐园”，吸引了众多淘金者，美丰银行的创始人雷文就是其中之一。他于1904年从芝加哥来到上海，被公共租界工部局招募为外国工头，他热心于上海的公共事业，被誉为“城市之父”（Father of the City）。后来他加入了中国营业公司，专做地产投机，积累了丰富的经验，于是开办了普益信托公司，并吸收存款，发行股票，地产业务和金融业务都很兴旺。数年间，他的房地产大增，积累了资本。他看到中美贸易繁荣，对金融机构的需求与日俱增，创办银行可获取更加丰厚的利润，就于1917年向美国康奈克特州（Connecticut State）注册了美丰银行，英文名为The American - Oriental Banking Corporation，性质为股份有限公司。后来，他又创办了普益地产公司（Asia Realty Co.）和美东银公司，与普益信托公司一起形成了强大的美丰资本集团。② 这四个机构虽然在法律上和财务上都是独立的，但为了利益，相互有着密切的合作。

上海美丰银行于1918年在上海南京路29号成立，属于商业银行（Commercial Bank）。该行的董事长为雷文，董事为克利费尔（J. Kleffel）、勃立顿（T. C. Brton）、华格（W. P. Walker）、逊陶（H. Sander）、梅华（V. Megor）。总经理由克利费尔兼任，经理为盖尔（D. P. Gill），襄理为雷文（W. F. Raven），买办黄逸才。

资本金是投资者为达到一定的盈利目的和社会效益，为保证商业银行业务经营的顺利开展而必须投入的货币资金，是商业银行开业、经营和发展的前提条件。该行的额定资本为7310000元③，分优先股和普通股两种，“A”级优先股和“A”级普通股每股都是10美元，“B”级普通

① 关于上海美丰银行的成立年份《中华民国货币史资料》作1916年，《中外经济周刊》第十五期、《1934年银行年鉴》、汪敬虞：《外国在华金融活动中的银行与银行团（1895—1927）》中作1917年（民国六年），《最近上海金融史》《上海金融组织概要》、盛观熙，戴建兵．中国历代钱币通鉴［M］．北京：人民邮电出版社，1999：227。《申报年鉴》作1918年（民国七年），《中央银行月报》五卷五号作1919年（民国八年），本文作1918年。

② 关于这四个机构，蓝以琼．揭开帝国主义在旧中国投资的黑幕［M］．上海：上海人民出版社，1962：53 - 54页中认为普益银公司（与普益信托公司译法不同）最先成立，1926年成立普益地产公司，此外雷文还经营美丰银行和美东银公司。《上海房地产志》编纂委员会编．上海房地产志［M］．上海：上海社会科学出版社，1999：153页中认为1913年成立普益银公司，1926年成立普益地产公司。中国人民银行总行参事室编．中华民国货币史资料（第一辑1912—1927）［M］．上海：上海人民出版社，1986：1119 - 1121页中认为1914年成立普益信托公司，1916年成立美丰银行，1922年成立普益地产公司，1925年成立美东银公司。《外国在华工商企业名录》中认为普益银公司成立于1914年。

③《中行月刊》，第十卷第6期（1935年5月），78页。献可：《近百年来帝国主义在华银行发行纸币概况》中认为是300万元，其中中国人的资本占125万元，美国人的股本为55万美元，估计中国人所占股本为48%。《申报年鉴（民国二十二年）》中认为资本总额2000000美元。汪敬虞：《外国在华金融活动中的银行与银行团（1895—1927）》中认为上海美丰没有打出合办招牌，但中国人的股份占48%。E. Kann. Paper money in moden China（1900—1956）Note - issuing foreign banks in China. *Far Easten Economic Review*，November 14，1957，p. 619中认为是100万元。

股，股票没有秤价。历年实收资本情况如表 10－1 所示。

表 10－1　　上海美丰银行历年实收资本对照（1918—1934 年）　　单位：元

1918 年	122260.00	1927 年	445555.00
1919 年	182878.00	1928 年	445555.00
1920 年	409950.00	1929 年	445555.00
1921 年	410320.00	1930 年	1732448.27
1922 年	425370.00	1931 年	3497765.00
1923 年	928949.94	1932 年	3895502.65
1925 年	930230.00	1933 年	2832733.81
1926 年	445555.00	1934 年	2844202.90

注：汪敬虞．中国近代经济史（1895—1927）［M］．北京：人民出版社，第 272 页中认为 1926 年数字是福建美丰、四川美丰归并于上海美丰以后的数字。

资料来源：中国人民银行总行参事室编．中华民国货币史资料：第一辑（1912—1927）［M］．上海：上海人民出版社，1986：1119－1121.

由表 10－1 可知，上海美丰银行的资本在 1918 年、1919 年两年中比较少，只有十几万元，1920 年后，增加到 40 多万元。1923 年、1925 年两年是上海美丰银行资本增加的高峰期，达到了 90 多万元。从 1926 年开始，又回落到 40 多万元，到 1929 年资本一直没有改变。20 世纪 30 年代以后，银行的资本开始猛增，1930 年达到 173 万多元，1931 年和 1932 年两年是上海美丰银行资本最高的时候，高达 380 多万元。1933 年后，受时局影响，减少到 280 多万元。直到 1935 年银行倒闭，额定资本也未收齐。

银行的资本是银行信用的基础，又是银行偿还债务的最终保证，充足的资本金是维持银行声誉、树立公众信心的基本条件，因此资本金额的大小直接关系到银行的信用和地位。上海美丰银行资本最高时也只有 380 多万元，与其他外国银行相比可以清楚看到其资力的弱小。

表 10－2　　外国银行实收资本一览（1933 年底止）　　单位：元

银行名称	本位	额定资本	实收资本	折合中洋率	约合中洋
花旗银行	美元	124000000	124000000	每美元作中洋 4 元	496000000
横滨正金银行	日元	100000000	100000000	每日元作中洋 1 元	100000000
华比银行	法郎	200000000	147044187	每法郎作中洋 3 角	44113266
安达银行	荷盾	100000000	55000000	每荷盾作中洋 8 角	44000000
麦加利银行	英镑	3000000	3000000	每英镑作中洋 14 元	42000000
大通银行	美元	5000000	5000000	每美元作中洋 4 元	20000000
汇丰银行	港元	50000000	20000000	每港元作中洋 1 元	20000000
德华银行	银两	4600000	4075000	每银 1 两作中洋 1 元 4 角	5705000
美丰银行	元	7310000	3895503		3895503

资料来源：《上海通志馆期刊》第二卷第二期，第 575－578 页。

天津是中国北方的工商业中心，鸦片战争后，也被辟为通商口岸，对外交流日趋活跃，经贸活动繁盛。1923 年上海美丰银行在天津法租界设立分行，行址在法租界中街七号路 61 号，资本为55万美元，125万海关两①。美丰银行天津分行的经理是盖尔（David P. Gill）。该行第一任买办郭瑞臣，原是汇丰银行天津分行华账房业务负责人。“番纸”代号为魏记。郭瑞臣于1927年辞职，继由该行华账房业务负责人阚荫棠任第二任经理。“番纸”代号为丰记②。另外上海美丰银行还在香港设有支行。

第二节　业务经营

上海美丰银行是普通商业银行，商业银行是以存贷款为基本业务的经营性金融机构，经营的对象是各种各样的金融商品，有偿提供各种金融服务，商业银行的经营目的是获取尽可能多的利润。美丰初办时，“业务仅限于汇兑”③，1925年以后，营业范围扩大，营业种类有：存款、放款、汇兑、证券，但兑换券的发行较早。其各项业务的经营状况如下。

一、发行兑换券

发行兑换券本是中央银行的特殊业务，一般商业银行是不允许染指这项业务的。但当时中国没有中央银行，1928年中国的中央银行才建立起来，而且还徒有虚名，发挥不了中央银行的实际职能，因此当时商业银行发行钞票是一种普遍的现象。直到1935年国民政府实行法币改革以后，钞票发行权才收归中央银行。美丰银行是在美国注册的商业银行，同其他外商银行一样享有钞票发行权，不受中国法律干预。从1918年到1934年，上海美丰银行一直都在中国发行纸币，采用中国银元为货币单位。

上海美丰银行发行的纸币面值分为1元、5元、10元、50元、100元5种。所发纸币全部在中国流通，其历年发行额为：

表10－3　　上海美丰银行历年纸币发行数额（1920—1934年）　　单位：元

1920年（民国九年）	300000	1928年（民国十七年）	1010470
1921年（民国十年）	318230	1929年（民国十八年）	939340
1922年（民国十一年）	984000	1930年（民国十九年）	784745
1923年（民国十二年）	1180840	1931年（民国二十年）	254460
1924年（民国十三年）	2052266	1932年（民国二十一年）	237290
1925年（民国十四年）	2052266	1933年（民国二十二年）	42805
1926年（民国十五年）	1002668	1934年（民国二十三年）	32805
1927年（民国十六年）	890050		

注：其中1922年、1924年、1925年数字与《美国花旗银行在华史料》第640页相同。

资料来源：（1）1920年的发行数字，采自张家骧：《中华币制史》。

（2）1924年的发行数字，采自上海申报年鉴社发行：《申报年鉴（民国二十二年）》，第159页。

（3）1921—1923年，1925—1934年的发行数字，采自《美丰银行印刷品》中国人民银行总行参事室编：《中华民国货币史资料第一辑（1912—1927）》上海人民出版社，1986年版，第1119－1121页。

---

① 55华美元，原文如此，实际应为55万美元。《华北金融界恐慌 美丰明华均停业》，《盛京时报》，康德二年五月廿五日（1935年5月25日）。

② 李焕章，刘嘉琛．天津外商银行简介［M］．外商银行在中国．北京：文史出版社，1996：188.

③ ［美］保罗·S. 芮恩施．一个美国外交官使华记［M］．北京：商务印书馆，1982：59.

可见，该行1924年和1925年发行额最大，超过了200万元，这和外商银行在1925年发行数量最大，1926年后出现明显下降的总趋势是一致的。因为1925年后，外籍银行频频倒闭，“国人屡受其害，方始觉悟，知外国银行之不可恃”①。中国华资银行业却在这个时期发展壮大起来，中国纸币信用增强，所以1926年后，外资银行发行额都有了紧缩的趋势。1933年以后，该行陆续将已发钞票收回，在市面流通的不及10万元，1935年该行倒闭后，大部分所发纸币已被收回。

该行纸币实物有1919年版5元的两种，10元和100元的各一种，以及1924年版的1元、5元和10元各一种。这三种纸币中心处都有轮船图案，由美国钞票公司（ABNC）印制。它的分行天津美丰银行也曾发行纸币，只在天津流通。目前发现的纸币实物只有1924年9月16日发行的5元券，正面在多重色背景下有黑色图案，背面图案为橘红色，中心处有轮船图案。②

发行钞票是中国近代银行筹措资金的重要手段，美丰银行通过发行钞票，既扩大了营运资金，赚取了利润，又在中国树立了信用，巩固了地位。

二、存贷款

以存贷款为基本业务，是商业银行的基本特征，因此存贷款是美丰银行的基本业务。

吸收存款是银行的主要负债业务，是银行凭自己的信用动员和吸收社会闲散资金的一种信用活动。银行事业的开展完全依赖资产，资产收入包括银行的自有资本和靠吸收存款等方式募集的资本。但银行的资本是存款支付的保证，除购买公债和其他确实有价值的证券外，一般不去动用。实际上银行经营贷款的资金主要取决于吸收的存款多少。通过低利存入、高利贷出，银行就可从中得其盈余。因此吸收存款的多少直接关系到银行获取利润的多少。

为招揽存款，美丰银行在报纸上大做广告。1929年11月29日，在《新闻报》上刊登：“本行地处繁盛住居中心，为商贾仕女所必经之地，存支款项极属便利。”1930年1月25日《新闻报》上刊登：“能赚不能积，一生徒劳力，本行储蓄部给息优厚，办事周密，凡有益于储户者靡不竭力为之。”1930年2月9日《新闻报》上刊登：“世事变迁风驰电掣，唯储蓄足以抵之也。本行办理储蓄缜密，周到，人所共晓，如有余款快来储蓄。”通过广告宣传，人们开始了解美丰。雷文还利用自己在教会中的影响，极力拉拢教会，到美丰开户的教会越来越多，美丰因此被公认为“教会银行”，这样人们对美丰的信誉更加深信不疑，它所吸收的存款得以连年增加。

贷款是指银行将组织到的资金以货币资金的形式，按照一定的借款利率贷放给客户，并约期偿还的一种资金动用的方式。放款是银行业务经营的重点，是动用资金取得利润的重要途径。银行放款可以使社会资金在一定条件下获得合理分配，满足贷款者的用款需要，促进社会经济的发展。以下是1926—1932年上海美丰银行的存贷款数额，如表10－4所示。

---

① 庄叔英．今后之外国银行应严加取缔［N］．银行周报，第11卷第19号（1927－05－24）．

② 1931年2月22日，普益地产公司在《银行周报》上刊登了一则广告，原文如下：

上海一昼夜间之进出轮舶，七十年前，世界人士，几不知有上海之一埠。恒数月一次，有小轮停泊，装卸货物。今也一书夜间之进出轮舶，有四五十艘之多，即一二万吨之巨轮，亦纷至沓来。无日无之，足征上海百业之繁盛与地产之发达，与日俱进。本公司经营房地产有年，各界如有委托，无不竭诚办理。

普益地产公司

南京路第五十号　电话一八七七〇

该广告以来沪轮船的数目日增来证明上海地产的发达，而美丰银行又因雷文从事地产交易获利而建立，所以美丰资本集团以轮船图案为标志，所有普益地产公司和美丰银行的广告都印有轮船，这也正是美丰银行发行的纸币都印有轮船图案的原因。

表 10－4　　上海美丰银行历年存贷款数对照（1926—1932 年）　　单位：元

年份	存款额 A	贷款额 B	实收资本 C	资产 D	A/D （%）	C/D （%）	B/D （%）
1926	3935899	—	445555	7049476	56	6.3	—
1927	3546050	2947423	445555	6340011	62	7.0	46
1928	4547699	3622639	445555	7736216	59	5.8	47
1929	5760610	4492923	445555	9066339	64	4.9	50
1930	8170464	7179185	1732448	13845342	59	12.5	52
1931	9211619	8621845	3497765	17719994	52	19.7	49
1932	10338796	10199235	3895502	19236130	54	20.3	53

资料来源：（1）1926 年数字采自《美丰银行印刷品》，中国人民银行总行参事室．中华民国货币史资料．第一辑［M］．上海：上海人民出版社，1986：1121.

（2）1927—1931 年数字采自徐寄庼：《最近上海金融史》，美丰银行营业报告。

（3）1932 年数字采自民国二十三年（1934 年）《全国银行年鉴》美丰银行贷借对照表。其中实收资本数采自《美丰银行印刷品》，中国人民银行总行参事室编：《中华民国货币史资料》第一辑，上海人民出版社，1986：1121。

1926—1932 年上海美丰银行的自由存款数额和放款数额是连年增加的。存款数额占银行全部资产的比例（A/D）越大，说明银行的信誉越好，银行营运资金依赖自有资金的程度越低，存款对银行经营的效用越大。存款对上海美丰银行作用最大的一年是 1929 年，其次是 1927 年。1931 年后，银行的自有资本大幅度提高，存款对它的作用开始下降。银行的自有资本起着保护存户资金安全的作用，自有资本占资产总额（C/D）的比例越大，银行承担风险的程度越高，越适合承做期限较长、风险较大的放款。从理论上来说，上海美丰银行从 1930 年增加资本以后，比 20 世纪 30 年代以前适合做风险性大、盈利性高的放款业务。

三、汇兑

随着近代经济的发展，各地之间的商务联系越来越密切。但是中国币制异常复杂，各地所用通货各不相同。商人持本地货币到异地后，必须先兑换成异地货币才能使用，给埠际贸易带来了不便。因此，金融界早就开始办理汇兑业务。这样商人可以免去运现的风险和异地交易的兑换之苦，银行也可赚取汇费，抵销外地的债务。上海美丰银行是外商银行，与国外金融机构联络方便，所以国外汇兑业务在汇兑业务中占很大比重。1930 年起，该行与远东及欧美行号，联络营业，汇务更为扩充，获利也更丰厚。从 1927—1932 年上海美丰银行的资产负债表看，该行经营汇兑业务的情况如表 10－5 所示。

表 10－5　　上海美丰银行历年汇兑业务对照（1927—1932 年）　　单位：元

年份	汇兑业务总额		资金总额 C	A/C （%）	B/C （%）
	资产类 A	负债类 B			
1927	721735	—	6340011	11.3	—
1928	1331564	—	7736216	17.2	—
1929	833428	—	9066339	9.2	—

续表

年份	汇兑业务总额		资金总额 C	A/C （%）	B/C （%）
	资产类 A	负债类 B			
1930	993098	—	13845342	7.2	—
1931	3897742	—	17719994	22	—
1932	4362603	1914156	19236130	22.7	9.9

资料来源：（1）1927—1930 年数字采自徐寄庼：《最近上海金融史》，美丰银行营业报告。A 栏数字由资产类项目出口押汇 + 顾客承付票据计算所得。

（2）1931 年数字采自徐寄庼：《最近上海金融史》，美丰银行营业报告。A 栏数字由资产类项目出口押汇 + 顾客承付票据 + 买进近远期票据计算所得。

（3）1932 年数字采自民国二十三年（1934 年）《全国银行年鉴》美丰银行贷借对照表。A 栏数字由资产类项目购入汇票 + 信汇 + 顾客承付票据计算所得。B 栏数字由负债类项目承付信汇 + 运送中汇票计算所得。

表 10－5A/C 栏表示汇兑业务占银行资金的比例，B/C 栏表示采用汇兑业务获取银行营运资金的比例。1928 年和 1932 年上海美丰银行从事资产类汇兑业务较多，1932 年上海美丰曾以汇兑业务扩充了银行资产。

四、证券

证券的抵押买卖也是上海美丰银行的一项重要业务，如表 10－6 所示。

表 10－6　上海美丰银行历年有价证券对照（1927—1932 年）　单位：元

年份	有价证券 A	资产总额 B	A/B（%）
1927	96287	6340011	1.5
1928	118812	7736216	1.5
1929	231355	9066339	2.5
1930	166504	13845342	1.2
1931	122869	17719994	0.6
1932	98499	19236130	0.5

资料来源：（1）1927—1931 年数字采自徐寄庼：《最近上海金融史》，美丰银行营业报告。

（2）1932 年数字采自民国二十三年（1934 年）《全国银行年鉴》美丰银行贷借对照表。

债券是指债务人为筹集中长期资金而向债权人发行的一种债券，具有可转让性、稳定性、收益较高等特点。银行等金融组织是债券买卖双方的中介，经手这项业务利润较高。但近代中国债券充斥市场，有的债券发行者债信不高，价格昂贵的债券很容易就会变成废纸，所以承做债券买卖的风险较大。上海美丰银行证券的经营数额是非常小的，最多的年份是 1929 年，也只不过 23 万多元，20 世纪 30 年代后，数额开始下降，其占资产总额的比例最高时也只不过是 2.5%。可见，上海美丰银行的经营还是比较稳健的。

商业银行的资产业务代表了银行对资金的运用。通过运用资产，银行可以取得收益。不同的资产类型具有不同的收益能力。具体而言，营业开支是银行开展业务必须支付的成本，开支多，银行的盈利性就差。库存现金是指银行金库中的现钞，是银行资产中最具流动性的资产。它可以随时应付顾客的提款要求，但不能给银行带来收益。银行必须根据客户用款的季节性变化规律来决定库存现金量的大小。存放同业的收益相对较低，贷款和投资的收益则较高，因而是银行利润的主要来源。但是，高收益的资产往往伴随着高风险。比如贷款发生呆账，银行不仅得不到收益，反而还要蒙受损失。因此，每一家银行都面临着如何合理安排和使用资产的任务。表 10 -7 可清楚地反映上海美丰银行所掌握的经济资源的分布状况。

表 10 -7　　**上海美丰银行各项资产比例比较**　　单位:%

项目＼年份	1927	1928	1929	1930	1931	1932
钞票准备金	14	13	10. 4	5. 7	1. 4	1. 2
库存现金	16. 5	13	18	26. 6	23. 3	18. 0
放款	46	47	50	52	49	53
汇兑	11. 3	17. 2	9. 2	7. 2	22	22. 7
公债	1. 5	1. 5	2. 5	1. 2	0. 6	0. 5
营业开支	4. 5	3. 7	3. 5	2. 4	0. 7	0. 8
未收款项	0. 7	0. 7	1. 4	3. 1	0. 9	0. 8
代收款项	4. 2	3. 6	5. 1	2. 0	2. 3	2. 1
他项资产	0. 6	0. 3	0. 2	0. 06	0. 09	0. 9
总计（约）	100	100	100	100	100	100

注：根据上海美丰银行历年资产负债表计算所得。

商业银行经营的最终目标无疑是取得最大化利润。只有在理想的盈利水平下，商业银行才能够充实资本、增强经营实力、巩固信誉、提高竞争能力。反映银行经营状况、获利水平的指标是纯益。纯益除给股东分配股息和红利外，还要提出一部分公积金以防意外损失，保证营业安全。在上海美丰银行的资产负债表中，纯益用公积金和未分盈余表示。

表 10 -8　　**上海美丰银行历年纯益对照（1921—1934 年）**　　单位：元

1921 年	37454. 17	1928 年	120000. 00
1922 年	20032. 82	1929 年	226062. 21
1923 年	27733. 99	1930 年	689022. 16
1924 年	80890. 28	1931 年	2028556. 81
1925 年	289875. 95	1932 年	2094352. 03
1926 年	96574. 31	1933 年	2000000. 00
1927 年	99254. 04	1934 年	869565. 22

注：1921—1932 年数字是未分盈余与公积金总和，1933 年、1934 年数字是公积金数。

资料来源：采自《美丰银行印刷品》，中国人民银行总行参事室．中华民国货币史资料：第一辑［M］．上海：上海人民出版社，1986：1121.

从表 10 -8 中可看出，上海美丰银行有日渐发达的趋势，1922 年、1923 年纯益较以前有所下降，1924 年开始回升，1925 年营业业绩比前后几年都好，20 世纪 30 年代以后，利润大幅度提高。这与银行资本以及存款、放款、汇兑业务发展变化的趋势是一致的。1931 年上半年，因该行营业发达，董事部决定增募普通股票，以上海本地银元计算。同时决定扩充营业面积，以利于银行发展。

该行能够连年盈利的原因有：

1. 该行总行设在中国，决策便利。“这家银行的总行设在中国，所有的活动也都在中国。它在进行融资和投资方面，比那些事事都须经过纽约或伦敦作出最后决定的银行，自然要敏捷便利得多。显然在这一方面，它享受到与汇丰银行同样的好处，能够就地统筹业务。”①

① Frederic E. Lee：Currency，Banking and Finance in China，1926：97.

2. 该行采用中国银元为资本本位币，可以免受汇率风险。如果资本采用外币，银行就必须在外汇市场上兑换本国外币与中国银元，汇率的频繁变动，有可能使银行遭受损失。而上海美丰银行采用中国银币作为本位币，可以避免这种风险，促进银行经营稳定。

第三节　上海美丰银行的停业与清理

虽然上海美丰银行一直保持着盈利的势头，但并没有维持长久，1935 年 5 月 24 日该行停业，[①] 存续时间还不到 20 年。

一、停业原因

1. 资金贷放集中，风险大

银行作为金融机构，资金运作是其生存和发展的基础，但银行的资金运作离不开特定的社会环境，社会宏观经济状况和资金运作对象境遇的变化，都会对银行的经营效果产生影响，因此，银行在运用资金时，不宜集中于一处，而应采取分散主义原则，所谓“不可把鸡蛋放在同一个篮子里”。当银行借出资金时，不可偏于同一个顾客，也不可偏于同一种职业的顾客。在接受抵押品时也是一样，“如抵押品偏于一种物体则经济界一有变动，其市价跌落时，势必难于立即脱手，故抵押品不偏于一种，其危险分散，较为平安也”。[②]

普益信托公司、普益地产公司、美东银公司的董事长都是美丰银行的董事长雷文，普益地产公司占有美东银公司的大部分股票，美东银公司又占有美丰银行及普益地产公司的大部分普通股票，如是可知，该三公司之牵连关系，即一家周转不灵，则其余二家也受影响。[③] 根据民国十八年（1929 年）统计，普益地产公司发行普通股“甲”15000 股，美国人持 10680 股，占 71.2%。在这 10680 股中，美丰银行却占有 8019 股，占普通股“甲”的 53%。该公司资金不足时，还常向银行透支和抵押借款。民国十四年（1925 年）曾向美丰银行透支 314600 银两[④]。美东银公司的资产存到美丰银行的有 24950.70 元，存于他处的共仅 443.52 元[⑤]，可见其关系密切。凡是普益地产公司经营的地产，均向美丰银行抵押，美东银公司、普益信托公司经营外汇业务所需资金也向美丰银行抵借。美丰银行受押的地产有 4000 余万元[⑥]，1932 年以后，地产业一蹶不振，美东银公司、普益信托公司经营外汇又亏累甚巨，美丰银行发放的借贷款无法收回，必然会影响营业。

2. 白银风潮

1929—1933 年资本主义世界发生了经济危机，百业萧条，外贸不畅。日本为摆脱危机，发动了侵华战争。1932 年，上海爆发了“一・二八”淞沪抗战，地产市场行情骤变，地价突然普遍下跌，交易呆滞，金融行情动荡。

美国受到的打击也很严重，为摆脱经济危机，美国总统罗斯福从 1933 年开始，实行了白银

① 张一凡、潘文安主编：《财政金融大辞典》，第 681 页中认为该行停业于 1953 年。

② 沧水．银行界之危险预防法［N］．银行周报，总第 172 号（1920 - 11 - 02）．

③ 中国第二历史档案馆：《上海美商美丰银行报告清理案（1935 年 6 ~ 9 月）》，钱字第 16324 号。

④ 《上海房地产志》编纂委员会编．上海房地产志［M］．上海：上海社会科学出版社，1999：153、155.

⑤ 美丰银行等资产负债清单发表［N］．新闻报，1935 - 6 - 15.

⑥ 沪美商美丰银行停业［N］．中行月刊，第十卷第六期．

政策，其目的是“以人为的动力提高银价，藉以刺激东方用银国既已枯竭了的购买力，使其过剩商品得以与英日竞销于远东市场，而解脱其国内不景气的厄运”①。1934 年 6 月 19 日美国政府通过了《购银法案》，在该法案中，明确规定了美国要增加货币发行准备的白银份额，达到“金三银一”的比例，放弃金本位。1934 年 8 月 9 日又公布了《白银国有令》，规定将美国国内存银全部收归国有。美国政府企图用这两项政策相互配合，以增加白银储备。

当时美国存金计值 77 亿 5 千 7 百万金元，照此推算，就是把银一盎司作为 1 元 2 角 9 分，也须有存银约 20 亿 2 百万盎司。除财政部当时已有存银 6 亿 9 千万盎司外，还应该续购白银 13 亿 1 千 3 百万盎司。② 美国政府随即向海内外市场大量收购白银，白银的价格在很短的时间里被人为提高了很多。纽约的银价从 1933 年每盎司 24.5 美分，上升到 1935 年 1 月每盎司 55 美分，同年 4 月上升到每盎司 81.5 美分。伦敦银价也从 1933 年的每盎司 16.5 美分，上升到 1935 年 1 月每盎司 24.75 美分，同年 4 月上升到每盎司 36.25 美分③。白银价格的大幅度提高，使世界市场的白银投机日益活跃。

中国是当时世界上为数不多的几个银本位国家之一，但却不是产银国，需要大规模从国外进口银。白银价格提高，中国不但不能继续进口银，反而国内存银大量流向了国外，1933 年，中国出口白银为 14154259 元，1934 年则增至 259941414 元④。

上海是全国最大的贸易港口，贸易经由这个城市在川流不息地进行着，资金源源不断地流入上海。同时上海也是全国的工商业中心和最大的投资市场，它容纳了来自全国各地的资金。因此，上海是白银损失最严重的地方。美国实行购银政策后，上海的白银开始大量流向国外，给贫弱的中国带来了更加深重的灾难。“中国用作通货之白银截至 1934 年 6 月，由中国内地所集中于上海者，仅五亿八千万元（此数已为银集中上海有史以来之新纪录），此外再加算其他各大都市所存白银，最多也不及七亿元，然此七亿元之白银，自美国实施白银国有以后，二三个月之短时期间，竟出二亿五千万元，此与一时吸取贫血者全身血液三分之一，正相类似。”⑤

白银外流造成了中国金融市场的恐慌和混乱，白银流失最严重的是上海，金融恐慌最严重的当然也是上海。由于白银价格暴涨，出口利大，促使持有纸币、证券的人纷纷向银行钱庄挤兑现银，存款客户也纷纷要求提现，银行钱庄一时因资金周转不灵而倒闭者比比皆是，上海美丰受时局影响，也陷入了困境，该行的“关闭直接理由，厥为美丰银行存户近来大批提款”⑥。

白银的大量流失引发中国通货紧缩、物价上涨、地产无人过问。当时有报纸评论说：“美国于 1934 年实行购银政策，使存银滚滚外流，国内金融奇紧万分，地价及其交易额，更趋萎落，大有不可收拾之势。”⑦ 普益地产公司因时局不振，倍感流动资金缺乏，周转不灵，欲以 90 余万元的价格将坐落在公共租界的地产，出售给沙逊洋行，没有成交，不得已宣告停业。美丰银行将大量款项抵押贷给普益地产公司，资金无法收回。此外，普益信托公司、美东银公司和美丰银行本身都做外汇业务，平时向汇市预购远期，到期续转，如此周转不已。自美国实行白银政策后，汇价持续上升，到期不得不陆续付出差金，因而蒙受了巨大损失。上海美丰遭受挤兑风

① 朱心湛．白银对策的检讨［M］．中国经济论文集：第一集．上海：上海生活书店，1935：166.

② 吴家民．银价飞涨及其影响［N］．交易所周刊，第 1 卷第 21 期，1935 年 5 月 27 日．

③ 吴家民．银价飞涨及其影响［N］．交易所周刊，第 1 卷第 21 期，1935 年 5 月 27 日．

④ 沈麟玉．我国币制改革经过［N］．中央银行月报，第四卷第十一号，1935 年 11 月。

⑤ 致美考察团论美白银政策与中国金融界之关系书［N］．交易所周刊，第 1 卷第 28 期，1935 年 7 月 15 日。

⑥《上海美商美丰银行报告清理案（1935 年 6 ~9 月）》，中国第二历史档案馆，钱字第 16324 号。

⑦ 申报，1935 -03 -05.

波、外汇投机失败，同时又受普益地产公司、普益信托公司和美东银公司的牵累，营业无法正常进行。

3. 与银行界缺乏联系

美丰银行资本金数目小，其主要营业对象为普益地产公司、美东银公司和普益信托公司，与其他金融机构没有什么联系，甚至连银行公会也没有参加。银行公会是银行界互相联络的公共组织，在时局不利于银行发展时，银行公会就会集合所有会员的力量，采取适当的政策把危机限制到最低程度。当个别银行会员出现问题时，银行公会就会调动其他成员共同帮助它渡过难关。美丰银行没有参加银行公会，自然不会有这样的便利条件。

面对紧迫形势，上海美丰银行于1935年5月23日办公完毕后，邀请当地美国金融家聚集讨论，该行董事主张立即停业。于是第二天早晨由秘书长签名公告，中文为“本行奉董事会命停止营业，特此通告。”英文为“美丰银行奉董事会命令，停止营业，经向美国驻华按察使署申请指定清理人。”俄文文字与英文相同。当天该行门前有很多人探听消息，公共租界巡捕房特派中西巡捕四名维持秩序。天津分行和香港支行也于24日早晨奉上海总行电令停业，准备清理。①

二、美丰银行的清理

1935年5月24日下午，该行董事长雷文派顾问樊克玲到北平向美驻华按察使希尔米克报告美丰银行停业详情，请求查封并指定清理人。5月28日早晨希尔米克令法警彼德孙赴南京路二十七号将美丰银行财产查封，并由美国法庭判官到场监视，当场命令美丰银行中西职员一律离行。同时由公共租界捕房派中西巡捕九人轮流看守。

上海美丰银行曾与一些教育机构有过业务往来，如上海美童学校、圣约翰大学等，该行停业后给这些学校造成了财政困难。一些教会团体也遭受了损失，为此美国教会十团体，开会讨论应对办法，经议决组织五人顾问委员会，负责将每个教会所受影响的确切款项及其股票或存款种类，调查明晰。五人顾问委员会被选人为：史密斯（主席）、潘敦、克莱恩、赫卜德及孔克。潘敦被举为秘书，负责与未列会各教会团体接洽一切。② 此后，潘敦遍访美国总领事、美国在华法院检察官，为减免各教会团体的损失而积极行动。

该行存户有40多个国籍，其中以美国侨民储户为最多，其次是俄国侨民。上海俄商几乎全与该银行有往来。另外还有几百人，在该行办理了储蓄存款。俄侨之存款，大都数额较小，多者500元，少者50元，总计共有300多万元③，中国存户共有781人，存款约230万元④，数目较小。天津分行存款约有30余万元⑤，大部分为华籍富翁所存，财产与负债相抵，尚有盈余。

6月3日下午，美驻华按察使根据美国联邦法中之“中国商业法”，指定贺甫（Hough）为清理人，清理美丰银行、美东银公司及普益地产公司。贺甫立即开始清理工作，决定首先办理发还存款事项，表示美丰银行的存款无论是个人还是团体，都将按成数发还。6月13日，贺甫发表美丰银行资产负债对照表。按该行账册所列，该行的资产共值11376437.76元，负债共7772407.69元，未缴股本为2575304.19元。资产中有约1900000元是美东银公司、普益银公司

① 《盛京时报》，康德二年五月廿日（1935年5月25日），天津美丰停业是“因金之过剩与投机买卖”。

② 《译美国都会十团体通行书》，中国第二历史档案馆，钱字第16324号。

③ 美丰银行停业后俄侨大感困难［N］. 申报，1935－05－27.

④ 《关于美丰银团各公司清理报告》，中国第二历史档案馆，钱字第16324号。

⑤ 港津美丰银行停业［N］. 申报，1935－05－25.

及普益信托公司所欠，有6775435.73元欠款并未详开户名。另外还有买办欠款113210.49元、可收之账款45276.54元、生财装修114623.95元、而库存现款仅有14541.19元。负债项内以存款占最多数，共计5618121.98元。①

1932年1月，上海美丰银行董事会通过了如下决议："兹因美丰银行总经理兼发起人雷文氏，任职已久，服务忠肯，向不取薪或其他报酬。特决议赠予名誉金135000元，以酬忠诚之劳绩，并决议命司库员即以此款全数付与雷文氏。"② 贺甫经过详查账目，发现雷文有此舞弊行为，遂于1935年7月23日诉请美国驻华法院向雷文追索这笔酬金。

1935年8月17日，贺甫再次向美国驻华法院起诉董事长雷文与副经理华尔特。原因是雷文曾以期票16万9千元向美丰银行借用现款，连本带息欠银行约12万元。雷文还曾透支行款3万元，共计请求追索22万5千元。③

1935年8月24日，贺甫呈文驻华美国法院，向该银行董事长雷文及其家属追索欠款共196362美元，上海银元363005元，其中有雷文购买纽约股票款123312.29美元。④ 8月31日，美国驻华法院起诉美丰银行总理兼董事雷文、副总理华尔特盗用行款罪，二人各缴1万美元，得以保释。

因该银行停闭前曾吸收了中国存户的存款，9月7日，财政部为保障华人利益，委派黄宗勋律师参与银行清理事务，命令黄宗勋律师随时将清理状况，呈报财政部查核。财政部长孔祥熙还特别派秘书胡贻谷，详加调查国人在该银行内所有债权的总数。

1935年9月30日，贺甫发表正式文告，说明天津分行清理工作较顺利，除美商地毯公司借款100万元外，所有欠款都陆续收回。贺甫向美国法院首席法官希尔米克呈准，将存于美丰银行之小额款项十足偿付。该银行债户有8226户，拟先偿付3273户，约占总数的40%。此项存款都是小额存款，无论是以何种货币存入的，折合成沪币后均约为50元。该行筹备10月1日前开付，至于存款利息以已结算入账册者为限，结算日期以后的，概不发给。凡欠该行债款未清的存户，其存款概不发还。⑤ 10月3日，贺甫焚毁了美丰银行库中所存之该行钞票，总计约200万元，以防此钞票外流，被人利用向该行索款。截至当日，顾客要求兑现的纸币，已不足800元。10月7日，美丰银行清理处迁往广州路天来大厦二楼，将所有器具用品陆续出售，清理费用大大缩减。

1935年12月14日，美丰银行清理员贺甫，决定偿还50元存款以上的存户之款，先发7.5%，需款约85万余元。⑥ 1936年1月5日已全数开出支票，但因存户迁移后，未向银行说明更改地址，被邮局退回1/3。美丰银行通告债权人登记地址。1936年6月9日，美丰银行清理处第二次派还存户存款的10%，共约725000元，⑦ 这几次偿款均由大通银行代付。天津分行存户的支票，也全数寄出。12月5日，美丰银行清理处继续发给存户存款的5%，至此，美丰银行已将50元以下的小额存款全数发给存户，对于存款在50元以上的存户，该行已按存款数的22.5%发给。

---

① 美丰银行等资产负债清单发表［N］. 新闻报，1935-06-15.

② 张建安，金人等. 民国大案［M］. 北京：群众出版社，2002（1）：319.

③ 美丰银行清理员贺甫又控雷文叔侄［N］. 申报，1935-08-19.

④ 雷文及其家属又被贺甫控告［N］. 申报，1935-08-25.

⑤ 美丰银行清理之现状［N］. 银行周报，19卷38号，1935年10月1日.

⑥ 美丰银行发还各户存款［N］. 申报，1935-12-18.

⑦ 美丰银行第二次发给存户款项［N］. 申报，1936-6-11.

1936年1月28日，驻华美国法院公开审理了美丰银行案。1月31日，美法官希尔米克宣布雷文及白朗犯罪事实成立。此后又经过了30多次的开庭审理。2月3日，驻华美国法院正式对雷文、白朗宣判，由首席法官希尔米克宣读判词，雷文判刑五年，白朗判刑两年，均在华盛顿州的麦克奈尔岛监狱服刑。

第四节　上海美丰银行评价

上海美丰银行是在第一次世界大战期间，由美国商人创办的外资银行。第一次世界大战期间，美国已有称霸世界的野心。美国一家报纸曾"坦率"指出："欧洲现在正进行着争夺世界霸权的战争。要想争霸世界需要两件东西：美元和银行。美元我们有了，我们要建立银行，我们将要称霸世界。"① 为了称霸世界，美国建立了一些具有政治性、侵略性的银行，但美丰银行却不是这样。它只是由普通商人创办的，普通的商业银行，美丰的清理员贺甫在悉心研读了该行的账目后说："渠常闻美丰银行为美国银行，实则乃一美人在上海所设之银行耳"②。

20世纪30年代，一部西方著作中曾写道："各国海外银行扩张的一个带有一般性的特点，是隐现程度不一的政府支持，随着银行带到国外。特别是在落后的国家如此。"③ 任何一个机构要到国外开展活动，都离不开本国政府的支持，但这里所指的"政府支持"不是一般意义上的支持，而是资本主义国家对银行的直接支持，目的是将银行变成执行本国政策的工具。美丰银行却没有得到这种意义上的"政府支持"，在它创办和营业期间，从来没有中美双方的官员出面，它的股本较少而且全部为商人筹集，并没有政府投资。上海美丰是随着上海贸易的发展，美商抓住金融机构走俏的时机建立起来的，其目的只是盈利，并不承担美国的对华政策，④ 更没有担当对华资本输出的任务。它所办理的业务只是存款、放款、汇兑、证券等商业银行经营的业务，并没有办理过借款、筑路、存放中国税款等涉及政府财政的业务。而是将主要资本用于地产和外汇投机，牟取暴利。虽然它在一定程度上，扰乱了中国的金融秩序，但它通过开展存放款业务，集中了社会闲散资金，贷放给资金需要者，有效而合理地重新分配了社会资金，促进了中国经济的发展。上海美丰开展汇兑业务，为贸易活动融通了资本。尤其是它凭借外商银行的优势，广泛地开展了外汇业务，促进了国内外商品的交换和流通，繁荣了中国的对外贸易。通过买卖有价证券，它不仅为证券发行者提供了必要的资本，还活跃了中国的证券市场，起到了良好的中介作用。

但是上海美丰银行自1920年就发行纸币，发行纸币是国家主权的一种象征，上海美丰银行是外商银行，它未向中国政府注册，其擅发纸币，无疑是对中国主权的侵犯。外商银行在中国发行纸币虽无明文规定，但在京、津、汉、沪等地发行却由来已久，因此，尽管北洋政府和南京国民政府都曾制定过纸币条例，但都不曾适用于外国银行。当时曾有人一针见血地指出："我国政府对于外钞，向持放任主义。以为外国银行为我权力所不及，故历来所颁行之纸币条例、

---

① 列宁．战争与革命［M］．列宁选集：第3卷，北京：人民出版社，1965：65.

② 三银行清理近讯［N］．银行周报，19卷29号，1935年7月30日．

③ Baster：The International Banks，第36页。转引自汪敬虞．中国近代经济史（1897—1927）：上册［M］．北京：人民出版社，2000：322.

④ 汪敬虞．中国近代经济史（1897—1927）［M］．北京：人民出版社，2000：270中认为美丰银行的目标是与英国银行资本在中国一争高低。Frederic，E. Lee："Currency，Banking and Finance in China"，Washington Government Printing Office 1926. p. 97中认为在创办人的心目中，它是一家要与英国汇丰争胜的银行。

修正纸币条例等，并未通告使团转达各外国银行查照，似谓此项法律，不适用于外国银行。”[①] 上海美丰银行是依照美国康奈克特州的法令注册的，按照该州的法令，对于发行纸币的准备，没有具体的规定，只说是“应当有充分的准备”（adequate reserve）[②]，但它却是以十足准备来发行纸币的，这在中国金融史上是一个很特殊的例子，这样不仅可以随时满足顾客变现的需要，也可以保证纸币的安全性，使其免去通货膨胀的风险，而且可以树立纸币的信用[③]。虽然美丰银行发行纸币侵犯了中国主权，影响了中国币制统一的进程。但其所发数额不大，没有人为造成纸币贬值，倒闭后所发的纸币大部分已被收回，所以它的危害性相比于其他外国银行来说还是比较小的。

该行是受美国白银政策影响，被 1935 年的金融风潮所吞噬的，但其失败的主要原因还是本身管理不善。上海美丰银行与其他银行几乎没什么来往，甚至连外商银行公会也没有参加，只与普益地产公司、美东银公司等联合机构关系密切。它将一部分资产投放给这几家公司，而且借款多于抵押品，使银行产生了大量的不良资产，增大了银行的风险，最终走向了破产。可见，上海美丰主要是为美丰资本集团周转资金服务。但是在中外贸易日趋繁荣的情况下，美丰不可避免地会与一些中国商人发生联系。而且与其他外商银行不同，上海美丰所有的分支机构都设在中国内地，是将其经营活动深深扎根于中国的外国银行。这更会促使它有效利用中国市场上的经济资源，开展适合中国的金融业务，这在客观上促进了中国经济的发展。

民国时曾有人这样评价它，“美商在华握有金融商业枢纽之美丰银行”[④]，然而它本身资力薄弱，又没有政府的特别保护，业务范围也较小，所以不会有太大实力，对中国经济和金融的影响是很有限的。

第五节　福建美丰银行

福建美丰银行是在上海美丰银行业务扩展之后设立的。1921 年 6 月筹备，1922 年 9 月正式成立，设总行于福州观音井。1924 年 9 月 9 日在厦门设分行。资本总额为 1000000 美元，折合中币 2000000 元（当时一美元折合中币二元）[⑤]。该行同四川美丰一样，美方承受 52%，由雷文的普益信托公司出资，中方承受 48%。所不同的是，该行完全由美国人管理，中国人没有管理权。中国经理是陈之麟，美国经理由美亚洋行经理蒲某兼任。

福建美丰银行在福州和厦门也曾发行过纸币，纸币正面上方刊写“福建美丰银行”行名，行名两边印有阿拉伯数字编码，东西南北四角和主图案左右两边分别用中文和阿拉伯文纪值，中间主图案是一艘远航的轮船，图案下横写“凭票兑换，通用银元”8 个字，再下方是用公元纪“1922 年造”字样，左右各记地名“福州”两字，背面均用英文刊写行名、地名、面值等[⑥]。

---

① 《银行周报》，第 10 卷第 13 号（1926 年 3 月）。

② 美国经济领事 Frederic，E. Lee：“Currency，Banking and Finance in China”，Washington Government Printing Office 1926. p. 102. 转引自献可．近百年来帝国主义在华银行发行纸币概况［M］．上海：上海人民出版社，1958：62.

③ E. Kann：Paper Money in Modern China (1900—1956) Note－Issuing Foreign Banks in China，*Far Eastern Economic Review*，November 14，1957，p. 619 中指出该行是 100% 的发行准备。各年的美丰银行资产负债表，也显现出是十足准备。献可著《近百年来帝国主义在华银行发行纸币概况》中认为按照康奈克特州法律必然会纵容它在没有充分准备的情况下乱发纸币，影响中国的经济和金融。

④ 明华美丰银行相继停业［N］．银行周报，19 卷 20 号，1935 年 5 月 28 日．

⑤ 献可．近百年来帝国主义在华银行发行纸币概况［M］．上海：上海人民出版社，1958：101. 福州市地方志编纂委员会．福州市志（第五册）［M］．北京：方志出版社，认为资本 20 万元，中美商人各出一半。

⑥ 陈阿泉．珍贵的福建美丰银行纸币［N］．厦门晚报，2001－6－26.

其纸币实物有1922年9月16日发行的1元、5元和10元票，美国钞票公司印制，1元钞正面在多重色背景上有绿色图案，5元钞正面图案为棕色，10元钞正面在多重色背景上有棕色图案。另外还有1922年版直形的5元和10元券。截至1925年12月，该行共发行205万余元①，该行纸币的流通额没有超过40万元②，停业后，这些纸币全部收回。

福建美丰银行放款对象为富商名贾和洋行。1927年，该行福州总行受前任美方经理所兼管的美亚洋行倒账40余万元的影响，遭受挤兑、一蹶不振，于1929年12月7日停业。随即波及厦门分行，也宣告停业清理。因该行华方经理郭国祥和主任陈宗浩擅自签字、伪造存款单约75000元。该行停业后，中美双方发生债务纠纷。驻华美使提出各种理由拒绝偿还华方债务。中国政府命令福建省政府查办此事，福建各界人士纷纷致电省政府，不能开此恶例。后由当地银行界及商界出面调停，福建省政府封闭该行行址，派省府委员陈培锟、江屏藩及外交科长陈明为清理该行倒欠华方债款案专员。清理专员经考察后，向福建省政府提交报告，福建省政府经常务会议通过五项办法：

1. 美丰所认为手续完全之债权者，应先予发还。

2. 美丰所认为手续未完全之债权者，由政府查明证据，另案办理。

3. 美丰不动产抵押美东银公司者，可归其享受。唯美丰银行行址应保留至本案完全解决后，方能归其享受。

4. 美丰行员舞弊案，政府应负责依法办理。

5. 美丰希望收回福建实业公司25000元至35000元之款，应准予追还。

但美方坚持对郭国祥和陈宗浩擅自签字的存款不予偿还。美方宣称，华方存款有144000余元，兑换券4850余元，共148900余元。除去美方不承认的存款，美方应偿还76700余元③。经几次交涉没有结果，福建省政府又派委员林知渊组织“福建美丰银行清理委员会”，并与债权团代表张馨商议清理手续。经中美双方同意，于1933年9月15日将观音井行址以底价6万元在闽侯县商会公开投标出售，因无人承购，截至1943年12月15日至1944年2月15日，才于仓前山对湖路3号2楼清偿债务。

福建美丰银行也是由商人合伙创办的商业银行，同样没有政治性和侵略性。该行资本实力较小，主要活动范围在福建，为活跃福建金融、繁荣福建经济作出了贡献。福建美丰银行没在中国注册，没有纸币发行权，但也擅自发行纸币，阻碍了中国币制统一的进程。该行倒闭后所发纸币大部分也被收回，所以它的危害性也是很小的。

第二章　四川美丰银行

第一节　四川美丰银行的筹办

北洋政府时期，中国出现了中外合办银行的高潮。因为中国特有的文化背景及政治形势使

① 福州市地方志编纂委员会．福州市志第五册［M］．北京：方志出版社，第626页．

② E. Kann. Paper Money in Modern China (1900—1956) Note - Issuing Foreign Banks in China, November 14, 1957 p. 619.

③ 闽省美丰银行倒闭案［N］．银行周报，15卷11号，1931年3月31日．

外国商人认识到同中国政府及商人合作，创立中外合办银行，能够使他们很快融入中国社会，促进其业务开展，并在中国纷繁复杂的市场竞争中获取优势。中国商人也意识到同洋人合作，不仅可以利用其丰厚的资本，而且可以减少军阀政府的干预，享有外商在金融领域里的特殊权力。更重要的是，采用中外合办的方式可以顺理成章学习和运用西方先进的经营管理经验，以增强银行实力。采用合办方式对中外双方都有益，于是中外合办银行如雨后春笋般纷纷设立。雷文在上海的企业获利后，也开始考虑在别的地方建立中外合办银行，以谋求更大的发展。

1921 年雷文准备在直隶开设美丰银行，委托他的掮客麦利到北京募集华股，拜访康心如，恰巧重庆商人邓芝如、陈达璋也到北京为在重庆设立银行之事而奔波。于是康心如就从中联络，由中美双方共同出资建立四川美丰银行，并于 1921 年 6 月 6 日签订了合同。合同的要点为：

1. 行名定为四川美丰银行，由中美两国人集资合办。总行设于重庆，得设分行于各通商口岸。

2. 经营普通银行各种业务，并发行纸币。

3. 资本定为 100 万美元，以 1 美元折合华币 2 元。股份分作普通股与特别股，普通股 50 万元，特别股 150 万元（在中美两国国内招募）。普通股的分配：华股占总额 48%，应作 2400 股，计银 24 万元；美股占 52%，应作 2600 股，计银 26 万元。合约签字时，中国股东应交股款 6 万元，美国股东应交股款 6.5 万元，均寄存上海美丰银行。开业前，第二次股款（应交股款与第一次相同）由四川美丰银行收存。

4. 设经理一人，以美国人充任，主持行内一切事务；协理二人，以中国人充任，管理行中一切事务。

5. 以不少于七人的董事组织董事会，其中美国董事只能多于中国董事一人，占普通股 40 股以上者，始能被选为董事。

6. 本银行是公司性质，与其他各地美丰银行分离独立。

7. 本银行依照美国银行法办理。

8. 本合约制成中英文各一份，如有疑义，其解释以英文为准。

合同签订以后，中方开始紧张地筹备工作，首先召集华股，股东为邓芝如（1.2 万元）、胡汝航、周云浦、黄渊如、黄美涵（1000 元）、张熙午（2000 元）、康心如（4000 元）、康心远（4000 元）、康心之（4000 元）、汪云松（4000 元）、周见三（2000 元）、甘典夔（4000 元）、杨森（1 万元）。

同年 10 月，华方又租赁新街口日升昌票号房屋为行址。当时，正值川鄂战争之际，四川局势紊乱，直至 11 月，雷文才派赫尔德（Herbert S Bullard）为经理，孙道（Hugo Sandor）为襄理，俞仲癸为会计主任，褚兆希为出纳主任，到重庆共同筹办银行。

1922 年 2 月 12 日，四川美丰银行向美国康奈克特州注册，定行名为四川美丰银行（The American – Oriental Bank of Szechuen），资本为国币 25 万元，美资占 52%，华资占 48%①，总行设于四川重庆新街口，经营商业银行的一切业务，并特许发行兑换券。

该行第一届董事会成员有：雷文、赫尔德、白东茂（Thomas E. Britton）、胡汝航、周云浦，总经理为雷文，经理赫尔德、协理为邓芝如、康心如。

1922 年 4 月 10 日，四川美丰银行在重庆正式开业。

---

① 联合征信所. 上海金融业概览［M］. 1947 年 1 月版，第 133 页.

第二节　初期经营状况

重庆是长江与嘉陵江的交汇点，航运便利，商贾辐辏，是长江沿岸第三大商埠，西南数省的金融中心。建在此地的银行，大都能够盈利，但四川美丰银行开业第一年，却亏损了3391元，① 其主要原因如下。

1. 大量资金调往上海，影响了资本增值

四川美丰银行开业以后，雷文将美股、华股统统调往上海，存在上海美丰银行，定为活期，年息不到4厘，而当时重庆的却是2分左右。美丰调往上海的款项，加上存在几家外国银行的少数存款，共为32.7万余元。当年各项存款和发行钞票的库存准备金共提了24万余元。这两笔总计达到了56.7万余元②，把大量的活动资金都套住了，削弱了资金投放能力。

2. 生搬硬套美国的经营方式，打不开重庆市场

当时重庆的传统习惯是比期存、放款制度，所谓比期，就是将金融与工商机关相互借贷的关系，固定于每月半和月底交割，实际上这是十五天定期存款，不办理活期存款。比期贷款是信用放款，不需抵押。汇兑业务做对期汇款，双方约定日期互换收据，届期异地办理收交。这些都是重庆商场上特有的商业惯例。而美丰完全采用美国"新式银行"的经营方式，对重庆商号实行抵押放款，规定汇兑必须先收后交，商号不习惯这种经营方式，因此，第一年美丰业务没开展起来。

3. 美方人员挥霍无度，开支浩大

商业银行以盈利为目的，要想获利，就必须节约成本。而美方人员的薪金和生活费却占用了美丰大量资金。赫尔德、白东茂和孙道在重庆市里有住宅，南岸马鞍山有别墅。另外，还有一个专供玩乐的俱乐部。美丰银行内和别墅内都有西餐厅。这三个洋人奢侈生活的一切开支，包括他们喂养的狗的饲料，也都是由美丰账上开支的。这增大了银行的成本，必然会影响银行的盈利。

4. 华洋管理人员之间的矛盾

四川美丰银行的股东来自发展程度不同的国家，具有完全不同的社会背景和生活环境，因此在银行筹备过程中，就暴露了重重矛盾。

当华方股东为开办银行积极行动时，雷文却因顾及美国人的安危而迟迟不肯派人前去协助，以致银行不能开业，招致华股股东的不满。姗姗来迟的美国人到重庆后，认为银库不合适，坚决要求另行修筑钢筋水泥结构的新库，并在上海订购库门。恰巧当时冬季水枯，长江轮运停止，必须改用木船运载，45天后才运到，1922年3月底，新库才告竣工。

美方管理人员将美国职员的薪水定得很高，给华人职工的工资却低得多。雷文还违背合同，自封为总经理并支取高薪，更加重了中美双方人员的矛盾。美方人员奢侈豪华的生活作风，也使华方股东很不能接受。他们还随意差遣华方股东雇用的高级人员，甚至对他们录用的华籍职员全部不予录用。四川美丰银行的华方股东都是四川有名的商人，非常重面子，对洋人的独断

---

① 四川美丰银行二十年来概况［J］．四川经济季刊，第1卷第3期（1934年6月15日）．

② 康心如．回顾四川美丰银行［M］．中国人民政治协商会议全国委员会文史资料委员会编．文史资料存稿选编．北京：中国文史出版社，2002：530.

专横不甘忍受。洋人却认为中方股东都是旧式商人，不懂新式银行的经营方法，瞧不起中国人。于是东西方管理人员由于文化观念和切身利益的不同，纷争不断，影响了美丰银行的发展。

四川美丰银行开业不到一年就面临倒闭的危险，华方股东决议约雷文到重庆商量对策。1923 年雷文来到重庆，决定采取中西结合的经营方式，以适应中国的国情和商界的习惯，并调整了中美管理人员，美丰银行随即扭亏为盈。此后，尽管美丰银行内部人员多有摩擦，但一直保持着盈利的势头。

中美合资时期的四川美丰银行，经营的业务主要有发行钞票、存放款、汇兑。

1. 发行钞票

在北洋政府时期，虽然有许多商业银行发行过兑换券，但资本较少、没有势力的银行是不允许发行的，即使发行了，人们也会因为其信誉不好而不敢使用。四川美丰银行发行兑换券，并没有经过中国政府允许，而是依靠外国人的特权，打着中美合资的旗号进行的。

当时社会动荡不安，携带美丰券比携带现银要方便、安全得多，加之人们一般比较信任外国银行，美丰券很受四川商民欢迎。四川美丰银行发行的钞票是在美国印制的，比较精致，不容易仿造，这样就更加吸引了人们。四川美丰银行还仿效中央、交通两家银行，以四成现金准备、六成保证准备让钱庄领用美丰券。另外还在利息上给钱庄以优惠，因此重庆的钱庄也都乐于领用美丰券。1922 年，发行额只有 4.4 万余元，1923 年是 11 万余元，1924 年便达到了 41.9 万余元①，1925 年发行额为 71.6 万余元，1926 年达到 89.8 万余元②。该行发行的纸币实物有 1922 年 9 月 16 日印发的 1 元、5 元和 10 元三种，美国钞票公司印制，中心有轮船图案。

2. 存放款

1923 年，美丰银行变换经营方法以后，为适应重庆市场的需要，开办了比期存款业务，利率虽较钱庄低，但当时社会上认为美丰银行为美国人所办，没有风险，都愿意将款存入该行，因而该行存款额逐年增长。1922 年存款额是 66.6 万元，1923 年是 70.2 万元③，1924 年增长到 120.2 万元④，1925 年为 110.8 万元，1926 年为 142 万余元⑤。但在中美合资时期，美丰银行的存款主要来自外国客户，中国存户很少。为保证放款的安全，四川美丰银行特意设计出一种“放款往来限制表”，规定了贷放限额。美丰银行每半年对每一钱庄、商号的业务、实力进行一次调查，根据调查结果，确定每户每次贷放限额。经办人员于每半年之初，确定每家的放款限额，制定“限额表”，由经、协理核定，交由业务人员执行。未经核定的商号和钱庄，业务人员是不可能任意贷放的。这样保证了放款的安全性和流动性。

3. 汇兑

在中美合资时期，四川美丰银行主要做外资企业的汇兑业务，主要汇兑的对象有美孚油行、亚细亚油行、英美烟草公司等。四川美丰银行还经常参与邮局的汇兑业务。当时邮局的汇款业务十分兴旺，汇入款经常多于汇出款，常向美丰银行承做卖汇，美丰银行因此获得了一些利润。

---

① 康心如．回顾四川美丰银行［M］．中国人民政治协商会议全国委员会文史资料委员会．文史资料存稿选编．北京：中国文史出版社，2002：533.

② 张肖梅：《四川经济参考资料》，中国国民经济研究所发行。

③ 康心如．回顾四川美丰银行［M］．中国人民政治协商会议全国委员会文史资料委员会．文史资料存稿选编．北京：中国文史出版社；2002：533.

④ 北京档案馆：《北京交通银行与北京商业、北洋保商、金城、中国懋业、大陆、大华商业储蓄、新华、农商等行关于业务联系函件，及与各银号间之往来函件等》，J32－1－507。

⑤ 张肖梅：《四川经济参考资料》，中国国民经济研究所发行。

四川美丰银行积极开展国内外汇兑业务，在国内外广泛联络了通汇地点。该行的通汇点为：

上海、天津、福州、厦门	美丰银行
汉口、北京	花旗银行
芝加哥	联合信托公司
纽约	尔文银行
旧金山	库克银行
西雅图	第一国家银行
坎那大	商业银行
伦敦	纽约国家银行
巴黎	巴黎信托银行
德国柏林	德国银行
日本神户	花旗银行
马尼刺	菲律宾银行①

通过开展汇兑业务，美丰银行创造了收益，仅1924年，汇兑收益就达62849.75元②。

在整个中美合资时代，除第一年亏损外，四川美丰银行每年都有盈利。

其历年的股本、资产、损益情况如表10－9如示。

表10－9　　四川美丰银行历年股本、资产、损益对照（1922—1926年）　　单位：元

年份	股本	资产	损益
1922	250000.00	965945.32	（损）3391.24
1923	250000.00	1086623.19	2117.49
1924	250000.00	1967421.03	45564.24
1925	250000.00	2172733.82	51950.16
1926	250000.00	2725571.80	58210.10

资料来源：四川美丰银行二十年来概况［J］．四川经济季刊，第1卷第3期（1934年6月）。

由表10－9可知，1923年，四川美丰银行的收益不大，只有2117.49元。因为1923年9月四川军阀刘湘以禁止发行兑换券相要挟，强行向美丰银行借款8万元，且不还本、不付息，致使美丰银行流动资金减少，这笔借款占当时美丰银行资本的32%③。1925年4月，与华方管理人员相处融洽的美方经理鄂赓诗离职，新任美方经理经寿岩（Gihert King）与中方协理康心如发生矛盾，对美丰银行开展工作不利。雷文再次重新调整了双方管理人员，等待美丰银行经营业绩上的进步。正当美丰银行内部刚刚稳定，经营稍有起色时，时局发生了变化，美丰银行只好重新改组。

第三节　四川美丰银行改组

1926年，北伐战争开始，10月10日，北伐军攻克武昌。帝国主义国家却横加干预，1927

① 北京档案馆：《北京交通银行与北京商业、北洋保商、金城、中国懋业、大陆、大华商业储蓄、新华、农商等行关于业务联系函件，及与各银号间之往来函件等》，J32－1－507。

② 北京档案馆：《北京交通银行与北京商业、北洋保商、金城、中国懋业、大陆、大华商业储蓄、新华、农商等行关于业务联系函件，及与各银号间之往来函件等》，J32－1－507。

③ 康心如．回顾四川美丰银行［M］．中国人民政治协商会议全国委员会文史资料委员会编．文史资料存稿选编．北京：中国文史出版社，2002：535.

年1月，英帝国主义在武汉酿造了流血惨案。3月，英美军舰又炮轰南京，激起了全国人民的反帝怒潮，各国政府训令其侨民限期离境。四川美丰银行美方人员急于离境，银行无法生存下去，华籍股东不得不求助于四川当时的军阀刘湘收买了美方全部股份。美股全部让渡华方承受后，四川美丰银行遂成为纯粹华商银行，中文名仍沿用四川美丰银行，改英文名为 The MeiFeng Bank of Szechuen，并决定向中国政府立案取得法人资格。4月9日和12日，临时股东会通过了《美丰银行章程》，另选汪云松、曾禹钦、胡汝航、周见三、周云浦五人为董事，周克明、杨梦侯二人为监察，并聘康心如为经理。但当时政局尚未安定，即就近呈准四川督办公署注册。自此，改组后的四川美丰银行出现了。1931年该行呈准财政部注册，1934年10月又经实业部批准注册。

第四节　改组后的经营状况

从1927年美丰改组到美丰停业，银行处于两种不同的政治环境。1928—1934年，重庆是军阀刘湘的防区范围，这期间，银行的业务范围与军阀发生了关系。不仅要承受军阀的借、垫，还要参与军阀布置的金融活动。1934年以后，南京政府的势力进入四川，刘湘的地方势力削弱，美丰开始受国民政府的政策影响。美丰改组以后，经过三年整顿，营业开始超常繁荣。从四川美丰银行的整个历史来看，1930年至1945年是银行发展的“黄金时期”，资本积累大大超过往年。

一、资本与收益

美丰改组以后，资本一直没有增加，1930年后，业务开始好转，年年有盈余。到1932年向财政部注册时，财政部认为资本太小，饬令增资。为此，董事会决定增资为50万元。股东分配情况为：康心如14.9万元、康心之1.2万元、康心远4万元、刘航琛6.1万元、胡汝航1.9万元、郭文钦5.5万元、范绍增5万元等。1933年11月，公推康心如为总行总经理，龚农瞻为总行经理。

1936年进行第二次增资，原定增为100万元（法币），后来实际达到120万元。增资结果为：康心如27.5万元、康心之4万元、康心远13万元、周见三6.4万元、刘航琛5.4万元、胡汝航7万元、郭文钦5.5万元、范绍增5万元等。

1937年，重庆金融业进入繁荣时期，美丰召开股东会议，决定增资为300万元。新增股款120万元由各股东按比例交纳，60万元从房地产提存金及保息准备金项下拨出。通过增资，股本分配情况为：康心如667720元、康心之244800元，康心远216000元，周见三19.4万元、郭文钦13.2万元、胡汝航16万元、范绍增12万元、刘航琛5.7万元、傅真吾4.8万元、范崇实4.8万元等。

抗日战争开始后，法币贬值严重，1940年美丰为争取信誉，也决定把资本增为500万元，新增200万元资本，其中150万元为资产升值，其余50万元，另由股东交纳。

1941年第五次增资，资本总额增为1000万元，所增股本全部升值。

1942年美丰分支机构已发展到34处，为适应业务发展的需要，决定增资1000万元，共为2000万元。新增股款由股东交纳300万元，资产升值700万元。

1948年8月29日，国民政府公布了《金圆券发行办法》《商营银行调整资本办法》，规定以金圆券作为本位币，限期以金圆券1元比法币300万元的比价收兑法币，并令各家银行调整资本。四川美丰银行根据此办法调整资本为金圆券200万元。

四川美丰银行改组后，盈利也是年年增加，说明了银行经营绩效良好。其历年股本、资产、收益情况如表10－10所示。

表10－10　　四川美丰银行历年股本、资产、收益对照表（1927—1943年）　　单位：元

年份	股本	资产	纯益
1927	250000.00	1734282.21	50000.00
1928	250000.00	2338378.32	25000.00
1929	250000.00	2645001.25	69497.09
1930	250000.00	4296096.03	89285.72
1931	250000.00	4667125.15	125000.00
1932	500000.00	4994256.32	193106.59
1933	500000.00	5689855.27	194847.29
1934	500000.00	7489004.12	194830.17
1935	500000.00	15873802.56	193356.46
1936	1200000.00	36934841.62	294067.49
1937	3000000.00	38082938.59	450764.35
1938	3000000.00	45903484.80	577262.82
1939	3000000.00	61024349.45	704778.38
1940	5000000.00	79921236.79	1356412.75
1941	10000000.00	131374775.44	1412308.34
1942	10000000.00	158451649.49	3596430.31
1943	20000000.00	298965759.21	4134425.79

注：1935年以后，货币单位为法币。张肖梅编著《四川经济参考资料》中认为1934年资产为7796641元，1935年为14419061元，1936年为37495124元。

资料来源：《四川美丰银行二十年来概况》，《四川经济季刊》，第1卷第3期。

二、业务经营种类

华资四川美丰银行的业务经营种类发生了变化，除发行兑换券，经营存放款、汇兑等业务外，还开始插手买卖债券、领用钞票等。

（一）发行钞票

美股撤走后，人们对四川美丰银行的信用产生了怀疑，不愿再使用美丰券。为保证美丰券的信用，股东们开始寻求刘湘的庇护。刘湘以川康边务督办公署和督办四川军务善后事宜公署的名义发出布告，宣称："重庆美丰银行内部业已改组，纯系华商组合而成，其资本极为充裕，发行钞票一元、十元两种，市面久已流通，现值改组之际，仍应继续行使，诚恐商民莫明真相，或有怀疑观望，影响市面金融，实非浅显。除由本署特别保护该行营业，并分令本军防区各县驻军及各县知事、征收局及各税收机关，嗣后如有人民前来持券纳税，应一律收受、行使，不得歧视。并准持向本军驻防区内完纳一切捐税，毋稍怀疑观望。"① 这样不仅使美丰券在人们心目中的信用增强了，而且使它可以作为刘湘防区内完粮纳税的货币流通。因此，四川美丰银行

① 康心如．回顾四川美丰银行［M］．中国人民政治协商会议全国委员会文史资料委员会．文史资料存稿选编．北京：中国文史出版社，2002：538.

改组后，仍可大量发行纸币，该行发行纸币的情形如表 10 – 11 所示。

表 10 – 11　　四川美丰银行纸币发行数额（1927—1936 年）　　单位：元

年份	发行纸币数额	年份	发行纸币数额
1927	683650	1932	630792
1928	842043	1933	1045691
1929	1007127	1934	537491
1930	1318737	1935	925
1931	994845	1936	839

注：1936 年数是未兑回钞票数。

资料来源：张肖梅编著：《四川经济参考资料》，中国国民经济研究所发行。

该行发行的纸币面额有 1 元、5 元、10 元，只在四川境内流通。纸币信用比较坚固，南京国民政府实行法币改革前，四川通行的银元票，仅有中国银行、四川地方银行、四川美丰银行、重庆市民银行及川康殖业银行银行券。中国银行钞行使于 28 县，而四川美丰银行券行使于 49 县①。在眉山、乐山、内江、宜宾、涪陵、达县、合川等县，都非常盛行。其 10 元券在重庆、成都为多，在外县和边远山村以 1 元券为盛。

该行发行纸币一直没有经过政府批准，1932 年南京政府批准美丰银行立案注册，对钞票发行问题，没有明确表示同意，只是批示“暂准流通，限期收回”，这实际上是一种纵容政策，同时也反映了南京国民政府对四川控制力的弱小。

1934 年钞票发行额明显下降，这是四川美丰银行对美丰券的发行采取紧缩主义的结果，因为 1934 年正是银价高昂、白银外泻严重的时期，发行兑换券，必须要有相当数量的现金准备，影响银行资金的流动性。顾客持券兑换现洋时，银行还要遭受洋水的亏损。而且 1934 年美丰的存款额已很高，已经不需要靠发兑换券来增加营运资金。1935 年 11 月 3 日国民政府实行法币改革，把钞票发行权收归中央、中国、交通三银行，四川美丰银行仅发行钞票 925 元。该行所发纸币大部分被收回，仅剩 839 元②。

四川美丰银行也曾发生过几次挤兑现象：

1924 年 1 月 24 日，四川美丰银行发行大量钞票后，因信用未固，加以川战不止，政治环境不安定，人心惶惶，市面现金紧缺，不能付现，发生挤兑。经上海美丰接济，虽渡过难关，但库存已十分拮据。

1927 年 3 月 24 日，美国人即将退股的消息外传，美丰发生了严重的挤兑风潮。由于库存现金和存放在重庆钱庄的头寸充足，勉强渡过难关。经过挤兑后，美丰券由原来发行的 90 余万元跌到 13 万元③。

1928 年 4 月，市面谣传四川美丰银行有伪币发现，发生挤兑。

1934 年 9 月 14 日，因市面谣传该行申汇亏折，发生挤兑。

1937 年 7 月 7 日，卢沟桥事变发生，抗日战争开始，举国骚动。人心不安，提存之风骤起。

---

① 四川省通用货币概况［N］．中央银行月报，第 5 卷第 5 号（1936 年 5 月），1425 页．

② 张肖梅编著：《四川经济参考资料》，中国国民经济研究所发行。康心如《回顾四川美丰银行》534 页中说，“美丰券到 1935 年停止发行，但尚有 3 万多元没有收回”。

③ 康心如．回顾四川美丰银行［M］．中国人民政治协商会议全国委员会文史资料委员会．文史资料存稿选编．北京：中国文史出版社，2002：536.

8 日，形势更加严峻，四川美丰银行多方应付，才平安度过此次风潮。

这几次挤兑风潮能够平安度过，是行内工作人员努力的结果，但与美丰券信用良好也很有关系。

（二）吸收存款

四川美丰银行，存款额一般情况下，都在上升。其历年存款额如表 10－12 所示。

表 10－12 四川美丰银行历年存款数额表（1927—1937 年） 单位：元

年份	存款额	资产总额	A/B %
1927	671014	1734282	38.7
1928	948469	2338378.32	40.5
1929	1119504	2645001.25	42.4
1930	2238365	4296096.03	52.2
1931	2757114	4667125.15	59
1932	2948364	4994256.32	59
1933	3142079	5689855.27	55.2
1934	3307491	7489004.12	44.2
1935	5331358	15873802.56	33.6
1936	8961668	36934841.62	24.3
1937	9997634	38082938.59	26.2

注：张肖梅编著：《四川经济参考资料》中认为 1932 年为 3195254 元，1933 年为 3357331 元，1934 年为 4853052 元，1935 年为 9368623 元，1936 年为 10570111 元。

资料来源：1927—1931 年数据采自张肖梅编著：《四川经济参考资料》，中国国民经济研究所发行。1932 年数据采自《四川美丰银行民国二十一年度营业报告》，《银行周报》17 卷 8 期，1933 年 3 月 7 日。1933 年数据采自《四川美丰银行二十二年度营业报告》，《四川月报》第 3 卷第 1 期。1934 年、1935 年数据采自《四川美丰银行贷借对照表》，《中华民国二十五年全国银行年鉴》。1936 年数据采自《四川美丰银行贷借对照表》，《中华民国二十六年全国银行年鉴》。1937 年数据采自《四川美丰银行民国二十六年度营业报告》，《银行周报》22 卷 28 期，1938 年 7 月 19 日。

1927 年该行重新改组，行局不稳，影响了银行营业，因而存款数额不及 1926 年。另外，美股撤出的消息传出后，人们对四川美丰银行的信用产生怀疑，发生了提存风潮，几日之后，存款额由原来的 120 万元减为 19 万元，提存了 100 万元左右①。后虽挽回了人们对美丰的信任，但这次提存风波给了美丰很大打击。从 1928 年开始，美丰的存款额年年增加。1927—1932 年，存款占营运资金的比例不断增长，从 1933 年以后，开始下降，尤其到 1936 年后，这个比例只有百分之二十，而这个时期，四川美丰银行已经不再发行纸币，说明其他业务有了进展。

（三）放款和投资

贷款是商业银行进行投资最主要的方式，四川美丰银行历年放款额如表 10－13 所示。

表 10－13 四川美丰银行历年放款数额（1928—1936 年） 单位：元

年份	活期放款	百分比	定期放款	百分比	放款总额
1928	194485	8.60	1225556	52.21	1420041
1929	438072	16.45	1126824	42.80	1564896
1930	2534746	59.00	406361	9.45	2941107

① 康心如．回顾四川美丰银行［M］．中国人民政治协商会议全国委员会文史资料委员会．文史资料存稿选编．北京：中国文史出版社，2002：536.

续表

年份	活期放款	百分比	定期放款	百分比	放款总额
1931	520963	11.21	2972638	63.71	3493601
1932	950762	19.05	2927223	58.70	3877985
1933	461904	8.05	3795540	67.00	4257444
1934	1236263	15.84	3813986	49.00	5050249
1935	2198773	15.30	4429890	30.76	6628663
1936	3347456	8.93	4674636	12.47	8022092

资料来源：张肖梅编著：《四川经济参考资料》，中国国民经济研究所发行。

由于四川美丰银行总资产的增加，活期放款额和定期放款额都有上升的趋势，放款总额也是年年上升。定期放款比例大于活期放款比例，这是银行追求利润的结果。因为定期放款的利率要远远高于活期放款的利率。但同时定期贷款的安全性和流动性却不如活期存款。从表10－13可知，1930年的定期放款额和比例远远低于同年活期放款额和比例，而且与其他年份的定期放款额和比例相比也相差甚远。这与1929年信孚钱庄和布匹字号“裕成通”的倒闭有关。信孚钱庄创办于1927年1月，股东全是美丰高级职员。因此在美丰对它进行放款时，经常超出规定的限额。信孚倒闭后，致使美丰呆账达11万元[①]。裕成通是美丰股东汪云松所经营的布匹店，与美丰来往也很密切，它的倒闭也影响了美丰资金的周转。这两件事影响了下一年的工作安排和决策。

四川美丰银行的投资对象是很广泛的，从1932年起，它开始投资各种企业。在选择投资对象时，美丰采取审慎的态度，注重那些利息高、经营稳健、信用卓著的企业。美丰曾先后投资的单位达76家[②]，截至1950年停业时，尚存66个企业，包括24家工矿和公用事业单位、4家交通运输事业单位、13家商业企业、16家金融保险信托事业单位和9家文化新闻事业单位[③]。

美丰银行通过扶助这些企业，促进了重庆各个行业的发展，保证了重庆经济结构的合理性，改善了重庆的经济和文化生活环境。

抗日战争爆发后，社会动荡、人心不安，金融业经营的传统业务受到冲击。为扩大经营面，四川美丰银行开始组建自己的子公司，形成“美丰资本”系统。其中包括经营进口业务的德丰公司和绍丰公司、专营出口业务的保丰公司和民丰公司、专营地产的华丰地产公司、专营农产品的新丰农业公司和专营货物运销的群丰公司。美丰对各个“丰”字号子公司的投资占各公司资本总额的50%，对宝丰公司的投资甚至占到其股额的60%，这些公司的经理都由美丰的高级职员充任，显示了美丰对子公司的重视，同时也反映了美丰经营重点的转移，更说明美丰根据经济环境变换经营手法的能力。

（四）汇兑

重庆金融市场上主要的汇兑业务是申汇，四川美丰银行的汇兑业务也主要是申汇。四川美丰银行改组以前，主要汇兑对象是外国洋行，改组以后，外国洋行不大信任美丰了，纷纷转向

① 康心如．回顾四川美丰银行［M］．中国人民政治协商会议全国委员会文史资料委员会．文史资料存稿选编．北京：中国文史出版社，2002：541.

② 马洪，孙尚清．金融知识百科全书［M］．北京：中国发展出版社，1990：2162.

③ 康心如．回顾四川美丰银行［M］．中国人民政治协商会议全国委员会文史资料委员会．文史资料存稿选编．北京：中国文史出版社，2002：541.

别家银行办理汇兑业务。美丰失去了大宗顾客，汇兑业务很不景气。于是美丰开始争取重庆货帮，但重庆货帮的汇兑生意长期以来都由钱帮承揽，美丰根本无法涉足。四川美丰银行也曾派人去钱业公会争取汇兑业务，但无济于事，仅1928年就亏损了30199元[①]。1932年，康心如与当时重庆金融界要人刘航琛、杨灿三等筹划设立重庆证券交易所，将申汇业务纳入交易所，实际上，是把申汇买卖的控制权转移到银行手中。这成为美丰办理汇兑业务的转折点，此后，美丰在申汇市场上相当得手，获利不菲，但由于申汇交易风险大，美丰也曾损失不少。

1934年国民政府入川，中央银行操纵了申汇行市，重庆金融界的申汇投机不得不终止。抗日战争爆发后，上海沦陷，重庆与上海的经济联系减弱，四川美丰银行开始着重经营“内地翻汇业务”。

四川农副产品丰裕，但工业基础差，工业品奇缺，农工产品的交换必不可少，因此四川的省内外贸易繁荣，急需金融调节。四川美丰银行针对自身情况，深入别家银行不愿去的乡镇地区开展业务，并向陕西、甘肃、云南、贵州等西部省份扩展。抗日战争胜利以后，美丰已在全国建立起了庞大的汇兑网，与其他省份展开了更加活跃的金融交往。

表10－14　　四川美丰银行汇兑损益表（1928—1937年）　　单位：元

年份	汇兑损益	年份	汇兑损益
1928	－30199	1933	372
1929	—	1934	－64749
1930	4806	1935	－38450
1931	7582	1936	42242
1932	－824	1937	70307

资料来源：1928—1936年数据采自张肖梅编著：《四川经济参考资料》，中国国民经济研究所发行。1937年数据采自《四川美丰银行民国二十六年度营业报告》，《银行周报》22卷28期，1938年7月19日。

（五）领用钞票

1934年四川地方银行成立，并发行钞票。四川美丰银行开始领用地钞，当时重庆市场上纸币和现洋的兑换需要贴水，行市每日不同，美丰用地钞和现洋兑换赚了不少钱。1934年四川美丰银行共领用地钞50万元[②]。1935年国民政府实行法币政策，为推销法币，规定各家银行均可以六成现金准备，四成保证准备向中央银行领钞，四川美丰银行从1935年开始向中央银行领钞，当年为法币3491500元，1936年为17560000元，1937年为16080000元，1938年为19270000元[③]，以后各年度的领钞数字无大变动。这样，美丰不仅可以将变现不易的债券充作保证准备，而且可以拥有保证准备的利息，扩大了银行的营运资金。

（六）买卖债券

四川美丰银行改组以后，开始买卖有价证券，这与当时四川的特殊环境有关。民国时期，四川是政局最乱的省份，军阀混战，各霸一方，实行防区制。国民政府的势力一直影响不了四川，直到1934年，国民政府才派参谋团入川，建立了重庆行营，所以四川军阀势力极强，而二十一军总司令刘湘是当时重庆最有影响的军阀。美丰改组时，美国人的股本是刘湘及其部属买

① 张肖梅编著：《四川经济参考资料》，中国国民经济研究所发行。

② 《四川美丰银行贷借对照表》，《中华民国二十五年全国银行年鉴》。

③ 康心如：《回顾四川美丰银行》，中国人民政治协商会议全国委员会文史资料委员会编：《文史资料存稿选编》，中国文史出版社，2002：560.

下的，以后，又经过刘湘的特别保护，所以业务经营上必然要向军阀势力靠拢。因此买卖二十一军债券，成为美丰银行的一项重要业务。

美丰银行主要经营二十一军发行的债券，这些债券折扣大、期限短、利息高、利润大，还可以用作银行的保证准备金。而且当时人们有一种普遍的心理倾向，认为刘湘能够统一全川，所以他所发行的债券信用尚佳，容易变现。1932 年证券交易所成立后，债券交易更加普遍，人们竞相购买二十一军发行的债券，美丰获利不少。

1936 年，二十一军发行的地方债券，大部分流落到刘湘防区内的地主手中，票面价格低落到二三折，蒋介石为帮助刘湘偿还债务，特发行了四川善后公债 7000 万元，年息 6 厘，期限 9 年，由中央银行还本付息。规定凡二十一军发行的各种债券，一律以 6 折价格调换四川善后公债。康心如得知此消息后，立即派人在重庆市场上和各外县收购债券，再以 6 折价格调换四川善后公债，赚取了丰厚的利润。

表 10－15　四川美丰银行历年有价证券对照（1932—1937 年）　单位：元

年份	有价证券	占总资产比例	有价证券损益	占总收益比例
1932	508163	10.20	13352	2.76
1933	490870	8.50	5278	0.80
1934	1272607	16.20	115780	9.89
1935	2621309	18.10	49919	4.32
1936	10607148	28.29	143138	6.74
1937	14661082	38.50	36415	1.34

资料来源：1932—1936 年数字采自张肖梅编著：《四川经济参考资料》，中国国民经济研究所发行。1937 年有价证券、有价证券损益采自《四川美丰银行民国二十六年度营业报告》，《银行周报》，22 卷 28 号，1938 年 7 月 19 日。占总资产比例、占总收益比例是计算所得。

从 1932 年到 1937 年，有价证券占总资产的比例年年增加，说明在这几年中，债券生意在美丰业务中占有相当重要的地位。1934 年和 1936 年债券生意获利最多，1935 年和 1937 年也较多，达到了几十万元，1933 年获利最少，只有 5 万余元。经营债券是一项风险性较大的业务，尤其是经营军阀发放的债券风险更大，一旦军阀失势，债券就很有可能成为废纸。美丰之所以能够获利，与康心如在重庆金融界地位显赫、获取信息便利有很大关系。

除上述业务外，四川美丰银行还经营鸦片。民国时期，我国鸦片烟民众多，鸦片需求量大，而四川又是产烟大省，在四川就近收买鸦片，成本低廉，再运往各地销售却可获厚利，因此四川的鸦片贩运非常严重。1936 年四川禁烟总局奉令把过去由土行经营的烟土生意，改为官办官销，实行垄断，与重庆银行界组成的利济财团合作贩烟。在利润的驱使下，四川美丰银行也参加了利济财团。同政府合作贩烟，曾使美丰获利，但后来禁烟总局违约操作，酿成大祸，影响波及利济财团，又使美丰产生了信用危机。

此外，四川美丰银行还开办仓库业务，1934 年仓库部盈利 9495.24 元，1935 年盈利 18263.53 元①，1936 年盈利 10914.49 元②，到 1937 年增为 19122.00 元③。

① 《四川美丰银行损益计算表》，《中华民国二十五年全国银行年鉴》。
② 《四川美丰银行损益计算表》，《中华民国二十六年全国银行年鉴》。
③ 《四川美丰银行民国二十六年度营业报告》，《银行周报》，22 卷 18 号，1938 年 5 月 10 日。

四川美丰银行经营期间主要开展了以上几项业务，这些业务的成败直接决定了该行的成败。该行所获利润是连年上升的，虽然后来货币贬值严重，损益表上的数字反映不了实际情况，但是这种趋势是可以反映出来的。

第五节 部门设置及分支机构

四川美丰银行在中美合资时期及改组初期，业务量并不太大，没有分设各部，只是按营业人员的个人情况分配了业务侧重点。实力壮大起来后，美丰开始分设各部。1932 年 10 月，添设代理部，代理保险及报关、买卖证券货物。1933 年 5 月该行储蓄部独立，专营储蓄业务。1936 年因该行代理部业务日益发达，改组为信托部。将保管部合并办理，又先后在各地建造仓库。分设这些部门，使各部能够明确业务重点，积累了丰富的经验，还便利了银行的经营管理。

四川美丰银行的分支机构很多，停业之前达到45 处，每一处分支机构的设置都与四川美丰银行的业务拓展密切相关。美丰设立分支行处始于 1931 年上海分行的设立。当时美丰的一项重要业务是做申汇，委托上海美丰银行代理。重庆商帮习惯对期汇款，往往收款人先来取款，付款人还没来付款。而上海美丰银行拒绝透支，不肯办理这种收交。为保申汇业务的畅通，四川美丰银行才在上海建立分行。

成都位于川西盆地之中，出产富饶、人口众多，商业繁盛，银行争往此地设分行。但成都是刘文辉的防区，依靠刘湘的四川美丰银行一直没在此地设立分行。1933 年 7 月，刘湘击败刘文辉，进驻成都，强迫各行庄使用重庆各银行的钞票，美丰为使美丰券流进成都，匆匆忙忙在成都设立了办事处。

四川美丰银行是一个地方性很强的银行，在四川影响很大，主要集中向省内发展。1932 年设立了重庆段牌坊和关庙街两个支行。1934 年设立了汉口分行。1935 年，先后在内江、宜宾、射洪、遂宁、万县设立办事处。1936 年，为适应“翻汇”业务，设立了泸县、绵阳、太和镇办事处。1937 年成立了乐山、涪陵两个办事处。1938 年美丰银行设立了隆昌、西昌、叙永、綦江、三台、合川、南充等办事处和昆明分行。1939 年设立江津、北碚、遵义、雅安、并在成都设立染房街办事处，在贵阳设立分行。1940 年设立自流井、中坝、犍为等办事处。1942 年又设立三汇、达县、五通桥等办事处。1943 年设立了西安分行和柳州、衡阳、广元等办事处。1946 年又成立了长沙、宜昌、广州等分行。四川美丰银行重要分行及办事处如表 10－16 所示。

表 10－16　　四川美丰银行分行及办事处分布

市县	总分行处别	设立年月	重要职员		地址
			职务	姓名	
重庆	总行	1922.4	董事长 总经理	周见三 康心如	中正路 168 号
上海	分行	1931.3	经理	李公惕	河南路 521 号
重庆	支行	1932.9	主任	龚炳章	关庙街
成都	办事处	1933.9	主任	郑忠瑞	簸箕街
成都	分行	1934.1	经理	沈仁波	中署袜街 54 号
汉口	分行	1934.3	经理	王冠卿	杨子街 20 号

续表

市县	总分行处别	设立年月	重要职员		地址
			职务	姓名	
重庆	支行	1935.4	主任	陈茂实	段牌坊
射洪	办事处	1935.12	主办员	况雨霜	太和镇北街
内江	办事处	1935.12	主任	沈杰	西街
宜宾	办事处	1935.12	主任	周思骧	大北街
遂宁	办事处	1935.12	主任	方士贤	大东街
万县	分行	1935.12	经理	王曦	灵土地街
泸县	办事处	1936.2	主任	李忠清	三牌坊
绵县	办事处	1936.4	主办员	周汉杰	北街
涪陵	办事处	1937.4	主任	叶明之	—
乐山	办事处	1937.4	主任	表能炯	东大街
昆明	分行	1938.11	经理	邵正国	护国路9号
贵阳	分行	1939.9	经理	谢通芳	中华路
成都	办事处	1940.5	主任	高建华	芷泉街
西安	分行	1943.2	经理	陈西谷	炭市街10号
南京	分行	1946.4	经理	仲芙江	中华路161号

资料来源：《全国银行年鉴》，张嘉璈：《全国金融机构一览》，中央银行稽核处编印。

该行的分支行在各地区都有良好的信誉，尤其是四川省内的分支行处都是当地颇为重要的金融机构，如泸县办事处1936年初设时，总行拨营运基金20万元，经营存、放款、汇兑、储蓄业务并设信托部办理仓库业务。1943年检查，“存款常有200万元；放款常有100多万元；汇出常在1000万元以上，汇入常约700万元”①。这些分支机构都对当地经济发展产生了重要的影响。

第六节 修建美丰大楼

1934年，美丰业务进展顺利，原有行屋已不够使用，于是决定选取新址，兴建美丰大楼。美丰专门设立了“四川美丰银行新屋落成纪念储金”，还专门派人到上海，委托基泰工程司设计，陶馥记营造厂承建。基泰工程司是中国近代建立最早、规模较大、在中国有相当影响的建筑事务所，建筑作品遍及天津、北京、上海、沈阳等大城市。美丰大楼由基泰工程司设计，从一个侧面反映了美丰力量的壮大。1935年8月，美丰大楼建成。它的造型是中国古布币，高7层，另有两层钟楼。全钢筋混凝土结构，外墙用黑色花岗石贴面，钢窗玻璃门，内设电梯，是重庆首屈一指的近代建筑，显露出美丰资本的雄厚。美丰大楼虽然耗资不少，但它却为四川美丰银行争取了信誉，起到了很大的宣传作用。1944年南充办事处耗资450万元建成了一座三层银行大楼，堪称当时南充规模最大的建筑物。

① 解放前泸州的金融业［M］．中国人民政治协商会议四川省泸州市委员会文史资料工作委员会．泸州文史资料：第14辑．1988年10月，第169页。

第七节　四川美丰银行的经营管理

四川美丰银行成立以后，注重以法治行，建立了各项规章制度，既使职员有规可依，又使管理者能够依规办事，减少不必要的麻烦。

四川美丰银行在管理模型上吸收了西方资本主义的方法，但也根据自身情况使用了适合美丰的管理方法。

一、会计制度

银行会计工作是银行的基础工作，它主要进行银行资金财务核算与管理，并监督银行资金运动。银行会计工作能够反映银行的经营情况、预测银行的经营前景，参与银行的经营决策，对银行的创收有极其重要的作用。因此，采用什么样的会计制度，对银行的发展非常重要。四川美丰银行在中美合资时期，使用美国会计制度。这种会计制度，以科目为主，仅用现金和转账标记来表示借贷，再以各种科目增补到账上来记录每笔交易，制成借贷对照表。改组以后，美丰仍沿用这种方法，只将账册由英文译成中文。后来美丰的分支机构增多，这种记账方法已不能适应需要。康心如找到一份由英国会计专家编制的会计规程。经过认真钻研，以它为蓝本进行修改，制定出适合美丰的会计规程。这种会计规程统计精确，总行与各分支行联系方便，指导了银行业务进展。抗日战争时期，美丰设立了内账，这套会计制度不再使用。

二、人事任用制度

银行经营除了要具有良好的外部条件外，还要具备优越的内部条件，提高职工素质就是重要因素之一。四川美丰银行职员的来源，1931 年以前是由各方推荐，1931 年以后，部分任用成熟的金融业务人才，部分任用大专学校的学生，主要采用招考方式招收练习生作为基层骨干。要求行员对会计、金融、货币、珠算等必须具备一定业务能力。1931 年至 1948 年美丰共招收练习生 27 届，他们在行员中所占比例较大，为美丰也作出不少贡献。抗日战争时期美丰招收了一些大专学生为行员，又招收了一些金融业务人才，主持各部门业务。

美丰为防范工作人员，制定了《保证规则》。针对不同职工，采用了不同的保证方法，主要包括“人事保证”“无限赔偿保证”“有限赔偿保证”“现金保证”等。

美丰在中美合资时代，重用会计人员。美股让渡以后，依然重用会计人员。规定会计人员必须由总行派任，而营业人员大都在当地延揽。美丰给会计主任的实权很大，使他们不仅可以熟悉统计方法、掌握确切的统计资料，而且还可以推进分支机构的业务。

此外，美丰的人事权集中于总行，各分支行处的人员，一般由总行调派。后来发现他们对于当地业务情况很不熟悉，就改为在分支行处当地任用营业人员。

三、福利待遇

四川美丰银行在中外合办时期，美方经理赫尔德规定自己的月薪为 500 元，华股负责人的月薪，第一协理为 300 元，第二协理 250 元，营业主任 200 元。1923 年美丰整顿营业时，为节省开支，减少了薪金。

华资四川美丰银行的职员待遇，以等级为标准。如 1931 年制定的薪金标准，将职员划分为三等25级，月薪从一等1级的700万元，到三等25级的15元逐级递减。练习生居最低级月薪只有15元，入行三年以后给予行员待遇，月薪30元。经理级职员享有高薪待遇，为感谢他们的辛勤工作银行还定期给他们红酬。工作业绩优秀的管理人员还会收到秘密赠送的“特别酬金”，以此来激励他们的工作热情。

抗日战争时期，美丰流失了一些职员、练习生。于是开始改革职工的福利政策，制定了从业人员的生活“福利”章程达20多种，如职工生活、医疗、伙食、子女教育等补助费，眷属宿舍、文娱、理发、浆洗等福利措施。另外还制定了《抚恤规则》与《年资赠奖规则》。

因此，四川美丰银行账务健全，组织严密，福利制度完善，是银行持续发展的有力保证。

第八节　四川美丰银行停业

1945年以后，四川美丰银行结束了其发展的“黄金时期”，开始走上了衰败的道路。

抗日战争胜利以后，国民党政府又发动了全面内战，中国经济还未得到喘息的机会，就又迅速陷入了恶化的境地。国民党政府为挽救国统区经济，采取了一系列经济措施，但最后都归于失败。四川美丰银行在这个时期，采取的营业方针错误，没有做好保值工作，却大肆扩张业务，因此损失惨重。

一、黄金和外汇损失

黄金是贵金属，本身价值含量高，是最好的保值品。尤其是在社会动荡时，任何通货都有随着其赖以生存的政权而暴废的危险，而硬通货却可以避免这样的风险，因此握有黄金是最安全的。在国内政局紊乱时，持有外汇也是一种有效的保值方法。1939年四川美丰银行开始经营黄金，但国民党为保障法币的使用，颁布了“黄金国有令”，美丰积累的黄金被迫全部上缴，兑换成法币。1944年9月，国民党又开办了“法币折合黄金存款”，规定按照中央银行黄金牌价以法币折合存入，存款到期取黄金。但存款到期时，国民党却规定存户扣减四成作为捐献，只付给六成。美丰在这项存款中又损失了一部分黄金。

更严重的是，到1948年，法币通货膨胀到了登峰造极的程度，国民党被迫于8月19日公布了《财政紧急处分令》，其要旨为：发行金圆券；限期收兑人民所有的黄金、白银和外国币券，逾期任何人不得持有；限期登记管理本国人民存放国外之外汇资产，违者予以制裁。迫于政治压力，美丰把积累的黄金、外汇如数交出，计有：（1）黄金3682两，合180200美元；（2）美钞534元；（3）美元公债及库券面额约计360000美元；（4）猪鬃530担，约合233200美元；（5）桐油360吨，约合180000美元，以上5项约合953900美元①。国民党政府希望借发行金圆券来挽救财政危机，但金圆券也没有摆脱贬值的命运，美丰以黄金兑回的金圆券，短短一段时间，就不值几何了。

美丰损失的外汇数目也很大。美丰将购入的外汇分给绍丰公司经营进口业务，可绍丰公司连续三年亏损，损失了不少外汇。另外，美丰还购入了国民党政府发行的美元公债库券，购入时国民党还规定到期可开发美元汇票，可不久后，即宣布按牌价折合法币付给，没有了外汇

---

① 康心如．回顾四川美丰银行［M］．中国人民政治协商会议全国委员会文史资料委员会．文史资料存稿选编．北京：中国文史出版社，2002：569.

收入。

四川美丰银行没有黄金和外汇储备，不能做好保值工作，在国民党货币连连贬值的情况下，不得不濒临破产的边缘。

二、“设计股事件”

金圆券泛滥使美丰职工的生活日益困窘，人心涣散。为维持银行的正常秩序，康心如决定将多余的人员调往总管理处设计股，将来按实际需要作安排。与美丰高级职员共同商定了几项办法：确定以不裁员为原则，营私舞弊者除外；允许各分支机构自行确定所需人员的名额，不在所需名额之内的人员暂留各该行、处听候调遣。渝行所需名额以外的人员一律调总管理处设计股；设计股股长由总经理兼任，积极展开设计工作。

这项计划开始实行后，美丰重庆分行大约一半的职工被调往设计股。这部分人员情绪不安，组织起来向资方闹事。此后，响应者越来越多。他们要求清理内账、合理遣散等条件。经调解，双方达成协议：自愿退职者按照商定的员工退职金临时办法资遣；针对在职员工制定了《在职员工预储退职金办法》，到退职时发给退职金。这样有 306 人退职，实发退职金银元 7.4 万余元。为在职员工储存退职金银元 15.3 万元，两项合计银元 22.7 万余元[①]。

三、银元投机失败

因金圆券贬值严重，国统区内许多省市都发生了拒用现象，当时重庆市民也开始明用银元，把金圆券当作辅币来用。美丰为迎合社会需要，开办了银元活期储蓄存款，并在柜台前公告银元与金圆券的比率。存户需用银元时，按取款时牌价折合金圆券付给，以避免存户遭受金圆券损失。因适应存户需要，美丰大获其利。

1949 年 7 月 2 日，国民党政府发布《改革币制令》，并公布了《银元及银元兑换券发行办法》，规定中华民国国币为银元，所有公私支付一律以银元为计算单位，同时发行银元兑换券，无限兑换银元。为保证银元券的信用，还规定：“银元兑换券及银元辅币券之发行应有十足准备，其中银元、黄金、外汇合计不得少于六成，有价证券、货物栈单合计不少于四成。”[②]

当时国民党政府还三令五申银元券不准与银元有差别，中央银行还曾用银元来兑换。由于银圆券较银元携带方便，市面上曾一度出现过银元与银圆券倒贴水的现象，这更坚定了美丰扩张业务的信心。

但是好景不长，不久银圆券也因发行量过大而充斥市面，急剧贬值，人们又开始使用银元进行交易。美丰经营银元存放汇兑业务，原则上是存款收银元，放款放银圆券，由于客户的要求，经常按市价贴水收进银圆券。当时康心如认为银圆券有充足准备，存储银圆券更有利可图，但银圆券贬值严重，国民党政府开始限量兑现，美丰手持大量银圆券无法兑现。这时人民解放军又进军西南，人民群众见国民党政府崩溃在即，纷纷保留银元作应变准备。一时金融界挤兑成风，美丰不得不以高昂贴水补进银元，亏损严重，几乎没有了喘息的机会。

---

① 康心如．回顾四川美丰银行［M］．中国人民政治协商会议全国委员会文史资料委员会．文史资料存稿选编．北京：中国文史出版社，2002：570.

② 中国第二历史档案馆藏，广州政府财政部档案，转引自陆仰渊，方庆秋．民国社会经济史［M］．北京：中国经济出版社，1991：821.

四、股东退股

美丰正当困难之时，股东郭文钦却要求退股。杨森也要美丰给他 10 万银元，以抵销他在该行的2 万元股本。康心如、康心之和杨森的秘书李定宇公开谈判了多次，最后杨森拿走了3 万银元①，离渝逃跑。其他股东也纷纷仿效，要求退股。最后退股者达到 66 人，退去股款银元 11. 3 万余元，未退股的股东按年息 2 厘借支银元股利 3. 1 万余元，这两项损失加起来达到银元 14. 4 万余元②。

1949 年 1 月 16 日，美丰银行三台办事处因刑警使用煤油引火不慎，行址被焚，加重了该行的潜伏危机。

四川美丰银行遭受黄金、外汇损失，投机银元又损失惨重，而且内部发生了设计股事件和股东退股风波，已经混乱不堪。重庆解放后，根据中国共产党扶助民族工商业的政策，西南区人民银行打算把美丰扶植起来。但美丰因受创太重，未接受支援，1950 年 4 月 4 日下午宣告停业。

第九节　四川美丰银行评价

1927 年以前的四川美丰银行是中外合办银行，中外合办银行与外资银行不同，它们是经中国政府注册登记的，必须遵守中国法律，所以危害性较之外资银行要小。中外合办银行是由中外“双方当事人，依据明示的意思表示，共同出资、共同经营的企业”③，尽管经营权大多操纵在外国人手中，但中国人仍有一定的经营权。中外合办银行在某些方面对中国有害，但它们对中国也有有利的一面。比如通过合办，中国有效利用了外资，并学习到了外国先进的管理模式。这些银行还在客观上促进了中国民族资本主义的发展和中国经济的近代化。

中国近代史上有影响力的中外合办银行主要有：1895 年成立的华俄道胜银行、1910 年成立的北洋保商银行、1919 年成立的中华懋业银行、1918 年成立的中华汇业银行、1913 年成立的中法实业银行、1921 年成立的四川美丰银行等。四川美丰银行作为中外合办银行与其他的合办银行有共同点，也有不同点。其共同点在于：

1. 股本的分配，中方大约占 50%

华俄道胜银行建立之初，俄国资本占 3/8，法国资本占 5/8。1896 年清政府入股，超过了法、俄资本的总和。1902 年，俄国政府持有的股票占股金的 53%，成为最大的股东。北洋保商银行、中华汇业银行、中华懋业银行的资本都由中外双方各付一半，中法实业银行的资本由法方负担 2/3，中方负担 1/3，四川美丰银行的股份由美方占 52%，中方占 48%。

2. 管理权操纵于外国人手中

华俄道胜银行是中国近代史上出现的第一家中国政府正式用合同方式承诺的中外合办银行，但实际上银行被沙俄一国所独占，中国连一个董事的席位也没有，华方根本不能参与管理，被沙俄政府授权为沙俄政府对华经济扩张的唯一代理人。中法实业银行实际上是法方独揽大权，

---

① 《杨森逃跑前再索金银》，http：//www. cnread. net/cnread1/jswx/c/chenyu/ngdb/036. html.

② 康心如．回顾四川美丰银行［M］．中国人民政治协商会议全国委员会文史资料委员会．文史资料存稿选编．北京：中国文史出版社，2002：573.

③ 张雁深．日本利用所谓“合办事业”侵华的历史［M］．北京：生活·读书·新知三联书店，1958：10.

“银行之总机关及董事团皆设于巴黎”，在董事团第一届12名董事中，华人董事不过1名①。《中华汇业银行约规》的附规中特别说明，“各行经理，原则以华人为正，日人为副；但有时亦得以日人为正，华人为副”②。这其实是为日方掌权制造依据。中华懋业银行章程中规定总理由中方担任，美方担任第一协理。但是银行的实际管理权并不在总协理手中，真正执掌大权的是美方代表占多数的业务委员会和驻美评议部两个机构。只有北洋保商银行设华经理1人，华副理1人，主持行内日常工作。但同时又选出洋经理1人，辅佐华经理的工作，规定其权限与华经理相同，目的是牵制华经理。四川美丰银行规定美国比中国多一名董事，专门设立了总经理一职，由美国人担任，经理也由美国人担任，两名协理由中国人担任。并且在双方签订的合约上，明确规定在合约的解释上，一律以英文为准，所以管理权也主要操纵在美国人手中。

3. 命运短暂

中外合办银行具有华资银行不具备的优势，它们募集股本较易，享有发行钞票的权力，可以扩大银行的海外业务，也可以少受各地军阀的勒索。同时中外合办银行也具有外资银行所不具备的优势，它们不必雇佣买办，就能扩大银行在中国的营业范围，甚至可以通过华方股东参与中国的内部事务。大多数中外合办银行还可以得到两国政府的支持。

但是中外合办银行也存在着本身无法克服的弱点，它们无法摆脱中国的政治干预，易受两国关系及两国政局的影响。并且中外股东在管理方面存在很大的矛盾，易在股金分配和债务料理等方面引起纠纷。所以中外合办银行虽然轰轰烈烈，但却又是昙花一现，短短几年就纷纷倒闭或改组。1926年，华俄道胜银行因在法国巴黎外汇市场投机失败而倒闭。北洋保商银行是1910年德、法两国为保证中国偿还欠款而与中国合办的，1920年外国欠款还清，立即改组为华资银行。中法实业银行成立后仅仅7年就因白银投机失败而告终。1928年后，曾经走俏一时的中华汇业银行、中华懋业银行也相继倒闭。1927年四川美丰银行也因时局变换，改组为华资银行。

其区别主要在于：

1. 创办的目的不同

甲午中日战争后，中国的大门被进一步打开。中国拥有大量的人口和丰富的资源，市场潜力极大，巨大的经济利益吸引着列强。他们以向中国提供借款为条件攫取了中国大量利权，而苟延残喘的清政府早已财政空虚，为支付巨额的赔款必须举借外债。北洋政府时期，军阀连年混战，政权更迭频繁，财政更加拮据，更是依靠借债度日。于是作为承销外债的代理机构的外国银行便应运而生了，为了避免国人反对，往往采用中外合办的方式。华俄道胜银行、中法实业银行、中华汇业银行、中华懋业银行都是为承销外债而设立的。而四川美丰银行创立的目的仅仅是谋利，并不涉及财政问题。

2. 没有在中国注册，不受中国法律制约

其他几家中外合办银行都是在中国注册或经中国特许的，按规定中外合资银行均由中国政府派驻银行监理官一名，负责监察、检查其各项业务，并依照中国法律按期造送各项报告表册。四川美丰银行是1922年2月12日在美国康奈克特州注册的，它没有在中国注册，因而可以不受这种制约。另外，其他几家银行必须向中国政府交纳税款，四川美丰银行只向美国纳税，

① 王铁崖．中外旧约章汇编：第2册［M］．北京：三联书店，1957：858.

② 王铁崖．中外旧约章汇编：第2册［M］．北京：三联书店，1957：1278.

1924—1926 年共向美国政府缴纳了所得税 2.6415 万元①。其他几家银行向中国政府呈准享有纸币发行权，四川美丰银行没有向中国政府注册，因而没有纸币发行权。

3. 资本以中国银元计算，资本少、实力小

这几家中外合办银行中，四川美丰银行的资本开始就采用中国银元为计算单位。北洋保商银行的资本以中国银两计算，中华懋业银行的资本后来也改用银元计算，其余几家的资本都采用外币计算。

四川美丰银行在这几家中外合办银行中是资本最少的一个，它的额定资本为 100 万元，实收资本只有 25 万元。而华俄道胜银行初创时资本为 600 万卢布，合华银 600 万两，1896 年清政府以库平银 500 万两入股华俄道胜银行，入股资本折合为 7562000 卢布，资力更加强大。北洋保商银行的额定资本为 400 万两，折合银元 600 万元。中法实业银行的发起资本为 4500 万法郎。中日合办的中华汇业银行资本总额为 1000 万日元，实收资本 500 万日元。中华懋业银行的资本最初定为 1000 万美元，先收一半，1923 年后又改为 1000 万中国通用的银元，先收 750 万美元。可见，四川美丰银行的资本是非常少的，实力也是比较小的。

4. 没有分支机构

四川美丰银行的总行设在重庆，因为实力较小，没有设分支行，这与其他几家银行大不相同。华俄道胜银行的总行设在俄国圣彼得堡，它在华的分支机构遍及中国东北、新疆，并渗入内地，高居各国在华银行之首。1896 年华俄道胜银行在上海设立第一家分行，之后相继在汉口、牛庄、天津设立分支机构。其后两年，扩大到烟台、哈尔滨、北京、大连。1900 年在宽城子、喀什、吉林、伊犁、齐齐哈尔、长辛店、宁古塔，1901 年在乌里雅苏台、库伦、张家口、海拉尔、香港、铁岭等地设立代理处。北洋保商银行的总行设在天津，并在北京和天津各设一分行。中法实业银行的总行设在法国巴黎，在中国的分支机构有上海、汉口、天津、香港、广州、北京、福州、沈阳、汕头、济南和昆明 11 处。中华汇业银行的总行设在北京，在天津、上海和沈阳都设有分行。中华懋业银行的总行设在北京，在北京、天津、汉口、石家庄、上海、济南、哈尔滨、小吕宋、重庆都设有分行。

5. 经营商业银行业务，不承担外国对华政策

华俄道胜银行是由沙俄政府支持，为争夺中国经济权益而设置的。它所办理的业务非常广泛，不仅包括一般商业的资金融通，而且包括保险及不动产的买卖。它不仅从事财政贷款和企业投资，而且还参与中国境内铁路的修建、电线的架设和矿山的开采，它为中国政府承包税收，代理国库、购买军火，它被称为俄国在“中国的国家银行”②。北洋保商银行虽然主要经营存、放款、国内外汇兑、买卖证券等商业银行业务，但也曾为北洋政府垫付过公债利息，并进行过财政放款。中法实业银行标榜“以发达中国实业为宗旨”③，但却经常办理财政性借款，并且攫取了中国的铁路修筑，矿山开采等特殊权利。中华汇业银行本身就是为适应臭名昭著的“西原借款”而成立的，它不仅顺利完成了西原借款在金融上的周转和经营，而且还为日本控制中国的货币、金融和财政创造了条件。它所办理的业务，有很大一部分属于财政借款，是日本侵华

① 康心如．回顾四川美丰银行［M］．中国人民政治协商会议全国委员会文史资料委员会．文史资料存稿选编．北京：中国文史出版社，2002：537.

② North China Herald，1896 年 7 月 24 日。

③ 《中法实业银行章程》，第六条，王铁崖．中外旧约章汇编：第二册［M］．北京：生活·读书·新知三联书店，1959：858.

政策的代理机关。中华懋业银行被美国官方誉为“在中国唯一一家有美国资本的合办银行”[①]，同时也被说成是接受了当时美国驻华公使芮恩施（P. S. Reinsch）的“政治激情的哺育”[②] 的银行。懋业银行曾承担过美国对华贷款，并且可以借贷款之机，通过烟酒税收的抵押把持中国政府的烟酒税务。[③] 最后，该行因向中央政府放款和为其承销公债过多，而归于失败。可见，这几家银行都或多或少涉及中国的财政，带有一定的政治性。而四川美丰银行只是中外两国商人为了谋利而共同筹资建立起来的，和美国对华政策无关。它所经营的业务只是存、放款、汇兑等普通的商业银行业务，从来没有涉及中国的财政问题，这是四川美丰银行有别于其他几家合办银行的最重要的地方。

四川美丰银行是商人创办的以盈利为目的的商业银行，它没有受到中美两方政府的政治支持，没有承担外国对华政策，所以它的危害性较小。但它没有向中国政府注册，这是违反中国法律的行为。

该行资力较小，业务经营种类简单，是普通的商业银行。但该行利用中美合资招牌在重庆发行纸币，这是中外合资银行在四川发行钞票之始，川东道、海关监督、商会等都认为该行既未向中国政府注册，也未经许可发行，曾提出禁止美丰券流通。财政部也于 1922 年呈请外交部查核，“向美公使交涉，饬知该行停止发行”[④]，然而却得到答复：“如向美使交涉停止营业，恐该使藉口各口岸先例，未必就我范围，不如仍由当地官商协力阻止，较为妥善”[⑤] 这种答复曾使重庆商民大为愤怒，后来该行请美国领事馆出面干预，仍自由发行。四川美丰银行擅发纸币是有损中国主权之举，但其所发纸币却信用牢固，对稳定四川的金融秩序，活跃四川经济起到了一定的作用。

该行的经营对象主要是洋人，中国客户较少，所以管理权主要操纵在美国人手中。双方管理人员的矛盾几乎没有中断过，只在鄂赓诗担任该行经理期间，与中方人员相处融洽，因而这是美丰业务发展最顺利，创造利润最多的时候。该行经营活动主要在中国进行，生存环境和其他中外合办银行一样，不可能摆脱地方军阀的勒索派垫，不可能脱离中国过于频繁的政局变换，最后只好改组。

1927 年以后的四川美丰银行是华资银行，作为华资银行，它的政治性加强了，它的股东大多是四川军阀。为了能在复杂的政治环境中生存下来，它必须在政府的卵翼下成长。为了获取利润，它的业务范围扩大了，开始适应政府需要。领用地钞、买卖公债、贩运鸦片都使它获取了利润。这在一定程度上，扰乱了四川的金融秩序，加重了人民群众的贫困。但它又为四川经济作出了一定的贡献，四川美丰银行会计方法先进、管理制度完善，是当时重庆为数不多的几个实力雄厚、信誉卓著的银行之一。该行开办存放款业务、国内外汇兑业务，有效融通了资金，促进了经济的发展。尤其是在抗日战争时期，沦陷区大批工厂迁入重庆，美丰以大量资金投入数十家企业，有效帮助了它们恢复和发展生产，对稳定重庆经济，改变战前西南地区工业基础薄弱的局面起了重大作用。

---

① Frederic E. Lee：Currency，Banking，and Finance in China，1926：86.

② King：Hongkong Bank，Ⅲ，第 83 页。转引自汪敬虞．中国近代经济史（1895—1927）：上册［M］．北京：人民出版社，2000：339.

③ 汪敬虞．外国资本在近代中国的金融活动［M］．北京：人民出版社，1999：393－394.

④ 中国第二历史档案馆藏：《财政部等为美丰银行在重庆擅发纸币商议阻止办法有关咨电稿（1923 年 6 月）》，1027－（2）－439。

⑤ 《财政部等为美丰银行在重庆擅发纸币商议阻止办法有关咨电稿（1923 年 6 月）》，1027－（2）－439。

这几处美丰银行有外资银行、中外合办银行也有华资银行，它们都是商业银行，都在中国开展业务，并且都在相同的历史背景和社会环境中成长。但它们又都有着各自不同的特点：上海美丰是外资银行，它可以在治外法权和领事裁判权的保护下，在中国开展业务。它可以凭借海外关系开展海外业务，不用承受中国的政治干预，不用承受军阀无休止的勒索和派垫。在中国动荡的政治环境中还能够赢得中国人的信任。1927 年前的四川美丰和福建美丰是中外合办银行，它们由中外双方共同出资、共同经营。可以凭借中外两方的关系在中国内地广泛地开展业务，它们可以较少遭受军阀的干预，但是受中外双方的关系和政局的影响较大。改组后的四川美丰银行，受中国的政治影响最大。为了生存，它必须经销政府公债、承销政府借款，必须积极配合政府的各项财政金融政策。经营与政府有关的业务，使它获利不菲，但是利之所在，弊即随之。四川美丰银行终究因避免不了政府的控制、摆脱不了经济环境的影响而失败。

窥一斑可知全豹，从美丰银行的发展历程可以看出，中国近代金融市场上不同类型的银行发展状况不同。外资银行依仗特权可在中国自主经营，民族资本银行的发展步履维艰，中外合办银行虽具优势却难以维持长久。

美丰银行早已不复存在，但它给我们留下了很多宝贵的经验。外资银行和中外合办银行不仅使我们有效利用了外国资本，也给我们提供了先进的经营管理方法，有利于我们发展国民经济。政府对银行要进行必要的金融监管，但银行发展要遵循市场规则，不能以政府的行政命令为行动准则。它对指导外资银行、中外合办银行如何扬长避短、适应中国国情，在中国开展经营活动仍有重要的借鉴意义。

参考文献

一、档案资料

[1]《上海美商美丰银行报告清理案（1935 年 6 ~ 9 月)》，中国第二历史档案馆，钱字第 16324 号。

[2]《北京交通银行与北京商业、北洋保商、金城、中国懋业、大陆、大华商业储蓄、新华、农商等行关于业务联系函件，及与各银号间之往来函件等》。北京档案馆：J32 - 1 - 507。

二、近代期刊

[1]《申报》

[2]《中行月刊》

[3]《中央银行月报》

[4]《银行周报》

[5]《新闻报》

[6]《交易所周刊》

[7]《盛京时报》

[8]《厦门晚报》

三、外国文献

[1]［美］雷麦：《外人在华投资》，商务印书馆，1959 年版。

[2]［美］保罗·S. 芮恩施著：《一个美国外交官使华记》，商务印书馆，1982 年版，第 59 页。

[3] Frederic E. Lee：Currency，Banking，and Finance in China，1926，p. 97.

[4] E. Kann. Paper Money in Modern China（1900—1956）Note – Issuing Foreign Banks in China，November 14，1957，p. 619.

四、著作

[1]《上海房地产志》编纂委员会编：《上海房地产志》，上海社会科学出版社，1999 年版。

[2] 朱心湛：《白银对策的检讨》，《中国经济论文集》，第一集，上海生活书店，1935 年版。

[3] 张建安等编：《民国大案》，群众出版社，2002 年 1 月版，第 319 页。

[4] 列宁：《战争与革命》，《列宁选集》第 3 卷，人民出版社，1965 年版。

[5] 献可：《近百年来帝国主义在华银行发行纸币概况》，上海人民出版社，1958 年版。

[6] 联合征信所编：《上海金融业概览》，民国三十六年 1 月版。

[7] 康心如：《回顾四川美丰银行》，中国人民政治协商会议全国委员会文史资料委员会编：《文史资料存稿选编》，中国文史出版社，2002 年版。

[8] 张肖梅编著：《四川经济参考资料》，中国国民经济研究所发行。

[9] 王铁崖编：《中外旧约章汇编》第 2 册，三联书店，1957 年版，第 858 页。

[10] 汪敬虞：《外国资本在近代中国的金融活动》，人民出版社，1999 年版。

第十篇　中国农工银行

韩丽彦

北洋政府时期，军阀连年征战，为解决财政问题，支付巨额战争费用，北洋政府大量发行公债，而银行经营公债可获巨额利润，所以中国银行业出现了前所未有的兴办高潮，但这是在当时特定历史条件下的畸形发展，伴随着北洋政府的覆灭，这一高潮也迅速消退了。南京国民政府建立后，凭借着国家权力逐渐建立起以“四行二局一库”为中心的高度集中的中央银行体系，而此时的普通商业银行，随着银行集中形势的逐渐加强，或多或少、或直接或间接地受控于此，这是世界银行业发展的大趋势和中国近代银行业发展的特定规律所决定的。

随着中国近代银行业的发展，以及世界银行制度思想的影响，特别是日本银行制度思想的影响，中国设立特种银行的思想开始兴盛起来。北洋政府也鼓励创办特种银行，并制定了种种则例，因此，特种银行如雨后春笋般纷纷设立，有为发展改良或辅助实业的中国实业银行；有为国内外汇兑的便利而扩张海外贸易的中华汇业银行；有为辅助政府调剂边境金融的殖边银行；还有为维持盐业界资金融通的盐业银行；等等。

其中，北洋政府财政部鉴于国民经济凋敝，农工事业亟待振兴的局面，企图在全国各县设立农工银行给予辅助，中国农工银行即是兴办农工银行这一特种银行热潮中的一员。中国农工银行的前身——大宛农工银行，是将京畿大兴、宛平两县合并为一处营业区域而创办的，于1918年12月4日成立，1927年初改组为中国农工银行，直至新中国成立后参加全行业公私合营才宣告结束，前后共存三十余载。该行从成立时仅为两个县的县级银行到后来改组为全国性的银行，从成立时实收资本只有5万元的小银行到增资为1000万元的资本雄厚的大银行，在当时风雨多变的社会环境中艰难图存、直至发展壮大起来，在与之同时兴办的农工银行中，乃至此批特种银行中都是一经典范例，想必有其独到之处，故引起笔者对其研究的兴趣。并且，中国农工银行在其三十余年的经营中，并非自始至终履行其特种银行的职能，居于首位的却是普通商业银行业务，可以说，中国农工银行又是近代中国商业银行的一个代表。对中国农工银行的研究，不仅可以认清中国此批特种银行的发展历程及其走向，还可把握中国近代商业银行的本质特征，并在一定层面上反映中国近代商业银行发展的特殊规律。

第一章　中国农工银行的前身——大宛农工银行

中国农工银行为民国时期重要商业银行之一，与同时期的中国通商银行、浙江兴业银行、四明商业储蓄银行、中南银行、中国实业银行、农商银行、中国垦业银行并称为“八大商业银行”。中国农工银行原名大宛农工银行，于民国七年（1918 年）12 月 4 日在北京筹备成立，1927 年改组为中国农工银行，因此，回顾中国农工银行的历史，应从大宛农工银行开始。

第一节　大宛农工银行成立的背景

中国农村金融日渐枯竭，一则由于天灾人祸，民不聊生，内地现金多集于京、津、沪、汉等大商埠；二则农村经济萧条，农民及小生产者无力还贷，进而引起一系列连锁反应。《中国银行民国二十一年度营业报告书》中如下反映：“农村信用，向来农民信商号及富户为周转，商号富户又依钱庄为周转，近以农民无力还欠，商号牵连倒闭，富户迁徙都市，钱庄存款减而欠款不能收回，因此或者歇业，或者收缩，内地商业与农业之信用组织完全破坏，近得一地报告：‘农民以一牛求得押十元而不可得’，以如斯之农村信用状态，其农产衰落之趋势，将愈演愈烈而不可收拾。”① 农民借贷陷入前所未有的危机之中。虽然当时新式银行陆续设立，但“这些新式银行却缺乏有效的投资机制，无助于切实振兴农牧工商等实业，又远离农村，不能挽救农村的破产”②。所以创办一个为农工业通融资金的金融机构已十分必要。

时任北洋政府财政总长的周学熙对农工银行的创设有着重要影响。1915 年周学熙第二次出任财政总长之后，实施了一系列财政建设措施，包括整理田赋、整顿盐务、整顿场产、烟酒公买、清理官产等。在完成上述改革后，周学熙便集中精力搞经济建设，然“理财不专着重于税收，而统筹金融经济之建设”，③ 是周学熙的一贯财政政策。因此，周学熙拟创办民国实业银行，于 1915 年 8 月 14 日上报《呈大总统袁拟创办民国实业银行章程文》。④ 又为谋农村之兴建，经博采各邦之良规，参以吾国之习惯，厘定农工银行条例 7 章 46 条，即 1915 年 10 月《呈大总统袁拟农工银行条例文》，指出吾国地质之厚，物产之富，甲于天下，只以农工事业拘守旧法，未尽地利，殊为可惜。今日之计，亟应普设农工银行，既得融通资本之机关，自有开拓利源之方法。⑤ 其目的概“以中国实业银行推行都市工业建设；以县农工银行发展乡村经济，双管齐下，希望致中国于富强之域”。⑥ 此《农工银行条例》于 1915 年 10 月 8 日由财政总长周学熙呈准，1915 年 11 月 21 日由大总统命令颁布。⑦

---

① 《中国银行民国二十一年度营业报告书（上、下）》，载《银行周报》，17 卷 13 期、14 期，1933。

② 徐唐龄．中国农村金融史略［M］．北京：中国金融出版社，1996：181.

③ 周小鹃．周学熙传记汇编［M］．兰州：甘肃文化出版社，1997：206－207.

④ 周小鹃．周学熙传记汇编［M］．兰州：甘肃文化出版社，1997：215.

⑤ 周葆銮．中华银行史［M］．第三编，上海：商务印书馆，1923：30.

⑥ 周小鹃．周学熙传记汇编［M］．兰州：甘肃文化出版社，1997：207.

⑦ 中国第二历史档案馆、中国人民银行江苏省分行等：中华民国金融法规档案资料选编（下册）［M］．北京：档案出版社，1989：214.

第二节　大宛农工银行的筹备成立和资金来源

一、筹备成立

综上所述，当时的北洋政府财政部，鉴于国民经济凋敝，农工事业亟待振兴的情况，企图寻找一个以资倡导又可普及的妥善方法，即在全国各县设立农工银行以辅助农业之发展。

1915 年 10 月，财政总长周学熙就设置农工银行拟定条例 46 条呈报，要求普设农工银行。《农工银行条例》中规定农工银行为股份有限公司，以融通资财振兴农工业为宗旨，并就营业范围、放款期限、放款保障、资本限度、公债数额五个方面作出具体规定：（1）农工银行原为农工业者融通资金而设，照各国通例，借贷唯以不动产为抵押，牛皮、茧丝、糖食等农产品不易变坏之物亦应准其作为放款抵押。（2）各国农业银行放款期限有分摊三十年以内归还的，有定期五年以内归还的。我国银行习惯、实业状况与各国不同，以五年、三年、一年为度，以合国情而杜弊端。（3）对抵押放款的房屋实行保险，未登记的不动产，须由银行邀同地方绅商组织附属登记所进行登记。（4）银行资本由该银行酌情规定，最少十万元以上，以利推行。（5）发行债票为农工银行融通资财的唯一方法，为防止滥发，限制发行数目不得超过已缴资本的二倍，并不得超过放款总额。①

《农工银行条例》中还规定了农工银行以一县境为一营业区域，在一营业区域内，以设立一银行为限。放款用途限于垦荒、耕种；水利、林业；购办种子、肥料及各项农工业原料；农工生产之运输囤积；购办或修装农工业用器械及牲畜；修造农工业用房屋；购办牲畜、修造牧场；购办渔业、蚕业种子及各种器具和其他农工各种兴作改良等九项农工事业。②

其经营放款也有严格规定，如五年以内分期摊还以不动产为抵押者；三年以内定期归还以不动产作抵押者；一年以内定期或分期归还以不易变坏农产作抵押者；一年以内定期或分期归还以不易变坏农产作抵押者；一年以内定期或分期归还以渔业权作抵押者，除渔业权作抵押外，银行得要求另以公债票或不动产作为增加抵押等。③ 此外，对集资办法、发行债票等各方面也作了详细规定。

1915 年 10 月 8 日，《农工银行条例》奉准公布，是年 9 月 10 日，财政部在北京设立全国农工银行筹备处（后改称全国农工银行事务局），由部派王大贞、陈昌谷为筹备处主任，孙多森、秦士伟、李友莲、卓定谋为筹备处筹议员，积极筹划推行。最先筹设的农工银行为昌平农工银行和通县农工银行，此二行后改为财政部北平农工银行之分行。

继昌平、通县两家农工银行先后成立后，因大兴、宛平两邑为京兆首要之区，物产丰饶，近接辇毂，应早日筹办，以树先声。④ 1915 年 12 月，财政部着手筹设大兴、宛平两县农工银行。因两县相邻，为节省资金，筹备处按照全国农工银行条例第四条以两县合并为一营业区域，定名为大宛农工银行，拟订章程，规定“额定资本 40 万元，官商各任其半，官股由政府核定筹

---

① 周葆銮．中华银行史［M］．第三编，上海：商务印书馆，1923：31.
② 周葆銮．中华银行史［M］．第三编，上海：商务印书馆，1923：33.
③ 周葆銮．中华银行史［M］．第三编，上海：商务印书馆，1923：32.
④ 周葆銮．中华银行史［M］．第三编，上海：商务印书馆，1923：79.

拨，商股由筹备处担任招募，俟达半额以上即行开幕”，[①]于1916年1月19日奉财政部批准备案。[②] 后因官股未拨，商股未齐，久未开业。直至1918年12月4日，在北京化石桥，即全国农工银行筹备处所在地呈准开业，聘卓定谋为经理，吕志琴为副经理。

二、资金来源

初设银行时，议定资金40万元，官商各任其半，官股由政府核定筹拨，商股由筹备处担任招募，俟达半额以上即行开幕。财政部亦应准拨充官股20万元，作为资本，先行开办。嗣因时局关系，部款支绌，未能照拨，改由筹备处招商承办，于是全国农工银行筹备处一面招募商股10万元，一面为急于开幕起见先筹拨垫款10万元，于1918年12月开业。[③]

1918年11月29日，全国农工银行筹备处与京兆财政厅双方订立合同，由京兆财政厅拨充库款5万元，作为营业之用。大宛农工银行每年从所招股款中提出一万元归还，年息为6厘，分5年还清。届时，如京兆财政厅愿将此款改为官股，银行将结清利息发给股票。[④]

除此之外，全国农工银行筹备处还呈文财政部，申请将信成管财团即信业房产公司的股票（财政部认购）额面洋8万元，先行拨发大宛农工银行，俟将来按市价变卖后即为财政部之垫股，财政部接到呈文后批准拨发。[⑤] 在积极筹措官股的同时，全国农工银行筹备处还竭力招募商股，以符商办本旨。至1919年已经招足10万元商股，连同垫款10万元，合计实额已达20万元，嗣以官股迄未拨到，至1920年1月起完全改为商办，旋即召开股东成立会，选举董事及监察人，聘请吕志琴为经理。[⑥]

第三节　大宛农工银行改组中国农工银行

一、改组原因

按照全国农工银行事务局的预订计划，根据全国各县区域大小，分别设立农工银行，或一县独立，或数县联合设立。然该局将预订计划改组，不欲各县分立，究其原因：一则各县所辖境域大小不等，人民财力亦贫富悬殊，富而大之县集资当易，贫而小之县几乎无从说起；二者以现行农工银行条例，限制甚严，获利颇薄，苟非确是热心社会事业之人，未有不舍而之他，[⑦] 以致“各处闻风兴起者固属不少，而完全成立者究尚寥寥”[⑧]。故全国农工银行事务局议定改组办法，即“先在中央设一规模较大之总行，次再于天津、上海、汉口各处添设分行”。[⑨]

---

① 周葆銮. 中华银行史［M］. 第三编，上海：商务印书馆，1923：79.

② 周葆銮. 中华银行史［M］. 第三编，上海：商务印书馆，1923：79.

③ 《大宛农工银行》，《银行月刊》，1921年第1卷第1期。

④ 《全国农工银行筹备处、京兆财政厅为大宛农工银行垫款事项所立合同契约》，北京市档案馆藏中国农工银行北京分行档案：J054－1－39。

⑤ 《财政部拨发大宛农工银行信业房产公司之股票历次成案（民国七年）》，北京市档案馆藏中国农工银行北京分行档案：J054－1－39。

⑥ 《大宛农工银行》，《银行月刊》，1921年第1卷第1期。

⑦ 《农工银行改组之经过》，《银行周报》，1922年第6卷第5期。

⑧ 中国第二历史档案馆. 中华民国史档案资料汇编：第三辑，金融［M］. 南京：江苏古籍出版社，1991：424.

⑨ 《农工银行改组之经过》，《银行周报》，1922年第6卷第5期。

财政部就管辖各银行详加考察后，认为“其办有成效资力雄厚者，实以大宛农工银行为最”,[1] 财政部即以大宛农工银行为根据，扩充资本，改设总行，于天津、上海、汉口等重要地方次第设立分行，以资模范而示提倡。同时，大宛农工银行亦欲扩充，在1921年9月18日的临时股东会上，各股东对改组一事一致赞同。[2] 该行股东会议决改订中国农工银行章程，呈由全国农工银行事务局转呈财政部，核准大总统予以批准。

大宛农工银行与财政部共同协商，组建中国农工银行。

二、改组经过

1921年，由大宛农工银行股东会议决改订中国农工银行章程四十九条，呈由全国农工银行事务局转呈财政部，核呈大总统予以批准。章程中规定，中国农工银行资本总额定国币500万元，由政府垫购五分之二以资提倡，即官股200万元，商股300万元，收足股款的二分之一即可营业。财政部随即通过全国农工银行事务局拨付股款20万元作为官股。至1923年，由于种种原因股款一直未能筹妥，官股仍为20万元，商股为50万元，与章程中规定的可开业数目相差甚远，并且看来一时无法有所增加。于是在1923年2月的股东会上，王君宜提议将章程中规定的收足股款二分之一即可营业改为收足股款四分之一即可营业，这样官股仅短30万元，由筹备处尽力筹措，商贾只少25万元，由老股东摊认或另募新股。讨论结果，各股东一致同意，上报财政部批准。

这期间曾出现一次小的变动，1924年10月，财政部以“本部拨交中国农工银行筹备处转存改行中国农工银行官股20万元，前查明该行成立无期，此项巨款既无股利又无存细，应即悉数提出，由该行即日备齐交由本部派员验收，不得借词推诿”[3] 为由，拟提回官股20万元，后经该行多方交涉，财政部始得收回此项规定。至1925年4月，大宛农工银行已收商股75万元；1926年6月，实收股款已达100万元。[4]《中国农工银行条例》第四条规定：收足股款四分之一即可开业，政府垫股未及交付或未交足，而商股已收四分之一时亦得先行开业。[5] 大宛农工银行将所收商股100万元全数移作中国农工银行商股，商股已超过四分之一，故按照条例规定，自可先行开业。

筹备就绪后，1926年8月15日召集全体股东召开大宛农工银行改组会议，选举董事、监事，设立总管理处总揽全行一切事务，并议决先行成立天津分行。[6]

1927年2月21日，大宛农工银行正式改组为中国农工银行。[7] 至此，存在8年的县级大宛农工银行正式改组为全国性的中国农工银行。

---

① 《大宛农工银行之改组与中国农工银行之创设》,《银行周报》，1922年第6卷第27期。

② 《大宛农工银行之改组与中国农工银行之创设》,《银行周报》，1922年第6卷第27期。

③ 中国人民银行北京市分行金融研究所：北京金融史料：银行篇（三）［M］. 中国人民银行北京市分行金融研究所，1993：4.

④ 中国人民银行北京市分行金融研究所：北京金融史料：银行篇（三）［M］. 中国人民银行北京市分行金融研究所，1993：4.

⑤ 《中国农工银行条例》，北京市档案馆藏中国农工银行北京分行档案：J054 - 1 - 10。

⑥ 中国第二历史档案馆．中华民国史档案资料汇编：第三辑，金融［M］. 南京：江苏古籍出版社，1991：425.

⑦ 《大宛农工改名中国农工银行》,《银行月刊》，1927年第7卷第2期。

第二章　中国农工银行的组织与管理

第一节　中国农工银行的组织机构

中国农工银行为股份有限公司，其运作模式采取股份公司制，这在当时来说是最先进的公司组织形式，为大多数新式银行所采取。中国农工银行改组前，机构设置较为简单，改组后随着资本增加及业务发展，重新进行了设置。

中国农工银行的组织机构从总体上可分为决策机构和执行机构两大类，主要包括股东总会、董事会、监察会、总管理处以及各分行、支行和办事处等机构，现分述如下。

一、决策机构

决策机构主要是指银行的主要权力机关，中国农工银行的决策机构包括股东会、董事会与监察会、行务会议。

1. 股东会

大宛农工银行创办之初，因其股本全部为财政部及京兆财政厅垫拨，属官办性质，并无股东会及董事会，只聘经理及副经理各一人。至1920年改为完全商办后，于是年3月21日召开临时股东会，选举临时董事及临时监察人，直至1921年7月23日大宛农工银行第一次召开正式股东会议，选举正式董事、监察人，聘请经理、副经理。①

《中国农工银行章程》中详细规定了股东会召开的规则，即中国农工银行股东会常会和临时会两种，常会由董事10人以上、有股本会定期召集，每年一次；临时会由董事会或监察会认为必要或股东占总额二十分之一（之前为十分之一）以上之股东，声明理由，请求会议时召集。②《中国农工银行条例》还规定了该行各股所享有的议决权，即本银行股东每一股有一议决权，一百股以上每二股递增一权，三百股以上每五股递增一权，五百股以上每十股递增一权，但每股东至多不得过三百权。③ 此外，该行章程中对股东会的具体实施细则进行了详细规定。如股东会讨论事件以通知书载明议题为限，并兼董事会得临时提议事件；股东会开会非有股东代表股份过半数到会，不得开议，其议决事项非有出席股份过半数之同意，不得议决；股东会由董事长主持，董事长缺席时，由董事中公推一人为主席等。④

2. 董事会、监事会及董监会

《大宛农工银行章程》中规定：董事会由全体董事组成，董事会公推常务董事2人，主持本会一切事务；董事会每月开常会2次，由常务董事定期召集之，但常务董事认为必要、董事3人

---

① 中国人民银行北京市分行金融研究所．北京金融史料：银行篇（三）［M］．中国人民银行北京市分行金融研究所，1993：3.

② 《中国农工银行章程》，北京市档案馆藏中国农工银行北京分行档案：J054－1－10。

③ 《中国农工银行条例》，北京市档案馆藏中国农工银行北京分行档案：J054－1－10。

④ 《中国农工银行章程》，北京市档案馆藏中国农工银行北京分行档案：J054－1－10。

以上提议或经理请求时得开临时会。[①] 董事会的权力和主要职责是议决分支行、办事处及代理店之增设裁并；各项章程规则之订定及修正；对外重要契约之审核；预算、决算之审定；股东会之召集；营业用地基、房屋之租借、建筑或买卖；及其他应议事项等。[②] 由上述规程可知，该行董事会的权限非常广，其在中国农工银行的组织系统中占有非常重要的位置。

同时，中国农工银行全体监事组成监事会（后改名为监察会）。按杨荫溥所言："监察人有监察过失之职而无实行处分之权，无论何时，得出入银行，调查实情，展阅簿据，查检银库，如有意见，可提出于股东总会公决之。"[③] 该行监事会的主要职能是：保管股商董事交存之股票；监察本银行之业务及全体董事、经理等是否依据条例及各种议决案办理；审查年终决算报告；检查库存及一切账目情形；如认为必要时得陈述意见与董事会，但不加入表决。[④]

此外，中国农工银行还设有董监会，即董事及监察人之联席会议，其议事范围如下：（1）股东红利及行员奖励金之分配案。（2）董事会不能裁决之权限争议。（3）不属于董事会、监察会范围以内事件。并详细规定了董监会的执行细则：董监会由董事长召集，但董事、监察人有5人以上之提议时，亦得召集之；董监会非有过半数到会不得开议，其议事以列席过半数决之。[⑤]

中国农工银行条例中规定了董事、监事的资格和任期等。但不同时期稍有不同。

第一阶段，中国农工银行初期：设董事9人，监事5人，其中由财政部派充公股董事2人，监事1人（均于官股交足四分之一时派充之）；由商股100股以上股东中选举董事7人，监事4人；并从中选举董事长1人，常务董事3人；董事任期以3年为限，监事任期以2年为限，均可连举连任。[⑥] 1926年8月15日，该行召开第二届股东大会，改选周韬甫、王君宜、吕变甫、唐慕潮、王大贞等为董事，卓定谋、袁文钦、吴震修、单束笙等为监事，因董事会认为改组伊始，诸事均宜从简，以节省开支，故董事长一席暂不必推举。[⑦]

第二阶段，1929年教育基金委员会入股中国农工银行后：重新修订章程，规定董事增加至11人，其中5人由商股百股以上股东中选举，6人由教育基金委员会选任。并设董事长1人，常务董事2人。董事长由教育基金委员会人选担任。常务董事3人，其中1人由教育基金委员会选任，另外2人从旧股东中选任。监事仍为5人，其中2人由商股百股以上股东中选举，3人由教育基金委员会选任。[⑧]

1929年2月23日，股东大会选出第三届董监会：董事共11名，分别为王大贞、周韬甫、冯幼伟、吕志琴、卓定谋、李煜瀛、魏道明、常耀奎、钱永铭、谈荔孙、聂国栋。其中，李煜瀛为董事长，王大贞、魏道明为常务董事。监事共5人，为唐慕潮、王君宜、张人杰、周作民、齐致。[⑨]

---

① 《大宛农工银行有限公司章程》，北京市档案馆藏中国农工银行北京分行档案：J054－1－10。

② 《中国农工银行章程》，北京市档案馆藏中国农工银行北京分行档案：J054－1－10。

③ 杨荫溥．上海金融组织概要［M］．上海：商务印书馆，1930：126－127.

④ 《中国农工银行条例》，北京市档案馆藏中国农工银行北京分行档案：J054－1－10。

⑤ 《中国农工银行章程》，北京市档案馆藏中国农工银行北京分行档案：J054－1－10。

⑥ 《中国农工银行条例》，北京市档案馆藏中国农工银行北京分行档案：J054－1－10。

⑦ 中国人民银行北京市分行金融研究所．北京金融史料：银行篇（三）［M］．中国人民银行北京市分行金融研究所，1993：7.

⑧ 中国第二历史档案馆．中华民国史档案资料汇编：第五辑第一编：财政经济（四）［M］．南京：江苏古籍出版社，1994：571.

⑨ 中国人民银行北京市分行金融研究所．北京金融史料：银行篇（三）［M］．中国人民银行北京市分行金融研究所，1993：7.

第三阶段，1946 年中国农工银行重新修正章程后：董事增至 17 人，9 人由商股股东中选举，6 人由教育基金委员会选任，又 2 人由其他公股投资机关按照投资股数比例任选之。设董事长 1 人，常务董事 4 人，董事长代表本行名义主持管理全行事务，常务董事则有辅助董事长之职。监察人 7 人，2 人由商股股东中选举，3 人由教育基金委员会选任，又 2 人由其他公股投资机关按照投资股数比例任选之。并设监察长 1 人，常驻监察人 2 人。①

3. 行务会议

中国农工银行行务会议是董事长、常务董事、董事、监事、经理、副经理联合召开的会议，主要议题包括：股东红利及行员奖励金之分配案；董事会不能裁决的权限争议；总分行办事细则及各项规定的审议；不属于董事会、监察会范围以内的事件。行务会议由董事长召集，但董事、监事、经理、副经理有 5 人以上之提议时，亦得召集之；行务会议非有过半数到会不得开议，其议事以列席过半数决之，可否同数时取决于主席。②

二、执行机构

执行机构主要是指该行内部具体的办事机构及执行机关，包括总管理处及其所属的各分行、支行及办事处、代理店等。

1. 总管理处（总经理处）

1927 年，大宛农工银行改组为中国农工银行，始成立总管理处。总管理处初设于北京，教育基金委员会入股后，将总管理处改为总经理处，曾迁到过天津。之后又在 1931 年 3 月移设上海；抗日战争爆发后，总经理处曾一度迁往香港；太平洋战争爆发后，又辗转迁往重庆，抗战结束后又迁回上海。

总管理处由董事长、常务董事、经理、协理组成，是总揽全行行务的部门，简称总处，由总经理商同董事长、常务董事处理全行行务，总经理得执行董事会及董监会议决事项。总经理处内部机构设置如下：设总经理 1 人，商同董事长、常务董事处理全行行务，执行董事会及董监会议决事项；设协理 1 人，辅助总经理执行职务，总经理有事故时代理之；另设秘书 1 人，主任 3 人，稽核 2 人或 3 人（稽核负责考核全行一切业务事务，随时报告总管理处核办）。总经理处下设总务、业务、会计三科，每科设主任 1 人，秉承总经理、协理之命主管本科业务，此外，三科还各设办事员、助理员、练习生若干人。③

2. 各分行、支行及办事处组织

《中国农工银行组织大纲》中规定，总处下设分行，分行设经理 1 人，副经理 1 人至 2 人，受总处指挥负责处理分行事务。分行因营业关系得设立办事处，办事处为分行之下一部分。分行之下设支行，支行设经理 1 人，受分行指导处理支行事务。并可委托其他行号为代理店。④

《中国农工银行分行通则》规定：分行设经理 1 人，受总处及总经理、协理之指挥，主持分行事务；设副经理 1 人至 2 人，辅助经理处理行务；于业务繁重或不设副经理之分行酌设襄理 1 人至 2 人，襄助经理、副经理办理行务；分行设总务、营业、会计、钞券、出纳五科，各科设主任 1 人，办理各该科事务，并设办事员、助理员若干人，练习生无定额，事务繁重时，得设

① 《中国农工银行章程》，北京市档案馆藏中国农工银行北京分行档案：J054 - 1 - 10。
② 《中国农工银行条例》，北京市档案馆藏中国农工银行北京分行档案：J054 - 1 - 10。
③ 《中国农工银行组织大纲》，北京市档案馆藏中国农工银行北京分行档案：J054 - 1 - 10。
④ 《中国农工银行组织大纲》，北京市档案馆藏中国农工银行北京分行档案：J054 - 1 - 10。

副主任1人。分行营业范围应依本行章程所规定，其兼营他项业务时须呈报总管理处核准。[①]

支行受分行指导处理支行事务，支行设经理1人，主持支行事务，由总经理处任免。[②]

办事处以主任1人主管其事。办事处经营之业务由所隶属之行以细则规定，呈请总管理处核准后施行。[③]

第二节 中国农工银行科系的分设

按照银行营业范围的大小广窄，银行科系的分设也可繁可简，多数银行分为营业、文书、出纳、会计、稽核五科。[④] 现将中国农工银行科系分设的情况概述如下。

一、总管理处科系的分设

中国农工银行总管理处下设总务、业务和会计三科，《中国农工银行总经理处办事规则》对各科职掌事务有着明确规定。

总务科所执掌的事务有：（1）关于保管本处印信、文卷、密码电本及器具对象各事项；（2）关于收发、撰拟、翻译文书、电报、公告、通告及编制开支预算、决算各事项；（3）关于记录全行员生之进退、迁调、功过及经管年资、功俸及奖励抚恤金事项；（4）关于股票之印制、保管填发、移转、注册及销毁事项；（5）关于钞票之印制、保管、及销毁事项；（6）关于各项章程规则之编订事项；（7）关于器具物品之购置及本处庶务事项；（8）关于不属于各科事项；[⑤] 业务科职掌事务如下：（1）关于设立或变更分支行及办事处、代理店之设计事项；（2）关于各项主要业务及附属业务之规划事项；（3）关于各行营业资金及钞券准备金之调拨事项；（4）关于钞票发行之规划及伸缩事项；（5）关于债票之发行事项；（6）关于各项业务规章之编订事项；（7）关于业务方面，总、分、支行对外订立合同及其他重要契约之审核事项；（8）关于农工商业之调查与统计事项；（9）关于营业报告之编制事项。[⑥] 会计科职掌事务如下：（1）关于编订各项会计规则及账表单据事项；（2）关于记载保管全体账目事项；（3）关于核查各行账簿、传票、表册及其关系之契约、凭证文件及押品事项；（4）关于编制全行总决算表册事项；（5）关于编制盈余分配案事项；（6）关于审核本行各项开支事项。[⑦]

二、各分行、支行及办事处科系的分设

中国农工银行分行设有文书、营业、会计、钞券、出纳五科。

文书科主要职掌事务有：文件之收发、撰缮、保管；电报之收发、翻译及密码电本之保管；行员进退、迁调及功过之记录；行员保证书、履历书之保管与检查；行员奖励金及抚恤金之发给；经济之调查及编译；行务之调查统计；预算之编制；各项开支之经管及本科账表传票之记载；土地房屋之管理；一切物品之购置；仆役之雇用与管理等。营业科职掌事务主要有：依据

---

① 《中国农工银行分行通则》，北京市档案馆藏中国农工银行北京分行档案：J054－1－10。

② 《中国农工银行组织大纲》，北京市档案馆藏中国农工银行北京分行档案：J054－1－10。

③ 《中国农工银行办事处通则》，《中国农工银行组织大纲章程规则》，民国间（1912—1949）铅印本。

④ 郭孝先：《上海的内国银行》，《上海通志馆期刊》，1933年第1卷第2期，第467页。

⑤ 《中国农工银行总经理处办事规则》，北京市档案馆藏中国农工银行北京分行档案：J054－1－11。

⑥ 《中国农工银行总经理处办事规则》，北京市档案馆藏中国农工银行北京分行档案：J054－1－11。

⑦ 《中国农丁银行总经理处办事规则》，北京市档案馆藏中国农工银行北京分行档案：J054－1－11。

本行章程之规定办理各种营业；抵押品之鉴定及调查；债务者之信用调查；汇水及银行业有关之各种行情调查；本行债券之募集及本息支付；公债、公司债、股份之代理保管；外埠银行或公司业务之代办；储蓄业务之办理；各项生意之接洽等。会计科职掌事务主要有：主要账及本科管理之各项账表之记载与传票之制作；决算及营业报告书之编制；管辖内支行或办事处之会计审核；各种债表之保管等。钞券科职掌事务主要有：钞券之发行；钞券之收回；准备金及保证准备金之保管；本科账表之记载及传票之制作等。出纳科职掌事务主要有：现金之收支及保管；票据之收取及支付；贵重物品及有价证券之保管；本行股利之支付等。

按照《中国农工银行组织大纲》中规定，该行支行之组织由管辖分行视事务之繁简，酌量规定，呈请总处核准。①

总之，中国农工银行依据机构的不同和营业范围的大小，设置不同的科系。总管理处设总务、业务和会计三科。分行设文书、营业、会计、钞券、出纳5科。支行视事务繁简酌量规定。

第三章　中国农工银行的营业

银行的营业是一个银行的中心，也是银行之所以存在和正常运行的前提和基础。现就中国农工银行的营业内容及营业特点进行论述。

第一节　中国农工银行的营业概况

中国农工银行的前身是大宛农工银行，大宛农工银行是以特种银行的身份而成立的，“融通资财、辅助农工业”是其宗旨，但该行除经办农工事业外也兼营一般商业银行的业务，从而成为民国时期商业银行的一分子，正如林合成所言“中国农工银行之营业与普通商业银行之营业相似”②。

一、营业范围介绍

大宛农工银行成立时，其《大宛农工银行股份有限公司章程》中规定该行的营业范围大致如下：（1）经营各种放款；（2）经营定期存款；（3）办理租税、钱粮及其他各种款项收发事件；（4）代人保管金银锭块及其他重要物品；（5）得以各种余款酌买各种债票或存放他行生息；（6）呈请全国农工银行事务局转呈财政部核准兼营他项业务。并规定本银行不得收买本行股票及以本行股票作借款之抵押品。③

中国农工银行改组成立后，其《中国农工银行条例》中规定的营业范围基本未变，需值得注意的是，中国农工银行获得一项特许业务，即“本银行遵照财政部呈准专案发行钞票”④。

但随着中国农工银行的发展壮大及时局的变化，其营业范围也有所增加，1946年修正通过的章程中有如下规定：（1）办理各种存款及储蓄存款，其储蓄存款章程另定之；（2）办理各种放款

① 《中国农工银行组织大纲》，北京市档案馆藏中国农工银行北京分行档案：J054－1－10。
② 林和成．中国农业金融［M］．北京：中华书局，1936：269.
③ 《大宛农工银行股份有限公司章程》，北京市档案馆藏中国农工银行北京分行档案：J054－1－10。
④ 《中国农工银行条例》，北京市档案馆藏中国农工银行北京分行档案：J054－1－10。

及质押放款；（3）办理农工业各种存款及放款；（4）办理票据贴现及承兑汇票；（5）办理汇兑及押汇；（6）办理仓库业务；（7）买卖有价证券；（8）承募公司债票；（9）代人保管贵重物品及代理收付款项；（10）其他一切银行业务。并且规定了不得收买本银行股票及以本银行股票作借款之抵押品。①

可见，该行在发展过程中，除经营农工银行的特定业务外，还增添了许多商业银行业务。需要注意的是，随着1929年教育基金委员会的入股，中国农工银行增添了一项特定业务，即"本银行由教育基金委员会指定为营运教育基金之代理机关，并代办教育文化事业款项之收支"②。

二、营业状况介绍

银行的营业大致可分为主要营业、附属营业和特殊营业，主要营业即存款、贷款和汇兑三种；附属营业即储蓄、信托、货栈、兑换和买卖证券及生金生银等数种；特别营业则须由政府的特许，如代理国库、发行纸币等。③

从中国农工银行的业务经营来看，涵盖了以上三种类别。

1. 存放款业务

吸收存款是银行与生俱来的基本特征，吸收存款的业务是银行接受客户存入的货币款项，存款人可随时或按约定时间支取款项的一种信用业务。④

银行业务的开展完全依赖资产，资产收入包括银行的自有资本和吸收的存款，如果不吸收存款，单靠银行的自有资本作营运资金，则银行业务万难扩展。所以"对银行来说具有最重要意义的始终是存款"⑤，吸收存款的多寡直接与银行利润休戚相关。按照《中国农工银行业务规程》中的规定，中国农工银行的存款分为定期存款、往来存款、特别往来存款、通知存款、本外埠同业存款、暂时存款。⑥

贷款又称放款，是银行将其所吸收的资金，按一定的利率贷放给客户并约期归还的业务。⑦ 放款是银行业得以生存的根本，是动用资金取得利润的重要途径，银行正是基于存款与放款的利息差而从中盈利的，因此，银行要持续经营，放款是至关重要的。农工银行原是为农工业者融通资金而设，因此，放款问题尤为重要。"唯此项放款，悬格过宽，固不免流弊滋生，悬格过严，又难期推行尽利"⑧。

《中国农工银行业务规程》指出，中国农工银行的放款分为定期放款、定期抵押放款、分期抵押放款、往来透支及往来抵押透支、本埠同业透支、外埠同业透支。⑨《中国农工银行条例》中明确规定了放款的具体细则：（1）五年以内分期摊还，以农工业不动产作抵押者。（2）三年以内定期归还，以农工业不动产作抵押者。前两项期限在开办伊始分期摊还之款，暂定两年以

---

① 《中国农工银行章程》，北京市档案馆藏中国农工银行北京分行档案：J054－1－10。
② 《中国农工银行章程》，北京市档案馆藏中国农工银行北京分行档案：J054－1－10。
③ 郭孝先：《上海的内国银行》，《上海通志馆期刊》，1933年第1卷第2期，第459页。
④ 黄达．货币银行学［M］．北京：中国人民大学出版社，1999：183.
⑤ 马克思．资本论（第3卷）［M］．北京：人民出版社，1975：454.
⑥ 《中国农工银行业务规程》，北京市档案馆藏中国农工银行北京分行档案：J054－1－11。
⑦ 黄达．货币银行学［M］．北京：中国人民大学出版社，1999：189.
⑧ 《中国农工银行业务规程》，北京市档案馆藏中国农工银行北京分行档案：J054－1－11。
⑨ 《中国农工银行业务规程》，北京市档案馆藏中国农工银行北京分行档案：J054－1－11。

内，定期归还之款暂定一年以内。但有特别情形，经本银行认为有延长期间之必要时，不在此限。（3）一年以内定期或分期归还，以农工出产物品作抵押者。（4）一年以内定期或分期归还，以各种债票股票作抵押者。（5）两家铺保或10人以上之农业或工业者连带负责，经本银行认为确有信用，依一年以内定期归还法，不用抵押者。① 其中，抵押放款一项最为重要。因为农工银行原为农工业者融通资金而设，照各国通例，借贷款项以不动产为抵押，而牛皮、茧丝、糖食等农产品，均属不易变坏之物，亦应准其抵押，以补助农工，裨益实业。② 所以，中国农工银行自不例外，其条例中规定可以用农工业不动产、农工出产物品作抵押，并将放款期限限定为五年、三年及一年。③

同时，作为抵押品的农工业不动产，其自身存在一定的不稳定因素，对此，中国农工银行制定了相应的保障措施。如《中国农工银行业务规程》中对抵押放款进行了一些限定，规定抵押品以有确实市价易于变卖者为限，抵押品之种类有：（1）有价证券以交易所每日有行市者为限，唯不还本付息者不在其列；（2）货物，有日用原料品、制造原料品、或制造品；（3）房地，凡当地无法定价值及难有法定价值而有行无市者不得代压品；（4）生金银生金制造品。还规定凡有易于腐化及市价涨落太大者不得为抵押品。④

中国农工银行成立之初，资本较少，存贷款业务受到限制。1929年教育基金委员会入股后，资本有所增加，业务也有所进展。而且，该行除经营农工业的小本存贷款等外，与政府机关也有业务往来。

2. 汇兑、押汇业务

汇兑业务是客户以现款交付银行，由银行把款项支付给异地收款人的一种业务。⑤ 中国农工银行的汇兑形式分为票汇、信汇、航空快汇及电汇四种。汇兑区域只限于国内各大商埠，至必要时得扩充于国外。押汇货物以农产品、工业品及药材原料等为限，违禁品及危险品不得押汇，押汇区域以总分支行处及转约行所在地为限，至必要时得扩展于各埠及国外。⑥

3. 储蓄业务

储蓄存款主要是针对居民个人积蓄货币之需所开办的一种存款业务。⑦ 银行的储蓄业务对社会、个人及银行自身都有着重要意义。如杨荫溥所言："储蓄之意义不外二端，一曰鼓励俭德，以谋社会经济生活之宽裕也，溢利余财，有安全保存之地，则在储蓄者，可以无谩藏诲资之患，而有生息殖利之机，以辅助为鼓励，可以养成平民节俭之风，庶'乐岁终身饱'而'凶年得免于死亡'，平民生活，既已宽裕，社会经济自然巩固；二曰聚集散资，以张大资金运用之效能也，零星资金，分而于社会，其运用效能，为力极薄，众流所归，始成江河，集四散之游资，为有益之运用，实储蓄之一大枢纽。"⑧ 对于银行而言，储蓄的意义则更为重要，"储蓄存款，自一元以上即可存储，在银行方面，存户既众，款项亦积少成多，且这类存款，进出极微，银行

---

① 《中国农工银行条例》，北京市档案馆藏中国农工银行北京分行档案：J054－1－10。
② 《中国农工银行业务规程》，北京市档案馆藏中国农工银行北京分行档案：J054－1－11。
③ 《中国农工银行条例》，北京市档案馆藏中国农工银行北京分行档案：J054－1－10。
④ 《中国农工银行业务规程》，北京市档案馆藏中国农工银行北京分行档案：J054－1－11。
⑤ 黄达．货币银行学［M］．北京：中国人民大学出版社，1999：197.
⑥ 《中国农工银行业务规程》，北京市档案馆藏中国农工银行北京分行档案：J054－1－11。
⑦ 黄达．货币银行学［M］．北京：中国人民大学出版社，1999：184.
⑧ 杨荫溥．上海金融组织概要［M］．上海：商务印书馆，1930：223.

对于这类存款所收入的资金，尽可安心运用”。[①]所以，在银行的诸多业务中，储蓄的地位非常突出，它可以为银行提供了大量长期性资金来源，所以，银行无不千方百计地致力于储蓄业务的开展。

中国农工银行改组后便开始经营储蓄业务。为更好地办理此项业务，该行于1931年4月设立储蓄专部，[②] 以总行为总部，各分行为分部，另拨资金，会计独立。[③] 并特拨国币四十万元为资本设立储蓄部，专营各项储蓄业务。储蓄部会计完全独立。内部组织设为储蓄本部、储蓄分部和储蓄支部，本部附设于总处办理本行一切储蓄事务，分支部附设于分支行即办事处。[④]

中国农工银行的储蓄存款种类分为三种：（1）活期储蓄存款（内分甲种活期、乙种活期、礼券储蓄）；（2）定期储蓄存款（内分整存整付、整存零付、零存整付、预订整数、存本取息）；（3）分红长期储蓄存款。[⑤] 活期储蓄存款之甲种活期储蓄存款，每次存入金额至少须在银元1元或银1两以上，但每户存款总额至多不得超过银元2000元或银2000两。逾额后另行协商办理。活期储蓄存款之乙种活期储蓄存款，初次存入至少得在银元50元或银50两以上，以后不拘多寡均可续存，但每户所存总额至多以银元5000元或银5000两为度，逾额后再行协议。[⑥]

需要注意的是，该行为便利公共机关、团体及个人保存基金起见，设立了分红长期储蓄存款。细则中规定：“学校、公会、会馆、学社、医院、俱乐部之基金，个人预备一定用途之储款，及未成年人承受之遗产等，皆可以之存储”，[⑦]而储户“既有保息复可分红，无投机之危险，又无股东之责任，利益无限，损害毫无”[⑧]。

为使储蓄业务更上一层，1934年，中国农工银行通过《上海分行提议分设储蓄部案》，即将储蓄部单独分设出来，规定“储蓄部除本部外以分部为单位，为收受各种储蓄存款及运用储蓄存款之主办机关，专司代理分部收付各种储蓄存款及付息事宜，所收储款概归分部存储运用”。[⑨]

中国农工银行依据实际情况，适时调整储蓄政策，使其业务日趋发达。该行储蓄部于1931年4月开办时，有基金四十万元，1932年底有公积金三千元，1933年底增至五千元。储蓄存款也节节攀登，如表11－1所示。

表11－1　　中国农工银行储蓄存款数额（1927—1937年）　　单位：元

年份	公积金	存款数额
1927	—	134905.40
1928	—	158660.39
1929	—	332538.59
1930	—	697686.31
1931	—	1385469.10
1932	3000.00	1379064.50

① 郭孝先：《上海的内国银行》，《上海通志馆期刊》，1933年第1卷第2期，第467页。
② 王志莘．中国之储蓄银行史［M］．上海：新华信托储蓄银行，1934：176.
③ 林和成．中国农业金融［M］．北京：中华书局，1936：267.
④ 《中国农工银行储蓄部暂行章程》，《中国农工银行组织大纲章程规则》，民国间（1912—1949）：铅印本。
⑤ 《中国农工银行储蓄部储蓄存款细则》，北京市档案馆藏中国农工银行北京分行档案：J054－1－11。
⑥ 《中国农工银行储蓄部储蓄存款细则》，北京市档案馆藏中国农工银行北京分行档案：J054－1－11。
⑦ 《中国农工银行储蓄部储蓄存款细则》，北京市档案馆藏中国农工银行北京分行档案：J054－1－11。
⑧ 《中国农工银行储蓄部储蓄存款细则》，北京市档案馆藏中国农工银行北京分行档案：J054－1－11。
⑨ 《中国农工银行上海分行提议分设储蓄部案》，北京市档案馆藏中国农工银行北京分行档案：J054－1－27。

续表

年份	公积金	存款数额
1933	5000.00	2284173.00
1934	—	—
1935	25000.00	2150971.00
1936	50000.00	2087607.64
1937	74000.00	1935012.16

资料来源：北京市档案馆藏中国农工银行北京分行档案：J054－1－32。

至于储蓄资金营运情形，按照规定，可买卖中央政府公债或中央政府许可之最优有价证券及确实之公司股票债票；可进行抵押放款；还可经营票据贴现。①

中国农工银行将所收储蓄存款，一则用作抵押放款及投资有价证券，二则存放银行生息。可以表11－2中的数字为代表进行观察，以窥见一斑：

表11－2　　中国农工银行储蓄部资金运用概况（1931—1936年）　　单位：元

运用途径 年份	抵押放款	有价证券	库存现金	存放银行	合计
1931	100890.81	564472.30	232951.21	932478.15	1830792.47
1932	323040.10	549173.56	111794.84	840331.66	1824340.16
1933	841065.80	750933.71	242316.05	915040.53	2748914.09
1934	—	—	—	—	—
1935	618645.00	1323401.00	427865.00	269321.00	2639232.00
1936	717818.67	1458365.57	171065.15	208417.44	2555666.83

资料来源：北京市档案馆藏中国农工银行北京分行档案：J054－1－33。

由此可知，在储蓄部的营运事业中，投资有价证券的数额是十分可观的，说明该行也非常重视经营政府公债。此外，还可以看到，中国农工银行把储蓄存款的相当一部分用于存放银行生息，足可见该行谨慎稳妥的经营方针。总之，中国农工银行自1931年储蓄部成立后，一直到1937年抗日战争全面爆发，营业有增无减，快速发展。

4. 证券业务

根据《中国农工银行章程》第二章第七条规定，该行可买卖有价证券及承募公司债票。证券事业，在当时的中国可谓盛极一时，因我国百业衰颓，银行游资丰富，是以群趋投资证券之途。然而我国公司组织尚未发达，公司营业发达者，股票恒在巨额股东手中，公司营业衰败者，虽贬价也无人承受，所以我国的证券市场仅有政府发行的公债与库券两种，其私人经营公司、商号所发行的股票，概不入市场买卖，因此我国证券市场可谓清一色之公债市场也。②

从1912年至1926年止，北洋政府财政部正式发行的债券共27种，发行额达6100695.88元，其中19笔为公债。③ 而对于银行而言，经营公债可谓一本万利，“实际年利达一分五厘至三

① 《中国农工银行储蓄部暂行章程》，《中国农工银行组织大纲章程规则》，民国间（1912—1949）：铅印本。

② 财政部财政科学研究所，中国第二历史档案馆．中华民国史档案资料丛刊：国民政府财政金融税收档案史料（1927—1937）［M］．北京：中国财政经济出版社，1997：709.

③ 千家驹：《旧中国公债史资料（1894—1949）》，中国近代经济史资料丛刊编辑委员会：中国近代经济史资料丛刊［M］．北京：财政经济出版社，1995：11.

四分之厚”,[1] 并且公债还可以当作准备金来运用，所以当时的银行对购买公债趋之若鹜。

中国农工银行自不例外，其投资于证券市场之金额也十分可观。兹将中国农工银行及中国农工银行储蓄部各年度营业报告中投资于有价证券之数量如表 11－3 所示。

表 11－3　　中国农工银行投资有价证券数额（1926—1937 年）　　单位：元

年份	投资数额	年份	投资数额
1921	678456. 88	1930	2109563. 01
1922	733826. 49	1931	3363513. 97
1923	451593. 11	1932	3276319. 20
1924	447258. 15	1933	3657391. 23
1925	460903. 46	1934	—
1926	654425. 47	1935	2547358. 00
1927	854373. 95	1936	3624667. 51
1928	653769. 25	1937	5909304. 68
1929	1571814. 84	—	—

资料来源：1927 年、1929 年数据来源于徐寄庼：《最近上海金融史》，上海：上海书店 1932 年影印版，第 280－282、284－286 页。

表 11－4　　中国农工银行储蓄部投资有价证券数额（1931—1937 年）　　单位：元

年份	投资数额	年份	投资数额
1931	564472. 30	1935	1323401. 00
1932	549173. 56	1936	1458365. 57
1933	750933. 71	1937	1534248. 00
1934	—		

资料来源：1931 年、1932 年、1933 年、1937 年数据来源于《中国农工银行营业报告》，《银行周报》，1932 年 16 卷 16 期、1933 年 17 卷 25 期、1934 年 18 卷 18 期、1938 年 22 卷 21 期。

5. 发行纸币

《中国农工银行条例》第三章第八条规定，中国农工银行遵照财政部呈准专案发行钞票。[2] 按照规定，中国农工银行发行分为三区即沪区、津区和汉区，其发行的银元券分为 10 元、5 元、1 元三种，辅币券分 5 角、2 角、1 角三种，由总管理处印刷后交由各区行发行，各券内的地名是各发行区行所在的地点（北平分行发行北平地名券，至适当时期再行并入津区办理）。发行银元券的准备金至少须备足现金六成以上，其余以市面流通之确实有价证券为保证准备；发行辅币券的准备金应以十足现金准备。[3]

并且划分了各发行区的大致地域范围，沪区以沪行为发行区行，凡上海本埠、苏、浙、皖三省，北沿津浦铁路线至山东济南，东经胶济铁路线至青岛，所有发行事宜皆属之；津区以津行为发行区行，其范围是天津本埠、晋、察、绥三省，南沿津浦铁路线至济南，东沿北宁铁路至唐山，西沿平汉铁路线南至石家庄，折西沿正太铁路至山西太原，北沿平绥铁路线至山西大

---

① 吴承禧. 中国的银行［M］. 上海：商务印书馆，1934：80.

② 《中国农工银行条例》，北京市档案馆藏中国农工银行北京分行档案：J054－1－10。

③ 《中国农工银行发行规则草案》，北京市档案馆藏中国农工银行北京分行档案：J054－1－13。

同；汉区同样以汉行为发行区行，涵盖汉口本埠、鄂、湘、赣、豫、陕五省，西沿江至四川重庆。①

因时局动荡，金融枯竭，中国农工银行对发行钞票一事非常得慎重，决定先发行辅币券作为试验。1927 年 5 月，该行开始发行第一期辅币券，总额 100 万元，计 1 角券 20 万元，2 角券 60 万元，5 角券 20 万元，京行备有券 40 万元，及 1 角券 8 万元，2 角券 24 万元，5 角券 8 万元。② 发行之后，流通信用极好，市面各银行纷纷领用，大有供不应求之势，鉴于此种情形，该行决定发行银元钞票。

中国农工银行共发行了三版纸币，即 1927 年版、1932 年版、1934 年版，1927 年版为财政部印制，1932 年版为美国钞票公司印制，1934 年版则为英国华德路公司印制。其纸币发行具体情况如表 11 –5 所示。

表 11 –5　　中国农工银行纸币

时间	面额	摹状	地名	印刷厂
1927 年 2 月 1 日	1 角	正面图案为紫色，中心处有桥梁图案	北京 天津	财政部印刷局
	2 角	正面图案为绿色，中心处有桥梁图案	北京 天津	财政部印刷局
	5 角	正面图案为橘色，中心处有桥梁图案	北京	财政部印刷局
1927 年 9 月 1 日	1 元	正面图案为棕色和多重色，中心处是长城图案	北京	财政部印刷局
		正面图案为绿色和多重色	汉口 汉口（可在长沙支付）	财政部印刷局
		正面图案为红色和多重色	上海	财政部印刷局
1927 年	5 元	—	北京	财政部印刷局
1927 年 9 月 1 日	5 元	正面图案为红色和多重色，中心处有轮船图案	汉口 汉口（可在长沙支付）	财政部印刷局
		正面图案为橘色和多重色	天津	财政部印刷局
		正面图案为绿色和多重色	上海	财政部印刷局
1927 年 9 月 1 日	10 元	正面图案为紫色和多重色，中心处有农场工人图像	汉口 汉口（可在长沙支付）	财政部印刷局
		正面图案为绿色和多重色	上海 天津	财政部印刷局
		正面图案为棕色和多重色	上海	财政部印刷局
1932 年 1 月 1 日	1 角	正面图案为棕色和红色，中心处有桥梁图案	汉口	财政部印刷局
	2 角	正面图案为黄色	汉口	财政部印刷局

① 《中国农工银行分区发行规则草案》，北京市档案馆藏中国农工银行北京分行档案：J054 –1 –13。

② 中国人民银行北京市分行金融研究所．北京金融史料：银行篇（三）［M］．北京市中国人民银行金融研究所，1993：13.

续表

时间	面额	摹状	地名	印刷厂
1932 年	1 元	正面图案为红色和多重色，中心处有耕耘图案	上海	美国钞票公司
	5 元	正面图案为绿色和多重色，左侧有耕耘图案	汉口 上海 北平	美国钞票公司
	10 元	正面图案为紫色和多重色，右侧有耕耘图案	汉口 上海	美国钞票公司
1934 年	1 元	正面图案为红色和多重色，中心处有耕耘图案	上海 北平 天津 无地名	英国华德路公司

资料来源：据北京市钱币学会：《中国纸币标准图录》，北京出版社，1994 年版，第 123－127 页整理。

在早期发行的 1927 年版纸币中，主要为天津、北京和汉口地名，其中，北京分行的发行业务最佳。自发行开始，每年的银元券及辅币券发行总额普通均为六七十万元，自 1932 年 8 月间，骤增为 100 余万元，并一直未曾降至百万元以下，最高流通额曾达 180 万元。其发行的北京地名银元钞票，行使之区域东至秦皇岛，南至郑州，西至太原，北至张家口，河北各乡村均可行使，畅通无阻。平行为考察实际，还曾派人沿平汉、北宁两路从事调查，沿途以该行钞票购买物品，皆欢喜接受，毫无迟疑之态。① 可见，该行发行的钞票信用卓著。总行迁上海后，该行大量发行 1932 年美钞公司版和 1934 年英国华德路版纸币。该行历年发行数额如表 11－6 所示。

表 11－6　　中国农工银行历年纸币发行数额　　单位：元

时间	纸币发行额	备注
1927 年 12 月	291293.00	现金准备金、保证准备金均与法定数额比例相符
1928 年 12 月	425955.00	
1929 年 12 月	337100.00	
1930 年 12 月	847400.00	
1931 年 12 月	1872900.00	
1932 年 12 月	4709600.00	
1933 年 12 月	10224767.00	
1934 年 12 月	12225547.00	
1935 年 12 月	10454517.00	
1936 年 12 月	16155817.00	

资料来源：于彤、戴建兵：《中国近代商业银行纸币史》，河北教育出版社，1996：354。

中国农工银行发行纸币数额，从 1927 年的 29 万余元，到 1936 年的 1615 万余元，增加了数十倍。此外，该行发行的钞票印制精良，图案精美，准备金充足，发行量逐年增加，颇受市民欢迎，在京、津、沪、汉通商大埠内畅通无阻，信用极佳。发行业务的发达，不仅成为该行资

① 《中国农工银行北平分行业务报告（民国二十二年）》，北京市档案馆藏中国农工银行北京分行档案：J054－1－32。

本的一个重要来源，也使该行的营运能力大大增强。

1935 年，国民政府施行法币政策，统一发行，命各商业银行发行之钞票一律收回，归并国家银行，中国农工银行发行之钞票及准备金悉数移交中央银行接收。①

第二节　中国农工银行的经营特色

中国农工银行作为辅助农工的特种银行，在特殊的历史背景下创设，并较快地发展壮大起来，足见其经营有方，其特色可归纳为以下几点。

一、以“融通资财、辅助农工业”为宗旨

中国农工银行在营业上诚以接济农工为首要，以辅助农工业为其宗旨。

1. 长期、低利抵押放款

中国农工银行的业务经营以农业贷款为主，并且其放款业务多为长期的、低利的农工抵押放款，其抵押品也大多是农作物、栈单、渔业权、房屋、建筑物等。如该行章程规定，“办理各种抵押放款并下列各种放款：一、5 年以内分期摊还，以农工业不动产作抵押者；二、3 年内定期归还，以农工业不动产为抵押者；三、1 年内定期或分期，以农工业出产物品为抵押者”。②由此可见，该行营业上确是以为农工业通融资财为根本宗旨的。

其中，最有特色的是大宛农工银行初期办理的留置旗地放款业务。大宛农工银行受京兆财政分厅委托，办理留置旗地放款业务。凡京兆各县（大兴、房山、香河、宛平、固安、涿县等）人民欲留置旗地而无力缴纳留置费用的，都可向该行借款缴纳，以事农作。凡这些借、还、收、缴等事项，京兆财政厅均委托大宛农工银行负责办理。③

并且规定：“凡委托本处代办地亩，其地价由各县清理分处迳解大宛农工银行，分别记入存款账，有该行与全区清理处所订合同为证”④ “押款期限至多不得过 6 个月，息率定月利一分。如有特别情形不能如期归还者，自过期之日起每 3 个月以内递加二厘，递加次数以三次为限。”⑤

2. 以接济农民之农事为导向

1932 年，为就近接济农业发展，中国农工银行北京分行在北京西郊温泉村设立寄庄，主要经办田亩等的抵押放款。⑥ 且明令规定农民借款之用途不得逾越农事需要范围以外，否则当拒绝借款，该寄庄除支持传统农业耕作外，还鼓励农民改良农产物品、栽桑、养蚕、种棉、水利、林垦等，且向本行融通款项时，得设法尽力帮助，放款归还时间也根据农民情况而定，规定以麦秋、大秋两季为标准，同时，针对温泉村地处偏僻、交通不便的情况，该行尽力代为设法，俾使运输上得相当之便利。⑦ 在该行协助下，温泉村还成立了以贷款生产上必要之资金及社员储

① 中国人民银行北京市分行金融研究所．北京金融史料：银行篇（三）［M］．中国人民银行北京市分行金融研究所，1993：14.

② 中国第二历史档案馆．中华民国史档案资料汇编：第五辑第一编：财政经济（四）［M］．南京：江苏古籍出版社，1994：569.

③ 《京兆财政厅委托大宛农工银行办理留置旗地放款规则》，北京市档案馆藏中国农工银行北京分行档案：J054－1－40。

④ 《八旗王公世爵清理京兆旗产代办处章程》，北京市档案馆藏中国农工银行北京分行档案：J054－1－40。

⑤ 《京兆财政厅委托大宛农工银行办理留置旗地放款规则》，北京市档案馆藏中国农工银行北京分行档案：J054－1－40。

⑥ 《中国农工银行北平分行业务报告（民国二十二年）》，北京市档案馆藏中国农工银行北京分行档案：J054－1－32。

⑦ 《北平中国农工银行温泉寄庄农村放款试办规则》，北京市档案馆藏中国农工银行北京分行档案：J054－1－11。

金为宗旨的保证责任北平西郊温泉村信用合作社。[①]

此外，中国农工银行为优待教育界及农工界储蓄起见，还特别制定了优待办法：（1）凡现任各级学校教职员与在校学生，及现务农业或工业之人，向本行存储第一、第二项各种储蓄存款者，得按照各该地分支行所定利率加给五毫至一厘五毫，其加给利率存款之多寡及期限之长短，随时酌定。凡教育界、农工界所组织之合作社，储蓄存款也得援照办理。（2）凡农工界所存按期交款之各种储蓄存款，如遇农田欠收或工厂停止，以致原存款户无力续交，并须立时提用此款者，本行亦得特别通融，于期前照付其利息，亦视普通储蓄存款之中途提款者，酌量优给。上项优待办法系以先在学、农、工界服务之人为限。凡请求优待者，学界须声明在何学校；农界须声明住何乡村，耕种何项地亩，经营何项山林、畜牧；工界须声明在何工厂工作，经本行认明方可招办。[②] 由此，可体现出该行以辅助农工业为宗旨的办行方针，以及在提倡文化教育方面所做的努力。

3. 经办农工事业之典型——以中国农工银行杭州分行为个案进行研究

中国农工银行杭州分行成立于1929年9月1日，是由浙江省政府拨款50万元入股所建，同时，浙江省政府还拨付38万元作为农民放款基金，委托中国农工银行杭州分行办理农村合作放款业务。[③]

不仅如此，“中国农工银行还取得代理建设厅所属企业的资金往来的特权，经常可以得到低息和无息资金来源近百万元”。[④]

当然，为监理中国农工银行浙江省股份，成立了浙江省政府中国农工银行股份监理委员会，另外，浙江建设厅与中国农工银行浙江分行签订了关于农民放款互约。因此，杭州分行是中国农工银行经办农工事业之一斑，[⑤] 是经办农工事业的典型。

需要注意的是，依据中国农工银行与浙江省政府所订协约，浙江省政府拨交中国农工银行杭州分行的38万元基金以贷予本省农民所组织并经建设厅认可之农村信用合作社为限，农村信用合作社借款时，须填具借款申请书，暨财产目录等到浙江分行，经送建设厅审查后，再由该分行依据审查结果，酌量办理借款事宜。但分行认为不必送厅审查者，得径自办理。此项放款利息，不得超过月息一分。[⑥] 而分行对于省府所拨款项，须付周年六厘存息。[⑦]

第一批基金拨交后，中国农工银行杭州分行当即开始放款，并随收随放，兹录其放款统计（见表11－7），可窥见一斑。

---

① 《北平西郊温泉村信用合作社章程》，北京市档案馆藏中国农工银行北京分行档案：J054－1－11。

② 《中国农工银行储蓄部储蓄存款细则》，北京市档案馆藏中国农工银行北京分行档案：J054－1－11。

③ 曹焕：《中国农工银行杭州分行内幕点滴》，全国政协文史资料委员会：文史资料存稿选编：21 经济（上册）［M］. 北京：中国文史出版社，2002：498.

④ 陈国强．浙江金融史［M］．北京：中国金融出版社，1993：256.

⑤ 中国银行总管理处经济研究室．全国银行年鉴：1937年［M］．中国银行经济研究室，1937：356.

⑥ 《浙农工分行订定放款办法》，《银行周报》，1929年第13卷第42期。

⑦ 林和成．中国农业金融［M］．北京：中华书局，1936：279.

表 11 –7　　中国农工银行杭州分行农民放款情况统计（1929—1932 年）　　单位：元

年份			1929	1930	1931	1932
放出	信用放款	件数	1	61	28	15
		金额	400	25145	8896	7695
	抵押放款	件数	4	207	156	66
		金额	31900	94786	71682	31420
	合计金额		32300	119931	80578	39115
收回	信用放款	件数	—	24	31	4
		金额	—	10785	9600	3490
	抵押放款	件数	—	160	108	3
		金额	—	96686	46875	1360
	合计金额		—	107471	56475	4850
余存额			32300	44760	124258	103128
备注			11 ~12 月	全年	全年	1 ~3 月

资料来源：根据《浙江省办理农民放款之概况》，载《浙江省建设月刊》，1932 年第 5 卷 10 期；申报年鉴社：《申报年鉴》，申报馆特种发行部，1934 年，第 1167 页整理。

由表 11 –7 可知，自 1929 年 11 月开始营业迄 1932 年 3 月底止，统计其放出款额达 271924 元，收回放款为 168796 元，未收回者，共 103128 元。其中抵押放款居多数，约 84. 5%，信用放款约占总数的 15. 5%，说明在其放款业务中，信用放款很不发达。而不能如期归还的，其最大原因是水旱虫灾，相继为患，另一个重要因素则是用途不得当。① 该分行成立后，放款于农民，辅助当地农业生产，在一定程度上起到了调剂农村金融的作用。

二、经营稳健，行事谨慎

中国农工银行历经多变时局，又遭逢国难，于经济凋敝、金融迭变、险象环生中艰难生存发展下来，其中一个很重要的因素即是该行稳健的营业方针，凡是风险性高、投机牟利的事情，该行绝不贸然行事，兹举两例可资证明。

中国农工银行经政府特准有发行银元券及辅币券特权，然当时战乱频仍，时局动荡，金融枯竭，因此，对于发行钞票一事，该行“一再斟酌，不敢大意”，②最后议定先发行辅币券做一尝试，发行后，如能为市面接受，信用良好，再发行银元券。同样，在推广本行钞票业务上，该行也是倾尽全力，稳扎稳打，使得发行业务日渐发达。

再如“七·七事变”爆发后，平津首遭沦陷，中国农工银行鉴于时局动荡，便将北京分行所属的南城办事处、石家庄办事处以及温泉寄庄和宁晋寄庄予以裁并，故而“未蒙损害”。③ 抗战期间，该行兢兢业业，如履薄冰，“业务既未便冒险，图维亦不敢因循放弃，每于进行之中，仍寓谨守之意”④。

① 《浙江省办理农民放款之概况》，《浙江省建设月刊》，1932 年第 5 卷第 10 期。

② 中国人民银行北京市分行金融研究所．北京金融史料：银行篇（三）［M］．中国人民银行北京市分行金融研究所，1993：13.

③ 《中国农工银行北平分行总结报告（民国三十六年）》，北京市档案馆藏中国农工银行北京分行档案：J054 –1 –1。

④ 《中国农工银行北平分行总结报告（民国三十六年）》，北京市档案馆藏中国农工银行北京分行档案：J054 –1 –1。

三、因时制宜，因地制宜

在发展壮大业务的过程中，中国农工银行非常注重调查研究，并结合本行实际情况，作出决策。

根据该行章程，其营业范围内得办理仓库业务及汇兑和押汇业务。1932 年 12 月，该行经过认真调查研究后，决定由中国农工银行北京分行在西直门附近设立仓库，派员常驻。其原因大致如下：其一，西直门本系平绥路总站。平绥路由北平迄包头，长达 1000 余公里，途经南口、康庄、张家口、丰镇等处，农产极其丰富，故而“贩粮客商咸以西直门为屯粮主区”。其二，西直门附近有一大货栈名为合顺公司，该公司在平绥路各大车站均设有分公司，货运繁盛，其所有款项向系使用现洋及中南、保商等杂票，后应洽商改用中国农工银行钞票。[①]

嗣后平行与合顺公司洽妥借用该公司房屋两间，设一仓库办事处，“专做粮食押款，并代兑本行钞票”。

此举一则可以经营粮食押款业务，“该处押款最多时增至 4.6 万余元”，然此种放款均有确实抵押，非常可靠；二则可以运用资金推广该行钞票，“具有莫大利益也”。[②]

第四章　中国农工银行的发展

自 1918 年创立至 1937 年抗日战争全面爆发，此为中国农工银行的发展时期。在此时期内，中国农工银行一面改组增资，巩固行基，一面广泛创建分支机构，扩充规模，并积极拓展业务，中国农工银行实力日益强大。

第一节　中国农工银行的资本增长

一、初期资本逐渐增加

中国农工银行前身大宛农工银行是由全国农工银行筹备处呈准财政部设立。初定资本 40 万元，官商各任其半，官股由政府核定筹拨，商股由筹备处担任招募，俟达半额以上即行开业，于 1916 年 1 月 19 日奉财政部批准备案。并“呈请财政部拨给官股藉资提倡，旋奉电示准拨官股 20 万元先行开办”。[③]

嗣因时局关系，部款支绌，官款未能照拨，改由筹备处招商承办。全国农工银行筹备处在竭力招募商股的同时，为早日开业，还积极设法由京兆财政厅暂拨款项作为垫股，后双方于 1918 年 11 月 29 日订立合同，商定“全国农工银行筹备处为发达大宛地方农工各业起见，特商请京兆财政厅拨发库款 5 万元，以为京兆大宛农工银行营业之用”。[④] 1918 年 12 月，中国农工银

① 《中国农工银行北平分行业务报告（民国二十二年）》，北京市档案馆藏中国农工银行北京分行档案：J054 - 1 - 32。

② 《中国农工银行北平分行业务报告（民国二十二年）》，北京市档案馆藏中国农工银行北京分行档案：J054 - 1 - 32。

③ 中国人民银行北京市分行金融研究所．北京金融史料：银行篇（三）［M］．中国人民银行北京市分行金融研究所，1993：13.

④ 《京兆财政厅拨给大宛农工银行垫款合同契约》，北京市档案馆藏中国农工银行北京分行档案：J054 - 1 - 39。

行在北京化石桥呈准开业。

该行开业时附设了大宛农工银行招股处，所招商股陆续增加，到 1919 年，所招商股连同垫款合计实额已达 20 万元，然而官股迄未拨到，所以，自 1920 年 1 月起该行完全改为商办。同时，因行址地处偏僻，便迁移到北京前门内西皮市，以求营业便利。

之后该行营业日渐发达，又增加股本 20 万元，连同原有股本共为 40 万元。为了扩充业务发展，1921 年 7 月又由股东会议改定资本总额为 100 万元，① 又因原租房屋仅有一大间，经理及诸同人均在此斗室内共同治事，不敷应用，便在 1922 年 12 月在西郊民巷自置房屋，1923 年 7 月新屋落成，全行迁入。②

二、改组时期扩充资本

该行营业蒸蒸日上，行基日益强固，在建行两年后（1921 年），大宛农工银行与财政部共同协商，增加资本，扩充规模，重新修订章程，改组为中国农工银行。章程中规定，“中国农工银行资本总额定为国币 500 万元，收足二分之一即可开业”③，并且“政府垫购五分之二以资提倡”④，即官股 200 万元，商股 300 万元。然由于种种原因股款一直未能筹妥，与章程中规定的可开业数目相差甚远，于是又将章程中规定的收足股款二分之一即可营业改为收足股款四分之一即可营业，政府垫股未及交付或未交足，而商股已收四分之一时，亦得先行开业。⑤ 至 1926 年 6 月，实收股款已达 100 万元，“大宛农工银行所收商股 100 万元全数移作中国农工银行商股”。⑥ 按照章程规定，商股已逾四分之一，即可开业。

三、教育基金委员会入股增资

按照章程规定，中国农工银行资本中政府应垫购五分之二以资提倡，但财政部认拨的 200 万元官股迄未拨到，致使商股也怀有了观望态度。所以，该行开办十年多来，深感资力薄弱。

恰逢教育基金委员会商得财政部同意，“拟应用农工金融机关为教育基金之营运”⑦，而中国农工银行以辅助农工为宗旨，与其旨趣相通，认为可以合作。中国农工银行此时适逢股本缺乏，又无力增加，原定股本 500 万元，实收仅有 100 万元，且华中华南业务限于资金短缺无法推动，在很大程度上影响了银行的发展，故中国农工银行也表示愿意合作。双方经过多次协商，于 1928 年 12 月签订草约，教育基金委员会入股中国农工银行。⑧ 1929 年初召集股东大会，共同讨论扩充资本，改定章程。中国农工银行改定资本总额为 1000 万元，先招 500 万元。原有股本

---

① 中国第二历史档案馆．中华民国史档案资料汇编：第五辑第一编：财政经济（四）［M］．南京：江苏古籍出版社，1994：576.

② 中国人民银行北京市分行金融研究所．北京金融史料：银行篇（三）［M］．中国人民银行北京市分行金融研究所，1993：5.

③ 《大宛农工银行改组中国农工银行》，《银行月刊》，1921 年第 1 卷第 11 期。

④ 《大宛农工银行改组中国农工银行》，《银行月刊》，1921 年第 1 卷第 11 期。

⑤ 《中国农工银行条例》，北京市档案馆藏中国农工银行北京分行档案：J054－1－10。

⑥ 中国第二历史档案馆．中华民国史档案资料汇编：第五辑第一编：财政经济（四）［M］．南京：江苏古籍出版社，1994：576.

⑦ 中国第二历史档案馆．中华民国史档案资料汇编：第五辑第一编：财政经济（四）［M］．南京：江苏古籍出版社，1994：576.

⑧ 《教育基金委员会入股签约》，北京市档案馆藏中国农工银行北京分行档案：J054－1－22。

100 万元为商股，其余 400 万元，由国民政府教育基金委员会垫购，分期交付。① 至此，中国农工银行的实有股本为 500 万元。之后一直到 1946 年 9 月，总额 1000 万元全数收足，完成了其章程规定的法定资本 1000 万元。② 1948 年 10 月，因币制改革，经股东会议决将股本改为金圆券 120 万元。③

中国农工银行历年增资情况如表 11 -8 所示。

表 11 -8　　中国农工银行增资统计　　单位：万元

增资年月	增资数额	实收资本
1918 年 12 月	—	5
1919 年 3 月	5	10
1921 年 1 月	10	20
1921 年 6 月	20	40
1921 年 10 月	10	50
1923 年 6 月	15	65
1925 年 4 月	10	75
1926 年 6 月	25	100
1929 年 3 月	400	500
1946 年 9 月	500	1000

资料来源：根据《中国农工银行 20 年之历史——平行经理吕志琴在该行成立 20 周年纪念会上的讲话》，北京市档案馆藏中国农工银行北京分行档案：J054 -1 -1 整理。

中国农工银行自财政部及京兆财政厅垫拨 5 万元开始营业，与同时期普通银行相比，甚为渺小。然该行经营得当，业务蒸蒸日上，虽历经艰难，但资本逐年增加，终成为一个拥有 1000 万元资本的实力雄厚的银行。

第二节　广设分支机构

中国农工银行经由大宛农工银行增资改组，又遇教育基金委员会入股增资，行基渐趋稳固。与此同时，该行还着重推进分支机构的设置，以扩充规模，增强实力。

一、分行、支行的增设

1927 年 2 月，中国农工银行改组增资，始成立总管理处，并将原大宛农工银行北京分行和上海汇兑处改组为中国农工银行北京分行和中国农工银行上海分行，同时成立了中国农工银行天津分行。

北京在北洋政府时期是全国的政治中心，政界要人、军阀遗老、殷实商户等大都居住于北

① 中国第二历史档案馆．中华民国史档案资料汇编：第五辑第一编：财政经济（四）［M］．南京：江苏古籍出版社，1994：569.

② 中国人民银行北京市分行金融研究所．北京金融史料：银行篇（三）［M］．中国人民银行北京市分行金融研究所，1993：6.

③ 中国人民银行北京市分行金融研究所．北京金融史料：银行篇（三）［M］．中国人民银行北京市分行金融研究所，1993：42.

京，设分行于北京，除经办农工事业外，还便于吸收存款，经营政府公债等业务。天津是中国北方最大的工商业中心，也是进出口贸易港口城市，经贸活动繁盛，对外交流活跃，都是银行业兴旺发达不可或缺的条件。1929 年，该行曾将总行由北京迁至天津，后又由天津迁至上海。①

同样，20 世纪二三十年代的上海也是我国的商业重镇，资金相对集中，各类金融市场兴旺发达，与各地的金融联系也异常广泛。因此，除了“南三行”和中南银行以及四明、通商等银行的总行原在上海外，资力、规模均较大的中国、交通、盐业、金城、大陆、中国实业等银行的总行这时分别由北京、天津移至上海。②

中国农工银行也迅速调整经营策略，适应当时金融业发展的趋势，于 1931 年 3 月将总处移设上海，以上海为中心，陆续开设分行和办事处，扩充规模。除北京、上海及天津分行外，由浙江省政府出资入股筹备的中国农工银行杭州分行也于 1929 年 9 月 1 日正式开业。③ 1931 年 4 月 29 日，又创建了中国农工银行汉口分行，经理吕汉云，资本 40 万元。④

至此，中国农工银行在京、津、沪、汉等重要商埠均增设了分支机构。此外，该行还在南京、重庆、昆明、广州、香港、汕头等地陆续添设了分支行，使其在国内的分支行达十余处。另外还有 1 处代理店，即哈尔滨的德聚永银号。

中国农工银行在开设诸多分支行的过程中，逐步奠定了其基本格局。

二、办事处、寄庄的设立

按照该行规定，分行因营业关系得设立办事处。北京分行于 1930 年 7 月在王府井大街设立东城办事处；1930 年 8 月，在前门外珠宝市 8 号设立南城办事处；1932 年 7 月，又在西单北大街 41 号设立西城办事处；并在 1933 年 2 月，在石家庄明盛园胡同设立了石家庄办事处。⑤ 汉口分行于 1931 年 9 月设立长沙办事处；1932 年 6 月设立郑州办事处；1933 年 4 月在汉口法租界设立汉行法租界办事处；1933 年 5 月设立沙市通汇处。⑥ 此外，还有天津分行于 1931 年 5 月设立的唐山办事处，⑦ 杭州分行于 1931 年 8 月设立的定海办事处，等等。⑧ 这些办事处多设在商业荟萃、贸易繁盛的街市，并且交通便利、地势冲要，其业务主要是经营存款和汇兑，也经营其他银行业务。

此外，为方便农民和学生，1932 年 6 月，中国农工银行在北京西郊温泉村设立寄庄，主要办理田亩、房屋及其他农产物抵押放款，定期活期各种存款、汇兑、兑换及发行本行钞票等业务。⑨ 同时，中国农工银行的其他各分行也依据业务发展的需要，增设寄庄或仓库。如 1933 年增设衡阳寄庄，1935 年 1 月添设宁晋寄庄，1935 年 6 月又添设屯溪寄庄，等等。⑩

通过陆续添设扩张分支机构，中国农工银行在全国各大都会商埠都有了通汇机关，在发展

① 郭凤岐，刘兆福．天津市地方志编修委员会：天津通志・金融志［M］．天津社会科学院出版社，1995：136.

② 洪葭管．20 世纪的上海金融［M］．上海：上海人民出版社，2004：5.

③ 曹焕．中国农工银行杭州分行内幕点滴．全国政协文史资料委员会：文史资料存稿选编：21 经济（上册）［M］．北京：中国文史出版社，2002：498.

④ 《中国农工银行设汉口分行》，《中行月刊》，1931 年第 2 卷第 12 期。

⑤ 中国农工银行总管理处：《中国农工银行同人录》，1933：39－46.

⑥ 中国农工银行总管理处：《中国农工银行同人录》，1933：39－46.

⑦ 中国农工银行总管理处：《中国农工银行同人录》，1933：39－46.

⑧ 中国农工银行总管理处：《中国农工银行同人录》，1933：39－46.

⑨ 《北平中国农工银行温泉寄庄暂行办法细则》，北京市档案馆藏中国农工银行北京分行档案：J54－1－11。

⑩ 中国银行总管理处经济研究室．全国银行年鉴：1937 年［M］．中国银行经济研究室，1937：356.

业务的同时还有力地增强了本行的实力。中国农工银行的发展格局基本形成。

第三节 积极拓展业务，营业发达

中国农工银行以“融通资财，辅助农工业”为宗旨，顾名思义以接济农工为首要，兼营普通银行业务，又因教育基金委员会携款入股，故该行又兼有提倡文化教育之职。中国农工银行成立之初，资本力量薄弱，业务发展相对缓慢。表现为营业规模小，业务量少，业务品种少而单一，等等，除与政府机关略有往来外，大多是商号、个人、团体的农工业小本存贷款。后经改组及扩充资本，特别是1931年3月将总处移设上海后，以上海为中心，积极拓展业务。

储蓄业务在中国农工银行改组后不久便开始经营，后根据情况变化不断调整策略，先是于1931年4月设立储蓄专部，在各地分支行推而广之，后又于1934年将储蓄部单独分设出来，成为收受各种储蓄存款及运用储蓄存款的主办机关，使该行储蓄事业日臻完善，营业也逐渐发达。

伴随中国农工银行各分行、支行及办事处等机构遍布各大商埠，该行的汇兑业务也有了相当发展。以北京分行为例，该分行没有局限于仅与中国农工银行其他分支机构的通汇业务，而是开拓新径，在1932年与中国银行订立通汇契约，即凡中国银行通汇地点，北京分行均能委托转汇。此外，为招徕顾客，北京分行规定凡零星小数汇往联行者，一概免收汇水。①

证券业务也有所发展，该行总管理处为了方便各地分行经营证券业务，于1935年4月在沪行设立“证券室”，专门办理各联行及代客买卖证券事宜。中国农工银行汉口分行曾委托沪行代为买卖“十九年关税”和“一八裁兵”两种公债20万元，一出一进，10天内即获利4200元。②

此外，中国农工银行还大力推进仓库业务的发展，北京分行于1932年12月在西直门附近借合顺公司地址设立仓库，派员常驻，为农民办理储粮押款业务，并代兑本行钞票。③

同时，该行在天津设立了“天津中国农工银行货栈”，地点位于车站、河边附近，均是装运起卸都非常便利的地方。④

不仅如此，中国农工银行还千方百计推进发行业务的兴盛。如对与该行推广发行至关重要的平汉线，一则由汉口分行设立郑州办事处，二则在平行北段由北京分行设立了石家庄办事处，两处遥相呼应，使平汉全线连成一气。平绥线方面则在其总站西直门设立仓库，与平绥路上最大的货栈——合顺公司联络，并与该公司洽妥改用中国农工银行钞票等。有效的经营使得成效显著，北京、天津两行发行均在五六百万元，上海分行发行额高达800余万元，汉口分行创办后，也大量发行汉钞。

总而言之，1918—1937年是中国农工银行平稳发展并逐渐壮大的时期。其发展情况如表11－9所示。

---

① 《中国农工银行北平分行业务报告（民国二十二年）》，北京市档案馆藏中国农工银行北京分行档案：J054－1－32。

② 马洪，孙尚清．金融知识百科全书［M］．北京：中国发展出版社，1990：2302.

③ 《中国农工银行北平分行业务报告（民国二十二年）》，北京市档案馆藏中国农工银行北京分行档案：J054－1－32。

④ 《天津中国农工银行货栈章程》，北京市档案馆藏中国农工银行北京分行档案：J54－1－11。

表 11 - 9　　**1921—1937 年中国农工银行业务状况统计**　　单位：元

年份	资本总额	实收资本	各项公积金	盈余滚存	各项存款①	各项放款②	本年纯益
1921	1000000.00	500000.00	55428.52	—	1056140.81	730722.23	182132.97
1922	1000000.00	500000.00	135000.00	—	1264367.40	606343.20	152912.52
1923	1000000.00	650000.00	175000.00	—	1115645.32	751857.01	157456.02
1924	1000000.00	650000.00	205000.00	8999.29	632678.90	395625.04	198966.54
1925	1000000.00	750000.00	260000.00	10325.87	1037603.64	597766.99	215234.42
1926	1000000.00	1000000.00	310000.00	15119.96	1344597.63	867984.30	162092.60
1927	5000000.00	1000000.00	330000.00	4260.79	2637172.21	1255659.03	135115.14
1928	5000000.00	1000000.00	350000.00	572.74	2523209.29	1144715.20	141268.56
1929	10000000.00	2900000.00	365000.00	1310.73	3366259.30	3741262.46	256315.98
1930	10000000.00	2910000.00	395000.00	709.79	5778265.12	5316851.27	390108.36
1931	10000000.00	3190000.00	476445.13	1928.91	12507809.64	7793115.19	269614.40
1932	10000000.00	3205000.00	503458.56	519.40	16003445.28	10012675.46	315129.62
1933	10000000.00	5000000.00	538288.56	1126.29	21556525.74	14598912.83	312109.03
1934	—	—	—	—	—	—	—
1935	10000000.00	5000000.00	634989.00	518.00	24087915.00	18156727	490292.00
1936	10000000.00	5000000.00	834988.56	209.92	25685388.57	18668537.19	526444.33
1937	10000000.00	5000000.00	941628.56	788.62	24619819.45	17476663.63	290008.76

资料来源：沈雷春．中国金融年鉴［M］．上海：中国金融年鉴社，1939：329.

第四节　中国农工银行发展原因探析

中国农工银行从 1918 年成立到 1937 年抗日战争全面爆发，是其逐步发展壮大的阶段。

在当时军阀纷争、战争频繁、金融枯竭、政局多变这样一个特殊的社会环境下，并且华资银行又在势力强大的外国银行和钱庄的夹缝中生存发展，尤其是在近代中国的金融制度很不健全的情况下，中国农工银行能够艰难图存，稳步发展，一方面是由于政府的支持和扶持，另一方面则是该行能审时度势，精心筹划，全面考虑问题。中国农工银行的管理阶层如王世澄、王大贞、卓定谋、吕志琴等，有着很丰富的管理银行经验，特别是 1928 年以后，先后有不少有名的江浙金融家在该行担任要职，参与管理，如张嘉璈、冯耿光、周作民、钱永铭等，使该行受益匪浅。

推究此时期中国农工银行稳步前进的原因，可从以下两个方面进行分析。

一、业务重心逐渐南移，适应社会经济发展趋势

北洋政府垮台后，国民政府执政，中国政治经济局面发生重大变化，一则政治中心南移，

① 各项存款中 1921—1928 年包括定期存款、往来存款、特别往来存款、暂时存款；1929—1937 年包括定期存款和各项活期存款。

② 各项放款中 1921—1928 年包括定期放款、定期抵押放款、定期动产抵押放款；1929—1937 年包括各项定期及活期放款。

二则上海逐渐成为全国的金融中心。因此，无论是为向新的中央政权靠拢，还是为适应金融业的发展变化，经营重心原在京津地区的银行迅速采取措施，以适应新形势的需要。中国农工银行也积极做出调整，将经营重心逐渐南移。

1931 年 3 月，中国农工银行将总处迁至上海，使自身处于金融业最为发达之地，成为有源之水，有本之木，为其发展壮大提供了重要条件。不仅如此，该行还在国民政府首都南京建立一支行（后改为分行），并在汉口、长沙、重庆、昆明等处增设分支机构，使该行在长江流域的势力得到加强。而广州、香港和汕头等分行的设立，又使中国农工银行的势力扩展到华南地区，建立起规模宏大的经营网络。可以说，这些分支机构的设立既是中国农工银行发展的一个重要表现，也是促进业务发展、壮大该行声誉的一个主要原因。

二、调整经营策略，适应自身生存发展需求

中国农工银行本是为融通资财、辅助农工业而将北京大兴、宛平两县合并一处而设的县级农工银行，因各地所设农工银行为数寥寥，不足以资救济，又因大宛农工银行资力雄厚、成效显著，故改组为中国农工银行，作为全国性农工银行以资模范，故该行是以特种银行身份创立的，其有一个明显的特点即不以盈利为目的。正如马寅初在北京农工银行讲习所演讲时所言："以辅助农工事业之发达为目的，非以专营利殖为目的。"①

但在实际经营中，若高效率地履行特种银行职责，必然要求有国家财政支持，给予相应的利益补偿。例如，为辅助农工，该行对农工事业的放款多为长期、低利放款，这其中有诸多不稳定因素，存在一定的风险性。且此项业务经"征诸各国农工银行皆由政府补助"，然而，在当时的社会、经济及金融环境下，我国政府"财竭于上，更难望惠送于下"，② 为此，该行在"经营长期放款外不得不兼营短期放款以资挹注"③。前者述及该行创立时的资金来源，本应由政府拨付的款项未能照拨，后改为招商承办，也充分说明了这一点。

可见，于该行而言，有两件事情至关重要：一则需辅助农工事业，实现其宗旨；二则须强固本行基础，得以生存并发展。所以，该行章程明确指出，除经办农工事业外，还可经营一切银行业务。此方略在中国农工银行实际经营中已付诸实施，实践证明，它是符合社会实际需要的。该行在辅助农工业方面取得一定成效的同时，还通过经营普通商业银行业务能有微薄收益，每年营业终了时都能略有盈余而无亏损，其历年所得股利最多时曾达五分四厘，并日趋巩固、稳定，不至于因受亏而没落衰亡。

表 11-10　　中国农工银行 1920—1937 年股利情况　　单位：厘

付利年份	正利	红利	合计
1920	七厘	四分七厘	五分四厘
1921	七厘	一分九厘	二分二厘
1922	七厘	一分一厘	一分八厘
1923	七厘	一分一厘	一分八厘
1924	—	一分	一分六厘

① 马寅初．马寅初演讲集：第一集［M］．上海：商务印书馆，1923：215.

② 《大宛农工银行历史及营业情形》，北京市档案馆藏中国农工银行北京分行档案：J54-1-28。

③ 《大宛农工银行历史及营业情形》，北京市档案馆藏中国农工银行北京分行档案：J54-1-28。

续表

付利年份	正利	红利	合计
1925	六厘	一分	一分六厘
1926	六厘	一分	一分六厘
1927	六厘	一分	一分六厘
1928	六厘	四分	一分
1929	六厘	二厘	八厘
1930	六厘	二厘	九厘
1931	六厘	二厘	八厘
1932	六厘	二厘	八厘
1933	六厘	二厘	八厘
1934	六厘	二厘	八厘
1935	六厘	—	六厘
1936	六厘	一厘	七厘
1937	三厘	—	三厘

资料来源：根据《中国农工银行20年之历史——平行经理吕志琴在该行成立20周年纪念会上的讲话》，北京市档案馆藏中国农工银行北京分行档案：J054－1－1整理。

辅助农工会微利受亏，强固行基则需盈利得益，故农工与资本不能兼顾。中国农工银行北京分行经理吕志琴讲到该行“专顾资本而农工不能受益，专顾农工而资本不能得利”[①]，正所谓鱼和熊掌不可兼得，此也是中国农工银行最为困惑之处。然而，在当时政府补助极少甚至没有的情况下，中国农工银行作为特种银行的职责会渐趋消退。以中国农工银行杭州分行为例，该分行成立时获得浙江省府投资50万元和38万元的农贷基金，而且还取得代理建设厅所属企业的资金往来的特权，经常可以得到低息和无息资金来源近百万元。在该分行成立初期，确实发放过农业贷款，对浙江省农业的发展起到辅助作用。然几年以后，它便不只是为农业服务的银行了，“该行的资金运用，却大部分投向一般商业放款和证券投机，真正用于农民放款的却只有基金运用总额的十分之一左右”，[②]普通商业银行业务已经居于首位了。而对农工业而言，此种辅助也只能是杯水车薪，作用寥寥。但需要明确的是，银行作为一个机构开始运作以后，自然要以维持生存为第一要义，这也是银行的本质特征所在，在当时特殊的生存环境下，中国农工银行从实际状况出发，调整了经营策略，以适应社会环境及自身的发展要求，这也是无可厚非的。

总而言之，中国农工银行成立以来，受到所处社会环境的深刻影响，虽然比较注重对农工业的辅助，但其经营普通商业银行业务却更为突出，在全体行员的共同努力下终成为颇有实力的中国八大商业银行之一。然该行未能循名责实，没有纯为农工业服务，到后来“已变为一般金融机关，亦非复当日创办大宛农工之初意矣”，且“我国农工业之基础仍甚薄弱，足证农工银行之未能充分发挥其职能”，也足能说明这一点。[③] 时光荏苒，这已成为中国农工银行的未竟之志矣。

① 《中国农工银行20年之历史——平行经理吕志琴在该行成立20周年纪念会上的讲话》，北京市档案馆藏中国农工银行北京分行档案：J054－1－1。

② 陈国强．浙江金融史［M］．北京：中国金融出版社，1993：256.

③ 财政部财政科学研究所、中国第二历史档案馆．中华民国史档案资料丛刊：国民政府财政金融税收档案史料（1927—1937）［M］．北京：中国财政经济出版社，1997：370.

结语

中国农工银行经过前期的稳步发展后，在抗日战争时期，业务逐渐收缩，尤其是首遭沦陷的平、津两地分行。抗日战争胜利后，该行得以大体恢复，但在国民政府金融垄断及金融管制下，中国农工银行与同时期其他私营商业银行一样，迅速走向衰落。新中国成立后，中国农工银行紧缩机构，只保留上海总行和天津分行，直至最后清理停业。

中国农工银行成立时，适逢民国初期国内设立银行的一个高峰期，并且还是在筹设特种银行的热潮中涌现出来的一家农工银行。纵观中国农工银行1918年至1937年的发展历程可知，其履行辅助农工业的职能，只是体现在成立早期。该行的发展轨迹，是以辅助农工业为宗旨的特种银行，逐步转变成为一家普通的商业银行，经办农工事业并非该行之主业，其经营中体现最显著的却是普通商业银行业务，所以，中国农工银行并没有真正地执行其特种银行的职能。无独有偶，与中国农工银行类似的其他农工银行亦不乏此种结局。根据《农工银行条例》设立的农工银行在全国有10余家，多数资力微薄，“所经营之业务，实等于一般商业银行普通银行之业务，与农民并无直接之关系”①，并且，同为特种银行的盐业银行、殖边银行、劝业银行、中国实业银行等也都没有执行各自所应当的职能。正如吴承禧所言：“中国的银行无所谓分业的，中国的各种银行，名义上虽然都负了一种特殊的使命，但实质上它们都含了一种商业银行的性质——它们早就‘商业银行化’了”②，可见所谓特种银行者，不过徒有其名而已。

中国农工银行未能充分发挥其调剂农村金融的作用，反映了近代中国农业金融机构的不完善，同时也反映出中国近代银行制度的不健全性。

中国农工银行可以说是民国时期特种银行发展演变的一个缩影，此时期的特种银行，与我们当今的政策性银行颇为相似，如中国农业发展银行、中国进出口银行等，因此，在对中国农工银行个案研究的过程及结果中，以史为鉴，可以总结出一些现实意义。同时，中国农工银行也可以说是中国近代商业银行发展历程的一个折射，不乏经验和教训，尤其该行筚路蓝缕、以启山林的创业精神值得我们学习和借鉴。

参考文献

[1] 北京市档案馆藏中国农工银行北京分行档案，档案全宗号：J054－1。

[2] 中国第二历史档案馆．中华民国史档案资料汇编：第五辑第一编：财政经济（四）[M]．南京：江苏古籍出版社，1994.

[3] 中国第二历史档案馆．中华民国史档案资料汇编：第三辑，金融 [M]．南京：江苏古籍出版社，1991.

[4] 中国人民银行北京市分行金融研究所．北京金融史料：银行篇（三）[M]．中国人民银行

① 林和成．中国农业金融 [M]．北京：中华书局，1936，朱斯煌．民国经济史 [M]．上海：上海银行周报社，1948：107.

② 吴承禧．中国的银行 [M]．上海：商务印书馆，1934：131.

北京市分行金融研究所，1993.
[5]《银行月刊》，1921 年、1927 年各期。
[6]《银行周报》，1921—1930 年各期。
[7] 朱斯煌. 民国经济史 [M]. 上海：上海银行周报社，1948.
[8]《中国农工银行组织大纲章程规则》，民国间（1912—1949）：铅印本。
[9] 陈国强. 浙江金融史 [M]. 北京：中国金融出版社，1993.
[10] 郭凤岐，刘兆福. 天津市地方志编修委员会·天津通志·金融志 [M]. 天津：天津社会科学院出版社，1995.
[11] 洪葭管. 20 世纪的上海金融 [M]. 上海：上海人民出版社，2004.
[12] 林和成. 中国农业金融 [M]. 北京：中华书局，1936.
[13] 黄达. 货币银行学 [M]. 北京：中国人民大学出版社，1999.
[14] 马洪，孙尚清. 金融知识百科全书 [M]. 北京：中国发展出版社，1990.
[15] 马克思. 资本论（第 3 卷）[M]. 北京：人民出版社，1975.
[16] 王志莘. 中国之储蓄银行史 [M]. 上海：新华信托储蓄银行，1934.
[17] 徐唐龄. 中国农村金融史略 [M]. 北京：中国金融出版社，1996.
[18] 杨荫溥. 上海金融组织概要 [M]. 上海：商务印书馆，1930.
[19] 中国第二历史档案馆，中国人民银行江苏省分行等. 中华民国金融法规档案资料选编（下册）[M]. 北京：档案出版社，1989.
[20] 中国农工银行总管理处. 中国农工银行同人录 [M]. 1933.
[21] 中国银行总管理处经济研究室. 全国银行年鉴：1937 年 [M]. 中国银行经济研究室，1937.
[22]《浙江省办理农民放款之概况》，《浙江省建设月刊》，1932 年第 5 卷第 10 期。
[23] 曹焕. 中国农工银行杭州分行内幕点滴，全国政协文史资料委员会. 文史资料存稿选编：21 经济（上册）[M]. 北京：中国文史出版社，2002.
[24] 郭孝先. 上海的内国银行 [J]. 上海通志馆期刊，1933，1（2）.
[25] 周葆銮. 中华银行史第三编 [M]. 上海：商务印书馆，1923：30.
[26] 周小鹃. 周学熙传记汇编 [M]. 兰州：甘肃文化出版社，1997：206－207.
[27] 千家驹. 旧中国公债史资料（1894—1949）. 中国近代经济史资料丛刊编辑委员会. 中国近代经济史资料丛刊 [M]. 北京：中国财政经济出版社，1995.
[28] 吴承禧. 中国的银行 [M]. 上海：商务印书馆，1934.

第十一篇　大陆银行

王贺雨

中国近代的民族工业由于处在外国资本的压迫和本国封建势力残酷压榨的夹缝中，所以发展迟缓。以欧战为契机，中国的民族工业发展进入了另一个新阶段。第一次世界大战期间及战后的两三年内，英、法、德等国因忙于战争和战后的经济恢复，被迫暂时放松对中国的经济侵略，减小对华商品倾销规模，同时欧战所需军需资财，直接间接不得不仰赖远东地区的供应；再加上群众性的提倡国货、抵制外货的爱国运动的环境，中国近代民族工业有了长足发展的绝好机会。从 1914 年到 1919 年，中国资本新设厂矿共 379 家，新设资本 1430 万元，都比前期的十九年间增多了一倍，这时期外国资本增长有限，官僚资本陷入停滞，而民族资本又迅速发展①。此情形必然刺激银行业对有关民族工业进行投资与资金融通，促进了银行业的发展。

① 吴承明．中国资本主义与国内市场［M］．北京：中国社会科学出版社，1985：124.

第一章　大陆银行的创立

大陆银行和金城银行、盐业银行、中南银行被称为“北四行”。大陆银行作为民国时期著名的金融业资本集团——“北四行”之一，它由谈荔孙于民国八年（1919 年）4 月[①]在天津筹备成立，总行设在天津法租界 6 号路（今天津市哈尔滨道）。

第一节　大陆银行的成立动因

大陆银行从 1918 年开始筹备，经过了引资、定名、验资、订立章程和推选董事的过程，到 1919 年 4 月成立，才用了一年多的时间。那么促使大陆银行成立的动因是什么呢？

一、公债巨额利润的吸引

北洋政府成立后，由于关、盐两税的绝大部分为外国银行扣留，而各省上解款项又很有限，不足以应付政府财政开支和军阀间混战的军费开支，不得不靠借债度日。仅 1913—1914 年，就举借外债 20 项，合计约 3. 76 亿元之多。这些借款大都由外国银行经手，扣除实交折扣和到期应付外债本息后，实收只占债额的 47. 96% 强[②]。第一次世界大战爆发后，西方资本主义国家财政紧张，北洋政府募集外债愈加困难，不得不转而举借内债。据统计，自 1912 年到 1926 年先后发行了 20 多种内债，共计 6. 12 亿元[③]。除发行公债外，北洋政府还发行各种国库券，以盐税余款为担保向银行借款，以及向银行举借各种短期借款、垫款和透支等。据不完全统计，到 1925 年底，这类国库证券借款、盐余借款、国内银行短期借款和各银行垫款四项合计 17200 余万元[④]。1918 年，在中、交两行之外的 12 家中国最大的华资银行中，大多拥有大量的政府公债券和库券[⑤]，例如金城银行在 1919 年投资公债、库券 49 万元，对政府机关放款高达 173 万元，而同年对工矿企业放款只有 83 万元[⑥]。浙江地方实业银行虽以“振兴实业、提倡储蓄”为宗旨，但在 1918 年下期仍“以存款之四分之一购买公债票”[⑦]。银行之所以购买公债和库券是因为经营公债和向北洋政府借款有优厚的利润。正如贾士毅所说“……故自国内公债盛行以来，国内银行界遂大肆活动，不唯风起云涌，新设之数骤增，且有专与政府交易而设立的银行。虽迹近投机，然实因政府借款，利息既高，折扣又大，苟不致破产程度，则银行直接间接所获之利益，故较任何放款为优也。”[⑧]就经营公债来说，“即在普通银行，凡买卖抵押政府所有之公债，其所沾利

---

① 关于大陆银行成立的年份的说法统一，即 1919 年成立。但是月份的说法不一，中国人民银行北京市分行金融研究所编《北京金融史料》银行篇（四）和杜恂诚著《中国金融通史·第三卷》中均认为是 1919 年 3 月，而《民国二十五年全国银行年鉴》1936 年版、《中国金融百科全书》1990 年版，欧玮瑜的《大陆银行总经理谈荔孙简历》，载于《中国金融》1987 年第 9 期、中国人民政治协商会议上海市委员会文史资料工作委员会编《旧上海的金融业》、潘连贵的《“北四行”和“南三行”》，载于《中国金融》2003 年第 1 期，这些著作和文章中都作 1919 年 4 月。笔者根据上海档案馆藏大陆银行档案，再参照多数说法，作 1919 年 4 月。

② 徐义生．中国近代外债史统计资料［M］．北京：中华书局，1962：113.

③ 千家驹．旧中国公债史资料［M］．北京：中国财政经济出版社，1955：11.

④ 千家驹．旧中国公债史资料［M］．北京：中国财政经济出版社，1955 年版，“代序”第 11 页．

⑤ 《银行周报》3 卷 29 号。

⑥ 中国人民银行上海市分行金融研究室编．金城银行史料［M］．上海：上海人民出版社，1983：11、14、20.

⑦ 《银行周报》3 卷 9 号。

⑧ 贾士毅．国债与金融［M］．上海：商务印书馆，1920：25.

益，平心而论，实亦不少，更以最正当之利益而论，则银行以公债借贷买卖，既可无资金周转不灵之弊，而以公债为发行钞票准备，又可与现金有同一效用，无虑呆滞，……”① 而向北洋政府借款，“利息一般在二分左右，加上其他名目如汇水等，有的甚至在三分以上”②。中、交两行限于资力，它们本身在做公债生意或经营政府借款时也常常要向商业银行拆款以调剂头寸，这种拆款的利率远高于市场利率，因此许多银行都把政府借款“视为投机事业，巧立回扣、手续、汇水各项名目，层层盘剥，与利息一并计算，恒有至5以上者，殊属骇人听闻”③。经营公债等政府借款和向中、交银行拆款的高利润，刺激了华资商业银行的设立。据宫下忠雄氏分析这一时期银行业激增正是北京政府滥发公债、滥借资金时期④。吴承禧也指出：“新式银行的勃兴显为当时北京政府的一种财政上滥借、滥用的结果”⑤。

二、巨额资金出路的谋求

北洋军阀时期，军阀和官僚是最富和富得最快的阶层。因为“不管国内的社会经济如何的衰败；不管国内的人民如何的贫穷，官僚军阀们依然能够获得巨大的利益，拥有巨大的财富。官僚军阀们金钱之多，简直是与社会的极度贫乏和可怕的饥荒成反比例发展的”⑥。为了具有强大的经济后盾，更重要的是为了在失势之后仍然富贵，很多军阀官僚热衷于新式银行的投资，为他们搜刮的所得资金谋求出路。军阀、官僚投资于银行的最典型的代表是“北四行”之一的金城银行。1917 年金城银行收足 50 万元创办资本的时候，属于皖系军阀的计 27 万元，占 54%；属于皖系为主的官僚的计 182000 元，占 36.4%；两者共计 452000 元，占 90.4%；交通银行当权人物计 41500 元，占 8.3%；买办计 5000 元，占 1%；工商业者计 15000 元，占 0.3%。军阀官僚的股本占了绝大的比重⑦。冯国璋为谋求手头资金的出路，有意投资于大陆银行，冯国璋又拉拢拥护废帝溥仪复辟的安徽将军张勋参加投资，大陆银行的资金就有了眉目⑧。从大陆银行的资本来源中可以看出军阀和官僚的投资是主要的，他们投资的目的，是为自己搜刮的资金谋求出路以期更大的利润。大陆银行创立以来营业良好，在 1919—1927 年不满 9 年的时间内，共获益 518.6 万元，可见利益的驱使是军阀官僚将投资银行作为资金出路的关键，而军阀和官僚以投资银行作为其资金出路的做法，也成为大陆银行得以创办的动因之一。

第二节　大陆银行的筹备成立和资本来源

一、大陆银行的筹备与成立

大陆银行于民国八年（1919 年）由谈丹崖（谈荔孙）、许汉卿、万弼臣、曹心谷等发

---

① 贾士毅．国债与金融［M］．第 1 编，上海：商务印书馆，1930：25.
② 中国近代金融史编写组．中国近代金融史［M］．北京：中国金融出版社，1985：134.
③ 《银行杂志》3 卷 6 号。
④ ［日］宫下忠雄．中国银行制度史［M］．台北：台北华南商业银行研究室，1957：35.
⑤ 吴承禧．中国的银行［M］．上海：商务印书馆，1934：8.
⑥ 吴承禧．中国的银行［M］．上海：商务印书馆，1934：27.
⑦ 中国人民银行上海市分行金融研究室．金城银行史料［M］．上海：上海人民出版社，1983：20.
⑧ 中国人民银行北京市分行金融研究所．北京金融史料［M］．银行篇（四），1993：242.

起[①]。谈荔孙在辛亥革命前曾任大清银行稽核，1912 年参与筹组中国银行，中行成立后历任该行要职，他在这段经历中结识了不少北洋军阀、官僚及金融界人士[②]。1917 年 8 月，冯国璋以副总统代理大总统职，他看到谈荔孙在南京经营中国银行颇有成绩，在对付 1916 年的挤兑狂潮中很有章法，认定谈荔孙是不可多得的金融人才，就于 1918 年任命谈荔孙为北京中国银行行长[③]。此时冯国璋有意另组金融机构为其政治服务。而谈荔孙也感到任职国家银行难以施展自己利用金融资本从事实业的抱负，渴望创办商业银行，但缺乏资金[④]。事有凑巧，冯国璋的亲信，时任江苏全省警务处处长兼省会警务厅厅长的王桂林返津省亲，顺道拜谒大总统冯国璋，冯国璋便嘱咐王桂林前去说动谈荔孙。在王桂林的劝说下，谈荔孙被说动，两人开始商量如何筹集资金，准备争取冯国璋为大股东。数日之后，王桂林告诉谈荔孙，冯国璋准备投资，一切有关银行的组织事宜谈荔孙可直接同冯的副官长张调宸接洽。王桂林回到南京，向当地的军政要员、巨商大贾筹措资金。与此同时，谈荔孙也在北京与中国银行总裁冯耿光、副总裁张嘉璈商洽，冯耿光又介绍京剧演员梅兰芳认股[⑤]。谈荔孙以 100 万元股本实收 50 万元，向北洋政府财政部申请注册。张调宸建议取名华北银行，谈荔孙认为“华北”两个字有区域性，感觉有些狭隘，后来以“大陆”两字商陈，冯国璋同意改用“大陆银行”申请注册。因为有冯国璋的股份关系，财政部对大陆银行股本实收的验资手续非常简单，随即颁发营业执照[⑥]。

1919 年 3 月 16 日，大陆银行在天津召开筹备会，订立章程，推选张调宸（代表冯国璋）、李桂山（代表李纯）、钱仲韩（代表齐耀琳）、贾颂平（代表淮南盐商）、谈荔孙等人为董事，齐卓元（代表齐燮元）、王桂林等人为监事，共推谈荔孙为董事长，曹国嘉为总经理。谈荔孙当时任北京中国银行行长，无暇顾及大陆银行的业务，请出自己的学生曹国嘉担任总经理，负责日常事务。曹国嘉时任中国银行济南分行行长，在谈荔孙的力邀之下，出于师生情谊毅然辞去中国银行职务，就任大陆银行总经理[⑦]。

大陆银行于民国八年（1919 年）4 月 1 日开始营业，总行设于天津。同月 16 日，大陆银行北平分行成立，大陆银行的业务遂在京、津两地逐渐展开。大陆银行的英文名字为：The Continental Bank，为股份有限公司组织，经营商业银行一切业务并兼营储蓄、信托、保管、仓库等附属业务[⑧]，大陆银行的营业标志着大陆银行的正式成立。1920 年 4 月，安福系国会开会时，有人指责谈荔孙为中国银行行长又兼任商业银行董事长职务，与法制不合，有公私不分之嫌。谈荔孙闻讯后，立即辞去中国银行的职务，专任大陆银行董事长兼总经理[⑨]。

---

① 联合征信所编：《平津金融业概览》，1947 年版，(D) 第 6 页。

② 石毓符．中国货币金融史略［M］．天津：天津人民出版社，1984：198.

③ 徐矛，顾关林，姜天鹰．中国十银行家［M］．上海：上海人民出版社，1997：318.

④ 中国人民政治协商会议上海市委员会文史资料工作委员会．旧上海的金融业［M］．上海文史资料第 61 辑，上海：上海人民出版社，1988：180.

⑤ 徐矛，顾关林，姜天鹰．中国十银行家［M］．上海：上海人民出版社，1997：318－319.

⑥ 中国人民政治协商会议天津市委员文史资料研究委员会编：天津文史资料选辑［M］．第 13 辑，天津人民出版社，1981：137.

⑦ 徐矛，顾关林，姜天鹰．中国十银行家［M］．上海：上海人民出版社，1997：320.

⑧ 联合征信所编：《上海金融业概览》，1947 年版，第 103 页。

⑨ 中国人民政治协商会议上海市委员会文史资料工作委员会：旧上海的金融业［M］．上海文史资料第 61 辑，上海：上海人民出版社，1988：184.

二、大陆银行的资本来源

银行的资本来源即股本是银行开业的前提条件，是银行为保证其业务顺利开展而保有的货币资金。银行是一种信用受授的金融机关，所以它不能是一种架空的营业，它在没有开始营业之前，必须集合若干的资本，以为营业的基础①。

大陆银行为股份有限公司性质，资本来源于私人投资。大陆银行于1919年4月创办时，额定资本200万元②，共发行2000股，每股1000元，实收100万元。其中冯国璋以九合堂等两个户名投资10万元，占总额的10%；张勋以永寿堂等20个户名投资20万元，占总额的20%；盐商贾颂平等投资12万元，占总额的12%；张伯宸（张调宸）投资3万元；谈荔孙自己也出资2.5万元③。这几个股东所持股份占该行股份总额的近半数（见表12－1）。

表12－1　　　　大陆银行创办时大股东的投资情况

创办日期	资本总额	总股数	开设地点
1919年4月	200万元	2000股	天津
大股东	姓名	股数	简历
	永寿堂（张勋）	200	曾任长江巡阅使
	九合堂（冯国璋）	100	曾在军政界供职
	百忍堂（张调宸）	30	曾在南京督军公署供职
	树德堂（吴荣燮）	20	曾任中国银行经理
	王子铭	16	曾在南京督军公署供职
	梁记（吕志琴）	14	曾在北京大宛农工银行供职

资料来源：上海市档案馆藏大陆银行档案《大陆银行创办时情形表》，档号Q266－1－863。

从表12－1可知，大陆银行初创时的大股东共投资38万元④，占实收股本的38%。这些股东中，冯国璋既是直系军阀首领，又是当时北洋政府的代理大总统，身兼军阀、官僚双重身份；张勋是著名的“辫子军”首领，时为安徽督军，也是兼有两重身份；张调宸曾在南京督军公署任职，时任北京掌门监督，是大官僚；吴荣燮曾任中国银行经理；王子铭在南京督军公署供职，是官僚；梁记曾在北京大宛农工银行供职。显而易见，大陆银行的资本来源主要为军阀、官僚投资。由于创办时军阀、官僚资本占很大比重，因此大陆银行被称为“督军银行”。⑤ 当时军阀、官僚投资于新式商业银行的例子很多，例如：袁世凯的亲戚张镇芳、袁乃宽投资创办盐业银行；梁士诒、罗开榜等创办大生银行；施肇曾等创办了永亨银行；李氏伟、周学熙、熊希龄、钱能训等创办了中国实业银行；陆宗舆参与创办中日合办的中华汇业银行等。当时华资商业银行的

---

① 吴承禧．中国的银行［M］．上海：商务印书馆，1934：17.

② 贾士毅：民国续财政史［M］．上海：商务印书馆，1934年版，第171页。联合征信所编：《平津金融业概览》，1947年版，（D）第6页。

③ 中国人民银行北京市分行金融研究所：《北京金融史料》银行篇（四），第243页。《中国金融百科全书》，1990年版，第280页。

④ 谈季桢、谈在唐：《大陆银行的兴衰纪略》，中国人民政治协商会议天津市委员会文史资料研究委员会编：《天津文史资料选辑》第13辑；孙曜东口述，宋路霞整理的《谈荔孙与大陆银行的盛衰》，《中国企业家》，2003年第3期；徐矛等编：《中国十银行家》，上海人民出版社，1997年版中，均认为初创的38万元股本中认资情况为：冯国璋认资20万元；冯的僚属认资10万元；扬州盐商贾颂平、丁敬臣等认资5万元；中国银行总裁冯耿光、副总裁张家璈各认股1万元；京剧演员梅艳芳认股1万元，一共也是38万元股金。笔者采用了大陆银行档案和《北京金融史料》中的数字。

⑤ 杨培新：《论中国金融资产阶级的封建性》，《近代史研究》，1985年第2期。

资本来源，大致可以分为三类：一类主要是军阀、官僚投资；另一类主要是金融业者和实业家投资；还有一类主要是华侨商人资本①。照此分类，大陆银行资本来源应该属于第一类，即以军阀和官僚投资为主。

第二章　大陆银行的内部组织及管理

第一节　内部组织系统

大陆银行的管理制度，是股东通过股东会行使权力，设有董事会及监察人，由董事会聘请总经理 1 人综理全行行务。大陆银行的内部组织分为权力机构和办事机构两部分。

一、权力机构

主要是指该行的最高权力机构，包括股东会、董事会与监事会。

1. 股东会

股东会是大陆银行的最高权力机关，在银行运营和决策中发挥着核心的作用。大陆银行股份有限公司章程中规定了股东会召开的时间、方式。大陆银行股东会分为常会和临时会两种。股东常会每年二月在总行所在地召集一次。临时会由董事长或监察人认为必要时或由本银行股额总数十分之一以上的股东将事由说明并送至董事会请求开临时会，董事会应当照定期会办法立即召集股东会。股东会有本银行实收股额二分之一以上到会才能进行决议。股东会议决权及选举权为每股一权，十股以上每十股加一权，一百股以上每五十股加一权，有证明委托他股东代理者相同。② 1936 年 6 月修订了章程，将股东表决权及选举权改为每股一权。开临时会时，送说明书到董事会的股东的股份由“本银行总数十分之一以上”改为“本银行总数二十分之一以上”③。大陆银行的股东会对该行的重大事项作出决断，并且由它选出董事会和监事。从 1936 年的章程修订中可以看出，大陆银行有意将股东的表决权和选举权分散开，这也从侧面看出股东会的重要性。

2. 董事会

大陆银行股份有限公司章程规定了大陆银行董事的资格、任期和董事会的权力。“本银行设董事七人以上组织董事会，董事由 10 股以上的股东选出，任期三年，续被选者亦得连任。”④ 大陆银行董事会章程规定：“董事会每月召开常会一次，如有重要事件得开临时会；凡开会时由首席董事为主席，如首席董事缺席时，由到会董事公推一人为主席；办事董事应常驻行办理本会日常一切事务；本会须董事过半以上到会，方得开会。提议事件以到会董事多数取决。”这些规定对开董事会时和表决权力生效时的股东人数进行了限制，这样有效杜绝了股东权利的滥用。董事会有以下几个方面权力：增设及废止分支行级办事处；股东总会的召集；股票发行买卖及

① 杜恂诚. 中国金融通史·第三卷［M］. 北京：中国金融出版社，1996：153.
② 上海市档案馆藏大陆银行档案：《大陆银行股份有限公司章程》，档号：Q266－1－39。
③ 中国人民银行北京市分行金融研究所：《北京金融史料》银行篇（四），第 343 页。
④ 上海市档案馆藏大陆银行档案：《大陆银行股份有限公司章程》，档号：Q266－1－39。

转让；兑换券的发行及收回；审定资产损益表、营业报告书、总分行开支预算决算及利润分配方案；聘任总经理、副总经理，增设副总经理；大陆银行细则的制定等①。从章程中可以看出董事会的权限非常广，所以它在大陆银行的组织系统中占有非常重要的位置。大陆银行的第一任董事长为谈荔孙，以后历任董事长有颜惠庆（曾任国务总理，驻德意志、丹麦等国公使）、钱永铭（即钱新之，曾任交通银行协理、“北四行”联合投资的“四行储蓄会”和“四行联合准备库”的副主任兼代主任、交通银行董事长、金城银行代董事长等职）、许汉卿（曾任中国银行南京分行经理）②。大陆银行创办时情形表记录了 1919 年 4 月该行的 7 名董事，分别为谈荔孙、李思浩、曹国嘉、万弼臣、苏廷骧、张调宸、吴荣燮（吴震修）。

监察人（监事）2 人，从十股以上之股东中选出，任期一年，可以连选连任。大陆银行细则规定了监事会职权：监察董事及总经理所办事件是否依照行章及股东会决议办理；审查年终决算报告；调查营业的进行及财产之状况，遇到事情可以向董事会陈述意见。③ 该规定既增强了董事会行使职权的受监督性，又保证了董事会职权使用的独立性和公正性，能够促进大陆银行更为有效的运营。大陆银行第一任监事人为贾诠、成学田。

二、办事机构

办事机构是指大陆银行内部具体的执行股东会决议的机关。具体来说，包括总经理处及所属各科室、总处与各分支行、办事处等。

1. 总经理处的机构设置

由董事会聘任总经理 1 人，协理（后改称为副总经理）1 人，组织总经理处，管理全体总分支行行务。总处设文书、业务两科，计划、人事、稽查三室。各设立主任 1 人，酌设副主任若干人。副主任以下设领组、办事员、助员、练习生各若干人。另设稽核员及秘书若干人，由总经理根据事务的需要在各科室办事④。

总经理处的主要职权为：综理全行一切事务；拟定本行重要章程；制定及施行内部办事规则；制定总分行的营业范围；执行股东会的一切议决事项；对外缔结特别契约及呈请官厅的文件；全体行员的调遣及奖惩；裁决总分支行间因业务发生的纠纷；办理本行的总决算及其他统计事件等⑤。大陆银行历任总经理情况：1919—1933 年为谈荔孙 、1933—1951 年为许汉卿、1951 年公私合营时为谈公远。

2. 总分行、办事处组织

总经理处下设总行、分行、支行及办事处。总分支行设经理 1 人，副经理 1 至 2 人，襄理若干人（根据业务情况而定），办事处设主任 1 人。⑥ 总分行经理承总经理之命主持各该行业务并指挥监督管辖内支行一切事务。副经理辅助经理办理各项事务。支行经理根据总经理及主管行的指令主持各该行一切事务。各行经理、副经理以下设总账一人，营业、出纳、记账及文书、庶务员各若干人，练习生若干人，均按照经理和副经理的指示分掌各项事务。

---

① 上海市档案馆藏大陆银行档案：《大陆银行董事会章程》，档号：Q266－1－39。
② 中国人民银行北京市分行金融研究所：《北京金融史料》银行篇（四），1993 年版，第 243 页。
③ 上海市档案馆藏大陆银行档案：《大陆银行细则》，档号：Q266－1－39。
④ 中国人民银行北京市分行金融研究所：《北京金融史料》银行篇（四），1993 年版，第 203 页。
⑤ 上海市档案馆藏大陆银行档案：《大陆银行总经理处办事章程》，档号：Q166－1－39。
⑥ 中国人民银行北京市分行金融研究所：《北京金融史料》银行篇（四），第 242 页。

大陆银行的副经理以下设“总账”，总账的职权有：业务及经费的考核；机密函件及其他重要书类的办理和保管；往来各银行支票凭折及各种票据抵押品的保管；本行各种账簿及报表的核查及整理；各种重要印章之保管；率同各员办理决算及报告；电汇押脚簿之保管；金库之检查并钥匙之保管，往来函件的检阅；按经理、副经理的决定支配各员办理各项事务并负有指挥督察责任。①总账的设立，使大陆银行形成了两个办事系统，见图 12－1、图 12－2②。

三、大陆银行的组织特点

1. 总账制度

大陆银行组织有其独特之处，除经理、副经理、襄理外，设省总账、帮账、组长。缘由是谈荔孙曾去日本留学，专门学习银行经营业务。他认为当时我国各银行的内部组织，把营业和会计账务分开，对开展业务、加强内部管理十分不利，因而仿照日本做法，设置“总账”职务。“总账”的职权是总管全行的各项业务，包括营业、账务、出纳、会计和其他各项事务。不但对各项业务活动有监督权、指挥权，而且对经理议定的事，他认为有妨碍业务时，可行使“否决权”。除账务会计由总账向经理负责外，总账还可以参与全行其他业务活动，只有当总账遇到疑难不好抉择的时候，才向经理请示。至于帮账、组长是协助总账的工作，因而形成一个领导系统。全行业务的处理、推进、扩展，都凭借这个系统提供的情况分析、数字统计等来决定。总账的职责仅次于经理，较副经理、襄理的职责尤为重要。这种设置的优点在于使经理、副经理能腾出较多的时间和精力来处理其他重要问题。例如，当时政界的动向，国内其他省、市和本行的业务关系，工商界的情况，银行内部分支机构的设置等。在这个系统内设四部、两科，即营业部、储蓄部、保管部、出纳部和文书科、事务科。③

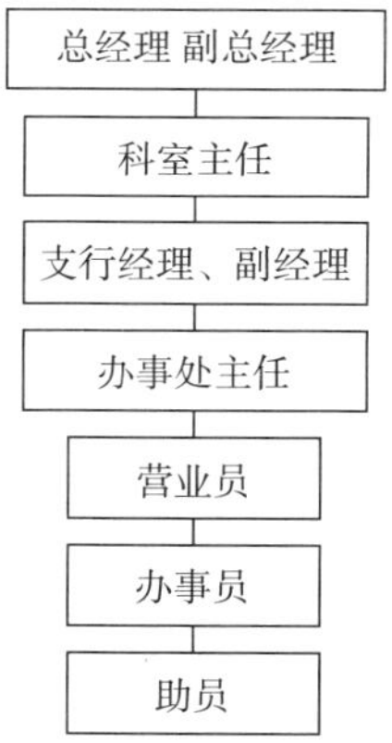

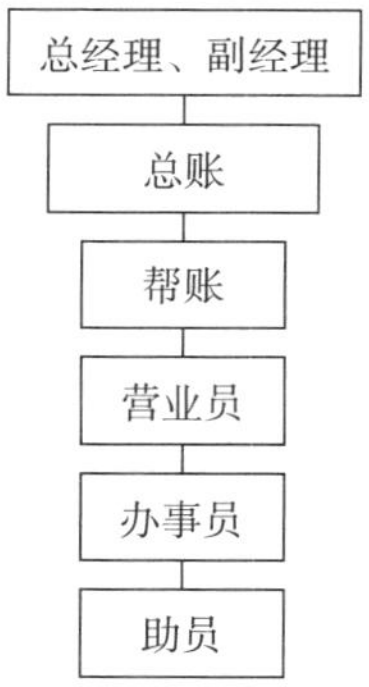

资料来源：中国人民银行北京市分行金融研究所：《北京金融史料》银行篇（四）。

图 12－1　大陆银行办事系统一

图 12－2　大陆银行办事系统二

2. 总经理办公室设在北京分行

一般地说，银行的中枢领导机关应该设在总行，以便于银行的运作。但大陆银行却不是这样，它初创时的总行在天津，但却把总经理处设在了大陆银行北京分行。因谈荔孙主要在北京

① 上海市档案馆藏大陆银行档案：《大陆银行内部规则》，档号：Q166－1－39。

② 中国人民银行北京市分行金融研究所：《北京金融史料》银行篇（四），第 244 页。

③ 中国人民银行北京市分行金融研究所：《北京金融史料》银行篇（四），第 250 页。

活动，政界要人、经济学者、殷实富户、军阀、遗老大多都居处北京，当时谈荔孙考虑这样做有利于和他们的联系。

3. 学校内设办事处

为了使高等院校众多师生员工存取方便，提高服务质量，大陆银行在一些高等院校内设办事处。分别于1924年、1926年在北京两所最大的学校内，即清华大学和燕京大学设办事处。1935年又在辅仁大学内设立办事处。北大农学院、北大医学院也均设有办事处。

第二节　大陆银行的内部管理特点

大陆银行在谈荔孙领导下，业务不断开拓创新。在注意新业务开展的同时，着重内部管理，除了建立和健全一系列规章制度以外，在人事任用上也有其特色。

一、健全完备的规章制度

除了遵照当时“公司法”制定大陆银行股份有限公司章程外，还拟定了内部章程规则、行员奖惩规则、行员请假规则、行员旅费规则、行员遣散规则、行员恤养金规则、练习生服务规则以及接待顾客须知十则等。几次修订，日趋健全。这样，银行内部管理和人事制度有较好的一套章则制度可以遵循，极大地提高了银行内部办事系统的效率。尤其是对行员接待顾客的态度，十分重视。在“大陆银行接待顾客须知”中明确规定：“接待顾客应殷勤和蔼，言语应端庄流利”“接待顾客无论何人均应起立至柜台前接洽，不得随意在座答话”“询问铜牌号数应低声静气，不得任意呼叫”“递于顾客款项、折据应由经办人询明面文，不准任意抛掷，怠慢顾客”等。[①] 此外，大陆银行对承做各种放款也制定“放款规约”，主要是经办人员办理放款时的注意事项和责权范围，并明确放款行经理、副经理应负之责任。同时，重视市场信息的调查研究，制定《办理调查事宜暂行办法》，特设调查室于总经理处，总理调查事务，并指定专人负责办理。对工商企业及其负责人是否翔实进行调查，填表注册，供总支行参考应用[②]。

二、人事任用特点

大陆银行自始就有民主之风，这一点主要表现在考试制度上，因为普通行员可以通过考试得到提升。同时考试可以促进行员学习的积极性，提高职工素质，对银行发展极为有利，因此大陆银行建立了严格的考试制度。“民国二十三年秋间，设行员补习所于天津，招考各地青年学生数十人入所肄业训练，造就人才颇多”“1951年制定工友提升甄别考试规则，四、五、六月间在各地举行考试录取数人，以试用练习生任用。”[③] 大陆银行通过考试制度增进了职工素质，选拔了人才。除考试制度外，笔者认为在组织特点中提到的总账制度也是大陆银行在人事任用上的一个特色。大陆银行严密的组织，先进的管理方式，适应了当时新式银行的发展，是大陆银行稳步发展的有力保证。

---

① 中国人民银行北京市分行金融研究：《北京金融史料》银行篇（四），1993年版，第373页。

② 中国人民银行北京市分行金融研究：《北京金融史料》银行篇（四），1993年版，第248页。

③ 上海市档案馆藏大陆银行档案：《大陆银行简史》，档号：Q266－1－480。

第三章 大陆银行的业务经营

第一节 大陆银行的经营概况

大陆银行属于商业银行的性质，商业银行是以存贷款为基本业务的经营性金融机构，经营的对象是各种各样的金融商品，有偿提供各种金融服务，其经营目的是获取尽可能多的利润。在大陆银行成立时，《大陆银行股份有限公司章程》中规定了其营业种类，包括各种存款、各种放款、各种汇兑、商业期票的贴现、有价证券及生金银的买卖、代理收付各种款项、贵重物品的保管兼理信托业务、兼办信托储蓄。[①] 除此之外，大陆银行十分注重新业务的开拓，还经营与放款业务有关的仓库业务，并投资于生产、公用和交通事业[②]。民国时期有学者将银行的业务分为主要业务、附属业务和特殊营业[③]，也有学者将银行业务分为主要业务和附属业务[④]，笔者则将大陆银行的经营分作银行业务和投资业务两种。

一、大陆银行的银行业务

大陆银行的银行业务包括存贷款业务、证券业务、汇兑业务、储蓄业务、“规元交易”业务、出租保管箱业务。

1. 存贷款业务

吸收存款是银行与生俱来的基本特征，吸收存款的业务是银行接受客户存入的货币款项，存款人可随时或按约定时间支取款项的一种信用业务[⑤]。银行业务的开展完全依赖资产，资产收入包括银行的自有资本和吸收的存款。一般银行的资本金是保证资金，不是经营资金。实际上银行用于经营的资金主要来源于吸收的存款。因此，吸收存款的多寡直接与银行利润休戚相关。贷款又称放款，是银行将其所吸收的资金，按一定的利率贷放给客户并约期归还的业务[⑥]。放款是银行业务经营的重点，是动用资金取得利润的重要途径。银行放款可以使社会资金在一定条件下获得合理分配，满足贷款者的用款需要，促进社会经济的发展。银行运用资金的方式虽然很多，但主要的不外乎是放款和投资两种。笔者根据《中国重要银行最近十年营业概况研究》和《全国银行年鉴》的统计数字，将1922—1934年大陆银行的业务进展统计如表12－2所示。

---

① 贾士毅．民国续财政史［M］．上海：商务印书馆，1934：172. 中国银行总管理处经济研究室：《全国银行年鉴》，1936年版，(B) 第14页。

② 中国人民银行北京市分行金融研究所：《北京金融史料》银行篇（四），1993年版，第244页。

③ 《上海市通志馆期刊》，民国二十二年九月，第1卷，第2期，第459页。

④ 杨荫溥．上海金融组织概要［M］．上海：商务印书馆，1930：128－130.

⑤ 黄达．货币银行学［M］．北京：中国人民大学出版社，1999：183.

⑥ 黄达．货币银行学［M］．北京：中国人民大学出版社，1999：189.

表 12－2　　大陆银行 1922—1934 年业务进展统计

币别：银元　单位：万元

年份	资产总额 D	实收资本 A	各项存款 B	各项放款 C	本年纯益	A/D (%)	B/D (%)	C/D (%)	A/B (%)	B/C (%)
1922	1422	250	1069	1149	43	17.6	75.2	81	23.4	93
1923	1709	256	1341	1465	69	14.3	75	89.2	19.0	92
1924	2183	305	1631	1643	89	14	75	75.3	18.7	99
1925	3022	334	2374	2195	88	11	78.6	72.6	14.0	108
1926	3714	356	2964	2731	65	9.6	79.8	73.5	12.0	125
1927	3152	357	2397	2067	45	11.3	76	65.6	15.0	116
1928	4175	357	3378	3098	46	8.6	81	74.2	10.6	109
1929	4541	357	3665	3210	46	7.9	80.7	70.7	9.7	114
1930	4964	357	4396	3592	49	7.2	88.6	72.4	8.0	122
1931	6107	375	5508	4547	49	6.0	90.0	74.5	6.8	121
1932	8641	375	7580	5331	51	4.3	87.7	61.7	4.9	142
1933	10992	378	9648	6654	53	3.4	87.8	60.5	3.9	145
1934	14484	379	12900	9042	65	2.6	89.0	62.4	2.9	143

资料来源：1922—1931 年的实收资本、资产总额、存贷款和纯益出自中国经济研究室《中国重要银行最近十年营业概况》，1933 年，第 303 页。1932—1934 年的数据来源于中国银行总管理处经济研究室：《全国银行年鉴》，1936 年版。百分比数字由笔者计算得出。

由表 12－2 可知，1922—1934 年大陆银行的存款数额和放款数额是连年增加的，在这 13 年间，存款从 1069 万元增至 12900 万元。银行的自有资本起着保护存户资金安全的作用，自有资本占资产总额（A/D）的比例越大，银行承担风险的程度越高，越适合承做期限较长、风险较大的放款。从表 12－2 的数字可知，大陆银行 1927 年以后自有资本占资产总额（A/D）的比例日益下降，从理论上来说，大陆银行从 1927 年以后比 1927 年以前适合做期限较短、风险较低的放款。银行存款数额占银行全部资产的比例（B/D）越大，表明银行的信誉越佳。银行营运资金依赖自有资产的程度越低，存款对银行经营的效用越大。这一时期（1922—1934 年）存款对大陆银行作用最大的一年是 1931 年，从 1930 年以后至 1934 年 B/D 的比例平均为 88%，可以说相当高。存款与放款的比例（B/C）在 1922—1923 年均小于 1。但 1924 年以后，情况恰恰相反，B/C 的比率一直大于 1。这说明 1924 年以前大陆银行的存款量小于放款量，而 1924 年以后则是存款量大于放款量。究其原因，笔者认为主要是时局动荡，工商业衰败，投资困难的缘故。其绝对的数字，虽然年有增加，但相对于存款的比例，是日渐低落。存款是银行的一种营业资金，存款的多寡直接决定银行资金运用的富余与枯竭，间接影响银行盈利的丰厚与微薄。存款对于资本的比率越大，资本对于业务发展所尽功效就越高。“同一银行，甲资本和乙资本相同，甲存款若是 2 倍于乙存款的时候，甲银行资本的效率就要比乙银行的高出一倍。”① 表 12－2 中 A/B 的比值从 1922—1934 年渐趋减小，从 23.4% 到 2.9%，可见大陆银行资本对业务的功效增大了近 8 倍，1934 年资本利用率也最高。

① 吴承禧．中国的银行［M］．上海：商务印书馆，1934：21.

2. 证券业务

证券业务也是大陆银行的一项重要业务。吴承禧认为民国时期的证券名义上虽然包括公司股票、债票、国家公债等，但主要是公债[①]。“证券一项，按之我国目下市场情形，亦仅国家公债，市面较广，交易较多……”[②] 北洋政府时期的证券交易主要分股票和债券两大类。从1912年至1926年止，北洋政府财政部正式发行的债券共27种，发行额达610069588元，其中19笔为公债[③]。北洋政府发行公债相当的频繁，“事无大小”“无岁不以发行公债为务”[④]，经营公债一本万利，实际年利达一分五厘至三四分之厚[⑤]，又因为公债可以当作准备金来运用，所以当时银行对购买公债趋之若鹜。据统计，1921年底，中国银行等47家银行购置有价证券总额达56071368.15元，而仅中国银行一家购置有价证券就高达22882591.19元，占总额的40%，相当于该年北洋政府发行公债的22%。[⑥] 在众多公债中，有些是盈利较大的，诸如“五年公债”和“七长公债”，这两项公债大陆银行都有买入。仅此两项公债，大陆银行就从中获利300万元以上。而对如“九六公债”那样风险较大的公债，大陆银行除了北洋政府摊派的数量以外，没有大量的购买[⑦]。

如表12－3显示：1919—1927年，以1924年为转折点，大陆银行所持有的有价证券额增加很快，笔者认为这主要是北洋政府时期时局动荡的缘故。由于兵荒马乱的时局，各行对各种放款都“不敢多做”而“存款则日渐加多，资金运用殊感困难”[⑧]。在这种情况下，大陆银行的投资不得不趋于有价证券。国民政府成立后仍然靠借内债来弥补财政亏空。1932年以前，国民政府发行了25种内债，1927—1931年内债收入占到政府全部债款收入的80%～90%，而同期军费和债费支出在财政支出的比例平均每年高达75%[⑨]。而在此时期，大陆银行购买的有价证券数额逐年递增，1937年存有的有价证券数额是1927年的十几倍。这说明大陆银行和国民政府的关系很密切。也同时说明，民国的商业银行为图发展，是不会和当局彻底决裂的，无论国民政府如何的腐败。

表12－3　　大陆银行（1919—1937年）有价证券对照　　单位：千元

年份	有价证券	年份	有价证券
1919	—	1922	1131
1920	248	1923	1570
1921	1385	1924	3297

① 吴承禧．中国的银行［M］．上海：商务印书馆，1934：48.

② 六寿孙：《银行运用资金之我见》，《中行月刊》，2卷11期。

③ 千家驹．旧中国公债史资料［M］．北京：财政经济出版社，1955：11.

④ “民国内债之简史”，《银行周报》，9卷19号。

⑤ 吴承禧．中国的银行［M］．上海：商务印书馆，1934：80.

⑥ 邓先宏：《中国银行与北洋政府的关系》，《中国社会科学院经济研究所集刊》，第11辑，第297页。

⑦ 徐矛等编：《中国十银行家》，第326页。中国人民政治协商会议天津市委员会文史资料研究委员会编《天津文史资料》第13辑，第148页。

⑧ 浙实档：卷6，卷3，沪银档。

⑨ 杨荫溥：民国财政史［M］．中国财政经济出版社，1985：60－61、70.

续表

年份	有价证券	年份	有价证券
1925	4303	1932	8677
1926	4972	1933	12566
1927	2927	1934	13092
1928	3192	1935	15893
1929	4724	1936	18758
1930	5929	1937	33927
1931	5597		

资料来源：上海市档案馆：《大陆银行营业报告》，档号：Q266－1－35。

3. 汇兑业务

大陆银行对于汇兑业务给予了充分的重视。大陆银行初创时总行在天津，分行只北京一处，“对于汇兑业务颇不便”，因而与中国、上海、浙实等12家华资银行订立代理契约，委托代办汇兑业务，并决定在汉口、上海设立分行，主要搞汇兑业务。[①]

在国外汇兑方面，民国时期的华资商业银行还属于起步阶段[②]，但是大陆银行在这方面的努力取得了一定的进展。1927年，大陆银行同伦敦、汉堡、纽约、神户、东京、横滨、长崎、巴黎8大城市的外国银行订立代理条约，办理国外汇兑业务，“并订立大纲章程十三条，颁给办理此项业务之津京沪汉四行查照遵守”[③]。大陆银行国外汇兑业务章程中规定：“本行现在纽约、伦敦、巴黎、汉堡、东京、横滨、神户、长崎八处订有特约代理机关，代理本行国外汇兑业务，将来就国外商务繁盛地方增订代理机关。”章程中还具体规定了国外汇兑业务中的具体科目，分别为杂汇、信汇、电汇、活支汇款、记收款项、期付款项、押汇、贴现、买卖证券、买卖生金银、兑换[④]。与大陆银行订立代理汇兑条约的外国机关有以下几家：纽约化学国家银行、纽约银行信托公司、伦敦国家有会银行、巴黎普通会社、汉堡多纳银行、神户三井银行、东京三井银行。大陆银行办理国外汇兑集中于沪行，事务较多。1927年初，沪行将外汇部独立，“另立簿计，自结盈亏”，又“参照沪上各银行习惯办理买卖远近期电汇营业”[⑤]，总之，大陆银行在国外汇兑方面初步建立了自己的体系，开始走上了轨道。

4. 储蓄业务

1921年8月1日，大陆银行南京支行创办储蓄业务，不久即推而广之，在各地实行[⑥]。1922年，各分支行成立储蓄专部，并颁布《大陆银行开办储蓄部通告》。《大陆银行开办储蓄部通告》第二条规定：“储蓄部会计各自独立一切，收支款项及其营业完全与营业部划分，并由本行营业部划十万元为本行储蓄部各分部之基金……”[⑦]储蓄专部会计独立，使储户感到存款有保障。储蓄部除设有五种一般储蓄外，另设一种名为“特种定期存款”的存款。即一次存入171.51元，定期15年，到期本息共得1000元，在当时动荡不安的环境下，此项储蓄对于养老、丧葬、子女

① 大陆档：《董事会议录》，1919年5月7日、7月8日。沪银档。
② 杜恂诚．中国金融通史·第三卷［M］．北京：中国金融出版社，1996：186.
③ 大陆档：《董事会议录》，1926年10月9日。沪银档。
④ 上海市档案馆藏大陆银行档案：《国外汇兑业务大纲章程》，档号：Q266－1－47。
⑤ 大陆档：《董事会议录》，1927年2月25日。沪银档。
⑥ 徐矛等：中国十银行家［M］．上海：上海人民出版社，1997：326.
⑦ 上海市档案馆藏大陆银行档案：《大陆开办储蓄部通告》，档号：Q266－1－41。

教育、婚嫁等皆适用，颇能吸引储户。这项储蓄开办当年，仅天津一地就有储户 1100 多户，其中包括外省汇款来津储蓄的，到 1932 年储户增加至 6300 多户。以后各银行相继办理此项长期储蓄，对树立节俭之风收到很大效益①。仅此一项，大陆银行即获得了 107 余万元长达 15 年的固定存款，相当于大陆银行股资的十分之一②。其实这种储蓄按复利计算利率并不很高，但表面上使人感到优厚，因而吸引了大量的储户。在当时看来这对提倡社会节约风气有所裨益，但由于通货膨胀，除最初一两年的存户外，广大存户都因货币贬值而蒙受极大损失。此后其他银行也相继办理这类长期储蓄，都因货币贬值而使存户上当受骗③。

大陆银行上海分行大力开展以学校为主要服务对象、积极争取学生及学生家庭存款的储蓄业务。该分行在大厦大学、糖业中学、民智中学、浦东中学设有服务处，并先后设立奖学金，赠送美国造储蓄匣，赠送中学毕业生会考奖学金，免收学费汇水，儿童优息储蓄等，招徕储户、增加存款。对于一般市民，则开办了儿女教育储金、子女婚嫁储蓄金、家庭日用储金、娱老储金、劳工储金等各项基金储金，以适应各类不同层次、不同年龄的储户需要。④

5.“规元交易”业务

大陆银行北京分行成立后，经营的业务除存款、放款、票据贴现、国内汇兑、储蓄、保管、代理收款等项外，还办理“规元交易”这一种特殊业务，这种业务只在大陆银行北京分行才有。

清末民初，市面上流通银元，银两与银元并用，形成极为紊乱的货币制度。尤其是各省所铸宝银，成色和重量很不一致。于是，实际上各地有各自通行的宝银，而各地也有各自银两的名称。就以“规元交易”而言，这是北京和上海两地不同银两的含银量进行兑换折算的交易。当时北京的银两名称，有十足银、松江银，而上海通用的是叫“九八规元”，是上海通行的一种虚银两。上海是全国金融中心，又是我国进出口贸易的集散地，影响很广。至于“九八规元”，起源于上海豆商，又叫“豆规元”。咸丰八年（1858 年），由上海的外商银行及商界公决，将往来账目，一律改用上海通用规银，即 98 两标准银等于规元 100 两（成色低于上海标准银 2%，为 0.916666）。实际上，当时的银钱业尤其是钱业都在做这些交易。北京和上海两地交易资金频繁，而大陆银行北京分行凭借它的信誉和上海分行电讯传递，信息灵通。最初时，每月可获利千余元。银行设有专用房间，每天上午根据上海电报公布上海规元行情，后由义兴银号、宝生银号、全聚厚银号、祥瑞兴银号、聚义银号等在共同公议行情后，进行买卖交易。大陆银行上海分行于 1920 年 3 月成立，京沪两行业务往来频繁，经营此项业务“十拿九稳”，获利稳妥可靠。1927 年，国民政府迁都南京，原北洋政府机关南迁，营业额即开始减少。至 1933 年 4 月 6 日，国民党政府宣布自该日起，废止使用以银两作为计算标准，所有收付款项，一律使用银元，并确立以银本位的“元”为货币单位。大陆银行的“规元交易”就此结束。⑤

6. 出租保管箱业务

民国时期，银行业的信托业务包括保管业务、代理买卖有价证券业务、代理关于不动产事项及代收款项业务。由此可知，出租保管箱业务应该属于信托业务。此项业务是大陆银行首创，

---

① 中国人民政治协商会议天津市委员会文史资料研究委员会编：天津文史资料［M］. 第 13 辑，天津：天津人民出版社，1981：151.

② 孙曜东口述，宋路霞整理：《谈荔孙与大陆银行的盛衰》，《中国企业家》，2003 年第 3 期。

③ 石毓符：中国货币金融史略［M］. 天津：天津人民出版社，1984：198.

④ 徐矛，顾关林，姜天鹰. 中国十银行家［M］. 上海：上海人民出版社，1997：327.

⑤ 中国人民银行北京市分行金融研究所：《北京金融史料》银行篇（四），第 252 – 253 页和 285 页。

可以说是它的一个业务特点。大陆银行于1920年3月在上海设立分行的同时，又大力开展银行的信托、储蓄业务，在京、津、沪三行分别设立保管、信托二部，建有保管库，首创出租保险箱，接受露封保管和信托业务①。大陆银行上海分行保管部设保管箱库，有保管箱1182只，有现金库、账册库各一个，均由慎昌洋行承造，计工料价22020元②。大陆银行上海分行曾在《申报》上发布了关于保管部的广告："本行新在美国定制纯铜保管箱多只，现已运到装齐，箱内铁抽不一，任凭顾客多选用，价值极廉，手续便利且严密异常，另有详章函索即寄"。③

北京的银行中出租保管箱业务的仅几家，而且都比不上大陆银行北京分行。大陆银行在京行扩建四层高楼大厦时，在地下建造两个库房：一个是自用现金金库，另一个是保管箱库，库门极为精细牢固，均为不锈钢制成。保管箱库有保管箱百余只，体积分为大、中、小三号，也都是用不锈钢按照库房面积专门设计制造的。银行按例收取租箱费用，日积月累，收入费用数字相当可观。另外，在客户租箱时要交纳一笔使用保管箱钥匙的"押金"，银行业可无息使用，等于收入一笔无息存款④。北京分行还在规章制度方面对这一业务作了详细规定，制定了涉及保管箱业务的租用程序、期限、租用安全措施、出租双方的义务与责任等多方面长达21条的《保管箱租用章程》⑤。

二、大陆银行的投资业务

大陆银行的投资业务包括创建大型仓库、设立大陆商业公司、创建上海大陆商场、与其他银行合办的投资业务。

1. 创建大型仓库

天津、上海、汉口为我国三大工商业城市，同时也是国际进出口和埠际交流的贸易中心，因此各类商品土产吞吐量极大。工商业者为了加快资金周转，大多临时向银行做押汇或抵押借款（商品运达后存入仓库，工商业者需将押汇款结清才能提取商品，或者由仓库出具栈单，作为抵押借款的凭证），这样银行就与仓储业发生了密切的联系。当时由于资信调查尚未在中国开展，银行的贷款多以实物作抵押，以存仓库的商品栈单为凭证。但仓库开具假栈单骗取银行贷款之事时有发生，这给银行造成重大损失。有鉴于此，谈荔孙为了使大陆银行的抵押借款得到保障，经过详细研究，决定以自建仓库的方式投资于仓储业，以经营仓库业务作为开展大陆银行投放业务的重要环节。

当时天津出口的棉花、纱布、土特产和进口的面粉、棉花及大小五金等数量巨大，这一业务为英商平行洋行所垄断，主其事者为买办杜克臣。在其极盛时代，设有东西南北四大仓库，分布在河东及海河沿岸。大陆银行为了夺取这项业务，于1925年在天津万国桥（今解放桥）畔建仓库一处，租赁仓库一处，开展仓库业务。为了和洋商竞争，大陆银行规定其栈租按同行业标准收费，但以大陆仓库所出的栈单做抵押借款时在利息上给予优惠，押款、放款以八折办理。这一措施受到商人们的广泛欢迎，他们纷纷把商品转存到大陆银行仓库。经过两年的努力经营，

---

① 中国人民政治协商会议上海市委员会文史资料工作委员会：旧上海的金融业［M］．上海：上海人民出版社，1988：182.

② 中国人民政治协商会议上海市委员会文史资料工作委员会：旧上海的金融业［M］．上海：上海人民出版社，1988：185.

③ 《申报》，1924年1月4日。

④ 中国人民银行北京市分行金融研究：《北京金融史料》银行篇（四），第253－254页。

⑤ 中国人民银行北京市分行金融研究：《北京金融史料》银行篇（四），第350－354页。

加上银行的充裕资金作后盾，大陆银行总计每年押款达1000万元以上。而杜克臣所经营的仓库业务每况愈下，其仓库业务的十分之七被大陆银行所夺取，最后杜克臣不得不将其经营的四大仓库逐一租给大陆银行经营。天津大陆银行仓库部拥有的仓库最盛时达八处之多，其总库量可达棉花10万包（每包100千克），面粉100万袋，棉纱、棉布5000余件①。

早在1921年，大陆银行上海分行为配合沪行放款业务的推广，在谈荔孙的倡议下办理仓储业务，并在西藏路桥北自建高达6层的钢筋水泥仓库。其经营业务极为广泛，包括棉、布匹、丝织品等。1928年押款数达870余万元，仅次于天津行。② 大陆银行汉口分行仓库，主要存放由长江运来的猪鬃、桐油。这两类货物是四川特产，在长江没有直接通航之前，必须经过汉口转船或做押汇，在汉口稍事囤放，再转运上海出口。为了便于管理，大陆银行1936年发出通告，于1937年将货栈部改称仓库部，“本行货栈部自二十六年（民国）一月一日起一律改称仓库部，货栈部主任应即改仓库部主任，特此通告”③。

2. 设立大陆商业公司

大陆银行在存款业务中，吸收了大量的社会游资，除支援工商信贷和抵押借款外，还设法运用存款扩大其利润。谈荔孙在日本留学时就对日本三菱、三井财阀的发展道路十分神往。创办大陆银行后，他决心走三菱、三井的经营路线，即以银行资本为基础，进而投资国际贸易以及国内工商业，以期相互配合、相互利用、共同发展。作为一种尝试，谈荔孙邀请大陆银行的部分董事经理，筹组中国大陆商业公司，从事对外贸易。

1929年，大陆商业公司正式成立，公司注册资本50万元，实收12.5万元，董事有龚心湛、颜惠庆、谈荔孙、万璧宸、许汉卿、叶扶霄等。董事长初为龚心湛，之后因为颜惠庆曾任驻外公使多年，在国际间很有声誉，为了能在国际贸易中取得信誉，谈荔孙亲自出面恳请颜惠庆担任大陆商业公司董事长，以资号召。又请李调夫当总经理，曹懋德为副总经理。④ 大陆贸易公司下设出口部、进口部、汽车部、秘书处、电处、文书处、会计处等。出口部由李调夫兼任经理，进口部经理为严之卫，汽车部经理为徐宝瀚。出口的主要是农副产品，如桃仁、核桃、花生、羊毛、棉花、麻黄草，进口则以面粉、油脂、松香、纸张为主，业务虽不太大，但发展十分稳健，每年都有盈余⑤。

当时从事对外贸易并不需要占用大量资金就可以进行大额的贸易，可谓无本生意。主要经营者在社会上有一定声望、信任度高，而又不从事投机囤积，专靠一种边买边卖、随时结汇方式，是不一定需要大量资金的。就进口而言，只要买方是殷实的商户或厂家，贸易商即可向往来银行请求开立不必交保证金的信用证，寄交国外的卖方，等到货物到岸，贸易商将款付给银行，按预结汇价，赎取承兑的进口汇票，责任即可结束。就出口而言，在交易之后，贸易商即可要求国外买方开立不可撤销的信用证。贸易商收到信用证后，即可凭证向往来银行申请打包放款，用来进行进货、加工、包装、装船等工作程序。俟一切就绪，由船公司取得提单，再配上其他必需的单据，如包装、清单、领事单、保险单、出口汇票、化验证等，汇齐交付银行。

---

① 中国人民政治协商会议天津市委员会文史资料研究委员会编：天津文史资料［M］. 第13辑，天津：天津人民出版社，1981：152.

② 中国人民政治协商会议上海市委员会文史资料工作委员会编：旧上海的金融业［M］. 上海：上海人民出版社，1988：183.

③ 上海市档案馆藏大陆银行档案：《关于货栈部改称仓库部之通告》，档号：Q266－1－325。

④ 徐矛，顾关林，姜天鹰. 中国十银行家［M］. 上海：上海人民出版社，1997：334.

⑤ 孙曜东口述、宋路霞整理：《谈荔孙与大陆银行的盛衰》，《中国企业家》，2003年第3期。

银行即凭信用证，按预先结好的汇价，付给贸易商款项，贸易商将放款连本带利清偿，手续就告完毕。当然，倘若发生意外，仍由贸易商负责，银行是不承担任何责任的。不过一般来说，只要不投机取巧，认真进货加工，意外的风险是很少的。“九·一八”事变后，李调夫离职出国，大陆公司由曹懋德负责管理。1932 年，大陆公司承做一笔大宗猪鬃出口生意，与大义货栈订立了批票，依规定预付了一半货款作为定金。不料因猪鬃价格狂涨，大义货栈在交货前突然宣布倒闭，这突如其来的打击顿使大陆公司陷入窘境。大陆公司必须向国外买主按期交货，维持信誉，但苦于手中无货。猪鬃又非其他出口商品，难以在咄嗟之间立致结果。于是，大陆公司只得一方面向外商恳请推迟交货日期，另一方面再以高价补进猪鬃。遭此挫折，大陆公司元气大伤，损失巨大，不得不进行清理。1933 年，大陆贸易公司宣布停业。①

3. 创建上海大陆商场

1930 年，谈荔孙为了统一使用大陆银行储蓄存款，拓展储蓄信托业务，决定在上海筹组大陆银行信托总部，并特地从汉口调来大陆银行海口分行经理沈尔昌担任储蓄信托部经理。上海分行信托总部的业务虽包括储蓄、信托等方面，但当时最重要的却是房地产经营，不但买卖活跃，而且在上海陆续兴建了一些出租房屋②。当时正值上海地价疯涨之际，尤其是外滩、南京路一带，被视为寸土寸金的黄金地段，大家你争我抢，价格不断攀升，只要付出定洋，转眼即可发财。谈荔孙起用沈尔昌正是想用他胆子大、关系广的长处 。③ 沈尔昌选中了东临山东路、南面九江路、北靠南京路的一块面积 9. 34 亩的正方形地块。这块地皮的业主是哈同，地皮上的房屋破败不堪，沈尔昌凭其对地产投机的丰富经验，提出了向哈同租地改建新厦的计划，于是大陆银行与哈同洋行签约。契约的主要条款规定：（1）自 1931 年 2 月 17 日起租，租期 32 年，租金每年 2 万两白银，分四季交付；（2）建筑费不得少于白银 45 万两，其建筑蓝图须经哈同签字认可，始准开工；（3）租约期满时，地上建筑物及附着物全部无偿归地主所有；（4）签约日大陆银行先付定洋 30 万两 ，在三个月内（规定可有 6 个月的展期）由地主交出空屋，若事实上不能交出空屋时，契约即自动取消，将定洋 20 万两归还大陆银行，而大陆银行不得要求任何赔偿。④ 大陆银行盖造大楼工程于 1931 年 5 月 22 日正式开工，原定 7 个半月完工。建设一开始，大陆银行就凭借图样接待客户办理预订手续，一时间前来订租的客户十分踊跃。大楼以商铺为主，故而定名为大陆商场。可大楼只造了一半，就碰上了“一·二八”淞沪抗战爆发，加之战区的工人四下逃散，工期不得不被延误。1932 年 4 月，大陆商场全部竣工，总计支出高达 180 万元。4 月 16 日，成立大陆商场事务所，由钱鸿元兼主任，姚亮为副主任，办理出租管理事务。商场的建成，极大地提高了大陆银行的声誉。但是由于受战争的影响，疮痍未复，市面萧条，上海滩银行、商号倒闭关门之风又起。就连一向没有空屋的南京路，也出现了多家铺店终日关门的景象。在此情形下，新开张的大陆商场尽管设施先进，地处闹市，但终因租金高昂而少人问津。虽说大陆银行采取了补救措施，将三、四楼的商铺改装为写字间，得以租出三分之二，但是底层商铺出租出去的非常少，二楼商场全部空闲长达一年之久。大陆商场的写字间也陆续由圣约翰同学会、南洋公学同学会、清华同学会、精武体育会、正谊社等社会团体分别租用。

---

① 徐矛，顾关林，姜天鹰主编：《中国十银行家》，第 340 - 341 页。

② 中国人民政治协商会议上海市委员会文史资料工作委员会编：《旧上海的金融业》，第 186 页。

③ 孙曜东口述、宋路霞整理：《谈荔孙与大陆银行的盛衰》，《中国企业家》，2003 年第 3 期。

④ 中国人民政治协商会议上海市委员会文史资料工作委员会编：上海文史资料选辑［M］. 第 17 辑，上海：上海人民出版社，1988：201 - 202.

后来国货公司进驻大陆商场，但租金降低，按三折起租，半年后再加半个折扣，直到对折为止。1932—1935 年，大陆商场共收房租 141 万元，杂益 7.2 万元。[①] 但是因地租负担过重，入不敷出。如此苦苦支撑到 1937 年抗战爆发前夕，大陆银行被大陆商场历年所耗用的资金累积达 240 万元之多。此时，谈荔孙早已辞世，继任总经理许福炳决定将大陆商场作价 77 万元，全部卖给哈同洋行，一并解除租地契约，大陆商场遂改称慈淑大楼，成为哈同夫人的私产。[②]

4. 与其他银行合办的投资业务

（1）入股太平保险公司

太平保险公司是由金城银行在民国十八年（1929 年）独资创办的，初定资本为 100 万元，实收 50 万元[③]。大陆银行对仓库事业是不遗余力的，尤以天津仓库事业最为突出，这是对抵押放款的一种保障，而仓库业又与保险业是伙伴关系。因此，大陆银行希望加入太平保险公司。而金城银行也感到势单力孤，意图扩大经营。正如金城银行董事会所言："本行所组之太平保险公司，创设三年以来，虽亦获利约二十万元，然一行兼营，仅拨资本一百万元，故每遇大宗生意只得与人分做，办理颇感困难……"[④] 1933 年夏，大陆银行受金城银行之邀与交通银行、中南银行、国华银行、东莱银行五家入股太平保险公司，大陆银行出资 100 万元。五家银行入股太平保险公司，使之改组，公司的牌号仍旧，资金则扩展到 500 万元，先将原有未收集的 50 万元收足，其余的 400 万元仍先收半数，共计实收股本 300 万元，一时声势浩大，金融界为之瞩目。[⑤]

（2）贷款给绥远毛织厂

1932 年春，傅作义出任绥远省政府主席，计划兴办各种事业，以利民生。他拟以办毛织厂作为绥远建设事业的发端，但苦于缺乏资金，便向谈荔孙求助，拟向有关银行借长期信贷。谈荔孙全力支持，与绥远省政府建设厅订立绥远毛织厂贷款合同。合同中规定："大陆银行和保商银行各向绥远省政府建设厅贷款 2 万元和 7 万元，货币为天津通用银元，津借津还；此项借款月息一分，本息以 6 个月为还清期限，倘届期未能还清，可商展 6 个月，随付到期利息。展期届满必须清偿，不得再行续展，应由绥远省建设费项下负责拨还本息。"[⑥] 因为有了大陆银行的支持，该毛织厂不久就建成投产，利用绥远省所产之蒙古羊毛生产民用、军用毛毯及生活用呢和军用呢，价廉物美，曾行销西北、华北各省及平津两市，为蒙古毛纺织工业奠定了初步基础。[⑦]

第二节　大陆银行的经营特色

大陆银行在开展业务的过程中，不断积累经验，形成了一套自己的经营特色，主要表现在以下几个方面。

① 旧上海的金融业［M］. 上海：上海人民出版社，1988：186.

② 徐矛、顾关林、姜天鹰主编：《中国十银行家》，第 341 页。

③ 《金城银行创立二十年纪念刊》，第 167－168 页，《金城银行档案》。引自中国人民银行上海市分行金融研究室：金城银行史料［M］. 上海：上海人民出版社，1983：289.

④ 中国人民银行上海市分行金融研究室：《金城银行史料》，第 291 页。

⑤ 许家俊等. 周作民与金城银行［M］. 北京：中国文史出版社，1993（4）：168.

⑥ 中国人民银行北京市分行金融研究所：《北京金融史料》银行篇（四），第 271 页。

⑦ 徐矛，顾关林，姜天鹰. 中国十银行家［M］. 上海：上海人民出版社，1997：343.

一、以稳健扎实著称的经营风格

大陆银行在开展业务上比较稳健，这也与谈荔孙谨慎稳健的作风有关。这一特点主要通过大陆银行的放款经营得以体现。

1. “放款规约”和《办理调查事宜暂行办法》的制定

大陆银行在1920年8月制定了《大陆银行承做放款规约》①，简称“放款规约”。规约一共五条，第二条和第三条规定了放款时的注意事项，规定：对于殷实可靠的借主的放款、额度在2万元之内的放款、期限在6个月以内的放款可以在放款完以后再到总处备案；对于个人的信用放款、政府机关的放款、2万元以上的放款、期限6个月以上的放款各行都须先报总处核对，才能放款。由此可见，大陆银行放款的条件本着稳妥的原则而制定，这样使贷款发生风险的可能性降低。规约的第四条规定了放款行副经理对发生困难或到期不能如期收回的款项负责，这样便降低了大陆银行发生呆账的概率。

大陆银行除了制定了稳妥的放款规约以外，还重视市场信息的调查研究，制定了《办理调查事宜暂行办法》②，特设调查室于经理处，综理调查事务，并指定专人负责办理。对工商企业及其负责人是否翔实进行调查，填写表册，供总分支行参考应用。这些“规约”和“办法”的制定是大陆银行放款风险减小的保证。

2. 稳健经营的事例

（1）1928年9月，天津金融界发生了一桩诈骗案，金额达500万~600万元之巨，轰动了津、京、沪、汉各地。诈骗案主谋是天津协和贸易公司总经理祁乃溪和美商康理琪。祁乃溪开办天津协和贸易公司，很快发迹后与天津金融界拉上关系。但1926年祁乃溪做生意损失惨重，“穷则思变”，祁乃溪找到曾任美国驻天津副领事的康理琪，合谋创办瑞通银行。名义上瑞通银行办理一切信托和进出口业务，并拥有两个大仓库，实际上这个“皮包银行”，户头上只有协和公司一家，是由协和公司独家在唱双簧。他们的欺骗伎俩是先由协和公司要求瑞通银行开具仓库货物存储栈单，然后协和拿着这些所谓栈单到其他银行进行货物抵押借款。其间，中南、中华懋业等银行的经理，都成了协和股东。如此一来，不知底细的人认为贷款给协和公司必有利可图，便纷纷向协和放贷。一时间受骗款高达600万元。此案使天津金融业遭到严重冲击。③大陆银行对协和贸易公司也放过抵押贷款，最多时也达90余万元，但在调查研究时对其实力产生怀疑，经细心调查，最终了解到真实状况。大陆银行立即决定对所有协和公司抵押借款到期的绝不转期，逐渐将抵押贷款本利按期收回。尚余的5万元抵押借款，大陆银行最后也迫使其结清，一周后协和公司便宣告破产。④天津协和贸易公司倒闭，轰动了全国金融界，“北四行”中以中南遭受倒账最多，金城、盐业等行也受到一定损失，唯独大陆银行一家虽也与该公司有放款关系，却未遭任何损失，深受当时同业间的称赞，认为该行大有见识⑤。这一事例说明大陆银行在对于贷款户的情况掌握上详细充分。

（2）为了更有效投资国内工业，1931年春，谈荔孙通过在黑龙江省实地考察，决定创办一

① 中国人民银行北京市分行金融研究所：《北京金融史料》银行篇（四），第354－355页。

② 中国人民银行北京市分行金融研究所：《北京金融史料》银行篇（四），第356－357页。

③ 申晓云，朱宝琴：民国掌故［M］．上海：上海人民出版社，1997：724－725.

④ 中国人民政治协商会议天津市委员会文史资料研究委员会编：《天津文史资料》第13辑，第145－146页。

⑤ 石毓符．中国货币金融史略［M］．天津：天津人民出版社，1984：198.

家大型榨油厂，认为如果能合理地开发利用当地的大豆资源，获利将是惊人的。于是谈荔孙与黑龙江省政府委员兼洮南、铁路局长万国宾商定，暂定资本为100万元，谈荔孙欣然返回北平，即与天津德商西门子洋行洽购整套的榨油设备。正当这时，谈荔孙好友何澄来北京，他对谈荔孙这一决定不赞成，分析了当时的严峻政局。谈荔孙立即警惕起来，取消了原先的一切计划。事隔仅两个月，发生了“九·一八”事变，东北三省很快沦于日本人之手，而大陆银行因及早抽身，避免了100万元损失，只损定金15000美元①。

以上两个事例，体现了大陆银行经营稳健的风格。在骗子横行、时局动荡的旧中国，大陆银行正是靠这一风格才避免了巨额贷款和投资的损失，使之能够稳步前进，少受挫折。而大陆银行这一风格与其领导人谈荔孙谨慎、稳健、办事认真的作风有关，谈荔孙在1932年一次行务会议上提出：“……对于营业步步为营，沉着迈进，无论何事，想到进取，必先顾到失败，所谓多留余地”,② 这段话便体现了谈荔孙的谨慎作风。

二、以服务社会为宗旨的营业方针

大陆银行的营业方针，一向以服务社会为宗旨，对于教育及生产事业不遗余力。具体来说，大陆银行这一营业特色表现在以下两个方面。

1. 投资教育，贡献社会

大陆银行在清华、辅仁、燕京等大学的办事处，都成立较早，这些办事处与校方及学生的感情很好。因此大陆银行在上海成立大厦大学服务处时，委托该行代收学费的学校很多。民国二十三年（1934年），大陆银行为了扩展在教育界中的信誉，设立了奖学金和赠送中学生毕业会考奖金。民国二十四年（1935年），又举办儿童优息储蓄③。这些都体现出大陆银行在人力、物力上对教育事业的支持与贡献。

2. 扶助工商，服务社会

大陆银行积极扶助工商业，以达到服务于社会的目的。大陆银行一向以吸收社会游资扶助工商业、服务社会作为自己的宗旨。随着业务的发展，陆续添设了储蓄、外汇、信托、仓库、保管等部门以应社会的需要。至于资金运营方面，则侧重于工矿、交通及文化事业。如对于天津庆云麦粉厂、南通大生纱厂、六河沟煤矿、龙烟铁矿、平绥铁路、天津电话局、光华大学、大同中学等，或单独投资或联合同业协力扶助。大陆银行还支持大中型民族工业，体现在对常州纺织公司、上海长丰面粉公司、中兴烟草公司、苏州华盛纸厂的放款，因各借款户“营业失败”而导致所欠款项“无收回希望”时，大陆银行一没去打官司，二没有因此而改变对大型民族工业的支持态度，仍积极开展对南京大同面粉厂、上海信大面粉厂和汉口既济水电公司的放款。④ 银行家同大型民族工商业开展业务往来，既是为了有利可图，又不完全唯利是图，这是阶级性与民族性的统一，也是银行与产业逐步靠拢的表现。

除了以上的经营特色以外，大陆银行还重视节俭开支、勤俭办公，尤其在其营业状况不景气时，更是以强调节俭为重。在民国二十一年（1932年）第一次行务会议上，“提倡节俭案”

---

① 《天津文史资料》第13辑，天津人民出版社，1981：141－142.

② 上海档案馆：《大陆银行档案》：42－1－22。《北京金融史料》银行篇（四），第307页。

③ 上海市档案馆藏大陆银行档案：《大陆银行简史》，档号：Q266－1－480。

④ 大陆档：《董监事联席会议录》，1925年2月13日；《董事会议录》，1925年6月19日，1926年10月9日，1927年1月13日、10月20日。沪银档。

被列为第一项议案提上议程。① 在该行董事会和行务会议上经常可以看到“力崇节俭”“摒绝浮文”“节省经费”“日常巨细开支，务必实行撙减”等语。

第四章　大陆银行的发展时期（1919—1937年）——稳步经营事业兴

从创立之日至抗日战争全面爆发（1919—1937年）为大陆银行的发展时期。在这一时期内，大陆银行不仅完成了其分支机构的创建和业务的拓展，还于1922年加入“三行联合营业事务所”（盐业、金城、中南），组成了民国的“北四行”联合集团，壮大了自身的实力。

第一节　广设分支机构

大陆银行对于分支行的开设稳步推进，渐次建立。先是“以各大商埠分行为主干”，再“进一步遍设分支机构于各地，视地区之便利，定管辖之范围，步趋务求稳健，考虑不厌周详”②。

一、京、津、沪、汉四大分行及其支行的创建

大陆银行成立之初，以天津为依托，设总行于天津。之所以如此，是因为天津是中国北方的工商业中心和进出口贸易中心，对外交流日趋活跃，经贸活动繁盛，有利于银行业务的展开。1920年春，谈荔孙辞去中国银行职务，专任大陆银行总经理，为了管理上的便利，在北京设立了大陆银行总管理处，而将天津改作分行。津行成立以后，于1920年4月在山东设济南支行；1928年10月设立青岛支行；1934年4月设立石家庄市办事处，6月设立太原代办处，11月设立蚌埠支行；均归津行管辖。

大陆银行北京分行成立较早。总行于1919年3月在天津成立，4月北京分行开业。因北洋政府定都在北京，大陆银行设立北京分行，便于吸收政府官僚和北洋军阀的大宗存款。大陆银行总行虽然设在天津，但因为政界要人、经济学者、殷实富户、军阀遗老大都居住在北京，谈荔孙的活动也主要在北京，为加强联系，北京分行内设有总经理办公室③。由于吸收存款蒸蒸日上，对该行创业奠定了良好的业务基础。京行成立后，于1935年4月在郑州北钱塘路成立郑州分支行，归京行管辖。

20世纪20年代的上海和天津一样为我国三大工商业城市之一，资金相对集中，各类金融市场兴旺发达，与国内外金融联系广泛。大陆银行正是看上了这一良好的金融服务环境，于1920年3月17日，南下登陆上海滩，成立上海分行，并以上海作为基地，渐次向长江下游三角洲挺进。沪行成立之后，于同年9月设立南京支行；1921年9月设立苏州支行；1929年6月设立杭州支行；1930年9月设立无锡支行；1935年1月设立南浔办事处；1937年4月设立绍兴支行；均直接或间接归沪行管辖。

① 中国人民银行北京市分行金融研究所：《北京银行史料》银行篇（四），第304页。

② 上海市档案馆藏大陆银行档案：《大陆银行简史》，档号：Q266-1-480。

③ 中国人民银行北京市分行金融研究所：《北京银行史料》银行篇（四），第245页。

1923 年 1 月 4 日，大陆银行汉口分行创建，至此，大陆银行完成了其在京、津、沪、汉四大商埠开设分行的计划。汉行成立之后，于 1933 年 11 月设立长沙分行；1935 年 4 月设立武昌支行；1 月设立南昌支行，均归汉行管辖。[①]

二、办事处的设立

为了更好地服务于社会，吸纳社会游资，大陆银行在各分行所在市内商业繁盛区域设立办事处，办理收付事宜。1922 年，大陆银行开同业之先河，在天津市内东马路、大胡同、梨栈（今和平路）等地普设办事处。1922 年 12 月，设立东马路办事处；1924 年 1 月，设立大胡同办事处（东马路办事处并入）；1931 年 10 月，设立北门外办事处；1932 年 12 月，设立西开办事处；1933 年 7 月，设立河东办事处；1934 年 7 月，设立海大道办事处；1935 年 7 月，设立梨栈办事处。

北京分行于 1931 年 8 月设立东四牌楼办事处，11 月设立王府井大街办事处；1933 年 12 月，设立西单牌楼办事处；1934 年 7 月，设立海淀办事处。为了宣传和扩大大陆银行在国外的影响和为广大莘莘学子服务，大陆银行又独辟蹊径，于 1924 年 9 月在北京清华大学设立办事处。同年，燕京大学迁往海淀，大陆银行也在该校设立办事处。由于清华、燕京两校地处西郊，设办事处为其服务，可以节省时间，给广大师生、员工提供了便利。其后，大陆银行又陆续在辅仁大学、北京大学开设办事处，这些办事处的设立体现了大陆银行服务社会的宗旨。

上海分行于 1930 年 7 月设立虹口办事处，11 月设立静安寺路及霞飞路办事处；1934 年 10 月，设立方滨路办事处。汉口分行于 1930 年 9 月，设立日租界中街办事处；1932 年 5 月，设立湖北街办事处。南京支行于 1932 年 8 月，设立城北街办事处；1921 年 4 月，设立中正街办事处；1936 年 6 月，设立中华路办事处。以上为大陆银行分支机构设立情况。

表 12－4　　大陆银行分支行及办事处创设情形

分支行及办事处名称	设立年月	分支行及办事处名称	设立年月
天津总行	1919 年 4 月	北京大学办事处	1934 年
济南分行	1931 年 4 月	上海分行	1920 年 3 月
青岛支行	1928 年 10 月	南京支行	1920 年 4 月
蚌埠支行	1934 年 11 月	苏州支行	1931 年 10 月
石家庄市办事处	1934 年 4 月	杭州支行	1929 年 6 月
太原代办处	1934 年 6 月	无锡支行	1930 年 9 月
东马路办事处	1922 年 12 月	南浔支行	1935 年 1 月
大胡同办事处	1924 年 1 月	绍兴支行	1937 年 4 月
北门外办事处	1931 年 10 月	虹口办事处	1930 年 7 月
西开办事处	1932 年 12 月	霞飞路办事处	1930 年 11 月
河东办事处	1933 年 7 月	静安寺路办事处	1930 年 11 月
海大道办事处	1934 年 7 月	方滨路办事处	1934 年 10 月
梨栈办事处	1935 年 7 月	汉口分行	1923 年 1 月
北京分行	1919 年 4 月	长沙支行	1933 年 11 月

① 上海市档案馆藏大陆银行档案：《大陆银行简史》，档号：Q266－1－480。

续表

分支行及办事处名称	设立年月	分支行及办事处名称	设立年月
郑州支行	1935 年 4 月	南昌支行	1935 年 1 月
东四牌楼办事处	1931 年 8 月	武昌支行	1935 年 4 月
王府井大街办事处	1931 年 11 月	湖北街办事处	1932 年 5 月
西单牌楼办事处	1933 年 12 月	日租界中街办事处	1930 年 9 月
海淀办事处	1934 年 7 月	南京城北街办事处	1932 年 8 月
清华大学办事处	1924 年 9 月	南京中正街办事处	1921 年 4 月
燕京大学办事处	1924 年	南京中华路办事处	1936 年 6 月
辅仁大学办事处	1935 年 1 月		

资料来源：上海市档案馆藏大陆银行档案：《大陆银行全体分、支行、办事处清册》，档号：Q266 - 1 - 36。中国人民银行北京市分行金融研究所：《北京银行史料》银行篇（四），第 275 页。

笔者特别需要指出的是，大陆银行于 1943 年 8 月将上海分行改为总行。原因有三：第一，抗日战争爆发后，总经理处尚在天津，对于南方各行处之管理，实感不便；第二，到了 1939 年秋季，天津市发生了空前大水灾，第二次世界大战爆发，日本人封锁天津租界，环境恶劣，上海一隅因国际关系比较复杂，日人尚有顾忌；① 第三，当时的上海资金的集散吞吐作用进一步加强，各类金融市场的交易量更加发达，与各地的金融联系更加广泛，金融的辐射作用和枢纽地位十分显著，已成为完全的金融中心。② 时人有言："军事上北伐，经济上南伐"③，大陆银行领导中枢的南移，体现了银行发展的规律。

第二节　四行联合营业

"北四行"是我国北方京、津地区著名的银行集团，由盐业、金城、中南、大陆四家银行组成。这四家银行除了各自独立经营外，还进行联合营业，因此它们之间存在着千丝万缕的联系。由于关系密切，所以时人称为"北四行"，恰与上海、浙兴、浙实"南三行"相对称。

一、北四行联合营业事务所的发起与成立

第一次世界大战以后，中国经济又趋萎缩，而新设银行不断增加，竞争激烈，必须厚集资力，互通声气，借以提高信誉、扩展业务，进而与当时身为"国家银行"的中国、交通两行相匹敌，以便在华北金融行业中占有优势地位。金城银行总经理周作民对三行联合有一段表白，道出了联合之主旨："至此次联合主旨：1. 在平时联合，如共同投资于实业，可使范围扩大。2. 在有事时联合，可使危险减少。国家银行既不可恃为后盾，经营商业银行自不得不与同业携手。唯量度资力，又必须相当，始于事有济。盐业内容，夙所共知，其股东大半与本行相同；中南成立稍迟，而其股东及在事诸君前后亦深有关系。盐业及我行资力偏重在北，中南则在南方著有声誉，以此联合认为有益"④。由此可知，"北四行"的联营，即是为了联合各行之力，厚集

① 上海市档案馆藏大陆银行档案：《大陆银行简史》，档号：Q266 - 1 - 480。
② 洪葭管：《金融中心今昔谈》，复旦大学中国金融史研究中心：《上海金融中心地位的变迁》，2005 年 9 月版。
③ 史全生：《北洋时期的华北财团》，《民国春秋》，1996 年第 3 期，第 9 页。
④ 中国人民银行上海市分行金融研究室．金城银行史料［M］．上海：上海人民出版社，1983：85.

资金，互通声气，借以提高信誉，扩展业务，以便在金融事业中占有优势。[①] 所以一经当时获得发行权的中南银行提出，此提议便首先得到了盐业银行的经理吴鼎昌和金城银行的经理周作民的赞同，并于1921年11月16日召开盐业、金城和中南三行联合会议，制定了《三行联合营业规约》七项决议，正式宣告了三行联合营业事务所成立。[②] 大陆银行处于谨慎当时没有加入，当看到三行联营确实能够壮大实力后，大陆银行经理谈荔孙对加入联营深感必要，认为此举“有互相扶助之义，确是发展营业巩固行基之一种办法”。[③] 因此，在半年之后，即1922年7月11日，大陆银行也加入进来，三行联营扩大为四行联营。至此，金城、盐业、中南和大陆四银行联合营业正式形成。为发布消息，四行联合营业事务所在《申报》上刊登了广告，广告内容涉及四个银行的资本总额、公积金、总分行地址等。[④] 四行联营事务所成立以后，陆续设立了四行准备库、四行储蓄会、四行信托部等多项合作机构。

二、四行准备库

“北四行”联合营业事务所成立后，又以它为基础，设立四行准备库，联合发行兑换券。四行准备库以中南银行的钞票为基础，联合发行中南券。并制定《四行准备库规约》《四行准备库发行章程》《四行准备库办事章程》及《四行准备库稽查处章程》等若干条，为四行联合发行中南纸币提供了制度保证。《四行准备库规约》第三条、第四条规定：“准备库之账目，完全独立。四行应遵守准备章程，换用纸币。万一四行中无论何行有意外之事，其损失与准备库无关”“四行中如有一行，因故休业时，与准备库之存立无关”。同时，在第二条、第五条中规定：“非得四行各个之同意，不得取消四行中任意一行。不得收回或另行发行何种纸币，及领用它种纸币，另图利益”“关于上项事务之费用及其他之捐益，由四行公摊之”[⑤]，这些规定明确了四个银行和准备库的关系。在制定准备库规约的基础上，为了保证准备库发钞顺利，“北四行”又制定了《四行准备库发行章程》，对四行准备库的发钞宗旨、分支设立、准备库职能、机构设置和稽核制度等作了规定。最后，在章程的第七条为了增加准备库的信誉度，规定：“本准备库，除政府特派监理官监察外，如银行公会商会欲来本库调查，持有银行公会及商会正式介绍信者，一律欢迎”[⑥]。在制定各项章程的同时，为了扩大中南券流通的范围，四行在各地分设了很多分库，如天津准备库于1922年11月1日在法租界二十一号路六十三号成立；上海准备库于1923年3月27日在英租界汉口路三号成立；汉口准备库于1923年5月16日在俄租界玛琳街四十五号成立。[⑦] 四行准备库为提高中南券社会信用，采取十足准备金办法发行，声称随时可以兑换现金，因而赢得了社会信任，发行额与年俱增。

自1926年起，四行准备库领用的钞票分别印有暗记，称“暗记券”。大陆银行领用的加印“C”字。四行准备库每天将兑回来的“暗记券”（称“回笼券”）整理后，向四银行分别收回现金。大陆银行通过发行中南券，既赢得了社会信誉，又扩大了经营资本量，对其业务发展起到了重要的作用。

---

① 中国人民银行上海市分行金融研究室．金城银行史料［M］．上海：上海人民出版社，1983：80.

② 中国人民银行上海市分行金融研究室．金城银行史料［M］．上海：上海人民出版社，1983：82－84.

③ 中国人民银行上海市分行金融研究室．金城银行史料［M］．上海：上海人民出版社，1983：86.

④《中南、大陆、金城、盐业四银行联合营业广告》，《申报》，1924年1月3日。

⑤《四行准备库发券情形》，《银行周报》，第8卷，第8号。

⑥《四行准备库发券之梗概》，《银行周报》，第8卷，第25号。

⑦《四行准备库发券情形》，《银行周报》，第8卷，第18号。

三、四行储蓄会

四行储蓄会是四行联营的另一个主要内容。四行联营事务所为吸收社会闲散资金、增强各行实力，决定办理储蓄组织，1923 年 1 月，四行储蓄会在上海成立，专营各种储蓄业务。四行储蓄会由四家银行的总经理，即金城的周作民、中南的胡筠（胡笔江）、大陆的谈荔孙、盐业的吴鼎昌任执行委员会委员，由吴鼎昌任主任，综理一切。四行储蓄会独立盈亏，其“基本储金”为 100 万元，由四行平均分担。这种“基本储金”是不能随便提取或变售的，因而即可视同资本。为了吸引储户存储，在四行储蓄会内规定了五种储蓄存款，[①] 并提出了保息及年终分红的吸储办法。四行储蓄会保息、分红的办法为：（1）保息，即以规定的利率保证储户的利息；（2）红利分配办法，先提 10% 的公积金，再从其余的 90% 中提取 60% 为基本会员（四行）储金的红利，提取 30% 为普通会员（一般储户）储金的红利，其余 10% 作为工作人员的酬劳奖金。[②] 这种新式的保息、分红方法既保证了储户享有在一般银行利息外，普通储户还将作为会员在储蓄会每年决算后可获得相应的红利，这比在外商每月抽签有奖的普及面要大得多，而这些措施都是其他储蓄会和商业银行所不具备的。当时《申报》对其评价为“且系以正当利益奖劝会员，复可一洗现在各储蓄会之缺点。”[③] 四行储蓄会开办以后，吸收存款情况之好，甚至出乎四行意料之外，开业当天即收两年以上定期存款 110 多万元，计 1000 余户。[④] 1923 年，存款额为 43.6 万元，以后逐年增加，1927 年达 1714.7 万元，增加 38 倍之多。[⑤] 由于时局不靖，四行储备会同当时较为稳健的银行一样，慎于放款。在放款中则偏重于定期抵押放款。如 1924 年该储蓄会的收储额为 303 万余元，而下半年的定期抵押放款总额为 244 万余元，购入公债则为 196.6 万元。[⑥] 总的来看，四行储备会在这一时期经营是成功的。

第三节　业务拓展

大陆银行建立之初，由于总经理谈荔孙具有经营新式银行的知识和经验，以及不畏艰难的魄力，业务推进颇为顺利。除了存放款业务之外，大陆银行十分注重新业务的开拓，包括开办各种储蓄、信托和仓库、汇兑等业务。

大陆银行的储蓄业务办理甚早，1921 年 8 月南京支行即试办储蓄存款，不久即推而广之，在各地实行。1922 年，大陆银行各分支行成立了储蓄专部，会计独立，让储户感到存款有保障。还设计了各种名目的储蓄品种以适应不同层次、不同年龄的储户需要。

1921 年，大陆银行又在京、津、沪三行分别开设保管、信托两部，建有钢筋水泥的保管库，首创出租保险箱业务，承接露封保管和信托业务[⑦]（代管验明数额的有价证券、股票、契约等，并代办取息、转期、投资等事宜），深得社会信赖。1930 年，设立储蓄信托部于上海，办理各种储蓄、信托业务。民国二十一年（1932 年），又在上海设立大陆商场，储蓄信托部也迁入商场内

---

① 中国人民银行上海市分行金融研究室：金城银行史料［M］. 上海：上海人民出版社，1983：101.

② 许家骏. 周作民与金城银行［M］. 北京：中国文史出版社，1993：151－152.

③ 《四银行合组储蓄会定期开幕》，《申报》，1923 年 5 月 21 日。

④ 《四银行储蓄会开市日之状况》，《申报》，1923 年 6 月 4 日。

⑤ 金城银行史料［M］. 上海：上海人民出版社，1983：106.

⑥ 《大陆银行月刊》3 卷 1 号。

⑦ 徐矛、顾关林、姜天鹰主编：《中国十银行家》，第 327 页。

营业。

由于银行放款多以实物作抵押，以存仓的商品栈单为凭证，因此，大陆银行以经营仓库业务作为开展大陆银行投放的重要环节。从1921年由沪行起添办仓库业务，先是租房办理，1930年改为购地自筑，1926年股东会议上决定在津、鲁两行建筑仓库；1927年，津行成立第一、第二仓库；之后汉、青、湘等行均有仓库的设立，以推广放款业务。

在1926年股东会议上，决议办理国外汇兑，在英、美、法、德、日五国约定代理机关，建立国外汇兑业务联系，将大陆银行的业务延伸到海外。

第四节　业务发展的原因

从1919年至1937年是大陆银行的发展时期。大陆银行大量吸收存款和零星储蓄，拓展融资渠道，开创新业务，其实力不断壮大。正如大陆银行档案中所记："此一时期，我行业务，有日新月异之势，发展之速，获利之厚，有非始料所及。"① 抗日战争前夕，即1936年，金城、大陆、中南、盐业四行存款总额分达1.83亿元、1.22亿元、1.2亿元、1.1亿元，分居各私营银行的第一、三、四、五位。② 大陆银行的全行存款为1.22亿元，与中南银行1.2亿元相仿，仅次于金城银行1.83亿元和上海商业储蓄银行1.69亿元，跃居全国商业银行中的第三位。③ 推究此一时期，大陆银行业务的发展原因有以下几个方面。

一、谈荔孙的精心操持

大陆银行建行之初，由于总经理谈荔孙具有经营新式银行的知识和经验以及不畏艰难的魄力，业务推进颇为顺利。"1920年谈荔孙专任大陆总经理后，对于业务，事无巨细，皆躬亲领导，全职职工能收通力合作之效。"④ 谈荔孙办事认真谨慎，执掌大陆银行以后，更加循规蹈矩。对于业务的推广、分支行的开设，也是步步为营，渐次设立。在贷款和投资方面注意捕捉贷款和投资对象的动态，掌握其详细的信息以确保运营资金的安全。例如，大陆银行在对天津协和公司的放款和对黑龙江榨油厂的投资问题上，就是因为谈荔孙的谨慎和细心才万无一失收回巨款，从而避免了损失。谈荔孙对大陆银行兢兢业业，在他病逝后，留有为大陆银行发展而作的计划书，其内容包括在总经理处增设一顾问室、聘请各大学经济学者和社会上对金融和工商业有经验人士为顾问、支送优厚车马费、调整内部的人事、聘用国内外经济学者和吸收国内外大学经济系学生及金融业有经验人士来递补各级职务等⑤，内容非常详细。在"九·一八"事变后，华北形势岌岌可危，谈荔孙在1932年的一次行务会议上提出："现在时局如此严重，可谓非常之极，应付非常之境，必须有非常之精神与决心……对于个人应勤俭忠实，对开支应万分撙节，对于营业步步为营，沉着迈进，无论何事想到进取，必先顾到失败，所谓多留余地"⑥。正是由于他的艰苦创业精神和开拓进取的工作使大陆银行业务稳步发展。

---

① 上海市档案馆藏大陆银行档案：《大陆银行简史》，档号：Q266－1－480。

② 刘鸿儒．经济大辞典·金融卷［M］．上海：上海辞书出版社，1987：175.

③ 中国人民银行北京市分行金融研究所：《北京金融史料》银行篇（四），第247页。

④ 上海市档案馆藏大陆银行档案：《大陆银行简史》，档号：Q266－1－480。

⑤ 天津文史资料［M］．第13辑，天津：天津人民出版社，1981：156.

⑥ 中国人民银行北京市分行金融研究所：《北京金融史料》银行篇（四），第307页。

二、业务经营稳健，又不乏开拓之风

大陆银行的经营素以稳健扎实而著称，不敢冒风险图利。对放贷款采取慎重稳健方针，并注意调查研究，制定“放款规约”和《办理调查事宜暂行办法》下达总支行副经理，一体遵守。“天津协和贸易公司诈骗案”轰动了全国金融界，“北四行”中其他三行均受到不同程度的损失，独大陆银行一家未遭受任何损失，正是由于这一经营风格，才使大陆银行的业务能稳步发展。大陆银行的经营虽然谨慎却并非保守，可谓有开拓之风。除办理商业银行一切业务以外，兼办储蓄、信托、保管等业务。1922 年，与盐业、金城、中南等银行联营设立四行储蓄会，以宏实力，广泛吸收小额储蓄。1925 年，设储蓄部，另拨资金，会计独立。1930 年，又设储蓄信托部于上海，办理各种储蓄、信托业务。为使大陆银行的抵押贷款得到保障，大力经营仓库作为开展放贷的重要手段。1927 年，大陆银行又与英、美、法、德、日五国建立国外汇兑业务联系，将大陆银行的业务延伸到海外。

三、四行联营，提高了信誉

作为商业银行，要使自身业务得到更大的发展，除厚集资金外，最重要的在于发展存款业务。因为资本是个有限的量，存款则是一个无限的量。存款多，放款才能多，放款多，所得存放利差就多，因而利润就多。“北四行”的联营获得了厚集资金、互通信息，借以提高信誉的成效，大陆银行也因而获得了进一步的发展。四行联合营业是华资商业银行联合营业的先声，是当时中国银行业发展的历史必然。大陆银行顺应了这一趋势，参与了四行联营，提高了信誉，使自己在激烈的银行业竞争中站稳了脚跟。

四、管理科学

大陆银行在不断开拓创新业务的同时，着重内部管理，建立和健全一系列规章制度，形成了一套高效、科学的管理制度。例如：（1）总经理制。总经理制是由股东代表大会聘任总经理主持日常工作并决断重大事务，对全体股东负责的一种权责合一的岗位责任经营管理制度，能减少决策层的互相牵制，在重大事务的处理上赢得时间，提高效率。当时大陆银行就是采用这种制度，谈荔孙不仅是总经理还兼任董事长，这样，对一些重大事务可以当机立断，提高效率，不易错过那些稍纵即逝的商机。（2）总账制度。如前所述，总账制度的设立，在大陆银行内部形成了一个领导系统，优点在于使经副襄理能腾出较多的时间和精力来处理其他重大问题，提高管理效率。（3）考试制度。既发扬了民主之风，又为大陆银行选拔了一批人才。1933 年谈荔孙病死，首将总经理处移至天津，总处总行在一埠，指挥更为便利。① 这些科学的管理制度使大陆银行能够高效的运作，从而促进其业务的发展。

除上述原因以外，当时的国内国际背景也有利于大陆银行的发展。正如大陆银行档案中所推究的：“此一时期包括北政时代及伪国民政府初期，国际风云尚在酝酿，国内工商业欣欣向荣，通货膨胀，既未若后来之甚，银行与工商业相因为用，颇能收联合之功，兼以我行宗旨，素来稳健，信誉在人耳目，以十余年之短时期，进而为国内有数之商业银行，非无故也。”②

---

① 上海市档案馆藏大陆银行档案：《大陆银行简史》，档号：Q266－1－480。

② 同注释 1。

结语

大陆银行在经过前期的发展以后，在抗日战争中业务逐渐收缩，抗日战争胜利后由于国民政府搞金融垄断和严格的金融管制，大陆银行迅速走向衰落，直至最后公私合营，完成其历史角色。全国解放初期，中国人民政府鉴于在我国的特殊历史条件下，旧中国金融业仍然有两重性，对国计民生既具有有利的积极作用，又具有不利的消极作用，因此，国家对私营银钱业采取行政上严格管理与业务上疏导相结合的方针对其进行了社会主义改造，以发挥其积极作用。在此种背景下，大陆银行先是约请公股董事进入，然后参加“北五行”公私合营，最后随着私营金融业实行全行业合营而完成了社会主义改造，标志着其历史使命的终结。下面，笔者将大陆银行接受社会主义改造的过程作一个简单的回顾。

一、全国金融业联席会议，公股董事进入大陆银行

1950 年 8 月，在中国人民银行总行的领导下，在北京召开全国金融联席会议，根据中央人民政府调整工商业的总方针，商讨了调整金融业与工商业的关系、调整金融业中的公私关系以及调整劳资关系等问题，使金融业能适应国家经济建设的需要。

大陆银行迫于形势，转而考虑联营，并有意通过联营合并，进一步靠拢国家银行，遂向中国人民银行提出申请，要求政府指派公股董事进入银行。1950 年 8 月，由中国人民银行指定公股董事两人进入大陆银行，为其公股董事。《人民日报》对此有报道：“会议的主要收获是为私营金融业指出了发展的方向……行庄要求政府接管属于依法应予没收之敌伪股份并指派公股董事者有上海、浙兴、金城、大陆、中南、国华、聚兴诚、和成银行八家，国家银行已予同意。”①

二、参加“北五行”公私合营

1. “北五行”联营、联管的酝酿

当时，中国通商、新华、浙实、上海等行，有的申请派公股董事，有的联营联管，有的公私合营。“北五行”（“北四行”和联合银行总称“北五行”）中在香港的三行负责人即金城周作民、中南王孟钟、联合银行钱新之等迫于形势，也在商量五行联营联管。三行虽都同意，但因盐业、大陆银行无人在港，未能达成协议。后来派人来沪协商，大陆银行也表示赞同。② 接着，大陆银行在天津、上海、北京的分行分别与在这些城市的盐业、金城、中南、联合四家银行的分行，签订五行联营公约，初步进行了“北五行”的地区性联营。

2. “北五行”联营联管筹备委员会

盐业银行、金城银行、中南银行、大陆银行、联合银行，为加强联系，密切合作，由五行董事会推举代表组织协商会议并订立简则草案十条。第一次协商会议时，大陆银行推定的董事代表为许汉卿、南佩兰。会议中，大陆银行代表许汉卿发言点明了会议的主旨不是合并，而是要求五行今后加强联系，密切合作，“到五行彼此合作臻至浑然一体时，合并事业自然完成”，

① 南汉宸：《关于全国金融联席会议的报告》，《人民日报》，1950 年 9 月 28 日。

② 许家骏：周作民与金城银行［M］. 北京：中国文史出版社，1993：143.

“我五行联营办法，津、沪等处已经渐次实施，若由联营走向合并，尤属顺理成章之事，无可疑虑。唯是机构之裁并、人事之精减、财产之估值、业务之推进由分而合，自简趋繁，凡斯种种，皆非立谈之间与短少之间所能蒇事，要当从长计与从容布置，自能水到渠成，迎刃而解”①。1951 年 7 月，“北五行”联合组织联营联管筹备委员会，公推谢寿天为主任委员，周作民、黄钦书为副主任委员，协商筹备事项。同时，停止所有前设之五行董事代表协商会。②

3. “北五行”联合总管理处成立，大陆银行成为公私合营银行

1951 年 9 月，公私合营“北五行”联合总管理处成立。《新闻日报》上登载了成立公告：“本行等为联合总管理处，加强组织，联营业务，统配财务，俾在国家财经金融设施向计划过程中，分担其应有的任务，由中国人民银行领导，经五行董事会共同协议，在保持各行原有法定地位，兼顾公私股东权益之原则下，组织联合董事会，并设立联合总管理处，为五行集中领导与管理之最高执行机构。兹联合总管理处于 1951 年 9 月 1 日正式成立，此后各行总行或总管理处归并联合总管理处，各地分支行处亦统归其直接领导管辖，谨此公告。”③

联合董事会董事长为周作民，副董事长为谢天寿、黄钦书。总管理处主任为谢天寿，副主任为徐国懋、王绍贤、谈公远。④ 这是金融业继新华、四明、中实 、通商、建业五行之后，加强集中经营的又一个联合组织。从此大陆银行不再是单纯的私人资本银行，而是有着国家投资并由国家派遣干部同资本家共同经营的国家资本主义高级形式的银行了。

三、私营金融业全行业合营，大陆银行完成社会主义改造

1952 年冬，为执行国家金融政策，更好地为国家经济建设服务，五个联管总处（公私合营银行十一行联合董事会、公私合营银行北五行联合董事会、公私合营上海银行董事会、第一联营联合董事会、第二联营联合董事会）向国家银行申请组织公私合营银行。其文曰：“为执行国家金融政策，在中国人民银行领导下，更好地为国家经济建设服务，经我会等共同协议，一致同意由各联董会及董事会推派为代表，在服从中国人民银行领导，兼顾公私股东权益原则下，统一上述五系统，所属行庄组织公私合营银行联合董事会，并经会同签订成立公私合营银行协议书一种，以资遵守。谨检附协议书副本一份，会同报请鉴核指示。”⑤

1952 年 12 月 1 日，经五个联合管理处的董事会共同协议，组成公私合营银行联合董事会，并设立了联合总管理处，为公私合营银行管理和经营的最高机构。公私合营银行联合董事会和总管理处于 1953 年 5 月 5 日迁抵北京，正式开始办公。迁京之后，除了继续完成清估资产、核实股权的工作，彻底完成了改造任务以外，对于开展私营工商业务，发展国民经济的工作，在中国人民银行总行的直接领导下，起了更大积极作用，担负起国家建设时期金融工作的部分任务。至此，大陆银行完成了社会主义改造，终结了历史使命，大陆银行乃至“北五行”均成为历史名词了。⑥

---

① 金城档案：“五行董事代表协商会议记录”，1950 年 11 月 10 日。引自中国人民银行上海市分行金融研究室：《金城银行史料》，第 971 页。

② 金城档案：“五行董事代表协商会议案执行委员会第三次会议记录”，1951 年 7 月 13 日。引自中国人民银行上海市分行金融研究室：《金城银行史料》，第 976 页。

③ 《新闻日报》1951 年 8 月 30 日。

④ 《新闻日报》1951 年 9 月 1 日。

⑤ 《金城银行史料》，第 992 页。

⑥ 许家骏．周作民与金城银行［M］．北京：中国文史出版社，1993：144.

大陆银行从1919年创立至1952年私营金融业全行业公私合营，历时30余载，经历了创立、发展、衰落、结束几个历史过程。大陆银行作为商业银行，与其他商业银行既有相同的一面，又有其不同的一面。相同的是，都在中国特定的历史背景下成长起来，即民族工商业的暂时繁荣、旧有金融机构的衰落、北洋政府滥发公债，作为承销公债的银行纷纷涌现、社会动荡等。不同的是，大陆银行有自己的一套运作机制，包括严密的组织、科学的管理、稳健的经营风格、开拓性的业务等。这套运营机制曾经高效地运作，从而帮助大陆银行在激烈的同行业竞争中站稳脚跟，才有了其创立后的稳步发展时期。然而，历史证明私营金融业在旧中国是没有发展前途的。抗战全面爆发前，国民政府建立了以“四行两局”为中心的金融垄断组织体系，并且通过四行（中、中、交、农）把势力侵入许多商业银行，从而把它们直接或间接地控制在政府手中。抗战胜利后，国民政府为发动内战继续实行通货膨胀政策，不仅如此，国民党当局还把私营行庄看作扰乱金融物价的罪魁祸首，对它们施加种种限制和打击，私营银行业被管制的奄奄一息并急剧衰落下去。“唇亡齿寒”，在整个民族金融资本衰落的大背景下，大陆银行避免不了政府控制、摆脱不了经济环境的影响，其走向衰落也就是历史的必然了。

窥一斑可知全豹，大陆银行是近代银行业发展过程中的一个缩影，对大陆银行的个案研究，有助于把握近代银行业的发展脉络。以史为鉴，大陆银行先进的经营管理方法对现代银行开展经营活动仍有重要的借鉴作用。

参考文献

档案、史料

［1］沪银档，大陆银行档案。

［2］中国人民银行上海市分行：《上海钱庄史料》，上海人民出版社，1978年版。

［3］中国人民银行总行参事室金融史料组：《中国近代货币史资料》，中华书局，1964年版。

［4］中国人民银行北京市分行金融研究所、《北京金融志》编委会办公室：《北京金融史料》，银行篇（四），1993年版。

［5］交通银行总行，中国第二历史档案馆：《交通银行史料》，中国金融出版社，1995年版。

［6］中国人民银行上海市分行金融研究室：《金城银行史料》，上海人民出版社，1983年版。

［7］中国银行总行，中国第二历史档案馆：《中国银行行史资料汇编》（1912—1949），档案出版社，1991年版。

［8］中国人民银行上海市分行金融研究所：《上海商业储蓄银行史料》，上海人民出版社，1990年版。

著作

［1］陈其田．山西票庄考略［M］．商务印书馆，1937.

［2］卫聚贤．山西票号史［M］．说文出版社，1944.

［3］贾士毅．国债与金融［M］．商务印书馆，1930.

［4］吴承禧．中国的银行［M］．商务印书馆，1934.

[5] 周葆銮．中华银行史［M］．商务印书馆，1923.

[6] 贾士毅．民国续财政史［M］．商务印书馆，1934.

[7] 贾士毅．民国财政史［M］．商务印书馆，1917.

[8] 杨荫溥．上海金融组织概要［M］．商务印书馆，1930.

[9] 徐寄庼．最近上海金融史［M］．上海书店，1932 年影印版．

[10] 王志莘．中国之储蓄银行史［M］．上海新华信托储蓄银行，1934.

[11] 中国银行经济研究室．中国重要银行最近十年营业概况研究［M］．上海，1933.

[12] 联合征信所平津分所．平津金融业概览［M］．1947.

[13] 联合征信所调查组．上海金融界概览［M］．联合征信所，1937.

[14] 郭孝先．上海的钱庄［J］．上海市通志馆期刊，民国二十二年 12 月，第 1 卷，第 3 期．

[15] 郭孝先．上海的内国银行［J］．上海市通志馆期刊，民国二十二年 9 月，第 1 卷，第 2 期．

[16] 大清银行总清理处编：《大清银行始末记》，1915 年 7 月刊。

[17] 申晓云，朱宝琴．民国掌故［M］．上海人民出版社，1997 年版．

[18] 汪敬虞．中国近代工业史资料［M］．中华书局，1962.

[19] 严中平．中国棉纺织史稿［M］．科学出版社，1955.

[20] 许涤新，吴承明．中国资本主义发展史［M］．人民出版社，2003.

[21] 吴承明．中国资本主义与国内市场［M］．中国社会科学出版社，1985.

[22] 杨端六．清代货币金融史稿［M］．三联书店，1962.

[23] ［日］宫下忠雄，吴子竹译．中国银行制度史［M］．1957.

[24] 张郁兰．中国银行业发展史［M］．上海人民出版社，1957.

[25] 沈云龙．近代中国史料丛刊续编［M］．第十三辑，文海出版社，1975.

[26] 徐义生．中国近代外债史统计资料［M］．中华书局，1962.

[27] 千家驹．旧中国公债史资料［M］．中国财政经济出版社，1955.

[28] 中国近代金融史编写组．中国近代金融史［M］．中国金融出版社，1985.

[29] 黄鉴晖．中国银行业史［M］．山西经济出版社，1994.

[30] 杜恂诚．中国金融通史［M］．第三卷，（北洋政府卷），中国金融出版社，2002.

[31] 卜明．中国银行行史（1912—1949）［M］．中国金融出版社，1995.

[32] 洪葭管，张继凤．近代上海金融市场［M］．上海人民出版社，1993.

[33] 钟思远，刘基荣．民国私营银行史［M］．四川大学出版社，1999.

[34] 程霖．中国近代银行制度建设思想研究（1859—1949）［M］．上海财经大学出版社，1999.

[35] 黄达．货币银行学［M］．高等教育出版社，2000.

[36] 徐矛，顾关林，姜天鹰．中国十银行家［M］．上海人民出版社，1997.

[37] ［法］白吉尔．中国资产阶级的黄金时代（1911—1937 年）［M］．上海人民出版社，1994.

[38] 刘鸿儒．经济大辞典·金融卷［M］．上海辞书出版社，1987.

[39] 中国金融学会金融史研究会．沿海城市旧银行史研究［M］．1985.

[40] 天津市地方志编修委员会．天津通志·金融志（1404—1990）［M］．天津社会科学院，1995.

［41］石毓符．中国货币金融史略［M］．天津人民出版社，1984.

论文

［1］唐传泗，黄汉民．试论1927年以前的中国银行业［J］．中国近代经济史研究资料（4），上海社科院出版社，1985年版。
［2］千家驹．旧中国发行公债史的研究［J］．历史研究，1955（2）．
［3］阚立军．北四行金融资本初探［J］．安徽教育学院学报，1997（2）．
［4］潘连贵．“北四行”和“南三行”［J］．中国金融，2003（1）．
［5］洪葭管．金融中心今昔谈，复旦大学中国金融史研究中心：《上海金融中心地位的变迁》，2005年9月版。
［6］应永玉．四行储蓄会，许家骏等编：《周作民与金城银行》，中国文史出版社1993年版。
［7］史全生．北洋时期的华北财团［J］．民国春秋，1996（3）．
［8］宋路霞．谈荔孙与大陆银行的盛衰［J］．中国企业家，2003（3）．
［9］杨培新．论中国金融资产阶级的封建性［J］．近代史研究，1985（2）．
［10］六寿孙．银行运用资金之我见［J］．中行月刊，2卷11期．

文史资料

［1］《天津文史资料选辑》，第13辑，天津人民出版社，1981年版。
［2］《天津文史资料选辑》，第25辑，天津人民出版社，1983年版。
［3］许家骏等编：《周作民与金城银行》，中国文史出版社，1993年版。
［4］中国人民政治协商会议上海市委员会文史资料工作委员会：《旧上海的金融界》，《上海文史资料选辑》，第60辑，上海人民出版社，1988年版。

报刊、年鉴

［1］《申报》
［2］《银行周报》
［3］《大陆银行月刊》
［4］《大陆银行季刊》
［5］《金融周报》
［6］《新闻报》
［7］《人民日报》
［8］申报年鉴社：《申报年鉴》，美华书馆，1935年。
［9］中国银行总管理处经济研究室：《全国银行年鉴》，上海，1934年、1935年、1936年。
［10］财政部财政年鉴编纂处：《财政年鉴》，商务印书馆，1935年版。

第十二篇　中国实业银行

崔晓培

中国实业银行全称为中国实业银行股份有限公司，英文名称为 THE NATIONAL INDUSTRIAL BANK OF CHINA，注册营业年限为 60 年①。股份有限公司是当时中国最先进的公司组织模式和管理方式，也是当时中国新式银行多采用的组织方式。时局动荡，作为特种银行而设的中国实业银行也不得不经营一般商业银行的业务，业务的多样化决定了其扮演“角色”的多重性。

---

① 中国实业银行民国九年《章程》中规定：“本银行营业年限，自开业之日起满 60 年限”，但其民国二十六年的《章程》中规定：“本银行营业年限，自呈准注册之日起，以 30 年为限”。

第一章　中国实业银行的组织系统及其多重身份

第一节　中国实业银行的组织系统

中国实业银行随时局的变动曾多次适时地修改其《组织规程》和改设其组织结构，主要分为初设时期、1935 年改组之后、抗战期间、1946 年以后及新中国成立之后几个阶段，这 5 个阶段该行的组织系统都曾有过改动，1937 年的变化比较大，也是新中国成立前中国实业银行规程发展完备的顶峰，曾有《中国实业银行规程汇编》一书的出版。对各决策机构的规定，1937 年的《章程》要比 1919 年初创时期的《章程》详细得多，这也体现了中国实业银行规程方面一个逐渐完备的过程。所以本节主要依据 1919 年和 1937 年两个有代表性年份的《章程》来进行概述。

中国实业银行的组织系统中主要包括决策机构和执行机构两大类，决策机构主要有股东会、董事会、监事会（后改为监察人会），执行机构主要有总管理处、分行、支行及办事处等。

一、决策机构①

决策机构指银行的权力机关，按权力的大小依次为股东会、董事会、监事会、行务总会。

1. 股东会

股东会的参加者为中国实业银行的全体股东，但是有两种情况，依下列规定确定股东身份：（1）本银行股份，为二人以上共有者，应推定一人为股东；（2）本银行股份为公司、行号、公共机关所有者，应推定一人执行股东权利。

中国实业银行的股东会分为常会和临时会两种。股东常会于每年 4 月于总行所在地举行，由董事局召集。临时股东会没有时间限制，只要具备以下两个条件中的一个就可以召开：（1）董事局认为有重要事件必须召开会议时；（2）股东占有股份额五分之一以上者，因重要事件提出理由书，请求召开会议时。

股东享有议决权，其议决权的多寡，中国实业银行是这样规定的：每股东之议决权，每股有一权；其所逾 100 股以上之股份，每二股有一权；其所逾 1000 股以上之股份，每五股有一权。股东因有事故不能到会时，得委托其他股东到会场代理，但不得托股东以外之人到会。

2. 董事会

中国实业银行设有董事局，置董事 13 人，董事之任期 3 年。其中，公股董事 2 人，由财政部指派，商股董事 11 人，于持有本行 100 股以上的商股股东中公举选出。由董事中互推总董一人，协董一人，为董事局之代表，在董事会时为议长、副议长；并由董事互推总理一人，协理一人，执行行务。

董事会的职权有：审定业务方针；规定总、分、支行之组织及详细规则；决议分、支行之设立、撤销和变更；议决营业用地基、房屋之租借、建筑或买卖；核议代理店之委托，及受他

① “决策机构”一题的内容参考中国人民银行北京市分行金融研究所编：《北京金融史料（银行篇三）》，第 258－271 页。

行、号之委托代理；审核或订立对外之重要契约；核议处理抵偿债务押件，及结束催收款项办法；核定各项开支之决算预算；整理年终决算报告；议定召集通常或临时股东会日期事项；裁决各部分之权限争议；核议本章程第十条（即营业范围的规定）变通办理事项等共14条。

决议时，以到会之多数取决可否，同数时由主席决之，但到会董事不及半数以上不得决议。

3. 监事会或监察人会

中国实业银行设监事5人，任期2年。由财政部指派1人，其余在持有本行50股以上的商股股东中指派，以常驻监察人为主席。

监察人会之职权有：审查年终决算报告；监察营业进行及财产状况，遇必要时，得陈述意见于董事会；监察业务并检查一切账目、证券及库存；监察董事长、总经理及董事执行职务是否遵守法令、章程、规则及股东会之决议。

议决时，以到会之多数取决可否，同数时主席决之，但到会监察人不及半数以上不得决议；监察人对于行务认为必要时，得出席董事会陈述意见，但没有表决权。

从监事会的职权来看，其更像一个监督机构而不是决策机构，所以“监察人有监察过失之职而无实行处分之权，无论何时，得出入银行，调查实情，展阅簿据，查检银库，如有意见，可提出于股东总会公决之”①。

4. 行务总会

董事、监察人之联合会议，称为行务总会，也有称为董监会的。

行务总会之职权如下：关于行务之重大兴革事项；关于特别公积金、股东红利及行员酬劳金之分配事项；关于董事会不能裁决之权限争议；关于董事长、总经理、常务董事、常驻监察人薪俸之议定，及董事长、总经理交际费，并董事、监察人夫马费之议定；关于不属于董事会、监察人会范围以内事项。

行务总会由主席召集，以多数取决可否，同数时由主席决之。但到会董事、监察人须各有半数以上方可议决。

二、执行机构②

执行机构主要是指该行内部具体的办事机构及执行机关。它指的是：（1）全行号组织系统：总行—分行—支行—办事处。（2）总行号组织系统：总务处、稽核处、业务部、储蓄部。（3）支行组织系统：文书科、业务科、会计科、出纳科。这些机构共同构成了整个银行的执行机构组织系统。

1. 总管理处

总管理处原称总行，设于天津，因“我行为迎合时势，便于统筹管理计，于（民国二十一年）四月初旬将总行由津迁沪，变更组织，更名为总管理处，力求刷新以图振作”③。总管理处由总经理商同董事长、常务董事，处理全行事务。其下设业务部、储蓄部、总务处、稽核处，计二部二处。

业务部之职掌如下：掌本部文书卷宗事项；掌本部营业事项；掌本部现金出纳事项；掌本

① 杨荫溥. 上海金融组织概要［M］. 上海：商务印书馆，1930：223.

② 因时局不同，中国实业银行经常变化组织系统，此处“执行机构”一节参考《中国实业银行组织规程》民国二十五年四月，北京市档案馆藏J47－1－11。

③ 上海市档案馆藏中国实业银行档案Q276－1－82。

部账目事项；掌本部各项资产及重要契据保管事项；掌分支行、处资金之调拨事项；掌关于业务之调查及报告事项；掌拟定分支行、处之设立或变更事项；掌拟定分支行、处业务之设计及指导事项；掌会同稽核处审核分支行、处业务事项。

储蓄部之职掌如下：掌本部文书卷宗事项；掌本部储蓄款项之收付及资金运用事项；掌本部账目事项；掌本部各项资产及重要契据之保管事项；掌分支部、处资金之调拨事项；掌储蓄事业之调查及报告事项；掌拟定分支部、处之设立或变更事项；掌拟定分支部、处储蓄事务之设计及指导事项；掌行员储金事项；掌会同稽核处审核分支部、处储蓄业务事项。

总务处之职掌如下：掌本处文书卷宗事项；掌总行收发事项；掌各种规章之拟定事项；掌本行印信之刊发、保管及销毁事项；掌本行各种业务会议之通知及记录事项；掌总行图书之购置及保管事项；掌本行股票事项；掌全行营业报告之汇编事项；掌行员进退、升调、考试、薪给、奖惩、请假、恤养等之审核及登记事项；掌行员保证书之审核及保管事项；掌总行庶务事项；掌总行营业用器具之购置及保管事项；掌全行账表、书类之印刷及发送事项；掌全行各项开支预算及会核事项；掌全行工程设计事项；掌不属于其他各部、处之事项。

稽核处之职掌如下：掌本处文书卷宗事项；掌各项会计规则、账表、单据之编订事项；掌全行账表及报告之稽核事项；掌全行对外契约之审核事项；掌审核各分支行、处及储蓄分支部、处之设立或变更事项；掌汇核全行之设计及指导事项；掌会同各部审核分支行、处业务、储蓄事项；掌全行各项总决算表之编制事项；掌全行各项决算表之审核事项；掌全行各项开支预算表之审核事项；掌总经理交核事项；掌全行会计主管人员之遴派及更调事项；掌赴外稽核事项；掌各项统计之编制事项；掌整理全行旧欠事项。

各部设经理一人，各处设处长一人；各部、处设副经理、副处长各一人；各部视事务之繁简，得酌设襄理办理经理制定事务。

各部、处应分科处理事务，每科设主任一人，其事务较繁之科，得设副主任协助之，各科主任得由各部、处，经理、副经理、襄理、处长、副处长兼领，或他科主任兼任之。

各科设办事员、助员、练习生分掌事务。

总行得设秘书、专员及稽核，直隶于总经理办事。

2. 分支行处

（1）分行设下列四科：文书科，掌文书、庶务及不属于其他各科之事项。业务科，掌各项业务并调查事项。会计科，掌登记账簿、核算数目，办理预算、决算及编制表册事项。出纳科，掌现款出入及保管押品、证据等重要物件事项。

以上各科，各设主任一人，得由副理、襄理兼领，或由其他各科主任兼任。

（2）支行得设文书、业务、会计、出纳四系，其职务与分行的四科相同。业务过简者得兼并办理。

（3）办事处设文书员、业务员、会计员、出纳员，其职务与分行的四科相同。业务过简者得兼并办理。

分支行设经理一人，办事处设主任一人主持该行、处事务。分支行得设副理、襄理，办事处得设副主任，辅助经理、主任处理行务。

分支行、处设办事员、助员、练习生分掌职务，其名额视事务之繁简酌定之。

3. 储蓄分支部处

分支部设经理一人，储蓄处设主任一人，主持该部、处事务。经理、主任，得由总行派所在地分支行、处经理或主任兼充。

分支部、处设办事员、助员、练习生分掌事务，视各该部、处事务之繁简，得就所在地行、处员生制定派充，但须呈报总行核准。

第二节　中国实业银行的多重身份

“吾国各银行，就其行名所表示之性质言之，类别烦繁，计可列为九大类：（一）中央银行、（二）特许银行、（三）省立银行、（四）市立银行、（五）商业银行、（六）储蓄银行、（七）实业银行、（八）专业银行、（九）华侨银行。”[①] 中国实业银行究竟属于哪一类银行，笔者做如下分析。

民国四年八月，在最初拟订的章程第十三条中，对中国实业银行营业范围作了如下规定：本银行得于左列（即下列）范围以内，从事营业：[②]

一、左列各项关于种植、垦牧、水利、矿产、工厂、铁路、盐业等事之放款。

以不动产为抵押，十年以内分期拨还者。

以不动产为抵押，五年以内定期偿还者。

以出产物为抵押，一年以内定期偿还者。

二、以工厂机械为抵押之放款。

三、保证办货放款。

四、经理特别区域营业之汇兑、贴现，其区域另定之。

五、代理或介绍买卖商品。

六、代理发行国家及公共团体之债票。

七、代理发行公立私立各种实业公司之股票及债票。

八、附设公共查账会，延请款会计专家，专代各种公立私立各种实业公司检查账目，清理财产，另订会章，禀请财政部核准。

九、建设货栈，为客商存储货物，兼做押款，栈章另定之。

十、买卖生金生银及外国货币。

十一、代理保管有价证券及贵重物品。

十二、经收各种票据。

十三、收买地方实业银行债票。

十四、收受各种存款。

中国实业银行正式成立之后，于民国九年九月修正的《章程》中规定的营业范围，除了将第四款由“经理特别区域营业之汇兑、贴现，其区域另定之”改为“经理汇兑贴现”外，其余未做任何改动，而此项改动实际上是扩大了经营汇兑贴现的区域。

从上述章程中可以看出，中国实业银行的营业范围极为宽泛。其放款所指向种植、垦牧、水利、交通等都是当时急需资金支持的行业。例如“众谓我国自通商以来，洋货进口逐年增加，利权外溢，预谋抵制，自以奖励土货出口为要，而我国出口土货之中，以丝茶、棉花、脂麻、

---

① 杨荫溥. 银行的定义和作用［M］. 经济常识（第四册），上海：经济书局，1936：270 – 271.

② 周葆銮. 中华银行史［M］. 上海：商务印书馆，1923：13 – 14.

羊毛、牛皮以及各种杂粮为大宗。而此项农产品之出口，以东三省及长江沿岸各埠为最巨，其产额逐年虽有增加，只以内国金融机关及仓库、保险、运输、交易所等之辅助商业机关，尚未完全设备，以致贸易之权均操诸外人之手。权利丧失，岁难数计。”①

通过中国实业银行营业范围，可以认定它不仅仅为实业而设，即不是纯粹的实业银行，还兼具多种银行的身份。这与当时中国社会的畸形发展状况是分不开的。在当时条件下，民族资本无法为银行的开设提供必要的资金支持，而且民族资本本身的不景气使得银行业对其投资处于“裹足不前”的境地。而国家公债发行额度大、利润丰厚，地产业畸形繁荣等情况极大地吸引银行的资金向其投资以获取利润来维持和发展银行本身。所以“格于环境，仅能办普通银行业务，与最初创办原旨不符”②，中国实业银行如果只是做纯粹的实业银行就无法生存，必须一身兼数职，才能立足、发展。

一、实业银行“身份”

如前文所述，中国实业银行从理论上具备了实业银行的性质。民国三十六年（1947 年）国民政府公布《新银行法》，其中第五十九条对实业银行的经营范围进行了规定③。

实业银行可以经营下列业务：收受普通活期、定期存款；对农工矿及其他生产公用或交通事业办理各种放款、票据承兑或贴现及汇兑；代农工矿业及其他生产公用或交通事业办理收付款项；代农工矿及其他生产公用交通事业募集股份或公司债；买卖公债库券、公司债及其他债券；办理与其业务有关之仓库或保管业务；投资于农工矿业及其他生产公用或交通事业；办理国家银行指定代理之业务。

可以看出，国家对实业银行这一类特种银行营业范围的规定，就是要用法律的手段保证实业银行对国家生产事业及与生产事业密切相关的交通事业的放款与投资，以保证这些关系国家最终利益的行业的资金需求。也就是说，实业银行或“以某种专业冠其名称者”如特种银行中的盐业银行、农工银行等，都应当把对国家生产事业及与生产事业相关的行业作为其放款的重点。由于这类银行放款的重点是生产事业，比如对工业放款，“自兴建工厂至于成货发售率需数年，资金一投便成固定性质，”④ 所以实业银行等一类特种银行“资本不可不巨”“又对于放款难于收入而对于存款又不能不随时付出，不得已，乃增大股本以行之，否则须发行长期债券以吸收活动资金”⑤。

中国实业银行的营业范围几乎已经涵盖国家银行法对这类实业银行的要求，中国实业银行设立的目的也是“辅助实业发达”，并且“开办以来，尤能顾名思义，认真从事，实业界受其惠者，实属不少”⑥。而且中国实业银行开设时的资金为2000 万元，实收 350 万元正式开业。这与几十万元的小银行占多数的当时社会来说，已然算是一个庞然大物。所以说不管从营业范围还是生产事业对这类银行的资金要求上，中国实业银行都是一个名副其实的实业银行。

---

① 周葆銮．中华银行史［M］．上海：商务印书馆，1923：20.

② 周叔贞．周止庵先生别传，周小娟．周学熙传记汇编［M］．兰州：甘肃文化出版社，1997：207.

③ 中国人民银行总行研究所：《中外金融法规汇编（第三分册）》，第 118 页。

④ 杨端六．银行要义［M］．上海：商务印书馆，1930：5.

⑤ 杨端六．银行要义［M］．上海：商务印书馆，1930：5.

⑥ 《中国实业银行八年份营业纪略》，《银行周报》，第 4 卷第 15 期。

二、商业银行“身份”

杨端六先生在其《银行要义》中写道：“商业银行之目的即在为商人图金融上便利而已”。这句话其实只是指出了商业银行的一个作用，即通过贷款给“购主”以促成交易，或者是用汇票的方式以减少交易的风险给商人带来金融上的便利。所谓商业银行，是以追求最大利润为经营目标，以各种金融资产和金融负债为经营对象，为客户提供多功能、综合性服务的金融企业。①

作为银行，不管是商业银行还是实业银行，其主要业务都是存款、放款和汇兑，但是它们之间却有很大的不同，尤其是在存款和放款方面。第一，商业银行的存款，为银行资本的主要成分，因此银行成立时，无须太多的资本额，成立后主要依靠社会存款来营运。如上海商业储蓄银行，成立时只有10万元，“初期以吸收存款为主要业务，资金的来源主要包括存款和领券”②。而实业银行是“辅助实业发达”的特种银行，因主要对工矿、交通等事业放款，资金回笼慢，所以成立时一般资本额较大，如交通银行成立时资本750万元，中国实业银行、盐业银行都实收350万元。第二，“商业银行之放款，不可以土地、房屋等不动产为担保者，……（因为它）以短期放款为前提，（实业银行）以长期投资为要键。盖农工实业，如农业中之开垦、灌溉、耕地、整理与工业中之铁道、工厂、港湾等之建筑，矿山之开掘等，动需数十年之经营，而后始有成功之可望。经营之期既长，所投资本，自不能如商业上所用之资金，得以流通转移，以当调剂金融之任。以故投于实业之资金，有固定之性质，不容投资者任意取回。”③

“中国实业银行，简称中实银行，是旧中国主要商业银行之一”④，把中国实业银行直接归于商业银行一类是现代很多学者的共同认识。中国实业银行在广告语中也这样写道：“办理一切商业银行业务，服务周到，汇兑迅速。国内通汇地点：上海、天津、南京、常熟、青岛、重庆（川省各县）、北平、长沙、宁波（浙省各县）、芜湖（皖省各县）、无锡、温州、广州、汉口（鄂省各县）、苏州、杭州、福州。”⑤ 可见中国实业银行虽名为“实业”银行，但仍从事一般商业银行业务。这是因为中国实业银行“以我国实业幼稚，仍从事于商业，亦可谓商业银行之一。”⑥

三、商办银行“身份”

中国实业银行是民族资本主义性质还是官商合办性质，有较大分歧⑦。按照中国实业银行最初的资金筹划，计收资本额2000万元，官商各一半，而且在周学熙申请设立时也明确提出“非由政府厚资专案办理，实不足以资提倡”。按照这种情形，中国实业银行似为官商合办无疑。但

---

① 曹龙骐．货币银行学［M］．北京：高等教育出版社，2000：249.

② 薛念文．上海商业储蓄银行研究1915—1937［M］．北京：中国文史出版社，2005：9、23.

③ 马寅初．中华银行论［M］．上海：商务印书馆，1929：19－20.

④ 中国人民银行北京市分行金融研究所编：《北京金融史料·银行篇（三）》，第185页。

⑤ 张瘦石：《中国南洋经济协会成立纪念特刊》，第79页。

⑥ 徐寄庼．最近上海金融史，华中印刷铸字所，1926：36页。

⑦ 姜铎先生在《略论旧中国两个资产阶级》一文中明确指出，中实银行初期同周学熙集团的其他企业一样“基本上应属于官僚买办资本……周学熙脱离官场以后，加上各企业的陆续退还官股和还清官款，商股占有优势，才逐步摆脱官僚买办资本，转化为民族资本”。那么周学熙集团或具体到中国实业银行存不存在这样一个性质的转化，盛斌先生有不同的看法，他的文章《关于周学熙资本集团性质的变化问题——与姜铎同志商榷》中提出了完全不同的看法，他认为“中国实业银行资本额350万元，其中官股6万元”，虽有官股、官款，但是比例不大，很难影响其性质，也就是不存在由官商合办转为民族资本的问题。

是由于袁世凯称帝、倒台等政治事件的发生使股款的募集发生了变化，在此艰难之时，周学熙等除将滦矿、启新所谓“新事业专款”的部分资金及两公司股东之股息、花红转化为银行资本入股外，还招收了一部分北洋军阀官僚的股本，如徐世昌、熊希龄、孟恩远、曹汝霖、田中玉、陈光远等。“350 万元的资本额，其中官股 6 万元”①，官股比例甚小，不起决定作用。

周学熙官商一体的身份，使他认识到企业“无政治之力，不易推动；有官僚之习，则将成腐化，故必以商业化之方式，而佐以官厅之督导”②，这是他尝到了有官府作为护身符的甜头又痛切地感受到官股控制企业的腐败后的真切感言。所以他把两者巧妙地结合起来，走出了一条有周氏特色的企业模式，即“官为扶持，商为经营，利用官力又不为官所制，在企业中尽可能最大限度地保持商的自主性……一旦企业有被官府操持和控制的危险，则宁愿舍弃官的扶持而保持商办的独立性”③。

由此可以确定的是，中国实业银行在早期应该是民族资本而不是官商合办，但是在“1935年国民党实施法币政策后，取消其发行权，并与四明银行遭到同样的命运，由国民党财政部加入官股，将旧股减折，改为官商合办”④。

中国实业银行采用股份有限公司的组织形式，一方面为其招揽了大量的资金，尤其是吸收了许多执政或在野官僚的资金，密切了与政府的关系，招来资金的同时也为该行披上了护身符；另一方面，股东会、董事会、行务会议等决策机构的设立，分散了权力，最大限度地防止官僚习气对该行的影响，可谓是一举数得。政局动荡、经济衰败，国家有关银行建设的政策、法规、制度不健全，使得像中国实业银行一样的一大批特种银行不得不经营一般商业银行的业务，如此，才能保证银行的营运和股东利益的实现。

第二章　中国实业银行的业务经营

中国实业银行的营业范围十分广泛，除了对农、工、矿等行业放款投资外，还经营商业银行的一切业务及储蓄、保险、货栈、运输、印刷等附属事业，本章介绍其营业种类的同时，重点叙述其中比较有特色的部分，即有奖储蓄、发行兑换券、放款投资等业务。

第一节　中国实业银行的存款与储蓄业务

一、存款业务

存款“即银行与存户约定所存入之款，或因存户请求即行付款，或须至一定期限方偿还同

---

① 中国实业银行总行档案，卷 98，转引自盛斌：《关于周学熙资本集团性质的变化问题——与姜铎同志商榷》，《学术月刊》，1984 年第 4 期。

② 周叔贞．周止庵先生别传，周小娟．周学熙传记汇编［M］．兰州：甘肃文化出版社，1997：236.

③ 冯云琴：《官商之间——从周学熙与袁世凯北洋政权的关系看启新内部的官商关系》，《河北师范大学学报》，2003 年第 4 期。

④ 陈真，姚洛合．中国近代工业史资料［M］．上海：三联书店，1957：805.

一之金额者也”[①]。银行的运营完全依靠资金，“资金为制造信用之酵母”[②]“而资金的收入除资本以外，即为吸收存款。但银行的资本为存款支付的保证，亦为信用的基础，所以除购买公债和其他确实有价值的证券外，往往不去动用，因此实际上经营贷款的资金，即为吸收的存款，低利存入，高利贷出，银行即从中得其盈余”[③]。

杨端六先生作了更为直观的解释，银行仅有资本而无存款，则银行之营业必不发达，而其所得利益必不多，盖银行之贷款皆不能取得优厚之息金。今假设各种贷款之息金，平均为年率1分，则虽尽所收之资本全部贷出，股东得利也不过1分，况资本之一部分先费之于购买不生利之房屋，不生息之现金准备，不生息之薪水及其他一切开支。则其多余之一部分资金尽全数贷出，即令取得年率1分之息金，对于资本全体仍不得不至于1分以下。是以集资兴办银行，纯视股东之资本，则股东将无所利。今假设资本为10万元，存款为100万元，则其事大异矣。今再假设以5万元充开办经费，5万元充现金准备，其余100万元全数贷出，又假设存款给息年率5厘，贷息收息年率8厘，则银行每年所付出之息金为5万元，所收之息金为8万元，赢得利益3万元矣。若当年所付薪水及一切开支为1万元，则净得利益2万元，对于股本10万元，可谓赢得息率2分。故贷款息率虽仅8厘无损也。[④] 虽然这个例子不免有些极端，但是却十分清楚地看到存款对银行生存和发展的重要作用。所以，“对银行来说最具重要意义的始终是存款”[⑤]。

中国实业银行在最初的营业范围中规定：“十四条　收受各种存款”[⑥]，随着时局的改变其营业范围有所改动，但是始终把“收受各种存款”作为一条不变的营业，可见该行非常重视存款业务。其存款主要为定期存款、往来存款及特别往来存款三种。

定期存款“即存入时与银行缔结支取期限的存款，期限的长短由存款人与银行商定，通常有三个月、六个月、一年、二年、三年五种，间或亦有以五年或十年为期者”[⑦]。双方商定好日期后，银行发给存款人存单作为凭据，期满后凭单取款。这种存款的特点是其利息的高低完全取决于存款时间的长短，时间长则利息高，时间短则利息低，但它是多有存款种类中利息最高者。由于这部分资金的时间比较固定，所以是银行贷出款项的主要部分。中国实业银行民国九年八月的《营业规程》中规定“定期存款期限，至短一个月，至长两年。未到期请求提款者，本行得视市面金融宽缓情形酌办。凡过期利息概不补算。”[⑧] 而民国十六年七月修订版的《营业规程》中规定“定期存款，至短须在一个月以上。”[⑨]

活期存款一般包括往来存款、特别往来存款、存款票据、同业存款和暂时存款五种。往来存款作为活期存款的一种，自然具备活期存款最大的特点即“存款人无论何时，即可任意支存。……往来存款存入时，大都用送金簿，将存入的现金或票据填入送金簿内，由银行负责职员盖章以后，即算入账，又有用折子或回单簿送款者，则亦需将存入的金额载明，由银行盖给回单或图章收账。往来存款取款时，大都用支票支取或亦有凭条付款。……与银行开立往来户

---

① 卓定谋：《银行论》，佩文斋，1935年版，第38页。
② 杨端六．银行要义［M］．上海：商务印书馆，1930：12.
③ 郭孝先：《上海的内国银行》，《上海市通志馆期刊》，一卷二期，第461页。
④ 杨端六．银行要义［M］．上海：商务印书馆，1930：12.
⑤ 马克思．资本论（第三卷）［M］．北京：人民出版社，1975：454.
⑥ 中国人民银行北京市分行金融研究所编：《北京金融史料（银行篇三）》，第259页。
⑦ 郭孝先：《上海的内国银行》，《上海市通志馆期刊》，一卷二期，第461页。
⑧ 中国人民银行北京市分行金融研究所编：《北京金融史料（银行篇三）》，第293页。
⑨ 中国人民银行北京市分行金融研究所编：《北京金融史料（银行篇三）》，第300页。

者，大都为商号或商人，进出极繁、耗费亦重……存款（亦）不能全部运用生利，故利息低微”①。中国实业银行的规定是“往来存款，第一次存入至少200元或200两以上，凭折支付者，得不用支票。存款准备金限度不得少于十成之三。”② 这一规定在民国十六年的修订版中没有变化。

特别往来存款“为一种小额的活期存款，其性质与储蓄存款相同。因不能如往来存款之用透支契约，不能用送金簿存款，不能用支票付款，故称为特别往来存款。这项存款并不因商人的便利而设，故进出不如往来存款之繁杂，取款时间既可预定，而储蓄的期限又比较略长，因此利息亦较往来存款稍高。”③ 中国实业银行规定“特别往来存款，第一次存入至少20元或20两以上，计算利息与往来存款同”，民国十六年的修订版中没做改动。

二、储蓄业务

在现代人的理念中，存钱就是要到银行办理，而这一习惯的养成却经历了一个时期，这是一个由原始的贮藏方式被融资性的储蓄所代替的过程。因为“前辈之人，其虽俭朴多有积蓄，但其所积得之银，不是放在银行生利的，多数是守秘密不为人知”④。而作为旧式金融机构的“钱庄最大的弱点是它不能像新式银行那样从事小额存款的吸收，在经营意识上也不知道从事小额存款的吸收对于金融企业的重要性，它也不注意资本积累，每年盈利全部分配给股东，没有提取公积金和增加股本的任何规定。”⑤ 最后，“（民国）六七年，吾国通商大埠之银行多不敢办储蓄……以储蓄存款，大半系零星细数，一旦有事，户数既多，纷纷来取者，必拥挤不堪，加以大多数存户毫无知识，轻信谣言，易受奸徒之利用。银行虑此，恐无以对付，不如不办储蓄为妙”⑥，这也是直到20世纪20年代华商银行的储蓄业务才开始发达的原因。

“储蓄之意义不外二端，一曰鼓励俭德，以谋社会经济生活之宽裕也，溢利余财，有安全保存之地，则在储蓄者，可以无谩藏诲资之患，而有生息殖利之机，以辅助为鼓励，可以养成平民节俭之风，庶‘乐岁终饱’而‘凶年得免于死亡’，平民生活，既以宽裕，社会经济自然巩固；二曰聚集散资，以张大资金运用之效能也，零星资金，分而于社会，其运用效能，为力极薄，众流所归，始成江河，集四散之游资，为有益之运用，实储蓄之一大枢纽”⑦。这段话精辟地概括了储蓄对社会及国人的益处。对银行而言，“储蓄存款，自一元以上即可存储，在银行方面，存户既众，款项亦积少成多，且这类存款，进出极微，银行对于这类资金所收入的资金，尽可安心运用”⑧。可见，储蓄对银行来说是其信用基础的重要组成部分，重要程度自不待言。

近代时期，我国储蓄机关有专门储蓄机关和银行兼办储蓄两大类。中国实业银行属于后者，其开设有普通储蓄和有奖储蓄两种，“查本行创办中国实业银行储蓄部，业于民国八年创办时拟具章程暨有有奖储蓄、普通储蓄、特别有奖储蓄各规则，先后呈送大部核准。嗣因办理储蓄实在情形微有变更，原订章程未尽适用，复于民国九年九月十七日及十月四日，将该章程第二、

① 郭孝先：《上海的内国银行》，《上海市通志馆期刊》，一卷二期，第461页。
② 中国人民银行北京市分行金融研究所编：《北京金融史料（银行篇三）》，第293页。
③ 郭孝先：《上海的内国银行》，《上海市通志馆期刊》，一卷二期，第461页。
④ 《储蓄之利益》，《申报》，1926年12月22日。
⑤ 洪葭管．在金融史园地里漫步［M］．北京：中国金融出版社，1990：5.
⑥ 马寅初．中华银行论［M］．上海：商务印书馆，1929：59.
⑦ 杨荫溥．上海金融组织概要［M］．上海：商务印书馆，1930：223.
⑧ 郭孝先：《上海的内国银行》，《上海市通志馆期刊》，一卷二期，第467页。

第十一两条从事修改，缮具清折函送大部并蒙核准在案”①。可见，中国实业银行储蓄部原计划没能实施，只有奖储蓄于民国九年开设，普通储蓄则于民国十九年开办。开办有奖储蓄和储蓄部会计独立是中国实业银行储蓄部最有特色的地方。

1. 有奖储蓄

“开有奖储蓄会者，其宗旨在以定期储蓄方法吸收市上游资，与以细征之奖金与利息，定以极长之还本年限以便从中攫取大利者也。”②

“民国元年三月，财政部核准万国储蓄会有奖储蓄章程，并准其备案，是为外商在华创办有奖储蓄之起点。民国三年九月，中交两行，集合巨款，创办信华储蓄银行，并同时发行三年有奖储蓄票……是为我国自办有奖储蓄之创始。”③

“有奖储蓄亦属定期性质，办理者除万国、中法两家有奖储蓄会及昔日奉天储蓄总会之有奖储蓄部外，银行亦有经办者，如中国实业、中国储蓄、苏州储蓄、富华储蓄、北京中华储蓄、北京裕华、丰大、东边实业等是也。新华昔年亦曾办理有奖储蓄，二十年改组后以其违反储蓄之正常原则，故已停收新户，从事结束矣。”④

中国实业银行设有奖储蓄部，呈财政部备案，本总额定天津通用银元 40 万元。其主要规则⑤：

（1）此项储蓄以 2000 元为整户（即每月储银元 12 元者）为全额储户，储款须于 14 年内按自行择定任储数目（如一全户或四分之三或四分之一）。依次缴付至第 15 年足，为发还储本之期。各储户均得摊分本储蓄部之特别公积金，作为特别余息。

（2）本储蓄部每月开奖 1 次，以各储户每月所缴之储蓄总数内划出二成半为奖金，以各储蓄总户数整户十分之一奖额，即每 10 户整户内有一户可以得奖。

（3）储户满全额时头奖得银元 2000 元；二奖得银元 1000 元；三奖得银元 400 元；四奖得银元 160 元；五奖得银元 100 元。其余尚有 195 户得奖。每户可得 12 元。倘储户增至 2000 户以上时，则大小奖号数亦照数增加，未满 2000 户时则照比例法递减。

（4）储户储款（每户按全额 2000 元计算，若认四分之三以下者照比例法依次递减）倘有未满 14 年（已满 2 年以上者）自愿取回储款，或因停付储款时照缴足年数，按本储蓄部发还储金统计表，如数发还，并无折扣，统计表如表 13－1 所示。

表 13－1　　储蓄部发还储金统计

年别	金额（元）	年别	金额（元）
足 2 年	102. 94	足 3 年	211. 03
足 4 年	324. 52	足 5 年	443. 69
足 6 年	568. 81	足 7 年	700. 19
足 8 年	838. 14	足 9 年	982. 99

① 《中国实业银行关于修订有奖储蓄规则缘由致财政部函（1921 年 2 月 6 日）》，《中华民国金融法规选编》，第 262 页。

② 钱天鹤．钱天鹤文集［M］．北京：中国农业科技出版社，1997：49.

③ 杨荫溥．上海金融组织概要［M］．上海：商务印书馆，1930：224.

④ 中国货币银行史丛书编委会编：民国小丛书　第四册　中国货币史银行史卷［M］．北京：书目文献出版社，1996：3737.

⑤ 中国人民银行北京市分行金融研究所编：《北京金融史料（银行篇三）》，第 313 页。

续表

年别	金额（元）	年别	金额（元）
足10年	1135.08	足11年	1294.77
足12年	1462.45	足13年	1638.51
足14年	1812.18	足15年	2000

资料来源：中国人民银行北京市分行金融研究所编：《北京金融史料（银行篇三）》，第312页。

有奖储蓄的规则各开设机关不尽相同，中国实业银行采用的办法与大多数有奖储蓄机关相同，其各项办法已如上述。从上述规则来看，有奖储蓄不仅能得利息还能中奖，似比普通储蓄更能照顾储户的利益。真实情况并非如此，现“依满额情况为例来计算一下储户的利益，即以2000元为整户，则于14年内，按月须缴12元之储金，至15年年末，倘从未得奖，或数次得奖总数，假定仅及1999元，而未得奖满额之2000元，则除奖金外，可领回已缴之本金2000元。照此计算，则除少数不定之余利不计外，充其极，于15年末，其本金奖金总额3999元，此为未得奖满额储户之收入最大数，其收入之最小数，则为归本2000元，然倘以此数零存整付存款，每月存储12元，至14年年末，计已缴本金为2016元，而本息总数已几达5000元，第15年中虽不再缴，存储一年，以一分起息，当可共得本息洋5500元之数。则未得奖满额之有奖储蓄金，无论如何，在存户实有亏无益”①。

有奖储蓄类似赌博，投机性很大，储户多怀侥幸心理，满额的奖金极大地吸引着处于极度贫困的广大储民们，所以有奖储蓄从来不缺乏追捧者，如中国实业银行在1922年的行务会议上就提议要求储蓄分处就近添设代理处以满足每月增多之新户，而此时只是该行办理有奖储蓄的第三年，且已有代理处67处②。

从表13－2可以看出，中国实业银行历年的有奖储蓄的额度都处于上升的趋势，1924年之前上升的幅度比较大，之后虽有增加但增额很小，而且普通储蓄自开设年份储额都远高于有奖储蓄。这充分说明人们逐渐认识到了有奖储蓄的危害转而对普通储蓄比较青睐。

表13－2　　中国实业银行历年储蓄存款额（1920—1935年）

年份	性质	金额（元）	年份	性质	金额（元）
1920	有奖储蓄存款	60887.91	1930	有奖储蓄存款	1307396.32
1921	有奖储蓄存款	102403.38	1931	有奖储蓄存款	1402017.11
1922	有奖储蓄存款	114760.72		普通储蓄存款	3186629.30
1923	有奖储蓄存款	573446.54	1932	有奖储蓄存款	1434620.79
1924	有奖储蓄存款	763116.64		普通储蓄存款	3217979.38
1925	有奖储蓄存款	880894.59	1933	有奖储蓄存款	3147955.03
1926	有奖储蓄存款	1015303.78		普通储蓄存款	4591771.82
1927	有奖储蓄存款	1100907.51	1934	普通储蓄存款	6892235.60
1928	有奖储蓄存款	1184226.95		有奖储蓄存款	779593.89
1929	有奖储蓄存款	1243527.91	1935	—	—

资料来源：郝庆元著：《周学熙传》，天津人民出版社，1991年版，第235－236页；1934年的数据来自《中国实业银行二十三年度营业报告》，《银行周报》，1935年第20期。

① 杨荫溥．上海金融组织概要［M］．上海：商务印书馆，1930：242.
② 北京市档案馆藏中国实业银行档案J47－1－10。

中国实业银行储蓄部还曾于民国二十三年（1934 年）创办特别有奖储蓄，以 10 万号为一会，每号一次交足 30 元，规定期限为 8 年，到期除发还原本外，每号加以利息 4 元 2 角 1 分，每 3 个月开奖一次，经过 32 次完全开满，入会者计 6100 余号，合 180 余万元。中央银行信托局筹备处接收中法储蓄会后，中国实业银行储蓄部特别有奖储蓄亦奉命移交，该行储蓄部旋即奉令停止再收新户，已收者至 8 年期满为止，1935 年该行已奉财政部令将储蓄会已结束之有奖储蓄，移交中央信托局办理。①

有奖储蓄对绝大多数储户实无利益可言已作说明，马寅初先生从更为广阔的角度分析了有奖储蓄的危害。他认为有奖储蓄对储户及国民经济的危害“至深且巨”，表现在：被诱民众数目可惊，仅万国储蓄会一家就有储户三四十万；利权外溢，外商储蓄会吸收国民之储款，致使华资为外人所用，违背孙中山先生提出的利用外资发展国内实业的希望；妨害真正储蓄，国民之资金至为有限，可资储蓄者更属有限，丰于此者必啬于彼，故有奖储蓄发达，真正储蓄之资金不能不受影响；储户利益受损，前面已阐述，更有甚者，万国及中法储蓄会于内地广设分会开办有奖储蓄，一旦储款到手后，经理携款潜逃的情况时有发生，但总会竟不负责，储户本利俱损，哭诉无门。②

“鼓励国民投机心，使其贪念日炽，廉耻道丧，其害与彩券同。唯其所缴之款，尚有归还之日，不如彩券之一去不返。且逐渐养成国民储蓄之美风，亦未始无微功可录也。”③

由上可知，有奖储蓄虽因投机心理而为时人所热衷，然其利至微而害至深，所以在民国二十三年（1934 年）七月四日国民政府公布的《储蓄银行法》中加以取缔，其具体内容为“第十四条　有奖储蓄应禁止之。本法施行前已办之有奖储蓄，应即停收储蓄存款，其结束办法由财政部拟订呈请行政院核定”④。中国实业银行所办的有奖储蓄在 1936 年被中央信托局设立的中央储蓄会所接收。⑤

2. 储蓄部会计独立及资金运用

中国实业银行储蓄部实行会计独立，这在银行兼办储蓄中属于少数，此外还有东南植业银行、江苏银行等。“储蓄机关之资本，似应划分独立，俾可于运用时，为转为安全之处置，此稳健银行家所应采取者也。”⑥

从表 13－3 中国实业银行储蓄部的资金使用情况来看，1932 年以前，几乎全部存放于银行代为运用，只收取银行往来利息。1932 年这种情况有所改变，因为“储蓄利率较高，往往所收银行往来利息不足抵补……故渐移转于直接运用”⑦。直接运用后的资金主要投向了“定期抵押放款”和“有价证券”。

---

① 《中央信托局接收中国实业银行有奖储蓄部》，《中央银行月报》，四卷九号。
② 马寅初．马寅初全集（第七卷）［M］．杭州：浙江人民出版社，1999：145.
③ 钱天鹤．钱天鹤文集［M］．北京：中国农业科技出版社，1997：54.
④ 中国人民银行上海市分行金融研究所编．上海商业储蓄银行史料［M］．上海：上海人民出版社，1990：443.
⑤ 南京金融志编纂委员会中国人民银行南京分行编．民国时期南京官办银行［M］．南京金融志编辑室，1992：227.
⑥ 杨荫溥．上海金融组织概要［M］．上海：商务印书馆，1930：234.
⑦ 上海市档案馆藏中国实业银行档案 Q276－1－82。

表 13－3　　历年储蓄部资金使用情况[①]（1922—1934 年）　　单位：元

年份	定期存出金	银行往来	分处、代理处往来	定期抵押放款	储单押款	有价证券
1922	447000.00	110078.01	42160.69	0	23711.24	0
1923	604000.00	115447.49	28501.97	0	51409.09	0
1924	641000.00	141858.07	42413.04	0	115046.79	0
1925	725000.00	129752.01	49694.92	0	163396.90	0
1926	641000.00	141858.07	42413.04	0	115046.79	0
1927	846000.00	137275	38974	0	270778	0
1928	8714000.00	140305.10	37406.01	0	330238.35	—
1929	875531	120420	75269	0	378598	140
1930	901652.59	89899.17	48899.53	0	414774.41	63872.27
1931	891928.37	2121871.17	24444.58	1836531.41	0	403184.34
1932	796892.55	1469315.47	54671.91	1715676.59	0	1248779.46
1933	794055.95	2487912.45	57867.01	1477060.49	0	3255228.8
1934	158010.18	194885.14	21901.36	1965472.50	0	3765672.64

资料来源：中国实业银行《十一年份营业报告》《十二年份营业报告》《十三年份营业报告》《十四年份营业报告》《十五年份营业报告》以及《银行月刊》，3 卷 4 号、4 卷 4 号、5 卷 4 号、6 卷 5 号、7 卷 3 号；《十七年份营业报告》《十九年份营业报告》《二十年份营业报告》《二十一年份营业报告》《二十二年份营业报告》《二十三年份营业报告》以及《银行周报》，1929 年第 16 号、1931 年第 15 号、1932 年第 19 号、1933 年第 20 号、1934 年第 22 号、1935 年第 20 号；1927 年、1929 年两个年份的数据来自中国银行总管理处经济研究室编：《中国重要银行最近十年营业概况研究》，中国银行总管理处经济研究室，1933：248.

其中有价证券的投资稳步上升，还在 1934 年的所有项目中占到了最大比例。关于“定期抵押放款”的投向，“华商银行、钱庄对房地产的抵押放款，据民国二十二年上海各银行储蓄部的资产负债表记载：在抵押放款中，房地产占据重要地位。浙江兴业银行储蓄部 310 万元抵押放款中，房地产为 196 万元，占 63.2%。上海银行抵押放款 888 万元中，房地产为 343 万元，占 38.6%。交通银行沪行储蓄部抵押放款 189 万元，房地产为 134 万元，占 70%。中国垦业银行抵押放款 189 万元中房地产占 153 万元，中国实业银行和中国企业银行的抵押放款几乎全部是房地产”[②]。

可见，储蓄部资金的运用同中国当时整个银行业资本运用的方向相吻合，即不是投向于产业领域，“仍然是经营公债。从国民党政府上台到抗日战争爆发时，共发行国内公债 2772000000 元，相当于北洋政府所发公债总额的 4 倍多。公债的继续增长，给各银行开辟了利润的来源。而且在国民党统治下的广大农村濒临破产，内地金融枯竭，现金流向都市的情况下，又为设在都市（特别集中于）上海中的银行扩大吸收存款和扩展房地产等业务提供了条件”[③]。

① 使用情况仅指能给储蓄部带来收益的部分，营业用器具等没有计算在内。
② 《上海房地产志》编纂委员会编. 上海房地产志［M］. 上海：上海社会科学院出版社，1999.
③ 石毓符. 中国货币金融史略［M］. 天津：天津人民出版社，1984：180.

第二节　中国实业银行的放款与投资业务

放款，是银行将其所吸收的资金，按一定的利率贷放给客户并约期归还的业务。[①]“放款业务，是近代银行经营活动的一项重要内容，它既关系到银行所吸收存款的出路，又是银行获得盈利的一个主要途径。”[②] 中国实业银行“以辅助实业发达或改良为宗旨”[③]，所以放款尤其是对生产事业的放款是其业务的重中之重。

一、放款的种类

中国实业银行经营的放款业务有抵押放款、押汇及贴现、保证办货放款、往来透支、定期放款、介绍和借款及迟收汇款、对期汇款。

1. 抵押放款

所谓抵押放款即银行放出款项时，须由相当抵押品为担保。也就是说，抵押放款重视的是物的信用。中国实业银行在民国九年（1920 年）的《中国实业银行营业规程》中对其抵押放款业务作了几项严格的规定：“即不动产抵押暂缓办理；各种抵押放款，以押品市价三分之二为限；抵押放款期限，至长以六个月为限。”[④]

2. 押汇及贴现

押汇，以发运之货物为抵押，预先将收货人应付货价数额，作一汇票，连同提单、保险单，向银行做抵押，请求贴现，这项贴现即称押汇。贴现，凡未到期的本埠或外部票据，向银行贴补利息，请求付现者为贴现。[⑤]

“银行最稳妥且有利之放款，当首推贴现、押汇。吾国以工商业之幼稚，商人道德之浇漓及商业票据之难行，已鲜有所谓贴现（我国仅有外部贴现）加之交通运输之梗塞，保险机关之缺如，更无所谓押汇。故谨饬之银行，既不敢与政府及投机发生关系，又苦无贴现押汇等去路，于是放款之途，不得不出之以抵押。查我国普通押品之种类，有商品、房产、地基、公债、股票、栈单、运货提单及货物收据等。其中以运货提单、货物收据为抵押向银行告借款项者，吾国多名之为押汇。究其与其谓之押汇，而名不副实，无宁谓为押款之较妥也。”[⑥]

由此可见，银行最稳妥有利的贴现及押汇两项业务在我国推行的条件并没有成熟，虽然中国实业银行也把押汇和贴现列入了其放款的范围内，但从其严格的条款限制也可以看出两项业务非常难做。如该行民国九年（1920 年）的《营业规程》中规定：做押汇时“对提货单应该详细查核；对于运送机关及方法应特别注意；货物应注意保险一节，不得稍事通融”。做贴现时“贴现放款以往来行号票据为限，但不确实之票据及其期限在 90 天以上者，不得做贴现放款”。民国十一年（1922 年）《总行致津办事处管辖内业务进行计划》中也指出“贴现，在有短时间之活动头寸时运用之。”[⑦] 可见，银行承做贴现业务的规定极其严格，这也就束缚了实做贴现的

---

① 黄达．货币银行学［M］．北京：中国人民大学出版社，1999：189.

② 吴景平，马长林．上海金融的现代化与国际化［M］．上海：上海古籍出版社，2003：421.

③ 中国人民银行北京市分行金融研究所编：《北京金融史料（银行篇三）》，第 258 页。

④ 中国人民银行北京市分行金融研究所编：《北京金融史料（银行篇三）》，第 289 页。

⑤ 郭孝先：《上海的内国银行》，《上海市通志馆期刊》，一卷二期，第 465 页。

⑥ 李福星：《我国银行押汇业》，《银行月刊》，8 卷 6 号。

⑦ 北京市档案馆藏中国实业银行档案 J47－1－10。

数量。以1921—1926年六年的营业报告中的利益类（银行部）一项为例，如表13－4所示。

表13－4　**1922—1926年获得利益**　单位：元

利益类	1921年	1922年	1923年	1924年	1925年	1926年
利息	520746.77	524272.09	635448.84	573368.58	610450.54	664320.20
兑换余水	8379.64	7244.15	37778.81	0	43013.29	31425.92
汇水	16312.88	13103.44	7224.90	11092.35	9514.55	6188.09
手续费	20047.03	32956.01	17338.66	14830.86	0	0
有价证券买卖利益	66698.58	66534.14	2663.09	22478.23	98551.90	55895.11
去年滚存	1630.57	238.45	15.69	684.69	0	0
杂项利益	3138.73	3540.59	0	447.65	54.73	0
外国货币利益	0	0	0	22478.23		0
保管费	0	0	0	0	343	574.60
贴现息	0	0	0	0	0	29750.58
合计	636954.20	647888.87	700470.01	624940.31	761928.01	1209280.53

资料来源：中国实业银行相关年份的《营业报告》。

从1921—1926年中国实业银行银行部的利益项中可以看出，该行银行部的利益主要来自利息、兑换余水、汇水、手续费、有价证券买卖利益等几大项，6年中只有1926年这一年做过贴现业务，即便假设前几年的杂项利益中包括贴现的收益，从其数额上可以看出，利益极少，可见业务量也是少得可怜。在其他银行中，例如金城银行中也是如此。

3. 保证办货放款

保证办货放款为保证放款的一种，“保证放款者，主要债务者之外，特置一二保证人，银行参照斯二种人信用程度，融通资金”①。“保证放款为苏格兰所创一种之放款方法，类似往来存款透支，申言之，即银行对于此放款，恒使借主妥觅二人以上确实保人，约定放款金额之最高限度，在此极度之内，随时可由借主请求贷予所需之金额，而借主以后可随意偿还其一部或全部，然后再行借用。故在借主如同往来存款透支，无须借入需用以上之金额而支付无用之利息，此种放款自亦便利……吾国此种放款尚少，唯关于保证办货放款则各行偶亦为之。”②

保证办货放款在其他行中很少见，中国实业银行在民国九年（1920年）《营业规程》中列有“保证办货放款”一项，规定：“做保证放款时，保证行应将本地该货物之价值报告放款行，对于保证办货请托者及担保人，应详细调查其信用及内容”③。保证办货放款无须资金或实物做押品，凭担保人的信用即可以放款，有利于支持小商户或个人创业或发展业务，此为中国实业银行实践其“辅助实业发达”的宗旨的途径之一也。

4. 往来透支

往来透支又称往来存款透支，“为放款之一种，即与银行为往来存款者，预先经银行允许，得以透支款项”④。中国实业银行规定：“凡非本行往来存款之行号，不得透支；凡往来行号

① 堀江归一．银行论［M］．上海：商务印书馆，1928：116.
② 卓定谋：《银行论》，佩文斋，1935：134－135.
③ 中国人民银行北京市分行金融研究所编：《北京金融史料（银行篇三）》，第290页。
④ 卓定谋：《银行论》，佩文斋，1935年版，第133页。

（个人不得透支）来商透支时，应视其存款多寡，从严约定限度。”① 可见中国实业银行的往来透支只对银行、钱庄或商号，不针对个人，而且与其存款的数额有密切的关系，由此可见该行稳健的行风。

5. 定期放款

定期放款或称信用放款，“即不征取抵押品，而有保证人，虽凭借主（大半为商号，属于个人者极少）之信用而放款，但保证人亦负连带责任者焉”②。由于借主的信用或资产等定期放款的保证条件处于多变状态，加之外部环境恶劣，破产倒闭者经常发生，定期放款到期不还者很多，多以“信用放款，颇带危险性质”③。对此，中国实业银行也对其进行了严格的规定：“各行非因特别情形，不得轻易做定期放款。”④

中国实业银行除保证办货放款业务外，和其他商业银行的放款业务没有太大不同。这其中早期是信用放款和抵押贷款并存，甚至在某些时间前者可能超过后者，但是总的趋势是着重于抵押放款。

二、放款的原则和特点

“银行吸收社会此方之浮资，以济彼方之枯竭，调节盈虚，融通有无，旨在谋社会经济之调整，致各业于繁荣，故银行一方肩荷存户资金绝对安全之责任，一方负有调节社会经济之使命，斯二者而不能实践，实有失银行设立之本旨。存户果将蒙受甚大损失，银行本身地位亦且有不稳之虞，虽然实践此使命，端在投放资金之若何使之安全有利。”⑤ 这就是说，银行必须放款以融通资金及获得银行赖以生存的利息；银行必须注重放款的安全性。这也恰恰是中国实业银行于放款方面非常注重的两点。

1. 放款业务

中国实业银行“践实业之名义，达服务之宗旨。对于国家社会经济，民生之协助，农工商业之扶持，莫不尽力以赴，以冀挽以狂澜，即所以谋自身之安全而保股东之血本。”⑥ 所以放款业务一直是中国实业银行的首要业务。其放款对象一般为工商业、政府机关、农业等行业。

工商业放款如“交通事业方面有招商局、和丰、大达等轮船公司，及川黔、江南、平汉、津浦等各铁路；矿产方面有开滦、井陉、平原、锡西等煤矿；纺织业方面如华新纱厂、湖北第一纱厂、芜湖裕中纱厂；制粉业方面如扬子、同丰麦粉公司；食盐产销如长芦、湘岸、鄂岸、皖岸以及水泥业的启新洋灰公司”⑦，此外还有耀华玻璃厂、坨清高线铁路等。

政府机关放款如“1920 年财政部以裁兵为由向大陆、中国实业等银行借款 20 万元，其中中实银行为 2 万元；1921 年财政部因中秋节需款向银行公会商借 200 万元，中实银行借款 50 万元；1922 年财政部以天津中兴煤矿公司 1923 年全年统税作抵押向中实银行借款 2 万元，几日后又借 5000 元；1924 年 12 月财政部借款 20 万元。”⑧ 此外，1925 年末，北京政府交通部以 60 万

① 中国人民银行北京市分行金融研究所编：《北京金融史料（银行篇三）》，第 291 页。
② 卓定谋：《银行论》，佩文斋，1935 年版，第 137 页。
③ 卓定谋：《银行论》，佩文斋，1935 年版，第 137 页。
④ 中国人民银行北京市分行金融研究所编：《北京金融史料（银行篇三）》，第 291 页。
⑤ 《银行接济纺织业问题》，《银行周报》，第 19 卷第 48 期。
⑥ 中国人民银行北京市分行金融研究所编：《北京金融史料（银行篇三）》，第 347－348 页。
⑦ 程莉. 近代实业家周学熙研究［M］. 合肥：合肥工业大学出版社，2006：211.
⑧ 程莉. 近代实业家周学熙研究［M］. 合肥：合肥工业大学出版社，2006：211.

元交行股票作抵押向金城、盐业、大陆、中实四行贷款30万元①；1926年8月，财政部以指定盐余收入做抵押向北京中国实业银行借现洋33000元；1927年4月，财政部以德奥赔款二四库券额面15000元及十五年秋节库券额面5000元为抵押向北京中国实业银行借现洋15000元；1928年3月，同其他行向孙传芳搭放5000元贷款②；1934年一年，中国实业银行就承接政府各种债款4次③；1937年，浙江省公路局以全省省营公路除杭州市区各路段公路外全部营业收入作为担保向中国实业银行分批借款50万元④。这只是中国实业银行承接政府机关借款的一小部分，难怪沈雷春先生感慨："就各银行放款用途言之，则以放于政府各机关者为最多，占40%以上。"⑤

中国实业银行对农村的放款非常重视，如《民国二十三年年份营业报告书》中该行认为："救济农村尤为目前切要之举，故农业较为重要之区，本行尤多所致力或扩充范围，或添设机关，所以深入内地，以集中都市之金融，还诸农村"⑥。计办事处改为支行者，有锡、镇、芜、唐四处；新成立者如于江北粮食出产之地的泰县设立办事处；皖北盐、粮集中之地的蚌埠成立办事处；华北棉、粮转运枢纽的石家庄成立办事处；等等⑦。在以产烟为名的山东潍县，中实银行也有办事处，其贷款的绝大部分都投向了烟草业⑧。可见，中国实业银行于农村金融救济有确实之举。

中国实业银行还参加同业组织的银团放款，如：

（1）车债银行团。该团因"民国十年春，交通部以京汉、京绥、津浦、沪杭甬四路缺乏车辆，以致营业未能发达，而路款亦未充裕。乃由政府发行8厘购车短期公债600万元，商由各银行组织经募车债银行团先行垫款，招商投标采购各该路需用之车辆"⑨ 而组成。成员有中国银行、交通银行、新华银行、中孚银行、浙江兴业银行、北京商业银行、保商银行、大宛农工银行、劝业银行、金城银行、中国实业银行、大陆银行、大生银行、边业银行14家银行组成。

（2）债权银行团。该团由大陆银行、中国实业银行、金城银行、盐业银行、北洋保商银行、农商银行、天津兴业银行、大业银行8家共同组织。该银行团的成立，缘坨清高线铁路公司对于在团各银行负有债款二百数十万元，为讨还债务而于民国十五年（1926年）组成债权银行团⑩。

（3）（扬州）银行团。扬州银行业对盐商金额较大的贷款，本身资金无力满足供应时，则由本地各行并联合上海有关行庄组织银团贷款。民国十六年（1927年）六月，此银行团以"税准单"为抵押贷款给淮南场、运、食商银元150万元，此次中国实业银行承担借款6万元，同组的中国银行20万元，交通银行10万元，大陆、中南银行各10万元，东莱银行5万元，盐业银行4万元，恒记、顺记钱庄各5万元。⑪

---

① 姚会元．江浙金融财团研究［M］．北京：中国财政经济出版社，1998：95.
② 上海市档案馆藏中国实业银行档案Q276－1－303。
③ 戴建兵．白银与近代中国经济1890—1935［M］．上海：复旦大学出版社，2005：223.
④ 上海市档案馆藏中国实业银行档案Q276－1－284。
⑤ 沈雷春．中国金融年鉴［M］．北京：中国金融年鉴社，1939：A119.
⑥ 中国人民银行北京市分行金融研究所编：《北京金融史料（银行篇三）》，第350页。
⑦ 中国人民银行北京市分行金融研究所编：《北京金融史料（银行篇三）》，第350页。
⑧ 中国经济情报社编．中国经济论文集·第一集［M］．上海：生活书店，1934：97.
⑨ 中国人民银行上海市分行金融研究所编．上海商业储蓄银行史料［M］．上海：上海人民出版社，1990：170.
⑩ 中国人民银行北京分行金融研究所编：《北京金融史料（银行篇四）》，第294页。
⑪ 扬州金融志编纂委员会编．扬州金融志［M］．北京：中国金融出版社，1996：190.

（4）沈家门公库。民国二十四年（1935 年），沈家门公库由中国实业银行办事处连同中国、交通两行及当地钱庄组成，皆因有“中国鱼市”之称的沈家门，每当放洋之前，渔船均向鱼栈借贷鱼本已成惯例，当年因受社会不景气现象，金融紧缩，鱼栈无力贷本，渔民束手无策，际此冬汛将届，若不迅予设法救济则数十万渔民必至流离失所，渔业势将破产，各业间亦受重大影响，攸关大局殊非浅显。为维持当地渔业正常采捕，渔民安居乐业，决议成立公库以资救济。该公库以沈甬银钱二业合组，公库贷额暂定国币 50 万元，沈甬银钱二业各半担任，期限 1 年，以房地产等为抵押品。[①]

银行团放款也是银行业经营放款业务常见的现象，它可以是银行与银行合作，也可以是银行与钱庄合作。组团原因通常为两点：一是放款数额大，单个银行或钱庄无法承受；二是减少单个银行大笔借款的风险。银行团一般不具有固定性质，只因某次放款结成。

中国实业银行的放款所得利息是该行利润的主要来源，平均占到其总收入的 86% 左右，如表 13－5 所示。

表 13－5　　中国实业银行 1921—1931 年放款盈利及其所占比重　　单位：元、%

年份	放款利息	百分比	年份	放款利息	百分比
1921	520747	81.97	1927	681244	92.39
1922	524272	80.95	1928	598478	88.30
1923	635440	90.72	1929	785507	96.06
1924	573369	91.85	1930	885424	82.13
1925	610451	80.12	1931	1072339	73.27
1926	694071	88.06	1932	—	—

资料来源：中国银行总管理处经济研究室编：《中国重要银行最近十年营业概况研究》，中国银行总管理处经济研究室，1933 年版，第 238 页。

由表 13－5 可见，放款利息在该行纯益中所占比重很大，最高的 1929 年曾达到 96.06%。其次为有价证券收益，最后为汇兑收益。

2. 放款的安全性

放款的安全性就是“放款的本息是否能按期收回，避免遭受风险损失”[②]。中国实业银行夙求稳健，对放款的安全性非常重视。为此，中国实业银行在放款方面非常注重以下原则。

（1）先调查，后放款。中国实业银行从筹备之日起就坚持对放款对象先进行各方面的调查后，才考虑是否对其放款。如中国实业银行筹备初期，筹备机构就曾聘请钱新之赴东北考察金融实业，[③] 以作为是否设立分行的重要依据。

中国实业银行正式成立后，在其民国九年（1920 年）《营业规程》的《第一章　营业报告书》中规定：“各行号应将本地行市逐日抄报总行，并各行号间互相抄寄，不得间断。每周将金融及商界情形作成市况周报，顺序编号，寄至总行，各行间亦相互报告……各行每期应将期内营业状况、市面情形及下期进行方针，作成营业报告书，报告总行”。《第二章　放款》中也明确规定：“各分行放款应先详细调查借户内容及每户拟放总额，填制行号内容及拟定放款总额

① 上海市档案馆藏中国实业银行档案 Q276－1－614－73。

② 《建设银行财务管理》编写组编．建设银行财务管理［M］．北京：中国经济出版社，1994：106.

③ 中华民国史资料丛稿·人物传记·第七辑［M］．北京：中华书局，1979：48.

表，寄总行核准后照办；放款数目一次在50000元以上者，须报告总行，俟核准后方能付款。”[①] 1922年2月27日的行务会议上要求“各分行应按期调查放款户内容，列表详报”[②] 等。以上各条规定看似烦琐，但却最大限度地保证了各行放款的安全性。

即便是如此的谨小慎微，还是让某些不法公司钻了空子。1928年9月，天津金融界发生的大骗案就是例证。这次骗案数额达五六百万元之巨。骗案主谋人是天津协和贸易公司总经理祁乃奚，他勾结美商利用瑞通洋行名义，开出面粉和其他货物的假栈单（即存货栈单），向天津各银行进行抵押借款。中国实业银行1万元支票顶了票以后，协和、瑞通的骗局被揭穿了。在这次骗局中，因贪图高额的利润，各银行纷纷放款。数目最大的要算中南银行和中华懋业银行。其他如交通银行、金城银行、中国银行、中国实业银行、花旗银行、麦加利银行等约在10万元和数十万元不等。[③]

中国实业银行虽是揭开骗局的第一家，但是由于发现太晚而无法顺利抽身，以致遭到损失。可见，在当时经济形势混乱及各种金融法规制度还不健全的条件下，加强自身制度的建设和完善是十分必要的。

（2）注重抵押放款，酌做信用放款。中国实业银行于民国八年（1919年）成立，此时正处于新旧金融机构并行发展的时期，作为旧时金融机构的钱庄不但没有消失，反而凭借其土生土长、历史悠久、社会关系（与政府、外商、企业等）盘根错节等优势在此时略胜银行一筹，难怪有人这样评价钱庄，“上海商业习惯，华商出货，必须用汇票，若用华商银行之本票，恐被拒绝，以此之故，钱庄之势力，竟驾银行之上”[④]。

由于历史因素和传统习惯，此时的工商业界及个人更偏向钱庄的信用放款，认为向银行抵押放款面子上过不去。在这种情况下，银行为了发展业务，不得不一方面通过钱庄向工商业放款，另一方面自己做信用放款。

中国实业银行虽然从设行初期就把注重抵押放款、酌做信用放款作为其放款业务的一条基本原则，但是在其1923年5月12日的营业会议中不得不承认“查各分行抵押放款年来虽逐渐增加，仍以信用放款占大多数”[⑤]。

处于这种矛盾境地，各行都认识到只有多做抵押放款、酌做信用放款才能保证放款的安全性。如中国实业银行认为，“就实际而论，信用放款究不若抵押为可恃。盖信用放款一经放出，到期本息能否如数收回，权操于人，一旦市面变迁，发生危险，商业即不免停顿，不能无虑。”[⑥] 大陆银行认为，信用放款“其利息虽属优厚，然尽赖信用，当此时局殊为可虑。若从事收缩，则又于业务攸关。计维再三，唯有收缩信用放款，多揽抵押放款，既可减少危险，并可发展业务”[⑦]。

放款的安全性是各银行于放款业务方面重视的首要问题，因为这关乎企业的生存和发展及股东的切身利益。稍有不慎，就是血本无归，甚至因此而陷入倒闭的境地，近代时期这种例子不在少数。中国实业银行正是凭借着以上各安全原则才在乱世中稳步发展。

---

① 中国人民银行北京市分行金融研究所编：《北京金融史料（银行篇三）》，第288页。

② 北京市档案馆藏中国实业银行档案J47－1－10。

③ 曾衡三．一九二八年天津中美商人串通的大骗案［M］．文史资料选辑（第15辑），北京：中国文史出版社，1986：102－108.

④ 《总商会月报》，3卷12号。

⑤ 北京市档案馆藏中国实业银行档案J47－1－10。

⑥ 北京市档案馆藏中国实业银行档案J47－1－10。

⑦ 上海市档案馆藏大陆银行档案Q266－1－54。

三、投资业务

“投资是银行资产业务的一种，按照资本主义经济发展的一般规律，银行资本向产业资本的转化，必然经历由放款形式过渡到直接投资这样一个发展过程，这是由银行资本与产业资本两方面的共同要求决定的。”① 在我国近代时期，银行投资的领域很多，首先是对高利润政府公债的大规模投资。其次，1927年以后，由于北方大批银行南迁，使金融机构离产业的重心更近了，客观上造成了银行资本向产业资本靠拢的有利条件，有助于两者关系的进一步加强。突出表现之一就是银行对工矿企业的投资规模扩大，并开始深入到生产过程中，直接参与企业的管理②。最后，对房地产的投资在银行业方面也是不容忽视的业务。

1. 公债投机

有价证券，普通可分为政府债券、公司债、股票、外国证券等数种。我国公司股票之有公开市场者为数极少，公司债也鲜有发行，故银行购入本国股票及公司债者实属鲜见。政府债券，因自民国以来，历年皆有巨额之发行，其利率较高，折价亦巨，故银行购入者甚为踊跃③。马克思曾指出，公债能“使股份公司、各种有价证券的交易、证券投机，总之，使交易所投机和现代的银行统治兴盛起来”④。在我国有价证券的买卖主要是指政府公债，当然也包括外币证券、外国企业的股票、公司债等，但和政府公债比起来就是“小巫见大巫”了。

北洋军阀政府1912—1927年期间共发行公债61200万元，当时反动政府规定公债可充作银行发行钞票的准备及储蓄存款的准备，允许工商业以公债作为借款的担保品，致使公债成为证券市场的投机对象及金融市场的借贷筹码，尤其是公债多是按远低于票面的价格发行，折扣大，利息高，公债折扣加上利息，一般可利达3分，而使承购银行有厚利可图。在高额利润的诱引下，许多银行都把资金投向公债，甚至有专与政府交易而设立的银行⑤。南京政府也是靠大发国债过日子，其在1931年一年发行的政府债券总数就达416000000元，超过了1929年和1930年两年的总和⑥，也接近了北洋政府整个时期的数字，可见公债泛滥程度比北洋政府有过之而无不及。

中国实业银行也是有价证券的投资大户，仅显性的有价证券投资1921年为902508元，到1930年上升到5119889元，增加了400多万元，将近6倍，其数量不可谓不巨。隐性的数量更大，如发行兑换券40%的保证准备、做证券抵押放款等都是对有价证券的直接或间接投资。

中国实业银行是发钞行，按照一般情况，“中国银行业的发行钞票，百分之六十规定为现金准备，百分之四十则为保证准备。保证准备之中，虽然包含有道契、短期商业票据与有价证券等几个项目，但保证准备大部分之为有价证券与保证准备中有价证券全部之几为国内公债，则是人所共知的事实”⑦。中国实业银行发行兑换券的保证品，“该行自发行纸币以来，悉照时价计

① 李一祥：《近代中国银行与企业的关系（1897—1945）》，东大图书公司，1997：67－68.

② 李一祥：《近代中国银行与企业的关系（1897—1945）》，东大图书公司，1997：63.

③ 沈雷春．中国金融年鉴［M］．北京：中国金融年鉴社，1939：A103.

④ 马克思．资本论（第一卷）［M］．北京：人民出版社，1975：823.

⑤ 萧清．中国近代货币金融史简编［M］．太原：山西人民出版社，1987：71.

⑥ 千家驹．旧中国公债史资料［M］．北京：中华书局，1984：370－373.

⑦ 吴承禧．中国的银行［M］．上海：商务印书馆，1934：70.

算，以期确实”①。可见中实银行40%的保证准备也是有价证券无疑。

这个保证准备额中之大部分的有价证券，也是各发钞银行对于有价证券的一种直接投资。此外，银行之债券押款也是银行对于有价证券的一种间接投资，也应该要加以顾虑的②。

债券押款是抵押放款的一种。“所谓抵押放款，系放款之订明一定期限，且向借款人征取抵押品者。抵押品大都为有价证券，或商品。放款届期不还，可以变价清偿。故虽留意其人，由当以物为重。宜甚择物品种类，以易于出售，及价格稳定为标准。”③ 可见，抵押放款的押品强调其流动性要强。这也是中国实业银行少做不动产抵押而多做债券押款的主要原因。如1920年《中国实业银行营业规程》中对抵押放款特意强调证券抵押一项，其规定为：（1）国内公债。如三四年及七年公债，及地方发行确实短期公债等，以市上的流通者为限。（2）国外证券。如我国铁路所售各项外债及开平金镑等类，以交涉明了，案据确凿者为限。（3）股票。凡华洋公司各种股票，市上有价，并其内容、资本、法律、业务、会计等项，均能确实查知者，方可作押。这种以较大篇幅详细介绍证券抵押的规则，也证明了其对证券抵押的重视。

总之，1919—1937年一段时期是公债泛滥的时期，银行界虽有救济工商、农业之意，但苦于我国经济凋敝，资金“在工商业方面不能获得适当的出路的缘故，对于内债的抵押与购买，仍是异常活跃”④。

2. 对工商业的投资

“中国实业银行除经营商业放款、信托、储蓄外，并投资于工矿业。”⑤ 这些企业中一部分为周氏企业集团中的华新纺织厂、启新洋灰公司、耀华玻璃公司等，此外还与湖北大冶的华记水泥厂、芜湖的裕中纱厂等企业建立了融资关系⑥。其投资的工矿企业如表13－6所示。

表13－6　　中国实业银行投资工矿企业统计

厂矿名称	地点	资本（千元）	创办人或负责人	投资人代表
滦州矿务公司	上海	2000英镑	英商	中国实业银行
启新洋灰公司	唐山	7000（1921年）	周学熙等	中国实业银行
江南水泥公司	上海	7200（1935年）	颜惠庆	中国实业银行
大中华火柴厂	上海	3650（抗战前）	刘鸿生	中国实业银行
康元制罐厂	上海	1500（1935年）	项康元	中国实业银行
美亚织染厂	上海	2000（1935年）	莫觞清　蔡声白	中国实业银行
大生第一纺织公司	南通	2500两	张季直	中国实业银行
唐山华新纺织公司	唐山	1800（1922年）	龚仙洲	中国实业银行
卫辉华新纺织公司	河南汲县	2000（1932年）	龚仙洲	中国实业银行
南洋兄弟烟草公司	上海	1000（1915年）	简照南	中国实业银行

资料来源：陈真、姚洛：《中国近代工业史资料　第一辑　民族资本创办和经营的工业》，三联书店，1957：806.

以周氏集团的纺织公司为例，来看中国实业银行对工商业的投资。欧战结束后，因外汇未

① 《周肇祥关于中国实业银行发行纸币状况并抄送该行兑换券发行规则致财政部呈1924年3月19日》，《中华民国法规选编》，第133页。

② 吴承禧．中国的银行［M］．上海：商务印书馆，1934：71.

③ 杨荫溥．上海金融组织概要［M］．上海：商务印书馆，1930：134－135.

④ 吴承禧．中国的银行［M］．上海：商务印书馆，1934：73.

⑤ 陈真，姚洛．中国近代工业史资料　第一辑　民族资本创办和经营的工业［M］．上海：三联书店，1957：806.

⑥ 虞和平．中国现代化历程　第一卷　前提与准备［M］．南京：江苏人民出版社，2001：485.

结，而使华新纱厂的唐厂和卫厂出现资金困难，此时，在周学熙的调度下，中国实业银行与卫厂签订发行180万元公司债合同，公司债委托中国实业银行于1922年7月16日发行，期限5年，月息1分2厘（年息14.4%）。卫厂以房屋、地皮及全部机器为担保，由中国实业银行担保还本付息，实业银行得手续费1%，经金城、中南等银行包销，包募费为2%。180万元公司债未清偿以前，由中国实业银行全权管理，其管理人两方面都推选为周学熙，并由实业银行与包募银行共组银行团公派会计1人常驻卫厂稽核资金出入。当时一般银行均靠北洋政府财政部发行的公债券获得巨利，真正投资包销公司债尚属创举。由于中国实业银行的协助，卫厂度过危机，办成一个比较现代化的纱厂。1927年7月16日，卫厂再次委托中国实业银行发行公司债50万元。①

3. 中一银公司

中国实业银行曾和中国银行、上海银行组织中一银公司共同投资纱厂，中一银公司为三银行经营纱厂的专门机构。因为南京国民政府1931年3月颁布的新《银行法》规定银行不得直接经营工业企业，银行要大规模经营纱厂，必须另外成立专门的机构，遂有多家银行合组银团或信托公司负责纱厂的经营。到1937年上半年，银行业组成的此类机构有中国棉业公司、诚孚信托公司、中一银公司、汇业银团、扬子纺织公司等。②

中一银公司经营的棉纺织厂即裕中纱厂。创办于1919年的芜湖裕中纱厂是安徽省唯一的现代化棉纺织企业，以中国实业银行为主的上海银行界向该厂放款多达180余万元。1936年企业陷入困境后，交由中国、上海、中国实业三家银行投资合组的中一银公司经营，并得以继续维持。③

可见，中国实业银行不仅对企业投资，还参与了企业管理，达到了银行对企业投资较高的程度。

4. 投资房地产

近代，“北京、上海、天津、广州等经济发达的大城市房地产业与金融业都有相当的发展，房地产金融业务也比较活跃，许多银行、钱庄都发放房地产贷款或直接投资经营房地产，将之作为谋取高额利润、保证资本增值、避免风险的重要渠道，如1914年成立的劝业银行为全国性不动产金融机构，1915年成立的中国实业银行发放用不动产作抵押的长期贷款”④。

“国民党统治下的广大农村濒临破产，内地金融枯竭，现金流向都市的情况下，又为设在都市（特别集中于）上海中的银行扩大吸收存款和扩展房地产等业务提供了条件。”⑤ 特别是1921年以后，地产投机之风盛行。尤其是在上海，租界中的“道契”是地产的凭证，可以抵押、转让和买卖，在地产投机盛行的年代，有了道契，就可以向银行抵押借款，而银行需款时，则随时可用道契到外国银行去转抵押。为了追逐厚利，一些私营银行可投资房地产⑥，其中就包括中国实业银行。以1925年为例，中国实业银行共向房地产投资409399元，占其总资产39575972元的1%，可见其比例很小。这说明房地产投资虽利润很高，但毕竟具有投机性质，控制不好损

① 程莉．近代实业家周学熙研究［M］．合肥：合肥工业大学出版社，2006：182.

② 陈真，姚洛．中国近代工业史资料　第一辑　民族资本创办和经营的工业［M］．上海：三联书店，1957：771.

③ 刘素珍：《芜湖裕中纱厂三十年简史》，《中国近代纺织史研究资料汇编　第三辑》，第32－33页。

④ 郑之杰．房地产金融［M］．北京：中国财政经济出版社，2001：36.

⑤ 石毓符．中国货币金融史略［M］．天津：天津人民出版社，1984：180.

⑥ 钟思远，刘基荣．民国私营银行史1911—1949［M］．成都：四川大学出版社，1999：64.

失惨重，不如经营有价证券安全可靠。

总之，投资是银行业发展的重要标志和必然结果。中国银行业的投资可分为两大块，即公债投资和工商业投资。前者时间较早，北洋政府成立后即有，特点是额度大、利润高、持续时间长；后者是1927年以后逐步发展起来的，由最初的资金输入演变到直接参与企业管理，与工商业的关系进一步密切。

第三节　中国实业银行的兑换券业务

由于近代中国真正的中央银行并没有建立，故而由中央银行独占发行权的近代国家银行纸币发行制度在1935年以前并没有建立，因而商业银行除经营商业银行业务外，还有一部分商业银行经政府批准享有发行纸币特权，如清末的中国通商银行、浙江兴业银行、四明商业储蓄银行、殖业银行等。民国成立后，享有发行纸币的商业银行有殖边银行、边业银行、中国农工银行、中国垦业银行、中国实业银行、大中银行、中南银行、农商银行、蒙藏银行、西北银行等十余家。中国最早发行纸币的商业银行是中国通商银行，最迟获得纸币发行权的商业银行是中国垦业银行[①]。

中国实业银行经北洋政府特许，自1922年开始发行兑换券，到1935年被国民政府改组并被交通银行接收[②]，发钞时间共15年。其实“中国实业银行于1919年8月开业以后，即着手纸币发行前的筹备工作。在北洋政府币制局尚未批准发行之前，该行从1920年开始发行实业流通债券……从1923年开始，该行发行的实业流通债券即陆续收回停发”[③]，到1926年底彻底停发。所以又有中国实业银行发行兑换券前后共17年的说法。

表13－7　　1920—1926年历年发行实业债券统计

日期	实业流通券（元）
1920年12月	4339500
1921年12月	11017100
1922年12月	15591400
1923年10月12日	1371800
1924年9月12日	114700
1925年12月	600700
1926年12月	53600

资料来源：戴建兵、于彤．中国近代商业银行纸币史［M］．石家庄：河北教育出版社，1996：329.

中国实业银行纸币发行实行分区发行制度（见表13－8），即“兑换券由总管理处发行部定制，分发各分部备用；各分部领用兑换券应先加印地名”[④]。

---

① 戴建兵．白银与近代中国经济1890—1935［M］．上海：复旦大学出版社，2005：89.

② 自财政部颁布规定中、中、交三行钞票为法币后，其他各商业银行之钞票，须一律归发行准备管理委员会接收。该会转托中、中、交三行办理，迄当时为止，大致也已接收就绪，计中央银行接收中国农工、中国农民、四明及四行准备库四家，中国银行接收农商及中国通商二家，交通银行接收中国实业、中国垦业及浙江兴业三家。《上海各银行发行概况》，《中行月刊》，11卷6期，民国二十四年十二月，第57页。

③ 戴建兵，于彤．中国近代商业银行纸币史［M］．石家庄：河北教育出版社，1996：328.

④ 北京市档案馆藏中国实业银行档案，J47－1－1。

表 13－8　　1922—1935 年中国实业银行发行的纸币版别及流通地

时　间	面额	图　案	颜色	印刷厂	说　明
1922 年	一元	男耕女织	灰/灰	财政部印刷局	天津、北京、上海、山东、汉口
1922 年	五元	男耕女织	黄/黄	财政部印刷局	天津、北京、上海、山东、汉口
1922 年	十元	男耕女织	紫/紫	财政部印刷局	天津、北京、上海、山东、汉口
1922 年	五十元	男耕女织	黄/黄	财政部印刷局	天津、北京、上海、山东、汉口
1922 年	一百元	男耕女织	蓝/蓝	财政部印刷局	天津、北京、上海、山东、汉口
1924 年	一元	神马驮书、长城	紫/紫	美国钞票公司	天津、青岛、上海、北京、汉口、山东、威海卫
1924 年	五元	神马驮书、长城	红/红	美国钞票公司	天津、青岛、上海、北京、汉口、山东、威海卫
1924 年	五十元	神马驮书、长城	黄/黄	美国钞票公司	天津、上海、北京
1924 年	一百元	神马驮书、长城	蓝/蓝	美国钞票公司	天津、上海、北京
1931 年	一元	神马驮书、行屋	紫/紫	美国钞票公司	天津、青岛、上海、厦门、山东
1931 年	五元	神马驮书、行屋	红/红	美国钞票公司	天津、青岛、上海、福州、厦门、山东
1931 年	十元	神马驮书、行屋	绿/绿	美国钞票公司	天津、青岛、上海、福州、厦门
1935 年	一元	神马驮书、行屋	红/红	华德路公司	未发行
1935 年	五元	神马驮书、行屋	—	华德路公司	未发行
1935 年	十元	神马驮书、行屋	—	华德路公司	未发行

资料来源：戴建兵：《中国历代钱币简明目录》，人民邮电出版社，1997 年版，第 167 页；郭颖：《民国时期中国实业银行国币券改作交通银行法币券》，《江苏钱币》，2006 年第 4 期。

从表 13－8 可以看出，中国实业银行共设计有 4 版兑换券，其中 1922 年、1924 年及 1931 年版别的纸币曾发行流通，1935 年国民政府实行法币政策，发行权回收，致使 1935 年版别的纸币虽已印刷但没有发行。可是，它们并没有被销毁，而是加盖了交通银行的名称而作为法币流通于市场。原来，1935 年 11 月 3 日国民政府实行法币政策后，只有中、中、交三行的纸币为法币，因此三行的法币需求量大增，现时加印来不及，"为解决急需，交通银行经财政部核准，从（中国）实业银行回收的印好未发行的 1 元新券 500 万张及少量的中国实业银行 5 元、10 元新券，改印后作交通银行法币券发行"①。

此外，中国实业银行早期还发行过"龙马"图案的钞票，即钞票上印"龙马"图案，以示与启新洋灰公司的"飞马牌"洋灰属一个系统。该钞票在唐山开滦与启新矿场上流通使用②，且 20 世纪 30 年代在东南各省和平津一带都流通使用③。

中国实业银行钞票的主要发行地区为上海、汉口、天津、北京、济南等处④。此外，"民国十年至十六年，（扬州）市面上流通的银行兑换券，主要有中国、交通、中南、四明、中国实业、中国通商银行的钞票"⑤；在安徽"中实、中南银行兑换券流通面颇广，遍及城乡"⑥；又"查敝处（中国实业银行沈家门办事处）发行沈字券 40 万元，附近各县一律通用……又代发沪

① 郭颖：《民国时期中国实业银行国币券改作交通银行法币券》，《江苏钱币》，2006 年第 4 期。

② 郝庆元．周学熙传［M］．天津：天津人民出版社，1991：236.

③ 程莉．近代实业家周学熙研究［M］．合肥：合肥工业大学出版社，2006：208.

④ 中国人民银行北京市分行金融研究所编：《北京银行史料（银行篇三）》，第 198 页。

⑤ 扬州金融志编纂委员会．扬州金融志［M］．北京：中国金融出版社，1996：15.

⑥ 中国人民银行安徽省分行志编纂委员会．中国人民银行安徽省分行志 1949—1990［M］．上海：复旦大学出版社，1992：448.

券百余万……半数由各钱庄逐日领用，转发渔民，流转市面，信用日著”[①]。可见，中国实业银行的钞票除大城市外，于农村也广为使用，流通范围颇广。

该行经北洋政府特许，自1922年开始发行兑换券，至1935年停止发行，发行额高达5400余万元，居具有发行权的商业银行前列（见表13－9）。

表13－9　　1932—1935年华商重要商业银行[②]发行额　　单位：元

行　名	1932年	1933年	1934年	1935年11月3日
中国实业银行	35860485	40000680	42898735	54211809
中国通商银行	11276873	25091460	29192900	28608000
中国农工银行	4709600	10224767	12225547	16454517
中国垦业银行	5221000	6445000	7095000	7496000
浙江兴业银行	7088917	8186871	9214773	9448773
四明银行	15094600	12497600	18310300	19220800
四行准备库	32307857	36871837	40254300	72282400[③]

资料来源：1932—1934年的资料来自《中行月刊》，11卷2期，1935年8月；1935年的资料来自中国第二历史档案馆编：《中华民国史档案资料汇编　第五辑　第一编　财政经济（四）》，江西古籍出版社，第50页。

中国实业银行的发行额如此之高，流通范围如此之广泛，信用如此卓著，皆因“于发行时，准备力求充足，库存与营业完全划分，不相牵涉”[④]。可见，完善的发行体制与健全的发行机构及准备力充足是中国实业银行发钞业务直线上升的重要原因，也是发钞行必备的条件。因“各银行纸币一经发行，银行即负有随时兑现之责，稍有不慎，流弊滋生，影响所及，小之则损害股东之血本，大之则扰乱社会之金融，所关甚大，不容忽视。若救此弊，首视银行管理发行及准备金有无适当方法，该行所存纸币准备金与营业用现金。系如何划分、存储、记账，保证品系照时价计算，抑照面额计算，其未经发行纸币之封存及保管方法，与核准原案所定者，是否相符，内部管理发行事宜，有何规章，均关重要”[⑤]。

1922年，中国实业银行获取政府的发行权后即制定了《中国实业银行发行兑换券规则》[⑥]，共17条；1932年，又制定了《中国实业银行发行部简章》[⑦]，计18条。两规章制度对该行的发钞都作了详细的规定，如：“此项兑换券由总行定制，加印总理签字后，分发各分行备用；各分行须用兑换券，应先加印该分行地名及经理签字，再为发行，以清界限”，又“分行号兑换券及准备金库存，应与营业库存分别保管，以便检查；总行对于分行号发行事宜，应随时指示监督之”，等等。且从总管理处到具备发钞资格的分、支行都成立发行部，“专办发行兑换券及准备事宜”[⑧]。可见，中国实业银行对发钞事宜十分慎重且制度严密。

---

① 上海市档案馆藏中国实业银行档案Q276－1－614－1。

② 此“重要商业银行”中不包括具有国家银行性质的中国、中央、交通三银行，只指中国实业、中国通商、中国农工、中国垦业、浙江兴业、四明银行及四行准备库（金城、中南、盐业、大陆四银行）六家，因为这六家如吴承禧的《中国的银行》中描述的那样，“所发行的纸币，信誉比较的良好，流通亦甚广泛也”。

③ 吴景平，马长林．上海金融的现代化与国际化［M］．上海：上海古籍出版社，2003：278.

④ 中国人民银行北京市分行金融研究所编：《北京银行史料（银行篇三）》，第350页。

⑤ 《周肇祥关于中国实业银行发行纸币状况并抄送该行兑换券发行规则至财政部呈1924年3月19日》。

⑥ 北京市档案馆藏中国实业银行档案J47－1－1。

⑦ 北京市档案馆藏中国实业银行档案J47－1－1。

⑧ 北京市档案馆藏中国实业银行档案J47－1－1。

“准备力充足”是其兑换券业务发展的又一个重要原因，也可以说是主要原因。《中国实业银行发行兑换券规则》中规定：“准备金应以先进十成为准，但分行得酌察情形，陈明总行，以有价证券充之，至多以四成为限。”自发钞以来，该行紧遵此规定，现金准备均在六成或六成以上。这也是中国实业银行虽因谣言引起过挤兑风潮，但全凭十足准备而很快平息。兹将该行1931年2月至1933年12月止，发行准备委员会历次检查发行准备状况如表13－10所示。

表13－10　　中国实业银行历次发行准备统计　　单位：元、%

时间	次数	发行数额	现金准备	百分比	保证准备	百分比
1931年2月	1	27965766	16804366	60.09	11161400	39.91
1931年3月	2	26015674	15669474	60.23	10346200	39.77
1931年4月	3	26187661	16289861	62.20	9897800	37.80
1931年5月	4	27343361	17154361	62.74	10189000	37.26
1931年6月	5	27164961	16313361	60.05	10851600	39.95
1931年7月	6	27920661	16783861	60.11	11136800	39.89
1931年8月	7	27351461	16426261	60.06	10925200	39.94
1931年9月	8	28148261	17325861	61.55	10822400	38.45
1931年12月	9	19957661	11981061	60.03	7976600	39.97
1932年3月	10	19682063	11812663	60.02	7869400	39.98
1932年7月9日	11	19795513	11981313	60.53	7814200	39.47
1932年8月13日	12	20776013	9506013	60.03	6330000	39.97
1932年9月10日	13	21608851	10561651	60.81	6807200	39.19
1932年10月8日	14	23935651	11495651	60.20	7600000	39.80
1932年11月2日	15	23874601	12034601	60.07	8000000	39.93
1932年12月10日	16	25874601	13622601	60.86	8762000	39.14
1933年1月14日	17	27927501	14751501	60.49	9636000	39.51
1933年2月11日	18	26704551	14295551	61.85	8119000	38.15
1933年3月11日	19	24693401	12793041	60.11	8490360	39.81
1933年4月11日	20	23922561	12671201	60.94	8121360	39.06
1933年5月13日	21	23340261	12211061	60.12	8099200	39.88
1933年6月10日	22	25138661	12812661	60.19	8476000	39.81
1933年7月8日	23	26427861	13054461	60.03	8693400	39.97
1933年8月12日	24	27847761	13294761	60.00	8863000	40.00
1933年9月9日	25	28953761	13703961	61.09	8409800	38.91
1933年10月14日	26	30139611	13869611	61.02	8860000	38.98
1933年11月11日	27	30789091	14019091	60.30	9200000	39.62
1933年12月9日	28	32110391	14628391	60.58	9517000	39.42

资料来源：戴建兵、于彤：《中国近代商业银行纸币史》，河北教育出版社，1996：331－332.

“发行钞票，往者乃银行所最垂涎之权利。”① 第一，“银行发行纸币后，可以获得大量的流动资金，从而为扩大银行自身业务打开了方便之门。”② 这种流动资金一是表面的直接获得，还有就是隐性的获得，因为，“银行取得了发行权以后，现货的功用增大，放款或投资的能力

① 陈振骅．货币银行原理［M］．上海：商务印书馆，1941：200.

② 戴建兵．白银与近代中国经济1890—1935［M］．上海：复旦大学出版社，2005：90.

膨胀（如发钞 100 元，仅需 60% 之现金做准备，故之放款为现金 60 元者，今在发钞以后，即可增至 100 元），银行资金之运用遂逐一若为之增益所致”①。第二，“存款的吸收，例须付息，而钞票的发行，概不付利”②，且存放同业还能获得利息。可见，发钞能增强银行的实力，这也是中国实业银行争取发钞权的直接原因，也是周学熙自兼办天津官银号后扩充实力的惯用手段。

第三章　中国实业银行的发展

中国实业银行成立于 1919 年 8 月，到 1937 年 7 月抗日战争爆发，整整 18 年的时间。中国实业银行于 1919 年设总行于天津，皆因当时天津从政治、经济、金融各个方面来说都是最佳选择。1927 年，国民政府定都南京，政治重心南移，同时上海这一经济、金融中心的优势逐渐凸显，又中国实业银行天津总行因谣言发生了挤兑，虽很快平息但实力受损，因此业务重心南移，并于 1932 年 4 月，将总行由天津迁往上海。此期间经历了由以华北为业务重点转向以华南为业务重点的转变，业务量也发生了巨大的变化。所以以 1927 年银行业务重心的南移为分水岭，中国实业银行经历了初步发展和继续发展两个阶段。本章拟就两个阶段联系起来，不再分节，在整体发展中做一个简单的比较。

第一节　中国实业银行新业务的开拓

周学熙呈袁世凯批准设立中国实业银行的函文中提到：“唯学熙以为实业银行固为力求实业发达而设，然苟无运输及保险机关互相运用，则凡实业上之各种出产，及一切设施，仍或不无缺点，而成效即未易骤期。唯运输、保险两种业务，民间既未能筹集巨款，积极进行；国家又复因财政困难，势难另办。似不如即由民国实业银行，酌量附设，以期营业互相维系，庶于银行、实业，两有裨益。”③ 此建议得到批准。所以中国实业银行于开业之时，即附设永宁保险行及中国实业银行货栈，两者都是银行业中较早投资兴办的新业务，尤其是永宁保险行是“中国第一家由银行兼办的保险业”④。

一、永宁保险公司

1. 改组经过

永宁保险公司前身为永宁保险行，于民国八年（1919 年）六月开办，总行位于天津市法租界红楼大厦内，独立经营，总经理郭啸秋（兼任启新洋灰公司副经理），股本总额定为 100 万元。后因保险营业与银行性质截然两途，长此含混牵扯，彼此互有妨碍且查银行法复有限制，银行经营保险实业之规定，拟仿照东莱银行经营安平保险公司，金城银行经营太平保险公司，

① 吴承禧．中国的银行［M］．上海：商务印书馆，1934：35.

② 吴承禧．中国的银行［M］．上海：商务印书馆，1934：35.

③ 周学熙：《呈大总统袁拟创办民国实业银行章程文》，周小娟．周学熙传记汇编［M］．兰州：甘肃文化出版社，1997：215．

④ 李洪军．中国财经之最［M］．北京：中国审计出版社，1999：184.

中国银行经营中国保险公司，上海商业银行经营宝重保险公司成例，就原有永宁保险行，组织永宁水火保险股份有限公司①。

永宁保险公司资本总额仍定为100万元，遵照公司法规定，先收二分之一，继续营业，除本行原有股本25万元外，由该公司另募25万元凑足前数，如招募过额，本行原有股本可以酌减至小之额以10万元为限。公司实行会计独立，另就本行董事中推举二人为该公司董事，代表本行会同主持一切事务，俾无管辖之名而行监督之实。②

永宁保险公司的业务一度中辍后又复业。1949年后，接受社会主义改造。1952年，联合13家民营保险公司与中国人民保险公司组建公私合营的新丰保险公司。③

2. 业务发展

“保险有三等：一水险，二火险，三人险。水险保船载货，火险保房屋、货栈，人险保性命、疾病。”④ 永宁保险公司经营水、火险，这也是中国当时大多数保险公司经营的险种。

“火险事业之传入中国，只有极浅之历史，然国人深知火险之有利，故发达甚速。以上海一埠而论，举凡住宅店铺货物等，十九保有火险。”⑤ 因为近代时期，我国房屋多为砖木结构，大城市又街巷狭窄，店铺林立，极易招致火灾。尤其是货栈业的兴盛更需要火险的保护。水险是海外贸易和内河航运贸易所必需的险种。

永宁保险行在1932年改组之前，附设于中国实业银行，由该行拨资，会计不独立，资产额归于中国实业银行的资产总额内，单列一项。由于资料缺乏，只能列举1921—1931年的资产总额做一个了解（见表13－11）。

表13－11　　1921—1932年永宁水货保险行的资产总额　　单位：元

年份	资产总计	年份	资产总计	年份	资产总计
1921	427962	1925	582394	1929	669319
1922	480269	1926	616781	1930	649064
1923	544752	1927	612384	1931	632321
1924	568954	1928	642160	1932	—

资料来源：1921—1928年的数据来自《申报年鉴》（1933年），上海申报年鉴社，第129－130页；1929—1931年的数据来自《中国重要银行最近十年营业概况研究》，第241页。

由表13－11可知，永宁保险在业务量方面基本呈稳步增长的趋势，但是增长的幅度不是很大，这也在一定程度上反映了民族保险业在起步阶段探索经营的艰难。

永宁保险公司为发展业务，“一方面将本公司之承保自留额酌量提高，并与四明、联保、华泰、华商、联合等公司组成一分保集团，藉以减少分保费之支出，同时于稳妥投资亦酌为经营，藉资补益”⑥。又保险部提出扩充承保区域以利进行，并拟在该行各大商埠分行内筹设保险处及储备保险人才⑦，先后在上海、汉口、长江沿岸及东北各大城市设立了分行或代理店，综计所设

① 上海档案馆藏中国实业银行档案Q276－1－160。
② 上海档案馆藏中国实业银行档案Q276－1－160。
③ 刘金章，王晓炜．现代保险辞典［M］．北京：中国金融出版社，2004：568.
④ 夏东元．郑观应集上册［M］．上海：上海人民出版社，1983：647.
⑤ 马纪宣：《经营火险之方针》，《商务杂志》，第3卷第1号。
⑥ 上海市档案馆藏中国实业银行档案Q276－1－17－10。
⑦ 北京市档案馆藏中国实业银行档案J47－1－10。

分行号已达40余处，并开办火车险以与洋商竞争。永宁保险公司资金充实，每年盈利在中国实业银行附属企业中占首位，营业前途亦正方兴未艾也①。

永宁保险公司开中国的银行兼办保险业务的先河，为后来大批银行兼办保险做出了榜样。该公司成立后，广纳保险人才，广设分支机构，积极推进业务的开展，在近代我国保险业发展史上留下了浓墨重彩的一笔。

二、中国实业货栈

1. 中国实业货栈缘起及业务规则

中国实业货栈由中国实业银行拨资创办，是“为客商货物之安全及营业上易于调剂金融起见，特先在本埠（天津）英租界海大道设立货栈以为初基，徐图发展，转为客商保存货物及办理提货、借款、提单、押款等事，定名为中国实业货栈”②。

《中国实业货栈办事细则》中规定：本栈为中国实业银行附属营业，以存储货物、中介买卖兼做押款为业务③。其主要业务规则④有：（1）客货入栈经本栈收清数目发给临时收据，2日后凭收据掣取正式栈单。（2）本栈栈租分从件、从价、从量三种，另外以价目表订之。（3）本栈栈租两月一清。其因特别事故经本栈许可延期者，得延长期限，然至迟亦不得逾起货日期交清。至货物存栈不满一月按一月计算，逾一月即按两月计算，如以星期计算者亦照此类推。（4）客货保险本栈得代为办理，凡入栈未经保险之货物，如遇天灾地变不可抗力时本栈不负赔偿之责。

2. 业务状况

中国实业货栈一般附设各地中国实业银行的分支处来广设分栈，如附设于芜支行、常、陵两处，还有附设于津行的津一栈、津二栈，沪行的沪栈、清行的清栈等。

表13－12　　中国实业货栈的业务经营状况　　单位：元、%

年份	资产额	各项放款	百分比	各项存款	百分比
1921	80633	21730	26.95	29854	37.04
1922	163031	87015	53.37	89608	54.96
1923	303739	230848	76.00	227552	74.92
1924	98544	195694	19.86	23652	27.05
1925	120939	42889	35.45	43081	37.28
1926	125874	125027	99.88	23186	18.42
1927	128809	127534	99.01	22263	17.28
1928	214701	211658	98.58	112868	52.57
1929	154435	140578	91.09	54435	35.25

资料来源：《中国重要银行最近十年营业概况研究》，第242页。

中国实业货栈“严持谨慎公平为主义，并与办有成效资望素孚之华商公司，联络赞助，俾

① 《中行月刊》，第四卷第六期，民国二十一年六月；许良灏．从事保险业30年经历记［M］．文史资料选辑（第49辑），中国文史出版社，2002：89.

② 上海市档案馆藏中国实业银行档案Q276－1－633－32。

③ 上海市档案馆藏中国实业银行档案Q276－1－633－28。

④ 上海市档案馆藏中国实业银行档案Q276－1－633－32。

信用日坚，各埠客商得资倚重，然后于各通商大埠及商业繁盛之区依次设栈，庶几行商坐贾，资本有周转之据，货物获利便安全之感，本银行有厚望焉”①。

中国实业银行尝试办保险、运输等业务在当时银行业中是最早或较早的，之后，各银行纷纷效仿。这一方面能使这些行业依托银行取得较好的资金支持，另一方面以此为中介也加强了银行同工商业的联系，使两者逐渐走上正常的发展道路。最后，在外国入侵的大背景下，为挽回国家利权也作出了重要贡献。总之，中国实业银行兼办保险运输等业，“以为通商惠工之计，用意甚为深远”②。

第二节　中国实业银行经营规模的扩大

一、广设分支机构

广设分支机构历来是银行扩展其业务的重要途径，中国实业银行在最初筹备拟定的40条《章程》中就提出：“分设分行、分号于实业重要地方”③。正式成立后，该行的组织系统为总行—分行—支行—办事处—代理处。

中国实业银行于1931年7月修订的《分支行规则》中规定：“分支行对外称：某处中国实业银行；办事处对外称：中国实业银行某处办事处；凡中国实业银行未设立分支行地方，得由总行委托他银行或殷实商号为代理处。”④

沿海、沿江城市凭借其优越的地理条件在近代的实业发展中占尽了先机，政治、经济、金融各方面的实力较内地有很大的优势，这也是银行赖以生存和发展的土壤，所以各银行都青睐这些地方，如天津、山东、上海、汉口等城市，纷纷设立机构发展业务。

北洋政府时期，北方尤其是北京、天津凭借政治优势，集中了大批的政客、军阀、殷实商户，他们掌握政权又持有大量的资金，同时天津又有优越的地理位置，也是周学熙发家的起点，所以中国实业银行于1919年设总行于天津，同年6月设河东、梨栈两办事处，1923年，北马路办事处开业。同年，在北京设立了分行、王府井办事处。中国实业银行依托有利的政治、经济、金融等资源，成立当年就获利20.06万元，1920年达67.63万元。⑤

20世纪20年代下半期至30年代初期，政治重心南移，同时上海凭借其海陆交通运输枢纽的黄金地理位置、不断加强的工业技术力量、占有全国半壁江山的对外贸易等优势，成为完全的金融重心。原在北方的大型银行的总行又纷纷迁沪，如资力、规模均较大的中国、交通、盐业、金城、大陆、中国实业等银行的总行这时分别由北京、天津移至上海。⑥ 中国实业银行总行于1932年由津迁沪，以适应形势的变化以期取得更大的发展。其实在1919年该行即成立了上海分行，总行迁沪后，上海就有总管理处、上海分行、沪西支行、上海金陵路支行、上海南市支行等办事机构。

---

① 上海市档案馆藏中国实业银行档案Q276－1－633－32。
② 周叔贞．《周止庵先生别传》，周小娟．周学熙传记汇编［M］．兰州：甘肃文化出版社，1997：207.
③ 周葆銮．中华银行史［M］．上海：商务印书馆，1923：11.
④ 北京档案馆藏中国实业银行档案J47－1－1。
⑤ 中国人民银行上海市分行金融研究室．金城银行史料［M］．上海：上海人民出版社，1983：10.
⑥ 洪葭管．20世纪的上海金融［M］．上海：上海人民出版社，2000：5.

中国实业银行于1919年9月设立山东分行即济南分行；1922年成立汉口分行；1929年6月成立南京分行；1929年7月设立杭州办事处；1931年杭州分行；1930年7月设立青岛支行，1933年改为分行；设有分支行及办事处的地点还有苏州、无锡、常熟、常州、扬州、南京、芜湖、蚌埠、长沙、重庆、宁波、温州、鄱阳、福州、厦门、广州、香港、甘肃、辽宁、大连、滨江、潍县、威海卫、唐山、石家庄、沈家门等共50余处，寄庄的设立如于东台、溱潼设立寄庄，以便内地之汇兑，并推广本钞之发行；于南通城西的"润泰钱庄"设立寄庄，1931年迁至"恒泰钱庄"内，并改称兑换处①等。此外，中国实业银行的兑换券代理处、储蓄部代理处更是遍布全国各地。至此，中国实业银行战前的全国商业网点铺设完毕。

总的来看，中国实业银行对营业网点的铺设从建行初就非常重视，北京分行、山东分行、上海分行等重要地方都是与总行同年开业。其次，业务重心南移以后，营业网点开设的范围和速度都较前期有明显的进步。总之，这些遍布全国的网点的铺设，使该行的纸币流通范围更广，资金来源更多，因地制宜使资金使用渠道更宽，从而使中国实业银行的发展速度更快，营业规模更大，实力更强。

二、业务发展

近代时期，政局动荡，经济、金融中不稳定的因素很多，不利于民族资本的发展，但是中国实业银行凭借其稳健的行风，在复杂的环境中取得了很好的发展业绩，各项业务都走在华商银行的前列。

1. 存款

"对银行来说最具重要意义的始终是存款"②，中国实业银行自始至终把"收受各种存款"作为自己的一项业务积极开展。1934年，即被改组前一年的存款总额比1919年成立时增长了17倍多，如表13-13所示。

表13-13　中国实业银行历年存款总额（1919—1926年）　单位：元

年份	存款总额	年份	存款总额
1919	3153209.51	1927	16595772.28
1920	3844503.10	1928	18803443.15
1921	4894822.28	1929	—
1922	7881587.88	1930	34475097.89
1923	7921013.91	1931	41186372.92
1924	8836881.17	1932	45880429.33
1925	12370649.50	1933	51034592.91
1926	15007154.46	1934	53666314.14

资料来源：根据中国实业银行相关年份的《营业报告》编制。

中国实业银行的各年存款都呈增长的趋势，并且增长的速度很快。它的存款总额在同时期的华商银行中也始终处于前列，如表13-14所示。

---

① 谬子中：《解放前南通银行的概况》，《南通文史资料选辑》（第7辑），1987年版，第202页。

② 马克思．资本论（第三卷）［M］．北京：人民出版社，1975：454.

表 13 - 14　　**1926—1931 年 11 家重要商业银行存款比较**　　单位：元

行名	1926 年		1930 年		1931 年	
	金额	排列名次	金额	排列名次	金额	排列名次
中国通商银行	7869463	9	19512340	10	32422661	10
浙江兴业银行	41288604	1	66347188	4	71480345	4
四明商业储蓄银行	16344849	7	51501785	6	50145442	7
浙江实业银行	4096197	11	45076073	7	38668334	9
新华信托储蓄银行	6668596	10	6817251	11	11746997	11
盐业银行	39560178	3	57626474	5	69900754	5
金城银行	39823805	2	78944492	2	90709516	2
大陆银行	31484523	6	47755261	7	68400772	6
中南银行	32205604	4	67724868	3	76441185	3
中国实业银行	15671007	8	35676965	9	43703229	8
上海商业储蓄银行	32004884	5	96038728	1	99692333	1

资料来源：中国人民银行上海市分行金融研究所编：《上海商业储蓄银行史料》，上海人民出版社，1990：265、401。

表 13 - 14 以在当时华商银行中占有重要地位的 11 家商业银行为例，列举了 1926 年和 1930 年、1931 年前后两个时期（以 1927 年为界）的 3 个年份，可以清楚地看到，中国实业银行始终处在第 8 名或第 9 名的位置，并且在改组前的 1934 年的营业总额为 106688912.57 元，居当时政府银行和商业银行的第 8 位，由此可以推断中国实业银行存款所在的位置也大概如此。可见，前后两个阶段中国实业银行的存款总额从自身来说增加了很多，但是在华商银行中位置稳居，而这本身就是一种发展。

2. 放款

改组前，中国实业银行放款的绝对额基本呈增长态势，并在 1934 年达到了最高额度 31493225 元，比最低年份 1919 年的 2357382 元翻了 13 倍多。但是放款总额在资本总额中的比例却是忽高忽低，最高比例为 1923 年的 58.9%，最低年份为 1933 年，只有 19.3%，如表 13 - 15 所示。

表 13 - 15　　**中国实业银行历年放款总额及占该行资产总额的比重**　　单位：元、%

年份	中国实业银行资产总额	中国实业银行放款总额		中国实业银行放款总额占该行资产总额的比例
		金额	比例	
1919	5381526	2357382	100.0	43.8
1920	6635916	3007651	127.6	45.3
1921	8095478	4282510	181.7	52.9
1922	11678020	6646502	281.9	56.9
1923	12255848	7213007	306.0	58.9
1924	14418452	7002465	297.0	48.6
1925	22474322	9635914	408.8	42.9
1926	27042731	10221182	433.6	37.8
1927	28656700	11873652	503.7	41.4
1928	34369191	12153742	515.6	35.4
1929	44198849	13666264	579.7	30.9

续表

年份	中国实业银行资产总额	中国实业银行放款总额		中国实业银行放款总额占该行资产总额的比例
		金额	比例	
1930	67631349	20428008	866.6	30.2
1931	70606686	27608369	1171.1	39.1
1932	88621729	29687557	1259.3	33.5
1933	99372887	19218265	815.2	19.3
1934	106486813	31493225	1335.9	29.6

资料来源：《中国重要银行最近十年营业概况研究》，第243、254页；中国实业银行相关年份的《营业报告》。

中国实业银行前后两个时期与同时期全国重要银行放款总额进行比较，1927年前后的反差很大，前者明显低于后者，详见表13－16和表13－17。

表13－16　　中国实业银行与全国重要银行历年放款比较①　　单位：元、%

年份	全国重要银行放款总额	中国实业银行	
		放款总额	占全国重要银行的百分比
1921	515318170	6624931	1.3
1922	548202707	9620986	1.8
1923	573527890	9669498	1.7
1924	636162794	11303876	1.8
1925	763738118	15799469	2.1
1926	887344434	16656502	1.9

资料来源：《中国重要银行最近十年营业概况研究》，第2、243页。

表13－17　　放款占25家主要银行的比重和与官僚资本四大银行的比较②　　单位：元、%

年份	中国实业银行		25家主要银行		中、中、交、农四银行		中实银行对主要银行	中实银行对官僚资本银行
	金　额	比例	金　额	比例	金　额	比例		
1927	17140185	100.0	459625537	100.0	448394393	100.0	3.7	3.8
1928	18715393	109.2	533533166	116.1	522825009	116.6	3.5	3.5
1929	18435656	107.6	608213332	132.3	613726890	136.9	3.0	3.0
1930	27979706	163.2	704480222	153.3	716060615	159.7	4.0	3.9
1931	37620614	219.5	806556900	175.5	797348214	177.8	4.7	4.7

① 《中国重要银行最近十年营业概况研究》记载的全国重要银行是：中央、中国、交通、通商、浙江兴业、四明、浙江实业、中华、聚兴诚、上海、中孚、和丰、东莱、永亨、中国实业、东亚、中兴、国华、垦业、广东、江苏、新华、农工、金城、中南、盐业、大陆、四行储蓄会28家。《中国重要银行最近十年营业概况研究》中"放款总额"包括资产类中的各项放款、存放各银行、存放（各）同业、兑换结余、应收未收利息、存出保证金、押汇、银行公会基金、押租、托收款项、贷放款项、买入汇款、期收汇款、期收款项、购买外债期票、没收押件、储蓄业资金、保险业资金、货栈业资金19个项目，而表13－14中根据《营业报告》整理的"放款总额"只指"各项放款"一项，所以两表虽都称"放款总额"，但数据有很大不同。

② 25家主要银行是指《中国重要银行最近十年营业概况研究》中所载除中、中、交、农以外的25家银行，其中和丰银行于1932年停业，这年实际只有24家。《中国重要银行最近十年营业概况研究》中中央银行1928年开始有存放款数字，中国农民银行1933年始有存放款数字。

续表

年份	中国实业银行		25家主要银行		中、中、交、农四银行		中实银行对主要银行	中实银行对官僚资本银行
	金 额	比例	金 额	比例	金 额	比例		
1932	42977784	250.7	861461944	187.4	790983694	176.4	5.0	5.4
1933	42455583	247.7	945012220	205.6	1052879651	234.8	4.5	4.0
1934	41482661	242.0	1092997831	237.8	1121764145	250.2	3.8	3.7

资料来源："25家主要银行"和"中央、中国、交通、农民银行"的数据引自《上海商业储蓄银行史料》，第699页，根据中国银行经济研究室：《中国重要银行最近十年营业概况研究》1933年4月版第315页及《民国二十五年全国银行年鉴》第19章第67－72页和《民国二十六年全国银行年鉴》第19章第84－89页整理。中国实业银行1927—1931年的数据来自《中国重要银行最近十年营业概况研究》，第243页，1932—1934年的数据由笔者根据相关年份的《营业报告》计算得出，该行所占两项的比重也由笔者计算得出。

这也说明中国实业银行业务重心在华北时，资本主要投资于政府公债，放款也只注重于周氏企业集团，投资范围比较狭小。业务重心南移，全国经济形势好转，且"年来我国银行业，凡有悠久历史之银行，均已一洗其往昔因循萎靡之旧习，抖擞精神以从事于正轨之业务，竭诚服役，以尽力于社会之推进；并扶植生产，以谋国民经济之发展"①。中国实业银行的放款也随之加大。

3. 资本总额的增长及利益分配

中国实业银行资本总额一直呈现快速增长的趋势，特别是1925年以后。改组前的1934年比刚成立时的1919年资本总额增长了几乎20倍，如表13－18所示。

表13－18　　中国实业银行历年资本总额　　单位：元、%

年份	资本总额	比例	年份	资本总额	比例
1919	5381526	100.0	1927	28656700	532.5
1920	6635916	123.3	1928	34369191	638.7
1921	8095478	150.4	1929	44198849	821.3
1922	11678020	217.0	1930	67631349	1256.7
1923	12255848	227.7	1931	70606686	1312.0
1924	14418452	267.9	1932	88621729	1646.8
1925	22474322	417.6	1933	99372887	1846.6
1926	27042731	502.5	1934	106486813	1978.7

资料来源：根据《中国重要银行最近十年营业概况研究》及相关年份的《营业概况》整理。

获得利润是银行经营的最终目的，利润的分配关乎股东及职员的切身利益，所以两者也是考察银行发展很重要的内容。中国实业银行获得利润的主要途径为放款利息，平均占总利润的86%，最高为1929年的96.06%。其次为有价证券收益，平均为8.4%，最高占14.4%，其余为经营汇兑的收益②。中国实业银行历年盈余及分配如表13－19所示。

① 汪叔梅：《我国银行业当前之危机》，《中行月刊》，第10卷第4期，1935年4月。
② 中国银行总管理处经济研究室编：《中国重要银行最近十年营业概况研究》，1933年版，第238页。

表 13－19　　中国实业银行 1919—1934 年盈利及分配　　单位：万元

年份	实收股本	纯益	公积金	特别公积金	正利分配	红利分配	职员奖励
1919	222.3	20.6	2.0	2.6	10.3	3.1（1分）	2.4
1920	225.2	57.6	5.7	13.2	13.9	13.2（1.4分）	11.2
1921	229.0	45.8	4.5	4.5	16.0	13.1（1.4分）	7.5
1922	260.5	41.9	4.1	4.2	19.2（7厘）	8.6（4厘）	5.5
1923	279.9	42.0	4.2	3.6	20.6（7厘）	8.3（4厘）	5.0
1924	286.9	31.5	3.1	1.5	21.3（7厘）	3.3（2厘）	2.1
1925	289.9	43.7	4.4	6	21.6（7厘）	6.3（3厘）	5.3
1926	289.9	41.1	4.1	4.7	21.7（7厘）	5.9（3厘）	4.5
1927	301.9	30.1	3.0	1	21.7（7厘）	2.8（2厘）	1.6
1928	301.9	29.0	2.9	0	21.9（7厘）	2.8（2厘）	1.2
1929	301.9	30.0	3.0	0	—	—	—
1930	329.9	36.2	—	—	24.1（7厘）	5.2（2厘）	2.5
1931	329.9	27.6	—	—	24.5（7厘）	0.07	—
1932	—	26.9	—	—	24.0（7厘）	—	—
1933	—	21.9	—	—	19.3	—	—
1934	350.7	16.8	—	—	14.8	—	—

资料来源：程莉著：《近代实业家周学熙研究》，合肥工业大学出版社，2006：212.

中国实业银行 1935 年被改组为官商合办银行，受四大家族的控制。在这之前的 16 年间，以民办银行的身份自由经营，始终处于华商商业银行的前列，业绩不菲。该行历年业务状况统计如表 13－20 所示。

表 13－20　　中国实业银行 1921—1934 年业务状况统计　　单位：元

年份	资本总额	实收股本	公积金及盈余滚存	各项存款	各项放款	本年纯益
1921	8095478	2290550	238637	4961214	6624931	457062
1922	11678020	2605650	328201	7897962	9620986	419055
1923	12255848	2790650	412186	7929032	9669498	419999
1924	14418452	2869350	491108	10133020	11303876	314772
1925	22474322	2899350	537366	15087317	15799469	437617
1926	27042731	2899350	641116	15671007	16656502	411537
1927	28656700	2899350	748258	17128656	17140185	301813
1928	34369191	3019350	769135	19025358	18715393	290231
1929	44198849	3019350	798954	22935758	18435656	299685
1930	67631349	3299350	829201	34736342	27979706	361742
1931	70606686	3299350	871833	41523495	37620614	276215
1932	88621729	3305300	900531	48101926	42977784	269749
1933	99372887	3507400	929658	54453809	42455583	217566
1934	106486813	3507400	954119	58232786	41482661	164107

资料来源：1921—1931 年的数据来自《中国重要银行最近十年营业概况研究》，第 243、245 页。1932—1934 年的数据由笔者以《中国重要银行最近十年营业概况研究》中各项的计算方法根据中国实业银行相应年份的《营业报告》整理。

中国实业银行在1919—1937年分支机构广为增设，便利了工商企业及广大农村资金的使用；存款及放款业务积极开展，数字逐年攀升，且在华商银行中占有重要的地位。总之，中国实业银行在此18年间，审时度势，努力经营，实现了较快的发展，规模迅速扩大。

第三节　中国实业银行稳步发展的原因

近代的中国社会是一个内忧外患、政局动荡、经济萧条、金融制度十分不健全的糟糕状况，这对金融业的生存与发展是相当不利的。

首先，它使新式金融机构成立的基础发生了变化，而且这种基础很不稳固。银行是商品经济发展到一定阶段的产物，经济的发展尤其是产业经济的发展是其产生和发展的基础，而"中国银行业的发展，并不是由于工业生产发展的结果……而是由于帝国主义在华贸易的发展，政府财政上的需要……以及内地财富集中沿海口岸的结果；同时，也由于在外国资本压迫下许多官僚们觉得投资工业不如进行银行投机业更为有利"①。

其次，它迫使银行性质扭曲。银行的种类很多，如商业银行、工业银行、储蓄银行等，性质不同，服务的对象不同，业务也不同。中国银行业从其名称上来看也分多种，如中国实业银行、劝工银行、中国农业银行、盐业银行等。它们应当名副其实地服务各自的行业，但是"在当时中国社会条件下……业务的发展道路却只有一条，只能盘旋于商品流通过程中和政治投机上，而不能进行工农业投资。即使素以振兴实业为己任的交通银行也不能例外。关于这一点孔祥熙有所招供：'民国肇造，内战频仍，交通要政，不遑整理，故交行业务，遂以环境关系，逐渐趋向商业方面，以达自存之目的。'可见具有悠久历史、资金雄厚的交通银行，尚且非走商业银行的道路不可，其他银行的业务可想而知了"②。

中国实业银行处于这样的乱世中，却能逐步稳固基础并实现发展，而且始终处于华商银行的前列，其原因固然很多，但笔者认为突出的有以下几方面。

一、与实业界保持密切的关系

银行是社会经济发展到一定阶段的产物，社会经济不仅是银行产生的土壤，更是在其发展过程中提供养料的源泉，所以说社会经济是银行生存和发展的根基，银行的存在反过来对社会经济的发展起到更好的促进作用，两者相辅相成，否则两者都不能得到很好的发展。

近代时期，从中国银行业与工商业总的情况来看，两者的关系尤其1927年以前很隔离，很少直接发生关系，难怪章乃器先生感慨："我曾经说一句痛心话，以为我们银行界对于社会经济的贡献，实在是远不如钱庄，钱庄倘使全体停了业，的确可使上海的商界完全停顿，而银行全体停了业，恐怕倒没有多大影响，我们银行界平时和一般商业实在太隔膜了"③。这种局面是中国的传统习惯和当时的社会状况等多种原因造成的，但还是应该看到两者关系逐步密切的积极的一面。

中国实业银行成立于兴办实业的浪潮中，其创办者周学熙也是实业的从事者，并且认识到

---

① 吴江：《中国资本主义经济发展中的若干特点》，《经济研究》1955年第5期，第70页。

② 张郁兰．中国银行业发展史［M］．上海：上海人民出版社，1957：42.

③ 章乃器．金融业之惩前毖后［M］．章乃器论文选．友联印刷所，1934年版，第299页。

实业的发展必须有银行的支持，基于此才有该行的创办。中国实业银行从倡议到成立直至整个发展过程中都以发展实业为己任。

首先“中国实业银行本以辅助实业为宗旨，开办以来，尤能顾名思义，认真从事，实业界受其惠者，实属不少，该行所获盈利，已颇可观，正所谓利人利己，各得其所者也，今后若能本其初衷，渐次推设分行于全国各重要实业地点，则该行营业之发达，获利之增加当可操券以待也”①。可见中国实业银行创办的宗旨即“辅助实业”，并付之于实践，其表现在：（1）开办分支行于实业重要地方，如1919年开办第一年，设立天津总行的同年即设立了北京分行、济南分行、上海分行等处，其中除北京为非商业区域外，其余两处都是当时中国经济发达的地方。（2）于开办之初就附设保险、货栈、运输等与实业密切相关的业务，尤其是保险业务是华商银行兼办的第一家，这些都极大地密切了该行与实业界的关系。

其次，中国实业银行发展过程中，虽然鉴于中国社会状况，兼办商业银行的业务，但始终坚持辅助实业的发展。表现在：（1）其《营业规程》及行务会议中始终强调对实业的放款与投资。如：“从事关于种植、垦牧、水利、矿产、工厂、铁路、盐业等事之放款”② “观我国经济状况，仍未能脱离危险状态，然银行为金融之枢纽，经济之泉源……我银行业者义不容辞……本行一年以来之营业……应付目前之环境，尽救济扶植之能力”③。（2）付诸实践，积极进行。①广设分支行处于实业重要地方，以就近辅助农工商业的发展，如石家庄办事处、唐山办事处等。②审时度势，业务重心南移。“盖以我国大势而言，上海为世界商务荟萃之地位，江浙富庶之区，南连百粤北达直鲁，西通湘汉而入川滇，自国都南迁，经济金融益集中于沪上，我行为迎合时势，便于统筹管辖计，于四月初旬将总行由津迁沪，变更组织，更名为总管理处，力求刷新以图振作。”④

银行业只有与实业界保持密切的关系才能使社会经济得到充足的资金支持而获得长足的发展，相应地，银行才能得到健康的发展。

二、健全的规章制度是中国实业银行稳步发展的保障

制度是一个银行得以有序、健康发展的重要保障，中国实业银行非常重视制度的建设。该行开办后，逐渐制定各种章程、规程、规则及办法、细则等。按其内容大致可分为组织管理、业务经营、会计核算与人事管理、行员行役薪俸及福利待遇两大类。

前者主要有中国实业银行《章程》《组织规程》《董事局规则》《监事会章程》《总行驻各地办事处之组织办法》《分支行规则》《营业规程》《中国实业银行暨附属实业全体会计规程》以及储蓄和存放款、不动产抵押规则等。后者主要有《行员戒约》《请假暂行规定》《行役管理规则》《行员支给薪俸规程》《行员、行役生活津贴办法》《旅费规定》等。⑤

中国实业银行制度的完善是一个动态的过程，它会根据现实情况的变化而变化。如该行制定了《总行会计规程草案》，到建行第三年即完整地制定为《中国实业银行暨附属事业全体会计规程》；又如该行的《章程》，1920年即开办第二年便进行了修订，到1937年又进行了修改；

---

① 《中国实业银行八年份营业纪略》，《银行周报》，1920年第15期。

② 中国人民银行北京市分行金融研究所编：《北京金融史料（银行篇三）》，第259页。

③ 中国人民银行北京市分行金融研究所编：《北京金融史料（银行篇三）》，第351页。

④ 上海市档案馆藏中国实业银行档案Q276-1-82。

⑤ 中国人民银行北京市分行金融研究所编：《北京金融史料（银行篇三）》，第205页。

《营业规程》1920 年订立，1927 年进行了修订。其余方面也是随时事的变迁而及时地修订、完善。所有制度的修订都履行既定程序，“首先由主管部门提出草案或修改草案，经行务会议讨论通过，报董事会议决，最后由总行下发实施”①。并且该行的章程制定得都非常详细，如于放款方面，不仅在其《营业规程》中对“不动产抵押”有说明，还专门制定有《不动产抵押规则》及《不动产抵押放款细则》，由此可见一斑。

完善的规章制度是一个先进的银行必备的素质，它可以为银行在中国近代恶劣的社会环境中的发展起到保驾护航的作用，中国实业银行的发展得益于此。

三、业务经营的多样化

中国实业银行经营有存款、储蓄、发行兑换券、放款、汇兑、信托、保险、货栈、运输等多项业务，它们之间互相补充、互相支持。存款、发行兑换券及储蓄是该行资金的主要来源，是放款的坚实基础。放款利息是该行战前 18 年利益的主要来源，是存款人及股东利益、银行生存的保证。汇兑是该行经营的主要业务之一，汇费是其重要来源。经营保险、货栈、运输等附属事业，一方面加强了该行与实业界的联系，有助于辅助实业发展的宗旨的实现；另一方面，为中国实业银行开辟了利源，为防止利权外溢也起到了一定的作用。

多样化的经营是中国实业银行于不利的社会环境中稳步发展的有益方法，一方面使银行的资金得到有效的利用；另一方面使该行的触角深入多个领域，开辟利源，巩固根基。最后，它可以使该行服务社会、辅助实业发达的宗旨和对多难国家强烈的社会责任感得到有效的发挥。

总之，中国实业银行产生与成长于中国多事之秋，在不利的社会环境中，稳步发展，并积极践行着自己的宗旨和社会责任，可谓华商银行中的佼佼者。

结语

中国实业银行从 1915 年 8 月 14 日提出设立，到 1919 年 4 月 26 日正式成立，再到 1952 年 12 月参加全国金融业全行业的公私合营，前后历经 37 年的时间。

伴随着中国近代社会急剧变迁的特殊历史时期，该行有了很多的变化与发展：从其性质上看，由开始商股占优势的民族资本，到 1935 年官方注资后官股占优势的官商合办银行，又到新中国成立后改造成为社会主义建设服务的金融机构；从其业务范围上看，从最初以振兴实业、辅助实业发达的特种银行，到发展为不得不经营一般商业银行的业务；从其规模上看，中国实业银行广设分支机构，存放款规模逐渐扩大，发行额日增等。

由于笔者能力所限，本文仅撷取 1919—1937 年这一短暂历史时期，只对中国实业银行的概况做了较为粗浅的研究，该行的经营状况是本文研究的重点。经营状况是一个银行发展的核心，对其进行重点研究有助于增强对银行概况的整体把握。通过对中国实业银行营业概况的研究可以看出：该行成立时，适逢民国初期华商银行设立和兴办实业的高峰期，虽其以“辅助实业发达”的特种银行的高姿态成立，实际发展中却不得不尊重中国当时经济社会不成熟的现实而走上了一般商业银行的道路，甚至还兼营对地产、国债等高利润、高风险行业的投机。正如吴承

① 中国人民银行北京市分行金融研究所编：《北京金融史料（银行篇三）》，第 206 页。

禧先生所言："中国的银行无所谓分业的，中国的各种银行，名义上虽然都负了一种使命，但实质上它们都含了一种商业银行的性质——它们早就'商业银行化'了。"① 尽管如此，中国实业银行始终没有丢弃投资实业、辅助实业的宗旨，在有利条件下对中国实业界进行了最大可能的帮助。

中国实业银行的发展演变，是民国时期特种银行变迁的一个缩影。这一历史时期的特种银行，与当前盛行的政策性银行颇为相似，如国家开发银行、中国农业发展银行、中国进出口银行等。因此，对中国实业银行从成立、发展到结束的具体过程的个案研究，有助于今天相类银行以史为鉴，从而实现自身又好又快的发展。

总之，中国实业银行作为近代华商银行发展历程的一个折射点，其有益的经验和惨痛的教训值得我们吸取和反思，尤其该行筚路蓝缕、以启山林的进取精神更值得我们学习和借鉴。

参考文献

一、著作

[1] 贾士毅．民国财政史［M］．上海：商务印书馆，1917.

[2] 周葆銮．中华银行史［M］．上海：商务印书馆，1923.

[3] 徐寄庼．最近上海金融史［M］．北京：华中印刷铸字所，1926.

[4] 堀江归一．银行论［M］．上海：商务印书馆，1928.

[5] 马寅初．中华银行论［M］．上海：商务印书馆，1929.

[6] 杨荫溥．上海金融组织概要［M］．上海：商务印书馆，1930.

[7] 杨端六．银行要义［M］．上海：商务印书馆，1930.

[8] 中国银行总管理处经济研究室．中国重要银行最近十年营业概况研究［M］．北京：中国银行总管理处经济研究室，1933.

[9] 吴承禧．中国的银行［M］．上海：商务印书馆，1934.

[10] 中国经济情报社．中国经济论文集　第一集［M］．上海：生活书店，1934.

[11] 卓定谋．银行论［M］．北京：佩文斋，1935.

[12] 杨荫溥．经济常识　第四册［M］．北京：经济书局，1936.

[13] 沈雷春．中国金融年鉴［M］．北京：中国金融年鉴社，1939.

[14] 陈振骅．货币银行原理［M］．上海：商务印书馆，1941.

[15] 张郁兰．中国银行业发展史［M］．上海：上海人民出版社，1957.

[16] 陈真，姚洛．中国近代工业史资料［M］．上海：三联书店，1957.

[17] 周叔贞．周止庵先生别传［M］．台北：文海出版社，1966.

[18] 马克思．资本论（第三卷）［M］．北京：人民出版社，1975.

[19] 马克思．资本论（第一卷）［M］．北京：人民出版社，1976.

[20] 中国科学院近代史研究所中华民国史组．中华民国史资料丛稿　第七辑［M］．北京：中华

① 吴承禧．中国的银行［M］．上海：商务印书馆，1934：131.

书局，1979.

［21］宓汝成．帝国主义与中国铁路［M］．上海：上海人民出版社，1980.

［22］夏东元．郑观应集：上册［M］．上海：上海人民出版社，1983.

［23］中国人民银行上海市分行金融研究室．金城银行史料［M］．上海：上海人民出版社，1983.

［24］千家驹．旧中国公债史资料［M］．北京：中华书局，1984.

［25］石毓符．中国货币金融史略［M］．天津：天津人民出版社，1984.

［26］杨荫溥．民国财政史［M］．北京：中国财政经济出版社，1985.

［27］萧清．中国近代货币金融史简编［M］．太原：山西人民出版社，1987.

［28］铃木淑夫．日本的金融制度［M］．北京：中国金融出版社，1987.

［29］中国人民银行总行金融研究所中外金融法规研究小组．中外金融法规汇编第三分册［M］．北京：中国人民银行总行研究所，1988.

［30］尚明．当代中国的金融事业［M］．北京：中国社会科学出版社，1989.

［31］洪葭管．在金融史园地里漫步［M］．北京：中国金融出版社，1990.

［32］中国人民银行上海市分行金融研究所．上海商业储蓄银行史料［M］．上海：上海人民出版社，1990.

［33］杜恂诚．民国资本主义与旧中国政府：1840—1937［M］．上海：上海社会科学院出版社，1991.

［34］郝庆元．周学熙传［M］．天津：天津人民出版社，1991.

［35］黄逸平．近代中国经济变迁［M］．上海：上海人民出版社，1992.

［36］中国人民银行安徽省分行志编纂委员会．中国人民银行安徽省分行志 1949—1990［M］．上海：复旦大学出版社，1992.

［37］南京金融志编纂委员会，中国人民银行南京分行．民国时期南京官办银行［M］．南京：南京金融志编辑室，1992.

［38］建设银行财务管理编写组．建设银行财务管理［M］．北京：中国经济出版社，1994.

［39］戴建兵，于彤．中国近代商业银行纸币史［M］．石家庄：河北教育出版社，1996.

［40］周秋光．熊希龄集［M］．长沙：湖南出版社，1996.

［41］扬州金融志编纂委员会．扬州金融志［M］．北京：中国金融出版社，1996.

［42］中国货币史银行史丛书编委会．民国小丛书　第四册［M］．北京：书目文献出版社，1996.

［43］周小娟．周学熙传记汇编［M］．兰州：甘肃文化出版社，1997.

［44］钱天鹤．钱天鹤文集［M］．北京：中国农业科技出版社，1997.

［45］李一祥．近代中国银行与企业的关系 1897—1945［M］．北京：东大图书公司，1997.

［46］戴建兵．中国历代钱币简明目录［M］．北京：人民邮电出版社，1997.

［47］姚会元．江浙金融财团研究［M］．北京：中国财政经济出版社，1998.

［48］吴筹中．中国纸币研究［M］．上海：上海古籍出版社，1998.

［49］李洪军．中国财经之最［M］．北京：中国审计出版社，1999.

［50］钟思远，刘基荣．民国私营银行史 1911—1949［M］．成都：四川大学出版社，1999.

［51］马寅初．马寅初全集　第七卷［M］．杭州：浙江人民出版社，1999.

［52］黄达．货币银行学［M］．北京：中国人民大学出版社，1999.

［53］程霖．中国近代银行制度建设思想研究 1895—1949［M］．上海：上海财经大学出版社，1999.

［54］上海房地产志编纂委员会．上海房地产志［M］．上海：上海社会科学院出版社，1999.

［55］曹龙骐．货币银行学［M］．北京：高等教育出版社，2000.

［56］虞和平．中国现代化历程　第一卷［M］．南京：江苏人民出版社，2001.

［57］郑之杰．房地产金融［M］．北京：中国财政经济出版社，2001.

［58］吴景平，马长林．上海金融的现代化与国际化［M］．上海：上海古籍出版社，2003.

［59］赵兰亮．近代上海保险市场研究 1843—1937［M］．上海：复旦大学出版社，2003.

［60］洪葭管．20 世纪的上海金融［M］．上海：上海人民出版社，2004.

［61］刘金章，王晓炜．现代保险辞典［M］．北京：中国金融出版社，2004.

［62］薛念文．上海商业储蓄银行研究 1915—1937［M］．北京：中国文史出版社，2005.

［63］戴建兵．白银与近代中国经济 1890—1935［M］．上海：复旦大学出版社，2005.

［64］文昊．我所知道的资本家族［M］．北京：中国文史出版社，2006.

［65］程莉．近代实业家周学熙研究［M］．合肥：合肥工业大学出版社，2006.

［66］中国人民银行北京市分行金融研究所．北京金融史料（银行篇三）。

［67］中国人民银行北京市分行金融研究所．北京金融史料（银行篇四）。

二、论文

［1］章乃器．金融业之惩前毖后，《章乃器论文选》，友联印刷所，1934 年版．

［2］曾衡三：《一九二八年天津中美商人串通的大骗案》，《文史资料选辑　第 15 辑》，中国文史出版社，1986 年版。

［3］郝庆元：《周学熙兴办北洋实业的资金筹措与积累》，《天津文史资料选辑　第 41 辑》，天津人民出版社，1987 年版。

［4］谬子中：《解放前南通银行的概况》，《南通文史资料选辑　第 7 辑》，南通文史编辑部，1987 年版。

［5］刘素珍：《芜湖裕中纱厂三十年简史》，《中国近代纺织史研究资料汇编 第三辑》，中国近代纺织史编辑委员会，1988 年版。

［6］《中国实业银行关于修订有奖储蓄规则缘由致财政部函 1921 年 2 月 6 日》，《中华民国金融法规选编》，档案出版社，1989 年版。

［7］《周肇祥关于中国实业银行发行纸币状况并抄送该行兑换券发行规则致财政部呈 1924 年 3 月 19 日》，《中华民国金融法规选编》，档案出版社，1989 年版。

［8］周学熙：《周止庵先生自叙年谱》，《周学熙传记汇编》，甘肃文化出版社，1997 年版。

［9］周学熙：《呈大总统袁拟创办民国实业银行章程文》，《周学熙传记汇编》，甘肃文化出版社，1997 年版。

［10］傅增湘：《东游日记　序》，《周学熙传记汇编》，甘肃文化出版社，1997 年版。

［11］许良灏：《从事保险业 30 年经历记》，《文史资料选辑　第 49 辑》，中国文史出版社，2002 年版。

［12］李志道：《周学熙所办中国实业银行的兴衰》，《我所知道的资本家族》，中国文史出版社，2006 年版。

［13］张绍祖．北洋儒商言敦源［J］．天津政协，2008（3）．

[14]《中国实业银行》,《银行月刊》, 1921 年第一卷第一期。

[15] 戴铭礼:《九六公债史》,《银行杂志》, 第 3 卷第 6 期。

[16] 盛斌. 周学熙资本集团的垄断倾向 [J]. 历史研究, 1986 (4).

[17] 盛斌. 关于周学熙资本集团性质的变化问题——与姜铎同志商榷 [J]. 学术月刊, 1984 (4).

[18] 冯云琴. 官商之间——从周学熙与袁世凯北洋政权的关系看启新内部的官商关系 [J]. 河北师范大学学报, 2003 (4).

[19] 郭孝先. 上海的内国银行 [J]. 上海市通志馆期刊, 1933, 1 (2).

[20] 李福星. 我国银行押汇业 [J]. 银行月刊, 1928, 8 (6).

[21]《上海各银行发行概况》,《中行月刊》, 1935 年第 11 卷第 6 期。

[22] 郭颖. 民国时期中国实业银行国币券改作交通银行法币券 [J]. 江苏钱币, 2006 (4).

[23] 马纪宣:《经营火险之方针》,《商务杂志》, 第 3 卷第 1 期。

[24]《中国实业银行之永宁保险公司》,《中行月刊》, 1932 年第 4 卷第 6 期。

[25] 汪叔梅. 我国银行业当前之危机 [J]. 中行月刊, 1935, 10 (4).

[26] 吴江. 中国资本主义经济发展中的若干特点 [J]. 经济研究, 1955 (5).

[27]《中国发展实业之时机》,《农商公报》, 第 2 卷第 3 期。

[28] 徐沧水. 从法规上以观察吾国之银行制度 [J]. 银行周报, 1926, 4 (26).

[29]《中国实业银行八年份营业纪略》,《银行周报》, 1920 年第 4 卷第 15 期。

[30]《储蓄之利益》,《申报》, 1926 年第 12 卷第 22 期。

[31]《中央信托局接收中国实业银行有奖储蓄部》,《中央银行月报》, 1935 年第 4 卷第 9 期。

[32]《银行接济纺织业问题》,《银行周报》, 1924 年第 19 卷第 48 期。

三、档案资料

[1] 北京市档案馆藏中国实业银行档案: J47 – 1 – 1。

[2] 北京市档案馆藏中国实业银行档案: J47 – 1 – 10。

[3] 北京市档案馆藏中国实业银行档案: J47 – 1 – 11。

[4] 上海市档案馆藏中国实业银行档案: Q276 – 1 – 82。

[5] 上海市档案馆藏中国实业银行档案: Q276 – 1 – 160。

[6] 上海市档案馆藏中国实业银行档案: Q276 – 1 – 284。

[7] 上海市档案馆藏中国实业银行档案: Q276 – 1 – 303。

[8] 上海市档案馆藏中国实业银行档案: Q276 – 1 – 17 – 10。

[9] 上海市档案馆藏中国实业银行档案: Q276 – 1 – 614 – 1。

[10] 上海市档案馆藏中国实业银行档案: Q276 – 1 – 614 – 73。

[11] 上海市档案馆藏中国实业银行档案: Q276 – 1 – 633 – 28。

[12] 上海市档案馆藏中国实业银行档案: Q276 – 1 – 633 – 32。

[13] 上海市档案馆藏大陆银行档案: Q266 – 1 – 54。

第十三篇　中华懋业银行

陈晓荣

民国初年，中国出现了中外合办银行的高潮。此前，现代新式银行这一新生事物在中国还只是刚刚起步。在此后的约十年时间里，中外合办事业昙花一现般勃兴。北洋政权垮台后，喧嚣一时的中外合办银行归于沉寂。中美合办中华懋业银行便是其中之一。该行从清末的1887年开始筹建，一直到民国九年（1920年）才正式开业，前后历时33年。但银行的存在时间却不到10年。该行全部清理完毕已是到新中国的1956年。

一、中华懋业银行从酝酿到成立

中美合办中华懋业银行存在的时间是从 1919 年 12 月 11 日到 1929 年 5 月 27 日，前后不到 10 年时间，但它的酝酿却经历了“33 年之久的悠悠岁月”①，即从清末就开始了，期间历尽波折，而经手的人是一届换一届，终于到民国八年才正式成立，真可谓千呼万唤。其中的原因错综复杂，既有国内的因素，又有国际的因素。下面从该行的资料和当时的相关报纸试图从国际关系的角度进行简要分析。

1. 中美合办银行的酝酿

中美两国合办银行的最初设想者是李鸿章。1885 年 10 月，已经办洋务 20 多年的李鸿章计划修筑关内铁路、架设电报，为了筹集资金，奏请开办银行。当时的中国只有几家外国的大银行，而中国还没有自己的银行。李鸿章的最初想法是建立一个中外合资银行，既不会遭非议，又可借外人的资财和管理经验。于是便有了 1887 年的米建威（MitkiWig）计划，其中关于开设银行的章程规定：华美共同集股创办，行名为“华美银行”，资本为银元 1000 万元，华美各半；中国股本一时难以招足，可先由美资本家黄腾派克暂垫，向美国发行年息为 3% 的长期公债；设总办、副总办和董事等职，总办由黄腾派克担任，在美国办公，并派副总办来华，协同中方副总办共事；银行有权优先承办中国国家的借贷；银行有发行钞票权。从章程的内容看，银行资本全部来自美国，中方不得过问董事长一职。可见这是以“合办”为招牌的美国银行。②

李鸿章批准了该章程计划，并派马相伯去美国筹措所需资金，马到美国后受到了热烈欢迎，并很快商借到大笔资金。但此举遭到了国内外的一致反对。英法等国唯恐美国借此扩大在华特权影响到它们的在华利益，因而尽力阻挠、干涉。而清廷内部对于李鸿章的“擅自专断”，极为不满，进而导致多名御史联名上书对其进行弹劾。甚至连洋务派的一部分官僚也不赞成。至此华美银行计划宣告破产。③

到清末的 1910 年中美合办银行又被提上日程，这主要是中美商会互访的结果。如果说李鸿章是代表官方直接操办的，那么中美商会的互访则完全属于民间交流。活动的策划者是美国的罗伯特·大来（Robert Dollar），此人 1905 年就在上海设立了大来洋行。为进一步扩大业务，同时也是为迎合美国西部资产阶级对外输出资本的要求，他于 1910 年 9 月 15 日率美国商会代表团来到上海。在大来组织的访华团中，有美国西部外贸业和金融界的巨头。在美团来华期间达成的中美合作项目有：设立中美货品陈列所、中美联合银行和中美交通轮船公司。当时报界称，此次互访“实为中美实业家联合之起点”。此后，中国商界开始为中美银行制定章程，招集股本。中美银行额定资本为上海通用银洋 1000 万元，中美各半，至 1911 年 7 月间已招股 300 万元。清政府有关各部均表赞成，农工部和度支部还分别拨款给予补助。但这一活动随着清廷的灭亡而中止。

1914 年 4 月，中华全国商会联合会召开第一次全国代表大会，继续讨论了中美商会在清末所拟定的全部项目，一致通过了建立中美银行的议案。次年 11 月召开的全国商会临时代表大会，评论了中美合办银行问题，并形成决议：招股由上海总商会担任 300 万元，6 个月内招足，

① 汪敬虞．外国资本在近代中国的金融活动［M］．北京：人民出版社，1999（10）：391.

② 汪敬虞．近代中国金融活动中的中外合办银行［J］．历史研究，1998（1）：37.

③ 谢俊美：《1887 年中美筹开华美银行一事的真相》，《华东师范大学学报》，1984 年 5 月，第 58 – 61 页。

其余由各省分担。“中美银行股份有限公司招股章程”规定：资本仍为1000万元，中美各半，在中国度支部和农工商部注册；总行设于上海，分行设于旧金山；中美双方各举董事7人，再从中各举总经理1人、分总行经理1人、查账员3人，办事权限彼此平等。①

2. 中美合办银行的成立

但是中美银行于1920年在北京以中华懋业银行的名称开业时，其主创人员却由商界变成了中国政府的大官僚。由于中国商界的政治经济力量不足，股本久招不齐。还由于中方原赞助者张謇成了民国政府的农商总长，原主持中美银行一事的张振勋于1916年去世，商界无人接办，筹办工作遂落到北洋政客徐恩元手中，成为军阀、官僚和政客争权逐利的对象和投机的工具，美国资产阶级也由主要联合中国工商资产阶级，转向主要联合中国政府和官僚资产阶级。

保罗·S. 芮恩施在《一个美国外交官使华记》中写到：“建立中美实业银行是我同中国官员和财界人士多次谈话的主题。1918年我对此事非常关注，这时候，徐恩元先生已辞去了中国银行总裁的职务，正在致力于制订一项计划并争取中国知名人士支持这个事业。……1918年12月，我们会见了国务总理钱能训先生和最近上任的财政总长周学熙先生。我们讨论了金融和财政问题，……最后实业银行终于建立起来了，但是由另外一个财团建立的。”②

芮恩施在1913—1919年任美国驻华公使，他为游说美国资本家到中国投资而多方奔走。他说的“中美实业银行”就是后来的中华懋业银行。③“另一个财团”则是作为懋业银行重要台柱的美国太平洋拓业公司（The Pacific Development Corp., New York）。1919年11月，徐恩元正加紧实施他的“一项计划并争取中国知名人士支持这个事业”，即筹备懋业银行，并去美国联系大财团。《申报》记载：徐恩元以中国股东代表的资格赴美，并与美国资本团接洽协同来京。美资本家韦耿、施栋、白鲁斯等也代表美国慎昌洋行及波士顿银行、纽约国民银行资本团的任务。徐氏赴美与美资本家来华都是为懋业银行做筹备工作的。④

1919年11月26日在北京签署了“太平洋拓业公司借款合同”，合同中规定：中华民国政府向太平洋拓业公司借款550万元，用于“中国政府拨充欠发军费以便编遣军队及清还到期债务之用”；“该借款以全部烟酒税款为抵押”，“并委任一美国人为烟酒公卖会办”，协助管理中国烟酒公卖费的使用。在这笔所谓的“烟酒借款”中，代表美方签字的是该公司的董事长施栋（Galen. L. Stone）和经理白鲁斯（E. B. Bruce）。他们都是懋业银行的重要成员。⑤

被内定为烟酒税署稽核会办的是在美国驻华领事馆任职达15年之久的卫家立，而卫家立是继唐默思之后的懋业银行美方协理。后来懋业银行专门成立一个“政府借款及证券管理委员会”，负责管理政府贷款等相关事宜。因此可以说懋业银行将承担美国对华贷款，而他们可以借贷款之机，通过烟酒税收的抵押把持中国政府的烟酒税务。⑥

1919年12月11日，懋业银行举行股东大会，40多人到会，推举钱能训、徐恩元、傅良佐、张寿龄、罗鸿年、张秘亭、施栋与白鲁斯等11人为董事。此后董事会集议，推举钱能训为总

---

① 虞和平．论清末民初中美商会的互访和合作［J］．近代史研究，1988（3）：100－118.

② ［美］保罗·S. 芮恩施．一个美国外交官使华记［M］．李抱宏等译，北京：商务印书馆，1982：176.

③ 中华懋业银行成立时的英文名称为the Commercial and Industrial Bank of China，因为与其他银行有混似之处，1920年10月6日由股东会议决，改为the Chinese American Bank of Commerce。根据上海档案馆：Q321－1－89，Minutes of the Meetings of Board of Directors（1919—1927）；又见《上海通志馆期刊》第2卷第4期（1935年3月），第1345页。

④ 《烟酒借款与懋业银行》，《申报》，1919年11月24日（六）。

⑤ 北京大学法律系国际法教研室．中外旧约章汇编［M］．第三册，北京：北京三联书店，1962：40－45.

⑥ 汪敬虞．外国资本在近代中国的金融活动［M］．北京：人民出版社，1999年10月，393－394.

理、唐默思（J. A. Thomas）和徐恩元为协理，总资本为美元10000000元。

至此，“懋业银行之计划今已和衷实施”[①]。

3. 对中美合办银行成立原因的分析

中华懋业银行自酝酿至成立历经30余年，不可谓不漫长，就其原因可归结如下：

首先，从清末到1919年正是中国政局动荡时期。晚清政府已处于内忧外患之中，对自办银行尚且久议不决，而中外合办银行以往又无先例，加上英法等国从中干预，李鸿章筹议计划的失败是必然的。至于民国初年，特别是1916—1928年则是中国历史上一个“混乱的破坏性时期”，其政治形势的复杂程度可从一些数字看出：“至少有4种不同的宪法”，且“政治体制常有变动”；在不到12年的时间里，政府首脑改换了9次，平均存在时间不到16个月；内阁改组24次，有26个人担任过总理，平均任期3～5个月。[②] 这样的政局，很难保证其政策的连续性。签订的协议也往往因主事者的变动而被迫中断。

其次，美国人的“行动缓慢”也耽误了这一计划的实施。周自齐就任财政总长之后，积极主张中国政府向美国人借款，“但是在美国没有做成什么交易”。对于借款给中国政府，“美国银行界在美国政府表示赞同和愿意支持之前，一直迟疑不决”。因为第一次世界大战期间，美国国务院对美国海外企业投资活动，“根本不加以鼓励，也不给予特殊保护”。[③] 因此所谓的“行动缓慢”，实际是美国对此事“漠不关心”，因为他们的重点在欧洲。再者从芮恩施的记述中也能发现，美国人注重投资安全，中国的政局不稳也是他们“迟疑”的原因之一。后来终于使“美国不再袖手旁观了”的关键是：第一次世界大战结束后，当美国人有暇东顾的时候，发现日本已经差不多将中国独占了。[④]

下面试从当时中国的政治经济状况和国际关系的角度，简要分析一下中华懋业银行成立的原因。

从国内看，晚清与民国时期正是中国商人力图“实业救国”之际，但是中国外债负担沉重，没有资本积累，因此开拓资金来源便成了振兴实业的关键。中美合办银行既可以弥补因赔款镑亏、外贸入超、社会游资大量流入外资银行而至国内财源枯竭，吸引达官富商之存款，办理华侨汇款和存款，挽回极大利源，又可以从商业贸易繁荣和强大的美国获得必要的资金支持。[⑤]

从国际关系来看，中美合办银行是当时国际形势发展所致。

第一，是中国人“联美拒日”政策的具体化。无论从清末在满洲的铁路开发，还是到近期的“二十一条”和“西原借款”，“日本人每一次向中国投入资本都着眼于扩大和加强它在亚洲大陆上的帝国地位”，中国人害怕这个“最危险的帝国主义不受约束地控制着中国极为需要的经济援助”。作为“以夷制夷”的办法，中国必择强国与之联盟，当时中国的政界和商界都认为，“美国是诸夷之中贪心最小的，可以依赖的，也是最有用的国家。”[⑥]

因此中国实业阶层认为，除了联美别无他策。而具体的方法是中美两国实业家的合作，只有这样才能真正起到抑制强邻的作用，并直接在日本的势力范围内与日本抗衡。[⑦]

---

① 《懋业银行成立记》，《申报》，1919年12月13日 。

② ［美］齐锡生．中国的军阀政治［M］．杨云若、萧延中译，北京：中国人民大学出版社，1991：1－2.

③ ［美］保罗·S. 芮恩施．一个美国外交官使华记［M］．李抱宏等译，上海：商务印书馆，1982：79－82.

④ ［美］保罗·S. 芮恩施．一个美国外交官使华记［M］．李抱宏等译，上海：商务印书馆，1982：278.

⑤ 虞和平：《论清末民初中美商会的互访和合作》，《近代史研究》，1988年第3期，第109页。

⑥ ［美］孔华润．美国对中国的反应［M］．张静尔、周郭仁译，上海：复旦大学出版社，1989：79、34.

⑦ 《时报》1910年9月13日，《论中美急宜联盟》。

第二，懋业银行是美日矛盾发展的产物。从日俄战争之后，美国企图进入中国东北，收购南满铁路，但没有成功。“日美交恶”由此开始。此后美国在中国东北的一系列计划都因日本阻挠而未能实现。[①] 后来美国先后加入四国银行团和六国银行团，因为英日合作，美国陷入孤立，于1913年退出银行团。第一次世界大战结束后，美国发起成立新银行团，借此限制日本对华单独行动。但由于遭到中国人民的反对，新银行团无所作为。[②]

1917年围绕“中国参战”问题的“府院之争”，就是美日矛盾在中国政局上的反映。2月，当美国公使授意中国政府对德断交时，日本也竭力主张中国参战，因为日本已控制了段祺瑞政权，并与协约国达成战后由日本继承在山东的权利的协定，从而排挤美国掌握了对中国参战的主动权。[③]

在对中国市场的争夺中，日本更是占了上风。日本寺内首相在外交上与中国“谋求亲善”，通过“怀柔”中国政府和输出资本的途径，扩大在华利益。从1916年10月到1918年9月的两年中，日本资本集团在中国从事的借款活动涉及各个领域，总金额达近四亿日元。

中日“合办”中华汇业银行的成立，是西原龟三6次访华的成果之一；而与曹汝霖达成中华汇业银行与中国政府2000万日元电信借款协议则构成了“西原借款”的一部分。[④] 北洋政府为取得此项借款，将全国有线电报之一切财产及其收入抵押给中日合办的中华汇业银行，实际上就是全部抵押给了日本。[⑤]

中华懋业银行酝酿多年，但自中华汇业银行成立不久，懋业银行很快就开业了，这不能说是巧合。“该银行之组织与汇业银行相仿”，[⑥] 就是都为中外合办银行。而在懋业银行成立之前，曾为选举董事发生争执，其原因为“徐段两派”之争，也就是“府院之争”。由于日本支持段祺瑞，而美国则支持徐世昌，因而这场争执是以美日之争为大背景的。徐恩元在钱能训内阁时“奉钱氏之命”赴美，与美资本家合组懋业银行，其目的是“期与段之汇业银行对抗者也”。但徐恩元归来后，钱阁已倒，国内政局全由段派掌握，徐恩元又与段派相结合。这才有后来的皖系傅良佐加入为董事之举。由此可见，懋业银行选举董事之争是美日矛盾在中国经济领域的延伸。[⑦]

第三，懋业银行又是美国对华政策变化的结果。如上所述，美国在第一次世界大战之前对中国的政治经济影响是有限的。芮恩施在1919年6月给威尔逊总统的信中不无抱怨地说：“当我们给予欧洲那些最不重要的国家千百万元巨款的时候，却没有给中国送来一分钱。我们对中国没有支援，就驱使段祺瑞及其追随者投入亲日派的怀抱。……在我看来这是由于一般不重视远东事务的情绪所造成的，这种情形亟应加以纠正。”[⑧]

由于美国在战争期间对中国事务的不关心，而使美国“从现实经验中获得了教训”。第一次世界大战结束后，美国立即掉转头来，与日本展开了对中国市场的积极争夺。[⑨] 美国不再“把大

---

① 刘大年．美国侵华史［M］．北京：人民出版社，1954：78－84.

② ［美］弗雷德·V. 斐尔德．美国参加中国银行团的经过［M］．前言部分，吕浦译，上海：商务印书馆，1965.

③ 刘培华．近代中外关系史［M］．下册，北京：北京大学出版社，1986：407－411、425、431.

④ 王芸生．六十年来中国与日本［M］．第7卷，上海：三联书店出版社，1981：213、218.

⑤ 刘培华．近代中外关系史［M］．下册，北京：北京大学出版社，1986：429.

⑥ 《烟酒借款与懋业银行》，《申报》，1919年11月24日。

⑦ 《懋业银行问题》，《申报》，1919年12月19日。

⑧ ［美］保罗·S. 芮恩施．一个美国外交官使华记［M］．李抱宏、盛震溯译，上海：商务印书馆，1982：280.

⑨ ［美］孔华润．美国对中国的反应［M］．张静尔、周郭仁译，上海：复旦大学出版社，1989：79.

量的钱浪费在欧洲"，而是要关注远东事务，援助中国的发展，因为这里"有着真正的美国利益"。"中美银行的创立以及其他许多企业已经奠定了这种发展的基础"。如何向中国政府借款呢？因为中国政府不是"一个可靠的和稳定的"政府，也"不为蔓延在各地的革命者所拥护，与各省地方当局不和，而它本身又是贪污腐化的"。"美国政府从经验中知道"，必须要有充分的担保，"由美国政府采取必要的行动来控制这项担保，以保护投资者的利益"。[①] 这就是烟酒借款中"以中国的全部烟酒税为抵押"并"由美人担任中国烟酒公卖会办"规定的由来。而所谓的"经验"也是从日本人那里借鉴来的。

二、被寄予厚望的"新银行"

1. 轰轰烈烈的开始

1919 年底，中华懋业银行在北京举行股东大会时，当时各大报纸都相继报道，对其前景十分看好。据《申报》记载，懋业银行 12 月 11 日举行股东大会，与会者 40 余人，代表 82500 股。推举钱能训、徐恩元、施栋与白鲁斯等 11 人为董事，其中钱能训为总经理，唐默思和徐恩元为协理。额定资本 1000 万元。第一次缴款 50%，业已缴齐。股东会议后，施栋代表美国银行家发言："甚望新银行能成巩固中美友谊之要具，能为在实际上助兴中国工商业媒介。尤可贵者，新银行组织之动机，起于中国华人之邀美人，合组银行者皆代表一种远大之利益范围，……银行前途极有乐观云"[②]。

到 1920 年 2 月 6 日该行在北京正式开业时，《北华捷报》的文章以《北京的新银行》为题，报道了懋业银行总管理处及北京分行的开业情况。

1920 年 2 月 8 日的《字林西报》对该行的开业则是连篇累牍地加以报道：

中美银行开业；热烈的人群纷至祝贺；一千余中外嘉宾出席开幕式；银行业务已有一良好之开端。

中华懋业银行已于昨日在一片吉祥的气氛中举行了开幕式。该行内挤满了前来祝贺的宾客。对该行的开业，客人们表示十分满意，并一致认为该行必有远大之前程。在一千多名中外宾客中，有中国政府的内阁部长，中国著名的银行家和商界名流，以及北京驻华公使的成员。在一天之中收到的存款已达 2122600 元。前国务总理钱能训（该行总理），唐默思（协理）和徐恩元（协理），热情招待客人。该行大厅墙上满挂着由总统、总理、内阁部长及商界名家等的红底金色题词。该行总管理处大厅内正为客人举行茶话会，而与此同时一楼作为北京分行的办事处内正呈现一片繁忙的交易景象。据称该行总处正准备在上海、汉口、广州、纽约、天津、伦敦、巴黎和其他地方设立分行。[③]

汉口中华懋业银行于 1920 年 9 月 1 日"行开幕礼，是日中外宾到者甚众，以银行家实业家为多，督军省长亦均派代表致贺。该行特备茶点专员接待。闻该行系中美合资，各界存款异常踊跃云。"[④] 同日，《字林西报》的文章《汉口的新银行今日开幕》也详细地报道了该行的开业情况，并对在汉口歆生路的分行行址及其相关建筑设施都作了介绍。

当位于南京路 11 号的上海分行于 1920 年 9 月 24 日开业时，前往致贺的嘉宾多达 2000 余

---

① ［美］弗雷德·V. 斐尔德. 美国参加中国银行团的经过［M］. 吕浦译，上海：商务印书馆，1965，101、113.

② 《懋业银行成立记》，《申报》1919 年 12 月 13 日。

③ North China Daily News：The Peking Leader，Sunday，Feb. 8，1920. 另见上海档案馆：Q321－1－126，第 6 页。

④ 《汉口中华懋业银行开幕之沪闻》，《申报》1920 年 9 月 4 日。

人，其中包括政府要员、银行界和商界名流。钱能训、唐默思、徐恩元和沈志贤及沈成栻等在场迎接嘉宾。上海分行的美方经理为艾伦，华经理为沈志贤、沈成栻二人。至该日下午两点时，收到的存款已超过650万元。① “该行系中美两国资本家合资办理”“国外汇兑事业，极为发达”“故该行将来于我国银行界中，必能另放一种特彩云”②。“查上海有外国银行，有中国银行，从无中外大资本家合组而成此大银行者，有之自懋业始。今日为该行开幕之期，当有一番盛况也。”③

自1920年8月起，懋业银行在中国各大商埠相继成立分支行。如表14－1所示。

表14－1　中华懋业银行各分行成立情况　单位：万元

分　行	成立日期	地　址	资　金	主要人员
北京分行	1920年2月6日	北京西河沿198号	50	胡庆培、李振廷
天津分行	1920年8月10日	天津法界6号路	50	张志澂、费斯克（美）
石家庄支行	1920年8月18日	石家庄南街	—	黄　瓛
汉口分行	1920年9月1日	汉口歆生路14号	50	陈行、富尔嘉（法）
上海分行	1920年9月24日	上海南京路11号	100	艾伦（美）、沈志贤
济南分行	1920年12月1日	济南商埠纬2马路	20	袁瑗 、吴曾愈
哈尔滨分行	1920年12月	哈尔滨付家甸街	—	克拉克（加）、保利雅（俄）
小吕宋分行	1920年12月6日	小吕宋3大街	—	义理寿（美）、王建祖
重庆分行	1921年	重庆陕西街	—	阎文德

资料来源：中国人民银行北京市分行金融研究所等：《北京金融史料（银行篇二）》，1994年，第250页。

懋业银行不仅在国内设立了许多分支行，还在欧美各大城市设立了20多个代理店和往来店，这正是该行的经营特色之一。因为该行为中美合办银行，能直接办理各种对外业务及汇兑业务。1920年8月，该行董事会议决通过委托美国国外银行及哲斯银行作为在北美和不列颠各岛及欧洲的代理人。这些代理店如表14－2所示。

表14－2　1920年中华懋业银行海外代理银行及公司一览

地点	代理店	地点	代理店
纽约	海滕施栋公司	比京	布鲁塞尔银行
	美国国际汇兑银行	柏林	都斯璐银行
	哲斯国民银行	荷兰	荷兰银行
波士顿	海滕施栋公司	挪威	挪威中央银行
芝加哥	国民粮食银行	罗马及米兰	意大利银行
旧金山	加利福尼亚银行	南非洲	南非洲银行
	克罗克国民银行	横滨及神户	花旗银行
伦敦	劳治斯银行	小吕宋	花旗银行
巴黎	巴黎贴现银行	檀香山	夏威夷银行
	劳治国际汇兑银行	香港	东方商业银行

资料来源：《北京金融史料（银行篇二）》，1994年，第2520页。

① North China Herald，1920年9月25日829页和10月2日41页。另见上海档案馆Q321－1－124，第85、86页。
② 《中华懋业银行开幕记》，《申报》1920年9月25日。
③ 《中华懋业银行今日开幕》，《申报》1920年9月24日。

此外，在瑞士、丹麦和西班牙等地也设立了往来店。作为一家合办银行，在国外设立往来店的数目如此之多，范围如此之广，“这在中国银行史上是较为罕见的”①。

2. 银行的股东、股本及经营特点

（1）股东

中华懋业银行资本原为美元1000万元，由中美双方认股。美方股东为该行美方发起人所代表的各自银行及公司：纽约太平洋拓业公司，总理白鲁斯；纽约及波士顿海滕施栋公司（Hayden，Stone & Co.，New York & Boston），总理施栋；纽约哲斯国民银行（the Chase National Bank，New York，又称大通银行），总理韦耿（Albert. H. Wiggin）。三方各占美方股额的三分之一。②

在本行章程中规定，中国人的股本必须超过半数。从中方股东的构成来看，主要由三种人组成：一为军阀，如张勋、王占元、陈调元、傅良佐、李纯等；二为北洋政府大官僚，如徐世昌、黎元洪、钱能训、靳云鹏等；三为商界富豪，如傅筱庵、施省之、沈志贤等。

在中方股东中，军政界要人虽属少数，但他们却是该行的大股东。有资料表明，在懋业银行股东成立会上，当场认股就达600余万元，主要股东为：“张勋50万元，冯国璋30万元，黎元洪20万元，段祺瑞20万元，陈树藩30万元，王占元20万元，卢永祥10万元，钱能训10万元”③。在徐恩元写给江苏李督军的信中透露，认购股数超过10万元的股东还有：徐世昌10万元，张定武30万元，施省之20万元，傅筱庵20万元，沈志贤10万元，徐恩元10万元。

在1920年的股东名册上，有一些政府部门、团体和银行入股，值得注意的有：

财政部	525万元
中美企业公司	37万元
全国烟酒署	16.5万元
中国通商银行	3.7万元④

现将1919年11月29日《申报》上的一篇题为《懋业银行组织就绪》的文章之一段摘录于下：

“中美合办之懋业银行，……至应出之资本，表面上虽有各督军之投资，而实际上则将于此次新借款内提出三成作为官股，有此官股以便将中央银行代理国库之权利，暗中移转归懋业银行接理一切。现在已将该银行范围扩大。不独北京设总行，外省设分行，如南洋及有华侨地方一律酌设分行，一切行制均援照中国银行先例。”

这里所说的“此次新借款”即指1919年11月26日与美国太平洋拓业公司签订的550万元的“烟酒借款”。有此三成作为官股，加上以全国烟酒税为抵押，京沪各大官僚士绅和督军纷纷入股，该行业务怎能不“如火如荼”？将来又怎能不“大有可为”？

看一看这些股东的身份便知该行的“豪华”程度，且不说政府总统和总理成为股东，也不说省长和督军慷慨解囊，单看几位副职，便知其底细了：沪行副经理沈志贤，原为法商东方汇理银行买办，后为“沪南半淞园之主人，在沪经营事业甚多，信用昭著；营业主任张梦庚君等，

① 马洪，孙尚清．金融知识百科全书［M］．北京：中国发展出版社，1990：2161.

② 朱彬元：《中华懋业银行的成立及其停业》，上海市政协文史资料委员会编．上海文史资料存稿汇编（5）［M］．上海：上海古籍出版社，2001：221.

③ 《晨报》1919年12月6日。

④ 中国人民银行北京市分行金融研究所及北京金融志编委会：《北京金融史料（银行篇二）》，1994年版，第247页。

亦经商沪上有年，人所信托”[①]。而沪行另一副经理为沈成栻（叔玉）则是当时的沪宁铁路局局长。再看该行中方董事之一的张秘亭，为北京商业银行总理；而另一董事张寿龄则是全国烟酒事务署督办。至于美方董事，义理寿（P. G. East Wick，又译成“伊思伟克”）是美国国际汇兑银行经理；而唐默思则是人所共知的英美烟公司的前驻华总经理。

（2）股本

中华懋业银行的股本经过多次变化。银行成立之初，资本总额定为美元1000万元，分作10万股，每股美元100元。章程规定收足250万元即可先行开业。实际到开业时，该行实收500万美元。因股本为美元，“而在中国各地营业均用银元，所以该行不得不卖掉现货美元用于营业；又以巩固资金之故，不得不买入期货之美元以为抵补出入。其间掉期贴费所损甚巨”。出于便利营业的考虑，懋业银行董事会建议将美元股本之一部分永久折成银元。1922年6月4日的股东总会议决将已收股本内，提出美元250万元，以平均一美元不在二银元以下之比率及其他条件换成银元。但因美元兑换银元之比率一直低于其议决之数，所以股本折换一直未能实现。

到1923年5月24日，懋业银行监事会修改前项议决，经董事会通过后正式提出更换股本决议案。而银行章程和办事规约之相关部分也相应作修改。

①将本行已收股本美元500万元（每股已收50美元），即时折成银元700万元，分作10万股，每股已收银元70元。

②兑换价率改为平均一美元不得在银元1元9角以下。

③章程第五条修正为：本行资本额为银元1000万元，分作10万股，每股银元100元，由中美两国人民承受，但中国人之股本必须超过总额之半数。

④办事规约第七条增加一条：本行原订章程规定每股美元100元，已收二分之一一节，于本条实行时作为每股银元100元，已收银元70元。所发行之旧股票应换成新股票。

到1923年9月6日股东总会修改通过的决议为：“将本行已收股本500万美元（每股已收50美元）即时折作银元750万元，分作10万股，每股已收银元75元。”以上经财政部及币制局联合批准，于同年10月1日正式施行。

1928年5月29日股东会通过决议：“依据修正章程及规约即将已缴四分之三之十万股改为十足交付者七万五千股，未发行者二万五千股。”[②]

其实未收的250万元股本，始终未能收足。

（3）银行的经营特点

懋业银行是中美合办，在经营上有别于其他银行。其业务分普通国内银行业务和国际汇兑业务两大部分。其经营特点也主要表现在以下几个方面。

①在国内业务方面，懋业银行的存款主要部分是政府借贷，用于工商业的较少。1921年6月，该行业务会议决定设立“政府借款及证券管理委员会”，由劳理植任会长，胡伯午、黄明道为委员。该委员会由业务会议指挥监督，负责管理监察本行所有政府欠款及证券（所谓政府欠款包括当时中央政府和各省官厅以及中、交两行之债务），并规定：各分行之放款、政府款项及购入政府证券等均移归总处处理；除得该委员会许可外，各分行经理不得买卖、调换或抵押各种政府证券，也不得放垫款项于中央政府或各省官厅；对于政府欠款或证券不得有所行为，且

① 《申报》1920年9月25日，《中华懋业银行开幕记》。

② 《中华懋业银行复业筹备委员会股票登记簿》，上海档案馆Q321－1－119，第117页。

不得承受任何种类的政府债券为抵押品而为款项之借出或垫出。

各分行交付整理政府借款及证券管理委员会的三年公债、七年长期公债、整理六厘公债、整理七厘公债等各种债票，自当年11月起由该委员会酌情出售。如：售出七年长期公债面额为7万元，合洋24950元，以接收之账面价值比较，盈余1360元。售出津浦铁路1923年7月到期支付券面额7445元，价九二，得洋6859元。

②在国外业务方面，主要是国际汇兑和外汇买卖。国外业务占该行业务的相当比例。1920年8月设立的驻美评议会，负责管理该行的所有海外分行号与代理行的一切事宜。其中在业务方面最重要的内容就是办理国外汇兑和外汇买卖，并积极开展外汇存款、参与发行债券等。

③中美贸易与非贸易之间的经济交往，更是由该行所独揽。中美贸易上各种款项的收付，大宗的票据承兑，均由懋业银行办理。非贸易方面，美国驻华使馆的一切关于资金的调拨、使用等均通过该行办理，并且还常代美使馆买卖汇票及银元，办理与第三者之间的交易支付款事宜。

④该行经营一向以稳健扎实为宗旨，在营业期间曾作出许多规定，以杜绝不良倾向。如规定："凡在本行服务的行员，首先要以投机事业为戒，如有在本行内隐名用堂记等号，或假他人名义买空卖空者，一经查出即予开除。各行经理、副经理负监督之责，尤为以身作则，认真检查，勿稍瞻徇。"在国内战事频繁之时，还规定："对行店和个人输入军火于中国者，不得借予款项或许其透支。"①

懋业银行还注重节省开支，勤俭办公，尤其在其营业状况不景气之时，更是以强调节俭为重，在该行董事会和业务会议上经常可看到"竭力紧缩办公开支""节俭维持""取消某某项开支"等语，甚至有总经理自愿减薪以节省开支。②

3. 银行的组织机构

（1）决策机构

决策机构主要是指该行的主要权力机关，其权力的大小依次为股东总会、董事会与监事会、业务会议。现分述如下：

①股东总会。股东总会分定时、临时两种。定时总会于每年一定时间举行。临时总会则经董事会之认为必要时举行，或资本金有三分之一以上之股东将应开会议之事项、目的及召集理由，正式提出请求总会之召集开行。各股东均有议决权，一股一权。但后来，为限制大股东股权，改为每10股为10权基数，超过10股，每2股一权。

股东总会之议长由总理任之，总会对该行之重大事项作出决断，如本行之开业和解散、章程之变更、总协理和董事监事的薪金及酬劳需由股东总会之决议定之，但经理以下各行员的薪金则由董事会决议定之。③

②董事会与监事会。中华懋业银行章程中规定：该行设董事11人，其中中国董事6人，美国董事5人。董事于百股以上之股东中选举，任期5年，期满连选者连任。总理、协理及董事组成董事会，董事会负责制定业务执行上必要之各项规则，在以下几个方面有处理权：设立和废止分行号；股票发行买卖及转让；兑换券的发行及收回；股东总会的召集；不动产的买卖租赁

① Minutes of the 1st Meetings of Board of Directors（1919—1927），上海档案馆：Q321－1－89，第13页。

② Minutes of the 188st Meetings of Finance Committee（1926—1928），上海档案馆：Q321－1－90，第6页。

③ 中国人民银行北京市分行金融研究所及《北京金融志》编委会：《北京金融史料（银行篇二）》，1994年，第271页。

建筑；审定资产损益表、营业报告书、总分行开支预算决算及利润分配方案；总、协理以业务会议赞成所委任分行经理、副经理的同意权；处理总经理、协理特别提出事项。总之，董事会对本行之日常重大事务负有全权。

懋业银行第一任董事长为钱能训，以后历任董事长有：罗鸿年、金鼎九、沈化荣（沈吉甫）、陈光甫、李介如、钱承懋等。

在1920年12月31日懋业银行第一届营业报告书中记录的11名董事为：钱能训、白鲁斯、徐恩元、张秘亭、罗鸿年（参议院议员）、张寿龄、施栋、义理寿、唐默思、傅良佐（前湖南督军）、韦耿。[①] 从1919年12月该行成立大会时召开第一届董事会议到1927年6月，总共召开董事会议66次。

该行还设监事5人，其中中国监事2人，美国监事3人。监事于50股以上之股东中选举，任期5年，期满连选者连任。监事会对下列事务有处理权：对总分行之账簿证券及库存款的查核；对营业情况及财产状况的调查；有无违背本行规则之监察；对董事会及业务会议随时委托事件的处理；参加董事会并陈述意见，但不记入议决之数；对重大事件的建议和同意权等。

出席该行1919年12月11日召开的董事会第一次会议的监事有：李纯、沈志贤、史蒂文逊（S. B. Stevenson）、卡森（A. J. Carson）和芬尼曼（E. W. Fenneman）。[②]

③业务会议（The Finance Committee）。业务会议是懋业银行经营业务决策及解决业务问题的例会。通常是由总理、协理、业务部主任及其他若干董事组成。常参加的人有：钱能训、徐恩元、唐默思、义理寿、劳理植、裴图立（Petrie）、沈叔玉、卫家立、沈化荣（沈吉甫）、黄明道等人。该行章程中规定：业务会议以总、协理及董事二人组织之，其董事一人应为营业主任。另一董事每年选举一次。业务会议由五人组成，以三人为法定人数，且至少有中方和美方会员各一名。业务会议每星期至少召开一次，可在美国或中国各处举行。会议记录以英文、中文记载之，由议长签章，并将议决事项摘要报告董事会。

业务会议从1920年开业到1928年6月26日，共召开298次，[③] 对本行主要规章未明白规定属于何部分议决之事件，有议决之专权；对各部主任经理、副经理及其职员的薪金表，进行审议并批准后生效；会议有最终决定股利分配之专权；业务会议议决之事件，交总、协理执行。[④]

（2）内部机构设置及其变更

内部机构指该行内部具体的办事机构及执行机关。它们包括总管理处及其所属各分部，还有总处与各分行间关系等。后来总管理处由业务管理部取代。

①总管理处（The Head Office）。该行事务规则中规定：本行于中国北京设立总管理处，统辖各分行并总揽本行对内对外全体事务。对外以中华懋业银行名义行之，对内则以总管理处名义行之。总管理处由总经理、副总经理商同董事长、常务董事处理全行事务。关于业务方面，总经理认为应即行处理时，得先行负责处理，再报告于董事长、常务董事。凡属于董事会职权范围者，应提请董事会议决办理。

本行因业务上需要所设之分支行都直接隶属于总管理处。支行隶属于分行，如石家庄支行就隶属于天津分行；而办事处则隶属于分支行。

---

① Board of Directors of the Chinese American Bank of Commerce，上海档案馆：Q321－1－126，第128页。

② Minutes of the Meetings of Board of Directors（1919—1927），上海档案馆：Q321－1－89，第2页。

③ Minutes of the Meetings of Finance Committee，上海档案馆：Q321－1－33，第80页。

④ 《北京金融史料（银行篇二）》，第282页。

总管理处设业务会议，业务会议所议决之事将由总处所属各部及各地分支行执行。关于业务会议的职权范围上文已有陈述。

总管理处分设四个部：文书部、营业部、会计部、检查部。

第一，文书部。负责一切往来函电的处理；本行章程及合同的审核；股票的经理、行员的档案及本行各级会议的开会议项；本行报告及统计之编制；经费之收支等。

第二，营业部。负责处理与银行业务相关的事务，如核定利息及汇水等项；特约借款的办理；不动产的取存保管；股票及债券的募集、购买及取存；国内外经济金融及商业状况的调查；兑换券的发行、印制及保管；营业资金及兑换券准备金的调拨运用等。

第三，会计部。负责编写账簿；登账方法的指示；各项会计规则的拟订；年期决算的调查和编制；每年分配利益金的核算等。

第四，检查部。负责各种款项的稽核；对一切分行号所经营的款项进行检查；对本行建筑修缮工事的检查；对重大不动产购置的核准；对章程规则合同契约的监督等。

②执行部（The Executive Office）。1923 年 6 月 21 日，懋业银行业务会议通过议决，将总行办公处的会计、检查两部移至上海，统称为该行执行部。以示其改变从前注重政府关系的方针，转而注重商业关系，以趋更加便利营业。并规定总处内与业务有关的必须之行员随同调往上海，其余仍留京办事，以免股东及社会上之误会。在职务上分工为：各分行关于营业之事统归执行部管理，关系行员的事统归总处负责。

执行部迁沪后，虽然商业汇兑比以前便利，但该行有很大部分政府旧债，遗留的问题必须有相当人员在京料理，并且总理和协理因种种关系不能到沪办事，所以并未感觉便利，反而增添了不少麻烦。尤其是当 1925 年徐恩元总理去世、沈吉甫继任总理后，开始对银行业务进行调整时，发现“一切表单报册俱系由各行径寄执行部，总管理处只有部表，并无细账”①，由于沈兼任京行经理，长住北京，因此在管理上有很大的不便。于是业务会议于 1926 年 6 月作出决定，将执行部重新迁回北京。

1926 年 9 月，懋业银行在执行部重新迁回北京后，计划重新制定一套管理细则，调整内部组织设置。经第 234 次业务会议拟订及董事会议决，通过了新的总管理处办事系统及职责纲要，内容如图 14 – 1 所示。

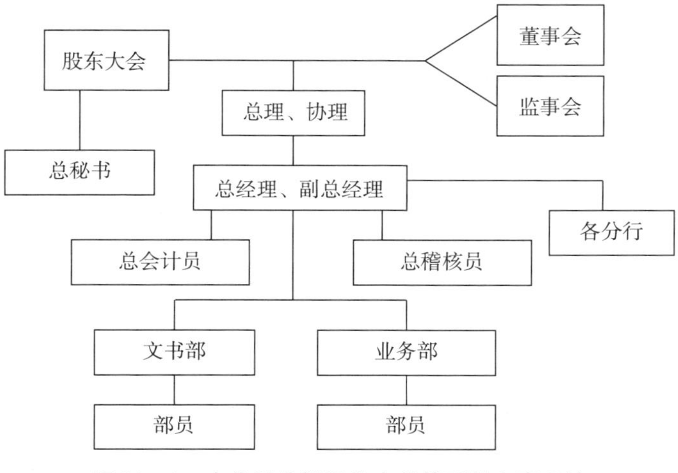

图 14 – 1　中华懋业银行北京总管理处办事系统

① 《民国十七年 12 月 23 日临时股东会议事目录》，上海档案馆：Q321 – 1 – 7 “总处股东会议记录”，第 65 页。

办事系统：总理—协理—总经理—副总经理—总秘书—总稽核员—总会计员—文书部—业务部。

职责纲要：总、协理为总管理处办事首长，统辖全行对内对外业务。总经理、副总经理承总协理之命，有指挥及监督全体行员之责任。总秘书处受总、协理之指挥监督办理所指办之文件及事务。总稽核员、总会计员承总经理、副总经理之命，总司稽核会计事务。文书部、业务部主任分掌各该部主管事务。组织的调整使得各部掌管的职责也有相应变更，调整后的文书部及业务部主要职责为：文书部，除了原来的职责外，将原属于检查部的考察各项新章程规则之实行事项纳入文书部；编制全体开支预算事项；关于庶务及其他不属于业务部之事项等。业务部，除了原营业部职责外，将原来属于会计部的职权纳入其中，并在不少经营业务方面的职权都有所扩大。①

③业务管理部。1928 年 8 月，懋业银行根据形势需要，决议设立董事会业务管理部。决定：第一，业务管理部成立日，原有总管理处之组织应即同时解散。第二，原有之总管理处人员除业务管理部调用者外，余请按照下列标准分别赠送：月薪不满 150 元者，赠三个月薪水；月薪过 150 元者，赠 500 元。第三，业务管理部由下列人员组成：董事 4 人，监事 1 人，总理、美国协理。第四，业务管理部设文书、稽核两科，分别管理所辖事项。

从决定中可以看出，该行的总管理权已由原来的总管理处变成了业务管理部。在人员上作了精减，这主要是后期的经营状况不好、开支太大的缘故。业务管理部的文书部和稽核部代替了原来总管理处的文书部和业务部。但业务管理部存在的时间短，仅有 9 个月的时间，除了在 1928 年 9 月 10 日公布了新的发行兑换券规则，代替 1921 年 5 月的原兑换券发行规则外，在很多方面还没能发挥什么作用，该行就停业清理了。

④驻美评议会（Advisory Committee in America）。1920 年 8 月，业务会议指定施栋、韦耿、白鲁斯及徐恩元组成一个委员会，称驻美评议会或驻美评议部，负责管辖该行在美洲和欧洲的一切事务。后通过该评议部门办理了多项中国与美国之间的借贷交易。该部办公地点设在纽约百老汇大街 53 号，即美国国际汇兑银行总部内。②

1921 年 4 月 20 日的业务会议，修改了上一年 8 月业务会议和后来的董事会关于驻美评议会成员任命的有关条款。“在任何没有得到总理和协理批准的情况下”改为“在任何没有得到董事会和业务会议批准的情况下”，以及“直到由经总理和协理签署文件撤回为止”改为“直到由董事会和业务会议的大多数同意而通过的文件撤回为止”。4 月 29 日，董事会同意了业务会议的修改，并议决如下：

由施栋、韦耿、白鲁斯和徐恩元或其代表，以及在他们之后相继上任的董事们，共同组成一个委员会叫做中华懋业银行‘驻美评议会’，该评议会将在没有董事会和财务会议特别指示的情况下，负责管辖该行在美洲和不列颠各岛及欧洲一切事宜，包括设立废止各该地分行行员及代理处，委托或开除代理人或代表。

该评议会保持其营业记录，并不时向北京汇报。为所在地该行业务的需要，该会有保持其雇员、代理人及所需费用的权力。该会可任命一名主席。每名成员授予 20 美元入会津贴，任何成员皆可以书面形式授权一位代表，代理其职权。

---

① Minutes of the Meetings of Finance Committee（1926—1928），上海档案馆：Q321 -1 -95，第 8 页。

② Disposal of Profits for the Year Ending December 31st，1920，上海档案馆：Q321 -1 -29，第 9 页。

“授予该评议会之职权将在本行签署文件正式撤销之前一直有效。而文件之签署需依照本行董事会和财务会议的大多数，文件将在纽约大通银行保存。”①

从上述决议可以看出，驻美评议部专门负责该行海外业务，其职权有很大的独立性，虽然表面上仍受北京董事会和业务会议的领导，并受其监督。实际上，驻美评议会对该行国内的许多重大事件都有决定权，如1920年的股东分红事件就是一例。这将在后文有所交代。

4. 兑换券的发行

中华懋业银行“由发起人朱佩珍②等呈请财政部币制局于民国八年（1919年）4月12日批准立案，有发行钞票之权”。③ 发行钞票是该行业务的重要组成部分，加上目前不少专业学者对中国近代银行所发行的兑换券十分关注，新的研究成果不断问世，因此本文欲就此作一概述。

（1）两次发行兑换券规则之比较

懋业银行分别在1921年5月和1928年9月10日公布该行发行兑换券规则。两次公布的规则在内容上有不小的变化。首先，1921年的规则（旧规则）内容较为简单，只笼统地分为11条，不到1000字；而1928年的规则（新规则）在内容上进一步细分成总则、兑换券、发行、准备金、兑现和附则，共6章，20条，约2000字。其次，旧规则中许多内容都没有明确规定，只是笼统地对各部门的权责作了说明；而新规则对若干重要的规定就详细多了。

①关于银行最高决策层及其权限的规定。1921年旧规则可看出银行的领导机构是总管理处。“各分行发行兑换券应由总管理处经业务会议拟定其发行总额及各种兑换券之额，并订定分期发行之额交由各行号遵照执行。”可见银行成立之初，各项具体制度尚未健全，程序烦琐且管理权集中。1928年的新规则中，总行的领导机构是董事会业务管理部。“各分行设发行股，各股设主任一名，事务员若干名，均由管理部派充，处理发行事宜。”虽有“分行之发行股直隶于管理部，其一切账表应直接报部”的字样，但较之旧规则“凡发行兑换之各分行号应呈报总管理处核准”和“兑换券之准备金之收付，每日登账后并须逐日抄报于总管理处”，分行的权力相对增加了。④

②兑换券发行中的票面签字、印章等程序基本相同，即在兑换券票面中文左下侧由总理签字，英文面左下方由美方协理签字，在发行前又由分行经理于英文面右下方签字。所不同的是，旧规则规定，中文面右下侧是中方协理签字；新规则中却是在中文面右下侧由董事会业务管理部部长签字。

③在发行管理上，新规则要更加细致、规范。新规则详细规定了“发行应随时规定最大限度之全体总额”“此项最大限度之规定每三个月审核一次，察度业务情形仍旧或更之”；旧规则却无此规定。又如关于准备金，旧规则为“各分行号发行兑换券应有十足之准备金，其成数由总管理处经业务会议议决之”，并无明确数量；新规则是“准备金依法律以不超过金额四成为保证准备外，其余为现金准备，各分行对保管之准备金，除收回兑换券外，不得移作他用”，规定相当具体。⑤ 新规则还有保证准备的几种补充办法，如公债券、银行保付之期票、买入之押汇汇票、已过入本行名下有时价和利息之股票等。

---

① Minutes of the 13th. Meeting of Board of Directors on April 29th，1921，上海档案馆：Q321－1－89，第94页。

② 朱佩珍，字葆三，1911年辛亥革命后出任沪军都督府财政总长；1915年任上海总商会会长；1919年“五四”运动后辞职。见徐友春. 民国人物大辞典［M］. 石家庄：河北人民出版社，1991：203页；又见《人物》，1987（3）：127－134.

③ 上海档案馆：Q321－1－96，《中华懋业银行综合类档案》，第38页。

④ 《中华懋业银行发行兑换券规则》（修正），上海档案馆：Q321－1－126，第109卷，第20页。

⑤ Minutes of the Meetings of Board of Directors（1919—1927），上海档案馆：Q321－1－89，第21页。

（2）懋业银行发行的兑换券

该行经财政部币制局特准发行银行兑换券。根据章程规定，本行所发行的兑换券，应俟中国颁布纸币条例实行时即行停发收回。在1920年2月开业时即计划发行钞票200万元，票面分100元、50元、10元、5元、1元五种（见表14－3）。[①]

表14－3　　1920年懋业银行几种面额兑换券的发行数量

票面额	数量（张）	数额（元）
百　元	2000	200000
伍拾元	4000	200000
拾　元	80000	800000
伍　元	120000	600000
壹　元	200000	200000

资料来源：马洪、孙尚清：《金融知识百科全书》，中国发展出版社，1990：2160.

但实际发行的只有1元、5元和10元票。据该行有关资料记载，该行50元和100元面额兑换券的设计样式不符合要求，因而没有正式发行。现在所见的50元和100元票只有样本，上面并无发行地点。按规定这些发行的兑换券可在本地随时兑现，也可在该行指定银号兑换。在已发行的1元、5元和10元三种票券的票面上，均有美国自由女神像和中华民国五色旗的图案，或为左右并列，或为前后共存，当为象征“中美合办”之意。[②] 根据中间花型的不同可分成三种，即长方花型（自由女神在左，五色旗在右）、圆式花型（五色旗在左，自由女神在右）和站人花型（自由女神在正面，五色旗在背面），[③] 具体如表14－4所示。

表14－4　　懋业银行各分行发行的兑换券及其花型

年份	面额	地名	中间花型
1920	1元、5元、10元	上海	长方花型
1920	1元、5元、10元	上海	圆式花型
1920	1元、5元、10元	上海	站人花型
1920	1元、5元、10元	北京	长方花型
1920	1元、5元、10元	北京	圆式花型
1920	1元、5元、10元	北京	站人花型
1920	1元、5元、10元	天津	长方花型
1920	1元、5元、10元	天津	圆式花型
1920	1元、5元、10元	天津	站人花型
1920	1元、5元、10元	汉口	站人花型
1920	1元、5元、10元	济南	站人花型

资料来源：吴筹中、吴中英：《中华懋业银行及其发行的纸币》，《中国钱币》，1999年第4期。

1921年8月1日，该行计划发行兑换券420万元，第一批发行64万元。各行分配数额如表

① 中国人民银行北京市分行金融研究所及北京金融志编委会：《北京金融史料（银行篇二）》，第259页。

② 马传德等．上海滩货币［M］．上海：上海世纪出版集团、上海教育出版社，2000：63.

③ 中国人民银行金融研究所．资本主义国家在旧中国发行和流通的货币［M］．北京：文物出版社，1992年2月版，第26页及文后的插图部分。

14－5 所示。

表 14－5　　**懋业银行各分行兑换券的发行数额**　　单位：万元

地点	总额	第一期数额	经理签字
北京	90	17	胡庆培
上海	90	17.5	耿爱德
天津	40	8.75	张志澄
汉口	40	8.75	丁志兰
重庆	40	3	阎文德
哈尔滨	100	5	克拉克
济南	20	4	袁瑗
总计	420	64	—

资料来源：《北京金融史料（银行篇二）》，1994 年内部发行，第 405 页。

懋业银行发行兑换券是得到当时北洋政府批准的。1919 年 4 月，该行拟具章程请财政部、币制局批准立案，并援中法实业及中华汇业之成案，获得发钞特权。此后该行每年都发行兑换券，1921 年底为 500000 元，1924 年底为 2046866 元①。此后就懋业银行所发行的兑换券便“日渐减缩”，因为发行兑换券，既要求有充足的准备金，又要经过繁多的手续，而发行所获得的利益又不大。另外，当时像懋业银行这样的中外合办银行，因有美人股东的加入，信誉不错，国人存款甚多，因而银行方面不十分注意发钞一事。加上后来中法实业及华俄道胜等银行又相续倒闭，所有洋商银行的发行信用，无不受到影响。这就是 20 世纪 20 年代后期外商银行之所以发钞业务“皆已收缩”，而“我国市面流通之纸币则大部分属于中交两行”的原因。② 现将该行历年发行兑换券的数额列表 14－6。

表 14－6　　**懋业银行历年在华实际发行兑换券数额统计**　　单位：银元（或美元）

年份	金额
1921（民国十年）	268373
1922（民国十一年）	207057
1923（民国十二年）	254040
1924（民国十三年）	2046866
1925（民国十四年）	2034376
1926（民国十五年）	1628210
1927（民国十六年）	1157059
1928（民国十七年）	北京分行　50000
1928（民国十七年）	上海分行　160000
1929（民国十八年）	200000

注：本行 1920 年流通中的兑换券数额不详；1921 年和 1922 年的数额单位是美元，而 1923 年以后的数额是银元。出自中国人民银行北京市分行金融研究所及《北京金融志》编委会编《北京金融史料（银行篇二）》（第 406 页）和 Frederic E. Lee: *Currency, Banking, and Finance in China*,（Garland Publishing, Inc., New York & London, 1982, p. 87.），而献可文中 1921 年该行发行的数额为 368373 元。

资料来源：献可：《近百年来帝国主义在华银行发行纸币概况》，上海人民出版社，1958：184、185.

① 中国人民银行总参事室. 中华民国货币史资料（第一辑）［M］. 上海：上海人民出版社，1986：1159.

② 吴希之：《中外银行比较观》，见《银行周报》第 12 卷第 22 号（总第 553 号），1928 年 6 月 2 日。

这些钞票分别在北京、上海、天津、汉口等地发行，在上海流通为多。从时间上来看，该行的货币发行额，以民国十三年（1924 年）为最多。[①]

（3）对发行兑换券的几点认识

①发行兑换券对银行的作用。在中国近代银行的运营资金主要有两大来源，一是吸收存款，二是发行钞票。发行钞票是当时银行筹措资金的重要手段，何况作为中美合办的懋业银行还有发钞特权，这是当时许多中国银行所不具备的优势。发行钞票的优势在于，银行通过发行钞票，只需保有少量现金存款，就可以借以纸代现的钞票，扩大银行的资金总额。而"发钞"比吸收存款更为有利，银行吸收存款，须向存户支付利息，而发钞则可以省却利息支出，因此，许多商业银行将发钞作为主要业务。[②] 懋业银行虽规定兑换券发行准备为100%，但在1928 年该行的兑换券发行规则中规定："现金准备不得在六成以上，其余额得交保证准备"。而作为四成的保证准备主要是银行买入之公债、银行保付期票、买入之押汇汇票、有利息之股票及各种货持栈单等。相比之下，民国以前的大清银行兑换券发行的现金准备才只有五成。[③] 可见懋业银行对发钞的态度还是较为谨慎的。但由于政府规定购买公债可充当发行准备，因而银行既可以大量做公债投机，以赚取高利，又可把公债券作为一部分发行准备来发行兑换券。这看似一举两得，但以这样的准备金为基础从事货币发行，风险必然存在。

②发钞对中国的影响。近代中国的币制是十分复杂的，北洋军阀时期在政治上没有形成一个权力中心，经济上也不可能有一个中央银行来发行统一的货币。当时流通于市面的货币是相当混乱的。外商银行所发行的纸币无疑对中国的币制统一是有害无益的。在当时，"政局不靖，内乱迭起"，国人崇拜外商银行"声势之显赫"，"巨富之存款，皆储入外国银行"。"故外国银行之钞票亦较本国钞票，尤为乐从。盖国人对于外国银行之迷信使然也。"何况外钞盛行的最大原因，"实在乎本国钞票之信用太坏"[④]。但随着外行的接连倒闭，"国人屡受其害，方始觉悟，知外国银行之不可恃"。于是在20 世纪20 年代后期，国人中要求"取缔外国银行"的呼声和抵制外币的事件不断发生。[⑤] 懋业银行哈尔滨分行就曾收到当地政府不许该行发钞的禁令。

③该行发行兑换券数额的变化反映外商银行在中国的整体状况。如上所述，懋业银行所发行的兑换券在 1924 年和 1925 年前后达到最大数额，这与外商在华银行在这一时期所发行的纸币数额在 1925 年达到最大值是一致的。如表 14 –7 所示。

表 14 –7　　中外银行业在华发行纸币对照　　单位：元

年份	中国银行业历年发行纸币额	外国银行历年在华发行纸币额
1912	52675375	43948359
1921	95948965	212384806

① 中国人民银行金融研究所．资本主义国家在旧中国发行和流通的货币［M］．北京：文物出版社，1992：26.
② 李明伟：《论中国近代商业银行的运行机制》，《甘肃社会科学》，1996 年第 5 期，第 73 –74 页。
③ 周葆銮．中华银行史［M］．台北：文海出版社，第一编第二章第 29 页．
④ 金侣琴：《取缔外钞问题》，《银行周报》第 11 卷第 13 号（1927 年 4 月 12 日），第 6 页。
⑤ 庄叔英：《今后之外国银行应严加取缔》，《银行周报》第 11 卷第 19 号（1927 年 5 月 24 日）。

续表

年份	中国银行业历年发行纸币额	外国银行历年在华发行纸币额
1925	205006026	323251228
1933	494113124	299341937

注：①1912 年中国银行业发行纸币数额引自萧清《中国近代货币金融史简编》（山西人民出版社，1987 年版，第 67、154 页）。1921—1933 年中国纸币发行额，包括中国、中央、交通、中国实业、中国通商、中国农工、中国垦业、浙江实业、四明银行及四行联合准备库，这十行发行的数额占全国纸币发行总额的 80%。

②外国银行发行数额中，1912 年包括麦加利、汇丰、花旗、正金、德华、华比和道胜 7 家。1921 年包括汇丰、麦加利、花旗、正金、台湾、朝鲜、东方汇理、华比、中法实业、中华懋业、中华汇业和北洋保商 12 家。1925 年包括汇丰、麦加利、花旗、友华、美丰、正金、台湾、朝鲜、东方汇理、华比、中华汇业、中华懋业和华俄道胜 13 家。1933 年包括花旗、美丰、正金、台湾、朝鲜及东方汇理 6 家。

资料来源：献可：《近百年来帝国主义在华发行纸币概况》，上海人民出版社，1958：58－61.

从表 14－7 可以看出，外商银行在 1925 年发行的纸币数额达到最高，此后由于中外合办银行等多家外籍银行纷纷倒闭，致使其发行的纸币总额明显减少。而中国银行业在 1925 年之后的发行额却直线上升。究其原因，曾一度做过懋业银行上海分行经理的耿爱德（E. Kann）分析：第一，由于中国的信用制度从 20 世纪 30 年代起，有长足的发展，尤其是南京国民政府成立后，政治趋于稳定，中国发行的银元纸币普遍受到欢迎。第二，中国本国银行在内地设立的分支行增加，它们所发行的纸币，依照持票人的请求，立即可以在各地分支行兑现，外籍银行分支行不多，当然做不到。第三，中国本国银行发行纸币，都和其他非发行银行及钱庄等，缔结领用兑换券契约，由后者代前者发行纸币，并推广流通。但外籍银行向来利用银两作交易工具，外籍银行的中国买办承揽交易，向来是赚银两佣金的，并未替外籍银行推广纸币流通。[①] 耿爱德只注重对客观条件的分析，而忽略了当时人们主观心理上的因素，即随着中国纸币信用的增加，外籍银行的信誉也在不断下降，如中法实业停兑、道胜清理、汇业及懋业银行的相继倒闭都使得外行的纸币信用大打折扣。

外商银行存在的普遍问题，也从懋业银行的货币发行上得到反映。在 1925 年 12 月 17 日的第 167 次业务会议上，银行总理兼京行经理沈吉甫向会议提出，“由于公众乐于接受京行所发行的兑换券，因而计划将自去年以来该分行 1 元和 5 元兑换券的发行额由原 5 万元增至 36 万元”[②]。但是，从后来的形势看，显然沈吉甫对该行前景的估计是过于乐观了。

三、从初期调整到中期繁荣

中华懋业银行营业时间不到 10 年，从其发展的阶段上可分为三个时期：初期（1920 年 2 月至 1923 年 5 月）、中期（1923 年 6 月至 1926 年 6 月）、晚期（1926 年 7 月至 1929 年 5 月）。这就像世间任何事物，都要经历成长、成熟和衰老的过程一样。而在懋业银行的每个发展阶段，都有其不同的表现和成因。

① 献可．近百年来帝国主义在华发行纸币概况［M］．上海：上海人民出版社，1958：40.

② Minutes of the Meetings of Finance Committee（1926—1928），上海档案馆：Q321－1－95，第 192 页。

1. 懋业银行初遇波折

（1）美元股本转成银元问题

懋业银行初期资本以美元为单位，在中国各商埠之营业则俱用银元，因而“不得不卖出美元收进银元，以为营业之用”。这是十分不利的。因为第一次世界大战结束后，在最初阶段，银价很高，银元8角可换成美元1元。但不久银价急转直下，而且此种状况持续发展，即形成所谓金贵银贱的趋势。在这种情况下，如果资本以美元计算，而在华经营业务又都以银元计算，这就会产生一个盈亏问题，资产负债以美元计算将不断减值，资本总额将愈形缩小，有如减资①。以该行1921年和1923年的资产负债表的变化加以说明（见表14－8）。

表14－8　　1921年和1923年中华懋业银行资产负债表对照说明

1921年资产负债表（单位：美元）		1923年资产负债表（单位：银元）	
资产类科目		资产类科目	
库存现金	2377554	库存现金	545487
存放同业	3176117	存放同业	2533731
各项放款	7148474	各项放款	10128529
有价证券	1148960	有价证券	1266497
房地产等	761979	房地产等	924716
其他资产	810792	其他资产	2172618
总计	15459876	总计	17571578
负债类科目		负债类科目	
实收资本	5000000	实收资本	7500000
各项存款	7283127	各项存款	6271429
同业存款	2428562	同业存款	1868796
汇解款项	49598	汇解款项	1382877
其他负债	268374	其他负债	254040
本年纯益	430215	本年纯益	294436
总计	15459876	总计	17571578

资料来源：Frederic E. Lee：Currency，Banking，and Finance in China，（Garland Publishing，Inc.，New York &London，1982，p. 87.）；另见《北京金融史料（银行篇二）》（1994年，第405－406页）。

表14－8左边的单位是美元，右边的单位是银元，也就是当懋业银行将总资本从美元转变成银元后，其资产负债总额由1921年的15500000美元降至1923年的17500000银元，即8750000美元。

在懋业银行第一届营业报告中，已有透露：“上年2月初北京分行开办之月，美金1元约合中国银元0.905元余之谱。到上年8、9月间津、汉各行开业之际，美金之平均市价，每美金1元约合中国银元1.49元至1.31元余之谱。假如其时以美金卖成银元，则以今日美金市价，每规元合美金63、64元之数，损失将不止过半”②。为了弥补银价下落的损失，银行不得不做美元掉期交易，即在银价下落时卖出即期或近期期货合约，而同时买进远期期货合约，又名套头交易或套期保值交易。该行通过“补入三个月或四个月之美金期货以相抵，虽或小有出入”，且“手续虽极感困难，利息亦不无坐耗。然至本届决算之日，股本美金500万元，对于各方面应付之美

① 朱彬元：《中华懋业银行的成立及其停业》，上海市政协文史资料委员会编．上海文史资料存稿汇编（5）［M］．上海：上海古籍出版社，2001：223.

② 中华懋业银行第一届营业报告书，上海档案馆：Q321－1－126，133页。

金债务，无不有可以收到之美金两相抵补，不受金贵银贱之影响”。其实在套期保值交易中，这种“两相抵补”、总收支“小有出入”的情况，是在特定时间和数量内，才可以暂时起到稳定作用；长期来看，也可以使银价对银行业务上的影响缓和下来。①

试算一算这样一笔账，假如该行 1920 年 8 月要使用 10 万美元，作为在中国各分行 4 个月的营业费用，为避免转换回银元后的亏损，需在现汇市场卖出美元的同时买入期货合约。1920 年 8 月，现汇市场上 $ 1 =1.5 银元，卖出 10 万美元收入 15 万银元；同时在期货市场上买入 10 万美元，汇率为 $ 1 =1.60 银元，支付 16 万银元。到年底将资金转成美元时，汇率为 $ 1 =2.00 银元，买入 10 万美元，需支付 20 万银元；在期货市场上，交割 10 万美元的期货，汇率为 $ 1 = 2.09 银元，收入 21 万银元。这样虽在现货市场上因汇率上升而蒙受 5 万银元的损失，但在期货市场上，却盈利 4.9 万银元，抵销了交易中的部分损失，确实达到了套期保值的目的。② 根据套期保值的原则，现将中华懋业银行套期保值交易的情形作如下模拟，以便说明（见表 14 –9）。

表 14 –9　　1920 年懋业银行套期保值模拟交易情形

外汇现货市场	外汇期货市场
1920 年 8 月 $ 1 =1.5 银元 卖出 10 万美元，得 15 万银元	1920 年 8 月 $ 1 =1.6 银元 买入 10 万美元的期货合约， 支付 16 万银元
12 月底 $ 1 =2.00 银元 买入 10 万美元，支付 20 万银元	12 月底 $ 1 =2.09 银元 卖出 10 万美元的期货合约， 得 20.9 万银元
损失：5（20 –15）万银元	盈利：4.9（20.9 –16）万银元

但如经常大量地做这种交易，在卖出、买进两个行市中的差额，即贴出的利息，累积起来是相当巨大的。何况套头交易只能在短期内起缓和作用，好像拦河坝在湍急的河道中所起的作用一样，逐段拦截，可以使水势缓和，而不能完全断流。③ 只不过在该行第一届营业报告中，由于该行经营的时间较短，没有引起足够的重视。而且，“其时每美金 1 元约合中国银元 2.10 元有奇，中国股东对于股票之价格，已获一倍或二倍左右之利益，而股价增长，全行信用亦借以增长，此则差堪告慰于我各股东者也”。可见，不是套期保值交易没有损失，而是股市的上涨掩盖了这一损失。

到 1922 年 5 月，该行第二届营业报告所述的情况就完全不同了。“本行营业获息所以没有增加者，原因固非一种。而资本限属美金一事为其较著之端。”“为营业之故，不得不卖出现货之美金，又为巩固资金之故，不得不买入期货之美金，以为抵补，出入之间掉期贴费所损甚巨。”因此，该行董事会建议，“将本行美金之一部分，永久折成银元，以免以后无形之亏损”。1922 年 6 月，股东总会决议将股本 250 万美元以一美元不在二银元以下的比率兑换成银元，但因比价一直低于议定之数，因此改股长时间不能实现。直到 1923 年 5 月经监事会提议将美元资本转为银元资本。9 月 6 日，经股东总会议决和后来的业务会议及董事会全体成员一致同意，将

① Minutes of the 298st Meetings of Finance Committee（1926—1928），上海档案馆：Q321 –1 –33，第 14 页。

② 胡怀帮，俞海．金融期货市场［M］．西安：陕西人民出版社，1994：73.

③ 朱彬元：《中华懋业银行的成立及其停业》，上海市政协文史资料委员会编．上海文史资料存稿汇编（5）［M］．上海：上海古籍出版社，2001：224.

美元股本1000万元转成银元1000万元，每股银元100元，按75元实收。并上呈财政部和国家币制局备案。①

（2）1923年的营业整顿

中华懋业银行在1923年进行了营业整顿，主要是从节约开支和稳健营业两个方面入手的，实践证明这次整顿是比较成功的。因此有必要在这里提一下。这是由1922年的严重亏损所引发的。如表14－10所示。

表14－10　　1920—1927年中华懋业银行收益、开支和净利统计　　单位：元

年份	各项收入	汇费收入	上年滚存	各项开支	全年净利
1920	—	—	—	—	288984
1921	999539	—	288984	858308	430215
1922	122910	—	430215	1803125	－1250000
1923	600237	480085	—	785886	294436
1924	882341	239235	—	670302	451274
1925	1363014	—	—	802946	560068
1926	779154	300514	—	919181	160487
1927	430449	401227	—	827034	4642

注：币别：1920—1922年为美元，1923年以后为银元。

资料来源：中国人民银行北京市分行金融研究所等编：《北京金融史料（银行篇二）》，1994年，第407页。

从表14－10可以看出，在懋业银行各年的收益中，唯有1922年的净收益是负值，而且数目庞大，达125万美元之巨。从该行第三届营业报告中可以看出造成巨大亏空的原因："以政局纷扰，政府财源枯竭之故，致一部分政府放款，本利既未能收回，所生子利亦复因之减少。而上年各种进行计划更靡不受其阻碍"。且由于美元股本兑换成银元，始终未能达到美元1元兑换2银元的标准，"故此种贴耗仍无法避免"。

损失的具体数目如下：本届营业净余仅得12万余美元，而开支费和照章摊提两项共计78.9万余美元。除上届滚存43万余美元和本届净余12万余美元抵冲外，实际净损23万余美元。需要说明的有下面两笔款项：①政府放款利息项下，有应收而未收利息共计64万余美元，未记入资产项下。②本行购入交通银行26万余元存单，因该行改以九六公债还款，暂收票面31万余元，当时以八四折价，而本行决算时以年终市价每百元作25元计，致差价约10万美元之多。

在净损之外，还有下列各项损失：①开办费、生财费、钞票印刷费、京行捐款、各种印成账册费和行基房产摊提共计41万余美元。②各分行因放款抵押品不足或押品价额减少，拟提出款项备抵的共计约60万余美元。两项合计为101万余美元，加上以上78.9万余美元开支，全年总开支约为180万美元，这样除去43万余美元的滚存和12万余美元的本届净余，便得出表14－10中的125万余美元的净损了。②

从1923年初，懋业银行着手从开支和营业两个方面进行整顿。

首先，节省开支。徐恩元在1921年4月的董事会议上，陈述了该行当年的开支情况："本行每月的工资和津贴约为洋6.6万元（按＄1＝2银元算，约合美元3.3万元），其中3.9

① Minutes of the 32nd. Meeting of Board of Directors on Sept. 28th, 1923，上海档案馆：Q321－1－89，第220页。

② 《中华懋业银行第三届营业报告》，见《北京金融史料（银行篇二）》，第382、383页。

万元将支付于美国和外国雇员，2.7 万元将支付于中国雇员，即每年工资和津贴开支一项就约占洋 80 万元，最多时又要加上一般开支为每月洋 7 万元（或每年约洋 80 万元），这样每年这两项共计约洋 160 万元，折成美元后，每年开支超过美元 80 万元，相当于全部营业资本以 20% 利率的全部投资收益”。徐先生进一步强调说，他从本行开业伊始，就已经开始关注巨大的开支，并多次重申了要节约开支，如上之开支是像本行这样的新办银行所难以承受的。①

从 1923 年起，该行已将中外行员及各项费用大加裁减，预计 1923 年全行开支在该行未收盘以前，约为美元 50 万元，较 1922 年、1921 年可省美元 30 余万元。今该行业于本行 5 月中旬收盘，此后每年开支可省至 40 万美元以内。

其次，整顿营业。为稳健营业，董事会要求沪行在国外汇兑和国内商业兼营并重；京行应少做放款，催收旧债，一面节减开支，再图发展；该行因菲律宾近年商业衰败，开支又大，随于 1923 年 5 月中旬停业清理；哈行应改变过去不注重于华商业务的做法；济行专重汇兑。从 1923 年前 4 个月的营业情况看，沪行净余 5.7 万余元，津行净盈 3000 余元，汉行收支相抵，哈行近来亦有盈余。当年，各分行营业较为稳固，整顿工作初见成效。

2. 中期的短暂繁荣

懋业银行经历初期的股本改银元问题、开支过大问题和 1923 年上期的整顿之后，走过了一个不长的繁荣时期，即从 1923 年下半年到 1926 年上半年。

（1）繁荣时期的表现

①从各期盈余情况看，这一时期是懋业银行分配股利最多的时期。

懋业银行繁荣时期各年股利分红情况，如表 14－11 所示。

表 14－11　　懋业银行 1923 年至 1926 年纯益及股利分配对照　币别：银元　单位：元、%

年份	全年纯益	提取公积金	股利分红		
			股利分配数额	届别	占全年纯益百分比
1923	294436	58887	225000	第一期	76.4
1924	451274	226274	225000	第二期	49.8
1925	560067	260067	300000	第三期	53.6
1926 年上期 1926 年全年	333000 160000	—	—	—	—

资料来源：笔者根据该行历年纯益及利益分配情况编制。

从该行第四届（1923 年）营业报告看，“本届纯益计银元 294436 元，经监事会拟议，本董事会同意于纯益项下提出公积金二成，计银元 58887 元，又发给股利三厘计银元 22.5 万元，两项 283887 元，计余银元 10548 元作为滚存”②。需要说明的是，懋业银行从 1923 年开始发给第一期股利，且将该年纯益银元 29 万元中的 22.5 万元，即四分之三以上作为股利来分红。相比之下，这是十分慷慨的了，因为该行后来在 1928 年底的临时股东大会上通过的修改章程中所规定的利益分配方案为：“每年决算有纯益时，先提 1/2 以上为公积金，其余分为 100 份，以 62% 归股东作为股利；8% 归董事长、常务董事及各董事监察人支配；30% 归自总经理以下全体行员支

① Minutes of the 13th. Meeting of Board of Directors on April 29th，上海档案馆：Q321－1－89，1921，第 94 页。

② 《北京金融史料（银行篇二）》，1994 年，第 387 页。

配，作为酬劳”①。实际上拿出来作为股利分红的只有纯益的31%。

1924年全年纯益为大洋451274元，从中提出洋226274元作为公积。“其余作为滚存，在滚存项下提出22.5万元作为第二期股利，按股分配3厘。”这样，第二期分配红利占纯益不到一半。

1925年全年纯益共计洋560067元，较上年实增洋108792元。“拟于纯益项下提出洋260067元作为公积，洋30万元作为第三期股利，每股分配洋3元。”②

1926年上半年的纯益为33.3万余元，但下半年亏损严重，全年总计仅获纯益16万余元，全部归入滚存项下，而无股利分红了。

②从行员加薪情况看，这一阶段也是员工获得酬金最多的时期。

从1923年下半期，该行业绩开始好转，因而各级员工的工资也开始增加。当年7月召开的业务会议就将天津分行经理的薪金（即薪水和津贴两项合计）由原来的每月洋480元增至每月洋600元。要知道每月600元是该行总理的薪水（总理另有津贴洋400元），这是全行最高薪津。此后，不断有各分行的员工因业绩出色而受到加薪的奖励。③ 在此将有关档案材料摘录如下。

材料1：由懋业银行总管理处发给上海执行部的信函：“执行部台鉴，密启者准一月九日不列号。密函以事务员朱少屏才具开展，拟加月薪五十元；夏辛铭办事稳练，拟加月薪二十元。均自十三年一月起支。各节应即照准，即希。查照办理可也此。台祺，钱能训、沈化荣启，十三年一月十一日。”④

材料2：懋业银行总管理处发往津行的电文（1923年8月29日）：“函复所请，加给石号（石家庄支行——笔者注）营业主任高秀岩津贴二十元，照准由。”⑤

材料3：懋业银行第134次业务会议记录（1923年12月29日）：“上海分行向业务会议提出申请，要求对其部分员工增加工资到每月190元。此项议案被通过。会议还通过了对文书部的两名职员每月加薪30元的请求。”⑥

到1924年7月初，该行执行部呈交业务会议的1924年上半年本行资产负债表，表明在此期间，储蓄存款增值超过1500000元，现金准备增加到上半年的3倍，利润为380000元，业务会议对本行在此期间的业绩深表满意。

懋业银行董事会及业务会议分别于1925年4月底和1926年2月底审议并通过了关于总处、执行部及各分支行人员加薪表。加薪的情况如表14－12所示。

表14－12　懋业银行分别自1925年1月和1926年1月开始实施的行员加薪对照

各部门及分支行	从1925年1月起		从1926年1月起	
	人数	每月加薪（元）	人数	每月加薪（元）
总处	1	6	4	60
执行部	11	195	10	125

① 《中华懋业银行总处股东会议记录（1928.9—1928.12）》，上海档案馆：Q321－1－7，第72页。

② 《北京金融史料（银行篇二）》，第389、390页。

③ Minutes of the 112th Meetings of Finance Committee（1923—1926），上海档案馆：Q321－1－90，第27页。

④ 《懋业银行人事类——总处薪金委派保证书等》，上海档案馆：Q321－1－3，第17页。

⑤ 《懋业银行石家庄支行档案》，上海档案馆：Q321－1－42，第28页。

⑥ Minutes of the 134th Meetings of Finance Committee，上海档案馆：Q321－1－90，第103页。

续表

各部门及分支行	从1925年1月起		从1926年1月起	
	人数	每月加薪（元）	人数	每月加薪（元）
北京分行	12	100	11	100
天津分行	21	227	29	192
上海分行	13	75	32	277
汉口分行	5	44	10	82
哈尔滨分行	7	45	12	216（日金）80
济南分行	11	81	10	82
石家庄支行	6	29	—	—
合计	87	802	118	216（日金）998

资料来源：Minutes of the 178th Meetings of Finance Committee，上海档案馆：Q321－1－90，第160、214页。

1923年底，懋业银行董事会批准了业务会议提出给予本行职员在农历新年之前增发一个月工资的请求。董事会一经许可，即可支取。

1925年2月，董事会再次批准业务会议提出在1924年农历新年之前给本行员工增发一个月薪水的议案，这与许多银行的做法相同。①

1926年1月20日，业务会议第206次会议通过了1925年末对行员增发两个月酬金的提案。其中一个月的金额要记入1926年的消费账户，这是根据以往的惯例；而另一个月的金额连同发给经理们的津贴共计5万元，要记入1925年的特别消费账户。②

③从银行业务进展情况看，1923年下半期到1926年上半期是该行存款、放款和存放同业款等各项业务开展最多的时期。

下面是懋业银行存款、放款和存放同业款三项数值的对比图（见图14－2），我们可以直观地看出该行的营业高潮是在这一时期。

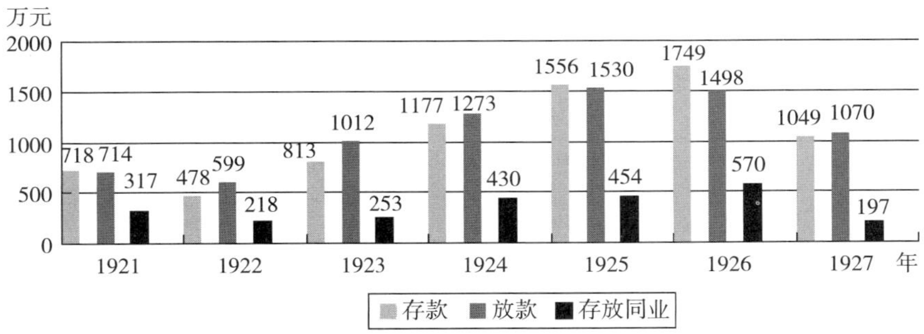

资料来源：《北京金融史料（银行篇二）》，1994年，第420页。

图14－2　懋业银行历年营业情况

从图14－2还可看出，只要是银行存款多的年份，其放款就多，盈利也越多；反之，存款少的年份放款就少，银行获利必然越少。存放款最多的年份也就是该行业务开展最多的年份，到1925年前后，该行存放款达到最大值。当然，放款是有风险的，尤其是在军阀时代，贷给政府

① The 36th and 46th Meeting of Board of Directors，上海档案馆：Q321－1－89，第235、271页。

② Minutes of the 206th Meetings of Finance Committee，上海档案馆：Q321－1－33，第56页。

的款项往往很难收回。这就是1926年放款数量不小、而收益反而减少的原因之一。

（2）繁荣的原因分析

①当时的形势有利。1924年、1925年“几全为军事时代”，“时局多故，商业凋敝”。但是就在市面金融呈“恐慌之象”时，该行的发行钞票“反日益进步”。[①] 这是由于在军阀时代，国内银行不能与外商银行相提并论。就兑换券而言，“查各国银行在吾国所发之兑换券，势力极大，获利极厚。现在吾国钞票，虽堪与抗衡，仅为桑榆之收”。而在存款方面，对于营业发达的外商银行，国内有“富商豪贾以及政客军阀，皆视同护身之符”。因此，如懋业银行这样的外行所吸收的存款“为数极巨”。[②] 也就是说，在国内政治形势越是紧张、商业越是萧条时期，外国银行的优势就越是明显。连官绅都视外商银行为“护身符”，也就无怪乎一般小民对外商银行所发行的钞票“乐为使用”，而“致其流通畅利”于我国的“通商大埠”了。[③] 可以说正是动乱的年代才建立了国人对如懋业等外商银行的信仰。

②银行开支的大量削减。如上文所述，该行在1922年曾一度严重亏损，致使1923年开始整顿营业，其中一项就是节约开支。1923年的营业报告中称：“开支一项亦力事节减，上年一年全行开支仅用银元726835元，以较11年份开支美元789965元仅及其半。”到1924年的开支更是只用洋670302元，是历年中最少的。1923—1925年是开支最少的三年，也几乎是所有年份中获纯利最多的三年（见前文表14－9）。另外，1925年的开支虽比上年多，原因是该年拿出了11万余元，“赠前总理徐公家族及同人年终加薪，以及各经理、副理特别酬劳”，“盖开支之增减恒与营业之旺滞为比例”，实属正常。

③该行把美元资本改成银元资本，减少了营业上掉换期货的损失，也是该行业务扭亏为盈的原因之一。

四、在动荡中走向衰退

1. 繁荣背后的隐患

中华懋业银行在经历了三年（1923年下到1926年上）的营业繁荣之后，便迅速走向衰退，其中的原因是很多的，但我们从其繁荣的背后也能依稀看到一些导致其最终走向衰亡的迹象。

（1）沉重的负荷

懋业银行在其营业期间，为各地方政府及军阀垫款和捐款的事情是相当多的。而许多垫款和捐款虽名义上有各种担保和抵押，但实际上往往是有去无回。在懋业银行的各分行中，汉行和济行受害最深。

1921年8月，刚刚当上湖北省督军的萧耀南，就开始向汉口的各家银行伸手。他以鄂省公署的名义，向汉口银行公会摊派“鄂省公债及萧督军饷”计银洋8万元。懋业银行分摊鄂省公债3000元、萧督军饷5000元。一个月后，萧耀南又因“军饷急需”，便“援照王（占元）前督军成案”，在三关借款合同内向汉口银行公会加借银洋40万元。对于地方督军“至再至三”地向银行公会“垫借军费”，汉口银行公会实在是忍无可忍。在汉口银行公会回复萧督军的信函中，不无哀求道：“数年来，汉埠中国、交通、盐业、金城银行垫款，每处为数均约五十万元，

---

① 《北京金融史料（银行篇二）》，第388－390页。

② 子明：《经济侵略下之外商银行》，载《银行周报》，第11卷第12号（1927年4月），第23页。

③ 吴希之：《中外银行比较观》，载《银行周报》，第12卷第22号（总第553号），1928年6月2日。

……前后抵借鄂省军需数约二百万元以上，直已筋疲力尽。……王前督军以三关税抵押中交盐金四行六十万元、黄陂商业银行三十万元、楚兴公司六十万元，按三关岁共收款不过五六十万元，押至一百五十万元，连利计算，恐非二、三年所能抵清。若再继续作抵加借，则收归势必遥遥无期。素念督军体恤商艰，为设身处地作想……以区区营业机关，如何禁得起偌大担负。……况此次湘鄂战事为全国安危所系，何等重大？……若不从根本计划而仅恃一部分之银行，无论若何尽力，杯水何足以熄车薪？”①

对于地方政府无止境的需索，懋业银行也不是有求必应的。1925 年 7 月，济行汇报说，山东省财政专员在无偿还基金的情况下，欲发省库债券 70 万元，并要求各行在这批债券最后分派之前，先预支 5 万元。摊派到济行的借款额为 2000 元。济行在请示总处如何处置时，业务会议的态度是：遵守本行决定，不得接受任何强迫性贷款。指示济行对此项贷款予以坚决拒绝，并在必要的时候，请求住济南的美国领事馆庇护。②

1925 年 11 月 4 日，懋业银行业务会议第 198 次会议专门作出指示：“由于目前时局变幻莫测，各分支行不能接受各地方军事当局的摊派贷款；对于任何私人及银行公会之强行摊款，各分支行应予以严词拒绝，不惜退出各地之银行公会组织，必要时可请求当地的美国公使馆出面向当局提出抗议，以维护本行利益。因为本行系中美合办之企业，各分支行应严格遵守本行的规定”。规定似是义正词严，但在军阀当道的时代，他们的拒绝似乎显得底气不足。因为就在此次业务会议上，汉行来电称汉口当局以汉口电报电话局即京汉铁路南方局名义提出贷款，汉行摊款 1.5 万元。业务会议批复要拒绝认购，但又补充说，必要时可认购不超过 1 万元的数额。③

1926 年 7 月，正是北伐军进入两湖作战之际。24 日，汉行电告总处：汉口地方当局要从当地银行及商人中借贷 200 万元，充作军饷，以湖北省盐税收入的四分之三（这是中央政府拨给湖北省的）作为抵押。当局威胁说，如果地方商人及银行不能在三天之内派分出此批公债借款的话，就会对他们进行军事干预。汉口分行被摊派承购 3 万元的公债，因此急切要求总处裁决。总处一面求助于美国公使馆，让驻汉口的美国领事馆出面保护；一面又在发往汉口的电报中指示：“本行系中美合办之企业，并无承担任何有悖于本行规定的贷款的义务。此立场已经在本行的股东大会上多次重申，美国股东也特别强调这一点。关于此次贷款问题，请将我行之困难告知当局，以免误解”。美国公使馆亦致电驻汉口的美国领事馆，给予本行以必要的帮助。后来，总处再次致电汉行：“如果抵押品可靠，且抵押手续合理，拒绝参贷恐亦不妥。汉口分行对认购之数额给予考虑，但尽量以最少为宜”。后来汉行还是认购了这 3 万元的公债，但被总处斥为“未经总处认可就自行认购”的“违规之举”。汉行面对军阀的武力威胁，自有其难言的苦衷。④

早在 1921 年底，汉行加入汉口银行公会时，10 家会员行就联合要求银行公会修改有关会员行须承担一些捐资和贷款的条例，但未获通过。接着，这十家银行又在内部达成协议：它们并不参加任何要求捐资或贷款的会议。但在最后关键时刻它们又都屈服了，因为会员行受银行公会条例的约束。1926 年 9 月，在几家银行宣告正式退出银行公会后，汉行也退出了银行公会，以示对无止境的借贷的抗议。

就在汉行退出银行公会之际，济行上报总处的信函称：“山东省军政当局计划发行 2000 万

① 《中华懋业银行档案·综合类》，上海档案馆：Q321-1-96，第 71 页。

② Minutes of the 184th Meetings of Finance Committee，上海档案馆：Q321-1-90，第 230 页。

③ Minutes of the 198th Meetings of Finance Committee，上海档案馆：Q321-1-33，第 73 页。

④ The 231st Meetings of Finance Committee（1923—1926），上海档案馆：Q321-1-90，第 393 页。

元的债券，目的是用于军备修整，本分行坚决拒绝参加”。但军阀张宗昌声明，此批认购款必须在中秋节以前缴上，不容耽搁；而济行被列为第一批捐资对象。对此，济行与他们据理力争。但当时的形势，使济行感到“置身于其外已非易事”，拒不接受“恐会导致不利的后果，以致使本行的营业受损”。经再三考虑，济行最后表示，愿意认购数额不超过3000元的公债。①

对于军阀的无数次的大额摊款，银行既是难以承担，但对于当地的慈善捐款，懋业银行还是从未拒绝过。如1925年底，为救治受伤士兵及安葬阵亡将士，京行捐款305元；同一时间，济行为守卫济南的士兵购置冬天的衣物，捐款280元②；同年7月，为声援“五卅运动”，懋业银行各分行向上海救济基金会捐款，具体为：京行480元、津行357元、汉行500元、济行150元、沪行100元、石支行60元，总处都一一批准。③

（2）无底的深渊

向中央政府放款和为其承销公债，使银行在亏空的泥沼中越陷越深。必须指出的是，向政府放款和认购公债是银行和政府两厢情愿的事情。北洋军阀时代，各省已形成割据之势。北京政府在政治上“政令不出都门”；在财政上因收入多被地方截留，而致使中央财政山穷水尽，“库亏之数逐年增加”。借外债又因欧战的爆发而不可能，举借内债便成了中央政府的“唯一穷途”。④ 在银行方面，由于政府所发行的公债，各行又极愿为之。因为公债回扣大，多达百分之十几甚至二十几；利息高，平均为月息三分以上。⑤ 政府还规定公债可以充当银行发钞准备；银行还可以利用公债投机，套取巨利。但是，既为投机，就会有风险存在。政府滥发、银行滥投的结果，必然引起公债市价的狂跌，而最终使银行受损。

在懋业银行1922年的严重亏损中，有该行的这样两项声明：①政府放款利息项下有应收未收利息25万余元。②交通银行存单26万余元，因交行存款改为九六公债交付本行，票面为31万余元。当收之时，交行以八四作价；本行结算时则按年底市价每百照25元。前后的差额达10万元之多。⑥ 值得注意的有两点：一是这两项为直接或间接的政府借款，共计约50万元。从前文的数据可知，该年共损失125万元，而这两项就占了该年总损失的40%。二是从交行转来的九六公债，在数月之内其价格的暴跌就十分明显。

实际上，在最为景气的1925年，该行“旧债之未结束者”，仍“以政府借款为大宗”。⑦ 而在政府各部借款中，又以财政部和交通部为最多。

在1923年10月该行的业务会议上，徐恩元报告说，经过京行经理沈吉甫的努力，财政部业已确定支付该行洋33万元贷款的利息，按月分期付款，每月支付1.5万元。但财政部并非以现金支付，而是计划以债券或库券的方式来偿还懋业银行的美元贷款。⑧

这种以债券方式偿还贷款的做法，在财政部和交通部还款中是常有的事。银行方面也极愿意代为承销，因为这同样是有利可图的。

1925年初，懋业银行与交通部筹商结还该行借款办法，这是典型的例子。交通部原借懋业

① The 234th Meetings of Finance Committee（1926—1928），上海档案馆：Q321-1-95，第5页。
② The 203th Meetings of Finance Committee（1923—1927），上海档案馆：Q321-1-33，第63页。
③ The 48th Meeting of Board of Directors（1919—1927），上海档案馆：Q321-1-89，第288页。
④ 张郁兰．中国银行业发展史［M］．上海：上海人民出版社，1957：45、46.
⑤ 杨荫溥．民国财政史［M］．北京：中国财政经济出版社，1985：29.
⑥ 《中华懋业银行第三届营业报告》，《北京金融史料（银行篇二）》，第384页。
⑦ 《中华懋业银行第六届营业报告》，《北京金融史料（银行篇二）》，第390页。
⑧ The 123th Meetings of Finance Committee（1923—1926），上海档案馆：Q321-1-90，第69页。

银行洋 113 万元已有数年，早已延期。为归还懋业及中国、交通、金城、汇业五家银行的贷款，该部便发行一种借款券，总额为 800 万元，周息 8 厘，由铁路、电报、邮政三项余利作抵押，按票面 9 折发行，利息每半年支付一次，每年年底还本一次，作 10 年还清。本券总额 800 万元中，除 600 万元用作归还各项借款、75 万元由交通部自行出售外，尚有 125 万元，由各债权银行按债权之成数，以票面 8 折分担承销。懋业银行占交通部此项债权三分之一以上，因而以旧债换取该项借换券约 247.5 万元，另承销票券额 45 万元，两项合计票券额近 300 万元。①

另据该行于 1925 年 8 月召开的董事会议记载，上述债券的年利率为 8%，债券的支付利息和提存偿债基金将存于五家债权银行，并由交通部及五家银行之专家成立的专门委员会负责相关事宜。懋业银行总理沈吉甫从该年年初就开始与交通部接洽，在经历了长达 6 个月谈判后，还款方案才最终确定。② 由于该项债券为长期债券，到懋业银行停业清理时，此项资产仍不能变现。

当然，向政府各部贷款，并非都以发行债券的方式来还款，有的也以现款归还。当 1926 年 6 月至 10 月顾维钧任财政总长时期③，懋业银行曾向该部借款 50 万元，到 10 月顾去任职前便将该款全部还清了。但这种情况是不多可见的，因为当时是在特殊的情况下才达成这笔借款交易的。顾维钧到任不久，遇到的第一个麻烦就是“中秋节危机”。因为财政部没钱给各部发工资，日子是不好过的，便向各家银行筹借款项。但因顾维钧此前有过将中国银行向财部借款的利息改低一事，银行方面便不愿再贷了。懋业银行美方董事卫家立与顾维钧有私交，答应给顾 50 万元借款，帮其渡过了难关。顾自是感激不尽，出于“私人之间的承诺”，顾通过当时担任盐务总稽核的裴立克先生，筹措到一笔款子，很快便还清了这 50 万元的借款。连顾维钧自己也承认：“除非我身在财政部，否则我的继任者是不会结清这笔账的，他会宁愿用这笔款子去解决他的其他问题。”④

懋业银行除了将大半资金贷给政府外，也有一部分资金投放于企业。但就是这一部分不多的投入企业的资金，也不是十分安全的。

1923 年 12 月，津行欲购面值为 1 万元的直隶工业债券，并报业务会议审批。由于此项债券的收回和利息的支付皆由开滦矿业管理局提供担保，因担保可靠，业务会议破例批准了津行对此项债券的认购。⑤ 可是津行对许多企业的透支放款是无抵押的。1923 年 7 月，津行向业务会议上报某些要求无抵押定期贷款企业的信誉报告，未获批准。⑥ 津行又于 12 月将该行无抵押透支的客户清单上报执行部，具体透支数额如下：云利公司（Yun Li Co.）1 万元、生泰公司（Sheng Tai Co.）5000 元（有 110 吨的钢材作抵押）、大隆公司（Ta Lung Co.）2 万元、久昌丝绸店（Chiu Chang Silk Merchant）2 万元、华美丽（Wha Mei Li）5000 元、吴化楼金匠铺（Wu Hwa Lou Goldsmith）2 万元、享利金匠铺（Heng Li Goldsmith）1 万元、有生号（Yo Shen Ho）1 万元。⑦

---

① 《中华懋业银行业务会议记录（七）》，《北京金融史料（银行篇二）》，第 400、401 页。

② The 48th. Meeting of Board of Directors（1919—1927），上海档案馆：Q321－1－89，第 290 页。

③ 杨大辛编．北洋政府总统与总理［M］．天津：南开大学出版社，1989：484.

④ 顾维钧回忆录［M］．（第一分册），北京：中华书局，1983：284－294.

⑤ The 130th. Meetings of Finance Committee（1923—1926），上海档案馆：Q321－1－90，第 92 页。

⑥ The 112th. Meetings of Finance Committee（1923—1926），上海档案馆：Q321－1－90，第 27 页。

⑦ The 131st. Meetings of Finance Committee（1923—1926），上海档案馆：Q321－1－90，第 94 页。

这里我们看到的只是其中的很不完全的一部分。实际上，由于懋业银行刚成立不久，在许多制度方面是很不健全的，且总分行之间的职权及内部管理虽有明确的制度规定，但其约束力有多大，值得怀疑。况且分行中有权者与企业内外勾结，朋比分肥的事屡见不鲜，受损失的只是银行或政府部门。[①] 这种情况在京行同样存在。1923 年 8 月，在京行正式贷出的款项中，有一些抵押不当或完全没有抵押的信用贷款及一再延期而没有偿付的贷款。为此，总处曾指示京行要采取有效措施收回贷款，但一直没有得到收回贷款的任何消息。于是董事会通过决议，要京行负责人应尽一切努力，将所有大额贷款立即收回。必要时可采取法律手段，并要求京行不时将此事的进展情况上报总处。[②]

（3）内部纷争

懋业银行由中美两国合资组建，内部关系十分复杂。表现在银行内部的派系之争、权力斗争和中外雇员的工资差异上。

首先，银行内部的权力争斗不断。早在懋业银行成立之前，对于银行权力的争夺就已十分激烈了。该行的成立，“全由徐恩元从中牵合”。在钱能训内阁未倒之前，徐恩元以总统徐世昌和钱能训为招牌，去美国游说，才使美资本家“信之不疑”。回到国内，“徐氏以股本既足之后，欲自居总裁一席，而使钱能训为之副”。这自然使钱大为不悦，随后又有徐世昌安插烟酒税署督办张寿龄为该行董事，又被徐恩元拒绝，以致闹到徐世昌和钱能训等要退股的程度。美国资本家先“莫名其妙”，继而“恍然大悟”，随劝徐恩元不能“破坏大局”。有一段时间，“美资本家知事不可为”，于是“陆续返国”。[③] 原来让美人“恍然大悟”的原因实为“徐段两派之争，徐恩元之衔命赴美，在钱阁未倒之前，实奉钱氏之命，招致美资本家合组此行，期与段之汇业银行对抗者也。及徐恩元归来，而钱阁已倒，政界之势力全在段派，乃又与段派相结，以为维持自身之计，遂有傅良佐加入为董事之举”。段祺瑞和傅良佐皆为亲日派，今在懋业银行又投资入股，这不能不让美资本家“颇存怀疑之意”。[④]

实际上，懋业银行的组建原本就有政治投机的性质，因而美方股东就不能不考虑中国政局的变化。在该行档案的一份英文材料《在与中国政府谈判的各阶段白鲁斯、唐默思和卫家立致拉门德先生意见书》中，有这样的记录：“目前与中国政府所进行的谈判是在与中国的国务总理和财政部长之间进行的，但我们觉得取得段祺瑞的同意和支持也是很重要的。段无疑是北洋军阀中实力派人物，且在北洋系中素以果敢和守信而闻名”[⑤]。由于美国人的这种态度，导致了不同派系的军阀在该行都有投资，虽“是一种平衡手腕”[⑥]，但也给日后该行的内部倾轧埋下了祸根。

其次，银行内部存在三派分歧，分别是美国派、留学生派、买办官僚派。美国派即指作为该行重要投资者的美国几大银行及其代表，也是该行的美方董事。他们以出资者的身份及美国大银行之雄厚资本为后盾，当然是对中国董事们傲视三分。而官僚买办派则以手中之权和自有资本既与美方人员有矛盾，又与其合作。三派之中，当然是留学生派最无资本了，但他们接受

① 罗志平：《清末民初美国在华的企业投资（1918—1937）》，台北县新店市：国史馆，1996，第 162 页。

② The 31st Meeting of Board of Directors（1919—1927），上海档案馆：Q321 - 1 - 89，第 216 页。

③ 《懋业银行之暗潮》，载《申报》，1919 年 12 月 13 日（六）。

④ 《最近之三银行问题》，载《申报》，1919 年 12 月 19 日（六）。

⑤ 上海档案馆：Q321 - 1 - 126，No. 1 *Memorandum for Mr. Lamont, Expressing the Views of Messrs. Bruce, Thomas and Williams in reference to Certain Phases of Negotiations with the Chinese Government*，第 157 页。

⑥ 魏明：《论北洋军阀官僚的私人资本主义经济活动》，《近代史研究》，1985 年第 2 期，第 100 页。

过西方正规的教育，懂经营、善管理。沈叔玉就属于后一派，他曾留学英国，与该行重要发起人之一徐恩元是留英时的同学，就是因为这一点才由后者力荐而成为沪行经理，而后又成为该行协理的。徐恩元在世时，尚能将各派团结在一起；1925 年徐去世后，由原为道胜银行买办的沈吉甫升任总理，各派均衡被打破，矛盾随之而起。在经营作风上，沈吉甫与官场交往甚密，以和张作霖及其部下接触频繁，因此对官僚们的放款也特别多。当时任协理的沈叔玉曾极力劝阻，但没有被采纳。结果这些放款中成为呆账的就达 700 万元之多。① 这是导致该行最终失败的重要原因之一。

最后，银行内部的工资问题也是中外职员矛盾的一个方面。在该行 1923 年总处制定的关于《职员酬劳及其他待遇条例》中明确规定："本行职员工资的发放，以中国通用银元为基本单位。至于外方职员，为防止兑换成外币后造成差别，总处规定了将银元兑换成外币的固定比例，以支付同等值的外币工资"②，并没有任何关于中外雇员工资差别的规定。但实际上中外雇员的工资差异是明显存在的。该行 1926 年 4 月 22 日的业务会议，通过了部分中外职员的工资调整（增加）。具体如下：柯拉克（W. H. Clarke）年薪日金 15000 元和年津贴日金 6000 元（在哈尔滨），富尔嘉（C. C. Foulk）年薪洋 10000 元和年津贴洋 3600 元（在上海），道利雅（A. A. Dorliac）年薪洋 10000 元和年津贴洋 1200 元（在天津），以上调整自 1926 年 1 月起实施。会议承认，上述职员的年薪水与津贴都高于本行同级别的中方职员。但为了平衡，又规定按中国的惯例，在每年年终发给中国员工奖金时，外方人员不得享有。随后将中方有关人员的工资也作了调整，总协理秘书陈宗藩和秘书处陈绎的薪水分别增加到洋银每月 500 元。③ 根据该行职员工资的规定，上述中外人员皆属于银行的一级职员，工资理应在一个档次，但调整后的差别还是不少。要知道，陈宗藩和陈绎的薪水在增加之前（1926 年 1 月以前）分别为每月洋银 350 元和 400 元。④ 而在此次调整之前，曾为工资差异一事在银行内部引起过激烈争议。

该行副总稽核员向业务会议汇报对于本行职员的工资意见：本行属于同一职位的中方和外方职员，薪津往往有很大不同。另外，每年年终加薪时，中外职员的差异也是很大的。这使他在审查增加工资提案时很难做到既经济节约又公平一致。因此他建议业务会议认真研究一下这个问题，要么对中外职员的工资差异作出合理的解释，要么想办法减少差距。对此，卫家立的观点是："本行是中外合办银行，雇用外方人员是必要的。若给予外方人员的工资和本国人的工资一样，就不会有外籍人员前来工作。在过去的几年里，为减少开支我们一向的政策是尽量少用外籍人员"。而沈总理的解释为：外方人员一向重视薪水而不在意奖金，因此给予他们的薪津就多些。为避免中方人员的误解和解除总处所遇的尴尬处境，应设法向中方人员解释清楚。⑤ 但由于工资差异的存在，矛盾就始终存在。

（4）唇亡齿寒

在 20 世纪 20 年代中后期，许多与懋业银行一样的中外合办银行，如中法实业、华俄道胜等银行相继清理、倒闭，对懋业造成的直接和间接的影响是很大的。

---

① 朱彬元：《中华懋业银行的成立及其停业》，上海市政协文史资料委员会编．上海文史资料存稿汇编（5）［M］．上海：上海古籍出版社，2001：224.

② Regulations of the Remuneration and other Payments of the Staff，上海档案馆：Q321－1－6，第 5 页。

③ The 216th Meetings of Finance Committee（1923—1927），上海档案馆：Q321－1－33，第 33 页。

④《懋业银行人事类、总处薪金委派保证书等》，上海档案馆：Q321－1－3，第 4 页。

⑤ The 212th Meetings of Finance Committee（1923—1927），上海档案馆：Q321－1－33，第 41 页。

懋业曾与震义银行联合贷款给财政部。震义银行倒闭后，懋业在随后的两年里试图将其借款部分从中分离，使其成为独立的对财政部的借款。1925 年，财政部答应懋业的要求，但懋业银行须交 1 万元的分离账户回扣金，从借款中直接扣除。① 到懋业银行清理时，该项财政部借款数为洋 404322 元。②

1926 年，中法实业银行清理并重新营业后，以 5% 利率的美元债券清理该行债务，而美元又以固定的比价兑换成银元。京行过去在中法实业账面上有存款 73669.82 元，便收到该行作为归还本行欠款的面值为 35623.70 元的美元债券。在此项结欠中，若把该行清理计划中规定的固定利率与当时美元与银元的市场汇率比较，懋业银行将再次遭受损失。再者，该债券的市场价是其面值的 59%，依此推算，京行收到的公债，只值 21017.98 美元，再按 188∶100 兑换成银元，相当于 39513.80 元。与原先之债相比，净损失洋银 34156.02 元。何况此笔债券利息的支付和本金的全部收回，需要 32 年的漫长光阴。③

华俄道胜银行在倒闭前也曾大量向懋业借款。1925 年 5 月，道胜银行要求懋业银行京行借贷 20 万元，年利率 11%，以财政部欠该行 219300 元欠款为抵押，以 4 个月为期，分月摊付 5 万元，自该年 5 月至 8 月为期限。由于道胜曾给予懋业以帮助，懋业银行便同意了这项借款。但到懋业银行清理时，由道胜转来的财政部借款达洋 200 万元。④

懋业银行存放于同业的款项很多，而因他行停业不能收回的数目一定不小。除了上述中法实业和华俄道胜外，懋业尚在一些小银行号有存款。如 1928 年，京行在河北义兴银号存款 668 元，因该行停业而不能提取。⑤ 当然这只是其中的很小的一笔存款，但懋业银行为取得一定的利息收入，将与他行往来账户准备金和活期存款准备金都存于外行。当活期存款储户如信贷银行和存款人来行支取现金时，他们一般会持懋业银行所发的支票去该行受托之银行支取。上述义兴银号应属于懋业受托的地方银行。

20 世纪 20 年代，中国银行业处在政治经济极不稳定的时期，原本竞争激烈的银行业中，相互协作却是必不可少的。但同时也产生了另一个后果，就是一家银行倒闭，同业会受牵连。尤其是像懋业银行这样的中外合办且又有发钞特权的银行，一旦同类清理或倒闭，受影响的就不只是在同业的存放款了，而是储户“存款无着，诉追无由”，最终导致整个行业的声望受损和民众信仰的转移。⑥ 因此，这种间接的影响是无形的，也是巨大而深刻的。另外，从银行业整体来看，自 1926 年后，外商银行在华的极盛时期已经过去，同时“国内的政局稍趋安定和反帝运动的勃兴，国人在外商银行的存款渐趋减少”。而 20 世纪 20 年代后期，由于西方经济的萧条，“使外商银行对中国工商业投资的资力和兴趣也大不如前了”⑦。

2. 沪津两行严重亏损

1927 年发生的两件事，是懋业银行最后停业的直接原因。一是沪行在国外汇兑业务方面的投机导致沪行数年连续亏损；二是天津协和贸易公司案牵连到津行，致使该分行严重亏空。

---

① The 184th Meetings of Finance Committee（1923—1926），上海档案馆：Q321 - 1 - 90，第 234 页。

② 《中华懋业银行结业时政府项下借款》，《北京金融史料（银行篇二）》，第 357 页。

③ The 210th Meetings of Finance Committee（1923—1927），上海档案馆：Q321 - 1 - 33，第 47 页。

④ 《北京金融史料（银行篇二）》，第 357 页。

⑤ 《懋业银行呈报在义兴银号存款难以提取请备案》，河北省档案馆：Q507 - 1 - 3，第 2 页。

⑥ 朱斯煌：《在华之外商银行》，《银行周报》，第 21 卷第 19 期（1937 年 5 月），第 33 页。

⑦ 《在华外商银行的历史演进》（下），《经济通讯》，第 3 卷第 37 期（1948 年 9 月 25 日），第 1149 页。

（1）沪行投机之风盛行

早在1922年沈叔玉赴美，就该行美元资本改为银元一事与美方磋商，取得了大通银行施栋（Stone）和韦耿（Wiggin）的赞同，并取得了大通银行（Chase Nat'l Bank）及克罗克国民银行（Crocker Nat'l Bank）给予的125万元的信用透支款，以便发展外汇业务。

在懋业银行业务比较繁盛的1925年8月，业务会议规定了关于各分支行公开汇兑业务的限额。沪行经理郑鲁成提出，由于上海的汇兑市场比较活跃，沪行的限额为5万元；津行经理张伯龙提出，津行的限额为2万元，汉行也为2万元。会议同时强调，这些限额都是用于可靠经营的，而不是用于投机活动。① 但此后，各分支行，尤其是沪行和汉行的公开汇兑业务大大增加。不幸的是，沪行的外汇业务人（先是耿爱德，后为郑鲁成）均经营不得法，不仅未能获利，反而造成沪行连续亏损。②

1927年7月懋业银行董事会第66次会议，各分支行汇报了上半年的营业情况如表14－13所示。

表14－13　　1927年上半年各分支行收益情况汇报　　单位：元

各分支行	总处	津行	京行	汉行	哈行	沪行	济行	总计
收益（元）	12000	41000	22000	15000	6000	—	—	7000
损失（元）	—	—	—	—	—	72000	18000	—

资料来源：《北京金融史料（银行篇二）》，1994年，第320页。

懋业银行1927年上半年各分支行总收益只有约7000元，与该行前3年历年的全年纯益（1924年全年纯益为45万余元；1925年为56万余元；到1926年减为16万余元）相比，这是“十分令人失望的”。尤其是沪行亏损7.2万元，总处更为“震惊”，认为沪行在管理方面必存在不当之处，因而有必要今后对其经理郑鲁成先生给予必要的指导，以避免此事的再次发生。对于济行的亏损，该行董事会已于1927年6月27日通过了济行停业的决定。③ 而沪行亏损却在继续扩大。到1927年年底，“沪行代客买卖汇兑期货，垫款约及100万元，迭次严令催收，效果无几”④。

据1928年6月该行第298次业务会议记载，由于沪行在过去的两年中违反该行的规定，因投机而导致沪行严重亏损，总处于是派斯基米德（Schmidt）去沪行调查。斯基米德向业务会议汇报：沪行的损失完全是由于个人的投机，或以化名的方式，或以其他违反银行的营业规则的行为导致的，这些可从银行账户或一些明显的事实或外界的消息中得到证实。为了结清到期的期货合约，斯基米德要求总处汇款30万元。总处只答应给予15万元，并派斯基米德赶往上海，对沪行的经营状况进行整顿，并清理有关期货合约。⑤

沪行连续两年亏损甚巨，是导致了该行最后失败的重要原因之一。

（2）津行遭遇诈骗案

1927年下半年，本已是不堪重负的懋业银行，又遭遇津行被骗案，真是雪上加霜。

① The 188th Meetings of Finance Committee（1923—1927），上海档案馆：Q321－1－33，第82页。

② 朱彬元：《中华懋业银行的成立及其停业》，上海市政协文史资料委员会编．上海文史资料存稿汇编（5）［M］．上海：上海古籍出版社，2001：224.

③ The 66th Meeting of Board of Directors（1919—1927），上海档案馆：Q321－1－89，第376页。

④ 《中华懋业银行第八届营业报告》，《北京金融史料（银行篇二）》，第392页。

⑤ The 298th Meetings of Finance Committee（1923—1927），上海档案馆：Q321－1－33，第80页。

这桩发生在天津的由中美商人合谋的大骗案，主谋者是当时天津协和贸易公司（the Union Trading Corporation）总经理祁乃奚、美商康理琪等。祁乃奚原是天津一家洋行的买办，后与人合伙筹资7000元，开办天津协和贸易公司，专营土特产进出口贸易。由于祁善于钻营，很快资金就积累到20多万元，并在汉口、太原、济南等地设有分店。祁还与天津金融界的权威人士拉上了关系，以此壮大声势。但1926年祁在山东做花生出口生意时，因花生在途中全部霉烂，血本无归。接着又抛售其他土特产品，亏损甚大。祁面对生意亏空，穷极思变，便找到曾任美国驻天津副领事的康理琪，合谋创办瑞通银行。银行由康在天津美国领事馆注册，并由康出任总经理。名义上瑞通银行办理一切信托和进出口业务，并拥有2个大仓库，实际上这个“皮包银行”，户头上只有协和公司一家，是由协和公司独家在唱双簧。它们的欺骗伎俩是先由协和公司要求瑞通银行开具仓库货物存储栈单，然后协和拿着这些所谓栈单，到其他银行进行货物抵押借款。协和内部亏空的消息外界不知，表面上还是天津一家不小的公司，而且又有瑞通银行作仓储担保，因而各银行都乐意向协和贷款。为取得客户的信用，协和有时故意虚张声势，做出种种赚钱盈利的假象。其间，中南、中华懋业等银行的经理，都成了协和的股东。如此一来，不知底细的人认为贷款给协和公司必有利可图，便纷纷向协和放贷，一时间骗款竟高达600万元。骗局持续了近3年。此案使天津金融业遭到严重冲击，波及京、沪、汉等地的银钱业、货栈业、进出口贸易等，① 而对懋业银行的打击尤为沉重。

1927年7月23日，沈吉甫在该行董事会议上报告说：7月9日天津协和贸易公司破产的那天，该公司欠津行债务总计达140万元。据沈吉甫称，在其被举为总理之前，就曾闻这个协和贸易公司资金甚少而业务甚巨，但却经营不善。当时与协和贸易公司打交道的是已故总理徐恩元，卫家立也了解并予以首肯。徐恩元去世后，沈为总理，在其第一期计划结清各分支行债务时，发现津行对协和贸易公司的放款超过200万元。对此，沈曾与津行张伯龙协商，以减少本行损失并试图收回投资，但在过去的两年中，任何办法都无济于事。7月9日一收到张伯龙关于协和贸易公司倒闭的通知，沈吉甫同卫家立、佘佛西（Sherfesce）一道，赴天津调查协和情况，并为津行偿付债务做准备。起初的几天里，各相关银行都经历了挤兑，但此后情况逐渐趋于正常。懋业银行已兑出200万元，但由于其准备金充足，顺利地渡过了难关。不幸的是，与此同时，上海当局宣布禁运生银，导致了懋业银行资金周转不灵，140万元的协和贸易公司的应付资金中，有40万元至50万元被认为是有把握收回的资产，但其余100万元中，一半是栈单（即瑞通银行开出的假栈单，将无法兑现），另一半是已贴现票据。各债权银行随即组织一个专门委员会，负责调查协和贸易公司的资产。但该委员会工作进展十分缓慢，懋业银行便恳请国务总理和财政部长电告直隶总督给予协助，以保护债权人利益，并对已倒闭的公司总经理祁乃奚因犯诈骗罪予以惩处。懋业银行一方面在债权人委员会中要代表债权人利益，另一方面又要准备单独对中原（Chung Yuan）银行和美国海外仓储公司（American Oversea Warehouse Co.）进行起诉，这两者都是协和贸易公司的下属公司。对懋业银行协理兼津行经理的张伯龙，因涉嫌滥用职权，故意向协和贸易公司贷出如此巨大的信用透支，对津行损失负有直接责任，因而懋业银行董事会决定接受张伯龙辞去银行协理及津行经理等职。②

无论如何，懋业银行遭此打击，业务从此一蹶不振。这是导致该行最后失败的又一重要

---

① 申晓云，朱宝琴等．民国掌故［M］．上海：上海人民出版社，1997：724、725．

② The 66th Meeting of Board of Directors，上海档案馆：Q321－1－89，第381、382页。

原因。

五、最后的挣扎与停业清理

1. 银行的改组

（1）向中、交、金、大四行借款经过

懋业银行受1927年“协和”一案影响甚大，继而沪行又连遭亏耗，信誉递减。至1928年7月，外间“流言转炽，顿起风潮”，形势已是岌岌可危。懋业高层认为，“一行之存废不独攸关于股东血本，当南北统一之始，又值美约签订之初，及令此中美合办事业遽即于破产，此有关于金融大局与夫国际感情者，其事甚巨”。为谋挽回之术，他们不得不向同业的中国、交通、盐业、金城、大陆五行求援。五行聘第三者会计师谢霖调查懋业的财务状况。双方审查结果认为“事有可为”，懋业银行实需约150万元。除沈吉甫允筹20万元外，其余则初议由五行合借，计中行30万元，交、金、盐、大四行各25万元，合为130万元，作为五行借款之总额。但后来盐业退出，其他各行数额未变，因而只能借到105万元。由懋业所有平、津、沪三处房产，交通部借换券额面100万元以及平津两行债权30余万元的受押各品作为担保，月息一分一厘。懋业后又与大陆银行磋商，除共同借款25万元外，再借15万元，以补所缺之数，并另作担保。而原定与该行的所有利息随改为一分二厘。①

对于懋业银行向五行借款一事，当时报界传闻很多。上海《北华捷报》云：因懋业银行对政府放款，约计600万元，致其资本自然而受侵蚀，故请中、交、金、大及盐业等行共同参与改组，各行经检查后建议若干改组办法，并允以200万元维持该行。但由此引出上海懋业银行停业倒闭的谣言。②《银行周报》载文：“懋业银行近因采用美国联合准备制度，以致改组发生风潮，兹闻该行改组，业经就绪，平、津、沪五家大银行，皆出实力加入，其重要人物，亦皆当选董事，美国方面亦已赞同，上海分行新添资本一百五十万元，为扩张新营业之用。”“北平来电云，懋业银行五日选谈荔孙、周作民、谢霖甫、王祖训、罗鸿年五人为董事，会同该行总理协理共同组织业务管理部，监督指挥行务。”“此次北平银行维持改组，社会多表赞同云。”③

其实，后来中、交、金、大四行参与改组并打算入股，是确有计划的，甚至之后的金城、大陆两行欲收买大通股份也真有其事，但都因懋业银行内部意见不一，金城、大陆等行入股计划终未成事实。懋业银行虽筹借到一笔巨款，并暂时逃过一劫，但也从此背上沉重的包袱，元气大受损伤。

本来就苟延残喘的懋业银行，1928年底又遇到一次挤兑风潮。中华汇业银行宣告停业改组后，引起平、津两地金融动荡，市场混乱。一般钱商推波助澜，乘机图利，影响所及，致使懋业等多家银行钞票均不能行使，发生挤兑风潮。被挤兑银行仓皇失措，设法维持。幸亏懋业发钞数额不大，且为十足准备，加上当时由中、交、盐业、金城、中南、大陆等银行共同维持，挤兑风潮才稍见平息。④ 风潮过后，懋业银行各分行即停止发钞票。据有关报道，懋业银行北京分行停业后，其在外之钞票仅9000余元尚未收兑。⑤

---

① 《北京金融史料（银行篇二）》，第333、334页。

② North China Herald，1928年8月4日，第187页。

③ 《中华懋业银行改组》，见《银行周报》，第12卷第31号（总第562号），1928年8月14日。

④ 《银行周报》第12卷第48号（总第579号），1928年12月11日。

⑤ 《中华懋业银行停业后之要讯》，见《银行周报》，第13卷第25号（总第606号），1929年7月2日。

（2）集思堂入股

“集思堂”（Chissutang）是在桂系入股懋业银行时桂系股东的代称。在集思堂入股之前，懋业银行大股东之一、前江西督军李纯（号秀山）的后嗣也曾一度想收购美国大通股份，后因北伐军已达武汉，政局大变，李家打消了这一念头。

1928 年底，懋业银行业务已极度衰退，股东会认为整理之方法首在填补亏耗、增加资金。时正值北伐战争后期，已占据武汉的桂系首领李宗仁对懋业银行发生了兴趣，便先后派人与银行方面接洽，并与美方代表义理寿（East Wick）谈判成功，大通股让与桂系，由该系湖北财政厅长金鼎九参加经营。① 集思堂（代表桂系）与懋业银行在 1928 年 12 月 3 日订立一项合资合作办法草约，大意为：集思堂加入懋业资本 200 万元；将旧股折实为 500 万元，新旧股平等；集思堂在懋业银行董事 11 人中占 6 席。以上经懋业提交本届董事会通过后发生效力。但后来，双方又商定银行的股本为：旧股“中美各半”共 750 万元；集思堂股本（桂股）共 156 万元。股本分配方案为：旧股本一律对折，中美各半，共计 375 万元；集思堂股本一律提作官价，不折仍作 156 万元；填新股 219 万元，以期适合本行原有股本 750 万元之成数。

据懋业银行密件载：该行在财政部立案定股本为 750 万元，如果不折价，则要另去财政部备案，但数目又非整数。而折股后，两股合计为 531 万元，尚欠之 219 万元可作填发新股之数，且又与财部立案数目相符。② 基于以上考虑，懋业银行并没有向财政部另行备案。1929 年 4 月 4 日，集思堂将已协定的认购股数 156 万元全数存入懋业银行汉口分行，待总处新股票印刷完毕即行入股。哪知随后即发生了桂系股本被查封事件——集思堂事件。

2. 停业及清理

（1）集思堂事件及其影响

1929 年 3 月 26 日，蒋桂战争爆发。4 月 4 日，就在集思堂将股本 156 万元存入懋业银行的当日，蒋军占领了武汉。③ 此前，懋业银行汉口分行垫款支持桂系反蒋战争；桂系战败后，该行又因大量发行兑换券且无力兑现，于 4 月 10 日被南京政府查封。④ 汉行被查封，汉口金融界“极为震动”，汉口银行公会代表李馥荪、贝淞荪等，曾答应懋业银行经理吴希之要“全力维持”。并向适在沪的财政部长宋子文发电，代为请命。⑤ 5 月 15 日，财政部长宋子文批复：“现汉口分行复业”，但将集思堂 156 万元股款作为“逆股应全数充公”。事件发生后，懋业银行曾多次与财政部进行交涉，认为此款实属股款，或退或还，或改为公股，并推举数位华股代表及美方代表，甚至请美国公使出面干预。懋业银行美方代表义理寿（East Wick）在给财政部长宋子文的信中说：“集思堂以前购买美人懋业之股票，其过期尚有未付者股权仍应为原来美籍股东所有，此点务祈查照；又贵部没收集思堂股票后代表股东之责任，仍不履行，此实危及懋行并危及美籍股东甚大，上项各情已正式通知该行及美国公使。”但财政部以该行未申报本部备案为由，一口咬定集思堂款项是存款性质，不是堂股，更不是官股而不予理睬。⑥ 当时有消息说，桂

① 朱彬元：《中华懋业银行的成立及其停业》，上海市政协文史资料委员会编．上海文史资料存稿汇编（5）［M］．上海：上海古籍出版社，2001：225.

② 《北京金融史料（银行篇二）》，第 329－332 页。

③ 王桧林．中国现代史［M］．上册，北京：高等教育出版社，1988：170.

④ 《银行周报》第 13 卷第 20 号，1929 年 5 月 27 日。

⑤ 《懋业银行准备充足》，《银行周报》，第 13 卷第 14 号（1929 年 4 月 16 日）。

⑥ 《北京金融史料（银行篇二）》，第 331 页。

系首领胡宗铎在离开汉口前一夕，从汉行库中提走了现洋100万元，但汉行库中恐未必有此巨款。[①]

此一事件使懋业银行各地分行均受影响，一时间现金流出达200万元，致使营业资金周转不灵。此后懋业银行又多次与财政部商洽，财政部也答应拨款50万元借资接济，“但复爽约”，始终未见行动。总处不得不于5月27日作出决定：自即日起，平、沪、汉、济四行一律暂停支付一个月，从事整理，其天津分行则照常营业，青岛分行仍开门兑付钞票。[②]

1929年6月2日，懋业银行股东总会决定成立整理委员会，规定除天津、青岛两行外，现经暂停休业，以后该行一切事务暂由整理委员会主持，并筹备复业。由股东选举代表11人，即整理委员会会长王文典，常务委员饶敬伯、李石芝、义理寿、钱赏延4人和沈吉甫、杨荫荪、刘有亨、李馥荪、罗雁峰、冷展其6人为该行整理委员。[③] 该委员会频繁召开会议，多讨论一些追回欠款、与财交两部及其他银行交涉、请律师办案等。在给财政部的信函中称：综合全行资负相抵，尚属有盈无绌。唯放款项下以贵部欠款400万元及交部借换券270万元为大宗。在给外交部的信中说：本行虽有商欠300余万元，加上各分支行存款和汉、沪两行未兑之钞票不过200万元。京、沪、济、汉四分行只需112万元，全体即可复业，因此希望外交部长出面说合。该委员会还一面积极筹资，以备复业。对于复业，美国股东先持不同意见，美方不愿再投新资，只希望本行能作为纯粹中国股本，以免中外合办管理之争执。接着，在中方图谋复业时，美方又力促财政部清理，双方出现严重分歧。

1929年9月30日，整理委员会接到财政部命令，限该行于一个月内筹备复业，“逾期如仍不能设法复业，应即由本部派员清理，决不再延”。在此一个月内，整理委员会再写信给宋子文，要求财部拨还400万元欠款，本行即可开业，但财政部仍不理睬。同时，懋业银行股东又不能筹到新资。此时，美籍股东代表苏安又呈请财政部予以清理。[④] 当财政部批准并下令清理后，该整理委员会之职就此结束。

（2）懋业银行的清理

当财政部下令汉口分行封库停业时，沪行发行的钞票有200余万元，活期存款15万元，储蓄存款10余万元，定期存款36万元，营业、发行两库存现金168万余元，资产负债两相抵补。其他如放款及透支欠200余万元，分行欠60余万元，尚不在内。全行存款停业时仅200余万元，商欠300余万元，前政府旧欠500余万元，有价证券200余万元，“倘能积极清理，存款不至于全无着落”[⑤]。

1929年11月2日，财政部设立总清理处于上海，派慈灏、钱承懋、苏安（美股东代表）为清理员，派钱币司司长徐堪监督指导，并订立章程15条及清理章程实施细则38条[⑥]，从事清

① 《懋业银行准备充足》，见《银行周报》，第13卷第14号（1929年4月16日）。又见Explanation of Report of Withdrawal of American Capital，载North China Herald，1929年4月20日，第104页。

② 《银行周报》，第13卷第20号，1929年5月27日。

③ 《中华懋业银行停业后之要讯》，《银行周报》，第13卷第25号（总第606号），1929年7月2日。

④ 《中华懋业银行清理报告书》，见上海档案馆：Q321－1－126，第104页。

⑤ 徐寄庼：《最近上海金融史》下册，1932年11月增改三版，第二章第四节第9－10页。

⑥ 中国第二历史档案馆、中国人民银行江苏省分行和江苏省金融志编委会．中华民国金融法则档案资料选编［M］．北京：档案出版社，565－572.

理。[①] 11 月 4 日，清理处通知天津分行停止收付，26 日财政部公布清理章程。[②] 清理处成立之始，首先注重于收回钞票，为此不得不依赖于催收欠款，以资准备。然而该行从前放出的款项，往往不按银行通例办理。借贷者中很少有抵押担保的，有的甚至连姓名、住址都不详，“以致催收殊感困难”。但清理处仍在可能范围内积极进行，将 1 元票兑完后，即筹备兑现 5 元、10 元。[③] 1931 年 7 月 10 日，清理处宣布自即日起到 8 月 10 日止，委托浙江兴业银行代为兑现 5 元、10 元钞票。[④] 到 1935 年以前，该行流通中的兑换券通过变卖沪行房产等已全部收回。南京政府也曾承认了对该行所欠的款项，并于 1934 年 11 月答应归还欠款，但没有规定归还日期。[⑤]

1929 年 11 月，中华懋业银行股东大会选出股东代表五人，组成股东代表会，以监督清理、规图复业，并通过了股东代表会章程。五名代表分别是邓镕、黎绍基、李景铭、美股代表樊克令，并请陈宗藩、李子强为办事员。以后各位股东代表或故去或病退，该会一直由陈宗蕃、李子强终其事达 17 年之久。抗战胜利后，经清理处清理员钱承懋与布朗二人提议复业，并邀请集思堂股东白健生、胡令予二人代表向政府呈请复业。财政部于 1946 年 6 月 6 日批准了这一请求，并令该行成立复业筹备委员会。[⑥]

1946 年，经股东大会选出中美董事、监事，成立了董事会，即将复业之际，忽又奉财政部令，以政府施行经济紧急措施方案为由，各行一律不准复业，懋业银行也当如此。经多方交涉，包括美国大使馆与中国政府洽商仍不能获准复业。一直到新中国成立后被中国人民银行接收。1956 年 1 月 31 日，该行账务清理完毕，2 月 8 日所有该行事务全部结束。

结语

中华懋业银行经历了 33 年的漫长酝酿才成立，而只存在 9 年多就倒闭，再经 27 年才清理完成。与其他银行相比，它就像一颗流星短暂，更像一颗彗星，人们要看到它需经多年的等待，出现后又很快就消失；其实体部分非常短小，而那并不存在的彗尾部分却拖得很长，就像懋业银行的后期清理一样。

中华懋业银行作为中外合办银行，既有与其他中外合办银行相同的一面，又有其不同的一面。相同点是这些银行在某种程度上都具有投机性质：在当时中国特定的环境下成长起来，这种环境就是北洋政府大举外债，作为承销外债的代理机关的外国银行便应运而生；加上当时社会动荡，人们在乱世中培养起来的对外商银行信仰，使得它们能盛极一时。中外合办银行不过是外商银行的一种形式而已，因为以中外合办之名，既可避免国人的反对，扩大其资本势力，又可以借中国人来更有效地掌握中国的关盐烟酒等各种税收，从而确保其对中国政府的投资是有利可图的。其他主要的中外合办银行有：中俄合办的华俄道胜银行（1896—1926 年）、中法合办的中法实业银行（1913—1921 年）、中日合办的中华汇业银行（1918—1928 年）、中国与意大

① 郭孝先：《上海的中外合办银行》，《上海市通志馆期刊》，第 2 卷第 4 期（1935 年 3 月），第 1353 页。

② 《中华懋业银行宣告清理》，《银行周报》，第 13 卷第 44 号（总第 625 号），1929 年 11 月 2 日。

③ 《懋业银行最近清理情况》，《中行月刊》，第 2 卷第 8 期（1931 年 2 月），第 62 页。

④ 《银行周报》1931 年 7 月 10 日。

⑤ North China Herald，1935 年 12 月 4 日，第 407 页。

⑥ 《中华懋业银行召开临时股东会公告》，上海档案馆：Q321 – 1 – 119，中华懋业银行综合类档案，第 30 页。

利合办的华义银行（1920—1924）、中国与挪威合办的华威银行（1922—1926 年）等。但随着这种环境的消失，中外合办银行也最终纷纷走向灭亡。到 20 世纪 20 年代末，中外合办银行只剩下由中法实业银行改组而来的中法工商银行一家。[①] 这是一个时代的结束。

中华懋业银行虽然最后失败了，但作为中外合办银行，它留给后人的经验和教训值得人们思考。一方面，中外合办银行在当时有许多纯华资银行所不具备的优势，如发行钞票权、从事国际汇兑业务等；而利用华人股东在中国政府中的职权去进行政治投机则是纯外资银行所办不到的。另一方面，中外合办银行又有人们预想不到的缺陷。如中外行员在管理方面存在很大的矛盾，如何去协调这些矛盾，就是一个相当重要的问题。

在处理 1920 年的奖金分红事件时，中美双方就产生了严重分歧。美方认为，懋业银行刚刚成立不久（京行虽在当年 2 月就开业，但其他分行则大都在 8 月以后才开业，所以综合全行，开业“不过四个月有奇”[②]），根据美国的惯例，应将本行所有净利全部化作公积金。但中方股东认为，公积金应该有，但分红也是必要的。因为，如果不分红，股东会认为银行营业状况不好而不愿投资，哪怕是很少的红利，如按实收资本的 3% 分红（当时股东在呈请分红时，还将当时中国各大银行的分红比例附上，以作参比。中、交、盐、金等各行大都在 15% 左右），也会让股东增加信心。有的银行即使不盈利，借钱也要分红，这是中国人的思维方式。当时，许多股东就找到徐恩元，要求其分发红利。这些人不少是徐的朋友，徐不能不考虑他们的要求。但驻美评议部却坚决不同意分红，理由是哈行受损，必将抵销大部分的盈利，且银行刚成立，为巩固行基，不能分红。这样的争执一直持续了很长时间，最终以不分红而告终。[③] 类似的争执在懋业银行内部是经常有的。这样持续数月的争执，浪费了时间和精力，是一种无形的内耗。

中外合办银行，享有中国国内和外国政府两个方面所给予的优惠条件，本应得到更大的发展空间，但结果却相反。

以哈行发钞受挫为例。1924 年，哈行向东省特别区呈请在哈埠发钞，因为此前有花旗、道胜银行在哈发行钞票，遭抗议后由美国政府下令取缔花旗在哈纸币一事，不少人反对，认为“今懋业银行既有美股在内，若转由我自乱其例，准予发行，不特各外国银行纷纷效尤，无从拒绝”，而“恐外钞流行，国权丧失”。东省迫于舆论的压力，不许发钞。哈行在随后给东省特别区行政长官朱庆澜的信中写到：“此次在哈呈请发钞，系援成案，非为创举，且经钧署本年一月十二日批示，首先指明该行既经部局批准，有发钞之权云云。夫本行若非华籍，则发钞权之授予焉能出自吾国之部局？事理至明，一言可决是。钧署当批准之时已经认为，华籍本无可疑。况近年以来，商行与人涉讼案件，迭经此地各官署查系华籍，予以受理。”“是商行完全华籍，既与花旗、道胜等行性质绝不相同，亦与其他中外组织银行之在外国政府注册者毫不相类，何能以恐他人援例为辞致贻?”“夫以华籍之故，既不能受美国使馆之保护，如花旗之于美国、道胜之于俄国者，而乃又以华籍之故反不能享有中国政府所已授予之既得权。受中国官厅之呵卫如东三省中交各银行者。”相反，数年来“银行营业每受政府之累，商行京津各处靡不皆然，徒以既属华籍，理为国家尽竭义务。隐痛之苦，罄竹难书”。因而发出“此后中美商人如再有合资开办者，皆不得援案办理”的呼声。[④] 这绝非一时的牢骚之言。

---

① 郭孝先：《上海的中外合办银行》，《上海市通志馆期刊》，第 2 卷第 4 期（1935 年 3 月），第 1350 页。

② 《中华懋业银行第一届营业报告》，见《北京金融史料（银行篇二）》，第 380 页。

③ 《关于 1920 年分红事由专卷》，见上海档案馆：Q321 -1 -29，第 2 -31 页。

④ 上海档案馆：Q321 -1 -96，“懋业银行综合类档案”，第 30 -38 页。

作为中外合办的懋业银行，虽然各分行曾先后加入各地的银行公会，但由于它并非纯华资性质，常常受到国内其他银行的排斥。前文所述的在1926年顾维钧财政部长所遇“中秋节危机”中，懋业银行曾给予50万元贷款，可能是由于这个原因，得罪了当时向财政部联合施压的各家银行。随后，“懋业银行常受到中国各银行的联合抵制，没有被邀请参加银行公会的会议，不得参加中国各银行与中国政府举行的任何有关金融的会商”。因而懋业银行经理感到“被排挤在银行界之外”。[①] 然而这样的事情也绝非是由于上述偶然原因引起的，如1924年哈行发钞事件，在反对哈行发钞者中，当地的银行公会就是其一便是明证。

美国股东对中国投资兴趣的减少也影响到这项中美合办事业的前途。20世纪初，西方各国纷纷向中国输出“过剩资本”，虽然取得了相应的政治、经济特权，但无论政治方面还是经济方面，各国始终未能找到完全属于自己的、长期稳定的中国代理人，因而任何国家也不能对中国市场形成独占。向各国所借外债，虽以中国政府的各项税收作担保，但中国不断发生的战乱，使得对外借款一再展期。在1919年美国太平洋拓业公司向中国政府借款550万元之后，中国政府就对此项借款进行了延期。[②] 中国政府不能及时偿还贷款，往往不得不借新债以还旧债，造成中国债信的衰落。[③] 唐默思在随后的一份备忘录中称：“为了将来能同中国政府进行谈判，我们应持这样的立场，即中国政府违约时就别指望能从美国获得进一步的援助，是十分重要的。”何况卫家立想成为中国烟酒稽核会办的愿望也始终未能实现，因而美国逐步丧失了对中国政府的信任。[④] 加之中国公共事业落后，市场严重分割，所以1913年以后，美国等西方各国对中国的间接投资呈明显下降趋势。[⑤] 1928年，大通银行要求退股；1929年汉行被查封后，美股东力促中国政府清理，美股对合办事业的态度由此可见一斑。从懋业银行内部的人事变动情况来看，后期中国股东占据主导，这恰是美股退却的反映。

杨荫溥编《上海金融组织概要》一书，对中外合办银行的优势列举了10条，分别为：募集股本较易；中外行员互相牵制，避免舞弊之风；扩大银行在内地及海外的营业；一切营业可照中国公司条例及法律行事，易于管理；摆脱了买办制度的羁绊；少受各地军阀的强迫勒索；有两国政府为其信用作后盾；为海内外华侨联络营商提供方便；在国际汇兑上可以分一杯羹，打破了外国银行的垄断；既可引进外资，又可由华人居间监视，不使利权丧失。然而“利之所在，弊即随之”。该书也将中外合办银行的劣势举出若干：合办银行的大权常落入外人之手；中外行员的工资待遇差别很大；常受两国关系及两国政局的影响；总行设在国外，营业情况如何，国人难以考察；在营业发达及清理之时，易在股金分配和债务料理方面引起两国股东间纠纷；易受外资操纵，成为侵我利权的帮凶；华股东多为政客官僚，与政府间借款往往秘密成交，国权丧失自不必说，借贷常不按银行惯例，当事者朋比分肥，既然对银行也是不利的；由于中外货币制度不同，在营业时必然承担汇兑上的风险。[⑥] 书中也承认中外合办为一“良制”，但在金融业刚刚起步、民族工业又欠发达且国内政局动荡的大环境下，“良制”的优势在多大程度上能得

① 顾维钧回忆录［M］.（第一分册），中华书局，1983：294、295.

② 《太平洋拓业公司借款展期凭函》，北京大学法律系国际法教研室编．中外旧约章汇编［M］．第3册，上海：三联书店出版社，1962：197.

③ 隆武华：《北洋政府外债的借新还旧及其经验教训》，《中国社会经济史研究》，1997年第3期，第63页。

④ 上海档案馆：Q321－1－126，No. 1 *Memorandum for Mr. Lamont, Expressing the Views of Messrs. Bruce, Thomas and Williams in reference to Certain Phases of Negotiations with the Chinese Government*，第157页。

⑤ 王利华：《近代外人对华投资的影响因素剖析》，《南开经济研究》，1997年第2期，第72页。

⑥ 杨荫溥．上海金融组织概要［M］．上海：商务印书馆，1930：117－121.

到体现是令人怀疑的。

参考文献

档案类

［1］上海档案馆“中华懋业银行档案全宗”，全宗号：Q321－1。

［2］《懋业银行呈报在义兴银号存款难以提取请备案》，河北省档案馆，卷宗号：Q507－1－3。

著作类

［1］［美］弗雷德·V. 斐尔德．美国参加中国银行团的经过［M］．吕浦译，上海：商务印书馆，1965.

［2］［美］孔华润．美国对中国的反应［M］．张静尔、周郭仁译，上海：复旦大学出版社，1989.

［3］［美］齐锡生．中国的军阀政治［M］．杨云若、萧延中译，北京：中国人民大学出版社，1991.

［4］顾维钧．顾维钧回忆录（第一分册），北京：中华书局，1983.

［5］北京大学法律系国际法教研室．中外旧约章汇编（第三册）［M］．北京：三联书店，1962.

［6］胡怀帮，俞海．金融期货市场［M］．西安：陕西人民出版社，1994.

［7］刘大年．美国侵华史［M］．北京：人民出版社，1954.

［8］刘培华．近代中外关系史（下册）［M］．北京：北京大学出版社，1986.

［9］罗志平．清末民初美国在华的企业投资（1918—1937）［M］．台北：台北县新店市：国史馆，1996.

［10］马传德等．上海滩货币［M］．上海：上海世纪出版集团、上海教育出版社，2000.

［11］马洪，孙尚清．金融知识百科全书［M］．北京：中国发展出版社，1990.

［12］献可．近百年来帝国主义在华发行纸币概况［M］．上海：上海人民出版社，1958.

［13］杨大辛．北洋政府总统与总理［M］．天津：南开大学出版社，1989.

［14］杨荫溥．民国财政史［M］．北京：中国财政经济出版社，1985.

［15］杨荫溥．上海金融组织概要［M］．上海：商务印书馆，1930.

［16］王芸生．六十年来中国与日本（第7卷）［M］．上海：三联书店出版社，1981.

［17］申晓云，朱宝琴等．民国掌故［M］．上海：上海人民出版社，1997.

［18］汪敬虞．外国资本在近代中国的金融活动［M］．北京：人民出版社，1999.

［19］王桧林．中国现代史（上册）［M］．北京：高等教育出版社，1988.

［20］张郁兰．中国银行业发展史［M］．上海：上海人民出版社，1957.

［21］中国人民银行金融研究所．资本主义国家在旧中国发行和流通的货币［M］．北京：文物出版社，1992.

［22］中国人民银行总参事室．中华民国货币史资料（第一辑）［M］．上海：上海人民出版社，1986.

［23］中国人民银行北京市分行金融研究所．北京金融史料（银行篇二）［M］．1994年内部发

行.

[24] 徐友春. 民国人物大辞典 [M]. 石家庄：河北人民出版社，1991.

[25] 朱彬元. 中华懋业银行的成立及其停业，上海市政协文史资料委员会. 上海文史资料存稿汇编（5）[M]. 上海：上海古籍出版社，2001.

报纸类

[1]《申报》1919年11月至1920年9月。

[2]《银行周报》第11、12、13卷各期。

[3]《中行月刊》第2卷第8期。

[4]《时报》1910年9月13日。

[5]《经济通讯》第3卷第37期（1948年9月25日）。

期刊类

[1] 郭孝先. 上海的中外合办银行 [J]. 上海市通志馆期刊，1935，2（4）.

[2] 李明伟. 论中国近代商业银行的运行机制 [J]. 甘肃社会科学，1996（5）.

[3] 隆武华. 北洋政府外债的借新还旧及其经验教训 [J]. 中国社会经济史研究，1997（3）.

[4] 汪敬虞. 近代中国金融活动中的中外合办银行 [J]. 历史研究，1998（1）.

[5] 王利华. 近代外人对华投资的影响因素剖析 [J]. 南开经济研究，1997（2）.

[6] 魏明. 论北洋军阀官僚的私人资本主义经济活动 [J]. 近代史研究，1985（2）.

[7] 谢俊美. 1887年中美筹开华美银行一事的真相 [J]. 华东师范大学学报，1984（3）.

[8] 虞和平. 论清末民初中美商会的互访和合作 [J]. 近代史研究，1988（3）.

第十四篇　边业银行

韩光

边业银行是民国时期的一家地方性银行，从1919年皖系军阀徐树铮筹办设立，经过直系军阀曹锟，奉系军阀张作霖、张学良的经营，直至1937年结束营业，历时18年。

第一章　北洋政府控制下的旧边业银行

中国边业银行是民国时期重要的商业银行之一，在北洋军阀时期是一家特权银行。与其他民国时期的商业银行相比，控制该银行的势力更为繁多，总行的迁移更为频繁，针对这一历史特殊性，本文将通过对不同势力控制下的边业银行不同时期，即北洋军阀控制下的旧边业银行、奉系军阀控制下的新边业银行前期、张学良控制下的新边业银行后期以及日本帝国主义控制下的伪满洲中央银行四个阶段，依靠历史学研究方法，结合相关经济学等专业理论，进行分阶段的、分时期的科学研究。

边业银行始于1919年西北筹边使徐树铮建立的北京边业银行，俗称旧边业银行，因此，对边业银行进行系统研究，必须从旧边业银行开始。

第一节　旧边业银行的筹建

1919年，徐树铮出任西北筹边使，治所设于库伦。当时库伦只在民国七年（即1918年），“设有中国银行，系属支店”①。规模较小，难以适应当时、当地的金融发展。于是，徐树铮决定筹办边业银行，“向中央提出设立边业银行，以便发展边疆实业”②，经国务会议同意后，他立即派人联络富商，开始筹集资本，并拟定“股本总额一千万元，拟分十万股，每股各银元百元”③。作为首倡者，徐树铮以筹边使署名义投入边业银行75万元股本，并制定二十一条银行章程，而该行一切设备都归筹边使署所有。徐树铮为了便于管理，将边业银行的总行设在北京，在库伦设置分行，银行股本筹集255.9万元（其中“官股97万元，商股158.9万元”④）后筹备开业，至此，北京边业银行成立。

1920年，皖系在直皖战争中战败，直系军阀曹锟接管北京边业银行，并投入巨股，成为该行大股东，该行被直系军阀曹锟控制，潘复、章瑞廷等人也加入新股，边业银行重新改组。

1921年，从苏联境内流窜到蒙古的白俄，“勾结蒙匪陶克陶胡致使外蒙古发生动乱（当时外蒙古还在中国版图以内）”⑤，旧边业银行在北疆的业务遭受重大打击，一时处于停业状态。当时军政大员如张学良、倪嗣冲等，合资接收了旧边业银行，将其总行迁移到天津继续营业。

边业银行开业时，以章俊琛为总理，叶登弟为协理，潘复、曹士藻、朱宝仁、徐世章、李光启、吴鼎昌、勒怀旭、张学良、倪道杰为董事，周作民、鲍英麟为监事，杨承甫、华欣如负责旧边业银行天津分行。

可以这样说，旧边业银行在1919—1924年几年间，并不是徐树铮或是皖系的专属银行，也不是直系军阀曹锟或奉系张学良的私人银行，用“北洋军阀控制下的旧边业银行”这样的表述更为贴切。

---

① 陈崇祖．外蒙古近世史［M］．上海：商务印书馆，1923：237.

② 首都博物馆丛刊编辑委员会编：《首都博物馆丛刊 第3辑》，1986：第44页。

③ 陈崇祖．外蒙古近世史［M］．上海：商务印书馆，1923：237.

④ 宁波政协文史和学习委员会编．宁波帮与中国近代银行［M］．北京：中国文史出版社，2008：55.

⑤ 陈伯超．地域性建筑的理论与实践［M］．北京：中国建筑工业出版社，2007：164.

第二节　旧边业银行的业务经营

一、特种业务

旧边业银行在北京开行营业，开设库伦分行，客观上完善了边疆地区，尤其是库伦地区的金融体系，有利于当地经济的进一步发展。由于徐树铮、曹锟在北洋军阀的特殊地位，吸收王辑唐等北洋要员入股，这使在1919—1924年几年间，旧边业银行与北洋政府关系密切，成为少数能够经营特种业务的商业银行之一。这一点在旧边业银行营业章程中“第八条，边业银行得发钞票”及“第九条，边业银行得受官厅或金库委托代理金库事务”得到了充分的体现。

发行纸币是旧边业银行的主要特权业务。建行之初，该行就发行了一元、五元、十元三种面值的纸币，相继在天津（注：1920年5月天津分行在法界中街成立）、张家口（注：1921年1月张家口分行在下堡成立）设立分行，在北京、库伦（1920年6月库伦分行在西营子开业）、天津、张家口四地，边业银行进行相关汇兑事宜。

边业银行在发行纸币取得一定成绩后，进行了适当的改组，在原有纸币的基础上，“于纸币背面加印英文签字继续发行”，并允许以前发行未签字的纸币一律照常兑现。边业银行提出：“凡持有本行钞票者可径向北京西河沿及张家口下堡、天津法界巴黎路本行照兑”，同时为了便于储户汇兑，特托下关等地一起代兑，以快速有效地完成纸币汇兑事宜。

二、常规业务

旧边业银行除了承办特种业务之外，其他业务与普通商业银行基本相同。

边业银行的存款主要来自北洋军阀内部的大宗存款，名为存款，实为入股，除大股东曹锟存入巨款外，时任北洋军阀国务总理的潘复、产业资本家章瑞廷等人也有较大数目的资金存入边业银行。此外，边业银行以活跃边疆金融自居，一定程度上吸收了西北边疆地区中下层人民的大量闲散资金，对促进西北经济的发展作出了贡献。

为了对旧边业银行的经营状况有更好的理解，下面以民国十年（1921年）底为例，以表格的形式进行描述（见表15－1）。

表15－1　　边业银行资产负债表（1921年底）

资产类		负债类	
未缴股本	7440950.00	股本总额	10000000.00
定期放款	1834746.38	股利	27202.04
抵押放款	855092.86	定期存款	532908.65
甲种活存透支	775472.03	甲种活期存款	1018215.78
押租	875.68	乙种活期存款	168988.80
他行欠	1178271.03	本票	287880.00
购买外埠期票	81712.81	杂项存款	549127.14
杂项欠款	422864.95	汇出汇款	26422.55
钞票制造费	82052.50	借入款	62857.14
开办费	48621.18	钞票	722540.00

续表

资产类		负债类	
房产及器具	112804.23	他行存款	519533.78
有价证券	472249.65	本年纯益	527369.55
现金	28279.73	—	—
钞票准备金	73540.00	—	—
库伦分行清理处	185415.20	—	—
合　计	14443055.23	合 计	14443055.23

资料来源：银行周报社编印：《银行年鉴1921—1922年》，1923年，第80页。

对外借款是边业银行的又一项重要业务，也是边业银行盈利的主要来源之一。边业银行的对外借款范围不仅覆盖北京、天津、库伦、张家口等设立分行的区域，而且与周边的省份也有业务往来。

在民国时期，山东省财政状况一直入不敷出，每年都需要向国内外各大银行进行挪借，以度过窘境。从1917年开始，山东省挪借数额越来越大，“1917年为314.1万元，1918年为596.8万元，1919年为870.2万元”[①]。山东省向中国银行、朝鲜银行、交通银行、银行公会、中日实业公司、山东银行以及边业银行等各大银行都挪借了数额不同的资金，其中向边业银行借款“30万元，月息1分7厘”[②]。民国十年（1921年）5月，时任山东省财政厅长的韦铨向边业银行借贷30万元，以解决财政空虚问题，这笔款项除了支付军费外，只能满足山东一年的教育费用，韦铨被迫撤职。

除存款、贷款等业务外，旧边业银行还从事代收款业务，即帮助其他金融单位代收各种款项从中渔利。中国银行于1919年1月1日至1920年12月31日两年时间里“委托该行代收股款”[③]。

旧边业银行先后由皖系徐树铮和直系曹锟控制，军阀政客也纷纷出资入股，资本较为雄厚，又经营发行纸币等特种业务，在京津乃至北方地区，边业银行的营业条件很有优势。但是，在旧边业银行开行营业的几年里，经营状况却不是很好。

第三节　旧边业银行重要分行

一、天津分行

天津分行是旧边业银行重要的分行之一，该分行经营范围除了存款、贷款等普通业务之外，还带有一定的地域性。从1921年1月1日起，经过天津总商会批准，边业银行天津分行开展边业银行印发纸币兑换现洋的业务，规定“无论商民，均可代兑”[④]。

1925年，直系军阀战败，旧边业银行大股东曹锟下台，天津分行受到很大冲击，“挤兑甚

① 山东省地方史志编纂委员会．山东省志·财政志［M］．济南：山东人民出版社，1993：270－271.

② 山东省地方史志编纂委员会．山东省志·财政志［M］．济南：山东人民出版社，1993：270－271.

③ 《中国银行关于批准边业银行章程、委托本行代收股款等问题的函》，1919年1月1日至1920年12月31日，北京档案馆藏：J031－001－00593。

④ 《天津边业银行各处字号代兑现洋》，1921年1月1日，天津档案馆藏：401206800－J0128－3－005133。

急，经营几近崩溃”①。当时负责天津分行的章瑞廷借机将边业银行的所有权转让给了张作霖父子，随后旧边业银行天津分行经过过渡后歇业，新边业银行总行在该分行旧址开业。

二、济南分行

旧边业银行于民国十年（1921年）春筹集资本20万元在山东设立济南分行，行址设在济南市经二路纬五路，该分行的作用在于，一方面加强与山东省政府的业务往来，另一方面经营山东地区的一般业务，因山东的业务原来由天津边业银行代为处理，在济南边业银行成立之初，双方就“汇划往来托售等业务”② 的范围分配进行了协商，济南分行获得山东境内的业务经营权。

民国十一年（1922年），因济南市现金一直匮乏，边业银行联合交通银行向济南市输送现大洋18万元，用于维持市面金融，1926年歇业。

第四节　对旧边业银行的评价

旧边业银行自1919年成立，直至1925年被张作霖接管，对于活跃边疆市场、完善边疆金融起到了不可替代的作用。正所谓“开幕以来，办理尚称妥善，集资较厚，信用渐著”③，库伦分行发行的边业银行纸币，边疆民众十分欢迎，“塞外金融，日形活动，此银行之力居多”④。

旧边业银行由西北筹边使徐树铮筹措成立，徐氏成立该行的目的表面上是为了活跃边疆金融，实际上是为了“操纵边疆之金融”⑤，使之成为徐树铮在库伦扩张职权的金融工具。徐树铮自接任西北筹边使之后，提出官制案，经国会决议通过后，一面编制军队，一面组织边业银行，以便操纵边疆金融。

对于旧边业银行存在的两面性，时人就对其有过精辟的评论。在《论边业银行》一文中，曾指出：从表面而言，“欲振兴实业，以开拓边疆之富源，巩固西北之边防，实以创设银行为第一要务”⑥。作者认为徐树铮开办边业银行，有利于开拓边疆富源，巩固西北边防，因为“银行为办理实业必要之机关”⑦，这是徐树铮创办边业银行积极的一面。

又有人对边业银行的作用作出了相反的评价，近代中国在政治上、经济上最难解决的问题在于，东南地区经济发展成熟，但人满为患，人民人均资源不足，生活贫苦，而西北地区资源丰富，但地广人稀、国防空虚，资源无法充足开采，经常成为帝国主义侵吞的对象。只有妥善地解决了东西部差异问题，其他政治、经济的问题才能有彻底解决的可能。

针对这一问题，在光绪末年，出现了“移东南之民于西北”⑧ 的倡议，这一建议一时成为当时的热点，许多杂志报刊都对这一建议进行了广泛的讨论，如：1908年，《东方杂志》发表《徙民实边私议》一文，提倡西北移民，旨在以广袤的西北地区缓解东南地区的人口压力，“今

---

① 《天津边业银行挤兑》，1921年1月1日，天津档案馆藏：401206800－J0128－3－005133。

② 《济南边业银行关于汇划往来托售等业务的来函》，1921年1月1日，天津档案馆藏：401206800－J0211－1－000138。

③ 陈崇祖．外蒙古近世史［M］．上海：商务印书馆，1922：238.

④ 陈崇祖．外蒙古近世史［M］．上海：商务印书馆，1922：238.

⑤ 佚名：《论边业银行》，《银行周报》，1920年，第26号。

⑥ 佚名：《论边业银行》，《银行周报》，1920年，第26号。

⑦ 佚名：《论边业银行》，《银行周报》，1920年，第26号。

⑧ 程霖，王昉，张薇．中国近代开发西部的思想与政策研究1840—1949［M］．上海：上海人民出版社，2007：18.

天下之户籍番衍者，唯蜀为最，其次则吴越楚粤诸省，……回顾西北两边，有此广莫无根之大陆，而不知酌盈济虚，衰多益寡，以幸国民之生计……岂不惜哉？”①

笔者认为向西北移民的殖边政策并不能解决东西部地区差异问题，而且还有可能衍生出其他的社会问题，这种政策是不可行的。开设银行对振兴西北边疆金融确实有不可替代的作用，但须以“开设银行流通边疆金融为第一着手事务”②，像近代史上涌现的几种关于如何发展西北地区银行业的设想和举措：第一，有人认为西北地广人稀，只适合农业和简单的工业，设立银行应以中国民工银行经营为楷模，在边疆地区发行以不动产及动产为抵押的债券，支持当地农业；第二，有人认为以日本北海道拓殖银行为例，以扶植边疆地区拓荒农业为目的开设银行；第三，徐树铮以操纵边疆金融为目的开办的边业银行。

这几种设想或举措都是“就国人经营之已有成效或利益者，傚行之掠夺之”③ 的行为，尤其是徐树铮开办的边业银行，虽然短期内促进了边疆金融的发展，但长期以来，作为北洋军阀控制边疆金融的工具，不仅无益于西北经济的发展，而且有可能会在一定程度上产生制约的反作用。

第二章　新边业银行前期

第一节　新边业银行的成立

1920 年直皖战争结束，直系军阀取代皖系夺取了北京中央政权，北京边业银行因徐树铮出逃营业大受影响，于是该行董事会向北京政府提出拟停业呈请：“‘近因政变无法进行，即拟停止营业，清理债权、债务’④，着手开始结业工作，‘一面催收放款，一面照付钞票及存款’”⑤。直系北京中央政府指令财政总长周自齐办理，周自齐认为“该行筹备往年规样颇具，实有存在之必要。⑥”又有章瑞廷呈请请求继续开办，周自齐随后下达总长呈文，提出重组方法，指出：资本总额仍为 2000 万元，所有边业银行规定的官股数量都“准令继承”⑦，皖系边业银行中吸收的商股，各股东可继续入股，也可撤股，来去自由。管辖机关也从原来的西北筹边使署改为北京政府财政部直接管辖，将西北筹边使署在筹办边业银行时存入 75 万元官股一并收归财政部。经过一系列的活动和改组，再加上曹锟投入巨资，成为该行最大的股东，直系接收了旧边业银行，该行开始了直系控制下的营业时期（1920—1925 年）。

1925 年 4 月，直系在直奉战争中战败，奉系掌握北京政府实权，直系名下的旧边业银行因为大股东曹锟的下台，经营无法维持，处于停办状态。当时负责天津边业银行业务的天津恒巨德军衣庄财东章瑞廷鉴于旧边业银行的停业状况及张作霖战胜直系进入天津的事实，决定邀请张作霖接管旧边业银行。

---

① 影蓉：《徙民实边私议》，载《东方杂志》，5 卷第 1 期，1908 年 2 月 26 日。

② 佚名：《论边业银行》，《银行周报》，1920 年，第 26 号。

③ 佚名：《论边业银行》，《银行周报》，1920 年，第 26 号。

④ 南海胤子，温世霖．安福祸国记·段氏卖国记［M］．北京：中华书局，2007：137.

⑤ 南海胤子，温世霖．安福祸国记·段氏卖国记［M］．北京：中华书局，2007：137.

⑥ 南海胤子，温世霖．安福祸国记·段氏卖国记［M］．北京：中华书局，2007：137.

⑦ 南海胤子，温世霖．安福祸国记·段氏卖国记［M］．北京：中华书局，2007：137.

双方商议既定，章瑞廷着手进行旧边业银行的善后工作，派行员徐贞儒等人暂时在新边业银行后院成立旧边业银行清理处，负责清理旧边业银行遗留的一切业务。张作霖接管的旧边业银行，实际上只是接收了旧边业银行的招牌和发行钞票的特权业务，至于旧行其他方面，"所有旧行发行的钞票以及其他债权、债务等关系，概归旧边业银行清理处自行负责清理，与新边业银行无涉"①。

经过几个月的筹备，新边业银行于1925年4月10日在旧边业银行旧址——天津法租界巴黎道开业，标志着旧边业银行退出了天津金融市场，也标志着边业银行新时期的到来。

新边业银行"以天津边业银行为总行，并先后在北京、济南、上海、张家口及东北的奉天（沈阳）、哈尔滨等地设立分行"②。新行采取总裁制，天津总行设总裁、总理、协理各一人，"以张学良为总经理"③，以原奉天东三省官银号总办彭贤为总裁，以原奉天东三省官银号会办姜德春为总理，以原奉天东三省官银号会办梁文彬为协理。另设业务部门，以经理、副理负责业务，以下有总务、出纳、会计、发行、营业五股，设正股、副股分管各项具体业务。奉系筹集新股，拟定"资本额为2000万元"④，实际"收足五百二十五万元，张家即出资五百万元"⑤，"吴俊生和阚朝玺各10万元，北京政府财政部5万元"⑥。另有公积金30万元，即行开业。后因郭松龄倒戈劫持巨额边业银行钞票及现大洋一事，使边业银行在关内的业务及信誉受到影响，张作霖出于对边业银行控制的需要，于1926年六七月间正式将奉天分行改为总行，天津总行成为分行。总行行址设在"奉天省城大南门里（今沈阳市金融博物馆处）"⑦。分行分布较广，在关内外共有哈尔滨、长春、天津、龙江、营口、开原、黑河、双城、绥化、四平街、安达等26处。

第二节　新边业银行的业务

新边业银行除了从旧边业银行接收的发行纸币特权业务之外，其他的业务与一般商业银行相同。该行的主要收入在于总、分行在东北各地发行的现大洋票、哈大洋票及各种贷款取得的利息收益，除此之外，该行在投资实业、收购农产品、汇兑业务收取手续费方面也多有收益。1926年，新边业银行经营第一年全行收入约40万元，到1929年至1931年9月间，纯利润最高额达到了400万元上下，利润是1926年盈利总额的10倍左右，由此可见，新边业银行的经营状况还算不错。

一、发行纸币

张作霖父子自1924年接管边业银行，主要接收了发行纸币这一特权，1924年12月办理新旧边业银行借兑手续后，新边业银行开始发行纸币的筹备工作。一方面，新边业银行平价收购旧边业银行在财政部印刷局印制的还没有加盖地名的1元、5元、10元三种面值的约五六十万元

① 中国人民政治协商会议全国委员会文史资料研究委员会编：《文史资料选辑（合订本）第12册　总35－36》，中国文史出版社，［出版时间不详］，第181页。

② 孔经纬．中国资本主义史纲要［M］．吉林：吉林文史出版社，1988：197.

③ 陈伯超．地域性建筑的理论与实践［M］．北京：中国建筑工业出版社，2007：164.

④ 枥仓正一．满洲中央银行十年史［M］．长春：满洲中央银行出版，［出版时间不详］，第8页．

⑤ 枥仓正一．满洲中央银行十年史［M］．长春：满洲中央银行出版，［出版时间不详］，第8页．

⑥ 陈伯超．地域性建筑的理论与实践［M］．北京：中国建筑工业出版社，2007：164.

⑦ 陈伯超．地域性建筑的理论与实践［M］．北京：中国建筑工业出版社，2007：164.

的纸币，以新边业银行的名义进行流通，并在财政部印刷局订购了一批数额为二百万元的 1 角、2 角辅币卷；另一方面，派人与美国钞票公司北京代表吴晋商议，向该公司订购了 1 元、5 元、10 元三种面值数额为 1000 万元的新币。

在张作霖的要求下，边业银行在收购的旧行纸币上和新订购的辅币上都盖有“天良”的红色戳记，目的在于坚持十足兑现，这是新边业银行在发行纸币上区分其他金融银行的一个特点。但张作霖的这一行为却反映了他的愚昧，当时奉票贬值严重，物价飞涨，人民手中的奉票不仅不能十足兑现，反而给人民带来了深重的灾难，根本没有“天良”的意思。

1925 年 4 月 10 日，新边业银行正式开业，由张学良主持，原东三省官银号总办彭贤出任总裁、会办姜德春出任总理，总行设在天津。

1926 年 6 月，边业银行总行迁到奉天（今辽宁沈阳），在东北各地建立了 28 家分行，在东北地区成为与东三省官银号并存的最有影响力的商业银行之一。新边业银行作为张作霖的私人银行，利用特权发行纸币为张作霖应付军阀战争提供财力支持。如：1926 年，边业银行在奉系军阀与冯玉祥的国民军作战中为张作霖提供了 994 万元纸币的战争经费；10 月 28 日，“边业银行向奉天军方总司令部报告，发行新纸币 300 万元”；1928 年，边业银行又发行 1600 余万元，用于支持与以蒋介石为代表的国民党新军阀战争。

1. 新边业银行纸币流通以前东北市场币种流通情况

自从清末开始，东北金融市场主要流通的币种有奉票、黑龙江官贴、吉林官贴等。

（1）奉票流通情况

无论是奉小洋票，还是奉大洋票，都不同程度地有挤兑、贬值的风险。

清末，东三省官银号发行奉小洋票，有一角、二角、五角、一元、五元、十元几种，发行之初，还可与现银随时兑换。民国成立后，奉天军阀授意增加小洋票发行额，至“民国二年（1913 年）已达千万元之巨”①。最终引发奉小洋票挤兑风潮。

1917 年，东三省官银号发行奉大洋汇兑券，逐步收回奉小洋票，大洋汇兑券是奉票体系中贬值最快的一种货币，被奉天商民戏称为“毛奉票”②。1920 年，根据财政部的建议，将大洋汇兑券改为发行奉大洋兑换券，发行不久，即遭挤兑。奉票经过两次直奉战争，信用一再恶化，价格波动加剧。1922 年 1 月，日本金票与奉票的兑换比价为 100∶116.90 元，到 4 月下落为 100∶147.00元。至第一次直奉战争失败后，张作霖积极备战，需要大量金票，奉票价格又跌。1924 年，第二次直奉战争爆发，奉系为筹措军费，加大了滥发奉票的力度。1925 年，东三省官银号增发奉票 2400 万元，奉系军阀从朝鲜银行借贷日本金票 1400 万元，奉票对现大洋的兑换比价从 1 元跌落到 2 元 3 角。同年 11 月下旬，奉系将军郭松龄反戈倒奉，沈阳市面金融恐慌，奉票价格再跌，从 2 元 3 角下落至 2 元 8 角 1 分。

以下是东北各行号在第二次直奉战争前后的纸币发行额统计表（见表 15 -2、表 15 -3）。

表 15 -2　　民国十三年（1924 年）11 月 20 日东北各行号纸币发行额统计表　　单位：元

发行银行名	发行种类	发行额
东三省官银号	奉大洋战前	78064000
	战时	255000000

① 沈阳市民委民族志编纂办公室．沈阳满族志［M］．沈阳：辽宁民族出版社，1991：215.

② 沈阳市人民银行、沈阳市金融学会编：《沈阳金融志（1840—1986）》，1992 年，第 481 页。

续表

发行银行名	发行种类	发行额
	合计	103564.000
中国银行奉天分行	奉大洋战前	25284000
交通银行奉天分行	奉大洋战前	12360000
公济平市钱号	奉大洋战前	39533500
	战时	14300000
	合计	53833500
合计	奉大洋	141208000
	奉大洋	53833500

资料来源：中国银行辽宁省分行、中国银行吉林省分行、中国银行黑龙江省分行编：《中国银行东北地区行史资料汇编》，1996 年，第 312 页。

表 15－3　　民国十四年（1925 年）12 月东北各行号纸币发行额统计　　单位：元

发行银行名	发行种类	发行额
东三省官银号	奉大洋	258345000
交通银行奉天分行	奉大洋	52638000
中国银行奉天分行	奉大洋	45565000
公济平市钱号	奉小洋	83865400
合计	奉大洋	356548000
	奉小洋	83865400

资料来源：中国银行辽宁省分行、中国银行吉林省分行、中国银行黑龙江省分行编：《中国银行东北地区行史资料汇编》，1996 年，第 312 页。

通过比较表 15－2 和表 15－3，东北各行号在第二次直奉战争影响下仅一年时间就发行奉大洋 21500 万元，奉小洋 3000 万元，数额颇巨。当时这些银行、商号作为银行准备金的现银储量严重不足，如：东三省官银号在一年中滥发奉票 15500 万元，它的现银储量只有现大洋 3500000 元、现小洋 1500000 元以及现银块 250000 元，现银储备不过是发行奉票总额的三十分之一，两者比例严重失调；中国银行和交通银行也存在着同样的问题，作为发行奉票四行号之一的公济平市钱号发行的铜元票，本应以铜元作为准备金，但竟以奉大洋充当准备金。

1926 年，奉票再次下落，年初现大洋与奉票的比价为 1:2.81（即 1 元现大洋兑换 2 元 8 角 1 分奉票），4 月、5 月一直呈下跌趋势，到 7 月时，比价已落到 1:5.64。1927 年，奉系控制北京政府，并组建安国军，一切开支均由奉系承担，奉系的资金来源单一，即增发奉票，导致奉票与现大洋的比价跌落到了 1:11。同年年底，奉票发行总额达 13 亿元，奉票毛荒日益严重，再加上日本人利用日本金票从中牟利，奉票对金票的比价达到 12.35:1，12 元 3 角奉票也只能兑换 1 元现大洋。

表 15－4 为东三省官银号从 1925—1929 年在沈阳、哈尔滨发行奉票的各年总额。

表 15－4　　东三省官银号发行纸币数目（1925—1929 年）　　单位：元

发行日期	沈阳发行之数	哈尔滨发行之数
1925 年 1 月 31 日	193995590	13287423
1926 年 3 月 31 日	207697873	15770794
1927 年 1 月 31 日	224628869	17645321

续表

发行日期	沈阳发行之数	哈尔滨发行之数
1928 年 1 月 31 日	470461987	74594351
1929 年 4 月 30 日	1366369692	346779880
1929 年 12 月 31 日	1530622574	339243846

资料来源：沈云龙：《近代中国史料丛刊续辑参与国际联合会调查委员会中国代表处说帖》，（台湾）文海出版社，出版时间不详，第 288 页。

面对奉票一再贬值，奉系东北当局在不同时期采取了一系列挽救措施。

1918 年 5 月 13 日，张作霖下令停止奉小洋票与现洋之间的兑换，并取缔了奉小洋票的投机活动，小洋票挤兑活动渐趋平息。同年 8 月，东三省相关人员决议成立公共汇兑所，制定《汇兑所办法》。

东北当局于 1919 年 11 月 20 日以总商会会长孙百斛、奉天财政厅厅长王永江为筹办东三省银行委员，负责筹备东北地区统一发行纸币之银行，以求达到统一发行纸币的目的，这是东北当局对金融整理的又一项措施。上述措施起到了一定的积极效果，有效地遏制了奉小洋票的挤兑风潮，打击了金融投机活动，规范了东北金融市场。但由于筹备统一银行股金难以筹集，财政部也认为不适时机，没有批准，导致这些金融整理措施收效不大，筹备事宜随即停顿。

第一次直奉战争后，受战败影响，东北金融又出现危机，奉省当局指令东三省官银号统一“发行大洋票 3000 万 ~4000 万元，发行铜元票 1000 万 ~2000 万元”①，并于 1922 年拟定四项具体办法及 1923 年拟定东三省金融整理办法 10 条辅助实施，结果币制发行仍旧混乱，统一东三省金融市场未果。

1924 年，东北当局为统一发行纸币，先统一纸币发行机关。7 月 15 日，东三省官银号、奉天兴业银行、东三省银行三行正式合并，组成新的东三省官银号，三行原有各地分支机构一律改为新东三省官银号的分行、支行、办事处。

1925 年，奉票形势出现转机，发行机关经过奉天当局整顿，剩下四家行号：中国银行、交通银行、东三省官银号及公济平市钱号。只有铜元票和汇兑券在奉天当局的强制流通下流通于市场，主要流通的有：中国银行的一元、五元、十元券，交通银行的一元、五元、十元券，东三省官银号汇兑券一元、五元、十元券，公济平市钱号流通的铜元票十枚票、二十枚票、五十枚票及一百枚票。

第二次直奉战争奉系再次战败，为稳定东北金融局势，奉省当局于 1925 年 12 月召集各方相关人员召开金融整理大会，通过增加现大洋准备金、减少奉票发行等措施维护金融稳定。

上述为奉省当局在 1918—1928 年期间为稳定东北金融局势，维护奉票发行采取的各项措施，如：打击投机活动、增加现大洋准备金、减少纸币发行额、发行新票收回旧票、成立纸币统一发行机关等。很多措施因为各种原因并未实行，如：1919 年 11 月，王永江、孙百斛提出制定的“东三省银行章程 30 条，募集股份章程 14 条”，因为财政部认为章程中提到的发行统一货币一项不合时宜，没有批准，此事被迫停顿。或实行后没有达到预定目的，如：1924 年，奉天兴业银行、原东三省官银号以及东三省银行三家银行合并，组成新东三省官银号，新行的合并成立，是为了统一发行纸币而成立的纸币发行机关，目的在于新行能够统一发行奉票。但中国银行、交通银行在东北的分行以及边业银行的纸币发行权都没有收归新东三省官银号，在新行组建后，即由“新组成东三省官银号发行 8000 万元，中国、交通两行各发行 1000 万元”，用于收回旧票

① 沈阳市人民银行、沈阳市金融学会编：《沈阳金融志（1840—1986）》，1992 年，第 481 页。

之需要，甚至边业银行的纸币发行权还有所增强，所以成立新行并没有达到东北当局统一纸币发行、整理金融市场的目的。

张作霖统治时期，奉票价格直线下降，奉省当局采取一系列相关措施以挽救金融危局，但均没有达到目的，反而因为张作霖的死亡，使奉票贬值速度加快。1928 年 3 月，金融市场渐趋平稳，奉票比价被维持在 30 元左右，6 月张作霖被日本人炸死，奉票受到影响，跌落至 60 元以上。1929 年，张学良主持东北政务，东三省官银号申请发行 50 元、100 元的大额奉票，本意在维持金融，实际上，因为大额奉票的突然发行，使东北金融市场恐慌，奉票比价再次下跌，同年 6 月“跌至 72 元”。

（2）黑龙江官贴、吉林官贴流通情况

除了奉票，黑龙江官贴和吉林官贴也存在毛荒。吉林督军张作相在 1919 年到 1928 年期间，不断增加吉林官贴的发行总额，“十年间共发行 82.5 亿吊，1929 年至 1931 年间，又发行 20.6 亿吊”①。吉林官贴的滥发使其贬值严重，吉贴对 1 元吉大洋的比值，“1919 年为 3.14，到 1931 年增至 283.6”②。黑龙江官贴及江大洋也因为同样的原因导致贬值严重，“1921—1930 年，江贴贬值了 13 倍”③。

2. 发行奉票

奉票是“小银元票、百枚铜元票及汇兑券（即大洋券）之统称”④，是民国时期在东北地区统一发行并流通的地方性纸币，从 1905 年盛京将军赵尔巽筹集 30 万两官银发行贴票开始，直到“九·一八”事变，日本侵占东三省奉票夭折为止，历时 26 年。

奉票在近代中国各种地方性纸币中占有重要的地位，对近代东北经济产生了重要的影响。东三省奉票有着庞大的纸币序列，按照 26 年来发行奉票各行号的种种联系，可以大体将其分为：“四个分系、两个旁系”⑤。

关于东三省奉票分系、旁系分类，如表 15 - 5 所示。

表 15 - 5　　东三省奉票大系表

<table>
<tr><td rowspan="6">东三省
奉票
二三类
一一四种</td><td rowspan="4">四个分类
（21 类 104 种）</td><td>第一分系　原东三省官银号票券
8 类 64 种</td></tr>
<tr><td>第二分系　公济平市钱号票券
1 类 5 种</td></tr>
<tr><td>第三分系　奉天兴业银行票券
6 类 19 种</td></tr>
<tr><td>第四分系　东三省银行票券
6 类 16 种</td></tr>
<tr><td rowspan="2">两个旁系
（2 类 10 种）</td><td>第一旁系　东北边业银行票券
1 类 8 种</td></tr>
<tr><td>第二旁系　辽宁省城四行号联合发行准备库券
1 类 2 种</td></tr>
</table>

资料来源：吴振强、尚思丹、杨尊圣等：《东北三省官银号奉票》，辽沈书社，1992：51.

① 刘万山等．吉林永衡官银钱号的始末：东北地区资本主义发展史研究［M］．哈尔滨：黑龙江出版社，1987：319.

② 中国人民政治协商会议吉林省吉林市委员会文史资料研究委员会编：《吉林市文史资料》第 8 辑，1988 年，第 43 页。

③ 孔经纬．新编中国东北地区经济史［M］．长春：吉林教育出版社，1994：301.

④ 东三省金融整理委员会编：《东三省金融整理委员会报告书》，1931 年，第 67 页。

⑤ 吴振强，尚思丹，杨尊圣等．东北三省官银号奉票［M］．沈阳：辽沈书社，1992：51.

由表 15－5 可见，在东三省奉票发行行号及序列中，边业银行涉及发行两个旁系 2 类共 10 种奉票，第二旁系由东三省官银号、边业银行、中国银行、交通银行四家银行组成的四行号发行联合准备库券，包括 2 种奉票，即“五元券、十元券”①。

（1）边业银行独立发行现大洋兑换券

东三省奉票发行序列中，第一旁系是由边业银行独立发行的大洋兑换券，又称为现大洋券，包括 8 种面值，即一角券、二角券、五角券、一元券、五元券、十元券、五十元券、百元券。②

从 1928 年 5 月开始，辽宁边业银行开始发行现大洋券，累计发行有：“‘奉天’‘天津’‘北京’各字样的黑色印记现大洋票”③，有一元、五元、十元、五十元、一百元五种面额的纸币，有一角、二角、五角三种辅币，发行总额在 1200 万元左右。

当现大洋券在东北地区流通的时候，奉天当局并没有提出关于其他奉票兑换现大洋兑换券的具体方案，也没有收回奉票的措施，在奉天的金融市场上，出现现大洋兑换券和奉票共存的局面。自民国十八年（1929 年）6 月以来，在很长一段时间里，现大洋兑换券与其他奉票保持在五六十元的比价，日本金票对现大洋兑换券的交易额超过了对奉票的交易，以民国十九年（1930 年）3 月为例，前者交易金额为 3670 万元以上，后者的交易金额仅为 1036 万元。

以下为 1929 年 5 月奉天当局发行现大洋汇兑券后，其他奉票与现大洋券各自发行种类的相关表（见表 15－6、表 15－7），以作参考。

表 15－6　　奉票种类表

奉票名称	纸币类型
东三省官银号汇兑券	一元券、五元券、十元券、五十元券、百元券
公济平市钱号铜元券	十枚票、二十枚票、五十枚票、百枚票
奉天中国银行券	一元券、五元券、十元券
奉天交通银行券	一元券、五元券、十元券

注：东三省官银号及中国银行券仍残存一些一角、二角、五角的旧小额券。④

表 15－7　　现大洋兑换券发行额（1929 年 12 月）　　单位：元

发行种类	发行及流通额
准备库券	8300000
边业银行券	12000000
交通银行天津票	2000000
中国银行天津票	400000

资料来源：中国银行辽宁省分行、中国银行吉林省分行、中国银行黑龙江省分行：《中国银行东北地区行史资料汇编》，1996 年，第 320 页。

1931 年，东北三省现大洋券停止流通时，流通总额估计为 45116410 元。其中，“四行联合准备库发行 1400 万元，边业银行发行 1025.3 万元，东三省官银号发行 350 万元，中国银行、交

① 《奉票之沿革（续）》，《银行周报》，1932 年，第 47 号。

② 《奉票之沿革（续）》，《银行周报》，1932 年，第 47 号。

③ 何孝怡．东北的金融［M］．北京：中华书局，1923：15.

④ 中国银行辽宁省分行、中国银行吉林省分行、中国银行黑龙江省分行：《中国银行东北地区行史资料汇编》，1996 年，第 320 页。

通银行发行 800 万元，吉林永衡官钱号发行 700 万元，热河兴业银行发行 2363410 元”①。

现大洋票在东北金融市场投入使用后，充分兑现，信用日渐提高，逐渐被各界接受，连续十几年的奉票毛荒结束了。

（2）四行准备库发行奉票

面对越来越严重的奉票信任危机，奉天当局在东三省官银号发行 50、100 大额奉票无果的情况下，决定成立新的金融机构发行奉票。1929 年 5 月，奉天当局决议仿照北京大隆、金成、中南、盐业四行号发行准备库章程模式，以东三省官银号、边业银行、中国银行、交通银行四行号组成辽宁联合准备库，作为印刷、发行现大洋兑换券和保管发行准备金的金融机关。5 月 15 日，四行号在《东三省公报》上刊登公告，以示成立。

“本行号兹为适应市面需要，调剂金融，慎重发行，保证兑换券的信用起见，经过合议，组织联合发行准备库，发行现大洋纸币，暂用边业银行钞券，因准备充足，可无限制兑换，名称定为辽宁四行号联合发行准备库。已请示省政府，于民国十八年五月十七日开业。特将本库章程披露于后，乞公鉴。”②

5 月 17 日，四行号联合发行准备库正式成立，同日，辽宁省政府决定通过了维持奉票办法四条：“（一）固定价格。每奉大洋 50 元作现大洋 1 元，由官银号充分作汇，详细办法另定之；（二）凡省政府之征收机关所有课赋捐税及一切收入应收现大洋者一律按定价照收奉票不收现大洋；（三）凡属商民交易私人买卖一律按照定价使用奉票；（四）为充分作汇基金起见发行第一次卷烟统税公债现洋 2000 万元照收奉票，其条例及细则另行定之。”③

四行号经过协商，达成如下协议：各自出资 175 万元现银，一共 700 万元，另有 300 万元公债，共计 1000 万元为兑换准备金。东三省官银号与财政部商议后，发行辽宁统税库券 3000 万元，筹集现款 2700 万元，再加上官银号自身财产共计 8000 万元作为发行准备金，以奉大洋券 50 元兑换准备库券 1 元的比价回收奉票。准备库成立后，事务所设在沈阳城内钟楼南大街，由辽宁省财政委员会推荐翟文选任事务所监理官。

5 月 20 日，准备库正式发行以现大洋为本位的四行联合库券，又称准备库券，这部分纸币是共计 200 万元的联合库券，全部使用边业银行纸币，在上面印有“东三省”“联合发行准备库”字样。

准备库券以一元券、五元券、十元券三种面值发行，发行权归四行号准备库所有，而四行号分别缴纳与准备库券发行额度一致的准备金。准备金分为现金准备和保证准备两种，现金准备占发行准备金的 70% 以上，由生金银和银元充当准备，即“以发行额之百分之七十，用现银为准备”④；保证准备不可超过准备金的 30%，由有价证券充当；不缴纳准备金的银行，不能领取准备库券。据 1929 年 12 月数据统计，四行号准备库发行准备库券 830 万元，现金准备 581 万元，保证准备 249 万元，现金、保证准备分别占发行总额的 70%、30%，完全符合要求。

准备库券流通市场后，奉天当局决定东北各行号原发行的纸币一律收回，辽宁各银行不能发行其他的现大洋券，除辽宁新边业银行发行的现大洋券外，外省任何银行发行的大洋券一律禁止在辽宁省内流通使用。

---

① 殷蔚然、沈阳市人民政府地方志编纂办公室：《沈阳市志·第十卷·财政 税务 审计 金融》，1992 年，第 252 页。

② 中国银行辽宁省分行、中国银行吉林省分行、中国银行黑龙江省分行：《中国银行东北地区行史资料汇编》，1996 年，第 345 页。

③ 沈阳市人民银行、沈阳市金融学会编：《沈阳金融志（1840—1986）》，1992 年，第 486 页。

④ 王雨桐．最近之东北经济与日本［M］．新中国建设学会出版科，1933：70.

奉票之所以滥发失去流通信用，发行机关太多不能统一是其中的重要原因，为防止这一弊病，奉天当局以边业银行等四行号为准备库，统一发行准备库券，以期解决这一问题。然而，组成四行准备库的四大银行除东三省官银号外，其余三家银行都因为不同的原因未能在准备库内部起到关键作用。由于奉天当局控制东北金融，作为民国四大银行之二的中国银行、交通银行的东北分行只相当于一般的商业银行，发行的纸币与奉票已经失去了流通的信用，因而丧失了发行纸币的权利，就在此时，在奉天当局的压力下，被迫加入了辽宁四行准备库，实力大损的两行已经在准备库起不到应有的作用了。边业银行加入准备库不久，就独立发行现大洋券，民国十八年（1929 年）12 月，准备库发行准备库券 8300000 元，边业银行一行独立发行现大洋券总额却有 12000000 元，这一数字比准备库、交通银行、中国银行三家发行总额 10400000 元还要多出 1600000 元。由此可见，四行准备库成立不久，边业银行就完全摆脱了准备库的束缚，中国银行、交通银行也只在名义上属于准备库，整个准备库只有东三省官银号在支撑，所以四行准备库发行的准备库券在稳定东北金融市场起到的作用实在有限。

在四行准备库发行准备库券的同时，边业银行经过前官银号总办彭贤在张学良面前的积极谋划，最终脱离了准备库的束缚，仍然独自发行现大洋券。当时在边业银行内部，总裁姜德春病死，总经理梁质堂辞职，原副总裁杜惠霖继任总裁。

3. 发行哈大洋券

（1）边业银行发行前的哈大洋券流通情况

哈大洋券是边业银行、东三省官银号、中国银行、交通银行、黑龙江官银号五行号的哈尔滨分行发行的一种兑换券，有一元、五元、十元三种面额。以哈尔滨一带及中东铁路沿线为哈大洋券的主要流通区域，而哈大洋券是哈尔滨历史上唯一一种中国纸币。第一次世界大战前，羌贴在哈尔滨纸币市场一直占据支配地位；第一次世界大战期间，羌贴地位一落千丈；在第一次世界大战结束后越发不可收拾，羌贴已经到了哈埠商民难以接受、拒绝流通的地步。

趁着哈埠纸币市场空虚，实力雄厚的日本票乘虚而入，妄图独占哈埠市场，当时在东北流通的中国纸币，如“永衡大洋券、小洋券、官贴、广信券、汇贴”① 等，都难以阻止日本票的侵入，于是北京政府和东北当局决定进行币值改革，发行新纸币。

1919 年 5 月 13 日，由滨江道尹博强代替政府出面，召集中国、交通两行在哈尔滨的分行、钱业信托公司、粮业信托公司、滨江商会、哈尔滨商会等相关组织单位召开金融会议，会议上决定由中国、交通两分行负责发行以现大洋为本位的哈大洋券；粮业、钱业两信托公司掌握的国币券为哈大洋的保证金，随后哈大洋券的发行走上了正途。

1919 年 10 月 27 日，交通银行哈尔滨分行率先发行伍分、贰角、壹圆、贰圆、伍圆、拾圆的哈大洋票；11 月，哈尔滨中国银行分行除发行上述面值哈大洋之外，增加了面值伍角的哈大洋票。两行在发行哈大洋的同时，作出了相关声明：“该国币券（注：即哈大洋票）得以缴纳租税，国有邮电、铁路、交通机关一律通用”②；哈大洋券与现大洋效用一样，通行于吉林、黑龙江两省；哈大洋券可随时作汇天津、上海，与天津大洋、上海规元同一本位；现大洋与辅币之间可随时调换，但当地现大洋不能直接兑换成银元券。

哈大洋在发行之初，流通范围及其在哈埠地区的影响力只是一般。鉴于这一问题，中国、

---

① 中国银行经济研究室：《中行月刊》，第二卷 12 期，1931 年 6 月，第 127 页。

② 哈尔滨地方志编撰委员会编．哈尔滨市志·金融［M］．哈尔滨：黑龙江人民出版社，1995：33.

交通两分行于1920年3月10日再次联合发出声明："哈大洋从即日起在哈尔滨实行无限兑换"①。此项声明一经面世，便取得了极好的效果，"哈大洋票身价倍增，旋被海关所接受"②。随后，哈尔滨当局又与中东路完成了两项协议，实现了哈大洋券与战前金卢布的汇率换算。此后，哈大洋票迅速在哈埠流通起来，哈大洋券流通日广，信用也越来越高，黑龙江官贴、吉林官贴的市场先后被哈大洋券所占据，为此，北京政府决定在黑龙江、吉林、辽宁三省纳税统一使用哈大洋券，并期望哈大洋券能一统东三省金融市场，"但未实现"③。1921年，哈大洋券发行银行由中国、交通两银行扩展到四个行号，除了上述两行外，黑龙江广信公司、东三省银行也被允许加入发行，总发行额增加到2150万元，准备金为现大洋1050万元，四行号的各自发行额和准备金不再赘述。

（2）边业银行发行哈大洋券

1925年，奉系接管新边业银行以后，除继承了旧边业银行原有的发行纸币的特权，同年夏天还取得了发行小额券纸币的权力。边业银行哈尔滨分行在哈尔滨市道外南四条街成立后，决定印制带有"哈尔滨"字样的总额100万元纸币，正式加入发行哈大洋券的行列。新边业银行在东北地区吉林、长春、哈尔滨、双城等地设立分行，作为发行哈大洋券的执行机关，负责哈大洋券的流通。但纸币才开始发行，新边业银行觉得哈大洋券没有信用，可能会导致人民的抵制，引起市场恐慌，不利于哈大洋券的流通，于是新边业银行向吉林省当局提出呈请，"为此特将情况呈报钧署，请钧署发出通令，使商民等一体周知，相信勿疑"④。吉林省当局下达呈文，因新边业银行继承旧行原有特权，"故在本省各管区发行的银元票应一律使用"⑤，除了通告各相关部门外，发出政府布告使全体商民一律遵照执行，令吉林省各有关部门"勿阻流通普及"⑥。

次年，哈大洋的发行总额上升到4100万元，其中边业银行发行800万元，东三省官银号发行2000万元，为发行各行号之首，远超老牌发行行号中国、交通两银行发行的400万、500万哈大洋，而当时奉天当局对各行号发行哈大洋有明显的限额："中国银行500万元，交通银行500万元，东三省官银号1000万元，广信公司与边业银行各300万元，不经批准不得超过限额发行"。结果不仅是东三省官银号和边业银行的哈大洋发行额大大超过了发行限额，而且中国银行的发行额也受到了影响，从500万元缩减到了400万元。

究其原因，第二次直奉战争爆发之后，张作霖率军入关，军费支出甚大，张氏为了筹措军费，指示奉系控制下的东三省官银号和边业银行率先突破限额，发行哈大洋券，以支付奉军在关内的军饷。针对这一现象，时任沈阳边业银行总稽核的宁恩承老先生有如下回忆："奉军三次入关，三十万人的军饷装备，由张作霖自充硬汉，自掏腰包做军费，三次入关，大元帅在北京开府，全用自己的钱，全用奉票支付"⑦。

这种超限额发行的现象产生了一定的消极影响，由于准备金不足，在1926年4月伦敦银价下降的诱因作用下，在东北流通市场逐渐占据主动地位的哈大洋票便出现了跌价的趋势，并使哈大洋的信用受到了损害。

---

① 哈尔滨地方志编撰委员会编．哈尔滨市志·金融［M］．哈尔滨：黑龙江人民出版社，1995：33.
② 哈尔滨地方志编撰委员会编．哈尔滨市志·金融［M］．哈尔滨：黑龙江人民出版社，1995：33.
③ 哈尔滨地方志编撰委员会编．哈尔滨市志·金融［M］．哈尔滨：黑龙江人民出版社，1995：33.
④ 任浩然：《哈大洋发行的起因及其流通》，《哈尔滨史志丛刊》第1期，1985年，第21页。
⑤ 任浩然：《哈大洋发行的起因及其流通》，《哈尔滨史志丛刊》第1期，1985年，第21页。
⑥ 任浩然：《哈大洋发行的起因及其流通》，《哈尔滨史志丛刊》第1期，1985年，第21页。
⑦ 宁恩承．百年回首［M］．沈阳：东北大学出版社，1999：105.

面对哈大洋出现的波动现象，奉天当局立即采取措施，委托东三省特别区行政长官总署拟定《整顿哈大洋办法》八条，以达到限制哈大洋发行额及流通额的目的。

《整顿哈大洋办法》八条能否取得良好的效果值得商榷，它虽然为参与发行哈大洋的各行号提供了需要遵守的准则，但是对于奉天当局来说，这只不过是一纸空文。

1927 年，奉天当局将哈大洋的发行额维持在 1926 年的水平，发行总额达到 4073 万元，然而有 70%（2721 万元）的哈大洋票为边业银行及东三省官银号发行。随着对哈大洋的需求量的增大，奉天当局决定加大东三省官银号和边业银行的哈大洋票发行量，进一步压缩中国、交通两银行的发行量。《整顿哈大洋办法》对限制哈大洋票发行额和流通额的目的虽然没有达到，但奉系进一步掌握哈大洋发行、流通权力的目的反而达到了。

1928 年 4 月，东三省官银号为维护哈大洋券币值稳定，决定收回哈大洋票发行总额的 30%，在同年 6 月至 8 月间共收回 905 万元哈大洋票。1929 年 4 月 1 日，张学良下令相关部门制定哈大洋维持办法，决定再次回收哈大洋票，至同年 8 月时，回收哈大洋券总额 1050 万元，哈大洋券市价才有所回升。

1928—1929 年，哈大洋的发行额一直呈上升趋势，东三省官银号和边业银行的发行额遥遥领先于中国、交通两银行。“1928 年，东三省官银号为 2630.1 万元，边业银行为 1510.4 万元，而中国银行仅为 359.4 万元，交通银行的发行额也只有 881 万元；1929 年，东三省官银号为 2384.1 万元，边业银行为 1461.7 万元，中国银行为 355.8 万元，交通银行为 968.9 万元”①。

1929 年，由于各行号擅自增加哈大洋票的发行，东三省特区长官张景惠听取时任东三省官银号哈尔滨分行经理何治安的建议，自己出任监理官，令何治安负责办理，此后，印制的哈大洋票只有加盖监理官官印，才能参与流通（见表 15－8）。

表 15－8　　加盖监理官官印的哈大洋票发行数额　　单位：万元

银行名称	发行数额
边业银行	1184
东三省官银号	1456
交通银行	952
吉林永衡官银号	484
中国银行	450
黑龙江官银号	450

资料来源：中国人民政治协商会议黑龙江省哈尔滨市委员会文史资料委员会编：《哈尔滨文史资料·第 15 辑·经济史料专辑》，哈尔滨出版社，1991：247.

1930 年，边业银行等 5 家银行发行印有监理官官印的新哈大洋用于回收旧币，新哈大洋票有 5 分、1 角、2 角、5 角、1 元、5 元、10 元 7 种面额。1931 年，滨江商会于 2 月 24 日召集临时大会，决定增发哈大洋 2100 万元，其中“边业银行增发 350 万元，东三省官银号增发 550 万元”。后经辽宁金融会议批准，哈大洋限额发行 6000 万元。因“九·一八”事变爆发，实际发行额只有 5166.3 万元，“九·一八”事变爆发后不久，日本东北当局为了在东三省推行日本金票，勒令哈大洋停止发行。1919 年至 1931 年，哈大洋发行各行号及相关具体情况见表 15－9。

① 哈尔滨地方志编撰委员会编．哈尔滨市志·金融［M］．哈尔滨：黑龙江人民出版社，1995：34.

表 15－9　　1919—1931 年哈大洋票发行行号、券种及印刷者一览

发行行号	券种	印刷者
中国银行	拾圆券、伍圆券、壹圆券、伍角券、贰角券、壹角券、伍分券	财政部印刷局
交通银行	拾圆券、伍圆券、壹圆券、伍角券、贰角券、壹角券、伍分券	财政部印刷局
东三省官银号	拾圆券、伍圆券、壹圆券	美国钞票公司
边业银行	拾圆券、伍圆券、壹圆券	美国钞票公司
	伍角券、贰角券	财政部印刷局
黑龙江官银号	拾圆券、伍圆券、壹圆券	美国钞票公司、财政部印刷局
	伍角券、贰角券	齐齐哈尔彩印局
吉林永衡官银号	拾圆券、伍圆券、壹圆券	美国钞票公司
	贰角券、壹角券、伍分券	吉林永衡印刷局

注：吉林永衡官银号于 1931 年获得哈大洋的发行权。①

资料来源：哈尔滨地方志编撰委员会编：《哈尔滨市志·金融》，黑龙江人民出版社，1995：33.

据 1931 年相关历史资料记载，哈大洋券的发行额达到 3100 万元，其中，东三省官银号发行 1000 万元，接近总额的三分之一，边业银行发行 500 万元，广信公司发行 800 万元，中国银行发行 500 万元，交通银行发行 300 万元。以表 15－10、表 15－11 为辽宁边业银行发行哈大洋票的相关数额。

表 15－10　　边业银行哈大洋票发行款项资产数额　　单位：元

发行款项	金额
边业银行发行哈大洋限度	12500000
除对总行放款额	2500000
除东三省购运特产事务所提出采办大豆之资金	2250000
除由市场收回而封存者	800000
哈大洋票在北满市场流通额	5950000

资料来源：中国银行经济研究室：《中行月刊》，第三卷 2 期，1931 年 8 月，第 153 页。

表 15－11　　边业银行哈大洋票准备金总额

准备金资产总额	7040877.87	
放款及存款透支	定期放款	2180097.06
	定期抵押放款	609777.77
	定期存款透支	1785073.36
	活期存款提保透支	534069.79
	同业往来透支及放款	300000.00
没收抵押品	121101.59	
投资（庆泰祥）	1500000.00	
现金	2569845.24	

资料来源：中国银行经济研究室：《中行月刊》，第三卷 2 期，1931 年 8 月，第 154 页。

① 哈尔滨地方志编撰委员会编．哈尔滨市志·金融［M］．哈尔滨：黑龙江人民出版社，1995：35.

1932 年，伪满洲中央银行对在东北北部市场上仍旧流通的边业银行、东三省官银号、黑龙江省官银号（即原黑龙江广信公司）及吉林永衡官银号四行号发行的哈大洋票，按伪满币 1 元折哈大洋 1.25 元的比价进行限期清理，伪满中央银行要求在 1932 年 7 月至 1935 年 8 月末期间完成清理。具体实施情况如表 15 - 12 所示。

表 15 - 12　　四行号清理哈大洋票数额统计　　单位：元、%

行别	继承额	收回额	未收回额	收回率
东三省官银号	11654392.66	10913936.24	740456.42	93.6
边业银行	9473602.64	9342570.12	131032.52	98.6
吉林永衡官银号	3872986.63	3830483.43	42503.20	99.2
黑龙江省官银号	6363359.36	6275203.80	88155.56	98.6

资料来源：哈尔滨地方志编撰委员会编：《哈尔滨市志·金融》，黑龙江人民出版社，1995：35.

日本在东三省建立殖民统治之后，哈尔滨中国、交通分行虽被允许继续营业，但两行发行的哈大洋被伪满中央银行规定在五年之内收回，每年收回五分之一，换算率按边业银行等四行号兑换比例进行，由两行与伪满中央银行同时收兑。至 1937 年 6 月，中国、交通两行的哈大洋票大部收回，具体情况如表 15 - 13 所示。

表 15 - 13　　中国、交通两行哈大洋票收回情况　　单位：元、%

行别	原发行额折合伪满币应收回额	收回额	未收回额	收回率
中国银行	3575854.86	3432820.86	143034.00	96
交通银行	7968067.44	7729025.41	239042.03	97

资料来源：哈尔滨地方志编撰委员会：《哈尔滨市志·金融》，黑龙江人民出版社，1995：37.

从 1919 年 10 月开始，至 1937 年 6 月，经过 18 年的流通，哈大洋票最终退出了历史舞台。

二、存款与放款业务

1. 存款

边业银行作为张家父子的私人银行，存款途径甚广。首先，张作霖、张学良的私人财产多数存于该行；其次，东北境内商户、企业因为奉系的原因将大量的款项存入该行；最后，边业银行发行的现大洋票信誉良好，有利于边业银行吸收城市平民手中的闲散资金。

（1）以铁路部北宁路为例，该路营业多有盈余，每月除了本路的日常经费和偿还债务、银行本息之外，保留 50 万元，分别存入天津、沈阳边业银行，作为葫芦岛开港工程专用款项。

（2）边业银行于 1929 年得到了中东铁路部分收入的存款权。前苏联远东银行哈尔滨分行和中国银行哈尔滨分行双方派代表于民国十六年（1927 年）1 月在哈尔滨举行会谈，会谈决议将中东铁路的收入由前苏联远东银行、中国银行分别保管存款，中东铁路局立即将 1600 万元金卢布给付中国银行哈尔滨分行。1929 年，在东北政府当局的压力下，“中、苏两分行将所保管的中东铁路收入款项移存边业银行哈尔滨分行”①。

2. 放款

放款是辽宁边业银行的主要银行业务之一，是该行的重要盈利手段。

① 中国银行行史编辑委员会. 中国银行行史（1912—1949）[M]. 北京：中国金融出版社，1995：360.

1931年“九·一八”事变前，边业银行、东三省官银号两行号联合向海城县发放贷款150万元，以支持当地经济发展。

3. 代兑、作汇

（1）代兑。1930年，为维持晋钞流通，防止币值贬值，应银行公会要求，边业银行在“晋、绥以一定比例兑换晋钞”①，奉票正式进入晋绥金融市场。

（2）作汇。1930年，边业银行天津分行开展奉天地名钞券的免费作汇业务。10月，东三省官银号发行的“奉天地名钞券可以在天津免费作汇天津地名钞券即在天津分行实时兑现。”② 11月，“奉市政府令据天津边业银行函称奉天地名钞券可在津免费作汇”③。

4. 代理省库

辽宁边业银行除拥有发行纸币的特权外，还拥有代理省库的特权，“与东三省官银号一起组成东三省购运特产事务所”④，由边业银行总裁任该所所长。该行虽代理省库，但没有承担省库的义务，因此盈利不少，“1926年纯利40万元现大洋，1928年为62万元，1929年为281万元”⑤。

5. 其他业务

边业银行除了经营发行钞票、放款等银行业务外，还经营“粮栈、当铺、估衣铺、钱庄、杂货、运输、面粉、制糖、制盐、森林、矿产、毛皮、纺织、酿造、油房、船舶等各业”⑥。边业银行注重投资实业，支持民族经济。

（1）投资实业。1923年，杜重远从日本回国后，为抵制日货，振兴中国民族经济，筹集25万元股金在奉天城北设立了肇新窑业公司，1924年正式开业。窑业公司在工厂扩建、募集资金的过程中，请求张学良支持。张学良不仅示意奉天省省长翟文选借款10万元现大洋资助肇新公司，而且从边业银行拨付12万元现大洋作为个人股本入股肇新窑业公司，自此，边业银行开始从事制窑、陶瓷业务。

（2）保护文物。1924年，朱启钤家有一批缂丝文物，被日本人大仓喜八郎看中，愿以100万元银洋收购，朱启钤不愿意，却只以20万元银洋卖给了张学良，贮存在东北边业银行。边业银行一直保存这批文物，直到“九·一八”事变后，才因为东北边业银行被占领，落入日本正金银行。

（3）重视教育。张学良对东北各地乃至关内地区的大学、中小学校的发展都十分重视，不仅对东北大学、东北交通大学等院校提供资助，而且在东北各地创办中学。如：1925年在沈阳东山创办的同泽男子中学，1927年在沈阳大西门里创办同泽女子中学等，作为张家自己经营的边业银行，在重视教育方面也多有涉及。

1928年，张学良在辽宁海城创办私立海城同泽中学，边业银行提供40万元现大洋，作为该校的创办经费，以刘鸣九、陈兴亚为校董，张学良任董事长，孙恩元为校长。

（4）扶持民族实业。由边业银行哈尔滨分行、中国银行哈尔滨分行、交通银行哈尔滨分行

① 《伪银行公会关于代兑晋钞发行奉票维持晋钞流通币值及边业银行四川准备库所发纸钞在平流通等来函》，1930年1月1日至12月31日，北京档案馆藏：J046-001-00414。

② 《东三省官银号奉天地名券在津作汇》，1930年10月1日，天津档案馆藏：401206800-J0123-1-000342。

③ 《奉天地名券在津免费作汇》，1932年11月1日，天津档案馆藏：401206800-J0096-1-001049。

④ 孔经纬，傅笑枫．奉系军阀官僚资本［M］．长春：吉林大学出版社，1989：132.

⑤ 孔经纬，傅笑枫．奉系军阀官僚资本［M］．长春：吉林大学出版社，1989：132.

⑥ 杜恂诚．日本在旧中国的投资［M］．上海：上海社会科学院出版社，1986：347.

及东三省官银号哈尔滨分号四家共同组成了哈尔滨银行团。该银行团在扶持实业、发展民族商业方面作出了贡献。

裕庆德毛织厂自哈尔滨商人张用庭、吕齐斋创办以来，制造的毛毯质量上乘，受到张学良的关注，他令边业银行、东三省官银号给裕庆德贷款。东北当局给予该厂许多优惠政策，即使如此，20 世纪 20 年代末，经营很不景气，几乎倒闭。哈尔滨银行团采取援助措施，不仅对裕庆德减免贷款利息，而且延长该厂的还款期限，至 1931 年，裕庆德摆脱倒闭困境，获利润 14 万元。

1929 年末，哈尔滨民族实业——同记商场因受到“金票风暴”的影响，经营出现问题，生存困难，民族资本家武百祥向银行团求救。银行团经东三省特区张景惠同意，由成员银行共同借贷 100 万元资金给同记商场周转，并免除该商场在各成员银行一年的贷款利息，缓期一年归还贷款。在边业银行哈尔滨分行等哈尔滨银行团的资金支持下，同记商场顺利渡过了难关，扶持了这家民族实业。

（5）收购大豆。1930 年，大豆大丰收，当时世界经济形势萧条，豆价很低，大豆国际市场供过于求，东北所有种植大豆的农户面临破产，这种情况对边业银行产生恶劣影响，于是，边业银行联合东三省官银号、黑龙江广信公司、吉林永衡官银号等行号在东三省收购大豆，收买大豆共计 90 万吨。该项收购业务最终使边业银行等几家银行亏损甚大，农户得到了实利，但此举却是银行界以暂时之亏损换取长久之盈利，如同美国银行家收购过剩棉花、加拿大银行家收购过剩小麦一样。

第三节　新边业银行前期分行业务

一、哈尔滨分行业务状况

新边业银行自奉系张作霖接手以后，其业务十分广泛，除了代管国库、省库之外，还经营存款、放款、汇兑等商业银行的一般业务。新边业银行哈尔滨分行在哈尔滨拥有哈大洋的纸币发行权，同时在放款方面，侧重于农产品及其附属产业的放款经营。

哈尔滨分行是边业银行为了发行哈大洋进驻哈埠金融市场而成立的，总行派益平籍高藻翔来哈尔滨筹办，于 1925 年 7 月在哈尔滨道外开幕营业。开幕之初，边业银行就拥有了发行哈大洋的权力，开始时发行额已经达到了 800 万元，比同年（1926 年）老牌发行银行中国、交通两银行的发行量多出了一倍。

哈尔滨分行因为特殊的地位、特殊的经营业务，得以在哈尔滨迅速崛起，虽然在哈埠开设的时间比其他银行的分行要晚很多，却可以跻身于哈埠“六大行号”之内。

1. 存款

哈尔滨分行通过发行哈大洋票筹集了大量的闲散资金，由于长期处于资金优裕的地位，在存款这一基本业务上并不重视，其效果一直不好。据 1931 年末的相关统计，“仅有活期存款现大洋 59624 元，杂项存款现大洋 32699 元，吸收同业存款现大洋 84850 元，共合现大洋 177173 元”①。这一数目的存款与哈尔滨分行的巨额贷款相比是微不足道的。

① 中国人民银行哈尔滨市分行金融办公室编：《哈尔滨金融史料文集 1896—1945 年》，1989 年，第 110 页。

2. 贷款

哈尔滨对外贷款业务形式多样，数额巨大，达现大洋千万元之巨，具体情况如表 15 – 14 所示。

表 15 – 14　　1931 年末各类放款余额　　单位：千元

币种	放款类别	金额
现大洋	定期放款	2464.95
	定期抵押放款	432.38
现大洋	活期透支放款	965.69
	活期抵押放款	418.23
现大洋	对同业放款	5499.48
	其他放款	196.77
合计		9977.50

资料来源：中国人民银行哈尔滨市分行金融办公室编：《哈尔滨金融史料文集 1896—1945 年》，1989 年，第 111 页。

上述贷款中，“以哈大洋贷出的 749 万元，占 75%，以上海元、天津洋等贷出的 243.7 万元，占 25%”①。

边业银行大力支持“广”字号企业，“广”字号由广信升、广信源、广信昌等一系列专营粮食的大企业组成，隶属于黑龙江省官银号。它们从边业银行得到了大量贷款（哈大洋 2858581 元、现大洋 422377 元），从而具有左右哈埠粮食市场的能力。边业银行之所以大力扶植粮食业，是因为东北北部地区多粮，尤其当时具有特殊经济地位的经济作物——大豆产量颇大，经营此业者大多能获得厚利，而“经营粮业者多在沿江各埠与沿线各站，富贾大商购粮既多，资金或免不足，即以银行为其后盾，此所以对特产之投资为哈尔滨银行业主要营业也”②。与其说边业银行放款给这些粮食经营者，倒不如说是边业银行对粮食业的一种金融投资，以期从中牟取暴利。同时，边业银行对哈埠的一些大型工厂，如振昌火磨、裕庆德毛织厂，也进行了放款扶植。

同业放款是边业银行的一项重要业务，占据了相当大的比重，1931 年末同业放款额如表 15 – 15所示。

表 15 – 15　　1931 年末边业银行同业放款额　　单位：千元

币种	贷出金额	借款银行
哈大洋券	3512.8	东三省官银号、交通银行黑龙江省官银号、吉林永衡官银号、汇兑所
现大洋券	880.0	中国银行、交通银行、黑龙江省官银号、汇兑所
上海元	118.1	汇兑所
天津洋	419.6	汇兑所
钞票	1043.3	汇兑所
日元	249.9	东三省官银号、黑龙江省官银号

资料来源：中国人民银行哈尔滨市分行金融办公室编：《哈尔滨金融史料文集 1896—1945 年》，1989 年，第 112 页。

边业银行对外贷款数量巨大，但贷款的收回情况并不理想，能及时回笼资金的不到总资金的一半，需长期坚持方能收回本金的占 40%，有相当一部分的资金已不能收回。1931 年末，边

① 中国人民银行哈尔滨市分行金融办公室编：《哈尔滨金融史料文集 1896—1945 年》，1989 年，第 111 页。
② 《国人在东三省银行业》，《中东经济月刊》，第七卷第 2 号，1930 年。

业银行贷款回收情况如表 15－16 所示。

表 15－16　　1931 年末边业银行贷款回收　　单位：千元、%

贷出币种	贷款额	能收回	占比	需长期回收	占比	不能收回	占比
哈大洋	7490. 3	2545. 3	34	4662. 2	60	282. 8	6
现大洋	1215. 5	313. 5	26	901. 9	74	0	0
上海元	28. 1	18. 1	23	0	0	60	77
天津洋	419. 6	419. 6	100	0	0	0	0
钞票	1043. 3	1043. 3	100	0	0	0	0
日元	964. 8	121. 7	12. 5	699. 2	72. 5	143. 8	15

资料来源：中国人民银行哈尔滨市分行金融办公室编：《哈尔滨金融史料文集 1896—1945 年》，1989 年，第 113 页。

3. 汇兑

自从边业银行加入银行团汇兑所后，由银行团统一向外汇兑，其具体的汇兑数字无从考证，不过从边业银行承担的汇款补贴损失（约哈大洋 148. 8 万元）来看，边业银行的汇兑业务涉及的金额也十分可观。

从 1925 年哈尔滨分行成立以来，直到 1931 年边业银行被东北殖民当局勒令停业为止，其业务经营广泛，边业银行在发行哈大洋票、放款、汇兑等业务中，积聚了大量的资金。1925 年到 1931 年，边业银行哈尔滨分行获利情况如表 15－17 所示。

表 15－17　　1925—1931 年边业银行哈尔滨分行获益情况　　单位：现大洋千元

年份	获益金额	备注
1925	72. 2	
1926	96. 9	
1927	305. 3	
1928	366. 2	
1929	771. 6	
1930	1029. 1	
1931	955. 4	下半年先期决算
合计	3596. 7	

资料来源：中国人民银行哈尔滨市分行金融办公室编：《哈尔滨金融史料文集 1896—1945 年》，1989 年，第 115 页。

哈尔滨分行在获取巨大利益的同时，也承担着较重的债务（见表 15－18）。

表 15－18　　1931 年末边业银行资产负债　　单位：现大洋千元

科目	资产	科目	负债
各项放款	4498. 4	各项存款	177. 0
生金银	4. 0	汇出汇款	2. 4
押租	1. 0	总分往来	9480. 0
营业什器	13. 2	利息	471. 0
放款同业	5498. 4	其他收益	6. 6
各项开支	74. 0		
现金	47. 0		
合计	10137. 0		10137. 0

资料来源：中国人民银行哈尔滨市分行金融办公室编：《哈尔滨金融史料文集 1896—1945 年》，1989 年，第 114 页。

从表 15－18 可看出，仅总分往来一项，即可占总债务的 93%，究其原因，哈尔滨分行发行哈大洋一项，所有权归奉天总行，支配权归哈尔滨分行所有，总分往来的这一数字，正是哈大洋发行总额的真实反映，这也足以说明哈尔滨分行是靠发行哈大洋起家的。

哈尔滨分行作为新边业银行重要分行之一，发行的哈大洋券在哈尔滨金融市场有着举足轻重的地位，在边业银行整个发展体系中发挥着至关重要的作用，经营范围覆盖整个哈埠，在黑龙江地区都有相当大的影响。它的业务经营状况在一定程度上已经超过了分行的范围，成为边业银行在东三省北部重要的业务点。

二、营口分行业务

1929 年 6 月，新边业银行出于整顿金融、便于汇兑的目的，决议在营口建立分行。7 月，"辽宁边业银行刻为流通金融发展营业起见，于昨派委经理李元良、会计陈永泉来营组织分号一处，现已购妥地址，一俟筹划妥协即行开幕云"[①]。8 月，营口分行在西市区新民东里正式开业，只办理一般的银行业务。

1929 年 11 月 6 日，新边业银行总行运送边业银行大洋汇兑券六十箱到营口分行，同年 12 月 25 日，营口分行负责人李元良因辅币不足，发行印制一角、五角共一万元的辅币，辅助银行开展业务。

1931 年"九·一八"事变后，日本占领营口，营口分行被迫加入伪满洲中央银行，成为伪中行的一个分支机构。

三、边业银行大连办事处

根据"东三省各官银号以及私营银行驻连机构表"[②] 的描述，边业银行于 1925 年在大连市设立办事处，筹集资本大洋 2000 万元，1928 年 10 月改组撤销。

第三章　新边业银行后期

第一节　新边业银行后期概况

1931 年"九·一八"事变爆发，日本在占领东三省的同时，接收了边业银行、东三省官银号等各行号在东北地区的总、分行和所有财产，同时接管边业银行的股份和相关权利。在边业银行，张学良的私人财产就损失了 1000 多万元。该行在东北地区总、分行约 6000 万元的资产，都被日伪当局没收。就连张学良为充实边业银行业务从上海购进的 7000 两黄金也被日伪政权截留。辽宁边业银行一共损失"存放款、现金、寄存品、抵押品等合计约 15426.8 万元"[③]。

边业银行在关外的总、分行和所有资产受日伪政权监管，并于 1932 年 7 月被伪满洲中央银行吞并。伪满洲中央银行成立后，该行对新边业银行发行的现大洋兑换券、哈大洋票不予承认，

---

① 《边业银行在营分行开业启事》，《盛京时报》，1929 年 7 月 20 日。

② 大连市史志办公室编．大连市志·金融志·保险志［M］．大连：大连海事出版社，2004：28.

③ 东北三省中国经济史学会、东北沦陷十四年史总编室、吉林省民族研究所等编．中国东北地区经济史专题国际学术会议文集［M］．北京：北京学苑出版社，1989：236.

用伪满币予以收兑，现大洋票比价为1:1，哈大洋票比价为1.25:1。以下是现大洋票、哈大洋票收兑（见表15－19）。

表15－19　　新边业银行纸币收兑　　单位：元

币种	金额	兑换币种	兑换后金额
现大洋兑换券	7348759.90	伪满币	7348759.90
哈大洋票	11842003.30	伪满币	9473602.64
合计		16822360.54	

资料来源：戴建兵、盛观熙：《中国历代钱币通鉴》，人民邮电出版社，1999：146.

“九·一八”事变后，边业银行失去了全部的关外业务，拥有的资产只剩下“关内各分行所有的300万元”①，另有资料显示，“这时期，关内部分的资金所余不多，力量薄弱仅160万～170万元”②。无论是300万元，还是160万～170万元，都能说明边业银行在“九·一八”事变后损失惨重。

1932年1月，东三省基本沦陷，哈尔滨成为孤城，张学良派人联系时任东三省官银号哈尔滨分号经理何治安，准备提取边业银行哈尔滨分行和东三省官银号哈尔滨分号的库存现款，何治安与时任边业银行哈尔滨分行经理的高仲三就现款汇兑业务向英国驻哈尔滨领事康斯请教，康斯认为两行号的哈尔滨分行存款有限，多为哈埠民众存款，如果提取现款的话，向民众兑现会成为问题，而且面对日本关东军的包围，外国银行也不能承接汇款业务，因为以上原因，张学良最终没有得到这笔款项。

张学良为整顿边业银行在关内的业务，将总行迁回了天津。从此，边业银行进入新边业银行后期（1931年10月至1937年）。由于业务经营范围变小，张学良取消了总裁制，改行经理制，以于学忠为董事长，韦锡九为总经理，鲁穆庭、宁恩承为常务董事，王树翰、周大文、王克敏、沈振荣、刘尚清、荆有岩为董事，荆雪岑为监察人，负责总行业务。

1932年，边业银行在察哈尔设立分行，并进行筹备，“拟发一元、五元、十元新钞”③。同年6月，边业银行“发行一元、五元、十元新钞，并辅币若干”④。

以下是新边业银行后期1932—1934年纸币发行额及相关资料（见表15－20）。

表15－20　　新边业银行后期纸币发行额及百分比比较　　单位：千元、%

年份	发行额	百分比
民国二十一年（1932）	1136	23
民国二十二年（1933）	965	16
民国二十三年（1934）	488	07

1932年12月，在河北临榆县（现河北秦皇岛市山海关区）出现边业银行假币，对边业银行纸币的声誉造成了一定的影响，后由“天津财政局捐务牙税办事处奉令查获”⑤。此事说明边业

① 戴建兵、盛观熙．中国历代钱币通鉴［M］．北京：人民邮电出版社，1999：146.

② 袁宝华．中国改革大辞典［M］．海口：海南出版社，1992：1194.

③《北平市公安局关于市府准边业银行在察哈尔等处设分行并拟发新钞的训令》，1932年1月1日，北京档案馆藏：J181－020－07747。

④《边业银行发行新券》，1932年6月1日，天津档案馆藏：401206800－J0128－3－006705。

⑤《奉令知临榆县查获贩卖边业银行伪纸币》，1932年12月1日，天津档案馆藏：401206800－J0058－1－000129。

银行对其纸币流通区域的控制力已有所下降，但也说明该行发行的纸币仍为人们所接受。

处于后期的新边业银行缺乏十足资金，实力很弱，张学良接受韦锡九的建议，向居住在关内的东北人募集股金，遂于1933年4月重新成立董事会，以刘尚清为董事长，张学良、张作相、于学忠、马占山、王树翰、高纪毅等9人为董事，总经理仍由韦锡九担任，万福麟、张作相、鲍毓麟为监察人，天津边业银行经理为富连祯。

改组后，天津边业银行向国民政府财政部办理了注册手续，核定资本总额为200万元，实收尚不足50%，其中张学良名下的资本为70万元，其余东北人视投资金额仅为20万元，自此，该行性质从独资银行变成了股份有限公司。

后来，投资新边业银行的各股东感到该行资金不足，运转艰难，没有发展前途，不断将投入的资金抽回，边业银行又变回了张学良独资的个人银行。

1936年8月，新边业银行为摆脱经营窘境，将总行从天津迁到了上海，并在西安开设分行，但业务平平，存款总额只维持在100万元上下。

1936年12月12日，“西安事变”爆发，随后，作为新边业银行后台的张学良被蒋介石软禁，股东见状，纷纷撤股退出银行经营，边业银行在“西安事变”之后营业不到一年再也无法维持。民国二十六年（1937年）初，接到张学良从奉化雪窦寺同时停业的复信后，边业银行于1937年4月结束了营业，退出了历史舞台。

第二节　新边业银行后期重要分行概况

一、汉口分行

民国二十三年（1934年）六月一日，由天津总行拨付启动资金，边业银行汉口分行在汉口特三区保华街成立，负责人为石景唐。[①]

二、西安分行

1935年秋，张学良的东北军被蒋介石调往西北配合杨虎城的西北军“围剿”陕甘宁根据地，边业银行利用这一契机在西安设立了西安分行。

第四章　伪满洲中央银行时期

第一节　伪满洲中央银行成立

1931年9月18日，日本关东军在东三省制造了“九·一八”事变。次日，日本军队占领沈阳后，立即派人占领边业银行、东三省官银号、中国银行、交通银行及四行号联合发行准备库，中午，边业银行被关东军占领。以下为边业银行被占领时损失详表（见表15－21）。

① 根据《武汉金融志》办公室、中国人民银行武汉市分行金融研究所编：《开汉银行史料》，第165页相关图表整理。

表 15－21　　**边业银行损失概况**　　单位：元

损失	金额
放款及垫款	39595859
现金	21255898
应付款	55952972
物品	41308
抵押品	25000000
寄存品	4200000
其他	8222493
统计约 154268530	

资料来源：张英智、赵杰：《辽宁文史资料·总第 37 辑》，辽宁人民出版社，1993：120.

9 月 22 日，日军军官中原中佐及朝鲜银行、横滨正金银行工作人员数十人，分赴边业银行、东三省官银号、中国银行、交通银行及准备库检查账簿及库存准备金等项事宜。次年 3 月 1 日，伪满洲国成立。7 月 1 日，伪满洲国政府以教令 25 号公布了伪《货币法》，议定通过了《伪中央银行组织办法》和《伪满洲中央银行法》，规定“以纯银 36.9 克作为价格单位，称作‘圆’”①。

伪满洲国政府在“四行号”（即东三省官银号、黑龙江官银号、吉林省永衡官银号和边业银行）设立监理机关，任命监理委员、副监理委员，监理委员有：竹内德三郎、酒井辉马、川上市松，副监理委员：富田规矩治、中川芳三郎、川上喜三、黑崎贞雄、久原克弥等人，专门管理、监督东三省官银号及边业银行。同时，积极对“四行号”整顿合并，成立伪满洲中央银行，发行伪满洲法定纸币，在新京（今长春）设立总行，原“四行号”所有总、支行共 128 处全部归伪中行管辖。

所有原总、分号于 7 月 1 日改用伪满洲国规定的名字。其中，“边业银行总行称为满洲中央银行奉天业字总支行”②；各分行更名为“满洲中央银行××业字分行”③。伪满洲中央银行强迫收兑东北地区流通的各种纸币，除边业银行发行的边业现大洋票和哈大洋票之外，还有：东三省官银号发行的东三省现大洋票、汇兑券、哈大洋券、铜圆票；辽宁省四行号联合发行准备库发行的现大洋券；黑龙江省官银号的江省官票、江省大洋票、哈大洋票、江省四厘债券；吉林永衡官银号的吉林官票、哈大洋票、吉大洋票、吉小洋票；一共 15 种通货，总额共计为伪满币 142234881 元。并将东北各地流通的特殊性通货，如热河票 1000 万元、马大洋票 160 万元、各种私贴 1600 万元，全部驱逐，禁止流通。

从表面上看，边业银行在伪满洲国成立之初，就已经并入了伪满洲中央银行，所以该行在日本统治东三省期间的业务状况探讨对于研究新边业银行而言并没有涉及的必要。从实质上看，由于“九·一八”事变具有突发性，边业银行的许多工作人员、设备、资金都没有来得及撤出东北，在日本东北当局的强硬殖民政策下，原边业银行东北地区的总、分行被整顿合并入该行，所以伪满洲中央银行的业务状况自然存在新边业银行的经营轨迹。为了更好地研究新边业银行，对伪满洲中央银行的业务情况的研究就成了必不可少的环节。

伪满洲中央银行于新京成立以来，成为满洲国统治东北地区的特权银行，它不仅全面接收

---

① 《内蒙古金融志》编纂委员会编．内蒙古金融志（上卷）［M］．呼和浩特：内蒙古人民出版社，2007：381.

② 吉林省金融研究所编．伪满洲中央银行史料［M］．长春：吉林人民出版社，1984：88.

③ 吉林省金融研究所编．伪满洲中央银行史料［M］．长春：吉林人民出版社，1984：88.

了“四行号”在东三省普通的金融业务，而且成为日本东北当局在东三省的金融代言人。

第二节　伪满洲中央银行的业务经营

一、普通业务

1. 存款

自成立开业以来，存款业务进行得比较顺利，存款来源途径也逐渐增加，至民国二十六年（1937 年）后，伪满洲政府存款、同行业存款也相继存入；民国三十三年（1944 年）后，存款总额首次超过 1000000.00 元。次年统计只到 6 月末，该年的存款总额就已突破 100 万元的数额。具体情况如表 15－22 所示。

表 15－22　　1932—1945 年伪满洲中央银行各类存款　　单位：元

年份	存款总额	伪满洲政府存款	同业存款	一般存款
1932	50291	—	—	—
1933	71527	—	—	—
1934	101370	—	—	—
1935	151934	—	—	—
1936	225581	—	—	—
1937	259681	133096	25587	100998
1938	370678	164631	22244	183803
1939	719179	455373	21946	241860
1940	503680	145100	39280	319300
1941	585276	210018	55708	319350
1942	936403	411850	173867	350686
1943	953995	567757	109518	276720
1944	1645494	632006	699120	334368
1945	1153820	183744	677041	293035

注：1945 年的统计资料直到该年的 6 月末。

资料来源：熊式辉：《东北经济小丛书》，东北物资调节委员会研究组出版，1949：101.

从表 15－22 可知，伪中银的存款业务之所以进行得相当顺利，总额也十分可观，最重要的原因就在于，伪满洲国以政府强制力开展国民储蓄运动，强迫民众储蓄。伪中银派发各种名目的储蓄票，将个人存款、工商企业存款列入储蓄内容，“出卖不动产储蓄、鸦片瘾者储蓄、小学生储蓄，不一而足”①，伪中银名为储蓄，实为变相课税，搜刮民财。

2. 放款

伪满洲中央银行的放款业务以针对普通银行及特殊企业（为日本东北当局服务或受其控制的企业）两种放款形式为主，其中对普通银行的放款多是“以票据、国债、有价证券、生金银为担保之放款及其他有确实担保之放款”②。因为需要的担保条件日益苛刻，放款总额直到 1945 年不过 500 万元而已。放款详情如表 15－23 所示。

① 吉林省金融研究所编．伪满洲中央银行史料［M］．长春：吉林人民出版社，1984：13.

② 熊式辉．东北经济小丛书［M］．东北物资调节委员会研究组出版，1949：103.

表 15－23　　1936—1945 年伪满洲中央银行对普通银行放款总额　　单位：千元

年份	放款额	往来行号数
1936	11153	17
1937	11127	22
1938	12268	29
1939	5732	31
1940	4554	36
1941	14861	38
1944	30000	16
1945	5000	16

注：各年皆至年末，1942 年、1943 年资料未全，未列入①。

3. 有价证券

日本东北当局随着第二次世界大战爆发，特别是太平洋战争爆发以来，为了筹措军费，指使伪满洲政府发行各种有价证券（即公债、股票等各种证券），总额达到 3025441250 元，"由伪中银承销者达 272700 万元，公债分配给伪中银的有 298441250 元"②，然而能够最后偿还的公债额只有 57311000 元而已。

除以上主要业务外，还有：银行承付票据、商业票据及其他票据贴现；汇兑；代收及保管票据款项；生金银及外国货币之买卖等多项业务，因受篇幅限制，在此不再赘述。

二、特种业务

伪满洲中央银行是伪满洲政府合并东北地区原有的几家银行后成立的特种银行，特种业务才是它所有业务的重中之重。

1. 发行伪币

伪满洲中央银行成立之初，东北境内尚有哈大洋、过炉银、镇平银、金票等一些信誉较好的钞票。针对这一情况，伪满洲政府颁布伪《货币法》，采用强制、欺骗等方法，收缴原来在东北市场流通的各种货币。在收缴过程中，有意压低兑换比价，其中官贴"每五百吊才能兑换伪币一元"③。在整顿旧币、兑换伪币之后，该行随之发行伪币 142234881 元，发行的伪币总额是由其所承受的旧四行号的旧币兑换伪币的数额。就当时官贴在东北市场发行总额 1031000 余万吊而言，东北人民就被伪满政府盘剥了 800 余万元伪币。

从 1936 年起，伪币发行额大幅度提升。随着侵华战争的深入，1942—1945 年，伪币发行额急剧提升，仅 1945 年 7 月半年的时间，伪币发行总额就达到了 80 余亿元，至日本帝国主义失败，最后发行额竟达 130 多亿元，是伪满洲中央银行成立初期发行额的 96 倍之多。

由于滥发纸币，导致东北市场物价飞涨，人民生活濒于崩溃，与此相比，日本在东北企业及日本控制下的企业大发横财，日本三井、住友、三菱、安田四大财团公司资本剧增，就连伪满洲中央银行都从中攫取了大量的利益。

① 熊式辉．东北经济小丛书［M］．东北物资调节委员会研究组出版，1949：103.
② 熊式辉．东北经济小丛书［M］．东北物资调节委员会研究组出版，1949：104.
③ 吉林省金融研究所编．伪满洲中央银行史料［M］．长春：吉林人民出版社，1984：9.

2. 放款

伪满洲中央银行对各伪满机关、日资银行的放款是其特殊业务中最重要的业务之一，对这些机构的巨额放款，决定了伪中银需要发行同样巨额的伪币才能兑付，导致了伪中银滥发纸币的局面的形成。为了全力支持伪满政府“国防”产业，支持日本对华侵略战争，该行对放款的方向和使用进行了垄断。至1945年6月末，“伪满洲中央银行借给伪满洲兴业银行、伪兴农金库、横滨正金银行的款项竟达76亿5400万元，占该行放款总额的百分之七十五点五”①，与此相对，“对民族金融事业的放款只剩五百万元，民族金融资本陷入绝境”②。

在对外的特殊放款中，针对伪满洲兴业银行的放款最多，支持力度最大。伪满洲兴业银行成立以来，开业筹备的资金并不多，但它追随日本大搞“国防”事业，伪满洲中央银行迎合日本的需要，加大了对伪满洲兴业银行的放款，“当民国三十四年之六月末，已对伪兴业放款达35亿元”③。

除了对伪满洲兴业银行的放款之外，还对其他伪满机关、日资银行如横滨正金银行、伪兴农金库、伪满政府、四个“资金部”等进行了放款（见表15－24）。

表15－24　　伪满洲中央银行对特权银行的放款④　　单位：千元

年份＼银行名	兴业	兴农金库	正金
1940	260306	—	—
1943	989454	415944	460959
1944	2780837	1232436	470892
1945	3515895	1839499	2660000

注：对正金放款1944年4月末，1945年7月末；1945年对兴业以及兴农至6月末。其余年份至10月末。

3. 管理国库

在“九·一八”事变之前，东北地区的财政金融一直比较混乱，各省都有独自的金融调剂机关，如黑龙江的黑龙江广信公司、吉林的吉林永衡官银号、辽宁的东三省官银号。各省财政经营状况互相独立，互不统属，只是在入不敷出的情况下，才会由官银号出面进行借贷，结果不仅导致整个东北地区金融管理混乱，而且因为没有统一的金融调剂机构造成纸币滥发局面十分严重。“九·一八”事变之后，日本东北当局将东三省全部岁入存进伪满洲中央银行，进行统一管理支配，有效地改善了滥发纸币、金融混乱的局面。

伪满洲中央银行是日本帝国主义统治东三省的重要金融工具，日本政府通过该银行发行巨额纸币，扰乱东北金融市场，搜刮了东北地区的巨额财富，不仅给东北人民带来了苦难，而且很大程度上推动了侵华战争的进展。

结语

旧边业银行时期与新边业银行前期虽然处于边业银行的不同时期，但发展都很顺利，本文

① 吉林省金融研究所编．伪满洲中央银行史料［M］．长春：吉林人民出版社，1984：18.

② 吉林省金融研究所编．伪满洲中央银行史料［M］．长春：吉林人民出版社，1984：18.

③ 熊式辉．东北经济小丛书［M］．东北物资调节委员会研究组，1949：104.

④ 熊式辉．东北经济小丛书［M］．东北物资调节委员会研究组，1949：105.

试图探寻这两个时期顺利发展的原因。

一、顺利发展的相同原因

1. 政策方面——政府支持

旧边业银行时期、新边业银行前期都有不同的政府支持，这为旧边业银行、新边业银行的发展提供了政策支持。

（1）旧边业银行时期。旧边业银行先后经历了皖系徐树铮、直系曹锟的经营，无论是哪一家，都以执政政府的支持作为开行营业的背景。徐树铮开办边业银行时正出任西北筹边使，当时的北京政府也被皖系军阀控制，边业银行自然得到了皖系政府的扶持；曹锟接手边业银行后，直系军阀已战胜皖系控制了中央政府，直系政府就成了边业银行经营的后台。

（2）新边业银行前期。奉系接管边业银行后，边业银行逐渐发展成为张家的私人银行，新边业银行前期在东北地区之所以能够迅速发展，与得到奉系当局的支持是密切相关的。

2. 业务方面——拥有特权

旧边业银行时期、新边业银行都拥有发行纸币、代理国（省）库的特权，是当时的特种银行。这为旧边业银行、新边业银行的发展提供了业务支持。

（1）旧边业银行时期。旧边业银行成立之初就是一家拥有特权的特种银行，拥有发行纸币、代理国库等特权。

（2）新边业银行前期。奉系张作霖在接管边业银行时，同时接收了旧边业银行的各种特权业务，新边业银行在前期一方面发行哈大洋票、奉票、现大洋券等纸币开拓了市场，积累了资金；另一方面，代理省库也获得了极大的经济利益。

3. 财力方面——资金充足

旧边业银行时期、新边业银行前期开行营业时，都筹集了较为充足的资金，而且都有当时的军政要员入股，成为银行股东，这为旧边业银行、新边业银行的发展提供了财力支持。

（1）旧边业银行时期。旧边业银行在皖系徐树铮经营时期，徐树铮以西北筹边署的名义筹入股本 75 万元，安福系政客王郅隆、王揖唐等入股 100 万元，并得到库伦富商的支持。曹锟接管后，除了他自己在旧边业银行投入巨股外，潘复、章瑞廷、靳云鹏、倪嗣冲、张学良等都加入新股，资金充足。

（2）新边业银行前期。奉系接管边业银行后，除张家出资 500 万元外，吴俊生、阚朝玺等也入股该行，北京政府财政部都有 5 万元股金。新边业银行收足 525 万元开行营业，资金较为充足。

二、新边业银行发展的独有原因

1. 人员齐备

新边业银行成立后，采用总裁制，以彭贤为总裁，姜德春为总理，梁质堂为协理。彭贤原来是东三省官银号总办，梁、姜二人原来为东三省官银号会办，银行业务经验丰富。1929 年时任总经理杜荣时、1933 年时任总经理韦锡九等人也是出众的理财能手。边业银行不仅决策层能力出众，还拥有一批勤恳实干的中低层银行办事员。正是这样一批经验丰富的工作人员，为新边业银行的顺利发展提供了人才支持。

2. 业务成熟，多样发展

新边业银行的业务有特殊业务和普通业务之分，新行不仅在发行哈大洋票、奉票、现大洋券等纸币，代理省库等特殊业务上迅速发展，而且在存款、贷款、汇兑投资实业等普通业务上多样发展，在东北地区的地位日益重要，成为与东三省官银号并驾齐驱的大银行之一。

通过以上的分析，旧边业银行时期、新边业银行前期之所以能够发展顺利，并不是偶然的，是各种有利因素共同作用的结果，是边业银行决策层集体决策、全体工作人员共同努力的结果。

参考文献

一、专著

[1] 靳宝峰，孟祥林．唐山市志（第3－5卷）[M]．北京：方志出版社，1999.

[2] 营口市地方志编纂委员会．营口市志［M］．北京：方志出版社，1997.

[3] 中国人民银行哈尔滨市分行金融办公室．哈尔滨金融史料文集［M］. 1989.

[4] 张宪文，方庆秋．中华民国史大辞典［M］．南京：江苏古籍出版社，2001.

[5] 内蒙古金融志编纂委员会．内蒙古金融志（上卷）［M］．呼和浩特：内蒙古人民出版社，2007.

[6] 陕西省地方志编纂委员会．陕西省志［M］．西安：陕西人民出版社，1994.

[7] 中国银行经济研究室．全国银行年鉴［M］．上海：上海出版社，1937.

[8] 文史资料选辑编辑部．文史资料选辑［M］．北京：中国文史出版社，1997.

[9] 陈崇祖．外蒙古近世史［M］．上海：商务印书馆，1922.

[10] 山东地方史志编纂委员会．山东省志·财政志［M］．济南：山东人民出版社，1993.

[11] 中国第二档案馆．中华民国史档案资料丛刊［M］．南京：江苏古籍出版社，1980.

[12] 吴振强，尚思丹，杨尊圣．东北三省官银号奉票［M］．沈阳：辽沈书社，1992.

[13] 何孝怡．东北的金融［M］．北京：中华书局，1932.

[14] 王雨桐．最近之东北经济与日本［M］．新中国建设学会出版科，1933.

[15] 沈阳人民银行，沈阳金融学会．沈阳金融志（1840—1986）［M］. 1992.

[16] 殷蔚然，沈阳市人民政府地方志编纂办公室．沈阳市志·十卷·时政　税务　审计　金融［M］．沈阳：沈阳出版社，1992.

[17] 张魁堂．张学良传［M］．北京：东方出版社，1991.

[18] 沈云龙．近代中国史料丛刊续辑［M］．台北：文海出版社，1928.

[19] 辽宁档案馆．中华民国史资料丛稿·电稿·奉系军阀密电［M］．北京：中华书局，1987.

[20] 东北物资调节委员会研究组．东北经济小丛书［M］. 1948.

[21] 辽宁档案馆．“九·一八”事变档案史料精编［M］．沈阳：辽宁人民出版社，1991.

[22] 天津档案馆．天津商会档案汇编（1928—1937）［M］．天津：天津人民出版社，1996.

[23] 戴建兵，盛观熙．中国历代钱币通鉴［M］．北京：人民邮电出版社，1999.

[24] 宁恩承．百年回首［M］．沈阳：东北大学出版社，1999.

[25] 吉林省金融研究所．伪满洲中央银行史料［M］．长春：吉林人民出版社，1984.

[26] 中国东北地区货币编辑组．中国东北地区货币［M］．北京：中国金融出版社，1989.

［27］辽宁省档案馆．日本侵华罪行档案新辑［M］．桂林：广西师范大学出版社，1999.

［28］天津市档案馆，天津社会科学院历史研究所，天津市工商业联合会．天津商会档案汇编（1912—1928）［M］．天津：天津人民出版社，1992.

［29］上海通社．旧上海史料汇编［M］．北京：北京图书馆出版社，1988.

［30］辽宁省档案馆：奉系军阀档案史料汇编［M］．香港：香港地平线出版社，1990.

［31］中国银行总管理处经济研究室．全国银行年鉴［M］．上海：上海出版社，1935.

［32］银行周报社．银行年鉴 1921—1922［M］．1922.

［33］东北文化社年鉴编印处．东北年鉴［M］．沈阳：东北文化社年鉴编印处，1931.

［34］海城市地方志编纂委员会办公室．海城县志［M］．1987.

［35］孙玉玲．“九·一八”全史［M］．沈阳：辽海出版社，2001.

［36］程霖，王昉，张薇．中国近代开发西部的思想与政策研究［M］．上海：上海人民出版社，2007.

［37］孔经纬，傅笑枫．奉系军阀官僚资本［M］．长春：吉林大学出版社，1989.

二、析出文献

（一）期刊中的析出文献

［1］叶真铭．有“天良”戳记的新边业银行券［J］．江苏钱币，2008（3）．

［2］胡学源．奉系政治舞台的支柱——边业银行及其钞票［J］．中国钱币，2005（2）．

［3］王学文．“哈大洋券”发行始末［J］．北方文物，2004（4）．

［4］樊明方．徐树铮治理外蒙古［J］．新疆社会科学，2007（3）．

［5］李峰，李伟东．伪满货币及发行［J］．兰台内外，1995（6）．

［6］天津边业银行开始兑现［J］．银行月刊，1925（3）．

［7］天津边业银行通告勿收该行废钞［J］．银行月刊，1925（1）．

［8］边业银行特权取消之必要［J］．银行周报，1920（29）．

［9］论边业银行［J］．银行周报，1919（26）．

［10］《西北筹边使徐树铮呈大总统拟具边业银行章程呈鉴文（附章程）》，《政府公报》1233期，1919.

［11］董昕．奉系时期的东三省币制［J］．中国钱币，2009（4）．

（二）报纸中的析出文献

［1］庞铁明．边业银行：消逝的富天下梦想［N］．沈阳日报，2006－02－09.

［2］刘晓晖，伊秀丽．野蛮的侵略与掠夺［N］．吉林日报，2005－08－09.

［3］叶真铭．齐心收利权［N］．中国商报，2006－12－14.

［4］庞铁明，王林．沈阳电话一百年［N］．沈阳日报，2006－02－28.

［5］叶真铭．难得守信银行券［N］．中国商报，2006－05－11.

三、学术论文

［1］李海涛．论满洲中央银行的金融政策［D］．东北师范大学，2008.

［2］郝鸥，陈伯超．边业银行与边业银行建筑［D］．中国近代建筑史国际研讨会，2006.

第十五篇　中南银行

毛海斌

19 世纪末，为了摆脱外国银行的经济控制，也寄望于通过开办自己的银行开辟财源，国内一些士绅和官吏纷纷上书奏议开办银行。这时受西方国家在华贸易刺激而初步发展的中国工商业，也由于缺乏资金的支持而希望有本国的金融机构为其服务。在这种形势下，中国开始酝酿创办自己的银行。1897 年，中国通商银行成立于上海，这是中国自办的第一家银行，其制度是仿效西方银行的股份有限制公司，为商业银行性质。自此掀起了中国兴办本国银行的先河。民国以后，中国银行业进入了一个新的发展阶段，受投机公债和对政府放款高额利润的刺激，以及此时期长足的发展民族工商业促进，华资银行纷纷设立，并在 19 世纪末进入高峰期。此时期投资银行业的主要有军阀和官僚、金融业者和实业家及华侨商人等。民国时期“八大发行商业银行”之一的中南银行（1921—1937 年），就是由南洋华侨商人黄奕住在上海开办的，同时该行也是侨商在国内开办商业银行最成功、最具典型的代表之一。

第一章　中南银行的诞生

中国的银行业从19世纪末第一家银行成立，到民国初期已经进入迅速发展阶段。中南银行就是在这个时期开设的，并通过不断扩展业务，成为民国时期重要的商业银行之一。

华资商业银行按其资本来源不同，大致可以分为三类①：一类是军阀、官僚的投资，如金城银行、大陆银行、盐业银行、中国实业银行等，其中典型代表是金城银行；另一类是金融业者和实业家的投资，以上海商业储蓄银行最具代表性；第三类则是华侨商人的投资，以南洋华侨商人黄奕住投资的中南银行为代表。

一、创办的目的

黄奕住回到国内的1919年，正值第一次世界大战刚刚结束，国内局势稍有稳定，所以他认为“往时之以武力竞争者，今将一变而为经济竞争，大势所趋，万邦一辙”，而“我国幅员辽阔，未开辟之利甚多，苟不急起直追，人将为我借者，我侨商眷怀祖国、极思联袂来归，举办实业。待实业之举办，必持资金为转输，而转输之枢纽，要以银行为首务”②。可见，其是怀着投资银行、扶持实业的想法回到国内的。

黄奕住对当时国内市场并不了解，因此于1919年9月至11月先后在港、沪两地调查商情四十余天。其中在上海花的时间最长，近一个月。黄奕住回国的1919年，中国民族资本主义工商业正处在“黄金时期”中的顶峰状态，并且随着对外贸易的发展，上海凭借其地理位置的优势，已成为全国经济的中心。在上海一地，1913年以前的38年中，共开设工厂153家。1914年至1928年的15年中，共开设工厂1229家③（前一时期平均每年开设4家，后一时期则为82家，后者为前者的20倍）。而工业的发展必然促进金融的繁荣，并需要银行来运用资金调剂金融。在这种情况下，银行的利润很高。如中国银行在1912年的利润率为4.88%，1915年为25.97%，1918年为30.88%，1919年为28.17%。④ 这么高的利润率，是以往年份所少见的。这次调查的结果，促使他下定决心在上海创办中南银行。

因此可以说，黄奕住之所以想办银行，直接的原因是看到上海工商业快速发展，急需大量资金，而决定以手中大量的资本，开办银行以为之中介。其次就是，经营银行的利润奇高。另外一个重要原因就是，看到了银行在世界经济发展新趋势中的地位和在引进侨资回国振兴实业方面的作用。

二、发起人及其略历

黄奕住，近代华侨投资国内企业的大实业家，以往华侨史学界对他的研究较少，对其介绍的文章零星散落于地方文史资料或人物杂志。其出生于清同治七年（1868年）福建省南安县金淘镇楼下乡一个贫苦农民家庭。1885年，随乡人到南洋谋生，靠着勤奋的精神和经营有方，所

---

① 杜恂诚．中国金融通史［M］．第三卷，北京：中国金融出版社，2002：153－158.

② 《申报》，1921年6月6日，《中南银行创立会纪事》。

③ 罗志如．统计表中之上海［M］．北京：中央研究院社会科学研究所，1932：63.

④ 许涤新，吴承明．中国资本主义发展史［M］．第二卷，北京：人民出版社，2003：840－841.

办商业规模越来越大，成为南洋著名的华侨大资本家。其名字还被收录于1914年欧洲人编的《世界商业名人录》。1919年春，黄奕住携带巨资回到祖国，在厦门鼓浪屿居住，并于此时开始转营金融业。

就黄奕住一生的经济活动而言，前半生的重点领域在商业，后半生的重点领域是金融业。黄奕住的经济活动从商业领域扩大到金融领域，始于第一次世界大战期间。在印度尼西亚三宝垄的糖业投机中，他第一次懂得了银行、保险业的利益与能量。1919年4月，他从印度尼西亚返国途经新加坡时，与李光前、李俊成等共同发起成立华侨银行。[①] 1919年12月，又于菲律宾马尼拉组织华侨之中兴银行，自认股100万比索，任董事，此银行后成为菲律宾最大的侨商银行。在国内，黄奕住于1920年在厦门创办日兴钱庄，后又入股厦门商业银行。1921年，中南银行的创立标志其经济活动的重心从商业向金融业转变完成。

对于创办银行，黄奕住认为“非得资本与人才两者相结合”[②]，所以他在上海考察商情时就开始物色合适的人选。但创办中南银行，是到上海后受到了《申报》社社长史量才建议的影响。

关于黄奕住与史量才的相识，据一位在中南银行长期任职的中层干部回忆，是在“无相识之人”引荐的情况下莽撞认识的。[③] 这当然是不可信的，因为当时黄奕住有一个办事班子专门来为他事先作联系。而依靠的有三条渠道：一是工商界中的华侨；二是曾经在印度尼西亚、马来西亚、新加坡活动的同盟会会员；三是清政府和民国政府派到印度尼西亚等东南亚地区宣抚华侨、受到黄奕住款待的官员。其中黄炎培就是一位，而史量才正是由黄炎培介绍的，结合当时国内工商业的发展情况，史量才建议黄奕住投资中南银行。史量才，江苏溧阳人，早年即献身于新闻事业，主持《申报》和《新闻报》多年，在上海滩很有名望，同时对于政界、金融界均颇有联系，故将黄奕住带入了上海工商和金融界的圈子。中南银行成立时，史量才也作了一定投资，并任该行常务董事，但黄奕住受益最大的是史量才将原任交通银行北京分行经理、金融界的行家胡笔江介绍给了他。胡笔江，江苏江都人，毕生致力于银行事业，对金融界具有独特见识。自任中南银行总经理后，胡笔江苦心经营本行业务，也曾致力于南京政府之废两改元、统制发行及建立法币制度。自1933年4月起，兼任交通银行董事长，连任五年。胡笔江对于中南银行的业务开展及信誉稳固，增益颇大。中南银行的第四位创办人是徐静仁，安徽当涂人，平生于盐业及纺织业经验最富，曾首创南通大生纱厂，又极力筹办上海博益纱厂，是实业界著名人物。他投资于中南银行后，历任监察人、董事、常务董事，后继黄奕住而任董事长。[④]

选择总经理人选，黄奕住特别慎重。当时除胡笔江备选外，还有一位在南方金融界很有名的张公权。后黄奕住之所以选用胡笔江，主要是看中了胡笔江的经历与才能。胡笔江，初在扬州仙女镇一家钱庄学徒，后进入北京交通银行工作，由于业务出色，受到梁士诒赏识，于1916年升任为经理，对银行经营经验十分丰富。1917年，与徐树铮、吴鼎昌、周作民等发起成立金城银行。[⑤] 在北京金融界有贤能之名，咸称“北胡（胡笔江）南宋（宋汉章）”。且与政府总理段祺瑞的智囊、号称段祺瑞政府四大金刚之一的徐树铮等军政官员多有交往。南下后，又与自

---

① 黄则盘：《中南银行创办人黄奕住》，香港《新晚报》，1989年6月8日。

② 杨天亮．北四行联合发行中南银行纸币评述：上海金融的现代化与国际化［M］．上海．上海古籍出版社，2003：269.

③ 章淑淳：《我与中南银行》，《大人》（香港），第32期，1972年12月版。

④ 沪银档，中南银行档案：Q265－1－393，第6页。

⑤ 中国人民银行上海市分行金融研究室．金城银行史料［M］．上海：上海人民出版社，1983：5.

任东南五省联军总司令的孙传芳等军政官员拉上关系。应该说他是一个适应中国金融市场特定环境的、具有特殊素质与能力的人。而黄奕住长期侨居国外，经营商业，初回国内，既不懂金融业又没有什么政治背景，在中国办一个大银行，离不开政府的支持。故胡笔江的经历和才能正好被黄奕住看中，成为中南银行的总经理。

这四位的合作，为中南银行的顺利成立奠定了基础。首先，在资金方面，黄奕住在归国时带回大量资金，足可使用。其次，物色了一位对金融业经营游刃有余的总经理胡笔江，保证了银行的规范管理。最后，史量才和徐静仁的加入，建立了中南银行与国内实业界的广泛联系。具备了这三个条件，[①] 中南银行从一开始就办得有声有色。

三、资本、行名与行址

中南银行开办时资本额定为2000万元，黄奕住本意独自投资经营，经胡笔江说明当时国内的商业银行，资本额多在500万元以内，故改定为“先招四分之一，即银元500万元，由创办人认缴350万元，其余150万元，留待海外侨商及国内同志尽区区之意”[②]。因其为股份有限公司，故又将每股设为100元，分为5万股。

黄奕住将他创办的银行起名为“中南”，这个名称表达了他对祖国的热爱之情，“中南云者，亦南洋侨民不忘中国之意也”。[③] 并向北洋政府登记注册，因是中国金融界人士与南洋华侨合营，定名为中南银行，故可知“定名中南，实取中国与南洋互相联络之义。”[④]

中南银行成立时，对总行设在何处，有过一番讨论。有人建议在北京，有人主张天津。因为，当时中国的大银行，诸如中国银行、交通银行、盐业银行、大陆银行、金城银行等，总行不是在北京，就是在天津。设在北京，着眼于中央政府即政治中心在北京。设在天津，不仅因为天津是外埠，且离北京也近。而黄奕住选择上海为中南银行总行所在地，是着眼于资金市场。1919年，上海已是全国经济中心和金融中心。所以他以“上海为五口通商之一，外商麇集，皆行使国币”为由，“与商界名流组织中南银行”。现实证明了黄奕住的远见卓识，几年之后，上述那些银行的总行都先后迁到了上海。

中南银行的总行最终设在了上海公共租界东部，汉口路三号，后业务扩展另建新楼于汉口路110号，为上海的心脏地区。后经过发展，全国大多数著名银行将总行集中于此，使该地成为货币发行的枢纽，外汇、金银交易的总汇。巨额的货币资本在此地集散，全国的借贷利率、外汇、股市、金银行市随此地升降。最终使该地成为上海的金融区、中国的华尔街、远东的金融中心。可见，黄奕住把中南银行的总行设在此地，是很有见地的。

四、中南银行的开业

经过近两年的酝酿，1921年6月5日，中南银行在上海召开创立大会，计到股东102人，由黄奕住主持会议。[⑤] 黄奕住首先演说了其创办中南银行的意旨，以及筹备此行的大体经过。随

---

① 杜恂诚．中国金融通史［M］．第三卷，北京：中国金融出版社，2002：156.

② 沪银档，中南银行档案：Q265－1－393，第1页。

③ 黄钦书等：《先府君行实》。醇庐在《银行外史：中南银行与黄奕住》一文（载香港，《大华》，第9期）中说，中南之名定于黄奕住、胡笔江到北京时，他们见到民国政府总长李恩浩，说了想办个银行之意。财政总长当然赞成，遂定名为中南银行，总行设在上海。

④ 《申报》，1921年1月13日，《中南银行储备处消息》。

⑤ 沪银档，中南银行档案：Q265－1－189，第8页。

之在全场一致通过章程后，投票选举了董事、监事。结果史量才、吴秀生、叶源坪、韩君玉、黄奕住、马亦、王敬祥均当选董事。徐静仁、陶希泉以最多数票当选为监事。创立会后举行董事会，一致推选黄奕住为董事长，聘胡笔江为总经理、任筱珊为协理。于是中南银行最早的领导班子和管理班子建立起来了。[①]

在《中南银行招股启事》中，黄奕住不仅将史量才与自己并列为创办人，还将胡笔江、福建著名士绅韩君玉、任筱珊与华侨领袖李清泉等14人列为赞助人。此外，还将全国工商界名人宋汉章、黄炎培和东南亚各地华侨领袖与名人简照南、陈嘉庚等列为名誉赞助人。代理招收股处，除上海、北京、厦门、香港外，还有新加坡、三宝垄、仰光等处，充分显示了中南银行的成立得到了国内外各界人士广泛支持和面向华人的特色。[②] 故当时的《申报》报道，黄奕住"此次创办中南银行，全为提倡海外华侨携资回国经营事业起见，定名中南，实取中国与南洋互相联络之义，以黄君之热诚内向，成此伟业，又得胡（指胡笔江）任（任筱珊）诸君等为之经理其事，将来成绩尤著，海外华侨各大资本家，当必有接踵而起者，于吾国国计民生之关系，裨益当非浅尠与"。可见，该行的创办，乃"华侨与祖国联络之先声"[③]。

1921年7月5日，中南银行正式开张。[④] 当时的场面极为壮观，"中南银行开幕，来宾极多，本埠政商学界，中外各银行、商会及南洋侨商代表，均往志贺。旌湖长江一带，并有来宾共约一千五六百人，当时账面收入存款银洋共合五百余万元。查侨商组织银行，此为首例，而资本之雄厚，实为商业银行所仅见。加之主持人皆为社会上著名人物，前途发达，正无量也"[⑤]。开业以后，该行实行所有权（股权）和经营权分离，即此二权分别由黄奕住、胡笔江掌握。这种现代企业管理体制，是中南银行成立后业务发展顺利的重要原因之一。因黄奕住常居鼓浪屿，事业多在厦门，故对中南银行的业务偏重于计划及指导，中南银行以后的运营其实就是胡笔江在主持。

第二章　中南银行的组织机构

中南银行成立之后，实行的是现代企业的管理体制，即黄奕住任董事会（最高权力机构）董事长，胡笔江任总经理处（业务管理机构）总经理，使所有权和经营权分离。这样既确保了股东们的权利，又保证了总经理掌握银行的正常运营，故中南银行的业务发展很快。

第一节　总行组织机构

中南银行的管理制度，是股东通过股东会行使权力，设有董事会及监察人，为执行机构，由董事会聘请总经理1人综理全行行务。[⑥] 并且为了保证中南银行的运营顺畅，还制定了《中南

① 徐矛，顾关林，姜天鹰．中国十银行家［M］．上海：上海人民出版社，1997：351.

② 《申报》，1921年1月27日，《中南银行招股启事》。

③ 《申报》，1921年1月13日，《中南银行筹备处消息》。

④ 沪银档，中南银行档案：Q265－1－393，第23页。

⑤ 《申报》，1921年7月6日，《中南银行开幕志成》。

⑥ 中国人民银行北京市分行金融研究所、《北京金融志》编委会办公室：《北京金融史料》，银行篇（四），1993年版，第552－554页。

银行股份有限公司章程》《中南银行董事会章程》和《中南银行常务董事会章程》等若干规定，从而促进了中南银行各组织机构和系统管理的制度化。

一、股东会

中南银行股东会分为常会、临时会两种。[①] 中南银行的章程在第十四、十五条中对此作了详细规定：常会每年一次，于三月内举行，由董事会召集之，于一个月前通知各股东；临时会经董事会或监察人认为必要时，或总额二十分之一以上股东提出正当理由，请求召集会议时，董事会应即召开临时股东会。如有股东因事不能出席者，应委托代表出席，但委托之人也须是本银行的股东。对于股东的议事权，规定股东有提议事件，应于10日前以书面提交董事会，以列入议案。

此外，为了明确股东权利，在章程的第十六至十九条规定到：股东会以董事长为主席，如董事长不能参加，应由董事长委托一人或由董事会公推一人主持。股东常会须有股本总额过半数之股东出席，其决议以出席股东表决权过半数行之，出席股数不满前项定额时，视为假决议。股东在行使表决权时，十股以内股东，每一股有一表决权；超过十股以外者，每两股有一表决权。同时还规定：在股东数和代表的股额数超过半数时，如出席的股东有三分之二表决同意时，可行使下列权力[②]：（1）变更章程。即对章程内所涉及的各项章程规则，如股东会、董事会及各组织章程的设立、调整和变更等。如在1931年时，设立总管理处时规则的制定。（2）增减资本。即对该行资本总额的控制。如该行在成立以后曾数次决定增资。（3）解散或合并。即股东会最高的行使权。如该行在新中国成立后决定参加公私合营。

这三项权力包含了中南银行发展和变更的各个方面，由此可看出，股东会议是中南银行的最高权力机关，在银行运营和决策中发挥着核心的作用。另外章程还规定了，如遇公司亏折至股份总额三分之一，由董事长召集股东会议决办理。而股东每次议决的事件都要作成议决录，由主席签名盖章后，连同出席股东名簿及委托书一并保存之。[③]

二、董事会、监察人

在中南银行章程的第二十二、二十三条中，规定了该行董事、监察人的设置。

中南银行设有董事会，设董事7人，董事任期为三年，由股东会在百股以上的股东中选任。监察人2人，任期一年，由股东会在50股以上的股东中选任，可以连任。董事长在常务董事中选任1人，常务董事3人。董事开会时，董事长为主席；董事长缺席时，由常务董事推1人代之。[④] 历任中南银行董事长的是：黄奕住、徐国安（静仁）、黄浴沂、黄钦书。

为了明确董事会的职权范围，中南银行在《中南银行董事会章程》中作了详细的规定。

该行董事会章程第二条即规定了董事会的权限包括[⑤]：审订本行各项章则；核定本行之业务计划；配合现行财经金融政策法令之应行兴革事项；审核本行预算及决算；议定本行盈余分配方案；议定本行分、支行、处之设立及撤销；审查本行业务情况报表；审核本行投资各项事业

① 贾士毅．民国续财政史［M］．（六），上海：商务印书馆，1934：179－180.
② 贾士毅．民国续财政史［M］．（六），上海：商务印书馆，1934：180.
③ 沪银档，中南银行档案：Q265－1－10，第24、25页。
④ 沪银档，中南银行档案：Q265－1－10，第25页。
⑤ 沪银档，中南银行档案：Q265－1－7，第113－114页。

业务、财务情况之经常报告及其决算之报表；聘任及解任本行总经理、副总经理；关于本行其他重要职员任免之同意及备案；审定本行对外投资业务；审议本行之重要契约；处分不动产及其他重要资产；对常务董事会决议的追认；对总经理的提请进行审议；股东会的召开；负责对股东会的报告和提议及其他应行决定之重要事项等十八项相关职权细则。通过采取明确对董事会职责的措施，对于此时正在发展壮大、行务繁杂的中南银行来说，是很有必要的。

在章程的第三条到第六条规定：本行设立常务董事会，在董事会闭会期间，职权由常务董事会执行，董事长在常务董事中选任。董事会每三个月举行常会一次，由董事长召集，并先期以书面通知，遇有必要时得由董事长召集临时会议。此外，在第七条和第八条中，规定董事会召开须有过半数董事的参加为合法，议决事项也需到会董事半数以上同意方能行之。① 这对于限制个人权力的过度膨胀是很有效的。

此外，在章程的第十条还规定到：本会开会时，本行监察人得列席会议陈述意见，但无表决权。该规定既增强了董事会行使职权的受监督性，又保证了董事会职权使用的独立性和公正性，促进了中南银行更为有效的运营。

为了进一步规范常务董事会权力的正常使用，对于该行设立的常务董事会，制定了专门的中南银行常务董事会章程。该章程共九条，其中在第二条就明确规定：本会职权为执行董事会闭会期间，关于董事会职权范围内之各种事务。在第三条至第六条分别规定：常务董事会由董事长召集，每月举行一次和在特殊情况下可由分别征询方法取得常务董事之多数同意决定之；董事长缺席时，由常务董事推 1 人代之；如常务董事不能出席，每位可选常务董事或董事一名为代表等事项。② 从而对于常务董事会在董事会闭会期间的权力和运行程序决定作了较为细致的规定。

三、总管理处

中南银行的管理制度，最初是在董事会监督之下，总经理处综合管理一切业务及事务，并无其他组织。因总行设在上海，各分支行处又皆归总行管辖，故总经理处与总行无显著的区别。因此颇得机构紧凑，及开支节省之效。当时中南银行总行由董事会聘请总经理 1 人，综理全行行务；协理 1 人，辅助总经理办理全行行务。分行设经理 1 人，经理管理分行事务；副理、襄理各 1 人，辅助经理办理分行事务，均由总经理选任，但须得董事会同意。③ 历任总经理是：胡笔江、黄浴沂。

随着业务推广，中南银行分支机构日益增多，1931 年 7 月 1 日起，撤销总经理处，成立总管理处④（1939 年 3 月 15 日，又将总管理处与沪行合并，改称为总行）。并将总行改称沪行，但沪行对于各分支行处之业务，仍居领导地位。总管理处成立以后，职员增多，职责加强，增强了对各分支机构的管辖，业务不断扩展，事务处理日益完善。

为了加强总管理处的运行效率，制定了较为完备的中南银行组织章程。在章程的总则中明

---

① 中国人民银行北京市分行金融研究所、《北京金融志》编委会办公室：《北京金融史料》，银行篇（四），1993 年版，第 563－564 页。

② 中国人民银行北京市分行金融研究所、《北京金融志》编委会办公室：《北京金融史料》，银行篇（四），1993 年版，第 564－565 页。

③ 中国人民银行北京市分行金融研究所、《北京金融志》编委会办公室：《北京金融史料》，银行篇（四），1993 年版，第 554 页。

④ 沪银档，中南银行档案：Q265－1－393，第 18 页。

确规定，总管理处综理全行一切事务。同时为了明确权责，在总则的第二、三条中规定：中南银行下设分行、支行、办事处、附设储蓄分支部、储蓄处，并可于未设分行、支行、办事处地点特设储蓄处专办储蓄。其权责大小为：分行直辖于总管理处，支行直辖于分行，办事处直辖于分行或支行，但如有特殊情形，支行、办事处可直辖于总管理处，储蓄分部、支部、储蓄处之管辖与分行、支行、办事处相同。其组织系统如图 16－1 所示。①

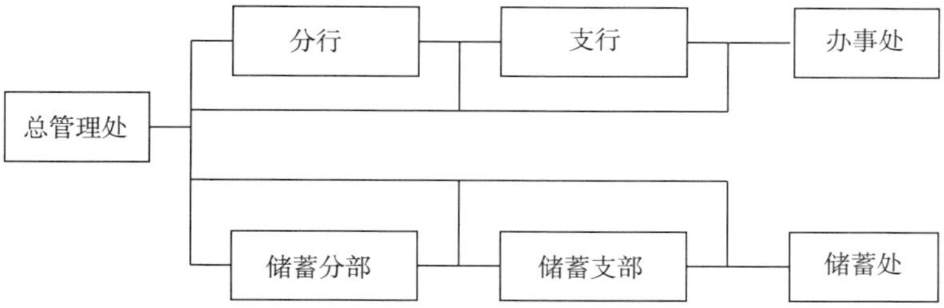

图 16－1　总管理处组织系统

在章程的第四条，还对该行各机构对内、对外的名称进行了规定：总管理处，对内简称总处，对外称中南银行总管理处。其分、支行也是如此，对内某地支行简称为某行，对外则全称为某地中南银行。各地办事处、储蓄分、支部和储蓄处也是如此。② 这样不仅在组织上对中南银行内部的管理进行了完善，而且对机构名称的使用也进行了规范和统一。这在当时来说是难能可贵的。由此可见，胡笔江确实对银行业的管理有自己独到的见解，为中南银行今后的运营发展奠定了完善的组织系统。

对总管理处内部组织机构的设置，胡笔江也作了详细的规划，并在组织章程中作了具体规定：在总管理处内，设总稽核、副总稽核各 1 人，秉承总经理、协理指挥各科职员办理事务，总稽核因事缺席时由副总稽核代理。并在总管理处分设总务、计核、发行、储蓄、调查五科，各科设主任 1 人，办事员、助员、练习生若干人，由各科主任秉承总、副稽核指挥各该科员生办理事务。此外，在总管理处酌情设置秘书、稽核，直属于总理、协理办理事务。其职务系统如图 16－2 所示。③

对于总管理处下设五个科的职权分配，在章程中也作了详细规定。④

总务科负责：本处的文件函电、撰拟及译缮，一切文书类程式及密码电本之编制；各项规则之编订；印信图章及一切卷宗之保管；全体经费预算之编制；全体印刷品文具之添置及收发；管理本处庶务；全体员生进退、升调、薪金、请假、考勤、奖惩、恤养；股票的换发、付息、过户等及其他一切有关本处文书、人事及股务事项。应该说，总务科的职权范围就类似于现代机构的办公室，但严格意义上讲，总务科负责的内容更具体、更全面。

计核科负责：本行业务、会计规则之编订；各类簿册、表报之登记及编制；全体决算及公

---

① 中国人民银行北京市分行金融研究所、《北京金融志》编委会办公室：《北京金融史料》，银行篇（四），1993 年版，第 555 页。

② 中国人民银行北京市分行金融研究所、《北京金融志》编委会办公室：《北京金融史料》，银行篇（四），1993 年版，第 556 页。

③ 中国人民银行北京市分行金融研究所、《北京金融志》编委会办公室：《北京金融史料》，银行篇（四），1993 年版，第 557 页。

④ 中国人民银行北京市分行金融研究所、《北京金融志》编委会办公室：《北京金融史料》，银行篇（四），1993 年版，第 558－560 页。

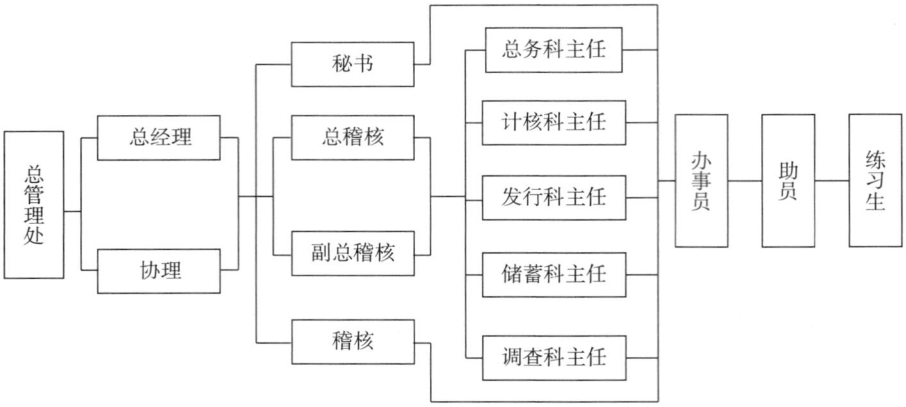

图 16－2　总管理处职务系统

告；全行账目、报表、资金来往及对外重要契约之稽核和审查；全行业务之统计及呆账检查；全行经费预算之审核等事项。概括地说，计核科就是总理全行一切有关会计稽核事务。

发行科负责：本行全体发行簿册表报之登记及编制；有记券交存四库准备金之审核；本行与四库一切契约之协定及保管；四行交存本行全体兑金、四库发行兑换券及准备金各项账表的审核等事项。或者说，凡是有关发行之各项统计、能够推广发行及有关发行的一切事项都由发行科负责。因为发行纸币的成功与否，是一个银行存在和发展的关键所在，故发行科在该处的地位举足轻重，同时该科的设立也极大地推进了中南银行纸币发行业务的规模。

储蓄科负责：储蓄部会计规则及各种储蓄存款规则之编订；储蓄分、支部、处各项账目、款项运用等业务之统计及经费预算的审核；储蓄部全体决算及公告等事项。总之，只要有关储蓄部业务的运营及调整、改进等方面之事项，均由该科处理。

调查科负责：顾名思义，凡是有关市场、财政或经济情形的调查，或广告设计、发刊与调查报告的编撰等有关调查的事项，均归该科掌握。中南银行历年的营业报告和组织机构增设、变更等重要事项，均在民国时期的《申报》《银行周报》等报刊上公开宣传，这有效增强了中南银行的社会信誉。

此外，在章程的第十一条中又特别规定：[①] 总、副总稽核在负责本处的工作之外，还要负责各地稽核、业务运行情形的检查工作，包括对当地工商业的调查与人事、设备的督察。

总管理处的设立，结束了中南银行总理处近十年的历史，这是中南银行业务发展的必然结果。因为随着中南银行业务的扩展，分支机构日益庞大，必然导致分支机构的权责扩大。如果机构负责人选择不当或总行对各分行督察不严，很容易酿成事故，对中南银行整体发展造成严重影响。例如1928年，厦门分行行员舞弊，致使该行损失黄金395两。[②] 可见，胡笔江为加强管理，改设职责较强的总管理处是很有眼光的。

四、增设储蓄部、信托部

随着中南银行业务规模的不断拓展，为进一步吸收储蓄、厚集资本，促进其银行资金的灵

---

① 中国人民银行北京市分行金融研究所、《北京金融志》编委会办公室：《北京金融史料》，银行篇（四），1993年版，第560页。

② 徐矛，顾关林，姜天鹰．中国十银行家［M］．上海：上海人民出版社，1997：366.

活运用，增加更多盈利，后来中南银行又增设了储蓄部和信托部，以加快资金的吸纳和周转。

1. 储蓄部

南京国民政府成立时，正值中南银行分、支机构第一发展阶段的完成。此时中南银行每年的存款额已由1921年的566万元，发展为1927年的3365万余元，储蓄事业发展十分迅猛。中南银行面对储蓄事业发展的大好前景，决定创设储蓄部，以进一步发展储蓄事业。

1929年8月，该行按照组织章程的规定，于总行成立储蓄部，由黄浴沂兼任主任。储蓄部的基金最初为20万元，后为符合新储蓄银行法，增资30万元，均由总行拨给。并在各分、支行所在地，均增设储蓄分部。同时，制定了《中南银行储蓄部章程》，规定储蓄部设立的宗旨是为提倡人民储金及运用储金于确实事业。[①] 此外，对储蓄部业务的各个环节进行了规定。

首先在该章程的第三条、第四条中明确了储蓄部财务制度和业务范围，规定储蓄部为会计独立与营业账簿完全划分，杜绝舞弊现象的发生。把其储蓄分为四类：定期储蓄、活期储蓄、整存零付储蓄和零存整付储蓄，以方便开展对各类储金的吸收。为了保证储蓄资金的合理利用，在第五条对其储金的运用作了详细的规定：（1）买入国民政府公债、库券及财政部认可的有价证券。（2）以国民政府公债、库券及其他确实有价证券为担保进行放款。（3）殷实商号二户以上的署名票据贴现。并特别规定每一商号署名的票据数额不得超过储蓄部各种储金总额的十分之一，但如持有国民政府公债、库券及财政部认可的有价证券者除外。（4）开展以该行储蓄单据为抵押的抵押放款，但数额以该户已缴储金数额为限。（5）存放于殷实银行。并规定存放到每家银行的数额不得超过储蓄部各种储金总额的十分之一，但如有国民政府公债、库券及财政部认可的有价证券为担保者除外。（6）对有确实利息可收或有确实担保人之不动产为抵押放款或买卖。[②] 这些规定为储蓄部的业务发展提供了切实的活动准则，从而在制度上对储蓄部成立后的发展给予了指导。此外，还将每年的决算表公告储户，以增强信誉，吸引储户。

储蓄部自成立以后，社会信誉稳固，各种储款逐步增加。到1922年年底，已达1130多万元，相比上年增加568万元，[③] 可谓成绩斐然。

2. 信托部

1937年7月1日，中南银行信托部成立，资本200万元，由中南银行在资本总额中拨给。并规定由上海分行经理、副理、襄理兼任该部经理、副理、襄理开办业务。[④] 并拟订信托部章程，划定了十四种信托业务，以求发展。

这十四种业务可归为两种：一种是特定业务，另一种是非特定业务。其中特定业务即是专门开展的信托业务，主要有：（1）收受信托存款。（2）代理买卖有价证券。（3）代理买卖房地产及经租。（4）代理水火各种保险。（5）代管公司团体及个人财产。（6）代理保证及保管事项。（7）其他一切特定信托事项。而非特定业务是为资金的灵活运用而开设的，主要有：（1）购买确实之有价证券或抵押放款。（2）经营繁盛市区之房地产或抵押放款。（3）对于容易买卖之商品为抵押贷款。（4）有确实保证之贴现票据之买入。（5）有确实保证或特殊担保之公共团体及其他工商业放款等5种业务。[⑤] 细化的业务规定，为信托部提供

① 沪银档，中南银行档案：Q265－1－2，第45页。
② 沪银档，中南银行档案：Q265－1－2，第46、47页。
③ 沪银档，中南银行档案：Q265－1－439，第2页。
④ 沪银档，中南银行档案：Q265－1－439，第19页。
⑤ 沪银档，中南银行档案：Q265－1－36，第43、44页。

了制度上的依据。

在具体规定业务分工的基础上，为了保证信托业务的顺利开展，还在章程中规定：信托部会计独立，不与该银行其他业务混合，如该行其他部门业务发生损失，无论何时不得以信托部资金及公积金等拨抵。从而在财务上将信托部独立出来，以专门致力于发展信托业务。但中南银行信托部成立后，旋即抗日战争爆发，所以并没有什么发展。

第二节 分、支机构及扩大

一、分、支行及办事处

在总管理处设立以后，为了保证各分、支行及办事处的业务稳定开展，对分、支机构组织方面也作了相应规定。

中南银行组织章程的第十二、十三条，对分、支行的人员设定和职权范围作出规定：分、支行各设经理 1 人，副理、襄理则视事务之繁简可各设 1 人或数人。分、支行经理主持该行对内、对外一切事务；由副理辅助经理，襄理秉承经、副理处理该行事务。如经理因事缺席，依次由副理、襄理或主任暂行代理，并呈报总管理处备案。

为完善组织机构，在各分、支行，结合该处实际需要，参照总管理处设置分科。在分行设下列四科：（1）总务科：掌文书、庶务及不属于其他各科事项；（2）营业科：掌营业暨关于营业之调查及设计事项；（3）会计科：掌会计暨稽核一切账目及契约事项；（4）出纳科：掌现金出入及证券、契约、押品等项之保管事项。

又在支行设下列四股：（1）总务股：掌文书、庶务及不属于其他各股事项；（2）营业股：掌营业暨关于营业之调查及设计事项；（3）会计股：掌会计暨稽核一切账目及契约事项；（4）出纳股：掌现金出入及证券、契约、押品等项之保管事项。①

在对各科、股的设置和职责作了具体规定后，对其人事安排和职权也作了详细要求。在章程的第十六条至第二十条规定：分行各科、支行各股各设主任 1 人，秉承经、副、襄理办理各该科、股所属事务，并酌情增设办事员、助员、练习生若干人，分别负责各该科、股事务。营业主任由经、副、襄理兼任，会计、出纳主任彼此不得兼任。兼营国外汇兑的分行，经总管理处批准，可以专门设立国外汇兑部，设主任 1 人，职责与各科相同。如分、支行因业务上之需要，经总管理处核准后，可增设货栈，设主任 1 人，秉承经、副、襄理办理货栈所属事务，并酌情增设办事员、助员、练习生若干人，分别负责该货栈事务。并可因业务需要增设保管库和在各科之下分组，但须由总管理处核准。从而对各分、支行所设各科、股的正常运营给予了制度保证。

在第二十二和二十三条中，对于各办事处也作相应规定：办事处设主任 1 人，主持该处对内对外一切事务，主任因事缺席时，由次级主要人员暂行代理并分别报总管理处备案。但办事处不分股，设主任专员 1 人，办理会计事务，其余各项事务由主任指定人员分别办理。② 从上可

① 中国人民银行北京市分行金融研究所、《北京金融志》编委会办公室：《北京金融史料》，银行篇（四），1993 年版，第 561 页。

② 中国人民银行北京市分行金融研究所、《北京金融志》编委会办公室：《北京金融史料》，银行篇（四），1993 年版，第 561－562 页。

知，中南银行非常注重对分、支机构的层、级关系健全，无论在分、支行和办事处或科和股，都在制度上给予了完善。

二、分、支机构的扩大

1921 年，中南银行在上海成立总行后，为了迅速开展本行在各地的业务，先后在全国各地设立分、支行或办事处。由于中南银行开展业务向主稳定，非常注重信用，加上胡笔江在金融方面的才能，资本日渐增多，故其机构分支不断向外扩展。总体来说，其分支机构的发展时期可分为两个阶段：一是以上海为中心，初步建立华北、华南、华中相联系之业务网。二是实现分、支机构的全面铺设。①

1. 第一阶段：1921—1927 年

上海总行开业后，鉴于京、津为北洋军阀势力的聚集地区，消息灵通，又为北方游资聚集之地，故在北方大力以资本雄厚、信誉稳固宣传中南银行是侨商银行，来扩大在该地区的影响，并开始在北方筹设分支机构。1922 年 7 月 5 日在天津成立分行，同时设立北京办事处，由天津分行管辖。由于正值北洋军阀势力强盛，大量游资集聚在北方，所以京、津两行开业后，吸收大量存款，数目相当可观。而当时的厦门是南方重要的商业区，也是华侨聚集地区之一。黄奕住回国后即居住在此，并与南洋华侨保持着较多联系，在这里设立分行既有利于吸收华侨的存款，受北方时局影响也较小，故于 1922 年 8 月 7 日在厦门开设分行。中南银行在厦门成立分行，还有一个重要的原因，就是为了在此专门开展华侨汇兑业务。厦门分行开业以后，侨胞存款、汇兑业务开展顺利，每年的盈利竟超过京、沪各行。汉口一埠，为华中地区四达之区，为谋求在该地区的长远发展，1923 年 6 月设立了汉口分行，自此形成了以上海为中心，京、津、厦、汉互相呼应，联系华北、华南、华中三地的业务网。② 利用以上建立联系的业务网，中南银行与盐业银行、金城银行和大陆银行组成联营机构，先是建立四行准备库，发行纸币。1923 年又建立四行储蓄会，吸储业务开展很快。1921 年下半年，中南银行净收益总额为 40 万元。随着分支机构的扩展，业务量的增多，到 1925 年，净收益总额达 136 万余银元，以后逐年增长。③

2. 第二阶段：1929 年至 1936 年

1927 年，国民政府北伐成功，成立南京国民政府。南京成为国民政府的政治中心，官商云集，商业繁荣。所以中南银行又适时地在南京设立支行。1929 年 3 月 11 日，南京支行开业，有效保证了中南银行与南京国民政府的地域联系。20 世纪 30 年代起，全国政治经济重心移向东南，中南银行又将经营重点放在江、浙、沪一带。鉴于杭州等地丝、茶贸易兴旺，资金聚集较多，且离上海又近，故于 1931 年 9 月 22 日设立杭州支行。此外，随着此地区经济的繁荣，先后在该地成立多个分支机构：在总行所在地上海，于 1931 年 3 月 15 日设虹口办事处，后“八·一三”战事起移至福煦路；增设八仙桥办事处，于 1933 年 10 月 26 日开业；苏州办事处于 1933 年 11 月 21 日开业；1934 年 9 月后，复设无锡办事处（1924 年 5 月曾设无锡办事处，旋因内战，1925 年 6 月撤销）；又于 1936 年 5 月 21 日增设愚园路办事处。以上分支机构的相继成立，既扩大了中南银行的业务范围，也加快了这些地区的工商贸易的繁荣。

---

① 沪银档，中南银行档案：Q265－1－439，第 23、24 页。

② 徐矛，顾关林，姜天鹰．中国十银行家［M］．上海：上海人民出版社，1997：355.

③ 刘效白．侨商中南银行：旧上海的金融界［M］．上海：上海人民出版社，1988：175.

但由于20世纪30年代中期以后，外国经济的入侵有增无减，海关连年入超，白银大量外流，致使国内工商业陷入困境。值此时局，中南银行发展业务“既不敢求功以涉险，复不计畏险而因循”。① 对于分支机构采取了较为谨慎的方针，取消了在南洋等地设立分支机构的打算，多考虑在国内设立。1934年，华南地区市面渐趋稳定，为金融业发展创造一定有利条件，故于当年7月1日在厦门分行所在地之附近，增设鼓浪屿办事处。后又于同年10月15日开设泉州办事处。为了进一步开展汇兑业务，吸收侨商的存款，后筹设香港分行，于1934年12月1日开业。不过考虑到香港的地域关系，该支行营业后，以吸收存款为主，并不轻易运用放款。② 当时在香港设分行的内地华资银行有：广东省银行、新华银行、中南银行、金城银行、国华商业银行、浙江兴业银行、盐业银行七家。后因无锡地区逐渐发展为新工业区域，缺乏流动资金，于1935年在广州成立办事处，以方便在此区的放款。至此，中南银行分、支机构羽翼渐丰，规模在侨商银行中可谓首屈一指，这与胡笔江审时度势的选择分、支机构地点是分不开的。

据黄奕住之子，中南银行后任董事长黄浴沂回忆，中南银行先后设有分支行共十二处，③ 即上海总行，分支行如天津、汉口、南京、无锡、苏州、杭州、厦门、鼓浪屿、广州、香港等，并对各分支机构的职责都作了明确规定。这些分支机构充分利用各自独特的地理和经济优势，在各地的经济发展中起着举足轻重的作用。

第三节　福利制度和行员待遇

一、福利制度

中南银行除对本行的组织机构设置有严格的规定外，还对本行行员的薪金和福利也设立有专门的人事处进行综合管理，人事处按照《中南银行人事处掌理人事暂行办法》的规定，处理全行一切有关人事及相关福利等事项。

中南银行人事处是依照该行组织章程的第六条规定组设的，主要负责处理全行一切行员的人事方面的相关问题。人事处设主任1人，处理该部门人事和福利事务；副主任1人，辅助主任办理该处事务。在人事处下还设有两科：一是审查科，主要负责全体行员的人事审查事项，其中包括奖惩、生活津贴调整和旅费的审核。二是专门的福利科，主要负责：行员的恤养；行员的储金及团体保险；员生子女教育补助金之核发；医药卫生；日用物品之配给等有关行员福利的一切事项。并可视实际需要分组办事，每组设领组1人，副领组1人，办事员及助员、练习生若干人。④ 从而为中南银行行员福利事项的处理，奠定了相应的制度依据和组织保证。

后来中南银行为进一步加强管理，改设为人事委员会，并依照《中南银行人事委员会组织规程》组织管理全行人事事宜及福利工作。

组织规程规定：人事委员会设有委员13人，由总经理、副总经理由总行各部处主管人员中选任，并指定主任委员1人，副主任委员3人，主持会务并处理日常工作。除了职掌本行员人事

---

① 沪银档，中南银行档案：Q265－1－51，第30页。1934年3月25日第十三届股东常会记录。

② 徐矛，顾关林，姜天鹰．中国十银行家［M］．上海：上海人民出版社，1997：356.

③ 吴筹中：《中南银行及其发行的纸币》，中国钱币，1994年1期，总44期。

④ 中国人民银行北京市分行金融研究所、《北京金融志》编委会办公室：《北京金融史料》，银行篇（四），1993年版，第565页。

一般事务工作外，主要负责行员的薪金，职工的储蓄金、奖励金，抚恤金、养老金和医药补助金及贷金工作。此外，还包括行员团体保险、业余学习、子女教育补助金及贷金等福利项目的运作和管理。[①] 另外，在人事委员会下又专设考绩小组研究会和福利小组研究会。通过对行员业绩审核，作为所给福利的参考。其中，考绩小组研究会负责研究行员薪金、考勤、考绩、奖惩、恤养等事项；福利小组研究会负责研究行员医药、教育补助、储蓄、保险及其他人事福利事项。[②] 各小组研究会均由本会就委员中推选 1 人为主持，并由委员或其他同人中推选若干人组成，从而以组织和制度的形式对综合管理行员福利待遇给予了保证。

二、行员待遇

中南银行对全体行员的待遇，除薪金以外，每年根据经营净利润的数额，提取部分作为全体行员的奖金，以资激励其行员的工作热情。一般提取全体行员奖金的标准是，以每届营业的净利润额除去当年股利，再扣除净利润的 10% 作为平均公积金，然后从余额中提取 25% 作为全体行员的奖金。[③] 并且从 1930 年开始，每年提取 1 万元作为行员的恤养金，此后逐年略有增加。

有关待遇的变化趋势大致是，行员的奖金在 1921—1925 年是呈增长趋势的，这是因为中南银行成立初期，社会相对稳定，战后工商业仍有发展上升之趋势。故此中南银行业务发展相对较快，且随京、津、汉、厦等处的分支机构逐渐设立，盈利多有增加。1926 年和 1927 年，因为战乱爆发，时局动荡，市场凋敝，银行业发展多受阻挠，所以这两年的行员奖金不进反退；1928—1937 年，因政府南迁，战事相对减少，故又出现了一段稳定的发展时期。而行员的储蓄金和恤养分别于 1925 年和 1928 年出现，虽然出现的时间较晚、数额也不大，但却是一直在增长，说明中南银行也在努力提高行员福利的水平。其具体情况如表 16－1 所示。

表 16－1　　中南银行行员奖励金、储蓄金、恤养统计（1921—1937 年）　　单位：元

年份	行员恤养	行员储蓄金	提取同人之奖励金
1921	—	—	54396
1922	—	—	107674
1923	—	—	126829
1924	—	—	157829
1925	—	12491	191514
1926		33822	161169
1927	—	56819	82127
1928	2040	65257	107480
1929	864	83343	112629
1930	2094	99307	113107
1931	10000	131442	119141
1932	20000	155614	112148

① 中国人民银行北京市分行金融研究所、《北京金融志》编委会办公室：《北京金融史料》，银行篇（四），1993 年版，第 568 页。

② 中国人民银行北京市分行金融研究所、《北京金融志》编委会办公室：《北京金融史料》，银行篇（四），1993 年版，第 569 页。

③ 沪银档，中南银行档案：Q265－1－376，第 3 页。

续表

年份	行员恤养	行员储蓄金	提取同人之奖励金
1933	30000	183072	不详
1934	36082	202758	118778
1935	44742	246942	不详
1936	50822	307330	114050
1937	56037	307023	119021

资料来源：根据沪银档，中南银行档案：Q265－1－376，第3－96页；中国银行总管理处经济研究室：《全国银行年鉴》，上海，1931—1934年；贾士毅：《民国续财政史》（六），1934年版，所载中南银行历年营业报告整理。

此外，为了改善行员的福利待遇，中南银行还于1925年春，修建了愚园新屋五十余幢，供该行同人及眷属居住。[①] 并且房租以当时市价四折计算，以减少行员的生活负担，另外还修建了行员的单身宿舍，设备相当完具，以供单身行员居住。这也是中南银行在薪津之外照顾行员生活的又一举措。

但是中南银行行员的薪金差别很大，依其级别的不同，收入相差少则几倍，多则甚至达数十倍。虽然该行对行员的薪津数额也随着物价和时局的变化有所增加，或按照市面的状况随时增进其贴费数额，抑或对行员家庭给予补助，[②] 但由于当时币制不定，社会动荡，故多数行员在经济生活方面仍显拮据。以中南银行北平分行为例（见表16－2），可以看出当时行员因各自级别不同而形成的收入差距。

表16－2　　中南银行北平支行员生薪水一览（1937年1月）

姓名	职务	薪水（元）	备考
郑润田	襄　理	260	—
马祥书	营业、会计专员	130	—
赵元方	总务办事	100	—
顾友缄	文书办事	45	—
邓宝琦	营　业	100	—
贾新五	营业办事	85	请加15元
徐士宽	营业办事	75	请加5元
刘承祖	营业办事	55	请加5元
梁庆斌	会计办事	90	请加10元
张荫枢	记账助员	15	请加5元
马汝廉	记账助员	15	—

资料来源：中国人民银行北京市分行金融研究所、《北京金融志》编委会办公室：《北京金融史料》，银行篇（四），第596页。

由于行员薪金的不同，加上物价起伏不定，经济不稳，多数行员急需补助，为此当时在北平分行专门成立了北平中南银行福利社。据《北平中南银行福利社》规定：该福利社，设干事1人，由副经理任命，主持本社一切事务，资金由本行供给。主要经营的业务是：采办行员生活及文化上之必需品而配给贩卖于行员，以增进行员公共福利的事业。一般该社定价均在市价以下，但规定如物品成本较市价低廉甚巨时，其利润不得超过成本四分之三，售货定价由该社拟

① 沪银档，中南银行档案：Q265－1－393，第20页。
② 沪银档，中南银行档案：Q265－1－393，第21页。

定，但需由委员会转呈经理、副理核定照办。可见，其成立的宗旨是购买各种生活品廉价售于行员，以谋其福利。①

同时，为了避免行员舞弊，规定该行行员均由本社发给购买折，行员须凭折向本社购买物品。并且规定行员购买物品数量以同居直系家属为标准，其物品种类及数量由本社视行员人数规定售卖，如遇物资缺乏时，可限制行员购买。对于调职、退职的行员，规定如不是停职留资者或因公受伤不能服务者，即丧失购买物品权利。另外还规定行员不得代他人向本社购买物品，并不得将自购物品转售他人。② 从而既保证了本行行员基本的日常生活需要，又杜绝了福利物资的滥发和行员的舞弊行为。

第三章　中南银行的营业

第一节　中南银行的业务范围

中南银行是一家侨商私营商业银行，这从其投资者的身份便可看出。首先，黄奕住前半生致力于商业发展，且一直生活在南洋，与国内官僚并无渊源。其次，从中南银行注册资本来看，先收的500万元中，有350万元是由黄奕住认缴的。并且后来中南银行增资250万元，也是由银行盈利转来，所以说中南银行是彻底的商办商业银行。

中南银行是商业银行，所以它主要经营的业务也在商业银行规定的业务范围之内，包括：（1）各种定期活期存款。（2）各种放款及贴现。（3）国内外汇兑事业及押汇。（4）买卖有价证券及生金银。（5）代理收入款项及经理有价证券。（6）保管证券票据及贵重物品。（7）仓库业务。（8）各种储蓄。③ 另该银行“经政府之特准，得发行兑换券”④。

在中南银行历年的营业报告中，对于以上各类业务的发展均有体现。我们按银行营业的不同可将其分为主要营业、附属营业和特别营业三类：⑤ 主要营业即存款、贷款和汇兑三项；附属营业即储蓄、信托、货栈、兑换和买卖证券及生金生银等项；特别营业则须由政府的特许，如代理国库、发行纸币等。可以说这三类涵盖了中南银行所有的业务分类，而中南银行经营的业务，并没有超出一般商业银行的范围。下面，通过资金的来源和去路两个角度，分别对中南银行经营业务的范围进行进一步的分析。

一、银行资金的来源

银行业的营业必然有资金的聚集作为其开展业务的保证，其中资金来源是以存款或其他形式等吸取手段为主，因为往往存款或发行纸币所聚集的资金已经远远超过其注册资本的数十倍，

① 中国人民银行北京市分行金融研究所、《北京金融志》编委会办公室：《北京金融史料》，银行篇（四），1993年版，第603页。

② 中国人民银行北京市分行金融研究所、《北京金融志》编委会办公室：《北京金融史料》，银行篇（四），1993年版，第604－605页。

③ 沪银档，中南银行档案：Q265－1－10，第24页。

④ 贾士毅．民国续财政史［M］．（六），上海：商务印书馆，1934：179.

⑤ 郭孝先：《上海的内国银行》，《上海市通志馆期刊》，第1卷，第2期，1933年9月，第459－460页。

成为银行正常运营的根本之所在。在中国近代银行业的资金来源主要是经营存款、公积金和发行纸币三个方面。中南银行成立之初，便在这三个方面均有涉足。首先黄奕住凭借侨商身份的便利，获得了纸币发行权。通过纸币发行既可节省大量资金，又可流通市场以增强发行银行的信誉，所以发行纸币在法币改革以前，一直是中南银行的业务重心所在；而吸收存款则是商业银行吸取游资、增加储蓄金的根本途径，故中南银行也在这方面一直积极地发展此业务；虽然公积金的存储相对比较慢一点，但却十分稳定。

纸币发行是中南银行收益最大的一项业务。受政府“格外通融，暂准发行”① 获得发钞权后，中南银行先后与盐业、金城、大陆三个银行建立四行准备库，对外号称“十足现金准备”，联合发行中南纸币。随着业务发展，逐渐树立了中南银行纸币的良好信誉，为中南纸币的流通开辟了市场。此外，为了更广泛地发行中南纸币，四行准备库在国内许多重要城市建立了分支机构，专门负责发行中南纸币。据统计，截至 1935 年 11 月 3 日，南京国民政府实施法币政策，中南纸币发行总额达到 10300 万元，内流通券 7228 万多元，② 已经超过当时的交通银行。大量中南银行纸币的广泛流通，为中南银行的业务发展开辟了广阔的市场。

在存款方面，因中南银行成立时，注册资本雄厚，加上侨商所办，信誉较高，所以存款业务发展很快。1921 年中南银行开办当年，存款数即近 560 多万元，到 1936 年，中南银行吸收的存款达 1 亿元之高，是开办时的近 18 倍，③ 可见存款业务的发展是中南银行资金来源的重点。其次，经营汇兑业务也是中南银行资金来源之一。在该行成立之初，为方便华侨汇款，特别创办了国外汇兑业务，④ 这在侨资商业银行中，实为首创。随着汇兑业务的开展，逐渐形成以厦门分行和香港支行为汇兑业务的中心，从而沟通了海外华侨和国内的经济联系。

作为现代商业银行，中南银行很重视公积金的积累。该行的公积金由 1922 年的 4 万余元，经过历年的增长，到 1937 年达到 215 万元，其间一直处于上升状态，可见其资金集聚之多、发展之稳。

二、银行资金的去路

银行的主要职能就是在吸收并集中社会上的一切闲散游资的基础上，使其转化为产业资本，从而通过银行的业务经营产生利润。在近代的商业银行中，在这方面主要经营放款和公债两个方面。中南银行因成立时资本就比较雄厚，且营业“向主稳健主义”，故其营业主要是以实业放款为主，则对投机公债项目虽有涉足，但并不重视。

放款方面：首先在量的方面增长迅速。在 1921 年中南银行开办当年，放款数为 730 多万元，到 1936 年，中南银行的各项放款额已达 7500 万元之高，是开办时的近 10 倍。⑤ 其次，放款的类型也多有不同，分为生产性投资和非生产性投资两种。其中，生产性投资包括：（1）纺织工业。1931 年，中南银行和金城银行接收浦益纱厂，1932 年改名为上海新裕纺织公司。1936 年，中南和金城又合作收买了天津北洋纺织厂。1934 年，中南和金城以债权关系代管恒源纱厂。这些纺

① 中国人民银行上海市分行金融研究室．金城银行史料［M］．上海：上海人民出版社，1983：89.
② 沪银档，中南银行档案：Q265 - 1 - 184，第 22 页。
③ 沪银档，中南银行档案：Q265 - 1 - 376，由历年营业报告整理。
④ 沪银档，中南银行档案：Q265 - 1 - 393，第 17 页。
⑤ 沪银档，中南银行档案：Q265 - 1 - 376，由历年营业报告整理。

织厂均由中南银行投资的诚孚信托公司聘专家主持，统一管理。[①]（2）化学工业方面。有天津永利化学工业公司和天津新洋灰公司等。（3）工矿业方面。有诚孚铁工厂和滦州矿备公司（即开滦煤矿）。除生产性投资外，中南银行还有商业、保险及信托等非生产性投资。其中较为有名的有太平保险公司、诚孚信托公司、明记盐号、香港泰美公司、格丰公司等。由于吸收存款等业务的顺利开展为中南银行的资金积累提供了可靠的保障，所以大量富余的闲散资金经常被中南银行用来进行放款业务，这与黄奕住开办中南银行，以兴实业的初衷是相符合的。

中南银行也经营有价证券和房地产的买卖，并且这两方面一直是呈增长的趋势，以前者为主。1921 年，中南银行拥有有价证券为 4 万多元，但从 1922 年开始，即增长为 119 万元之多，到 1931 年达 1200 多万元。后因法币改革虽有所下降，但到 1937 年又增长至 1100 多万元。这种情况在当时来说是最正常不过的，因为高额的公债利润往往刺激商业银行蜂拥而至，争抢利益。在房地产方面的投资，也是年有增加。1921 年仅 17 万元，到 1930 年增至 160 万元，1933 年已达 186 万多元。[②] 但对比中南银行历年的放款额来说，在此方面投资相对是较少的。其发展趋势详见表 16 - 3。

表 16 - 3　　中南银行有价证券、房地产资金（1921—1937 年）　　单位：万元

年份	有价证券	房地产	合计	各项放款
1921	4	17	21	734
1922	119	17	136	554
1923	175	17	192	836
1924	307	37	344	1167
1925	195	109	304	1342
1926	329	160	489	2409
1927	482	168	650	2491
1928	590	197	787	2965
1929	636	199	835	4054
1930	819	205	1024	5030
1931	1203	223	1423	5662
1932	1145	243	1388	7314
1933	1356	272	1528	6226
1934	1342	273	1615	6600
1935	848	277	1025	6928
1936	974	278	1252	7531
1937	1167	284	1451	6787

资料来源：根据沪银档，中南银行档案：Q265 - 1 - 376，第 3 - 96 页；中国银行总管理处经济研究室：《全国银行年鉴》，上海，1931—1934 年；贾士毅：《民国续财政史》（六），1934 年版，所载中南银行历年营业报告整理。

① 沪银档，中南银行档案：Q265 - 1 - 393，第 13 页。

② 刘效白．侨商中南银行：旧上海的金融界［M］．上海：上海人民出版社，1988：175.

第二节　中南银行纸币的发行

中南银行纸币的发行，在民国商业银行发行纸币的历史上占据了很重要的位置，它所倡导的发行纸币十足准备制度，不仅为中南银行币赢得了很好的纸币信誉，取得了逐年增发的良好效果，也促使了当时整个银行业发行纸币重视信誉。可以说，真正做到了“一方可减少外券发行之力；一方可增内国经济之资”①。

一、获得纸币发行权

中南银行成立之初，就很重视纸币的发行权。1921 年 6 月，黄奕住等中南银行的发起人就给财政部呈文，请予立案批准发行兑换券。呈文摘录如下：

“呈为侨商回国首创银行，恳请准予立案，并乞优待以资观感事。……伏查银行发行兑换券，推其作用，不外节省现金，扩充通货。而国内之本国特种银行、外资银行及中外合资之各银行，多享有发行之权，今若多一发行本国银行，则一方可减少外券发行之力；一方可增内国经济之资，询一举而两得焉。奕住等为中国人民，诚不必引外资银行为例，妄有请求，然以国内特种银行及外资银行尚蒙许可，则奕住等擎其资产，对于祖国实业前途所抱无穷之志愿，悉属政府积久之心期，宜若可以仰邀钧鉴，体念下忱，准予发行中南银行兑换券，以示优异。至于它日币制统一，则国家法令自当敬谨遵行。……恭候批准，公布施行，谨呈财政部。”②

由呈文可见，黄奕住除了看到拥有发行权可以节省现金、扩充货币之外，他还怀着在国内开展实业的志愿，故有“一方可减少外券发行之力；一方可增内国经济之资”之语。所以财政部在 7 月 11 日的批文中，是这样说的：

“查新设银行发行纸币，前经禁止有案，本难照准。唯念该侨商等久羁国外，不忘祖国，筹集巨资，创办中南银行，于流通金融及发展实业前途，均有裨益，殊堪嘉尚。本局为鼓励侨商回国经营实业起见，姑予格外通融，暂准发行。”③

黄奕住如愿以偿地获得了发行权。如批文中所说，鉴于币制紊乱，财政部本已不再批准发行，但为什么又会暂准发行呢？这里面除了批文中提到的，不忘祖国，筹集巨资，于流通及发展实业前途，均有裨益外，还有一个重要的原因就是黄奕住是华侨，中南银行入股也以华侨为多数，在争取侨汇方面，独具优越条件。故政府为吸引侨资回国发展工商业，特破例给予黄奕住回国办银行及纸币发行权的优待。

二、十足准备金

中南银行获得纸币发行权后，鉴于 1916 年中、交两行发钞挤兑前例，认为中南银行发钞“欲求免此影响，唯有十成现金准备”，④ 但“十成现金准备”对新成立的中南银行来说，不仅要占用大量现金，且中南银行信誉未固，很容易出现挤兑风潮。因此，为了慎重纸币的发行和提高纸币的信誉，中南银行与金城、盐业和大陆三家银行联合营业共同发行，建立四行准备库，

---

① 中国人民银行上海市分行金融研究室．金城银行史料［M］．上海：上海人民出版社，1983：88.

② 中国人民银行上海市分行金融研究室．金城银行史料［M］．上海：上海人民出版社，1983：88.

③ 沪银档，中南银行档案：Q265 - 1 - 3，第 20 页。

④ 中国人民银行上海市分行金融研究室．金城银行史料［M］．上海：上海人民出版社，1983：89.

以保证发行十足准备。

中南银行在《四行准备库发行章程》的第一条款和第四条款中明确："中南银行为慎重政府赋予发行权，及保持社会流通之信用起见，特将本行发行纸币，规定十足准备之章程"及"发行纸币，十足准备，所有本库资产不得移作他用"。① 这与当时国内金融环境是有很大关系的。民国初期，很多商业银行或受政局影响，或因经营者不懂市场，盲目滥发纸币，引起挤兑风潮迭起不息，导致一些资力不足的银行在成立不久即因此而倒闭。这充分说明对当时有发行纸币权的银行而言，信誉是银行存立和发展的关键，而纸币信用是银行信誉的核心，一旦货币信用发生问题，银行也就信誉扫地了。所以经验丰富的银行经理们十分重视自己银行发行纸币的信用。而当时维持纸币信用最好的也是唯一的办法就是坚持兑现。因此，在四行准备库成立之初，就向社会公开承诺四行所发行的兑换券为十足现金准备。通过截至 1923 年 12 月 31 日的兑换券总对照表及准备金总对照表（见表 16－4），也可以说明当时四行准备库发钞确是十足现金准备。

表 16－4　　金城、盐业、中南、大陆银行准备库兑换券准备金总对照②

（截至 1923 年 12 月 31 日）　　单位：元

兑换券				准备金			
收项	数额	付项	数额	收项	数额	付项	数额
流动券	14071540	领用券	20317140	库存准备金	8662011	银元准备金	10689393
津库	4424293	津库	7000000	津库	2617240	津库	4424293
沪库	8432300	沪库	10530420	沪库	5272975	沪库	5050153
汉库	1214947	汉库	2786720	汉库	771797	汉库	1214947
收项	数额	付项	数额	收项	数额	付项	数额
寄存他库券	327430	—	—	寄存他库准备金	5409529	银两准备金	3382147
沪库	260000	—	—	津库	1807053	沪库	3382147
汉库	67430	—	—	沪库	3159325		—
库存券	5918170	—	—	汉库	443151		—
津库	2607857	—	—	—	—	—	—
沪库	1841920	—	—	—	—	—	—
汉库	1841920	—	—	—	—	—	—
合计	20317140		20317140	合计	14071540		14071540

注：本年准备金为十足现金准备。

资料来源：《银行周报》，第 8 卷，第 18 号，《四行准备库发券情形》。

从表 16－4 可以看出，在四行准备库正式开张营业后，最初领用券准备金确为现银、现洋等十足现金准备。这虽然很占资金，但对于提高新钞信用度来说，确实起到了很好的作用。当时中南钞因为有十足现金准备，在国内纸币信誉很好，因此在 1922—1935 年期间，其纸币发行额仅次于中国和交通银行，居全国第三位。

① 《银行周报》，第 8 卷，第 25 号，《四行准备库发券之梗概》。

② 《银行周报》，第 8 卷，第 18 号，《四行准备库发券情形》。

四行准备库所承诺的十足准备金也不是一成不变的，因为十足现金准备要求所发行的兑换券准备金全部为现银或现洋，这将致使银行很多流动资金被占用，从而减少银行的放贷数额，减少银行营业的收入。因此，随着民国时期发钞商业银行的增多，金融市场竞争的激烈加深，四行准备库逐渐将原先的十足准备金分为了两部分：一部分仍是现银和现洋的现金保证；另一部分是以内债和公债为主的保证准备，此保证准备在1929年4月颁行的《四行领钞准备变通办法》中具体归纳为：房地产、押款和四行以外的各种商业票据及四行共认的票据。1926年，为加快现金的流动、增强银行的竞争力，四行准备库的准备金改为六成现金、四成保证。到1927年，又改为五成现金、五成保证。此外，四行准备库还制定了《还券手续》和《兑券手续》两个小的办事章程，明确了各分库的职责，减少了兑换券流通和使用时不必要的烦琐手续，加速了资金的周转。四行发钞十足准备金的五、五比例延续到1931年又发生了改变。1931年，国民政府对于发行银行六成现金准备、四成保证准备的规定作出了明确要求，同时，也为了提高发行券的信用度，同年3月，四行准备库重新修订了《四行联合准备库发行中南银行纸币规约》，将保证金改为六成现金、四成保证，规定“四行准备库总分库发行中南银行纸币十足准备，其中现金准备至少六成，保证准备至多四成”。[①] 这一规定直至国民政府实施法币政策为止。

虽然在四行发行中南券期间，准备金的形式、比例一直有所变化，但四行始终坚持了十足准备保证的原则，并且做得还是很好的。截至1935年11月3日，四行准备库共发行流通券7728.24万元，而此时库中的现金准备为4340.55万元，保证准备金为2887.69万元，共计7728.24万元，两者完全相等。[②] 这就是为什么在民国时期，中南券在社会上信誉很好、流通广泛的重要原因。

当然，在这一时期，一般中国几家大商业银行发行的纸币，都能维持兑现，币信较好。在1935年国民政府实行法币政策前，商业银行的发行准备基本上都能遵守政府关于六成现金准备、四成保证准备的规定；同时，建立和健全内部管理制度，聘请著名会计师检查准备金账目并定期公布。据国民政府国防委员会报告，1935年实行法币政策前，中国实业、中国农工、中国垦业、浙江兴业、四行准备库（上海）、中国通商、四明等银行的准备金检查情况，现金准备与发行额的比率，最低为60.23%，最高为95.14%，平均为80.63%。[③] 这说明这一时期十足准备金不仅是社会对发钞银行的要求，即保证纸币信用的需要，也是发钞银行存立和发展所必须遵守的原则。

三、发行数额及种类

中南银行纸币的发行，从1922年开始到1935年结束，共经历了14年时间，这个时期正是中国社会经历内忧外患的艰难阶段，社会动荡不安，金融界更是危机重重，很多发钞商业银行都因经营不善相继夭折。而中南钞却靠其良好的信誉，不仅没有陷入困境，而且取得了发钞稳步上升的业绩，发钞额在1935年全国重要发行银行中占12.28%，仅次于中央银行和中国银行，可谓“成绩良好”。

---

① 沪银档，中南银行档案：Q265－1－181。转引自杨天亮．北四行联合发行中南银行钞票评述．上海金融的现代化与国际化［M］．上海：上海古籍出版社，2003：281.

② 沪银档，中南银行档案：Q265－1－461。转引自杨天亮．北四行联合发行中南银行钞票评述．上海金融的现代化与国际化［M］．上海：上海古籍出版社，2003：279.

③ 马飞海．中国历代货币大系之（10）——民国时期商业银行纸币［M］．上海：上海辞书出版社，2003：12.

可以说，截至1935年国民政府统一全国币制，在四行共同发行中南钞的14年中，中南钞的发行额基本是呈上升趋势，且逐年增加的如表16－5所示。

表16－5　　四行准备库历年发行中南钞数额（1922—1935年）①　　单位：万元

年份	数额	年份	数额
1922	250	1929	3312
1923	1407	1930	4918
1924	1274	1931	4397
1925	1451	1932	4470
1926	1542	1933	4384
1927	1733	1934	4468
1928	2964	1935	7228

资料来源：中国人民银行上海市分行金融研究室：《金城银行史料》，上海人民出版社，1983年版，第299－301页，由《历年发行额及其与全国重要发行银行比较表》摘录。

从表16－5我们可以清楚看出，自1924年开始，中南钞的发行额是逐年上升的。为什么在这个经济动荡的时期，中南钞非但没有像其他发行银行遭受挤兑倒闭或停业清理等厄运，反而取得了发行额逐年上升的骄人业绩呢？因为，一方面四行准备库的十足准备金保证给中南钞带来了良好的信誉，受到了社会各界的认可，带动了发行额的逐年增加。另一方面，这与当时中国工商业的快速发展也有很大的关系，因为随着当时中国工商业的发展，越来越多的工业和商业资本家步入了在银行方面的投资，增加了银行业发展的稳定性，而银行家认为发展工商业可以保证银行利益，可以达到双赢的目的，因此更多的银行与工商业开始接触，并随着工商业的发展而逐步增加资本。

中南银行随着其业务的扩展和纸币信誉的提高，在民国时期发行了多种样式的纸币，且因中南纸币色彩鲜亮，图案内容丰富，因此当时百姓很喜欢使用。但随着时间的推移，现在保存完整的中南钞已经不多。总的来说，中南银行纸币共有1921年、1924年、1927年、1931年、1932年五个年份，分别由美国纸币公司、英国华德路公司和德纳罗公司承印。② 其中以华德路公司印的汉、满、蒙、回、藏五个民族妇女头像的纸币，最受百姓欢迎。此外，中南钞还要在每个年份及版本上分别加印上海、天津、汉口、福建、厦门等地名，以分别在各地使用。据统计，到1935年实施法币政策，中南银行纸币逐步退出流通领域，中南银行共发行六版十三种纸币：③

第一版为美国纸币公司承印的1921年版券，图案为日晷，有1元、5元、10元、50元、100元五种。

第二版是美国纸币公司承印的1924年版券，图案为日晷，有5元与10元两种。

第三版为美国纸币公司承印的1927年版券，图案为日晷，面值有5元两种。

第四版为英国华德路公司承印的1927年版券，图案为汉、满、蒙、回、藏五个民族的妇女头像，有1元、10元两种。

第五版为英国华德路公司承印的1931年版券，图案为日晷，面值为1元的一种。

① 中国人民银行上海市分行金融研究室．金城银行史料［M］．上海：上海人民出版社，1983：299－301.

② 徐枫，赵隆业．中南银行、中国商业银行纸币图录［M］．北京：中国社会科学出版社，1995：25.

③ 吴筹中：《中南银行及其发行的钞票》，《中国钱币》，1994年1期，总44期。

第六版为英国华德路公司承印的1932年版券，图案为日晷，面值为5元的一种。

其中，第三版和第四版同为1927年一个年份所发。

中南银行纸币的高额发行数和种类繁多的纸币样式除了跟其具有良好的纸币信誉有关外，与其分支机构的设置也有很大关系。因为分支机构多，流通地区就广；反之就小。四行在北京、天津、厦门、汉口、南京、杭州、苏州、鼓浪屿、泉州、无锡、香港等地共有分支机构54处，[①] 分支机构数量在全国发行银行中占据首位，因此四行准备库联合发行的中南银行纸币在当时市面流通最广，发行额也最大。

第三节 四行联合营业

民国以后，商业银行开始进入活跃的时期。其中一个主要的特点就是，数量很多，但资本很少且很容易倒闭。而“北四行”的联合营业就是在此时期产生的，它们所建立的经营模式，开创了当时国内银行业联合营业的先河。相对当时南方上海商业储蓄银行、浙江兴业银行和浙江实业银行有“南三行”之称，故称为“北四行”。也有人说，因为这四家银行的业务中心均在北方，所以称“北四行”。

一、四行联合营业事务所的成立

北四行的联营，是为了联合各行之力，厚集资金，互通声气，借以提高信誉，扩展业务，以便在金融事业中占有优势。[②] 故一经盐业银行的总经理吴鼎昌提出，此提议便首先得到了中南银行总经理胡笔江和金城银行经理周作民的赞同。并于1921年11月16日，召开盐业、金城和中南三行联合会议，制定了《三行联合营业规约》七项决议，正式宣告了三行联合营业事务所成立。[③] 当时大陆银行还没有加入，但对于联合银业的经营理念，大陆银行的经理谈荔孙也深感必要，认为此举“有互相扶助之义，确是发展营业巩固行基之一种办法”[④]。因此，在半年之后，即1922年7月11日，大陆银行也加入进来，三行联营扩大为四行联营。至此，金城、盐业、中南和大陆四银行联合营业正式形成，并开始运作。

为了保证四行联营事务所工作的顺利，真正达到厚集资力、共策进行的目的，1922年9月4日，四家银行的总经理在北京召开联合会议，在《三行联合营业规约》的基础上，修订了《四行联合营业规约》，并在其中规定：四行联合营业事务所的地点在各行总部所在地；联合之后，有互相协助之义务；联合营业之范围，以不侵害各行各自之营业为限。[⑤] 从而明确了各自的权利和义务，以求达到在平时联合，可使业务范围扩大；在有事时联合，可使危险减少的目的。四行联营事务所成立以后，陆续设立了四行准备库、四行储蓄会、四行信托部等多项合作机构，并在实业放款方面进一步加强了联系。

二、四行准备库及发钞

四行联营事务所成立以后，所做的第一件事就是建立四行准备库联合发行中南银行纸币，

---

① 中国历代钱币大系之（10）——民国时期商业银行纸币［M］．上海：上海辞书出版社，2003：12.

② 中国人民银行上海市分行金融研究室．金城银行史料［M］．上海：上海人民出版社，1983：80.

③ 中国人民银行上海市分行金融研究室．金城银行史料［M］．上海：上海人民出版社，1983：82－84.

④ 中国人民银行上海市分行金融研究室．金城银行史料［M］．上海：上海人民出版社，1983：86.

⑤ 中国人民银行上海市分行金融研究室．金城银行史料［M］．上海：上海人民出版社，1983：83.

并制定《四行准备库规约》《四行准备库发行章程》《四行准备库办事章程》及《四行准备库稽查处章程》等若干条。这些规约和章程为四行联合发行中南纸币提供了制度保证。

《四行准备库规约》共六条，在其第一条中就规定了："设立四行准备库。办理中南银行纸币发行准备及兑现一切事务"，由此强调了由四行共同承办中南银行的发钞事宜；在第三、第四两条中明确了四家银行与四行准备库的关系是："准备库之账目完全独立。四行应遵守准备章程，换用纸币。万一四行中无论何行有意外之事，其损失与准备库无关""四行中如有一行，因故休业时，与准备库之存立无关"。同时，为了保证四行在发行纸币时不得损害准备库利益，还在第二、第五条款中规定："非得四行各个之同意，不得取消四行中任意一行。不得收回或另行发行何种纸币及领用他种纸币，另图利益""关于上项事务之费用及其他之损益，由四行公摊之"[①]。通过准备库规约明确了四行准备库设立的目的及四行和准备库的关系，保证了准备库在发钞中顺利运营。

在制定准备库规约的基础上，为了保证准备库发钞顺利，四行会议又制定了《四行准备库发行章程》，对四行准备库的发钞宗旨、分支设立、准备库职能、机构设置和稽核制度等作了规定。首先，在第一条中声明了四行准备库发钞的宗旨："中南银行为慎重政府赋予发行权，及保持社会流通之信用起见，特将本行发行纸币，规定十足准备之章程。联合盐业、金城、大陆各银行，设立四行准备库。公开办理，以昭核实"。在第四条中声明保证："发行纸币，十足准备。所有本库资产，不得移作他用。"其次，在第二和第三条中规定了准备库的分支设立："四行准备库，次第在沪津汉及其他已经设立四行之处所分设之""四行准备库，无论在何地方，均需特立机构，设置于四银行之外"。其中，在第四条还特别注明了准备库的职能："其准备库职务，专办纸币之发行，准备金之存储，以及印票兑现一切事务。除与各银钱行号交往以外，不兼做其他营业。但四行营业所内，不再设钞票兑现处，避免混合"。第五条规定了准备库的职能和稽核机构设置是："特设主任一人。各分库设处长一人。处员酌设若干人。准备库主任由四行聘任""四行为完全负责起见，设总稽核四人，由四行总经理充之。分稽核若干人，由各地四银行之副总经理充之"。最后，为了增加准备库的信誉度，在章程的第七条规定："本准备库，除政府特派监理官监察外，如银行公会商会欲来本库调查，持有银行公会及商会正式介绍信者，一律欢迎"[②]。经由四银行会议公决之的《四行准备库规约》和《四行准备库发行章程》，不仅为金城、盐业、中南、大陆四银行共同组建创立四行准备库和四行准备库发行中南银行纸币提供了制度保证，也对促进四行联合发钞起到了积极的作用。

此外，为了进一步完善四行准备库的发钞制度，更加具体地细化四行准备库的部门分工，四行还制定了《四行准备库办事章程》14 条，对四行准备库分库设置、人事安排、部门职责、内部运作，包括稽核和检查等作了详细规定。[③] 在准备库存在的数十年间，起到了一定的规范作用。同时，为了健全稽核、检查制度，保证准备库现金账目可随时接受检查，另外制定了《四行准备库稽核处章程》，从而在整体上建立和健全了内部管理制度。除此之外，四行还聘请著名会计师检查准备金账目并定期于各报刊公布，[④] 以此提高中南银行纸币信誉，稳定了发行额的

① 《银行周报》，第 8 卷，第 8 号，《四行准备库发券情形》。

② 《银行周报》，第 8 卷，第 25 号，《四行准备库发券之梗概》。

③ 杨天亮．北四行联合发行中南银行钞票评述．上海金融的现代化与国际化［M］．上海：上海古籍出版社，2003：274.

④ 《申报》，1923 年 6 月 3 日，《四行之准备库与储蓄会》。

增加。

在制定各项章程的同时，为了扩大中南银行流通的范围，四行在各地分设了很多分库，如：天津准备库于1922年11月1日，在法租界二十一号路六十三号成立；上海准备库于1923年3月27日，在英租界汉口路三号成立；汉口准备库于1923年5月16日，在俄租届玛琳街四十五号成立。[①]

四行准备库的建立，奠定了四行发行中南银行纸币的准备金基础，从此，金城、盐业、中南、大陆四银行以各行为根本，"共同储存现银元，为中南银行纸币兑付现金"[②]。当然通过发行中南钞也给各行带来了资金保证。四行准备库直至1935年国民政府改革币制，收回中南银行纸币，才宣告结束。

三、四行储蓄会

四行储蓄会是四行联营的另一个主要内容。储蓄会在国内最先是由外商经营的，主要有万国储蓄会和中法储蓄会两家，因其采取有奖储蓄的形式，所以业绩相当可观。有鉴于此，四行联营事务所决定办理储蓄组织，以便吸收社会闲散资金，壮大四行力量。

1923年1月，四行储蓄会在上海成立，专营各种储蓄业务。由四行各出资本25万元，共100万元，为储蓄会基本储金。开业当天，即收两年以上定期存款110多万元，计1000余户。[③]为了吸引储户存储，在四行储蓄会内规定了五种储蓄存款，[④] 并提出了保息及年终分红的吸储办法。其形式为：（1）活期储金，即一般银行的活期存款。分存折、支票两种，存款利率分别为周息四厘及三厘，但此种存款不参加年终分红。（2）分期储金，即一般银行零存整取储蓄存款。每份二元，半份一元，按份开户。存期固定为25个月，利率为周息七厘，称为"会员息金"。除息金外，每次结算还可按存款多寡分得红利，称为"会员红利"。存款期满，本息及所得红利一并照付。（3）定期储金，即一般银行的定期储蓄存款。储蓄会规定按份存储，每份五十元，期限固定为两年，后又增加了一年到期的一档。保息利率仍为周息七厘，连同应分红利每年复利一次，期满时本息红利一并付清。（4）长期储金，即一般银行的定期储蓄，但期限较长，故称为长期储金。按份存储，每份五十元，期限十年，后增加五年期一档。保息利率仍为周息七厘。1926年前，每年计息一次，1926年1月起改为每半年复利一次。到期时本息红利，一并归还。（5）特别储金，即一般银行的大额定期储蓄存款。按规定本金须在万元以上、期限须在一年以上方可，金额和时间由会员自定。保息率仍为周息七厘。计息、红利、复利的办法，大体与定期和长期储金相同。

这些储蓄的方法明显区别于当时盛行的有奖储蓄，四行储蓄会保息、分红的办法为：（1）保息，即以规定的利率保证储户的利息；（2）红利分配办法是：先提10%的公积金；再从其余的90%中提取60%为基本会员（四行）储金的红利，提取30%为普通会员（一般储户）储金的红利，其余10%作为工作人员的酬劳奖金。[⑤] 这种新式的保息、分红方法既保证了储户享有在一般银行利息外，普通储户还将作为会员在储蓄会每年决算后还可获得相应的红利，这比在

① 《银行周报》，第8卷，第18号，《四行准备库发券情形》。

② 杨固之，谈在唐．中南银行概述［M］．天津：天津文史资料选辑，第13辑，1981：168.

③ 《申报》，1923年6月4日，《四银行储蓄会开市日之状况》。

④ 中国人民银行上海市分行金融研究室．金城银行史料［M］．上海：上海人民出版社，1983：101.

⑤ 许家骏．周作民与金城银行［M］．北京：中国文史出版社，1993：151－152.

外商每月抽签有奖的普及面要大得多，而这些措施都是其他储蓄会和商业银行所不具备的。故当时《申报》对其评价为“且系以正当利益奖劝会员，复可一洗现在各储蓄会之缺点”①。四行储蓄会成立以后，吸引了大量的社会游资。其储金业务发展为：1923 年，四行储蓄会存款仅为 45 万元；1927 年猛增为 1714 万元，是 1927 年的 38 倍多；1935 年达 9039 万元，连同各项存款、公积储金，总额逾亿元。②

表 16－6　　四行储蓄会业务发展概况（1923—1937 年）　　单位：万元

年份	存款额	放款额	纯盈利
1923	45	82	6. 3
1927	1714	1362	85
1928	2375	1472	108. 8
1934	9223	1859	215
1935	9039	2069	228
1937	7638	2497	91

资料来源：中国人民银行上海市分行金融研究室．金城银行史料［M］．上海：上海人民出版社，1983：106－110 和304－307.

对于使用吸储的资金，四行储蓄会在章程的第十二条中规定到：（1）国家或地方有确实基金之债票购入或抵押；（2）各繁盛商埠之地产及房屋抵押；（3）生金银及外国货币押款；（4）本储蓄会为抵押之押款。可见，四行储蓄会对于存款储金的运用也与一般银行不同，并不经营放款业务，而是将大部分资金用于购买公债和外汇谋取利润，以支付存款的利息和红利。

四行储蓄会资金运用的另一个途径就是投资房地产，其中最大的投资是上海的国际饭店。这栋高 22 层的大楼，当时被称为远东第一大厦，连同地价、造价在内，一共约需 500 万元，完全是四行储蓄会投资。大楼的开办资金 100 万元，也是从四行储蓄的暗账中划出的。③ 为什么要建筑这么昂贵的大厦呢？据原上海国际饭店的经理孙立己回忆，有两点原因：一是四行储蓄会资金太多，需要投资，而在上海市的商业中心投资饭店收益很大；二是高耸入云的摩天大楼对存户无疑是最具吸引力的广告。④

四、增设四行企业部、调查部和信托部

四行企业部的设立，是四行储蓄会业务发展的产物，四行储蓄会发展到 1931 年，其储金已达 4000 多万元。但因原定章程没有规定可以经营实业投资，所以对于社会公共事业和实业方面并没有投资，之后为了充分利用日益增多的资金，于准备库及储蓄会外另设了四行企业部，以经营棉纱和矿产的投资事业为主。

1931 年，四行企业部成立。资本为 1000 万元，由四行各出资 250 万元组成。并制定了四行企业部章程，规定了企业部的业务范围和资金运用。对于企业部经营的生产事业或社会事业之抵押和经营所需资金，规定除由四行储蓄会筹拨外，随时由四行供给。为了保证企业部投资业务具有准确性，同时又增设了四行调查部，负责企业调查和征信工作，经费由四行一起分担。

① 《申报》，1923 年 5 月 21 日，《四银行合组储蓄会定期开幕》。
② 刘鸿儒等编．经济大辞典·金融卷［M］．上海：上海辞书出版社，1987：174.
③ 中国人民银行上海市分行金融研究室．金城银行史料［M］．上海：上海人民出版社，1983：314.
④ 中国人民银行上海市分行金融研究室．金城银行史料［M］．上海：上海人民出版社，1983：314.

但两部成立以后，除了企业部参与了上海国际饭店的建立外，并没有什么其他作为。

四行准备库1935年因法币改革停业后，1936年，经四行第22次代表会议决，由四行各投资25万元，在联合营业事务所下添设信托部办理信托业务，并在信托章程的第十二、十三条中规定，信托部执行委员会及监察委员会由四行各推1人为执行委员，由吴鼎昌、周作民、胡笔江和许汉卿四人担任。聘用主任、副主任各1人总揽本部事务，总部主任、副主任分别由吴鼎昌、钱新之担任。而各分部，如沪部、津部、汉部的经理、副经理分别由四行储蓄会沪会、津会、汉会的经理、副经理兼任。[①] 其实就是在准备库的基础上改组成立了四行信托部，后来信托部发展，开始承做商业银行业务，以高利等吸引储户，以增加四行的储金。[②] 但四行信托部成立后不久，抗日战争爆发，故该部业务不多，存款也很少。后于1948年8月1日，与四行储蓄会合并改组为联合商业储蓄信托银行（以下简称联合银行）。

在民国商业银行业发展史上，“北四行”的合作经营，以其完整的组织形式和骄人的经营业绩开创了中国金融史上银行联营的先河。相对于同时存在的“南三行”来说，它不仅是为增进业务的发展而在经营上简单联系，而是通过建立完整的组织机构和章程细则，在发行纸币和吸收储蓄等业务方面的有机结合。其发展轨迹，是中国近代商业银行沿革的代表，是整个近代中国银行业的缩影。这不仅是中国金融史上的一个创举，也反映了近代商业银行初步呈现资本主义银行业的联合和集中倾向。

第四章　中南银行的发展及经营特色

第一节　中南银行业务的发展

第一次世界大战结束以后，随着中国民族资本工业的较快发展，促进了中国金融业的发展壮大，这一时期中国的商业银行呈现活跃状态。中南银行成立以后，积极开展存、放款及发行等各项业务，业绩每年都有明显上升。

一、历年盈余及分配

中南银行业务的发展，首先表现在其每年纯盈利的稳定增长上。1921年，纯盈利只有40万元，而到1924年已达112万元，可见其业务发展十分迅速。在此后发展的十余年中，虽然因国内战乱或金融风潮迭起，对其业务的开展产生一定影响，但纯盈利数额始终保持在百万元左右。这在大批银行倒闭的民国时期是十分难得的。通过看中南银行历年盈利表（见表16－7），可以得出在1937年以前其发展的大致趋势。

---

① 沪银档，中南银行档案：Q265－1－439，第80页。

② 沪银档，中南银行档案：Q265－1－393，第25页。

表 16－7　　中南银行历年纯盈利（1921—1937 年）　　单位：万元

年份	1921	1924	1927	1930	1933	1934	1935	1936	1937
纯盈利	40	112	79	115	87	87	115	92	41

资料来源：根据沪银档，中南银行档案：Q265－1－376，第 3－93 页，历年营业报告摘录。

对于其盈利的分配，我们以中南银行第一年的分配方案为例。主要分为法定公积金、股东公利、股利平均公积金、股东红利、董事监事报酬、全体行员奖金六项，并且都是按照一定比例进行分配的。

其分配的方法和种类[①]为：（1）法定公积金：照章程按纯益十分之一提存。（2）股东公利：由交股次日起按年息四厘计算。（3）股利平均公积金：按净利百分之十计算。[②]（4）股东红利：由七月至十二月按照年息六厘计算，合各滚存尾数计占净利，提去股利平均公积金后百分之十七。（5）董事监事报酬：按本届净利提取股利平均公积金之余数提百分之五。（6）全体行员奖金：按本届净利提取股利平均公积金之余数提百分之二十五。

其余的盈利则按规定滚动存储到下一年。这样的分配方法既照顾了股东、董监事和行员三方的经济利益，又保证了银行每年积聚大量的公积金，故之后每年的商业盈余分配并无太大变化。

二、存、放款业务的增长

中南银行作为一家国内普通的商业银行，存、放款业务是其主要运营的业务项目。自其成立后，便充分利用其铺设在全国各地的各分支机构，努力开始经营这两方面的业务，并取得了稳定的增长。

中南银行自 1921 年 7 月开始营业起，存款额就呈跳跃式增长。仅当年各项存款额，即为 566 万元。以 1922 年为基期计算，该年实收资本为 500 万元，各项存款为 643 万元，是实收资本的 1. 29 倍。到 1927 年，实收资本为 750 万元，各项存款为 3366 万元，是实收资本的 4. 49 倍。到 1930 年，各项存款的数额几乎又翻了 1 倍，高达 6580 万元，是当年实收资本的 8. 78 倍。而到 1936 年，其各项存款的总额已经超过 1 亿元，为 10058 万元，是当年实收资本的 13. 4 倍，比 1921 年的存款总额翻了近 18 倍。[③] 据统计，在该年全国存款总额居于前列的五家私营银行依次是金城、上海、中南、盐业和大陆银行，中南银行居第三位，并发给股东官利周息 4 厘，红利周息 4 厘，两项合计周息达 8 厘。这在当时的商业银行中是不多见的。

由此可见中南银行存款业务发展的速度是很快的，这与中南银行经营方法得当、社会信誉较高当然是分不开的。

在放款额的增长方面，随储金的增加对资金的运用更加灵活。中南银行的放款一般包括定期放款、抵押放款和贴现放款三种，我们将这三者合为一体来看。1921 年，中南银行的各项放款为 739 万元。以 1923 年为基期计算，该年实收资本为 500 万元，各项放款为 835 万元，是实收资本的 1. 7 倍。到 1927 年，放款额继续增长，各项放款为 2491 万元，是实收资本的 3. 3 倍。到 1930 年，各项放款的数额翻了一倍，达 5030 万元，是当年实收资本的 6. 7 倍。而到 1937 年，

① 沪银档，中南银行档案：Q265－1－376，第 3 页。
② 贾士毅．民国续财政史（六）［M］．上海：商务印书馆，1934：182.
③ 沪银档，中南银行档案：Q265－1－376，第 3－93 页。

已达6786万元，是当年实收资本的9倍，相对于1921年的放款总额翻了9倍之多，增长势头非常迅猛。[①] 通过中南银行历年的存、放款额统计表（见表16－8），可以对其增长变化规律有更清楚的认识。

表16－8　　中南银行存、放款业务增长（1921—1937年）　　单位：万元

年份	实收资本	各项存款	各项放款
1921	500	566	739
1922	500	643	554
1923	500	1168	835
1924	500	1814	1167
1925	500	2175	1341
1926	500	3261	2409
1927	750	3366	2491
1928	750	4000	2965
1929	750	5270	4054
1930	750	6580	5030
1931	750	7273	5662
1932	750	9240	7314
1933	750	9818	6226
1934	750	9653	6600
1935	750	9409	6928
1936	750	10058	7531
1937	750	9704	6786

资料来源：根据沪银档，中南银行档案：Q265－1－376，第3－96页；中国银行总管理处经济研究室：《全国银行年鉴》，上海，1931—1934年；贾士毅：《民国续财政史》（六），1934年版，所载中南银行历年营业报告整理。

通过以上分析，可以看出中南银行在存、放款业务方面突飞猛进的发展。对照每年的存款和放款数额，一个明显之处就是每年的存款数额总是大于放款数额，这说明中南银行在业务开展的同时，始终遵循以稳定求发展的原则。

三、公积金、资本总额的增加

中南银行经营存、放款业务的良好业绩，必然会使可灵活营运资金继续增多。1922年，公积金仅为4万元，随着业务的发展、盈余的增多，1928年为103万元，到1933年该行公积金累计已达165万元，至1937年达275万元，[②] 可谓年有增长。其业务增长尤其显著之处是，中南银行历年资本总额的增长年年攀升，发展态势良好。据统计，该行1921年的资本总额为2724万元，1932年增长为10304万元，比成立当年翻了5倍；到1937年，该行的资本总额达13048万元，[③] 已发展成为华商银行中的佼佼者。通过考察中南银行历年营业报告中公积金与资本总额的变化（见表16－9），可更清楚地看出其发展的良好趋势。

① 沪银档，中南银行档案：Q265－1－376，第3－93页。

② 《银行周报》，第22卷，第十四期。

③ 沪银档，中南银行档案：Q265－1－376，第3－93页。

表 16 –9 中南银行公积金、资本总额增长（1921—1936 年） 单位：万元

年份	实收资本	盈余滚存	公积金	资本总额
1921	500	0.2	—	2724
1922	500	0.6	4	2757
1923	500	0.8	18	3313
1924	500	1.3	34	4176
1925	500	2.4	52	4536
1926	500	2.5	74	5459
1927	750	3	92	5554
1928	750	3	103	6207
1929	750	4	113	7502
1930	750	5	125	8863
1931	750	7	140	9589
1932	750	8	155	10304
1933	750	10	165	11005
1934	750	12	175	13045
1935	750	13	185	13011
1936	750	15	200	13670

资料来源：根据沪银档，中南银行档案：Q265 –1 –376，第 3 –96 页；中国银行总管理处经济研究室：《全国银行年鉴》，上海，1931—1934 年；贾士毅：《民国续财政史》（六），1934 年版，所载中南银行历年营业报告整理。

从以上各方面的数字可知，中南银行在业务经营的各个方面都取得了显著成绩。随着其资本总额的增加，为进一步扩展业务，在此期间该行曾进行资本增资。如 1924 年 3 月经股东会议决定增加资本 250 万元，合计收足资本国币 750 万元。同时向外宣布“在中外各大商埠均有特约大力机构”①。事后为适应法令，于 1933 年 7 月，召集临时股东大会，决议以实收资本国币 750 万元为资本总额。② 此外，随着中南银行分支机构的健全和业务的日趋扩大，中南银行的员工也由筹办时的十多人，增至 1936 年的 365 人，从而中南银行跻身于中国近代著名商业银行的行列。

除了分析中南银行业务的增长额可以看出其发展的趋势外，其分支机构实力的增强也说明中南银行在整体上的发展，其中厦门分行在 1928 年平息风波就是一例。

1928 年，厦门市天一汇兑局歇业。当地一些钱庄受其影响所及，也纷纷歇业，一时金融呈现恐慌之态，商号资金周转发生困难。厦门市警备司令部召集商会、钱庄公会及银号开会，决议共组“厦门金融维持会”。总商会又开执行会，决定银行应对商人的不动产予以抵押贷款。同日下午，以厦门分行为首的金融维持会成立，照商会所提手续，给予各商号贷款，迅即减轻了恐慌。③

四 、一次成功的联营——太平保险公司

关注中南银行业务的发展情况，除看其自身独立运营之外，还应该看中南银行与其他银行联合经营的业务进展。这种联合根据情况而定，有时两三家，有时多家。联合的形式也不同，

① 《申报》，1924 年 1 月 13 日，《四行联合营业》。
② 中国银行总管理处经济研究室：《全国银行年鉴》，1934 年，第 85 页。
③ 《申报》，1928 年 6 月 12 日。

有临时的，也有固定组织形式的。其中以固定组织形式最具代表性，而固定形式中发展最典型的就是我们前述的四行联营事务所和后期联合创办的太平保险公司。

中国早期的保险业均操纵在外国人手中，以致利权外流。据统计，外商保险公司在中国每年的盈利，仅流到国外的就达四五千万元。① 正是在这样的背景之下，中国的银行业开始经营保险事业，并先后设立了多家保险公司。例如1926年，东莱银行设立安平水火保险公司。1929年，金城银行投资100万元（实收50万元）开设了太平保险公司，设址于上海江西路212号的金城银行大楼。公司董事长、总经理由金城银行总经理周作民兼任，丁雪农任第一协理，王伯衡任第二协理。太平保险公司正式开业以后，以经营水险、火险、船壳、汽车保险等为主，并酌量办理“玻璃”“邮包”“行动”“茧纱”等险种。“创办初期，虽值百业不振，然历年决算颇具效益，且业务亦日在进展之中”，但“唯以资本数额关系，每有大额保险不敢承做，或仅能占保其一部分”。② 鉴于受资本额限制而不能扩展业务，同时也为扩大社会影响，金城银行开始准备扩大营业。

1933年，金城银行联合大陆、中南、交通、国华四家银行共同经营太平保险公司，各出资100万元，资本额增至500万元（实收300万元）。公司改组完成后，设董事五人，推选黄奕住为董事长，周作民任常务董事兼总经理，聘丁雪农、王伯衡为协理。③ 同时，将公司名称中的“水火”两字删去，改称太平保险公司，并添办人寿、意外等保险。一时声势浩大，金融界为之瞩目。

因为20世纪30年代以后，中国经济的中心逐渐移向东南，所以太平保险公司成立以后，将总部设于上海，同时在广州、南京、杭州、武汉、郑州、天津、济南、哈尔滨等大城市设立八家分公司，事后又在新加坡、菲律宾按照其政府规定以缴纳保证金的方式开设分公司。④ 由于该公司的董事都是当时银行界的名人，在社会上的号召力很大，所以太平保险公司的业务非常发达，其收入的保险费分别存入五家银行，互为利用，相得益彰。

1935年，东莱银行加入，形成了六行合办太平保险公司的局面。东莱银行开设的安平水火保险公司也随之并入太平保险公司。自此太平保险公司的业务开展更为迅猛，先后收买丰盛保险公司和联合保险公司，历年盈余均有增加，1933年，盈余额为14万元，到1936年，就翻了1倍，参看其历年盈余表（见表16－10），可见此时期太平保险发展速度增长很快。

表16－10　太平洋保险公司历年盈余（1930—1936年）　单位：元、%

年份	盈余总额	资本总额	占资本总额比率
1930	57525	500000	11.51
1931	71731	500000	14.35
1932	149244	500000	29.85
1933	142848	2500000	5.72
1934	254267	2500000	10.17
1935	273448	3000000	9.11
1936	293438	3000000	9.78

注：根据太平洋保险公司档案摘录。

资料来源：中国人民银行上海市分行金融研究室：《金城银行史料》，上海人民出版社，1983：296.

① 王化南．回忆中国保险公司［J］．旧上海的金融界，1988：267.

② 中国人民银行上海市分行金融研究室．金城银行史料［M］．上海：上海人民出版社，1983：289.

③ 中国人民银行上海市分行金融研究室．金城银行史料［M］．上海：上海人民出版社，1983：291.

④ 杨固之，谈在唐．中南银行概述［M］．天津：天津文史资料选辑，第13辑，1981：171.

分析表16－10可知，虽然盈余总额占资本总额的比率有所减少，但其盈余总额增长变化十分迅速。由此可见，中南银行与他行的联合经营也是颇有成效的。

第二节　发展中的曲折

中南银行从开设以后，在民国时期危机重重的金融界中取得长足发展，成为商业银行中的代表性银行。但回顾中南银行的发展历程，也曾经历过艰难和困阻，其中有两次对中南银行的发展影响重大。

一、汉口分行的损失

1927年，因国内直奉、淞沪等战事爆发，引起社会动荡不安，市场急剧萎缩。为了恢复经济，武汉国民政府于1927年4月颁布“现金集中条例”，禁止现银流通与出口，只允许中央、中国、交通三行纸币流通市面，还规定所有在武汉的各银行、钱庄库存现银一律封存，致使汉口银根骤然抽紧，商业萎缩，钱庄因周转不灵纷纷倒闭。而中南银行汉口分行在过去也经常对汉口的钱庄进行放款，所以大批的钱庄倒闭使其遭受了很大损失。到7月间，武汉国民政府因军费紧张，又分两次全部提解各行被封存现银，汉口分行因此而受损失约230万元。①

二、天津分行的倒账风波

祸不单行，天津作为对外口岸，对外贸易事业相当繁荣，但多为外商把持。天津协和贸易公司则是中国人开办的外贸公司之一，主要经营进出口业务。后因业务发展较快，往往动辄上百万元，生意上全靠银行的贷款，所以与中外银行都有往来，组织日渐庞大。而天津协和贸易公司的老板祁乃奚更是善于交际，极力与天津的达官贵族和各界名流拉拢关系，从而很快扩大了协和贸易公司在天津的影响。随着其名气的提高，各个银行开始争相向其放贷，甚至为了跟其长期合作，各银行间还相互隐瞒对协和公司的放贷之事。因为贷款的便利，协和公司业务开展很顺利，且盈利不少。

但后来外商依靠外资银行不断抢夺市场，协和公司的业务开展越来越难。为了扭转亏损的局面，1927年协和公司与美商合作开设了瑞通货栈，利用其开出空头栈单，开始承做押汇贷款。② 因与其合作的美商曾任美国驻津副领事，颇有声誉，又有押品作为保障，故一时间瑞通货栈的栈单纷纷散入天津的各大银行。结果随着协和公司业务亏损的增加，终致资金无法运转，宣告破产。

协和贸易公司的倒闭，导致了当时正在筹办的汇业银行和中华懋业银行因此而停止开业，中原银行也因之而倒闭，此外，其他多家银行皆受损失。中南银行天津分行也因向其放贷，倒账损失达280万元，但天津分行领取总行所拨资本才150万元，③ 损失达该分行领取资本的近2倍，因此业务日趋不振，信誉大受影响。为了安定危局，胡笔江急命上海总行、厦门分行筹款接济，天津分行才保了下来。

---

① 王瑞芳：《金融巨子胡笔江的遭遇》，《炎黄春秋》，2002年第8期，第30页。

② 文兰：《旧中国津门“协和”大骗案》，《金融经济》，2004年第1期，总259期，第64页。

③ 徐矛，顾关林，姜天鹰．中国十银行家［M］．上海：上海人民出版社，1997：359.

汉口、天津分行业务的受挫，对中南银行的发展造成了巨大影响。上海总行因此而损失了数百万元，总行及各地分支行业务也出现衰退，形势极为严峻。为了弥补损失，重整业务，胡笔江提出了增资250万元和停止发股息的办法来弥补这笔损失，经董事会讨论后决定采纳。董事长黄奕住也对外宣称尚有1250万元资金做后备,[①] 以重振中南银行的信用。中南银行在处理这次问题上，所采取的增资和停止股息补贴损失方法，实际上是使出资人受损，而不使顾客利益受损的方法，所以在社会上反映良好。增资之后，中南银行的信誉慢慢恢复，业务稳步上升，逐渐又步入正轨。

第三节　中南银行经营的特色

中南银行是一家侨商私营银行，在民国时期经受了无数次政局变动、经济风波而能维持信用，使自己立于不败之地，是很不容易的。究其原因，除坚持发展的稳健主义外，尚有其独特发展特点，主要体现在发行纸币、放款实业和发展侨汇等方面。

一、发行纸币

民国初期是中国纸币史上最为复杂的一页，当时发行纸币的银行大致上可以分为四大类，即国家银行、各省银行、商业银行和外商银行。一般来说，发行纸币应由国家银行发行，但在民国时期因为币制的紊乱和财政的需要，故不少普通商业银行经政府核准也取得了发行纸币的特权。例如中国实业银行、大中银行、中国丝茶银行等，而中南银行就是其中之一。

当时一般人看私营银行是否可靠，要看该行资本是否殷实。中南银行开办时，即实收资本500万银元，这占全国重要银行实收资本的5.24%。1924年该行增资后，比当时著名的金城银行还多250万元。[②] 这样的规模，在当时可算资力殷实的大银行。所以从一开始就为中南银行纸币的发行奠定了良好的信誉和经济基础。

银行纸币的发行方式有独立发行和由他行领发两种形式，但中南银行纸币的发行与其他商业银行发行有所不同。该行纸币并不是由中南银行独立发行或由他行领发，而是由中南、盐业、金城、大陆四行联营以后，组织四行准备库联合统一发行的。当时，四行发行准备库在天津设总库，分库设在上海、汉口，津库又附设京库一处，办理发行准备，所有中南银行纸币均由三库发行,[③] 并在票面上分别印有各库所在地的地名，以方便确认。凭借四行联营的雄厚资本，中南银行纸币的信誉更加稳固，在市场中广为流通。

除了重视资本的保证外，中南银行纸币能被广泛使用还有另一个原因，就是中南银行注重发行准备，它发行的纸币号称是“十足现金准备”，后虽有所变化，但十足准备的原则始终是其遵循的原则。既有良好的信誉，又有四行准备库和十足准备为后备，中南银行的发行额到1927年，即达1700万元，已占全国发钞总额的十分之一，相当于中南、金城、盐业、大陆四家银行的实收资本的总和。可见其发行业绩的辉煌。

中南银行纸币的发行，从未发生过不兑现等信用问题。1927年，天津分行协和贸易公司倒

---

① 杨固之，谈在唐．中南银行概述［M］．天津：天津文史资料选辑，第13辑，1981年版，第170页．

② 刘效白．侨商中南银行：旧上海的金融界［M］．上海：上海人民出版社，1988：176.

③ 戴建兵．白银与中国近代经济（1890—1935）［M］．上海：复旦大学出版社，2005：90.

闭后，在天津“凡发行银行均受影响，来本库兑现者颇为汹涌”，但该分库全部兑现，“经二、三日即平息……”[①] 1935 年初，在天津一批日本浪人，有计划地先抢购大量中南银行纸币，然后集中向该分库兑现银元，企图打击中南银行纸币在北方地区的信誉，也因该分库能全部兑现，至第三天风潮平息。而具有雄厚金融资本的中、交两行却在短短几年时间里就停兑两次。事实证明，在纸币信用这一点上，中南银行比其他发行银行还要好些。

由此，中南银行因其纸币发行的骄人业绩而与浙江兴业银行、四明银行、中国实业银行、农商银行、中国通商银行、中国农工银行、中国垦业银行等，被合称为民国时期“八大发行商业银行”。[②] 可以说，中南银行纸币的发行对发展中国民族经济起到了一定的促进作用。

二、投资实业

中南银行在吸引国内外大量储金的基础上，对工商各界放贷了大量资金，1927 年已达 1750 万元。[③] 投资的范围也很广泛，包括对外贸易、国内商业、工业、金融、农业、渔业等，其中对工业的投资和放贷尤为显著。

中国的棉纺织业在第一次世界大战及战后一段时间，外资无暇东顾，发展特别迅速。并因纱厂资金周转较快，借款期限短、利率高，所以成为银行放贷的主要对象。

中南银行成立以后，就把国内轻工业中棉纺织业作为放贷的重点，给上海、汉口、天津、南通等许多地方的棉纺织厂进行了贷款。但随着纺织业黄金时代的过去，外国的制成品开始向国内大量倾销。而国内各纺织厂无论原有、新设者，资本大都比较薄弱，加上原料不能自给和管理技术落后，以致成本太高，陷入棉贵纱贱之情况中。由此导致这些纱厂连年亏耗，银行放款陷入呆滞，终因无力还债而被银行接收。中南银行所放贷的一些纱厂，情况也如此，故或被中南银行独资收购，或被中南银行参与收购、接管，从而由贷款变为了投资。

中南银行独资收购的是上海民生纱厂，其设备后用于创设德丰纱厂。而多数的纱厂是中南银行参与收购、接管的，其中有：（1）上海浦益纱厂，包括一厂、二厂及其实验所，共有纱锭 87408 枚，布机 490 台。该厂 1931 年 10 月宣告破产，由中南、金城两家银行收购。1932 年重新开工。1935 年重新改组，改名为新裕纱厂，中南银行占其股份的 65%。[④]（2）上海隆茂纱厂，纱锭 17808 枚，1932 年该厂无力偿还贷款，被中南等几家银行清算。（3）上海民生纱厂，纱锭 9000 枚，1936 年被清算。（4）天津裕元纱厂，纱锭 71360 枚，1935 年被清算。（5）天津恒源纱厂，纱锭 30160 枚，布机 299 台。1935 年 7 月，被中南、金城两家银行以债权关系接管。（6）天津北洋纱厂，纱锭 26080 枚，1936 年 4 月宣告破产，拟售予日本人，后被中南、金城两行收购，中南银行占股 50%。

以上 6 家纱厂中，新裕、北洋、恒源三厂是由中南和金城合组的诚孚信托公司，广聘专家进行管理的。在这里值得一提的是，由诚孚信托公司管理的这些纱厂，都各有其股东。他们的资产管理与会计核算各自完全独立，诚孚信托公司只是从事纱厂经营的管理机构，代行管理职责。但中南银行为什么会在国内纱厂市场不景气的情况下接管这些纱厂呢？在中南银行档案中是这样记载的：“对于此项事业之扶助，仍不退缩，实因国人已经树立之生产事业，不忍视其消

① 中国人民银行上海市分行金融研究室．金城银行史料［M］．上海：上海人民出版社，1983：297.
② 马飞海．中国历代货币大系之（10）——民国时期商业银行纸币［M］．上海：上海辞书出版社，2003：13.
③ 张虎婴．历史的轨迹［M］．北京：中国金融出版社，1987：98.
④ 福建华侨志编纂委员会．福建华侨志（上篇）［M］．福州：福建人民出版社，1992：235.

灭，致使外来势力，益将设法抵制，在银行的损益，故属重要，然权衡轻重之间，自当辨其取舍，同时亦看到纺织业，必有否极泰来之机会。”① 通过这段话，我们不难看出，投资纱厂除了有扶助民族工业之意外，另一个主要原因就是看到纱厂仍具有一定的生机和活力，其发展潜力巨大。

除了棉纺织外，中南银行在其他民族工业方面也有涉足。1922 年，参与创设上海益中福记电磁公司，资本额 30 万元。到 20 世纪 30 年代，又与天津永利化学工业公司建立了抵押借款的关系，并参与创设天津新洋灰公司、上海诚孚铁工厂、南京肥皂厂、民生实业公司等工业企业。此外，还投资于天津新洋灰公司、滦州矿物公司、南洋兄弟烟草公司②等工业企业。随着中南银行规模的发展，其对工矿业方面的放贷也在增加，1930 年为 594 万元，1933 年为 907 万元，比 1930 年增长了 1.5 倍。到 1936 年为 1593 万元，又增长了 686 万元。③ 这样的速度在当时是少有的，因而我们一般这样评价中南银行——“以华侨投资和资力雄厚著称，亦有较多的工业放款与投资”。④

三、发展侨汇

中南银行是侨资银行，董事会对侨胞有很深感情，成立之初就抱有“于海外侨商则使其资金内转归志将从而益坚”⑤ 的想法，希望号召华侨回国投资。而黄奕住本身就是南洋华侨巨商，故中南银行在营业方面很注重侨汇事业的开展，在华侨中有很多关系，有一定的影响力。

为了便利华侨汇款，中南银行在成立以后，就开办了国外汇兑业务。这在华商银行中，实为首创的第一家。当时华人自办的银行对于这项业务经验尚浅，为了学习经验，培养人才，中南银行特聘请前德华银行经理柯禄为本行顾问，⑥ 主持该行国内外汇兑业务，由该行景逸民协助其工作，以便熟悉业务。1926 年 3 月，柯禄辞职回国，这项业务便由景逸民开始负责。在此期间，中南银行随着侨汇业务的发展，分别在美、英、法、日、德、爪哇（印度尼西亚）、菲律宾、新加坡、马来西亚、泰国、缅甸等国都建立了通汇处，在南洋等地与正金银行、安达银行等外资银行也建立了汇兑业务关系，在国外各大商埠均有委托代理的点，其此时接任的行员，情况自行掌握，渐见娴习，业务发展相当兴盛。随着中南银行侨汇事业的发展，回国投资的侨商开始明显增多。以其总行所在地来看，1900 年至 1913 年，在上海投资的华侨共 13 户，投资总额 1603 万元，平均每年投资 80 万元，每户为 123 万元；1919 年至 1927 年，投资者为 23 户，投资总额 1598 万元，平均每年为 200 万元，其增长速度翻了一倍还多。⑦

1936 年，天津分行又成立外汇科，办理侨汇业务，归总行管辖，业务量也颇为可观。由于中南银行经营外汇事业较早，经验已经成熟，故国民政府历次统制外汇，随时变更办法均指定该行为经营外汇的专门银行，而中南银行亦能随时配合。⑧ 当时正值国内币制紊乱时期，而外汇却相对稳定，故中南银行多年经营均能有盈无亏，且人才济济，名声在外。例如四行储蓄部一

① 沪银档，中南银行档案：Q265 -1 -393，第 13 页。
② 《申报》，1931 年 6 月 3 日，黄奕住被选为该公司候补董事。
③ 洪葭管，张继凤．上海成为旧中国金融中心的若干原因［M］．上海：上海社会科学出版社，1985：46.
④ 《中国大百科全书经济》Ⅰ，第 14 页，“中南银行”条。
⑤ 沪银档，中南银行档案：Q265 -1 -393，第 1 页。
⑥ 沪银档，中南银行档案：Q265 -1 -393，第 16 页。
⑦ 林金枝．近代华侨投资国内企业史研究［M］．福州：福建人民出版社，1983：98.
⑧ 沪银档，中南银行档案：Q265 -1 -393，第 17 页。

次因业务太忙，原有职员应付不过来，曾急调中南银行外汇部主任施博群协助工作。① 随着此项业务的发展，逐渐形成了以香港分行、厦门分行为侨汇业务的枢纽。尤其表现在厦门分行，当时厦门并无大规模的农工生产事业，“故金融流传仅为导入侨汇以抵消人民生活食用物品之进口价值”②。

到 1937 年，其侨汇业务在闽南地区已占三分之一。③ 可以说，中南银行依靠侨商身份，面向华侨开展侨汇事业取得了很大的成功。同时，因为外汇的绝大部分来自华侨，并且非常固定，很少变动，所以这也成为中南银行经营的特色。

结语

中南银行创立于民国初期商业银行发展的春天，但其发展却经历了民国时期社会动荡、经济萧条的前期阶段。虽然这一时期，金融界商业银行不断倒闭、挤兑风潮迭起，但中南银行始终坚持稳健的经营原则，以开展一般商业银行业务为主，并积极经理华侨汇兑、联合发钞和放款实业等业务。到 1937 年，经过 17 年的风雨历程，其已发展成为民国时期重要的商业银行之一。

中南银行之所以能取得令人瞩目的业绩。究其原因，首先是其资本的雄厚为其树立了稳固的信誉，其开业实收资本为500 万元，这样的规模在当时的商业银行中是绝无仅有的；其次就是其实行现代企业的管理体制，即所有权和管理权相分离，为银行业务的顺利开展提供了保证；此外，中南银行在开业不久，便获得了纸币发行权。为了避免挤兑风潮、稳固纸币信誉，该行决定采取比较稳妥而切实可行的方法，即联合盐业、金城和大陆银行建立四行准备库，并制定了“十足准备”的发钞原则，联合发行中南银行纸币，这在中国商业银行史上是一个创举。四行准备库不仅成功地规避了挤兑风险，而且取得了发行额稳步上升的骄人业绩。同时，由于中南银行和华侨的特殊关系，该行的外汇业务也相当活跃，这尤其表现在闽南地区。体现其业务经营稳健的另一个方面即是其注重工商业放款，而不偏重投资公债和经营政府借款。

四行联合营业也是中南银行业务经营稳固的原因。四行联合营业事务所成立以后，除建立了四行准备库外，还成立了四行储蓄会、四行信托部等机构，以扩展其业务的发展。“北四行”联营的形成，不仅扩大了该行的社会影响，稳固了业务基础，同时也体现了中国近代的银行业发展注重同业协调与合作的特点。

由此可知，中南银行虽与其他商业银行一样都是处在民国初期的经济风雨飘摇之中，但凭借其自身的优势，却取得了骄人的业绩。可以说，中南银行的成长历程也是中国近代银行业发展的缩影。通过对其进行个案研究，不仅能对民国时期华资银行发展情况有一定了解，总结其发展的经验，对把握中国近代银行业的管理方法和银行间业务合作意识，仍具很深的借鉴意义。

① 徐矛，顾关林，姜天鹰．中国十银行家［M］．上海：上海人民出版社，1997：357－358.

② 沪银档，中南银行档案：Q265－1－320，第 17 页。

③ 沪银档，中南银行档案：Q265－1－427，第 11 页。

参考文献

［1］上海市档案馆银行档案，中南银行档案，卷宗号：Q265 – 1 – 376；Q265 – 1 – 393；Q265 – 1 – 439；Q265 – 1 – 36；Q265 – 1 – 184；Q265 – 1 – 461；Q265 – 1 – 320；Q265 – 1 – 427；Q265 – 1 – 2；Q265 – 1 – 3；Q265 – 1 – 7；Q265 – 1 – 10；Q265 – 1 – 51；Q265 – 1 – 189。

［2］《申报》，1921 年 1 月 13 日至 1931 年 6 月 3 日各期。

［3］《银行周报》，第 8 卷第 8 号、第 18 号、第 25 号；第 22 卷第 14 期。

［4］徐矛，顾关林，姜天鹰．中国十银行家［M］．上海：上海人民出版社，1997.

［5］中国人民银行北京市分行金融研究所，《北京金融志》编委会办公室：《北京金融史料》，银行篇（四），1993。

［6］贾士毅．民国续财政史［M］．上海：商务印书馆，1934.

［7］中国人民银行上海市分行金融研究室．金城银行史料［M］．上海：上海人民出版社，1983.

［8］马飞海．民国时期商业银行纸币［M］．上海：上海辞书出版社，2003.

［9］刘效白．侨商中南银行：旧上海的金融界［M］．上海：上海人民出版社，1988.

［10］杜恂诚．中国金融通史［M］．北京：中国金融出版社，2002.

［11］林金枝．近代华侨投资国内企业史研究［M］．福州：福建人民出版社，1983.

［12］罗志如．统计表中之上海［M］．南京：中央研究院社会科学研究所，1932.

［13］许涤新，吴承明．中国资本主义发展史［M］．北京：人民出版社，2003.

［14］杨天亮．北四行联合发行中南银行纸币评述、上海金融的现代化与国际化［M］．上海：上海古籍出版社，2003.

［15］徐枫，赵隆业．中南银行、中国商业银行纸币图录［M］．北京：中国社会科学出版社，1995.

［16］杨固之，谈在唐．中南银行概述［J］．天津文史资料选辑，第 13 辑，1981.

［17］许家骏．周作民与金城银行［M］．北京：中国文史出版社，1993.

［18］刘鸿儒．经济大辞典·金融卷［M］．上海：上海辞书出版社，1987.

［19］中国银行总管理处经济研究室．全国银行年鉴［M］．上海，1934.

［20］王化南．回忆中国保险公司［J］．旧上海的金融界，1988.

［21］王瑞芳．金融巨子胡笔江的遭遇［J］．炎黄春秋，2002（8）.

［22］文兰．旧中国津门“协和”大骗案［J］．金融经济，2004（1）.

［23］戴建兵．白银与中国近代经济（1890—1935）［M］．上海：复旦大学出版社，2005.

［24］张虎婴．历史的轨迹［M］．北京：中国金融出版社，1987.

［25］福建华侨志编纂委员会．福建华侨志［M］．福州：福建人民出版社，1992.

［26］洪葭管，张继风．上海成为旧中国金融中心的若干原因［M］．上海：上海社会科学出版社，1985.

［27］章淑淳．我与中南银行［J］．大人（香港），1972（32）.

［28］黄则盘，成家．中南银行创办人黄奕住［N］．香港《新晚报》，1989 – 06 – 08.

［29］吴筹中．中南银行及其发行的纸币［J］．中国钱币，1994（1）.

［30］郭孝先．上海的内国银行［J］．上海通志馆期刊，1933，1（2）.

第十六篇　蒙藏银行

尹德佼

1912 年到 1920 年，是中国民族资本短暂的繁荣发展时期，这一时期中国民族资本主义有了较快的发展，取得了长足的进步。这一时期取得如此快速的发展，原因是多方面的：社会政治方面，辛亥革命推翻了清王朝的封建统治，建立了中华民国，使民族资产阶级社会地位得到提高，政府奖励实业激发了人们投资工业的热情；客观因素方面，第一次世界大战期间，欧洲列强忙于战争无暇东顾，这在客观上为中国民族资本主义的发展提供了有利的外部条件；思想方面，辛亥革命前后，群众性的反帝爱国运动此起彼伏，特别是 1915 年因反对“二十一条”所掀起的抵制日货、提倡国货运动，有力地推动了民族工业的发展。以上这些因素，共同促成了民族工业在民国初年的快速发展。民国初期银行业取得了飞速的发展，除了银行为牟取暴利纷纷投资公债和政府借款外，一个重要的原因是当时资本主义工商业的发展需要更多的资金进行融通，这必然对银行业的发展有利。蒙藏银行正是在这样的历史背景下产生的。

第一章　蒙藏银行的创立

蒙藏银行是一家具有货币发行权的商业银行。张星烺在其著作《欧化东渐史》中将蒙藏银行定性为特种银行，“特种银行，如交通银行、殖边银行、农商银行、边业银行、劝业银行、蒙藏银行、财政部平市官钱局等”①；杨荫溥在其《杨著中国金融论》中将其定性为边务银行，“边务银行以开拓边疆为唯一投资，在沪则有蒙藏银行、边业银行等”②。蒙藏银行创办的初衷便是专门开发蒙藏资源，为西北少数民族地区经济发展提供服务。可见蒙藏银行兼具特种银行和边务银行属性，是民国时期中小银行中的重要代表之一。

第一节　创办的目的

蒙藏银行是由蒙藏院倡办，并在当时的蒙藏院总裁贡桑诺尔布主持下筹办的，蒙藏银行的创办，蒙藏院发挥了不可替代的作用。

1914—1928 年，蒙藏院作为管理蒙藏地区事务的中央机构对蒙古、西藏等边疆地区的政治、经济、文化都产生了巨大影响。由于蒙藏院直接隶属于总统，在民国政府当中地位极高，这就为蒙藏银行的顺利筹办奠定了政治基础。

近代以来，随着外国势力对中国的入侵，我国的主权一点点丧失，外国资本主义列强的侵略方式也从野蛮的直接经济掠夺发展到资本输出，控制中国的金融和财政，侵略地域也由最初的东南沿海深入到中国内地。蒙古、西藏由于地域广大，蕴藏着大量自然资源，资本主义列强早就垂涎三尺，伴随着侵略的加深，蒙古、西藏也逐渐半殖民地化了。蒙藏院筹办蒙藏银行的一个重要原因就是为了摆脱帝国主义的经济侵略，筹资开发蒙藏，维护祖国边疆的稳定。

北洋政府的财政政策和现状也是兴办蒙藏银行的一大诱因。北洋军阀反动统治的特点就是各派系军阀都有一支军队，并视其为私产。军阀们依靠这支军队起家才走上了中国的政治舞台，继而又希望通过扩充军队来实现更大的政治野心，这就需要大量的资金来支撑。除去国内的军政费用，北洋政府还要支付国外的债务本息及赔款开支。因此，严重的财政赤字一直都是北洋军阀政府财政的突出特征。由于民国初年便大量举借外债，政府的财政受制于附带有大量政治条件的外国银行团，举国对此大为不满，举借外债之路也越来越难。而国内银行业的发展也为北洋政府将解决问题的重心由外国银行转移到国内银行业来提供了契机。北洋政府解决财政困难的方式主要是发行政府公债和政府借款，经营政府公债和受理政府借款的利润奇高，比银行正常经营的商业存、放款利润高出很多，这也是蒙藏银行开办的一个重要原因所在。

第一次世界大战期间，欧洲列强暂时放松了对中国的经济侵略，这在客观上为中国民族工业的发展提供了有利的外部条件。民族资本主义利用这一有利条件在第一次世界大战前后有了迅猛的发展，仅在上海，1913 年前的 38 年中，一共开设工厂 153 家，而 1914—1928 年的 15 年

---

① 张星烺．欧化东渐史［M］．上海：商务印书馆，1933：81.
② 杨荫溥．杨著中国金融论［M］．北京：黎明书局，1936：39.

里，一共开设工厂1229家[①]，后一期是前一期开设工厂数的8倍多，可见这一时期中国工业的繁荣。工商业的迅猛发展需要大量的资金进行融通，市场对银行的需求越来越大。而这一时期，银行的利润也非常高，如中国银行1912年的利润率仅为4.88%，1915年的利润率就激增到25.97%，1918年更是达到了30.88%的高值，1919年也有28.17%。[②] 银行业的高额回报率也是蒙藏银行筹办中考虑的重要因素之一。

由此分析得知，蒙藏银行筹办的原因首先是蒙藏院出于本院职责，希望通过筹办蒙藏银行筹集资金用于开发蒙藏，以此达到抵制外国经济侵略、加强与内地联系、繁荣蒙藏经济的目的。另外一个重要原因是，民国初年国内工商业发展迅速，为商业银行的产生提供了产业基础，加之银行经营政府公债、受理政府借款利润巨大，这些都推动了蒙藏银行的创办。

第二节　创办经过及发起人

蒙藏银行是时任蒙藏院总裁的贡桑诺尔布于1921年发起创办的，贡桑诺尔布是蒙古贵族出身，却并不保守，对待西方事物持开放态度。执掌蒙藏院的他对开发蒙藏、发展蒙藏边疆地区经济抱有极大热情，这便是贡氏倡办蒙藏银行的初衷。

贡桑诺尔布，字乐亭，号夔盦，乌梁海氏，为元臣济拉玛二十八世孙。其十五世祖固噜思奇布，于清朝崇德元年（1636年），始封固山贝子，授喀喇沁右旗札萨克。顺治七年（1650年），晋封多罗都楞贝勒。康熙七年（1668年），晋封郡王，世袭罔替，贡桑诺尔布为十二次世袭郡王旺都特那木济勒长子，幼工书史，汉学湛深。自清光绪二十四年（1898年）袭郡王爵，即锐意维新，提倡教育，在本旗遍立学校，所有经费均自行捐助。光绪三十四年（1908年），自备资斧，赴日本考察政治，调查教育新法，归国后，选拔本旗毕业学生成绩优良者，资遣赴日留学，使得蒙古喀喇沁旗人才辈出。民国元年，首先翊赞共和，晋封亲王，任蒙藏事务局总裁，孙中山先生1912年赴北京时，与谈甚快，被推为国民党理事，1914年改任蒙藏院总裁，1918年兼任卓索图盟盟长，至1928年，政府南迁，退归本旗，仍任盟长兼札萨克。[③]

1921年3月，蒙藏院总裁贡桑诺尔布等呈请设立蒙藏银行，开发蒙藏，“以资活动蒙藏各部之金融”[④]。1921年3月26日，政府同意蒙藏院筹建蒙藏银行的申请，在大总统第七百二十八号指令中提到，“呈悉所拟创办蒙藏银行尚属可行，著即会同财政部、币制局妥拟章程呈候核办”[⑤]。随后便委派蒙藏院副总裁陈廷杰具体筹备蒙藏银行各项事宜，[⑥] 并开设蒙藏银行筹备处，作为经办机构。1921年11月8日，由财政总长高凌霨、币制局总裁张弧、蒙藏院总裁贡桑诺尔布共同拟定的《蒙藏银行章程暨招股章程》获得通过。[⑦] 之后，蒙藏银行于1922年6月27日下午四时在北京召开股东创立会，并选举重要职员。股东创立会由陈幼孳（时任该行筹备处处长）主席报告该行筹备经过情形，随即检查到会人数，已足法定五分之一，实缴股款亦已收足定额，照章选举了董事七人、监事三人。结果陈廷杰、塔云樵、胡百成、黄美涵、周庆儒、刘鲤门、

① 罗志如．统计表中之上海［M］．南京：中央研究院社会科学研究所，1932：63.
② 许涤新，吴承明．中国资本主义发展史（第二卷）［M］．北京：人民出版社，2003：841.
③ 王洗凡：《前蒙藏院总裁贡桑诺尔布事略》，《蒙藏旬刊》，1931年第13期，第32－33页。
④ 《银行月刊》，第一卷，第十号，《筹备中之蒙藏银行》，第5页。
⑤ 《劝业丛报》，第二卷，第一期，《大总统指令第七百二十八号》，第234页。
⑥ 《劝业丛报》，第二卷，第一期，《大总统指令第九百二十二号》，第235页。
⑦ 《劝业丛报》，第二卷，第三期，《大总统指令第二千五百二十号》，第2页。

鄒撰东七人被选为董事，龚农瞻、乐镜宇、许修直三人被选为监事，汤怡斋、丁价侯、汤式民、罗象平四人被选为候补董事。随后又于6月28日下午四时开会选举总、协理，结果陈廷杰当选为总理、刘鲤门当选为协理，黄美涵、周庆儒当选为常驻董事。当日董事会还通过了京行行长为王丽微、副行长为严仲桢，汉口行长为萧少垣、副行长为彭禹九，只剩该行董事长尚未推定。①

蒙藏银行创办过程看似一帆风顺，实际上却暗藏着危机。蒙藏银行于1922年6月27日召开创立会时所招商股现款及票据存折合计虽有60余万元，超过定额250万元的四分之一。然而实际只收到银十余万元，不但原认之款未能交齐，就连存折票据等也没有依期照缴，甚至有一部分已经当选的董事和监察人，也有分厘未缴者，以致银行不能开业。该行筹备处主任陈幼孳十分恐慌，于是添招新股补充定额，并发布了筹备处截止收股的声明，而董事会有小部分人害怕大宗新股加入后会造成自己所占总股中份额变小，甚至有可能连自己的董事位置都不保，所以用董事会名义攻击筹备处主任陈幼孳违法营私。而该董事会又有一部分董事不肯附和，提出了反对，这就又导致了董事会内部的分歧和混乱。

迟迟不能收齐股款的陈廷杰，为解决股款来源，与袁世传订立合同，并希望借此将旧股东排除出董事会。而旧股东担心失去自己本已得到的董事地位，于是，该行部分董事又以“营私舞弊七款”罪名呈请财政部、蒙藏院派员查办陈廷杰，并监视账簿、印章。② 局面不可收拾，陈廷杰只好自己请辞，连同筹备处一并撤销。最后，蒙藏银行“筹备年余，越弄越糟，不得已让渡与袁世传接续办理，主持一切”③。

袁世传，字述之，河南项城人，近代著名实业家、银行家。史学界过去对他的研究较少，对其进行介绍的文章零星散落于人物传记或地方文史资料中。他早年曾担任清朝邮传部丞参，后退出官场，兴办实业，专心从事开办煤矿，担任贾汪煤矿总经理，曾被选为“中国矿业联合会”理事，④ 后又投身银行业，担任蒙藏银行经理。

袁世传与中国近代史上的袁世凯同出自河南项城的一个大家族。袁世传的祖父，即袁世凯的叔祖父袁甲三官至漕运总督，曾在曾国藩账下参与镇压太平天国起义，被曾国藩誉为“国士”，后又参加镇压捻军，是项城袁氏家族的顶梁柱。袁世传的父亲袁保龄曾追随李鸿章在北洋办理海防，深得李鸿章信任。袁世凯的养父袁保庆死后，袁保龄与其兄长袁保恒送袁世凯到北京读书，促其上进，袁保恒、袁保龄兄弟对袁世凯管束甚严，袁世凯也很是感激两位叔叔的苦心。袁保龄在帮办旅顺海防期间，正是袁世凯出使朝鲜之时，对袁世凯在朝鲜的行止多有擘划。袁世凯因帮助朝鲜王李熙平定了“甲申之变”，而得罪了日本，而且并未得到朝廷的理解，落了个“胜而无功”，曾一度不想再回朝鲜。袁保龄劝服袁世凯要以大局为重，不要闹个人意气。袁保龄还规劝袁世凯还是通过科举正途求取功名，走正规的仕途功名之路，但后来在李鸿章的要求下只好同意袁世凯再次出使朝鲜。可见袁保龄与袁世凯关系的密切程度。袁世传是袁保龄的第六子，按照项城袁氏家族“保世克家、企文绍武”的排行，袁世传应该算是袁世凯的堂弟。由于袁世传的父亲、叔父都对袁世凯有恩，所以袁世传与袁世凯两家关系也非比寻常。

袁世凯卒于民国五年农历五月初六（1916年6月6日），这时距蒙藏银行的成立有八年之

---

① 《银行月刊》，第二卷，第七期，《蒙藏银行之创立选举会》，第135－136页。

② 《银行月刊》，第二卷，第十一期，《蒙藏银行之暗潮》，第142－143页。

③ 《银行月刊》，第三卷，第五期，《蒙藏银行定期开幕》，第136页。

④ 王忠和．项城袁氏家传［M］．北京：百花文艺出版社，2007：29.

久，袁世凯自然不可能直接给予袁世传帮助，但“百足之虫，死而不僵”，袁世凯的后人、故旧依然掌握着一定政治资源，以袁世传与袁克定两家交往密切程度看，蒙藏银行最终能由袁世传顺利接办，其中缘由不言自明。袁世凯的挚友，近代著名教育家、南开“校父”严修就曾在1922年2月为袁世传致函颜俊人。① 颜俊人，即颜惠庆（1877—1950年），上海人，曾任民国外交总长、内务总长、国务总理。② 1923年1月，严修又为袁世传致函曹锟等人。③ 在北洋政府统治时期，没有一个可靠的政治靠山，无论经商、从政都是十分困难的。而袁世传能够先后顺利执掌贾汪煤矿、蒙藏银行等企业，与其显赫的家族背景和超强的政治活动能力是密不可分的。

在袁世传掌握蒙藏银行领导权后，银行的筹建才真正步入了快车道。该行原有股东不甚可靠者，都先后脱离关系，资本500万元也收足四分之一，计125万元，并拟定1923年6月12日开幕，地址设在东交民巷西口汇昌大楼，总理为袁世传、协理为俞东屏，京行经理为王礼维、副经理为陈寿芝，并拟于上海开设分行。同时还成立了总管理处，总稽核为李瀓。④

第三节　资本、行名和行址

银行资本来源决定银行性质。近代以来，我国兴办的银行有数百家之多，以资本来源分类就有官办、商办、官商合办、外商独资、中外合办之分。鸦片战争中，外国用枪炮打开了中国的大门，逼迫清政府开放广州、厦门、福州、宁波、上海五处为通商口岸。伴随着外国在华贸易的迅速发展，银行作为信用中介和支付中介的作用越发重要，这就促使外资银行在华设立逐步增多，从1845年第一家在华外资银行英国丽如银行在上海成立，到1894年，在华外资银行已有8家，分支机构多达40多个。而我国自己的第一家国家银行户部银行直到60年后的1905年才正式成立。可见，在华资银行兴起前，外资银行在华处于独霸地位。之后，随着工商业的发展，银行政策也逐步放开，其他类型的银行应运而生。中外合办银行有中、俄合办之华俄道胜银行，中、日、德合办之北洋保商银行，中、美合办之中华懋业银行，中、法合办之中法实业银行，中、日合办之中华汇业银行，中、意合办之华义银行等。官商合办银行有殖边银行、农商银行、劝业银行、中国实业银行、边业银行、中国农工银行等。商办银行就更多了，有中南侨商银行、中国垦业银行、大中银行等。到1928年6月止，全国已有银行近200家之多。⑤ 蒙藏银行就是在民初这股兴办银行的热潮中应运而生的。

关于蒙藏银行是商办还是官商合办的问题，学术界说法不一，在此有必要作简单说明。吴筹中在其《蒙藏银行及其发行的纸币》一文中提到：“民国十年（1921年）蒙藏院为振兴蒙古和西藏地区的经济，拟设立蒙藏银行。十年五月八日召开创立会，额定资本金五百万元。收到一百二十五万元时开始开业。蒙藏银行于民国十二年（一说十三年）六月十五日开业，总行初定于北京，后因天津有业务关系和发展前途，乃设总行于天津……”⑥ 蒙藏银行原定的资本总额为通用银元1000万元，定向募集500万元，共5万股，每股银元100元。原定官股、商股各占

---

① 严修．严修日记［M］．天津：南开大学出版社，2001：2459.
② 贾熟村．北洋军阀时期的交通系［M］．郑州：河南人民出版社，1993：58.
③ 严修．严修日记［M］．天津：南开大学出版社，2001：2486.
④ 《银行月刊》，第三卷，第五期，《蒙藏银行定期开幕》，第136页。
⑤ 戴建兵，陈晓荣．中国纸币史话［M］．北京：百花文艺出版社，2006：86.
⑥ 吴筹中：《蒙藏银行及其发行的纸币》，《安徽钱币》，1997年第4期，第15页。

半数，官股由政府（主要是蒙藏院）拨款充之，商股由创办人负责募集，这大概就是官商合办一说的由来。股款的募集主要委托中国银行代收，在蒙藏银行发给中国银行的函件中提到："贵行信用昭著，兹特奉托代收股款，随函送上收股据由金字七十一号起至一百三十号止，计三册，如各认股人缴股后即讫照式填发，其款即存，贵行作活期存款照章计息，提取时须以敝处印章及敝处主任签字函件为凭"。[①] 蒙藏银行之所以委托中国银行代收股款，一方面就像文中所说中国银行"信用昭著"，代收股款比较放心；另一方面，因为中国银行在全国网点较多，方便股款的募集。然而直到蒙藏银行正式营业，实收资本总额只有招募的12500股，计125万元，蒙藏院并未对蒙藏银行进行注资。所以可以得出这样的结论：蒙藏银行是一家商办银行，而非官商合办的。

从1925年底若干家银行额定股本与实收股本的差额（见表17－1）中可以看到，不同银行其额定资本和实收资本情况差异较大。中、交等行开办时间较早，实力比较雄厚，一般额定资本额较大，且实收资本占额定资本的比例也较高。例如中国银行，额定资本高达6000万元，至1925年底实收股本1970万元，占额定资本额的32.8%；交通银行额定资本2000万元，至1925年底实收资本也达到770万元，占额定资本额的38.5%。而一些实力较小的银行不仅额定资本额不能同中、交等大银行相比，实收资本更是少得可怜。[②] 例如农商银行的额定资本为1000万元，截至1925年底，实收资本仅170万元，尚不及额定资本的五分之一；棉业银行、华大商业储蓄银行实收资本都只有50万元，占到额定资本的一半；上海江南商业储蓄银行实收资本仅25万元，只有额定资本的四分之一。蒙藏银行1924年开业时已收足额定资本的四分之一，即125万元，到1925年底实收股本139万元，占到额定股本的27.8%。

表17－1　　1925年若干家银行额定股本与实收股本的差额

银行名称	开办年份	额定股本（万元）	至1925年底实收股本（万元）	实收股本占额定股本的比例（%）
中国银行	1912	6000	1970	32.8
交通银行	1908	2000	770	38.5
浙江实业银行	1909	200	180	90.0
盐业银行	1914	1000	650	65.0
中孚银行	1917	200	150	75.0
四明银行	1908	规元150万两	75万两	50.0
金城银行	1917	1000	600	60.0
新华商业储蓄银行	1914	500	200	40.0
大陆银行	1919	500	335	67.0
中国实业银行		2000	310	15.5
中南银行		2000	750	27.5
农商银行		1000	173	17.3
工商银行		500	130	26.0

① 北京市档案馆：《蒙藏银行、中国银行上海分行关于认定招商股业的函》，档案号J031－001－00939，第2－12页。
② 张忠民．艰难的变迁：近代中国公司制度研究［M］．上海：上海社会科学院出版社，2002：370.

续表

银行名称	开办年份	额定股本（万元）	至1925年底实收股本（万元）	实收股本占额定股本的比例（%）
劝业银行	1920	500	239	47.8
棉业银行	1921	100	50	50.0
华大商业储蓄银行	1920	100	50	50.0
上海江南商业储蓄银行	1922	100	25	25.0
山东商业银行	1914	500	158	31.6
蒙藏银行	1923	500	139	27.8
通易银行	1921	300	75	25.0
中国兴业银行	1925	1000	150	15.0

资料来源：参见徐寄庼：《最近上海金融史》，大东图书公司，1978：15－89.

蒙藏银行行名取“蒙藏”二字，表明了银行的创办初衷，该银行是在蒙藏院领导下筹办的，旨在借助银行之力，开发蒙藏资源，发展边疆实业，“活动蒙藏各部之金融”。[①] 该银行英文名为“GREAT NORTHWESTERN BANK”，可直译为大西北银行，也体现了蒙藏之地域特征。

第四节　蒙藏银行的开业

1923年6月12日上午10时，蒙藏银行在北京东交民巷的汇昌大楼举行开幕典礼，当时的报道称“闻各界前往道贺者极多，而贺联亦琳琅满目，颇极一时之盛。并闻该行经理得人，将来营业发达可预卜也”[②]，可见当时开业的盛状。关于蒙藏银行总行所在地，各家说法不一，总行起初定于北京，后来因为天津有业务关系和发展前途，于是改设总行于天津，总理为袁世传、协理为俞东屏。[③] 1923年11月4日，上海蒙藏银行开幕，地址设在宁波路四川路西首四百四十一号，驻行董事为蔡兼三，经理为杨汉汀，副经理为邹颂丹、郑庭树。[④] 杨宝铭，字汉汀，浙江杭县人，曾担任中华民国浙江银行总经理；邹呈桂，字颂丹，江苏无锡人，曾担任上海粉麸交易所经理、工业银行常务理事。这些经验丰富的银行职业经理人的加入，为蒙藏银行业务的开展注入了活力。

第二章　蒙藏银行的组织机构

蒙藏银行成立之后，其实行的是一套现代企业管理制度，即股东总会为银行的最高权力机构，各分行经理具体负责本行业务管理，这样使得银行的所有权和经营权得以分开。这样一来，股东们的权利得到了保障，同时又保证了经理人实际掌握银行的具体经营，蒙藏银行因此得到

① 《银行月刊》，第一卷，第十期，《筹备中之蒙藏银行》，第116页。

② 《银行月刊》，第三卷，第六期，《北京蒙藏银行开幕志闻》，第139页。

③ 吴筹中：《蒙藏银行及其发行的纸币》，《安徽钱币》，1997年第4期，第15页。

④ 《银行杂志》，第一卷，第二期，《蒙藏银行沪行开幕》，第84页；上海市档案馆：《上海蒙藏银行呈报资本、经理、副理名单致上海银行公会函》，档案号：S173－1－22－32。

迅速发展。

第一节　总行组织机构

蒙藏银行的管理制度明确规定，股东通过股东总会行使自身权利，行务总会负责本行行务，董事会和监事会为具体执行机构。为了使蒙藏银行的运行更加顺利，有章可依，还制定了《蒙藏银行章程》，这就促进了蒙藏银行各组织机构和管理系统的制度化、规范化。

一、股东总会

蒙藏银行股东总会分为通常、临时两种。蒙藏银行的章程在第四十八条中对此作了详细的规定：通常股东总会于每年在总行所在地开会一次，由总理、协理召集之。如总理、协理认为有重要事件必须会议及股东会或监事会或股东五十人以上并占有实交股份全额百分之十以上，因重要事件请求会议时，得由总理、协理召集临时股东总会。①

为了明确股东权利，蒙藏银行章程在第五十条到第五十五条中规定：股东因有事故不能到会时，得提出委托书证签名盖章，就本行股东中委托代理，但每一股东之代理投票至多不得过十票，其代理权不得过五百权；本行股权均以实交资本额为标准，每实交一股至十股者每股有一议决权，实交十一股以上至一百股者每十股递增一权，实交一百零一股以上者每三十股递增一权，但每一股东至多不得过五百权；召集股东总会须于会期三十日前登报，并以书信将日期及议题通知各股东，如有紧急事件得改为十五日前通知各股东；股东对于股东总会决议事件虽有异议及未曾到会与并为接到通知等情仍应一律遵守；股东总会讨论事件以通知书载明之议题为限，但总理、协理及董事会、监事会得斟酌情形将议题取消并另行提出。股东中如有意见拟列作议题者应于开会前十日将意见书经报到与会之股东十人以上连署提出于董事会，复经董事会认为必要者得列作议题提出于股东总会，总理、协理及董事会认为有重要事件时得临时通知于股东总会。②

关于蒙藏银行股东总会开会需要满足的条件，在章程第五十六条中规定到：股东总会开会非有股东人数五分之一以上占实交股额半数以上到会不得开会。关于修改本章程时须有股东半数以上占实交股额五分之三以上方能开会。③

另外，关于股东总会决议事件的情况，在蒙藏银行章程第五十七条中作了相关规定：股东总会议决事件以到会股东议决权之过半数为有效可否，同数时会长决之。关于修改本章程，非有到会股东投票权三分之二以上同意不能决议。股东总会议决事件其表决方法由会长临时定之。④

蒙藏银行股东总会作为蒙藏银行的最高权力机构，在银行的运营、决策中发挥着重要作用，同时又是股东行使自身权利的场所，对蒙藏银行的发展起着决定作用。

---

① 《财政月刊》，第九卷，第九十九号，《蒙藏银行章程》，第 8 –9 页。

② 《财政月刊》，第九卷，第九十九号，《蒙藏银行章程》，第 9 –10 页。

③ 《财政月刊》，第九卷，第九十九号，《蒙藏银行章程》，第 10 页。

④ 《财政月刊》，第九卷，第九十九号，《蒙藏银行章程》，第 10 页。

二、总理、协理

蒙藏银行关于本行总理、协理的设置，在章程第五章第二十五条中作了规定：本行设总理一人、协理一人，由董事会互选报由蒙藏院呈请简派，但总理、协理辞职、免职时须先经董事会同意。①

关于本行总理、协理的职责与待遇的问题，在章程第二十七到二十九条中规定：总理、协理为行务总会及股东总会之会长、副会长，并执行如下各事务：（1）各项议决事件；（2）监督并指挥全行事务；（3）代表全行名义主持行务；（4）召集股东总会；（5）提交议案于各会；（6）签名盖章于股票及兑换券等类。平时协理辅助总理主持行务，总理有事故时协理代理之。当总理、协理认为董事会之决议有不适当时，得开行务总会咨询意见。另外，章程第三十条还规定：总理、协理薪俸及交际费由董事会定之。②

关于本行总理、协理的任期问题，在章程第二十六条作了明确规定：总理、协理任期三年，期满得连举连任。③ 这样的规定，既可以使不称职的总理、协理在任期结束后下台，又可以让优秀的总理、协理连选连任，维持银行最高管理层的相对稳定，对银行长远发展意义重大。

三、董事会、监事会

1. 董事、监事的产生

蒙藏银行董事、监事的数量及选举办法在章程第十五至十六条中有明确规定，本行设董事13人，监事5人，按照如下方法分配并分呈蒙藏院、财政部备案：（1）董事须有股份200股以上，监事须有股份100股以上为合格；（2）官商股份照草招收足额时，官股董事为6人、监事为2人，商股董事为7人、监事为3人；（3）官股董、监事由蒙藏院、财政部分别派充，商股董、监事由股东总会选举；（4）商股超过预定额数照第四条之规定将官股宣布售让时，所有官股董、监事名额亦应比照股份数目次第让出。选举董事、监事用记名连记法以得出席股东投票权之过半数者为当选，如不能得过半数时，就得票最多者按应举额数二倍之中决选之，得票数同者抽签定之。④

董事和监事的任期，章程第十七条规定：董事任期三年、监事任期一年，期满得连举连任。

关于董事、监事的改选和候补，在章程第十八至二十一条中规定：董事任满应行改选时，由股东总会以抽签法留任五人，余额改选，但总理、协理任满后之董事资格为当然保留；选举董事时应照定额外依得票次多数者四人为候补董事，董事有缺额时依次递补；董事被选后应将章程所定被选合格之股票交由监事存执，改选之后须伺上年度之营业决算报告整齐方能将股票交还；董事、监事遇有缺额须行补选时，其当选者之任期以继续前任之任期为限，但缺额董事人数不过四人、监事不过二人时得缓行补选。⑤

另外，本行董事、监事还有其他限制条件，银行章程第二十二至二十三条规定：本行董事

① 《财政月刊》，第九卷，第九十九号，《蒙藏银行章程》，第5页。
② 《财政月刊》，第九卷，第九十九号，《蒙藏银行章程》，第5页。
③ 《财政月刊》，第九卷，第九十九号，《蒙藏银行章程》，第5页。
④ 《财政月刊》，第九卷，第九十九号，《蒙藏银行章程》，第3-4页。
⑤ 《财政月刊》，第九卷，第九十九号，《蒙藏银行章程》，第4页。

监事不得兼任他行职务；凡曾受剥夺公权及宣告破产之处分者不得为本行董事及监事。①

2. 董事会

蒙藏银行的董事会以全体董事组织之。关于董事会的职权，在蒙藏银行章程第三十九至四十一条中作了规定。董事会应议之事件如下：(1) 年终营业决算报告之审核；(2) 总分行号之设立或撤销及设立地点之变更；(3) 特别放款之决议；(4) 对外重要契约之订立；(5) 营业用地基房屋之租建或买卖；(6) 裁决各部分权限之争议；(7) 总分行号细则之规定；(8) 总理、协理及监事会会议之事件。②

董事会会议的相关规定，在章程第四十条中规定：董事会议事以到会多数取决可否，同数时会长决之。如到会不及董事全体之半数时不得决议。凡关涉董事本身之议案，该董事不得有议决权。会议之议事录并须有会长签名盖章。前项开会因人数不足不能议决之件，得定期另行召集以到会多数决之。③

另外，章程第四十一条还规定，董事会应互举一人为董事长、二人为常务董事，董事长之职权如下：(1) 代表董事会名义；(2) 召集董事会；(3) 为董事会会长；(4) 签名盖章于股票。董事长有事故时常务董事代行其职务。④

3. 监事会

蒙藏银行监事会以全体监事组织之。关于监事会的职权，在蒙藏银行章程第四十三条中作了规定。监事会之职务如下：(1) 保管董事交存之股票；(2) 审查年终决算报告；(3) 调查营业之进行及财产之状况，遇必要时得陈述意见于董事会；(4) 监察银行账簿及款项；(5) 审查董事会造送股东总会之各种簿册，并陈述意见于股东会。⑤

另外，章程第四十四条中还规定，监事会应互选一人为会长，所有召集及会议程序均适用第四十条之规定。⑥

四、行务总会、总管理处

1. 行务总会

蒙藏银行行务总会由总理、协理、董事、监事组织之。如遇重大事件，总理、协理认为必要时，得召集总行各科正、副主任及各分行正、副经理列席议决。行务总会的职权范围在章程第四十六条中有明确规定。行务总会之会议范围如下：(1) 总理、协理及董事、监事提议事件；(2) 股东红利及行员奖励金之分配；(3) 董事会不能裁决之事件；(4) 每年预算、决算事务；(5) 本行章程及各项规则之审核；(6) 不属于董事会、监事会范围以内之事件。

另外，章程第四十七条规定，行务总会会议时依到会多数取决可否，同数时会长决之，其议事录由会长签名盖章。⑦

2. 总管理处

本行总行之职务设总管理处分科执行之。每科设主任、副主任各一人，行员及练习生各若

① 《财政月刊》，第九卷，第九十九号，《蒙藏银行章程》，第4－5页。
② 《财政月刊》，第九卷，第九十九号，《蒙藏银行章程》，第7页。
③ 《财政月刊》，第九卷，第九十九号，《蒙藏银行章程》，第7页。
④ 《财政月刊》，第九卷，第九十九号，《蒙藏银行章程》，第7页。
⑤ 《财政月刊》，第九卷，第九十九号，《蒙藏银行章程》，第7－8页。
⑥ 《财政月刊》，第九卷，第九十九号，《蒙藏银行章程》，第8页。
⑦ 《财政月刊》，第九卷，第九十九号，《蒙藏银行章程》，第8页。

干人，均由总管理处派充。[①] 除此之外，各分行经理、副经理、会计、出纳等重要职位的派充都由总管理处负责。

第二节　分行的组织

关于蒙藏银行各分行、号的人员设置，在蒙藏银行章程第三十一条至三十五条中作了规定。各分行设经理一人、副经理一人，均由总管理处派充，但视事务繁简得增设襄理一人或不设副经理；各分行事务依照总管理处所定办事规则分股执行之，每股设主任一人，行员及练习生若干人；各分行会计、出纳、主任均由总管理处派充，营业主任由经理、副经理涱充，其余人员除由总管理处派充外得由经理、副经理开单保荐数人，由总管处核准派充，但各职员须有确实保证，由保荐人负完全责任；各分号设管理一人，由该管辖分行保请总管理处派充，助理员、练习生各若干人由该管辖分行派定报由总管处备案，但会计主管人员仍由总管理处派充。各代理处设管事一人、助理员若干人，均由其管辖分行派定，报由总管理处备案；总管理处各科主任以下及各分行、号或代理处人员之薪俸由董事会议决行之。[②]

第三节　决算及利润分配

蒙藏银行的决算，在蒙藏银行章程第五十八条中规定，本行决算每年分为两期，自一月至六月为前期，自七月至十二月为后期，全年决算报告每年当提由通常股东总会决议，除公布外并分呈财政部、蒙藏院备案。[③]

蒙藏银行的利润分配，主要指股东分得的股息和红利。章程第五十九条到六十一条对此作了规定：蒙藏银行股息定为年利五厘；本行每年结算所得纯利须先提十分之一以上作为公积金，再提股息年利五厘，其余额数分为十成，以五成为股东红利，三成为行员奖金，二成为特别公积金。[④]

第三章　蒙藏银行的营业概况

第一节　蒙藏银行的营业范围

一、营业范围介绍

蒙藏银行是在蒙藏院的倡办下成立的，是以边务银行的身份成立的，但是由于种种原因，蒙藏银行对蒙藏等少数民族地区的投资并不多，业务也主要是一般商业银行的业务，由于其具

① 《财政月刊》，第九卷，第九十九号，《蒙藏银行章程》，第5页。

② 《财政月刊》，第九卷，第九十九号，《蒙藏银行章程》，第5－6页。

③ 《财政月刊》，第九卷，第九十九号，《蒙藏银行章程》，第10页。

④ 《财政月刊》，第九卷，第九十九号，《蒙藏银行章程》，第10－11页。

有货币发行权，因而在民国众多商业银行中占有重要地位。

蒙藏银行在成立时的章程中规定，蒙藏银行营业之种类如下：（1）存款；（2）实业放款；（3）贴现；（4）国内外汇兑；（5）买卖生金银；（6）保管证券票据及贵重物件；（7）代理募集债票。同时在蒙藏银行章程中还规定了本行拥有如下业务的经营权，其中章程第七条，蒙藏银行受政府委托代理金库事务；第八条，蒙藏银行发行纸币但须遵行下列各款：（1）此项纸币至政府实行统一纸币时应即悉数收回，以为倡导；（2）发行数目应呈请蒙藏院核定，转咨币制局备案；（3）关于发行纸币准备各项应另订详章报由蒙藏院核准，转咨币制局备案；（4）由蒙藏院呈派监理官一员，币制局会同财政部派监理官一员随时检查账目；（5）每星期须将纸币及准备金数目连同营业账略呈报蒙藏院暨币制局；（6）所有纸币应照呈经核定之数目订定印刷，将样本及订印合同送蒙藏院、币制局查验，纸币之封存及启用均应由监理官监视办理。

民国时期，银行的营业大致可以分为三类：主要营业、附属营业和特别营业。主要营业指存款、贷款和汇兑；附属营业指储蓄、信托、货栈、兑换和买卖证券及生金银等；特别营业则需经政府特许，如代理国库、发行纸币等。[①] 从蒙藏银行成立时的章程来看，蒙藏银行的营业内容完全包括以上的三个种类。下面，通过蒙藏银行资金的来源和去路两个方面，对蒙藏银行的营业情况进行分析。

二、银行资金的来源

资金的大量聚集是银行顺利开展业务的保证，通过吸收存款和发行纸币所聚集的资金往往占到银行全部资本的较大份额，成为维持银行正常运行的根本。中国近代银行业的资本来源主要有三个方面：经营存款、发行纸币和公积金。蒙藏银行成立伊始便在蒙藏院的支持下获得了货币发行权，发行纸币能够为银行节省资金，而且银行的市场信誉也通过纸币的流通得到加强；吸收存款是银行最重要的业务之一，也是商业银行吸收游资、增加储蓄金的根本途径，因而经营存款在蒙藏银行的所有业务中占重要部分；银行公积金的存储相对较慢，却是最为稳定的。

蒙藏银行纸币的发行是蒙藏银行的一项重要收益业务。蒙藏银行于民国十二年（1923 年）七月获得纸币发行权，“发行纸币一节，亦系援照农商、劝业等银行成案办理”[②]，先后发行了角票共计 20 万元，与中、交等大银行相比，蒙藏银行同期所发行的纸币数量少之又少，但在北京、天津、上海、直隶等地流通信誉较好，这就为蒙藏银行在当地的业务发展开辟了广阔的市场。

经营存款是蒙藏银行的又一重要业务。由于蒙藏银行额定资本 500 万元，开业时已经收足 125 万元，超过额定资本的四分之一，资本实力较为雄厚，信誉度较高，所以存款业务发展也较为顺利。以 1925 年为例，截至民国十四年（1925 年）十二月三十一日，蒙藏银行各项存款达 7268018.17 元[③]，占额定资本的 14.5%，占当年实收股本 139 万元的 52.3%。由此可见，吸收存款是蒙藏银行资金的重要来源之一。

银行公积金是现代商业银行资金来源中较为稳定的一部分，蒙藏银行章程第六十条中规定，本行每年结算所得纯利须先提十分之一以上作为公积金，再提股息年利五厘，其余额数分为十

① 郭孝先：《上海的内国银行》，《上海通志馆期刊》，第一卷，第二期，1933 年 9 月，第 459－460 页。

② 《财政月刊》，第 11 卷，第 132 号，公牍金融，《呈大总统拟订蒙藏银行章程暨招股章程缮折》，第 1 页。

③ 徐寄庼．最近上海金融史［M］．大东图书公司，1978：64.

成，以五成为股东红利，三成为行员奖金，二成为特别公积金。[①] 由于蒙藏银行规模有限，营业利润不高，因而公积金数量不大。以 1925 年为例，截至民国十四年（1925 年）十二月三十一日，蒙藏银行公积金达 2824.43 元。[②]

三、银行资金的去向

银行的主要职能就是集中社会上的闲散游资，通过银行业务将其转化为产业资本，并最终获利。近代的商业银行，主要是通过放款和经营公债来实现利润的。蒙藏银行成立之初便将这两个方面的投资作为该银行经营的重点。

贷款是商业银行最主要的资产业务，是商业银行取得利润的主要途径。[③] 对外放款，是蒙藏银行最主要的资金去路，贷款占银行总资产的比例也最大。以 1925 年为例，截至民国十四年（1925 年）十二月三十一日，蒙藏银行各项放款洋 1390848.31 元。[④] 对外放款金额与当年实收股本 139 万元大致相等，对外放款额是存款额的大概 2 倍，由此可见贷款业务在蒙藏银行所有业务中的重要程度。

蒙藏银行也经营有价证券的买卖。民国初年北洋政府时期，由于连年内战开支和支付大量对外的债务本息，北洋政府的财政严重入不敷出，只得靠借债维持。而大量举借外债，就不得不接受帝国主义强加的各种政治条件，容易引起国内民众的不满。于是政府采取发行公债的方式在国内进行借款。公债折扣最低的有八五折，每月利息大多在三分上下，高者有达五分的。[⑤] 北洋政府向各个银行进行短期借款，月息也常高达三分以上。[⑥] 投资公债的高回报率促使着各商业银行蜂拥而至，争先恐后地投资公债。1919 年，金城银行对企业放款 83 万元，而投资公债和政府借款却高达 222 万元。[⑦] 浙江实业银行竟“以存款之四分之一购买公债券”。[⑧] 蒙藏银行开业之初便投资公债，1925 年投资有价证券洋 446679 元，占吸收存款总额的 61%，相当于对外放款的三分之一。[⑨] 由此可见，投资公债也是蒙藏银行一项重要的投资手段。

第二节　蒙藏银行纸币的发行

一、获得纸币发行权

进入民国以后，除中国银行、交通银行等政治背景浓厚的老银行外，民国政府又陆续批准了一批银行拥有纸币发行权，蒙藏银行便是其中之一。1923 年 7 月 28 日，经币制局批准蒙藏银行享有纸币发行权。据统计，到 1927 年前，经中央政府授予纸币发行权的银行除蒙藏银行外，还有中国通商银行、中国银行、交通银行、浙江兴业银行、四明银行、北洋保商银行、

① 《财政月刊》，第 9 卷，第 99 号，第 10 页。
② 徐寄庼．最近上海金融史［M］．大东图书公司，1978：65.
③ 康书生，鲍静海．货币银行学［M］．北京：高等教育出版社，2007：175.
④ 徐寄庼．最近上海金融史［M］．大东图书公司，1978：65.
⑤ 千家驹．旧中国发行公债史的研究：旧中国公债史资料［M］．北京：中国财政经济出版社，1955：4－6.
⑥ 王方中．中国近代经济史稿［M］．北京：北京出版社，1982：480.
⑦ 中国人民银行上海市分行金融研究室．金城银行史料［M］．上海：上海人民出版社，1983：11、14、20.
⑧ 《银行周报》，第 3 卷，第 9 号。
⑨ 徐寄庼．最近上海金融史［M］．大东图书公司，1978：65.

殖边银行、平市官钱局、中华汇业银行、汉口工商银行、边业银行、农商银行、大中银行、华威银行、劝业银行、中华懋业银行、中国实业银行、青岛地方银行、中国农工银行、中国垦业银行、闽厦实业银行、中国丝茶银行、西北银行、中孚银行、京兆银钱局、东亚商业银行等。[①] 蒙藏银行与中、交等大银行相比，在资金、人员素质、货币发行量等诸多方面相差甚远，但作为少数享有纸币发行权的银行，蒙藏银行在当时的金融界仍有一定地位。

二、准备金状况

民国初年，挤兑风潮频现，导致部分手握纸币发行权但准备金不足的银行成立不久便宣告歇业。这些都说明银行信誉是银行存立的关键，一旦银行发行的纸币失去信用，不能兑现，那么银行就只能等待破产了。因此，成功的银行经营者都特别重视本行发行纸币的市场信用，为了保证纸币信用就要保持充足的准备金。以民初信誉较好的四行准备库为例，金城、大陆、中南、盐业四家银行为保证发行纸币的十足准备，联合建立了四行准备库，并在《四行准备库发行章程》的第四条中规定："发行纸币，十足准备，所有本库资产，不得移作他用"[②]。蒙藏银行在成立之初同样十分重视本行发行纸币的信用。首先，蒙藏银行考虑到自身资金与中国银行、交通银行等大银行存在差距，没有盲目滥发纸币，前后仅发行了 20 万元纸币；其次，在蒙藏银行成立之后"领用兑换券洋二十万元"，而其直到 1925 年底现金准备仍是"兑换券准备金洋二十万元"。[③] 由此可见，蒙藏银行在其成立的前三年内，一直保持了十足的现金准备。但是，随着民国时期拥有纸币发行权的银行的增多，金融市场竞争越来越激烈，而继续保持十足现金准备必然导致银行大量流动资金被占用，放贷额减少，不利于银行收入增加。于是，蒙藏银行逐渐降低了银行现金准备比例，到蒙藏银行歇业的 1929 年，蒙藏银行"发行角票大洋二十万元，平日保存兑现基金十二万元，在发行总额约计六成"[④]，现金准备超过纸币发行总额的 60%，由此可见蒙藏银行纸币的兑现还是有一定保障的。蒙藏银行从开办到歇业，现金准备始终维持在纸币发行总额的六成以上，而民国政府直到 1931 年才对发行纸币银行明确规定六成现金准备、四成保证准备。

三、发行纸币种类及版式

1923 年 7 月 28 日，币制局核准蒙藏银行发钞，限额 200 万元。据报道，有 1 元、5 元、10 元及 1 角、2 角、5 角六种纸币，但迄今仅见 1 角、2 角币，该银行英文名称可直译为"大西北银行"。蒙藏银行的钞票曾流通于北京、天津、上海、直隶、内蒙古东西部等地。

壹角纸币，票面整体呈红色，外框印花边，框内上端印"蒙藏银行"四字，其下印"政府特许发行"，两旁印发行编号，票面正中印"壹角"二字，框内下端印"拾角兑大洋壹元"和"中华民国十三年印"，其左右两旁分别盖"总理之章"和"经理之章"，又两边各印"天津"两字，四角印四个"壹"字，背面印"壹角"币值和英文签名外，框内上端印英文行名"GREAT NORTHWESTERN BANK"，四角印四个阿拉伯数字"1"。[⑤] 贰角纸币，票面整体呈深棕

① 戴建兵．中国近代纸币［M］．北京：中国金融出版社，1993：30.
② 《银行周报》，第 8 卷，第 25 号，《四行准备库发券之梗概》。
③ 徐寄庼．最近上海金融史［M］．大东图书公司，1978：64－65.
④ 天津档案馆：《市政府令会查蒙藏银行》，档案号 401206800－J0054－1－003440，第 6－7 页。
⑤ 吴筹中：《蒙藏银行及其发行的纸币》，《安徽钱币》，1997 年第 4 期，第 15 页。

色，除票面币值和票幅大小外，其他与壹角券相同。

第四章　蒙藏银行的发展

第一节　蒙藏银行初期的发展

蒙藏银行从1923年开幕到1929年歇业，存续时间一共6年。由于蒙藏银行规模不大、存在时间较短，对金融界的影响力不及中、交等大银行，但其实行的是现代企业制度，通过合理的经营，银行利润一度相当可观。1925年是蒙藏银行开幕后的第三年，这时银行刚刚于1924年发行了纸币20万元，银行各项业务也逐渐进入正轨。以较有代表性的1925年为例，当年银行资产负债表及损益表如表17－2所示。

表17－2　　1925年蒙藏银行资产负债表

资产部分	负债部分
未缴股本洋361万元	股本总额洋500万元
各项放款洋139.084831万元	各项存款洋72.681817万元
押租洋429.87元	本票洋10.52642万元
存放各同业洋26.355029万元	汇出汇款洋404.69元
托收款项洋3000元	未付股利洋4661.47元
催收款项洋2.091217万元	领用兑换券洋20万元
有价证券洋44.6679万元	股息存款洋4.659443万元
生财洋1.098254万元	公积金洋2824.43元
开办费洋13.583567万元	本年纯益洋6.754032万元
兑换券准备金洋20万元	
未付股息存款洋4.523657万元	
现金洋2.663329万元	
合计：洋615.410771万元	合计：洋615.410771万元

资料来源：整理自徐寄庼：《最近上海金融史》，大东图书公司，1978：64－65.

表17－3　　1925年蒙藏银行损益表

利益部分	损失部分
利息洋19.819965万元	兑换洋2185.27元
汇水洋75.75元	摊提开办费洋3674.46元
手续费洋181.44元	摊提生财洋3729.4元
有价证券损益洋4293.9元	呆账洋5543.2元
杂损益洋210.48元	各项开支洋12.028875万元
	本年纯益洋6.754032万元
合计：洋20.296122万元	合计：洋20.296122万元

资料来源：整理自徐寄庼：《最近上海金融史》，大东图书公司，1978：64－65.

由1925年蒙藏银行资产负债表及损益表可知，该银行主要业务包括存款、放款、汇兑，兼营有价证券、发行纸币等。银行虽然规模不大，但当年纯利仍达6万余元。蒙藏银行总理袁世传善于企业经营，官场朋友甚多，这些都在客观上有助于蒙藏银行在开办初期打开局面，获得盈利。

第二节　蒙藏银行发展中的曲折

一、创办人之间的分歧

蒙藏银行原是蒙藏院总裁贡桑诺尔布、副总裁陈廷杰等共同发起创办的。1921 年，贡桑诺尔布向政府提出派本院副总裁陈廷杰具体负责筹备蒙藏银行，4 月 15 日总统令批示“着派陈廷杰筹备蒙藏银行事宜”①。陈廷杰掌握权力后，设立蒙藏银行筹备处，以陈幼孳为主任，进行招收商股等银行筹备工作。然而“自筹备处成立以来，陈廷杰独掌大权，引用非人，股款收入任意挥霍，在准备期间已派定行员至百余人之多，而大半又毫无银行知识者，以致引起股东之反感”②。另外，银行商股认股情况也不像对外公布的那么乐观，“不但原认之款未能交齐，即存折票据等亦未依期照缴，甚至已被选为董事、监察人，亦有分厘未缴者，致该行不能开业”③。这些情况引起了包括贡桑诺尔布在内的一部分大股东的反感。贡桑诺尔布见蒙藏银行筹备状况很不理想，与陈廷杰关系也产生了裂痕，于是首先脱离关系，各大股东见状亦望而却步。这就导致蒙藏银行的筹备陷入僵局。

贡桑诺尔布是蒙古贵族，代表了蒙古贵族利益；陈廷杰是旧官僚出身，代表汉族官僚利益。贡桑诺尔布见蒙藏银行的筹备状况不甚乐观，转而着手再创办一个新银行——蒙古实业银行。

然而，蒙古实业银行的创办对于缺乏银行管理经验的贡氏而言并不顺利。“蒙古实业银行系蒙古王公贡桑诺尔布、那彦等所发起，亦即蒙藏银行之原发起人，因与陈廷杰意见不恰脱离蒙藏关系，组织蒙古实业银行。资本定额大洋五百万元，以注重西北实业为宗旨，并呈准财政部币制局享有发行钞票权。”④ 蒙古实业银行前后筹备一年多，仍然没有开幕，主要原因是该行资本招集尚不足定额的四分之一，而后门内之筹备处各种开销概系贡桑纳尔布等数人所垫付，为数实已不资。最后，贡桑诺尔布创办一个新银行的愿望不得不作罢。

陈廷杰为尽快招足商股，命蒙藏银行筹备处主任陈幼孳“添招新股补充定额”，而一部分旧股东“恐大宗新股加入后对于前股权不确，被举之董事认为无效，所以用董事会名义攻击陈幼孳违法营私”⑤。之后，该行部分董事又告发陈廷杰“将其营私舞弊七款呈请财政部、蒙藏院派员查办，并监视账簿印章”⑥。最终，政府下令“陈廷杰前派名义业据自请撤销应毋庸议，所有关于该行一应进行事宜著由该院查照定章，分别咨明财政部、币制局办理”⑦，陈廷杰不得不退出蒙藏银行。蒙藏银行“筹备年余，越弄越糟，不得已让渡于袁世传接续办理，主持一切”⑧。

---

① 《劝业丛报》，第二卷，第一期，《大总统指令第九百二十二号》，第 8 页。
② 《银行月刊》，第三卷，第五号，《蒙藏银行定期开幕》，第 7 页。
③ 《银行月刊》，第二卷，第十一号，《蒙藏银行之暗潮》，第 3 - 4 页。
④ 《银行杂志》，第一卷，第二号，《蒙古银行势将流产》，第 1 页。
⑤ 《银行月刊》，第二卷，第十一号，《蒙藏银行之暗潮》第 3 - 4 页。
⑥ 《银行月刊》，第二卷，第十一号，《蒙藏银行之暗潮》第 3 - 4 页。
⑦ 《财政月刊》，第十卷，第一百一十三号，《大总统指令》，第 3 页、6 页。
⑧ 《银行月刊》，第二卷，第十一号，《蒙藏银行之暗潮》，第 3 - 4 页。

二、北京蒙藏银行的损失

由于银行经营需要，每年各银行都会招募一定量的行员和练习生。行员一般待遇较好，也较为稳定；练习生收入较低，且流动性较大。1924 年，北京蒙藏银行发生了一起练习生携款潜逃的事件，在当时社会上引起不小轰动。携款潜逃事件发生在 1924 年 5 月 20 日上午，这名练习生名叫周嘉茂，号荷生，浙江杭县人，年二十三岁。出门时“携有交通银行五元纸币二百张，共洋一千元；中南银行十元纸币十五张，共洋一百五十元；中南银行一元纸币一百张，共洋一百元；现洋五十元，共数一千三百元”[①]，潜逃无踪。在蒙藏银行要求京师警察厅捉拿罪犯的函件中，详细描述了该练习生的身材特征、穿衣打扮和口音，并送去一张该练习生的照片，要求警察厅“严密侦缉，俾儆棍徒而安商业”。最终该练习生有无捉拿归案暂且不论，这一携款潜逃事件不仅给刚刚成立不久的蒙藏银行带来了经济损失，更对蒙藏银行的市场信誉产生负面影响。这一事件说明，此时成立未满一年的蒙藏银行在银行经营和人员管理上仍存在问题。

三、1928 年挤兑风波

1928 年底，平、津两市银行界发生挤兑风潮，挤兑首先是从中华汇业银行开始的。中华汇业银行是中日合办银行，总行在天津，发行纸币大洋票 220 余万元，角票 30 余万元，其中三分之一为保证准备，其余为现金准备。停业之初，该行曾委托聚兴银号、恒通银号、同孚银号、永亨银号等代为兑现角票，每号 5000 元。由于前往各个银号兑现的人太多，且角票、大洋券不分，以致各号应付不来，只得停兑。[②] 中华汇业银行宣布停业改组后，原本就因政局变动金融市场萧条的平津市面，民众对银行纸币，特别是中小银行纸币更加缺乏信任。再加上一些无良心钱商折扣收买乘机图利，最终引发了挤兑风潮。

1928 年 12 月 11 日下午两点以后，“华威、蒙藏、劝业、垦业、农工等银行纸币，均不能行使，到下午四五时许，谣言越大”[③]。手中纸币不能行用，市民更加恐慌，纷纷将手中的各家银行纸币拿去兑现，所有银行中“尤以华威银行情况较甚”[④]。面对大批挤兑，各银行也采取了积极的措施加以应对，并都宣称准备充足，安抚民众不用担心兑现。蒙藏银行也宣称有基金准备兑换。最后，除华威银行被迫停业外，其他银行的挤兑风潮暂时趋于平息。

1928 年的平津挤兑风潮，原因是多方面的。首先，这些发行纸币的银行多依靠与北洋政府保持密切联系才获得纸币发行权，同时需要承担大量政府借款和购买公债，政局的动荡、北洋政府垮台导致原来的积欠无人偿还，必然导致银行资金周转紧张。中华汇业银行的被迫歇业改组就是因为北洋政府欠款 1600 万元无法偿还，而南京国民政府又不肯代为偿还。[⑤] 华威银行也因北洋政府财政部欠款 47 万元无法归还，向南京国民政府请求拨款救济也没有得到回应[⑥]。其次，北伐战争以后，中国政治中心南移，造成平津地区经济萧条的同时，也给民众带来恐慌。中国银行、交通银行、四行准备库（金城银行、中南银行、盐业银行、大陆银行）都准备将总

---

① 北京市档案馆：《蒙藏银行北京分行关于练习生周嘉茂携款潜逃请饬严缉的函》，档案号：J181－018－17110。

② 静如：《中华汇业银行停业改组之分析观》，《银行周报》，第 12 卷，第 45 号，1928 年 12 月 18 日。

③ 《平津金融风潮》，《大公报》，1928 年 12 月 12 日，第 4 版。

④ 《北平亦发生挤兑》，《大公报》，1928 年 12 月 12 日，第 4 版。

⑤ 《中华汇业银行电请财部拨款救济》，《银行周报》，第 12 卷，第 50 号，1928 年 12 月 25 日。

⑥ 《华威银行企求复业》，《银行周报》，第 13 卷，第 18 号，1929 年 5 月 14 日。

部迁到上海。大批高官富户的迁移，也必然带动大批资金的提存和转移，这都造成银行银根紧张。最后，北洋政府时期纸币发行体制存在先天缺陷，纸币发行十分混乱，不仅纸币发行主体庞杂，所发行纸币的信用主要靠发行银行自身维持，政府监管不力，导致各银行纸币信用参差不齐，挤兑情况也时有发生。

1928 年平津挤兑风潮是蒙藏银行等中小银行在政治变局中的一次自动清理，由于缺少政府和同业的支持，使得实力较弱、资金准备不足的小银行难以为继。蒙藏银行虽然暂时度过了这次危机，但是也暴露了自身准备金不足的缺陷，这就为1929 年蒙藏银行的最终歇业埋下了伏笔。

第三节 蒙藏银行的停兑

蒙藏银行自经1928 年平津挤兑风潮发生挤兑后，一直小心经营，市面上流通的蒙藏银行角票多已乘机收回，流通在外者为数不多。然而一些小钱商想从中渔利，于是散布谣言，致使蒙藏银行角票忽然于1929 年4 月12 日下午开始挤兑，市场上大多数商贩也折扣使用该行纸币。为了稳定市场情绪，蒙藏银行当即延长兑现时间至当天下午六时，并且决定于4 月 13 日早晨提早开兑。

自从蒙藏银行角票发生挤兑，警察局不久就发出布告，希望借此稳定市民情绪，保障金融稳定。布告中称，“经警察局前往蒙藏银行查询，该银行现金准备充足，尽可无限制兑现等语”，并劝告市民照常使用蒙藏银行角票，“倘有故意造谣拒绝行使或折扣牟利者，定即查拿带局依法严重惩办云”①。

然而，警察局安民布告的发出并没有减轻民众对蒙藏银行信誉的担忧。蒙藏银行自发生挤兑后前来兑换的人非常多，以致该行准备之现金渐有不敷之象，直至4 月 13 日 8 时，该行副经理曾于当天下午访问银行公会会长卞白眉，打算用河东意租界地皮一块抵押现金五万元。当时因条件没有谈妥，双方未达成协议。卞白眉后又曾至大陆银行及英租界某公馆抵借，仍然没有谈妥，以致蒙藏银行继续兑现的计划没能实现，不得不宣告暂时停兑，等待日后再筹措现金再行兑现。14 日早 7 时，蒙藏银行门前即贴出布告，谓：“本行刻下发生挤兑风潮，现金一时周转不灵，暂停兑现两星期，特此布告云云”②。该行停兑后，法工部局以事关金融治安，当即遣派巡捕前往维持秩序，并禁止一切人员出入。

蒙藏银行角票停兑超过一周仍然没有复业办法。当该行发生挤兑时，警察局曾发出公告辟谣，劝令商民照常使用，没想到蒙藏银行竟然停业，于是警察局将蒙藏银行经理李汝楫等拘押，严令蒙藏银行方面设法恢复兑现，收回角票，以免商民吃亏，否则定以法律制裁，绝不宽恕。据李供称：蒙藏银行角票仅剩七万零数千元未曾收回，银行筹得款项马上就兑现，只是什么时候能筹得款没有把握。而警察局了解到该行有坐落于英租界的地产一块，约值七八万元，如该行不能另筹现款兑现，就将该地拍卖，得到的钱用来兑回蒙藏银行角票。③

天津市蒙藏银行停兑后，财政局即派秘书唐尧轩会同社会局科员周振铎、警察局科员宋景备协同调查。在经过一番调查之后向上级的汇报中提到，蒙藏银行“发行角票大洋二十万元，

① 《财政周报》，第十三卷，第十八期，《天津蒙藏银行停兑之经过》，第 27 页。
② 《财政周报》，第十三卷，第十八期，《天津蒙藏银行停兑之经过》，第 27 页。
③ 《财政周报》，第十三卷，第十八期，《天津蒙藏银行停兑之经过》，第 28 页。

平日保存兑现基金十一万元，在发行总额约计六成。当发生风潮之后共计兑现金十一万元，又平日提交商会大洋一万元，托由三津磨房公所代为兑现，故又收回角票一万零一百六十九元二角，均以寄存中国银行，共计收回角票十二万元有零，未经收回者约计八万元”[①]。至于继续兑现的办法，主要是设法催收外欠的款项。津浦路局与京兆烟酒公署两处还欠 13 万元之多，姑且不计其余商欠的款项尚有四五十万元之数，能收进两成即能有余，然而缓不济急，也不打算指望这些款项。蒙藏银行前总理袁述之所欠银行款项最多，本有所遗地皮一段，计三亩六分有余，约值银每亩两万两之谱，已经于十八日在百花村开董监会，议决出售此项地皮，除还本原押义品公司 3500 两外，所余之款全作收回钞票之用。所售倘如不敷，再由外欠四五十万元之内催收三四万元即可开兑有余。蒙藏银行经理李汝楫等之前由警察局拘留，后来取保外出，方便筹款。公安局还发还图章、启封办公室二间以用来筹款。后续发展虽然不明，但现在我们明确得知，蒙藏银行因经营不善于民国十八年（1929 年）歇业。

结语

蒙藏银行是在民国初年兴办银行的高潮中成立的，而且是在蒙藏院的倡办下成立的特种银行。1923 年 6 月 12 日，蒙藏银行宣告成立，到 1929 年 4 月发生挤兑最终歇业，前后仅仅存在了 6 年。蒙藏银行开办之初经营顺利，发行的纸币信用良好，收益颇丰，但是这并非是蒙藏银行的特种银行身份带来的，而是作为一般商业银行依靠经营得来的。而 1929 年蒙藏银行发生挤兑时，政府也没有因为蒙藏银行“开发蒙藏”的特种银行身份而出手相助，最终导致了蒙藏银行的歇业，这些都引起了笔者对中国近代银行制度的一点思考。

蒙藏银行是为了开发蒙藏资源、活动蒙藏各部之金融设立的，是一家以抵制外国经济侵略、加强与内地联系、繁荣蒙藏经济为宗旨的特种银行。然而，纵观蒙藏银行 1923—1929 年的发展概况，并没有体现出蒙藏银行特种银行的性质，其营业所体现出的更多的是一般商业银行的性质。实际在民国时期，出现这种反常现象的不单单蒙藏银行一家，其他特种银行如劝业银行、盐业银行、农工银行等，不论从其创办的目的宗旨，还是从其银行名称上看，这些银行都是为了抵制外国经济侵略、发展本国金融，各个银行都有其重大的使命和特殊目的。但是，它们与蒙藏银行一样，在缺少政府政策支持的前提下，为了维持银行业务发展，只得将主要精力投入到一般商业银行业务上来。比如以发展边疆经济为宗旨的殖边银行也把营业重心放在了经济发达的上海。正如吴承禧先生所说：“中国的银行无所谓分业，中国的各种银行，名义上虽然都负了一种特殊的使命，但实质上它们都含了一种商业银行的性质——它们早就‘商业银行化’了。”[②] 正如所言，当时的中国虽然有着近 200 家名称各异的银行，但它们经营的大都是一般商业银行业务，完全没有形成有效的分业，中国银行业制度的不健全由此可见一斑。

北洋政府时期，中国银行制度的不健全不仅体现在银行数量的多而杂上，而且缺少完善的中央银行体制。当时的中国银行业，不论银行大小都经营商业银行业务，作为国家银行的中国银行、交通银行也兼营商业银行业务。面对实力雄厚的中国银行、交通银行的竞争，一部分具

① 《财政周报》，第十三卷，第十八期，《天津蒙藏银行停兑之经过》，第 28 页。

② 吴承禧．中国的银行［M］．上海：商务印书馆，1934：131.

备一定实力的银行逐渐走向联合，比如1922年金城、盐业、中南、大陆四银行进行了联营，“抱团”与中、交两行竞争，而更多的中小银行最终难逃停业的命运，以上这些都说明了当时中国银行制度的不健全。

通过对民国时期中国银行制度的研究，引发了笔者对当今银行制度的一些思考。随着社会经济的不断发展，需要不同种类的银行满足社会经济发展的要求，政府为实现其经济职能同样需要不同种类银行的存在。另外，民国时期诸如蒙藏银行等特种银行与当今的政策性银行类似，这类银行应该尽量减少商业银行职能，集中本行精力助力某一产业或某一地区发展，这就需要国家对这类银行进行扶持，保证这类银行顺利发挥其职能。

参考文献

档案、资料汇编

[1] 北京市档案馆：蒙藏银行档案.

[2] 天津档案馆：蒙藏银行档案.

[3] 上海市档案馆：蒙藏银行档案.

[4] 中国人民银行上海市分行. 上海钱庄史料［M］. 上海：上海人民出版社，1978.

[5] 中国人民银行总行参事室金融史料组. 中国近代货币史资料［M］. 北京：中华书局，1964.

[6] 中国银行总行，中国第二历史档案馆. 中国银行行史资料汇编（1912—1949）［M］. 北京：档案出版社，1991.

[7] 交通银行总行，中国第二历史档案馆. 交通银行史料［M］. 北京：中国金融出版社，1995.

[8] 中国人民银行北京市分行金融研究所，《北京金融志》编委会办公室. 北京金融史料［M］. 1993.

[9] 中国人民银行上海市分行金融研究所. 上海商业储蓄银行史料［M］. 上海：上海人民出版社，1990.

民国论著

[1] 陈其田. 山西票庄考略［M］. 上海：商务印书馆，1937.

[2] 贾士毅. 国债与金融［M］. 上海：商务印书馆，1930.

[3] 贾士毅. 民国财政史［M］. 上海：商务印书馆，1917.

[4] 吴承禧. 中国的银行［M］. 上海：商务印书馆，1934.

[5] 周葆銮. 中华银行史［M］. 上海：商务印书馆，1919.

[6] 杨荫溥. 上海金融组织概要［M］. 上海：商务印书馆，1930.

[7] 徐寄庼. 最近上海金融史［M］. 上海：上海书店，1932.

[8] 中国银行经济研究室. 中国重要银行最近十年营业概况研究［M］. 上海，1933.

[9] 王志莘. 中国之储蓄银行史［M］. 上海：上海新华信托储蓄银行，1934.

［10］联合征信所调查组．上海金融界概览［M］．联合征信所，1937.
［11］联合征信所平津分所．平津金融界概览［M］．联合征信所，1947.
［12］杨荫溥．杨著中国金融论［M］．黎明书局，1936.
［13］郭孝先．上海的钱庄［J］．上海市通志馆期刊，1933，1，(3)．
［14］张星烺．欧化东渐史［M］．上海：商务印书馆，1933.

当代论著

［1］汪敬虞．中国近代工业史资料［M］．中华书局，1962.
［2］许涤新，吴承明．中国资本主义发展史［M］．第3卷，北京：人民出版社，1993.
［3］许涤新，吴承明．中国资本主义发展史［M］．第2卷，北京：人民出版社，2003.
［4］杨端六．清代货币金融史稿［M］．北京：三联书店，1962.
［5］刘光第．中国的银行［M］．北京：北京出版社，1984.
［6］吴承明．中国资本主义与国内市场［M］．北京：中国社会科学出版社，1985.
［7］［日］宫下忠雄．中国银行制度史［M］．吴子竹译，美华印刷厂印刷，1957.
［8］张郁兰．中国银行业发展史［M］．上海：上海人民出版社，1957.
［9］王方中．中国近代经济史稿［M］．北京：北京出版社，1982.
［10］千家驹．旧中国公债史资料［M］．北京：中国财政经济出版社，1955.
［11］沈云龙．近代中国史料丛刊续编［M］．台北：文海出版社，1975.
［12］戴建兵．中国近代纸币［M］．北京：中国金融出版社，1993.
［13］康书生，鲍静海．货币银行学［M］．北京：高等教育出版社，2007.
［14］张忠民．艰难的变迁：近代中国公司制度研究［M］．上海：上海社会科学院出版社，2002.
［15］中国近代金融史编写组．中国近代金融史［M］．北京：中国金融出版社，1985.
［16］黄鉴晖．山西票号史［M］．太原：山西经济出版社，1992.
［17］黄鉴晖．中国银行业史［M］．太原：山西经济出版社，1994.
［18］卜明．中国银行行史（1912—1949）［M］．北京：中国金融出版社，1995.
［19］戴建兵．白银与中国近代经济（1890—1935）［M］．上海：复旦大学出版社，2005.
［20］杜恂诚．中国金融通史［M］．第三卷，北京：中国金融出版社，2002.
［21］中国革命博物馆．吴虞日记［M］．成都：四川人民出版社，1984.
［22］钟思远，刘基荣．民国私营银行史（1911—1949）［M］．成都：四川大学出版社，1999.
［23］徐矛，顾关林，姜天鹰．中国十银行家［M］．上海：上海人民出版社，1997.
［24］戴建兵．中国历代钱币简明目录［M］．北京：人民邮电出版社，1997.
［25］贺云翱．无锡人与中国近现代化［M］．南京：南京大学出版社，2011.
［26］汪敬虞．中国近代经济史（1895—1927）［M］．北京：人民出版社，2012.
［27］戴建兵，陈晓荣．中国纸币史话［M］．北京：百花文艺出版社，2006.
［28］贾熟村．北洋军阀时期的交通系［M］．郑州：河南人民出版社，1993.
［29］严修．严修日记［M］．天津：南开大学出版社，2001.
［30］彭泽益．中国社会经济变迁［M］．北京：中国财政经济出版社，1990.
［31］王忠和．项城袁氏家传［M］．北京：百花文艺出版社，2007.
［32］汪敬虞．十九世纪西方资本主义对中国的经济侵略［M］．北京：人民出版社，1983.

［33］唐传泗，黄汉民．试论1927年以前的中国银行业［M］．上海：上海社会科学出版社，1985.

［34］唐传泗，黄汉民．中国近代经济史研究资料［M］．上海：上海社会科学出版社，1985.

［35］吴筹中．蒙藏银行及其发行的纸币［J］．安徽钱币，1997（4）．

［36］千家驹．旧中国发行公债史的研究［J］．历史研究，1955（2）．

［37］黄鉴晖．论山西票号的起源与性质［M］．成都：四川人民出版社，1986.

［38］黄鉴晖．试论中国银行业起源及其发展的阶段性［J］．太原：山西财经学院学报，1982（4）．

［39］程卫红，赵叔玲．“蒙藏银行钞票”述略［J］．内蒙古金融研究，2003（3）．

［40］洪葭管，张继风．上海成为旧中国金融中心的若干原因［M］．上海：上海社会科学出版社，1985.

文史资料

［1］中国人民政治协商会议上海市委员会文史资料委员会：《旧上海的金融界》，《上海文史资料选辑》，第60辑，上海人民出版社，1988年版。

［2］中国人民政治协商会议天津市委员会文史资料委员会：《天津文史资料选辑》，天津人民出版社，1996年版。

报刊、年鉴

［1］《金融周报》

［2］《银行周报》

［3］《银行月刊》

［4］《新闻报》

［5］《益世报》

［6］《申报》

［7］申报年鉴社：《申报年鉴》，美华书馆，1935年。

［8］财政部财政年鉴编纂处：《财政年鉴》，商务印书馆，1935年版。

［9］中国银行总管理处经济研究室：《全国银行年鉴》，上海。

第十七篇　中国垦业银行

吴　乾

一、中国垦业银行的建立

中国垦业银行（以下简称垦业）的创办人是童今吾，在成立之前，童今吾与贺得霖（浙江镇海人，曾在财政部任职，担任过财政部次长）共同创办东陆银行，后童今吾又一手创办明华银行。垦业银行、东陆银行、明华银行被张章翔（浙江鄞县梅墟镇人，曾任垦业银行天津分行襄理、副经理、经理）、吴树元（曾任垦业银行天津分行经理）称为“宁波帮三银行”，这三家银行是民国初年宁波人在北方的金融中心天津所创立的重要金融机构。这三家银行的设立与时任民国财政总长的李思浩有着密切联系，因为三家银行的创始人与李思浩都是同乡，关系密切。李思浩，浙江慈溪人，1917 年代理财政总长，1919 年和 1924 年曾两度出任财政总长。“宁波帮三银行”的顺利建立，主要得益于贺得霖、童今吾和李思浩的同乡关系，“时人称贺、童是李的左右丞相，因此，宁波帮三银行虽然从表面上看似乎各不相干，实则一线贯穿。”①

东陆银行是由贺得霖与童今吾共同创办，1919 年 5 月在北京施家胡同开业，“其组织东陆的目的就是吸收存款，以经营财政部放款为主要业务”②。因为这两人都是出身于钱庄，对银钱业的经营方法特别精通，同时贺得霖曾在财政部任职，对财政部所需款项有深刻的了解——为了借到款，不顾一切。为了增强东陆银行的实力，拉拢当时的军阀张勋，张勋投资额巨大，成为当时实际的董事长。还联络盐业银行总经理吴鼎昌、华俄道胜银行买办沈吉甫、汇丰银行买办邓卓翔，借此壮大声势。由贺得霖担任总经理，童今吾出任协理。总管理处初设于北京，后迁往天津，在北京、上海、天津设立分行。东陆银行经营初期，主要经营财政部的放款，获利颇丰。这主要得益于其巧妙的方法，利用银两、银元的兑换，暗中盘剥。1920 年全年的盈利达到 75 万余元，1921 年时，半年的盈利也有 30 余万元。北洋政府时期，政局混乱，一旦政府垮台，银行就可能“吃倒账”，但是受巨大的利益驱使，仍甘冒风险。1923 年，财政部放款，吃了倒账，在北京受到了很大的影响，后及时补救，转而经营工商业放款，但因开支庞大，年终亏损，从此走向衰落。1925 年 2 月，宣布停止营业，东陆银行自此解散。

明华银行由童今吾一手创办，主要是因为在东陆银行任内与贺得霖的关系紧张，矛盾重重，于是便自己另立门户。吸收上海、宁波等地钱庄的长期存放款，充作明华银行的股本（约为九八规元十万两）。领到营业执照后，于 1920 年在北京正式组建明华银行，同年，分别成立了上海、天津分行，以及济南、宁波支行，第二年，成立青岛分行。总管理处初设于北京，后迁往上海。明华银行由童今吾任总经理，承袭了东陆银行的衣钵，继续经营财政部放款业务。为拉拢李思浩，聘任李的妻弟余月亭为北京分行的经理。北京总行和上海分行都以经营财政部放款为主，第一年的业务经营顺利，获利颇丰，便增加资本总额定为 200 万元，实际只收 100 万元。不过 1921 年李思浩下台，东陆、明华两行之借款无法偿还，明华数额为 100 万元。受到此次事件影响，北京分行就此衰落，1926 年改为支行，归天津管辖。1929 年，宁波、济南两处支行相继撤销，青、沪、津三行经营一直持续到 1935 年 5 月，后同时宣布倒闭。

东陆和明华两行从其成立伊始，就以向北京政府财政部借款，获取厚利为目的。但是当时的政局混乱，政府更迭频繁，一旦政府内阁下台，后任政府不承认前任政府的债务，受牵

---

① 张章翔，吴树元．宁波帮三银行兴衰始末［M］．天津市政协文史委员会编《天津文史资料选辑》第 77 辑，天津人民出版社，1998：109.

② 张章翔，吴树元．宁波帮三银行兴衰始末［M］．天津市政协文史委员会编《天津文史资料选辑》第 77 辑，天津人民出版社，1998：110.

连的银行也就无法将放款收回，导致了一批银行倒闭破产。东陆和明华深受其害，它们经营失利的主要原因就在于此。作为两家银行创始人的童今吾对此讳莫如深，于是在创设中国垦业银行时吸取了东陆银行和明华银行的教训，将银行设在天津，避免与财政部打交道、发生放款关系。1924 年，李思浩再次担任财政总长，童今吾抓住此次机会再次组织银行，并且还取得了钞票发行权。

二、发展概况

1. 概况

北洋政府时期设立了众多专业银行，童今吾“于是借扶助青海荒地为词”[①]，将银行命名为“中国垦业银行”，按照特种银行的性质呈准财政部注册。1925 年 7 月 18 日，国务会议批准“中国丝茶银行、中国垦业银行、闽厦实业银行发行纸币……中国垦业银行……援照劝业银行成例办理垦殖事”[②]。1926 年 4 月 14 日，中国垦业银行在天津成立。[③] 初设立于天津，一为避免财政放款，二是鉴于天津工商业发展迅速，经济繁荣，民国时期已成为北方的经济中心，同时距离北京较近，地理位置非常重要。

垦业额定资本为银元 500 万元，先收四分之一。这些资金由童今吾与曾任明华银行协理的俞佐庭共同筹集，俞佐庭为宁波天益钱庄的经理，筹集资金方便。成立之初“实际资本仅 30 万元，股东都是宁波元益、天益两钱庄的股东和俞、童的亲友”[④]，同时俞佐庭将宁波、上海两地的钱庄长期放款约 70 万元和由天津明华银行转来的同业存款 25 万元，共约 125 万元，呈请财政部验资。行址原在旧法租界八号路，1927 年 2 月 7 日迁入旧法租界六号路六十四号营业。在此期间，由于受时局影响，业务经营平平，没有起色，发行钞票也受牵连，曾遭到几次挤兑，发展一直处于停滞的状态，同时童今吾与俞佐庭之间发生分歧，无意再合作经营。后几经改组，最终于 1929 年 3 月，王伯元出资 20 万元，接过所有债权债务，重新核定资本总额为 250 万元，“分为二万五千股，每股银圆一百元，照数收足”[⑤]。1929 年总行迁到上海，原准备于 7 月 1 日开幕，由于建筑施工加快，“四月初一装修，十五日完全竣工”[⑥]，6 月 6 日正式开幕。垦业银行总行的成立在上海金融界引起了巨大轰动，《申报》对于此次事件进行了重点的报道：“中国垦业银行上海总行于昨日开幕，中外来宾，自上午七时起，陆续到行致贺者如财政部次长张咏霓，工商部代表朱吾宾，市政代表溶德彰，临时法院代表张伟夫，法公廨陈介卿，中央银行陈健菴、顾贻榖、李稚莲，中国银行宋汉章、李馥荪、贝淞荪，交通银行卢涧泉、胡孟嘉、唐寿民以及

---

① 张章翔，吴树元．宁波帮三银行兴衰始末［M］．天津市政协文史委员会编：《天津文史资料选辑》第 77 辑，天津人民出版社，1998：120.

② 《大陆银行月刊》1925 年第 3 卷第 8 期，第 44 页。

③ 有关垦业银行建立的时间说法不一。第一种观点认为是 1927 年，王志莘在《中国之储蓄银行史》中记载为民国十六年，《中国经济大辞典》的记载同样是 1927 年；第二种认为是 1925 年，徐枫、赵隆业编著的《中国商业银行纸币图录》中则是创办于 1925 年 9 月；第三种观点认为是 1915 年，戴建兵著作《中国近代商业银行纸币史》《话说中国近代银行》《内蒙古金融志（上卷）》皆持此观点；第四种认为是 1926 年，民国二十五年的《全国银行人事一览》记载天津分行成立于民国十五年四月十四日，持相同观点的还有天津市钱币学会编《天津近代钱币》《天津通志·金融志》《津门宁波人》《宁波帮三银行始末》，笔者经过多次考证，并与档案内容进行比照，采纳 1926 年 4 月 14 日。

④ 张章翔，吴树元．宁波帮三银行兴衰始末［M］．天津市政协文史委员会编：《天津文史资料选辑》第 77 辑，天津人民出版社，1998：121.

⑤ 《中国垦业银行各种规则》，上海市档案馆藏档案：Q284－1－3。

⑥ 《中国垦业银行董监会议录及常董会议录》，上海市档案馆藏档案，Q284－1－2。

袁礼敦、虞洽卿、叶揆初、施省之、陈良玉、徐寄庼、吴麟坤、顾馨一、楼恂如、谢蘅牕、戴耕莘、冯炳南、林康侯、王宪臣、孙景西等约千余人。该行为实事求是计，对于同业堆花，均经婉拒，闻所收存款已达五六百万之多，是该行之信用可见一斑，将来业务发达，当可操左券也”①。出席开幕式的不仅有政府代表，而且有以中央银行、中国银行、交通银行等为代表的金融工商界人士，从中可以看出垦业的成立确实在上海引起了巨大反响。

1929 年，将总行迁至上海之后发展迅速，实力不断增强，于是在经济繁盛和交通发达的地方，添设分支行机构。鉴于沪西地区经济发展，1929 年 11 月 29 日，第六次董监事会决定在沪西设立支行，聘请陶子石为经理，此后在八仙桥、文庙、霞飞路设立支行。屠培成接任津行经理后，业务发展迅速，1930 年 3 月时已有“盈余一万余元”“发行本行兑换券二十余万”。② 中国垦业银行为便利在当地业务的发展，因此决定在津另设立一办事处，以辅助津行的业务。5 月 18 日，天津北马路办事处开业。为了拓展华北地区的业务，1933 年 10 月 6 日在北平设办事处。经济繁盛的浙江需要大量的资金融通，1931 年 1 月 15 日，宁波分行顺势成立。鉴于邻近的余姚盛产棉花和盐，经济发达，两年后，该行设立余姚办事处。1934 年 8 月 2 日，南京设立分行，主要经营军需厂商业务。到抗日战争前，在上海、北平、天津、宁波、余姚、南京等地，皆设有分支行或办事处，共 11 处。由于日寇侵华，局势紧张，北平业务减少，1936 年 11 月 7 日，北平办事处撤销，业务归于津行。1937 年 1 月 1 日，南京分行改为支行，1937 年“八·一三”事件后，上海文庙办事处和南京分行移至总行内。1941 年，宁波沦陷，宁波分行撤至总行。现将该行的主要分支机构的状况，列表 18－1 如下。

表 18－1　　分支机构设立、变迁统计（截至 1937 年前后）

名称	管辖行	成立时间	结束时间	行址
上海总行		1929 年 6 月 6 日	—	初在上海宁波路六五号，1933 年 10 月迁至北京路二三九号
上海西区支行	总行	1929 年 12 月 18 日	—	上海静安寺路三一八号
上海八仙桥支行	总行	1933 年 2 月 9 日	—	上海敏体尼荫路一四三号
上海文庙办事处	总行	1933 年 11 月 12 日	1937 年秋	上海西门文庙内
上海霞飞路支行	总行	1934 年 11 月 10 日	—	上海霞飞路五四三号
天津分行		1926 年 4 月 14 日	—	初在天津法租界八号路，1927 年迁至法租界六号路
北马路办事处	津行	1930 年 5 月 18 日	—	天津北马路
北平办事处	津行	1933 年 10 月 6 日	1936 年 11 月 7 日	北平前门外西河沿
宁波分行		1931 年 1 月 15 日	1941 年	宁波江厦糖行衕
余姚办事处	甬行	1933 年 8 月 14 日	1941 年	余姚新建路
南京分行（1937 年 1 月 1 日改为支行）	京行	1932 年 8 月 6 日	1937 年 11 月	南京中山东路一零四号

资料来源：中央银行经济研究处编辑：《全国银行人事一览》，1936 年；天津市地方志编修委员会编著：《天津通志·金融志》，天津社会科学院出版社，1995：137；李如斌主编，《南京金融志》，南京市地方志编纂委员会编，南京出版社，1995：136；宁波金融志编纂委员会编制的《宁波金融志（第一卷）》，中华书局，1996：166.

① 《申报》1929 年 6 月 7 日。

② 《中国垦业银行董监会议录及常董会议录》，上海市档案馆藏档案：Q284－1－2。

垦业在天津时，资本为500万元，但是没有能够收足，只有125万元。改组后，将资本核定为250万元，分为25000股，每股100元，资本一直未变。抗日战争中，资本多发生变化。1942年6月1日，以2:1的比例折合中储券为125万元，同时将房地产升值125万元，资本总额为中储券250万元。1943年1月，又增资中储券500万元，资本总额变为750万元，分为75000股，每股100元。12月，增资到中储券1000万元，计分100000股，每股100元。抗日战争胜利后，1945年，资本恢复至法币250万元，1946年增补现金750万元，资本总额仍为1000万元。1948年10月，资本调整为金圆券200万元。新中国成立后，资本总额为人民币24000万元，后财产重估为人民币84亿元。①

1929年改组后，另拨资本10万元设立储蓄部，办理各种储蓄业务，营业独立，会计公开。1931年设立地产部，经营房地产抵押借款。1940年，另拨50万元设立信托部，办理各项信托业务。1930年1月，在沪开始发行上海地名券。1935年11月奉令结束发行，发行部裁撤。该行纸币发行总额达到749万余元。1948年，国民政府实施新银行法，要求银行的种类应在其名称中表示出来。由于垦业以特种银行名义注册，但主要经营商业业务，1949年1月1日，便更名为"中国恳业商业储蓄银行。"将"垦"改为"恳"，同时英文名字由"The land bank of china"变为"The best service bank of china"②。1950年加入上海金融业第一联营集团，1952年12月归于公私合营银行上海分行。

2. 组织机构

垦业不是总行制，也不是总办事处制。垦业银行总行未成立之前，已对银行的管理体系进行过翔实考察。第一次召开的董事会上，李馥荪就曾经提议讨论"总行制分行制未定，为采取总行制，应暂不划本，听其透支"。但在总行制下，是否设立总办事处进行了讨论，认为"总行制不设总办事处，如设总办事处，则沪行经副理不能节制"。权衡利弊，经决议，"总办事处改为董事办事处"③。

董事办事处设于总行，由董事会推举董事长会同常务董事主持全行的事务。董事办事处直接领导发行、稽核、文书三部，各部主任简称为总发行、总稽核、总文书，分别掌管各自不同的事务。1935年，国民政府取消了纸币发行权，发行部也随即撤销。

董事办事处由董事长、董事、常务董事组成。董事九人，由股东会选任董事长一人和常务董事四人。董事从具有五十股以上的股东中选出，任期三年，期满可连选连任。在董事办事处主持全行一切事务，常务董事负责协助董事长。董事长的职责主要有：代理董事会；召集董事会或行务总会，并担任董事会会议或行务总会会议的主席；召集股东会时，担任股东会会议主席；署名盖章于股票。

董事会议须有董事过半数之出席方得开会，董事过半数之同意方得决议可否，同数时，取决于主席，董事会之议事录由主席签名盖章，凡关于董事之议案，该董事不得有表决权。1929年3月24日下午二时，改组后中国垦业银行第一次董事会在上海宁波路钱业公会召开。④ 秦润

① 於以震：《中国垦业商业储蓄银行简史》，《上海文史资料选辑》，第60辑，上海人民出版社，1988年8月；《平津金融业概览》，联合征信所平津分所调查组编，1947年，第25页；《上海金融业概览》，联合征信所调查组编辑，1947年，第113页；《中国垦业银行各种章则》，上海市档案馆藏档案：Q284－1－3。

② 《垦业银行简史》，上海市档案馆藏档案：S173－1－153－160。

③ 《中国垦业银行董监会议录及常董会议录》，上海市档案馆藏档案：Q284－1－2。

④ 《中国垦业银行董监会议录及常董会议录》，上海市档案馆藏档案：Q284－1－2。

卿被公推为临时主席，并当选为第一任董事长，自此秦氏开始担任董事长，直至1952年，长达23年。在当选的第一届董事会成员中，并未按章程中所规定“常务董事为四人”，其中常务董事为王伯元、梁晨岚两人，董事为龚子渔、周宗良、李祖华、李馥荪、徐寄庼、楼恂如六人，连同董事长秦润卿共为九人。会上聘任秦润卿为总经理，王伯元为沪行经理，董占春、王仲允为沪行副经理，推举方巨川、徐寄庼对本行的组织章程进行审查。

由于本次董事会召开时，沪行还未成立。因此，还对沪行的成立做了前期准备，租用“宁波路河南路角”，准备于“七月一日开幕”。后在5月7日第三次董事会上决定于“6月6日正式开幕”。李馥荪提议对于股本总额“削减一半，改为二百五十万元”。此次改组之后召开的董事会，对津行的人事、业务、职员、钞票进行了讨论。议决“以天津为总行现拟改上海为总行”①。在前五次董监事会议，与会人员为诸位董事和监察人。1929年8月27日，在第五次董监事会会议上，王伯元提议“可否请本行经副理列席，赞同通过”。总行副理两人参加了第六次董监事会。前八次董监事会皆是不定期召开，为了董事会的常态定期举行，1930年4月23日，在第八次董监事会上，秦润卿提议“本行董监事会有事时，随时召集，无事每三月至少须开一次”②。该行会议逐渐走向正规化，有利于方针政策的制定、实施。

此外，该行还设有监事三人。监事从具有二十五股以上的股东中选出，任期一年，连选连任。监察人的职责主要有：监察银行业务；审查董事会选举，股东会之各种簿册，并陈意见于股东会。第一届董事会上，徐補孙、方巨川、赵仲英参加并当选为监察人。

股东会分股东常会、股东临时会两种。股东常会定于每年三月在总行所在地举行。董事会或监察人认为必要时，或者占有股份全额二十分之一以上之股东，因有重要事件将提议事项及理由，以书面请求董事召集股东临时会。历次股东常会，该行都提前登报提前通告，如在1930年3月9日下午两点，第二届股东常会在上海宁波路九十号钱业公会举行，即登报通告。

设总经理一人，由董事会中互选一人担任或信用卓著声望隆重者聘任，其薪金、奖金等项均由董事会规定。总经理对于全行营业及任免办事人员除由特别规定须经报告董事会外，可以处决一切事务。该行第一任总经理由秦润卿兼任，1944年，秦氏辞职，由王伯元接任。1948年，王伯元离沪，由董建侯主持业务。

该行每年于一月、七月举行行务会议两次，由董事长或总经理召集。参加人员有董事长、常务董事、总发行、总稽核、总文书以及总经理、经理、副经理、襄理或指定之人参加。以董事长或总经理为主席，列席人员均得提出意见，但所议事项当时如有意见不同应取决于主席。

3. 人事情况

中国垦业银行、四明银行、中国通商银行被称为“宁波系三行”，与南五行（中国银行上海分行、交通银行上海分行、浙江兴业银行、浙江实业银行和上海商业储蓄银行）构成了浙江金融集团的核心。张章翔将东陆、明华、垦业三家在北方经营的银行称为“宁波帮三行”。宁波帮“系指近代以来在宁波地区以外的一定区域从事工商活动的宁波籍人士。而所谓宁波籍，既包括旧宁波府七县（镇海、定海、鄞县、奉化、慈溪、象山、南田），亦包括现属宁波市的余姚、宁海籍人士”③。垦业银行作为宁波帮金融机构的代表之一，其董事会成员皆是江浙籍，而且各地

① 《中国垦业银行董监会议录及常董会议录》，上海市档案馆藏档案：Q284－1－2。

② 《中国垦业银行董监会议录及常董会议录》，上海市档案馆藏档案：Q284－1－2。

③ 金普森，孙善根．宁波帮大辞典［M］．宁波：宁波出版社，2001.

分支机构的主要任职人员也多是同乡关系。

垦业银行初创天津，发起人童今吾（浙江慈溪）与俞佐庭（浙江镇海）。童金辉（浙江慈溪）担任董事长，俞佐庭担任总经理，童今吾任协理。天津行的首任经理为竺玉成（浙江镇海），竺玉成出身于东陆银行，由俞佐庭委派。1927 年 12 月，更换邵生华（浙江慈溪）为经理，童今吾胞弟童深道、童约之分别担任副经理和保管主任，发行主任童伯蘧（童金辉之子）。自此已完全是童家班家族式管理。1928 年 6 月，蒋介石北伐期间，政局突变，张作霖退出北京时，垦业钞票发生挤兑，形势日下，童今吾将所有股份转让给俞佐庭，脱离垦业。后俞佐庭得到蒋介石北伐时期的军需处长徐桴（浙江镇海）的帮助，由蒋介石投资 100 万元，藉资充实。后徐桴调任福建省财政厅长，无暇兼顾，俞飞鹏（浙江奉化）负责管理，由孙衡甫（浙江慈溪）出任董事长，俞佐庭就此脱离垦业。宋子文劝阻蒋介石不要投资私人银行，于是经孙衡甫之手，梁晨岚（浙江余姚）多方联系，由王伯元（浙江慈溪）接手。

垦业的人事变动频繁，几经改组。虽未发展成功，但从其人事中，也能看出端倪。在建立之初，从发起人到主要管理人皆宁波人，虽历经改组，但改组过程中，仍然看重同乡关系，接收人尽是宁波人，反复在宁波人之间转手。1929 年改组之后，同样不例外，所选用人员中（垦业银行董事会成员如表 18－2 所示），也是宁波人居多，表明从事金融业的宁波人具有很强的地缘和亲缘认同感，在从事金融事业或者其他行业时，比较重视“地缘”，可见宁波帮具有强烈的“乡谊观念”和“宗族意识”。正因为如此，宁波人形成了较强的同乡凝聚力，编织了密切的人事网络，组成了以地域为纽带的经济组织群体，造就了金融界强大的“宁波帮”。

表 18－2　　人事情况

姓名	籍贯	中国垦业银行任职	其他机构兼职
董事会成员			
秦润卿	浙江慈溪	垦业银行董事长，总经理	中央银行监事，交通银行监事
王伯元	浙江慈溪	常务董事，总行经理	上海通和商业储蓄银行董事长，上海绸业商业储蓄银行董事，国泰商业储蓄银行董事长
何谷声	浙江余姚	常务董事	慧中商业储蓄银行董事
梁晨岚	浙江鄞县	常务董事	上海交通银行副经理，建华银行董事长
王仲允	浙江慈溪	常务董事，总行副理	国泰商业储蓄银行监察人，同润钱庄董事长，中汇银行监察人
李馥荪	浙江绍兴	董事	浙江实业银行董事长兼总经理，中国银行董事，中央银行监事，交通银行董事，上海商业储蓄银行董事
徐寄庼	浙江永嘉	董事	浙江兴业银行常务董事，浙江兴业银行总司库，中央银行监事，中国银行董事，浙江实业银行董事，上海绸业商业储蓄银行监察人
周宗良	浙江鄞县	董事	浙江实业银行董事，谦信、德孚两家德商洋行的买办
龚子渔	江苏吴县	董事	上海惠源商业银行发起人，江苏银行监察人
监察人			
徐補孙	江苏吴县	监察	中和商业储蓄银行董事
赵仲英	江苏吴县	监察	建中商业储蓄银行董事长，上海通和商业储蓄银行董事
方巨川	浙江镇海	监察	金城银行分行副经理（上海）

续表

姓名	籍贯	中国垦业银行任职	其他机构兼职
上海总行及其各处支行			
董建侯	浙江慈溪	总行襄理	
沈亮夫	浙江鄞县	总行襄理	寅泰庄协理
顾善昌	四川	总行襄理	
屠体乾	江苏	总行出纳主任	
徐瑞甫	浙江	总行保管库主任	
张亚庸	江苏	总行地产部主任	
许树畲	江苏	总行储蓄处经理	交通银行总行稽核处第一科科长
叶建侯	浙江	总行襄理、总行营业主任	
谢菊曾	浙江	总行秘书	
林志鹏	浙江	总行会计主任	
何联第	浙江	霞飞路支行经理	中国实业银行监察人
梁纯青	浙江	霞飞路支行襄理	
贺培元	浙江	静安寺路支行经理	建中商业银行监察人
吴子愈	江苏	静安寺路支行襄理	
叶安泰	浙江	八仙桥支行襄理	
姚冕群	未知	文庙路办事处主任	
天津分行			
屠培成	江苏	分行经理	
倪耀庭	天津	分行副理	
张章翔	浙江	分行襄理	
秦梅堂	浙江	分行会计主任	
贾少恒	河北	北马路办事处主任、分行营业主任	
谢涿齐	浙江	分行出纳主任、分行总发行主任	
北平办事处			
绍诒	北平	北平办事处主任	
南京分行			
邬云程	浙江奉化	分行经理	
贺霖瑞	浙江	分行襄理	
何育禧	浙江	分行会计主任	
宁波分行			
俞佐宸	浙江	分行经理	元益钱庄经理，天益钱庄总经理，四明银行宁波分行经理
楼德生	浙江	分行襄理	
袁懋焕	浙江	分行营业主任	
周祖恩	浙江	分行出纳主任	
梁伯铠	浙江	分行文书主任	
程莲航	浙江	分行会计主任	
吴芟香	浙江	分行储蓄主任	
余姚办事处			
徐涵庆	未知	办事处主任	怡大钱庄经理

资料来源：中央银行经济研究处编：《全国银行人事一览》，中央银行经济研究处，1936 年；中国银行经济研究室编：《全国银行年鉴》，中国银行经济研究室，1937 年。

1929年3月，垦业银行改组后，接收人是素有“金子大王”之称的王伯元。王伯元从事金号出身，后开办钱庄，为巩固银行的发展，拉拢众多在金融界的重要人物。其第一届董事会成员中（秦润卿、王伯元、梁晨岚、龚子渔、周宗良、李祖华、李馥荪、徐寄庼、楼恂如九人），除李祖华未曾涉足金融业外，其他几人皆在银行、钱业等从事金融活动，其中秦润卿、梁晨岚、楼恂如三人从旧式金融机构钱庄转型而来；王伯元、龚子渔则是金号起家，后从事钱庄业，投资银行业，此四人都曾接受旧式的传统教育——学徒，李馥荪、徐寄庼则是专门从事银行事务，曾经过现代化的教育，都曾入日本山口高等商业学校深造。由此可见，在上层人员中，集中了中国旧式教育和现代化教育的精英。这虽然是一届人员的构成，但前后变化不大，由表18－2的董事会成员可见一斑。李祖华创建大德新机器榨油公司，以及后来的“颜料大王”周宗良，为当时工商业界的代表，表明工商业者也逐渐投资金融业，人事上也互有交流，工商业与金融业之间的联系日益紧密。

垦业银行的人员复杂，汇集了银钱两业的众多人员，1936年主要部门科系的人员情况如表18－2所示。

从表18－2可见，上层人员涉及六个省份，其中浙江籍占69.6%，江苏籍占17.4%，两者总和约占总人数的将近90%，天津、北平、河北、四川各占2%，余下二人未知。董事会成员全部为江浙籍，其中除1人为江苏籍外，其余8人皆为浙江籍（8人中，宁波籍又占据5席），同时“在全部250万元资本中，王伯元、王仲允兄弟占58%”[①]，其他董事成员和经副理占有少量股份，不难看出，浙江籍资本家掌握着中国垦业银行的实际权力。中层经副襄理等管理人员中，浙江籍占大多数，其中宁波、南京两处的人员都是浙江籍，在招募人员时较为依赖本地招募。这是1936年特定人员静态呈现，不过前后时期的动态变化也呈现上述特征。比如第一届董事会的成员方巨川（浙江镇海）、赵仲英（江苏吴县）、李祖华（浙江宁波）等，尽是江浙籍，因此其董事会人员侧重于江浙籍人士，江浙籍完全掌握着垦业银行。作为浙江金融集团的重要金融机构之一，与其他的银行人员互相渗透，其全体董事会及监察人成员在其他金融机构任职，加强与其他银行的联系，对于垦业发展业务有重要作用。同时形成了利益一致的金融集团，互相间的兼职加强了合作，进一步促进了银行资本的集中。

在任用各处经副襄理时，选择对象也倾向于江浙籍。经理作为一个重要职位，负责各地分行的经营发展，作用重大，对经理的取舍慎之又慎。南京、宁波分行经理皆为浙江籍，远离总行的天津分行经理屠培成是江苏籍，屠培成虽不是浙江籍，但他是王伯元的妻兄，其中缘由不明自白。还邀请一批在当地有影响力的人物，如天津分行的副理倪耀庭（津市钱业界的老资格人物，新亨银行经理）、北平办事处主任绍诒（北平中华汇业银行出身，熟悉北平）、宁波分行经理俞佐宸（元益钱庄经理，熟谙甬埠钱业情形）、宁波分行文书主任梁伯逷（曾经任哈尔滨中国银行协理）、余姚办事处主任徐涵庆（怡大钱庄经理），担任垦业的重要职务，西区支行第一任经理陶子石，之前曾经担任“兴业银行襄理，曾经办过瑞恒银公司”。[②]接任陶子石的贺培元曾任济东银行副理；曾担任总行襄理的李祖楠，在滋康庄办事。这些人金融业务经验丰富，同时凭借个人影响力提升在当地的信用，推动业务开展。为了确保安全，规定“分行经副理应有保人”，并要经全体董事会成员的公决，但对上海总行的经副襄理有明显

① 陶水木．浙江商帮与上海经济近代化1840—1936［M］．上海：上海三联出版社，2000：138.

② 《中国垦业银行董监会议录及常董会议录》，上海市档案馆藏档案：Q284－1－2。

的差异，“本行经理副理襄理，均毋须保人”①。

人事安排对银行发展在改组之初，已初见成效。王伯元在邀请秦润卿时，秦氏为避免钱业的不良习惯，曾约法四章：“一、银行业务以稳健为主，不得参与标金、股票等投机活动。二、本行股东、职员人等不得向本行宕账、透支。三、办事、用人一律公开，不得任用家属私人，也不得为谋眼前利益而采取行贿等不正当手段。四、银行董事长、董事等均须每天到行办公，不得随意缺席”②。这些措施对完善内部管理，整饬纪律，起到了良好的作用。1929 年总行开业后不久，7 月 7 日，董事长兼总经理秦润卿偕同总稽核胡组庵来到天津视察，“离沪之前，中国银行总经理宋汉章先致电天津中国、交通两行负责招待”，秦氏的此番活动在天津引起巨大轰动，天津金融界的重要人物都去车站迎接。秦在天津逗留至 7 月 15 日，在此期间，天津银行公会、钱业公会以及和垦业有业务往来的银行、银号都举行了盛大欢迎活动，秦润卿促使垦业成为天津市银行业同业公会会员，并“对钱业公会各董、监事银号，每户提供 6 个月长期放款 5000 元优惠”③，加强了与各金融机构的业务往来。秦润卿身为上海钱业公会会长，又涉足银行业，天津交通银行经理杨德森提出“现值国家统一，吾人不应再存区域观念，应将南北银钱机关，联络起来，成为一金融界”④。秦润卿凭借特殊身份，加强与各金融机构的联系，提高影响力，开拓银行业务，同时将南北两大金融中心联系起来。

4. 注重职员的教育、生活

注重对下层普通职员的关注，在员工的教育学习、生活方面采取了多种措施。一方面为员工提供发展机会，提升其综合素质；另一方面在生活上给予相应的保障，使其努力工作，解决了员工的后顾之忧。

在教育方面，新进的职员多是学校出身，具备一定的文化知识。为加强职员在职学习，1932 年，天津分行在第十三次行务会议中提出，对新进职员进行再教育，“津行新进员生系学校出身，对于簿记珠算等均乏相常认识，拟于每晚六时半至七时半开一训练班，讲授簿记珠算可否，请张秦二主任担任讲解，当经二君面允照办，即日通知该生等听讲”⑤。行务会议的记录表明，天津分行新入职的员工皆为学生，说明这部分人是年轻人，刚刚从学校毕业，但受教育程度则没有提及，不过通过其他内容，可有大致地推测，“学校”说明他们不是传统的旧式教育，可能是新式现代化教育，但受教育的程度不高，他们对簿记、珠算等又相应缺乏，说明没有相应的专业教育。选取本行的中层管理人员作为讲授人员，这是有一定考虑的。因管理人员既拥有银行的理论知识，又具有实践经验，在讲授有关知识时具有一定优势，同时又不会产生相应讲授费用，可说没有成本。作为银行的下层群体，也是未来银行的中流砥柱，这部分年轻人在教育方面还有待提高，为重点培养他们，同时为银行未来发展计，决定进行再教育。在此次训练后，新进职员对珠算都已经掌握，“似可无须限时教授，最好临时指导加以训练，佥以此种办法甚为相宜，训练班至此告一段落，唯仍请张秦两君随时注意，务使训练成熟为心，再员生有往夜校补习者，请秦主任随时考察成绩如何，以资甄别”⑥。

---

① 《中国垦业银行董监会议录及常董会议录》，上海市档案馆藏档案：Q284 －1 －2。

② 孙善根．钱业巨子——秦润卿传［M］．北京：中国社会科学出版社，2007：151.

③ 宁波市政协文史委员会编．宁波帮在天津［M］．北京：中国文史出版社，2006：65.

④ 《昨晚金融界之盛会》：《大公报》1929 年 7 月 15 日。

⑤ 《中国垦业银行行务会议记录》，天津档案馆藏档案：J0209 －1 －000497。

⑥ 《中国垦业银行行务会议记录》，天津档案馆藏档案：J0209 －1 －000497。

为使职员安心工作，尽心竭力贡献自己力量，1929 年 9 月，制定了《中国垦业银行各种规则》。规则第十五章为行员恤养规定，共十三条，该行的恤养金分为三种：终身恤养金、一时恤养金、特别恤养金，对恤养金的获得、金额作出了明确细致的规定，如因“一、直接因行务致成残废不堪任事者，二、在职继续满十年以上，年逾六十岁，本行认为衰老不能任事者”，[①] 即可获得终身恤养金。较之于同业的恤养金规则，中国垦业银行行员恤养金种类较少，该行制定的 1937 年上海市兴业信托社社员恤养金多达五种：终身恤养金、一次恤养金、特别恤养金、退职赡养金、退职赠予金，两者相比较后者多了两种——退职赡养费和退职赠予金。但中国垦业银行的终身恤养金获得的第二项条件与上海市兴业信托社社员恤养金的退职赡养金表述一样，即前者的终身恤养金的第二款也是后者的退职赡养金。中国垦业银行缺少退职赠予金，上海市兴业信托社的规定更为完善精细，表明金融业在这一时期对职员的社会保障方面在不断摸索、不断完善。在终身恤养金的金额上，规定“因前条第一款情事而给予终身恤养金者，应斟酌情形至多以退职时月俸之半数为限，按月支给之”，因前条第二款情事而给终身恤养金者依据以下内容给予：“在职十年以上未满十五年者，照退职时月俸四分之一；在职十五年以上未满二十年者，照退职时月俸三分之一；在职二十年以上者，照退职时月俸二分之一”[②]。较之于上海市兴业信托社社员恤养金任职时间年限上，最低年限为十年，且年限分隔较长，只有三种情况，而后者多达六种情况，甚至任职三年即可以得到终身恤养金，任职二十五年以上者即可全数得到月俸，中国垦业银行则没有这样的优势，最多给予二分之一，福利条件没有后者优越。

这是垦业与后来者在恤养金上的对比，那么在与先前者的对比又如何呢？1915 年 8 月 16 日，中国银行公布了行员恤养金规则，比中国垦业银行早 14 年。中国银行的恤养金只分为两种：终身恤养金、一时恤养金，比垦业银行少；其终身恤养金的在职年限最低为五年，比中国垦业银行任职年限短。种类虽分两种，但是其恤养金金额比中国垦业银行高，“行员在行服务二十年以上者，支给俸给全数”[③]。上述为垦业与前后两种行员恤养金的对比情况，不难看出垦业的恤养金的种类和金额等方面的规则处于发展演变的中间阶段。中国银行的恤养金种类是三个机构中最少的，而上海市兴业信托社社员恤养金种类最多，规定最为完善。这三个机构代表着前后三个不同发展时期，在不同时期，银行制定的规则出现差异，且时间越往后规则日臻完善，体现了银行业在员工保障体系方面所做的制度化探索。恤养金方面不具有优势，可能与垦业的发展规模和效益有关系，较之于中国银行、交通银行等大银行，在纸币发行和存放款方面都存在着差距，因此在员工的待遇方面有所差异也非常正常。垦业行员恤养金规则的制定是吸引优秀员工的重要方面，其能解决行员的后顾之忧，从而使得职员全身心地投入到工作之中，有利于银行顺利发展。

在职员生活方面，垦业竭尽全力地解决困难和问题，为职员创造良好的工作环境。1932 年 6 月，天津爆发病疫，为了防止本行员工染病，6 月 22 日，在行务会议上“秦庶务报告本市近日疫病流行传染堪虞，拟请由行聘请医士注射防疫针，以保安全，当请屠经理先准，即请秦庶务先与医士接洽针费及注射手续后再办”[④]。此建议得到了屠经理的批准，此事交予秦庶务负责与医生接洽，6 月 29 日的行务会议上报告了这一事件的最新进展，“秦庶务报告防疫针已与大夫接

① 《中国垦业银行组织纲要与业务章则》，天津档案馆藏档案：J0209 - 1 - 000496。

② 《中国垦业银行组织纲要与业务章则》，天津档案馆藏档案：J0209 - 1 - 000496。

③ 《中国银行行员恤养金规则》，《中国银行通讯》，1915 年第 9 期。

④ 《中国垦业银行行务会议记录》，天津档案馆藏档案：J0209 - 1 - 000497。

洽，商定针费每针大洋五角，星期六来行，为同人注射，共 14 针”①。在突遇疾病时，垦业反应迅速，采取主动的应对措施，防患于未然，保证所有职员的身体健康，这也是为了避免银行业务受到影响。在员工的食宿方面，采取相应的措施，1932 年 11 月 23 日，津行行务会议解决了员工的食宿，“凡住宿行内同人的由行供给膳食，晚间不住行不在行晚膳者，每月给膳费洋五元，不愿领费者听便”②。

重视员工的话语权，注重管理层与广大员工的信息双向交流，因此设立了“同人意见箱”，内部职员有建议皆可表达，将银行与个人紧密结合，有利于银行管理层及时掌握中下层员工的状态，并采取相应措施，以利于工作的开展。1932 年 6 月 22 日，津行行务会议上屠培成经理建议设立“同人意见箱”，集思广益。这一意见箱的设立，起到了立竿见影的效果。8 月 31 日，召开的行务会议中，讨论了意见箱内的建议，“同人意见箱内有李如瑞请求补助员生教育费案，经众讨论之下，请秦主任与彼等接洽办理，不再请示总行”。正是由于此次会议中探讨的建议，才出现了前文所述，在第十三次会议中提到的新进职员进行再教育，推动了银行对员工的培训，提升了员工的知识和技能。解决员工的食宿问题，也是“同人意见箱”提出的建议。可见“同人意见箱”的设立，解决了员工与银行双向沟通不畅的问题，调动了广大中下层员工的积极性和主动性，达到了集思广益的目的。

三、中国垦业银行纸币

1. 纸币版式

发行纸币，能够为银行带来丰厚的利润。因此，垦业在其一成立，童今吾就通过与李思浩的特殊关系，取得了纸币发行权。1925 年 7 月 18 日，垦业银行与中国丝茶银行、闽厦实业银行共同获得国务会议批准发行纸币。9 月 28 日，《中国垦业银行章程》呈准通过。1926 年 4 月，中国垦业银行开幕。5 月，与华德路公司签订印制纸币的合同。此次印刷的纸币分为一元券、五元券、十元券三种，这是垦业银行第一次印刷的纸币。1929 年改组之后，“补行注册”③ 后的 1931 年、1933 年两年间分别印制纸币。第二次印制的纸币有一元券、五元券、十元券，与第一次相同，第三次只印制了一元券和五元券。三次印刷的纸币只有一个模板，除年份、色彩不同，图案都相同。“正面图案为颐和园船景及通往山崖的道路，背面为湖光山色”④，均由英国华德路公司印制。第一次印制的纸币共约 1000 万元，“纸币总数为 218 万张，其中一元券为 70 万张，五元券为 110 万张，十元券为 38 万张”⑤ “后两次计印一千万元”⑥，三次共印制 2000 万元。其中第一版，也就是民国十五年版的纸币分为天津地名券和上海地名券。天津地名券样本券为红色加盖“天津”，正票为黑色加盖“天津”。上海地名券是在原有十五年版的基础上，1929 年加印“上海”发行的，并不是此前认为的在 1926 年时就已发行。⑦ 这一版的上海地名券样本券和正票的“上海”为黑色加盖，其中的十元券，部分纸币上有“上海”加 N. P.，N. P. 代表宁波。第二版的纸币分为 1931 年和 1933 年两个年份印制，1931 年印制的纸币中，部分一元券和五元

---

① 《中国垦业银行行务会议记录》，天津档案馆藏档案：J0209 - 1 - 000497。

② 《中国垦业银行行务会议记录》，天津档案馆藏档案：J0209 - 1 - 000497。

③ 财政部财政年鉴编纂处编．财政年鉴［M］．下册，上海：商务印书馆，1935：1548.

④ 宁波市政协文史和学习委员会编．宁波帮与中国近代银行［M］．北京：中国文史出版社，2008（10）：110.

⑤ 周祥：《中国垦业银行纸币印制、版式及发行》，《钱币博览》，2010 年第 1 期。

⑥ 季愚：《中国近代几种商业银行纸币的券别》，《中国钱币》1996 年第 1 期。

⑦ 周祥：《中国垦业银行纸币印制、版式及发行》，《钱币博览》，2010 年第 1 期。

券，有“上海”加盖红色 N. P.，部分一元券，加盖黑色“津沪一律通用”，至于各券上的红、黑色印的中文、英文字母代号暗记众多。① 兹将垦业银行纸币的概况列表 18－3 如下。

表 18－3　中国垦业银行纸币版式

版次	年份	地名	面额	图案	颜色	时间	票幅 mm	印制厂
第一版	1926	天津	一元	园亭/山水	棕/棕	1926 年	81×154	英国华德路公司
			五元	园亭/山水	紫/紫		88×168	
			十元	园亭/山水	绿/绿		93×176	
		上海	一元	园亭/山水	棕/棕	1929 年	81×154	
			五元	园亭/山水	紫/紫		88×168	
			十元	园亭/山水	绿/绿		93×176	
第二版	1931	上海	一元	园亭/山水	棕/棕	1931 年	81×154	
			五元	园亭/山水	绿/橙		88×168	
			十元	园亭/山水	棕/兰		92×175	
		上海	一元	园亭/山水	棕/棕	1933 年	81×154	
			五元	园亭/山水	绿/橙		88×168	

资料来源：周祥：《中国垦业银行纸币印制、版式及发行》，《钱币博览》，2010 年第 1 期；徐枫、赵隆业编：《中国商业银行纸币图录》，中国社会科学出版社，1995 年，第 29 页；中国垦业银行纸币简表，于彤、戴建兵编：《中国近代商业银行纸币史》，河北教育出版社，1996：448.

2. 代兑机关及纸币的流通区域

为推广纸币，垦业重点加强纸币兑换现金的活动。除本行可以兑换外，在天津设立众多的纸币兑换机关，方便兑取，以利于纸币的流通。天津的主要代兑机关有“宫北肇华银号、法国菜市对过庆余银号、旭街中实银号、法租界四号路聚丰永银号、针市街天瑞银号、英租界朱家胡同恩庆永银号、老车站津济银号、英租界小白楼德泰银号”②。同时，还加强在北京的纸币发行。1928 年 3 月，“中国垦业银行函财政部云，请在东交民巷台吉厂柴火栏设立兑现处”③。这是垦业银行早期在北京设立的兑换处。后来又委托“珠宝市聚义银号、前门大街京丰银号”④，由这两家银号帮助兑现。京丰银号“本系专兑垦业钞票”，1929 年改组后，京丰银号“兑数日微”“每日只兑数十元”⑤。经董事会决定，即予撤销。这些早期兑换机关的设立，为垦业纸币发行起到了一定作用，同时为改组后银行的顺利发展奠定了基础。

1929 年 3 月改组，总行随之迁沪。此时，北京使用的垦业纸币较少，“兑现者甚少，月不过千数元”，垦业在京并没有设立分支机构，便委托浙江兴业银行北京分行代为兑现。随着步入正轨，钞票信誉良好，使用者日多，“月而兑出之款已达壹万三千元”，纸币的情形与之前有了明显差异。1930 年 9 月 30 日，浙江兴业银行特致函垦业“敝处人手较少，不敷周转”“令托他行代理”⑥。1931 年 8 月，委托上海商业储蓄银行在各地的支行代为兑换，北京一地“专归敝行

① 中国垦业银行（文刊《文泉币钞》总第 1 期柏文）—商业银行纸币—中华纸币研究论坛 钱币：http://www.banknotestudy.com/bbs/showtopic.aspx? topicid=1193&page=end。

② 《中国垦业银行广告》，《大公报》1928 年 9 月 19 日。

③ 《垦业设兑换处》，《益世报》1928 年 3 月 5 日。

④ 《中国垦业银行广告》，《大公报》1928 年 9 月 19 日。

⑤ 《中国垦业银行董监会议录及常董会议录》，上海市档案馆藏档案：Q284－1－2。

⑥ 《垦业银行发行处关于本钞发行问题有关信件》，天津档案馆藏档案：J0209－1－000318。

（上海商业储蓄银行北京分行）一家代兑”[①]。可见，垦业纸币已经广受欢迎。随着在上海、天津、宁波、南京、北平、余姚等处设立分支机构，规模不断扩大经营。为了进一步增强垦业纸币的信用，扩大流通区域，从1931年8月5日开始，委托上海商业储蓄银行在各地的支行代理兑换，主要包括“苏州、无锡、常州、镇江、南京、南通、临淮、蚌埠、芜湖、安庆、板浦、武昌、武穴、九江、南昌、长沙、沙市、宜昌、开封、青岛、济南、北平、汉口”[②]。1933年，在杭州委托惟康庄代兑。1934年，委托杭州绸业银行实行兑现。由于秦润卿和王伯元皆是从旧式金融机构钱庄转变而来，因此与钱庄有密切的联系，1932年“一・二八”事变发生后，垦业银行在“《申报》上刊登广告，宣布为便利各界兑换本行纸币，特委托本埠29家钱庄和各埠的上海银行等，一俟开市，‘随时十足兑换’”[③]。

垦业还在宁波加强纸币兑现，“1930年，垦业银行为扩展钞票发行量，重树信誉，向本市各典当、鱼行、药行、南北百货等大商店收兑其他银行钞票和本行旧钞及银洋、毫角等，竟销新印钞票，并用其他办法扩大钞票流通量”[④]。1935年1月，宁波垦业银行发生挤兑，为了平息挤兑的风潮，“委托乾泰钱庄，泰孚栈，荣康甡康两公司为之代兑”[⑤]。

烟兑业作为一个特殊的行业，不仅销售卷烟，而且兼营兑换业务，也成为该行的合作对象。1932年1月，为换发新纸币，便向烟兑业同业公会发函，并送新券样本，以便收取。该会“将该项样本，分送南北两办事处及本会市场，一致张贴，俾众周知，以便收用”[⑥]。

在各地设立委托大量的兑换机关，扩大了纸币的流通区域，既提高了纸币的信誉，同时又增强了银行的实力。垦业纸币的主要流通区域包括：江苏省——上海、南京、昆山、松江、灌云、六合、吴县、淮安、江浦、泰兴、扬中、高邮、江阴、武进、吴县、盐城；浙江省——于潜、嘉善、平湖、桐乡、鄞县、镇海、南田、萧山、新昌、宁海、温岭、仙居、永嘉、瑞安、玉环、庆元、舟山、上虞、绍兴、宁波；河北省——北平、天津、石家庄、固安、武清、沧县、涞水、任丘、定兴；安徽省——天长、蚌埠、滁州、宁国、芜湖等县市，[⑦] 在河南郑州[⑧]、湖北汉口[⑨]等地也有少量的垦业纸币流通。这表明垦业纸币流通区域遍布华北地区和长江中下游地区，集中于河北省、浙江省和江苏省。有分支机构的地方，纸币流通顺利，成为当地通用纸币；在较远的省份，设立代兑机构较少，流通不便，成为当地的杂钞。以郑州为例，相比较其他中交、中南纸币，每元少换铜元五枚。垦业纸币较之于其他大银行来说，流通的区域较为狭小。以经济发达的江苏为例，“到法币改革前，江苏省除中央、中国、交通三行纸币最为通行，全省

---

① 《中国垦业银行在滥发本行钞票和代发中国交通钞票的活动中与其有关方面的来往文书》，天津档案馆藏档案：J0209－1－000499。

② 《垦业增设钞票代兑机关》，《银行周报》1931年第15卷第30期。

③ 姜伟：《一・二八战火与上海的金融改革》，《中国经济史研究》1995年第4期。

④ 朱裕湘：《宁波人与旧时银行业》，《宁波文史资料选辑》，第4辑，中国人民政治协商会议宁波市委员会文史资料研究委员会。

⑤ 《中央银行月报》1935年第4卷第2期，第414页。

⑥ 《中国垦业银行换用新票》，《申报》1932年1月27日。

⑦ 《河北省通用货币概况》，《中央银行月报》1936年第5卷第4期；《安徽省通用货币概况》，《中央银行月报》1937年第6卷第1期；《江苏省通用货币状况》，《中央银行月报》1937年第6卷第7期；实业部国际贸易局编纂：《中国实业志》（浙江省），第二编第七篇，各县货币情形，1933年；《河北省涞水县地方实际情况调查报告》，《冀察调查统计丛刊》1937年第2卷第1期；《河北省任丘县地方实际情况调查报告》，《冀察调查统计丛刊》1937年第2卷第5期；《河北省定兴县地方实际情况调查报告》，《冀察调查统计丛刊》1937年第3卷第1期。

⑧ 《中央银行旬报》1931年第3卷第13期，第25页。

⑨ 《中央银行旬报》1930年第2卷第37期，第16页。

通用外，中南票可在48县行使，中国实业银行纸币通行47县，四明银行和中国通商银行纸币在28个县可流通，浙江兴业银行的纸币流通范围为19县，中国农工和垦业银行则为11县”①。

3. 纸币发行及发行准备

1926年5月1日，垦业银行与英国华德路公司签订第一份印制钞票的合同，共印制了1000万元。虽已经获得发行纸币的权力，但对发行的具体数额未经财政部允许。1927年11月12日，向华德路订制的钞票200万元抵达天津，此次印制的纸币，已获财政部的运钞护照。但不知出于何种原因，受到了财政部的限制，“准予进口，唯运过国后，应即封存，非呈经本部核准后，不得发行云”②。后经过向财政部提出申请，最终于12月1日“开始发行一元、五元、十元三种兑换券”③。12月3日，经财政部批示，对于发行的具体数额作了严格限制，“该行发行钞票额应准先发行五十万元，其余之票，应由该行监理官，封存报部备考云”④。可见垦业银行印制、发行的兑换券有一元券、五元券、十元券三种，发行的数量很少，余下的纸币只能封存，后来运抵的纸币受到限制封存。发行数量受限，但1928年3月，垦业纸币就已经在市面广为流通了。在此后一段时间内，增加了纸币的发行量，达到发行顶峰150万元。不过在1928年6月和12月发生纸币挤兑事件，影响了纸币的信用。

总行迁沪以后，对京津之“旧钞票逐渐收回，另发新钞票五十万元，接续行使”“已签字者封存内库，未签字者暂存分库，以备运沪”。到是年底，“总行发行约五十万，津分行发行约三十万”⑤。而上海地名券的发行迟至于1930年1月发行，说明这段时期在上海所发行纸币为天津地名券。1930年10月，垦业银行呈请财政部，请求将发行额由100万元增加到500万元，11月，财政部钱币司批准发行额以300万元为限。1931年4月20日，再次请求将发行额增加至1000万元，财政部回复增至500万元。1932年10月21日，又一次要求增至1000万元，财政部准予批准增加250万元，发行总额达到750万元。1934年3月，再度呈请财政部增加发行额，称：“自商行发行兑换券以来，流通市面广社会称便，当一・二八之役，商行兑换券以准备充足，各地照常用现金无限制收兑，尤荷各界信任，唯是原有旧券除印有天津地名封存内库不便行使者占二百数十万元外，其余旧券因破损券之收回替补数量日少一日，而商行近年来业务进展，分支行分布重要各地，因之兑换券流通范围亦随之日形扩充，加以废两改元之后银圆筹码需要激增，以致商行前奉核准之发行额愈觉供不应求。……呈请钧部俯准将商行兑换券发行额增加银元三千万元，前后合成总额三千七百五十万元”⑥。此次增发事宜，由于临近法币改革，未能得到批准。先后四次呈请财政部增加发行额，可见，随着在各地分支机构的设立，业务逐渐发达。

与大多数的商业银行一样，垦业银行实行分区发行制。所谓分区发行制是指“划全国为数区，择其区内之重要都市为一区之总发行库，举凡该区内兑换券之整理、保管、准备金之保存、调拨及点验，以及发行数额的之规定，均由总库管理之，总库直辖于总管理处，与区内本行营

① 《江苏省通用货币状况》，《中央银行月报》1937年第6卷第7期。

② 《财政部限制垦业钞票》，《大公报》1927年11月12日。

③ 《大公报》1927年12月1日。

④ 《财政部限制垦业发行钞票只准发五十万》，《大公报》1927年12月4日。

⑤ 《中国垦业银行董监会议录及常董会议录》，上海市档案馆藏档案：Q284－1－2。

⑥ 中国第二历史档案馆藏，财政部档案，档号：三（1）－2510，转引自张秀莉：“南京国民政府发行准备政策研究”，博士学位论文，复旦大学历史学系，2009年。

业部分不相统属，与区外之行库，亦无连带关系”①。分区发行制的银行在票面刊有地名，称为“地名券”，各地分支机构发行的纸币，只能从发行行处兑换现金，有时在颜色上做些改变，以示区别。垦业银行纸币分为天津地名券和上海地名券，除印制的地名不一样外，其他皆相同。该行的发行机关是设于总行内的总发行库，管理全行纸币的发行事务及钞票的封存管理。随着在各地设立分支机构，又分别在上海、天津、宁波、南京四地设立分库，分别办理各地区纸币的具体发行事宜。

1930 年 1 月在沪发行上海地名券，第一年就发行 180 万元。随着在各地设立分支机构，发行额逐渐扩大，1931 年为 4229000 元，1932 年为 5221000 元，1933 年为 6445000 元，1934 年为 7095000 元，到 1935 年取消发行止，发行总额已经达到 7496000 元，已为当初的 4 倍。垦业纸币流通范围遍及河北、上海、江苏、浙江和长江下游地区，跻身上海重要商业银行之列。由于在上海、天津、宁波、南京四地设立发行库，各地的发行额也不相同，截至 1935 年 2 月共发行 6582100 元，其中沪库 2672100 元，津库 600000 元，甬库 3100000 元，京（南京）库 210000 元。上海虽然作为总行的所在地，但在上海的发行量还不及宁波，宁波的发行额约占总发行额的一半。

垦业纸币发行额巨大，较之于其他大银行，还有一定的差距。1935 年 11 月，南京国民政府实行法币改革，取消了各商业银行的纸币发行权。兹将 1936 年 1 月十家重要银行之发行数及百分比列表 18－4 如下。

表 18－4　　1936 年 1 月十家重要银行的发行数　　单位：元、%

行名	发行数	百分比
中央	220641090	28.20
中国	192239359	24.57
交通	181612250	23.21
浙江兴业	9448773	1.21
中国实业	44463421	5.68
四行准备库	72282400	9.24
四明	19220800	2.46
中国通商	26617100	3.40
中国垦业	7496000	0.96
中国农工	8344382	1.07
总计	782365575	100.00

资料来源：《中行月刊》，1936 年 1～2 月，第 12 卷第 1－2 期。

这十家银行是当时发行量比较大的，共发行纸币 78000 多万元。在上述十家银行中，垦业银行的发行额最少，所占的发行比例最小，还不到百分之一。与同为宁波系的四明银行和中国通商银行相比，有上千万元的差距，可见从发行数量上看垦业纸币还无法与其他银行相媲美。每家银行都有自己独立的发行区域，每个发行区域的数额也不尽相同。宁波作为一个经济发达地区，金融机构林立，中国银行、交通银行在此设立分支机构，这些银行在当地的纸币发行竞争颇为激烈。如前文所述，垦业在宁波一地的发行额达到 300 多万元，截至 1934 年 3 月，在所有

① 静如：《论分区发行制》，《银行周报》1928 年第 12 卷第 1 期。

的银行中，纸币发行数量以垦业和四明银行发行最多。①可见单纯从数量上看，商业银行还不能与国家银行相抗衡，但是如具体到某一个特定的区域，以垦业等为代表的商业银行在与国家银行的竞争中可占有一席之地，成为城乡通用的货币。

银行发行准备的公开始自上海中国银行，1928 年 4 月，上海中国银行为巩固发行基础，增加纸币信用起见，公开发行准备情况。其他银行也纷纷效仿，先后公开自己的发行准备情况。中央银行于 1928 年 12 月公开发行准备检查报告，每周一次；四行准备库的津库和沪库分别于 1929 年 7 月、1930 年 1 月公布准备；浙江兴业银行于 1930 年 7 月公开；1931 年 1 月 8 日交通银行举行第一次发行准备检查；中国实业银行于当年 2 月 10 日举行第一次发行检查。银行发行准备的公开，可以巩固发行基础，发行额随之提高，社会信誉逐渐增加。随着越来越多的银行开始公布准备情况，垦业银行适时地公开了自己的发行准备，并聘请王梓康为会计师。

1932 年 8 月 13 日，中国垦业银行举行了第一次发行准备金的发行检查，并公布于《银行周报》②。

中国垦业银行发行准备第一次检查报告云，民国二十一年七月三十一日止，本行沪甬津三处合共发行兑换券总额银元四百四十七万五千元，共计兑换券准备金总额银元四百四十七万五千元。

内计（一）现金准备银元三百零四万九千一百六十五元七角八分，占全部准备百分之六十八强是项，现金计存本埠福源庄库内五十万元，福康庄库内五十万元，麦加利银行库内五十万元，汇丰银行库内三十万元，沪甬津三发行库内九十八万五千五百元，其余二十六万三千六百六十五元七角八分分存花旗、麦加利、汇丰、工部局、上海银行等，本外埠代兑处均有正式收据。

（二）存放同业准备银元四十五万二千二百二十二元二角二分，占全部准备百分之十强，是项准备计分存本埠汇划庄二十六家及天津交通银行等处均有正式收据。

（三）保证准备银元九十七万三千六百十二元，占全部准备百分之二十二弱，是项准备计关税担保之各种有价证券票面二百七十三万一千元及上海银行业联合准备库公库证元十六万两，折合如上数。

检查结果现金准备及存放同业准备共占准备总额百分之七十八强，保证准备只准备总额百分之二十二弱，特此报告。

此后，垦业银行每个月进行一次检查，并将检查结果刊登在《银行周报》《申报》上。纸币发行库与营业库分开经营，各自独立发展。与其他银行四六的保证准备相比，垦业章程规定现金准备在七成以上，保证准备在三成以下。发行准备的公开，增加了社会各界对于垦业纸币的信任，有助于增加发行量。垦业三次向财政部呈请增加发行总额，都得到批准，一方面说明垦业发行的纸币信用坚固，另一方面也表明发行准备充裕。垦业纸币的信用稳固与发行准备的公开有密切的联系。垦业银行纸币历年的发行准备情况如表 18 -5 所示。

① 《中央银行月报》1934 年第 3 卷第 3 期。

② 《中国垦业银行发行准备第一次检查报告》，《银行周报》1932 年第 16 卷第 32 期。

表 18 - 5　　**中国垦业银行纸币发行准备统计**　　单位：元、%

次数	时间	发行额	现金准备	占比	保证准备	占比
1	1932 - 08 - 13	4475000	3049166	78. 14	1425834	21. 86
2	1932 - 09 - 10	4795000	3821388	79. 70	973612	20. 30
3	1932 - 10 - 08	4825000	3851388	79. 82	973612	20. 18
4	1932 - 11 - 12	4885000	3911388	80. 07	973612	19. 93
5	1932 - 12 - 10	5183000	4184388	80. 73	998612	19. 27
6	1933 - 01 - 14	5221000	4222388	80. 87	998612	19. 13
7	1933 - 02 - 14	5159000	4130388	80. 06	1028612	19. 94
8	1933 - 03 - 11	5059000	4030388	79. 67	1028612	20. 33
9	1933 - 04 - 08	5299000	4270388	80. 59	1028612	19. 41
10	1933 - 05 - 13	4779000	3751288	78. 50	1027712	21. 50
11	1933 - 06 - 10	5139000	4111288	80. 00	1027712	20. 00
12	1933 - 07 - 08	5140000	4112288	80. 01	1027712	19. 99
13	1933 - 08 - 12	5010000	3985800	79. 56	1024200	20. 44
14	1933 - 09 - 09	4871000	3757300	77. 14	1113700	22. 86
15	1933 - 10 - 14	4817000	3703300	76. 88	1113700	23. 12
16	1933 - 11 - 11	5342000	4170300	78. 07	1171700	21. 93
17	1933 - 12 - 09	5707000	4515300	79. 12	1191700	20. 88
18	1934 - 01 - 09	6445000	5071000	78. 68	1374000	21. 32
19	1934 - 02 - 10	6312000	4938000	78. 23	1374000	21. 77
20	1934 - 03 - 10	5975000	4691000	78. 51	1248000	21. 49
21	1934 - 04 - 14	6103000	4849000	79. 45	1254000	20. 55
22	1934 - 05 - 12	6818000	5624000	82. 49	1194000	17. 51
23	1934 - 06 - 09	6811000	5727000	84. 08	1084000	15. 92
24	1934 - 07 - 14	6712000	4865000	72. 48	1847000	27. 52
25	1934 - 08 - 11	6958000	4946000	71. 08	2012000	28. 92
26	1934 - 09 - 12	6420000	4653000	72. 48	1767000	27. 52
27	1934 - 10 - 13	6868000	5056000	73. 62	1812000	26. 38
28	1934 - 11 - 10	6954000	5157000	74. 16	1797000	25. 84
29	1934 - 12 - 08	7084000	5287000	74. 63	1797000	25. 37
30	1935 - 01 - 12	7095000	5286000	74. 25	1827000	25. 75
31	1935 - 02 - 12	6890000	5123000	74. 35	1767000	25. 65
32	1935 - 03 - 09	5571500	4255900	76. 39	1540000	23. 61
33	1935 - 04 - 13	6260000	4720000	75. 40	1315600	24. 60
34	1935 - 05 - 11	6440000	4910000	76. 24	1530000	23. 76
35	1935 - 06 - 15	5890000	4305000	73. 09	1585000	26. 91
36	1935 - 07 - 31	5884500	3748000	63. 69	2136500	36. 31
37	1935 - 08 - 10	5751500	3464000	60. 23	2287500	39. 77
38	1935 - 08 - 31	5713500	3614000	63. 25	2099500	36. 75
39	1935 - 09 - 30	6149500	4239000	68. 93	1910500	31. 07
40	1935 - 10 - 31	6242000	4396000	70. 43	1846000	29. 57
41	1935 - 11	7496000	4653000	62. 07	2843000	37. 93

资料来源：中国垦业银行历次发行准备统计，《全国银行年鉴》，1934—1936 年；《统计月报》，国民政府主计处统计局，（1932—1935 年）各期国内各银行纸币发行准备检查数目表。

由表18－5可见，垦业的发行准备多在七成以上，超出章程中所规定七成的准备。各个分库也保持了较高准备比例，为说明这一点，将沪库1934年2月的准备情况列表18－6作一说明。

表18－6　　中国垦业银行沪库发行兑换券及准备金（1935年2月26日）

单位：元、%

发行数		准备金			
行名	金额	现金准备	对发行数之比率	保证准备	对发行数之比率
本行发行	2661500	库存769441.96	28.8	有价证券50000	1.9
		存出850000	32.4	公库证券443600	16.6
		寄存代兑548458.04	20.3	—	—
合计	2661500	2167900	81.5	4936000	18.5

资料来源：中国第二历史档案馆藏，财政部档案，档号：三（2）－1220，转引自张秀莉：“南京国民政府发行准备政策研究”，博士学位论文，复旦大学历史学系，2009年。

4. 应对挤兑风潮

北洋政府时期，政局不稳，发行纸币的银行经常遭受挤兑。1928年6月，北伐战争正酣，张作霖退出北京，垦业遭受谣言，纸币受到挤兑。不过，此次挤兑风潮由于“该行准备充足，随到开兑，并备款券，托各大商号代为收兑”①，到6日下午时，大部分的纸币都成功兑现，只余少数的一元钞票尚在市面流通，一度紧张的局势得到缓和，挤兑风潮逐渐平息。天津社会各界持有该钞者，由疑虑转向信任，垦业的信誉大增，一时，天津金融界对垦业此次成功应对挤兑事件深表赞许，“该行准备充裕，该行当局手腕敏捷，未步丝茶后尘，牵动市面，以后大有发达希望云”。一同授权发行纸币的中国丝茶银行受到挤兑影响，早前5月5日已经停止营业。可见垦业成功应对这次挤兑风潮，在津市引起了巨大的反响，受到人们的欢迎，同时对纸币的推行起了重要作用。

同年12月初，中华汇业银行受到反日影响，发行的纸币，在北京和天津同时发生挤兑风潮，12月10日宣告停业，受其影响，华威、劝业、农工、保商、垦业等均同遭挤兑。12月14日，垦业在《大公报》发表紧要声明：“本行钞票除委托下列各银号代兑外兹为便利兑现起见，自本日起特别延长兑现时间上午自九时起至下午六时止，凡有本行钞票者请勿轻信谣言，特此通告。法租界六号路、针市街天瑞银号、英租界朱家胡同恩庆永银号、宫北肇华银号、英租界小白楼德泰银号、法国菜市对过庆余银号、日租界旭街中实银号、法租界四号路聚丰永银号、老车站津济银号”②。这次风潮影响比较大，受牵连银行较广，导致华威银行宣告暂停营业，后经天津银行公会开会维持，挤兑风潮旋即平息。

此二次挤兑风潮是在迁沪前发生的，虽然还没有公开发行准备，不过准备充足，成功应对。总行迁到上海后，也经历了几次大的挤兑风潮。1932年“一·二八”事变发生之后，为反抗日本侵略者，上海市商会决定举行罢市三天，银行公会也同意罢市三天，2月1日复业。不过，期间垦业银行担心罢市会带来纸币的挤兑，因此，继续营业，受到了公会通告劝阻，后停止营业。

1935年，垦业银行纸币受造谣影响，发生最大的挤兑风潮。1935年1月28日，有人打电话至苏州，制造谣言，以致持有垦业钞票者，大为恐慌。由于垦业并未在苏州设有分支机构，幸

① 《垦业银行钞票挤兑风潮渐平息》，《益世报》1928年6月8日。

② 《中国垦业银行紧要声明》，《大公报》1928年12月14日。

赖当地钱庄鸿源、顺康无限制代为收兑，谣言不攻自破。29 日下午二时，又有人以同样的方式向宁波分行制造谣言，由于人们不明真相，一时纷纷持钞票至宁波分行兑现。宁波分行现金准备及存放同业“多至三百余万元”，加之中国、交通等宁波分行的支持，并委托乾泰钱庄、泰孚栈、荣康甡康两公司为之代兑，一时浮动的人心立即稳定下来。总行为了表明真相，委托“中交等四银行代汇现洋四十万元”①，同时运进现洋一百四十箱，计七十万元，此次运进的现洋创下宁波海关一次运进现洋数量最多纪录。30 日，风潮即告平息，后总行令宁波分行在二月四日至七日春假内照常兑现。这次挤兑风潮后，垦业纸币在宁波曾一度暴涨，不仅没有压垮垦业银行，反而提高了信用，以至不少人专门贮藏银行钞票。

针对此次挤兑，为打消持票人的疑虑，原打算在报刊上，将宁波分行挤兑的真相公之于众，但时值各大报纸停刊，无法传达真实的信息。上海总行也受其连累，加之某日文报纸蛊惑，以讹传讹，1935 年 2 月 2 日清晨，总行发生挤兑。秦润卿、王伯元两人商量对策，一面将存于秦氏的福源、福康及王伯元开设的同润、元发等钱庄的现金调来支援；一面派人到附近的钱庄、烟兑店，“贴出承兑的红纸条，并书明每收兑一元垦业钞票，另给持票人铜元一枚，作为贴水”②。当时正值农历春节，各大银行均已放假，为了消除民众的疑虑，巩固纸币的信誉，特于 2 月 3 日在《申报》刊载兑现声明：“中国垦业银行春假期间内照常十足收兑本行钞票，二月四日至七日春假期内本行钞票照常十足兑现”。《申报》还于当日刊载一篇《中国垦业银行信用卓著》的文章，对这次挤兑事件作出解释澄清。这次挤兑风潮“计共兑出四十万元”③“不过是日来兑者，每人手中大都一二元至十余元，以致本行发行部外面一时平添许多主顾耳”④。由于处置得当，当天夜间即平息，垦业银行粉碎了来势凶猛的挤兑风潮。

1930 年 9 月，中原大战波及平津，当地的局势紧张，金融界恐慌大起，平津各地的银行相继发生挤兑，9 月 19 日，河北省银行和山西省银行同时发生挤兑，23 日劝业发生挤兑，随后，农工、大中等银行先后发生挤兑。9 月 25 日，风潮波及垦业和保商银行，垦业银行准备充足，“无限兑款”⑤。27 日，钞票已能在市面正常流通，风潮遂告平息。1934 年 10 月 13 日前后，余姚办事处也曾发生挤兑风潮，两天之间，兑出银元 15 万元，后来由于得到宁波分行和余姚当地银行的帮助，平安度过挤兑风潮。

5. 纸币的接收

1935 年 11 月，国民政府实行法币政策后，取消了各商业银行的纸币发行权，并将各银行所发行的纸币收回。中国银行接收四明、中国实业，中央银行接收中国农工、中南、农商，交通银行接收中国通商、浙江兴业、中国垦业。1936 年 1 月 27 日，中国垦业银行发布公告结束发行。⑥ 垦业银行最后的纸币发行总额为 7496000 元，其中现金准备金 4653000 元，保证准备 28443000 元。截至 1936 年底，交通银行接收垦业银行的情况如表 18 – 7 所示。

---

① 《中国垦业银行发表年内挤兑经过》，《中华日报》，1935 年 2 月 7 日。
② 汪仁泽．钱业领袖秦润卿［M］．浙江文史资料选辑．第 46 辑，杭州：浙江人民出版社，1992.
③ 《垦业挤兑》：《交行通信》，1935 年第 6 卷第 3 期，第 99 页。
④ 《中国垦业银行发表年内挤兑经过》，《中华日报》，1935 年 2 月 7 日。
⑤ 郭凤岐．《益世报》天津资料点校汇编 1［M］．天津：天津社会科学院出版社，1999（12）：845.
⑥ 全国银行年鉴［M］．台北：文海出版社，1937.

表 18-7　　交通银行接收中国垦业银行发行兑换券（1936 年）

单位：元

项目	金额	项目	金额	项目	金额
定制券额	20000000.00	应接收券	12504000.00	接收已印未发及已发收回券	12323000.00
—	—	流通券	7496000.00	接收切废损坏券	180000.00
—	—	—	—	发出样本券	1000.00
—	—	—	—	代兑流通券	2500000.00
—	—	—	—	现金准备金	2997600.00
—	—	—	—	保证准备金	1998400.00
合计	20000000.00	合计	20000000.00	合计	20000000.00

资料来源：交通银行总行，国家历史档案馆编．交通银行史料（1907—1949）［M］．第一卷（下册），北京：中国金融出版社，1995（12）：917.

垦业银行共印制钞券 2000 万元，已经发行 7496000 元。接收已印未发及已发收回的钞票共 12323000 元，180000 元的切废损坏券，样本券 1000 元。钞票和保证准备金已于 11 月接收清楚，1935 年现金准备金已经接收 2958041.96 元，1936 年续收 1351558.04 元，尚有 188000 元，该行声请留备划抵钞票印制成本之用，尚待审核轧算。截至 1936 年底，陆续回笼的该行钞票，共计 250 万元，也经依照部会规定办法，将接管该行发行项下现金准备金划出 150 万元，保证准备金划出 100 万元，转入本行发行准备金账户。①

法币政策实施后，北方一些商业银行的纸币仍在流通。1938 年 3 月 10 日，华北伪政权公布了《旧通货整理办法》，统计了 1937 年 7 月纸币的流通情况，其中中国垦业银行为 9 万元。1939 年，交通银行“将原存京、芜、赣、湘、汉等处将接收项下之停止发行各银行钞票运存重庆，计共券额五千余万元，其中垦业银行钞票 2817000 元”。② 1940 年，交通银行将在重庆的一批商业银行纸币销毁。其详数为：浙江兴业银行券 3171810 张、15523000 元，中国垦业银行券 904363 张、2817000 元。③ 为了应对抗战时期纸币原料紧张困难，1941 年 1 月，“我国法币，除中央、中国、交通、农民四银行外，行政院已通令各省，对中央、中国、交通三行所接收之四明、中南、中国农工、农商、中国实业、浙江兴业、中国垦业银行等八行之钞票，一律行使，连中中交农共计十二行云”④。1942 年，国民政府统一发行权，由中央银行接收中国银行、交通银行、农民银行的发行，此时商业银行纸币流通已经很少。从此，商业银行的纸币在中国消失了。

四、业务发展

1. 经营状况

该行虽名为“垦业”，但经营业务的重点是工商业，尤其在 1929 年改组后，将总行迁往上海，采用灵活的经营方式，发展迅速，在各地增设分支机构，扩大经营，实力不断增强。现将

① 交通银行总行，国家历史档案馆编．交通银行史料（1907—1949）［M］．第一卷（下册），北京：中国金融出版社，1995（12）：917.

② 中国第二历史档案馆编：《中华民国史档案资料汇编》，第 5 辑第 2 编，财政经济（四），江苏古籍出版社，第 710 页。

③ 戴建兵，盛观熙．中国历代钱币通鉴［M］．北京：人民邮电出版社，1999（6）：145.

④ 《中南浙兴等钞票全国流通》，《西南实业通讯》1941 年第 3 卷第 1 期。

1929—1936 年的经营状况统计如表 18－8 所示。

表 18－8　　**1929—1936 年垦业银行业务经营状况统计**　　单位：元

年份	公积金	存款	放款	有价证券	纯益
1929	12500	5665476	6732007	759865	122060
1930	38000	8512043	8698751	1852603	249626
1931	50500	8998226	7462196	2446804	171789
1932	67500	16980459	15276603	3017889	195326
1933	85000	27233622	24041874	2443466	320535
1934	115000	34438273	28934686	4165171	293494
1935	140000	23345101	20821629	3011411	206796
1936	160000	21999402	19044545	3346799	192779

资料来源：申报年鉴社编，《申报年鉴》1935 年，申报年鉴社出版，1935 年；中国银行经济研究室编辑，《全国银行年鉴》1937 年，中国银行经济研究室，1937 年 10 月；《中行月刊》，1932 年，第 4 卷，第 5 期，民国十八年来两年间资产负债比较表；《银行周报》刊载中国垦业银行 1929—1936 年营业报告。

通过表 18－8 我们可以看到，在短短八年间，垦业的各项业务得到飞速发展：其中，公积金从最初的 12500 元，增长到 160000 元，增长了 12 倍。公积金的增加，有利于运用更多资金，扩大经营。存款总额在 1934 年达到高峰为 34438273 元，约为 1929 年的 6.1 倍，此后呈现下降的趋势；放款总额在 1934 年同样达到高峰为 28934686 元，约是 1929 年的 4.3 倍。放款主要侧重于棉织、毛织、面粉、电器、玻璃、水泥等工业，比较重要的放款企业如上海的经纬纱厂和振华纱厂、宁波的和丰纱厂等。1930 年，对工矿企业的放款为 668748 元，1933 年放款的金额已达到 3553490 元，比 1930 年增长 431.36%，1936 年对工矿放款 4533213 元，比 1933 年增长 27.57%，呈现逐年增长的态势。同时兼营农村贷款，1934 年农村贷款金额为 7000 元，1935 年为 10000 元，数额皆不大，贷款的区域集中于陕西、河北、浙江等省，主要经营棉花生产贷款。兼营小麦放款，小麦放款区域限于浙江省余姚、慈溪、萧山、绍兴、平湖、吴兴等地。

有价证券也是该行经营的重点。表 18－8 表明 1934 年有价证券增长至 4165171 元，达到峰值，为初始值的 5.5 倍。主要投资对象为津浦铁路购车债券、甲丙丁戊四种统一公债、江苏省财政厅水利建设公债、浙江整理公债以及电力公司、金融日报社、中国经济通讯社、英联船厂、怡和啤酒公司、永安纱厂、信和纱厂、新星药厂、和新纺织厂、中国水泥厂、四达实业公司、建设银公司、祥泰木行、长城保险公司的股票。①

纯益则是在 1933 年达到峰值，总额为 320535 元，与 1929 年相比，增加了 1.6 倍。在获得纯益中，因每年的经营状况不同，所以获利的各个方面略有差异。兹将 1928—1932 年五年间获益的具体情况列表 18－9 如下。

① 於以震．中国垦业商业储蓄银行简史［M］．上海：上海文史资料选辑．第 60 辑，上海人民出版社，1988.

表 18－9　　中国垦业银行 1928—1932 年利益科目比较　　单位:%

利益＼年份	1928	1929	1930	1931	1932	五年平均
利息	—	91.6	80.2	96.5	97.5	91.5
手续费	—	—	—	0.8	—	0.2
汇兑利益	—	2.1	0.3	1.1	1.6	1.2
其他	—	6.3	19.5	1.6	0.9	7.1
合计	—	100	100	100	100	100

资料来源:《交行通信》1933 年第 3 卷第 5 期《中国银行业近年之动态（续完）》。

1929 年的收益中，利息收入占 91.6%，汇兑占 2.1%，其他收益占 6.3%；1930 年利息降落甚大，计利息占 80.2%，汇兑降 0.3%，其他收益猛增占 19.5%；1931 年利息呈现复苏，增占 96.5%，手续费和汇兑共占 1.9%，其他收益仅占 1.6%；1932 年利息科目更增，占 97.5%，汇兑占 1.6%，其他收益更落至 0.9%。通过上面论述可以看到，历年收益总量中，几乎全为利息所独占，表明其营业途径狭窄，其收入重点为存放款的利息。该行四年来收益平均比较数：计利息占 91.5%，手续费汇兑合占 1.4%，虽然与其他银行相比较其手续费是最低的，但收入太少，几乎可以忽略不计，其他收益占 7.1%。①

2. 储蓄存款

存款是银行长期稳定的主要资金来源，因此，银行都比较重视存款业务的开展。垦业银行在成立初期，曾大力发展存款业务。在天津时期，存款业务分为往来存款、特种往来存款和定期存款三种。每一种存款的利息也不同，“往来存款，周息三厘；特种往来存款，周息四厘，半年以内凡存款积数在二百元以上者，周息五厘；定期存款，三个月，六个月，一年周息分别为六厘，七厘，八厘”②。但当时的管理者侧重于纸币的发行，因此存款方面的成绩平平，没有大的起色。

1929 年改组后，拨款 10 万元，特设储蓄处，办理各种储蓄业务，其存款分为营业部存款和储蓄处存款两种。营业部存款分为定期存款、活期往来存款、特别往来存款、特种活期存款。储蓄部存款分为活期储蓄、定期储蓄（零存整付、整存零付、整存整付、存本付息）。活期储蓄是指存款没有一定的期限，可以随时提取。活期储蓄又分为两种，第一种一元即可开户，但是存入的数额不能超过 3000 元，周息五厘；第二种储蓄，100 元才能开户，同样不能超过 3000 元，周息四厘。这两种存款的利息，较之于曾经 20 世纪 30 年代初期在各商业银行储蓄存款名列前茅的上海商业储蓄银行都高出一厘。定期存款是指存入款项时，存户与储蓄机关订明一定的支出时间。定期存款的每一种储蓄形式又可以分为几种，以整存整付为例。垦业银行又分为两种（见表 18－10、表 18－11）③，第一种为将存入的整数认定，在一定的期限以后，本金加利，一并取出。

① 《中国银行业近年之动态（续完）》，《交行通信》1933 年第 3 卷第 5 期。

② 《天津中国垦业银行广告》，《益世报》1928 年 2 月 5 日。

③ 《上海的储蓄机关》，《上海市通志馆期刊》1934 年第 1 卷第 4 期。

表 18－10　　中国垦业银行整存整付第一种　　单位：元

定期年限（年）	一次存入本洋 100 元，到期可得本利数	一次存入本洋 1000 元，到期可得本利数	一次存入本洋 5000 元，到期可得本利数
2	115. 86	1158. 65	5793. 25
3	126. 53	1265. 32	6326. 60
4	139. 51	1395. 11	6975. 55
5	155. 30	1552. 97	7764. 85
6	169. 59	1695. 88	8479. 40
7	185. 19	1851. 94	9259. 70
8	218. 29	2182. 87	10914. 35
9	240. 66	2406. 62	12033. 10
10	265. 33	2653. 30	13266. 50
11	292. 53	2925. 26	14626. 30
12	361. 46	3614. 59	18072. 95
13	402. 31	4023. 13	20115. 65
14	447. 78	4477. 84	22389. 20
15	498. 39	4983. 95	24919. 75

第二种为到期后可得本利合计的整数认定，然后依照规定的金额，一次存入。

表 18－11　　中国垦业银行整存整付第二种　　单位：元

定期年限（年）	一次应存入数到期可得本利洋 1000 元	一次应存入数到期可得本利洋 5000 元	一次应存入数到期可得本利洋 10000 元
2	863. 073	4315. 365	8630. 730
3	790. 314	3951. 570	7903. 140
4	716. 789	3583. 945	7167. 890
5	643. 928	3219. 640	6439. 280
6	589. 664	2948. 320	5896. 640
7	539. 973	2699. 865	5399. 730
8	458. 111	2290. 555	4581. 110
9	415. 521	2077. 605	4155. 210
10	376. 889	1884. 445	3768. 890
11	341. 849	1709. 245	3418. 490
12	276. 656	1383. 280	2766. 560
13	248. 563	1242. 815	2485. 630
14	223. 321	1116. 605	2233. 210
15	200. 644	1003. 220	2006. 440

为了适应不同人群的需要，同时获得更多的资金，垦业银行设置多种多样的储蓄方式。储蓄方式的多样化，既方便了人们的存款需求，又增加了自身的实力。

迁到上海后，为了增加储蓄的渠道来源，增设了“行员储金”。这种储蓄方式是只针对银行内部的职员而设立的，最初只有上海和天津两处分支机构，职员并不多。随着业务的发展，经营逐渐扩大，分支机构相应增多，截至1937年，全行人数已经达到200人。每个行员的收入不菲，这也成为重要的发展对象。

当时行员的收入主要由薪俸和奖励金构成。银行的主要领薪人员由总经理、经理、副理、襄理、主任、办事员、练习生等组成，他们的薪俸按不同的职位分配，也有所不同，其月俸主要按照表18－12分配。

表18－12　　中国垦业银行行员薪俸①　　单位：元

职位	总经理	经理	副理	襄理	主任	办事员	助员	练习生
年俸	240～600	200～500	140～400	100～240	80～200	30～120	16～30	第一年8元，第二年12元，第三年16元

成立之初，"总行襄理月薪为100～300元，分行经理150～400元，副理110～300元，襄理80～200元，支行经理80～200元"②，随着银行业务发展，分支机构不断扩大，各职位的月薪也做出相应的调整，"分行照总行七成支配，支行照总行五成支配"③。

行员的年薪随着职位的降低而减少，但是作为大多数的下层行员（办事员、助员、练习生）他们的薪俸加到一起也是一笔不小的数额。且行员的薪俸在每年决算后根据成绩的优异加级，级数从半级到三级不等（见表18－13）。

表18－13　　中国垦业银行人员薪俸等级④　　单位：元

俸额	100以上	60以上	30以上	20以上	8以上
每级数	20	10	6	5	4

为了鼓励行员，还设有奖金。奖金分为普通奖金和特别奖金，每一行员根据自身的表现，分享不同的奖金，有力地调动了员工积极性。董监事与职员共同分享奖励金，1930年下半期决算中，董监事及职员奖励金共四万元，其分配为"董监事……六千元，内计董事长、常务董事长三人共得三千元，董监事九人共得三千元，总经理……一千九百元"⑤，余下为职员普通奖励金与特别奖励金，各占一半。

1930年，"总经副襄理及职员奖励金达到34000元"⑥。垦业银行认识到，员工的收入同样可以作为一种稳定的吸收存款的形式，因此在其规则中就规定每个员工必须将月俸和奖励金的一部分作为行员储蓄金，其提取的分配比率如表18－14所示。

表18－14　　中国垦业银行行员提存储蓄金⑦　　单位：元

月俸	<50	>50	>100	>200	奖金	<200	>200	>500	>1000	>2000	>3000
比例	3%	4%	6%	8%	—	3%	4%	5%	6%	7%	8%

行员储金按照每月一分计息，行员可视自己的情况增加存款的数量，但总额不能超过月俸和奖金的总数。1930年，行员储金为46043元，到1931年时已经是上一年的两倍多，达到102688.72元，1932年增长到140996元，可见行员储金逐年增长，带来了大量的存款。

① 《中国垦业银行组织纲要与业务章则》，天津档案馆藏档案：J0209－1－000496。
② 《中国垦业银行董监会议录及常董会议录》，上海市档案馆藏档案：Q284－1－2。
③ 《中国垦业银行组织纲要与业务章则》，天津档案馆藏档案：J0209－1－000496。
④ 《中国垦业银行组织纲要与业务章则》，天津档案馆藏档案：J0209－1－000496。
⑤ 《中国垦业银行董监会议录及常董会议录》，上海市档案馆藏档案：Q284－1－2。
⑥ 《中国垦业银行历年营业报告及公信会计师事务所报告书》，上海市档案馆藏档案：Q284－1－4。
⑦ 《中国垦业银行组织纲要与业务章则》，天津档案馆藏档案：J0209－1－000496。

行员储金是对自己银行内部人士储蓄采取优惠措施，既吸收员工的储蓄，又加强了员工与银行之间的联系，促使员工更加努力工作。由于行员储金利息高，只针对银行内部的员工，储蓄量上受到限制，因此，其存款总额也不太大。以1931年为例，储蓄存款总额为168516.57元，行员储金仅占6.09%，所占比例不是很大，不过作为一种吸收小额存款的渠道，推进了多样化储蓄。

此外，中国垦业银行提倡金融创新，推广适合中国的储蓄方式，因此还办有众多的储蓄，比如教育储蓄、儿童储蓄、礼券储蓄。教育储蓄在1930年前后创立，但教育储蓄发展得很慢，1931年时教育储蓄的数额仅360元。为了进一步发展教育储蓄，推动民众的储蓄习惯，1933年11月12日，与市民教馆合作，在文庙路设立办事处，引起银行界和教育界的极大关注。开幕的当天，参与者包括银行界、教育界的人士和民众约有四百多人，总经理秦润卿和经理王伯元到场，可见垦业对此比较重视。文庙办事处以提倡平民储蓄为主旨，发展储蓄业务，主要办理的储蓄种类有“节俭储蓄、教育基金储蓄、婚嫁储蓄”①“学生储蓄、妇女储蓄、民众储蓄”②。天津分行也开办了教育储蓄，称为“教育基金存款”，分为三种：“（A）小学教育基金存款（B）中学教育基金存款（C）大学教育基金存款。皆系零存分期零付办法”③。开办教育储蓄，一方面可以加强银行的正面宣传，使垦业银行深入人心；另一方面起到为银行播种的作用，社会影响更为深远。1933年北平办事处开幕时，为了吸引顾客，决定“在开幕三个月内，来存纪念储蓄定期一年者，照新印章程，加给周息二厘，每户至多以存洋一千元为限制”④。

1934年5月1日，文庙办事处发展了储蓄的种类，“创办儿童储蓄，大洋五角即可开户，利息优厚”⑤。儿童储蓄大洋五角作为开户要求，比之前的一元即可开户金额更少，有力吸收了社会零散资金。通过开发新的储蓄品种，不仅使民众养成储蓄的良好习惯，而且发展了自己的业务。为鼓励儿童储蓄，1935年1月，霞飞路支行在农历新春到来之际，发展儿童储蓄，只是此一儿童储蓄的方式与前者不同，“发行一种新春储蓄证，用于替代现洋，给予儿童作压岁钱或分给佣仆作茶包，其一元证并可付给祥生汽车行作车费”⑥。这种储蓄依节日到来，迎合人们发放压岁钱和茶包等一系列过节送礼的心理。祥生汽车行收取此种储蓄证，使它的使用如同钞券一样，更加方便了人们的节日出行。礼券储金，礼券最初起源于美国，在中国的红白应酬中，礼券的使用也比较多，不过这种礼券在使用时要打很大的折扣，只可取货，不能兑换成现钱，使用受到限制。上海商业储蓄银行首创礼券储蓄。1930年，垦业也仿效发展了礼券储金，不过礼券储金发展很缓慢，当年礼券储金只有168元，1931年发展到3947元，数额不是很大，在储蓄中所占的比例很小。

1936年2月24日，中国垦业银行储蓄处添办了五种分红储蓄，⑦ 主要包括：（1）定活两益分红储蓄，可以随时支取，分享红利；（2）活期分红储蓄，按日计息，随时可取，分享红利；（3）甲种零存整付分红储蓄，按月一存，利息优厚，随时可取，兼可分红；（4）乙种零存整付分红储蓄，随时可存，随时可取，照分红利。对于每次分红的利息，都登报通告，使

---

① 《垦业银行与市民教馆合办储蓄银行昨开幕》，《申报》1933年11月13日。

② 《沪中国垦业银行民教馆储蓄处开业》，《中行月刊》1933年第7卷第6期，第74页。

③ 方显廷．中国经济研究［M］．上海：商务印书馆，1938：806.

④ 《中国垦业银行行务会议记录》，天津档案馆藏档案：J0209－1－000497。

⑤ 《垦业办事处添儿童储蓄》，《银行周报》1934年第18卷第16期。

⑥ 《申报》，1935年1月31日。

⑦ 中国银行经济研究室编辑：《全国银行年鉴》，1937年，第11页。

储户及时了解所得红利情况。1936 年，曾在《金融周报》通告“依照本行储蓄处本年份上届决算，凡各种分红储蓄存款应分红利，计得年息一厘二毫，例如两年期定活两益分红储蓄连同保息八厘，合得年息九厘二毫，此项红利，存款满期之日，连同本息一并支付，特此通告”①。

3. 同业间合作

（1）领券。“领券是中国金融史上的特殊现象，是指在发行不统一时，商业银行之间的一种货币发行和使用形式。”② 1929 年改组后，开始领用各家大银行的纸币。其中领用中央银行钞票 50 万元，后“续订五十万元”，“中行钞票五十万元，已领四十万元，交通五十万元”③。各地的分支机构领用当地中交的钞票。1930 年 4 月，津行“领用中交钞票五十余万元”，领券的双方订立了严格的合同，以保证双方的利益。津行在领用交通银行天津地名券时，合同中就规定如垦业“不能随时照换”交行的钞票，交行将“照数按月息一分二厘”向垦业“按日算取利息”④，以保证交行钞票的信誉。垦业银行主要领用中国银行、中央银行和交通银行的纸币，其历年领用的数额如表 18 - 15 所示，可以看到 1935 年垦业领用的纸币达到高峰，领用总额为 390 万元。被取消纸币的发行权后，所领用的纸币并没有出现增加，反而呈现逐年下降的趋势，1938 年时下降到 3459000 元。垦业每年领用的纸币约为其自身纸币发行额的一半以上。

表 18 - 15　　中国垦业银行历年领券数　　单位：万元

年份	1929	1930	1931	1932	1933	1934	1935	1936	1937	1938
领券数	132	215	255	335	335	350	390	345.5	346.2	345.9

资料来源：《银行周报》1929—1938 年刊载中国垦业银行历年营业报告。

垦业银行在领用其他银行的纸币的同时，其自身的纸币也被领用。1931 年，由于各银号纷纷要求领用钞券，津行致总行函称，原有备用 60 万元，“不敷支配，特由内库提出五元新券十万元”⑤。1932 年 7 月，垦业钞票在天津流通数额在“三十万元”左右，纸币的良好信用吸引“万华、新泰永”⑥ 两家领用钞票机关，领券双方对所领用的数额作出明确规定，“至少以五千元起码”。11 月，津行与天瑞、敦泰永、裕源、万华接洽，商定“五天计息，每天领一千，由同业存放”⑦。1936 年，天津益兴珍银号曾经发行垦业暗记钞券。1933 年，北京办事处成立前后，由于垦业钞票在京流通日广，“每月约可行使十万元”，⑧ 北京中法储蓄会与垦业商洽，领用垦业暗记券，要求“十足现金准备”“以年息四厘”计算。宁波分行同样与当地的银号订有领券的关系，1932 年，“从宁波分行领券的行庄实际有五十一家之多”⑨。

---

① 《中国垦业银行核定分红储蓄红利》，《金融周报》1936 年第 1 卷第 6 期。

② 薛念文：“上海商业储蓄银行研究（1915—1937）”，博士学位论文，复旦大学历史学系，2003 年，第 80 页。

③ 《中国垦业银行董监会议录及常董会议录》，上海市档案馆藏档案：Q284 - 1 - 2。

④ 《中国垦业银行在滥发本行钞票和代发中国交通钞票的活动中与其有关方面的来往文书》，天津档案馆藏档案：J0209 - 1 - 000499。

⑤ 《中国垦业银行天津分行为报内库提新券事致董事办事处文》，上海市档案馆藏档案：Q284 - 1 - 24 - 133，转引自周祥：《中国垦业银行纸币印制、版式及发行》，《钱币博览》2010 年第 1 期。

⑥ 《中国垦业银行行务会议记录》，天津档案馆藏档案：J0209 - 1 - 000497。

⑦ 《中国垦业银行行务会议记录》，天津档案馆藏档案：J0209 - 1 - 000497。

⑧ 《垦业北京行在京筹备经过报告津行函件》，天津档案馆藏档案：J0209 - 1 - 000266。

⑨ 上海市档案馆藏档案：Q284 - 1 - 40 - 162，《中国垦业银行宁波分行关于 1932 年各行领券十一月余额表》，Q284 - 1 - 40 - 179，《中国垦业银行宁波分行关于各行庄领券十二月余额表》，Q284 - 1 - 41 - 298，《中国垦业银行宁波分行为取消领用证券事与董事办事处来往文书》。转引自周祥：《中国垦业银行纸币印制、版式及发行》，《钱币博览》2010 年第 1 期。

（2）借款合作。垦业银行参与了众多与政府有关的借款、公债银团，其中最大数额为1934年的意庚借款。1934年，财政部向上海银行界借款4400万元，以意国退还庚款为还本基金，上海各承借银行组织意庚款借款银团。借款的总额4400万元分为4400股，每股10000元。各家银行的借款分配情况为："中央银行671股，中国银行880股，交通银行440股，上海商业储蓄银行352股，浙江实业银行352股，浙江兴业银行165股，国货银行220股，中国实业银行110股，国华银行110股，中国垦业银行110股，东莱银行55股，江苏银行55股。"① 规定分四个月平均交付财政部。银团还发行意庚款借款银团六厘证券，1934年5月15日发行。垦业还参与地方政府的借款。浙江省政府为救济农村经济，发展春茧，先后两次向上海银行团借款。第一次于1934年9月，向上海银行界借款300万元，以丝茧及地方公债90万元作为抵押，年息一分，承借的银行主要包括中国、交通、浙江兴业、上海、中南、中国实业、金城、盐业、大陆、中国国货、浙江实业、通商、垦业、四明，其中垦业银行承担10万元，借款在十二月底以前交付，期限两年，月息八厘。第二次借款是在1935年，共借款180万元，收买本省春茧及缫丝运销保险各费之用，年息一分。承借的银行有中国、交通、浙江兴业、上海、四明、中国实业、中南、金城、大陆、盐业、浙江实业、中国国货、通商、垦业等银行，垦业借款7万元。1934年，江苏省以水利建设公债向上海银行界作抵押，借款750万元，分十个月付款，利息八厘，期限两年。由中国、交通、邮储汇局、钱业公会、上海、江苏、四行会、江苏农民、国货、国华、浙江实业、浙江兴业、东莱、中国实业、垦业、新华、通商等共同承借。为了发展电政事业，1935年，交通部以电政公债1000万元六折向银行借款，并以国际电报收入为担保，借款600万元，利息八厘，年限为一年，承借银行有中央、中国、交通、邮政储汇局、上海、盐业、大陆、金城、中南、浙江兴业、实业、国货、四明、垦业、国华，其中垦业5万元。1935年，浙江省政府发行地方公债200万元，年息八厘，承借的银行有中国、交通、浙江实业、四明、中国实业、通商、中南、金城、大陆、垦业、盐业十一家。垦业承借7万元，偿还期限为：1936年还20万元，1937年还40万元，1938年还60万元，1939年还80万元。②

（3）支持国货运动。辛亥革命以后，我国掀起了一场以提倡使用国货、发展国货工业为主旨的运动。运动遍及大中城市，以至到农村，商业资产阶级、工业资产阶级和金融资产阶级相继成为这一运动的领导者，妇女界、学生界、劳工界、知识界也都参与其中，人们将这一运动称为"国货运动"。国货运动始于辛亥革命，到20世纪20年代已经发展成全国性的活动，30年代初达到了高潮。1931年"九·一八"事变后，东北市场落入敌手，国货产品销路受到打击，加之1931年大水灾、1934年旱灾，国货生存空间日渐狭小。于是，以民族资产阶级为主导力量的国货运动掀起了新的高潮。

早在20世纪20年代时，一些银行开始支持国货的发展。30年代，金融界深感提倡国货运动的迫切性，开始有组织地参与倡导国货的活动。1932年，中国银行总经理张公权邀请实业界，举行了首次"星五聚餐会"，并联合金融和国货两界人士成立了"中华国货产销协会"。1937年，组建中国国货联合营业公司，得到银行界的大力支持，并特约中国、交通、新华等银行组成了国货银团，调剂产销双方的资金。垦业银行加入提倡国货的队伍中，1934年4月，垦业南

① 中国人民银行上海市分行金融研究室编．金城银行史料［M］．上海：上海人民出版社，1983：496.

② 《一年来之中国金融》：《经济评论》，1936年，第17页；《浙江省签订第一二两次借款合同》，《中行月刊》1935年第10卷第1－2期，第126页；《二十三年度各银行交通建设借款表》，《交行通信》1935年第6卷第1期。

京分行购买外国电灯泡，未用国货，违反提倡国货之本意，而受到总行的批评。当时的中小工厂被称为“国货工厂”，这些工厂的营运资金大部分由银行贷给，因在1935年经济陷入恐慌之中，为救济工商业，3月，垦业参与了由政府与银行界共同举办的工商业信用小放款，总额共约500万元，“计中国一百二十五万元，交通五十万元，上海、金城、大陆、盐业、中南、垦业、中孚、浙江实业、浙江兴业、中国实业等银行共七十五万元。政府方面之二百五十万元，将由财政部饬令中央银行担任，与以上各银行合组银团，共同办理”[①]。

1935年，为发展国货，中国垦业银行、中国通商银行、四明银行、宁波实业银行四银行联合组成银团，创设国货公栈，举办国货公栈抵押借款，并设立国货市场。该银团资本总额为100万元，由四行分别负担。银团成立后，将银行、钱庄的原有货栈，划出一部分，作为国货公栈，首先设立四栈，作为试点。公栈设正、副经理各一名，主要职责为管理公栈的内外事务。公栈设以下各部[②]：（1）保管库，掌管货物之进入放置，安全隔离，筹备陈列样品、存货、花色、数量、市价等表等事；（2）检验部，检定货物之品质、数量、保存时间之长暂，合销母令之限期及检验后签字固封进栈，暨列表报告等事，根据检验部之报告，以定抵押之期限；（3）调查部，调查货物市价之涨落，供求状况之统计，及与外货品实及价目之比较，列表报告等事，根据调查部的报告，以定折扣之大小；（4）会计部，管理银钱收支等事；（5）抵押部，由副经理兼任，主持国货厂所组织国货商场检定之国货，请求抵押借款等事。

在厂商抵押时，双方签订逾期不能赎出货物的契约，即由国货公司银团通过市场平价竞卖，市价低落时，应由市场通知出押人，以银钱或货物，或售出一部分货物价值补足。另设一干事部，办理到期货物之催赎、过期押款之竞卖、国货市场之合作等事宜。银团还设立国货市场，将受押商品交由市场推销，该国货市场将由银团委托中华国货产销公司及上海国货公司等负责主持。

4. 其他业务

垦业银行的营业日益发达，原有旧址已经不能满足办公需要，同时为在上海树立良好的形象，于是耗银25万两，购置北京路江西路转角地1.3亩，兴建营业大厦。大厦由通和洋行设立，博采中外最新式各种银行建筑之长，共分为八层。工程由赵新泰营造厂以造价38万2000两得标，1933年9月竣工，同年10月6日迁入办公，“此次乔迁，不发请柬，不受贺礼”[③]。但是当天来道贺的人仍很多，其中有很多人是金融界的知名人士，如“虞洽卿、陈光甫、穆藕初、林康侯、贝淞荪、徐圣禅、潘公展、唐寿民、胡笔江、卢涧泉、袁履登、宋汉章、叶卓堂、徐新六诸氏，西宾如外滩各洋商银行大班等”。此次乔迁，在社会引起很大的反响，包括《银行周报》《申报》在内的众多报纸都给予了详细报道。

垦业大楼共八层，地下还有一层，主要是银库及发行库，还有兑钞室、检钞间、验币房以及餐室、电气厨灶等。地上一层为业务部、储蓄处，柜台二座，可以容纳上百人，最里面为经理室，向左则为房地产部及同业汇划处。二层是保管库所在地，承装库门钢板，厚十余寸，重四万磅，上下四周，均为二十寸厚之钢骨水泥墙壁，内置摩斯尔新式保管箱数千只，大小有八种之多，并有种种警务设备，保卫周密无比，旁有密室多间，专供租箱人应用。全行之最高机

① 《三月经济建设的回顾》，《经济统计月志》1935年第2卷第3期，第3页。
② 《沪银行界举办国货公栈及国货市场》，《国货月刊》1935年第28期。
③ 《中国垦业银行迁入新厦》，《银行周报》1933年第17卷第39期。

关董事办事处同处这一层，总经理室、常务董事室以及稽核、发行、文书三部全在此。右则为大厅，董事会以及行务会议，即于此举行。各楼均有新式卫生设备，以及水汀暖气，以便男女顾客使用，自一楼至六楼，均系最新式写字间。垦业银行还将多余的房子出租，交通部国际电信局、交通部购料委员、乾一企业银公司以及医师、律师等分别在此租屋。① 将多余的房子用于出租，既开拓了经营业务，又增加了银行收入。

在新建的大厦内扩大经营，重点为保管业务，主要是租用保管库。1933 年新厦落成，在二楼设有上海当时最新式保管库，“系由美国摩斯尔公司设计，式样新颖，构造坚固，其库门之混合锁，可变化至一万万次。库内装有警钟，并置电扇以通空气。全库面积甚大，可容纳各种保管箱数千只。每箱装有摩斯尔发明之双鼻锁可转变八百万次”②。并在此装有多种警务设备，旁边设有多间密室，专供租箱之人使用。共拥有保管箱 1023 个，到 1935 年 5 月，已经出租了 850 个。由于每一个保管箱的大小不一，因此，每个租箱的年租费价也不同，大保管箱每年租费价为 80 元，小的每年租费价 4 元。③

上海的地产业发达，为在地产界有所斩获，迁沪后不久，1931 年垦业银行拨出专款，设立地产部，主要经营房地产业务，办理以地产抵押贷款业务，增加抵押贷款的途径。此时加之时局动荡，房地产的业务比较兴旺。如“1935 年，该行收押瓯嘉路海拉路口地产一块 5. 891 亩，因押主无力偿还押款，经该行抓住机会，出价购得，连土地执业证、过户费在内，共计 10 万元。购入后即建筑石库门住宅 45 幢、店面 9 幢，造价 78000 元，命名为垦业里”。此后垦业银行加快在地产界的经营发展。1936 年，福州路神州旅社老板程霖生因为在投资地产时亏损，于是将神州旅社卖给受押的福源、垦业为首的 70 余家钱庄、银行。当时作为垦业银行董事长兼总经理、福源钱庄经理以及钱业公会主席的秦润卿，将这 70 多家钱庄、银行联合起来，组成了统一公记，共同经营。在这期间，“垦业银行还出资 14 万元，取得北四川路虬江路口西崇业里房地产权的三分之一，出资 30 万元，置汕头路云南路口德临里全部房地产，计地 2. 184 亩”④。这些房地产成为垦业银行资本的一部分，同时又做到了保值增值，赢得了长期稳定的收益，提高了经营效益。1929 年 11 月，与福源、敦余两家钱庄合作，在“合购同和里东面至北京路一带房屋，计地二亩二分八厘九毫”，共计银 30 万两，三家各承担 10 万两，联合经营房屋出售出租，从中垦业银行一年可收租银“一万两千两”⑤。

为配合各方面业务的开展，1936 年 3 月 25 日，设立服务处，以方便顾客。服务处主要为顾客办理以下事务：（1）代付各种款项——凡房地产捐税、房租、自来水、电话、灯电、保险、学费及其他款项，均可代付；（2）代收款项——凡各种票据、证券、股票本息，各种经常收益，均可代收；（3）汇款——凡汇往该行分支行所在地者，100 元以下汇费免收，其他各地从廉；（4）保管事件——凡以债券股票单据等，委托露封保管代收本息，保管费手续费免收，租用保管箱，另予优待；（5）保证事件——凡各种信用上之事件，均可代为保证；（6）代理事件——凡房地产租金，买卖房地产建筑设计，代收股款，买卖另整顿债券，各种保险，均可代办；

---

① 《参观中国垦业银行新屋记》，《上海宁波日报》1933 年 10 月 1 日。
② 《垦业银行新保管库》，《交行通信》1933 年第 2 卷第 10 期。
③ 《上海华商银行保管业务概况》，《银行周报》1935 年第 19 卷第 32 期，第 14 页。
④ 於以震．中国垦业商业储蓄银行简史［M］．上海：上海文史资料选辑．第 60 辑，上海人民出版社，1988.
⑤ 《中国垦业银行董监会议录及常董会议录》，上海市档案馆藏档案：Q284 - 1 - 2。

(7) 投资及置产之指导——凡对于资金之运用，难以解决者，均可洽商。①

五、结语

童今吾利用与财政总长李思浩的特殊关系，趁机以办特种银行为名组织成立中国垦业银行。该行自 1926 年 4 月成立伊始，受到北洋政府政局和战争的影响，历经坎坷，纸币遭受几次挤兑，业务经营始终未能步入正轨，期间经历了几次改组，但这几次改组也没有成功，直至 1929 年 3 月，经梁晨岚联系，由素有“金子大王”之称的王伯元接手，发展逐步走上正轨，经过几年的迅猛发展，已经成为民国时期重要的商业银行之一。

到抗战前，中国垦业银行的发展历程，以总行的所在地为依据，可分前后两段时期，前一段时期称为“天津时期”，后一段时期为“上海时期”。在天津时期是垦业的成立初期，北洋政府政局混乱，受政局影响较大，处于风雨飘摇之中，经营惨淡。1928 年，北京政府垮台后，全国金融中心随政治中心南移。1929 年 3 月，垦业进行改组，为便于拓展南方业务，第一次董事会议决定将总行由天津迁到上海。“上海时期”垦业的经营得到了快速发展，在商业经营上取得了巨大的成绩。实行现代化的企业管理体制，将所有权与管理权分离，为银行顺利开展业务提供了有力保证。该行作为宁波帮在北方设立的金融机构之一，后虽经改组，将总行迁到上海，但其自身的发展与宁波帮有着紧密的联系。从天津时期的创立人到 1929 年的改组接收人，全部来自“宁波”，其董事会成员中大部分为宁波籍。复杂的人事安排，以及成员间的互相兼职，保证其能够顺利的发展，这是该行成为民国八大商业银行之一的重要因素。

垦业银行在注册成立时就趁机取得纸币发行权，期间虽历经改组，但是却一直未放弃纸币发行的权力。可见该行一直重视纸币发行的业务。不过，“天津时期”纸币发行一直局限于京津地区，同时受到时局的影响，遭受了几次挤兑，造成一定影响。“上海时期”垦业在全国各地增设众多的代兑机关，扩大纸币流通区域。同时为提高信誉，稳定发展，提高本行发行准备，并将准备情况公之于众。这段时期，纸币也曾遭到几次挤兑，由于积极应对，纸币不但未受其害，相反却稳固了纸币信誉。实施一系列稳固纸币的措施，使得纸币深入人心，持有该行纸币者不断增多，纸币的流通区域遍及华北和长江中下游地区，增加了该行的实力。作为一家重要的商业银行，该行注重在商业方面的发展，推出了多种形式的储蓄存款方式，存款总额不断提高，获得了巨大的资金来源。重视加强与同业间的合作，这种合作不仅体现在共同对外放款，而且相互之间领取对方的钞票，从而增强了金融业间的联系。

垦业银行凭借自身的优势，抓住有利的历史机会，灵活经营，短短几年里迅速雄踞为八大商业银行之一，取得骄人的业绩，可以说其成长历程是中国近代银行业的一个缩影。同时作为众多总部由津迁沪的银行之一，从该行的发展轨迹来看，反映出金融中心南移过程。

参考文献

[1] 天津档案馆藏档案，J0209－1－266：《垦业北京行在京筹备经过报告津行函件》。

[2] 天津档案馆藏档案，J0209－1－318：《垦业银行发行处关于本钞发行问题有关信件》。

① 《垦业设服务处》，《交行通信》1936 年第 8 卷第 4 期。

［3］天津档案馆藏档案，J0209－1－496：《中国垦业银行组织纲要与业务章则》。

［4］天津档案馆藏档案，J0209－1－497：《中国垦业银行行务会议记录》。

［5］天津档案馆藏档案，J0209－1－499：《中国垦业银行在滥发本行钞票和代发中国交通钞票的活动中与其有关方面的来往文书》。

［6］上海市档案馆藏档案，S173－1－153－160：《垦业银行简史》。

［7］上海市档案馆藏档案，Q284－1－3：《中国垦业银行各种规则》。

［8］上海市档案馆藏档案，Q284－1－2：《中国垦业银行董监会议录及常董会议录》。

［9］上海市档案馆藏档案，Q284－1－4：《中国垦业银行历年营业报告及公信会计师事务所报告书》。

［10］上海市档案馆藏档案，Q284－1－24－133：《中国垦业银行天津分行为报内库提新券事致董事办事处文》。

［11］《中央银行旬报》，1930年第2卷第37期；1931年第3卷第13期；1934年第3卷第3期；1935年第4卷第2期。

［12］《大公报》1927年11月12日；1928年9月19日；1928年12月14日；1929年7月15日。

［13］《中国银行行员恤养金规则》，《中国银行通讯》，1915年第9期。

［14］孙善根．钱业巨子——秦润卿传［M］．北京：中国社会科学出版社，2007.

［15］陶水木．浙江商帮与上海经济近代化1840—1936［M］．上海：上海三联出版社，2000.

［16］《参观中国垦业银行新屋记》，《上海宁波日报》1933年10月1日。

［17］《大陆银行月刊》1925年第3卷第8期。

［18］《中央银行月报》1936年第5卷第4期；1937年第6卷第7期。

［19］《银行周报》1934年第18卷第16期；1935年第19卷第32期；1931年第15卷第30期；1933年第17卷第39期；1932年第16卷第32期。

［20］静如：《论分区发行制》，《银行周报》1928年第12卷第1期。

［21］《交行通信》，1935年第6卷第3期；1936年第8卷第4期；1933年第2卷第10期；1933年第3卷第5期。

［22］《沪银行界举办国货公栈及国货市场》，《国货月刊》1935年第28期。

［23］《沪中国垦业银行民教馆储蓄处开业》，《中行月刊》1933年第7卷第6期。

［24］《益世报》1928年2月5日；1928年3月5日；1928年6月8日。

［25］《申报》1933年11月13日；1932年1月27日；1935年1月31日；1929年6月7日。

［26］《全国银行年鉴》，文海出版社1937年版。

［27］《三月经济建设的回顾》，《经济统计月志》1935年第2卷第3期。

［28］《上海的储蓄机关》，《上海市通志馆期刊》1934年第1卷第4期。

［29］《中国垦业银行发表年内挤兑经过》，《中华日报》，1935年2月7日。

［30］《中国垦业银行核定分红储蓄红利》，《金融周报》1936年第1卷第6期。

［31］《中南浙兴等钞票全国流通》，《西南实业通讯》1941年第3卷第1期。

［32］财政部财政年鉴编纂处．财政年鉴［M］．上海：商务印书馆，1935.

［33］戴建兵，盛观熙．中国历代钱币通鉴［M］．北京：人民邮电出版社，1999.

［34］方显廷．中国经济研究［M］．上海：商务印书馆，1938.

［35］郭凤岐．《益世报》天津资料点校汇编1［M］．天津：天津社会科学院出版社，1999.

［36］季愚．中国近代几种商业银行纸币的券别［J］．中国钱币，1996（1）.

［37］姜伟．一·二八战火与上海的金融改革［J］．中国经济史研究，1995（4）．

［38］金普森，孙善根．宁波帮大辞典［M］．宁波：宁波出版社，2001.

［39］宁波市政协文史和学习委．宁波帮与中国近代银行［M］．北京：中国文史出版社，2008.

［40］宁波市政协文史委．宁波帮在天津［M］．北京：中国文史出版社，2006.

［41］汪仁泽．钱业领袖秦润卿［M］．《浙江文史资料选辑》第46辑，杭州：浙江人民出版社，1992.

［42］薛念文．上海商业储蓄银行研究（1915—1937）［D］．复旦大学历史学系，2003.

［43］於以震．中国垦业商业储蓄银行简史［M］．《上海文史资料选辑》，第60辑，上海：上海人民出版社，1988.

［44］张章翔，吴树元．宁波帮三银行兴衰始末［M］．《天津文史资料选辑》第77辑，天津：天津人民出版社，1998.

［45］中国第二历史档案馆编：《中华民国史档案资料汇编》，第5辑第2编，财政经济（四），江苏古籍出版社。

［46］中国人民银行上海市分行金融研究室编．金城银行史料［M］．上海：上海人民出版社，1983.

［47］中国银行经济研究室．全国银行年鉴［M］．1937.

［48］周祥．中国垦业银行纸币印制、版式及发行［J］．钱币博览，2010（1）．

［49］朱裕湘．宁波人与旧时银行业．宁波文史资料选辑，第4辑．

后　　记

《中国近代商业银行》所涉及的银行，跨越了晚清和民国两个时代，既有早期的外商银行，又有中外合办银行，还有中国民族资本创办的商业银行。民初，中国银行业迅速发展，从1912年到1927年，新设银行就达到186家之多。所选论的银行仅是其中很少的一部分，只求获得窥一斑而见全豹之效。本书将按照时间的顺序编列各银行，希望从中梳理出某种中国近代银行发展的逻辑和趋势：从最初的英、法、美列强的银行，到中外合办的银行（如中俄合办、中法合办、中日合办、中美合办等），再到不断崛起的华资银行。就合办银行而言，虽挂着“合办”之名，实权仍操于外人之手，合办银行甚至一度沦为列强控制中国金融命脉的工具。但是，中国民族资本家在“忍辱负重”中不断地“师夷长技”。直至民国中后期，随着外商银行在中国的式微，民营资本银行不断发展壮大。

按照论文所述银行出现的先后顺序，将各位作者、工作单位及论文分列如下，以备查阅。

1. 司春玲（上海昊钰软件信息技术有限公司）的《汇丰银行》；2. 郭立彬（邢台学院法政学院）的《华俄道胜银行》；3. 曹艳荣（上海慧圣咨询有限责任公司）的《北洋保商银行》；4. 张百霞（唐山学院）的《中法实业银行》；5. 王月峰（河北师范大学附属民族学院）的《殖边银行》；6. 王锋（石家庄学院）的《盐业银行》；7. 孙树汉（天津市北辰区人民检察院）的《中孚银行》；8. 郭坤（唐山学院）的《中华汇业银行》；9. 史红霞（邯郸学院）的《美丰银行》；10. 韩丽彦（石家庄市第35中学）的《中国农工银行》；11. 王贺雨（中央司法警官学院）的《大陆银行》；12. 崔晓培（河北科技大学理工学院）的《中国实业银行》；13. 陈晓荣（河北经贸大学）的《中华懋业银行》；14. 韩光（河北电视台节目编导，头条号自媒体人）的《边业银行》；15. 毛海斌（河北工业职业技术学院，河北师范大学历史文化学院2015级博士生）的《中南银行》；16. 尹德佼（河北省政协文史委《文史精华》编辑部）的《蒙藏银行》；17. 吴乾（河北广播电视大学）的《中国垦业银行》。

本书无论从内容上，还是从学术角度，都存在着诸多不足，还望得到方家的指正。

本书由中国金融出版社出版发行，对出版社肖丽敏、潘洁、丁淮宾等人的辛勤工作表示衷心感谢。